域外漢籍珍本文庫編纂出版委員會

域外漢籍珍本文庫

第一輯

子部

西南師範大學出版社

人民出版社

飲膳正要

提要

《飲膳正要》三卷，元忽思慧撰，日本岩崎氏靜嘉堂文庫藏明刊本。每半葉十行二十字，四周雙邊，單魚尾，白口。此書著成於元朝天曆三年（一三二〇年），初刻於元文宗至順元年（一三三〇年）。明、清兩代曾多次翻印，廣為流傳。第一卷分養生避忌、妊娠食忌、飲酒避忌、聚珍異饌等六部分。第二卷分諸般湯煎、神仙服食、食療諸病、食物利害、食物相反、食物中毒等十一部分。第三卷分米穀品、獸品、魚品、果品、菜品、料物性味七部分。是書早年即傳往日本。

臣聞古之君子善脩其身者動息節宣以養生飲食衣服以養體威儀行義以養德是故周公之制禮也天子之起居衣服飲食各有其官皆統於冢宰盖慎之至也

今上皇帝天縱聖明文思深遠御延閣閱圖書旦暮有恒則尊養德性以酬酢萬幾得内聖外王之道焉於是趙國公臣常普蘭奚以所領膳醫臣忽思慧所撰飲膳正要以進其言曰昔

世祖皇帝食飲必稽於本草動静必準乎法度是以身躋上壽貽子孫無彊之福焉是書也當時尚醫之論著者云噫進書者可謂能執其藝事以致其忠愛者矣是書進上

中宮覽焉念

祖宗衛生之戒知臣下陳義之勤思有以助

聖上之誠身而推其仁民之至意命中政院使臣拜住刻梓而廣傳之兹舉也盖欲推一人之安而使天下之人舉安推一人之壽而使天下之人皆壽恩澤之厚豈有加於此者哉書之既成大都留守臣金界奴傳

勅命臣集序其端云臣集再拜稽首而言曰臣聞易之傳有之大哉乾元萬物資始至哉坤元萬物資生天地之大德不過生生而已耳今

聖皇正統於上乾道也

聖后順承於中坤道也乾坤道備於斯為盛斯民斯物之生於斯時也何其幸歟願颺言之使天下後世有以知夫高明博厚之可見如此於戲休哉

天曆三年五月朔日謹序

奎章閣侍　書學士翰林直學士中奉大夫

知　制誥同脩國史臣虞集譔

伏覩
國朝奄有四海遐邇罔不賓貢珍味奇品咸萃內
府或風土有所未宜或燥濕不能相濟儻司庖廚
者不能察其性味而槩於進
獻則食之恐不免於致疾欽惟
世祖皇帝聖明按周禮天官有師醫食醫疾醫瘍醫
分職而治行依典故設掌飲膳太醫四人於本草
內選無毒無相反可久食補益藥味與飲食相宜
調和五味及每日所造珍品
御膳必須精製所職何人所用何物
進酒之時必用沉香木沙金水晶等盞斟酌適中
執事務合稱職每日所用標注於曆以驗後效至
於湯煎瓊玉黃精天門冬蒼朮等膏牛髓枸杞等
煎諸珍異饌咸得其宜以此
世祖皇帝聖壽延永無疾恭惟
皇帝陛下自登
寶位國事繁重萬機之暇遵依
祖宗定制如補養調護之術飲食百味之宜進加日
新則
聖躬萬安矣臣思慧自延祐年間選充飲膳之職于
茲有年久叨
天祿退思無以補報敢不竭盡忠誠以答
洪恩之萬一是以日有餘閑與趙國公臣普蘭奚
將累朝親侍
進用奇珍異饌湯膏煎造及諸家本草名醫方術
并日所必用穀肉菓菜取其性味補益者集成一
書名曰飲膳正要分為三卷本草有未收者今即
採摭附寫伏望
陛下恕其狂妄察其愚忠以
燕閒之際鑑
先聖之保攝順當時之氣候棄虛取實期以獲安則
聖壽躋於無疆而四海咸蒙其
德澤矣謹獻所述飲膳正要一集以
聞伏乞
聖覽下情不勝戰慄激切屏營之至

天曆三年三月三日飲膳太醫臣忽思慧進上
中奉大夫太醫院使臣耿允謙校正
奎章閣都主管事資政大夫大都留守內宰隆祥總管提調織染雜造人匠都總管府事臣張金界奴校正
資德大夫中政院使儲政院使臣拜住校正
集賢大學士銀青榮祿大夫趙國公臣常普蘭奚編集

天之所生地之所養天地合氣人以稟天地氣生并而爲三才三才者天地人人而有生所重乎者心也心爲一身之主宰萬事之根本故身安則心能應萬變主宰萬事非保養何以能安其身保養之法莫若守中守中則無過與不及之病調順四時節慎飲食起居不妄使以五味調和五藏五藏和平則血氣資榮精神健爽心志安定諸邪自不能入寒暑不能襲人乃怡安夫上古聖人治未病不治已病故重食輕貨蓋有所取也故云食不厭精膾不厭細魚餒肉敗者色惡者臭惡者失飪不時者皆不可食然雖食飲非聖人口腹之欲哉蓋以養氣養體不以有傷也若食氣相惡則傷精若食味不調則損形形受五味以成體是以聖人先用食禁以存性後制藥以防命蓋以藥性有大毒有大毒者治病十去其六常毒治病十去其七小毒治病十去其八無毒治病十去其九然後穀肉菓菜十養一儘之無使過之以傷其正雖飲食百味要其精粹審其有補益助養之宜新陳之異溫涼寒熱之性五味偏走之病若滋味偏嗜新陳不擇製造失度俱皆致疾可者行之不可者忌之如姙婦不慎行乳母不忌口則子受患若貪爽口而忘避忌則疾病潛生而中不悟百年之身而忘於一時之味其可惜哉孫思邈曰謂其醫者先曉病源知其所犯先以食療不瘥然後命藥十去其九故善養生者謹先行之攝生之法豈不爲有裕矣

飲膳正要目錄

第一卷

第二卷

蜜 麴 醋 醬 豉 塩

酒 虎骨酒 羊羔酒 枸杞酒 五加皮酒 地黃酒 膃肭臍酒 松節酒 小黃米酒 茯苓酒 葡萄酒 松根酒 阿剌吉酒 速兒麻酒

獸品

牛 羊 黃羊 羖羠 馬 野馬

象 駝 野駝 熊 驢 麋

鹿 獐 犬 猪 野猪 獺

虎 豹 麅 麂 麝 狐

犀牛 狼 兎 貍 塔剌不花 黃鼠 猴

禽品

天鵞 鶖 鴈 𪆂鵏 水札 丹雞

野雞 雞角 鴨 野鴨 鸂鶒 鴛鴦 鵓鴿 鳩

鴿 寒鴉 鵪鶉 雀 蒿雀

魚品

鯉魚 鯽魚 魴魚 白魚 黃魚 青魚 鮎魚

沙魚 鱓魚 河狍 鮑魚 石首 阿八兒忽魚 乞里麻魚

鼈 蟹 蝦 螺 蚌 蛤蜊 鱸魚 蝟

菓品

桃 梨 柿 木瓜 梅 李

柰 石榴 林檎 杏 柑 橘

橙 栗 棗 櫻桃 葡萄 胡桃

松子 蓮子 雞頭 芰實 荔枝 龍眼

銀杏 橄欖 楊梅 榛子 榧子 沙糖

甜瓜 西瓜 酸棗 海紅 香圓 株子

平坡 八擔仁 必思荅

菜品

葵菜 蔓菁 芫荽 芥 葱 蒜

韭 冬瓜 黃瓜 蘿蔔 胡蘿蔔 天淨菜

瓠 菜瓜 葫蘆 蘑菇 菌子 木耳

竹笋 蒲笋 藕 山藥 芋 萵苣

白菜 蓬蒿 茄子 莧 芸薹 波稜

莙薘 香菜 蓼子 馬齒 天花 回回葱

甘露 榆仁 沙吉木兒 出莙薘兒

山丹根 海菜 蕨 薇 苦買 水芹

料物

胡椒 小椒 良薑 茴香 甘草 芫荽子

乾薑 生薑 蒔蘿 陳皮 草果 桂

薑黃 蓽撥 縮砂 蓽澄茄 五味子 苦豆

紅麴 黑子兒 馬思荅吉 咱夫蘭 哈昔泥

穩展 即阿魏 胭脂 梔子 蒲黃 回回青

太昊伏羲氏

風姓之源皇熊氏之後生有聖德繼天而王為萬世帝王之先位在東方以木德王為蒼精之君都陳時神龍出於滎河則而畫之為八卦造書契以代結繩之政立五常定五行正君臣明父子別夫婦之義制嫁娶之理造屋舍結網罟以佃漁服牛乘馬引重致遠取犧牲供祭祀故曰伏羲氏治天下一百一十年

炎帝神農氏

姜姓之源烈山氏之後生有聖德以火承木位在南方以火德王為赤精之君時人民茹草飲水採樹木之實而食蠃蛖之肉多生疾病乃求可食之物嘗百草種五穀以養人民日中為市作陶冶為斧斤造耒耜教民耕稼故曰神農都曲阜治天下一百二十年

黄帝軒轅氏

姬姓之源有熊國君少典之子生而神靈長而聰明成而登天以土德王為黄精之君故曰黄帝都涿鹿受河圖見日月星辰之象始有星官之書命大撓探五行之情占斗罡所建始作甲子命容成作曆命隸首作筭數命伶倫造律吕命岐伯定醫方為衣冠以表貴賤治干戈作舟車分州野治天下一百年

飲膳正要卷第一

養生避忌

夫上古之人其知道者法於陰陽和於術數食飲有節起居有常不妄作勞故能而壽今時之人不然也起居無常飲食不知忌避亦不慎節多嗜慾厚滋味不能守中不知持滿故半百衰者多矣夫安樂之道在乎保養保養之道莫若守中守中則無過與不及之病春秋冬夏四時陰陽生病起於過與蓋不適其性而強故養生者既無過耗之弊又能保守真元何患乎外邪所中也故善服藥者不若善保養不善保養不若善服藥世有不善保養又不能善服藥倉卒

病生而歸咎於神天乎善攝生者薄滋味省思慮節嗜慾戒喜怒惜元氣簡言語輕得失破憂阻除妄想遠好惡收視聽勤內固不勞神不勞形神形既安病患何由而致也故善養性者先饑而食食勿令飽先渴而飲飲勿令過食欲數而少不欲頓而多蓋飽中饑饑中飽飽則傷肺饑則傷氣若食飽不得便卧即生百病

凡熱食有汗勿當風發痓病頭痛目澀多睡

夜不可多食　卧不可有邪風

凡食訖温水漱口令人無齒疾口臭

汗出時不可扇生偏枯　勿向西北大小便

勿忍大小便令人成膝勞冷痺痛

勿向星辰日月神堂廟宇大小便

夜行勿歌唱大叫　一日之忌暮勿飽食

一月之忌晦勿大醉　一歲之忌暮勿遠行

終身之忌勿燃燈房事　服藥千朝不若獨眠一宿

如本命日及父母本命日不食本命所屬肉

凡人坐必要端坐使正其心

凡人立必要正立使直其身

立不可久立傷骨　坐不可久坐傷血

行不可久行傷筋　卧不可久卧傷氣

視不可久視傷神　食飽勿洗頭生風疾

如患目赤病切忌房事不然令人生內障

沐浴勿當風腠理百竅皆開切忌邪風易入

不可登高履險奔走車馬氣亂神驚魂魄飛散

大風大雨大寒大熱不可出入妄為

口勿吹燈火損氣　凡日光射勿凝視損人目

勿望遠極目觀損眼力　坐卧勿當風濕地

夜勿燃燈睡魂魄不守　晝勿睡損元氣

食勿言寢勿語恐傷氣　凡遇神堂廟宇勿得輙入

凡遇風雨雷電必須閉門端坐焚香恐有諸神過

怒不可暴怒生氣疾惡瘡

遠唾不如近唾近唾不如不唾

虎豹皮不可近肉鋪損人目

避色如避箭避風如避讎莫喫空心茶少食申後粥

古人有云入廣者朝不可虛暮不可實然不獨廣凡早皆忌空腹

古人云爛煮麵軟煮肉少飲酒獨自宿

古人平日起居而攝養令人待老而保生蓋無益

凡夜卧兩手摩令熱揉眼永無眼疾

凡夜卧兩手摩令熱摩面不生瘡䵟
一呵十搓一搓十摩久而行之皺少顏多
凡清旦以熱水洗目平日無眼疾
凡清旦刷牙不如夜刷牙齒疾不生
凡清旦塩刷牙平日無齒疾
凡夜卧被髮梳百通平日頭風少
凡夜卧濯足而卧四肢無冷疾
盛熱来不可冷水洗面生目疾
凡枯木大樹下久陰濕地不可久坐恐陰氣觸人
立秋日不可澡浴令人皮膚麄燥因生白屑

常默元氣不傷　少思慧燭内光
不怒百神安暢　不惱心地清涼
樂不可極慾不可縱

姙娠食忌

姙娠宜看鯉魚孔雀

妊娠食忌

上古聖人有胎教之法古者婦人妊子寢不側坐不邊立不蹕不食邪味割不正不食席不正不坐目不視邪色耳不聽淫聲夜則令瞽誦詩道正事如此則生子形容端正才過人矣故太任生文王聰明聖哲聞一而知百皆胎教之能也聖人多感生妊娠故忌見喪孝破體殘疾貧窮之人宜見賢良喜慶美麗之事欲子多智觀看鯉魚孔雀欲子美麗觀看珎珠美玉欲子雄壯觀看飛鷹走犬如此善惡猶感況飲食不知避忌乎

妊娠所忌

食兎肉令子無聲缺唇　食山羊肉令子多疾

食鷄子乾魚令子多瘡　食桑椹鴨子令子倒生

食雀肉飲酒令子心淫情亂不顧羞耻

食鷄肉糯米令子生寸白虫

食雀肉豆醬令子面生䵟黯

食鼈肉令子項短　食驢肉令子延月

食冰漿絶產　食騾肉令子難產

乳母食忌

凡生子擇於諸母必求其年壯無疾病慈善性質寬裕溫良詳雅寡言者使爲乳母子在於母資乳以養亦大人之飲食也善惡相習況乳食不遂母性若子有病無病亦在乳母之愼口如飲食不知避忌倘不愼行貪爽口而忘身適性致疾使子受患是母令子生病矣

乳母雜忌

夏勿熱暑乳則子偏陽而多嘔逆

冬勿寒冷乳則子偏陰而多咳痢

母不欲多怒怒則氣逆乳之令子顛狂

母不欲醉醉則發陽乳之令子身熱腹滿

母若吐時則中虛乳之令子虛羸

母有積熱蓋赤黃爲熱乳之令子變黃不食

新房事勞傷乳之令子瘦瘁交脛不能行

母勿太飽乳之

母勿太飢乳之

母勿太寒乳之

母勿太熱乳之

子有瀉痢腹痛夜啼疾

乳母忌食寒凉發病之物

子有積熱驚風瘡瘍

乳母忌食濕熱動風之物

子有疥癬瘡疾

乳母忌食魚蝦鷄馬肉發瘡之物

子有癖疳瘦疾

乳母忌食生茄黃瓜等物

凡初生兒時
以未啼之前用黃連浸汁調朱砂少許微抹口内
去胎熱邪氣令瘡疹稀少

凡初生兒時
用荊芥黃連熬水入野牙猪膽汁少許洗兒在後
雖生班疹惡瘡終當稀少

凡小兒未生瘡疹時
用臘月兎頭幷毛骨同水煎湯洗兒除熱去毒能
令班疹諸瘡不生雖有亦稀少

凡小兒未生班疹時
以黑子母驢乳令飲之及長不生瘡疹諸毒如生
者亦稀少仍治小兒心熱風癇

飲酒避忌

飲酒避忌

酒味苦甘辛大熱有毒主行藥勢殺百邪去惡氣通
血脉厚腸胃潤肌膚消憂愁少飲尤佳多飲傷神損
壽易人本性其毒甚也醉飲過度喪生之源

飲酒不欲使多知其過多速吐之為佳不爾成痰疾

醉勿酩酊大醉即終身百病不除

酒不可久飲恐腐爛腸胃漬髓蒸筋

醉不可當風卧生風疾　醉不可向陽卧令人發狂

醉不可令人扇生偏枯　醉不可露卧生冷痺

醉而出汗當風為漏風　醉不可卧黍穰生癩疾

醉不可強食嗔怒生癰疽
醉不可走馬及跳躑傷筋骨
醉不可接房事小者面生䵟欬嗽大者傷臟澼痔疾
醉不可冷水洗面生瘡　醉醒不可再投損後又損
醉不可高呼大怒令人生氣疾
晦勿大醉忌月空　醉不可飲酪水成噎病
醉不可便卧面生瘡癤内生積聚
大醉勿燃燈叫恐魂魄飛揚不守
醉不可飲冷漿水失聲成尸噎
飲酒酒漿照不見人影勿飲

醉不可忍小便成癃閉膝勞冷痺
空心飲酒醉必嘔吐　醉不可忍大便生腸澼痔
酒忌諸甜物　酒醉不可食猪肉生風
醉不可強舉力傷筋損力
飲酒時大不可食猪羊腦大損人煉真之士尤宜忌
酒醉不可當風乘凉露脚多生脚氣
醉不可卧濕地傷筋骨生冷痺痛
醉不可澡浴多生眼目之疾
如患眼疾人切忌醉酒食蒜

聚珍異饌

馬思荅吉湯
補益温中順氣
羊肉一脚子卸成事件　草果五箇　官桂二錢
回回豆子半升擣碎去皮
右件一同熬成湯濾淨下熟回回豆子二合香粳米一升馬思荅吉一錢塩少許調和匀下事件肉芫荽葉

大麥湯
温中下氣壯脾胃止煩渴破冷氣去腹脹

羊肉一脚子卸成事件 草果五箇

大麥仁二升滚水淘洗淨微炒熟

右件熬成湯濾淨下大麥仁熬熟鹽少許調和令匀

下事件肉

八兒不湯係西天茶飯名

補中下氣寛胷膈

羊肉一脚子卸成事件 草果五箇

回回豆子半升擣碎去皮 蘿蔔二箇

右件一同熬成湯濾淨湯内下羊肉切如色數大熟

蘿蔔切如色數大咱夫蘭一錢薑黄二錢胡椒二錢

哈昔泥半錢芫荽葉鹽少許調和匀對香粳米乾飯

食之入醋少許

沙乞某兒湯

補中下氣和脾胃

羊肉一脚子卸成事件 草果五箇

回回豆子半升擣碎去皮 沙乞某兒五箇係蔓菁

右件一同熬成湯濾淨下熟回回豆子二合香粳米

一升熟沙乞某兒切如色數大下事件肉鹽少許調

和令匀

苦豆湯

補下元理腰膝温中順氣

羊肉一脚子卸成事件 草果五箇 苦豆一兩係葫蘆巴

右件一同熬成湯濾淨下河西兀麻食或米心餜子

哈昔泥半錢鹽少許調和

木瓜湯

補中順氣治腰膝疼痛脚氣不仁

羊肉一脚子卸成事件 草果五箇

回回豆子半升擣碎去皮

右件一同熬成湯濾淨下香粳米一升熟回回豆子

二合肉彈兒木瓜二斤取汁沙糖四兩鹽少許調和

或下事件肉

鹿頭湯

補益止煩渴治脚膝疼痛

鹿頭蹄一付退洗淨卸作塊

右件用哈昔泥豆子大研如泥與鹿頭蹄肉同拌匀

用回回小油四兩同炒入滚水熬令軟下胡椒三錢

哈昔泥二錢蓽撥一錢牛妳子一盞生薑汁一合鹽

少許調和一法用鹿尾取汁入薑末鹽同調和

松黄湯

補中益氣壯筋骨

羊肉一脚子卸成事件 草果五箇
回回豆子半升擣碎去皮
右件同熬成湯濾淨熟羊胷子一箇切作色數大松黄汁二合生薑汁半合一同下炒葱鹽醋芫荽葉調和匀對經捲兒食之

粆湯

補中益氣建脾胃

羊肉一脚子卸成事件 草果五箇 回回豆子半升去皮

右件同熬成湯濾淨熟乾羊胷子一箇切片粆三升白菜或蕁麻菜一同下鍋鹽調和匀

大麥筭子粉

補中益氣建脾胃

羊肉一脚子卸成事件 草果五箇 回回豆子半升去皮

右件同熬成湯濾淨大麥粉三斤豆粉一斤同作粉羊肉炒細乞馬生薑汁二合芫荽葉鹽醋調和

大麥片粉

補中益氣建脾胃

羊肉一脚子卸成事件 草果五箇 良薑二錢

右件同熬成湯濾淨下羊肝醬取清汁胡椒五錢熟羊肉切作甲葉糟薑二兩瓜虀一兩切如甲葉鹽醋調和或渾汁亦可

糯米粉搊粉

補中益氣

羊肉一脚子卸成事件 草果五箇 良薑二錢

右件同熬成湯濾淨用羊肝醬熬取清汁下胡椒五錢糯米粉二斤與豆粉一斤同作搊粉羊肉切細乞馬入鹽醋調和渾汁亦可

河㹠羹

補中益氣

羊肉一脚子卸成事件 草果五箇

右件同熬成湯濾淨用羊肉切細乞馬陳皮五錢去白葱二兩細切料物二錢鹽醬拌餡兒皮用白麪三斤作河㹠小油煠熟下湯内入鹽調和或清汁亦可

阿菜湯

補中益氣

羊肉一脚子卸成事件 草果五箇 良薑二錢

右件同熬成湯濾淨下羊肝醬同取清汁入胡椒五錢另羊肉切片羊尾子一箇羊舌一箇羊腰子一付各切甲葉蘑菰二兩白菜一同下清汁鹽醋調和鷄頭粉雀舌餌子

補中益精氣

羊肉一脚子卸成事件　草果五箇

回回豆子半升擣碎去皮

右件同熬成湯濾淨用鷄頭粉二斤豆粉一斤同和切作餌子羊肉切細乞馬生薑汁一合炒葱調和

鷄頭粉血粉

補中益精氣

羊肉一脚子卸成事件　草果五箇

回回豆子半升擣碎去皮

右件同熬成湯濾淨用鷄頭粉二斤豆粉一斤羊血和作搊粉羊肉切細乞馬炒葱醋一同調和

鷄頭粉撧麵

補中益精氣

羊肉一脚子卸成事件　草果五箇

回回豆子半升擣碎去皮

右件同熬成湯濾淨用鷄頭粉二斤豆粉一斤白麵一斤同作麵羊肉切片兒乞馬入炒葱醋一同調和

鷄頭粉搊粉

補中益精氣

羊肉一脚子卸成事件　草果五箇　良薑二錢

右件同熬成湯濾淨用羊肝醬同取清汁入胡椒一兩次用鷄頭粉二斤豆粉一斤同作搊粉羊肉切細乞馬下塩醋調和

鷄頭粉餛飩

補中益氣

羊肉一脚子卸成事件　草果五箇

回回豆子半升擣碎去皮

右件同熬成湯濾淨用羊肉切作餡下陳皮一錢去白生薑一錢細切五味和勻次用鷄頭粉二斤豆粉一斤作枕頭餛飩湯內下香粳米一升熟回回豆子二合生薑汁二合木瓜汁一合同炒葱塩勻調和

雜羹

補中益氣

羊肉一脚子卸事件　草果五箇

回回豆子半升擣碎去皮

右件同熬成湯濾淨羊頭洗淨二箇羊肚肺各二具羊白血雙腸兒一付並煑熟切次用豆粉三斤作粉蘑菰半斤杏泥半斤胡椒一兩入青菜芫荽炒葱塩醋調和

葷素羹

補中益氣
羊肉一脚子卸成事件　草果五箇
回回豆子半升擣碎去皮
右件同熬成湯濾淨豆粉三斤作片粉精羊肉切條
道乞馬山藥一斤糟薑二塊瓜虀一塊乳餅一箇胡
蘿蔔十箇蘑菰半斤生薑四兩各切雞子十箇打煎
餅切用麻泥一斤杏泥半斤同炒葱鹽醋調和

珍珠粉

補中益氣
羊肉一脚子卸成事件　草果五箇
回回豆子半升擣碎去皮
右件同熬成湯濾淨羊肉切乞馬心肝肚肺各一具
生薑二兩糟薑四兩瓜虀一兩胡蘿蔔十箇山藥一
斤乳餅一箇雞子十箇作煎餅各切次用麻泥一斤
同炒葱鹽醋調和

黄湯

補中益氣
羊肉一脚子卸成事件　草果五箇
回回豆子半升擣碎去皮
右件同熬成湯濾淨下熟回回豆子二合香粳米一
升胡蘿蔔五箇切用羊後脚肉丸肉彈兒肋枝一箇
切寸金薑黄三錢薑末五錢咱夫蘭一錢芫荽葉同
鹽醋調和

三下鍋

補中益氣
羊肉一脚子卸成事件　草果五箇　良薑二錢
右件同熬成湯濾淨用羊後脚肉丸肉彈兒丁頭餌
子羊肉指甲匾食胡椒一兩同鹽醋調和

葵菜羹

順氣治癃閉不通性寒不可多食今與諸物同製
造其性稍温
羊肉一脚子卸成事件　草果五箇　良薑二錢
右件同熬成湯熟羊肚肺各一具切蘑菰半斤切胡
椒五錢白麵一斤拌雞爪麵下葵菜炒葱鹽醋調和

瓠子湯

性寒主消渴利水道
羊肉一脚子卸成事件　草果五箇
右件同熬成湯濾淨用瓠子六箇去穰皮切掠熟羊
肉切片生薑汁半合白麵二兩作麵絲同炒葱鹽醋調
和

團魚湯

主傷中益氣補不足

羊肉一脚子卸成事件 草果五箇

右件熬成湯濾淨團魚五六箇煑熟去皮骨切作塊用麵二兩作麵絲生薑汁一合胡椒一兩同炒葱塩醋調和

盞蒸

補中益氣

撏羊背皮或羊肉三脚子卸成事件 草果五箇

良薑二錢 陳皮二錢去白 小椒二錢

右件用杏泥一斤松黃二合生薑汁二合同炒葱塩五味調匀入盞內蒸令軟熟對經捲兒食之

臺苗羹

補中益氣

羊肉一脚子卸成事件 草果五箇 良薑二錢

右件熬成湯濾淨用羊肝下醬取清汁豆粉五斤作粉乳餅一箇山藥一斤胡蘿蔔十箇羊尾子一箇羊肉等各切細入臺子菜韮菜胡椒一兩塩醋調和

熊湯

治風痺不仁脚氣

熊肉二脚子煑熟切塊 草果三箇

右件用胡椒三錢哈昔泥一錢薑黃二錢縮砂二錢咱夫蘭一錢葱塩醬一同調和

鯉魚湯

治黃疸止渴安胎有宿瘕者不可食之

大新鯉魚十頭去鱗肚洗淨 小椒末五錢

右件用芫荽末五錢葱二兩切酒少許塩一同淹拌清汁內下魚次下胡椒末五錢生薑末三錢蓽撥末三錢塩醋調和

炒狼湯

古本草不載狼肉今云性熱治虚弱然食之未聞有毒今製造用料物以助其味暖五藏溫中

狼肉一脚子卸成事件 草果三箇 胡椒五錢

哈昔泥一錢 蓽撥二錢 縮砂二錢 薑黃二錢

咱夫蘭一錢

右件熬成湯用葱醬塩醋一同調和

圍像

補益五藏

羊肉一脚子煑熟細切 羊尾子二箇熟切細

藕二枝 蒲笋二斤 黃瓜五箇 生薑半斤

乳餅二箇 糟薑四兩 瓜虀半斤 鷄子一十箇煎作餅
蘑菰一斤 蔓菁菜 韭菜各切條道
右件用好肉湯調麻泥二斤薑末半斤同炒葱塩醋調和對胡餅食之

春盤麵
補中益氣
白麵六斤切細麵 羊肉二脚子煑熟切條道乞馬
羊肚肺各一箇煑熟切 鷄子五箇煎作餅裁旛
生薑四兩切 韭黃半斤 蘑菰四兩 臺子菜
蓼牙 胭脂
右件用清汁下胡椒一兩塩醋調和

皂羹麵
補中益氣
白麵六斤切細麵 羊胷子二箇退洗淨煮熟切如色數塊
右件用紅麵三錢淹拌熬令軟同入清汁內下胡椒一兩塩醋調和

山藥麵
補虛羸益元氣
白麵六斤 鷄子十箇取白 生薑汁二合 豆粉四兩
右件用山藥三斤煑熟研泥同和麵羊肉二脚子切丁頭乞馬用好肉湯下炒葱塩調和

掛麵
補中益氣
羊肉一脚子切細乞馬 掛麵六斤 蘑菰半斤洗淨切
鷄子五箇煎作餅 糟薑一兩切 瓜虀一兩切
右件用清汁下胡椒一兩塩醋調和

經帶麵
補中益氣
羊肉一脚子炒焦肉乞馬 蘑菰半斤洗淨切
右件用清汁下胡椒一兩塩醋調和

羊皮麵
補中益氣
羊皮二箇撏洗淨煑軟 羊舌二箇熟
羊腰子四箇熟各切如甲葉 蘑菰一斤洗淨 糟薑四兩各切如甲葉
右件用好肉釃湯或清汁下胡椒一兩塩醋調和

秃秃麻食係手撇麵
補中益氣
白麵六斤作秃秃麻食 羊肉一脚子炒焦肉乞馬
右件用好肉湯下炒葱調和勻下蒜酪香菜末

細水滑絹邊水滑一同

補中益氣

白麪六斤作水滑 羊肉二脚子炒焦肉乞馬

鷄兒一箇熟切絲 蘑菰半斤洗淨切

右件用清汁下胡椒一兩塩醋調和

水龍䭔子

補中益氣

羊肉二脚子熟切作乞馬 白麪六斤切作錢眼䭔子

鷄子十箇 山藥一斤 糟薑四兩 胡蘿蔔五箇

瓜虀二兩各切細 三色彈兒內一色肉彈兒外二色粉鷄子彈兒

右件用清汁下胡椒二兩塩醋調和

馬乞係手搓麪或糯米粉鷄頭粉亦可

補中益氣

白麪六斤作馬乞 羊肉二脚子熟切乞馬

右件用好肉湯炒葱醋塩一同調和

搠羅脫因係畏兀兒茶飯

補中益氣

白麪六斤和按作錢樣 羊肉二脚子熟切 羊舌二箇熟切

山藥一斤 蘑菰半斤 胡蘿蔔五箇 糟薑四兩切

右件用好釅肉湯同下炒葱醋調和

乞馬粥

補脾胃益氣力

羊肉一脚子卸成事件熬成湯濾淨 粱米二升淘洗淨

右件用精肉切碎乞馬先將米下湯內次下乞馬米葱塩熬成粥或下圓米或折米或渴米皆可

湯粥

補脾胃益腎氣

羊肉一脚子卸成事件

右件熬成湯濾淨次下粱米二升作粥熟下米葱塩或下圓米渴米折米皆可

粱米淡粥

補中益氣

粱米二升

右先將水滚過澄清濾淨次將米淘洗三五遍熬成粥或下圓米渴米折米皆可

河西米湯粥

補中益氣

羊肉一脚子卸成事件 河西米二升

右熬成湯濾淨下河西米淘洗淨次下細乞馬米葱塩同熬成粥或不用乞馬亦可

撒速湯係西天茶飯名

治元藏虛冷腹內冷痛腰脊酸疼

羊肉二腳子頭蹄一付 草果四箇 官桂三兩 生薑半斤

哈昔泥如回回豆子兩箇大

右件用水一鐵絡熬成湯於石頭鍋內盛頓下石榴子一斤胡椒二兩塩少許炮石榴子用小油一杓哈昔泥如豌豆一塊炒鵝黃色微黑湯末子油去淨澄清用甲香甘松哈昔泥酥油燒煙薰缾封貯任意

炙羊心

治心氣驚悸鬱結不樂

羊心一箇帶系桶 咱夫蘭三錢

右件用玫瑰水一盞浸取汁入塩少許簽子簽羊心於火上炙將咱夫蘭汁徐徐塗之汁盡為度食之安寧心氣令人多喜

炙羊腰

治卒患腰眼疼痛者

羊腰一對 咱夫蘭一錢

右件用玫瑰水一杓浸取汁入塩少許簽子簽腰子火上炙將咱夫蘭汁徐徐塗之汁盡為度食之甚有効驗

攢鷄兒

肥鷄兒十箇撏洗淨熟切攢 生薑汁一合 葱二兩切

薑末半斤 小椒末四兩 麵二兩作麵絲

右件用煮鷄兒湯炒葱醋入薑汁調和

炒鵪鶉

鵪鶉二十箇打成事件 蘿蔔二箇切 薑末四兩

羊尾子一箇各切如色數 麵二兩作麵絲

右件用煮鵪鶉湯炒葱醋調和

盤兎

兎兒二箇切作事件 蘿蔔二箇切

羊尾子一箇切片 細料物二錢

右件用炒葱醋調和下麵絲二兩調和

河西肺

羊肺一箇 韭六斤取汁 麵二斤打糊 酥油半斤

胡椒二兩 生薑汁二合

右件用塩調和勻灌肺煮熟用汁澆食之

薑黃腱子

羊腱子一箇熟 羊肋枝二箇截作長塊 豆粉一斤

白麵一斤 咱夫蘭二錢 梔子五錢

右件用塩料物調和搽腱子下小油煠

鼓兒簽子

羊肉五斤切細 羊尾子一箇切細 鷄子十五箇 生薑二錢

葱二兩切 陳皮二錢去白 料物三錢

右件調和勻入羊白腸內煑熟切作鼓樣用豆粉一斤白麪一斤咱夫蘭一錢梔子三錢取汁同拌鼓兒簽子入小油煠

帶花羊頭

羊頭三箇熟切 羊腰子四箇 羊肚肺各一具煑熟切攢胭脂染

生薑四兩 糟薑二兩各切 鷄子五箇作花樣 蘿蔔三箇作花樣

右件用好肉湯炒葱塩醋調和

魚彈兒

大鯉魚十箇去皮骨頭尾 羊尾子二箇同剁為泥 生薑一兩切細

葱二兩切細 陳皮末三錢 胡椒末一兩 哈昔泥二錢

右件下塩入魚肉內拌勻丸如彈兒用小油煠

芙蓉鷄

鷄兒十箇熟攢 羊肚肺各一具熟切 生薑四兩切

胡蘿蔔十箇切 鷄子二十箇煎作餅刻花樣 赤根芫荽打糝

胭脂 梔子染 杏泥一斤

右件用好肉湯炒葱醋調和

肉餅兒

精羊肉十斤去脂膜筋搥為泥 哈昔泥三錢 胡椒二兩

蓽撥一兩 芫荽末一兩

右件用塩調和勻捻餅入小油煠

塩腸

羊苦腸水洗淨

右件用塩拌勻風乾入小油煠

腦瓦剌

熟羊胷子二箇切薄片 鷄子二十箇熟

右件用諸般生菜一同捲餅

薑黃魚

鯉魚十箇去皮鱗 白麪二斤 豆粉一斤 芫荽末二兩

右件用塩料物淹拌過搽魚入小油煠熟用生薑二兩切絲芫荽葉胭脂染蘿蔔絲炒葱調和

攢鴈

鴈五箇煑熟切攢 薑末半斤

右用好肉湯炒葱塩調和

猪頭薑豉

猪頭二箇洗淨切成塊 陳皮二錢去白 良薑二錢 小椒二錢

官桂二錢 草果五箇 小油一斤 蜜半斤

右件一同熬成次下芥末炒葱醋塩調和

蒲黃瓜虀

淨羊肉十斤煑熟切如瓜虀　小椒一兩　蒲黃半斤

右件用細料物一兩塩同拌勻

攢羊頭

羊頭五箇煑熟攢　薑末四兩　胡椒一兩

右件用好肉湯炒葱塩醋調和

攢牛蹄馬蹄熊掌一同

牛蹄一付煑熟攢　薑末二兩

右件用好肉湯同炒葱塩調和

細乞思哥

羊肉一脚子煑熟切細　蘿蔔二箇熟切細　羊尾子一箇熟切

哈夫兒二錢

右件用好肉湯同炒葱調和

肝生

羊肝一箇水浸切細絲　生薑四兩切細絲　蘿蔔二箇切細絲

香菜蓼子各二兩切細絲

右件用塩醋芥末調和

馬肚盤

馬肚腸一付煑熟切　芥末半斤

右件將白血灌腸刻花樣澀脾和脂剁心子攢成炒

葱塩醋芥末調和

煠腝兒係細項

腝兒二箇卸成各一節　哈昔泥一錢　葱一兩切細

右件用塩一同淹拌少時入小油煠熟次用咱夫蘭

二錢水浸汁下料物芫荽末同糝拌

熬蹄兒

羊蹄五付退洗淨煑軟切成塊　薑末一兩　料物五錢

右件下麵絲炒葱醋塩調和

熬羊胷子

羊胷子二箇退毛洗淨煑軟切作色數塊　薑末二兩　料物五錢

右件用好肉湯下麵絲炒葱塩醋調和

魚膾

新鯉魚五箇去皮骨頭尾　生薑二兩　蘿蔔二箇　葱一兩

香菜蓼子各切如絲　胭脂打糝

右件下芥末炒葱塩醋調和

紅絲

羊血同白麵依法煑熟　生薑四兩　蘿蔔一箇

香菜蓼子各一兩切細絲

右件用塩醋芥末調和

燒鴈燒鷄鵝燒鴨子等一同

鴈一箇去毛腸肚淨 羊肚一箇退洗淨包鴈 葱二兩 芫荽末一兩

右件用塩同調入鴈腹内燒之

燒水札

水札十箇挦洗淨 芫荽末一兩 葱十莖 料物五錢

右件用塩同拌匀燒或以肥麵包水札就籠内蒸熟亦可或以酥油水和麵包水札入爐鏊内爐熟亦可

柳蒸羊

羊一口帶毛

右件於地上作爐三尺深周回以石燒令通赤用鐵芭盛羊上用柳子盖覆土封以熟為度

倉饅頭

羊肉 羊脂 葱 生薑 陳皮各切細

右件入料物塩醬拌和為餡

鹿妳肪饅頭或做倉饅頭或做皮薄饅頭皆可

鹿妳肪 羊尾子各切如指甲片 生薑 陳皮各切細

右件入料物塩拌和為餡

茄子饅頭

羊肉 羊脂 羊尾子 葱 陳皮各切細 嫩茄子去穰

右件同肉作餡却入茄子内蒸下蒜酪香菜末食之

剪花饅頭

羊肉 羊脂 羊尾子 葱 陳皮各切細

右件依法入料物塩醬拌餡包饅頭用剪子剪諸般花樣蒸用胭脂染花

水晶角兒

羊肉 羊脂 羊尾子 葱 陳皮 生薑各切細

右件入細料物塩醬拌匀用豆粉作皮包之

酥皮奄子

羊肉 羊脂 羊尾子 葱 陳皮 生薑各切細或下哈孫係山丹根

右件入料物塩醬拌匀用小油米粉與麵同和作皮

撇列角兒

羊肉 羊脂 羊尾子 新韭各切細

右件入料物塩醬拌匀白麵作皮鏊上炮熟次用酥油蜜或以葫蘆瓠子作餡亦可

時蘿角兒

羊肉 羊脂 羊尾子 葱 陳皮 生薑各切細

右件入料物塩醬拌匀用白麵蜜與小油拌入鍋内滚水攪熟作皮

天花包子或作蟹黄亦可 藤花包子一同

羊肉 羊脂 羊尾子 葱 陳皮 生薑各切細

天花滚水燙熟洗淨切細

右件入料物塩醬拌餡白麵作薄皮蒸

荷蓮兜子

羊肉三脚子切　羊尾子二箇切　雞頭仁八兩

松黄八兩　八檐仁四兩　蘑菰八兩　杏泥一斤

胡桃仁八兩　必思荅仁四兩　胭脂一兩

梔子四錢　小油二斤　生薑八兩　豆粉四斤

山藥三斤　鷄子三十箇　羊肚肺各二付　苦腸一付

葱四兩　醋半餅　芫荽葉

右件用塩醬五味調和匀豆粉作皮入盞内蒸用松黄汁澆食

黑子兒燒餅

白麵五斤　牛妳子二升　酥油一斤　黑子兒一兩微炒

右件用塩減少許同和麵作燒餅

牛妳子燒餅

白麵五斤　牛妳子二升　酥油一斤　茴香一兩微炒

右件用塩減少許同和麵作燒餅

餪餅經捲兒一同

白麵十斤　小油一斤　小椒一兩炒去汗　茴香一兩炒

右件隔宿用酵子塩減温水一同和麵次日入麵接肥再和成麵每斤作二箇入籠内蒸

頗兒必湯即羊辟膝骨

生男女虚勞寒中羸瘦陰氣不足利血脉益經氣

頗兒必三四十箇水洗淨

右件用水一鐵絡同熬四分中熬取一分澄濾淨去油去滓再凝定如欲食任意多少

米哈訥關列孫

治五勞七傷藏氣虚冷常服補中益氣

羊後脚一箇去筋膜切碎

右件用淨鍋内乾爁熟令蓋封閉不透氣後用淨布絞紐取汁

飲膳正要卷第一

飲膳正要卷第二

諸般湯煎

諸般湯煎

桂漿

生津止渴益氣和中去濕逐飲

生薑三斤取汁　熟水二斗　赤茯苓三兩去皮為末　桂三兩去皮為末

麴末半斤　杏仁一百箇湯洗去皮尖生研為泥　大麥糵半兩為末

白沙蜜三斤煉淨

右用前藥蜜水拌和勻入淨磁罐內油紙封口數重泥固濟冰窨內放三日方熟綿濾冰浸暑月飲之

桂沉漿

去濕逐飲生津止渴順氣

紫蘇葉一兩剉　沉香三錢剉　烏梅一兩取肉　沙糖六兩

右件四味用水五六椀熬至三椀濾去滓入桂漿一升合和作漿飲之

荔枝膏

生津止渴去煩

烏梅半斤取肉　桂一十兩去皮剉　沙糖二十六兩　麝香半錢研

生薑汁五兩　熟蜜一十四兩

右用水一斗五升熬至一半濾去滓下沙糖生薑汁再熬去柤澄定少時入麝香攪勻澄清如常任意服

梅子丸

生津止渴解化酒毒去濕

烏梅一兩半取肉　白梅一兩半取肉　乾木瓜一兩半

紫蘇葉一兩半　甘草一兩炙　檀香二錢　麝香一錢研

右為末入麝香和勻沙糖為丸如彈大每服一丸噙化

五味子湯代葡萄酒飲

生津止渴暖精益氣

北五味一斤淨肉　紫蘇葉六兩　人參四兩去蘆剉　沙糖二斤

右件用水二斗熬至一斗濾去滓澄清任意服之

人參湯代酒飲

順氣開胷膈止渴生津

新羅參四兩去蘆剉　橘皮一兩去白　紫蘇葉二兩

沙糖一斤

右件用水二斗熬至一斗去滓澄清任意飲之

仙朮湯

去一切不正之氣溫脾胃進飲食辟瘟疫除寒濕

蒼朮一斤米泔浸三日竹刀子切片焙乾為末　茴香二兩炒為末

甘草二兩炒為末　白麪一斤炒　乾棗二升焙乾為末　鹽四兩炒

右件一同和勻每日空心白湯點服

杏霜湯

調順肺氣利胷膈治欬嗽

粟米五升炒為麵　杏仁二升去皮尖麩炒研　鹽三兩炒

右件拌勻每日空心白湯調一錢入酥少許尤佳

山藥湯

補虛益氣溫中潤肺

山藥一斤煮熟　粟米半升炒為麵　杏仁二斤炒令過熟去皮尖切如米

右件每日空心白湯調二錢入酥油少許山藥任意

四和湯

治腹內冷痛脾胃不和

白麪一斤炒　芝麻一斤炒　茴香二兩炒　鹽一兩炒

右件並為末每日空心白湯點服

棗薑湯

和脾胃進飲食

生薑一斤切作片　棗三升去核炒　甘草二兩炒　鹽二兩炒

右件為末一處拌勻每日空心白湯點服

茴香湯

治元藏虛弱臍腹冷痛

茴香一斤炒　川楝子半斤　陳皮半斤去白　甘草四兩炒

鹽半斤炒

右件為細末相和勻每日空心白湯點服

破氣湯

治元藏虛弱腹痛胷膈閉悶

杏仁一斤去皮尖麩炒別研　茴香四兩炒　良薑一兩

蓽澄茄二兩　陳皮二兩去白　桂花半斤　薑黃一兩

木香一兩　丁香一兩　甘草半斤　鹽半斤

右件為細末空心白湯點服

白梅湯

治中熱五心煩燥霍亂嘔吐乾渴津液不通

白梅肉一斤　白檀四兩　甘草四兩　鹽半斤

右件為細末每服一錢入生薑汁少許白湯調下

木瓜湯

治脚氣不仁膝勞冷痺疼痛

木瓜 四箇蒸熟去皮研爛如泥 白沙蜜 二斤煉淨

右件二味調和匀入淨磁器内盛之空心白湯點服

橘皮醒醒湯

治酒醉不鮮嘔噫吞酸

香橙皮 一斤去白 陳橘皮 一斤去白 檀香 四兩 葛花 半斤

蓀荳花 半斤 人參 二兩去蘆 白荳蔻仁 二兩

鹽 六兩炒

右件為細末每日空心白湯點服

渴忒餅兒

生津止渴治嗽

渴忒 一兩二錢 新羅參 一兩去蘆 菖蒲 一錢各為細末

白納八 三兩研係沙糖

右件將渴忒用葡萄酒化成膏和上項藥末令匀為

劑印作餅每用一餅徐徐噙化

官桂渴忒餅兒

生津止寒嗽

官桂 二錢為末 渴忒 一兩二錢 新羅參 一兩二錢去蘆為末

白納八 三兩研

右件將渴忒用玫瑰水化成膏和藥末為劑用訶子

油印作餅子每用一餅徐徐噙化

荅必納餅兒

清頭目利咽膈生津止渴治嗽

荅必納 二錢為末即草龍膽 新羅參 一兩二錢去蘆為末 白納八 五兩研

右件用赤赤哈納 即北地酸角兒 熬成膏和藥末為劑印作

餅兒每用一餅徐徐噙化

橙香餅兒

寬中順氣清利頭目

新橙皮 一兩焙去白 沉香 五錢 白檀 五錢 硇砂 五錢

白荳蔻仁 五錢 華澄茄 三錢 南鵬砂 三錢別研

龍腦 二錢別研 麝香 二錢別研

右件為細末甘草膏和劑印餅每用一餅徐徐噙化

牛髓膏子

補精髓壯筋骨和血氣延年益壽

黃精膏 五兩 地黃膏 三兩 天門冬膏 一兩

牛骨頭内取油 二兩

右件將黃精膏地黃膏天門冬膏與牛骨油一同不

住手用銀匙攪令冷定和匀成膏每日空心温酒調

一匙頭

木瓜煎
木瓜十箇去皮穰取汁熬水盡　白沙糖十斤煉淨
右件一同再熬成煎
香圓煎
香圓二十箇去皮取肉　白沙糖十斤煉淨
右件一同再熬成煎
株子煎
株子一百箇取淨肉　白沙糖五斤煉淨
右件同熬成煎
紫蘇煎
紫蘇葉五斤　乾木瓜五斤　白沙糖十斤煉淨
右件一同熬成煎
金橘煎
金橘五十箇去子取皮　白沙糖三斤
右件一同熬成煎
櫻桃煎
櫻桃五十斤取汁　白沙糖二十五斤　同熬成煎
桃煎
大桃一百箇去皮切片取汁　白沙蜜二十斤煉淨
右件一同熬成煎

石榴漿
石榴子十斤取汁　白沙糖十斤煉淨
右件一同熬成煎
小石榴煎
小石榴二斗蒸熟去子研爲泥　白沙蜜十斤煉淨
右件一同熬成煎
五味子舍兒別
新北五味十斤去子水浸取汁　白沙糖八斤煉淨
右件一同熬成煎
赤赤哈納係酸刺
赤赤哈納不以多少水浸取汁
右件用銀石器內熬成膏
松子油
松子不以多少去皮搗研爲泥
右件水絞取汁熬成取浮清油綿濾淨再熬澄清
杏子油
杏子不以多少連皮搗碎
右件水煮熬取浮油綿濾淨再熬成油
酥油
牛乳中取浮凝熬而爲酥

醍醐油

取上等酥油約重千斤之上者煎熬過濾淨用大磁瓮貯之冬月取瓮中心不凍者謂之醍醐

馬思哥油

取淨牛妳子不住手用阿赤（係打油木器也）打取浮凝者為馬思哥油今亦云白酥油

枸杞茶

枸杞五斗水淘洗淨去浮麥焙乾用白布筒淨去蒂萼黑色選揀紅熟者先用雀舌茶展溲碾子茶芽不用次碾枸杞為細末每日空心用匙頭入酥油攪勻溫酒調下白湯亦可（忌與酪同食）

玉磨茶

上等紫筍五十斤篩筒淨　蘇門炒米五十斤篩筒淨一同拌和勻入玉磨內磨之成茶

金字茶

係江南湖州造進末茶

范殿帥茶

係江浙慶元路造進茶芽味色絕勝諸茶

紫筍雀舌茶

選新嫩芽蒸過為紫筍有先春次春探春味皆不及紫筍雀舌

女須兒（出直北地面味溫甘）　西番茶（出本土味苦澀煎用酥油）

川茶　藤茶　夸茶（皆出四川）　燕尾茶（出江浙江西）

孩兒茶（出廣南）　溫桑茶（出黑峪）

凡諸茶味甘苦微寒無毒去痰熱止渴利小便消食下氣清神少睡

清茶

先用水滚過濾淨下茶芽少時煎成

炒茶

用鐵鍋燒赤以馬思哥油牛妳子茶芽同炒成

蘭膏

玉磨末茶三匙頭麵酥油同攪成膏沸湯點之

酥簽

金字末茶兩匙頭入酥油同攪沸湯點之

建湯

玉磨末茶一匙入碗內研勻百沸湯點之

香茶

白茶（一袋）　龍腦成片者（三錢）　百藥煎（半錢）　麝香（二錢）　同研細用香粳米熬成粥和成劑印作餅

泉水
甘平無毒治消渴反胃熱痢今西山有玉泉水甘
美味勝諸泉
井華水
甘平無毒主人九竅大驚出血以水噀面即住及
洗人目瞖投酒醋中令不損敗平旦汲者是也今
內府御用之水常於鄒店取之緣自至大初
武宗皇帝幸柳林飛放請
皇太后同往觀焉由是道經鄒店因渴思茶遂
命普蘭奚國公金界奴朵兒只煎造公親詣諸井
選水惟一井水味頗清甘汲取煎茶以進
上稱其茶味特異
內府常進之茶味色兩絕乃
命國公於井所建觀音堂蓋亭井上以欄翼之刻
石紀其事自後
御用之水日必取焉所造湯茶比諸水殊勝隣左有
井皆不及也此水煎熬過澄瑩如一常較其分兩
與別水增重

神仙服食

神仙服食
鐵甕先生瓊玉膏
此膏填精補髓腸化為筋萬神具足五藏盈溢髓
血滿髮白變黑返老還童行如奔馬日進數服終
日不食亦不飢開通強志日誦萬言神識高邁夜
無夢想人年二十七歲以前服此一料可壽三百
六十歲四十五歲以前服者可壽二百四十歲六
十三歲以前服者可壽一百二十歲六十四歲以
上服者可壽百歲服之十劑絕其慾修陰功成地
仙矣一料分五處可救五人癰疾分十處可救十

人勞疾修合之時沐浴至心勿輕示人

新羅參二十四兩去蘆　生地黃一十六斤汁

白茯苓四十九兩去黑皮　白沙蜜一十斤煉淨

右件人參茯苓爲細末蜜用生絹濾過地黃取自然汁擣時不用銅鐵器取汁盡去滓用藥一處拌和勻入銀石器或好磁器內封用淨紙二三十重封閉入湯內以桑柴火煑三晝夜取出用蠟紙數重包瓶口入井口去火毒一伏時取出再入舊湯內煑一日出水氣取出開封取三匙作三盞祭天地百神焚香設拜至誠端心每日空心酒調一匙頭

地仙煎

治腰膝疼痛一切腹內冷病令人顏色悅澤骨髓堅固行及奔馬

山藥一斤　杏仁一升湯泡去皮尖　生牛妳子二升

右件將杏仁研細入牛妳子山藥拌絞取汁用新磁瓶密封湯煑一日每日空心酒調一匙頭

金髓煎

延年益壽塡精補髓久服髮白變黑返老還童

枸杞不以多少採紅熟者

右用無灰酒浸之冬六日夏三日於沙盆內研令爛細然後以布袋絞取汁與前浸酒一同慢火熬成膏於淨磁器內封貯重湯煑之每服一匙頭入酥油少許溫酒調下

天門冬膏

去積聚風痰癱瘓三蟲伏尸除瘟疫輕身益氣令人不飢延年不老

天門冬不以多少去皮去根鬚洗淨

右件擣碎布絞取汁澄清濾過用磁器沙鍋或銀器慢火熬成膏每服一匙頭空心溫酒調下

道書八帝經

欲不畏寒取天門冬茯苓爲末服之每日頻服大寒時汗出單衣

抱朴子云

杜紫微服天門冬御八十妾有子一百四十人日行三百里

列仙子云

赤松子食天門冬齒落更生細髮復出

神仙傳

甘始者太原人服天門冬在人間三百年

修真秘旨

神仙服天門冬一百日後怡泰和顏羸劣者強三百日身輕三年身走如飛

抱朴子云

楚文子服地黃八年夜視有光手上車弩

抱朴子云

南陽文氏值亂逃於壺山飢困有人教之食朮遂不飢數年乃還鄉里顏色更少氣力轉勝

藥經云

必欲長生當服山精是蒼朮也

抱朴子云

任季子服茯苓一十八年玉女從之能隱彰不食穀面生光

孫真人枕中記

茯苓久服百日百病除二百日夜晝二服後役使鬼神四年後玉女來侍

抱朴子云

陵陽仲子服遠志二十年有子三十人開書所見便記不忘

東華真人煑石經

舜常登蒼梧山曰厥金玉香草即五加也服之延年故云寧得一把五加不用金玉滿車寧得一斤地榆安用明月寶珠昔魯定公母單服五加皮酒以致長生如張子聲楊始建王叔才于世彥等皆古人服五加皮酒而房室不絕皆壽三百歲有子三二十人世世有服五加皮酒而獲年壽者甚衆

抱朴子云

趙他子服桂二十年足下毛生日行五百里力舉千斤

列仙傳

偓佺食松子能飛行健走如奔馬

神仙傳

松子不以多少研為膏空心溫酒調下一匙頭日三服則不飢渴久服日行五百里身輕體健

神仙傳

治百節疼痛久風虛腳痺痛松節釀酒服之神驗

神仙傳

槐實於牛膽中漬浸百日陰乾每日吞一枚十日身輕二十日白髮再黑百日通神

食療云

枸杞葉能令人筋骨壯除風補益去虛勞益陽事

春夏秋採葉冬採子可久食之

太清諸本草

七月七日採蓮花七分八月八日採蓮根八分九月九日採蓮子九分陰乾食之令人不老

食療云

如腎氣虛弱取生栗子不以多少令風乾之每日空心細嚼之三五箇徐徐嚥之

神仙服黃精成地仙

昔臨川有士人虐其婢婢乃逃入山中久之見野草枝葉可愛即拔取食之甚美自是常食之久而不飢遂輕健夜息大木下聞草動以爲虎懼而上木避之及曉下平地其身豁然凌空而去或自一峯之頂若飛鳥焉數歲其家採薪見之告其主使捕之不得一日遇絶壁下以網三面圍之俄而騰上山頂其主異之或曰此婢安有仙風道骨不過靈藥服食遂以酒饌五味香美置往來之路觀其食否果來食之遂不能遠去擒之問以述其故所指食之草即黃精也謹按黃精寬中益氣補五藏調良肌肉充實骨體堅強筋骨延年不老顏色鮮明髮白再黑齒落更生

神枕法

漢武帝東巡泰山下見老翁鋤於道背上有白光高數尺帝怪而問之有道術否老翁對曰臣昔年八十五時衰老垂死頭白齒落有道士者教臣服棗飲水絶穀并作神枕法中有三十二物內二十四物善以當二十四氣其八物毒以應八風臣行轉少黑髮更生墮齒復出日行三百里臣今年一百八十矣不能棄世入山顧戀子孫復還食穀又已二十餘年猶得神枕之力往不復老武帝視老翁顏壯當如五十許人驗問其隣人皆云信然帝乃從授其方作枕而不能隨其絶穀飲水也

神枕方

用五月五日七月七日取山林柏以爲枕長一尺二寸高四寸空中容一斗二升以柏心赤者爲蓋厚二分蓋致之令密又使可開閉也又鑽蓋上爲三行每行四十九孔凡一百四十七孔令容粟大

用下項藥

芎藭　當歸　白芷　辛夷

杜衡　白朮　藁本　木蘭

蜀椒　桂　乾薑　防風

人參　桔梗　白薇　荆實
肉蓯蓉　飛廉　柏實　薏苡仁
欵冬花　白衡　秦椒　蘪蕪
凡二十四物以應二十四氣
烏頭　附子　藜蘆　皁角
菵草　凡石　半夏　細辛
八物毒者以應八風
右三十二物各一兩皆㕮咀以毒藥上安之滿枕中用囊以衣枕百日面有光澤一年體中諸疾一一皆愈而身盡香四年白髮變黑齒落重生耳目聰明神方驗秘不傳非人也武帝以問東方朔答云昔女廉以此傳玉青玉青以傳廣成子廣成子以傳黃帝近者穀城道士淳于公枕此藥枕百餘歲而頭髮不白夫病之來皆從陽脉起今枕藥枕風邪不得侵人矣又雖以布囊衣枕猶當復以幃囊重包之須欲卧時乃脱去之耳詔賜老翁疋帛老翁不受曰臣之於君猶子之於父也子知道以上之於父義不受賞又臣非賣道者以陛下好善故進此耳帝止而更賜諸藥

神仙服食
菖蒲尋九節者窨乾百日爲末日三服久服聰明耳目延年益壽

神仙服食
胡麻食之能除一切痼疾久服長生肥健人延年不老

抱朴子
服五味十六年面色如玉入火不灼入水不濡

抱朴子云
韓聚服菖蒲十三年身上生毛日誦萬言冬袒不寒須得石上生者一寸九節紫花尤善

食醫心鏡
藕實味甘平無毒補中養氣清神除百病久服令人止渴悅澤

日華子云
蓮子并石蓮去心久食令人心喜益氣止渴治腰痛泄精瀉痢

日華子云
蓮花蘂久服鎮心益色駐顏輕身

日華子云
何首烏味甘無毒久服壯筋骨益精髓黑髭鬢令人有子

春宜食麥

四時所宜

春三月此謂發陳天地俱生萬物以榮夜卧早起廣步於庭被髮緩形以使志生生而勿殺予而勿奪賞而勿罰此春氣之應養生之道也逆之則傷肝夏為寒變奉長者少

春氣温宜食麥以凉之不可一於温也禁温飲食及熱衣服

夏宜食录荳

夏三月此謂蕃秀天地氣交萬物華實夜卧早起無厭於日使志無怒使華英成秀使氣得泄若所愛在外此夏氣之應養長之道也逆之則傷心秋為痎瘧奉收者少冬至重病

夏氣熱宜食菽以寒之不可一於熱也禁温飲食飽食濕地濡衣服

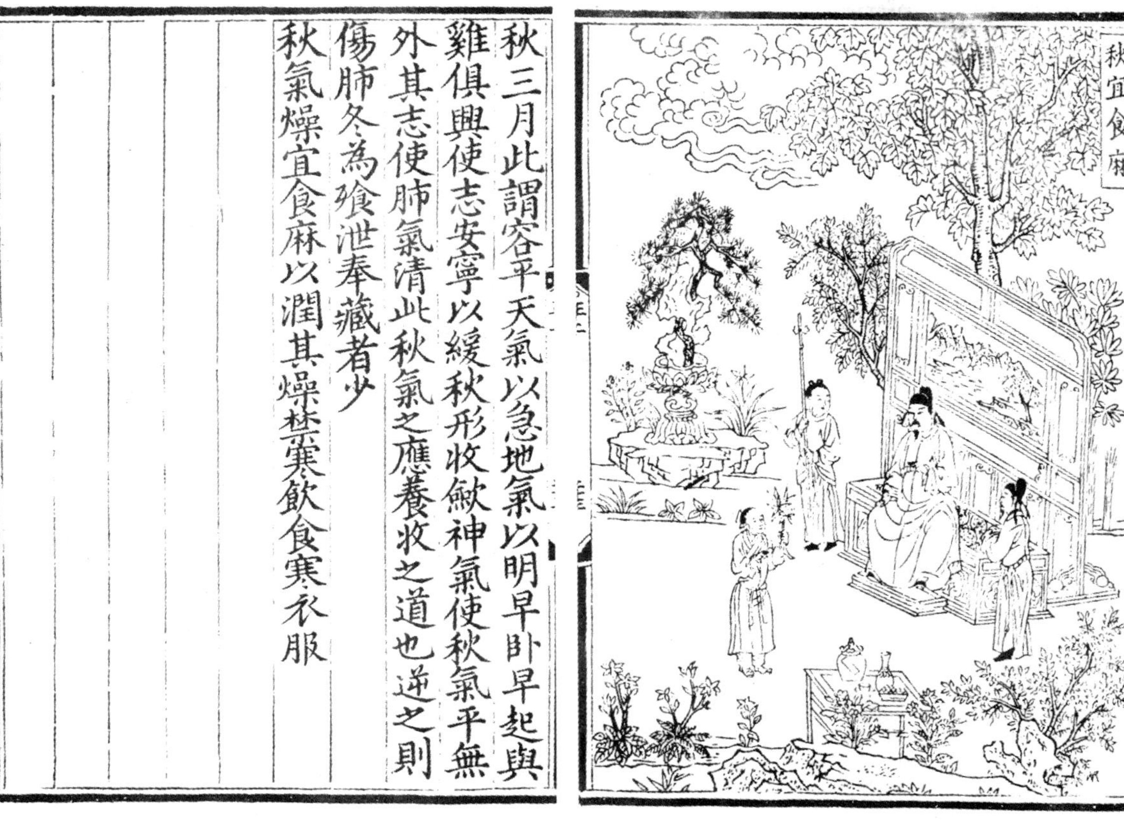

秋三月此謂容平天氣以急地氣以明早卧早起與雞俱興使志安寧以緩秋形收斂神氣使秋氣平無外其志使肺氣清此秋氣之應養收之道也逆之則傷肺冬爲飧泄奉藏者少

秋氣燥宜食麻以潤其燥禁寒飲食寒衣服

冬宜食黍

冬三月此謂閉藏水冰地坼無擾乎陽早卧晚起必待日光使志若伏若匿若有私意若已有得去寒就温無泄皮膚使氣亟奪此冬氣之應養藏之道也逆之則傷腎春爲痿厥奉生者少

冬氣寒宜食黍以熱性治其寒禁熱飲食温炙衣服

五味偏走

酸澀以收多食則膀胱不利為癃閉

苦燥以堅多食則三焦閉塞為嘔吐

辛味薰蒸多食則上走於肺榮衛不時而心洞

鹹味湧泄多食則外注於脉胃竭咽燥而病渴

甘味弱劣多食則胃柔緩而虫過故中滿而心悶

辛走氣氣病勿多食辛

鹹走血血病勿多食鹹

苦走骨骨病勿多食苦

甘走肉肉病勿多食甘

酸走筋筋病勿多食酸

肝病禁食辛宜食粳米牛肉葵棗之類

心病禁食鹹宜食小荳犬肉李韭之類

脾病禁食酸宜食大荳豕肉栗藿之類

肺病禁食苦宜食小麥羊肉杏薤之類

腎病禁食甘宜食黃黍雞肉桃葱之類

多食酸肝氣以津脾氣乃絶則肉胝䐢而唇揭

多食鹹骨氣勞短肥氣折則脉凝泣而變色

多食甘心氣喘滿色黑腎氣不平則骨痛而髮落

多食苦脾氣不濡胃氣乃厚則皮槁而毛拔

多食辛筋脉沮弛精神乃央則筋急而爪枯

五穀為食○五菓為助○五肉為益○五菜為充

氣味合和而食之則補精益氣

雖然五味調和食飮口嗜皆不可多也多者生疾少者為益百味珍饌日有慎節是為上矣

食療諸病

生地黃雞

治腰背疼痛骨髓虛損不能久立身重氣乏盜汗少食時復吐利

生地黃半斤 飴糖五兩 烏雞一枚

右三味先將雞去毛腸肚淨細切地黃與糖相和勻內雞腹中以銅器中放之復置甑中蒸炊飯熟成取食之不用鹽醋唯食肉盡却飲汁

羊蜜膏

治虛勞腰痛欬嗽肺痿骨蒸

熟羊脂五兩 熟羊髓五兩 白沙蜜五兩煉淨

生薑汁一合 生地黃汁五合

右五味先以羊脂煎令沸次下羊髓又令沸次下蜜地黃生薑汁不住手攪微火熬數沸成膏每日空心溫酒調一匙頭或作羹湯或作粥食之亦可

羊藏羹

治腎虛勞損骨髓傷敗

羊肝肚腎心肺各一具湯洗淨 牛酥一兩

胡椒一兩 蓽撥一兩 豉一合 陳皮二錢去白

良薑二錢 草菓兩箇 葱五莖

右件先將羊肝等慢火煮令熟將汁濾淨和羊肝等幷藥一同入羊肚內縫合口令絹袋盛之再煮熟入五味旋旋任意食之

羊骨粥

治虛勞腰膝無力

羊骨一付全者槌碎 陳皮二錢去白 良薑二錢

草菓二箇 生薑一兩 鹽少許

右水三斗慢火熬成汁濾出澄清如常作粥或作羹湯亦可

羊脊骨羹

治下元久虚腰腎傷敗

羊脊骨一具全者槌碎 肉蓯蓉一兩洗切作片

草果三箇 蓽撥二錢

右件水熬成汁濾去滓入葱白五味作麵羹食之

白羊腎羹

治虚勞陽道衰敗腰膝無力

白羊腎二具切作片 肉蓯蓉一兩酒浸切

羊脂四兩切作片 胡椒二錢 陳皮一錢去白 蓽撥二錢

草果二錢

右件相和入葱白塩醬煮作湯入麵餺子如常作羹食之

猪腎粥

治腎虚勞損腰膝無力疼痛

猪腎一對去脂膜切 粳米三合 草果二錢

陳皮一錢去白 縮砂二錢

右件先將猪腎陳皮等煮成汁濾去滓入酒少許次下米成粥空心食之

枸杞羊腎粥

治陽氣衰敗腰脚疼痛五勞七傷

枸杞葉一斤 羊腎二對細切 葱白一莖

羊肉半斤炒

右四味拌勻入五味煮成汁下米熬成粥空腹食之

鹿腎羹

治腎虚耳聾

鹿腎一對去脂膜切

右件於豆豉中入粳米三合煮粥或作羹入五味空心食之

羊肉羹

治腎虚衰弱腰脚無力

羊肉半斤細切 蘿蔔一箇切作片 草果一錢

陳皮一錢去白 良薑一錢 蓽撥一錢 胡椒一錢

葱白三莖

右件水熬成汁入塩醬熬湯下麵餺子作羹食之將湯澄清作粥食之亦可

鹿蹄湯

治諸風虚腰脚疼痛不能踐地

鹿蹄四隻 陳皮二錢 草果二錢

右件煮令爛熟取肉入五味空腹食之

鹿角酒

治卒患腰痛暫轉不得

鹿角新者長二三寸燒令赤

右件内酒中浸二宿空心飲之立效

黑牛髓煎

治腎虛弱骨傷敗瘦弱無力

黑牛髓半斤 生地黄汁半斤 白沙蜜半斤煉去蠟

右三味和匀煎成膏空心酒調服之

狢肉湯

治虛弱五藏邪氣

狢肉五斤湯洗浄 草果五箇 硇砂二錢 葱一握

陳皮一錢去白 良薑二錢 哈昔泥一錢即阿魏

右件水一斗煮熟去草菓等次下胡椒二錢薑黄一錢醋五味調和匀空心食之

烏鷄湯

治虛弱勞傷心腹邪氣

烏雄鷄一隻撏洗浄切作塊子 陳皮一錢去白 良薑一錢

胡椒二錢 草菓二箇

右件以葱醋醬相和入瓶内封口令煮熟空腹食

醍醐酒

治虛弱去風濕

醍醐一盞

右件以酒一盃和匀温飲之效驗

山藥飥

治諸虛五勞七傷心腹冷痛骨髓傷敗

羊骨五七塊帶肉 蘿蔔一枚切作大片 葱白一莖

草果五箇 陳皮一錢去白 良薑一錢 胡椒二錢

硇砂二錢 山藥二斤

右件同煮取汁澄清濾去柤麪二斤山藥二斤煮熟研泥搜麪作飥入五味空腹食之

山藥粥

治虛勞骨蒸久冷

羊肉一斤去脂膜爛煮熟研泥 山藥一斤煮熟研泥

右件肉湯内下米三合煮粥空腹食之

酸棗粥

治虛勞心煩不得睡卧

酸棗仁一椀

右用水絞取汁下米三合煮粥空腹食之

生地黄粥

治虛弱骨蒸四肢無力漸漸羸瘦心煩不得睡卧

生地黄汁一合 酸棗仁水絞取汁二盞

右件水煮同熬數沸次下米三合煮粥空腹食之

椒麵羹

治脾胃虛弱久患冷氣心腹結痛嘔吐不能下食

川椒三錢炒為末　白麵四兩

右件同和勻入塩少許於豆豉作麵條煑羹食之

蓽撥粥

治脾胃虛弱心腹冷氣㽲痛妨悶不能食

蓽撥一兩　胡椒一兩　桂五錢

右三味為末每用三錢水三大碗入豉半合同煑令熟去滓下米三合作粥空服食之

良薑粥

治心腹冷痛積聚停飲

高良薑半兩為末　粳米三合

右件水三大椀煎高良薑至二椀去滓下米煑粥食之效驗

呉茱萸粥

治心腹冷氣衝脇肋痛

呉茱萸半兩水洗去涎焙乾炒為末

右件以米三合一同作粥空腹食之

牛肉脯

治脾胃久冷不思飲食

牛肉五斤去脂膜切作大片　胡椒五錢　蓽撥五錢

陳皮二錢去白　草果二錢　縮砂二錢　良薑二錢

右件為細末生薑汁五合葱汁一合塩四兩同肉拌勻淹二日取出焙乾作脯任意食之

蓮子粥

治心志不寧補中強志聰明耳目

蓮子一升去心

右件煑熟研如泥與粳米三合作粥空腹食之

雞頭粥

治精氣不足強志明耳目

鷄頭實三合

右件煑熟研如泥與粳米一合煑粥食之

鷄頭羮粉

治濕痺腰膝痛除暴疾益精氣強心志耳目聰明

鷄頭磨成粉　羊脊骨一付帶肉熬取汁

右件用生薑汁一合入五味調和空心食之

桃仁粥

治心腹痛上氣咳嗽胸膈妨滿喘急

桃仁三兩湯煑熟去尖皮研

右件取汁和粳米同煑粥空腹食之

生地黄粥

治虛勞瘦弱骨蒸寒熱往来咳嗽唾血

生地黄汁 二合

右件煑白粥臨熟時入地黄汁攪匀空腹食之

鯽魚羹

治脾胃虛弱泄痢久不瘥者食之立效

大鯽魚 二斤 大蒜 兩塊 胡椒 二錢 小椒 二錢

陳皮 二錢 硇砂 二錢 蓽撥 二錢

右件葱醬塩料物蒜入魚肚内煎熟作羹五味調和令匀空心食之

炒黄麵

治泄痢腸胃不固

白麵 一斤炒令焦黄

右件每日空心温水調一匙頭

乳餅麵

治脾胃虛弱赤白泄痢

乳餅 一箇切作豆子樣

右件用麵拌煑熟空腹食之

炙黄鷄

治脾胃虛弱下痢

黄雌雞 隻撏淨

右以鹽醬醋茴香小椒末同拌匀刷雞上令炭火炙乾焦空腹食之

牛妳子煎蓽撥法

貞觀中太宗苦於痢疾衆醫不効問左右能治愈者當重賞時有術士進此方用牛妳子煎蓽撥服之立瘥

猯肉羹

治水腫浮氣腹脹小便澀少

猯肉 一斤細切 葱 一握 草果 三箇

右件用小椒豆豉同煑爛熟入粳米一合作羹五味調匀空腹食之

黄鴨鷄

治腹中水癖水腫

黄鴨鷄 一隻撏淨 草果 二錢 赤小豆 一升

右件同煑熟空心食之

青鴨羹

治十腫水病不瘥

青頭鴨 一隻退淨 草果 五箇

右件用赤小豆半升入鴨腹内煑熟五味調空心食

蘿蔔粥
治消渴舌焦口乾小便數
大蘿蔔五箇煑熟絞取汁
右件用粳米三合同水并汁煑粥食之

野鷄羹
治消渴口乾小便頻數
野雞一隻挦淨
右入五味如常法作羹臛食之

鵓鴿羹
治消渴飲水無度
白鵓鴿一隻切作大片
右件用土蘇一同煑熟空腹食之

鷄子黃
治小便不通
鷄子黃一枚生用
右件服之不過三服熟亦可食

葵菜羹
治小便癃閉不通
葵菜葉不以多少洗擇淨
右煑作羹入五味空腹食之

鯉魚湯
治消渴水腫黃疸脚氣
大鯉魚一頭 赤小豆一合 陳皮二錢去白
小椒二錢 草果二錢
右件入五味調和勻煑熟空腹食之

馬齒菜粥
治脚氣頭面水腫心腹脹滿小便淋澀
馬齒菜洗淨取汁
右件和粳米同煑粥空腹食之

小麥粥
治消渴口乾
小麥淘淨不以多少
右以煑粥或炊作飯空腹食之

驢頭羹
治中風頭眩手足無力筋骨煩痛言語蹇澀
烏驢頭一枚挦洗淨 胡椒二錢 草果二錢
右件煑令爛熟入豆豉汁中五味調和空腹食之

驢肉湯
治風狂憂愁不樂安心氣
烏驢肉不以多少切

右件於豆豉中爛煮熟入五味空心食之

狐肉羹

治驚風癲癇神情恍惚言語錯謬歌笑無度

狐肉 不以多少及五藏

右件如常法入五味煮令爛熟空心食之

熊肉羹

治諸風脚氣痺痛不仁五緩筋急

熊肉 一斤

右件於豆豉中入五味葱醬煮熟空腹食之

烏鷄酒

治中風背強舌直不得語目睛不轉煩熱

烏雌雞 一隻燖洗淨去腸肚

右件以酒五升煮取酒二升去滓分作三服相繼服之汁盡無時熬葱白生薑粥投之盖覆取汁

羊肚羮

治諸中風

羊肚 一枚洗淨　粳米 二合　葱白 數莖　豉 半合

蜀椒 去目閉口者炒出汗三十粒　生薑 二錢半細切

右六味拌匀入羊肚內爛煮熟五味調和空心食之

葛粉羹

治中風心脾風熱言語蹇澀精神昏憒手足不遂

葛粉 半斤擣取粉四兩　荆芥穗 一兩　豉 三合

右三味先以水煮荆芥豉六七沸去滓取汁次將葛粉作索麵於汁中煮熟空腹食之

荆芥粥

治中風言語蹇澀精神昏憒口面喎斜

荆芥穗 一兩　薄荷葉 一兩　豉 三合　白粟米 三合

右件以水四升煮取三升去滓下米煮粥空腹食之

麻子粥

治中風五藏風熱語言蹇澀手足不遂大腸滯澀

冬麻子 二兩炒去皮研　白粟米 三合　薄荷葉 一兩

荆芥穗 一兩

右件水三升煮薄荷荆芥去滓取汁入麻子仁同煮粥空腹食之

惡實菜 即牛蒡子又名鼠粘子

治中風燥熱口乾手足不遂及皮膚熱瘡

惡實菜葉 嫩肥者　酥油

右件以湯煮惡實葉三五升取出以新水淘過布絞取汁入五味酥點食之

烏驢皮湯

治中風手足不遂骨節煩疼心燥口眼面目喎斜

烏驢皮一張撏洗淨

右件蒸熟細切如條於豉汁中入五味調和勻煑過空心食之

羊頭膾

治中風頭眩羸瘦手足無力

白羊頭一枚撏洗淨

右件蒸令爛熟細切以五味汁調和膾空腹食之

野猪臛

治久痔野鷄病下血不止肛門腫滿

野猪肉二斤細切

右件煑令爛熟入五味空心食之

獺肝羹

治久痔下血不止

獺肝一付

右件煑熟入五味空腹食之

鯽魚羹

治久痔腸風大便常有血

大鯽魚一頭新鮮者洗淨切作片 小椒二錢為末 草果一錢為末

右件用葱三莖煑熟入五味空腹食之

服藥食忌

服藥食忌

但服藥不可多食生芫荽及蒜雜生菜諸滑物肥猪肉犬肉油膩物魚膾腥膻等物及忌見喪尸產婦淹穢之事又不可食陳臭之物

有朮勿食桃李雀肉胡荽蒜青魚等物

有藜蘆勿食狸肉

有巴豆勿食蘆笋及野猪肉

有黃連桔梗勿食猪肉

有地黃勿食蕪荑

有半夏菖蒲勿食飴糖及羊肉

有細辛勿食生菜
有甘草勿食菘菜海藻
有牡丹勿食生胡荽
有商陸勿食犬肉
有常山勿食生葱生菜
有空青朱砂勿食血　凡服藥通忌食血
有茯苓勿食醋
有鼈甲勿食莧菜
有天門冬勿食鯉魚
凡久服藥通忌
未不服藥又忌滿日
正五九月忌巳日
二六十月忌寅日
三七十一月忌亥日
四八十二月忌申日

食物利害

盖食物有利害者可知而避之
麵有䴸氣不可食　生料色臭不可用
漿老而飯溲不可食　煮肉不變色不可食
諸肉非宰殺者勿食　諸肉臭敗者不可食
諸腦不可食　凡祭肉自動者不可食
猪羊疫死者不可食　曝肉不乾者不可食
馬肝牛肝皆不可食　兔合眼不可食
燒肉不可用桑柴火　獐鹿麋四月至七月勿食
二月内勿食兔肉　諸肉脯忌米中貯之有毒

魚餒者不可食　羊肝有孔者不可食
諸鳥自閉口者勿食　蟹八月後可食餘月勿食
蝦不可多食無鬚及腹下丹黄之白者皆不可食
臘月脯腊之屬或經雨漏所漬虫鼠嚙殘者勿食
海味糟藏之屬或經濕熱變損日月過久者勿食
六月七月勿食鴈　鯉魚頭不可食毒在腦中
諸肝青者不可食　五月勿食鹿傷神
九月勿食犬肉傷神　十月勿食熊肉傷神
不時者不可食　諸果核未成者不可食
諸果落地者不可食　諸果虫傷者不可食

桃杏雙仁者不可食　蓮子不去心食之成霍亂
甜瓜雙蒂者不可食　諸瓜沉水者不可食
蘑菰勿多食發病　榆仁不可多食令人瞑
菜着霜者不可食　櫻桃勿多食令人發風
葱不可多食令人虛　芫荽勿多食令人多忘
竹笋勿多食發病　木耳赤色者不可食
三月勿食蒜昏人目　二月勿食蓼發病
九月勿食着霜瓜　四月勿食胡荽生狐臭
十月勿食椒傷人心　五月勿食韮昏人五藏

食物相反

蓋食不欲雜雜則或有所犯知者分而避之

馬肉不可與倉米同食
馬肉不可與蒼耳蕈同食
猪肉不可與牛肉同食
羊肝不可與椒同食傷心
兎肉不可與薑同食成霍亂
羊肝不可與猪肉同食
牛肉不可與栗子同食
羊肚不可與小豆梅子同食傷人

羊肉不可與魚膾酪同食
猪肉不可與芫荽同食爛人腸
馬妳子不可與魚膾同食生癥瘕
鹿肉不可與鮠魚同食
麋鹿不可與蝦同食　麋肉脂不可與梅李同食
牛肝不可與鮎魚同食生風
牛腸不可與犬肉同食
鷄肉不可與魚汁同食生癥瘕
鵪鶉肉不可與猪肉同食面生黒
鵪鶉肉不可與菌子同食發痔

野鷄不可與蕎麵同食生虫
野鷄不可與胡桃蘑菰同食
野鷄卵不可與葱同食生虫
雀肉不可與李同食　鷄子不可與鼈肉同食
鷄子不可與生葱蒜同食損氣
鷄肉不可與兎肉同食令人泄瀉
野鷄不可與鯽魚同食
鴨肉不可與鼈肉同食
野鷄不可與猪肝同食
鯉魚不可與犬肉同食

野雞不可與鮎魚同食食之令人生癩疾
鯽魚不可與糖同食　鯽魚不可與猪肉同食
黄魚不可與蕎麵同食
蝦不可與猪肉同食損精
蝦不可與糖同食　蝦不可與鷄肉同食
大豆黄不可與猪肉同食
黍米不可與葵菜同食發病
小豆不可與鯉魚同食
楊梅不可與生葱同食
柿梨不可與蟹同食　李子不可與鷄子同食

棗不可與蜜同食　李子菱角不可與蜜同食
葵菜不可與糖同食　生葱不可與蜜同食
萵苣不可與酪同食　竹笋不可與糖同食
蓼不可與魚膾同食　莧菜不可與鼈肉同食
韮不可與酒同食　苦苣不可與蜜同食
薤不可與牛肉同食生癥瘕
芥末不可與兎肉同食生瘡

食物中毒

諸物品類有根性本毒者有無毒而食物成毒者有雜合相畏相惡相反成毒者人不戒慎而食之致傷腑臟和亂腸胃之氣或輕或重各隨其毒而為害隨毒而解之

如飲食後不知記何物毒心煩滿悶者急煎苦參汁飲令吐出或煑犀角汁飲之或苦酒好酒煑飲皆良

食菜物中毒取鷄糞燒灰水調服之或甘草汁或煑葛根汁飲之胡粉水調服亦可

食瓜過多腹脹食塩即消

食蘑菰菌子毒地漿水解之

食菱角過多腹脹滿悶可暖酒和薑飲之即消

食野山芋毒土漿解之

食麪中毒煑粟穰汁飲之即解

食諸雜肉毒及馬肝漏脯中毒者燒猪骨灰調服或芫荽汁飲之或生韭汁亦可

食牛羊肉中毒煎甘草汁飲之

食馬肉中毒嚼杏仁即消或蘆根汁及好酒皆可

食犬肉不消成䐜脹口乾杏仁去皮尖水煑飲之

食魚膾過多成蟲瘕大黃汁陳皮末同塩湯服之

食蟹中毒飲紫蘇汁或冬瓜汁或生藕汁解之乾蒜汁蘆根汁亦可

食魚中毒陳皮汁蘆根及大黃大豆朴消汁皆可

食鴨子中毒煑秫米汁解之

食鷄子中毒可飲醇酒醋解之

飲酒大醉不解大豆汁葛花椹子柑子皮汁皆可

食牛肉中毒猪脂煉油一兩每服一匙頭温水調下即解

食猪肉中毒飲大黃汁或杏仁汁朴消汁皆可解

禽獸變異

禽獸形類依本體生者猶分其性質有毒無毒者况異像變生豈無毒乎倘不慎口致生疾病是不察矣

獸岐尾　馬蹄夜目　羊心有孔　肝有青黒

麃豹文　羊肝有孔　黒雞白首　白馬青蹄

羊獨角　白羊黒頭　黒羊白頭　白鳥黄首

羊六角　白馬黒頭　鷄有四距　曝肉不燥

馬生角　牛肝葉孤　蟹有獨螯　魚有眼睫

蝦無鬚　肉入水動　肉經宿暖　魚無腸膽腮

肉落地不沾土　魚目開合及腹下丹

飲膳正要卷第二

飲膳正要卷第三

米穀品

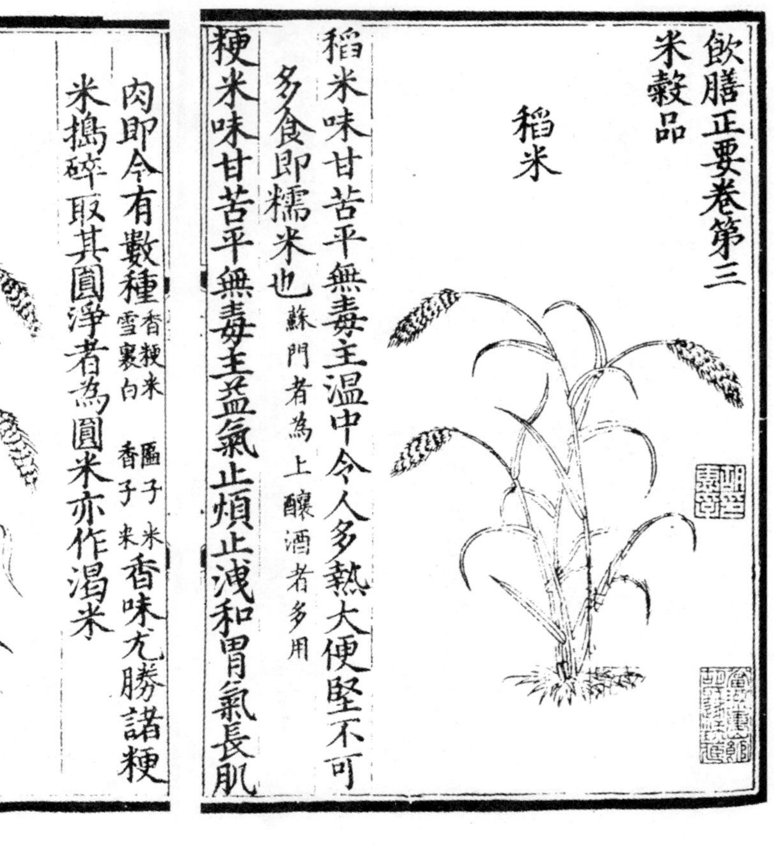

稻米味甘苦平無毒主溫中令人多熱大便堅不可多食即糯米也蘇門者為上釀酒者多用

粳米味甘苦平無毒主益氣止煩止洩和胃氣長肌肉即今有數種香粳米 匾子米 雪裏白 香子米香味尤勝諸粳米擣碎取其圓淨者為圓米亦作渴米

粟米

粟米味鹹微寒無毒主養腎氣去脾胃中熱益氣陳者良治胃中熱消渴利小便止痢唐本注云粟類多種顆粒細如粱米擣細取匀淨者為淅米

粱米

青粱米味甘微寒無毒主胃痺中熱消渴止洩痢益氣補中輕身延年

白粱米味甘微寒無毒主除熱益氣

黃粱米味甘平無毒主益氣和中止洩唐本注云穗大毛長穀米俱麄於白粱

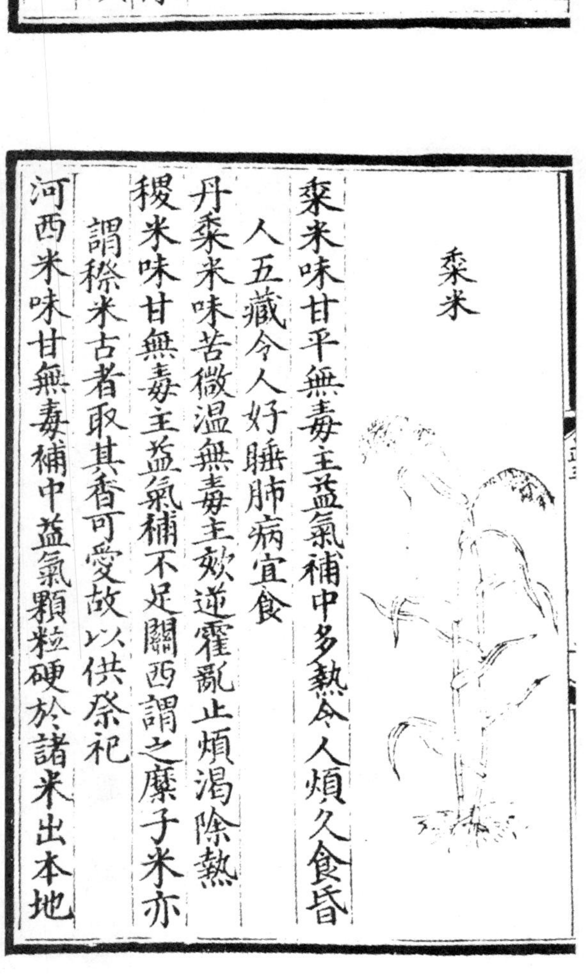

黍米味甘平無毒主益氣補中多熱令人煩久食昏人五藏令人好睡肺病宜食

丹黍米味苦微溫無毒主欬逆霍亂止煩渴除熱

稷米味甘無毒主益氣補不足關西謂之糜子米亦謂穄米古者取其香可愛故以供祭祀

河西米味甘無毒補中益氣顆粒硬於諸米出本地

菉荳

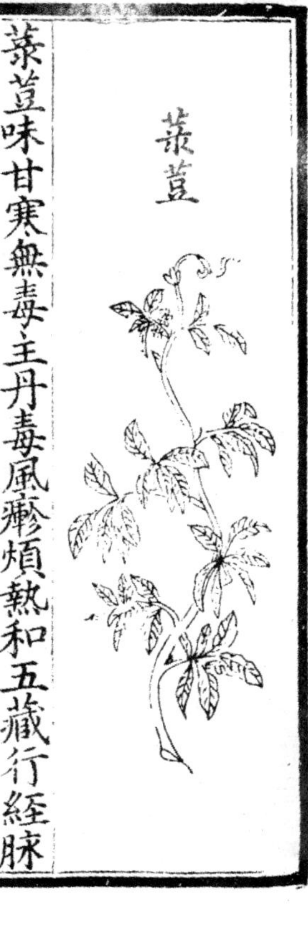

菉荳味甘寒無毒主丹毒風瘮煩熱和五藏行經脉

白豆味甘平無毒調中暖腸胃助經脉腎病宜食

大豆味甘平無毒殺鬼氣止痛逐水除胃中熱下瘀血解諸藥毒作豆腐即寒而動氣

赤小豆味甘酸平無毒主下水排膿血去熱腫止瀉痢通小便解小麥毒

回回豆子

回回豆子味甘無毒主消渴勿與塩煮食之出在回回地面苗似豆今田野中處處有之

青小豆味甘寒無毒主熱中消渴止下痢去腹脹産婦無乳汁爛煮三五升食之即乳多

豌豆味甘平無毒調順榮衛和中益氣

匾豆味甘微温主和中葉主霍亂吐下不止

小麥

小麥味甘微寒無毒主除熱止煩燥消渴咽乾利小便養肝氣止痛唾血

大麥味鹹温微寒無毒主消渴除熱益氣調中令人多熱為五穀長藥性論云能消化宿食破冷氣

蕎麥味甘平寒無毒實腸胃益氣力久食動風氣令人頭眩和猪肉食之患熱風脫人鬚眉

芝麻

白芝麻味甘大寒無毒治虚勞滑腸胃行風氣通血脉去頭風潤肌膚食後生啖一合與乳母食之令子不生病

胡麻味甘微寒除一切痼疾久服長肌肉健人油利大便治胞衣不下脩真秘旨云神仙服胡麻法久服面光澤不飢三年水火不能害行及奔馬

餳味甘微温無毒補虛乏止渴去血建脾治嗽小兒
誤吞錢取一斤漸漸盡食之即出
蜜味甘平微温無毒主心腹邪氣諸驚癇補五藏不
足氣益中止痛解毒明耳目和百藥除衆病
麴味甘大暖療藏府中風氣調中益氣開胃消食補
虛冷陳久者良
醋味酸温無毒消癰腫散水氣殺邪毒破血運除癥
塊堅積醋有數種（酒醋桃醋麥醋葡萄醋棗醋米醋爲上入藥用）
醬味醎酸冷無毒除熱止煩殺百藥熱湯火毒殺一
切魚肉菜蔬毒豆醬主治勝麪醬陳久者尤良

豉味苦寒無毒主傷寒頭痛煩燥滿悶
塩味醎温無毒主殺鬼蠱邪疰毒傷寒吐胸中痰癖
止心腹卒痛多食傷肺令人咳嗽失顔色
酒味苦甘辣大熱有毒主行藥勢殺百邪通血脉厚
腸胃潤皮膚消憂愁多飲損壽傷神易人本性酒
有數般唯醖釀以隨其性
虎骨酒以酥炙虎骨擣碎釀酒治骨節疼痛風
疰冷痺痛
枸杞酒以甘州枸杞依法釀酒補虛弱長肌肉
益精氣去冷風壯陽道

地黃酒以地黃絞汁釀酒治虛弱壯筋骨通血
脉治腹内痛
松節酒仙方以五月五日採松節剉碎煮水釀
酒治冷風虛骨弱脚不能履地
茯苓酒仙方依法茯苓釀酒治虛勞壯筋骨延
年益壽
松根酒以松樹下撅坑置瓮取松根津液釀酒
治風壯筋骨
羊羔酒依法作酒大補益人
五加皮酒五加皮浸酒或依法釀酒治骨弱不

能行走久服壯筋骨延年不老
膃肭臍酒治腎虛弱壯腰膝大補益人
小黃米酒性熱不宜多飲昏人五藏煩熱多睡
葡萄酒益氣調中耐飢強志酒有數等有西番
者有哈剌火者有平陽太原者其味都不及
哈剌火者田地酒最佳
阿剌吉酒味甘辣大熱有大毒主消冷堅積去
寒氣用好酒蒸熬取露成阿剌吉
速兒麻酒又名撥糟味微甘辣主益氣止渴多
飲令人膨脹生痰

獸品

牛

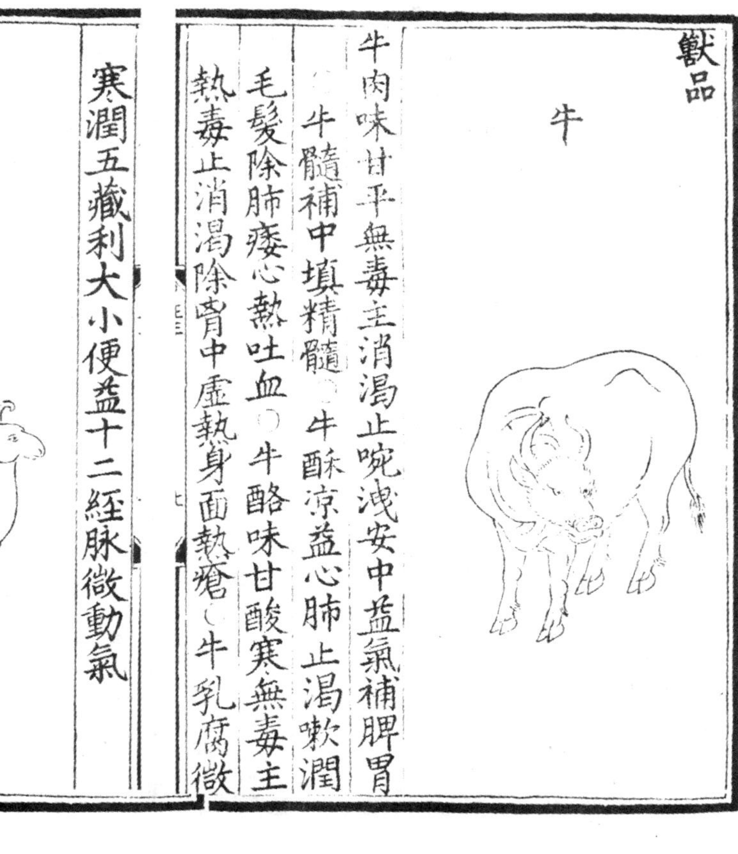

牛肉味甘平無毒主消渴止啘洩安中益氣補脾胃○牛髓補中填精髓○牛酥涼益心肺止渴嗽潤毛髮除肺痿心熱吐血○牛酪味甘酸寒無毒主熱毒止消渴除胷中虛熱身面熱瘡○牛乳腐微寒潤五藏利大小便益十二經脉微動氣

羊

羊肉味甘大熱無毒主暖中頭風大風汗出虛勞寒冷補中益氣○羊頭凉治骨蒸腦熱頭眩瘦病○羊心主治憂恚膈氣○羊肝性冷療肝氣虛熱目赤闇○羊血主治女人中風血虛產後血暈悶欲絶者生飲一升○羊五藏補人五藏○羊腎補腎虛益精髓○羊骨熱治虛勞寒中羸瘦○羊髓味甘温主治男女傷中陰氣不足利血脉益經氣○羊腦不可多食○羊酪治消渴補虛乏

黃羊

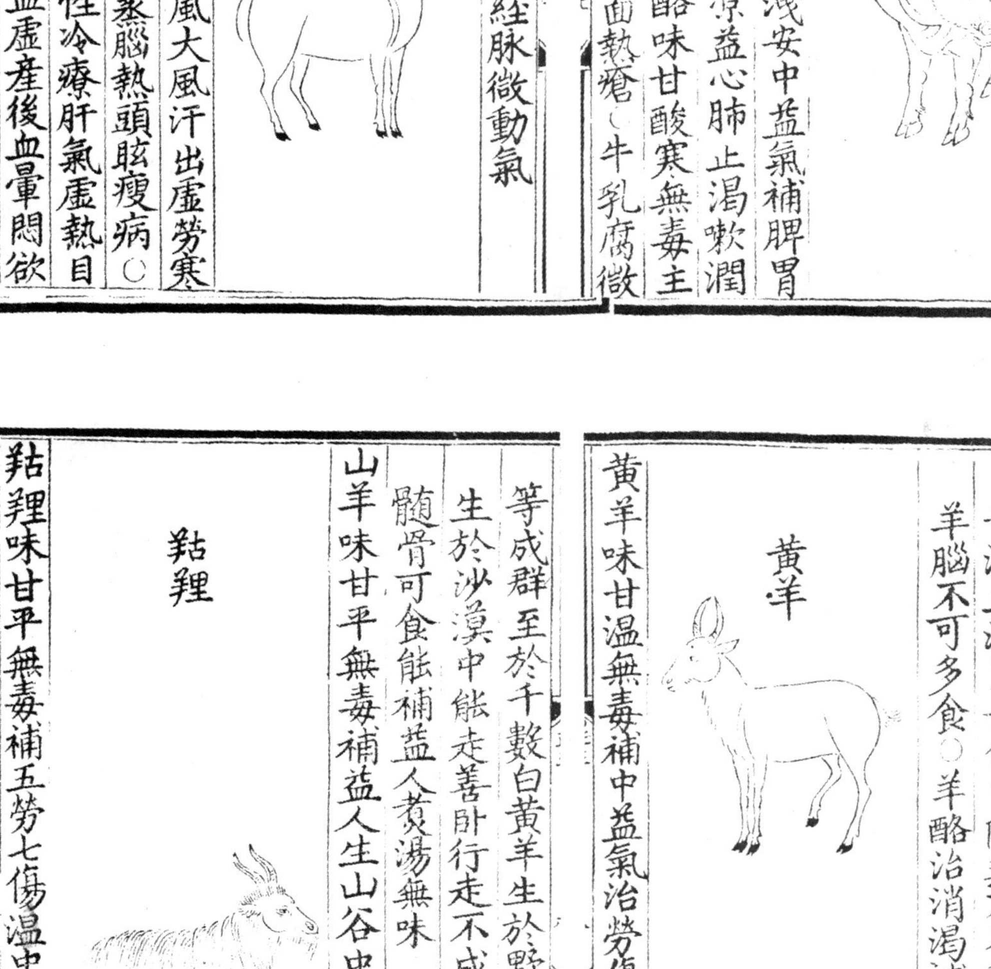

黃羊味甘温無毒補中益氣治勞傷虛寒其種類數等成群至於千數白黃羊生於野草内黑尾黃羊生於沙漠中能走善卧行走不成群其腦不可食髓骨可食能補益人煑湯無味

山羊味甘平無毒補益人生山谷中

羖䍽

羖䍽味甘平無毒補五勞七傷温中益氣其肉稍腥

馬

馬肉味辛苦冷有小毒主熱下氣長筋骨強腰膝壯健輕身○馬頭骨作枕令人少睡○馬肝不可食○馬蹄白者治婦人漏下白崩赤者治婦人赤崩○白馬莖味醎甘無毒主傷中脉絶強志益氣長肌肉令人有子能壯盛陰氣○馬心主喜忘○馬肉内有生黑墨汁者有毒不可食白馬多有之

馬乳性冷味甘止渴治熱有三等一名升堅一名晃禾晃一名窓兀以升堅為上

野馬

野馬肉味甘平有毒壯筋骨與家馬肉頗相似其肉落地不沾沙然不宜多食

象

象肉味淡不堪食多食令人體重胷前小横骨令人能浮水身有百獸肉皆有分段惟鼻是本肉○象牙無毒主諸鐵及雜物入肉刮取屑細研和水傳瘡上即出

駞

駞肉治諸風下氣壯筋骨潤皮膚療一切頑麻風痺肌膚緊急惡瘡腫毒○駞脂在兩峯内有積聚者酒服之良○駞乳係愛刺性温味甘補中益氣壯筋骨令人不飢

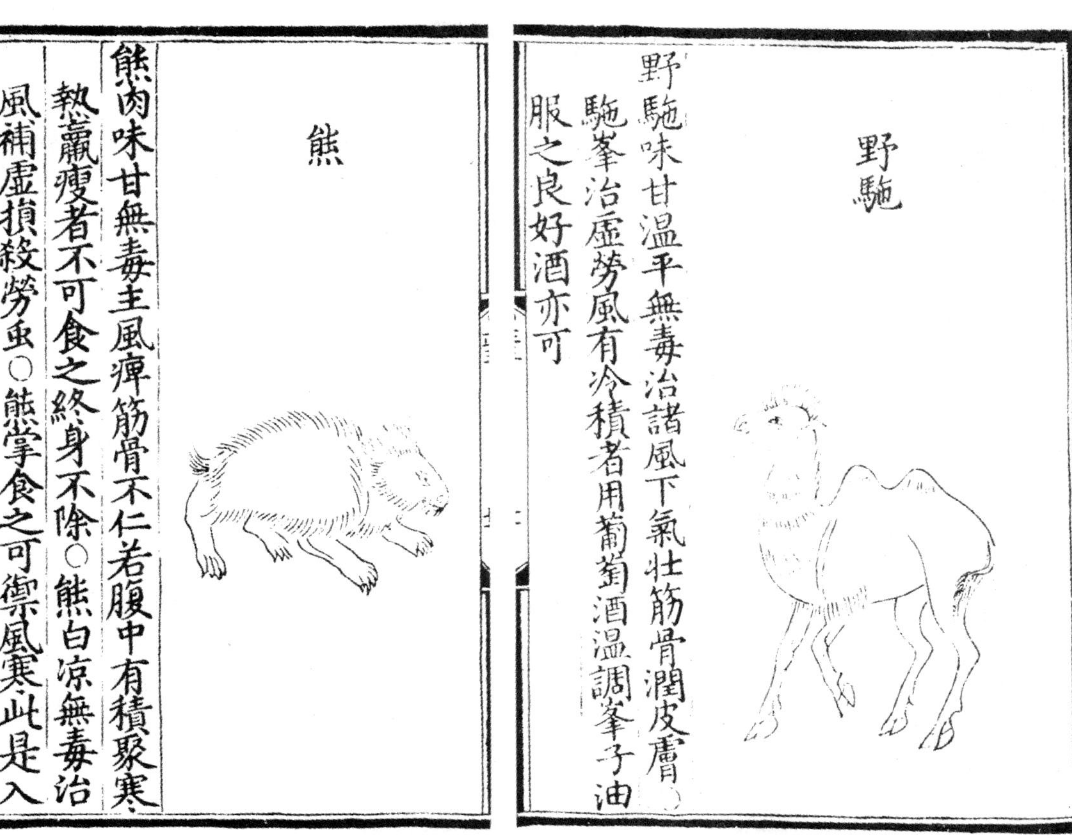

野駝

野駝味甘温平無毒治諸風下氣壯筋骨潤皮膚○駝峯治虛勞風有冷積者用葡萄酒温調峯子油服之良好酒亦可

熊

熊肉味甘無毒主風痺筋骨不仁若腹中有積聚寒熱羸瘦者不可食之終身不除○熊白涼無毒治風補虛損殺勞蟲○熊掌食之可禦風寒此是八珍之數古人最重之○十月勿食之損神

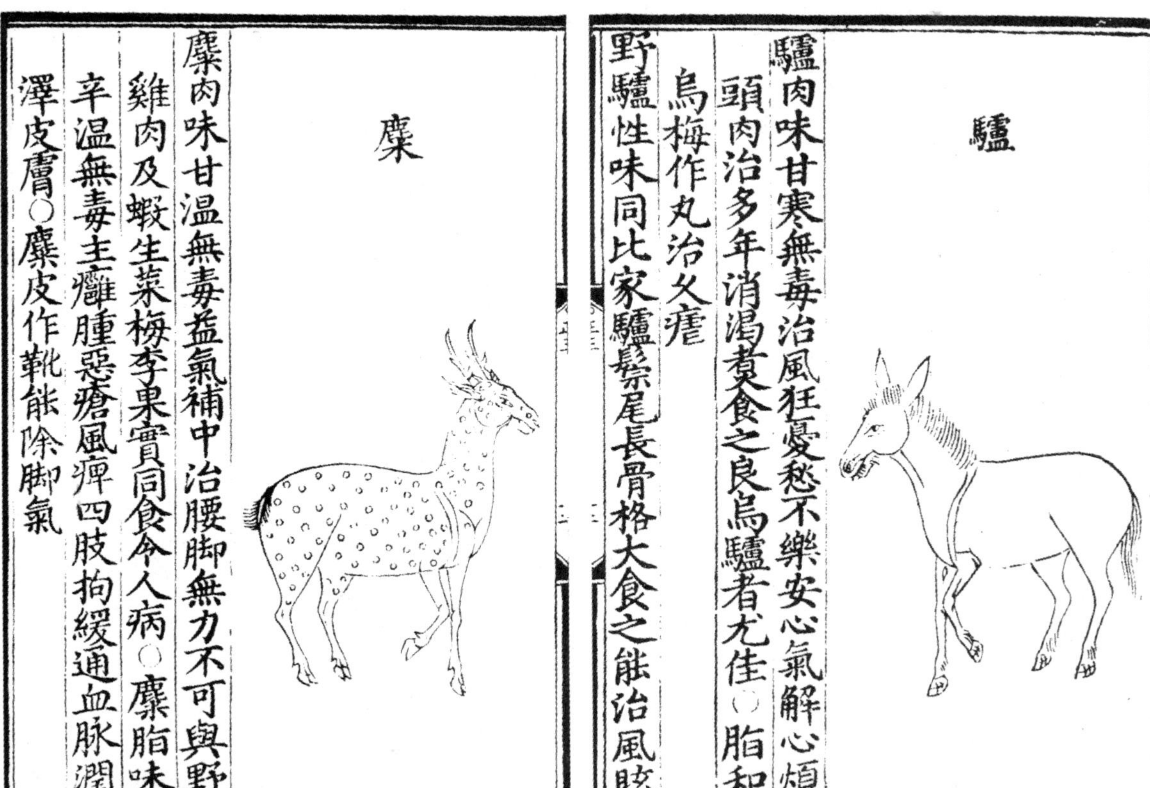

驢

驢肉味甘寒無毒治風狂憂愁不樂安心氣解心煩頭肉治多年消渴煮食之良烏驢者尤佳○脂和烏梅作丸治久瘧

野驢性味同比家驢鬃尾長骨格大食之能治風眩

麋

麋肉味甘温無毒益氣補中治腰脚無力不可與野雞肉及蝦生菜梅李果實同食令人病○麋脂味辛温無毒主癰腫惡瘡風痺四肢拘緩通血脉潤澤皮膚○麋皮作靴能除脚氣

鹿

鹿肉味甘温無毒補中强五藏益氣○鹿髓甘温主男女傷中絶脉筋急欬逆以酒服之○鹿頭主消渴夜夢見物○鹿蹄主脚膝疼痛○鹿腎主温中補腎安五藏壯陽氣○鹿茸味甘微温無毒主漏下惡血寒熱驚癎益氣强志補虚羸壯筋骨○鹿角微鹹無毒主惡瘡癰腫逐邪氣除小腹血急痛腰脊痛及留血在陰中

麞

麞肉温主補益五藏日華子云肉無毒八月至臘月食之勝羊肉十二月以後至七月食之動氣道家多食言無禁忌也

犬

犬肉味鹹温無毒安五藏補絶傷益陽道補血脉厚腸胃實下焦填精髓黄色犬肉尤佳不與蒜同食必頓損人九月不宜食之令人損神○犬四脚蹄煑飲之下乳汁

猪

猪肉味苦無毒主閉血脉弱筋骨虚肥人不可久食動風患金瘡者尤甚○猪肚主補中益氣止渴○猪腎冷和理腎氣通利膀胱○猪四蹄小寒主傷撻諸敗瘡下乳

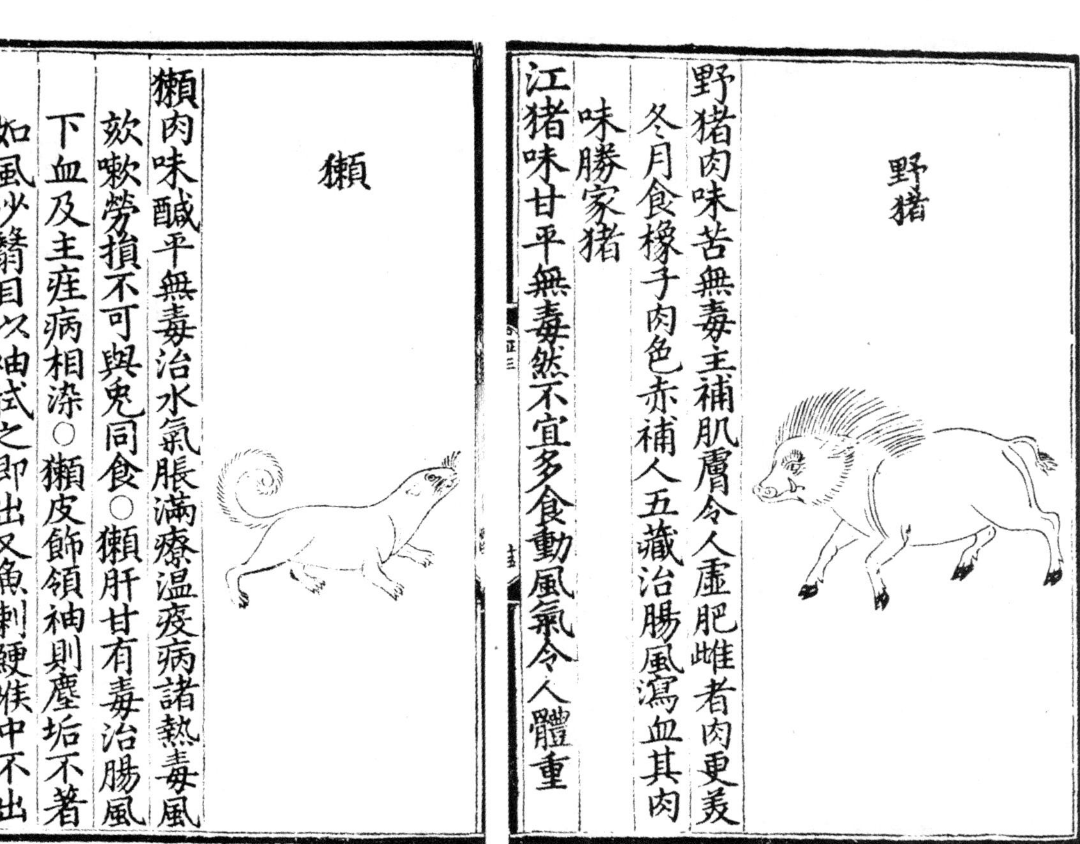

野猪

野猪肉味苦無毒主補肌膚令人虗肥雌者肉更美冬月食橡子肉色赤補人五藏治腸風瀉血其肉味勝家猪

江猪味甘平無毒然不宜多食動風氣令人體重

獺

獺肉味醎平無毒治水氣脹滿瘵温疫病諸熱毒風欬嗽勞損不可與兎同食○獺肝甘有毒治腸風下血及主疰病相染○獺皮飾領袖則塵垢不著如風沙翳目以袖拭之即出又魚刺鯁喉中不出者取獺爪爬項下即出

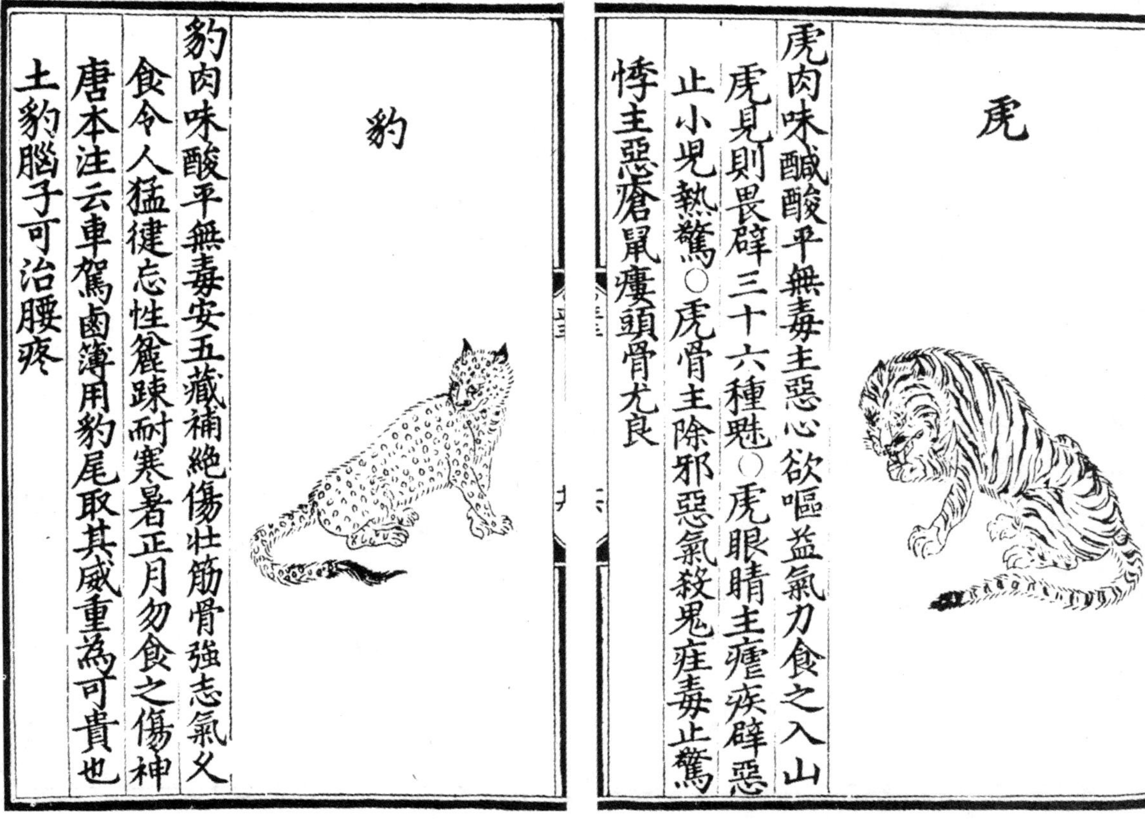

虎

虎肉味醎酸平無毒主惡心欲嘔益氣力食之入山虎見則畏辟三十六種魅○虎眼睛主瘧疾辟惡止小兒熱驚○虎骨主除邪惡氣殺鬼疰毒止驚悸主惡瘡鼠瘻頭骨尤良

豹

豹肉味酸平無毒安五藏補絶傷壯筋骨強志氣久食令人猛徤忘性麤踈耐寒暑正月勿食之傷神

唐本注云車駕鹵簿用豹尾取其威重為可貴也

土豹腦子可治腰疼

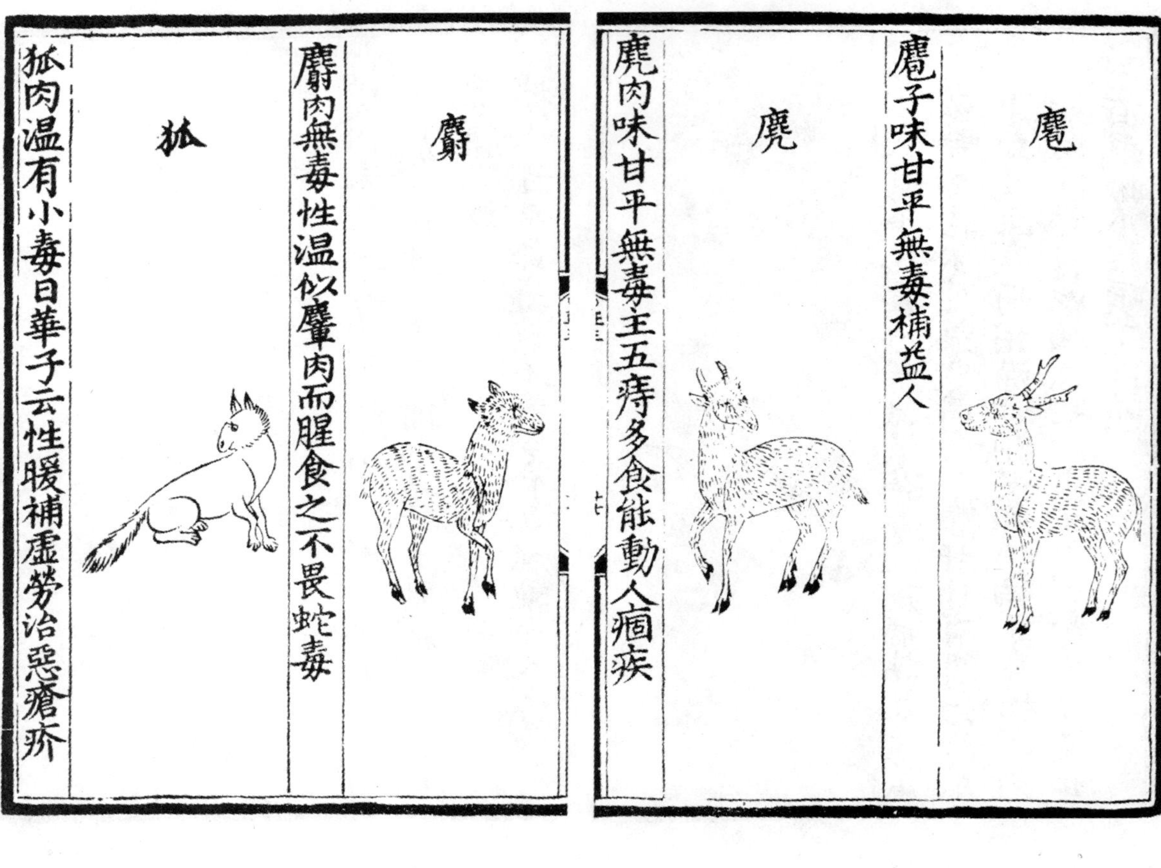

麞

麞子味甘平無毒補益人

麂

麂肉味甘平無毒主五痔多食能動人痼疾

麝

麝肉無毒性温似麞肉而腥食之不畏蛇毒

狐

狐肉温有小毒日華子云性暖補虗勞治惡瘡疥

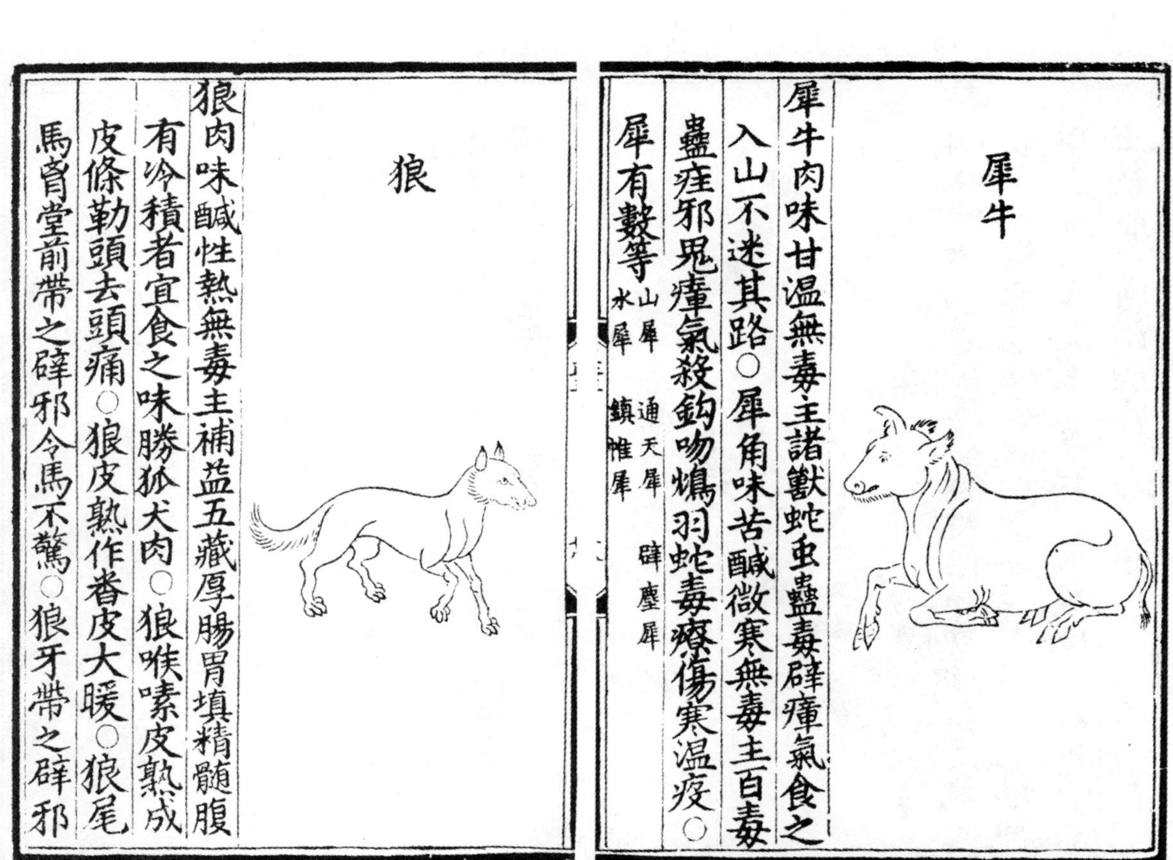

犀牛

犀牛肉味甘温無毒主諸獸蛇虫蠱毒辟瘴氣食之入山不迷其路○犀角味苦鹹微寒無毒主百毒蠱疰邪鬼瘴氣殺鉤吻鴆羽蛇毒療傷寒温疫○犀有數等山犀 通天犀 辟塵犀 水犀 鎮帷犀

狼

狼肉味鹹性熱無毒主補益五藏厚腸胃填精髓腹有冷積者宜食之味勝狐犬肉○狼喉嗉皮熟成皮條勒頭去頭痛○狼皮熟作沓皮大暖○狼尾馬育堂前帶之辟邪令馬不驚○狼牙帶之辟邪

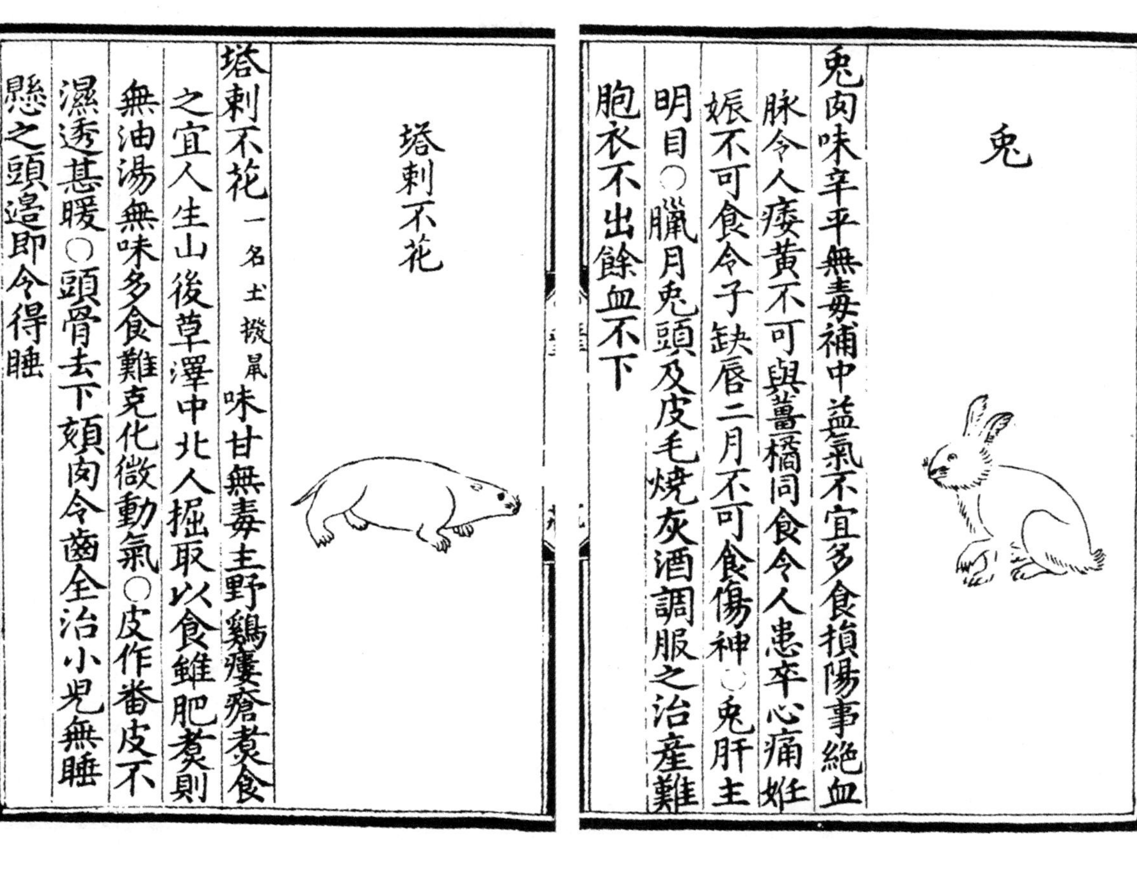

兔

兔肉味辛平無毒補中益氣不宜多食損陽事絕血脉令人痿黃不可與薑橘同食令人患卒心痛妊娠不可食令子缺唇二月不可食傷神○兔肝主明目○臘月兔頭及皮毛燒灰酒調服之治產難胞衣不出餘血不下

塔剌不花

塔剌不花（一名土撥鼠）味甘無毒主野雞瘻瘡煑食之宜人生山後草澤中北人掘取以食雖肥煑則無油湯無味多食難克化微動氣○皮作番皮不濕透甚暖○頭骨去下頦肉令齒全治小兒無睡懸之頭邊即令得睡

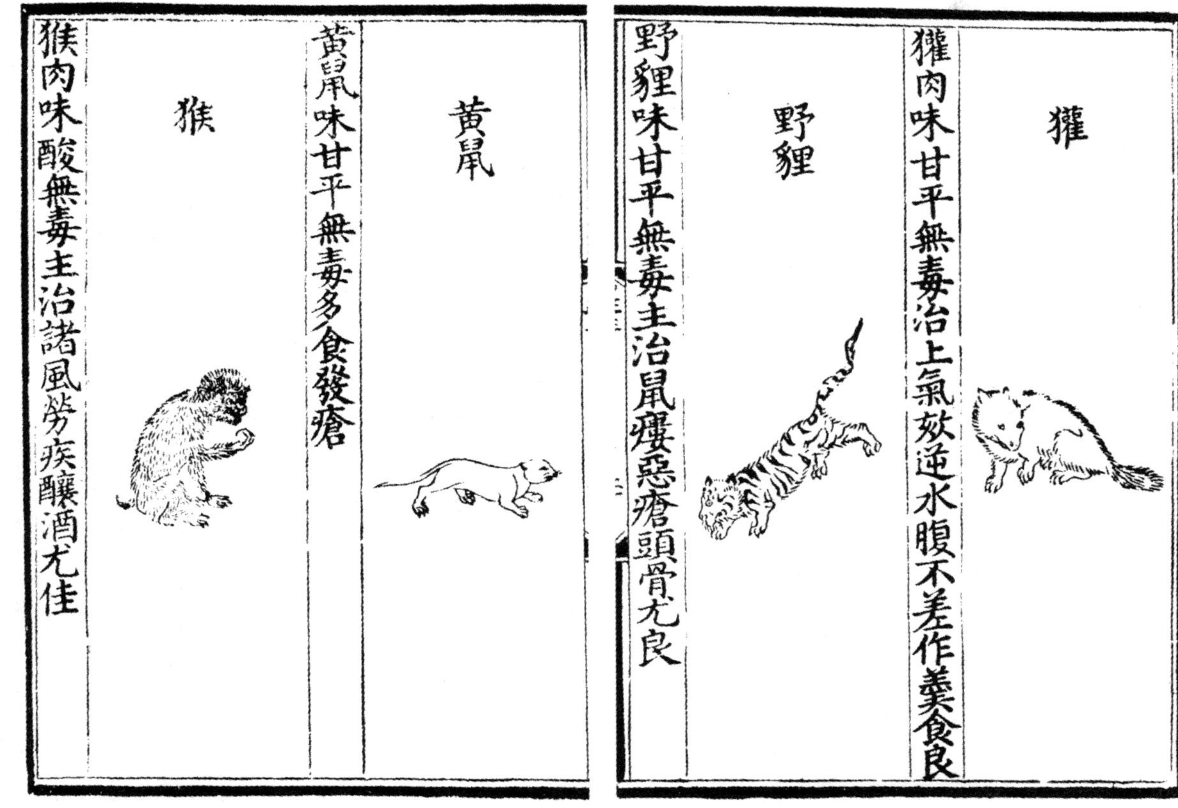

獾

獾肉味甘平無毒治上氣欬逆水腫不差作羹食良

野貍

野貍味甘平無毒主治鼠瘻惡瘡頭骨尤良

黃鼠

黃鼠味甘平無毒多食發瘡

猴

猴肉味酸無毒主治諸風勞疾釀酒尤佳

禽品

速兒乞剌
不能鳴鵝

阿剌渾
花鵝也

天鵝味甘性熱無毒主補中益氣鵝有三四等金頭鵝為上小金頭鵝為次有花鵝者有一等鵝不能鳴者飛則翎響其肉微腥皆不及金頭鵝

鵝

鵝味甘平無毒利五藏主消渴孟詵云肉性冷不可多食亦發痼疾日華子云蒼鵝性冷有毒食之發瘡白鵝無毒解五藏熱止渴脂潤皮膚主治耳聾鵝彈補五藏益氣有痼疾者不宜多食

鴈

鴈味甘平無毒主風攣拘急偏枯氣不通利益氣壯筋骨補勞瘦鴈骨灰和米泔洗頭長髮○鴈膏治耳聾亦能長髮○鴈脂補虛羸令人肥白○六月七月勿食鴈令人傷神

鴜鶄味甘溫無毒補中益氣食之甚有益人炙食之味尤美然有數等白鴜鶄黑頭鴜鶄胡鴜鶄其肉皆不同○髓味甘美補精髓

水札

水札味甘平無毒補中益氣宜炙食之甚美

丹雄鷄味甘平微溫無毒主婦人崩中漏下赤白補虛溫中止血○白雄鷄味酸無毒主下氣療狂邪補中安五藏治消渴○烏雄雞味甘酸無毒主補中止痛除心腹惡氣虛弱者宜食之○烏鴜雞味甘溫無毒主風寒濕痺五緩六急中惡腹痛及傷折骨疼安胎血療乳難○黃鴜鷄味酸平無毒主傷中消渴小便數不禁腸澼洩痢補五藏先患骨熱者不可食○鷄子益氣多食令人有聲主產後痢與小兒食之止痢日華子云鷄子鎮心安五藏其白微寒療目赤熱痛除心下伏熱止煩滿欬逆

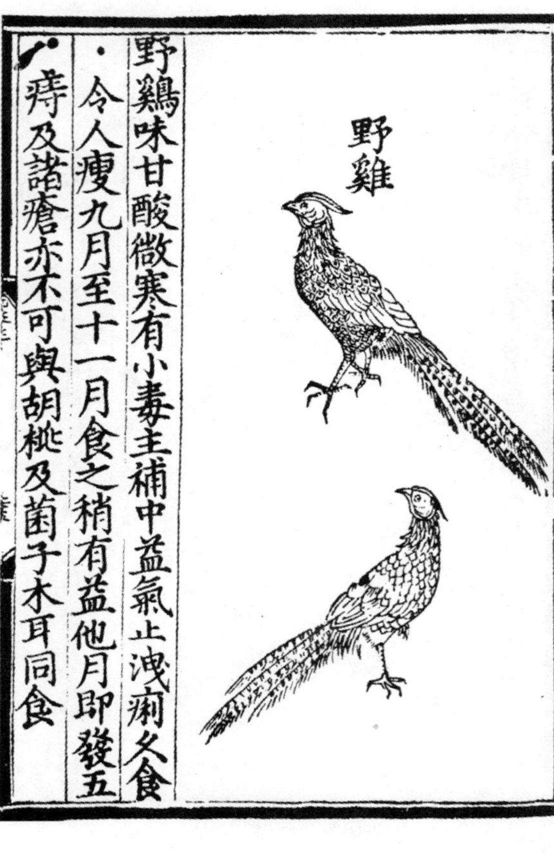

野鷄味甘酸微寒有小毒主補中益氣止洩痢久食令人瘦九月至十一月食之稍有益他月即發五痔及諸瘡亦不可與胡桃及菌子木耳同食

山鷄

山雞味甘温有小毒主五藏氣喘不得息者如食法服之然久食能發五痔與蕎麥麵同食生虫令遼陽有食雞味甚肥美有角鷄味尤勝諸鷄肉

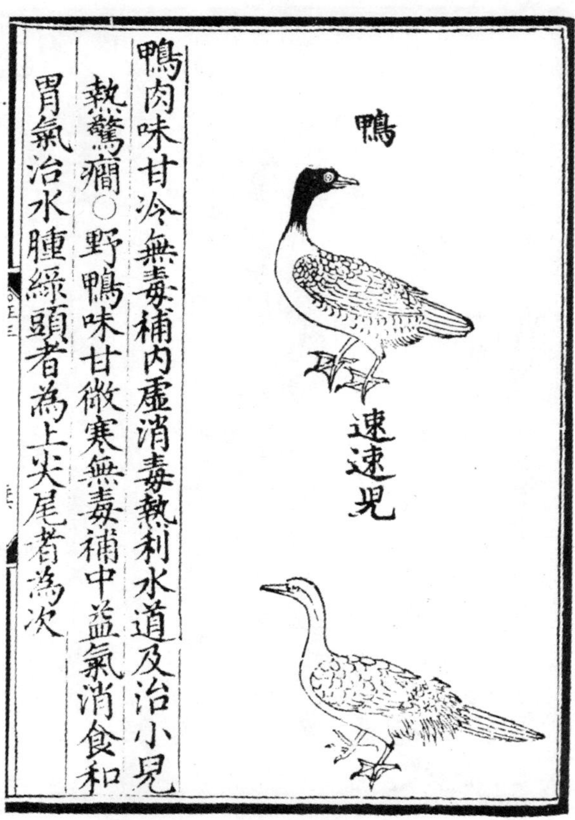

鴨肉味甘冷無毒補内虛消毒熱利水道及治小兒熱驚癇○野鴨味甘微寒無毒補中益氣消食和胃氣治水腫綠頭者為上尖尾者為次

鴛鴦味鹹平有小毒主治瘻瘡若夫婦不和者作羹私與食之即相愛

鸂鶒味甘平無毒治驚邪

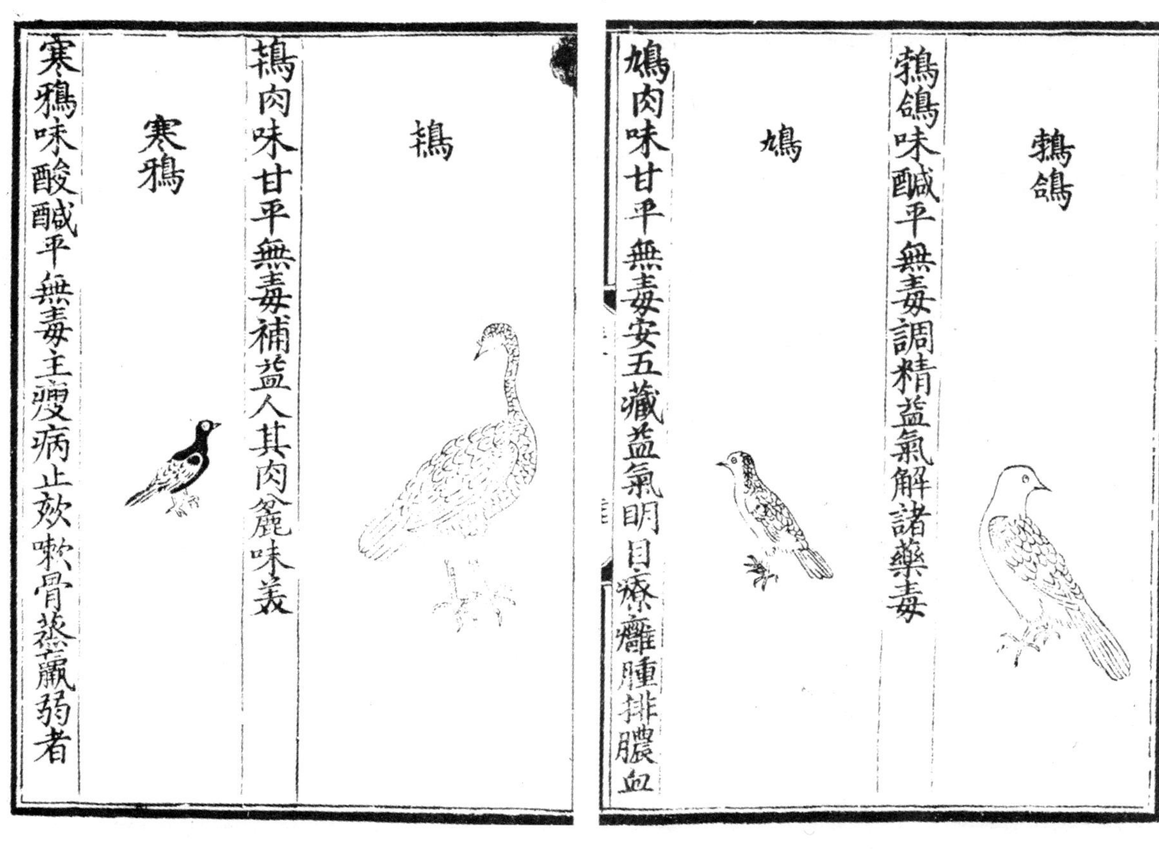

鵓鴿

鵓鴿味鹹平無毒調精益氣解諸藥毒

鳩

鳩肉味甘平無毒安五藏益氣明目療癰腫排膿血

鴇

鴇肉味甘平無毒補益人其肉麄味美

寒鴉

寒鴉味酸鹹平無毒主瘦病止欬嗽骨蒸羸弱者

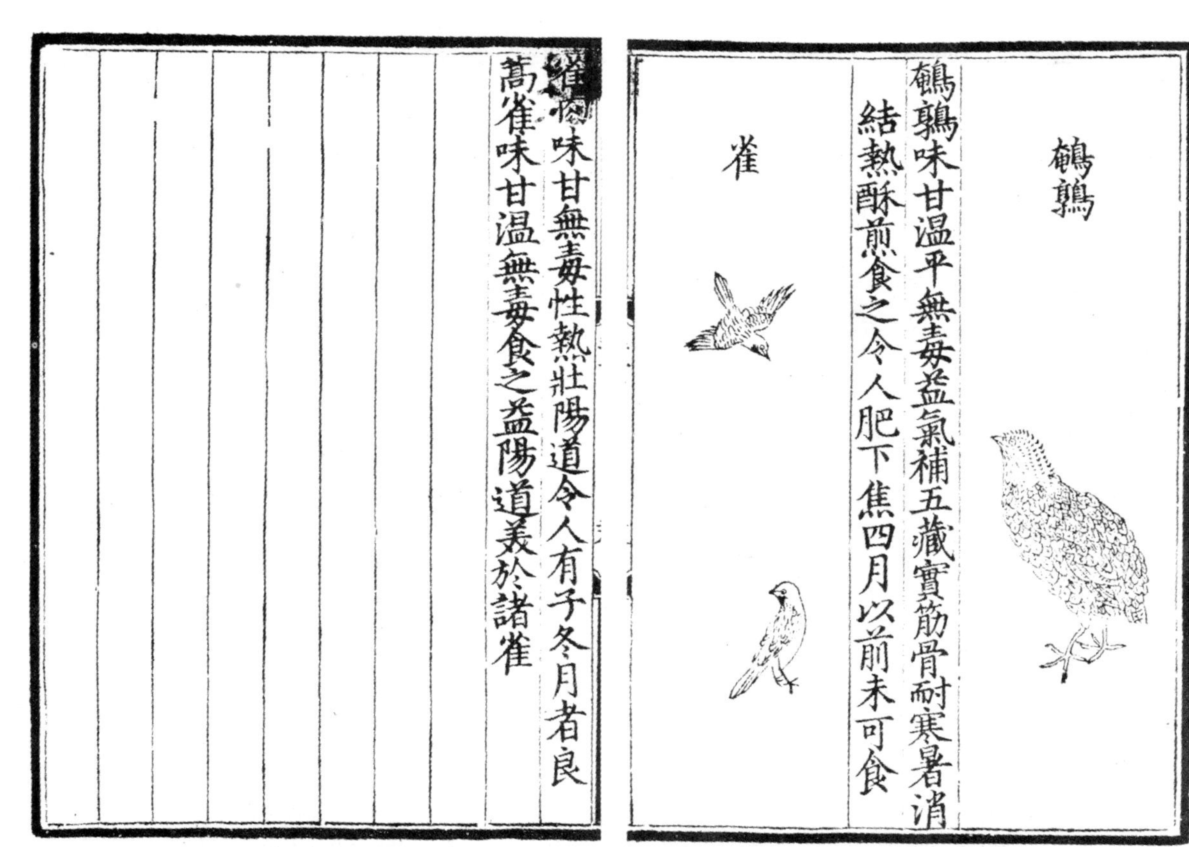

鵪鶉

鵪鶉味甘溫平無毒益氣補五藏實筋骨耐寒暑消結熱酥煎食之令人肥下焦四月以前未可食

雀

雀肉味甘無毒性熱壯陽道令人有子冬月者良

蒿雀味甘溫無毒食之益陽道美於諸雀

魚品

鯉魚

鯉魚味甘寒有毒主欬逆上氣黃疸止渴安胎治水腫脚氣天行病後不可食有宿癥者不可食

鯽魚

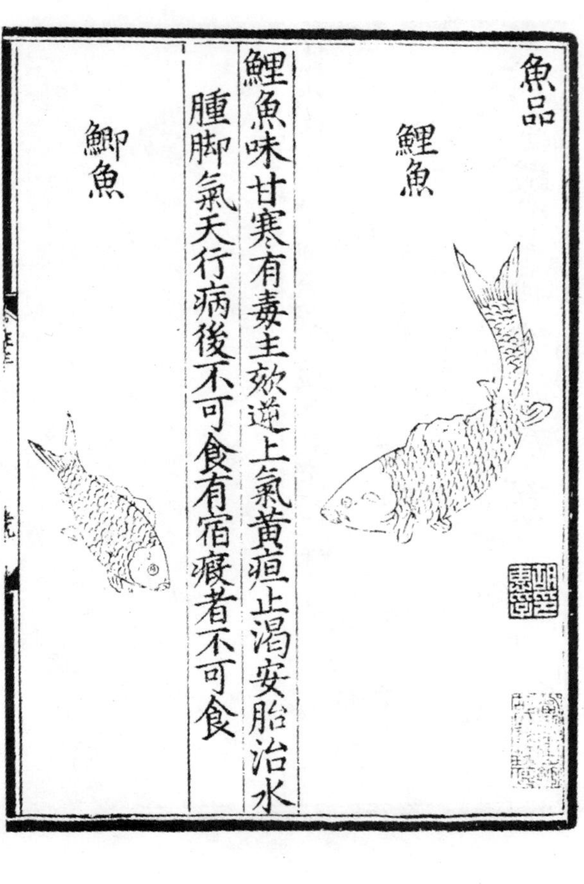

鯽魚味甘溫平無毒調中益五藏和蓴菜作羹食良患腸風痔瘻下血宜食之

魴魚

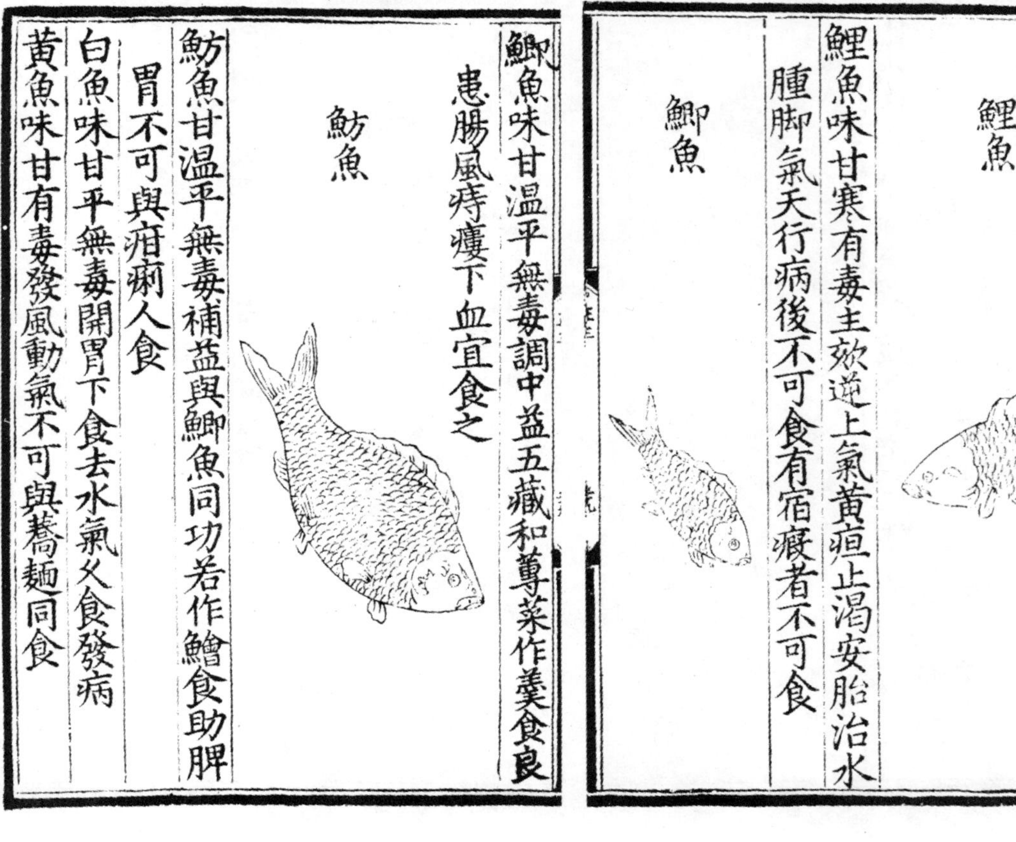

魴魚甘溫平無毒補益與鯽魚同功若作鱠食助脾胃不可與疳痢人食

白魚味甘平無毒開胃下食去水氣久食發病

黃魚味甘有毒發風動氣不可與蕎麵同食

青魚

青魚味甘平無毒南人作鮓不可與芫荽麵醬同食

鮎魚

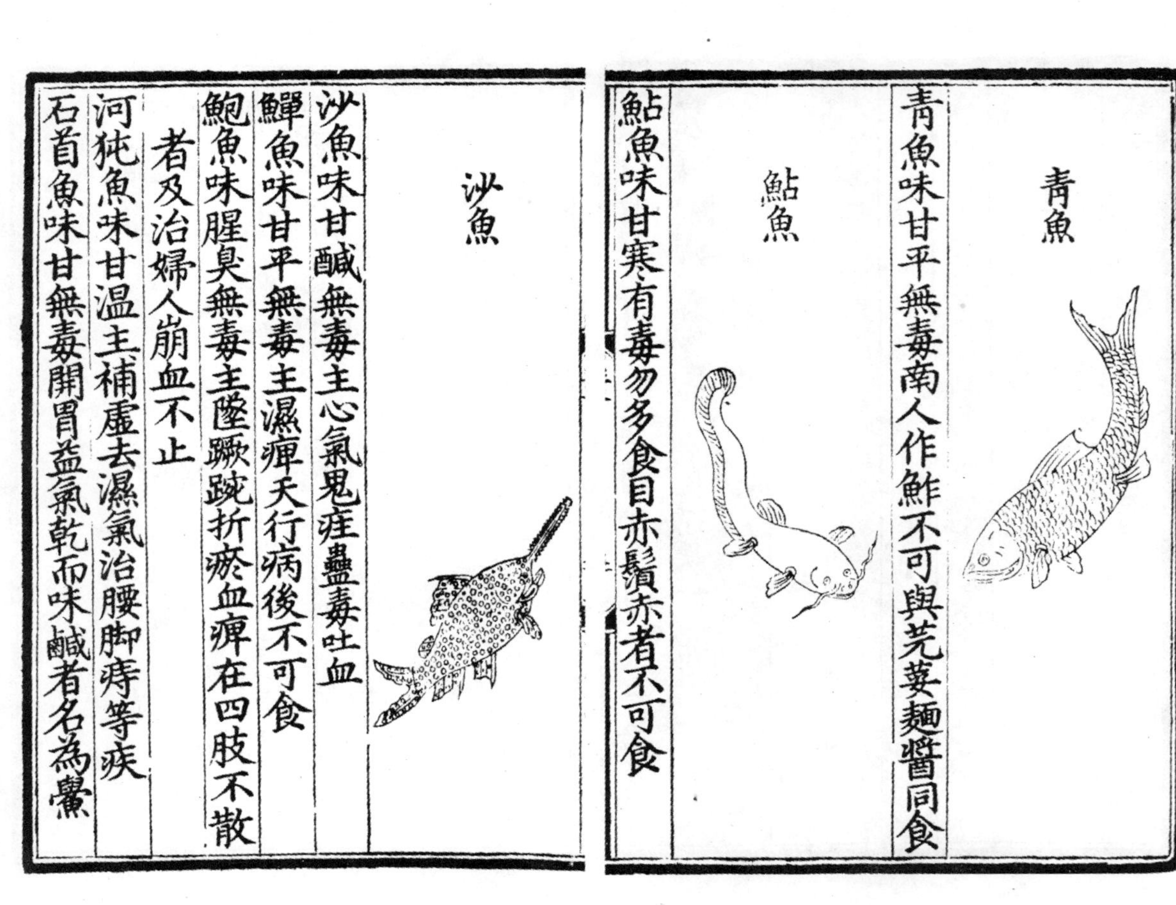

鮎魚味甘寒有毒勿多食目赤鬚赤者不可食

沙魚

沙魚味甘鹹無毒主心氣鬼疰蠱毒吐血

鱓魚味甘平無毒主濕痺天行病後不可食

鮑魚味腥臭無毒主墜蹶踠折瘀血痺在四肢不散者及治婦人崩血不止

河豘魚味甘溫主補虛去濕氣治腰脚痔等疾

石首魚味甘無毒開胃益氣乾而味鹹者名為鮝

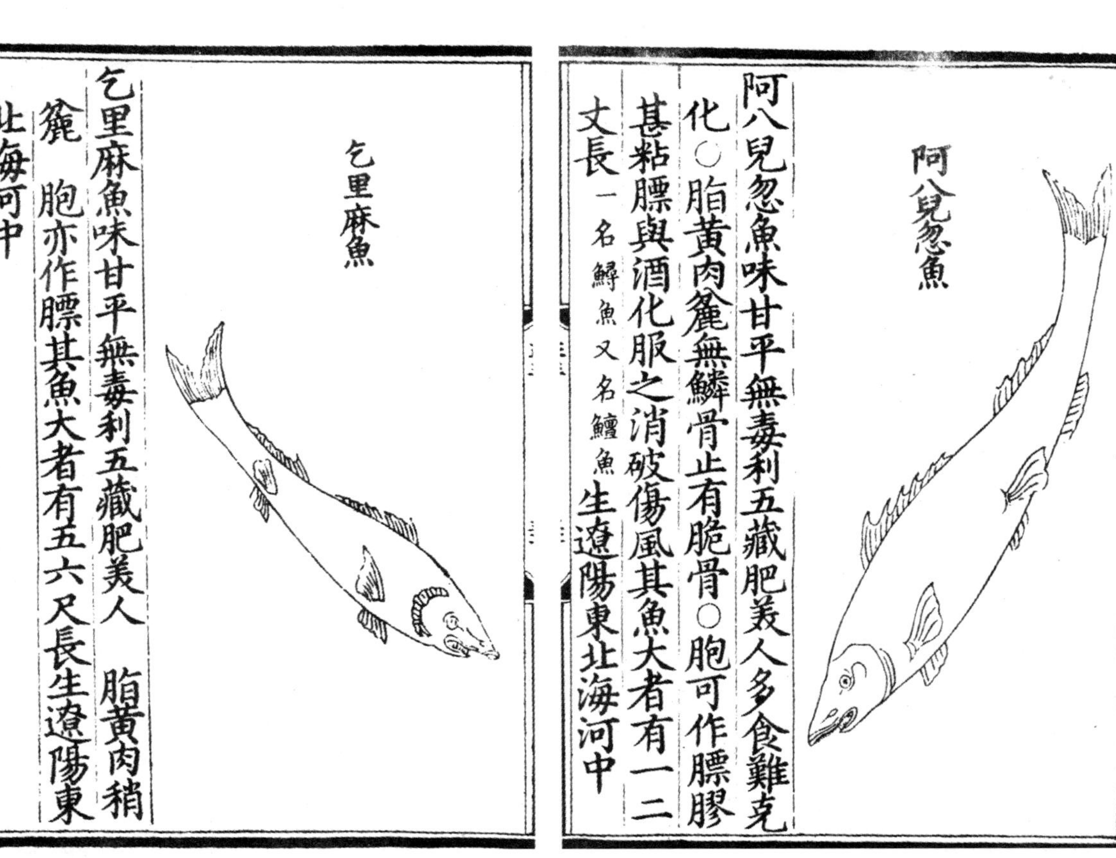

阿八兒忽魚味甘平無毒利五藏肥美人多食難克化○脂黃肉麄無鱗骨止有脆骨○胞可作膘膠甚粘膘與酒化服之消破傷風其魚大者有一二丈長一名鱘魚又名鱣魚生遼陽東北海河中

乞里麻魚味甘平無毒利五藏肥美人　脂黃肉稍麄　胞亦作膘其魚大者有五六尺長生遼陽東北海河中

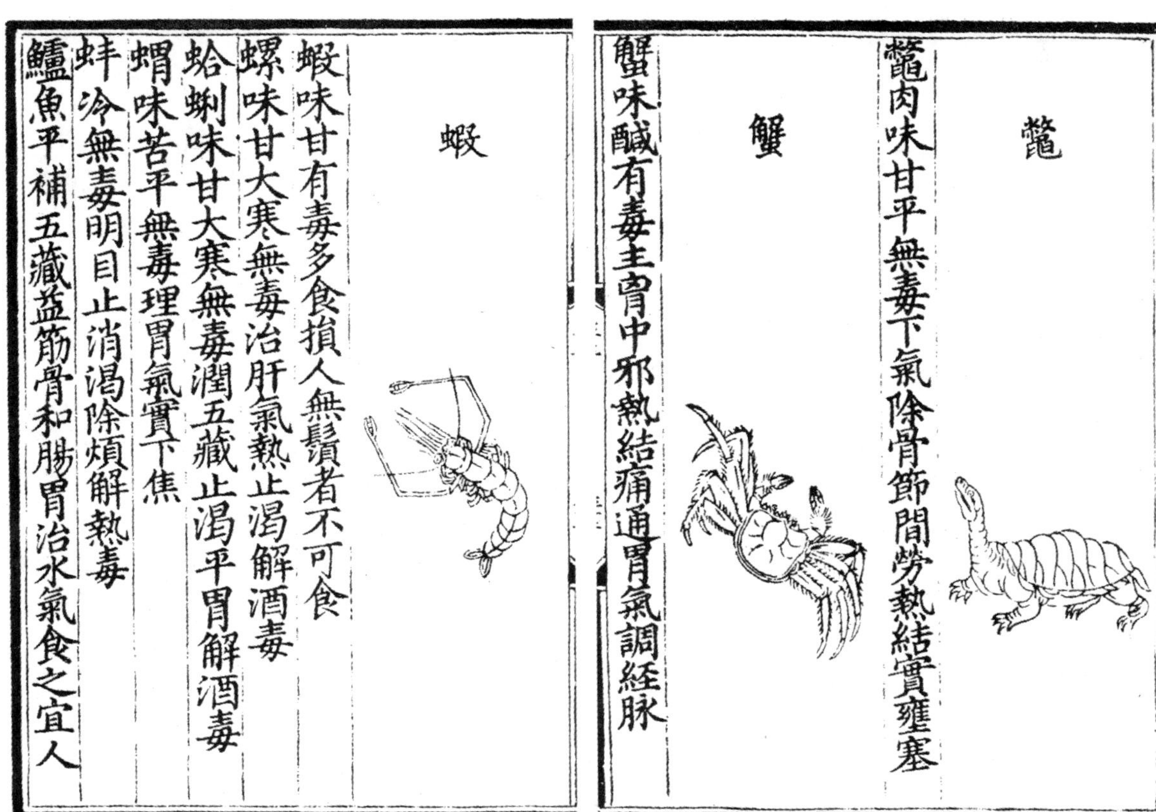

鼈肉味甘平無毒下氣除骨節間勞熱結實壅塞

蟹味鹹有毒主胷中邪熱結痛通胃氣調經脉

蝦味甘有毒多食損人無鬚者不可食

螺味甘大寒無毒治肝氣熱止渴解酒毒

蛤蜊味甘大寒無毒潤五藏止渴平胃解酒毒

蝟味苦平無毒理胃氣實下焦

蚌冷無毒明目止消渴除煩解熱毒

鱸魚平補五藏益筋骨和腸胃治水氣食之宜人

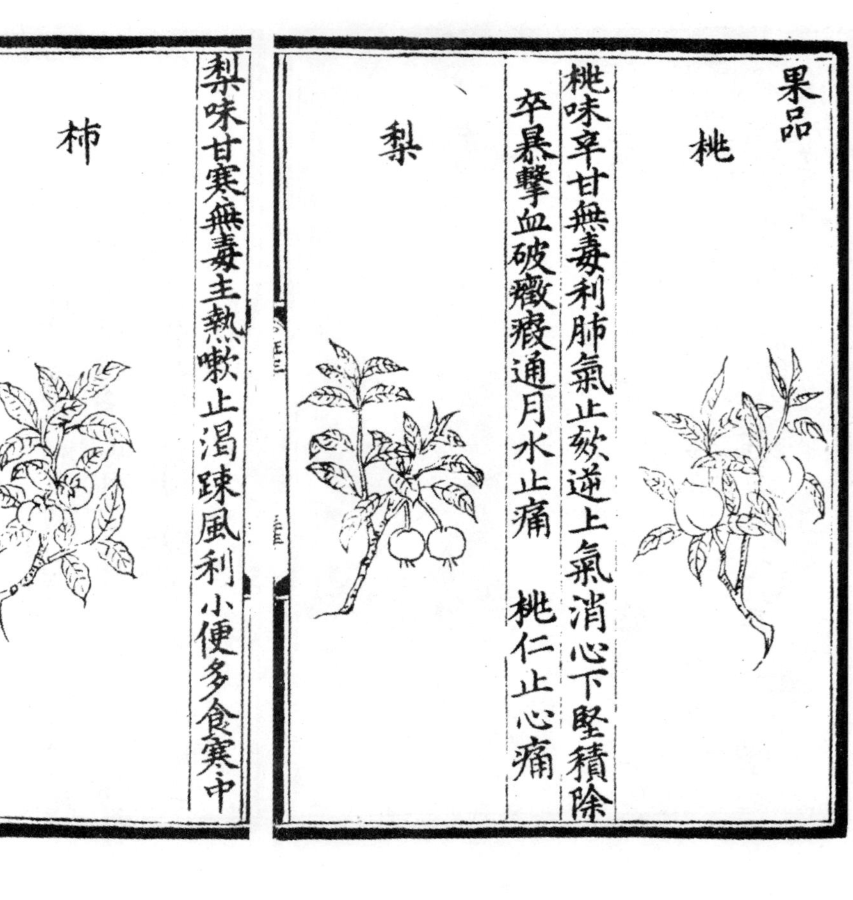

果品

桃

桃味辛甘無毒利肺氣止欬逆上氣消心下堅積除卒暴擊血破癥瘕通月水止痛　桃仁止心痛

梨

梨味甘寒無毒主熱嗽止渴踈風利小便多食寒中

柿

柿味甘寒無毒通耳鼻氣補虚勞腸澼不足厚脾胃

木瓜

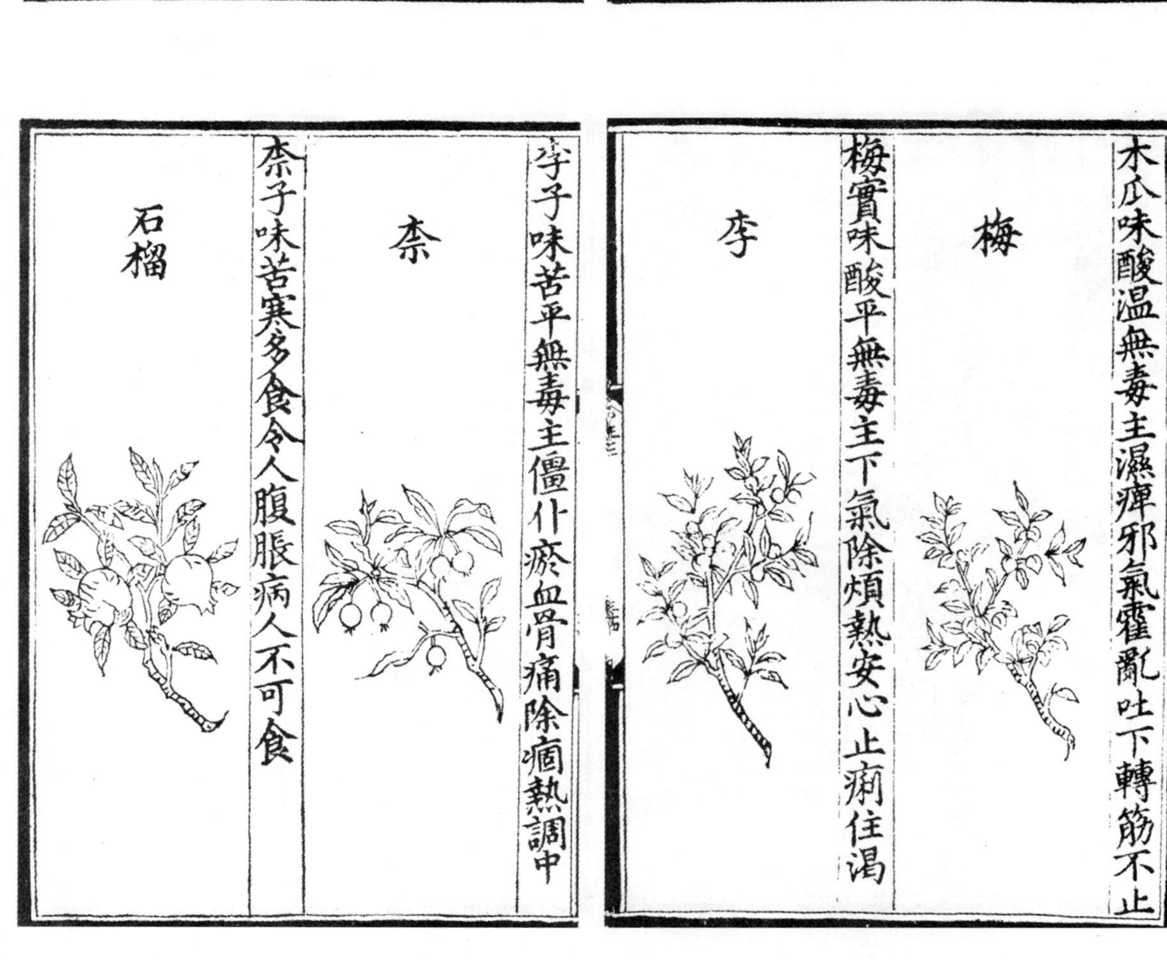

木瓜味酸温無毒主濕痺邪氣霍亂吐下轉筋不止

梅

梅實味酸平無毒主下氣除煩熱安心止痢住渴

李

李子味苦平無毒主僵仆瘀血骨痛除痼熱調中

柰

柰子味苦寒多食令人腹脹病人不可食

石榴

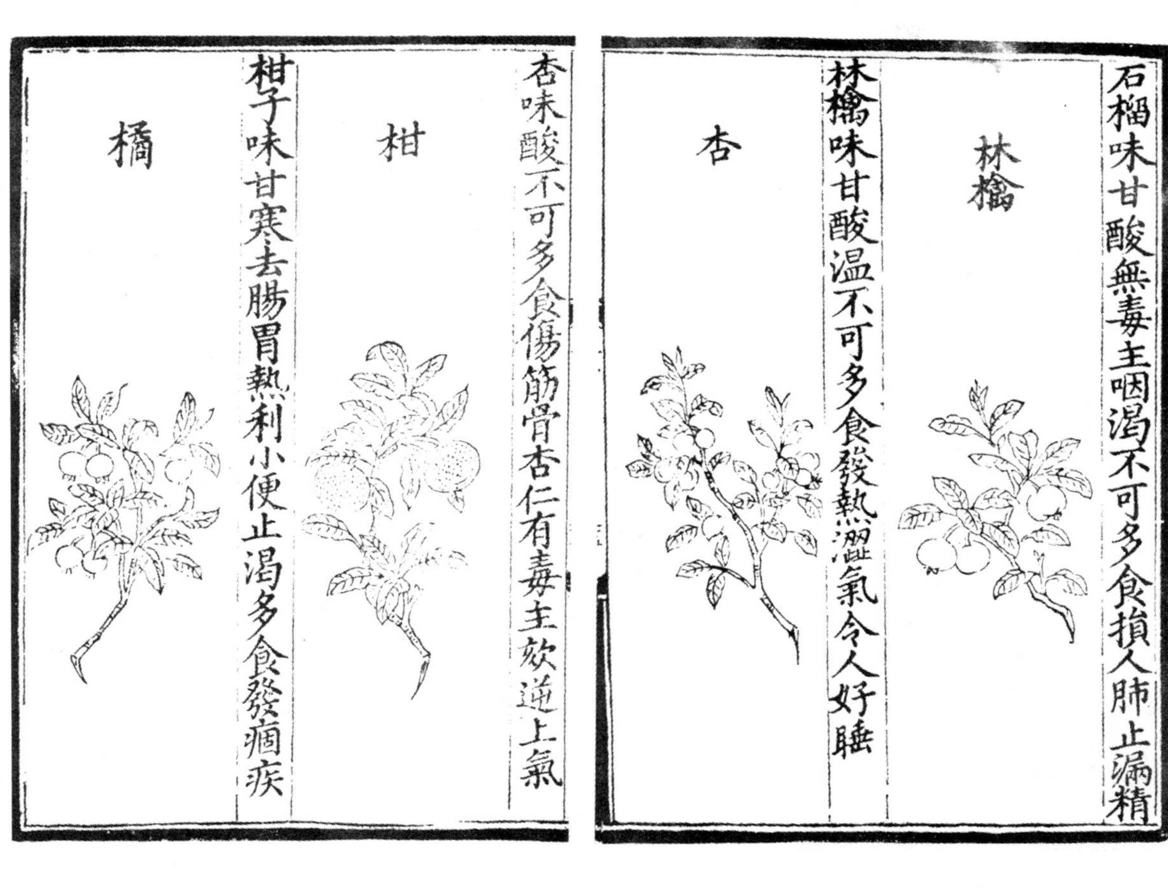

石榴味甘酸無毒主咽渴不可多食損人肺止漏精

林檎

林檎味甘酸温不可多食發熱澀氣令人好睡

杏

杏味酸不可多食傷筋骨杏仁有毒主欬逆上氣

柑

柑子味甘寒去腸胃熱利小便止渴多食發痼疾

橘

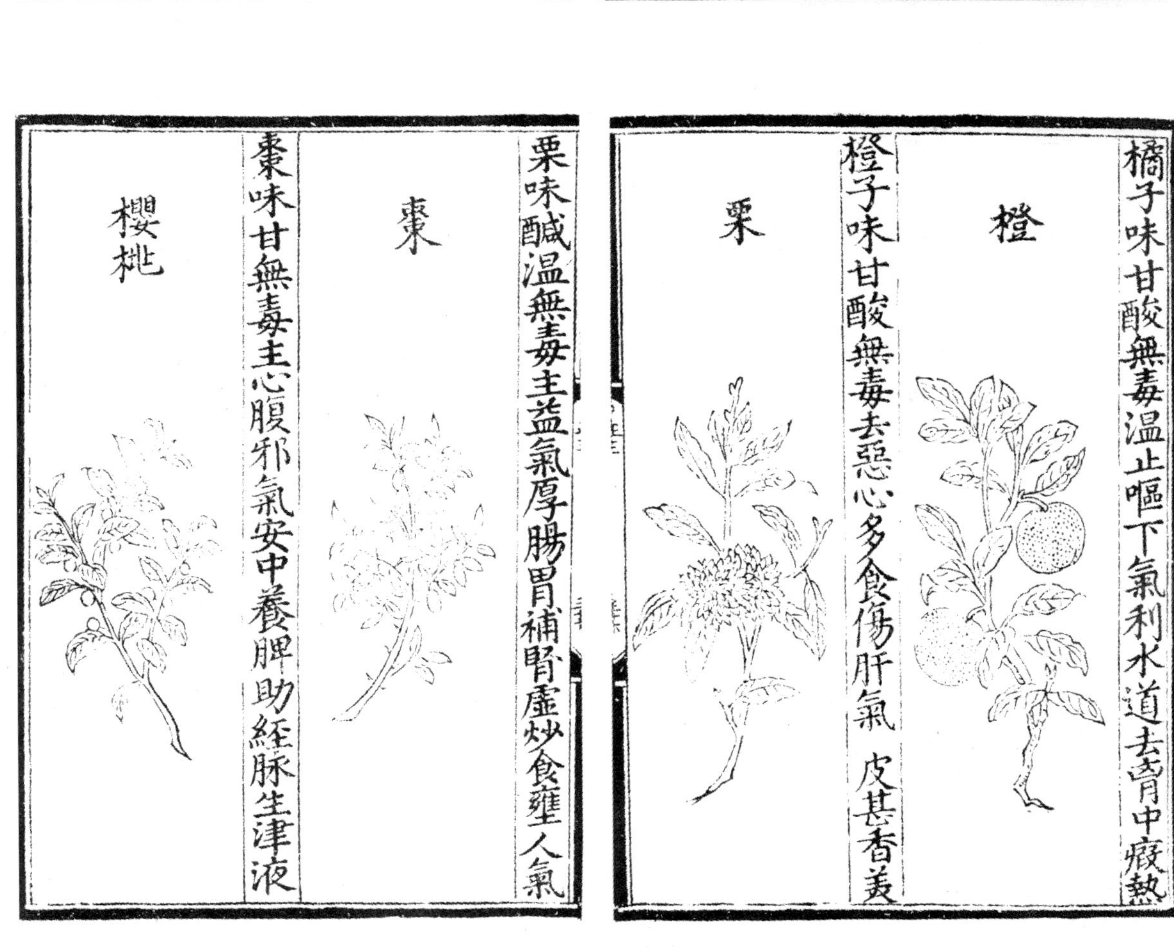

橘子味甘酸無毒温止嘔下氣利水道去胷中瘕熱

橙

橙子味甘酸無毒去惡心多食傷肝氣 皮甚香美

栗

栗味鹹温無毒主益氣厚腸胃補腎虛炒食壅人氣

棗

棗味甘無毒主心腹邪氣安中養脾助經脉生津液

櫻桃

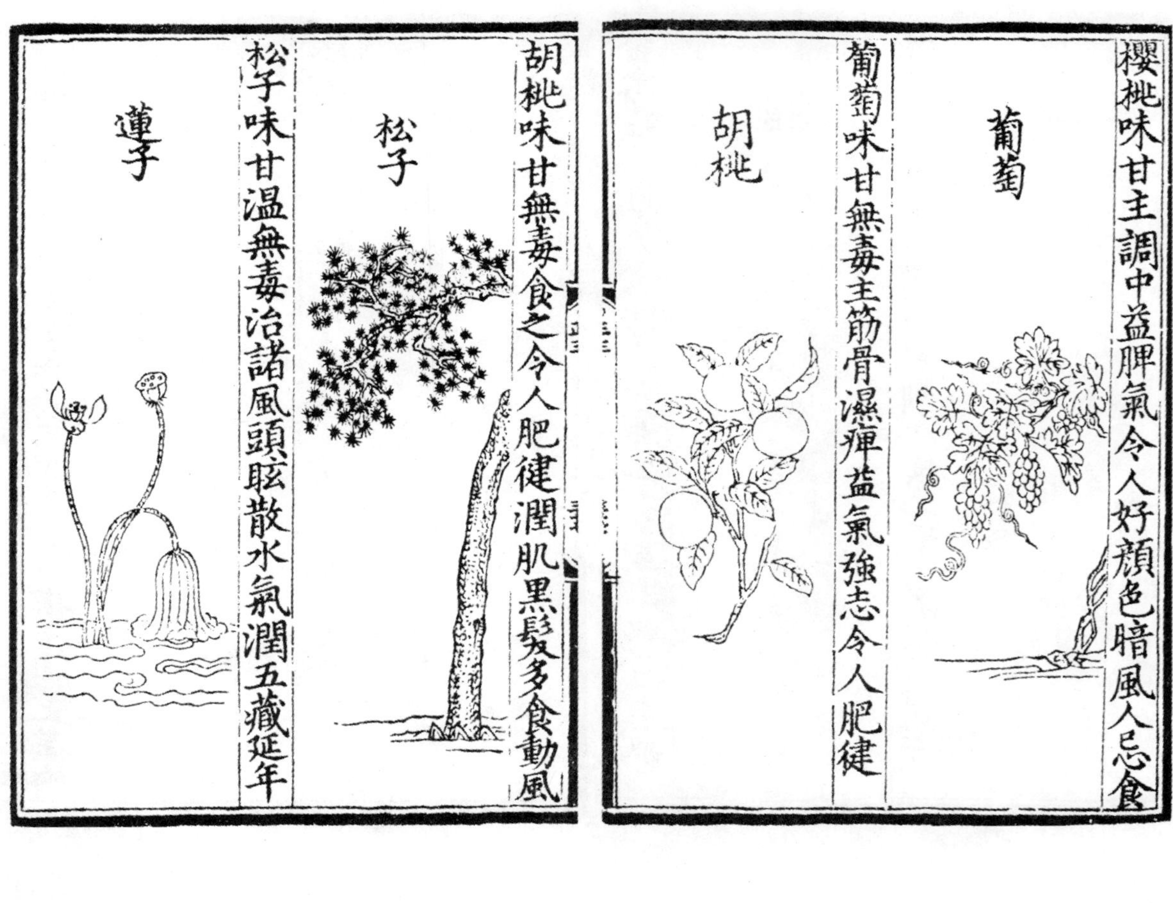

櫻桃味甘主調中益脾氣令人好顏色暗風人忌食

葡萄

葡萄味甘無毒主筋骨濕痺益氣強志令人肥健

胡桃

胡桃味甘無毒食之令人肥健潤肌黑髮多食動風

松子

松子味甘温無毒治諸風頭眩散水氣潤五藏延年

蓮子

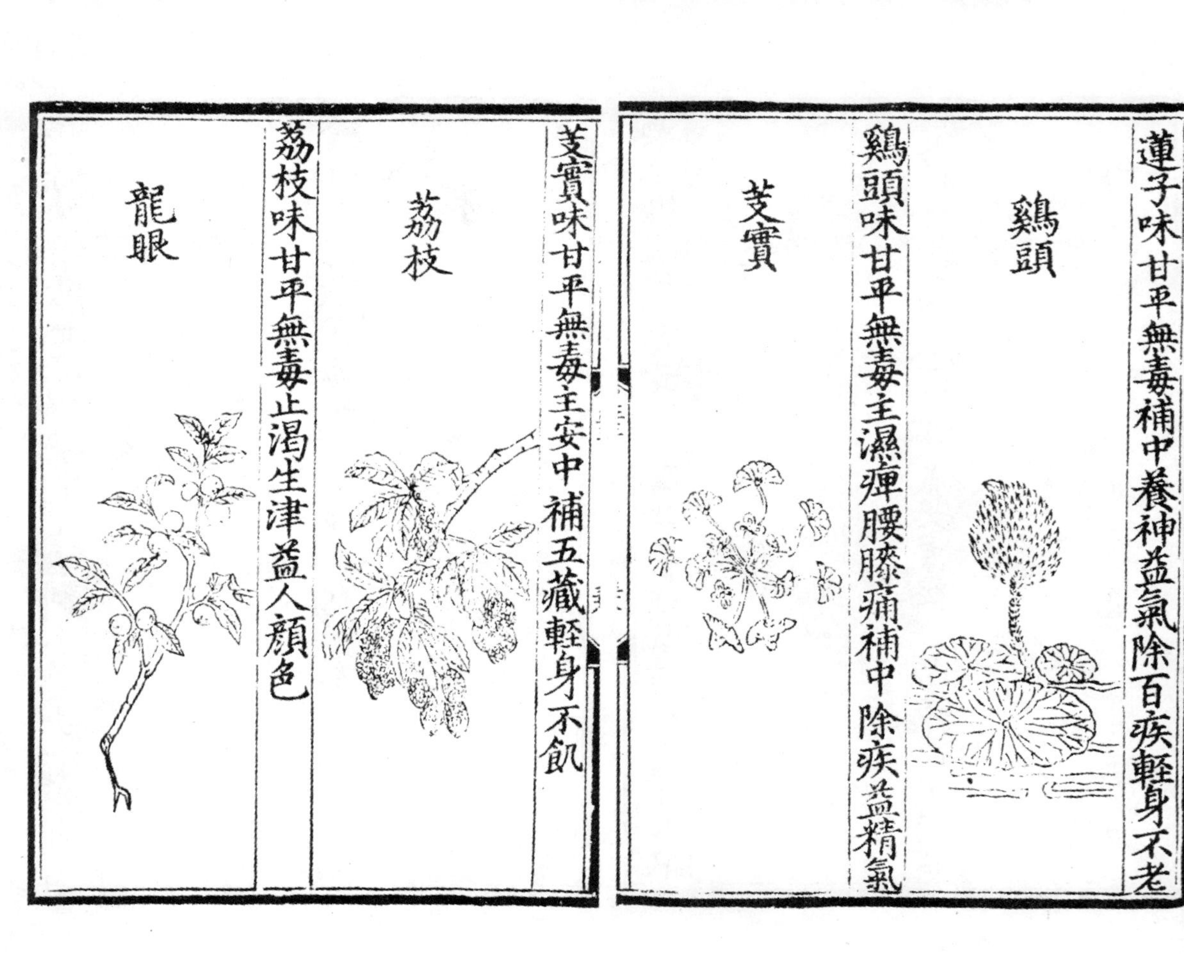

蓮子味甘平無毒補中養神益氣除百疾輕身不老

鷄頭

鷄頭味甘平無毒主濕痺腰膝痛補中除疾益精氣

芡實

芡實味甘平無毒主安中補五藏輕身不飢

茘枝

茘枝味甘平無毒止渴生津益人顏色

龍眼

龍眼味甘平無毒主五藏邪氣安志厭食除蟲去毒

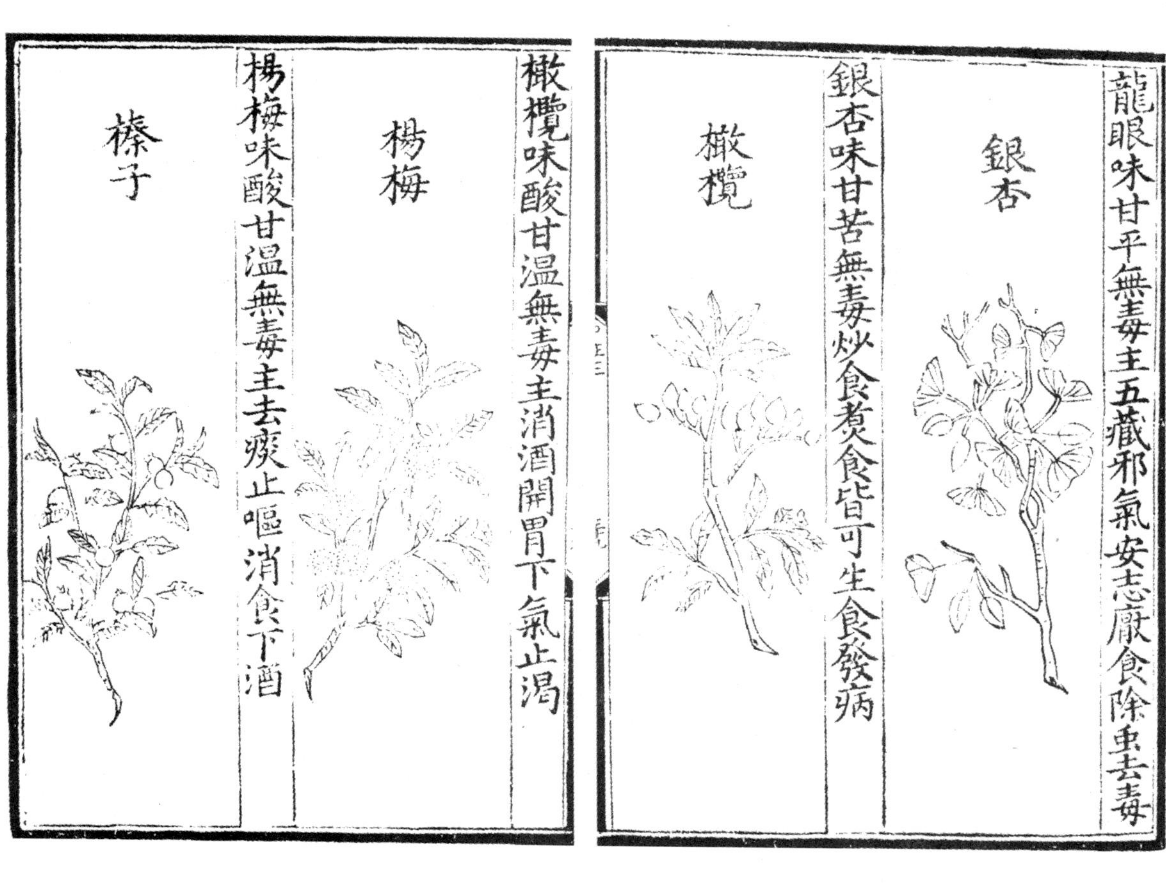

銀杏味甘苦無毒炒食煑食皆可生食發病

橄欖味酸甘溫無毒主消酒開胃下氣止渴

楊梅味酸甘溫無毒主去痰止嘔消食下酒

榛子味甘平無毒益氣力寬腸胃健行令人不飢

榧子

沙糖

榧子味甘無毒主五痔去三虫蠱毒鬼疰

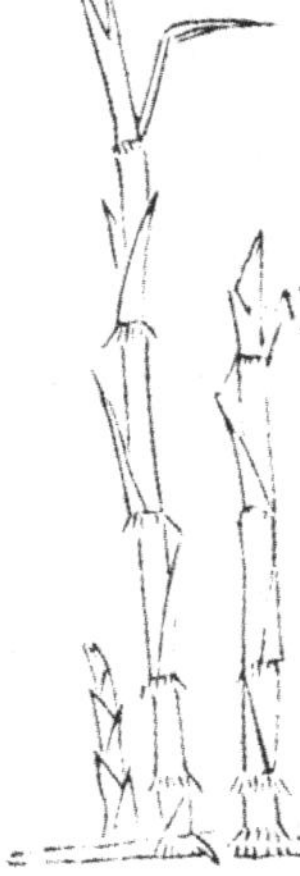

沙糖味甘寒無毒主心腹熱脹止渴明目即甘蔗汁熬成沙糖

甜瓜

西瓜

甜瓜味甘寒有毒止渴除煩熱多食發冷病破腹

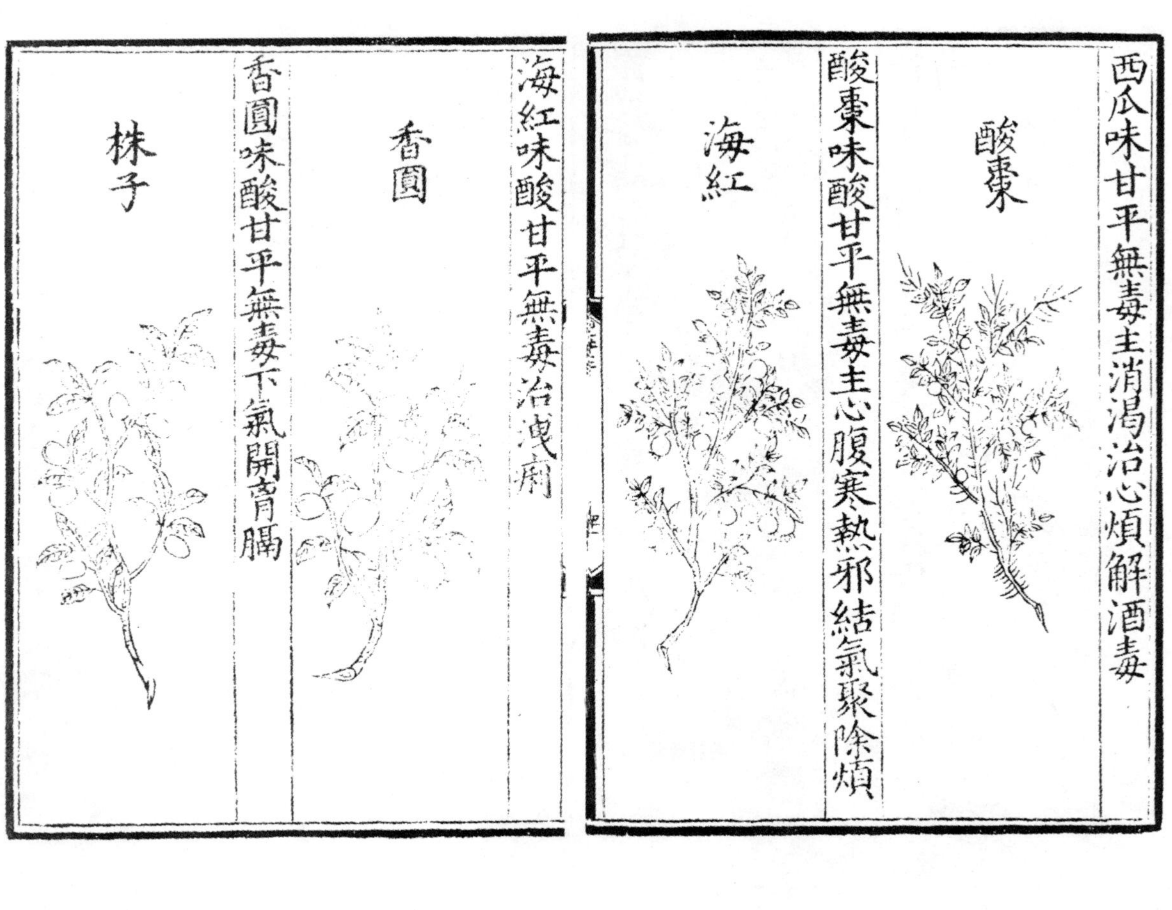
西瓜味甘平無毒主消渴治心煩解酒毒

酸棗

海紅

酸棗味酸甘平無毒主心腹寒熱邪結氣聚除煩

海紅味酸甘平無毒治洩痢

香圓

香圓味酸甘平無毒下氣開胸膈

株子

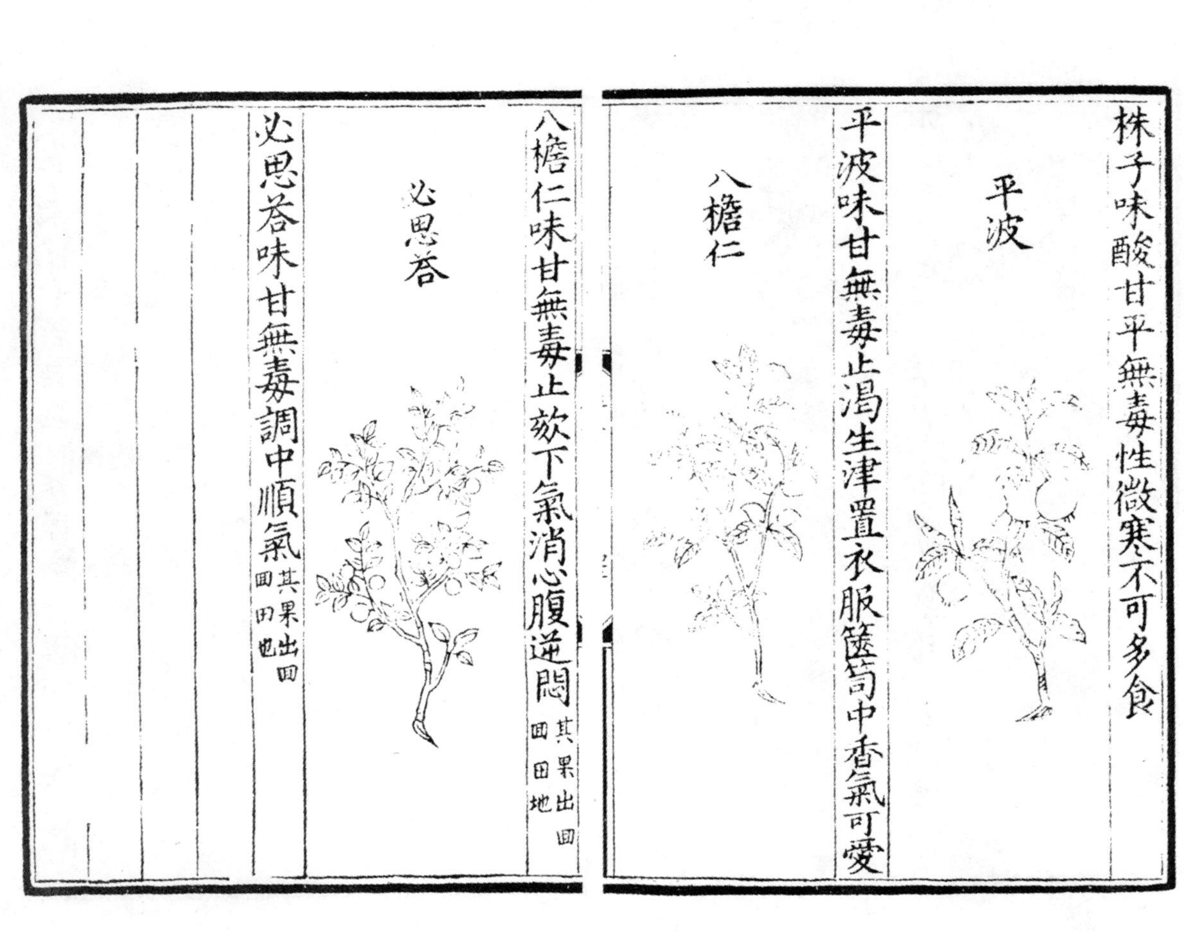
株子味酸甘平無毒性微寒不可多食

平波

平波味甘無毒止渴生津置衣服篋笥中香氣可愛

八檐仁

八檐仁味甘無毒止欬下氣消心腹逆悶 其果出回回田地

必思荅

必思荅味甘無毒調中順氣 其果出回回田地也

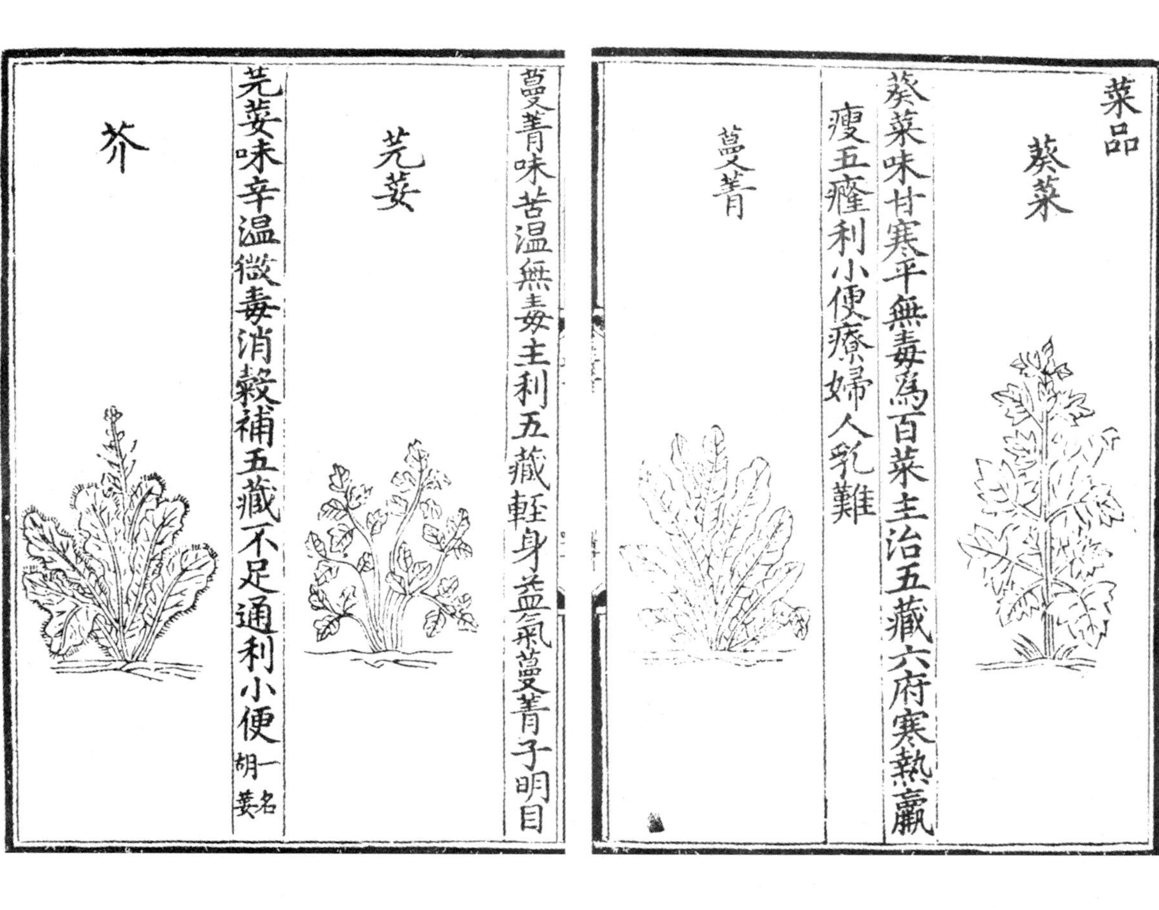

菜品

葵菜

葵菜味甘寒平無毒爲百菜主治五藏六府寒熱羸瘦五癃利小便療婦人乳難

蔓菁

蔓菁味苦溫無毒主利五藏輕身益氣蔓菁子明目

芫荽

芫荽味辛溫微毒消穀補五藏不足通利小便一名胡荽

芥

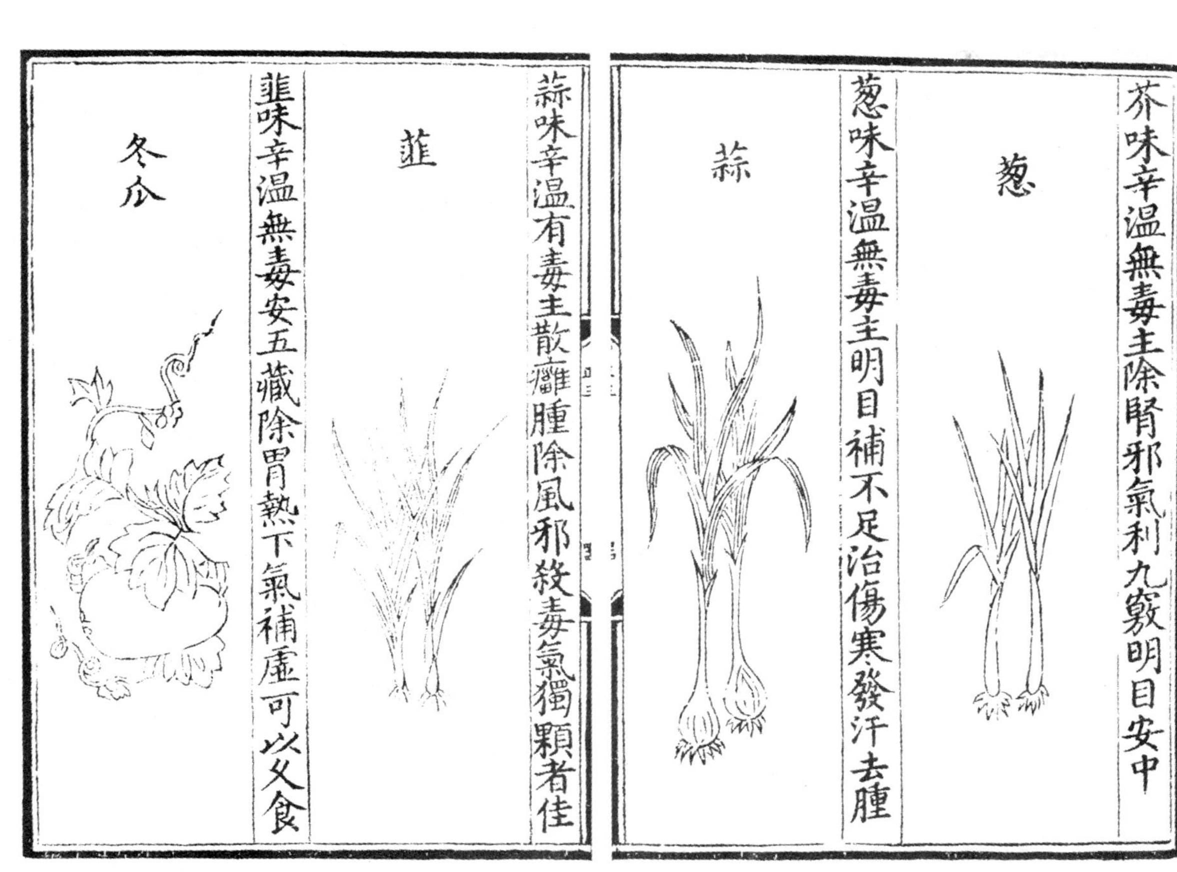

芥味辛溫無毒主除腎邪氣利九竅明目安中

葱

葱味辛溫無毒主明目補不足治傷寒發汗去腫

蒜

蒜味辛溫有毒主散癰腫除風邪殺毒氣獨顆者佳

韭

韭味辛溫無毒安五藏除胃熱下氣補虛可以久食

冬瓜

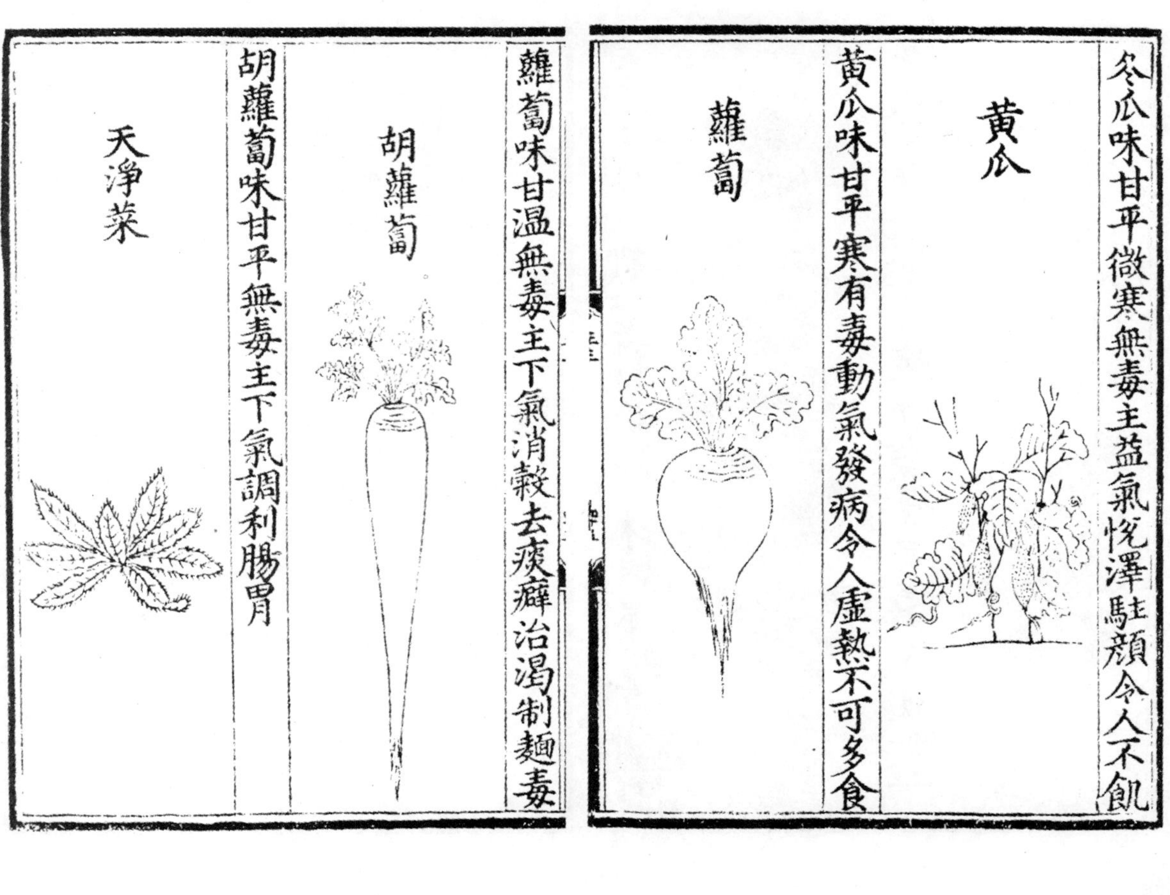

冬瓜味甘平微寒無毒主益氣悦澤駐顏令人不飢

黄瓜

黄瓜味甘平寒有毒動氣發病令人虛熱不可多食

蘿蔔

蘿蔔味甘溫無毒主下氣消穀去痰癖治渴制麵毒

胡蘿蔔

胡蘿蔔味甘平無毒主下氣調利腸胃

天淨菜

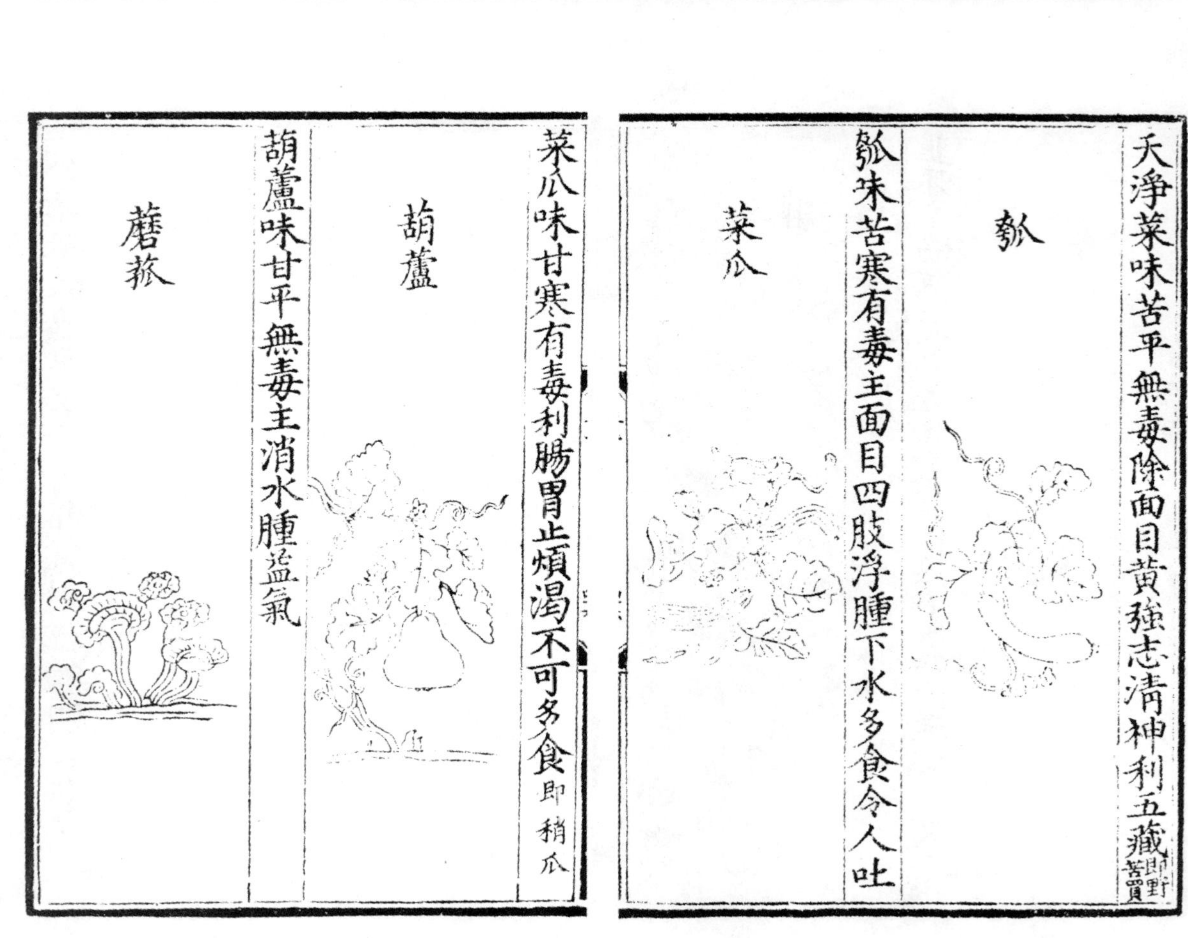

天淨菜味苦平無毒除面目黄強志清神利五藏即野苦蕒

瓠

瓠味苦寒有毒主面目四肢浮腫下水多食令人吐

菜瓜

菜瓜味甘寒有毒利腸胃止煩渴不可多食即稍瓜

葫蘆

葫蘆味甘平無毒主消水腫益氣

蘑菰

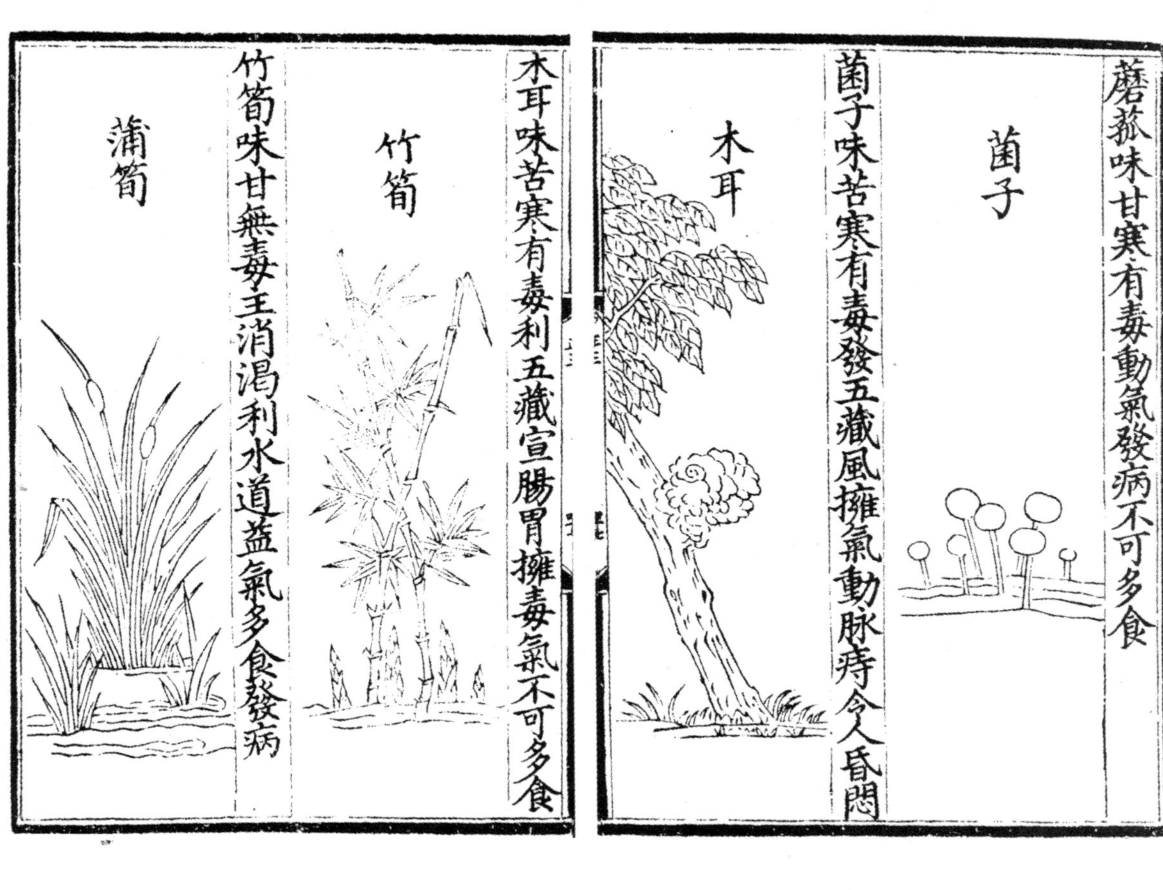

蘑菰味甘寒有毒動氣發病不可多食

菌子

菌子味苦寒有毒發五藏風擁氣動脉痔令人昏悶

木耳

木耳味苦寒有毒利五藏宣腸胃擁毒氣不可多食

竹筍

竹筍味甘無毒主消渴利水道益氣多食發病

蒲筍

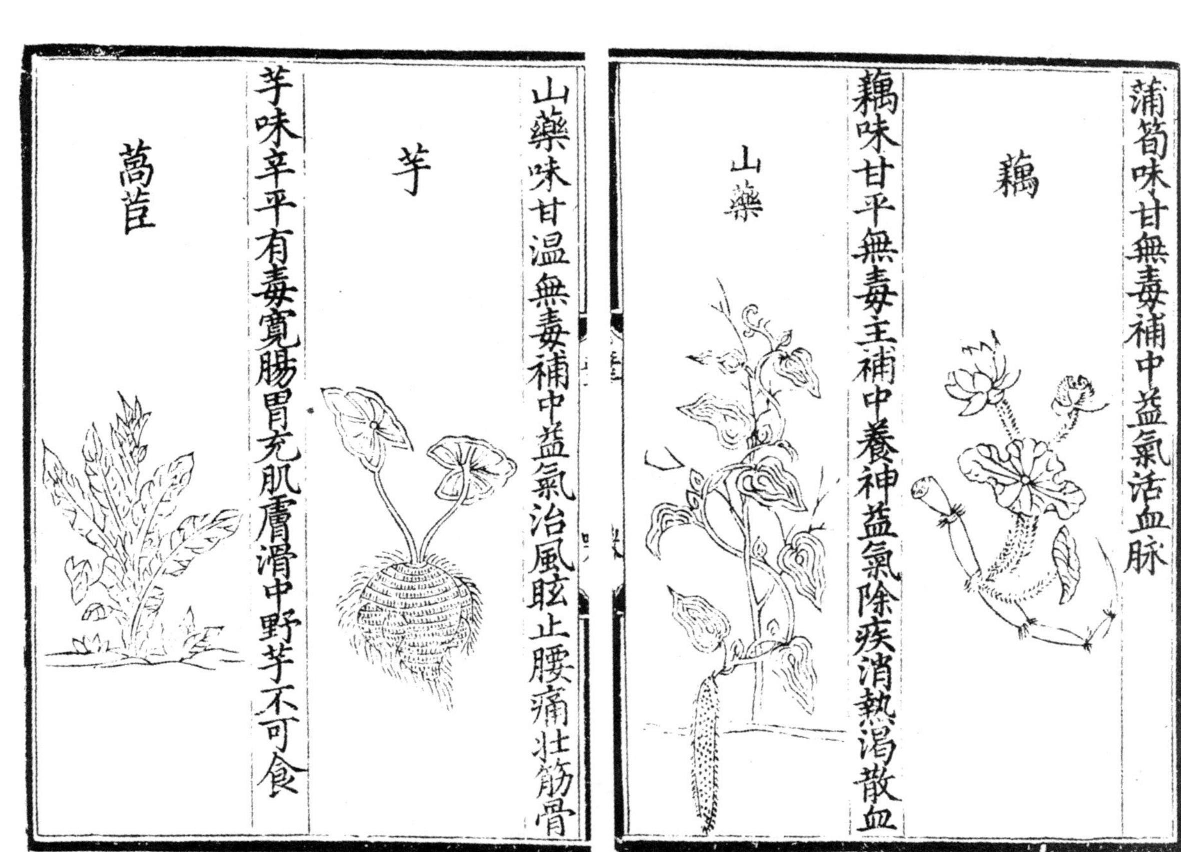

蒲筍味甘無毒補中益氣活血脉

藕

藕味甘平無毒主補中養神益氣除疾消熱渴散血

山藥

山藥味甘溫無毒補中益氣治風眩止腰痛壯筋骨

芋

芋味辛平有毒寬腸胃充肌膚滑中野芋不可食

萵苣

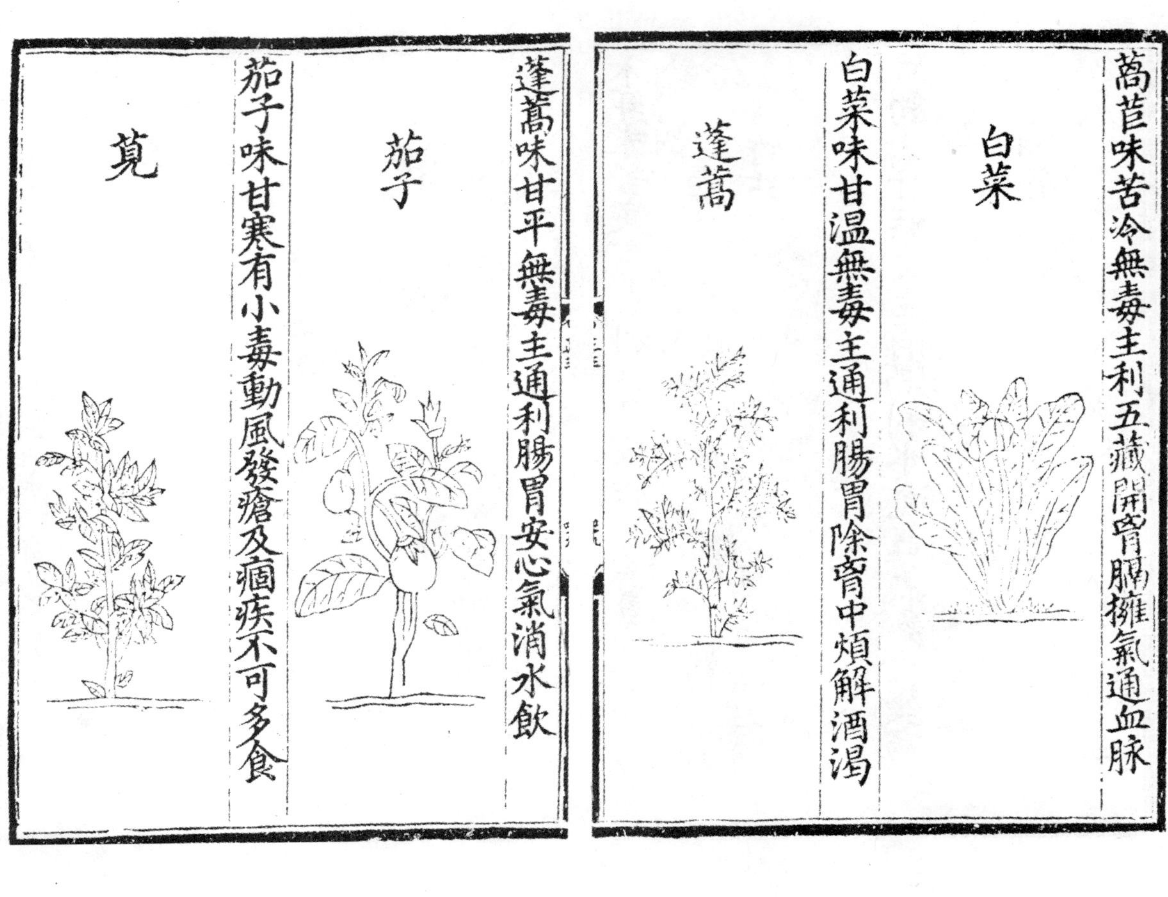

萵苣味苦冷無毒主利五藏開胷膈擁氣通血脉

白菜

白菜味甘溫無毒主通利腸胃除胷中煩解酒渴

蓬蒿

蓬蒿味甘平無毒主通利腸胃安心氣消水飲

茄子

茄子味甘寒有小毒動風發瘡及痼疾不可多食

莧

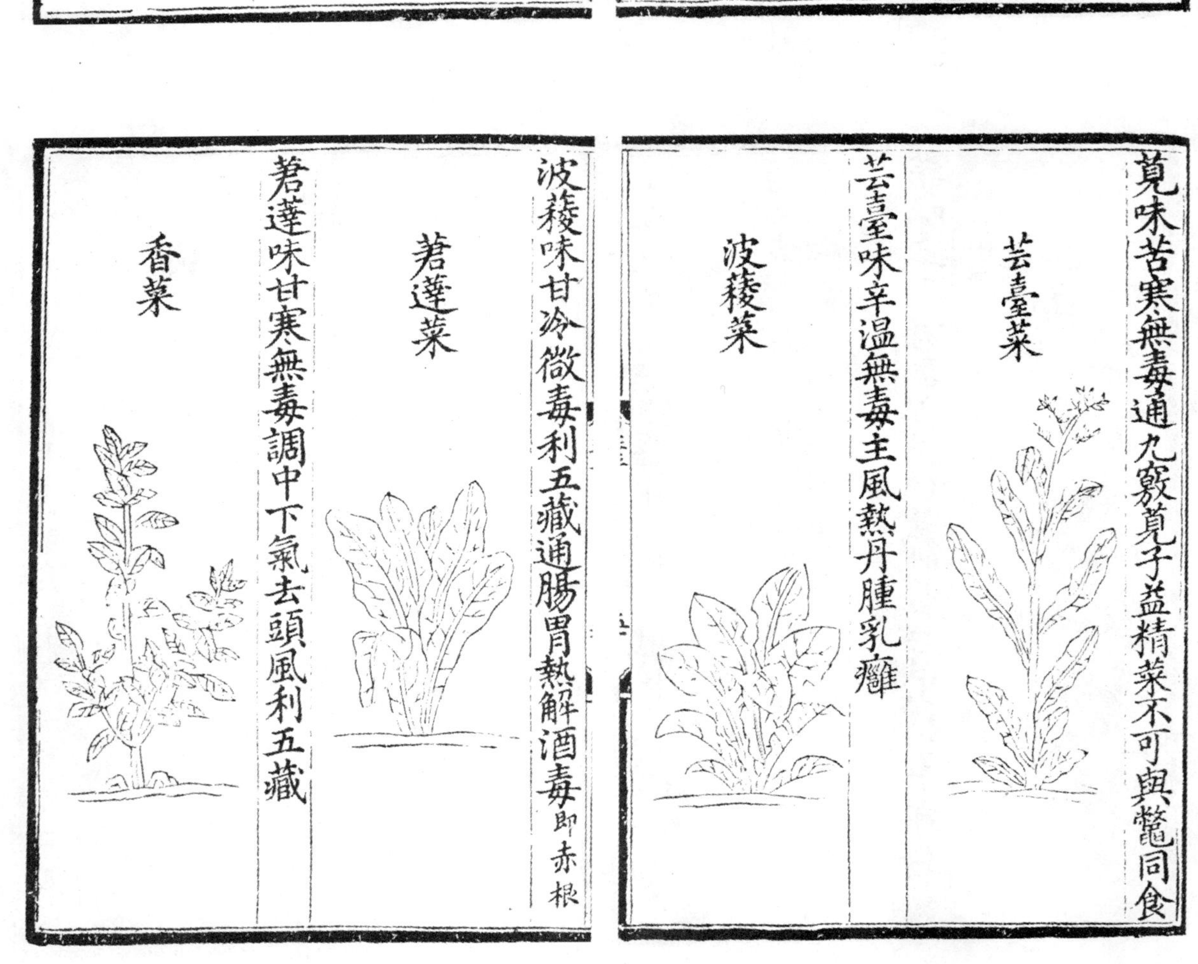

莧味苦寒無毒通九竅莧子益精菜不可與鼈同食

芸薹菜

芸薹味辛溫無毒主風熱丹腫乳癰

波薐菜

波薐味甘冷微毒利五藏通腸胃熱解酒毒即赤根

莙薘菜

莙薘味甘寒無毒調中下氣去頭風利五藏

香菜

香菜味辛平無毒與諸菜同食氣味香辟腥

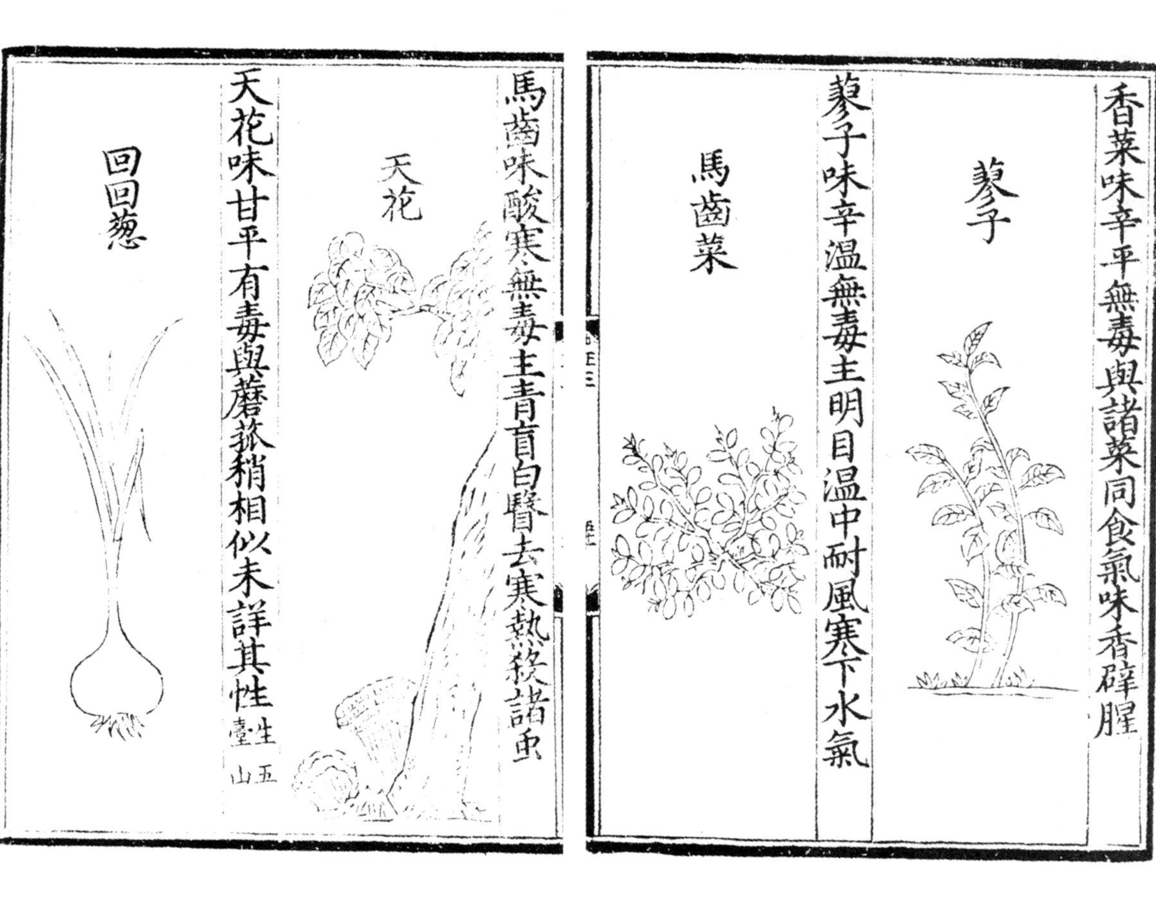

蓼子味辛温無毒主明目温中耐風寒下水氣

馬齒味酸寒無毒主青盲白瞖去寒熱殺諸虫

天花味甘平有毒與蘑菰稍相似未詳其性生五臺山

回回葱味辛温無毒温中消穀下氣殺虫久食發病

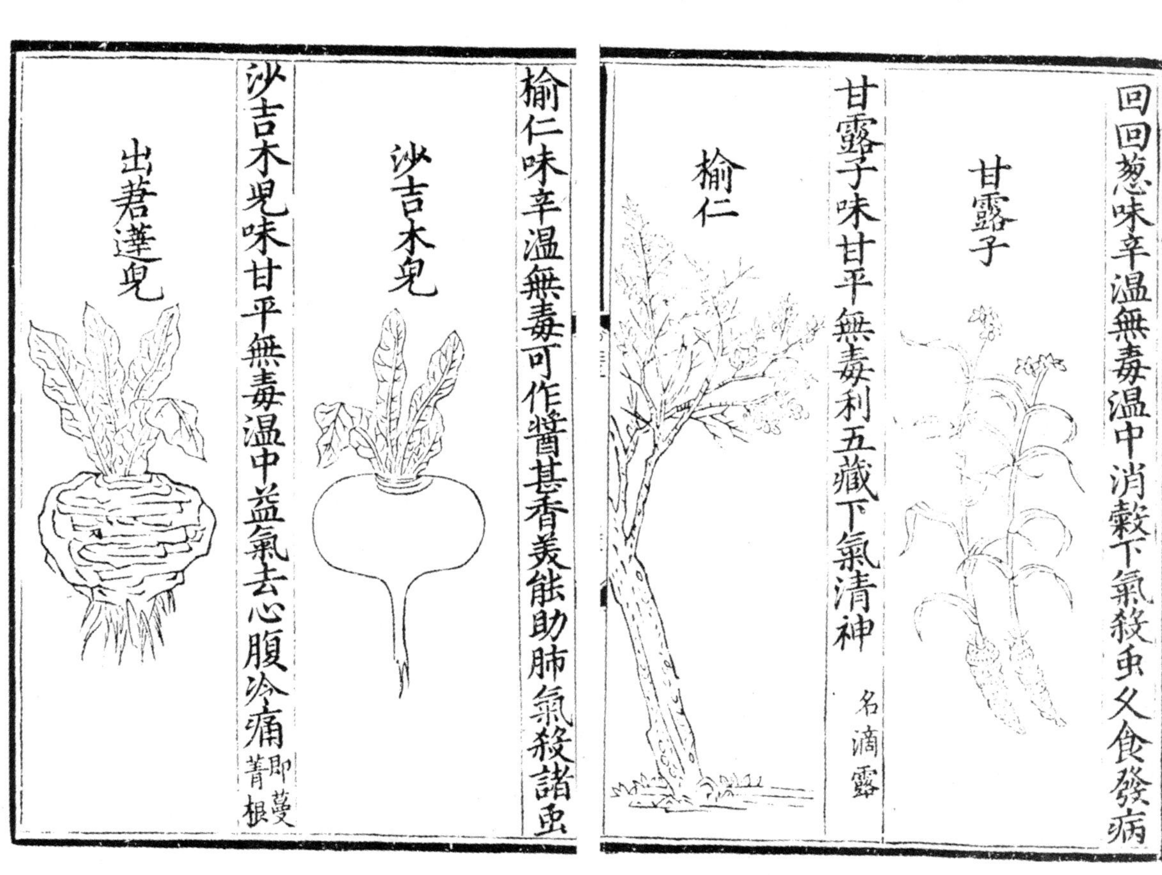

甘露子味甘平無毒利五藏下氣清神名滴露

榆仁味辛温無毒可作醬甚香美能助肺氣殺諸虫

沙吉木兒味甘平無毒温中益氣去心腹冷痛即蔓菁根

出莙蓬兒味甘平無毒通經脉下氣開胷膈（即莙蓬根也）

山丹根

海菜

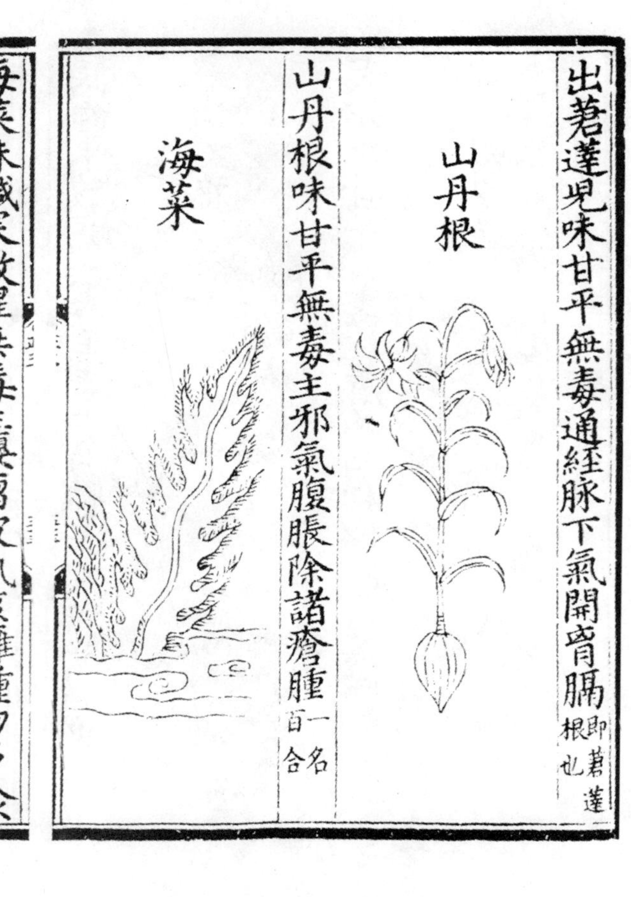

山丹根味甘平無毒主邪氣腹脹除諸瘡腫（一名百合）

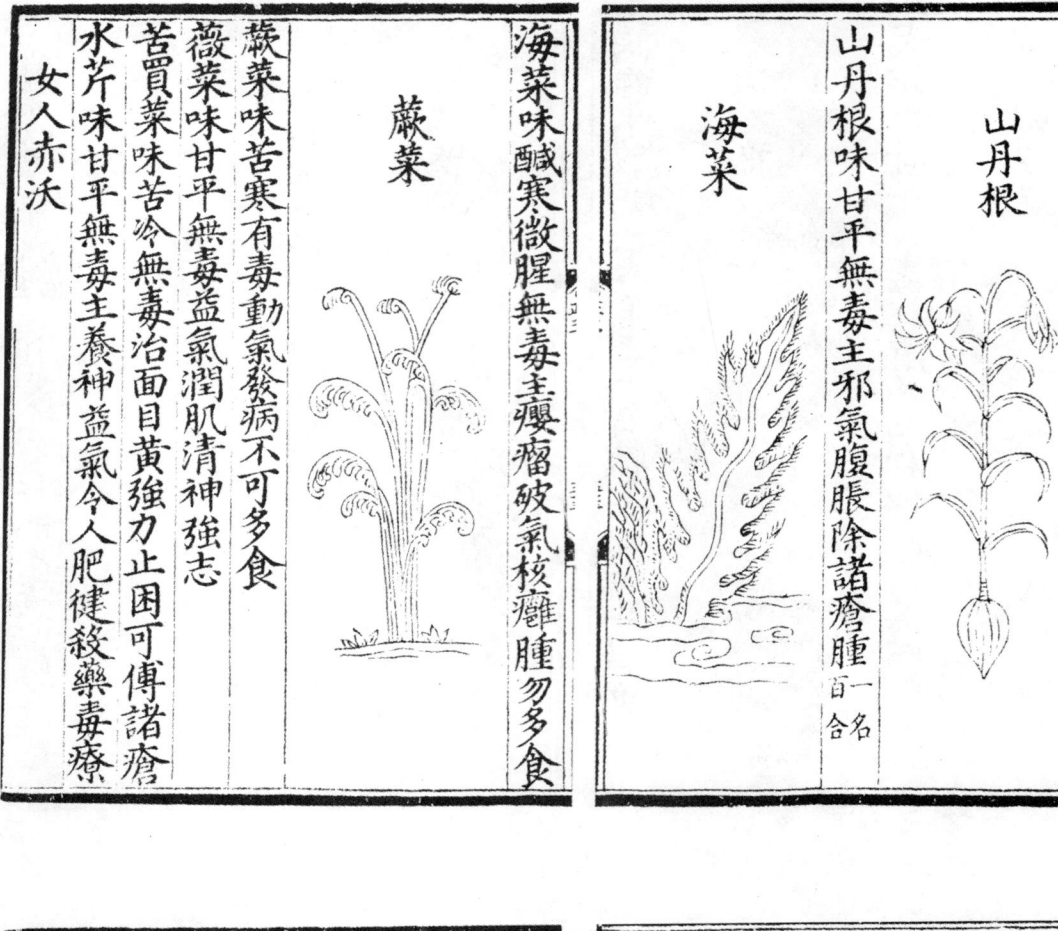

海菜味鹹寒微腥無毒主癭瘤破氣核癰腫勿多食

蕨菜

蕨菜味苦寒有毒動氣發病不可多食

薇菜味甘平無毒益氣潤肌清神強志

苦買菜味苦冷無毒治面目黃強力止困可傳諸瘡

水芹味甘平無毒主養神益氣令人肥健殺藥毒瘵

女人赤沃

料物性味

胡椒

小椒

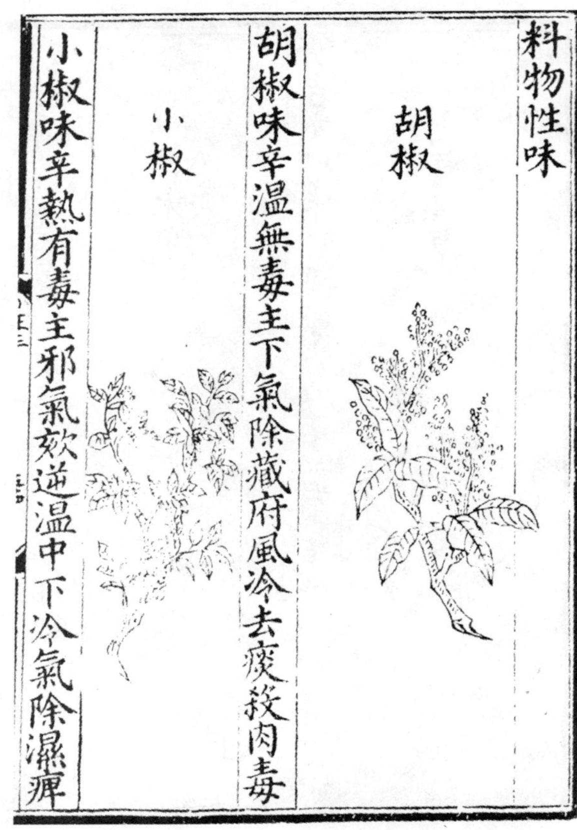

胡椒味辛温無毒主下氣除藏府風冷去痰殺肉毒

小椒味辛熱有毒主邪氣欬逆温中下冷氣除濕痺

良薑

茴香

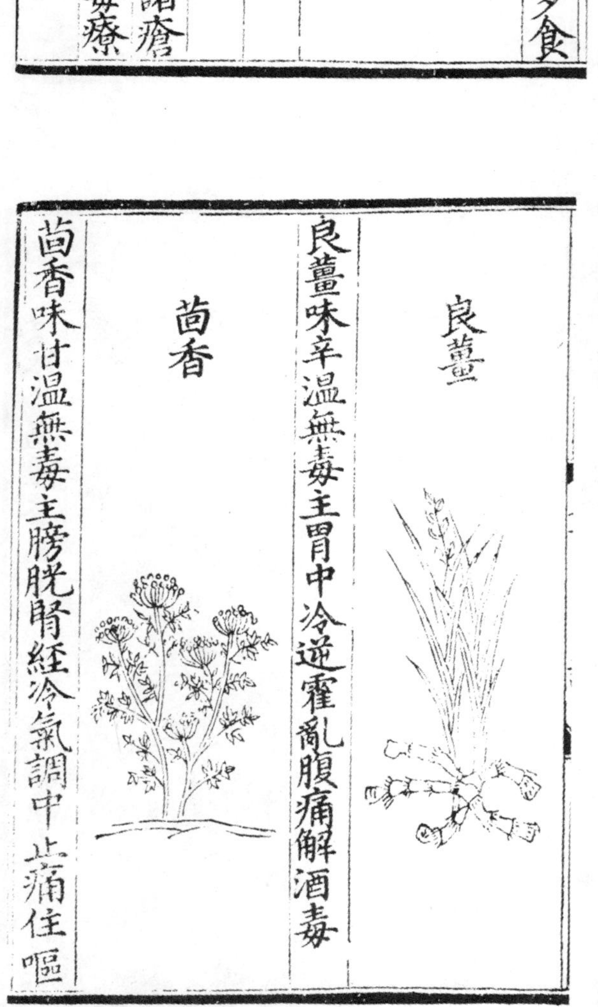

良薑味辛温無毒主胃中冷逆霍亂腹痛解酒毒

茴香味甘温無毒主膀胱腎經冷氣調中止痛住嘔

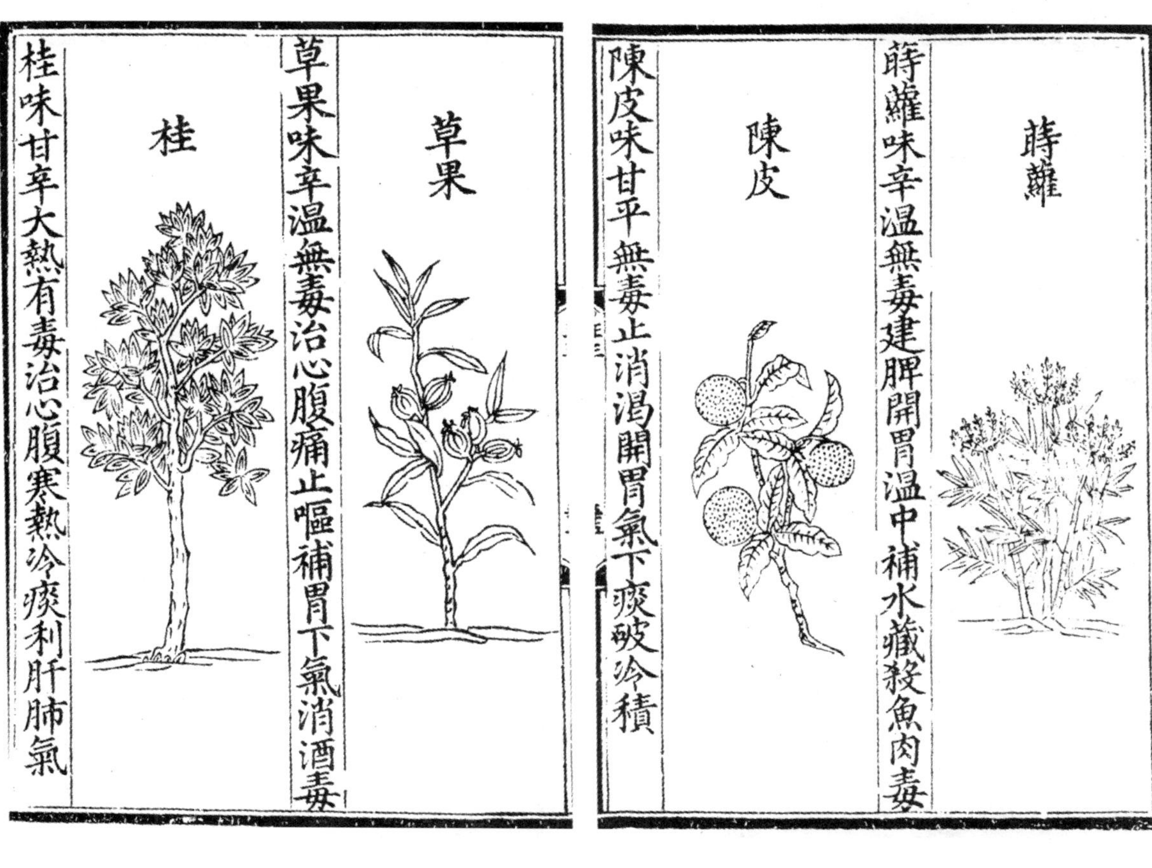

蒔蘿

蒔蘿味辛溫無毒建脾開胃溫中補水藏殺魚肉毒

陳皮

陳皮味甘平無毒止消渴開胃氣下痰破冷積

草果

草果味辛溫無毒治心腹痛止嘔補胃下氣消酒毒

桂

桂味甘辛大熱有毒治心腹寒熱冷痰利肝肺氣

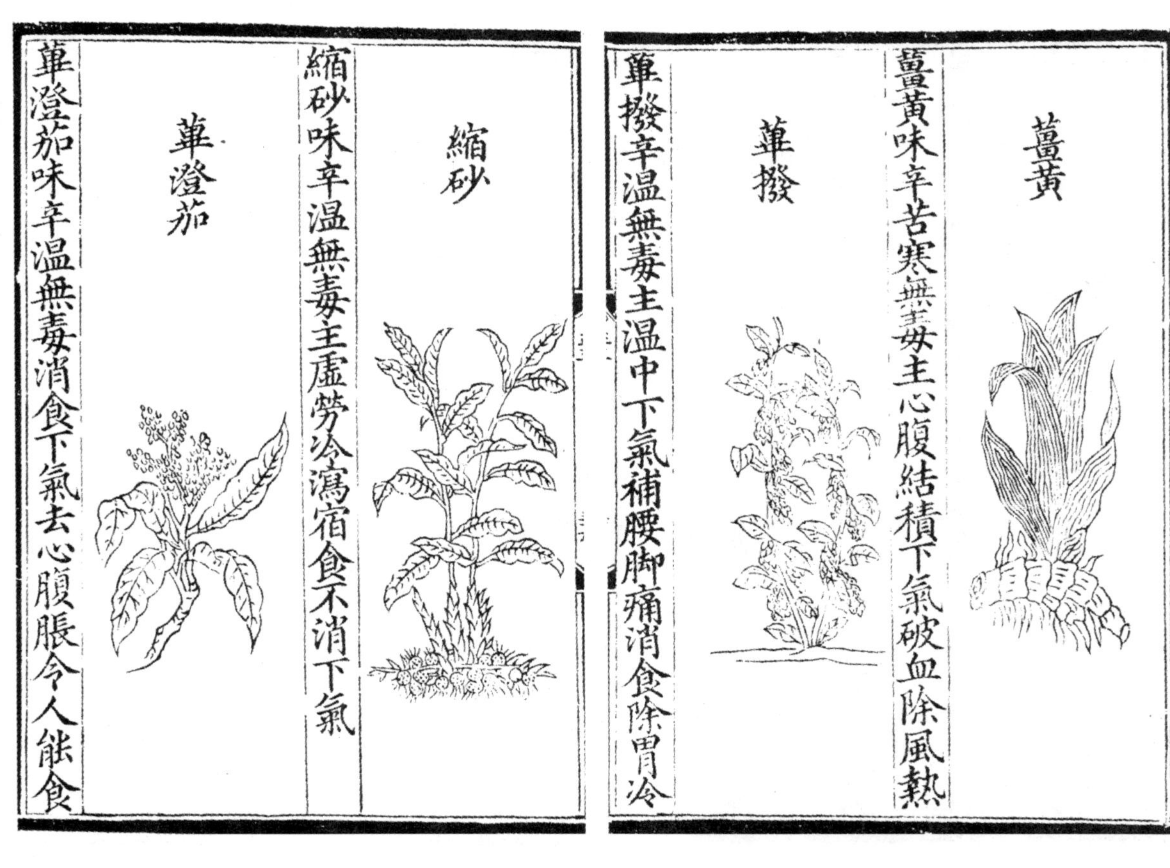

薑黃

薑黃味辛苦寒無毒主心腹結積下氣破血除風熱

蓽撥

蓽撥辛溫無毒主溫中下氣補腰脚痛消食除胃冷

縮砂

縮砂味辛溫無毒主虛勞冷瀉宿食不消下氣

蓽澄茄

蓽澄茄味辛溫無毒消食下氣去心腹脹令人能食

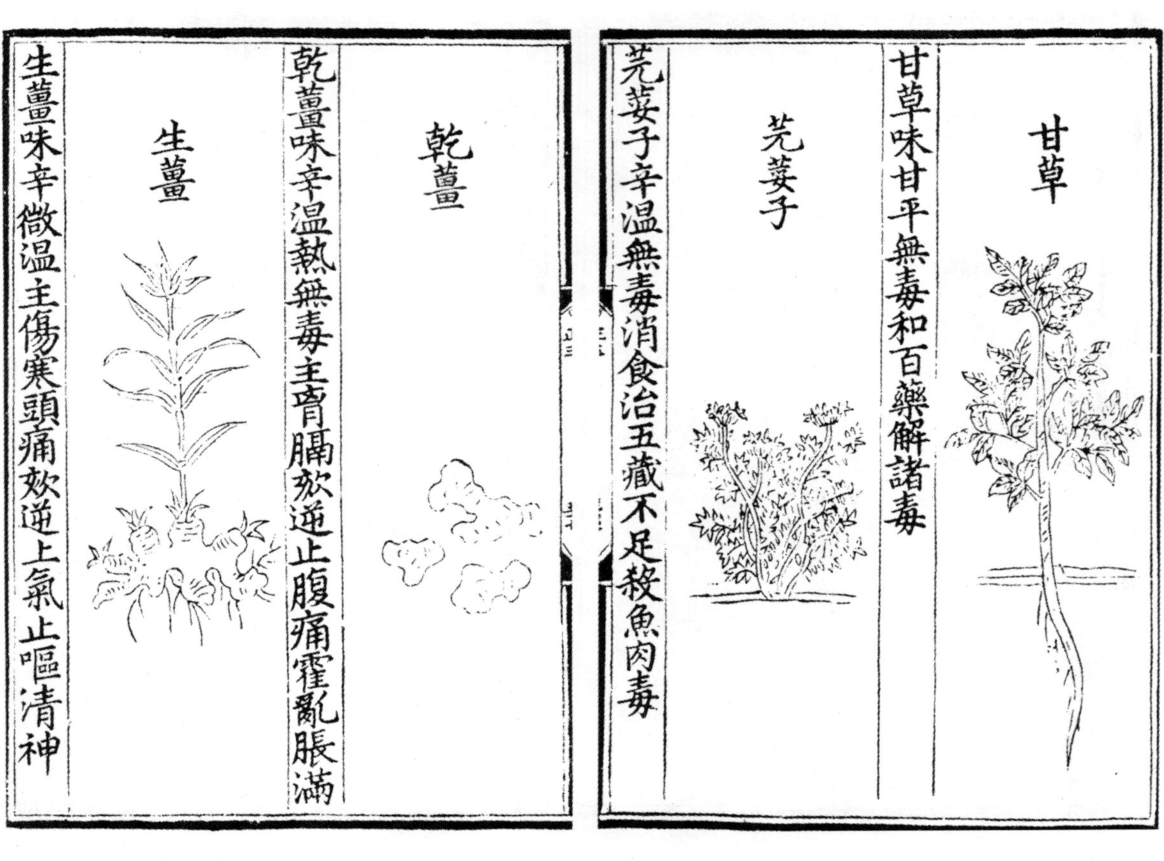

甘草

甘草味甘平無毒和百藥解諸毒

芫荽子

芫荽子辛温無毒消食治五藏不足殺魚肉毒

乾薑

乾薑味辛温熱無毒主胷膈欬逆止腹痛霍亂脹滿

生薑

生薑味辛微温主傷寒頭痛欬逆上氣止嘔清神

五味子

五味子味酸温無毒益氣補精温中潤肺養臟强陰

苦豆 即葫蘆巴

苦豆味苦温無毒主元藏虛冷腹脅脹滿治膀胱疾

紅麴味甘平無毒建脾益氣温中淹魚肉内用

黑子兒味甘平無毒開胃下氣燒餅内用極香美

馬思荅吉味苦香無毒去邪惡氣温中利膈順氣止痛生津解渴令人口香 生回回地面云是極香種類

咱夫蘭味甘平無毒主心憂鬱積氣悶不散久食令人心喜 即是回回地面紅花未詳是否

哈昔泥味辛温無毒主殺諸虫去臭氣破癥瘕下惡除邪解蠱毒 即阿魏

穩展味辛温苦無毒主殺虫去臭其味與阿魏同又云即阿魏樹根淹羊肉香味甚美

胭脂味辛温無毒主産後血運心腹絞痛可傅遊腫
梔子味苦寒無毒主五内邪氣療目赤熱利小便
蒲黄味甘平無毒治心腹寒熱利小便止血疾
回回青味甘寒無毒解諸藥毒可傅熱毒瘡腫

飲膳正要卷第三

魏氏樂譜

提要

《魏氏樂譜》六卷，日本魏浩編，日本明和五年（一七六八年）書林芸香堂刊本。今存者約五十首，其內容有《詩經》、《漢樂府》及唐宋詩詞等。崇禎末年，宮廷樂官魏雙侯避難東渡至日本，在長崎定居。其四世孫魏浩（字子明），將其祖傳中國古代歌曲在日本京師教授學生，當時稱為『明樂』。從二百余曲中選輯刊印成書，取名《魏氏樂譜》。書中各曲多注有燕樂宮調名稱：道宮、小石調、正平調、越調、雙角調、黃鐘羽、雙調、仙呂調，共八種，稱之為『明樂八調』。

魏子明氏輯

魏氏樂譜

書林　芸香堂

魏氏樂譜敘

吾児世華年甫十八讀書之暇唯好音律弾箏吹篴在嘗遊典云頃者從西遊京而学朱明之樂於魏子明氏蓋子明其先东明家之大姓氏也崇禎之末抱其樂器而西乳于吾大东瓊浦之地而不復西帰子孫因為吾邦之人也至子明其四世云子明生長於瓊浦以其家學自幼習熟彼技而遂至入稀妙造近年子明悅然辞去上

于蜀乃航海東來寓于平安以
至業唱之以其爲主人中邦夫
卿大夫之家士庶之有翕然風靡矣
當有其學之以繼之者也其明氏之
末其風猶西海上則東顯者也譬之
虞韶之存乎齊也豈不亦乎哉
今者見上有斯樂也或猶之曰夫
明末之爲音樂也雖可於人耳
乎亡惟怙滯而近乎鄙且俚矣豈
乃鄭衛之陋耶抑如以學焉兒
以告龍子子曰何傷乎今之樂
由古之樂也是以紅論樂音之道

者必先正論聲時政也故古有言曰
治世之音安以樂其政和
亂世之音怨以怒其政乖亡國之音哀以
思其民困聲音之道與政通矣
大朱明氏之揚花於中原也一掃
胡元之羶風而新發于日其然之
其於是乎自雅曲以至凡百
之樂更迭于漢魏超乎唐宋
者遠矣然以詎獨其世之聲
變降而怙滯且鄙俚耶假令時
無伶夔以爲韶武之雅樂矣
善者或之有者而改匯鄭衛滛

淫煩㱡之絶也矣支何明家文明之
政治之乃生孰從其統耶嗚呼我
音之道古昔邈矣正乃應景也以
已則夫明樂乎今也汝之從法學
乎子明氏者豈謂爲乃耶豈從而
可從之者人哉之言是乎之所敢
也日月如流寸陰可惜此法垂勿
敢晩時適會熊氏承諸刻成
子明以書索拙敘即筆斯言以為之
敘
皇和明和五年戊子中秋題
于彦修寓于烏岡之月下

古淡海文學伏水龍公美

魏氏樂譜序

先臣魏皓子明氏將梓其所傳樂
譜而問其序於予。予曰：善哉！先君子之
予也。夫世有衰周之時，禮樂崩
於此乎。大師摯以下凡八人輒去適四方
楚之蔡，方叔入于河，武入于漢，而入于海者
即少師陽擊磬襄其人也。然三子
去也，以三傳其書於海外，柳將終傳
之術者人，復出海外窮之中，必有
得其傳云。因若稽古，善當周之衰
也。我日本建國，于剖風氣未分而未
嘗不兼通，與當時彼邦魏氏之樂
同時者無不可得者，而我所謂子云者
愚仰如聞彼邦亦已傳受其法，而八音克
諧者，韓夫雖所典樂者，亦雖樓梓
土鼓，如彼曠世不亦美哉。嘗觀通文

風衛聞自所原後航海修之能出宗
李鐘樂之華已若人，雖以得為矣，蓋
先代禮樂文章悉職復之。我以
藹藹皇猷不其降復振周郁文之
戎於是及李唐至宋之時頗至今
作及仁業諸樂，採之其曲名大樂，李
唐之盛，爾後王綱解紐，列國戰
爭干戈日尋，經籍史絕，以故宋之金
元明四代禮樂文章諸國語亦未戒
籍乎諸賢所儒未已兩千有餘年
有傳者以典要，雖廢之之書，以為而
益華乎兩隆然，歷年既久，幸與豈
能無使庫遞故乎，作者之樂與魏然於
存之然頗既已以但紀殘北部莫
已且即得兆彩可郎魏氏之先錢
蒸郡人，當生明紹歲吾極徵

古大師摯襄二子何為乎竟抱其器而
東入于海遂來寓于我我古昔居恒操
其土風焉久之亦已忘焉奉對天子樂
器而子孫肄其業不廢之或失其彰
矣雖然以其在長崎一彈丸地且僻在
我西陲然蹤今其有意傳之者
而又須其人已僅僅承業而派偶之
上國之大勢與王朝禮樂之化盛
焉而廣也至于明氏乃推其三禮
書承為素家子亦附於為操其
遺音不棄四或一日抑於此乎於焉
士稍知有明代遺樂在而從子明氏
學為者日多一日而魏氏名於是遂
蔑去於亦矣近又一再來我僅傳
授之者承曲因而亦始得之子明氏
而所作臻焉之之不十周亦無解音哉

唯從諸子後附載譜所為乎且世之
所謂以兼音則亦唯常難於寫錄
而其排辭說者亦以未免舌本
間強而崖崖若亦能窮極幽微也
固亦稍知之者所奏未近而之者所先近
猶如今作史所掌於而今而後会
繼之聲者書誦亦臨而證諸陳
繹傳之于其人千亦朽而無失乎鄭
世子載堉後夫中土於發文獻者之
杞之宋而不足徵而反獲明代遺樂
於家月笛不彰猶曰不如諸夏之亡
也耶善哉此舉也嘗事而已是為序
明和丁亥秋九月重陽日於攸山文
學源以兼撰世英書

書魏氏樂譜後
魏君長崎人也其曾祖名雙侯字之琰
仕明為某官後避亂来寓長崎遂家焉
尤善音樂故其家傳習不隊以至君〻
妙解音律自謂此樂雅吾家傳之終為
泯滅不亦惜乎乃携樂器入京授之同
好人從學者稍進予初謂是必青山[illegible]
更之屬合絲竹奏之者亦可喜翫而[illegible]
之則大不然其歌則古之歌詩詞曲而
其聲温柔和暢固非煩手雜絃之比雖
是非金石之樂要非庸俗之可能擬量
也即從學焉得窺其一斑亦至幸也與
樂以歌為主諸樂器皆倚歌而和之耳
如其雅俗則姑不論焉試捨歌聲惟以
絲竹奏之則不覺其體製甚有異同但
即歌曲詳之則每曲各存一體故愈出

愈奇不可測也雖非古樂所謂上如抗
下如隊曲如折止如槀木者今皆可知
不亦義乎歌者在上匏竹在下貴人聲
也吾益信歌聲之不可已矣　本邦所
用亦非金石之樂而隋唐之遺曲其聲
容節奏傳之於今何其盛也但古必有
歌而今不可復聞固為可恨吾今知歌
聲之有妙益惜其亡或曰歌本乎詩〻
者言志今所歌既非國音自非習其樂
者則茫不可知其所唱何事然則雖有
歌猶無也曰亦未如之何也已矣吾嘗
考之於古衛師曹歌巧言之卒章恐孫
蒯不解遂誦之魯叔孫不悅慶封使工
為之誦茅鴟漢成時脩興雅樂春秋鄉
射於學官希闊不講故自公卿大夫觀
聽者但聞鏗鏘不曉其義由此觀之雖

古人至其未講習者則不如誦之易解也是亦不可不知也魏君所傳凡八調其黃鍾當此夜之林鍾近世講古律者惟暢齋仲氏極爲精詳而謂古之黃鍾即今之仲呂也據其說則此樂之聲於古律爲不遠矣其竹則笙笛横簫篳篥其絲則小瑟琵琶月琴而考擊則大小鼓雲鑼檀板也其歌法則取正於笛欲知樂調者徵之瑟絃而諸絃歌皆從笛起之此其大略也其所傳二百有餘曲今撰出五十刻而藏家以授學者欲使學者附記其所學之譜字于其側蓋以省勝寫之煩也嗚呼同好之士令此樂傳而不泯則可謂盛事矣魏君之志亦有成也復樂之制有興則必將有所承也

明和戊午春三月海西宮奇識

魏氏樂譜

目録

曲名	調	曲名	調
萬年歡	越調	白頭吟	黃鐘羽
洞仙歌	正平調	千秋歲	黃鐘
水龍吟	正平調	鳳凰臺	正平調
大𩐋樂	正平調	青玉案	正平調
大同殿	正平調	玉臺觀	越調
長歌行	黃鐘	風中柳	道宮
慶春澤	道宮	齊天樂	道宮

三五 本掛 再二 重 急正 早 正指 [illegible]

中指 向 大指 大指 小節 間彈

雙角調 清平調 仙呂調 宮調 道宮

小石調 正平調 黃鐘羽 雙調 越調

本彈 向彈 早彈 小敲

本掛 向掛 重掛 敲声

魏氏樂譜

崎陽 魏皓 子明 編輯

平安 平信好師古 考訂

江陵樂 雙角調 三遍

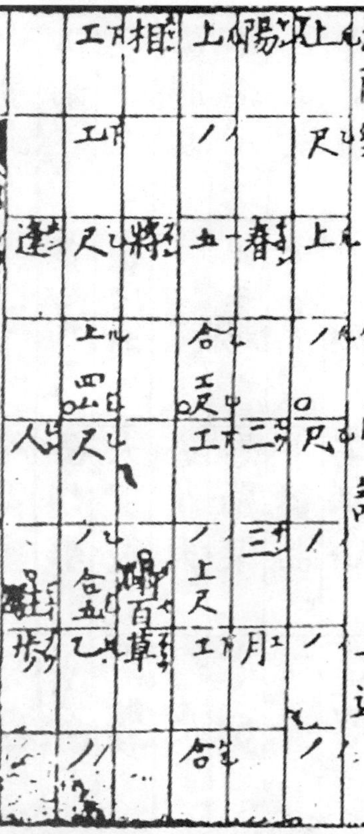

壽陽樂 清平調 三遍

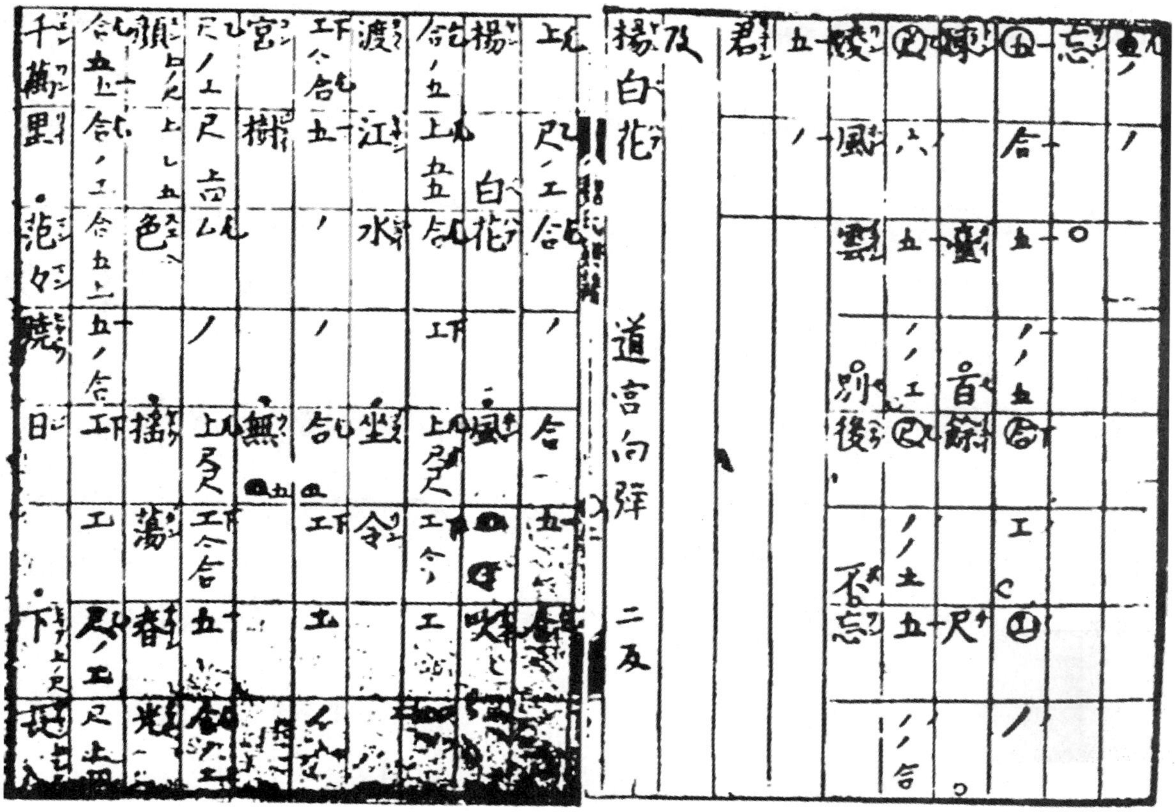

子部　第五册

揚白花　道宮向譜　二反

楊白花　風吹渡江水　坐令宮檞無顏色　搖蕩春光千萬里　悲々驍日下

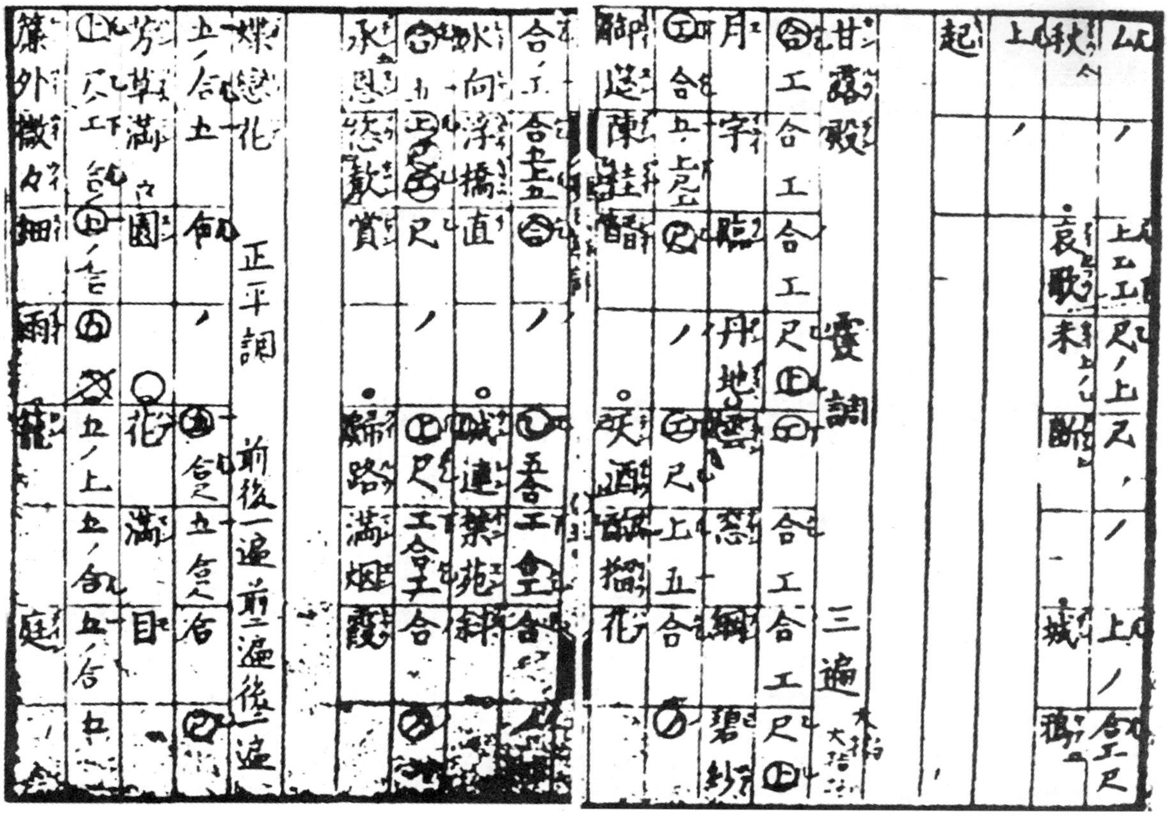

甘露殿　雙調　三遍

月宇臨丹地　雲窗網碧紗　御筵陳桂醑　天酒酌榴花　水向浮橋直　城連禁苑斜　承恩恣歡賞　歸路滿煙霞

柳絮花　正平調　前後一遍　前二遍　後二遍

芳草滿園花滿目　簾外微々細雨　籠庭

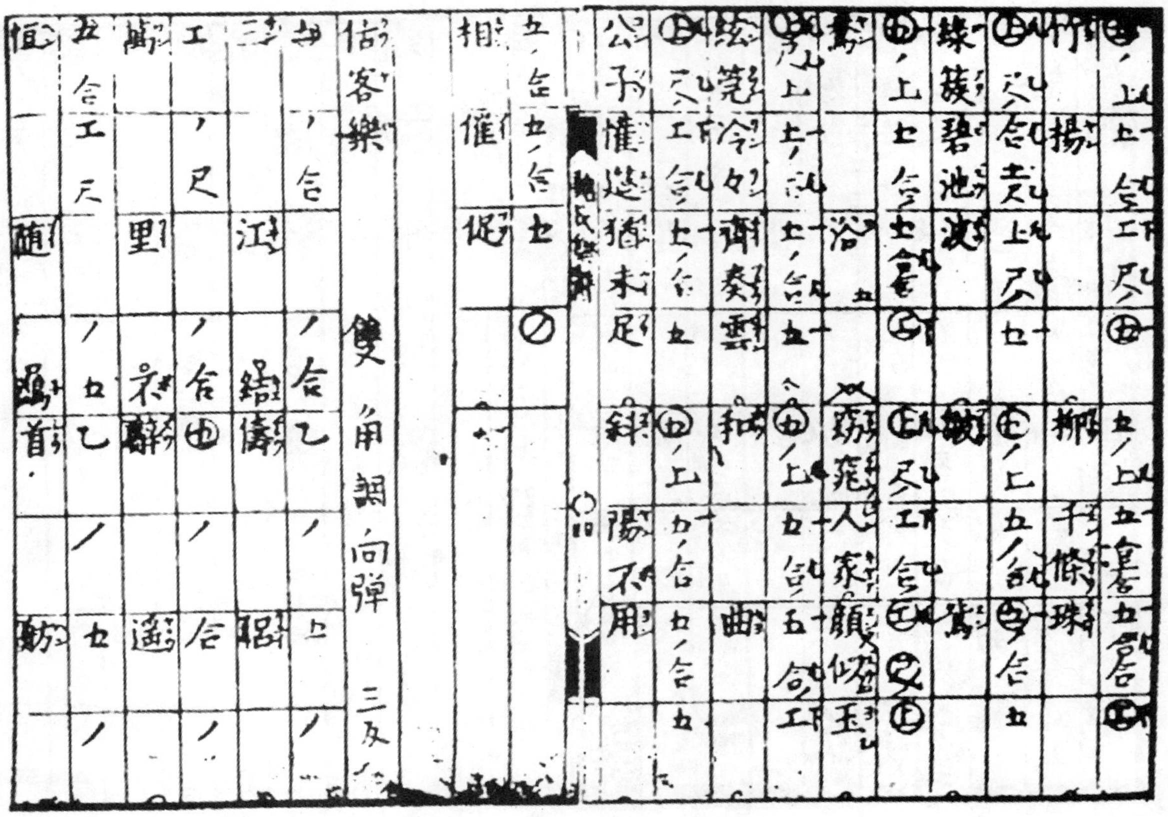

竹揚 撤千條珠
綠蘋碧池波 鶯
浴 跡宛人家顔似玉
絃笙合々兩奏雲 拍 曲
公子催遊猶未足 斜陽不用
捐催促

倍客樂　雙角調向彈　三反

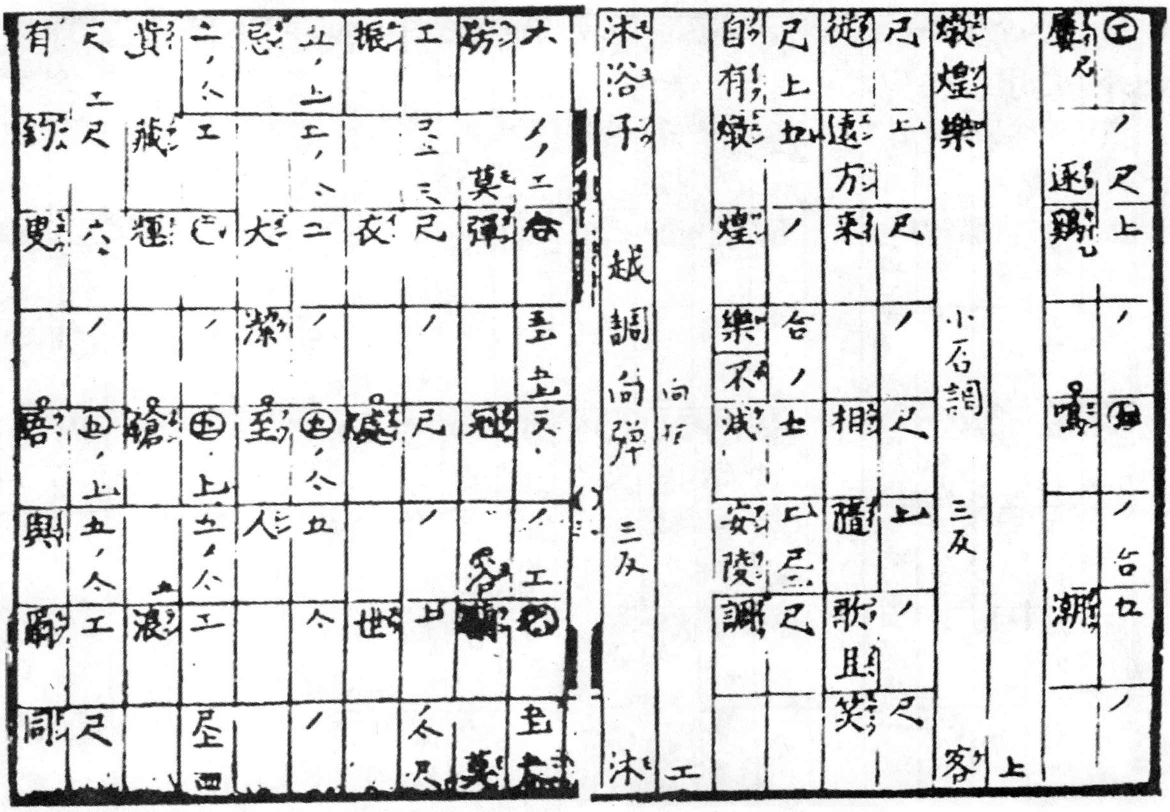

慶 逐歸 鳴 潮

燉煌樂　小石調　三反
遊遠方來 撒禮歌且笑
自有燉煌樂不滅 安陵調

沐浴子　越調向彈　三反
大 莫彈
振衣 塵 世
忌 大潔 至人
貴 藏輝 韜 浪
有錢更唱與同

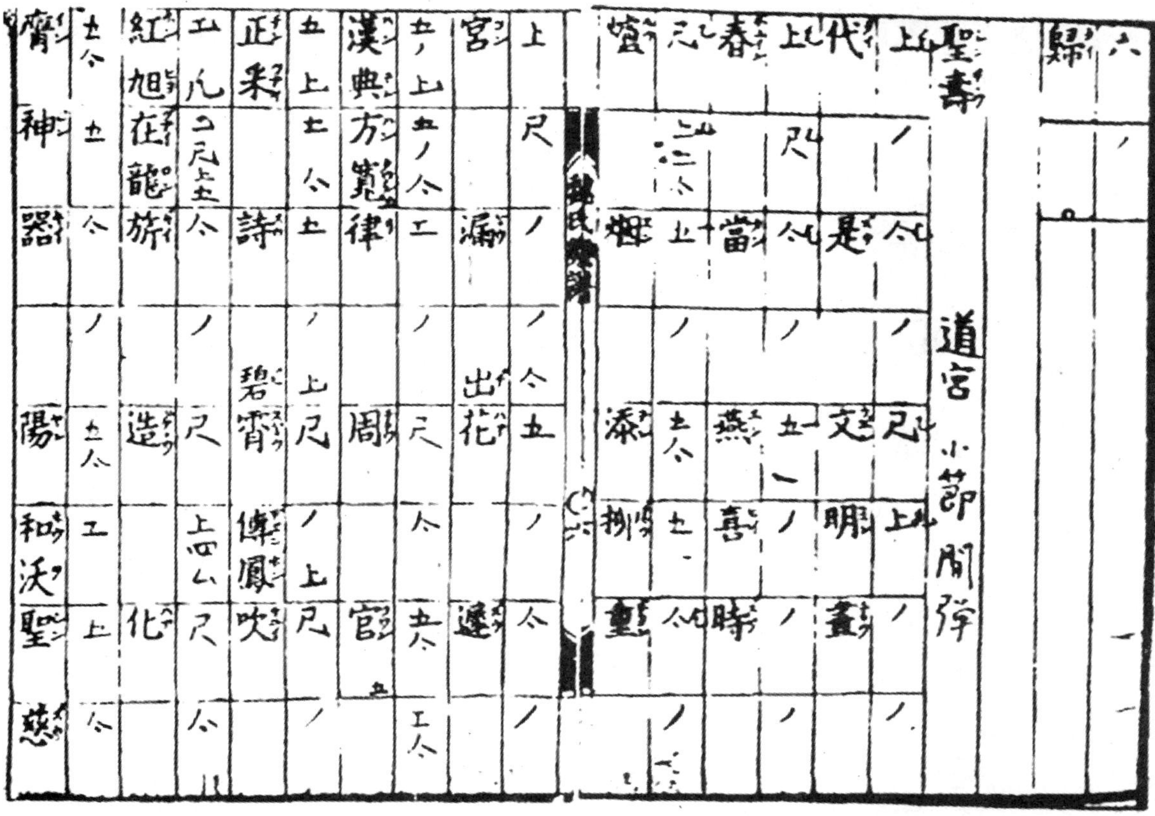

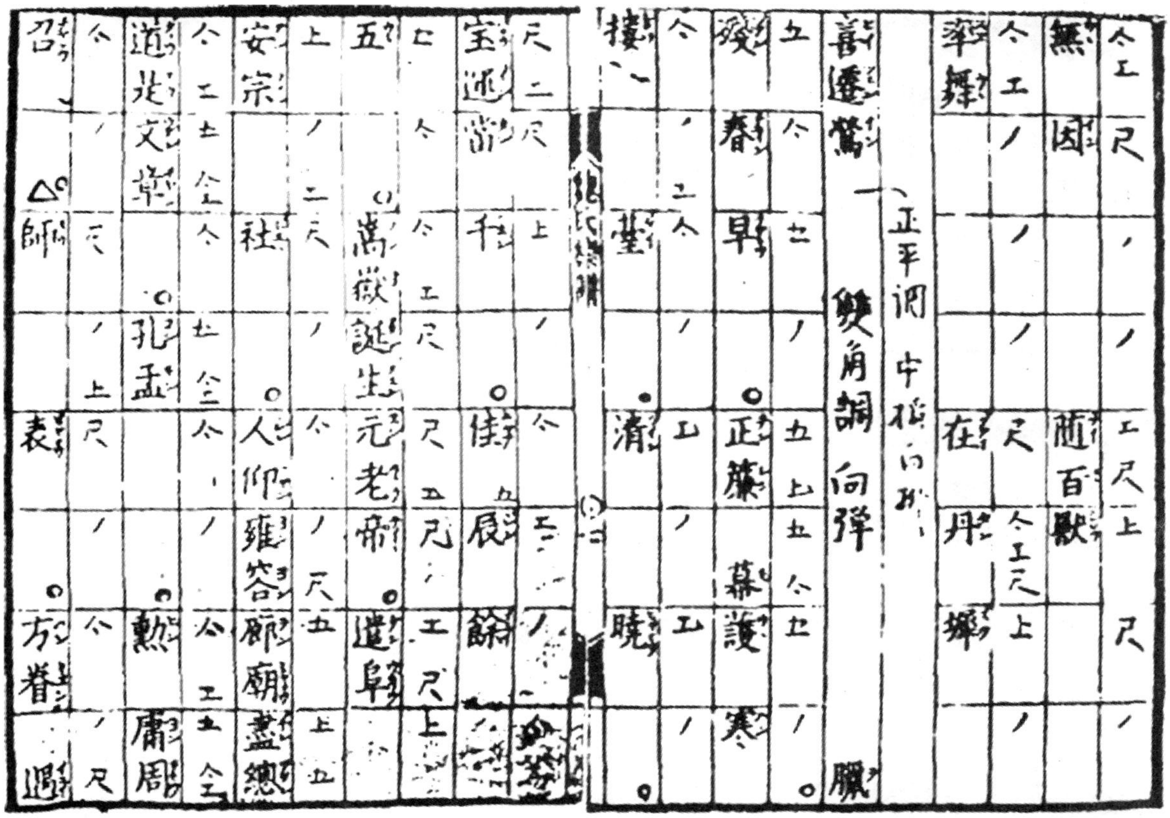

聖壽 道宮 小節間彈

代是文明晝
春當燕喜時
螢煙添掛畫

宮漏出花遲
漢典方覲律閶闔
正采詩碧霄儀鳳吹
紅旭在龍旂造化
齊神器陽和沃聖懇

正平調 中指向彈

喜遷鶯 雙角調 向彈 腊

無國霑百獸
率舞在郊群
瑞氣春歸正藹慕護寒
擾臺清曉

宝運當千佳辰餘
五萬嶽誕生元老齊遣聲
安宗社人仰雍容廟廊盡總
道此文章孔孟勳庸周
召師表方眷遇

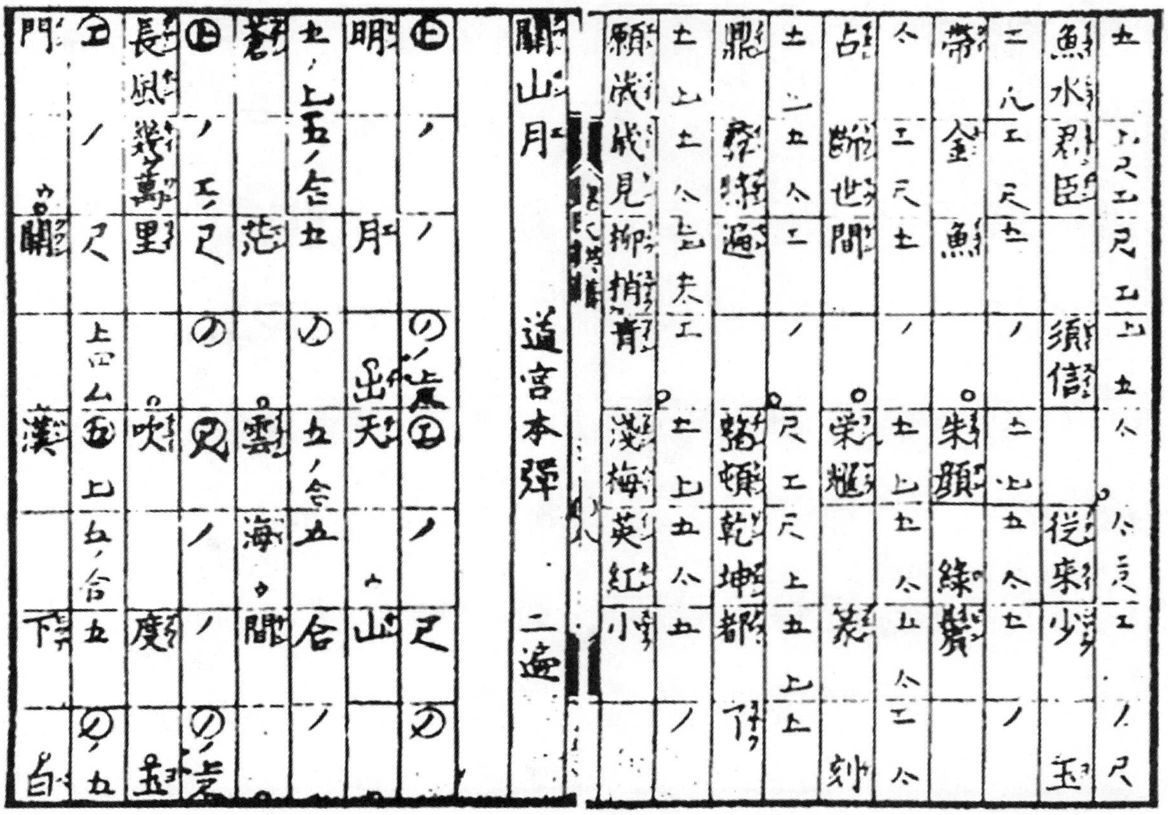

魚水君臣 須信從來少 玉帶金魚 朱顏綠鬢 占斷世間榮耀 飛齊遍 蟠蟠乾坤都 願歲歲見柳梢青 淺梅英紅小

關山月 道宮本彈 二遍

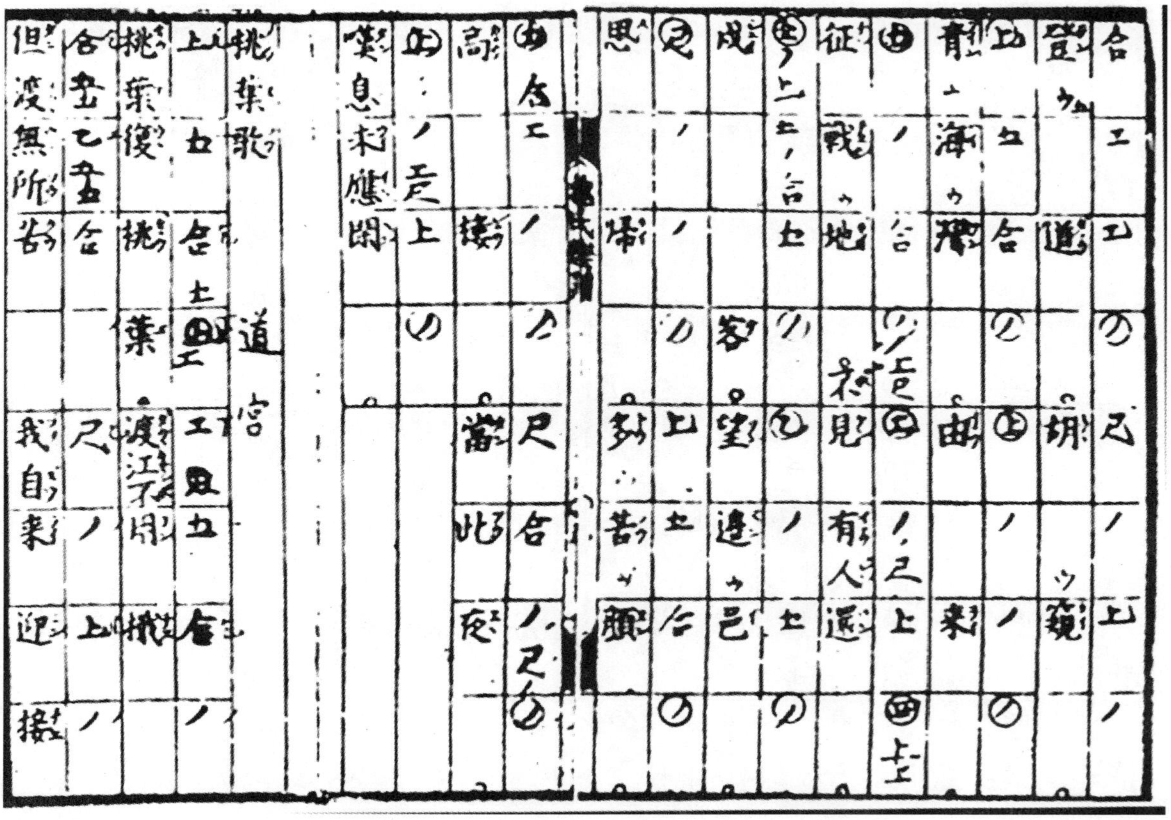

明月出天山 蒼茫雲海間 長風幾萬里 吹度玉門關 漢下白登道 胡窺青海灣 由來征戰地 不見有人還 戍客望邊邑 思歸多苦顏 高樓當此夜 嘆息未應閒

採葉歌 道宮

採葉復採葉 渡江不用楫 但渡無所苦 我自來迎接

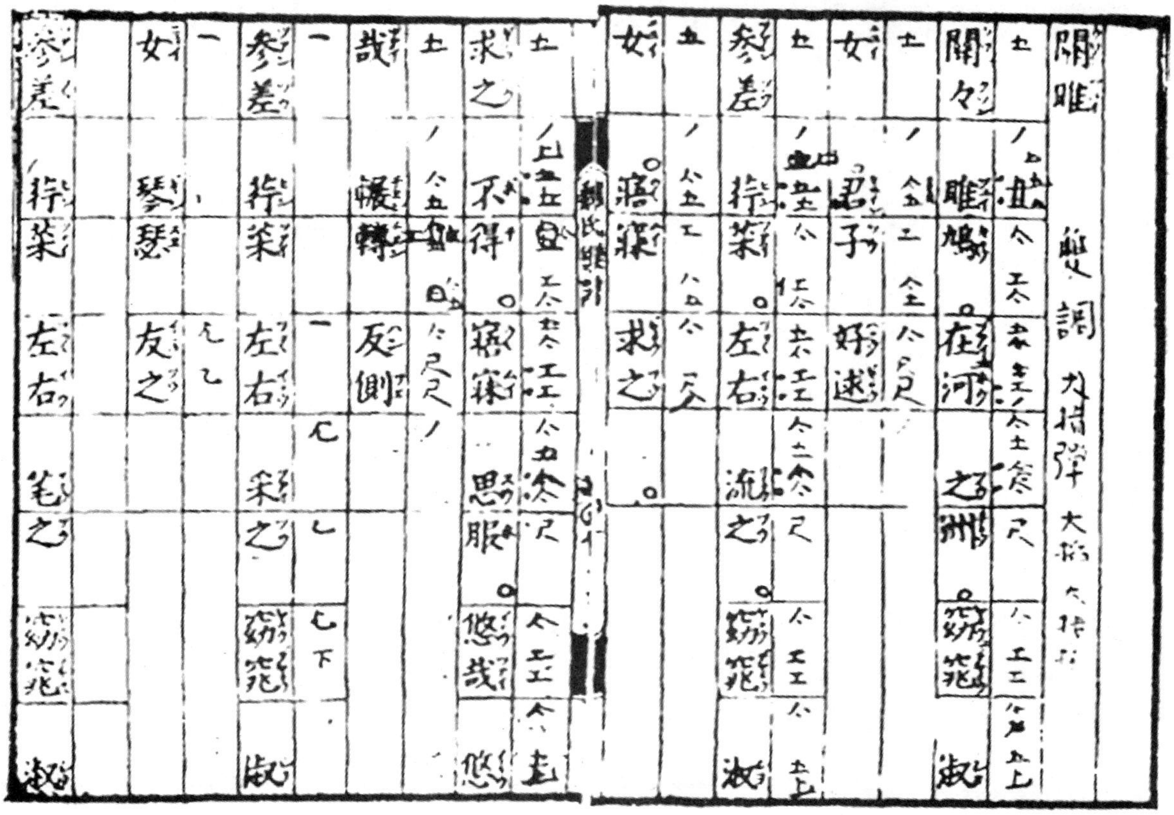

關雎　雙調　大指彈

關關雎鳩　在河之洲　窈窕淑女　君子好逑

參差荇菜　左右流之　窈窕淑女　寤寐求之

求之不得　寤寐思服　悠哉悠哉　輾轉反側

參差荇菜　左右采之　窈窕淑女　琴瑟友之

參差荇菜　左右芼之　窈窕淑女　鐘鼓樂之

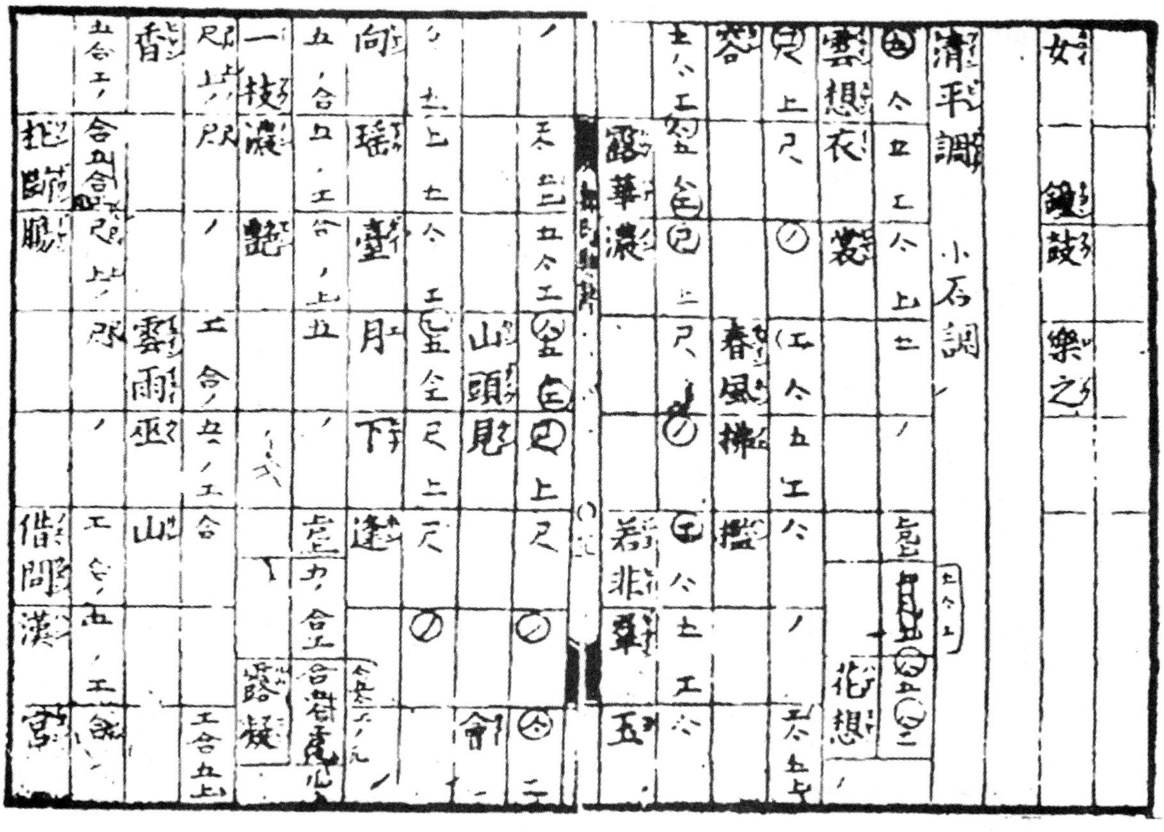

清平調　小石調

雲想衣裳花想容　春風拂檻露華濃　若非群玉山頭見　會向瑤臺月下逢

一枝濃艷露凝香　雲雨巫山枉斷腸　借問漢宮

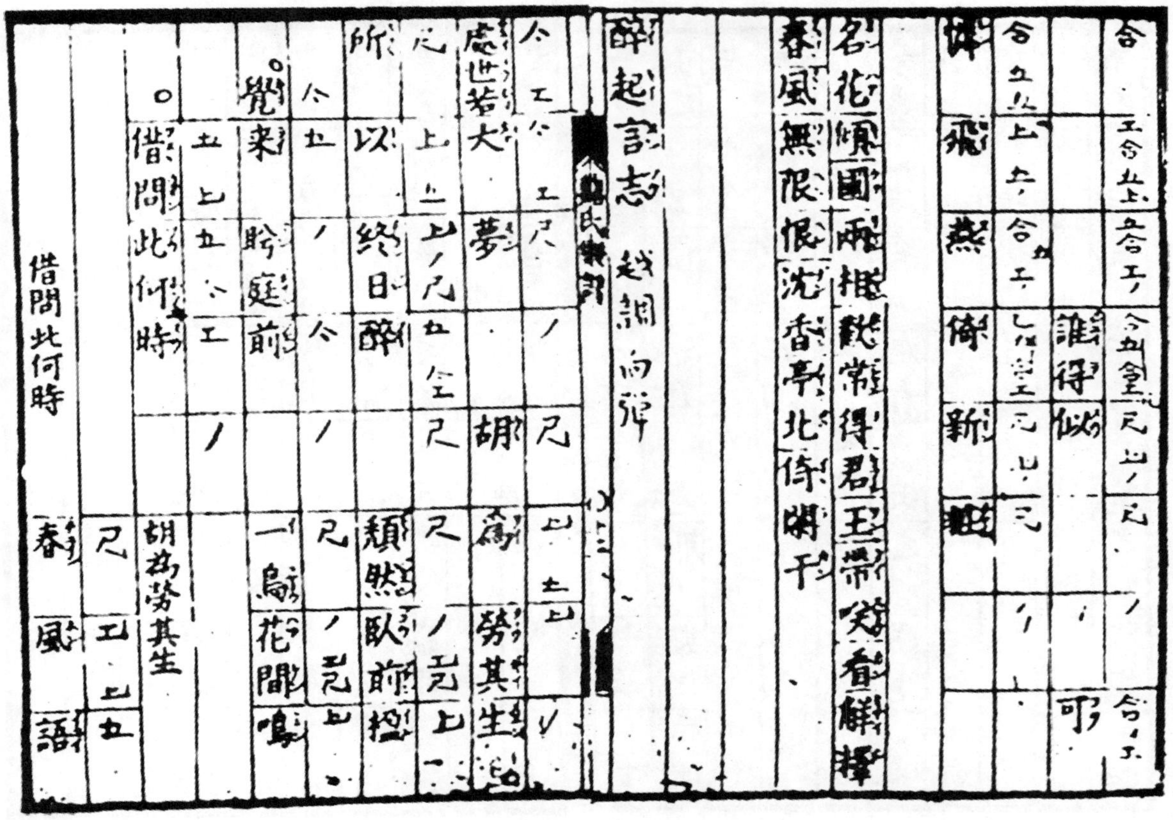

漢宮誰得似　可憐飛燕倚新妝

名花傾國兩相歡　常得君王帶笑看　解釋春風無限恨　沈香亭北倚闌干

醉起言志　越調

處世若大夢　胡為勞其生　所以終日醉　頹然臥前楹

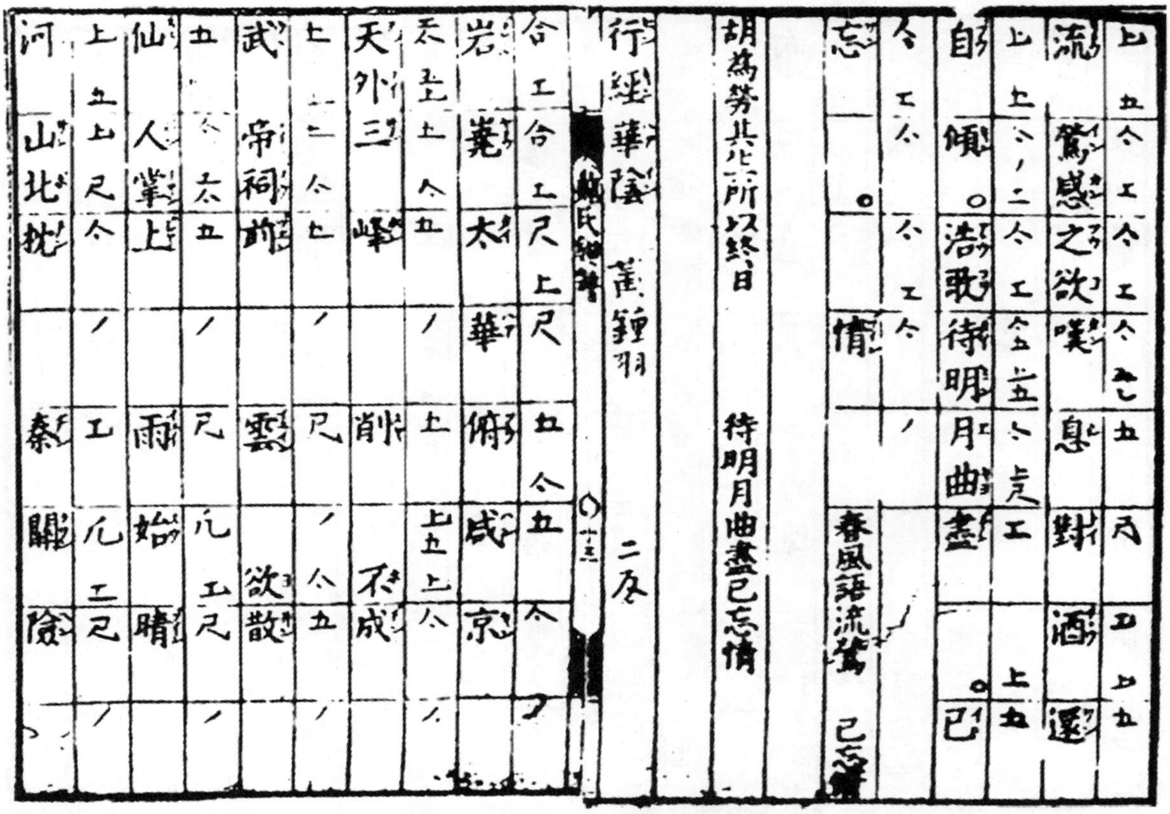

胡為勞其生

覺來盼庭前　一鳥花間鳴

借問此何時　春風語流鶯

借問此何時

感之欲嘆息　對酒還自傾　浩歌待明月　曲盡已忘情

春風語流鶯　已忘情

胡為勞其生所以終日　待明月曲盡已忘情

行經華陰　黃鐘羽　二疊

岧嶢太華俯咸京　天外三峰削不成　武帝祠前雲欲散　仙人掌上雨初晴　河山北枕秦關險

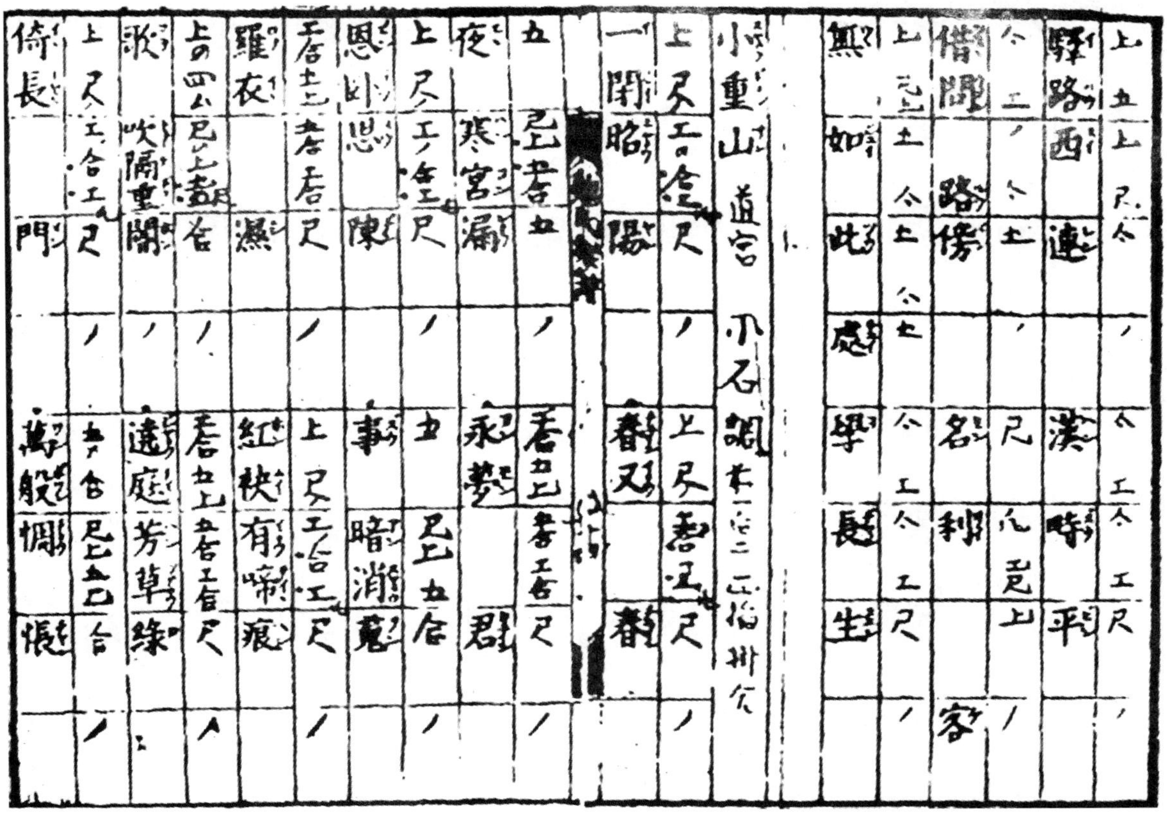

野路西遠，漢時平。借問路傍名利客，無如此處學長生。

小重山　道宫　亦名調

一閉昭陽春又春。夜寒宮漏永，夢君恩。卧思陳事暗消魂。羅衣濕，紅袂有啼痕。歌吹隔重閽。遶庭芳草綠，倚長門。萬般惆悵

向誰論。凝情立宫殿，欲黄昏。

凝情立宫殿，欲黄昏。

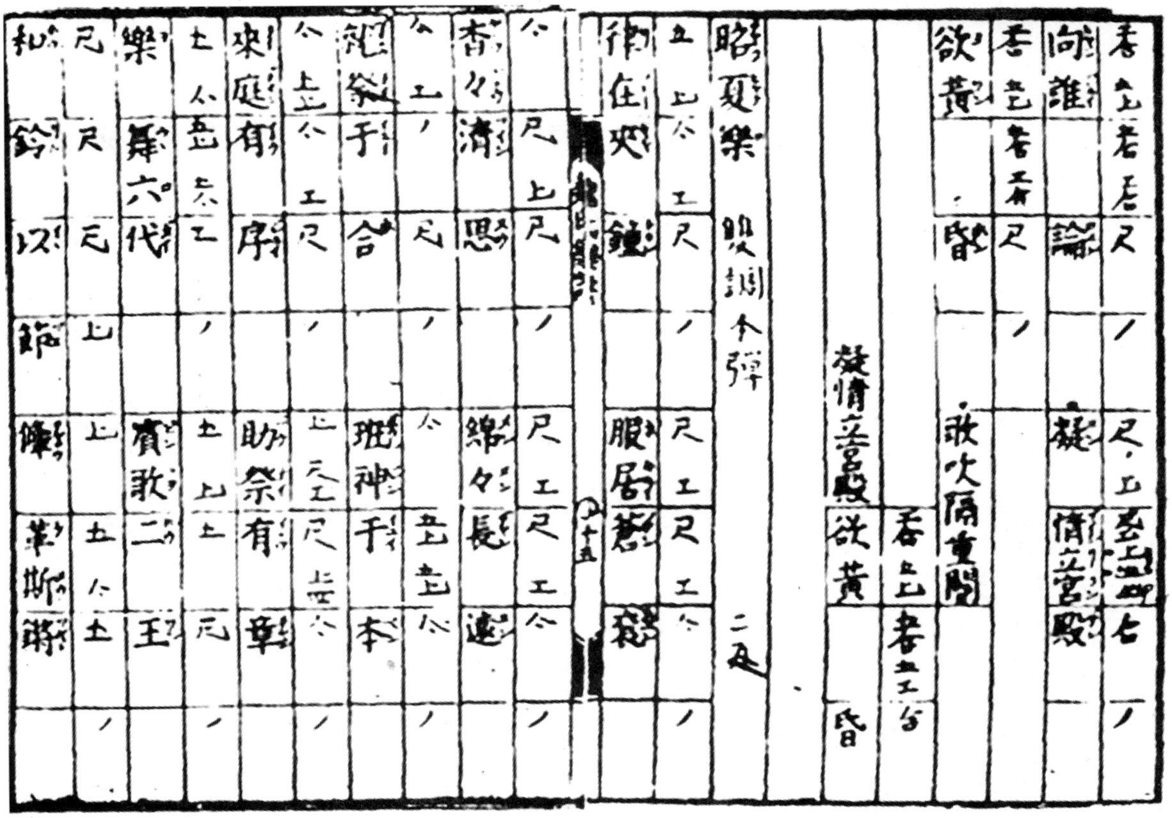

晓夏樂　雙調

御在殿，鐘服居慈。香冷清思，綿綿長遠。紀祭手合，班神手本。來庭有序，助祭有章。樂舞六代，賡歌二王。和鈴以節，條章斯鏘。

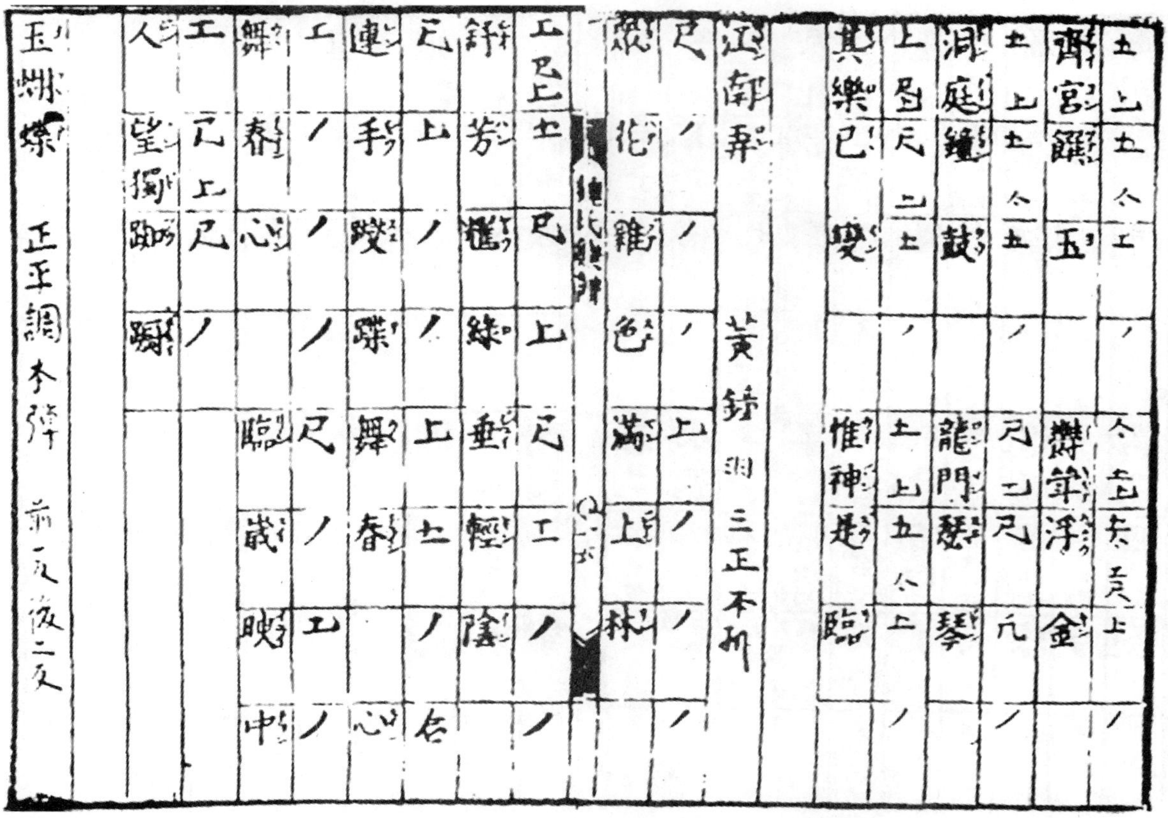

五 上 五 亽 工 ノ 亽 五 尺 上 ノ
蕤宮鐶 五 雙笋浮金
五 上 五 亽 五 ノ 尺 二 尺 几 ノ
洞庭鐘鼓 龍門琴瑟
上 四 尺 二 土 ノ 土 上 五 亽 上 ノ
其樂已變 惟神是臨

江郭弄 黄鐘羽 三正本拍
尺 ノ ノ ノ 上 ノ ノ ノ
歌花雜色滿上林
工 尺 上 土 尺 上 尺 工 ノ ノ
舒芳 鑑 綠 垂 輕 陰
尺 上 ノ ノ 上 土 ノ 合
連手 蹴 蝶 舞 春 心
工 ノ ノ ノ 尺 ノ 工 ノ
舞春心 臨歲映中
工 尺 上 尺 ノ
人 望 獨 踟 躕

玉蝴蝶 正平調 本律 前一又後二又

五 上 上 合 工 合 五 合 土 上 五 合 工 ノ
漸覺東郊明 媚 夜來膏 雨
工 几 工 土 ノ 土 上 土 尺
一洒塵埃 滿目淺桃深杏露
工 几 工 尺 土 上 五 五 尺 ノ
染 煙栽 銀 塘 靜 魚鱗簟 展
尺 上 上 尺 上 上 土 五 上 五 合 工 ノ
煙岫 翠龜甲 屏開殷 晴 雷
尺 上 尺 工 上 五 ノ 五 上 五 合 五 ノ
雲中 鼓吹 遊 徧蓬 萊
土 上 土 亽 五 五 上 上 己 五 尺 上 五 亽 尺 上
徘 徊 韆 鞦 前 後
尺 上 尺 土 土 上 土 合 ノ 土 上
三千 珠 履 十二
土 上 五 土 上 五 合 上 上 尺
金 釵 雅俗 熙熙 下
工 尺 上 ノ 上 五 亽 工 ノ 五 亽
軋成 宴 盡 春 臺 好 雍
五 合 五 五 上 五 亽 五 上 上
容 東山 妓 女 堪 笑

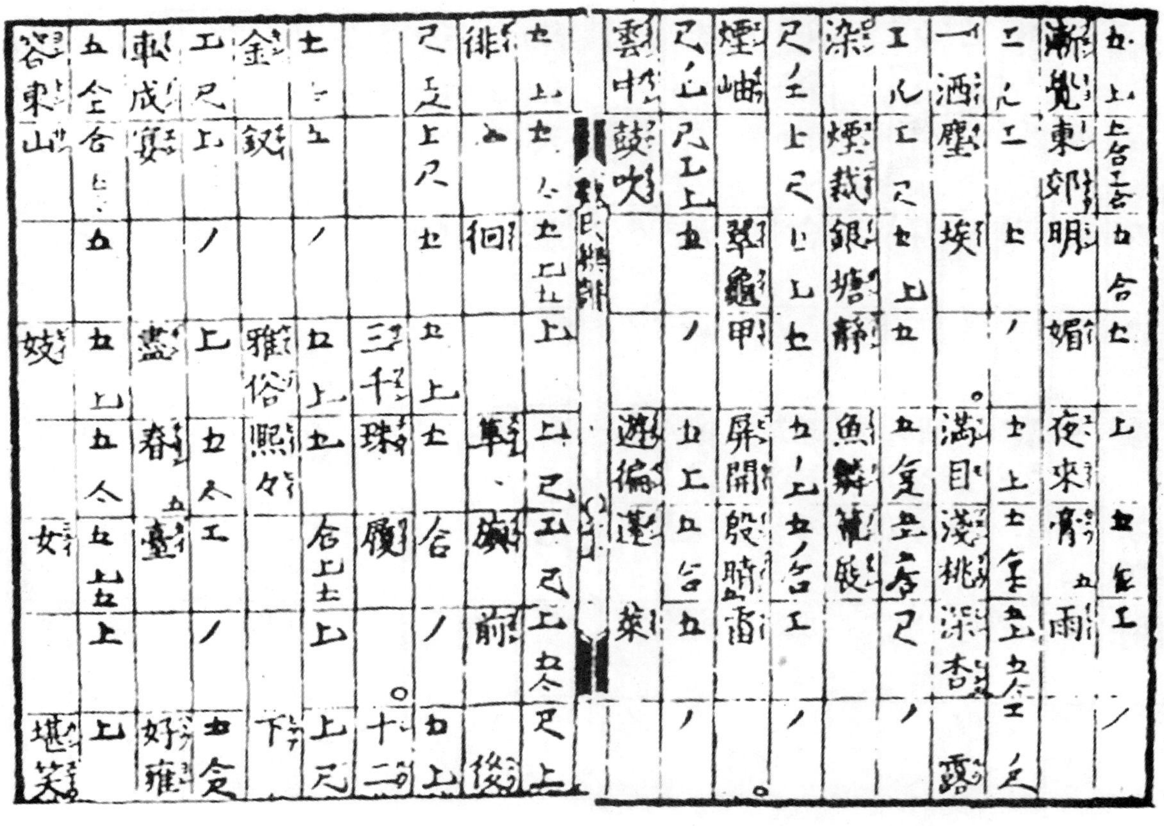

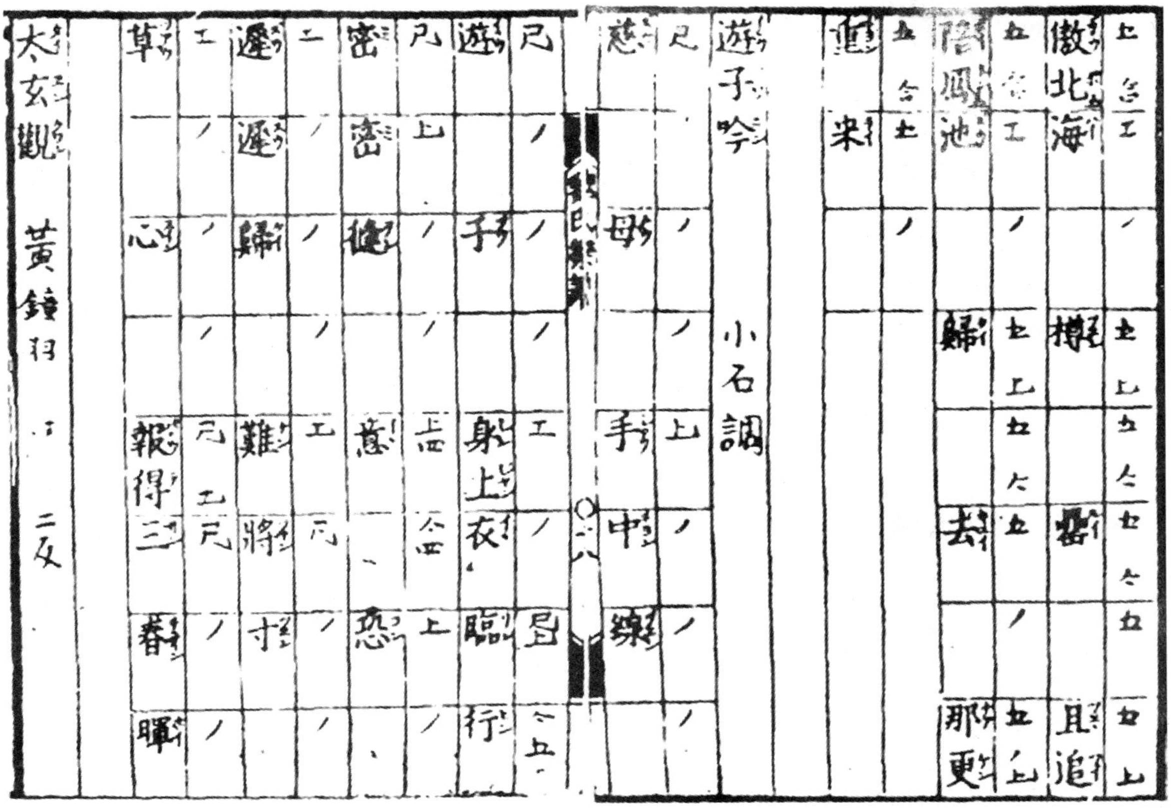

傲北海 撐 留 且追
陽鳳池 歸 去 那更
種來

遊子吟　小石調

慈母手中線
遊子身上衣臨行
密密縫意恐
遲遲歸難將寸
草心報得三春暉

太玄觀　黃鐘羽　二叉

門外車馬喧
門裏宮殿清
行即騎若木
坐即吹玉笙
嘶喧 既非我
直追其冥冥

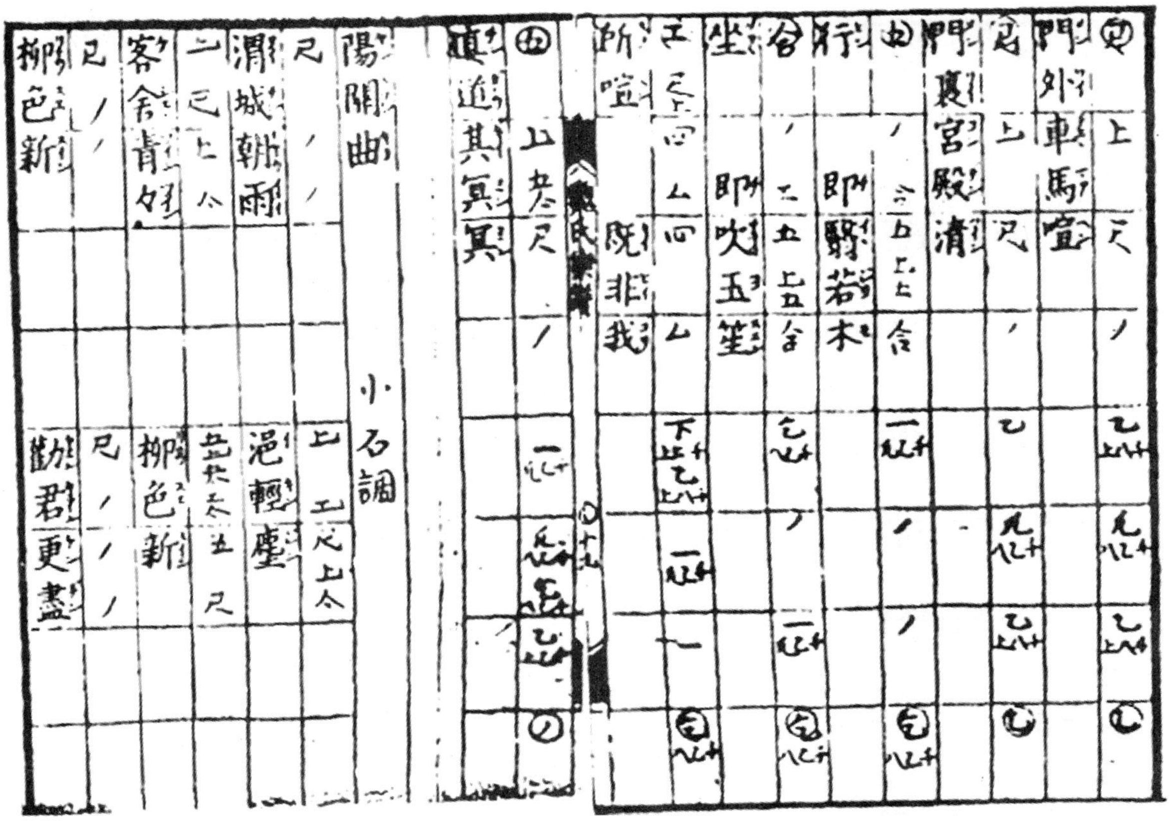

陽關曲　小石調

渭城朝雨浥輕塵
客舍青青柳色新
勸君更盡

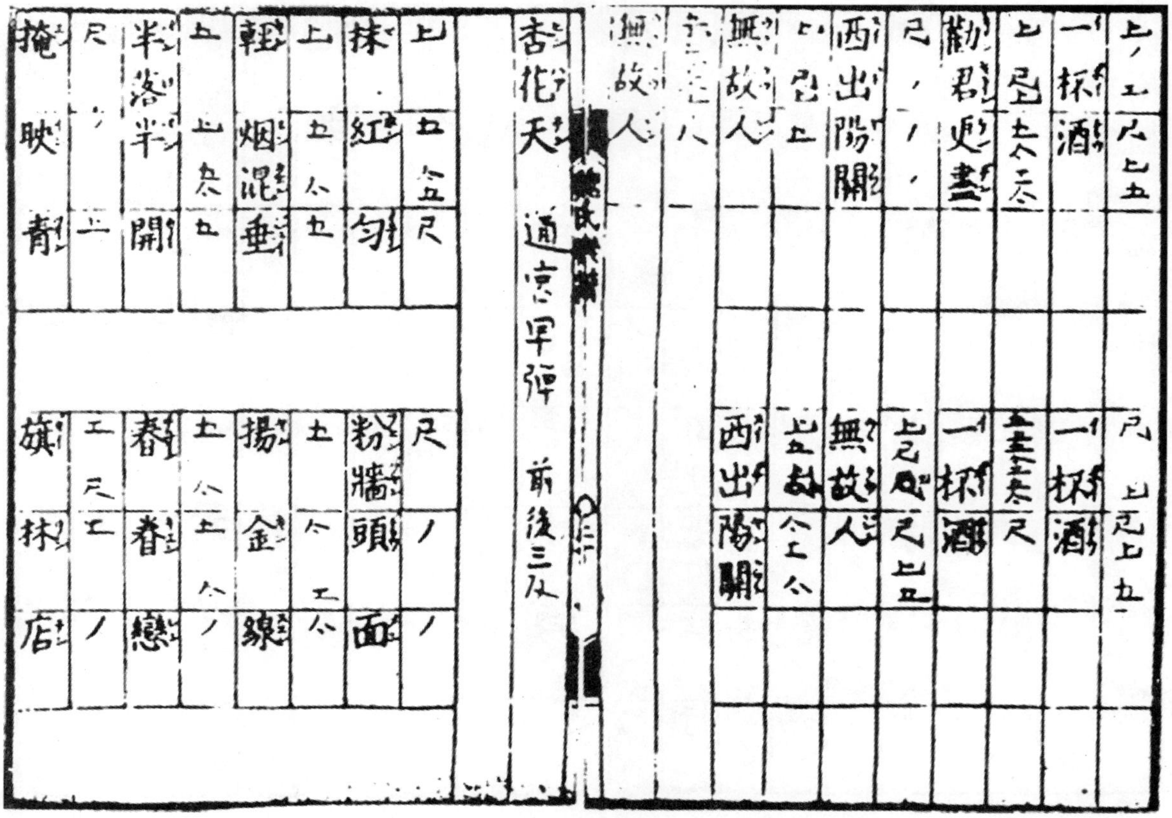

一杯酒
勸君更盡
西出陽關
無故人
無故人
一杯酒
一杯酒
無故人
西出陽關

杏花天　通宮羽律　前後三反

抹紅勻　粉牆頭面
輕烟混垂　揚金線
半落半開　春春戀
掩映青　旗林店

透韶光　初番紅
顫崍上苑　酒酣芳晏
不紫風　蝶蝶
雨帶花　飛一片

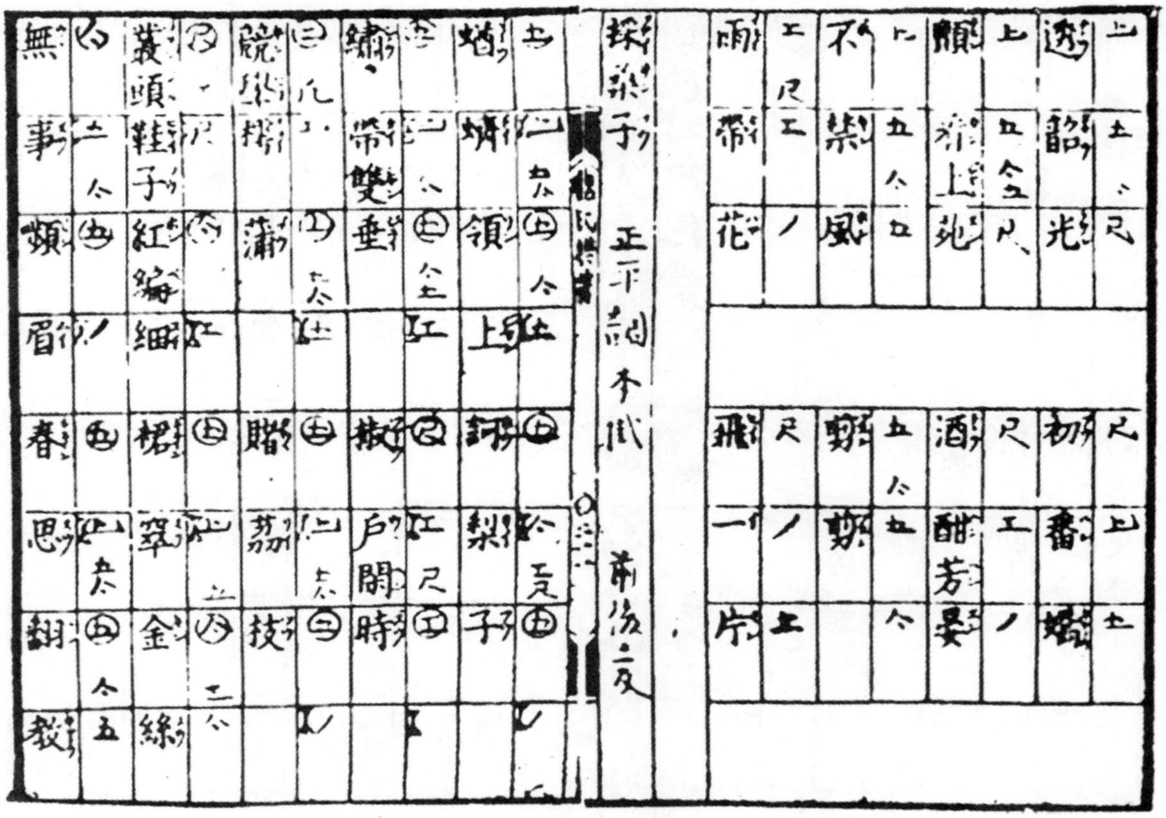

採桑子　正平調　李氏　前後二反

蜻蜓領　上訴梨子
繡帶雙垂　撤戶開時
鞦韆蕭　贈荔枝
叢頭鞋子　紅綉細　裙翠金絲
無事頻眉　春思翻教

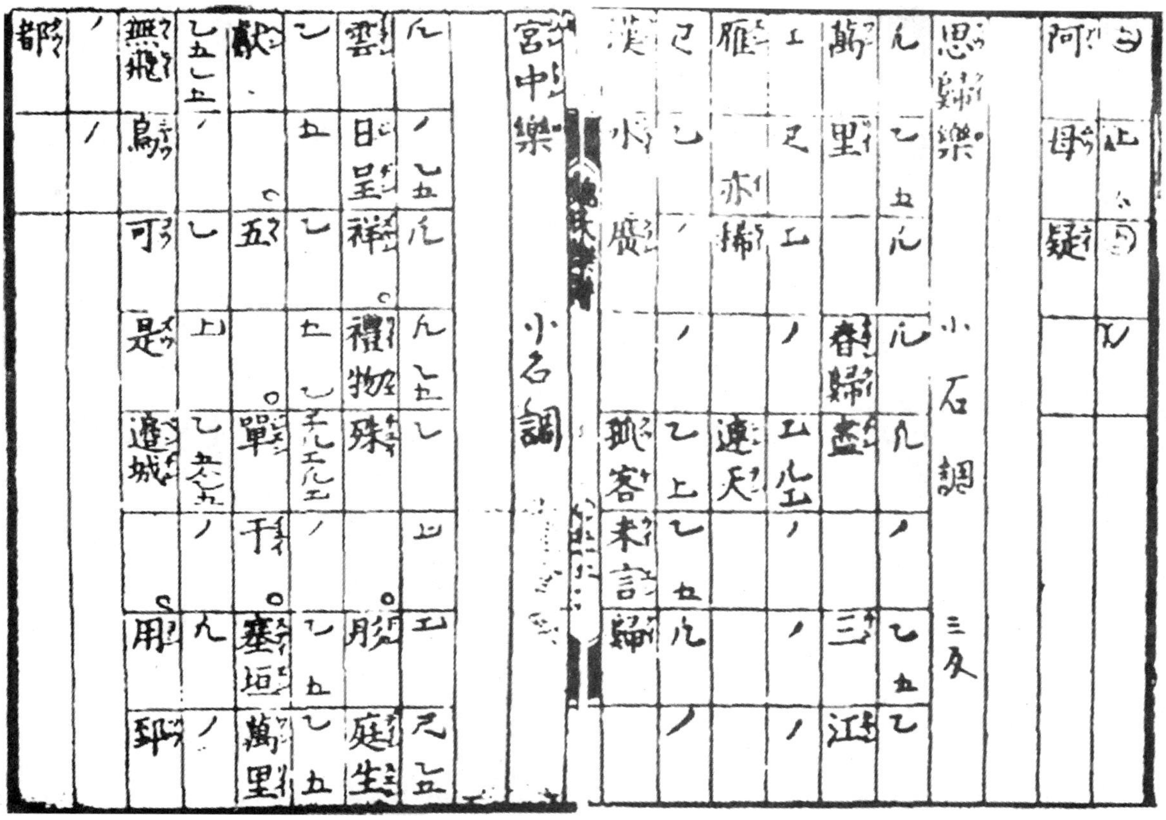

阿母疑

思歸樂　小石調　三反

歸里　香歸盡　三江
雁　赤　帰　遼天
漢　水　廢　孤客來討歸

宮中樂　小石調

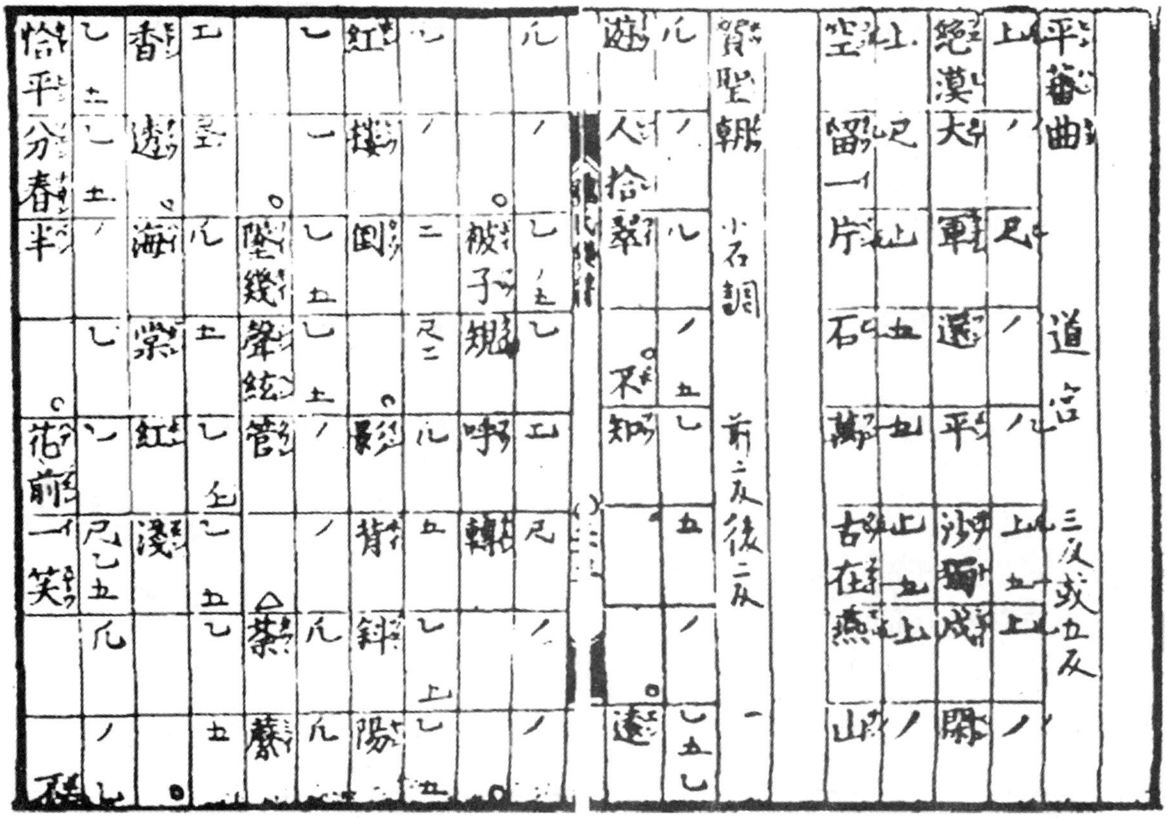

雲日星稀禮物殊　廷生
獻　五　單于　塞垣　萬里
無飛鳥　可是邊城　用　郢
都

平番曲　道宮　三反或五反

絕漠大軍遙平沙獨戍關
空留一片石萬古在燕山

賀聖朝　小石調　前二反後二反

遊人拾翠不知遠
紅樓回影背斜陽
被子規啼轉
墜幾聲絃管　蘂蘇
香遊海棠紅淺
恰平分春半　花前一笑　孩

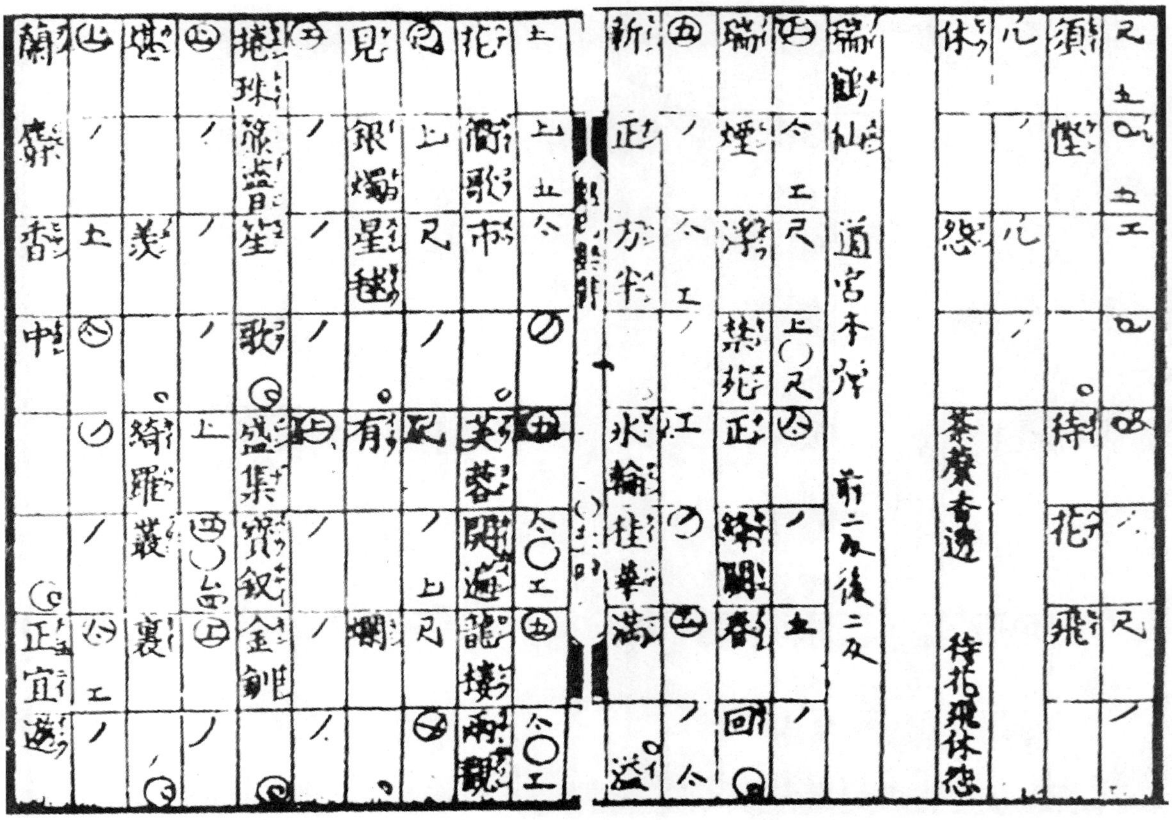

須墜……待花飛

休怨

荼蘼香透　待花飛休怨

瑞鶴仙　道宮本腔　前二段後二段

瑞煙浮禁苑　正絳闕春回

新正方半　冰輪桂華滿溢

花衢歌市　芙蓉開遍　龍樓兩觀

見銀燭星毬有爛

捲珠簾　盡笙歌　盛集寶釵金鈿

堪羨　綺羅叢裏

蘭麝香中　正宜遊

疏　風柔夜煖花影亂

笑聲喧　鬧蛾兒

滿路成團打塊　簇著冠兒

鬭轉　喜皇都舊日風光　太平再

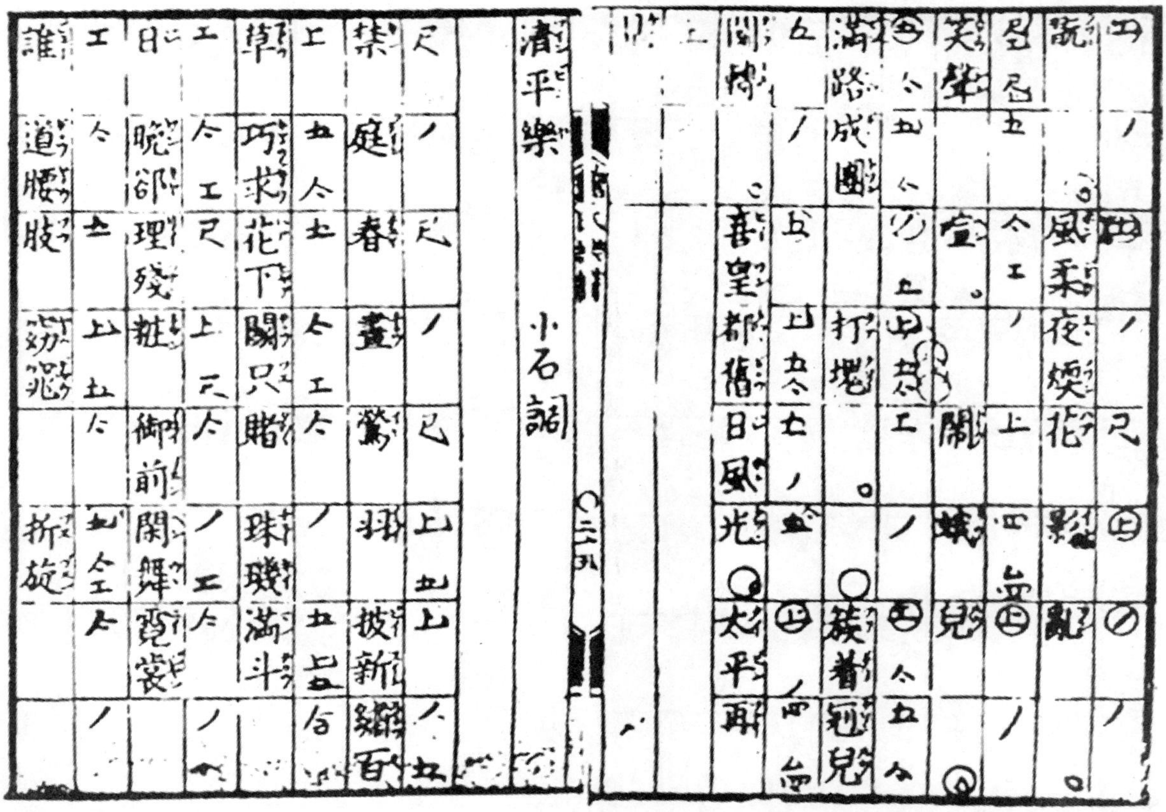

清平樂　小石調

禁庭春晝　鶯羽披新繡　百

草巧求花下鬭　只賭珠璣滿斗

日晚卻理殘妝　御前閒舞霓裳

誰道腰肢窈窕　折旋

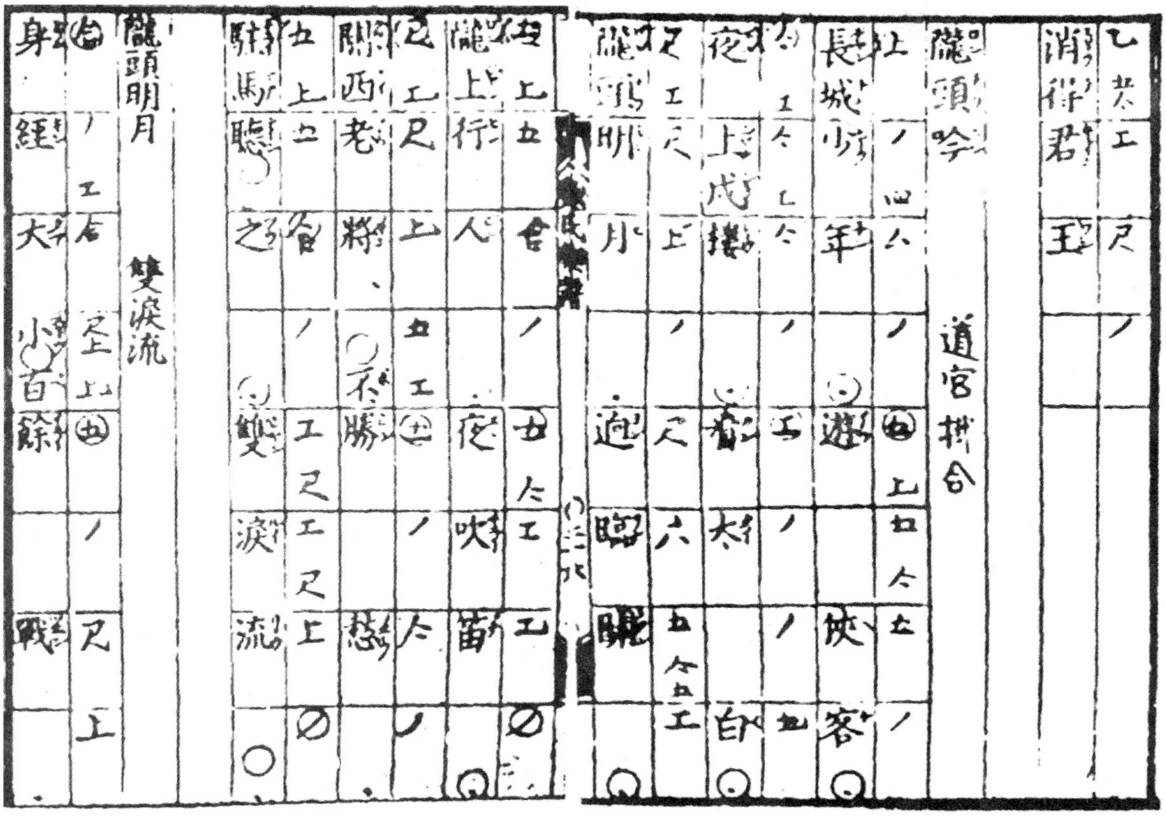

消得君王

隴頭吟

道宫拱合

長城少年遊俠客

夜上戍樓看太白

隴頭明月迥臨關

隴上行人夜吹笛

關西老將不勝愁

駐馬聽之雙淚流

隴頭明月　雙淚流

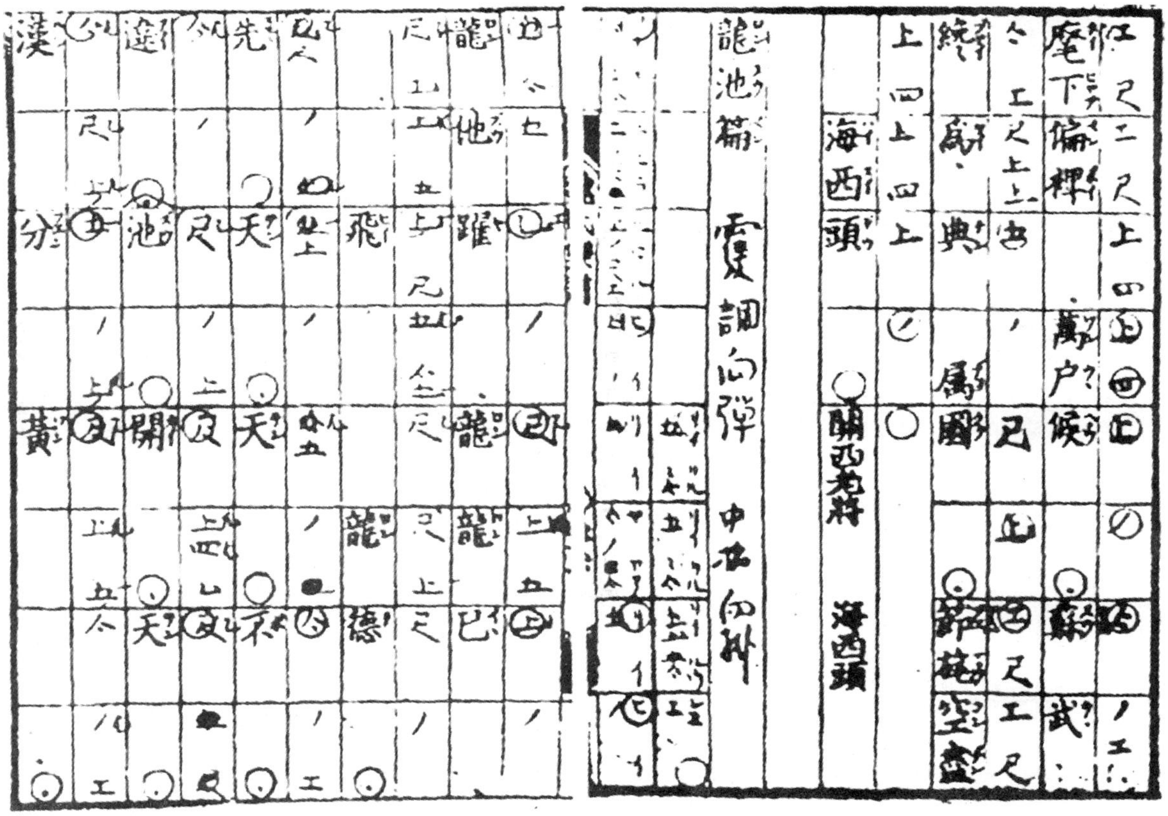

身經大小百餘戰

麾下偏裨萬户侯

蘇武纔爲典屬國

節旄空盡海西頭

關西老將　海西頭

龍池篇

霓裳調向彈　中呂　仙引

龍池躍龍龍已飛

龍德先天天不違

池開天漢分黃道

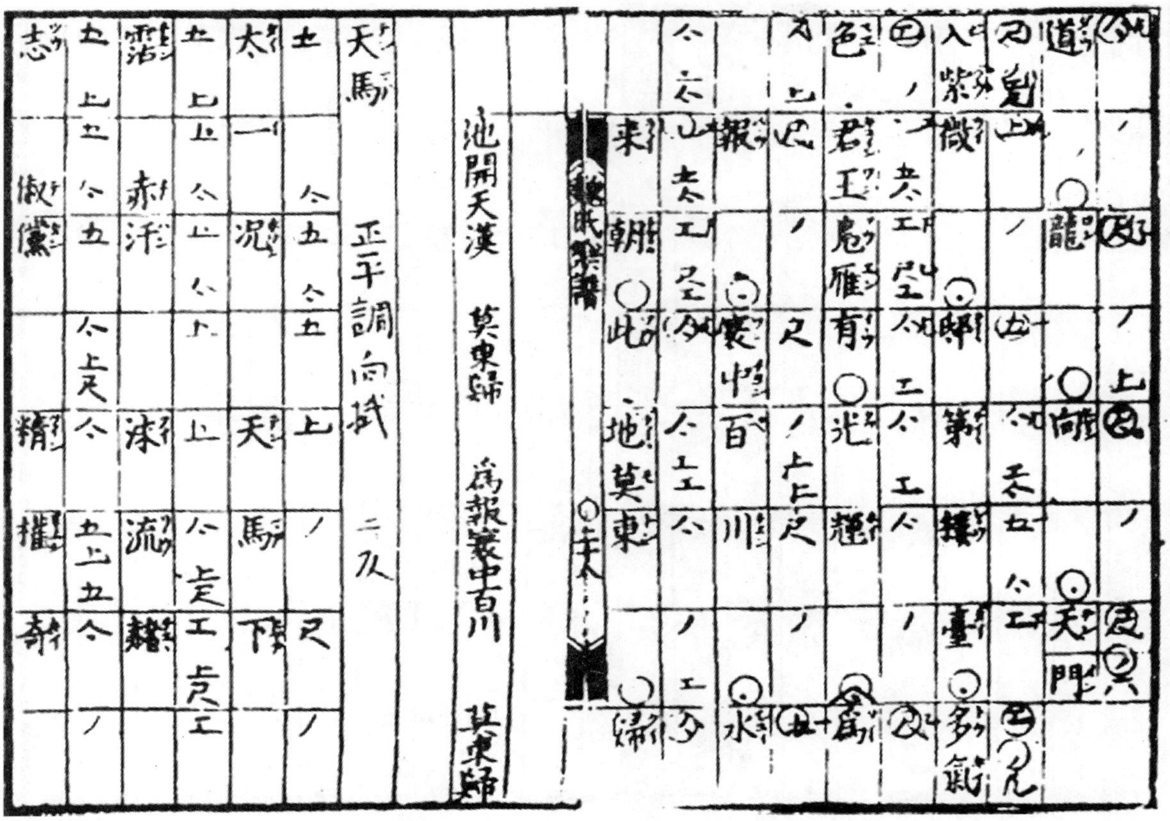

道　龍　天門

入紫微　第　臺　彩氣

色　君王　鬼雁有　光耀　爲

報　褒　百　川　水

來朝　此　地　莫　東　歸

池開天漢　莫東歸　爲報襄中百川　莫東歸

天馬　正平調向戲　二及

太一　況　天　馬　下

霑　赤汗　沫　流　赭

志　俶儻　精　權　奇

簫浮　雲　晻　上　馳

體　容　與　迣　萬　里

今　安　匹　龍　爲　友

天　馬　徠　從　西　極

涉　流　沙　九　夷　服

天　馬　徠　出　泉　水

虎　脊　兩　化　若　鬼

天　馬　徠　歷　無　草

經　千　里　循　東　道

天　馬　徠　執　徐　時

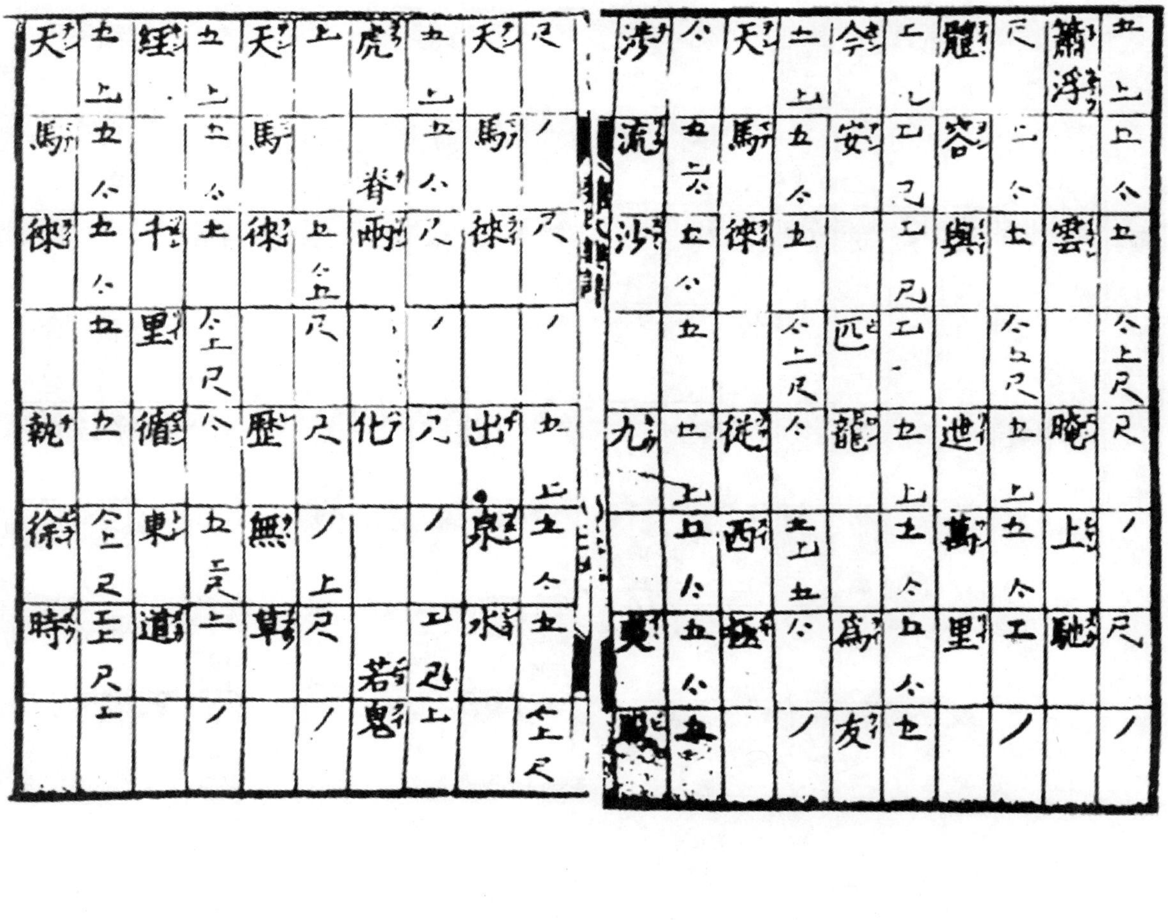

將搖樂誰與期
天馬徠開遠門
竦予身逝昆侖
天馬徠龍之媒
遊閶闔觀玉臺

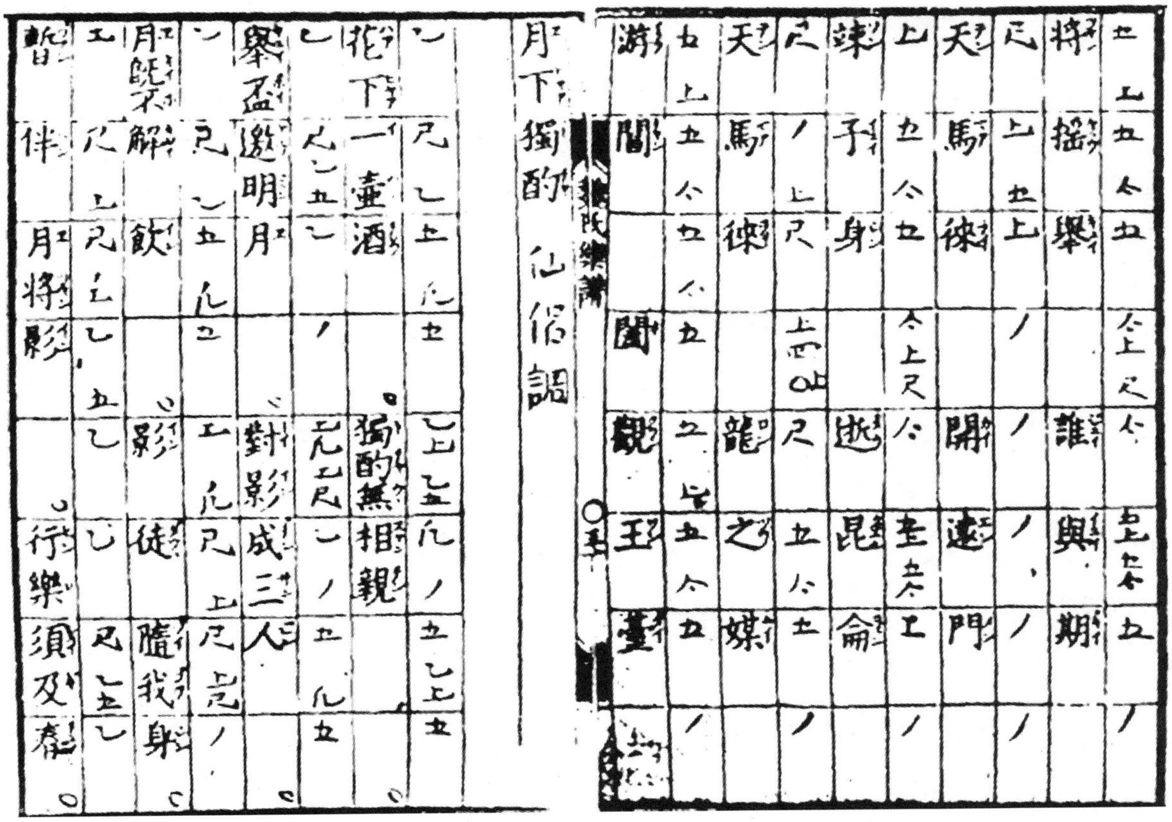

月下獨酌　仙侶調

花下一壺酒
獨酌無相親
舉盃邀明月
對影成三人
月既不解飲
影徒隨我身
暫伴月將影
行樂須及春

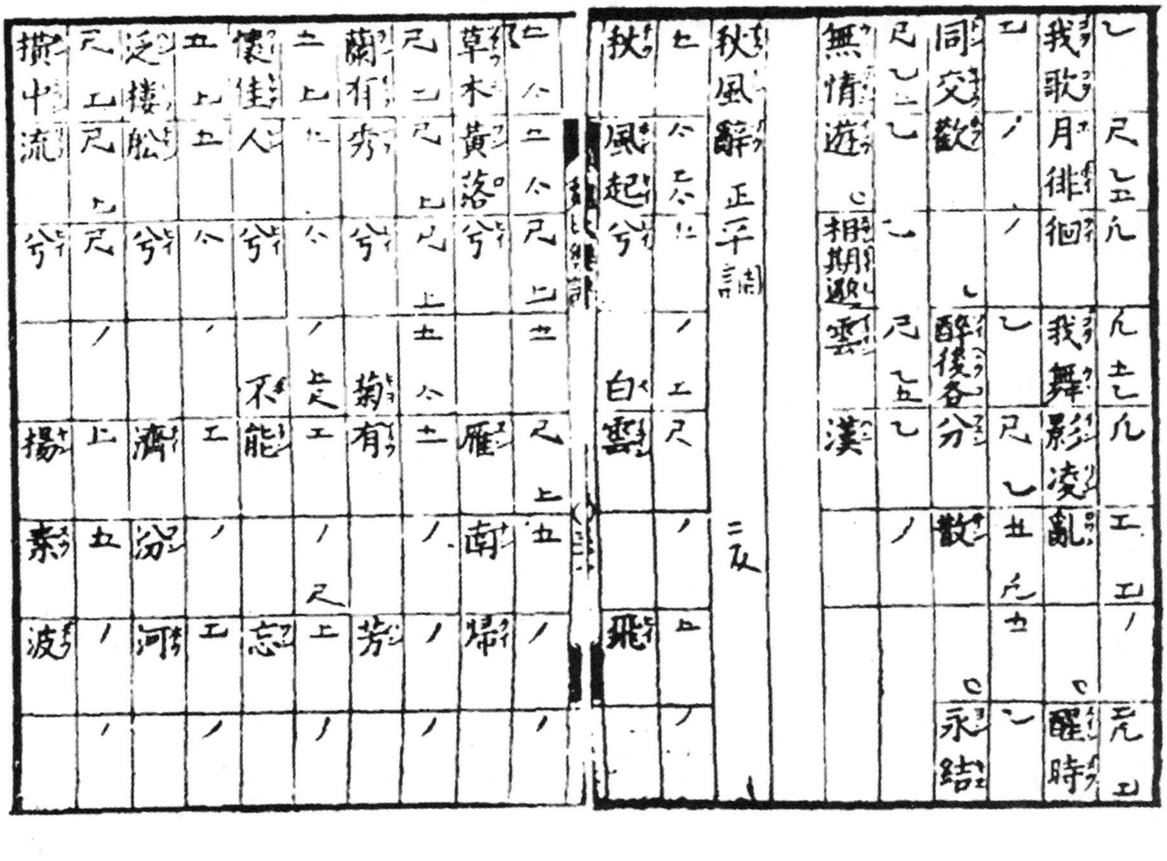

我歌月徘徊
我舞影凌亂
醒時同交歡
醉後各分散
永結無情遊
相期邈雲漢

秋風辭　正平調

秋風起兮白雲飛
草木黃落兮雁南歸
蘭有秀兮菊有芳
懷佳人兮不能忘
泛樓船兮濟汾河
橫中流兮揚素波

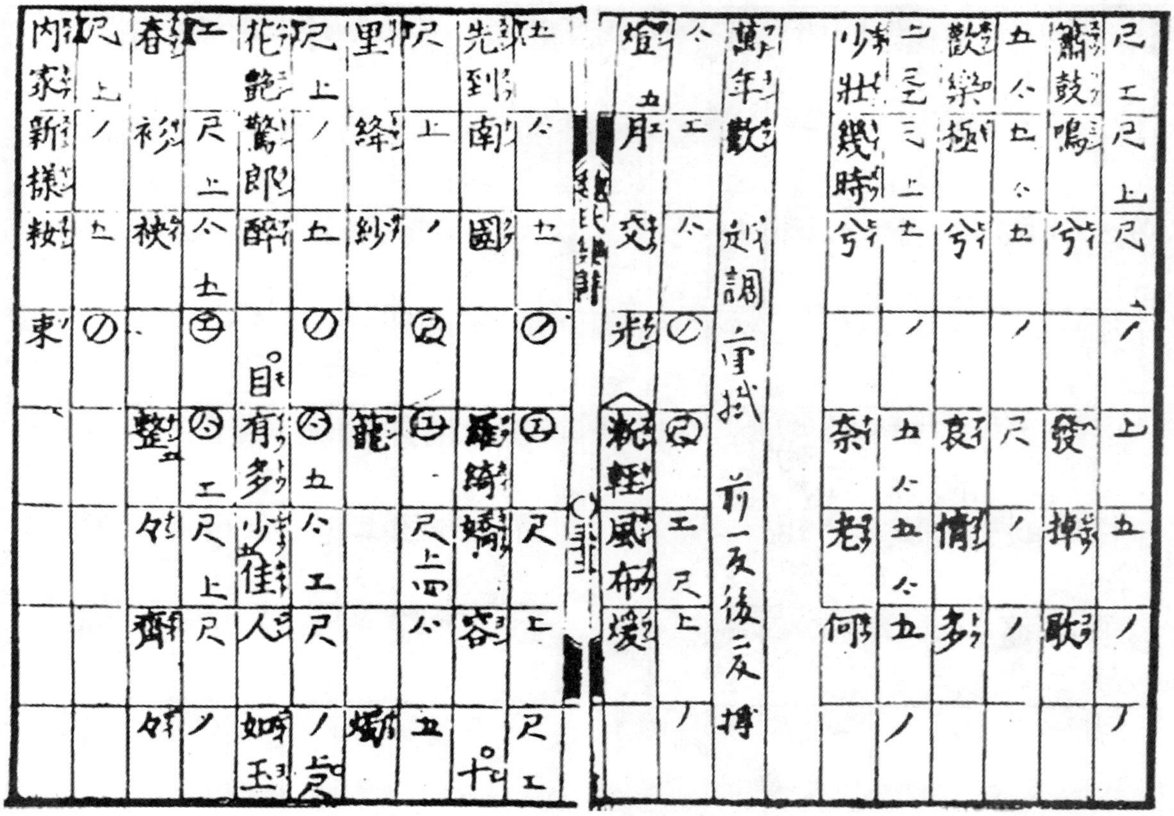

尺工尺上尺 ∅ 上 五 ノ ノ
簫鼓鳴兮發棹歌
五六五六五 ノ 尺 ノ ノ
歡樂極兮哀情多
二三三上五 ノ 五六五六五 ノ
少壯幾時兮奈老何

斷年歎　越調　壹拍　前一反後二反拍

六 工 六 ∅ 四 工 尺上 ノ
燈五月交光 漸輕風布煖

五 六 五 ∅ 工 尺 上 尺工
先到南國 綺嬌容 卞
尺 上 ノ 四 五 尺上四六 五
里絳紗 籠 燭
尺上ノ 五 ∅ 六 五 六 工 尺 ノ
花艷驚郎醉目 有多少佳人如玉
工 尺 上六五 工 六 工 尺 上 尺 ノ
春衫袂整々齊々
尺 上 ノ 五 ∅
内家新様粧束

六 工尺上尺 ∅ 工 六 五 尺五工 六
歡情未足 更闌謾勾牽舊恨
六 五 工尺 上尺 ノ 工六 四 六 五六 ノ
縈亂心曲 悵望 期
六 工 尺六 乙 乙 上 尺 六 五
應是紫姑頻卜 暗想雙蛾對蹙
四 ノ 乙 尺 上 四 ノ 六 工 六
斷絃待鸞膠重續 休迷戀野草閒花
六 五六工 乙 ノ
鳳簫人在金谷

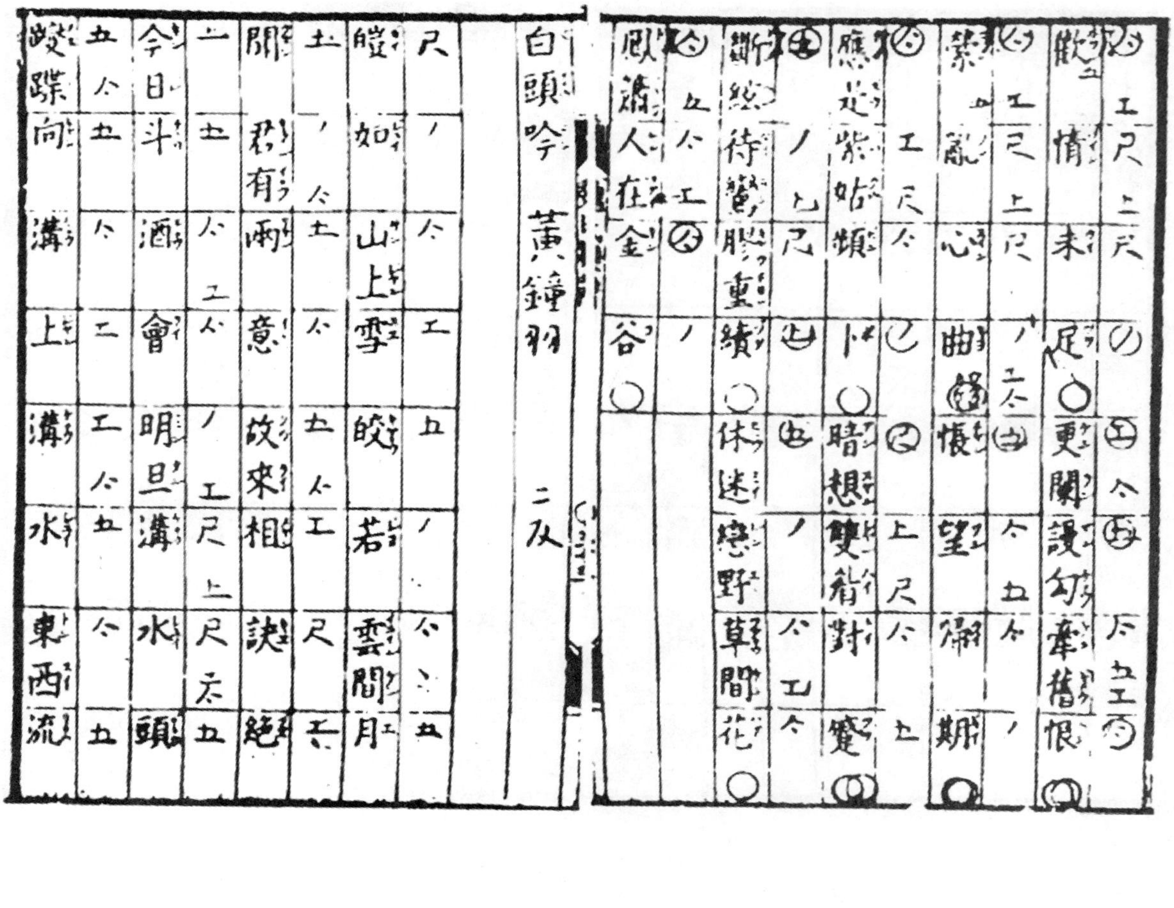

白頭吟　黃鐘羽　二反

尺 ノ 六 工 五 ノ 六 五
皚如山上雪 皎若雲間月
五 ノ 六 五 六 五 六 工 尺 工
聞君有兩意 故來相決絶
二 五 六 工 六 ノ 工 尺 上 尺 尺 五
今日斗酒會 明旦溝水頭
五 六 五 六 二 工 六 五 六 五
踥蹀向溝上 溝水東西流

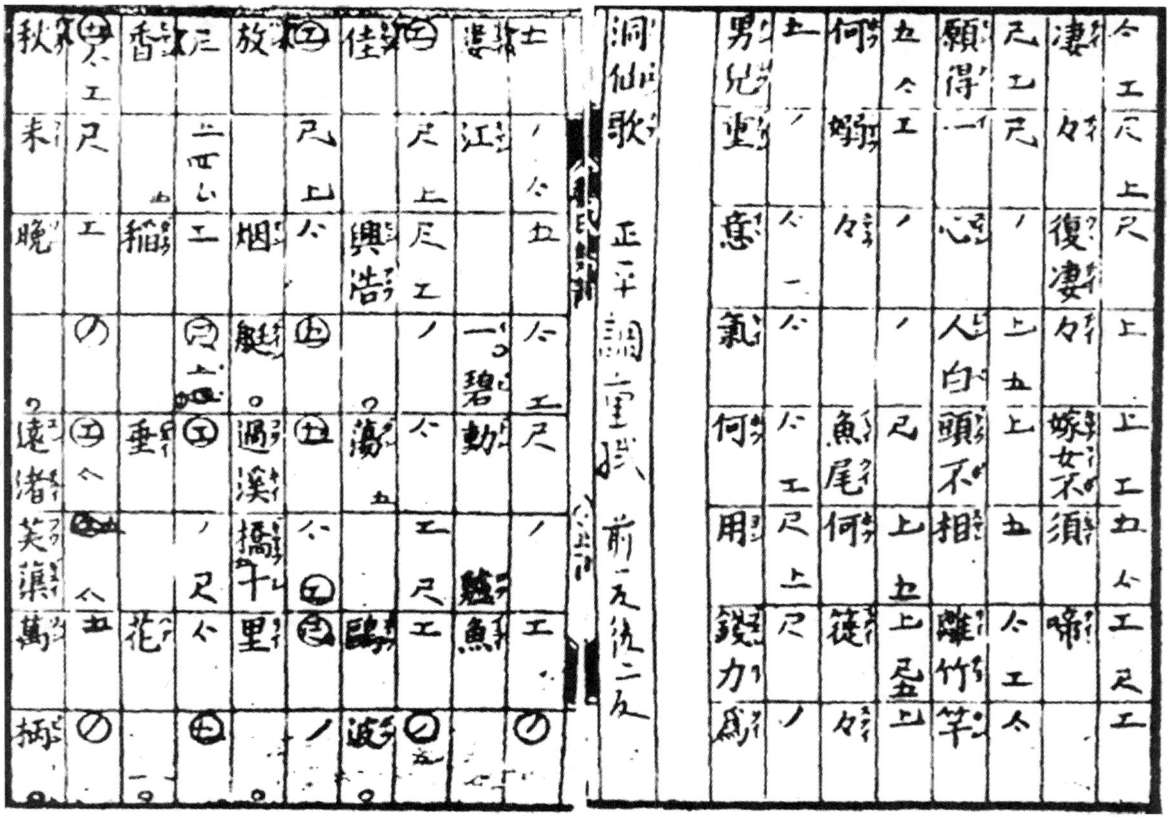

子部　第五册

淒々復淒々
嫁女不須啼
願得一心人
白頭不相離
竹竿何嫋々
魚尾何簁々
男兒重意氣
何用錢刀爲

洞仙歌　正平調重賦　前一五後二反

江一碧
動鱸魚
佳興浩蕩
鷗波
放烟艇
過溪攜千里
香稻
垂花
秋來晚
遠渚芙蕖萬
摘

野翁能愛
我酬酒
熙雞
何處漁歌
更堪聽
醉起試推篷
驟雨初收
斜陽外
山光雲影
偕百歲
逍遙
濃酣醉

任華髮
星星
換來青鏡

千秋歲　黃鐘調　二反　三五　李用

塞垣秋草
又報
平安好
撙俎上
英雄表
金湯
生

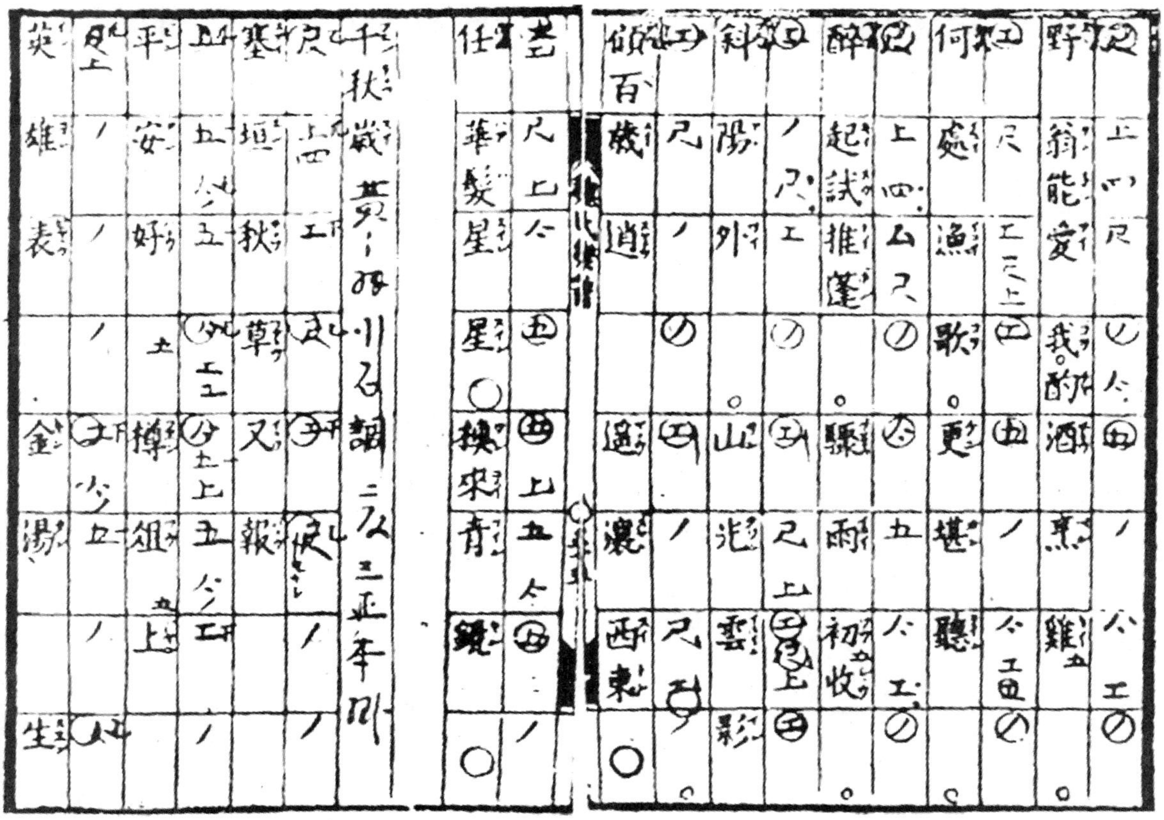

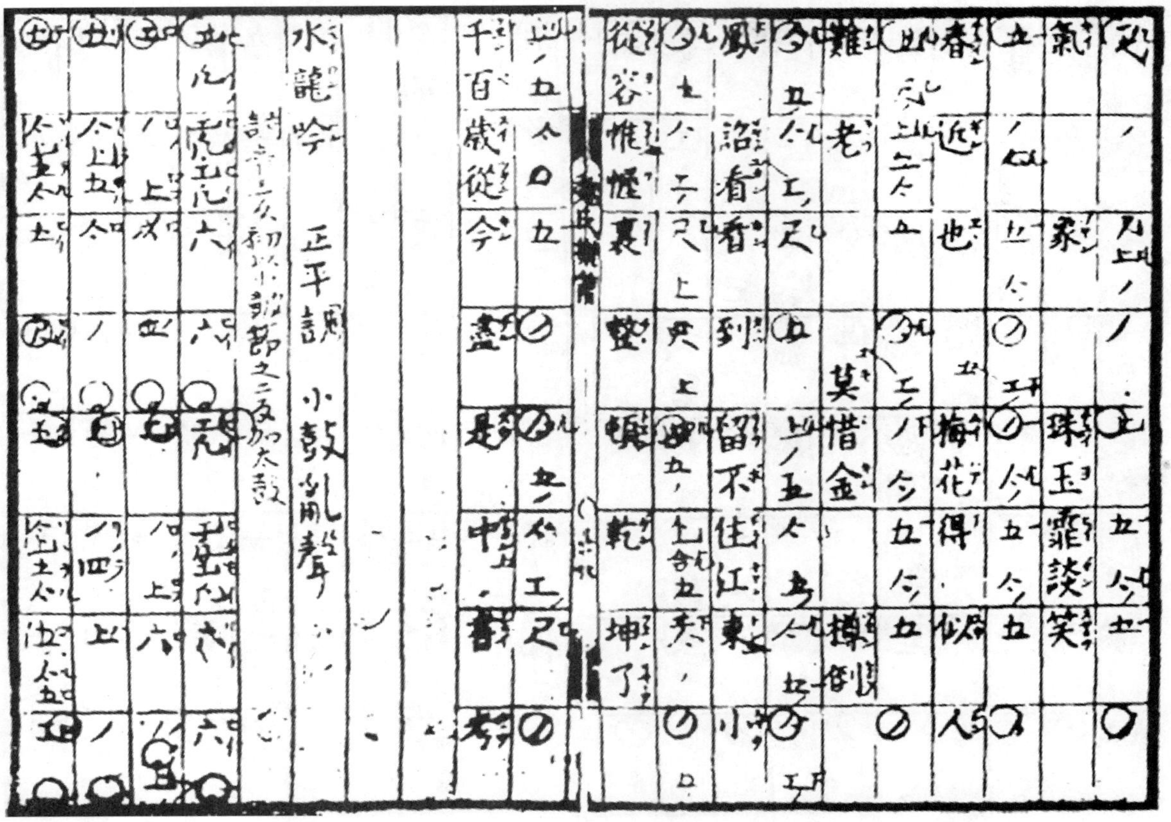

氣象珠玉霏談笑

春近也梅花得似人

難老莫惜金樽倒

鳳路看看到留不住江東小

從容帷幄裏整頓乾坤了

千百歲從今盡是中書考

水龍吟　正平調　小鼓亂聲

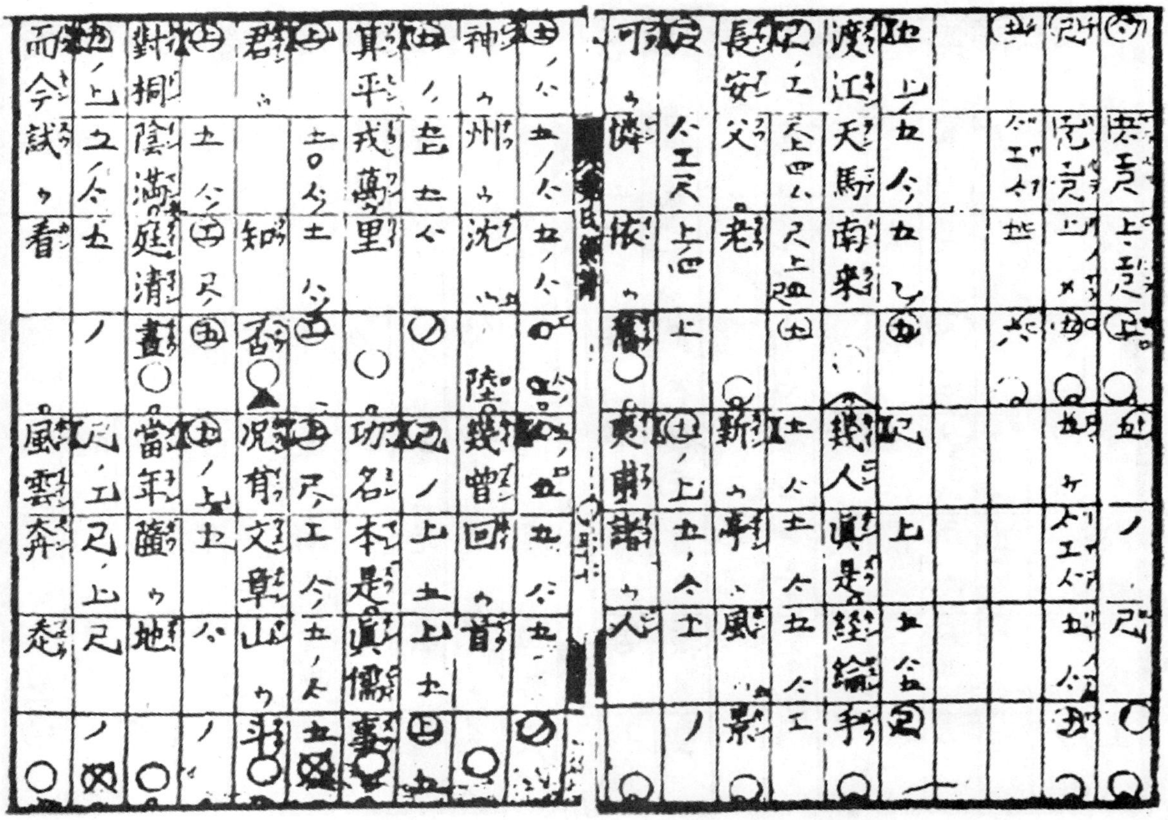

詞每亥初以小鼓節之亥加大鼓

渡江天馬南來幾人真是經綸手

長安父老新亭風景

可憐依舊夷甫諸人

神州沈陸幾曾回首

算平戎萬里功名本是真儒事

君知否況有文章山斗

對桐陰滿庭清晝當年墮地

而今試看風雲奔走

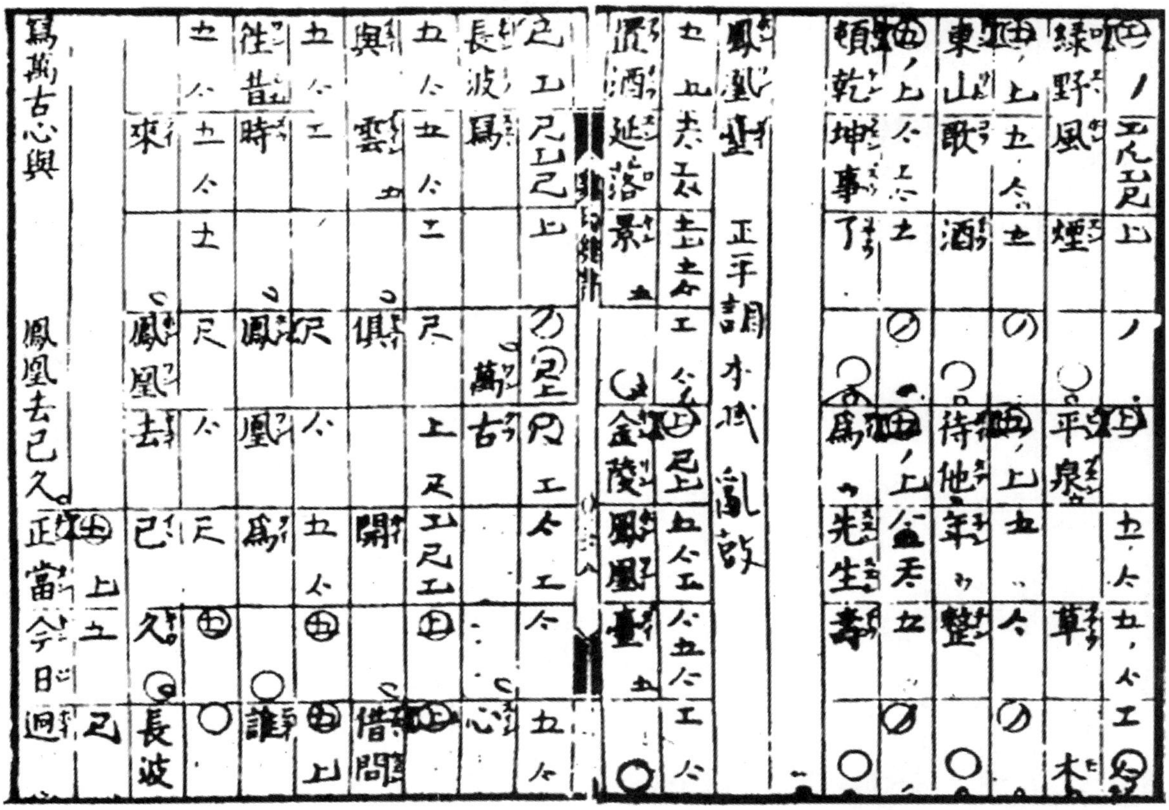

綠野風煙 平泉草木
東山歌酒 待他年整
頓乾坤事了 爲先生壽

鳳凰臺 正平調 李白 亂設

賞酒延落景 金陵鳳凰臺
長波爲萬古
與雲倶 開 借問
往昔時 鳳凰爲誰
來 鳳凰去已久 長波

爲萬古心與 鳳凰去已久 正當今日過

明君 越 戲 野
天老坐 三 台 豪士
無 所
用 彈絃 醉
金 東風吹出花
安可不盡 採
六帝沒幽草 深宮
冥 綠苔 置酒 勿復道
歌鍾但相催 正當今日過 歌

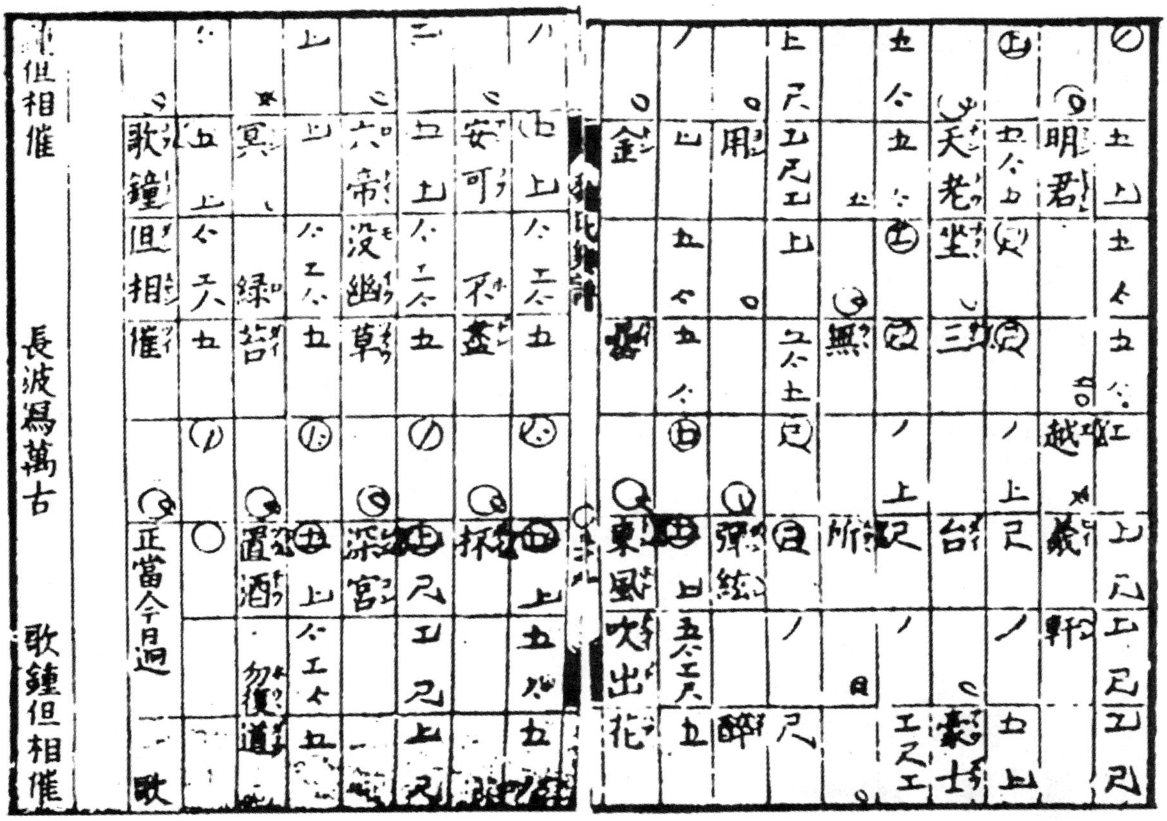

但相催 長波爲萬古 歌鍾但相催

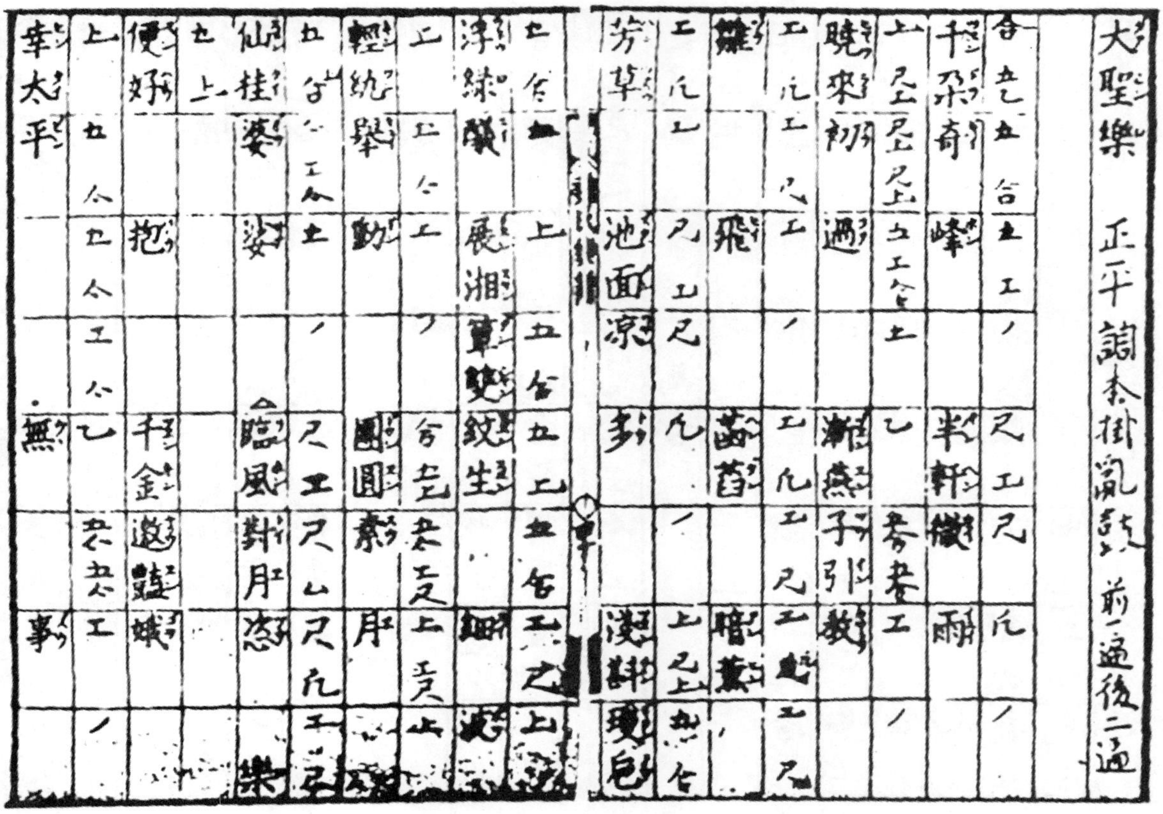

大聖樂 正平調 雜樹亂鼓 前一遍後二遍

千朵奇峰 半軒微雨 曉來初過 漸燕子引雛 飛菖蒲暗薰 芳草池面凉 淺鬪瓊色 浮綠 展湘簟雙紋生細浪 輕紈舉動 團圓素月 仙桂婆娑 臨風對月 便好抱 千金邀豔娥 幸太平無事

擊壤鼓腹 携酒高歌 富貴安居 功名天賦 爭奈皆由時命呵 休眉鎖 問朱顏去了 還更來麼

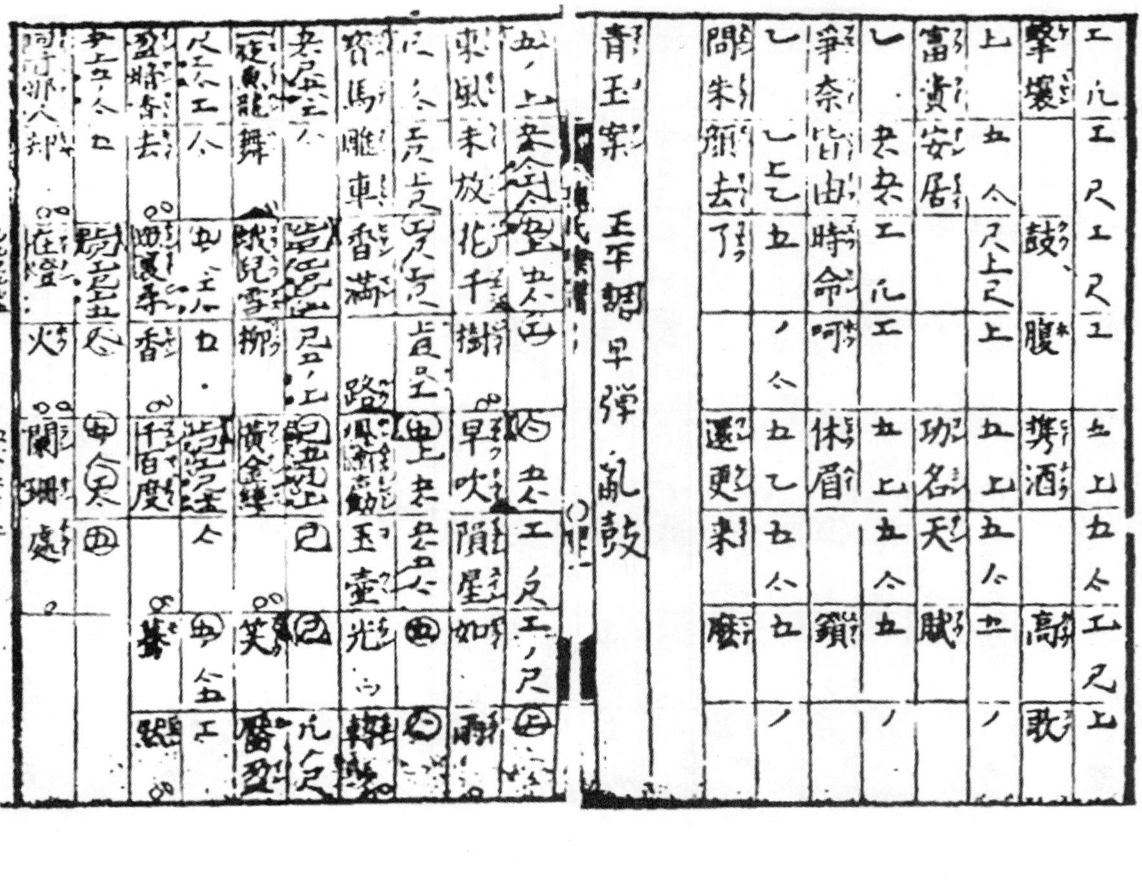

青玉案 正平調 早彈亂鼓

東風夜放花千樹 更吹落星如雨 寶馬雕車香滿路 鳳簫聲動 玉壺光轉 一夜魚龍舞 蛾兒雪柳黃金縷 笑語盈盈暗香去 衆裏尋他千百度 驀然回首 那人卻在 燈火闌珊處

東風夜放花千樹更吹落星如雨寶馬雕車香滿路鳳簫聲動玉壺光轉一夜魚龍舞——蛾兒雪柳黃金縷笑語盈盈暗香去——闌珊處 蛾兒雪柳——闌珊處

大同殿 正平調 同彈

五 上五六工六 尺工六 五 五 上五六工六 尺六工六 五 六
欲笑周文 歌燕鎬
六 工今 工六五六工六 五 ノ五 尺上 五 ノ六
還輕漢 武樂橫汾

乙上 乙六 五 六尺五 五 上四全六
豈 知玉殿 生三秋
ノ 五 六工 六 五 六 尺上 尺上 尺
詎 有銅池 出五雲
上四六工 尺上尺 五 六 工 尺 工 尺 上
陌上 堯尊 傾北斗
ノ ノ ノ 六 上六工六五 乙 乙上
樓 前舜樂 動
尺上五 ノ 乙 尺工六 工 六 六上
南薰 共歡 天意 同

六 工六 五 五ノ六 尺六上六 五六工六 五 五ノ六
人 意 萬歲千秋 奉
五ノ六 五 ノ
聖 君 欲笑 奉聖君萬歲 奉聖君

玉臺觀 越調木樹 二反

六 工 尺 上 尺六 ノ 工 ノ
中天積翠玉臺 遙
工 尺上工 ノ ノ六 五 六
上帝 高居 絳節 朝
六 工尺五 ノ 六工尺 上尺
遂 有馮 夷來 擊鼓
上 五 ノ 五六 五六 六
始 知嬴 女善 吹簫
尺 ノ上尺 上尺工六 五 ノ 六
江 光隱 見黿 鼉窟
尺上 五六 五 五 六工尺 五 六工
石 勢參差 烏 鵲橋
工 工尺工六五 尺 上五六尺 ノ
更 有紅顏 生 羽翼

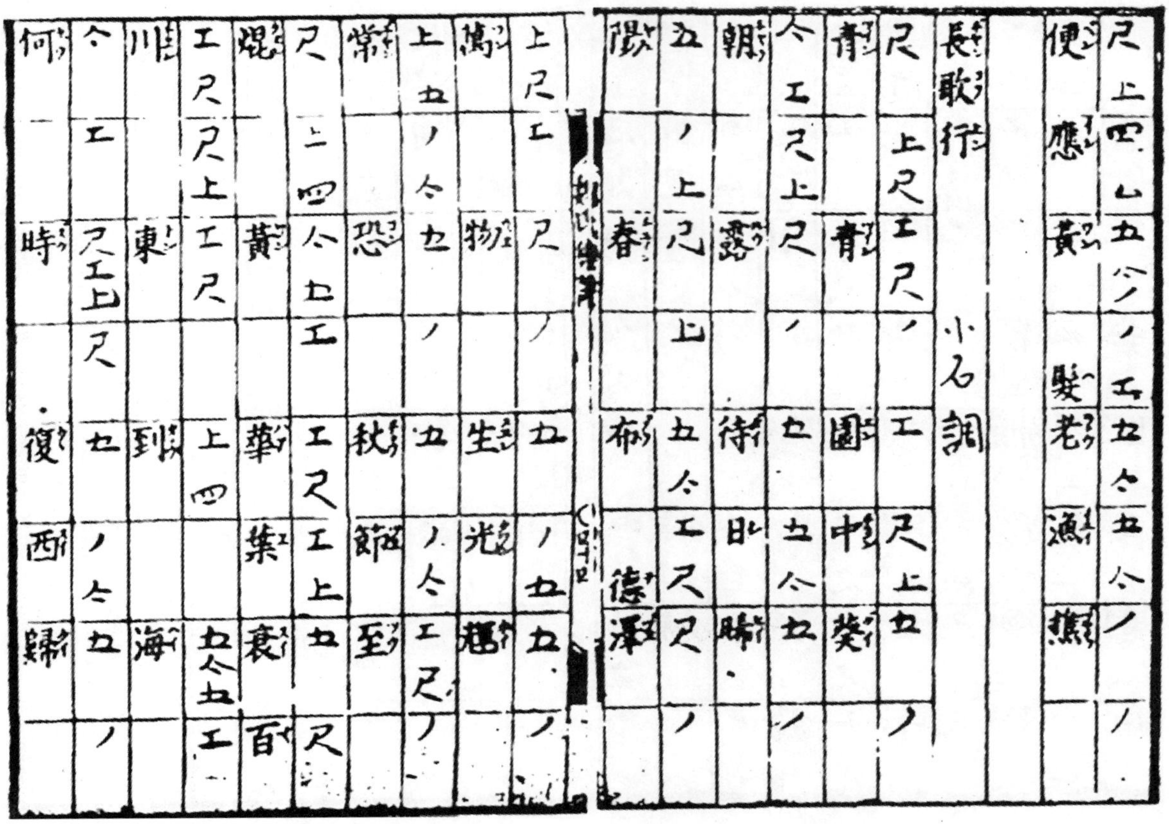

尺上四上五亽ノノ工五亽五亽ノノ

便應黃髮老漁樵

長歌行　小石調

尺上尺工尺ノ工尺上五ノ

青青園中葵

亽工尺上尺ノ五五亽五ノ

朝露待日晞

五ノ上尺上五亽工尺尺ノ

陽春布德澤

上尺工尺ノ五ノ五五ノ

萬物生光輝

上五ノ亽五ノ五ノ亽工尺ノ

常恐秋節至

尺上四亽五工工尺工上五尺

焜黃華葉衰百

工尺尺上工尺上四五亽五工

川東到海

亽工尺工上尺五ノ亽五ノ

何時復西歸

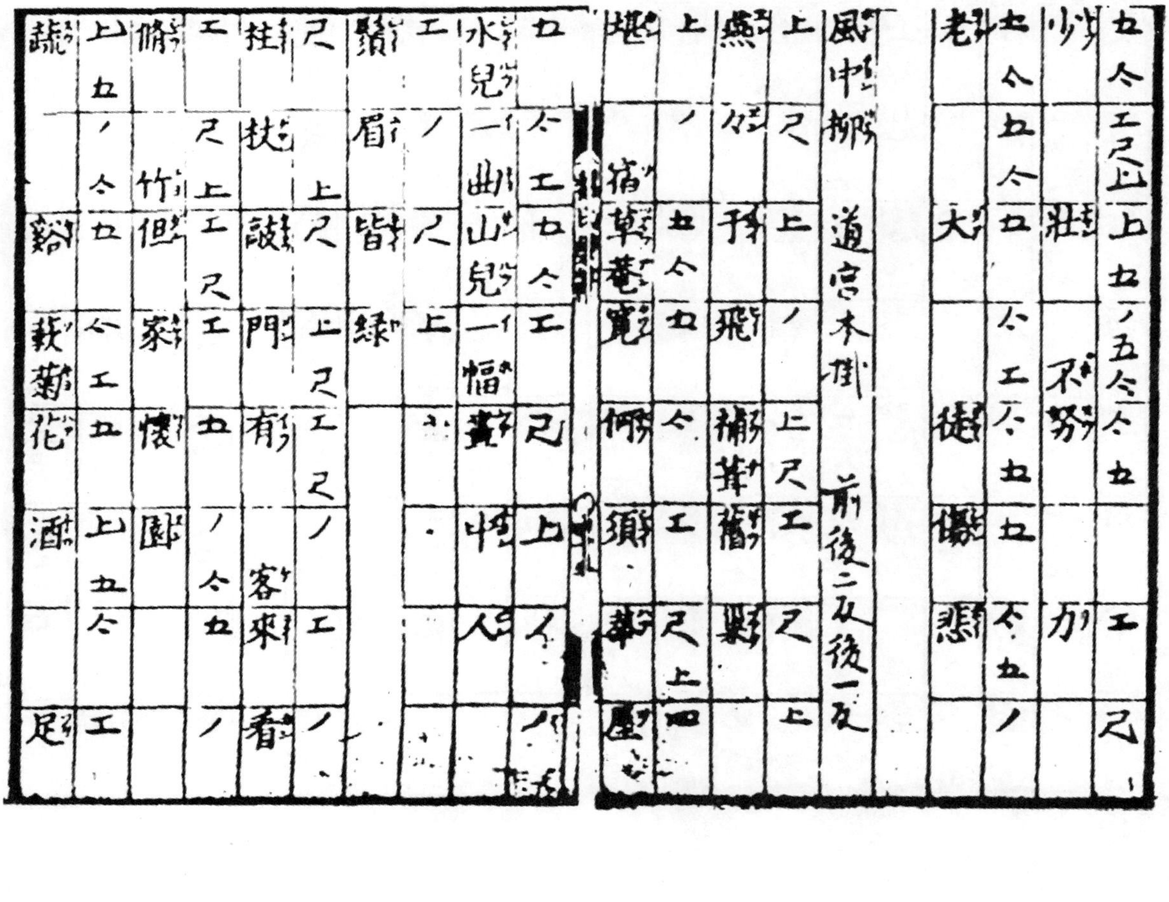

五亽工尺上上五ノ五亽亽五工尺

少壯不努力

五亽五亽五亽工亽五五亽五ノ

老大徒傷悲

風中柳　道宮木調　前後二及後一反

上尺上ノ上尺工尺上

燕子飛來舊壘

上ノ五亽五亽工尺上四

堆宿草菴寬何須華屋

五亽工五亽工尺上ノ

水兒一曲山兒一幅畫中人

工ノ尺上

驢眉皆綠

尺上尺上尺工尺工尺ノ工ノ

拄杖敲門有客來看

工尺上工尺工五ノ亽五ノ

脩竹但家懷鄰

上五ノ亽五亽工五上五亽工

蔬豁莪薊花酒足

工尺上尺工尺ノ上五ノ亽工亽五亽
松花飯熟日
五ノ亽五亽工尺上尺上ノ
三筆鬭豐潰福

慶春澤 道宮掛亽 前一及後二及
上四尺ノ工尺工ノ
燈火烘春摸臺漫月
上五亽五亽工尺ノ上
良宵一刻千金錦帳秋還

尺ノ四五ノ亽工尺上尺工尺
彩雲簇仗難尋蓬壺影動星毬
上四五亽五亽尺工尺上五
映兩行寶珥瑤簪恣嬉遊玉
亽五亽工尺ノ亽工ノ亽五亽
漏聲催未歇芳心
尺工尺亽五工五ノ亽工亽
笙歌十里謳張地記年時行樂
亽工尺工ノ上五亽工
憔悴而今客裏情懷

尺上四上尺ノ五五亽五ノ
伴人間笑間吟小桃未盡
五亽五亽ノノ亽工ノノ亽ノ五
劉郎老把相思細
上五ノ亽上ノ亽ノ工尺ノ上
駐瑤琴怕歸來
七亽五亽工亽ノ工尺工尺上ノ
紅紫散風三徑成陰

齊天樂 道宮本掛亂敲 調寄五及喝敲二及
工尺上尺工工上工五上尺上
工尺工工工尺尺上
五尺上工尺上五五五上尺五亽
亽五工尺上上上ノ
上尺工尺ノ工尺ノノ工亽五
陳陳戟點黃梅雨佳時又

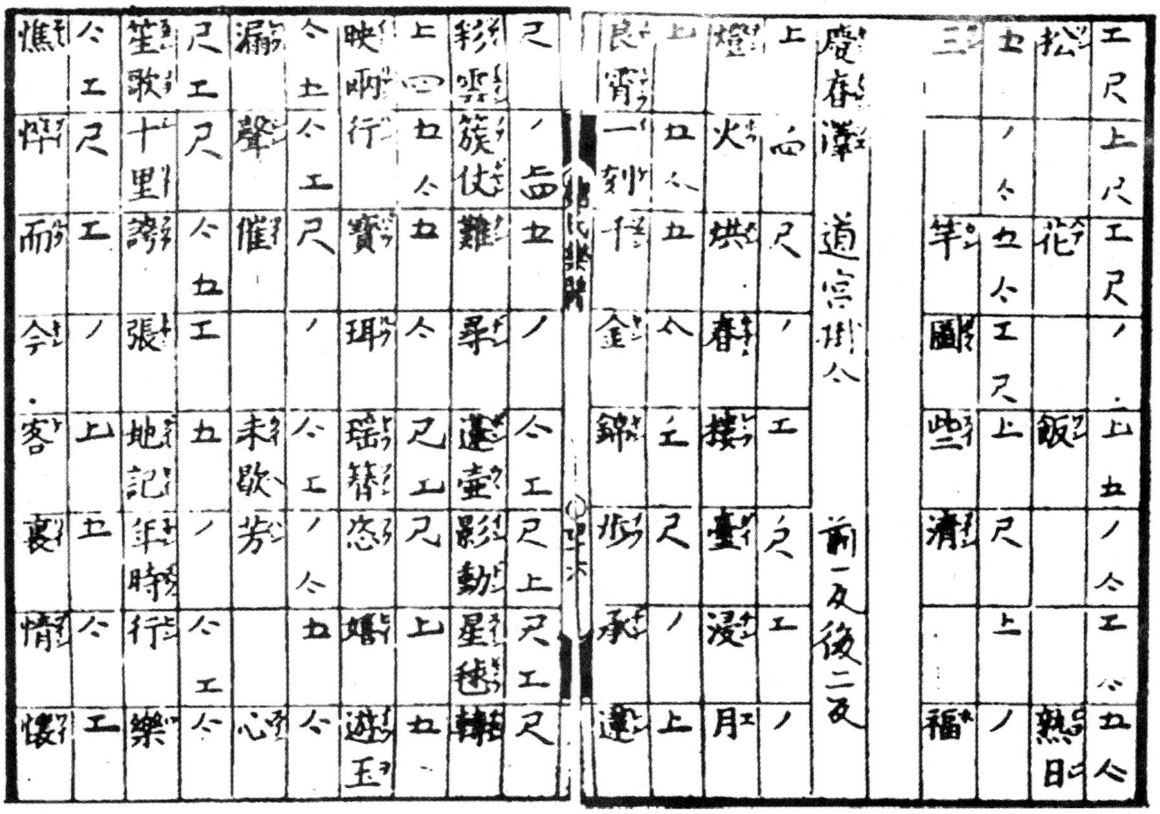

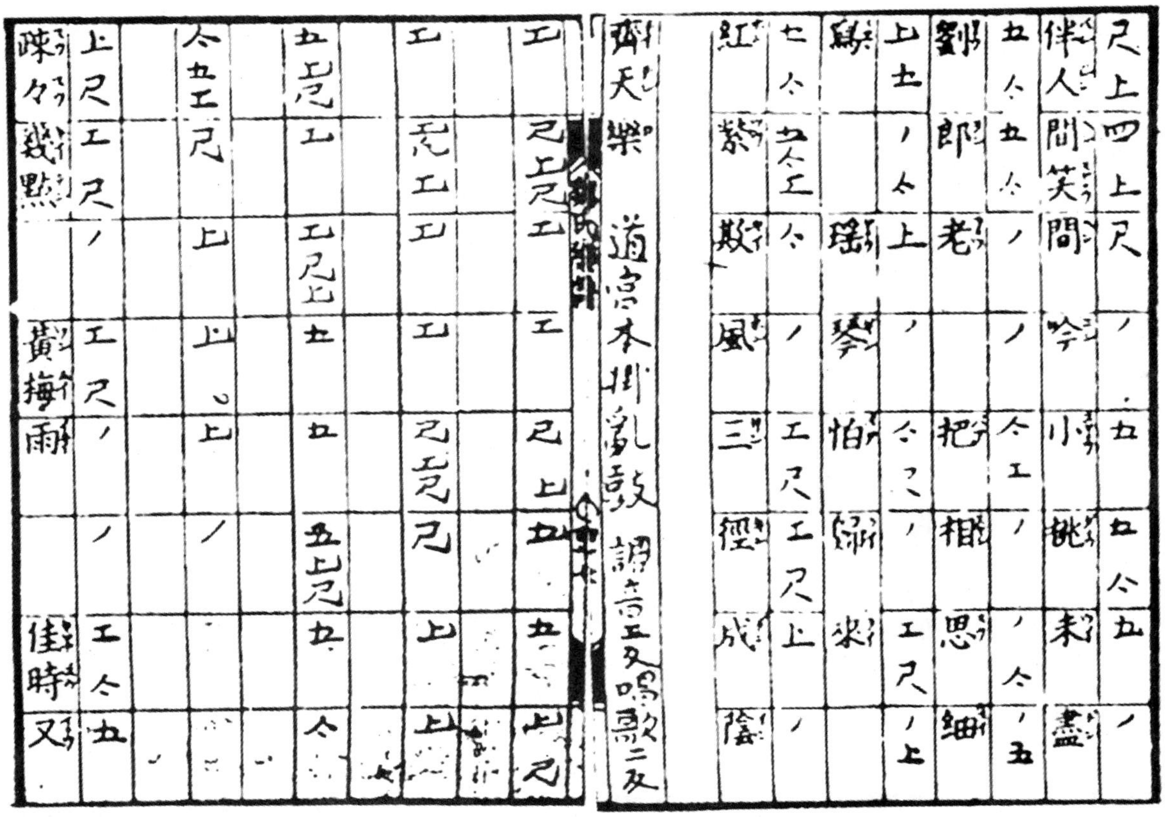

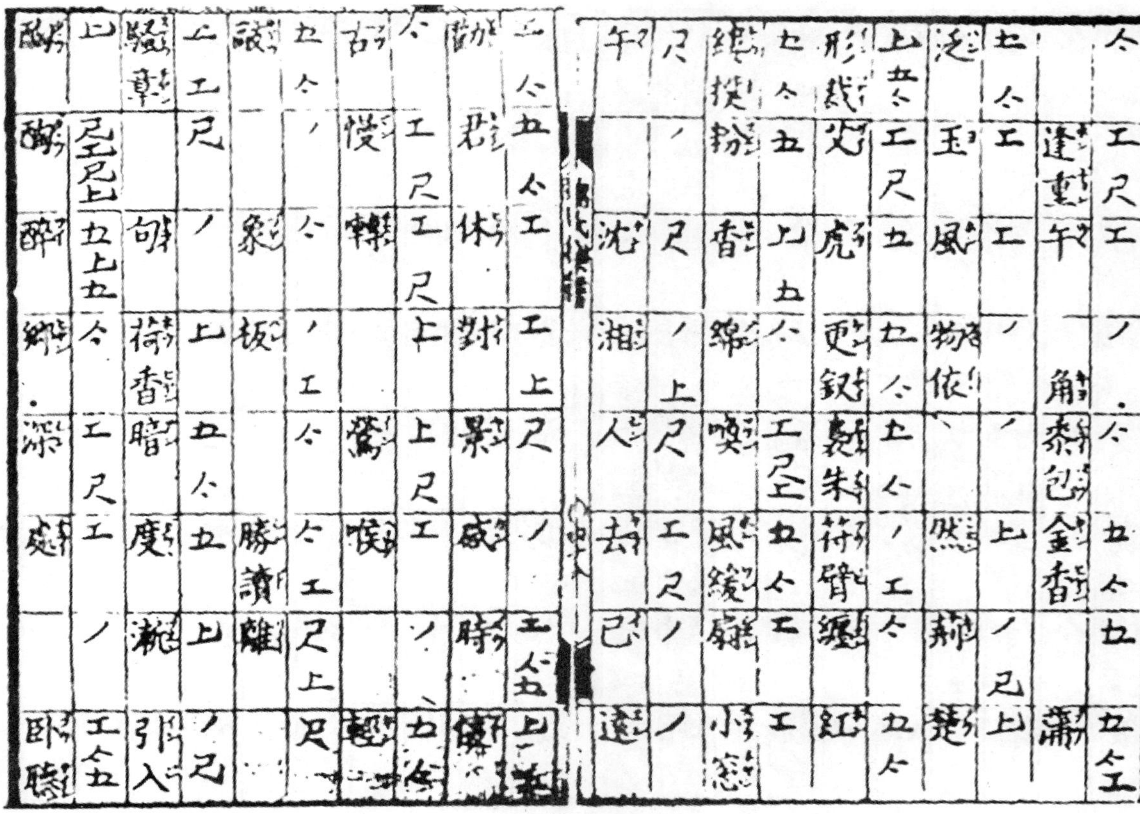

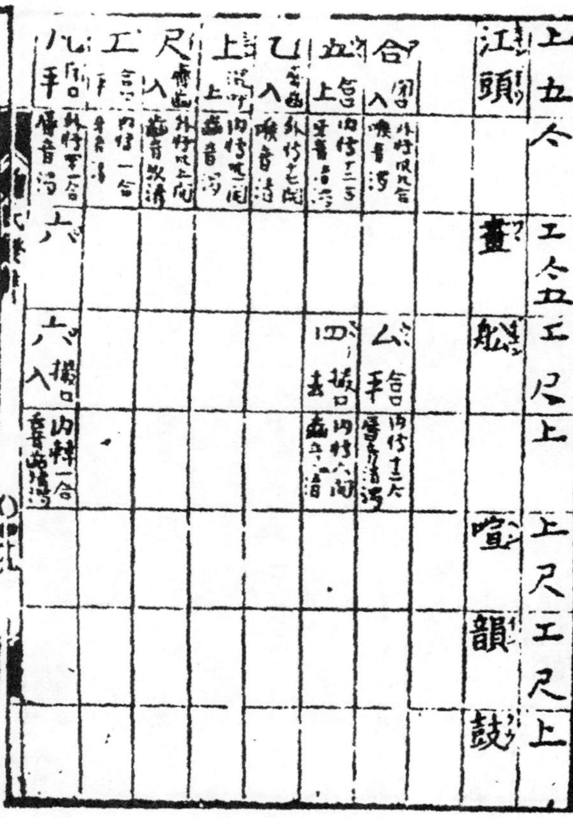

亼 工尺工 ㇒ 亼 五亼五 五亼
逢重午 觧黍包金香 瀟
五亼工 工 ㇒ ㇒ 上 ㇒己上
泛玉風物依、然 荊楚
上五亼 工尺五 五亼 五亼 ㇒工亼 五亼
形裁艾虎 更釵 裊朱符臂纏 紅
五亼 五 上五 五亼 工己 五亼 工 工
綵揆粉香綿 喚 風綫縈 小窗
尺 ㇒ 尺 ㇒上尺 工尺 ㇒ ㇒
午 沈湘人去已遠

工亼五亼工 工上尺 ㇒ 工亼五 上
歎君休對景感時傷
亼 工尺 工尺上 上尺工 ㇒、 五亼
古 懷 轢 驚候 鬱
五亼㇒ 亼 ㇒工 亼 亼工 尺上 尺
談 象板 勝讀 離
亼工尺 ㇒ 上 五亼 五 上 ㇒己
騷章 句 荷香暗 度 瀟 引入
上 己尺上 五上五 亼 工尺工 ㇒ 工亼五
酩酊醉鄉・深處 臥聽

上五亼 工亼五工尺上 上尺工尺上
江頭 畫船 喧 韻鼓

合 入 [illegible] 喉音濁
五 上 [illegible] [illegible]
乙 入 [illegible] 喉音清
上 上 [illegible] [illegible]
尺 入 [illegible] [illegible]
工 [illegible] [illegible] 一合
几 手 [illegible] [illegible]
六
六 入 撮口 内[illegible] 一合
厶 手 [illegible] 内[illegible]
四 去 撮口 内[illegible]

每部有圖章記號
無是者皆屬贋本

魏氏樂譜。長崎人魏皓字子明氏所輯也。子明氏者其先明人。世傳習明朝樂。嚮者來于京師。未傳其樂於人卷而懷之。余初通刺。以學焉。自是下二同志亦從而學焉耳。一日余謂子明氏曰。斯樂也中華先王之樂也。而學習之者不過數人。豈不惜乎。請傳諸王侯大人。以弘于海內。流于後世矣。於是乎子明氏然之。乃如余言。今也自王侯大人以至士君子受其傳者以百數。而受其敎者必有書寫其譜之勞也。不止有其勞耳。譜豈得無魯魚之差乎。故子明氏欲取其樂譜數百曲。刊諸梓以便學者。使余校訂其文字章句。余誦肄之暇。參考文體明辨草堂詩餘及諸家之集等數本以訂其訛謬。届者先選五十曲。以國字附華音。乃命剞劂云

明和丁亥春日平安平信好師古跋

明和五年戊子正月

書林

江戶日本橋一町目　須原屋茂兵衛
大坂心齋橋筋安堂寺町　大野木市兵衛
京都堀川通佛光寺下町　錢屋七郎兵衛

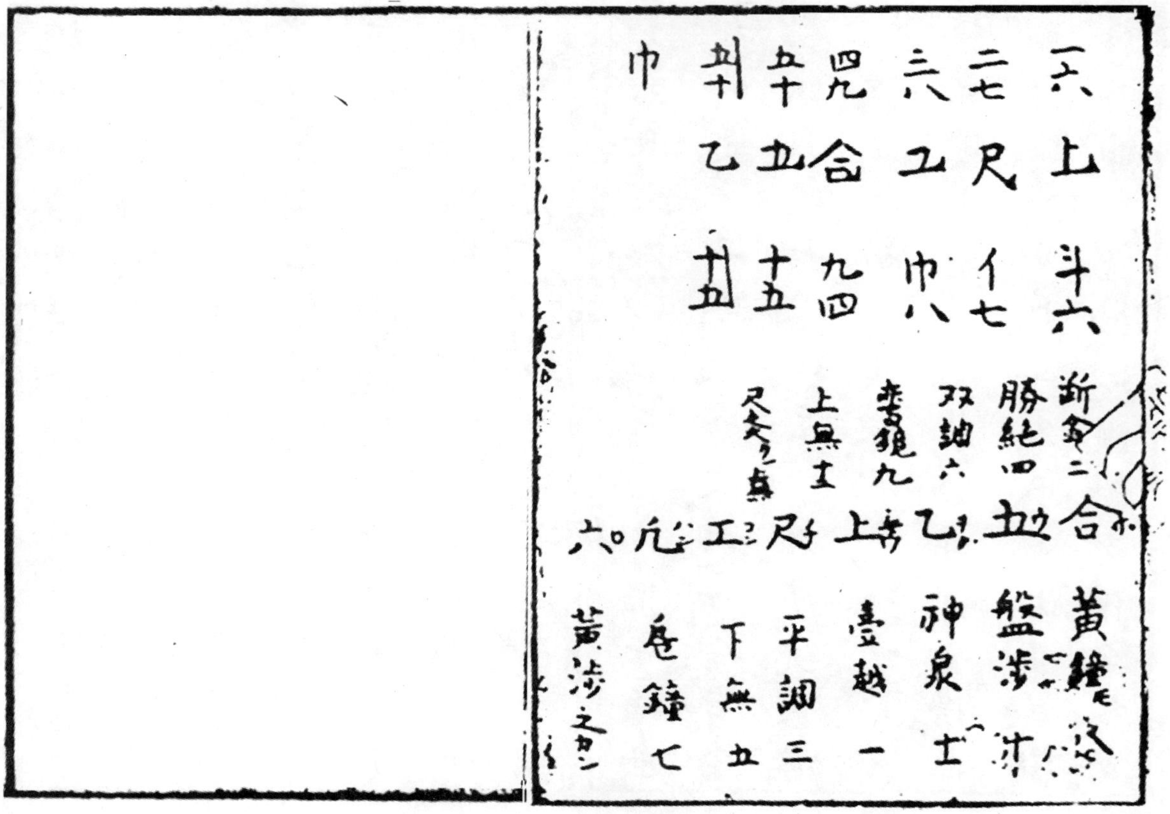

一六　上　斗十六
二七　尺　亻七
三六　工　巾八
四九　合　九四
五十　五　十五
卄　乙　卄五
巾

断金二
勝絶四
双調六
鸞鏡九
上無十
尺（？）無

合　五　乙　上　尺　工　凡　六

黄鐘
盤渉
神泉十
壹越一
平調三
下無五
鳧鐘七
黄渉之カン

老乞大諺解

提要

《老乞大諺解》二卷，朝鮮佚名撰，崔世珍諺解，一九四四年韓國京城帝大圖書館影印奎章閣叢書活字本。學界一般認為，『乞大』即契丹之轉音，老乞大即老契丹。此書為李朝時期漢語會話教科書，最初刊行於元代，明初又加修改，一六世紀朝鮮人崔世珍以訓民正音為漢字注音，是為『諺解』。然其漢文部分多存舊本之貌，故能反映當時漢語之特徵。此書敘述高麗商人來中國經商，以對話形式，描寫道路見聞、住宿飲食、買賣貨物、宴飲治病。本書後附漢文明改本《老乞大》一卷，《附錄》一卷。《諺解》與漢文本《老乞大》差異不大，僅用字或寫法不同。

老랗랖乞킹키大따다諺연연解계계上썅샹

大따다哥거거你니니從쭝충那나나裏리리來래레 ○ 큰형아네 어드러로

셔브터 온다 我어오從쭝충高갛갈麗리리王왕왕京깅깅來래레 ○ 내高

麗王京으로셔브터 오롸 如슈슈今긴긴那나나裏리리去큐큐 ○ 이제 어드러 가

는다 我어오往왕왕北빙버京깅깅去큐큐 ○ 내北京으로 향ᄒᆞ야 가노라 你

니니幾기기時쓰스離리리了럏랴王왕왕京깅깅 ○ 네 언제 王京의셔 ᄠᅥ난다

我어오這저저月웡워初추추一힝이日싱시離리리了럏랴王왕왕京

깅깅 ○ 내 이 ᄃᆞᆯ 초ᄒᆞᄅᆞᆫ날 王京셔 ᄠᅥ나노라 既기기是쓰스這저저月웡워初추추

一힝이日싱시離리리了럏랴王왕왕京깅깅 ○ 이믜 이 ᄃᆞᆯ 초ᄒᆞᄅᆞᆫ날 王京의셔

ᄠᅥ나시면 到닿닫今긴긴半번번箇거거月웡워 ○ 이제 반ᄃᆞᆯ에 다ᄃᆞ라 새도록 怎

즘즘麼마마纔째채到닿닫的딍디這저저裏리리 ○ 엇디 ᄀᆞᆺ 여긔 오뇨 我

어오有잉우一힝이箇거거火훠호伴뻔번落랗로後흫후了럏랴來래레

○ 내 ᄒᆞᆫ 벗이 이셔 ᄠᅥ뎌 오매 我어오沿연연路루루上쌍상慢만만慢만만的

딍디行힝힝着쟣죠等등등候흫후來래레 ○ 내 길흘 조차 날호여 녀 기ᄃᆞ려 오

노라 ᄒᆞ니 因힌인此ᄎᆞ츠上썅샹 ○ 이런 전ᄎᆞ로 來래레的딍디遲찌치了

럏랴 ○ 오미 더듸여라 那나나火훠호伴뻔번如슈슈今긴긴趕간간上쌍상

來래레了럏랴不봉부會쫑층 ○ 그 벗이 이제 미처 올가 못 올가 這저저箇거거

火훠호伴뻔번便뻔변是쓰스 ○ 이 벗이 곧 긔니 夜여여來래레纔째채到

닿닫 ○ 어제 ᄀᆺ 오니라 你니니這저저月웡워盡찐진頭뚷투 ○ 네 이 ᄃᆞᆯ 그몸ᄭᅴ

到닿닫的딍디北빙버京깅깅麼마마 ○ 北京의 갈가 到닿닫不봉부得

딍더 ○ 가디 못홀가 知징지他타타 ○ 모로리로다 那나나話홧화怎즘즘

敢간간說쉉쉬 ○ 그 말을 엇디 니르리오 天텬텬可커커憐련련見견견 ○

하ᄂᆞᆯ이 어엿비 너기샤 身신신已기기安한안樂랗로時쓰스 ○ 몸이 편안ᄒᆞ면

也여여到닿닫 ○ 가리라 你니니是쓰스高갛갈麗리리人신신 ○

너는 高麗ㅅ사ᄅᆞᆷ이어니 却켜커怎즘즘麼마마漢한한兒ᅀᅳᆯ술言연연語유유

說쉉쉬的딍디好핳한 ○ 또 엇디 漢語니ᄅᆞᆷ올 잘ᄒᆞᄂᆞ뇨 我어오漢한한兒ᅀᅳᆯ술

人신신上썅샹學햫효文운운書슈슈 ○ 내 漢ㅅ사ᄅᆞᆷ의손ᄃᆡ 글 ᄇᆡ호니 因힌인

此ᄎᆞ츠上썅샹 ○ 이런 전ᄎᆞ로 些셔셔少샿샤漢한한兒ᅀᅳᆯ술言연연語

유유省싱싱的딍디 ○ 져기 漢ㅅ말을 아노라 你니니誰쒸쉬根근근底디디

學햫효文운운書슈슈來래레 ○ 네 뉘손ᄃᆡ 글 ᄇᆡ혼다 我어오在째재漢한한

兒ᅀᅳᆯ술學햫효堂땅당裏리리 ○ 내 漢ᄒᆞᆨ당의셔 學햫효文운운書슈슈來

래레 ○ 글 ᄇᆡ호라 你니니學햫효甚씸슴麼마마文운운書슈슈來래레 ○

네 므슴 글을 ᄇᆡ혼다 讀뚷두論룬룬語유유孟뭉뭉子ᄌᆞ즈小샿샤學햫효 ○

論語 孟子 小學을 닐그롸 你니니每믜믜日싱시做주주甚씸슴麼마마工궁궁

課쿼코 ○ 네 每日 므슴 공부ᄒᆞᄂᆞ다 每믜믜日싱시清칭칭早짤잘晨씬친起

키키來래레 ○ 每日 이른 새배 니러 到닿닫學햫효裏리리 ○ 學堂의 가 師ᄉᆞ스

傅부부上썅샹受씽식了럏랴文운운書슈슈 ○ 스승님셔 글 ᄇᆡ호고 放방방

學햫효 ○ 學堂의셔 노하든 到닿닫家갸갸裏리리喫칭치飯빤반罷빠바

○ 집의 와 밥 먹기 ᄆᆞᆺ고 却켜커到닿닫學햫효裏리리寫셔셔倣방방書슈슈

○ 또 ᄒᆞᆨ당의 가셔 품쓰기ᄒᆞ고 寫셔셔倣방방書슈슈罷빠바對뒤뒤句귀귀

○셔품쓰기맛고년구ᄒᆞ기ᄒᆞ고對뒤뒤句규규罷바빠吟인인詩스ᄉᆞ○년구
ᄒᆞ기맛고글읇기ᄒᆞ고吟인인詩스ᄉᆞ罷바빠師스ᄉᆞ傅부부前쳔쪈講강걍
書슈슈○글읇기맛고스승앏ᄑᆡ셔글을강ᄒᆞ노라講강걍甚슴씸麼마마文운운
書슈슈○므슴글을강ᄒᆞᄂᆞ뇨講강걍小샤샤學효햪論룬룬語유유孟뭉뭉
子즈ᄌᆞ○小學論語孟子을강ᄒᆞ노라【說】쉬숴書슈슈罷바빠又우잉做
주주甚슴씸麼마마工궁궁課코쿼○글니ᄅᆞ기를ᄆᆞᆺ고ᄯᅩ므슴공부ᄒᆞᄂᆞ뇨到
닫당晩완환○나죄다ᄃᆞᆺ거든師스ᄉᆞ傅부부前쳔쪈撤쳐쳥簽쳔쳔背비비
念년년書슈슈○스승앏ᄑᆡ셔ᄉᆞᆯᄲᅢ혀글외오기ᄒᆞ야背비비過고궈的디딩
○외오니란師스ᄉᆞ傅부부與유유免면면帖텨텽一이잉箇거거○스승
이免帖ᄒᆞ나흘주고着쇼샬背비비不부붕過고궈時스ᄉᆞ○ᄒᆞ다가외오디못ᄒᆞ

여든教갸걒當당당直지찡的디딩學효햪生승승背비비起키키○딕일
션비ᄒᆞ여어피고打다다三산산下하햐○세흘티ᄂᆞ니라怎즘즘的디딩是
스ᄉᆞ撤쳐쳥簽쳔쳔背비비念년년書슈슈○엇디ᄒᆞᆯ손사ᄉᆞᆯᄲᅢ혀글외오기며
怎즘즘的디딩是스ᄉᆞ免면면帖텨텽○엇디ᄒᆞᆯ손免帖인고每믜믜一이잉
箇거거竹주중簽쳔쳔上샹썅○每ᄒᆞᆫ대ᄧᅡᆨ에寫셔셔着죠쟢一이잉箇
거거學효햪生승승的디딩姓싱싱名밍밍○ᄒᆞᆫ션비일홈을쓰고衆중중學
효햪生승승的디딩姓싱싱名밍밍○모든션비일홈을都두두這저져般
번번寫셔셔着죠쟢○다이리써一이잉箇거거簽쳔쳔筒퉁뚱兒ᅀᅳᆯᄉᆞᆯ裏
리리盛칭찡着죠쟢○ᄒᆞᆫ사ᄉᆞᆯ통애담아教갸걒當당당直지찡的디딩學
효햪生승승○딕일션비ᄒᆞ여將장쟝簽쳔쳔筒퉁뚱來레래搖얀얌動둥뚱

○사ᄉᆞᆯ통가져다가흔드러內뉘뉘中중중撤쳐쳥一이잉箇거거○그듕에ᄒᆞᆫ
나흘ᄲᅢ혀撤쳐쳥着죠쟢誰쉬쒸的디딩○ᄲᅢ히니뉜고ᄒᆞ야便번뼌着죠쟢
那나나人신신背비비書슈슈○믄득그사ᄅᆞᆷᄒᆞ여글외오되背비비念년년
過고궈的디딩○외온이는師스ᄉᆞ傅부부與유유免면면帖텨텽一이잉
箇거거○스승이免帖ᄒᆞ나흘주ᄂᆞ니那나나免면면帖텨텽上샹썅○그免
帖우ᄒᆡ寫셔셔着죠쟢免면면打다다三산산下하햐○세번마ᄌᆞ물면ᄒᆞ라
ᄒᆞ여쓰고師스ᄉᆞ傅부부上샹썅頭투뚜畫화홰着죠쟢花화화押야향○
스승이우ᄒᆡ도셔두ᄂᆞ니라着쇼샬撤쳐쳥簽쳔쳔試스ᄉᆞ不부붕過
고궈○ᄒᆞ다가다시사ᄉᆞᆯᄲᅢ혀외오디몯ᄒᆞ여도將장쟝出츄츙免면면帖텨텽来
레래毁휘휘了랴랼○免帖내여ᄒᆡ여ᄇᆞ리고便번뼌將장쟝功궁궁折저졍

過고궈免면면了랴랼打다다○곳功을다가過에초아마즘을면ᄒᆞ거니와着
쇼샬無우우免면면帖텨텽○ᄒᆞ다가免帖곳업스면定딩뗑然연션喫치칭
打다다三산산下하햐○일뎡세번마즘올닙ᄂᆞ니라【你】니니是스ᄉᆞ高
갈갇麗리리人신신○네ᄂᆞᆫ高麗ㅅ사ᄅᆞᆷ이어니學효햪他타타漢한한兒ᅀᅳᆯᄉᆞᆯ
文운ᄋᆞᆫ書슈슈怎즘즘麼마마○뎌漢ㅅ글ᄇᆡ화므슴ᄒᆞᆯ다你니니說쉬숴的
디딩也여여是스ᄉᆞ○네니ᄅᆞᆷ도올커니와各거갸自즈ᄌᆞ人신신都두두有
우잉主쥬쥬見견견○각각사ᄅᆞᆷ이다主見이잇ᄂᆞ니라你니니有우잉甚슴씸
麼마마主쥬쥬見견견○네므슴主見이잇ᄂᆞ뇨你니니說쉬숴我오어聽
팅팅着죠쟢○네니ᄅᆞ라내드르마如유유今긴긴朝샾쟢廷팅띵一이잉統
퉁퉁天텬텬下하햐○이제朝廷이天下ᄅᆞᆯ一統ᄒᆞ여시니世시싱間견견用융융

子部　第五冊

着쟣죠的딩디是쓰스漢한한兒숭술言연연語유유○세간에쓰눈거슨한
말이니我어오這저져高강갇麗리리言연연語유유○우리이高麗ㅅ말은
只죺즈是쓰스高강갇麗리리地띠디面면면裏리리行행힝的딩디○
다만高麗ㅅ짜히만쓰고過귀고的딩디義이이州징쥐○義州디나漢한한兒
숭술地띠디面면면來래레○漢ㅅ따히오면都두두是쓰스漢한한兒숭술
言연연語유유○다한말이라有잉우人신신問몬운着쟣죠一잏이句
규규話화화○아믜나혼말올무러든也여여說숴숴不봉부得듸더時쓰스
○또디답디못훈면別뼈벼人신신將쟝쟝咱장자們믄믄○다랃사롬이우
리롤다가做주주甚씸슴麽마마人신신看칸칸○므슴사롬을사마보리오你
니니這저져般번번學햫효漢한한兒숭술文몬운書슈슈時쓰스○네이

老乞大諺解上　五

리漢ㅅ글을비홀쟉시면是쓰스你니니自쯔즈心신신裏리리學햫효來래레
○이네므음으로비호논다你니니的딩디爺여여娘냥냥教걒갸你니니學
햫효來래레○네어버이널로ᄒᆞ야비호라ᄒᆞ느냐是쓰스我어오爺여여娘냥냥
教걒갸我어오學햫효來래레○올ᄒᆞ니우리어버이날로ᄒᆞ여비호라ᄒᆞ느니라
你니니學햫효了랼랴多더도少샿샤時쓰스節졓져○네비환디언머오라
뇨我어오學햫효了랼랴半번번年년년有잉우餘유유○내비환디반힉
남즉ᄒᆞ다省싱싱的딩디那나나省싱싱不봉부的딩디○알리로소냐아디못
ᄒᆞ리로소냐每믜매日싱시和혀호漢한한兒숭술學햫효生숭숭們믄믄
○每日에漢ㅅ션비들과一힝이處츄츄學햫효文몬운書슈슈來래레○
ᄒᆞᆫ듸셔글비호니因힌인此츠츠上썅샹○이런젼ᄎᆞ로些셔셔少샿샤理

리리會휘휘的딩디○저기아노라你니니的딩디師숭스傅부부是
쓰스甚씸슴麽마마人신신○네스승이엇던사롬고是쓰스漢한한兒숭술
人신신有잉우○이漢ㅅ사롬이라多더도少샿샤年년년紀기기○나히
언머나ᄒᆞ뇨三산산十씽시五우우歲쉬쉬了랼랴○설흔다솟시라耐내내
繁빤반教걒갸那나나不봉부耐내내繁빤반教걒갸○즐겨ᄀᆞᄅᆞ치ᄂᆞ나즐
겨ᄀᆞᄅᆞ치디아니ᄒᆞᄂᆞ냐我어오師숭스傅부부性싱싱兒숭술溫훈운克킝커
○우리스승이셩이온화ᄒᆞ여好함한生숭숭耐내내繁빤반教걒갸○ᄀᆞ장
즐겨ᄀᆞᄅᆞ치ᄂᆞ니라你니니那나나衆중중學햫효生숭숭內뉘뉘中중중○
네더모든션비듕에多더도少샿샤漢한한兒숭술人신신多더도少샿샤高
강갇麗리리人신신○언머ᄂᆞᆫ漢ㅅ사롬이며언머ᄂᆞᆫ高麗ㅅ사롬고漢한한兒숭술

老乞大諺解上　六

高강갇麗리리中중중半번번○漢과高麗ㅣ바로반이라裏리리頭뚱투也
여여有잉우頑완완的딩디麽마마○그듕에ᄀᆞ래ᄂᆞ니잇ᄂᆞ냐可커커知징지
有잉우頑완완的딩디○그리어니ᄀᆞ래ᄂᆞ니잇ᄂᆞ니라每믜미日싱시學햫효
長쟝쟝○每日學長이將쟝쟝那나나頑완완學햫효生숭숭○더ᄀᆞ래ᄂᆞᆫ
學生을다가師숭스傅부부上썅샹稟빈빈了랼랴○스승ᄭᅴᄉᆞᆲ고那나나
般번번打다다了랼랴時쓰스○그리티되只죺즈是쓰스不봉부怕파파
○그저젓티아니ᄒᆞᄂᆞ니라漢한한兒숭술小샿샤廝숭스們믄믄十씽시分
뽄본頑완완○漢ㅅ아ᄒᆡ들은ᄀᆞ장ᄀᆞ래거니와高강갇麗리리小샿샤廝숭스
們믄믄較걒갸好함한些셔셔○高麗ㅅ아ᄒᆡ들은져기어디니라大따다
哥거거○큰형아你니니如유유今긴긴那나나裏리리去큐큐○네이

一二五

제어듸가는다 我오어也여여往왕왕北버븽京깅깅去큐큐○나도北京향호
야가노라 你니니既기기往왕왕北버븽京깅깅去큐큐時스쓰○네이믜北
京을향호야갈작시면 我오어是스쓰高갈갈麗리리人신신○나는高麗人사
룸이라 漢한한兒슬숲地디띠面면면裏리리不부붕慣관괸行힝행○
漢人따히니기든니디못호엿노니 你니니好핳황歹대대拖토터帶대대我오어
○네모로미나를드려 做주주火호훠伴번뻔去큐큐○벗지어가고려 這저저
們믄믄時스쓰○이러면 咱자장們믄믄一이힝同퉁뚱去큐큐來레래
○우리홈씌가쟈 哥거거哥거거你니니貴귀귀姓싱싱○형아네셩이어 我
오어姓싱싱王왕왕○내셩이王가로라 你니니家갸갸在재째那나나裏
리리住쥬쮸○네집이어듸셔사는다 我오어在재째遼랴랼陽양양城칭찡

老乞大諺解上 七

裏리리住쥬쮸○내遼陽잣안해셔사노라 你니니京깅깅裏리리有우잉甚
슴씸麼마마勾구긍當당당去큐큐○네셔울므슴일이셔가는다 我오어將
장장這저저幾기기箇거거馬마마賣매매去큐큐○내이여러물가저풀라가
노라 那나나般번번時스쓰最쥐쮜好핳황○그러면장됴토다 我오어也
여여待대때賣매매這저저幾기기箇거거馬마마去큐큐○나도이여러물
풀라가며 這저저馬마마上샹썅馱토떠着죠쨯的디딍些셔셔少샤샹毛
맏맣施스숲布부부○이물씌실은져근모시뵈도 一이힝就직찍待대때賣
매매去큐큐○이믜셔풀고져흔여가노라 你니니既기기賣매매馬마마去
큐큐時스쓰○네이믜물풀라가거든 咱자장們믄믄恰갸캭好핳황做주주
火호훠伴번뻔去큐큐○우리벗지어가미마치됴토다 哥거거哥거거○

형은曾층쯩知지징得더듷○일즉아누니 京깅깅裏리리馬마마價갸갸
如슈슈何허혀○셔울물갑시엇더흐고 近긴낀有우잉相샹샹識시싱人
신신來레래說쉬숴○요소이서르아는사룸이와니르되 馬마마的디딍價갸갸
錢쳔쪈這저저幾기기日시싕好핳황○몰갑시요소이됴흐니 似스쓰這
저저一이힝等등등的디딍馬마마○이흔등엣물은 賣매매十시씽五우우
兩량량以이이上샹썅○열닷냥우흐로풀고 這저저一이힝等등등的디딍
馬마마○이흔등엣물은 賣매매十시씽兩량량以이이上샹썅○열량우흐
로풀리라흐더라 曾층쯩知지징得더듷○일즉아누니 布부부價갸갸高
갈갈低디디麼마마○뵛갑시싸던가디던가 布부부價갸갸如슈슈往왕왕
年년년的디딍價갸갸錢쳔쪈一이힝般번번○뵛갑슨往年갑과흔가지라

老乞大諺解上 八

더라 京깅깅裏리리喫치칭食시씽貴귀귀賤젼쪈○셔울머글거시노든가흔
튼가 我오어那나나相샹샹識시싱人신신曾층쯩說쉬숴○내뎌아는사룸
이일즉니르되 他타타來레래時스쓰○제올저긔 八바방分분뿐銀인인子
즈즈一이힝斗두듣粳깅깅米미미○팔픈은애흔말경미오 五우우分분뿐
一이힝斗두듣小샤샹米미미○오픈애흔말조쌀이오 一이힝錢쳔쪈銀
인인子즈즈十시씽斤긴긴麵면면○흔돈은애열근골리오 二슬슬分분뿐
銀인인子즈즈一이힝斤긴긴羊양양肉수슝○두픈은애흔근羊肉이라흐더
라 似스쓰這저저般번번時스쓰○이러틋흐면 我오어年년년時스쓰
在재째京깅깅裏리리來레래○내前年에셔울잇더니 價갸갸錢쳔쪈都
두두一이힝般번번○갑시다흔가지로다 咱자장們믄믄今긴긴夜여여

那나나裏리리宿숑수去큐큐○우리오ᄂᆞᆯ밤의어듸자고가료咱장자們믄믄
往왕왕前쪈쳔行힝힝的딍디○우리앏흐로향ᄒᆞ여녜여十씽시里리리来
래래田뗜텬地띠디裏리리○十里ᄂᆞᆫᄒᆞᆫᄯᅡ히有잉우箇거거店뎐뎐子즈즈
○ᄒᆞᆫ店이이쇼듸名밍밍喚훤훤瓦와와店뎐뎐○일홈을瓦店이라브르ᄂᆞ니
咱장자們믄믄到닿단時쓰스○우리가면或훻휘早장잪或훻휘晩완완
○혹일으나혹느즈나只즈즈那나나裏리리宿숑수去큐큐○그저뎌긔자고
若샾쇼過궈고去큐큐了랼랴時쓰스○ᄒᆞᆫ다가디나가면那나나邊
변변有잉우二ᅀᆞᆯ슬十씽시里리리地띠디○뎌편二十里ᄯᅡ히沒뭉무人
신신家갸갸○人家ㅣ업스니라既기기那나나般번번時쓰스○이믜그리
면前쪈쳔不붕부着쨯죠村춘춘○앏흐로村애다ᄃᆞᆺ디몯ᄒᆞ고後훟후不
붕부着쨯죠店뎐뎐○뒤흐로店에다ᄃᆞᆺ디몯ᄒᆞ리니咱장자們믄믄只즈즈投
뜰투那나나裏리리宿숑수去큐큐○우리그저뎌긔드러자고가자到닿단那
나나裏리리便뼌변早장잪時쓰스也여여好핳핫○뎌긔가곳일러도됴ᄒᆞ니
咱장자們믄믄歇헣혀息싱시頭뜰투口쿻쿠○우리ᄆᆞ쇼쉬워明밍밍日
싱시早장잪行힝힝○ᄂᆡ일일녜자這져져裏리리到닿단京깅깅裏리리
○예셔셔울가기有잉우幾기기程쪙칭地띠디○몃즘게길히잇ᄂᆞ뇨這져져
裏리리到닿단京깅깅裏리리○예셔셔울가기還환환有잉우五우우百
빙버里리리之즈즈上썅샹○당시롱五百里우ᄒᆞ로잇ᄂᆞ니天텬텬可커커憐
련련見견견○하ᄂᆞᆯ이어엿비너기샤身신신子즈즈安한안樂랑로時쓰스
○몸이편안ᄒᆞ면再재재着쨯죠五우우箇거거日싱시頭뜰투到닿단了

랼랴○ᄯᅩ닷쇄만ᄒᆞ면가리라咱장자們믄믄到닿단時쓰스○우리가면那
나나裏리리安한안下햐햐好핳핫○어듸브리워야됴홀고咱장자們믄믄
往왕왕順쓘쓘城쪙칭門믄믄官권권店뎐뎐裏리리下햐햐去큐큐来
래래○우리順城門읫官店을향ᄒᆞ야브리오라가쟈那나나裏리리就찍쥐便뼌변
投뜰투馬마마市쓰스裏리리去큐큐却컁커近낀긴些셔셔○뎨셔곳ᄆᆞᆯ
져제가미ᄯᅩ갓가오니라你니니說숴쉬的딍디是쓰스○네니ᄅᆞ미올타我어오
也여여心신신裏리리這져져般번번想샹샹着쨯죠○나도ᄆᆞ음에이리싱
각ᄒᆞ엿더니你니니說숴쉬的딍디恰캬캬和훠호我어오意이이同뚱퉁
○네닐오미맛치내ᄠᅳᆺ과ᄀᆞᆺ다只즈즈除쮸츄那나나裏리리好핳핫○다만
게만됴ᄒᆞ니但딴단是쓰스遼럏럏東둥둥去큐큐的딍디客킇커人신신
們믄믄○믈읫遼東으로셔가ᄂᆞᆫ나그내들히別뼝벼處츄츄不붕부下햐햐○
다ᄅᆞᆫ듸브리오디아니ᄒᆞ고都두두在째재那나나裏리리安한안下햐햐○
다뎌긔브리오ᄂᆞ니我어오年년년時쓰스也여여在째재那나나裏리리下
햐햐来래래○나도져년에뎌긔브리윗더니十씽시分뿐븐便뼌변當당당○
ᄀᆞ장편당ᄒᆞ더라你니니這져져幾기기箇거거頭뜰투口쿻쿠○네이
여러ᄆᆞ쇼ᄃᆞᆯ히每믜믜夜여여喫칭치的딍디草찰찰料랼랴○밤마다먹ᄂᆞᆫ딥
과콩이通퉁퉁該개개多더도少샹샾錢쪈쳔○대되돈이언메나ᄒᆞᆫ고這
져져六룩릭箇거거馬마마○이여숫ᄆᆞᆯ이每믜믜一힝이箇거거五우우
升싱싱料랼랴一힝이束숑수草찰찰○ᄆᆡᄒᆞᆫ나헤닷되콩과ᄒᆞᆫ뭇딥식ᄒᆞ여通
퉁퉁筭쉰쉰過궈고来래래○통ᄒᆞ여혜오니盤뻔편纏쪈쳔着쨯죠二ᅀᆞᆯ슬

錢쪈쳔銀인인子즈즈○을은쓰두고돈這져져六룩릭箇거거馬마마○
몰이이여숫每믜믜夜여여喫칭치的딩디草참찬料량랸不붕부等등등
○이每호夜가의지먹아는니딥라과콩草참찬料량랸貴귀귀處츄츄○딥콩
곳귀은흔盤뻔펀纏쪈쳔三산산四손스錢쪈쳔銀인인子즈즈○돈서은너
고을쓰草참찬料량랸賤쪈젼處츄츄○호콩곳딥은흔盤뻔펀纏쪈쳔二
슨슬錢쪈쳔銀인인子즈즈○쓰두느돈니은라을這져져箇거거馬마마也
여여行행힝的딩디好황핲○이이됴몰쿄도나거롬可커커知징지有잉위
幾기기步뿌부慢만만寬훤훤○즈그늑리즈어늑니호여듸려재거나름라이除
쮸츄了랴랸這져져箇거거馬마마○덜이고몰는을別뼝벼箇거거的딩디
都두두不붕부好황핲○됴다티릭아니니는타다伱니니這져져馬마마和

老乞大諺解上　十一

햐호布부부子즈즈○과네뵈이를몰到당닫北빙버京깅깅賣매매了랴랸
時쓰스○가北풀京고의却컹커買매매些셔셔甚씸슴麼마마貨훠호物
훙우○物또을므사슴貨迴훼휘還환한高강갇麗리리地띠디面면면裏
리리賣매매去큐큐○라高가麗프ㅅ느싸뇨희도我어오往왕왕山산산東
둥둥濟지지寧닝닝府부부東둥둥昌챵챵高강갇唐땅당○濟내寧山府東
唐엣의東가昌高收싱식買매매些셔셔絹권권子즈즈綾링링子즈즈綿
면면子즈즈○을갑거과두능어과사소옴迴훼휘還환환王왕왕京깅깅賣
매매去큐큐○풀王라京가의노도라라가到당닫伱니니那나나地띠디面
면면裏리리○희네가뎌싸也여여有잉위些셔셔利리리錢쪈쳔麼마마
○쳔져인그느나나니那나나的딩디也여여中중중○던그ᄒᆞ는니또므我

어오年년년時쓰스○년내의젼跟근근着쟣죠漢한한兒슬술火훠호伴
뻔번○조漢차ㅅ벗到당닫高강갇唐땅당○의高가唐收싱식買매매些
셔셔綿면면絹권권○거소두옴어과사깁을將쟝쟝到당닫王왕왕京깅깅
賣매매了랴랸○져王가京프의라가也여여尋씬신了랴랸些셔셔利리리
錢쪈쳔○어저드기롸니쳔伱니니那나나綾링링絹권권綿면면子
즈즈○과네소뎌옴능을과깁就찧칙地띠디頭뜰투多더도少샿샤價갸갸
錢쪈쳔買매매來래레○멋밋갑싸스희로셔사언到당닫王왕왕京깅깅多
더도少샿샤價갸가錢쪈쳔賣매매○갑王서京프의는가다언멋我어오買
매매的딩디價갸갸錢쪈쳔○갑내슨사는小샿샤絹권권一힝이匹핑피
三산산錢쪈쳔○서小돈絹여ᄒᆞᆫᄒᆞ필여앤淶연연做주주小샿샤紅훙홍裏

老乞大諺解上　十二

리리絹권권○안小십紅삼드고려綾링링子즈즈每믜믜匹핑피二슨슬兩
량량家갸갸○두능낭믜식ᄒᆞᆫᄒᆞ필여에淶연연做주주鴉햐야青칭칭和햐호
小샿샤紅훙홍○드야리청노과라쇼홍絹권권子즈즈每믜믜匹핑피○
필깁에믜는ᄒᆞᆫ淶연연錢쪈쳔二슨슬錢쪈쳔○돈믈이갑오시두綾링링子
즈즈每믜믜匹핑피淶연연錢쪈쳔○에능믈믜갑ᄒᆞᆫ슨필鴉햐야青칭칭的
딩디三산산錢쪈쳔○돈야이청오앤서小샿샤紅훙홍的딩디二슨슬錢
쪈쳔○돈小이紅오앤두又잉우綿면면子즈즈每믜믜一힝이斤긴긴○
근또예소는옴ᄒᆞᆫ價갸갸錢쪈쳔六룽릭錢쪈쳔銀인인子즈즈○엿갑돈시
니은이到당닫王왕왕京깅깅○의王가京絹권권子즈즈一힝이匹핑피
○에깁는ᄒᆞᆫ필賣매매細시시麻마마布부부兩량량匹핑피○뵈가두문

퓌필라애折졍져銀인인一힝이兩량량二숭슬錢쪈쳔○돈銀애호혜낭고두
綾링링子즈즈一힝이匹핑피○필綾엔호鴉야야青칭칭的딩디賣매마
布부부六룽루匹핑피○엿야쎌쳥에의퓌는라뵈折졍져銀인인子즈즈三
산산兩량량六룽루錢쪈쳔○돈銀애석혜낭고엿小샹샤紅훙훙的딩디賣
매매布부부五우우匹핑피○닷小쎌紅에의퓌는라뵈折졍져銀인인子즈즈
三산산兩량량○애銀혜석고낭綿면면子즈즈每미믜四숭스兩량량○
녁소낭옴의은每賣매매布부부一힝이匹핑피○애뵈퓌호라필折졍져銀
인인子즈즈六룽루錢쪈쳔○애銀혜엿여돈通퉁퉁滾군군筭숸숸着쨯죠
○혜모나화除쮸츄了랴랴牙야야税쉬쉬繳걍갸計기기外왜왜○음즐
혜갑여세덜물온쎗밧마써믈라也여여尋씬신了랴랴加갸갸五우우利리리

錢쪈쳔○을쏘어혀들지러온라니천你니니自즈즈来래레○더네본
到닿닫京깅깅裏리리○가셔울賣매매了랴랴貨훠호物웅우○物貨
라올퓌却켜커買매매綿면면絹권권○깁쏘을소사옴과到닿닫王왕왕
京깅깅賣매매了랴랴○노王라京ᄒᆞ에면가퓌前쪈쳔後훟후住쮸쥬了
랴랴多더도少샤샤時쓰스○오前래後머에물언러메뇨나我어오從쭝충年
년년時쓰스正징징月웡워裏리리○月내브젼터년正將장장馬마마和
혀호布부부子즈즈○를물가과져뵈到닿닫京깅깅都두두賣매매了랴랴
○다셔풀울고가五우우月웡워裏리리到닿닫高걍갸唐땅탕○에五高月
가唐의收싱식起키키綿면면絹권권○을소거옴두과위깁到닿닫直찡지
沽구구裏리리上썅샹船쪈쳔過궈고海해해○타直바沽다에건가너비十

씽시月웡워裏리리到닿닫王왕왕京깅깅○京十의月가에王投뜰투到
닿닫年년년終중중○다年드終라애貨훠호物웅우都두두賣매매了랴랴
○다貨플物고을又잉우買매매了랴랴這져져些셔셔馬마마弁빙빙毛
맣맏施숭스布부부来래레了랴랴○뵈또를이사믈오과노모라시這져져
三산산箇거거火훠호伴뻔번○벗이이세是쓰스你니니親친친眷권권
那나나○당이가네권是쓰스相샹샹合겅거来래레的딩디○ᄅᆞ이못서
니ᄃᆞ가라오都두두不붕부曾쯩층問문운○니다ᄒᆞ일엿즉더뭇니디아姓
싱싱甚씸슴麽마마○스姓것이고므這져져箇거거姓싱싱金긴긴○논이
개姓니이金是쓰스小샹샤人신신姑구구舅낑구哥거거哥거거○논이
오小라人븨의게아난븨형누이의오어믜這져져箇거거姓싱싱李리리○논이

개姓니이李是쓰스小샹샤人신신兩량량姨이이兄훙훙弟띠디○논이
의小게人난의아어이믜오동싱這져져箇거거姓싱싱趙쨩쟈○이이趙는개姓
니是쓰스我어오街계계坊방방○우이지내라이你니니是쓰스姑구구
舅낑구弟띠디兄훙훙○난네弟이兄姑이舅어의니게誰쒸쉬是쓰스舅낑구
舅낑구上썅샹狹쌰해兒숼술○븨누게구단는조어식믜이오머라誰쒸쉬是
쓰스姑구구姑구구上썅샹狹쌰해兒숼술○의누게구난는조아식븨고누小
샹샤人신신是쓰스姑구구姑구구生승숭的딩디○의小난人어은오姑姑
他타타是쓰스舅낑구舅낑구生승숭的딩디○의뎌난는이舅라舅你니니
兩량량姨이이弟띠디兄훙훙○난너兄회弟兩라姨ᄒᆞ의니게是쓰스親친친
兩량량姨이이那나나○兩이姨친가동싱是쓰스房빵방親친친兩량량

姨이이 ○ 이同姓六寸이兩姨가 是쓰스 親친친 兩량량 姨이이 弟띠디 兄흉흉 ○ 이 親同生兩姨의게 난 弟兄이로니 我어오 母무무 親친친 是쓰스 姐저저 姐저저 ○ 우리 母親은 형이오 他타타 母무무 親친친 是쓰스 妹믜믜 子즈즈 ○ 뎌의 母親은 아이라 你니니 既기기 是쓰스 姑구구 舅끽구 兩량량 姨이이 弟띠디 兄흉흉 ○ 너희 이믜 姑舅兩姨예 난 弟兄일작시면 怎즘즘 麼마마 沿연연 路루루 諱휘위 語유유 不붕부 迴휘휘 避삐비 ○ 엇디 길흘 조차서 뎌리 온 말을 회피티 아니ᄒᆞᄂᆞ뇨 我어오 一힝이 們믄믄 不붕부 會휘휘 體티티 例리리 的딍디 人신신 ○ 우리 ᄒᆞᆫ 뉴ᄂᆞᆫ 體例 모로ᄂᆞᆫ 사ᄅᆞᆷ이니 親친친 弟띠디 兄흉흉 也여여 不붕부 隔긩겨 話화화 ○ 親同生兄弟도 말을 즈음아니ᄒᆞ거든 姑구구 舅끽구 兩량량 姨이이 更긍긍 那나나 裏리리 問운운 ○ 姑舅兩姨야ᄯᆞᆫ 어듸 무로리오

老乞大諺解上 十五

咱장자 們믄믄 閑현현 話화화 且처처 休힣휘 說숴숴 ○ 우리 잡말 아직 니ᄅᆞ디 마쟈 那나나 店뎐뎐 子즈즈 便뼌변 是쓰스 瓦와와 店뎐뎐 ○ 뎌 店은 곳 瓦店이니 尋씬신 箇거거 好항한 乾간간 淨찡징 店뎐뎐 裏리리 下햐하 去큐큐 來래레 ○ ᄀᆞ장 乾淨ᄒᆞᆫ 店을 어더 브리우라 가 歇헐혀 頭뜰투 口쿵쿠 着쨯죠 ○ 즘승들 쉬우쟈 街계계 北빙버 這저저 箇거거 店뎐뎐 子즈즈 ○ 거릿 북녁킈 이 店은 是쓰스 我어오 舊끵구 主쥬쥬 人신신 家갸갸 ○ 이 내 녯 主人 집이니 咱장자 們믄믄 只즈즈 這저저 裏리리 下햐하 去큐큐 來래레 ○ 우리 그저 여긔 브리오라 가쟈 拜배배 揖힝이 主쥬쥬 人신신 家갸갸 哥거거 哥거거 ○ 拜揖ᄒᆞ노니 主人 형아 噯해애 却컹커 是쓰스 王왕왕 大따다 哥거거 ○ 애 ᄯᅩ 王가든 형이로피야 多더도 時쓰스 不붕부 見견견 ○ 오래 보디 몯ᄒᆞ엿더니 好항한 麼마마 ○ 이대이대 你니니 這저저 幾기기 箇거거 火훠호 伴뻔번 ○ 너희 이 여러 벗이 從쭝충 那나나 裏리리 合겅거 將쟝쟝 來래레 ○ 어듸셔브터 모ᄃᆞ라 오뇨 我어오 沿연연 路루루 相샹샹 合겅거 着쨯죠 ○ 우리 길흘 조차 서ᄅᆞ 모다 做주주 火훠호 伴뻔번 北빙버 京깅깅 去큐큐 ○ 벗지어 北京으로 가노라 你니니 這저저 店뎐뎐 裏리리 草참찬 料량랴 都두두 有잉우 阿하아 沒뭉무 ○ 네 이 店에 딥과 콩이 다 잇ᄂᆞᆫ가 업슨가 草참찬 料량랴 都두두 有잉우 ○ 딥과 콩이 다 이시되 料량랴 是쓰스 黑훙허 豆뜰두 草참찬 是쓰스 稈간간 草참찬 ○ 콩은 거믄 콩이오 딥픈 ᄌᆞᆺ 딥피라 是쓰스 稈간간 草참찬 好항한 ○ 이 ᄌᆞᆺ 딥피 됴ᄒᆞ니 若샹요 是쓰스 稻땀단 草참찬 時쓰스 ○ ᄒᆞ다가 닛딥피면 這저저 頭뜰투 口쿵쿠 們믄믄 多더도 有잉우 不붕부 喫칭치 的

老乞大諺解上 十六

的딍디 ○ 이 즘승들히 먹디 아니ᄒᆞ리 만ᄒᆞ니라 黑훙허 豆뜰두 多더도 少샹샤 一힝이 斗등두 ○ 거믄 콩은 언머의 ᄒᆞᆫ 말이며 草참찬 多더도 少샹샤 一힝이 束송수 ○ 딥픈 언머의 ᄒᆞᆫ 뭇고 黑훙허 豆뜰두 五우우 十씽시 箇거거 錢쪈쳔 一힝이 斗등두 ○ 거믄 콩은 쉰 낫 돈애 ᄒᆞᆫ 말이오 草참찬 一힝이 十씽시 箇거거 錢쪈쳔 一힝이 束송수 ○ 딥픈 열 낫 돈애 ᄒᆞᆫ 무시라 是쓰스 真진진 箇거거 麼마마 ○ 이 진실로야 你니니 却컹커 休힣휘 瞞먼먼 我어오 ○ 네 ᄯᅩ 날을 소기디 말라 這저저 大따다 哥거거 甚씸슴 麼마마 言연연 語유유 ○ 이 큰 형아 므슴 말고 你니니 是쓰스 熟숭수 客킹커 人신신 ○ 너ᄂᆞᆫ 니기든 넌 나그내니 咱장자 們믄믄 便뼌변 是쓰스 自쯔즈 家갸갸 裏리리 一힝이 般번번 ○ 우리 곳 내 집 ᄒᆞᆫ가지라 我어오 怎즘즘 麼마마 敢간간 胡후후 說숴숴 ○ 내 엇디 敢히 간

대로니르리오怕파파你니니不붕부信신신時쓰스○저권대네잇디아니커든
別뼝벼箇거거店뎐뎐裏리리試ᄉᆞ스商샹샹量량량去큐큐○다른뎜에
시험ᄒᆞ여商量ᄒᆞ라가라我어오只즈즈是쓰스這져져般번번說숴쉬○나ᄂᆞᆫ
그저이리니ᄅᆞ리라我어오共궁궁通퉁퉁十씽시一힝이箇거거馬마마
○우리대되열ᄒᆞᆫ낫ᄆᆞᆯ이니量량량着쟢죠六륙루斗듷두料럏랴與유유十
씽시一힝이束숭수草찰찬着쟢죠○혜아리니엿말콩과열ᄒᆞᆫ뭇딥히로다這
져져鍘짱자刀닿도不붕부快쾌쾌○이쟉되드디아니ᄒᆞ니許휴휴多더도
草찰찬幾기기時쓰스切쳥쳐得듸더了랴랴○하나한딥흘언제ᄡᅡ홀뇨主
쥬쥬人신신家갸갸○쥬인아別뼝벼處츄츄快쾌쾌鍘짱자刀닿도借
져져一힝이箇거거來래래○다른듸드ᄂᆞᆫ쟉도ᄒᆞ나흘비러오라這져져們믄믄

老乞大諺解上　十七

時쓰스○이러면我어오借져져去큐큐○내빌라가마這져져鍘짱자
刀닿도是쓰스我어오親친친眷권권家갸갸的듸디○이쟉도ᄂᆞᆫ이우리권
당의집기시니他타타不붕부肯큰큰○뎨즐기디아니커늘我어오哀해애告
강갇借져져將쟝쟝來래래○내믜이빌너비러오니風봉봉刃신신也여여
似ᄉᆞ스快쾌쾌○ᄇᆞᄅᆞᆷ날ᄀᆞᆺ티쾌ᄒᆞ니你니니小샿샤心신신些셔셔使ᄉᆞ스
○네조심ᄒᆞ여ᄡᅳ고休힣휘壞홰홰了랴랴他타타的듸디○ᄂᆞ믜것해여ᄇᆞ
리디말라這져져火훠호伴뻔번你니니切쳥쳐的듸디草찰찬忒틍티麤
추추○이버다네ᄡᅡᄒᆞᄂᆞᆫ딥히너모ᄀᆞᆫ다頭뚷투口쿻쿠們믄믄怎즘즘生승승
喫칭치的듸디○즘ᄉᆡᆼ들히엇디먹으리오好항한生승승細시시細시시的
듸디切쳥쳐着쟢죠○ᄀᆞ장ᄀᆞᄂᆞᆯ게ᄡᅡ홀라這져져火훠호伴뻔번你니니敢

간간不붕부會휘휘煑쥬쥬了랴랴○이벗아네콩ᄉᆞᆱ기ᄅᆞᆯ아디못ᄒᆞᄂᆞᆫᄃᆞᆺᄒᆞ다你
니니燒샤샤的듸디鍋궈고滾군군時쓰스○네블ᄯᅥ더가매ᄲᅡᆯ커든下햐하
上썅샹豆뚷두子즈즈○콩을녀허두고但딴단滾군군的듸디一힝이霎
샤사兒숤술○믈잇쏠키ᄒᆞᆫ디위만ᄒᆞ거든將쟝쟝這져져切쳥쳐了랴랴的
듸디草찰찬○이ᄡᅡ흔딥흘다가豆뚷두子즈즈上썅샹蓋개개覆붛부了
랴랴○콩우희덥고休힣휘燒샤샤火훠호○블ᄯᅵᆺ디말고休힣휘敎걓갸
走쯯주了랴랴氣키키○김나게말라自쯔즈然션션熟쓯수了랴랴○
自然히니그리라客킣커人신신們믄믄○나그ᄂᆡ네你니니打다다火
훠호那나나不붕부打다다火훠호○네블ᄯᅵᆺ기ᄒᆞᄂᆞᆫ다블ᄯᅵᆺ기못ᄒᆞᄂᆞᆫ다我어오
不붕부打다다火훠호喝헝허風봉봉那나나○내블ᄯᅵᆺ기못ᄒᆞ고ᄇᆞᄅᆞᆷ마시랴

老乞大諺解上　十八

你니니疾찡지快쾌쾌做주주着쟢죠五우우箇거거人신신的듸디飯
빤반着쟢죠○네ᄲᆞᆯ리다ᄉᆞᆺ사ᄅᆞᆷ의밥을지으라你니니喫칭치甚씸슴麼마마
飯빤반○네므슴밥을머글다我어오五우우箇거거人신신○우리다ᄉᆞᆺ사ᄅᆞᆷ
에打다다着쟢죠三산산斤긴긴麪면면的듸디餅빙빙着쟢죠○서근
ᄀᆞᄅᆞᄯᅥᆨ밍글라我어오自쯔즈買매매下햐하飯빤반去큐큐○나ᄂᆞᆫ반찬사라
가마你니니買매매下햐하飯빤반去큐큐時쓰스○네반찬사라가거든這
져져間견견壁빙비肉숳수案한안上썅샹買매매猪쥬쥬肉숳수去큐큐
○이ᄇᆞᄅᆞᆷᄊᆞ잇집도마엣猪肉을사라가라是쓰스今긴긴日싱시殺샤사的
好항한猪쥬쥬肉숳수○이오ᄂᆞᆯ주긴됴ᄒᆞᆫ猪肉이라多더도少샤샤一힝이
斤긴긴○언머의ᄒᆞᆫ근고二숤슬十씽시箇거거錢쪈쳔一힝이斤긴긴○

스므낫돈에흔근식이라 你니니主쥬쥬人신신家갸갸 ○ 너主人아 就찍직與
유유我어오買매매去큐큐 ○ 이믜셔나를위ᄒᆞ여사라가라 買매매一힝이斤
긴긴肉숭수着쟣죠 ○ ᄒᆞᆫ근고기ᄅᆞᆯ사되 休힝휴要얗야十씽시分뿐분肥
뾔뵈的딩디 ○ ᄀᆞ장ᄉᆞᆯ지니란말고 帶대대肋릥릐條땋툐的딩디肉숭수買
매미着쟣죠 ○ 녑팔지브튼고기를사다가 大따다片편편兒ᅀᅳᆯ술切쳥쳐着
쟣죠 ○ 편ᄒᆞ게싸ᄒᆞ라 炒찰찬將쟝쟝來래래着쟣죠 ○ 봇가가져오라 主
쥬쥬人신신家갸갸 ○ 主人아 迭뗭뎌不봉부得뒹더時씋스 ○ 밋처못ᄒᆞ
거든 咱장자們믄믄火휘호伴뺀번裏리리頭뜽투 ○ 우리벗듕에 教걓갸
一힝이箇거거自쯔즈炒찰찬肉숭수 ○ ᄒᆞᆫ나ᄒᆞ로ᄒᆞ여손조고기봇게ᄒᆞ자 我
어오是쓰스高갈갈麗리리人신신 ○ 나는高麗人사ᄅᆞᆷ이라 都두두不봉부

老乞大諺解 上 十九

會휑휘炒찰찬肉숭수 ○ 다고기봇기아디몯ᄒᆞ노라 有잏우甚씸심麼마마
難난난處츄츄 ○ 므슴어려온디이싀리오 고 刷솨솨了럏랴鍋궈고着쟣죠
○ 가마ᄅᆞᆯ싯고 燒샿샤的딩디鍋궈고熱셩셔時씋스 ○ 블ᄯᅥ더가매덥거든
着쟣죠上쌍샹半번번盞잔잔香향향油잉우 ○ 반잔ᄎᆞᆷ기름을두어 將쟝장
油잉우熟쑹수了럏랴時씋스 ○ 기름이니거든 下햐하上쌍샹肉숭수 ○
고기뎌허뒤이즈며 着쟣죠些셔셔盐연연 ○ 져기소곰두고 着쟣죠筋쮸쥬子
즈즈攪걓갸動뚱둥 ○ 져로뒤저어 炒찰찬的딩디半번번熟쑹수時씋스
○ 봇가반만닉거든 調땋탸上쌍샹些셔셔醬쟝쟝水쉬쉬生승승葱충충
料럏랴物웅우拌뻔번了럏랴 ○ 쟝믈의파와교토를빠노하섯고 鍋궈고子
즈즈上쌍샹蓋개개覆봉부了럏랴 ○ 가마두에덥고 休힝휘着쟣죠出츙츄

氣킈키 ○ 김나게말고 燒샿샤動뚱둥火훠호一힝이霎상사兒ᅀᅳᆯ술熟
쑹수了럏랴 ○ 블ᄯᅥ더ᄒᆞᆫ디위만ᄒᆞ면닉ᄂᆞ니라 這져져肉숭수熟쑹수了럏랴
○ 이고기닉거다 你니니嘗쨩챵看칸칸 ○ 네맛보라 鹹현현淡딴단如슈슈
何혀허 ○ 鹹淡이엇더ᄒᆞ뇨 我어오嘗쨩챵得둥더 ○ 내맛보니 微미위微
미위的딩디有잏우些셔셔淡딴단 ○ 져기슴거옴이잇다 再재재着쟣죠上
쌍샹些셔셔盐연연着쟣죠 ○ 다시져기소곰두라 主쥬쥬人신신家갸갸 ○
主人아 餅빙빙有잏우了럏랴不봉부曾쯩층 ○ ᄯᅥᆨ잇ᄂᆞ냐몯ᄒᆞ얏ᄂᆞ냐 將
쟝쟝次츠츠有잏우了럏랴 ○ 장ᄎᆞ이시리라 你니니放방방卓잫조兒ᅀᅳᆯ술
先션션喫칭치 ○ 네상노코몬져머그라 比비비及끼기喫칭치了럏랴時
씋스 ○ 머글만다ᄃᆞᄅᆞ면 我어오也여여了럏랴了럏랴 ○ 나도ᄆᆞᆺᄎᆞ리라

老乞大諺解 上 二十

主쥬쥬人신신家갸갸 ○ 主人아 我어오明밍밍日싱시五우우更깅깅
頭뜽투早잫자行행힝 ○ 내닐오경두에일갈거시니 咱장자們믄믄筭쉰쉰
了럏랴房빵방錢쪈쳔火훠호錢쪈쳔着쟣죠 ○ 우리집의잔갑과밥지은갑혜
자 我어오這져져一힝이宿숭수人신신馬마마 ○ 우리이ᄒᆞᄅᆞᆺ밤잔人馬에
盤뻔펀纏쪈쳔通퉁퉁該개개多더도少샿샤 ○ ᄡᅳᆷ거시통ᄒᆞ여혀오니언머고
你니니稱칭칭了럏랴三산산斤긴긴麵면면 ○ 네ᄃᆞ론서근ᄀᆞᄅᆞᄂᆞᆫ 每믜믜
斤긴긴十씽시箇거거錢쪈쳔 ○ 每斤에열ᄅᆞᆺ돈식ᄒᆞ니 該개개三산산十
씽시箇거거錢쪈쳔 ○ ᄒᆡ오니셜ᄒᆞᆫ낫돈이오 切쳥쳐了럏랴一힝이斤긴긴
猪쥬쥬肉숭수 ○ ᄡᅡᄒᆞᆫᄒᆞᆫ근猪肉에 該개개二ᅀᅳᆯ슬十씽시箇거거錢쪈쳔
○ ᄒᆡ오니스므낫돈이오 四ᄉᆞ스箇거거人신신 ○ 사ᄅᆞᆷ네헤 每믜믜人신신

打다다火휘호房빵방錢쪈쳔十씽시箇거거錢쪈쳔〇갑每불人삽에시집
이열나랏 돈該개개四숭스十씽시箇거거錢쪈쳔〇낫히돈오이니오마 은
黑흥허豆뜰두六룩릭斗둫두〇엿거말믄엔콩每믜믜斗둫두五우우十
씽시箇거거錢쪈쳔〇낫每돈半이에니쉰該개개三산산百빙버箇거거錢
쪈쳔〇낫히돈오이니오三 百草참찯十씽시一힝이束숭수〇뭇딥섣열 흔
每믜믜束숭수十씽시箇거거錢쪈쳔〇랏每돈束이에니열該개개一힝이
百빙버一힝이十씽시錢쪈쳔〇百히열오히니로돈소이니一通퉁퉁該개개
五우우百빙버箇거거錢쪈쳔〇돈대이되로五다百 낫我어오草참찯料
량랴麵면면〇콩우과리콜딥롤과都두두是쑿스你니니家갸갸裏리리買
매매來래레的딩디〇산다거네시집니의 와你니니減견견了랼랴些셔셔

老乞大諺解上　二十一

箇거거如슈슈何혀허〇마네엇저더기ᄒᆞ더뇨로罷빠바罷빠바〇두두워워
只즈즈將쟝쟝四숭스百빙버五우우十씽시箇거거錢쪈쳔來래레〇
도그을저가四저百오쉰라낫既기기這저저般번번時쑿스〇러이면미 이火
휘호伴뻔번你니니三산산箇거거〇회벗세아히너一힝이數방바都두두
出츄츄了랴랴着쨯죠〇내흠고셔 다記기기着쨯죠數수수目뭉무〇
것數다目가뎌到당닫北빙버京깅깅時쑿스〇가北든京 의一힝이數방바
筭쉰쉰除쮸츄〇어흠더셔자혀那나나般번번時쑿스〇면그 러我어오
都두두與유유他타타〇를내주다마뎌火휘호伴뻔번你니니將쟝샹
料랴랴撈랄랖出츄츄來래레〇뎌벗내아여네다콩가을 건冷릉릉水쉬쉬
裏리리拔빠바着쨯죠〇것촌뎌믈 에等등등馬마마大따다控쿵쿵一

힝이會훼휘〇장믈쉬이믈흔기디드위려ᄀ慢만만慢만만的딩디喂휘위着
쨯죠〇머날기호라여初추추喂휘위時쑿스〇길처제음란머只즈즈將쟝쟝
料랴랴水쉬쉬拌뻔번與유유他타타〇가그버저므콩려믈주을고다到당닫
五우우更깅깅一힝이發방바都두두與유유料랴랴喫칭치〇의五다更
다드주라어흠머셔기콩라을這저저般번번時쑿스〇ᄒᆞ이면리馬마마們믄믄
分뻔븐外왜왜喫칭치得뎡더飽밭받〇거믈비들브히르分려쌰나로와어着
샵쇼是쑿스先션션與유유料랴랴時쑿스〇콩ᄒᆞ을다주가면몬 져那나나
馬마마只즈즈揀견견了랴랴料랴랴喫칭치〇만그골몬히이여다먹만고콩
將쟝쟝草참찯都두두抛팡팦撒상사了랴랴〇터딥브플리다ᄂᆞ가니다라헤
勞랄랖困쿤쿤裏리리休힘휘飲인인水쉬쉬〇머곳기바디홀말제고란믈

老乞大諺解上　二十二

等등등喫칭치一힝이和훠호草참찯時쑿스飲인인〇린호딥번머버거므
물든머기기드라려咱장자們믄믄各겅거自쯔즈騎쒸쉬些셔셔箇거거〇
져우기리자각고각輪룬룬着쨯죠起키키來래레勤낀킨喂휘위馬마마〇
러돌니려물니머러기브자즈今긴긴日싱시是쑿스二숭슬十씽시二숭슬〇
이오틀늘이은니스 므五우우更깅깅頭뜰투正징징有잉우月웡워明밍밍
〇이새블배글졍이히라돌雞기기兒숭술叫걀갸〇거둙든울起키키來래레
便뻔번行행힝〇제니가러자즉主쥬쥬人신신家갸가點뎐뎐箇거거燈
등등來래레〇블오켜人오아라등 잔我어오整징징理리리騎쒸쉬處츄츄
〇룰우서리럿잘자되這저저的딩디燈등등來래레了랴랴〇블이오등나잔
다璧빙비子즈즈上썅샹掛과과着쨯죠〇걸브라롬 애這저저般번번

精징징土투투坑캉캉上쌍샹怎즘즘的딍디睡쒸쉬 ○ 구이 들런 예민 엇홁
리디 오자 有잉우甚씸슴麼마마橐깐간薦젼젼 ○ 줅아 잇므 거란 든딥 지 將
쟝쟝幾기기領링링來래레 ○ 져여 오러 라납 가 大따다嫂삼산 ○ 좀뭇 아아
將쟝쟝橐깐간薦젼젼席씽시子즈즈來래레 ○ 글딥 가지 저즑 다과 가삿 與
유유客킈커人신신們믄믄鋪푸푸 ○ 어나 셜그 게내 ᄒᆞ들 라주 席씽시子즈즈
沒뭉무 ○ 거삿 니근 와업 這저저的딍디三산산箇거거橐깐간薦젼젼與
유유你니니鋪푸푸 ○ 너이 를세 주낫 니지 셜즑 라을 主쥬쥬人신신家갸갸
你니니種중중着잪죠火훠호 ○ 블主 무人 三아 라네 我어오明밍밍日싀시
五우우更깅깅頭뜰투早쟣잪行뼝헝 ○ 頭우 에리 일닉 가일 리五 라更 那나나
般번번着잪죠 ○ ᄒᆞ그 마리 客킈커人신신們믄믄歇혀혀息싀시 ○ 그나
쉬내 라들 我어오照쟣쟌覷츄츄了랼랴門믄믄戶후후睡쒸쉬也여여 ○
피내 끄門 자戶 리를 라보 쇼 來래레來래레 ○ 오오 라라 且쳐쳐休힉휘去큐큐
○ 디아 말직 라가 我어오問운운你니니些셔셔話화화 ○ 져내 기너 말드 무려
라로 리 我어오先션션番반반北빙버京깅깅來래레時쓰스 ○ 젓내 번몬
셔의 올北 재京 你니니這저저店뎐뎐西시시約얗요二슬슬十씽시里리리
來래레地띠디 ○ 요너 二희 十이 里뎜 짜셔 히편 계 有잉우一힝이坐쭤조橋
꺌쟌 塌탕타了랼랴來래레 ○ 허흔 뎌곳 잇드 더리 니믈 如슈슈今긴긴修싱식
起키키了랼랴不봉부會쬥층 ○ 못이 ᄒᆞ제 엿고 는텻 가는 가 早쟣잪修싱식
起키키了랼랴 ○ 텻블 누셔 니고 比비비在째재前쪈천 ○ 比在 컨前 댄애 高
걍갇 二슬슬尺칭치闊쿼쿼三산산尺칭치 ○ 자두 히자 너히 르놉 니고 석 如

슈슈 法빵바做주주的딍디好항한 ○ 됴법 히다 ᄒᆞ이 엿명 는늘 니기 라를 這저저
們믄믄時쓰스 ○ 면이 러 我어오明밍밍日싀시早쟣잪只즈즈放방방
心신신的딍디去큐큐也여여 ○ ᄆᆞ우 음리 노來 하日 가일 쟈조 기 你니니十
쑹시 分뿐븐休힉휘要향얀早쟣잪行뼝힝 ○ 가네 디ᄀ 말장 라일 我어오聽
팅팅 得딍더 ○ 르내 니드 前쪈천頭뜰투路루루濫쌍서 ○ 머앏 ᄒᆞ피 다뎔 ᄒᆞ히
라더 爲위위甚씸슴麼마마有잉우這저저般번번的딍디歹대대人신신
○ 나엇 온디 사ᄒᆞ 룸야 이이 잇런 는사 고오 你니니偏편편不봉부理리리會훼휘
的딍디 ○ 르네 논독 고별 나이 모 從쭝충年년년時쓰스天텬텨早한한田
뗜텬 禾훠호不봉부收싱식 ○ 田전 禾년 곡븟 거터 두하 디날 못히 ᄒᆞ구 니ᄆᆞ 라 飢
기기 荒황황的딍디上쌍샹頭뜰투 ○ 젼飢 太荒 로ᄒᆞ 生숭승出츄추歹대대
人신신來래레 ○ 어아 낫니 느완 니ᄒᆞᆫ 라사 룸 礙애애甚씸슴麼마마事쓰스
○ 리므 세스 리일 오걸 我어오只즈즈是쓰스赶간간着잪죠這저저幾기기
箇거거馬마마 ○ 몰내 을다 모만 라이 가여 며러 又잉우沒뭉무甚씸슴麼마마
錢쪈천本븐븐 ○ 도ᄯᅩ 업아 스므 니란 쳔 那나나廝스스們믄믄待때대要
향얀 我어오甚씸슴麼마마 ○ ᄒᆞ그 여놈 므들 엇히 ᄒᆞ우 리릐 오롤 休힉휘言저저
般번번說쉬쉬 ○ 디이 말리 라니 ᄅᆞ 賊쯰즤們믄믄怎즘즘知짛지你니니
有잉우錢쪈천沒뭉무錢쪈천 ○ 쳔도 업적 ᄉᆞ돌 믈히 엇네 디의 알쳔 리이 오시 며
小샿샤心신신些셔셔還환환好항한 ○ 혀조 됴심 ᄒᆞ호 니미 라도 로 我
어오 這저저裏리리前쪈천年년년六룽릭月웛워裏리리 ○ 긔우 前리 年여
의六 月 有잉우一힝이箇거거客킈커人신신 ○ 내ᄒᆞᆫ 여나 셔그 纏쪈천帶

대대 裏리리 裝좡좡 着쟣죠 一힝이 卷권권 紙즈즈 ○ 젼대예 ᄒᆞᆫ권 죠히를 녀허
腰햫얀 裏리리 絟숸숸 着쟣죠 ○ 허리에 믹고 在째재 路루루 傍빵팡 樹
쓔슈 底디디 下햐하 歇혀혀 涼량량 睡쒸쉬 ○ 길ᄉ 나모밋 서늘ᄒᆞᆫ ᄃᆡ 쉬며 자더니
被삐비 一힝이 箇거거 賊찍지 到닿다 那나나 裏리리 見견견 了랼랴 ○
ᄒᆞᆫ 도적을 만나게 와 보고 只즈즈 道땋닿 是쓰스 腰햫얀 裏리리 纏쩐쳔 帶대대
裏리리 是쓰스 錢쪈쳔 物우우 ○ 그저 너로ᄃᆡ 허리 전대예 거시 이 錢物이라 ᄒᆞ여
生승숭 起키키 歹대대 心신신 來래레 ○ 사오나온 ᄆᆞᄋᆞᆷ 내여 就쭈주 那나나
裏리리 拿나나 起키키 一힝이 塊쾌쾌 大따다 石씽시 頭뜰투 ○ 즉재 게셔
ᄒᆞᆫ 덩이 큰 돌흘 가져다가 把바바 那나나 人신신 頭뜰투 上썅샹 ○ 그 사ᄅᆞᆷ의 머리
우흘 다가 打다다 了랼랴 一힝이 下햐하 ○ ᄒᆞᆫ 번 텨 打다다 出츄츄 腦남난

老乞大諺解上 二十五

漿쟝쟝 來래레 死쓰스 了랼랴 ○ 골치 나 죽거늘 那나나 賊찍지 將쟝쟝 那나나
人신신 的디디 纏쩐쳔 帶대대 ○ 그 도적이 그 사ᄅᆞᆷ의 젼대 가져다가 解계계
下햐하 來래레 看칸칸 時쓰스 ○ 글러 보니 却커거 是쓰스 紙즈즈 ○ 또 죠
히매 就쭈주 那나나 裏리리 撇펴펴 下햐하 走즈주 了랼랴 ○ 즉재 게셔 ᄇᆞ리고
ᄃᆞ라나니라 官권권 司쓰스 檢견견 了랼랴 屍쓰스 ○ 구의 주검을 검시ᄒᆞ고
正징징 賊찍지 捉죻조 不부부 住쥬쥬 ○ 진짓 도적은 잡디 못ᄒᆞ고 乾간간 把
바바 地띠디 主쥬쥬 幷빙빙 左저조 近긴긴 平핑핑 人신신 ○ 욕절업시 地主
와 人 거 을 틧 다 平 가 涉셔셔 疑이이 打다다 拷캎캎 ○ 의심ᄒᆞ여 텨 져주더니 後
後흫후 頭뜰투 別뼝벼 處츄츄 官권권 司쓰스 ○ 후의 다ᄅᆞᆫ 뒷 마ᄋᆞᆯ이 却커거 捉
죻조 住쥬쥬 那나나 賊찍지 ○ 또 그 도적을 자바 發봥바 將쟝쟝 來래레 ○

보내니 今긴긴 年년년 就쭈주 牢랖랖 裏리리 死쓰스 了랼랴 ○ 올히 옥에
셔 주그니라 ◇ 年년년 時쓰스 又잉우 有잉우 一힝이 箇거거 客킁커 人
신신 ○ 젼년의 또 ᄒᆞᆫ 나그내이셔 赶간간 着쟣죠 一힝이 頭뜰투 驢류류 ○ ᄒᆞᆫ 나
귀를 모라 着쟣죠 兩량량 箇거거 荊깅깅 籠룽룽 子즈즈 裏리리 ○ 두채 롱애
盛찡칭 着쟣죠 棗장잔 兒숲술 駝떠토 着쟣죠 行힝힝 ○ 대쵸 다마 싯고 가더
니 後흫후 頭뜰투 有잉우 一힝이 箇거거 騎끼키 馬마마 的디디 賊찍지
○ 뒤헤 ᄒᆞᆫ ᄆᆞᆯ 튼 도적이 이셔 帶대대 着쟣죠 弓궁궁 箭젼젼 跟근근 着쟣죠 行
힝힝 ○ 활살 ᄎᆞ고 미조차 가 到닿다 箇거거 酸숸숸 棗장잔 林린린 兒숲술 無
우우 人신신 處츄츄 ○ 酸棗林이라 ᄒᆞᄂᆞᆫ 無人處에 가 那나나 賊찍지 將쟝쟝 那
나나 客킁커 人신신 脊징지 背븨비 上썅샹 ○ 그 도적이 그 客人의 등을 다가 射

老乞大諺解上 二十六

씽시 了랼랴 一힝이 箭젼젼 ○ ᄒᆞᆫ 살로 ᄡᅩ니 那나나 人신신 倒닿다 了랼랴
○ 그 사ᄅᆞᆷ이 구러디거늘 那나나 賊찍지 只즈즈 道땋닿 是쓰스 死쓰스 了
랼랴 ○ 그 도적이 닐오ᄃᆡ 주그니라 ᄒᆞ고 便뼌변 赶간간 着쟣죠 那나나 驢류류
○ 그 나귀를 모라 往왕왕 前쪈쳔 行힝힝 ○ 앏프로 가더니 那나나 客킁커
人신신 射씽시 的디디 昏훈훈 了랼랴 ○ 그 客人이 ᄡᅩ여 어즐ᄒᆞ엿다가 蘇수수
醒싱싱 迴휘휘 來래레 ○ 되셰야 나니 恰캬캬 好핳한 有잉우 捕뿌부 盜
땋닫 官권권 來래레 ○ 맛치 됴히 도적 잡ᄂᆞᆫ 官員이 와 那나나 裏리리 巡
숸숸 警깅깅 ○ 거긔셔 피거늘 巡 那나나 客킁커 人신신 就쭈주 告강간 了
랼랴 ○ 그 客人이 즉제 告ᄒᆞ니 捕뿌부 盜땋닫 官권권 將쟝쟝 着쟣죠 弓궁궁
兵빙빙 ○ 捕盜官이 弓兵을 더블고 往왕왕 前쪈쳔 赶간간 到닿다 約햫요 二

을숤 十씽시 里리리 地띠디 ○ 나아가ᄠᆞ라계요 十里ᄯᅡ히다ᄃᆞ라 二 趕간간 上
쌍상 那나나 賊찡지 ○ 그도적을 밋처가 捉좌조 拿나나 其끼키 間견견 ○
자블ㅅ 이예 那나나 賊찡지 便뼌변 將쟝쟝 一힝이 箇거거 弓궁궁 手싱식
○ 그도적이곳 弓手를다가 ᄒᆞᆫ 放방방 箭젼젼 射씽시 下햐하 馬마마 來래래
○ 살로쏘아몰 게ᄂᆞ려디니 那나나 賊찡지 往왕왕 西시시 走즈주 馬마마 去
큐큐 了럎랼 ○ 그도적이西로향ᄒᆞ 여몰ᄃᆞᆯ려가니라 〔大〕 捕뿌부 盜땅닾 官권권
襲씽시 將쟝쟝 去큐큐 ○ 捕盜官이ᄃᆞ 쫑ᄒᆞ여가 到닾닾 箇거거 村츤츤 裏
리리 差채채 了럎랼 一힝이 百빙버 箇거거 壯좡장 漢한한 ○ 一村의 百壯가
漢을 시겨 將장장 着짶죠 弓궁궁 箭젼젼 器키키 械혜혜 ○ 활살연장 가지고
把바바 那나나 賊찡지 圍위위 在째재 一힝이 箇거거 山산산 峪융유 裏

朴通事諺解上　二十七

리리 ○ 그도적을다가 ᄒᆞᆫ외ᄡᅡ의여위 纔째채 拿나나 着짶죠 迴훼회 來래레 ○
곳자바도 라오니 看칸칸 那나나 射씽시 着짶죠 的딩디 弓궁궁 手싱식 ○
그살마즌弓 手를보니 那나나 人신신 左저조 肐긍그 膊빵반 上쌍상 射씽시
傷샹샹 ○ 그사ᄅᆞᆷ이왼녁ᄑᆞᆯ독 에살마자샹ᄒᆞ엿고 不붕부 曾쯩층 傷샹샹 了랼럎
性싱싱 命밍밍 ○ 일즙性命은샹티 아니ᄒᆞ돗더라 如슈슈 今긴긴 那나나 賊
찡지 現쳔현 在째재 官권권 司슷스 牢랑랄 裏리리 禁긴긴 着짶죠 ○ 이제
그도적이官司옥에번 ᄃᆞ시이셔가텻ᄂᆞ니라 旣기기 這져져 般번번 路루루 澁숭서
時쓰스 ○ 이믜이리길 히머흘면 咱장자 們믄믄 又잉위 沒뭉무 甚씸슴 麼
마마 忙망망 勾궁구 當당당 ○ 우리ᄯᅩ아므란 븐일이업ᄉᆞ니 밧 要량얀 甚씸슴
麼마마 早장잔 行힝힝 ○ 므슴아라 일녜리오 等등등 到닾닾 天텬텬 明밍밍

時쓰스 ○ 하ᄂᆞᆯ이ᄇᆞᆰ거 든기ᄃᆞ려 慢만만 慢만만 的딩디 去큐큐 怕파파 甚
씸슴 麼마마 ○ 날회여간들므 서시저프리오 說쉐쉬 的딩디 是쓰스 ○ 날오 미을
타 依이이 着짶죠 伱니니 ○ 네말 대로 天텬텬 明밍밍 時쓰스 行힝힝 ○
하ᄂᆞᆯᄇᆞᆰ거 든가리라 〔大〕 安한안 置징지 安한안 置징지 ○ 이대이대 客킝커 人
신신 們믄믄 好항한 睡쒸쉬 着짶죠 ○ 나그내들 됴히자라 主쥬쥬 人신신 家
갸갸 且쳐쳐 休힝휘 去큐큐 ○ 主人아아직 가디말라 我어오 又잉우 忘왕왕
了럎랼 一힝이 件견견 勾궁구 當당당 ○ 내ᄯᅩᄒᆞᆫ일을 니저셰라 我어오 這
져져 馬마마 們믄믄 不붕부 曾쯩층 飮힌인 水쉬쉬 裏리리 ○ 우리이 몰들홀
일즙믈머기 디아녓더니 等등등 一힝이 會훼휘 控쿵쿵 到닾닾 時쓰스 飮힌인
去큐큐 ○ ᄒᆞᆫ디위쉬요믈잇ᄒᆞ야 든기ᄃᆞ려머기라가쟈 那나나 裏리리 有잉우

朴通事諺解上　二十八

井징징 ○ 어듸우믈 잇ᄂᆞ뇨 那나나 房빵방 後흫후 便뼌변 是쓰스 井징징
○ 뎌집뒤히곳 우믈이라 有잉우 轆롱루 轤루루 那나나 沒뭉무 ○ 믈기 들조
애잇ᄂᆞ냐 업스나 淺쳔쳔 淺쳔쳔 的딩디 井징징 兒슬숟 ○ 엿트나엿 튼우믈이
니 只즈즈 着짶죠 繩씽싱 子즈즈 拔빵바 水쉬쉬 ○ 그저줄드레 로믈을깃ᄂᆞ
니라 井징징 邊변변 頭뚤투 有잉우 飮힌인 馬마마 的딩디 石씽시 槽짱찬
兒슬숟 ○ 우믈ᄀᆞᆺ애믈머기 ᄂᆞᆫ돌귀외잇ᄂᆞ니라 旣기기 這져져 般번번 時쓰스
○ 이믜 러면이 伱니니 收슈수 拾씽시 洒사사 子즈즈 井징징 繩씽싱 出
츄츄 來래레 ○ 네드레와줄을收拾 ᄒᆞ야내여오고려 井징징 邊변변 頭뚤투 洒
사사 子즈즈 井징징 繩씽싱 都두두 有잉우 ○ 우믈ᄀᆞᆺ애드레와 줄이다잇ᄂᆞ니라
我어오 又잉우 囑쥬쥬 附부부 伱니니 些셔셔 話화화 ○ 내ᄯᅩ너ᄃᆞ 려저기말

을당부ᄒᆞ노니 那나나洒사사子즈즈不부붕沉친친水쉬쉬 ○그드레믈에좀
기디아니ᄒᆞᄂᆞ니 伱니니不부붕會휘휘擺배배時스쑿 ○네뒷티기아디못ᄒᆞ
거든 洒사사子즈즈上샹썅絟솬솬着죠쨯一이힝塊쾌쾌塼쥰쥰頭투뚷
着죠쨯 ○드레우희ᄒᆞᆫ덩이벽을ᄆᆡ라 這저저的디딩我오어自즈쯔會휘휘
的디딩 ○이ᄂᆞᆫ나도아노니 不부붕要야양伱니니教갸걓 ○네ᄀᆞᄅᆞ치디말
라 [下] 咱자장們믄믄輪룬륜着죠쨯起키키來레래 ○우리돌려니러 勤
킨낀喂위위馬마마 ○브즈러니ᄆᆞᆯ머기쟈 常챵짱言연연道닫땅 ○常言에닐
오되 馬마마不부붕得더딍夜여여草찬챻不부붕肥븨삐 ○ᄆᆞᆯ이밤여믈을
엇디못ᄒᆞ면ᄉᆞᆯ지디못ᄒᆞ고 人신신不부붕得더딍橫훙훙財채째不부붕富
부부 ○사ᄅᆞᆷ이뼌財物을엇디못ᄒᆞ면가음여디못ᄒᆞᆫ다ᄒᆞᄂᆞ니 却거컹休휘힐槽찬짬

老乞大諺解上　二十九

見슬슗平핑삥直지찡到닫땅明밍밍 ○또귀요에平케주어잇긋새배다ᄃᆞᆺ게말
라 咱자장們믄믄拌번뻔上샹썅馬마마喫치칭一이힝和호훻草찬챻
時스쑿飲인힌水쉬쉬去큐큐 ○우리ᄆᆞᆯ을ᄒᆞᆫ번딥섯거버므려주어머거든믈머기
라가자 盛칭찡草찬챻的디딩筐광광兒슬슗也여여沒무뭏 ○딥다믈광
주리도업ᄉᆞ니 着죠쨯甚슴씸麼마마將쟝쟝的디딩草찬챻去큐큐 ○므스
거ᄉᆞ로딥가져가료 既기긩沒무뭏時스쑿 ○이믜업거든 且처쳐着죠쨯布
부부衫산산襟긴긴兒슬슗抱반빨些셔셔草찬챻去큐큐 ○아직뵈젹삼ᄌᆞ
락의안아가라 我오어將쟝쟝料랴럏水쉬쉬去큐큐 ○내콩믈가져가마 這
져져主쥬쥬人신신家갸갸好한항不부붕整징징齊치찌 ○이主人이ᄀᆞ장
整齊티못ᄒᆞ다 攪갸걓料랴럏棒방빵也여여沒무뭏一이힝箇거거 ○콩버

므릴막대ᄒᆞ나토업ᄉᆞ니 疾지찡快쾌쾌取츄츄將쟝쟝咱자장們믄믄的디딩
拄쥬쥬杖쟝쨩來레래 ○ᄲᆞᆯ리우리딥퍼온막대가져와 攪갸걓料랴럏 ○콩버
므리라 且쳐쳐房방빵子즈즈裏리리坐조쭤的디딩去큐큐來레래 ○
아직방의안자시라가자 一이힝霎사상兒슬슗馬마마喫치칭了랴량這저저
和호훻草찬챻飲인힌水쉬쉬去큐큐 ○ᄒᆞᆫ디위ᄆᆞᆯ이이버므린여믈머거든믈머
기라가쟈 馬마마敢간간喫치칭了랴량草찬챻也여여 ○ᄆᆞᆯ이딥먹근ᄃᆞᆺᄒᆞ니
飲인힌去큐큐來레래 ○믈머기라가쟈 [下] 咱자장們믄믄都두두去큐큐
了랴량時스쑿 ○우리다가면 這저저房방빵子즈즈裏리리沒무뭏人
신신 ○이房의사ᄅᆞᆷ업ᄉᆞ니 敢간간不부붕中중쯍 ○맛당티아니ᄒᆞᆫᄃᆞᆺᄒᆞ다 留리릏
一이힝箇거거看칸칸房방빵子즈즈 ○ᄒᆞ나머므러房보라ᄒᆞ고 別벼뼝箇

老乞大諺解上　三十

거거的디딩牽켠켠馬마마去큐큐來레래 ○다ᄅᆞ니ᄂᆞᆫᄆᆞᆯ잇그러가쟈 碍애해
甚슴씸麼마마事스쑿 ○므스일걸리씨리오 這저저店뎐뎐裏리리都두두
閉비비了랴량門믄믄子즈즈了랴량 ○이店에다門다ᄃᆞ면 怕파파有우잉
甚슴씸麼마마人신싄入슈슝來레래 ○므슴사ᄅᆞᆷ이드러올가저프리오 休
휘횡那나나般번번說쉬쉬 ○그리니ᄅᆞ디말라 小샤샹心신신的디딩還
환횐好한항 ○조심호미도로혀됴ᄒᆞ니라 常챵짱言연연道닫땅 ○常言에닐
오되 常챵짱防방빵賊지찍心신신 ○샹샹의도적ᄆᆞᄋᆞᆷ을막고 莫모뫃偸투뚷
他타타物우웋 ○ᄂᆞᆷ의것도적말라ᄒᆞᄂᆞ니 伱니니自즈쯔依이이着죠쨯我
오어 ○네스ᄉᆞ로내말ᄃᆡ로 留루륳一이힝箇거거看칸칸房방빵子즈즈 ○
ᄒᆞ나흘두어방보게ᄒᆞ라 那나나般번번着죠쨯 ○그리ᄒᆞ쟈 咱자장們믄믄留

릥릮 誰쒸쉬看칸칸房빵방子즈즈 ○우리누를두워방보라ᄒᆞ료 你니니三
산산箇거거裏리리頭뚷투 ○너희셋둥에 着쨯죠這져져老랗랖的딩디
看칸칸着쨯죠 ○이늘그니ᄒᆞ야보게ᄒᆞ라 三산산人신신同뚱퉁行행힝小
샹샾的딩디苦쿠쿠 ○세사름이훔씌네매져므니슈고ᄒᆞᄂᆞ니라 咱쟝자們믄믄
三산산箇거거去큐큐來래레 ○우리세히가쟈 這져져衚후후衕뚱둥
窄찡저 ○이골이조브니 牽켠켠着쨯죠馬마마多더도時쓰스 ○몰잇글기
만히ᄒᆞ면 過궈고不붕부去큐큐 ○디나가디못ᄒᆞ리라 咱쟝자們믄믄做주주
兩량량遭잫잪兒슬술牽켠켠 ○우리두번의잇그려가쟈 那나나般번번着
쨯죠 ○그리ᄒᆞ쟈 你니니敢간간慣관관打다다水쉬쉬 ○네믈깃기니근ᄃᆞᆺᄒᆞ
피야 我어오不붕부慣관관打다다水쉬쉬 ○내믈깃기닉디못ᄒᆞ롸 你니니

先션션打다다水쉬쉬去큐큐 ○네몬져믈길라가라 我어오兩량향箇거거
牽켠켠馬마마去큐큐 ○우리둘히몰잇그러가마 那나나般번번着쨯죠 ○
그리ᄒᆞ쟈 我어오打다다水쉬쉬去큐큐 ○나는믈길라가노라 你니니將쟝쟝
馬마마來래레 ○네몰가져오라 我어오恰캳캬纔쨰채這져져槽짷찬兒
슬술裏리리頭뚷투 ○내ᄀᆞᆺ가이귀유안해 拔빠바上샹샹兩량량洒사사子
즈즈水쉬쉬也여여 ○두드렛믈기러시니 着쨯죠馬마마喫칭치 ○몰들을먹
이라 這져져箇거거馬마마快쾌쾌喫칭치水쉬쉬 ○이몰은믈잘먹고 這
져져箇거거馬마마喫칭치水쉬쉬少샹샾 ○이몰은믈먹기쟉게ᄒᆞᆫ다 這져져
水쉬쉬少샹샾 ○이믈이쟉으니 再재재打다다上샹샹一힝이洒사사子
즈즈着쨯죠 ○또ᄒᆞᆫ드레만기르라 將쟝쟝洒사사子즈즈來래레 ○드레가져

我어오試슨스學햫효打다다 ○내시험ᄒᆞ여믈깃기비화지라 這져져洒
사사子즈즈是쓰스不붕부沉찐친水쉬쉬 ○이드레믈에즘기디아니ᄒᆞ니 怎
즘즘生승승得더倒닿닫 ○엇디ᄒᆞ여거구리티리오 我어오教걒갸與유유
你니니 ○내너ᄃᆞ려ᄀᆞᄅᆞ치마 將쟝쟝洒사사子즈즈提띠티起키키來래레
○드레를다가들어 離리리水쉬쉬面면면擺배배動뚱둥倒닿닫 ○믈우
희ᄢᅥ위배텨구르텨 撞좡좡入슝슈水쉬쉬去큐큐 ○믈에맛바다드러가면 便
뼌변喫칭치水쉬쉬也여여 ○즉제믈먹ᄂᆞ니라 這져져般번번時쓰스 ○
이러면 真진진箇거거在재재前쳔쳔曾쯩층見견견人신신打다다水
쉬수 ○진실로在前에일즙사ᄅᆞᆷ의믈깃기를보와시되 不붕부曾쯩층學햫효 ○
일즙비호디아니ᄒᆞ엿더니 從쭝충今긴긴日싱시理리리會휘휘得더了

랖랴 ○오ᄂᆞᆯ븟터알괘라 你니니高갛갈麗리리地띠디面면면裏리리
沒뭉무井징징阿하아怎즘즘麼마마 ○너희高麗ㅅ따해우믈이업ㅅ나엇디오
我어오那나나裏리리井징징 ○우리뎨우믈은 不붕부似쓰스這져져般
번번井징징 ○이런우믈ᄀᆞᆺ디아니니 這져져井징징是쓰스塼쭨쭨砌치치
的딩디井징징 ○이우믈은벽으로무은우믈이라 至즈즈小샹샤有잉우二
슬을丈쨩장深신신 ○ᄀᆞ장쟈거야二丈깁피잇거니와 我어오那나나裏리리
井징징 ○우리뎌긔우믈은 都두두是쓰스石씽시頭뚷투壘뤼뤼的딩디
○다돌로무은거시라 最쮜쮜深신신殺상사的딩디沒뭉무一힝이丈쨩장
○ᄀᆞ장깁프니도一丈깁피업서 都두두是쓰스七칭치八방바尺칭치來래레
深신신 ○다닐곱여듧자깁피라 我어오那나나裏리리男난난子즈즈漢

한한不붕부打다다水쉬쉬○믈우깃리디뎌아긔니ᄉᆞᄒᆞ나고회는只ᄌᆞ즈是
쑹스婦뿌부人신신打다다水쉬쉬○믈다깃만기계ᄒᆞ집되이着쨯죠箇거거
銅뚱통盔퀴퀴○로동희頭뚤투上썅샹頂딩딩水쉬쉬○믈머울리이예
니ᄂᆞ各갛거自쯔즈將쟝쟝着쨯죠箇거거打다다水쉬쉬的딍디瓢뺭퍞
見쓶술○박각을각가믈지깃고는瓢뺭퍞見쓶술上썅샹○회박우絟숸숸
着쨯죠一힝이條땽턒細시시繩씽싱子ᄌᆞ즈○훌훈미오얏리누ᄀᆞ니는노
却켱커和훠호這져져裏리리井징징繩씽싱洒사사子ᄌᆞ즈一힝이般
번번取츄츄水쉬쉬○가ᄡᆞ지여로긔믈줄깃드ᄂᆞ레니와라ᄒᆞᆫ却켱커怎즘즘麼
마마那나나般번번打다다水쉬쉬○믈ᄯᅩ을엇깃디ᄂᆞ그뇨리我어오不붕부
理리리會훼휘得됭더○ᄒᆞ내리아로디다몯我어오只ᄌᆞ즈道땋닾是쓰스

老乞大諺解上　三十三

和훠호我어오這져져裏리리一힝이般번번打다다水쉬쉬○저내닐그
로오믈뎌깃우ᄂᆞ리가여ᄒᆞ긔더ᄒᆞᆫ니가라지　你니니牽견견廻훼휘這져져馬
마마去큐큐○러네도이라몰가잇고ᄉᆞᄀ再재재牽견견將쟝쟝別뼝벼箇거거
的딍디來래레飲힌인○가ᄯᅩ져다와룬믈이머잇기ᄉᆞᄀ라러這져져馬마마都
두두飲힌인了랴랸○믈이머몰겨들다다這져져般번번黑흥허地띠디裏
리리○온이ᄡᅥ런히어두東둥둥廁ᄎᆞ츠裏리리難난난去큐큐○의뒷가간
오기니어려咱쟝자們믄믄只ᄌᆞ즈這져져後햫후園원원裏리리去큐큐
○동우산리의그가저뒷淨찡징手심식不붕부好항한那나나○기뒤됴보
ᄐᆞ티랴아니我어오拿나나着쨯죠馬마마○실내새몰시자니바你니니淨
찡징手심식去큐큐○라네가뒤라보我어오不붕부要향얗淨찡징手심식

○기나마는다뒤보你니니離리리路루루兒쓶술着쨯죠○쁘네워길ᄒᆞ훌
고休힁휘在쨰재路루루邊변변淨찡징手심식○보길기ᄭᅥ말에라셔뒤
明밍밍日ᅀᅵᆼ시着쨯죠人신신罵마마○지녀람일드놈르의리거라수咱장사
們믄믄一힝이箇거거人신신○사우롬리이ᄒᆞᆫ牽견견着쨯죠兩량량箇
거거去큐큐○ᄉᆞᄀ둘러식가잇絟숸숸的딍디牢랗랖着쨯죠○구미디기ᄒᆞ롤
라這져져槽짱찰道땋닾好항한生승숭寬권권○ᄀᆡ이장구너유ᄅᆞ터니히
離리리的딍디遠원원些셔셔兒쓶술絟숸숸○시ᄲᅥ미워라멀즈又일우
怕파파繩씽싱子ᄌᆞ즈紐닣닉着쨯죠○가ᄯᅩ저노폐히라얼킬疾찡지快
쾌쾌將쟝쟝草참찰料랴랴來래레○을쌜가리저딥다과가콩拌빤번上썅샹
着쨯죠○주버어므려儘진진着쨯죠他타타喫칭치着쨯죠○뎔잇로ᄭᅩᆺ

老乞大諺解上　三十四

계ᄒᆞᄒᆞ여고먹咱장자睡쉬쉬去큐큐來래레○라우가리쟈자　火훠호伴
뻔번們믄믄起키키來래레○닐벗거들라아雞기기兒쓶술叫걓걒第띠디
三산산遍변변了랴랴○디ᄃᆞᆰ세이홰울니언待때대天텬텬明밍밍了랴랴
也여여○블ᄒᆞ그마리하로놀다도咱장자急깅기急깅기的딍디收싛식拾
씽시了랴랴行힝힝李리리○들우收리拾셜ᄒᆞ리쟈짐鞁삐비了랴랴馬마마
時쓰스○노몰라기ᄒᆞᄅᆞ면마짓天텬텬亮량량了랴랴○그하리놀로이다볼
辭쓰츠了랴랴主쥬쥬人신신家갸갸去큐큐來래레○하主딕人ᄒᆞ의고게
쟈가主쥬쥬人신신家갸갸哥거거休힁휘怪괘괘○허主믈人말형라아我
어오去큐큐也여여○노우라리가你니니休힁휘怪괘괘好항한去큐큐
着쨯죠○됴네히허가믈라말고廻훼휘來래레時쓰스○올도제라却켱커

來래레我어오店뎐뎐裏리리下햐하來래레 ○ 또우리店에 와브리오라 這
저저橋꺌갸便뼌변是쓰스我어오夜여여來래레說숴숴的딩디橋꺌갸
○ 이ᄃ리는곳내어제니르든ᄃ리니 比비비在째재前쪈쳔十씽시分뿐분好
함한 ○ 아리과比컨대ᄀ장됴타 在째재先션션只즈즈是쓰스土투투搭탕타
的딩디橋꺌갸來래레 ○ 앏피는그저흙터명근ᄃ리러니 如슈슈今긴긴都
두두是쓰스板반반幔먼먼了랼랴 ○ 이제는다널서랏고 這저저橋꺌갸梁
량량柱쮸쥬 ○ 이ᄃ릿보와기동이 比비비在째재前쪈쳔牢
랖랖壯좡좡 ○ 아리파뎐조면너모굿다 這저저的딩디捱애애十씽시年녀년
也여여壞쾌쾌不부부得듸더 ○ 이는十年을견ᄃ여도믈허디디아니ᄒ리로다
日싱시頭뜰투這저저般번번高강갸了랼랴 ○ 히이리노ᄑ고 前쪈쳔

老乞大諺解上 三十五

頭뜰투又임우沒뭉무甚씸슴麼마마店뎐뎐子즈즈 ○ 앏피또이므란店도
업ᄉ니 咱잠자們믄믄只즈즈投뜰투那나나人신신家갸갸糴딩디些
셔셔米미미 ○ 우리그저뎌人家의드러가ᄡᆞᆯ밧고와 自즈즈做주주飯반반喫
칭치去큐큐來래레 ○ 손조밥지어먹고가쟈 那나나般번번着쟢죠 ○ 그리
ᄒ쟈 肚뚜두裏리리好함한生승승飢기기了랼랴 ○ 비ᄀ장골프다 咱잠자
們믄믄去큐큐來래레 ○ 우리가쟈 這저저馬마마都두두卸셔셔下햐하
行힝힝李리리 ○ 이몰다짐브리오고 鬆숭숭了랼랴肚뚜두帶대대 ○ 오랑
느추고 取츄츄了랼랴嚼쟢죠子즈즈 ○ 마함벗기고 這저저路루루傍
빵팡邊변변放방방了랼랴 ○ 이길ᄉ애노하 着쟢죠喫칭치草찰찰着쟢죠
○ 플먹게ᄒ고 教걒갸一힝이箇거거看칸칸着쟢죠 ○ ᄒ나ᄒ로보게ᄒ여

ᄒ고 別뼝벼的딩디都두두投뜰투這저저人신신家갸갸問문운去큐큐
來래레 ○ 다ᄅ니는다이人家의드러가무로라가쟈 主쥬쥬人신신家갸갸
哥거거 ○ 쥬인형아 我어오幾기기箇거거行힝힝路루루的딩디人신인
○ 우리여러길녜ᄂ사ᄅ이 這저저早잪잔晩완완不부부會쭝충喫칭치早
잪잔飯빤반 ○ 이리느즈더일즉아춤밥을못먹엇고 前쪈쳔頭뜰투又임우沒
뭉무甚씸슴麼마마店뎐뎐子즈즈 ○ 앏피또아므란店도업ᄉ매 我어오特
뜽듸的딩디來래레 ○ 우리부러와시니 怎즘즘生승승糴댱댜與유유些
셔셔米미미做주주飯빤반喫칭치 ○ 아므려나져기ᄡᆞᆯ밧괴여주어든밥지어먹어
지라 要햫얍甚씸슴麼마마糴딩디米미미 ○ 므슴아라ᄡᆞᆯ밧고려ᄒᄂ뇨 我
어오的딩디飯빤반熟쑹수了랼랴 ○ 우리밥이닉어시니 客켱켜人신신們

老乞大諺解上 三十六

믄믄喫칭치了랼랴過궈고去큐큐 ○ 나그내들먹고디나가라 這저저般번번
時쓰스 ○ 이러면 敢간간少샾샤了랼랴你니니飯빤반 ○ 네밥이져글ᄃ
ᄒ다 不부부妨방방事쓰스 ○ 므던ᄒ니 便뼌변少샾샤時쓰스 ○ 곳적거든
我어오再재재做주주些셔셔箇거거便뼌변是쓰스 ○ 우리ᄯ져기지으면
곳이어니ᄯ더 將쟝쟝卓좋조兒슬술來래레 ○ 상가져오라 教걒갸客켱켜
人신신們믄믄只즈즈這저저棚뿡풍底디디下햐하坐쭤조的딩디喫
칭치飯빤반 ○ 나그내들ᄒ여그저이가개아래안자셔밥먹게ᄒ쟈 淡딴단飯빤반
胡후후亂뤈뤈喫칭치些셔셔箇거거 ○ 민밥을간대로먹으라 有잉우甚
씸슴麼마마熟쑤수菜채채蔬수수 ○ 아므란니근菜蔬잇거든 將쟝장些셔셔
來래레與유유客켱켜人신신喫칭치 ○ 져기가져다가나그내ᄃ주어먹게ᄒ라

怕파파沒몽무時쓰스 ○ᄒᆞ다가 업거든 有잉우蘿러로蔔뿌부生숭승葱

충충茄겨켜子즈즈將장장來래레 ○댓무우와 파와 가지 잇거든 가져오묘 就

찡주將장장些서셔醬장장來래레 ○이의셔 져기 장 가져오라 別뼤벼箇거거

菜채채都두두沒몽무 ○듸느므새는 다 업거니와 只즈즈有잉우鹽연연

瓜과과兒슬슬 ○다만 저린 외 이시니 與유유客킈커人신신喫창치 ○나그

내 주어 먹이쟈 也여여好항한將장장來래레 ○그도 됴타 가져오라 客킈커人

신신們믄믄休힝후恠괘괘 ○나그내들 허믈 말고 胡후후亂뤈뤈喫창치些

셔셔 ○간대로 먹으라 小샤샤人신신們믄믄驟쭈주面면면間견견廝쓰스

見견견 ○小人돌히 과그른 ᄂᆞ치 서르 보와셔 大따다哥거거便뻔변這저저般

번번重쭝중意이이 ○큰형이 곳이런 둥호 쁘으로 與유유茶짜차飯빤반喫

朴通事諺解上　三十七

청치 ○차반 주어 먹이시니 怎즘즘麼마마敢간간恠괘괘 ○엇디 싱심 이나 허믈

ᄒᆞ료 量량량這저저些셔셔淡딴단飯빤반 ○혜건대 이 만믠밥이 打다다甚

씸슴麼마마緊긴긴 ○므스거시 긴ᄒᆞ료 偏편편我어오不붕부出츄츄外

왜왜 ○ᄯᅩ별이 내라 외방의 나가디 아니랴 出츄츄外왜왜時쓰스 ○외방의 나가면

也여여和혀호你니니一잉이般번번 ○ᄯᅩ너와 ᄒᆞᆫ가 지어니ᄯᅥ녀 大따다哥

거거說쉬숴的딍디是쓰스 ○큰형의 니ᄅᆞ미 올타 慣관관會쭝층出츄츄外

왜왜偏편편憐련련客킈커 ○일즙 외방의 나ᄃᆞᆫ니기 니그 면 일편되이 나그내를 에엿

비너 기고 自쯔즈己기기貪탄탄盃븨븨惜씽시醉쥐쥐人신신 ○나곳 술

탐ᄒᆞ면 쉬ᄒᆞᆫ 사롬 을 앗기ᄂᆞ니라 你니니外왜왜頭뚜투還환환有잉우火

훠호伴뻔번麼마마 ○네 밧긔 고려도 벗이 잇ᄂᆞ냐 有잉우一잉이箇거거看

칸칸行힝힝李리리 ○ᄒᆞᆫ나히 짐 보 ᄂᆞ니 이셔셔 就찡쥐放방방馬마마裏리리

○이믜셔 믈 노한ᄂᆞ니 他타타喫칭치的딍디飯빤반却컹커怎즘즘生승승

○더의 머글 밥을 ᄯᅩ 엇ᄃᆞᄒᆞ료 我어오們믄믄喫칭치了랴랴時쓰스 ○우리

먹그 면 與유유他타타將장장些셔셔去큐큐 ○더위ᄒᆞ야져 ᅵ가져가자 有

잉우揀꿘원與유유一잉이箇거거 ○사발 잇거든 ᄒᆞ나 다고 這저저飯빤반

裏리리盛찡칭出츄츄一잉이揀꿘원飯빤반 ○이 밥에셔 ᄒᆞᆫ 사발만 다마 내어

與유유那나나箇거거火훠호伴뻔번 ○더 버들 주쟈 由임우他타타 ○

제대로 두고 你니니都두두喫칭치了랴랴着쟝죠 ○너희 다 머그라 家갸갸

裏리리還환한有잉우飯빤반裏리리 ○집의 당시론 밥이 이시니 喫칭치了

랴랴時쓰스 ○먹기ᄆᆞ 차든 將장장去큐큐 ○가져 가라 你니니休힝후做

朴通事諺解上　三十八

주주客킈커 ○너희 손도 왼양 말고 慢만만慢만만喫칭치的딍디飽밤바着

쟝죠 ○날회여 ᄇᆡ브 로 머그라 我어오是쓰스行힝힝路루루的딍디客킈커

人신신 ○우리는 길네 는나그내라 又잉우肯큰큰做주주甚씸슴麼마마客

킈커 ○ᄯᅩ 즐겨 므슴 손 인양ᄒᆞ리오 喫칭치得딍더飽밤바那나나不봉부飽

밤바 ○머금이 브르나 아니 브르나 我어오好항한生승승飽밤바了랴랴 ○

우리 ᄀᆞ장 비브르다 收쉼수拾씽시揀꿘원槕텽더着쟝죠 ○사발 뎝시 서러즈라

客킈커人신신們믄믄 ○나그 내네 有잉우一잉이箇거거看칸칸着

쟝죠馬마마的딍디 ○ᄒᆞᆫ나히 믈 보ᄂᆞ 니 잇다ᄒᆞ더니 不봉부會쭝층來래레喫

칭치飯빤반 ○일즙 와 밥 먹디 아니ᄒᆞ얏ᄂᆞ니 興힝힝兒슬슬 ○興兒야 你니니

另링링盛찡칭一잉이揀꿘원飯빤반 ○네 ᄯᅩ로 ᄒᆞᆫ 사발 밥을 담고 罐권권兒

숤술 裏 리리 將 쟝장 些 셔셔 湯 탕탕 ○ 기탕 당권 가에 져져 跟 근근 着 쟢죠 客
큉커 人 신신 去 큐큐 ○ 조나 차그 가내 與 유유 那 나나 箇 거거 火 훠호 伴 뺀번
○ 뎌 어벗 喫 칭치 了 랴랴 時 쓰스 ○ 든먹 거 却 컹커 收 싱식 拾 씽시 家
갸갸 事 쓰스 來 래래 ○ 어또 저그 오릇 라들 설 主 쥬쥬 人 신신 家 갸갸 哥 거거
○ 형쥬 아인 休 힝휘 恠 괘괘 ○ 말허 라믈 小 샿샤 人 신신 們 믄든 ○ 들小 히人
這 져져 裏 리리 定 띵딩 害 해해 ○ 훋예 여와 이슈 다폐 有 잉우 甚 씸슴 麼 마마
定 띵딩 害 해해 處 츄츄 ○ 이므 이슴 시슈 리폐 오훋 곳 喫 칭치 了 랴랴 些 셔셔
淡 딴단 飯 빤반 ○ 밥져 먹기 고믠 又 잉우 沒 뭏무 甚 씸슴 麼 마마 好 항한 茶
짜차 飯 빤반 ○ 차또 반아 도므 업란 시됴 라흔 休 힝휘 那 나나 般 번번 說 쉬쉬 ○
디그 말리 라니 르 不 봉부 當 당당 ○ 흐당 여티 라못 飢 기기 時 쓰스 得 딩더 一

잉이 口 쿻쿠 ○ 어골 더픈 먹제 으흔 미입 強 꺙캉 如 슈슈 飽 빻반 時 쓰스 得 딩더
一 잉이 斗 등두 ○ 도브 끈른 나제 으흔 니말 라어 듬 我 어오 正 징징 飢 기기 渴
컹커 時 쓰스 ○ 渴우 훈리 때졍 예히 飢 主 쥬쥬 人 신신 家 갸갸 ○ 이쥬 인 這
져져 般 번번 與 유유 茶 짜차 飯 빤반 喫 칭치 ○ 어이 머리 기차 시반 니주 怎 즘즘
生 승승 忘 망왕 的 딩디 你 니니 ○ 니엇 즈디 리너 오롤 休 힝휘 那 나나 般
說 쉬쉬 ○ 디그 말리 라니 르 偏 편편 我 어오 出 츄츄 外 왜왜 時 쓰스 ○ 별독
의이 나내 가라 면외 방 頂 딩딩 着 쟢죠 房 빵방 子 즈즈 走 즈주 ○ 고집 든을 니이
랴 也 여여 要 향야 投 뚷투 人 신신 家 갸갸 ○ 드또 러人 가家 로 尋 씬신 飯
빤반 喫 칭치 裏 리리 ○ 으밥 리어 라더 먹 却 컹커 不 봉부 說 쉬쉬 ○ 니또 니아
나르 ヽ 好 항한 看 칸칸 千 쳔쳔 里 리리 客 큉커 ○ 를千 됴里 히엣 보나 와그 보내

미내 萬 환완 里 리리 要 향야 傳 쭨쵠 名 밍밍 ○ 텬萬 코里 져예 흠일 이홈 라을
主 쥬쥬 人 신신 家 갸갸 哥 거거 ○ 형쥬 아인 小 샿샤 人 신신 這 져져 裏 리리
攪 걓걒 擾 샿샾 了 랴랴 ○ 녈小 이人 오이 딕예 와 姓 싱싱 也 여여 不 봉부 會
쯩층 問 븐운 ○ 아셩 니도 흐일 엿즉 더뭇 니디 大 따다 哥 거거 貴 귀귀 姓 싱싱 ○
므큰 스형 거의 신姓 고이 我 어오 姓 싱싱 張 쟝쟝 ○ 張내 개姓 라이 是 쓰스 張 쟝쟝
社 쎠셔 長 쟝쟝 家 갸갸 ○ 집이 이張 로社 다長 客 큉커 人 신신 你 니니 却 컹커
姓 싱싱 甚 씸슴 麼 마마 ○ 姓나 이그 므내 섯너 고는 또 小 샿샤 人 신신 姓 싱싱
王 왕왕 ○ 王小 개人 로의 니셩 은 在 째재 遼 랼랴 東 둥둥 城 찡칭 裏 리리 住
쮸쥬 ○ 셔遼 사東 노잣 라안 해 大 따다 哥 거거 因 힌인 事 쓰스 ○ 일큰 을형 인이
여흐 到 닿닫 我 어오 那 나나 裏 리리 ○ 오우 나리 든뎌 긔 不 봉부 棄 키키 嫌

현현 小 샿샤 人 신신 時 쓰스 ○ 아小 니人 흐을 시브 면리 디 是 쓰스 必 븽비 家
갸갸 裏 리리 來 래래 ○ 로모 오로 고매 려집 으 若 샿쇼 能 능능 勾 긓구 去 큐큐
時 쓰스 節 졓져 ○ 갈힝 시혀 절유 이여 면히 便 뼌변 尋 씬신 你 니니 家 갸갸 裏
리리 去 큐큐 ○ 츠곳 자네 가집 마을 我 어오 偏 편편 背 븨븨 你 니니 ○ 독내 별라
브이 리너 라를 那 나나 箇 거거 人 신신 家 갸갸 ○ 家뎌 의人 我 어오 恰 컇갸
纔 째채 糴 띵디 米 미미 去 큐큐 來 래래 ○ 고내 라앗 갓가 더곳 니쌀 밧 不 복부
肯 큰큰 糶 탸탼 與 유유 我 어오 ○ 주즐 디겨 아날 니을 흐밧 고픠 여 他 타타 們
믄믄 做 주주 下 햐하 見 현현 成 찡칭 的 딩디 飯 빤반 ○ 잇저 는희 밥지 을어 與
유유 我 어오 喫 칭치 了 랴랴 ○ 먹우 이리 고주 어 又 잉우 與 유유 你 니니 將
쟝장 來 래래 ○ 늘또 가너 져를 와주 시라 니흐 야 你 니니 喫 칭치 了 랴랴 時 쓰스

○ 어네 든먹 與 유유 這 저저 小 샤샤 的 딍디 挽 원원 㯼 뗭뎌 將 쟝쟝 去 큐큐
○ 주이 어아 가히 져를 가사 게발 흐텹 라시 火 훠호 伴 뻔번 伱 니니 赶 간간 將 쟝쟝
馬 마마 来 래레 ○ 모벗 라아 오네 라몰 咱 쟝자 打 다다 駞 떠토 馱 떠토 ○ 리우
자짐 싯 比 비비 及 핑기 駞 떠토 了 랑랴 時 쓰스 ○ 애짐 미싯 太기 면뭇 춤 他
타타 也 여여 喫 칭치 了 랑랴 飯 빤반 也 여여 ○ 뭇뎌 太도 리밥 로먹 다기 咱 쟝자
們 믄믄 便 뻔변 行 행힝 ○ 길우 네리 자즉 제 這 저저 箇 거거 馬 마마 ○ 몰이
이 怎 즘즘 麽 마마 這 저저 般 번번 難 난난 拿 나나 ○ 기엇 어디 려이 오리 뇨잡
元 원원 来 래레 這 저저 般 번번 的 딍디 ○ 흐본 니딕 라이 러 既 기기 這 저저
般 번번 歹 대대 時 쓰스 ○ 오임 나의 오이 면리 사 再 재재 来 래레 着 쟢죠 絆
번번 着 쟢죠 ○ 달노 쓰의 라란 지 我 어오 在 째재 前 쪈천 絆 번번 着 쟢죠 来

朴通事諺解上 四十一

래레 ○ 달내 쓰아 더리 니는 지 今 긴긴 日 싱시 忘 망왕 了 랑랴 不 붕부 會 쭝층
絆 번번 ○ 달오 쓰놀 디은 아넛 니프 호일 라즙 지 咱 쟝자 們 믄믄 衆 중중 人 신싄
攔 란란 當 당당 着 쟢죠 ○ 이우 여리 워모 막든 자사 룸 拿 나나 住 쮸쥬 ○ 바자
다 駞 떠토 馱 떠토 都 두두 打 다다 了 랑랴 也 여여 ○ 흐짐 야싯 다기 다 咱
쟝자 們 믄믄 行 행힝 着 쟢죠 ○ 네우 쟈리 小 샹샤 的 딍디 ○ 야아 히 伱 니니
將 쟝쟝 挽 원원 㯼 뗭뎌 罐 권권 兒 숲술 家 갸가 去 큐큐 ○ 시네 당상 권발 가뎝
가져 라집 의 生 승숭 受 씽식 伱 니니 ○ 흐녀 여슈 다고 休 힣휘 怪 괘괘 着 쟢죠
○ 말허 라믈 日 싱시 頭 뜽투 却 컹커 又 잉우 這 저저 早 쟝잔 晩 완완 也
여여 ○ 느히 젓또 고이 나리 這 저저 裏 리리 到 닿도 夏 햐하 店 뎐뎐 ○ 夏예 店셔
기가 還 햔환 有 잉우 十 씽시 里 리리 来 래레 地 띠디 ○ 싸당 히시 이롱 시十 니里

到 닿도 不 붕부 得 딍더 也 여여 ○ 리가 로디 다몯 흐 只 즈즈 投 뜽투 這 저저
路 루루 北 븽버 那 나나 人 신인 家 갸갸 ○ 人그 家지 의이 드길 러북 가녁 더 尋
씬신 箇 거거 宿 숭수 處 츄츄 去 큐큐 来 래레 ○ 라잘 가되 쟈어 드 那 나나 般
번번 着 쟢죠 ○ 흐그 자리 咱 쟝자 們 믄믄 去 큐큐 来 래레 ○ 가우 자리 都 두두
去 큐큐 時 쓰스 ○ 면다 가 那 나나 人 신인 家 갸갸 見 견견 人 신인 多 디도
時 쓰스 ○ 만뎌 흔人 줄家 을ㅣ 보사 면룸 이 不 붕부 肯 큰큰 教 갿갸 宿 숭수 ○
니즐 흔겨 리재 니디 아 着 쟢죠 兩 량량 箇 거거 看 칸칸 行 행힝 李 리리 ○ 흐들
보로 게흐 흐여 고짐 我 어오 兩 량량 箇 거거 問 온운 去 큐큐 ○ 무우 로리 라들 가히
자 拜 배배 揖 힝이 ○ 노拜 라揖 흐 主 쥬쥬 人 신신 家 갸가 哥 거거 ○
형主 아人 我 어오 是 쓰스 客 킹커 人 신신 ○ 내나 러는 니나 그 今 긴긴 日 싱시

朴通事諺解上 四十二

晩 환완 了 랑랴 ○ 그오 러놀 시이 니졈 伱 니니 房 빵방 子 즈즈 裏 리리 ○ 집네
의 尋 씬신 箇 거거 宿 숭수 處 츄츄 ○ 더잘 지뒤 라를 어 我 어오 房 빵방 子
즈즈 窄 쥥저 ○ 이우 조리 바집 沒 뭉무 處 츄츄 安 한안 下 햐하 ○ 뒤브 업리 스울
니 伱 니니 別 뼝벼 處 츄츄 尋 씬신 宿 숭수 處 츄츄 去 큐큐 ○ 뒤네 잘다 뒤른
가어 라드 라 伱 니니 這 저저 般 번번 大 따다 人 신ᄉᆞ 家 갸가 ○ 큰네 집이 외리
量 량량 我 어오 兩 량량 三 산산 箇 거거 客 킹커 人 신신 ○ 리혜 두건 세대 나우
를그 내 却 컹커 怎 즘즘 麽 마마 說 숭쉬 下 햐햐 不 붕부 得 딍더 ○ 디또 브엇
라리 니오 릇디 는몯 다흐 리 伱 니니 好 함핟 房 빵방 子 즈즈 裏 리리 ○ 흐네 방됴
의 不 붕부 教 갿갸 我 어오 宿 숭수 時 쓰스 ○ 아우 니리 러를 커재 든디 只 즈즈
這 저저 門 믄믄 前 쪈천 車 쳐처 房 빵방 裏 리리 ○ 술그 윗저 방이 의문 앏 教

걍갸 我어오宿송수一힝이夜여여如슈슈何허허 ○ 우리를ᄒᆞᄅᆞᆺ밤재게홈이
엇더ᄒᆞ뇨 我어오不봉부是쏘스不봉부教걍갸你니니宿송수 ○ 내너회를
재디아니려ᄒᆞ는줄이아니라 官권권司숭스排빼패門믄믄粉븐븐壁빙비 ○
구의예셔집문마다ᄇᆞᄅᆞᆷ에분칠ᄒᆞ고써쇼되 不봉부得딍더安한안下햐하面면면
生승승歹대대人신신 ○ ᄂᆞᆺ선잡사ᄅᆞᆷ을브리오디못ᄒᆞ게ᄒᆞ엿ᄂᆞ니 知짗지他
타타 你니니是쏘스那나나裏리리來래래的딍디客킈커人신신 ○ 네어
ᄃᆡᆺ나그낸줄알리오 自쯔즈來래래 ○ 본ᄃᆡ로 又읭우不봉부會쭝충相샹샹
識싱시 ○ ᄯᅩ일즙서ᄅᆞ아디못ᄒᆞ노니 怎즘즘知짗지是쏘스好향한人신신
歹대대人신신 ○ 엇디이됴ᄒᆞᆫ사ᄅᆞᆷ아니완ᄒᆞᆫ사ᄅᆞᆷ인줄올아라 便뼌변怎즘즘麼
마마 敢간간容융융留릳루安한안下햐하 ○ 곳엇디감히머믈위브리오리오

老乞大諺解上　四十三

主쥬쥬人신신家갸갸哥거거 ○ 쥬인형아 我어오不봉부是쏘스歹
디대 人신신 ○ 우리아니완ᄒᆞᆫ사ᄅᆞᆷ이아니라 小샿샤人신신在째재遼랼랴東
둥둥 城찡칭裏리리住쮸쥬 ○ 小人이遼東잣안해셔사노니 現현현將쟝쟝印
힌인 信신신文문운引인인 ○ 인틴글월을번드시가젓노라 你니니在째재遼
랼랴 東둥둥城찡칭裏리리那나나些셔셔箇거거住쮸쥬 ○ 네遼東잣안어
늬마ᄎᆞᆷ셔사는다 小샿샤人신신在째재遼랼랴東둥둥城찡칭裏리리閣
갈거 北빙버街계계東둥둥住쮸쥬 ○ 小人이遼東잣안해閣으론북녁킈오거리론
동녁킈셔사노라 離리리閣갈거有읭우多더도少샾샤近낀긴遠원원 ○
閣애셔ᄠᅳᆷ이언메나머뇨 離리리閣갈거有읭우一힝이百빙버步뿌부地띠디
○ 閣애셔ᄠᅳᆷ이일빅보ᄯᅡ흔ᄒᆞᆫ되 北빙버衚향향裏리리向향향街계계開캐캐

雜짱자貨훠호鋪푸푸兒ᅀᆞᆯ술便뼌변是쏘스 ○ 북녁골거리향ᄒᆞ야잡황호젼
나ᄂᆞᆫᄃᆡ곳긔라 那나나雜짱자貨훠호鋪푸푸兒ᅀᆞᆯ술是쏘스你니니的딍디
那나나 ○ 그잡황호젼이네하가 近낀긴南난난隔걔거着쨯죠兩량량家
갸갸 兒ᅀᆞᆯ술人신신家갸갸 ○ 남녁마작두집즈음ᄒᆞ야 有읭우箇거거酒짇주
店뎐뎐 ○ ᄒᆞᆫ술포ᄂᆞᆫ뎜잇ᄂᆞ니 是쏘스我어오相샹샹識싱시的딍디 ○ 이내
벗이러니 你니니認신신的딍디麼마마 ○ 네아ᄂᆞᆫ다 那나나箇거거是쏘스
劉릳루清칭칭甫부부酒짇주館권권 ○ 그ᄂᆞᆫ劉清甫의술포ᄂᆞᆫ館이니 是쏘스
我어오街계계坊방방 ○ 이내이우지니 怎즘즘麼마마不봉부認신신的
딍디 ○ 엇디모로리오 雖쉬쉬然연연這저져般번번時쏘스 ○ 비록이러ᄒᆞ나
房빵방子쯔즈委위위實싱시窄쯩저 ○ 집이진실로조브니 宿송수不봉부

老乞大諺解上　四十四

得딍더 ○ 자디못ᄒᆞ리라 你니니可커커憐련련見견견 ○ 네에엿비너기
라 你니니是쏘스有읭우見견견識싱시的딍디 ○ 너ᄂᆞᆫ見識잇ᄂᆞᆫ사ᄅᆞᆷ이
니 這저져早쟝잪晚환완 ○ 이리ᄂᆞ저 日싱시頭뜰투落랄로也여여 ○
히도뎟ᄂᆞᆫᄃᆡ 教걍갸我어오那나나裏리리尋씬신宿송수處츄츄去큐큐
○ 우리로ᄒᆞ야어ᄃᆡ가잘되어드라가라ᄒᆞᄂᆞ뇨 不봉부揀견견怎즘즘生승승 ○
아므라나혜디말고 着쨯죠我어오宿송수一힝이夜여여 ○ 우리로ᄒᆞ여ᄒᆞᄅᆞᆺ밤
만재라 這저져客킈커人신신 ○ 이나그내 怎즘즘麼마마這저져般번번
歪왜왜廝숭스纏쩐천 ○ 엇디이리간대로싯교ᄂᆞ뇨 如슈슈今긴긴官권권
司숭스好향한生승승嚴연연謹긴긴 ○ 이제구의ᄀᆞ장嚴謹ᄒᆞ야 省싱싱會
훼휘 人신신家갸갸 ○ 人家애ᄃᆡ위ᄒᆞ여 不봉부得딍더安한안下햐하面

면면 生승싱 歹대대 人신신 ○ 브낫 티선 디아 못니 ᄒᆞ완 게ᄒᆞᆫ ᄒᆞ사 ᄂᆞᄅᆞᆷ 니을 你니니
雖쉬쉬 說숴숴 是쓰스 遼랴랴 東둥둥 人신신 家갸갸 ○ 東네 사비 ᄅᆞᆷ록 이遼
ᄒᆞ로 나라 我어오 不붕부 敢간간 保방바 裏리리 ○ ᄒᆞ내 여믿 라디 못 你니니
這저저 幾기기 箇거거 火훠호 伴뻔번 的딩디 摸무무 樣양양 ○ 어네 러이
모벗 양들 이의 又잉이 不붕부 是쓰스 漢한한 兒ᅀᅳᆯ술 ○ 도또 아한 니사 오ᄅᆞᆷ 又
잉이 不붕부 是쓰스 達땅다 達땅다 ○ 아또 니達 니達 도 知징지 他타타 是
쓰스 甚씸슴 麼마마 人신신 ○ 엇모 던로 사리 ᄅᆞᆷ로 고다 我어오 怎즘즘 麼마마
敢간간 留릳루 你니니 宿숭수 ○ 믈내 워엇 재디 리너 오를 며 你니니 不붕부
理리리 會휘휘 的딩디 ○ 는네 교모 나ᄅᆞ 新신신 近낀긴 這저저 裏리리 有
옹위 一힝이 箇거거 人신신 家갸갸 ○ ᄅᆞᆷ요 의ᄉᆞ 집이 의ᄒᆞᆫ 셔사 只즈즈 為위위

老乞大諺解上　四十三

教걓갸 幾기기 箇거거 客킈커 人신신 宿숭수 來래래 ○ 나그 그저 내여 로러
엿ᄒᆞ 더여 니제 那나나 客킈커 人신신 去큐큐 了랼랴 的딩디 後ᅘᅮᇢ후 頭뜰투
○ 간그 후나 에그 내 事쓰스 發봥바 ○ 나일 니이 那나나 人신신 們믄믄 ○
들그 히사 ᄅᆞᆷ 却킹커 是쓰스 達땅다 達땅다 人신신 家갸갸 走즇주 出츄츄
來래래 的딩디 ○ 망또 ᄒᆞ達 야達 나사 온ᄅᆞᆷ 이으 롯로 더셔 라도 因힌인 此츠츠 ○
ᄎᆞ이 로런 젼 將쟝쟝 那나나 人신신 家갸갸 連련련 累뤼뤼 ○ 의그 집사 블ᄅᆞᆷ
버디 므가 려조 차 官권권 司ᄉᆞ스 見현현 着쟢죠 落랖로 跟근근 尋씬신 逃
땅닾 走즇주 的딩디 ○ ᄒᆞ구 니의 를시 츄방 심절 ᄒᆞ로 라ᄒᆞ ᄒᆞ여 ᄂᆞ도 니망 似쓰스 這
저저 般번번 帶대대 累뤼뤼 人신신 家갸갸 ○ 를이 버러 므톳 리ㅅ 니家 怎즘즘
麼마마 敢간간 留릳루 你니니 宿숭수 ○ 믈엇 워디 지너 리를 오머 主쥬쥬

人신신 家갸갸 ○ 아쥬 인 你니니 說숴숴 那나나 裏리리 話화화 ○ 어네
루뒷 ᄂᆞ말 뇨을 니 好항호 人신신 歹대대 人신신 ○ 완됴 ᄒᆞᆫᄒᆞᆫ 사사 ᄅᆞᆷᄅᆞᆷ 올아 니
怎즘즘 麼마마 不붕부 認신신 的딩디 ○ 로엇 리디 오모 這저저 幾기기 箇
거거 火훠호 伴뻔번 ○ 벗이 은여 러 他타타 是쓰스 高강갸 麗리리 人신신
○ 사더 ᄅᆞᆷ는 이高 니麗 ㅅ 從쫑충 高강갸 麗리리 地띠디 面면면 裏리리 來
래래 ○ 로高 셔麗 오ㅅ 니따 ᄒᆞ 他타타 們믄믄 高강갸 麗리리 地띠디 面면면
○ ㅅ저 따회 히高 셔麗 守싱식 口킇쿠 子즈즈 渡뚜두 江걍걍 處츄츄 的딩디
官권권 司ᄉᆞ스 ○ 음어 아귀 는예 구ᄂᆞ 의ᄅᆞ ㄱ 比비비 咱장자 們믄믄 這
裏리리 一힝이 般번번 嚴연연 ○ ᄒᆞᆫ우 가리 지예 로과 엄비 ᄒᆞ권 여대 驗연연 了
랼랴 文문운 引인인 ○ 보글 고월 仔즈즈 細시시 的딩디 盤뻔펀 問문운 了

老乞大諺解上　四十四

랼랴 ○ 問조 ᄒᆞ세 고히 야盤 纔째채 放방방 過궈고 來래래 ○ 내굿 ᄂᆞ노 니하 보
他타타 們믄믄 若샿쇼 是쓰스 歹대대 人신신 ○ 잡저 사회 ᄅᆞᆷ만 이일 여에 來
래래 歷링리 不붕부 明밍밍 時쓰스 ○ 明來 ᄒᆞ歷 면不 怎즘즘 生승싱 能능능
勾긓구 到땅닾 這저저 裏리리 來래래 ○ 히엇 여디 긔능 오히 리유 오여 他타타
見현현 將쟝쟝 文문운 引인인 ○ 월저 가시 지방 고글 趕간간 着쟢죠 高강갸
麗리리 馬마마 ○ 몰高 모麗 라ㅅ 往왕왕 北븽버 京깅깅 做주주 買매매 賣
매매 去큐큐 ○ 정북 ᄒᆞ경 라을 가향 、ᄒᆞ 니야 ᄒᆞᆼ 他타타 漢한한 兒ᅀᅳᆯ술 言연연
語유유 說숴숴 不붕부 得딍더 的딩디 ○ ᄅᆞ제 디漢 못語 ᄒᆞᆯ를 시니 因힌인 此
츠츠 上썅샹 ○ ᄎᆞ이 로런 젼 不붕부 敢간간 說숴숴 語유유 ○ 디말 못니 ᄒᆞᄅᆞ
라ᄂᆞ 니 他타타 們믄믄 ○ 은더 들 委휘위 實씽시 不붕부 是쓰스 歹대대

人 신신 ○ 진실로 잡사름 아니라 既 기기 這 져져 般 번번 的 딍디 時 쓰스 ○
이믜 이러ᄒᆞ면 休 히휘 只 즈즈 管 권권 的 딍디 纏 쪈젼 張 쟝쟝 ○ 술이여 힐후디
말라 後 향후 頭 뜰투 房 빵방 子 즈즈 窄 쥉저 ○ 뒤헤 방이 좁고 老 랖랖 少 샿샤
又 잉우 多 더도 ○ 또 老少ㅣ 만코 又 잉우 有 잉우 箇 거거 老 랖랖 娘 냥냥 娘
냥냥 不 붕부 快 쾌쾌 ○ 또 ᄒᆞᆫ 늘근 겨집이 편티 몯ᄒᆞ니 伱 니니 不 붕부 嫌 현현 冷
릉릉 時 쓰스 ○ 네 ᄎᆞᆫ 디ᄅᆞᆯ 아쳐 아니커든 只 즈즈 這 져져 車 쳐쳐 房 빵방 裏 리리
宿 송수 如 유유 何 허허 ○ 이 술위 방의 잠이 엇더ᄒᆞ뇨 這 져져 般 번번 時 쓰스
○ 이러면 我 어오 只 즈즈 在 재재 車 쳐쳐 房 빵방 裏 리리 宿 송수 ○ 내 술
윗 방의셔 자마 主 쥬쥬 人 신신 家 갸갸 哥 거거 ○ 쥬인 형아 小 샿샤 人 신신
又 잉우 有 잉우 一 힝이 句 규규 話 화화 ○ 小人이 또 ᄒᆞᆫ 말이 이시니 敢 간간 說

老乞大諺解上 四十七

숴숴 麼 마마 ○ 닐넘즉ᄒᆞᆯ가 有 잉우 甚 씸슴 麼 마마 事 쓰스 ○ 므슴 일이 인ᄂᆞᆫ
고 伱 니니 說 숴숴 ○ 네 니ᄅᆞ라 這 져져 早 장잔 晩 환완 黑 헝허 夜 여여 ○ 이 져
믄 밤의 我 어오 其 끼키 實 씽시 肚 뚜두 裏 리리 飢 기기 了 럏랴 ○ 내 진
실로 ᄇᆡ 골패라 又 잉우 有 잉우 幾 기기 箇 거거 馬 마마 ○ 또 여러 ᄆᆞᆯ이 이시니 一
힝이 客 킹커 不 붕부 犯 빤반 二 ᅀᅳᆼᅀᅳᆯ 主 쥬쥬 ○ ᄒᆞᆫ 나그내 두 쥬인을 적시디 못ᄒᆞᆯ쎄
니 怎 즘즘 麼 마마 ○ 엇디ᄒᆞ려뇨 可 커커 憐 련련 見 견견 ○ 어엿비 너겨
糴 탕탄 與 유유 我 어오 一 힝이 頓 둔둔 飯 빤반 的 딍디 米 미미 ○ 우리를 ᄒᆞᆫ
세 밥 ᄡᆞᆯ과 和 허호 馬 마마 草 찹찬 料 랼랴 如 유유 何 허허 ○ ᄆᆞᆯ 딥과 콩을 밧괴여
줌이 엇더ᄒᆞ뇨 我 어오 這 져져 裏 리리 今 긴긴 年 년년 夏 햐하 裏 리리 天 텬텬
旱 한한 了 럏랴 ○ 우리 여긔 올 녀름의 하ᄂᆞᆯ히 ᄀᆞ믈고 秋 칭치 裏 리리 水 쉬쉬 澇

랗랖 了 럏랴 ○ ᄀᆞ올ᄒᆡ 믈 시여 田 뗜텬 禾 훠호 不 붕부 收 싱식 的 딍디 ○ 田禾
를 거두디 못ᄒᆞ니 因 힌인 此 ᄎᆞᄎᆞ 上 썅샹 ○ 이런 젼ᄎᆞ로 我 어오 也 여여 旋
쉔쉔 糴 띙디 旋 쉔쉔 喫 칭치 裏 리리 ○ 우리도 곳곰 밧고 곳곰 먹ᄂᆞ니 那 나나
裏 리리 有 잉우 糶 탕탄 的 딍디 米 미미 ○ 어듸 밧괼 ᄡᆞᆯ이 이시리오 我 어오
從 쭝충 早 장잔 起 키키 喫 칭치 了 럏랴 些 셔셔 飯 빤반 ○ 내 새배 져기 밥 먹고
到 땅닾 這 져져 早 장잔 晩 환완 ○ 이 ᄂᆞ즈매 다ᄃᆞ라 不 붕부 會 쭝층 喫 칭치
飯 빤반 裏 리리 ○ 밥을 먹디 못ᄒᆞ여시니 好 향한 生 승승 的 딍디 飢 기기 了
럏랴 ○ ᄀᆞ장 ᄇᆡ 골패라 伱 니니 糴 띙디 來 래레 的 딍디 米 미미 裏 리리 頭 뜰투
○ 네 밧괴여 온 ᄡᆞᆯ에셔 那 나노 與 유유 我 어오 些 셔셔 箇 거거 ○ 나ᄅᆞᆯ 져기 논
화 주고려 我 어오 只 즈즈 熬 암아 些 셔셔 粥 쥭주 喫 칭치 ○ 우리 져기 쥭 수어 먹기

老乞大諺解上 四十八

어지라 這 져져 的 딍디 一 힝이 百 빙버 箇 거거 錢 쪈쳔 ○ 이 一百 낫 돈에 隨
쒸취 伱 니니 意 이이 與 유유 些 셔셔 箇 거거 ○ 네 ᄆᆞ음대로 져기 주고려 一 힝이
百 빙버 箇 거거 錢 쪈쳔 ○ 一百 낫 돈에 與 유유 伱 니니 多 더도 少 샿샤 的
딍디 是 쓰스 ○ 네ᄅᆞᆯ 얼머나 주어야 올ᄒᆞᆯ고 隨 쒸취 伱 니니 與 유유 的 딍디 是
쓰스 ○ 네 대로 주미 므던ᄒᆞ니라 今 긴긴 年 년년 爲 위위 旱 한한 澇 랗랖 不 붕부
收 싱식 ○ 올ᄒᆡ ᄀᆞ믈고 믈 세여 거두디 못ᄒᆞᆫ 젼ᄎᆞ로 一 힝이 百 빙버 箇 거거 錢 쪈쳔
○ 一百 낫 돈에 糴 띙디 的 딍디 一 힝이 斗 등두 米 미미 ○ ᄒᆞᆫ 말 ᄡᆞᆯ을 밧고려니
와 我 어오 本 븐븐 沒 뭉무 糶 탕탄 的 딍디 米 미미 ○ 내 본디 밧괼 ᄡᆞᆯ이 업거
마는 既 기기 是 쓰스 客 킹커 人 신신 只 즈즈 管 권권 的 딍디 央 향양 及 끵기
○ 임의 나그내네 그저 하 비니 我 어오 糴 띙디 來 래레 的 딍디 米 미미 裏 리리

頭투틓 ○ 우리밧고아온쌀에셔 那노너與유유你니니三산산升싱싱 ○
너를서되를노날위줄쌔시니 煮쥬쥬粥주중胡후흫亂론뤈充충충飢기기 ○
죽쑤어간대로골픈듸예오라 下 客커킈人신신們믄믄休힉휘怪괘괘 ○ 나그
내들허믈말라 其키끼實시싱今긴긴年년년艱견견難난난 ○ 진실로올히가
난ᄒ여라 若쇼샹是스쓰似스쓰往왕왕年년년好한향收식싱時스쓰 ○
만일往年곳티됴히거두어시면 休힉휘說쉬쉬你니니兩량량三산산箇거거
人신신 ○ 너희두세사름은니릭디말려니와 便변뼌是스쓰十시씽數수수箇
箇거거客커컹人신신 ○ 곳열아믄나그내라도 也여여都두두與유유茶차짜
飯반뺜喫치칭 ○ 또다차반주어먹이리라 主쥬쥬人신신家갸갸哥거거 ○
쥬인형아 說쉬쉬的디딩正징징是스쓰 ○ 니름이정히올타 我오어也여여

老乞大諺解上　四十九

打다다聽팅팅得더뒹 ○ 나도듯보니 今긴긴年년년這저저裏리리 ○
올히여긔 田뎐텬禾호훠不부붕收식싱 ○ 田禾를거두디못ᄒ다ᄒ더라 既기기
這저저般번번時스쓰 ○ 임의이러ᄒ면 主쥬쥬人신신家가가哥거거 ○
쥬인형아 小샤샹人신신們믄믄 ○ 小人들히 待대때要양얀後후흫頭투틓
熬안암粥주중去큐큐 ○ ᄒ마뒤헤쥭쑤라가고쟈호디 這저저早잔장晚완완
黑허헣地디띠裏리리 ○ 이저므러어두온디 出츄츙入슈슝不부붕便변뼌
當당당 ○ 出入이편당티아니ᄒ니 又우왕你니니這저저狗구궁子즈즈利
리리害해해 ○ 또네이개모디니 不부붕揀견견怎즘즘麽마마 ○ 아므라나
골히디말고 你니니與유유我오어做주주些셔셔箇거거粥주중如슈슈
何허해 ○ 네날를져기쥭쑤어줌이엇더ᄒ뇨 罷바빠罷바빠 ○ 두어두어 你니니

客커컹人신신只즈즈這저저車처처房방빵裏리리 ○ 너희나그내그저이
술위방의 安안한排패빼宿수숭處츄츄 ○ 잘되ᄒ여이시라 我오어着죠쟢
孩해해兒술ᄉ們믄믄 ○ 내아희들ᄒ야 做주주將쟝쟝粥주중來래래與
유유你니니喫치칭 ○ 죽쑤어가져다가너희를주어먹이마 好한향好한향 ○
됴토다됴토다 多도더謝셔셔多도더謝셔셔 ○ 고장깃게이다 下 主쥬쥬人
신신家가가哥거거 ○ 쥬인형아 又우잉有유잉一이힝句규큐話화화 ○
또ᄒ말이이세라 人신신喫치칭的디딩且쳐쳐有유잉些셔셔箇거거 ○
사름머글거슨져기잇거니와 這저저馬마마們믄믄 ○ 이ᄆ돌흘 却궤쿼怎
즘즘生승승 ○ 또엇디ᄒ려뇨 一이힝發바빵那노너與유유些셔셔草찬찬
料랴량如슈슈何허해 ○ ᄒ쎄져가딥과콩을논일위줌이엇더ᄒ뇨 客커컹人

老乞大諺解上　五十

신신們믄믄 ○ 나그내들 說쉬쉬甚씸슴麼마마話화화 ○ 므슴말니르느뇨
人신신喫치칭的디딩也여여沒무뭉 ○ 사름머글것도업슨디 又우잉那
나나裏리리將쟝쟝馬마마的디딩草찬찬料랴량來래래 ○ 또어디가딥과
콩을가져오리오 我오어這저저院원원子즈즈後후흫頭투틓 ○ 우리이터
뒤헤 有우잉的디딩是스쓰草찬찬場챵쨩 ○ 잇ᄂ니져ᄒ초당이니 你니니喫
치칭了랴량飯반뺜時스쓰 ○ 네밥먹기ᄆ차든 着죠쟢兩량량箇거거 ○
둘흐로ᄒ야 趕간간着죠쟢馬마마 ○ 몰모라 那나나裏리리放방방去
큐큐 ○ 게다가노ᄒ라가라 頭투틓到단당明밍밍 ○ 새도록이시면 不부붕喫
치칭的디딩飽바방了랴량 ○ 아니머거도비브르리니 不부붕須슈슈糴디딩
草찬찬料랴량 ○ 구티여콩딥밧ᄭ디말라 這저저們믄믄時스쓰 ○ 이리

哥哥說的是 ○ 형의 닐옴이 올타 我車房裏去 ○ 내 술윗방의 가거니와 沒甚麼火 ○ 아므란 블 업ᄉᆞ니 教小孩兒 ○ 아ᄒᆡ ᄒᆞ여 拿箇燈來 ○ 등잔 혀 가져 오게 ᄒᆞ라 這們時 ○ 이러면 如今教將來 ○ 이제 ᄒᆡ여곰 가져 오게 ᄒᆞ마 咱們喫了飯時 ○ 우리 밥 먹기 ᄆᆞᆺ차든 這裏留兩箇看行李 ○ 여긔 둘흘 머믈워 짐들 보게 ᄒᆞ고 先着兩箇放馬去 ○ 몬져 둘흐로 ᄒᆞ여 ᄆᆞᆯ 노호라 건내고 到半夜前後 ○ 밤듕만 다ᄃᆞᆮ거든 却着這裏的兩箇 ○ ᄯᅩ 여긔 둘로 ᄒᆞ여곰 替迴來 ○ ᄀᆞ라 도라 오게 ᄒᆞ여 大家 ○ 대가 ᄒᆞᆫ디 得些睡時 ○ 져기 ᄌᆞᆷ을 자면 明日不渴睡 ○ ᄂᆡ일 ᄌᆞᆷ낫브디 아니ᄒᆞ리라

老乞大諺解上　五十一

這的燈來了 ○ 이 등잔블 오나다 若有粥將來 ○ 만일 쥭 잇ᄂᆞ나 가져오라 匙椀都有 ○ 술과 사발 다 이시니 你喫着 ○ 네 먹으라 咱們飯也喫了 ○ 우리 밥도 먹어다 你兩箇先放馬去 ○ 너희 둘히 몬져 ᄆᆞᆯ 노ᄒᆞ라 가라 到半夜裏 ○ 밤듕 다ᄃᆞᆮ거든 我兩箇却替你去 ○ 우리 둘히 너희ᄅᆞᆯ ᄀᆞᆯ라 가마 我恰纔睡覺了起去來 ○ 내 앗가 ᄀᆞᆺ ᄌᆞᆷᄭᆡ아 다니러 가쟈 參兒高也 ○ 삼셩이 ᄂᆞᆸ파시니 敢是半夜了 ○ 밤듕인 듯ᄒᆞ다 我先去 ○ 내 몬져 가 替那兩箇來睡 ○ 뎌 둘흘 ᄀᆞ라와 자게 ᄒᆞᄆᆡ시니 你却來那裏 ○ 네 ᄯᅩ 뎌러로 오나라 咱們兩箇看着馬 ○ 우리 둘히 ᄆᆞᆯ 들 보쟈 這們時你去 ○ 이러면 네 가라 你兩箇去睡些箇 ○ 너희 둘히 가 져기 자라 到那裏時 ○ 거긔 니든 教那箇火伴來着 ○ 뎌 벗으로 ᄒᆞ여 오게 ᄒᆞ라 你來了 ○ 네 오ᄂᆞᆫ다 你赶過馬來 ○ 네 ᄆᆞᆯ들 모라다가 在一處着 ○ ᄒᆞᆫᄃᆡ 잇게 ᄒᆞ라 容易照管 ○ 보ᄉᆞᆯ피기 쉽게 ᄒᆞ라 月黑了 ○ ᄃᆞᆯ이 어두오니 恐怕迷失走了 ○ 迷失ᄒᆞ야 ᄃᆞ라나 悞了走路 ○ 갈 ᄭᅵᆯ 머믈올가 저페라

老乞大諺解上　五十二

明星高了 ○ 새별이 노파시니 天道待明也 ○ 하ᄂᆞᆯ도 ᄒᆞ마 ᄇᆞᆯᄀᆞ리로다 咱們赶將馬去來 ○ 우리 ᄆᆞᆯ 모라 가 到下處 ○ 하쳐의 가셔 收拾了行李時 ○ 짐들 收拾ᄒᆞ노라 ᄒᆞ면 恰明也 ○ 마치 ᄇᆞᆯᄀᆞ리로다 這馬們都絟住着 ○ 이 ᄆᆞᆯ들을 다 ᄆᆡ야두고 教那兩箇起來 ○ 뎌 둘흐로 ᄒᆞ야 닐게 ᄒᆞ라 你

兩량량箇거거疾찡지快쾌쾌起키키來래레○셜너리회니둘러히收싛식
拾씽시行행힝李리리打다다馳떠토馱떠토○저자짐븐시것르서라러但
딴단是쓰스咱장자們믄믄的딩디行행힝李리리○짐믈들읫흘우리收
싱식拾씽시到닿닾着쟣죠○극收진拾히ᄒᆞ흐기고를主쥬쥬人싄신家갸갸
的딩디東둥둥西시시○거쥬스인란짓休힣휘錯찯초拿나나了랼랴去
큐큐○가그디룻말가라져馳떠토馱떠토都두두打다다了랼랴○시짐러다
다吖걍갸主쥬쥬人싄신家갸갸辭쓰츠了랼랴去큐큐來래레○인쥬
ᄒᆞᆫ블라러가하자딕主쥬쥬人싄신家갸갸哥거거○형쥬아인休힣휘恠괘괘
○말허라믈我어오去큐큐也여여○노우라리 가這저저裏리리定띵딩
害헤해了랼랴○이여괘긔라녈你니니有잉우甚씸슴麽마마定띵딩害

老乞大諺解上　五十三

쌔해處츄츄○끄너디회이므시슴리녈오인你니니休힣휘恠괘괘○믈네말허
끄好항핲去큐큐着쟣죠○가됴라히咱장자們믄믄前쪈쳔頭뜰투
到닿닾夏햐하店뎐뎐時쓰스○夏우店리의잚가호든로買매매飯빤반喫
칭치了랼랴○먹밥끄사儘진진晩완완到닿닾了랼랴京깅깅城찡칭○
京그城장의늣가게쟈야這저저裏리리到닿닾夏햐하店뎐뎐○店예가셔기夏
有잉우多더도少샿샤路루루○잇언느멋뇨길 히敢간간有잉우三산산
十씽시里리리多더도地띠디○히三잇十는里듯남ᄒᆞ즉다ᄒᆞᆫ 싸你니니夜
여여來래레怎즘즘麽마마說쉉숴十씽시里리리來래레路루루○어네
히제라엇니디ᄅᆞ十더里니ᄉ 씰今긴긴日싱시却쿵커怎즘즘麽마마說쉉숴
三산산十씽시里리리地띠디○里오싸놀히은라또니엇ᄅᆞ디ᄂᆞᆫ三다十我어오

夜여여來래레錯찯초記기기了랼랴○각내ᄒᆞ어엿제더그니룻 싱今긴긴
日싱시再재재想샹샹起키키來래레○싱오각놀ᄒᆞ다니시有잉우三산산
十씽시里리리多더도地띠디○ᄒᆞᆫ三싸十히里잇남다즉咱장지們믄믄休
힣휘磨뭐모拖터토○으우디리말문고그趁친친凉량량快쾌쾌○ᄒᆞᆫ서제늘
처밋馬마마又잉우喫칭치的딩디飽빵반時쓰스○비믈브이른또제먹 어
赶간간動뚱둥着쟣죠○녜모쟈라日싱시頭뜰투又잉우這저저早장잔
晩완완了랼랴○느히젓또는이되리那나나望왕왕着쟣죠的딩디黑흫허
林린린子즈즈○黑더林브이라 는便뼌변是쓰스夏햐하店뎐뎐○夏곳
라店 이這저저裏리리到닿닾那나나裏리리○감예이서 뎨還환환有
잉우七칭치八빵바里리리路루루○씰당히시잇롱고七나八 里你니니在

老乞大諺解上　五十四

째재先셴션也여여會쭁충比삥비京깅깅去큐큐來래레○일네즉아北래
시京되돈 녀怎즘즘麽마마不봉부理리리會휘회的딩디○디엇못디ᄒᆞ아
다는這저저夏햐하店뎐뎐我어오會쭁충走쭈주了랼랴一힝이兩량량
遭짱잔○ᄒᆞᆫ이두夏번店ᄃᆞ을녀내마아는래都두두忘왕왕了랼랴○저다시니
니那나나裏리리記기기得뒁더○ᄒᆞ어리더오싱 각店뎐뎐子즈즈
待때대到닿닾也여여○ᄃᆞ店롤도이ᄒᆞ로마다다咱장자們믄믄喫칭치些
셔셔甚씸슴麽마마茶짜차飯빤반好항핲○먹우어리야므됴슴흘음고식 을
我어오高갛갛麗리리人신신○ᄉ우사리룸高은麗不봉부慣관관喫칭치
濕씽시麪면면○디즌못국ᄒᆞ슈여먹라기 니咱장자們믄믄只즈즈喫칭치
乾간간的딩디如슈슈何허허○먹우음리이그엇저더므ᄒᆞ료뇨니這저저們

子部　第五冊

믄믄 時 쓰스 ○ 면이 러 咱 장자 們 믄든 買 매미 些 셔셔 燒 샹샾 餅 빙빙 ○
燒우 餅리 사져 고기 炒 참찬 些 셔셔 肉 숭수 喫 칭치 了 랴랸 ○ 복져 가기 먹고 고기
過 궈고 去 큐큐 ○ 가디 쟈나 咱 장자 們 믄는 這 져져 裏 리리 ○ 여우 기리 當
당당 住 쮸쥬 馬 마마 絟 솬솬 着 쟣죠 ○ 미물 고자 바 卸 셔셔 下 햐햐 行 행힝
李 리리 着 쟣죠 ○ 오짐 고브 리 飯 빤한 店 뎐뎐 裏 리리 去 큐큐 來 래레 ○
뎜음 에식 가푸 쟈는 過 궈고 賣 매매 ○ 뒷음 사식 룸푸 아는 先 션션 將 쟝장 一 힝이
捥 훤원 溫 훈운 水 슈쉬 來 래레 ○ 온몬 물져 가흔 져사 오발 라더 我 어오 洗 시시
面 면면 ○ 서내 지ᄌ 라시 客 킈커 人 신신 們 믄는 洗 시시 面 면면 了 랴랸 ○
낫나 시그 서너 다네 過 궈고 賣 매매 ○ 뒷음 사식 룸푸 아는 抹 뭉마 卓 좔조 兒 숲술
○ 서상 라스 客 킈커 人 신신 喫 칭치 些 셔셔 甚 씸숨 麽 마마 茶 짜차 飯 빤한

朴通事諺解上　五十五

○ 차나 반그 먹내 을들 고므 合 我 어오 四 亽스 箇 거거 人 신신 ○ 사우 룬리 의네
게 炒 참찬 着 쟣죠 三 산산 十 씽시 箇 거거 錢 쪈천 的 딩디 羊 양약 肉 숭수
○ 羊설 肉흔 을낫 복돈 고엣 將 쟝장 二 숲슬 十 씽시 箇 거거 錢 쪈천 的 딩디 燒
샹샾 餅 빙빙 來 래레 ○ 餅스 을므 가낫 져돈 오엣 라燒 這 져져 湯 탕탕 淡 땬단 ○
거이 오탕 니이 合 有 읻우 塩 연연 醬 쟝장 拿 나나 些 셔셔 來 래레 ○ 장소 잇금
가거 져든 오져 라기 我 어오 自 쯔즈 調 땋턒 和 훠호 喫 칭치 ○ 거내 먹손 어조 지섯
라 這 져져 燒 샹샾 餅 빙빙 ○ 餅이 이燒 一 힝이 半 번번 兒 숲술 冷 릉릉 ○
太반 고은 一 힝이 半 번번 兒 숲술 熱 셩셔 ○ 덥반 다은 熱 셩셔 的 딩디 留 릳리
下 햐햐 着 쟣죠 ○ 란더 두오 라니 我 어오 喫 칭치 ○ 먹우 쟈리 這 져져 冷 릉릉
的 딩디 你 니니 拿 나나 去 큐큐 ○ 네이 가太 져니 가란 爐 루루 裏 리리 熱 셩셔

着 쟣죠 來 래레 ○ 위화 오로 라에 데 咱 장자 們 믄믄 飯 빤한 也 여여 喫 칭치
了 랴랸 ○ 먹우 어리 다밥 도 與 유유 了 랴랸 飯 빤한 錢 쪈천 去 큐큐 ○ 갑밥
가주 쟈고 過 궈고 賣 매매 ○ 리음 야식 풀 來 래레 會 휘휘 錢 쪈천 ○ 모와 도돈
라 通 퉁퉁 該 개개 多 더도 少 샿샾 ○ 머대 고되 언 二 숲슬 十 씽시 箇 거거
錢 쪈천 燒 샹샾 餅 빙빙 ○ 燒스 餅므 이낫 오돈 엣 三 산산 十 씽시 箇 거거 錢
쪈천 羊 양양 肉 숭수 ○ 羊설 肉흔 이낫 니돈 엣 通 퉁퉁 是 쓰스 五 우우 十 씽시
箇 거거 錢 쪈천 ○ 돈모 이도 로니 다쉰 낫 咱 장자 們 믄믄 打 다다 馳 떠토
馱 떠토 行 힝힝 ○ 러우 녜리 쟈짐 시 日 싱시 頭 뜰투 正 징징 晌 샹샹 午 우우
也 여여 ○ 나희 지정 니히 有 읻우 些 셔셔 熱 셩셔 ○ 덥져 다기 早 쟣잔 來 래레
○ 의아 츰 喫 칭치 了 랴랸 乾 간간 物 웅우 事 쓰스 ○ 먹므 으른 니것 有 읻우

朴通事諺解上　五十六

些 셔셔 渴 컹커 ○ 므져 르기 다목 前 쪈천 頭 뜰투 不 붕부 遠 원원 ○ 아앏 니피
리멀 有 읻우 箇 거거 草 찰찬 店 뎐뎐 兒 숲술 ○ 뎜혼 이초 이가 시로 니지 은 到
당닫 那 나나 裏 리리 ○ 가뎨 咱 장자 們 믄는 喫 칭치 幾 기기 盞 잔잔 酒 징직
○ 술우 을리 먹두 어어 잔 解 계계 渴 컹커 ○ 헤목 왓므 고른 되 歇 혛혀 住 쮸쥬
頭 뜰투 口 쿻쿠 着 쟣죠 ○ 오즘 되싱 쉬 鬆 짬잔 時 쓰스 間 견견 ○ 덧잠 이산
나 卸 셔셔 下 햐햐 行 힝힝 李 리리 來 래레 ○ 윗짐 다브 가리 喫 칭치 幾 기기
盞 잔잔 酒 징직 ○ 술두 먹어 교잔 便 뼌변 過 궈고 去 큐큐 ○ 나믄 가득 쟈디 賣
매매 酒 징직 的 딩디 ○ 리술 야풀 拿 나나 二 숲슬 十 씽시 箇 거거 錢 쪈천 的
딩디 酒 징직 來 래레 ○ 을스 가므 져낫 오돈 라엣 술 客 킈커 人 신신 們 믄믄 ○
내나 네그 這 져져 二 숲슬 十 씽시 箇 거거 錢 쪈천 的 딩디 酒 징직 ○ 므이 낫스

이돈 라엣술 酒짐직 好함핲 麽마마 ○훈술 나이 됴 好함핲 酒짐직 ○훈됴
나술 이 你니니 嘗짱챵 看칸칸 ○보네 라먹 어 酒짐직 不봉부 好함핲 時
쓰스 ○아술 니곳 커됴 든티 不봉부 要향얀 還환환 錢쪈쳔 ○디갑 말술 라갑 將
쟝쟝 就찍직 喫칭치 的딍디 過궈고 ○먹두 자위 라 有잉우 甚씸슴 麽마마
好함핲 菜채채 蔬수수 ○므므 새슴 잇됴 거훈 든ᄂᆞ 拿나나 些셔셔 箇거거 來
래레 ○져져 오기 라가 這져져 們믄믄 時쓰스 ○면이 러 有잉우 鹽연연 瓜
과과 兒슬술 ○이저 시린 니외 如슈슈 今긴긴 便뼌변 將쟝장 來래레 ○제이
저즉 오제 마가 客킈커 人신인 們믄믄 ○내니 네그 熱셩연 喫칭치 那나나 涼
량량 喫칭치 ○초더 니오 먹니 올먹 다을 다 罷빠바 罷빠바 ○두두 위위 休힝휘
旋쒼쉰 去큐큐 ○디데 알오 라라 가 我어오 只즈즈 涼량량 喫칭치 ○리우

먹그 을저 이초 라니 大따다 哥거거 ○아큰 형 先션션 喫칭치 一힝이 盞
잔산 ○먹몬 으져 라ᄒᆞᆫ 잔 大따다 哥거거 受씽식 禮리리 ○져큰 네형 를아 바몬
라드 你니니 敢간간 年년년 紀기기 大따다 ○둣네 ᄒᆞ나 니히 한 怎즘즘 麽
마마 受씽식 禮리리 ○례엇 ᄒᆞ디 료내 슈 大따다 哥거거 你니니 貴귀귀 壽
씽싀 ○히형 언아 머네 고나 小샿샤 人신인 年년년 紀기기 三산산 十씽시 五
우우 歲쉬쉬 ○흔小 다人 솟은 시나 라히 셜 小샿샤 人신인 纔재채 三산산 十
씽시 二슬슬 歲쉬쉬 ○十小 二人 歲은 라곳 三 大따다 哥거거 ○아큰 형 你
니니 年년년 紀기기 大따다 ○하네 도나 다히 受씽식 禮리리 ○ᄒᆞ슈 라래 小
샹샤 人신인 雖쉬쉬 年년년 紀기기 大따다 ○나小 히人 하이 나비 록 怎즘즘
麽마마 便뼌변 受씽식 禮리리 ○례엇 ᄒᆞ디 료곳 슈 咱장자 們믄믄 都두두

起키키 來래레 ○니우 러리 야다 大따다 家갸가 自쯔즈 在째재 ○므대 음되
로노 다홀 이 那나나 般번번 時쓰스 ○면그 러 教갸갸 你니니 受씽식 禮
리리 ○ᄒᆞ너 라ᄒᆞ 호여 되受 禮 堅견견 執징지 不봉부 肯큰큰 ○고堅 듯執 디ᄒᆞ
ᄒᆞ아 니니 滿먼먼 飲인인 一힝이 盞잔잔 ○이ᄒᆞᆫ 먹잔 고ᄀ 득 休힝휘 留릭릭
底디디 酒짐직 ○디술 마을 자홀 리 咱장자 們믄믄 都두두 休힝휘 講걍걍
禮리리 ○촐우 히리 디다 말禮 고를 喫칭치 一힝이 盞잔잔 酒짐직 ○술ᄒᆞᆫ 을잔
쟈먹 喫칭치 了량랴 酒짐직 也여여 ○어술 다먹 會휘휘 了량랴 酒짐직 錢
쪈쳔 去큐큐 來래레 ○라술 가갑 쟈혜 賣매매 酒짐직 的딍디 ○리술 야풀
來래레 會휘휘 錢쪈쳔 ○헤와 라돈 這져져 的딍디 五우우 分뿐분 銀인인
子즈즈 ○은이 이五 니分 貼텽텨 六룽뤼 箇거거 錢쪈쳔 饋귀귀 我어오 ○

스여 려숫 날낫 주돈 고을 려거 大따다 哥거거 與유유 些셔셔 好함핲 的딍디 銀
인인 子즈즈 ○은큰 을형 주아 고됴 려흔 這져져 銀인인 只즈즈 有잉우 八빵바
成찡칭 銀인인 ○成여 은은 이이 니八 怎즘즘 麽마마 使슷스 的딍디 ○디엇
오쓰 리 這져져 銀인인 子즈즈 嬈현현 甚씸슴 麽마마 ○서이 슬은 새을 리므
다는 細시시 絲슷스 兒슬술 分뿐분 明밍밍 都두두 有잉우 ○分細 明絲 히
시다 니이 怎즘즘 麽마마 使슷스 不봉부 得뒹더 ○못엇 ᄒᆞ디 리쓰 오디 你니니
不봉부 識싱시 銀인인 子즈즈 時쓰스 ○못네 ᄒᆞ은 거을 든아 디 教걍갸 別
뼝벼 人신인 看칸칸 ○ᄒᆞ다 여른 뵈사 라룸 我어오 怎즘즘 麽마마 不봉부 識
싱시 銀인인 子즈즈 ○아내 디엇 못디 ᄒᆞ은 여을 要향얀 甚씸슴 麽마마 教걍갸
別뼝벼 人신인 看칸칸 去큐큐 ○ᄒᆞ므 여슴 뵈아 라라 가다 리른 오사 룸 換휜훤

錢쪈천不붕부折쎵셔本븐븐○돈밧고와밋디디아니면홀새시니你니니自
쯔즈別뼝벼換훤훤與유유五우우分뻔븐好핳할的딍디銀인인子쯔즈
便뼌변是쓰스○네각별이五分됴흔은을밧고와줌이웃올커니ᄯᆞ나要향야甚
씸슴麼마마合겅거口쿵쿠○므슴아라입힐홈ᄒᆞ리오這저저賣매매酒짇직
的딍디○이술ᄑᆞ는이也여여快쾌쾌纏쪈쳔○싯구기잘ᄒᆞ는고나這저저
們믄믄的딍디好핳할銀인인子쯔즈○이런됴흔은을怎즘즘麼마마使
숭스不붕부得둥더○엇디ᄡᅳ디못ᄒᆞ리오今긴긴早짷잪起키키喫칭치飯
빤한處츄츄○오ᄂᆞᆯ앗참밥먹은곳애셔貼텽텨將쟝쟝來래래的딍디銀인인
子쯔즈○팀바다가져온은이라罷빠바罷빠바○두어두어將쟝쟝就징직
留릳릭下햐하着쨯죠○두어라ᄒᆞ여두쟈便뼌변使숭스不붕부得둥더

老乞大諺解 上

也여여罷빠바○ᄡᅳ디못ᄒᆞ여도무던ᄒᆞ다你니니說숴쉐甚씸슴麼마마話
화화○네므슴말을니르는다使숭스不붕부得둥더時쓰스○ᄡᅳ디못홀새시
면你니니肯큰큰要향야麼마마○네즐겨바들ᄶᅡ打다다了랼랴馳
떠토馱떠토着쨯죠行힝힝○짐시러녜쟈日ᅀᅵᅀᅵ頭뜰투後훟후晌샹샹
也여여○날이낫계엇다這저저裏리리離리리城찡칭有잉우的딍디五
우우里리리路루루○예셔잣ᄲᅳᆷ이五里ㅅ길히이시니着쨯죠兩량량箇거거
後훟후頭뜰투趕간간將쟝쟝頭뜰투口쿵쿠來래래○둘호로ᄒᆞ여뒤헤즘
ᄉᆡᆼ모라오게ᄒᆞ고我어오和훠호一잉이箇거거火훠호伴뻔번先션션去
큐큐○나와ᄒᆞᆫ벗이몬져가尋씬신箇거거好핳할店뎐뎐安한안下햐하着
쨯죠○됴흔店어더부리오고却컹커來래래迎잉잉你니니○ᄯᅩ와너마자가

리라咱장자們믄믄先션션說숴쉐定띵딩着쨯죠○우리몬져닐러뎡ᄒᆞ아시
니只즈즈投뜰투順쓘슌城찡칭門믄믄官권권店뎐뎐裏리리下햐하
去큐큐○그저順城門官店에드러가브리오쟈那나나們믄믄時쓰스○그러
면你니니兩량량箇거거先션션去큐큐○너희둘히몬져가라我어오兩
량량箇거거後훟후頭뜰투慢안만慢만만的딍디趕간간將쟝쟝頭뜰투
口쿵쿠去큐큐○우리둘흔뒤헤날회여즘ᄉᆡᆼ모라가마咱장자們믄믄疾찡지
快쾌쾌行힝힝動뚱둥着쨯죠○우리ᄲᆞᆯ리녜쟈比비비及긱기到닿닫那
나나裏리리尋씬신了랼랴店뎐뎐時쓰스○뎨가뎜어드매미츠면那나나
兩량량箇거거到닿닫來래래了랼랴也여여○뎌둘도오리라店뎐뎐
主쥬쥬人신신家가가哥거거○뎜쥬인형아後훟후頭뜰투還환환有

老乞大諺解 上

잉우幾기기箇거거火훠호伴뻔번○뒤헤ᄯᅩ여러벗이趕간간着쨯죠幾
기기匹핑피馬마마來래래也여여○여러ᄆᆞᆯ을모라오ᄂᆞ니你니니這저저
店뎐뎐裏리리○네이뎜에下햐하的딍디我어오麼마마○우리를브리올
ᄯᆡ你니니通퉁퉁幾기기箇거거人신신幾기기箇거거馬마마○너희
대되멧사ᄅᆞᆷ에몃ᄆᆞᆯ고我어오共궁궁通퉁퉁四ᄉᆞ스箇거거人신신○우리
대되네사ᄅᆞᆷ에十씽시箇거거馬마마○열ᄆᆞᆯ이라車쳐쳐子쯔즈有잉우麼
마마○술위잇ᄂᆞ냐車쳐쳐子쯔즈沒뭉무○술위업다這저저們믄믄的
딍디時쓰스○이러면下햐하的딍디你니니○너희를브리오마那나나
東둥둥邊변변有잉우一잉이間견견空쿵쿵房빵방子쯔즈○뎌동녁겻
틔ᄒᆞᆫ간뷘방이이시니你니니看칸칸去큐큐○네보라가라你니니引인인

我어오看칸칸去큐큐來래레○네 날을 드려 보라 가쟈 我어오忙망망○
내 밧바 沒몽무功궁궁夫부부去큐큐○결을 어더 가디 못ᄒᆞ리로다 你니니
自ᄶᅳ즈看칸칸去큐큐着쟣죠○네 보라 가라 悞우우了랴랴你니니多
더도少샹샾功궁궁夫부부○네 언머 공부를 머므로료 到닿닫那나나裏리리
看칸칸了랴랴房빵방子즈즈中즁중不부부中즁중○게 가 방이 맛당ᄒᆞᆫ가
몯 맛당ᄒᆞᆫ가 보고야 我어오說쉬숴一이이句규규話화화○내 ᄒᆞᆫ 말올 니ᄅᆞ려 ᄒᆞ
노라 這져져們믄믄時ᄊᆞ스去큐큐來래레○이리면 가마 你니니這져져
房빵방兒ᅀᅳᆯ슬也여여下햐햐的디디我어오○네 이 집의 우리를 브리오거니
와 茶짜차飯빤반如슈슈何허허○차반은 엇디ᄒᆞ려뇨 茶짜차飯빤한時
ᄊᆞ스 我어오店뎐뎐裏리리家갸갸小샹샾○음식은 우리 뎜에 집사ᄅᆞᆷ이 新

신신近낀긴出츄츄去큐큐了랴랴○요ᄉᆞ이 나기시니 委위위實ᄊᆞ시沒
몽무人신신整징징治ᄶᅵ치○진실로 ᄃᆞᆯ홀 사ᄅᆞᆷ이 업ᄉᆞ니 你니니客켜커人
신신們믄믄自ᄶᅳ즈做주주飯빤반喫치치○너희 나그내들 손조 밥 지어 먹오라
我어오們믄믄自ᄶᅳ즈做주주飯빤반喫칭치喫칭치時ᄊᆞ스○우리 손조 밥 지어 먹
으면 鍋궈고竈잗잔椀원원楪뎌뎌都두두有잉우麼마마○가마와 노고자
리와 사발 뎝시 다 잇ᄂᆞ냐 那나나的디디你니니放방방心신신○글란 네 ᄆᆞᄋᆞᆷ 노
화 시라 都두두有잉우○다 잇다 這져져們믄믄便뼌변○이러면 我
어오迎잉잉火훠호伴뻔번去큐큐○내 벗을 마조라 가마 你니니去큐큐着
쟣죠○네 가라 你니니兩량량箇거거到닿닫這져져裏리리多더도
少샹샾時ᄊᆞ스○너희 둘히 예 오난디 언머나 ᄒᆞ뇨 我어오纔ᄍᆡ채到닿닫這

저져裏리리○우리 ᄀᆞᆺ 여긔 오롸 待때대要향얍尋씬신你니니去큐큐來
래레○ᄒᆞ마 너 ᄎᆞᄌᆞ라 가려 ᄒᆞ더니 你니니却컹커來래레了랴랴○네 ᄯᅩ 오나
다 店뎐뎐在쨰재那나나裏리리○뎜이 어듸 잇ᄂᆞ뇨 那나나西시시頭
뜰투有잉우○뎌 셧녁 ᄀᆞᆺ틔 잇ᄂᆞ니라 行형힝李리리都두두搬번번入슈슈
來래레着쟣죠○짐들 다 옴겨 드려오고 把바바馬마마們믄믄都두두鬆
숭숭了랴랴○ᄆᆞᆯ들 다 오랑을 서오니ᄒᆞ고 且쳐쳐休힝휘摘징저了랴랴鞍
한안子즈즈○아직 기르마 벗기디 말라 你니니去큐큐問운운主쥬쥬人신신
家갸갸○네 가 쥬인ᄃᆞ려 무러 要향얖幾기기箇거거席씽시子즈즈藁강간
薦젼젼來래레○여러 돗과 지즑을 달라 ᄒᆞ야 오고 就짇직拿나나苕땋탄箒
짇직來래레掃상산地띠디○임의셔 ᄂᆞᆺ 뷔 가져다가 ᄯᅡ흘 ᄡᅳᆯ리 行힝힝李리리

老乞大諺解上

且쳐쳐休힝휘搬번번入슈슈去큐큐○짐으란 아직 옴겨 드리디 말고 等등등
鋪푸푸了랴랴席씽시薦젼젼時ᄊᆞ스○돗과 지즑 ᄭᆞᆯ믈 기ᄃᆞ려 一이이發
방비搬번번入슈슈去큐큐○ᄒᆞᆫᄢᅴ 옴겨 드려가라 客켜커人신신們믄믄
○나그내 너 你니니這져져馬마마要향얍賣매매麼마마○네 이 ᄆᆞᆯ을 ᄑᆞᆯ고
져 ᄒᆞᄂᆞ냐 可커커知지지我어오要향얍賣매매裏리리○그리어니 내 ᄑᆞᆯ고 져
ᄒᆞ노라 你니니既기기要향얍賣매매時ᄊᆞ스○네 ᄒᆞ마 ᄑᆞᆯ고져 ᄒᆞ거든 也
여여不봉부須슈슈你니니將쟝쟝往왕왕市ᄊᆞ스上썅샹去큐큐○ᄯᅩ 모
로미 네 가져 져재로 가디 말고 져 只즈즈這져져店뎐뎐裏리리放방방着쟣죠○
그저 이 뎜에 두라 我어오與유유你니니尋씬신主쥬쥬兒ᅀᅳᆯ슬都두두賣
매매了랴랴○내 너ᄅᆞᆯ 위ᄒᆞ야 님자 어더 다 ᄑᆞᆯ게 ᄒᆞ마 罷빠바罷빠바○두워 두워

到닿닫明밍밍日ᅀᅵᆼ시再재재說숴숴話화화 ○ 너일다시 말ᄒᆞ쟈 咱쟝자
這져져馬마마們믄믄路루루上썅샹來래레 ○ 우리이ᄆᆞᆯᄃᆞᆯ 길히오노라 ᄒᆞ
每믜믜日ᅀᅵᆼ시走즇주路루루子즈즈辛신신苦쿠쿠 ○ ᄆᆡ일 길 녀 슈구ᄒᆞ
고 喂휘위不붕부到닿닫 ○ 먹키기를 못ᄒᆞ야시니 장 都두두沒뭏무甚
씸슴麼마마賸밪반 ○ 다아므란술 짐이업ᄉᆞ니 便뼌변將쟝장到닿닫市쓿스
上썅샹 ○ 즉제가져 져제가면 市쓿스上썅샹人신신也여여出춯츄不붕부
上썅샹價갸갸錢쪈쳔 ○ 져젯사ᄅᆞᆷ도갑슬도 내디아니ᄒᆞ리라 咱쟝자們믄믄
捨셔셔着쨯죠草찰찯料럏랴 ○ 우리딥과 콩을ᄇᆞ려 好핳핲生승승喂휘위
幾기기日ᅀᅵᆼ시𤼵밯바落랗로 ○ ᄀᆞ장여러날먹 여디쳐ᄒᆞ야도 也여여不붕부
遲쯰치裏리리 ○ ᄯᅩ더디디아 니ᄒᆞ리라 你니니說숴숴的딩디是쓿스 ○

老乞大諺解上　六十三

네닐옴 이올타 我어오也여여心신신裏리리這져져們믄믄想샹샹着쨯죠
○ 나도ᄆᆞᄋᆞᆷ애이리 싱각ᄒᆞ엿노라 我어오又잉우有잉우人신신蔘슨슨毛
맣모施슿스布부부 ○ 내ᄯᅩ人蔘과모 시뵈이시니 明밍밍日ᅀᅵᆼ시打다다聽
팅팅價갸갸錢쪈쳔去큐큐來래레 ○ ᄂᆡ일갑슬듯 보라가셔 有잉우價갸갸
錢쪈쳔時쓿스賣매매了럏랴着쨯죠 ○ 갑시이시 면풀고 怕파파十씹시
分뿐분的딩디賤쪈젼時쓿스 ○ ᄒᆞ다가ᄀᆞ 장쳔ᄒᆞ면 且쳐쳐停뗭팅些셔셔
時쓿스 ○ 아직잠싼머 믈워두리라 你니니那나나裏리리打다다聽팅팅去
큐큐 ○ 네어ᄃᆡ듯 보라갈ᄯᆡ 吉깋기慶킹킹店뎐뎐裏리리有잉우我어오相
샹샹識싱시 ○ 吉慶店에내서ᄅᆞ 아ᄂᆞᆫ이이시니 那나나裏리리問뭔운去큐큐
○ 뎌긔무로 라가리다 這져져們믄믄時쓿스 ○ 이러 면 到닿닫明밍밍日

ᅀᅵᆼ시咱쟝자們믄믄同뚱통去큐큐 ○ ᄂᆡ일다ᄃᆞᆺ거든우 리ᄒᆞᆫ번의가쟈 你니니
兩량량箇거거看칸칸着쨯죠頭뚷투口쿻쿠 ○ 너희둘히 즘싱보라 我어오
兩량량箇거거到닿닫城쪙칭裏리리去큐큐便뼌변來래레 ○ 우리 둘히
자안히가셔 즉제오마

老乞大諺解上　六十四

老랗랖乞킿키大따다諺연연解계계上썅샹

老乞大諺解 下

拜揖大哥 ○ 這店裏賣毛施布的高麗客人李舍有麼 ○ 你尋他怎麼 ○ 我是他親眷 纔從高麗地面來 ○ 恰纔出去了 ○ 往羊市角頭去了 ○ 他說便來 ○ 你且出去 ○ 等一會再來 ○ 他羊市角頭去時 又不遠 ○ 我只這裏等 ○ 隨你等着 ○ 他在那箇房子裏下 ○ 那西南角上 ○ 芭籬門南邊 小板門兒便是 ○ 他出去了 ○ 看家的有麼 ○ 有箇後生來 ○

這裏不見 ○ 敢出去了 ○ 你高麗地面裏將甚麼貨物來 ○ 我將的幾疋馬來 ○ 再有甚麼貨物 ○ 別沒甚麼 ○ 有些人蔘毛施布 ○ 如今價錢如何 ○ 價錢如今常 ○ 人蔘正缺着裏 ○ 最好價錢 ○ 如今賣的多少 ○ 往年便只是三錢一斤 ○ 如今爲沒有賣的 ○ 五錢一斤家也沒處尋裏 ○ 你那蔘 ○ 裏蔘 ○ 我的是新羅蔘 ○ 新羅蔘時又好 ○ 愁甚麼賣 ○ 那箇不是李舍來了 ○ 好麼好麼 ○ 幾時來

래례 ○ 오언 뇨제 家 갸가 裏 리리 都 두두 好 할한 麼 마마 ○ 이집 대의 잇서 던다
가 都 두두 安 한안 樂 랗로 來 래례 ○ 잇다 더이 라대 我 어오 下 해하 處 츄츄
去 큐큐 ○ 에내 가하 자쳐 請 칭칭 請 칭칭 ○ 노청 니ᄒᆞ 裏 리리 頭 뜰투 坐 쭤조
的 딍디 ○ 즈안 라해 안 你 니니 從 쭝충 幾 기기 時 쓰스 離 리리 了 랼랴 王
왕왕 京 깅깅 ○ 의네 셔언 벼제 난또 다京 我 어오 七 칭치 月 웨웨 初 추추 頭 뜰투
離 리리 了 랼랴 ○ 애내 벼七 나月 라초 싱 却 켱커 怎 즘즘 麼 마마 這 져져 時
쓰스 間 갼견 纔 째채 來 래례 到 닿다 ○ 에또 아엇 곳디 온이 다즈 음 我 어오 沿
연연 路 루루 慢 만만 慢 만만 的 딍디 來 래례 ○ 날내 회길 여홀 오조 라차 我 어오
家 갸가 裏 리리 有 잉우 書 슈슈 信 신신 麼 마마 ○ 뮈우 잇리 느집 나의 유 有
잉우 書 슈슈 信 신신 ○ 잇유 다뮈 這 져져 書 슈슈 上 썅샹 寫 셔셔 着 쟢죠 ○

쎠이 시유 미무 예 沒 뭉무 甚 씸씀 麼 마마 備 삐비 細 시시 ○ 셔아 ᄒᆞ므 줄란 이ᄉᆞ
다ᄋᆞᆫ 你 니니 來 래례 時 쓰스 ○ 저네 긔올 我 어오 父 뿌부 親 친친 ○ 父우 親리
母 무무 親 친친 ○ 親母 伯 빙버 父 뿌부 ○ 자뭇 비아 叔 송수 父 뿌부 ○ ᄋᆞ아
비아 자 伯 빙버 娘 냥냥 ○ 비뭇 겨아 집자 嬸 신신 子 즈즈 ○ 비아 겨ᄋᆞ 집아 자
姐 져져 姐 져져 ○ 의뭇 누 姐 져져 夫 부부 ○ 남뭇 진누 의 二 ᅀᅳᆯ을 哥 거거
○ 형둘 재 三 산산 哥 거거 ○ 형셋 지 嫂 상산 子 즈즈 ○ 겨형 집의 妹 믜믜
子 즈즈 ○ 누아 의ᄋᆞ 兄 흥흥 弟 띠디 們 믄믄 ○ 들아 히ᄋᆞ 都 두두 安 한안 樂
랗로 好 할한 麼 마마 ○ 잇다 텬이 가대 都 두두 安 한안 樂 랗로 ○ 잇다 더이 라대
那 나나 般 번번 好 할한 時 쓰스 ○ 이그 시리 면됴 히 休 힝휘 道 닿다 黃 ᅘᆞᆼ황
金 긴긴 貴 귀귀 ○ 니黃 ᄅᆞ金 디이 말귀 라ᄒᆞ 다 安 한안 樂 랗로 直 쯩지 錢 쪄쳔

多 더도 ○ ᄊᆞ편 미아 하홈 니이 라아 빗 快 괘쾌 道 땋닿 ○ ᄒᆞ괴 다이 今 긴긴 日
싱시 早 쟝잪 起 키키 ○ 춤오 의놀 아 喜 히히 鵲 챱챱 兒 슬슬 噪 샿산 ○ 치가
고울 又 잉우 有 잉우 嚏 디디 噴 픈픈 來 래레 ○ ᄒᆞ또 더조 니치 옴 果 귀고 然
연연 有 잉우 親 친친 眷 권권 來 래레 ○ 이果 오然 고권 당 又 잉우 有 잉우 書
슈슈 信 신신 ○ 이또 시書 니信 이 却 켱커 不 봉부 道 땋닿 ○ ᄅᆞ또 느아 나니 니
家 갸갸 書 슈슈 直 쯩지 萬 환완 金 긴긴 ○ 다家 ᄒᆞ書 느ㅣ 니萬 라金 ᄊᆞ 小 샹샤
人 신신 拙 쥥줘 婦 뿌부 和 해호 小 샹샤 孩 해해 兒 슬슬 們 믄믄 ○ 의아 계시
히집 들과 히아 都 두두 安 한안 樂 랗로 麼 마마 ○ 잇다 던이 가대 都 두두 安 한안
樂 랗로 ○ ᄒᆞ다 더安 라樂 你 니니 那 나나 小 샹샤 女 뉴뉴 兒 슬슬 ○ 져네 근그
이돌 出 츙츄 疹 친친 子 즈즈 來 래레 ○ 낫되 더야 니기 我 어오 來 래레 時 쓰스

都 두두 完 원원 痊 쳔쳔 痾 커커 了 랼랴 ○ 암내 그올 랏제 더다 라됴 하 你
니니 將 쟝쟝 甚 씸슴 麼 마마 貨 훠호 物 웅우 來 래레 ○ 을네 가므 저슴 온貨 다物
我 어오 將 쟝쟝 着 쟢죠 幾 기기 匹 핑피 馬 마마 來 래레 ○ 몰내 올어 가러 저필
고오 又 잉우 有 잉우 些 셔셔 人 싄신 參 슨손 毛 망모 施 슨스 布 부부 ○ 人또
뵈參 ○과 시모 니시 如 유유 今 긴긴 價 갸가 錢 쪈쳔 如 유유 何 해허 ○ 갑이 시제
ᄒᆞ엇 뇨더 馬 마마 的 딍디 價 갸갸 錢 쪈쳔 和 해호 布 부부 價 갸갸 只 즈즈 依
히이 往 왕왕 常 짱창 ○ 저몰 녜갑 곳과 거빗 니갑 와손 그 人 싄신 參 슨손 價 갸갸
錢 쪈쳔 十 씽시 分 뽄분 好 할한 ○ 장人 됴參 ᄒᆞ갑 니손 라ᄀ 說 쉉워 的 딍디 是
쓰스 ○ 올닐 타옴 이 恰 쨩캬 纔 째채 這 져져 店 뎐뎐 裏 리리 ○ 이앗 店셰 겟곳
那 나나 客 킈커 人 싄신 也 여여 這 져져 般 번번 說 쉉워 ○ 도더 이나 리그 니내

ᄃᆞ더라 你니니有잉우幾기기箇거거火훠호伴뻔번 ○네 몃 벗이 잇ᄂᆞ뇨

又잉우有잉우兩량량箇거거火훠호伴뻔번 ○ᄯᅩ 두 벗이 이쇼되 都두두

是쓰스親친친眷권권 ○다 권당이니 一힝이箇거거是쓰스姑구구舅

긩구哥거거哥거거 ○ᄒᆞ나ᄒᆞᆫ 姑舅의게셔 난 형이오 一힝이箇거거是쓰스兩

량량姨이이兄흉흉弟띠디 ○ᄒᆞ나ᄒᆞᆫ 兩姨의게셔 난 아이라 在째재那나나裏

리리下햐하 ○어듸 브리웟ᄂᆞᆫ고 在째재順쓘슌城찡칭門믄믄官권권店

뎐뎐街계계北븽버一힝이箇거거車쳐쳐房빵방裏리리下햐하着쟢죠

○順城門官店거릿 븍녁 ᄒᆞᆫ 술윗방의 부리워 잇노라 從쭝충幾기기時쓰스來래레

到당닫 ○안제 오뇨 我어오只즈즈夜여여來래레到당닫 ○내 그저 어제 오

롸 這저저火훠호伴뻔번是쓰스誰쒸쉬 ○이 벗은 누고고 到당닫遼략랴

老乞大諺解下　五

東둥둥這저저邊변변 ○遼東 이녁킈 와 合궁거將쟝쟝他타타來래레 ○

못ᄃᆞ라 왓노라 他타타也여여有잉우幾기기匹핑피馬마마 ○뎨 ᄯᅩ 여려 필 몰

이어시니 一힝이處츄츄趕간간將쟝쟝來래레 ○ᄒᆞᆫᄃᆡ 모라 오롸 他타타是

쓰스漢한한兒술술人신신 ○뎌ᄂᆞᆫ 漢ㅅ이니 在째재遼략랴東둥둥城찡칭

裏리리住쮸쥬 ○遼東 잣 안해셔 사ᄂᆞ니 我어오沿연연路루루來래레時

쓰스 ○내 길흘 조차 올 적의 好할한生승승多더도得등더他타타濟지지 ○

그장 만히 뎌의 구제ᄒᆞᆷ올 어드롸 我어오漢한한兒술술言연연語유유 ○내 한

말올 不봉부理리리會훼휘的딍디 ○아디 몯ᄒᆞ니 路루루上샹샹喫칭치

的딍디馬마마匹핑피草찰찬料럏랴幷빙빙下햐하處츄츄 ○길헤 머음

써시며 ᄆᆞᆯ들희 草料와 다ᄆᆞᆺ 햐쳐를 全쮠쥔是쓰스這저저大따다哥거거辛신신

苦쿠쿠 ○젼혀 이 큰 형이 슈고ᄒᆞ더니라 說숴쉬的딍디是쓰스 ○닐오미 올타

◆ 我어오且쳐처到당닫下햐하處츄츄去큐큐 ○내 아직 하쳐의 가노라

再재재廝ᄉᆞ스見견견 ○다시 서르 보쟈 且쳐처停띵팅些셔셔時쓰스 ○

아직 머므러든 咱장자們믄믄聊럏랴且쳐처喫칭치一힝이盞비비酒

쥳직 ○우리 잠깐 ᄒᆞᆫ 잔 술 먹어 不봉부當당당接졍져風봉봉 ○마지 아니ᄒᆞᆯ셧가

不봉부要향야 ○마다 今긴긴日싀시忙망망 ○오늘은 밧브니 明밍밍日

싀시再재재廝ᄉᆞ스見견견 ○닉일 다시 서르 보와 喫칭치酒쥳쥐也여여不

봉부遲찡치裏리리 ○술 먹어도 늣디 아니커니ᄯᆞ녀 這저저們믄믄時쓰스 ○

이러면 明밍밍日싀시就찧쥐店뎐뎐裏리리尋씬신你니니去큐큐 ○

닉일 이믜셔 店에 너를 ᄎᆞ자 가셔 一힝이發방바和훠호那나나親친친眷권권

老乞大諺解下　六

們믄믄 ○ᄒᆞᆷᄭᅴ 뎌 권당들과 一힝이處츄츄喫칭치一힝이兩량량盞비비

○ᄒᆞᆫᄃᆡ셔 ᄒᆞᆫ두 잔 먹쟈 我어오送숭숭你니니到당닫外왜왜頭뚱투去큐큐

○내 너 보내라 밧ᄭᅴ 가마 不봉부要향야你니니送숭숭 ○네 보내기 말라 你

니니這저저房빵방裏리리沒뭉무人신신 ○네 이 방의 사ᄅᆞᆷ 업ᄉᆞ니 不봉부

要향야去큐큐 ○가디 말라 這저저們믄믄時쓰스 ○이러면 你니니却

컹커休힣휘恠괘괘 ○네 ᄯᅩ 허믈 말라 小샿샤人신신沒뭉무甚씸슴麽마마

館권권待때대 ○小人은 아므란 이밧ᄂᆞᆫ 일도 업ᄉᆞ니 恠괘괘甚씸슴麽마마 ○

므서슬 허믈ᄒᆞ리오 咱장자們믄믄一힝이家갸갸人신신 ○우리 ᄒᆞᆫ짓 사ᄅᆞᆷ이오

又잉우不봉부是쓰스別뼈벼人신신 ○ᄯᅩ ᄯᅳᆫ 사ᄅᆞᆷ이 아니어니ᄯᆞ녀 ◆ 不

봉부多더도時쓰스 ○아니 오라 却컹커到당닫店뎐뎐裏리리見견견 ○

또뎜에가보니 店뎐뎐主쥬쥬人신신和호ᅘᅧ三산산箇거거客켜킈人신신

立리링地디띠看칸칸馬마마 ○店主人과세나그내셔셔ᄆᆞᆯ보더니 店뎐뎐主

쥬쥬人신신說쉬셔 ○店主人이닐오되 這져져三산산箇거거火호훠伴

번뻔 ○이세벗이 兩량량箇거거是스쓰買매매馬마마的디딩客켜킹人

신신 ○둘흔ᄆᆞᆯ살나그내오 一이힝箇거거是스쓰牙야야子즈즈 ○ᄒᆞ나ᄒᆞᆫ즈

름이러라 你니니這져져馬마마 ○네이ᄆᆞᆯ을 他타타們믄믄都두두一이힝

發바봥買매매將쟝쟝山산산東둥둥賣매매去큐큐 ○뎌들히다ᄒᆞᆫ셰사山

東ᄯᅡ희ᄑᆞᆯ라가져가려ᄒᆞᄂᆞ니 便번뻔到닫닿市스쓰上샹쌍 ○곳져제가도 也

여여只즈즈一이힝般번번 ○ᄯᅩᄒᆞᆫ가지라 千천쳔零링링不부붕如유슈

一이힝頓둔둔 ○일천거시ᄒᆞᆫ무긔만ᄀᆞᆺ디못ᄒᆞ니 倒담당不부붕如유슈

老乞大諺解下 十七

都두두賣매매與유유他타타 ○도로뎌ᄃᆞ려다ᄑᆞ라 즘간곳디못ᄒᆞ니 你니니

既기기要양얀賣매매時스쓰 ○네이믜ᄑᆞᆯ려ᄒᆞ연 咱자장們믄믄商상상

量량량 ○우리헤아리자 這져져箇거거靑칭칭馬마마多도더少샤샹歲

쉬쉬數수수 ○이총이ᄆᆞᆯ이나히언머고 你니니只즈즈拿나나着쟢쟣牙야야

齒츠츠看칸칸 ○네니를자바보라 我오어看칸칸了랖랑也여여 ○내보니

아다上샹쌍下하햐衢큐큐都두두沒무뭉有우잉 ○아래옷니골이다업ᄉᆞ니

十시씽分분뿐老랖랗了랖랗 ○ᄀᆞ장늙다 你니니敢간간不부붕理리리

會휘훼的디딩馬마마歲쉬쉬 ○네ᄆᆞᆯ나홀모ᄅᆞ논듯ᄒᆞ다 這져져箇거거馬

마마如유슈何허혀 ○이ᄆᆞᆯ이엇디ᄒᆞ뇨 今긴긴春츈츈新신신騸션션了

랖랗的디딩十시씽分분뿐壯좡좡的디딩馬마마 ○올봄의새로불틴ᄀᆞ장져로

은ᄆᆞᆯ이라 這져져好한한的디딩歹대대的디딩 ○이됴ᄒᆞ니사오나오니 都

두두一이힝發바봥商상샹量량량 ○다ᄒᆞᆫ듸헤아리자 這져져兒슬숤

馬마마 ○이아질게ᄆᆞᆯ 騸션션馬마마 ○악대ᄆᆞᆯ 赤치칭馬마마 ○절다

ᄆᆞᆯ 黃황황馬마마 ○공골ᄆᆞᆯ 鷰연연色서싱馬마마 ○오류마 栗리링

色서싱馬마마 ○구렁ᄆᆞᆯ 黑허흥鬃중중馬마마 ○가리운ᄆᆞᆯ 白버뻥馬

마마 ○셜아ᄆᆞᆯ 黑허흥馬마마 ○가라ᄆᆞᆯ 鎖소숴羅로러靑칭칭馬마마

○츄마ᄆᆞᆯ 土투투黃황황馬마마 ○고라ᄆᆞᆯ 繡시싱膊반밯馬마마 ○

쇠ᄂᆞ래ᄐᆞᆫᄆᆞᆯ 破퍼포臉련련馬마마 ○간쟈ᄆᆞᆯ 五우우明밍밍馬마마 ○

가라간쟈ᄉ족빅이ᄆᆞᆯ 桃탄땋花화화馬마마 ○도화잠불ᄆᆞᆯ 靑칭칭白버뻥

馬마마 ○털청총이ᄆᆞᆯ 豁호훵鼻비삐馬마마 ○코ᄣᅵᆫᄆᆞᆯ 騍코쿼馬마마

老乞大諺解下 十八

○암ᄆᆞᆯ 懷회홰駒규규馬마마 ○삿기ᄇᆡᆫᄆᆞᆯ 環환ᅘᅪᆫ眼연연馬마마 ○곤회

눈ᄆᆞᆯ 劣류령馬마마 ○ᄀᆞ래ᄂᆞᆫᄆᆞᆯ 這져져馬마마牛뉴냥行힝행花화화塔

타탕步부뿌 ○이ᄆᆞᆯ이쇠거름ᄀᆞᆺ티즈늑즈늑것ᄂᆞ다 又우잉竄천춴行힝행的

디딩馬마마 ○또잘건ᄂᆞᆫᄆᆞᆯ 鈍둔뚠馬마마 ○뜬ᄆᆞᆯ 眼연연生승송馬마마

○돌라ᄂᆞᆫᄆᆞᆯ 撒사상蹶궈퀑的디딩馬마마 ○벼ᄂᆞᆫᄆᆞᆯ 前천쳔失시싱的

디딩馬마마 ○압거티ᄂᆞᆫᄆᆞᆯ 口쿠쿵硬잉잉馬마마 ○아귀셴ᄆᆞᆯ 口쿠쿵軟

쉰쉰馬마마 ○아귀므른ᄆᆞᆯ 這져져些셔셔馬마마裏리리頭투틍 ○이돌

똥예 歹대대的디딩十시씽箇거거 ○사오나오니열히니 一이힝箇거거瞎

하향 ○ᄒᆞ나ᄒᆞᆫ눈멀고 一이힝箇거거跛보붜 ○ᄒᆞ나ᄒᆞᆫ발절고 一이힝箇

거거蹄티띠歪왜왜 ○ᄒᆞ나ᄒᆞᆫ굽기울고 一이힝箇거거磨모뭐硯연연 ○

一箇熱瘡 一箇打破脊梁 一箇疥 一箇瘦 只有 三箇好 五箇好馬的 這五箇好馬 的歹的 大小的好的歹的相滾着 一 通要多少價錢 要十兩 銀子 這箇馬 要家說了價錢 一百四十兩銀子 這般價錢 怎

麽賣 你只說賣的價錢 沒來由這 的價錢 那般胡討價錢 我不是矯商量的 是時 你說的是 兩 三句話 交易便成了 了 不要你這般胡討 麽 還 討價的是 你的是 客人們 你不要

十分多討 箇枉自 我是箇牙家 不向我 也不向 賣主 買主 說你只依直 要一百四 十兩銀子 這五箇好馬 歹馬 你算 多少 五箇好馬 我

算的該六十兩 這十箇歹馬 該八十兩 這般價錢 其實的 不得 如今老實 價錢 說與你 兩家依着我說 交易了如何 聽你定的價錢 這五匹好馬 每一

힝이 匹핑피 八빵바 兩량량 銀인인 子즈즈 ○ᄆᆡᄒᆞᆫ필의여듧냥은식ᄒᆞ면 通
통통 該개개 四쓰스 十씽시 兩량량 ○대되마은냥이오 這저져 十씽시 箇
거거 歹대대 馬마마 ○이열사오나온ᄆᆞᆯ게는 每믜믜 一힝이 箇거거 六룽루
兩량량 銀인인 子즈즈 ○ᄆᆡᄒᆞᆫ나ᄒᆡ엿냥은식ᄒᆞ면 通통통 該개개 六룽루 十
씽시 兩량량 ○대되예순냥이니 共꿍궁 通통통 一힝이 百빙버 兩량량 ○
대되一百냥이니 成찡칭 了랼랴 罷빠바 ○흥정호미므던ᄒᆞ다 似쓰스 你니니
這저져 般번번 定띵딩 價갸갸 錢쳔쳔 ○네이리갑시뎡ᄒᆞ면곳트 就직주 是
쓰스 高갈간 麗리리 地띠디 面면면 裏리리 ○곳高麗ㅅᄯᅡ희셔도 也여여 買
매매 不봉부 得딍티 ○ᄯᅩ사디못ᄒᆞ리라 那나나 裏리리 是쓰스 實싱시 要
향야 買매매 馬마마 的딍디 ○어딘실로ᄆᆞᆯ사고져ᄒᆞᄂᆞᆫ이고 只즈즈 是쓰스

胡후후 商샹상 量량량 的딍디 ○그저간대로혜아리ᄂᆞᆫ이로괴야 這저져 箇
거거 客컹커 人신신 ○이나그내 你니니 說숴숴 甚씸슴 麼마마 話화화 ○
네므슴말을니ᄅᆞᄂᆞᆫ다 不봉부 買매매 時쓰스 害해해 風봉봉 那나나 ○사디
아니ᄒᆞ면ᄇᆞ롬ᄲᅵ이라 做주주 甚씸슴 麼마마 來래래 這저져 裏리리 商샹샹
量량량 ○므슴아라예와혜아리리오 這저져 馬마마 恰캬캬 纔채채 牙
야야 家갸갸 定띵딩 來래래 的딍디 價갸갸 錢쳔쳔 ○이ᄆᆞᆯ을앗가ᄌᆞ름의뎡ᄒᆞᆫ
갑시 還환환 虧퀴퀴 着죠죠 我오어 了랼랴 ○다홈내게셜웨라 你니니 這
저져 般번번 的딍디 價갸갸 錢쳔쳔 不봉부 賣매매 ○네이런갑시ᄑᆞ디아니ᄒᆞ
고 你니니 還환환 要향야 想상상 甚씸슴 麼마마 ○네다홈므서ᄉᆞᆯ싱각ᄒᆞᄂᆞᆫ
다 你니니 兩량량 家갸갸 休휘휘 只즈즈 管권권 叫쟈쟈 喚훤훤 ○너회

둘히ᄉᆞᆯ리아짓궤디말고 買매매 的딍디 添텬텬 些셔셔 箇거거 ○사리ᄂᆞᆫ져기더
ᄒᆞ고 賣매매 的딍디 減견견 了랼랴 些셔셔 箇거거 ○ᄑᆞᆯ리ᄂᆞᆫ져기덜고 再
재ᄌᆞ 添텬텬 五우우 兩량량 ○다시닷냥만더ᄒᆞ면 共꿍궁 一잉이 百빙버 零
링링 五우우 兩량량 ○대되一百량이오ᄠᅳᆫ닷냥이니 成찡칭 交갸갸 了랼랴
罷빠바 ○흥정ᄆᆞᆺ초미므던ᄒᆞ니 天텬텬 平삥핑 地띠디 平삥핑 ○天平地平
이로나 買매매 主쥬쥬 你니니 不봉부 添텬텬 價갸갸 錢쳔쳔 ○살님재네
갑ᄉᆞᆯ더ᄒᆞ디아니ᄒᆞ면 也여여 買매매 不봉부 得딍더 ○ᄯᅩ사디못ᄒᆞ고 賣매매 主
쥬쥬 多도도 指즈즈 望왕왕 價갸갸 錢쳔쳔 ○ᄑᆞᆯ님재갑ᄉᆞᆯ만히ᄇᆞ라면 也여여
賣매매 不봉부 得딍더 ○ᄯᅩᄑᆞ디못ᄒᆞ리라 邊변변 頭투투 立링리 地띠디
閑현현 看칸칸 的딍디 人신신 說숴숴 ○ᄀᆞ애셔셔힘힘히보ᄂᆞᆫ사ᄅᆞᆷ이닐오되

這저져 牙야야 家갸갸 說숴숴 的딍디 價갸갸 錢쳔쳔 ○이ᄌᆞ름의닐으ᄂᆞᆫ갑시
正징징 是쓰스 本븐본 分븐본 的딍디 言연연 語유유 ○정히고ᄅᆞᆫ말이로다
罷빠바 罷빠바 ○두워두워 咱쟝자 們믄믄 只즈즈 依이이 牙야야 家갸갸
的딍디 言연연 語유유 成찡칭 了랼랴 罷빠바 ○우리그저ᄌᆞ름의말대로ᄆᆞᆺ초
미므던ᄒᆞ다 既기기 這저져 般번번 時쓰스 ○임의이러ᄒᆞ면 價갸갸 錢쳔쳔
還환환 虧퀴퀴 着죠죠 我오어 ○갑시다홈내게셜웨라 只즈즈 是쓰스
一잉이 件견견 ○다만ᄒᆞᆫ가지ᄂᆞᆫ 低디디 好 인인 子즈즈 不봉부 要향야 與
유유 我어오 ○죠ᄒᆞᆫ은으란날주디말고 好핳한 銀인인 子즈즈 與유유 我어오
些셔셔 ○됴ᄒᆞᆫ은을날주고려 咳캐해 低디디 銀인인 我어오 也여여 沒몽무
○ᄂᆞᆺ즌은은내게도업고 我어오 的딍디 都두두 是쓰스 細시시 絲스스 官

權권권 銀인인 ○내ᄒᆞ는다細絲官銀이라 既기기 是ᄯᆞ스 好핳할 銀인인 時ᄯᆞ스
○임의됴ᄒᆞᆫ銀이라ᄒᆞ면 咱쟝자 先션션 看칸칸 了랼랴 銀인인 子즈즈 ○
우리몬져은을보고 寫셔셔 契키키 ○글월쓰쟈 這져져 們믄믄 便뼌변 布부부
代ᄯᅢ대 裏리리 取츄츄 銀인인 子즈즈 來래레 ○이러면布帒엣銀을가져다가
着쟢죠 牙야야 人신신 先션션 看칸칸 ○즐음으로몬져뵈라 你니니 賣매매
主쥬쥬 自쯔즈 家갸갸 看칸칸 ○너ᄑᆞ는님재손조보라 裏리리 頭뚷투 沒
ᄒᆞᆼ누 有잉우 一힝이 錠띵딩 兒ᅀᆞᆯ술 低디디 的딩디 ○소개ᄒᆞᆫ덩이도ᄂᆞᆫ조니업
ᄉᆞ니라 這져져 銀인인 子즈즈 雖쉬쉬 是ᄯᆞ스 看칸칸 了랼랴 ○이은을비
록보나 真진진 假갸갸 我어오 不붕부 識싱시 ○真假를내아디못ᄒᆞ니 你
니니 記기기 認신신 着쟢죠 ○네보람두라 久깋구 後향후 使ᄉᆞ스 不복부

老乞大諺解 下　卅三

得듷더 時ᄯᆞ스 ○오랜후의쓰디돗ᄒᆞ면 我어오 只즈즈 問운운 牙야야 家
갸갸 換훤훤 ○내그저즐음ᄃᆞ려무러밧고리라 我어오 有잉우 認신신 色싱서
了랼랴 ○내보람을두어시니 不붕부 揀견견 幾기기 時ᄯᆞ스 要향약 換훤훤
○아모제라업시밧고리라 ◆ 文운운 契키키 着쟢죠 誰쉬쉬 寫셔셔 ○글월
을늘로ᄒᆞ여쓰이료 牙야야 家갸갸 就찧직 寫셔셔 ○즐음이임의셔쓰라 這져져
契키키 寫셔셔 時ᄯᆞ스 ○이글월을쓰면 一힝이 總중중 寫셔셔 麼마마 ○
ᄒᆞᆫᄃᆡ쓰라 分뿐븐 開캐캐 着쟢죠 寫셔셔 ○ᄂᆞᆫ화쓰고 休힣휘 總중중 寫셔셔
○ᄒᆞᆫᄃᆡ쓰디말라 總중중 寫셔셔 時ᄯᆞ스 ○ᄒᆞᆫᄃᆡ쓰면 怎즘즘 麼마마 轉쥰쥰
賣매매 與유유 人신신 ○엇디옴겨ᄑᆞ라놈을주리오 你니니 各걓거 自쯔즈
寫셔셔 着쟢죠 ○네각각쓰라 你니니 這져져 馬마마 是ᄯᆞ스 一힝이 箇

거거 主쥬쥬 兒ᅀᆞᆯ술 的딩디 那나나 ○네이믈이ᄒᆞᆫ님자의것가 是ᄯᆞ스 各갇거
自쯔즈 的딩디 ○이각각치가 這져져 馬마마 是ᄯᆞ스 四ᄉᆞ스 箇거거 主
쥬쥬 兒ᅀᆞᆯ술 的딩디 ○이믈이네님자의거시니 各갇거 自쯔즈 有잉우 數수수
目몽무 ○각각數目이잇ᄂᆞ니라 你니니 從쭝충 頭뚷투 寫셔셔 我어오 的
딩디 馬마마 契키키 ○네첫머리로내믈글월을쓰라 你니니 的딩디 馬미마 是
ᄯᆞ스 家갸갸 生승승 的딩디 那나나 元원원 買매매 的딩디 ○네믈이집의셔
나ᄒᆞᆫ이가본ᄃᆡ사니가 我어오 的딩디 是ᄯᆞ스 元원원 買매매 的딩디 ○내하
ᄂᆞᆫ본ᄃᆡ사니라 你니니 在ᄶᆡ재 那나나 裏리리 住쮸쥬 ○네어듸셔살머이 姓
싱싱 甚씸ᄉᆞᆷ 麼마마 ○셩이므섯고 我어오 在ᄶᆡ재 遼량랴 東둥둥 城찡칭
裏리리 住쮸쥬 ○내遼東잣안해셔사노라 姓싱싱 王왕왕 ○셩이王개니 寫

老乞大諺解 下　卅四

셔셔 着쟢죠 王왕왕 某무무 着쟢죠 ○王아뫼라쓰라 ◆ 我어오 寫셔셔 了
랼랴 這져져 一힝이 箇거거 契키키 了랼랴 ○내이ᄒᆞᆫ글월쓰과라 我어오 讀
뚱누 你니니 聽팅팅 ○내닐거든네드르라 遼량랴 東둥둥 城찡칭 裏리리 住
쮸쥬 人신신 王왕왕 某무무 ○遼東잣안해셔사ᄂᆞᆫ사름王아뫼 今긴긴 為위위
要향약 錢쪈쳔 使ᄉᆞ스 用융융 ○이제돈쓰고져ᄒᆞ야 遂쒸쉬 將쟝쟝 自쯔즈
己기기 元원원 買매매 到닿닫 ○드ᄃᆡ여내본ᄃᆡ사온 赤칭치 色싱서 騸션션
馬마마 一힝이 匹핑피 年년년 五우우 歲쉬쉬 ○졀다악대믄ᄒᆞᆫ필이나히다ᄉᆞᆺ
이오 左저조 腿튀퉤 上썅샹 有잉우 印힌인 記기기 ○왼녁뒷다리우희인마즌
보람잇ᄂᆞᆫ니ᄅᆞᆯ 憑삥핑 京깅깅 城찡칭 牙야야 家갸갸 羊양양 市ᄉᆞ스 角걓교
頭뚷투 街계계 北뵝버 住쮸쥬 坐쭤조 張쟝쟝 三산산 ○京城즈름ᄒᆞᆫᄂᆞᆫ양져

제거리븍녁킈셔사눈張三을외빙ᄒᆞ여 作잡조 中중중 人인신 ○ 中人을삼아 賣
매매 與유유 山산산 東둥둥 濟지지 南난난 府부부 客컹커 人인신 李리리
五우우 ○ 山東濟南府엣나그내李五의게ᄑᆞ라주어 永융용 遠원원 為위위 主
ᄁᆔ쥬 ○ 永遠히님자삼아 兩량량 言연연 議이이 定띵딩 ○ 두녁말로議定ᄒᆞ야
時쓰스 直찡지 價갸겨 錢쪈쳔 ○ 時直갑스로 白뻥버 銀인인 十씽시 二
ᅀᅳᆯᅀᅵ 兩량량 ○ 십픈은열두냥에ᄒᆞ야 其끼키 銀인인 立링리 契키키 之즈즈
日ᅀᅵᇰᅀᅵ ○ 그은을글월ᄒᆞᆫ날의 一잉이 併빙빙 交걒갸 足쥬주 ○ ᄒᆞᆫᄢᅴ주믈ᄎᆞ게
ᄒᆞ고 外왜왜 沒뭉무 欠켠켠 少샿샤 ○ ᄯᅩ로ᄢᅥ디미업개ᄒᆞ리라 如슈슈 馬마마
好향한 歹대대 ○ ᄒᆞ다가ᄆᆞᆯ의됴ᄏᆞ즘으란 買매매 主쥬쥬 自ᄍᆞ즈 見견견 ○
살님재제보고 如슈유 馬마마 來래래 歷링리 不붕부 明밍밍 ○ ᄒᆞ다가ᄆᆞᆯ의來

歷이不明ᄒᆞ거든 賣매매 主쥬쥬 一잉이 面면면 承찡칭 當당당 ○ ᄑᆞᄂᆞᆫ님재
혼자맛ᄃᆞ리라 成찡칭 交걒갸 已이이 後ᅘᅮᇢ후 ○ 흥정ᄆᆞᄎᆞᆫ후에 各갉거 不붕부
許휴휴 番반반 悔휘휘 ○ 각각므르기를허티마자 如슈유 先션션 悔휘휘 的
딍디 ○ ᄒᆞ다가몬저므르ᄂᆞᆫ어란 罰빵바 官권권 銀인인 五우우 兩량량 ○ 구의
나기은닷량을벌ᄒᆞ야 與유유 不붕부 悔휘휘 之즈즈 人신신 ○ 므르자아니ᄒᆞ
는사ᄅᆞᆷ수어 使ᄼᆞ스 用융융 無우무 詞ᄼᆞ스 ○ 쓰게ᄒᆞ야도잡말못ᄒᆞ리라 恐
쿵쿵 後후후 無우무 憑삥핑 ○ 후에의빙ᄒᆞᆯᄃᆡ업슬가저허 故구구 立링리 此
즈츠 文운운 契키키 為위위 用융융 者져져 ○ 부러이문긔를밍그라쓰게ᄒᆞ노라
某무무 年년년 月웡워 日ᅀᅵᇰ시 ○ 아모ᄒᆡ아모ᄃᆞᆯ아모날 立링리 契키키 人
신신 王왕왕 某무무 押ᅙᅣᇹ야 ○ 글월ᄆᆡᆼ근사ᄅᆞᆷ王아모일홈두고 牙야야 人신신

張쟝장 某무무 押향야 ○ 즈름張아뫼일홈두엇다 其끼키 餘유유 的딩디 馬
마마 契키키 ○ 그나믄ᄆᆞᆯ글월도 都두두 寫셔셔 了랴랴 也여여 ○ 다다써
咱자장 們믄믄 算숸숸 了랴랴 牙야야 稅쉬쉬 錢쪈쳔 着죠쟢 ○ 우리
스름삽글월벗ᄇᆞᆯ삽혜아리쟈 舊낌깃 例리리 買매매 主쥬쥬 管권권 稅쉬쉬 ○
舊例예ᄂᆞᆫ살님재글월벗길삽슬ᄀᆞ옴알고 賣매매 主쥬쥬 管권권 牙야야 錢쪈쳔
○ ᄑᆞᆯ님재즈름갑슬ᄀᆞ옴아ᄂᆞ니 你니니 各갉거 自ᄍᆞ즈 算숸숸 將쟝징 牙야야
稅쉬쉬 錢쪈쳔 來래래 ○ 네각각즈름갑글월삽슬혜라 我어오 這져져 一잉이
百뻥버 零링링 五우우 兩량량 ○ 우리이一百이오ᄲᅳᆫ이닷냥애 該개개 多더도
少샿샤 牙야야 稅쉬쉬 錢쪈쳔 ○ 희오니즈름삽글월벗기ᄂᆞᆫ갑시얼머나ᄒᆞ뇨 你
니니 自ᄍᆞ즈 算숸숸 ○ 네손조혜라 一잉이 兩량량 該개개 三산산 分뿐분

○ ᄒᆞᆫ냥에서푼식이오 十씽시 兩량량 該개개 三산산 錢쪈쳔 ○ 열냥애서돈식
ᄒᆞ니 一잉이 百빙버 零링링 五우우 兩량량 ○ 一百이오ᄯᅩ닷냥애 牙야야 稅
쉬쉬 錢쪈쳔 該개개 三산산 兩량량 一잉이 錢쪈쳔 五우우 分뿐분 ○ 즈름
갑글월갑시ᄒᆞ오니석냥ᄒᆞᆫ돈오푼이로소니 牙야야 稅쉬쉬 錢쪈쳔 都두두 算숸숸
了랴랴 ○ 즈름갑글월갑슬다혜어다 我어오 這져져 馬마마 契키키 ○ 우리
이ᄆᆞᆯ글월글 幾기기 時쓰스 稅쉬쉬 了랴랴 ○ 언제벗기료 這져져 的딩디
有읭우 甚씸슴 麼마마 難난난 ○ 이야므슴어려옴이이시러오 你니니 着쟢죠
一잉이 箇거거 火훠호 伴뻔번 ○ 네ᄒᆞᆫ벗으로ᄒᆞ여 跟근근 我어오 去큐큐
來래래 ○ 날조차가 到ᄃᆞᆼ닷 那나나 裏리리 便뻔변 了랴랴 ○ 대가면곳ᄒᆞ리
라 更긍긍 不붕부 時쓰스 ○ ᄯᅩ그리아니커든 你니니 都두두 只ᄍᆞ즈 這

저져 裏리리 等등등 候흫후 着쨯죠 ○ 셔너 기희 ᄃᆞ다 리그 라저 예 我어오 去
큐큐 稅쉬쉬 了량랴 ○ 벗내 겨가 送숭숭 將쟝쟝 來래래 與유유 你니니 ○
놀보 주내 마여 너 我어오 不봉부 曾쯩층 好황한 生승숭 看칸칸 ○ 일내
니즙 ᄒᆞᄀᆞ 엿장 더보 니디 이 這져져 箇거거 馬마마 元원원 來래래 有윙우 病
삥빙 ○ 병이 이몰 잇어 고본 나뎌 有윙우 甚씸슴 麼마마 病삥빙 ○ 이므 잇슴 ᄂᆞ병
뇨 那나나 鼻삐비 子즈즈 裏리리 流릳릭 膿눙눙 ○ 코더 호코 르히 니셔 是
쓰스 瘙상상 馬마마 ○ 이코 로내 고는 나몰 我어오 怎즘즘 麼마마 敢간간 買
매매 將쟝쟝 去큐큐 ○ 가내 저엇 가디 리감 오히 사 不봉부 爭쯩쯩 將쟝쟝 去
큐큐 時쓰스 ○ 가므 져더 가니 면녀 겨 連련련 其끼키 餘유유 的딩디 馬마마
○ 조다 차른 몰 都두두 染연연 的딩디 壞홰홰 了량랴 ○ 여다 해뎌 야염 디ᄒᆞ

朴通事諺解下　十七

다리 로 這져져 們믄믄 的딩디 你니니 要향야 番반반 悔휘휘 ○ 면이 내리
ᄒᆞ므 논르 다고 져 我어오 委휘위 實씽시 不봉부 要향야 ○ 말내 고진 저실 ᄒᆞ로
라노 你니니 旣기기 不봉부 要향야 時쓰스 ○ 다네 ᄒᆞ임 면의 마 契키키 上
썅샹 明밍밍 白뻥버 寫셔셔 着쨯죠 ○ 키글 써월 시에 되明 白 如유유 馬마마
好향한 歹대대 ○ 홈ᄒᆞ 구다 좀가 으몰 란의 됴 買매매 主쥬쥬 自쯧즈 見견견
○ 제살 보님 고재 先션션 悔휘휘 的딩디 罰빵바 銀인인 五우우 兩량량 ○
닷몬 냥져 벌믈 ᄒᆞ오 쟈쟈 ᄒᆞᄒᆞ 얏ᄂᆞ ᄂᆞ니 니란 은 官권권 憑삥핑 印힌인 信신신 ○
신구 을의 밋는 고인 私쑤스 憑삥핑 要향야 約햫요 ○ 미ᄉᆞ 들ᄉᆞ 새는 시연 니악 을
你니니 罰빵바 下햐하 銀인인 五우우 兩량량 ○ 벌네 로은 내닷 여냥 을 與
유유 他타타 賣매매 主쥬쥬 ○ 뭘뎌 주픈 고님 사 悔휘휘 將쟝쟝 去큐큐 便

뻔변 是쓰스 ○ 올믈 커러 니가 ᄯᅥ면 녀곳 不봉부 須슈슈 惱낳난 懆장잔 ○ 티구
야야 말노 라ᄒᆞ 這져져 們믄믄 時쓰스 ○ 면이 러 你니니 拿나나 出츄츄 這
져져 箇거거 馬마마 契키키 來래래 ○ 룰네 내이 여몰 다글 가월 問운운 他타타
們믄믄 ○ 려뎌 무들 러ᄃᆞ 元원원 定띵딩 價갸갸 錢쪈쳔 內뉘뉘 中즁즁 ○
갑처 새엄 셔뎡 ᄒᆞᆫ 除쮸츄 了량랴 五우우 兩량량 銀인인 子즈즈 ○ 은닷 을냥
내더 여러 做주주 番반반 悔휘휘 錢쪈쳔 ○ 새므 혜르 고는 갑 扯처처 了량랴
文문운 契키키 着쨯죠 ○ 브알 리월 라미 여 這져져 箇거거 馬마마 悔휘휘
了량랴 ○ 러이 다몰 을 該개개 着쨯죠 八빠바 兩량량 銀인인 價갸갸 錢
쪈쳔 ○ 돕히 냥오 갑니 시은 니여 你니니 要향야 過궈고 的딩디 牙야야 錢쪈쳔
○ 즈네 름바 갑다 도잇 는 通퉁퉁 該개개 着쨯죠 一잉이 錢쪈쳔 二슬슬 分

朴通事諺解下　十八

끈븐 ○ 두모 끈도 이와 니ᄒᆞᆫ 돈 你니니 却켱커 迴휘휘 將쟝쟝 來래래 ○ ᄯᅩ네
저도 오로 라가 那나나 們믄믄 時쓰스 迴휘휘 與유유 你니니 ○ 도그 로러 너면
마를 주 你니니 都두두 這져져 裏리리 等등등 候흫후 着쨯죠 ○ 예네 서다
오기 라돌 我어오 稅쉬쉬 契키키 去큐큐 ○ 기우 라리 가글 노월 라벗 要향야 甚
씸슴 麼마마 等등등 你니니 ○ 롤므 기스 돌ᄒᆞ 오라 료너 我어오 赶간간 着
馬마마 ○ 모우 라리 몰 下햐하 處츄츄 兌뒤뒤 付부부 草찬찬 料량랴 去
큐큐 ○ 만하 ᄒᆞ처 라예 가草 노料 라장 你니니 稅쉬쉬 了량랴 契키키 時쓰스 ○
벗네 겨글 든월 到닫닫 明밍밍 日싱시 ○ ᄃᆞ니 라일 다 我어오 下햐하 處츄츄
送숭숭 來래래 ○ 보우 내리 여하 라처 로 相샹샹 別뼈벼 散산산 了량랴 ○
호서 터르 디여 쟈희 여 你니니 這져져 人신신 蔘슨소 布부부 匹핑피 ○

네이人蔘과布匹을不붕부曾쯩층撥방바落랑로○일즙디쳐이니ᄒᆞ야시니還
환환有잉우些셔셔時쓰스住쮸쥬裏리리○당시롱저기머믈미이실로다我
어오別뼈벼沒몽무甚씸슴買매매賣매매○내다른아므란흥졍업스니比
비비及핑기你니니賣매매布부부的딩디其끼키間견견○네뵈풀믈미처
그ᄉᆞ이예我어오買매매些셔셔羊양양○내羊을사到당도涿쟉조州징직
地띠디面면면賣매매去큐큐○涿州ᄯᅡ해가ᄑᆞ라가走즘주一힝이遭짤잘
迴훼휘來래레○ᄒᆞᆫ디위ᄃᆞᆫ녀오리라咱장자們믄믄商샹샹量량량別뼈벼
買매매貨훠호物웅우如슈슈何허허○우리별로살貨物의논ᄒᆞ되엇더ᄒᆞᆫ
을뇨這저저們믄믄時쓰스也여여好핳한○이러면됴토다또你니니買매매
羊양양時쓰스○네羊을사거든咱장자們믄믄一힝이處츄츄去큐큐來

래래○우리ᄒᆞᆫᄃᆡ가쟈我어오也여여閑현현看칸칸價갸갸錢쪈쳔去큐큐
○나도놀며갑슬보라가쟈到당도街계계上쌍샹立립리地띠디的딩디其
끼키間견견○거리예가서실ᄉᆞ이예一힝이箇거거客킈커人신신赶간간
着쟣죠一힝이羣균쥰羊양양過거고來래레○ᄒᆞᆫ나그내ᄒᆞᆫ무리양을모라디마
나오거ᄂᆞᆯ大따다哥거거○큰형아你니니這저저羊양양賣매매麼마마
○네이羊을ᄑᆞᆯ다可커커知지지賣매매裏리리○그리어ᄑᆞᆯ리라니你니니
要햫얀買매매時쓰스○네사고져커든咱장자們믄믄商샹샹量량량○
우리의논ᄒᆞ쟈這저저箇거거羝디디羊양양○이수양臊삼산胡후후
羊양양○아질개양羯겨겨羊양양○악대양羖구구䍽링라羔갈갈兒
ᅀᆞᆯᅀᆞ○염쇼삿기母무무羖구구䍽링리○암염쇼共궁궁通퉁퉁要햫얀

多더도少샿샤價갸갸錢쪈쳔○도ᄐᆞ아언머갑시ᄑᆞᆯ려ᄒᆞᄂᆞᆫ다我어오通퉁퉁
要햫얀三산산兩량량銀인인子즈즈○내대되석냥은을바드리라量량량
這저저些셔셔羊양양○혜아리건대이만ᄊᆞᆫ양에討탕토這저저般번번大
따다價갸갸錢쪈쳔○이런큰갑슬바드려ᄒᆞ면好핳한綿면면羊양양却켜커
賣매메多더도少샿샤○됴ᄒᆞᆫ소옴ᄐᆡ양은ᄯᅩ언머에ᄑᆞᆯ다討탕토的딩디是
쓰스虛휴휴○ᄢᅵ오ᄂᆞᆫ니ᄂᆞᆫ거ᄌᆞᆺ거시오還환환的딩디是쓰스實씽시○갑ᄂᆞᆫ
이아진짓거시라你니니與유유多더도少샿샤○네언머나줄ᄂᆞ你니니這
저저們믄믄胡후후討탕토價갸갸錢쪈쳔○네이리간대로갑슬바드려ᄒᆞ니
我어오還환환你니니多더도少샿샤的딩디是쓰스○내너ᄅᆞᆯ언머나갑파
야올ᄒᆞᆯ고你니니說쉉쉬的딩디是쓰스○네니ᄅᆞᆫ도올타這저저們믄믄便

뼌변○이러면我어오減견견了랴랴五우우錢쪈쳔着쟣죠○내닷돈만
덜오마你니니來래레○이바你니니休힣휘減견견了랴랴五우우錢
쪈쳔○네닷돈을더디말고你니니說쉉쉬老랗랃實씽시價갸갸錢쪈쳔○
네고디식ᄒᆞᆫ갑슬니ᄅᆞ면只즈즈一힝이句규귀兒ᅀᆞᆯᅀᆞ話화화還환환你니니
○그저ᄒᆞᆫ말에네게갑프마我어오與유유你니니二ᅀᆞᆯᅀᆞ兩량량銀인인
○내너ᄅᆞᆯ두냥은을줄써시니肯큰큰時쓰스便뼌변賣매매○즐기거든ᄑᆞᆯ고
你니니不붕부肯큰큰時쓰스赶간간將쟝장去큐큐罷빠바○네즐겨아
니거든모라가미ᄆᆞ뎐ᄒᆞ다休힣휘要햫얀只즈즈說쉉쉬二ᅀᆞᆯᅀᆞ兩량량○
다만두냥만니ᄅᆞ디말고你니니再재재添텬텬五우우錢쪈쳔○네ᄯᅩ닷돈만더
ᄒᆞ야ᄃᆞᆫ賣매매與유유你니니○네게ᄑᆞᆯ마添텬텬不붕부得딍더○더주

子部 第五冊

리디로못다ᄒ 肯큰큰 時ᄊᆞ스 肯큰큰 ○ 즐즐기기고거든 不부부 肯큰큰 時

ᄊᆞ스 罷빠바 ○ 말슬라거든 我어오 是ᄊᆞ스 快쾌쾌 性싱싱 的딩디 ○ 나는

ᄅᆞᆷ셩이싸니론사 撿견견 好할ᄒᆞᆫ 銀인인 子즈즈 来래레 ○ 됴ᄒᆞᆫ 은을 여오

라 臨린린 晩완완 也여여 ○ 나죵애다ᄃᆞ라 我어오 濫란란 賤젼젼 賣매매

與유유 伱니니 ○ 내 너손ᄃᆡ 마디 火훠호 伴뻔번 ○ 벗아 伱니니 再

재재 下햐하 處츄츄 好할ᄒᆞᆫ 去큐큐 坐쭤조 的딩디 着쟣죠 ○ 네 뎌 쇠 아햐

자히 시가 라안 我어오 赶간간 着쟣죠 羊양양 ○ 내 양 모라 到닿달 涿죻조 州

적직 賣매매 了랴랴 便뼌변 迴훼휘 来래레 ○ 내 양 몰고 涿州 가 풀라 가리라

我어오 恰캬캬 尋씬신 思ᄉᆞᄉ 来래레 ○ 내 ᄀᆞ장 혜아리니 가 這져져 幾기기

箇거거 羊양양 也여여 ○ 이 양도 當당당 走주주 一힝이 遭잘잘 ○

老乞大諺解 下 二十一

有일우 些셔셔 餘유유 剩씽싱 的딩디 銀인인 子즈즈 ○ 은내 이게 이나 시므

니 閑한현 放방방 着쟣죠 怎즘즘 麽마마 ○ 므슴 ᄒᆞ리오 노하 두어 一

잉이 發방방 買매매 段뒨뒨 子즈즈 將쟝쟝 去큐큐 ○ 이 시 가며 져 가비 단

咱자자 們믄믄 鋪푸푸 裏리리 商샹샹 量량량 去큐큐 来래래 ○ 우리 푸ᄌᆞ리

라에 가혜 자아 리 賣매매 段뒨뒨 子즈즈 的딩디 大다다 哥거거 ○ 비단 프ᄂᆞ

아큰 형 伱니니 那나나 天텬텬 青칭칭 胷흉흉 背비비 ○ 네 뎌 텬청 흉빗 비쳇

단흔 과비 柳릴류 青칭칭 膝싱시 欄란란 ○ 류청빗 무룹 도리로 문 흔 비단 鴨

향야 綠루루 界계계 地디디 雲윤윤 ○ 압두록빗 운문 흔 비단 鸚

哥거거 綠루루 寶밮보 相샹샹 花화화 ○ 연초록빗 보샹화문 흔 비단 黑

二十一下 老乞大諺解 下

綠루루 天텬텬 花화화 嵌컨컨 八바바 寶밮보 ○ 연야토록빗 팔보 쳬

비흔 단운 엣 草찬찬 綠루루 蜂퐁퐁 赶간간 梅믜믜 ○ 초록빗 벌이 민화 조차ᄂᆞᆫ 문 엣 비단

비ᄂᆞᆫ 단흔 엣 栢빅버 枝즈즈 綠루루 四ᄉᆞ스 季기기 花화화 ○ 류록빗 ᄉᆞ계화 문 흔 비단

흔ᄉᆞ 비게 단화 몬 葱충충 白뻑버 骨구구 朶더도 雲윤윤 ○ 옥식빗 구름쳬

비흔 단문 桃탛토 紅훙훙 雲윤윤 肩견견 ○ 도홍빗 구름 엇게 문 흔 비단

大다다 紅훙훙 織지지 金긴긴 ○ 다홍빗 금 ᄧᆞᆫ 銀인인 紅훙훙 西

시시 番판반 蓮련련 ○ 은홍빗 西番蓮 문 흔 비단 肉수우 紅훙훙 纏쳔쳔 枝

ᄌᆞ즈 杜두두 丹단단 ○ 모란 문 흔 비단 閃션션 黄황황 筆비비 管

권권 花화화 ○ 곳 문 흔 비단 鴉야야 黄황황 四ᄉᆞ스 雲윤윤 ○

ᄣᅴ다 雲튼 문늬 흔 비단 柳릴류 黄황황 穿쳔쳔 花화화 鳳봉봉 ○ 빗노 쳬른

老乞大諺解 下 二十二

흔 비단 麝셔셔 香향향 褐허허 膝싱시 欄란란 ○ 샤향 빗 문 흔

단비 艾애애 褐허허 玉유유 塼줜줜 堦계계 ○ 빗 계 도로 문 흔 비단 蜜

褐허허 光광광 素수수 ○ 노른 비단 鷹잉잉 背비비 褐허허 海

허허 馬마마 ○ 매 등 빗 흔 비단 茶차차 褐허허 暗안안 花화화 ○ 감

문빗 흔체 비스 단흔 這져져 們믄믄 的딩디 紵쥬쥬 絲ᄉᆞᄉ 和화화 紗사사 羅

서로 都두두 有일우 麽마마 ○ 이런 비단과 사과 나 다 인ᄂᆞ녀 客켜켜 人인인 伱

니니 要양양 南난난 京깅깅 的딩디 那나나 杭항항 州직직 的딩디 那나나

蘇수수 州직직 的딩디 ○ 네 南京 거시며 杭州 거시며 蘇州 거시를 ᄒᆞ려

ᄒᆞᄂᆞᆫ다 大다다 哥거거 ○ 큰 형아 南난난 京깅깅 的딩디

顔연연 色서서 好할ᄒᆞᆫ 又일우 光광광 細시시 ○ 南京 거ᄉᆞᆫ ᄇᆡᆺ치 됴코 ᄯᅩ 빗나고 ᄀᆞᄂᆞᆯ고

一六五

ᄀᆞᄂᆞᆯ거ᄂᆞ와 只즈즈是쓰스不부부耐내내穿췬췬○다만오래ᄂᆞ디못홀새시
杭항항州징직的딩디經깅깅緯위위相샹샹等등등○杭州치ᄂᆞᆫᄲᅵ놀
히ᄀᆞᆺ묘 蘇수수州징직的딩디十씽시分뿐분澆걒갸薄뽑보○蘇州치ᄂᆞᆫ
ᄀᆞ장얇고 又잉우有잉우粉뿐분飾싱시不붕부牢랗랖壯좡좡○ᄯᅩᄌᆞᆷ픈머
것고질긔디아니ᄒᆞ니라 【又】你니니有잉우好항한綾링링子즈즈麼마마○
네게됴ᄒᆞᆫ綾이잇ᄂᆞ냐 你니니要향약甚씸合麼마마綾링링子즈즈○네므
슴綾을ᄒᆞ려ᄒᆞᄂᆞᆫ다 我어오要향약官권권綾링링子즈즈○내구의나ᄂᆞᆫ綾을ᄒᆞ
려ᄒᆞ노라 那나나嘉갸가興힝힝綾링링子즈즈不붕부好항한○뎌嘉興綾
은됴티아니ᄒᆞ니라 客킈커官권권你니니要향약綃권권子즈즈麼마마○
나그내야네깁을홀다 我어오有잉우好항한山산산東둥둥大따다官권권

綃권권○내게됴ᄒᆞᆫ山東셔난ᄂᆞᆫ구의ᄉ나기깁과 絹견권涼량량綃권권○얼ᄀᆞᆫ
깁과 易잉이州징직綃권권○易州셔난조븐깁과 倭위오綃권권○왜깁과
蘇수수州징직綃권권○蘇州깁과 水쉬쉬光광광綃권권○제믈엣깁과
白뺑버絲숯스綃권권○흰싱깁이잇다 我어오只즈즈要향약大따다官권권
綃권권白뺑버絲숯스綃권권蘇수수州징직綃권권水쉬쉬光광광
綃권권○내다만大官綃과白絲綃과蘇州綃과水光綃을ᄒᆞ려ᄒᆞ노라 其끼키餘유유
的딩디都두두不붕부要향약○그나믄이ᄂᆞᆫ다마다 你니나有잉우好항한
絲숯스麼마마○네게됴ᄒᆞᆫ실잇ᄂᆞ냐 我어오多더도要향약些셔셔○내한
히ᄒᆞ고져ᄒᆞ노라 要향약甚씸合麼마마絲숯스○므슴실을ᄒᆞ려ᄒᆞᄂᆞᆫ다 我
어오要향약白뺑버湖후후州징직絲숯스○내흰湖州셔난실과 花화화拘

귱구絲숯스○굵고것다ᄅᆞᆫ실을ᄒᆞ고져ᄒᆞ노라 那나나定띵딩州징직絲숯스
不붕부要향약○뎌定州ㅅ실은마다 【又】這저저段뒨돤匹핑피綾링링綃
권권紗사사羅러로等등등項향향○이비단과綾과깁과사과로들헤새슬 你
니니都두두看칸칸了랴랴○네다보왓ᄂᆞ니 你니니端둰둰的딩디要향약
買매매甚씸合麼마마段뒨돤子즈즈○네정히므슴비단을사고져ᄒᆞᄂᆞᆫ다 別
뼝벼箇거거不붕부要향약○다ᄅᆞᆫ거슨마다 只즈즈要향약深신신青칭칭
織징지金긴긴胷흉흉背븨븨段뒨돤子즈즈○다만디ᄅᆞᆫ야쳥직금흉비ᄒᆞᆫ비
단을ᄒᆞ고져ᄒᆞ노니 我어오老랗랖實싱시對뒤뒤你니니說숴쉬○내고디시
기너ᄃᆞ려닐으마 不붕부是쓰스我어오自쯔즈穿췬췬的딩디○내니브려
ᄒᆞᄂᆞᆫ줄이아니라 要향약拿나나去큐큐別뼝벼處츄츄轉줜좐賣매매○

다ᄅᆞᆫᄃᆡ가져가옴겨ᄑᆞ라 尋씬신些셔셔利리리錢쪈쳔的딩디○니쳔엇고져ᄒᆞ
노니 你니니老랑랖實싱시討탕타價갸가錢쪈쳔○네고디시기갑슬바드라
這저저織징지金긴긴胷흉흉背븨븨要향약七칭치兩량량○이직금흉
븨예닐곱냥을바드리라 你니니休휘휘這저저般번번胡후후討탕타○네이
리간대로드려말라 바 倒탕닾悮우우了랴랴你니니買매매賣매매○도로
혀네ᄒᆞᆼ졍을머믈울이로다 我어오不붕부是쓰스利리리家갸가○내흥졍바
치아니리도 這저저段뒨돤子즈즈價갸가錢쪈쳔○이비단갑슬 我어오
都두두知징지道땅닾○내다아노라 這저저織징지金긴긴胷흉흉背븨븨
是쓰스蘇수수州징직來래래的딩디草찬찬段뒨돤子즈즈○이진
금흉비비단은蘇州셔온시오나온비단이니 你니니討탕타七칭치兩량량時쓰스

○네닐곱냥을바드려ᄒᆞ면 這져져南난난京긴긴來래래的딍디 ○이南京의
셔온 清칭칭水쉬쉬織징지金긴긴絨숭숭段뒨뒨子즈즈 ○픈조ᄡᅵ업슨직
금흔ᄀᆞ는됴흔비단으란 却컹커賣매매多더도少샹샤 ○ᄯᅩ언머의풀ᄡᅥ 不붕부
[illegible]휴유多더도說숴쉬 ○구틔여말한양말라 你니니既기기知지지道땋닫
價갸갸錢쪈천 ○네임의갑슬알거니 你니니與유유多더도少샹샤 ○네언
머를줄ᄡᅡ 這져져織징지金긴긴胷흉흉背비비 ○이직금흉비비단을 與유유
你니니五우우兩량량是쓰스實싱시實싱시的딍디價갸갸錢쪈천 ○
너를닷냥만줌이이진짓갑시니 你니니肯큰큰時쓰스我어오買매매 ○네즐
[illegible]거든내사고 不붕부肯큰큰時쓰스我어오別뼈벼處츄츄商샹샹量량량
去큐큐 ○즐기디아니커든내다른고듸의논ᄒᆞ라가리라 你니니既기기知지지

老乞大諺解下　二十五

道땋닫價갸갸錢쪈천 ○네임의갑슬알면 要향야甚씸슴麼마마多더도
說숴쉬 ○므슴ᄒᆞ라말한양ᄒᆞᄂᆞ뇨 揀견견好핳할銀인인子즈즈來래래 ○
됴흔은골ᄒᆡ여가져오라 賣매매與유유你니니 ○네손ᄃᆡ풀마 這져져段뒨뒨
子즈즈買매매了랼랴也여여 ○이비단사다 咱장자們믄믄再재재
商샹샹量량량 ○우리ᄯᅩ혜아리쟈 這져져箇거거柳릭릭青칭칭紵쮸쥬
絲스스 ○이류청비단이 有잉익多더도少샹샤尺칭치頭뚤투 ○자히언머
고 勾궁구做주주一힝이箇거거襖핳안子즈즈麼마마 ○흔오슬조래지
을새 你니니說숴쉬甚씸슴麼마마話화화 ○네므슴말을니ᄅᆞᄂᆞᆫ다 滿먼먼
七칭치托탕토有잉익餘유유 ○ᄀᆞ득ᄒᆞᆫ닐곱발남즉ᄒᆞ니 官권권尺칭치裏
리리二ᅀᆖ슬丈쨩쟝八방바 ○구읫자호로ᄂᆞᆫ스믈여ᄃᆞᆲ자히오 裁째채衣이이

尺칭치裏리리二ᅀᆖ슬丈쨩쟝五우우 ○바ᄂᆞ질자호로는스믈대자히니 你
니니一힝이般번번身신신材째채 ○너희ᄒᆞᆫ가지몸얼굴에는 做주주襖핳안
子즈즈時쓰스 ○오슬지으면 細시시褶졍져兒ᅀᅥᆯ也여여儘진찐勾
궁구了랼랴 ○ᄀᆞ는주룸도유여ᄒᆞ고 着쟣쟈做주주直찡지身신신襖핳안
子즈즈 ○ᄒᆞ다가딕녕옷곳지으면 也여여有잉우剩씽싱的딍디 ○ᄯᅩ남음이
이시리라 你니니打다다開캐캐 ○네펴라 我어오托탕토看칸칸 ○내발
마보ᄉᆞ 那나나裏리리滿먼먼七칭치托탕토 ○어디닐곱발거ᄎᆞ뇨 剛강강
剛강강的딍디七칭치托탕토少숭샨些셔셔 ○계오닐곱발이낫브다 你
니니身신신材째채大따다的딍디人신신 ○네몸큰사ᄅᆞᆷ은 一힝이托탕토
比비비別뼈벼人신신爭증중多더도 ○ᄒᆞᆫ발도ᄂᆞᆷ과견조면만히ᄡᅳ리라 這

老乞大諺解下　二十六

져져段뒨뒨子즈즈地디디頭뚤투是쓰스那나나裏리리的딍디 ○이비
단이밋ᄡᅡ치가어뒷치고 你니니說숴쉬是쓰스我어오織싱시貨훠호物우우
○네니르되내貨物아노라ᄒᆞ되 却컹커又잉우不붕부識싱시 ○ᄯᅩ모는다
這져져段뒨뒨子즈즈是쓰스南난난京깅깅的딍디 ○이비단南京치오
不붕부是쓰스外왜왜路루루的딍디 ○외방치아니니 你니니仔즈즈細
시시看칸칸 ○네ᄌᆞ셔히보라 沒뭉무些셔셔箇거거粉본본飾싱시 ○죠곰
도픈조ᄡᅵ업고 好핳할清칭칭水쉬쉬段뒨뒨子즈즈 ○됴흔淸水엣段子라 要
향야多더도少샹샤價갸갸錢쪈천 ○갑슬언머나바들다 這져져段뒨뒨子
즈즈價갸갸錢쪈천 ○이비단갑슬 誰쉬쉬不붕부知지지道땋닫 ○뉘모
ᄅᆞ료 要향야甚씸슴麼마마討탕토價갸갸錢쪈천 ○므슴아라갑슬ᄡᅵ오리오

着 샾쇼 討 탛토 時 쑸스 討 톻토 五 우우 兩 랑량 ◯ 냥만 을일 씌씌 오오 려면 니닷
와 老 랗랖 實 싱시 價 갸갸 錢 쪈쳔 四 숬스 兩 랑량 ◯ 슨고 넉디 냥식 이훈 니갑
拿 나나 銀 인인 子 즈즈 來 래래 便 뼌변 是 쑸스 ◯ 곳銀 올을 ᄒ가 니져 라오 미
這 저저 段 뒨돤 子 즈즈 也 여여 買 매매 了 랗랴 ◯ 도이 사비 다단 ◆ 你 니니
這 저저 鞍 한언 子 즈즈 ◯ ᄅ네 마이 기 轡 비피 頭 뚷투 ◯ 레구 鞦 칭칙 ◯
개고 돌 攀 펀펀 胷 흉흉 ◯ 거가 리슴 韂 쳔쳔 ◯ 애돌 鞍 한안 橋 걍쟌 子 즈즈
◯ 가기 지ᄅ 마 鴈 연연 翅 츠츠 板 반반 ◯ 울둥 鐙 등등 靳 정저 皮 삐피 ◯
피등 肚 뚜두 帶 대대 ◯ 랑오 마 接 졍져 絡 랗로 ◯ 혁 籠 룽롱 頭 뚷투 ◯ 구바
레 包 밯반 糞 뿐븐 ◯ 기밋 마 編 변변 繮 걍걍 ◯ 혁다 훈 繮 걍걍 繩 싱싱
◯ 울쥬 리 兜 뚷두 頦 해해 ◯ 미조 가 閘 쟝자 口 쿻쿠 ◯ 함마 汗 한한 替

티티 ◯ 치똠 어 皮 삐피 替 티티 ◯ 치갓 어 替 텨티 子 즈즈 ◯ 치핫 어 都
두두 買 매매 了 랗랴 ◯ 다다 사 ◆ 再 재재 買 매매 一 힝이 張 쟝쟝 弓 궁궁
去 큐큐 ◯ 사또 라ᄒ 가당 쟈활 到 당다 賣 매매 弓 궁궁 的 딩디 房 빵방 子 즈즈
裏 리리 問 몬운 道 닿닷 ◯ 가활 무풀 로집 듸의 有 잏우 賣 매매 的 딩디 好 핳핲
弓 궁궁 麼 마마 ◯ 잇풀 ᄂ됴 냐ᄒ 활 可 커커 知 징지 有 잏우 ◯ 니그 안리 ᄂ어
라니 沒 뭉무 時 쑸스 做 주주 甚 씸숨 麼 마마 買 매매 賣 매매 裏 리리 ◯ 스업
졍면 ᄒ므 리슴 오흥 你 니니 將 쟝쟝 這 저저 一 힝이 張 쟝쟝 黃 황황 樺 황화 弓
궁궁 上 썅샹 弦 현현 着 쟢죠 ◯ 가네 저이 다ᄒ 가당 시누 워론 연봇 즈님 라힌 활 我
어오 試 슷스 扯 처처 ◯ 여내 보ᄃ 와리 氣 키키 力 링리 有 잏우 時 쑸스 我
買 매매 ◯ 내힘 사이 리잇 라거 든 新 신신 上 썅샹 了 랗랴 的 딩디 弓 궁궁 ◯

◯ 활긋 이연 니즌 慢 만만 慢 만만 的 딩디 扯 처처 ◯ ᄃ날 리회 라여 是 쑸스 好
핳핲 弓 궁궁 時 쑸스 ◯ 활이 이됴 면ᄒ 怕 피파 甚 씸숨 麼 마마 扯 처처 ◯ 슴므
프허 리기 오를 저 這 저저 弓 궁궁 弝 바바 裏 리리 軟 원원 ◯ 이이 므활 ᄅ이 니좀
難 난난 扯 처처 ◯ 어ᄃ 렵리 다기 沒 뭉무 迴 휘휘 性 싱싱 ◯ 업돌 다셩 이 這
저저 弓 궁궁 你 니니 却 컁커 是 쑸스 胡 후후 驋 밯바 彈 딴탄 ◯ 네이 쏘활 간을
라대 ᄂ로 괴흔 아나 므 這 저저 的 딩디 弓 궁궁 你 니니 還 환환 嫌 현현 甚 씸숨
麼 마마 ◯ 서이 슬런 나활 므을 라네 ᄂ다 다홈 므 由 잏우 他 타타 說 숴숴 ◯ 대제
나로 마니 나ᄅ 驋 밯바 彈 딴탄 的 딩디 是 쑸스 買 매매 主 쥬쥬 ◯ 라흔 나ᄂ 이므
재아 라살 넘 這 저저 一 힝이 張 쟝샹 弓 궁궁 爲 위위 甚 씸숨 麼 마마 不 붕부
樺 홯화 了 랗랴 ◯ 못이 아ᄒ 니당 넘활 펏은 ᄂ엇 뇨디 你 니니 不 부붕 理 리리 會

휘휘 的 딩디 ◯ ᄂ네 고모 아ᄅ 這 저저 弓 궁궁 最 쥐쥐 好 핳핲 ◯ ᄀ이 장활 됴이
니ᄒ 上 썅샹 等 등등 弓 궁궁 ◯ 활上 이等 니엣 着 쟣쇼 樺 홯화 了 랗랴 時 쑸스
◯ 닙만 피일 면봇 買 매매 的 딩디 人 신신 不 붕부 信 신신 ◯ 밋살 디사 아ᄅ 니이
시홀 니새 教 걓갸 人 신신 看 칸칸 了 랗랴 面 면면 子 즈즈 上 썅샹 的 딩디 角
걓교 背 븨븨 子 즈즈 上 썅샹 鋪 푸푸 的 딩디 筋 긴긴 ◯ 여사 面ᄅ 에으 올로 난히
션셜 힘파 뵈등 고우 희 商 샹샹 量 랑량 了 랗랴 價 갸갸 錢 쪈쳔 然 연연 後 흫후
◯ ᄒ갑 후슬 에의 논 樺 홯화 了 랗랴 也 여여 不 붕부 遲 찌치 裏 리리 ◯ 닙봇
아펴 니도 리더 라되 디 這 저저 弓 궁궁 卸 셔셔 下 햐하 ◯ 리이 오활 라브 彄 쿻쿠
子 즈즈 小 샿샾 些 셔셔 箇 거거 ◯ 적온 고ᄂ 弰 샿샾 兒 슬술 短 둰둰 ◯ 재고
다더 ᄅ 弓 궁궁 也 여여 買 매매 了 랗랴 也 여여 ◯ 사활 다도 ◆ 有 잏우 賣

的딩디弓궁궁弦현현時쓰스將쟝쟝來래레○거풀든활가시져욹오잇
라我어오一힝이敎봥바買매매一힝이條댱탸○ᄒᆞᆫ내오ᄒᆞᆫ리번사의이셔就
쪙직這져저裏리리上썅샹了랼랴這져저弓궁궁着쨯죠○예임셔의이셔
짓활쟈을弦현현有잉왁○시시니욹이你니니自쯔즈揀견견着쨯죠買
매매○히네여손사조라골這져저的딩디忒틍티細시시○ㄱ이놀는교너모
這져저的딩디却컹커又잉우麤추추倴븐븐○둔이박는ᄒᆞ또다굵고似
쓰스這져저一힝이等등등兒슬을着쨯죠中중중○치이야ᄒᆞᆫ맛가다지恰
캉카好활할○됴맛타치這져저弓궁궁和혀호弦현현○시이욹활을과都
두두買매매了랼랴也여여○다다사再재재買매매幾기기隻징지
箭전전○살쏘사여쟈러낫這져저鈚피피子즈즈○보이조셔虎후후瓜

朴通事諺解　二十九

장잔○살거리麽룽루角걓교樸걓보頭뚷투○도노리각고響향향樸
밤보頭뚷투○도제리오艾애애葉영여○箭艾葉柳릏릭葉영여○葉柳
箭迷미미針진진箭젼젼○箭迷針這져저箭젼젼簳간간是쓰스竹
즁주子즈즈的딩디○는이대살오대這져저的딩디是쓰스木뭉무頭뚷투
的딩디○기이로는다남再재재買매메這져저弓궁궁箭젼젼撒상사袋
때대○되쏘도화개살사녀쟈흘등諸쥬쥬般번번的딩디都두두買매매了
량랴也여여○것여다러사가다짓再재재買매매些셔셔梲훤원子즈즈
什씽시物웅우○릇또벼사들발사과쟈그鍋궈고兒슬술○마가鑼디로鍋
궈고○고노荷혀허葉영여鍋궈고○단헤가녀마러兩량량耳슬슬鍋궈고
○진두가귀마가籠쫑츠楪뗭더子즈즈○뎝조시긔木뭉무楪뗭더子즈즈

○뎝나시모漆칭치楪뗭녀子즈즈○뎝옷시칠ᄒᆞᆫ這져저紅훙홍漆칭치
匙쯔츠○칠이ᄒᆞᆫ블술근黑흥허漆칭치匙쯔츠○ᄒᆞᆫ겁술은칠銅뚱퉁匙
쯔츠○술노紅훙홍漆칭치筯쮸쥬○ᄒᆞᆫ블저근칠銅뚱퉁筯쮸쥬○져노
三산산脚걓교○쇠이리甑증증兒슬술○르시這져저盤뻔펀子즈즈
○반이是쓰스大따다盤뻔펀子즈즈○반이큰小샹샤盤뻔펀子즈즈
○반저근漆칭치梲훤원○사칠날ᄒᆞᆫ這져저漆칭치器키키家갸갸火
휘호○릇이벼칠ㅣᄒᆞᆫ그一힝이半번번兒슬술是쓰스通퉁퉁布부부裏
궈고的딩디○로반밧은니대오되뵈一힝이半번번兒슬술是쓰스膠걓간
漆칭치的딩디○ᄒᆞᆫ반거은시아라교칠再재재有잉우些셔셔薄뽕보薄
뽕보的딩디生승승活횡호○셩또녕사이오잇나다온其끼키餘유유的딩디

朴通事諺解　三十

都두두是쓰스布부부裏궈고的딩디○뵈그로나쇼몬거이시논니다是쓰스
主쥬쥬顧구구生승승活횡호○셩이녕는이마오최옴其끼키餘유유的
딩디都두두是쓰스市쓰스賣매매的딩디○제그프나느믄니이로는다다져
今긴긴日승이備삐비辦반반了랼랴些셔셔箇거거茶짜차飯빵반
○여오토늘와차반請칭칭咱장자們믄믄衆중중親친친眷권권閑현현
坐쭤조的딩디○ᄒᆞ우야리힘모힘든이권안당젓을쟈칭公궁궁公궁궁○나하
비婆뿨포婆뿨포○미할父뿌부親친친○비아母무무親친친○미어
伯빙버伯빙버○뭇아형븨叔숭수叔숭수○아아ᄋᆞ븨哥거거哥거거○
형兄흉흉弟띠디○ᄋᆞ아姐져져姐져져○의맛누妹믜믜子즈즈○
누아의ᄋᆞ外왜왜甥승승○난누의아돌게姪찡지兒슬술○의동난싱아형돌데

姪쨩지女뉴뉴○난동아싱촌형뚤뎨 게舅꿀구舅꿀구○라어비믜 오女
뉴뉴壻시시○회사妗끈긴子즈즈○비어겨믜집오 라又읭우嬸신신母
무무○비아겨ᄋ집아 자姨이이姨이이○집어동믜싱겨姑구구姑구구○
동싱누븨의동姑구구夫부부○누아의븨남동진싱姨이이夫부부○겨어집믜
남동진싱 의姐저저夫부부○남뭇진누 의妹믜믜夫부부○의아남ᄋ진누
外왜왜甥승승女뉴뉴壻시시○사뚤회의叔숭수伯븽버哥거거哥거거
兄흉흉弟띠디○형同아姓ᄋ四 寸姑구구舅꿀구哥거거哥거거兄흉흉
弟띠디○형異아姓ᄉ四 寸房빵방親친친哥거거哥거거兄흉흉弟띠디
○형同아姓ᄉ六 寸兩량량姨이이哥거거哥거거兄흉흉弟띠디○믜어
걔거셔집난동형싱뎨의親친친家갸갸公궁궁○아사비돈 짓親친친家갸갸

母무무○어사미돈 짓親친친家갸갸伯븽버伯븽버○아사자돈비짓親
친친家갸갸舅꿀구舅꿀구○먹사오돈라짓비어親친친家갸갸姨이이姨
이이○겨사집돈동짓싱어 믜使ᄉ스喚훤훤的딍디奴누누婢삐비○리브
婢는롤奴都두두請칭칭將쟝쟝來래레○야다오請라ᄒ欄란란門믄믄盞
잔잔兒숤술都두두把바바了랄랴○밧믇ᄌ드오림라잔 다請칭칭家갸갸
裏리리坐쮜조的딍디○드청러ᄒ으노ᄌ니쇼집셔의今긴긴日ᄉ시些셔셔
小샿샨淡딴단薄빻보禮리리○박오ᄒ늘녜잠로싼 담虛휴휴請칭칭親
친친眷권권○당욕을절청업ᄒ시야권酒짇직也여여醉쥐쥐不붕부得딓더
○못술ᄒ도고취 티茶짜차飯빤반也여여飽발반不붕부得딓더○반차
못도ᄒ비여브다르 디休힝휘恠괘괘○말허라믈休힝휘這저저般번번說

쓩쉬○디이말리라니 릭不붕부當당당○ᄒ당여티라못教걒갸儞니니一
힝이日ᄉ시辛신신苦쿠쿠○눌널슈로고ᄒᄒ여여곰다홀我어오們믄믄酒
짇직也여여醉쥐쥐了랼랴○취우ᄒ리고술 도茶짜지飯빤반也여여飽
발반了랼랴○브차르반다도 븨儞니니休힝휘恠괘패○말네라허 믈
如슈슈今긴긴正징징是쓰스臘랑라月웨워○싯이돌제이정니히天텬텬
氣키키寒핸한冷릉릉○친하다놀 히拾씽시來래레的딍디糞뽄븐將
쟝쟝來래레○가주져어다온가물 똥熰흥우着쟐죠些셔셔火훠호○무블
위휘熱셩여手싱식脚걓교○이손자발 대糞뽄븐拾씽시在쨰재筐쾅쾅
子즈즈裏리리頭뜽투○리몰안똥히을이주시여니광 조收싱식進진진来
래레○려거오두고어 드休힝휘教걒갸別뼝벼人ᄉ신將쟝쟝去큐큐了

랼랴○져다가른게사말룸라가這저저車처처子즈즈○위이 술折쎻셔了
랼랴車처처輞왕왕子즈즈○리술해윗아박디회거밧닥도輻봉부條땅탄將
쟝쟝來래레○져살오들라가可커커惜싱시了랼랴○올앗샤가咱장자們
믄믄後횧후頭뜽투不붕부修싱식理리리那나나○니우修리理후ᄒ의라아
車처처軸쭇주○통술 윗車처처釧쳔쳔○리술도윗리통로엣박구은무쇠부
車처처鐧견견○게술기윗조통치안로히박달은티쇠아 니車처처頭뜽투○
오술는윗나압모괴車ᄎ처梯티티○오술는위나뒤모괴車처처廂샹샹○윗술
난두간녁車처처轅원원○ᄂ술롯윗繩씽싱索숭수都두두好함한○돌바
타다 됴樓릉루子즈즈車처처○슬집위지 은庫쿠쿠車처처○것잡년은
위ᄂ 술驢류류騾러로大따다車처처○오나는귀큰노술새위돌 머坐쮜조

子部 第五冊

車처쳐兒술술◯술드위는都두두好핳한生승승房빵방子즈즈裏리리
放방방着쟣죠◯려다노됴하히두집고의드休힣휘教갸갸雨유유雪숴쉬
濕씽시了랴랴◯게雨말雪라에젓 似쓰스這져져般번번冷릉릉時
쓰스◯우이니리치咱장자們믄믄遠원원垜떠도子즈즈放방방着쟣죠
射씽시◯타우고리쏘멀아리솔賭두두一힝이箇거거羊양양◯을흔던양
자으咱장자們믄믄六룩릭箇거거人신신◯사우롬리이여숫三산산棚
붕붕兒술술箭젼젼◯살세로젼동勾글구射씽시了랴랴◯쏘유리여로히
다那나나邊변변先션션射씽시過궈고來래래◯저더쏘편라이몬人
신신叫갸갸喚훈훈大따다了랴랴◯를사크롬……射
씽시的딩디歪왜왜了랴랴◯우것로쏘……箇거거

朴通事諺解 下 三十三

射씽시◯쏘놉고스기休힣휘小샿샤了랴랴◯말뼈라디게低디디射
씽시時쓰스◯쏘느면즈기窟훤훤到닿다了랴랴◯느근니드라겨가誰
쒸쉬贏잉잉誰쒸쉬輸슈슈◯못뉘이이긔긔뇨며뉘由윙유他타타◯뎌더
고두你니니看칸칸◯라네보早잘잔裏리리◯다일럿一힝이會
兒술술◯위흔디再재재添텬텬一힝이枝즈즈箭젼젼時쓰스◯살또
더흐ㅎ나면만咱장자們믄믄滿먼먼了랴랴◯리우로리다太我어오贏잉잉
了랴랴◯긔우여리다이輸슈슈了랴랴的딩디◯니못는이긔做주주筵
연연席씽시着쟣죠◯흐이라바디 咱장자們믄믄做주주漢한한兒
술술茶짜차飯빤반着쟣죠◯반우밍리그한자차頭뜰투一힝이道땋단團
퀀퀀攛퀀퀀湯탕탕◯이첫오흔ㅇ도製는法團未攛詳湯第띠디二술을道땋단

鮮션션魚유유湯탕탕◯션第탕二이道오는싱第띠디三산산道땋단雞
기가湯탕탕◯둙第탕三이道오는第띠디四스스道땋단五우우軟원원三
산산下뺘하鍋궈고◯未製詳法第띠디五우우道땋단乾간간按한안酒
징직◯므第른五안道쥬는第띠디六룩릭道땋단灌권권肺빙빙◯道第는六
ㅎ난니페권蒸징징餅빙빙◯편증脫퇑토脫퇑토麻마마食씽시◯투투
멋第띠디七칭치道땋단粉븐븐湯탕탕◯스第면七과道는饅먼먼頭
뜰투◯니상왜打다다散산산◯새각시산라호咱장자們믄믄點뎐뎐看
칸칸這져져果궈고子즈즈菜채채蔬수수◯소우로리뎜이고과ㅎ실여과보지
쟈整징징齊찌치麼마마不봉부整징징齊찌치◯졔정티제아흐나가흐정
가這져져藕울우菜채채◯근이ㅊ년黃황황瓜과과◯외茄끼켜子

朴通事諺解 下 三十四

즈즈◯지가生승승葱충충◯파薤혜혜◯치부蒜숸숸◯놀마蘿러로
蔔뽕부◯우닷무冬둥둥瓜과과◯화동葫햏후蘆루루◯박芥계계
子즈즈◯조계蔓먼먼菁징징◯우쉬무赤칭치根근근◯치시근海
해해帶대대◯마다ㅅ這져져按한안酒징직◯쥬이논안煎젼젼魚유유
◯전둙흐고니기羊양양雙상상腸짱창◯창양조의頭뜰투◯리머蹄띠티
◯발肚뚜두兒술술◯양睛징징◯올눈망脆취취骨구구◯식삭
ㅅ흔쌔耳술술朵더도◯귀這져져果궈고子즈즈◯실이은과棗잘잔
兒술술◯쵸대乾간간柿쓰스◯감모른核흫허桃땋단◯도호乾간간
葡뿌萄땋탄◯보므도른龍룽룽眼연연◯안룡荔리리支즈즈◯지녀
杏항힝子즈즈◯고술西시시瓜과과◯박슈甜뗜뎐瓜과과◯외참柑

간간子즈즈○조감石씽시榴릭루○뉴석梨리리兒숤술○비李리리
子즈즈○앗외松숭승子즈즈○잣砂사사糖땅탕○당사蜜밍미栗
링리子즈즈○밤쌀이에라조린這저져肉승수都두두煑쥬쥬熟쑹수了
량랴○마이닉고거기다다술顙보項향향骨긍구○쎠목댱背비비皮
빼피○운겁지肋릭릐扇션션○치넙팔前쪈쳔膊밤바○게업엇後
흫후腿튀튀○리뒷다胷흉흉子즈즈○승가却킹켜怎즘즘麽마마不
붕부見견견一힝이箇거거後흫후腿튀튀○다또리엇업디ᄉ훈뇨뒷饅먼먼
頭뜽투餡현현兒숤술裏리리使숤스了량랴○쓰샹니화라소에湯탕탕
水쉬쉬茶짜차飯빤반○茶湯飯水이와都두두完원원備삐비了량랴○
지다다ᄀ日싕시頭뜽투落랑로了량랴○시히니뎌疾찡지忙망망擡때태

朴通事新釋諺解 下　三十五

肉승수時쑰스散산산着잪죠○큰셜호리터대디육쟈드러咱쟝자們무믄
今긴긴日싕시筵연연席씽시○이우바리디오에놀喫칭치了량랴多더도
少샹샾酒징쥐○먹언거멋뇨술을喫칭치了량랴二숤슬兩량량銀인인
的딍디酒징쥐○을두머낭거은다엣술咱쟝자們믄믄通통통是쑰스十
씽시數수수箇거거人신신○라우믄리사대름되이열怎즘즘麽마마喫칭치
二숤슬兩량량銀인인的딍디酒징쥐○술엇울디먹두그낭료은에也여여
不붕부只즈즈十씽시數수수箇거거人신신喫칭치○사또름여만라먹믄
아글니븐라이下햐햐頭뜽투伴뻔번當당당們믄믄偏편편不붕부喫칭치
○이아먹랫디반아당니은라독별這저져筵연연席씽시散산산了량랴○
디이디이거바다디흐[ornament]我어오有잉우些셔셔腦낭나痛퉁퉁頭뜽투眩

휀휜○머내리져도기어골즐치ᄒ일니픈고請칭칭太태태醫이이來래레診
진신候흫후脉맹머息싕시○脉의잡원혀청보ᄒ아여지다라가看칸칸甚씸슴
麽마마病삥빙○고므보습라병太태태醫이이說쉉쉬○날의오원되이你
니니脉맹머息싕시浮뿡부沉찐친○沉네ᄒ脉락이ᄒ浮니ᄒ락你니니敢
간간傷샹샹着잪죠冷릉릉物뭉무來래레○흔네듯冷ᄒ物다어샹我어오
昨짱조日싕시冷릉릉酒징쥐多더도喫칭치了량랴○술내을어만제히츤
라먹으那나나般번번時쓰쏘○면그러消샹샾化화화不붕부得딍더
○못消ᄒ化여티因힌인此츠츠上쌍샹○ᄎ이로란전腦낭난痛릉릉頭
뜽투眩휀휜○미되리골어이즐알ᄒ픈고고不붕부思ᄉ스飲힌인食씽시○
나음ᄒ식느싱니각라아我어오這저져藥얍요裏리리頭뜽투○듕내에이약

朴通事新釋諺解 下　三十六

與유유你니니些셔셔剋킁킈化화화的딍디藥얍요餌숤슬○쇼너화룰
기홀시약나을줄喫칭치了량랴便뼌변敎걍갸無무우事쏘스○먹으면곳
읍ᄒ스여리곰라일消샹샾痞피피丸원원○丸消痞木뭉무香향향分본븐
氣키키丸원원○氣丸木香分神씬신芎쿵쿵丸원원○丸神芎檳빈빈
榔랑링丸원원○丸檳榔這저져幾기기等등등藥얍요裏리리頭뜽투
○지이약여듕러에가堪칸칸服뿡부治찌치飲힌인食씽시停띵팅滯지
○거음술식먹머엄믄즉것ᄒ곳니只즈즈喫칭치一힝이服뿡부檳빈빈榔
량랑丸원원○만오먹직을檳거榔시丸니ᄒ흔븍食씽시後흫후喫칭치○食後
으예되먹每믜믜服뿡부三산산十씽시丸원원○ᄒ미환ᄒ식복ᄒ애여셜坐
숭승薑걍걍湯탕탕送숭숭下햐햐○눌生이薑오湯라에喫칭치了량랴時

쓰스 ○먹으면 便뼌변 動뚱둥 臟짱징 腑부후 ○곳臟腑ㅣ動ᄒᆞ여 動뚱둥
一힝이 兩량량 次ᄎᆞᄎ 時쓰스 ○ᄒᆞᆫ두번動ᄒᆞ면 便뼌변 思ᄉᆞ스 量량량 飯
빤반 喫칭치 ○곳밥먹기를ᄉᆡᆼ각ᄒᆞ리니 先션션 喫칭치 些셔서 薄빱보 粥죽주
補부부 一힝이 補부부 ○몬져믈근쥭먹어보ᄒᆞ교 然연연 後훙후 喫칭치 茶
짜차 飯빤반 ○그린후에차반먹으라 明밍밍 日싀시 太태태 醫이이 来래래
問운운 ○이틋날太醫ㅣ와무로되 你니니 好핳한 些셔서 箇거거 麽마마 ○
네져그나됴커나 今긴긴 日싀시 早장잔 晨찐친 ○오ᄂᆞᆯ아ᄎᆞᆷ에 纔채채 喫
칭치 了랼랴 些셔서 粥죽주 ○굿죽먹으니 較갸갸 好핳한 些셔서 了랼랴
○져기됴해라 明밍밍 日싀시 病삥빙 痊쳔쳔 可커커 了랼랴 時쓰스 ○
닉일병이다됴커든 太태태 醫이이 上썅샹 重쭁중 重쭁중 的딍디 酬찰착 謝

써셔 ○太醫세만ᄒᆞᆫ은혜갑파샤례호리라 咱장자 們믄믄 每믜믜 年년년 每
믜믜 月웨웨 每믜믜 日싀시 快쾌쾌 活홯호 ○우리每年每月每日에즐기끄 春
츈츈 夏햐하 秋칭칙 冬둥둥 一힝이 日싀시 也여여 不봉부 要향야 撇평펴
了랼랴 ○春夏秋冬에ᄒᆞᄅᆞ도ᄇᆞ리디마쟈 咱장자 人신신 今긴긴 日싀시 死
스스 的딍디 明밍밍 日싀시 死스스 的딍디 ○우리사ᄅᆞᆷ이오ᄂᆞᆯ죽을똥닉일죽을
똥 不봉부 理리리 會훼휘 得딍더 ○아디못ᄒᆞ니 安한안 樂랑로 時쓰스
不봉부 快쾌쾌 活홯호 時쓰스 ○편안ᄒᆞᆫ적의즐기디아니ᄒᆞ면 真진진 箇거거
呆여여 人신신 ○진짓어린사ᄅᆞᆷ이라 死스스 的딍디 後훙후 頭뜽투 ○죽은
후에ᄂᆞᆫ 不봉부 揀견견 甚씸슴 麽마마 ○아므것도ᄀᆞᆯᄒᆡ디못ᄒᆞ여 都두두 做
주주 不봉부 得딍더 主쥬쥬 張쟝쟝 ○다쥬댱티못ᄒᆞ여 好핳한 行힝힝 的

딍디 馬마마 ○됴ᄒᆞᆫ것ᄐᆞᆫᄆᆞᆯ도 別뼝벼 人신신 騎끼키 了랼랴 ○다ᄅᆞᆫ사ᄅᆞᆷ이ᄐᆞ
며 好핳한 襖핳안 子즈즈 ○됴ᄒᆞᆫ옷도 別뼝벼 人신신 穿춴천 了랼랴 ○
다ᄅᆞᆫ사ᄅᆞᆷ이니브며 好핳한 媳싱시 婦뿌부 ○됴ᄒᆞᆫ겨집도 別뼝벼 人신신 娶
츄츄 了랼랴 ○다ᄅᆞᆫ사ᄅᆞᆷ이엇ᄂᆞ니 活홯호 時쓰스 節졍져 ○사라신적의 着
쨯죠 甚씸슴 麽마마 来래래 由잉우 不봉부 受씽슈 用융융 ○므슴젼ᄎᆞ로ᄡᅳ
디아니ᄒᆞ리오 大따다 槩개개 人신신 的딍디 孩ᄒᆡ해 兒ᅀᆞ솔 ○대개사ᄅᆞᆷ
의ᄌᆞ식이 從쭝충 小샾샤 来래래 ○져거브터셔 好핳한 教갸갸 道땋닾 的
딍디 成찡칭 人신신 時쓰스 ○잘ᄀᆞᄅᆞ쳐사ᄅᆞᆷ되면 官권권 人신신 前쪈쳔 面
면뎐 行힝힝 着쨯죠 ○관원앏픠ᄃᆞᆫ니다가 他타타 有잉우 福봉부 分뿐분 時
쓰스 ○제복분이이시면 官권권 人신신 也여여 做주주 了랼랴 ○관원도되

ᄂᆞ니라 着샾죠 教갸갸 道땋닾 他타타 ○ᄒᆞᆫ다가저를ᄀᆞᄅᆞ쳐도 不봉부 立
리링 身신신 成찡칭 不봉부 得딍더 人신신 ○立身못ᄒᆞ고사ᄅᆞᆷ되디못ᄒᆞ면 也
여여 是쓰스 他타타 的딍디 命밍밍 也여여 ○또제명이어니ᄯᆞ녀 咱장자 們
믄믄 盡찐진 了랼랴 為위위 父뿌부 母무무 的딍디 心신신 ○우리ᄂᆞᆫ부모되
여잇ᄂᆞᆫᄆᆞᄋᆞᆷ을다ᄒᆞ여 不봉부 曾쯩층 落랑로 後훙후 ○ᄂᆞᆷ의게버디디말새시라
你니니 這져져 小샾샤 孩ᄒᆡ해 兒ᅀᆞ솔 ○네이아ᄒᆡ들히 着샾죠 成찡칭 人
신신 時쓰스 ○ᄒᆞᆫ다가사ᄅᆞᆷ곳되면 三산산 條탚탸 路루루 兒ᅀᆞ솔 中즁즁 間
견견 裏리리 行힝힝 着쨯죠 ○세오리길헤가온대로ᄃᆞᆫ니거시라 別뼝벼 人신신
東둥둥 西시시 休힣휘 愛애애 ○다ᄅᆞᆫ사ᄅᆞᆷ의거슬ᄉᆞ랑티말며 別뼝벼 人신신
折졍져 針진진 也여여 休힣휘 拿나나 ○ᄂᆞᆷ의것근바ᄂᆞᆯ도가지디말며 別뼝벼

人신신是스쓰非비븨休휘힣說쉬숴 ○ ᄂᆞᆷ의 是非 닐으디 말라 若쇼샿依
이이着죠쟣這저저般번번用융융心신신行힝힝時스쓰 ○ ᄒᆞ다가 이대로
용심ᄒᆞ여 ᄃᆞᆫ니면 不부붕揀견견幾기기時스쓰 ○ 아모제라 업시 成칭찡得
더ᄐᆡᆼ人신신了랴럏 ○ 사ᄅᆞᆷ 되리라 常챵짱言연연道다땋 ○ 샹언에 니로되
老랴럏實시싱常챵짱在재째 ○ 고디식ᄒᆞ니ᄂᆞᆫ 샹샹예 잇고 脫토텅空쿠쿵
常챵짱敗배배 ○ 섭섭ᄒᆞ니ᄂᆞᆫ 샹샹에 패ᄒᆞᆫ다 ᄒᆞᄂᆞ니라 休휘힣做주주賊쥐쮜
說쉬숴謊황황 ○ 도적ᄒᆞ기와 거즛말 니ᄅᆞ기 말며 休휘힣姦견견猾화홯懶
惰도떠 ○ 姦猾ᄒᆞ기와 懶惰티 말라 官권권人신신們믄믄前쳔쪈面면면
○ 관원의 앏ᄑᆡ 出츄츙不부붕得더ᄐᆡᆼ氣키키力리링行힝힝時스쓰 ○
氣力을 내디 못ᄒᆞ여 ᄃᆞᆫ니면 一이잉日시ᅀᅵᆼ也여여做주주不부붕得더ᄐᆡᆼ人

신신 ○ ᄒᆞᄅᆞ도 사ᄅᆞᆷ 되디 못ᄒᆞ리라 火호훠伴번뻔中중중間견견 ○ 벗들
ᄉᆞ이예 自즈쯔家갸갸能능능處츄츄休휘힣說쉬숴 ○ 내 능ᄒᆞᆫ 곳을 니ᄅᆞ디
말며 休휘힣自즈쯔誇과과 ○ 내 몸 쟈랑 말며 別벼뼝人신신落로랑處츄츄
休휘힣笑샤샹 ○ ᄂᆞᆷ의 딘 곳 웃디 말라 船쳔쭨是스쓰從충쭝水쉬쉬裏리리
出츄츙 ○ ᄇᆡᄂᆞᆫ 믈에셔 조차 나고 旱한햔地디띠裏리리行힝힝不부붕得
더ᄐᆡᆼ ○ 무틔ᄂᆞᆫ ᄃᆞᆫ니디 못ᄒᆞᄂᆞ니 須슈슈要야햫車처쳐子즈즈載재재着죠쟣
○ 모로미 술위로 시르머 車처쳐子즈즈水쉬쉬裏리리去큐큐時스쓰 ○
술위ᄂᆞᆫ 믈에 가면 水쉬쉬裏리리行힝힝不부붕得더ᄐᆡᆼ ○ 믈에 ᄃᆞᆫ니디 못ᄒᆞᄂᆞ니
須슈슈用융융船쳔쭨裏리리載저재着죠쟣 ○ 모로미 ᄇᆡ로 싯ᄂᆞ니라 一
이잉箇거거手시싷打다다時스쓰響향향不부붕得더ᄐᆡᆼ ○ ᄒᆞᆫ 손을 텨면 소

리 나디 아니ᄒᆞ고 一이잉箇거거脚교갸行힝힝時스쓰去큐큐不부붕得
더ᄐᆡᆼ ○ ᄒᆞᆫ 발로 거ᄅᆞ면 가디 못ᄒᆞᄂᆞ니라 咱자쟝們믄믄人신신廝스숭將샹쟝
就직찍廝스숭附부뿡帶대대行힝힝時스쓰好한햫 ○ 우리 사ᄅᆞᆷ이 서르 두
위라ᄒᆞ여 서르 더브러 ᄃᆞᆫ기면 됴ᄒᆞ니라 又우잉這저저火호훠伴번뻔們믄믄 ○
ᄯᅩ 이 벗들희 好한햫的디딩歹대대的디딩 ○ 됴ᄒᆞ니 구즈니를 都두두廝
스숭扶부뿡助주쭈着죠쟣行힝힝 ○ 다 서르 잡드러 ᄃᆞᆫ니쟈 人신신有우잉
好한햫處츄츄揚양양說쉬숴着죠쟣 ○ 사ᄅᆞᆷ이 됴ᄒᆞᆫ 곳디 잇거든 내여 니ᄅᆞ며
人신신有우잉歹대대處츄츄掩연연藏챵짱着죠쟣 ○ 사ᄅᆞᆷ이 사오나온 곳
디 잇거든 곰촐새시니라 常챵짱言연연道다땋 ○ 샹언에 니ᄅᆞ되 隱인힌惡어햫
揚양양善션쎤 ○ 사오나온 일란 그이고 됴ᄒᆞᆫ 일란 들어나게 ᄒᆞ라 ᄒᆞ니라 若쇼샿是

스쓰隱인힌人신신的디딩德더ᄐᆡᆼ ○ ᄒᆞ다가 사ᄅᆞᆷ의 어딘 일란 그이고 揚양양
人신신的디딩非비빙 ○ 사오나온 일란 드러내미 最쥐쮜是스쓰歹대대勾
구궁當당당 ○ ᄀᆞ장 사오나온 일이라 咱자쟝們믄믄做주주奴누누婢
비삐的디딩人신신 ○ 우리 죵 되여 잇ᄂᆞᆫ 사ᄅᆞᆷ이 跟근근着죠쟣官권권人신신
們믄믄行힝힝時스쓰 ○ 官人을 조차 ᄃᆞᆫ닐 제 這저저裏리리那나나裏리리
下하햐馬마마處츄츄 ○ 여긔 뎌긔 ᄆᆞᆯ ᄂᆞ리ᄂᆞᆫ ᄃᆡ 將쟝쟝官권권人신신的
디딩馬마마牽견견着죠쟣 ○ 官人의 ᄆᆞᆯ을 잇그러다가 好한햫生ᄉᆞᆼ승絟숸쏸
着죠쟣 ○ 됴히 ᄆᆡ고 肥븨삐馬마마涼량량着죠쟣 ○ ᄉᆞᆯ진 ᄆᆞᆯ란 서늘케 ᄒᆞ고
瘦수승馬마마鞍안한子즈즈摘저찡了랴럏 ○ 여윈 ᄆᆞᆯ란 기ᄅᆞ마 벗기고 絆
번뻔了랴럏脚교걓 ○ 발에 지달 ᄡᅳ고 草찬찹地디띠裏리리撒사싱了랴럏

○ 희끌 노기 하은 싸 教 걓갸 喫 칭치 草 참찬 ○ 먹ᄒᆞ 게여 ᄒᆞ곰 고플 布 부부 帳
쟝장 子 즈즈 疾 찡지 忙 망망 打 다다 起 키키 着 쨯죠 ○ 리布 티帳 고을 셜 鋪
푸푸 陳 쩐친 整 징징 頓 둔둔 着 쨯즈 ○ 제鋪 히陳 ᄒᆞ을 고졍 房 빵방 子 즈즈 裏
리리 搬 번번 入 슝슈 去 큐큐 着 쨯죠 ○ 들방 거의 든올 마 鞍 한안 子 즈즈 轡
비피 頭 뜰투 ○ 굴기 예ᄅᆞ 란마 과 自 쯔즈 己 기기 睡 쒸쉬 臥 어오 房 빵방 子
즈츠 裏 리리 放 방방 着 쨯죠 ○ 의내 노자 코는 방 上 썅샹 頭 뜰투 着 쨯죠 披
피피 氊 전전 蓋 개개 着 쨯죠 ○ 으우 로희 덥안 고롱 那 나나 的 딍디 之 즈즈 後
혷후 ○ 후그 에리 ᄒᆞ 鑼 러로 鍋 궈고 安 한안 了 량랴 着 쨯죠 ○ 치노 고고 안
疾 찡지 忙 망망 茶 짜차 飯 빤반 做 주주 着 쨯죠 ○ 밍샐 글리 고차 반 肉 숭수
熟 숭수 了 량랴 ○ 거고 든기 닉 撈 랑랖 出 츄츄 来 래레 ○ 여건 와뎌 내 茶

찌차 飯 빤반 喫 칭치 了 량랴 時 쓰스 ○ 어茶 든飯 먹 摠 훤원 子 즈즈 家 갸가
具 꾸규 收 싱식 拾 씽시 了 량랴 ○ 를사 슈발 습과 ᄒᆞ그 고릇 써 官 권권 人 신신
們 믄믄 睡 쒸쉬 了 량랴 時 쓰스 ○ 자官 거人 든들 히 教 걓갸 一 힝이 箇 거거
火 훠호 伴 뻔번 伺 ᄉᆞᄎᆞ 候 혷후 着 쨯죠 ○ 伺ᄒᆞ 候벗 ᄒᆞ으 게로 ᄒᆞᄒᆞ 라여 着 쟢쇼
這 져져 般 번번 謹 긴긴 慎 씬신 行 행힝 時 쓰스 ○ ᄒᆞ만 여일 ᄀᆞ이 니리 면조 심
便 뼌변 是 쓰스 在 째재 下 햐하 人 신신 ○ 사곳 룸이 의아 랫 扶 후부 侍 쓰스
官 권권 長 장장 的 딍디 道 땋단 理 리리 ○ 理官 어長 니모 ᄯᆞ시 녀는 道 咱
쟝자 們 믄믄 結 경겨 相 샹샹 識 싱시 行 행힝 時 쓰스 ○ 든우 닐리 쟉벗 시지 면어
休 횡휘 説 숴쉬 你 니니 歹 대대 我 어오 好 함핲 ○ 나너 엇사 일오 라나 니오 ᄅᆞ며
고디 말 明 뿡픙 友 임우 的 딍디 面 면면 皮 삐피 ○ 갓벗 ᄎᆞᆯ의 ᄂᆞᆺ 休 횡휘 教

걓갸 着 싱식 了 량랴 ○ 게붓 말그 라업 親 친친 熟 쓩셔 和 훠호 順 쓘슌 行 행힝
時 쓰스 ○ ᄒᆞᄉᆞ 여랑 ᄃᆞᄒᆞ 니고 면화 동 便 뼌변 是 쓰스 一 힝이 箇 거거 父 뿌부
母 무무 生 승숭 的 딍디 弟 띠디 兄 흉흉 一 힝이 般 번번 ○ 의곳 게ᄒᆞ 난父 형母
가뎨 지과 니ᄒᆞ 相 샹샹 待 때대 相 샹샹 顧 구구 盼 판판 着 쨯죠 行 행힝 ○ 서ᄅᆞ
보되 술접 펴ᄒᆞ 드며 니서 라ᄅᆞ 朋 뿡픙 友 임우 們 믄믄 ○ 히벗 들 着 샾쇼 困 쿵쿵
中 즁즁 沒 뭉무 盤 뻔펀 纏 쩐천 時 쓰스 ○ 쁠ᄒᆞ 것다 업가 ᄉᆞ어 적려 의온 제 自
쯔즈 己 기기 錢 쪈천 物 뭉우 休 힘휘 愛 애애 惜 싱시 ○ 기내 디쳔 말을 고앗 接
장저 濟 지치 朋 뿡픙 友 임우 們 믄믄 使 승스 着 쨯죠 ○ 쓰벗 게들 ᄒᆞ주 자어 朋
뿡풍 友 임우 着 샾쇼 不 봉부 幸 행힝 ○ 不벗 幸이 ᄒᆞ만 야일 遭 장잣 着 쨯죠 官
권권 司 숭스 口 큥쿠 舌 쎵셔 時 쓰스 ○ 익구 을의 죠만 낫과 거ㅁ 든舌 의 衆 즁즁

朋 뿡픙 友 임우 們 믄믄 ○ 들모 히든 벗 向 향향 前 쪈천 救 깅구 濟 지지 着
쨯죠 ○ 제나 ᄒᆞ아 라가 구 着 샾쇼 不 봉부 救 깅구 時 쓰스 ○ 티ᄒᆞ 아다 니가 ᄒᆞ구
면 傍 빵팡 人 신신 要 향야 唾 터토 罵 마마 ○ 고겨 수틔 지사 즈롬 리이 라츰 밧
有 임우 些 셔셔 病 뻥빙 疾 찡지 時 쓰스 ○ 잇병 거드 드러 休 힝휘 迴 훼회 避
삐비 ○ 말에 교도 디 請 칭칭 太 태태 醫 히이 下 햐하 藥 양요 看 칸칸 治 찡치
着 쨯죠 ○ 뻐태 보의 술를 펴청 곳ᄒᆞ 티야 ᄯᅧ약 早 장잣 起 키키 晩 환완 夕 씽시 ○
조아 희참 나 休 힝휘 離 리리 了 량랴 ○ 말뻐 교나 디 煎 젼젼 湯 탕탕 煑 쥬쥬
水 쉬쉬 ○ 물탕 데달 이히 며며 問 운은 候 혷후 着 쨯죠 ○ 로병 라증 무 着 샾쇼
這 져져 般 번번 相 샹샹 看 칸칸 時 쓰스 ○ ᄅᆞ이 보러 술ᄐᆞ 피시 면서 便 뼌변 有
잉우 十 씽시 分 뿐분 病 뻥빙 也 여여 減 견견 了 량랴 五 우우 分 뿐분 ○ 열곳

分만흔 병이 잇다가도 五分이나 덜리라 朋友有些病疾 ○ 벗이 병드러 잇거든 你不照覷他 ○ 네 더눌 보술피디 아니ᄒ면 那病人想着沒朋友的情分 ○ 뎌 병든 사ᄅᆞᆷ이 싱각ᄒ되 벗인 ᄠᅳᆺ이 업다ᄒ여 悽惶時 ○ 슬허ᄒ면 縱有五分病 ○ 비록 五分간ᄒᆞᆫ 병이라도 添做十分了 ○ 더ᄒ여 十分이 되ᄂ니라 咱們世上人 ○ 우리 세샹 사ᄅᆞᆷ이 做男兒行時 ○ 男兒ㅣ 되여 ᄃᆞᆫ닐뎬 自己祖上的名聲休壞了 ○ 내 조샹 명셩을 ᄒ여ᄇ리디 말고 凡事要謹慎行時 ○

믈읫 일을 조심ᄒ여 ᄃᆞᆫ니면 卓立的男子 ○ 어딘 男子ㅣ 되여ᄂᆞᆫ 父母的名聲 ○ 父母의 名聲을 辱麽了時 ○ 더러이면 別人唾罵也 ○ ᄂᆞᆷ이 춤밧고 수지즈리라 父母在生時 ○ 父母ㅣ 사라신 적의 家法名聲好來 ○ 家法과 名聲이 됴ᄒ며 田產家計有來 ○ 뎐디 가산도 이시며 孳畜頭口有來 ○ 기ᄅᆞᄂᆞᆫ 효근 즘싱과 굴근 즘싱도 이시며 人口奴婢有來 ○ 더브리ᄂᆞᆫ 사ᄅᆞᆷ이며 종들도 잇다가 爺娘亡沒之後 ○ 부뫼 업손 후에 落後下的孩兒們 ○ 후조식ᄃᆞᆯ히 不

務營生 ○ 살올 일 일오기 힘ᄡᅳ디 아니ᄒ고 教些幫閑的潑男女 ○ 노롯ᄒ며 흥뚱ᄒ여 돌며 보피로온 男女로 ᄒ여 狐朋狗黨 ○ 여ᄋ 벗 지으며 히와무지지어 가 每日穿茶房 ○ 每日 차 프ᄂᆞᆫ 집의 셰 나들며 入酒肆妓女人家 ○ 술 프ᄂᆞᆫ 저제와 녀기 프져의 드러가 胡使錢 ○ 간대로 쳔을 ᄡᅳ거든 衆親眷街坊老的們勸說 ○ 모든 권당과 이우지 늘근이들이 히말려 나로되 你為甚麽省不得 ○ 네 엇디 술피디 못ᄒᄂ다 ᄒ면 執迷着心 ○ ᄆᆞᄋᆞᆷ을 어리위 가지고셔 迴言道 ○ 디답ᄒ여 니로디 使時使了

ᄡᅥ도 내 쳔을 ᄡᅳ고 壞時壞了 我的家私 ○ 히여ᄇ려도 내 짓거슬 히여ᄇ리ᄂ니 干你甚麽事 ○ 네게 므슴 일이 브트뇨 因此上 ○ 이런 젼ᄎ로 衆人再不曾勸他 ○ 모든 사ᄅᆞᆷ이 다시 말리디 아니ᄒ니 隨着他胡使錢 ○ 제 ᄆᆞᄋᆞᆷ으로 쳔을 간대로 ᄡᅳ니 每日十數箇幫閑的家裏 ○ 每日 열아믄 노롯바치 집의 媳婦狹兒 ○ 거집과 아히의 喫的穿的 ○ 먹는 것 닙ᄂᆞᆫ 거시 都是這呆廝的錢 ○ 다 이 어린 놈의 쳔이라 騎的馬三十兩一匹

피핑 好 한함 寬 훤훤 行 힝힝 馬 마마 ○ 트논물은설흔냥쓰 훈필ᄀ장것논몰이오
鞍 안한 子 즈즈 是 스쓰 時 스쓰 様 양양 減 견견 銀 인인 事 스쓰 件 견견 的
디딍 好 한항 鞍 안한 轡 피비 ○ 기ᄅ마ᄂ시테예은입ᄉ훈 ᄉ견엣됴흔기ᄅ마구레니
通 퉁퉁 是 스쓰 四 스슨 十 시씽 兩 량량 銀 인인 ○ 대되마은냥 온을뺏더라 ■
穿 천쳔 衣 이이 服 부뿌 時 스쓰 ○ 오술니 블쎤대 按 인한 四 스슨 時 스쓰 穿
현현 衣 이이 服 부뿌 ○ ᄉ절을조차 옷니브되 每 미미 日 싀싕 脱 토퉁 套 탄탕
換 훤훤 套 탄탕 ○ 날마다훈벌벗고 훈블ᄀ라닙ᄂ니 春 츈츈 間 견견 好 한항 青
칭칭 羅 로러 衣 이이 撒 사상 ○ 봄의ᄂ됴흔야청 노이삭딕녕에 白 버뻥 羅 로러
大 다따 搭 다당 胡 후훅 ○ 흰노큰더 그레예 柳 리링 綠 루룽 羅 로러 細 시시
褶 저졍 兒 슬숭 ○ 프론뉴청노ᄀ는 줄옴털릭이오 到 단당 夏 하뺘 間 견견 ○

老乞大諺解 下　四十五

녀름다든 듯거든 好 한항 極 기낑 細 시시 皆 디딍 毛 마망 施 스숭 布 부부 布 부부
衫 산산 ○ ᄀ장ᄀᄂ모 시뵈적삼에 上 샹썅 頭 투뚱 繡 식심 銀 인인 條 탼땽 紗 사사
사사 搭 다당 胡 후훅 ○ 우에ᄂ슈노흔흰 민사더그레예 鴨 야향 綠 루룽 紗 사사
直 지찡 身 신신 ○ 야토로사 딕녕이오 到 단탕 秋 착칭 間 견견 是 스쓰 羅 로러
衣 이이 裳 상썅 ○ ᄀ올히다ᄃ거 든노오시오 到 단탕 冬 둥둥 間 견견 ○ 겨 올
이다듯 거든 界 계계 地 디띠 紵 쥬쮸 絲 스슨 襖 오함 子 즈즈 ○ 벽드르 운엣비
단옷 과 綠 루룽 紬 추쭈 襖 오함 子 즈즈 ○ 초록면듀 핫옷과 織 지징 金 긴긴
膝 시싱 欄 란란 襖 오함 子 즈즈 ○ 금으로ᄇᄌᆞᆫ膝 欄훈핫옷과 茶 차짜 褐 허헝 水
쉬쉬 波 보뷔 浪 랑랑 地 디띠 兒 슬숭 四 스슨 花 화화 襖 오함 子 즈즈 ○ 감 찰
비치물결바탕에ᄉ 화문훈비단핫옷과 青 칭칭 六 루룽 雲 윤윤 襖 오함 子 즈즈 ○

야청빗체六雲 文비단핫옷과 茜 쳔쳔 紅 홍홍 氈 젼젼 段 돤돤 藍 란란 綾 링링 子
즈즈 褲 쿠쿠 兒 슬숭 ○ 곡도용믈드린블근빗체털 조차ᄇᄌᆞᆫ비단과남능고의에 白 버뻥
絹 권권 汗 한한 衫 산산 ○ 흰깁한 삼과 銀 인인 褐 허헝 紵 쥬쮸 絲 스슨 板
반반 褶 저졍 兒 슬숭 ○ 은빗채비단너 븐주름털릭과 短 뒨뒨 襖 오함 子 즈즈 ○
더른핫 옷과 黑 허헝 綠 루룽 紵 쥬쮸 絲 스슨 比 비비 甲 갸걍 ○ 黑綠빗 체비단
비게를 후여 這 저저 般 번번 按 안한 四 스슨 時 스쓰 穿 천쳔 衣 이이 裳 상썅
○ 이러트시ᄉ절을 조차오술닙드라 ■ 繫 기기 腰 야향 時 스쓰 ○ ᄯᅴ 도 也 여여
按 안한 四 스슨 季 기기 ○ ᄯᅩᄉ절을조 차히오되 春 츈츈 裏 리리 繫 기기 金
긴긴 條 탄탕 環 환현 ○ 봄에는금 토환ᄯᅴ고 夏 하뺘 裏 리리 繫 기기 玉 유융 鈎
구궁 子 즈즈 ○ 녀름에는옥으로ᄭᅮ뎨 길구리훈나를ᄯᅴ오되 最 쥐쥐 低 디디 的

老乞大諺解 下　四十六

디딍 是 스쓰 菜 채채 玉 유융 ○ ᄀ장ᄂᄌ니 아菜玉이오 最 쥐쥐 高 간강 的 디딍
是 스쓰 羊 양양 脂 즈즈 玉 유융 ○ ᄀ장놉프니는 羊脂玉이오 秋 착칭 裏 리리
繫 기기 減 견견 金 긴긴 鈎 구궁 子 즈즈 ○ ᄀ술히는금입ᄉ 훈구조를ᄯᅴ는나 尋
신씬 常 창짱 的 디딍 不 부붕 用 용융 ○ 샹녜쓰 디아니코 都 두두 是 스쓰
玲 링링 瓏 룽룽 花 화화 様 양양 的 디딍 ○ 다설피게곳사 긴거시러라 冬 둥둥
裏 리리 繫 기기 金 긴긴 廂 상샹 寶 보뱔 石 시씽 鬧 노낭 裝 장쟝 ○ 겨울 이어
ᄐ금으로보석에전메워 젼즈러나ᄉ민ᄯᅴ를ᄯᅴ며 又 우잉 繫 기기 有 우잉 綜 중중
眼 연연 的 디딍 烏 우후 犀 시시 繫 기기 腰 야향 ○ ᄯᅩ종구무잇는 오셔각으로밍
근ᄯᅴ를ᄯᅴ 엇드라 ■ 頭 투뚱 上 상썅 戴 대대 的 디딍 好 한항 貂 댜댱 鼠 슈슈
皮 피삐 披 피피 肩 견견 ○ 머리에뻣거손됴 흔돈피이엄이오 好 한항 纏 천쳔 欖

중중金긴긴頂딩딩大따다帽망맢子즈즈○됴흔증나도실로밋고그딩조브틘
갓이나這져져一힝이箇거거帽망맢子즈즈○이흔갓은結켱겨裹궈고
四스스兩량량銀인인子즈즈○넉량은을드려민그랏고又잉우有잉우紵
쮸쥬絲스스剛강강叉차차帽망맢兒슬슬○또비단으로드르두녁가르빠둘마
기돌온갓애羊양양脂즈즈玉융유頂딩딩子즈즈○양지오딩조브텨시니
這져져一힝이箇거거帽망맢子즈즈○이흔갓은結켱겨裹궈고三산산
兩량량銀인인子즈즈○석량은을드려밍그라내엿고又잉우有잉우天텬텬
青칭칭紵쮸쥬絲스스帽망맢兒슬슬○또텬청빗제비단갓과雲윤윤南
난난氈젼젼帽망맢兒슬슬○雲南에셔난젼으로흔갓과又잉우有잉우貂
댱댠鼠슈슈皮삐피狐후후帽망맢○또돈피텰깃애上썅샹頭뚤투都두두

朴通事諺解 下 四十七

有잉우金긴긴頂딩딩子즈즈○우희다금딩조잇드라穿쳔쳔靴훠훠
時쓰스○휘롤신을단대春츈츈間견견穿쳔쳔皂짱잔麂기기皮삐피靴
훠훠○붐에는거믄기조피휘롤신오되上썅샹頭뚤투縫뽕봉着쨮죠倒닾닫
提띠티雲윤윤○우희구룸깃고로드리윗계호와잇고夏햐하間견견穿쳔쳔
猠뎐뎐皮삐피靴훠훠○녀름에는뎐피휘롤신고到닿닫冬둥둥間견견穿
쳔쳔嵌켠켠金긴긴線션션藍란란條땰탸子즈즈白뻥버麂기기皮삐피
靴훠훠○겨을에는그션조차남비단갸품씬흰기조피휘롤신오되氈젼젼襪왕와
穿쳔쳔好항한絨숭숭毛망만襪왕와子즈즈○시읅쳔은됴흔보드라온털로
미론청신어쇼되都두두使스스大따다紅훙훙紵쮸쥬絲스스綠련연口
쿻쿠子즈즈○다다홍비단으로깃드라이시니一힝이對뒤뒤靴훠훠上쌍샹

○흔빵휘에都두두有잉우紅훙훙絨숭숭鷹연연爪쟣잔○다블근실로고
두각엇더라那나나靴훠훠底디디○뎌휘창이都두두是쓰스兩량량層
쯩층淨찡징底디디○다두층조흔창애上쌍샹的딩디線션션○드라잇는
실은蠟랑라打다다了랼랴○밀텨잇끄錐쥐쥐兒슬슬細시시線션션麤
추추○송고손ᄀᆞ롤고노흔굴그니上쌍샹的딩디分뿐븐外왜왜的딩디牢
랑랖壯쫭좡○도라잇는양이분외에구드니好항한看칸칸○보기됴트라
喫칭치飯빤반時쓰스○밥먹글제눈揀견견口킇쿠兒슬슬喫칭치○
입에먹검즉흔거술골흐여먹더라清칭칭早쟣잔晨씬친起키키來래래○일른
아츠믹나러나梳수수頭뜰투洗시시面면면了럏랴○머리빗고늣싯고先
션션喫칭치些셔셔箇거거醒싱싱酒짛주湯탕탕○몬저술씨오눈탕을먹고

朴通事諺解 下 四十八

或훵훼是쓰스些셔셔點뎐뎐心신신○혹효근상화먹고然션션後흫후
打다다餅빙빙熬앟앞羊양양肉슈수○후에쎡밍골며羊肉고으머或훵훼
白뼝버煮쥬쥬着쨮죠羊양양腰향야節졍져胷홍흉子즈즈喫칭치了
량랴時쓰스○혹믈에양의즌등과가슴을솔마먹고騎끼키着쨮죠鞍한안馬
마마○안마토고引인인着쨮죠伴뻔번儅당당○반당도리고着쨮죠幾
기기箇거거幇방방閑현현的딩디盤뻔편弄롱롱着쨮죠○여러노롯바치
로놀이흐거든先션션投뜰투大따다酒짛주肆스스裏리리坐쭤조下햐하
○몬져큰술져제가안자셔一힝이二숳술兩량량酒짛주肉슈수○흔두낭엣
술고기틀喫칭치了럏랴時쓰스○먹거酒짛주帶대대半번번酣한한○
술을반만취흐여가지끄引인인動둥둥溪인인心신신○溪心을내여唱창창

的딩디人신신家갸가裏리리去큐큐○놀애브르는사ᄅᆞᆷ의집의가到당단
那나나裏리리○너긔가셔教걓갸那나나彈딴탄絃현현子즈즈的딩디
謊황황斷ᄉᆞ스們믄믄○더줄품뉴ᄠᆞ고거줏말ᄒᆞ는놈믈로ᄒᆞ여捉잡조弄룽룽
着쟣죠○늘이ᄒᆞ머셔假갸갸意이이兒ᅀᆞᆯᅀᆞᆯ叫걓갸幾기기聲싱싱○
거즛여러소의로브르되舍셔셔人신신公궁궁子즈즈○샤의공직야早장잔
開캐캐手식식使ᄉᆞ스錢쳔쳔也여여○일즉기손여러돈ᄡᅳ라ᄒᆞ여든那나나
錢쳔쳔物우우只즈즈由잉우那나나幫방방閑현현的딩디人신신支
즈즈使ᄉᆞ스○그錢物을뎌노롯ᄒᆞ는놈들의ᄆᆞᅀᆞᆷ대로ᄡᅳ게ᄒᆞ고他타타只즈즈粧
좡좡孤구구○저ᄂᆞᆫ그저얼은다이正징징面면면兒ᅀᆞᆯᅀᆞᆯ坐좌조着쟣죠○
졍면으로안자做주주好핳할漢한한○어딘남진뎨ᄒᆞ거든那나나廝ᄉᆞ스們

朴通事諺解 下 四十九

믄믄○뎌놈들흔將쟝쟝着쟣죠銀인인子즈즈花화화使ᄉᆞ스了랴랴○
은을가져셔간대로ᄡᅳ고中중중間견견剋킈킈落랑로了랴랴一힝이半번번
兒ᅀᆞᆯᅀᆞᆯ○듕간애반이나골여내여養양양活횡호他타타媳싀시婦뿌부孩
해해兒ᅀᆞᆯᅀᆞᆯ○제겨집과ᄌᆞ식을치니一힝이箇거거日싀시頭뚜투○ᄒᆞᆫ날
애比비비及끼기到담단晩완완出츄츄来래레時ᄊᆞ스○나조히다ᄃᆞ라
나오매미최는至즈즈少샹샤使ᄉᆞ스三산산四ᄉᆞ스兩량량銀인인子즈즈
○ᄀᆞ장져거야서너량은을ᄡᅳᄂᆞ니後흫후来래레使ᄉᆞ스的딩디家갸갸私
ᄉᆞ스○후에집의ᄡᆞᆯ거시漸젼젼漸젼젼的딩디消샹샤乏빵바了랴랴○
졈졈업서人신신口쿠쿠頭뚜투匹핑피家갸갸財재채金긴긴銀인인器
키키皿밍밍○사ᄅᆞᆷᄆᆞ쇼가지금은긔명을都두두盡찐진賣매매了랴랴○

다ᄑᆞᆯ며田뎐뎐產찬찬房빵방舍셔셔也여여典뎐뎐儅당당了랴랴○
뎐디며집을볼모드리니身신신上썅샹穿춴춴的딩디也여여沒뭉무○몸애
니블것도업ᄉᆞ며口쿠쿠裏리리喫칭치的딩디也여여沒뭉무○입에먹을
것도업ᄉᆞ니幫방방閑현현的딩디那나나廝ᄉᆞ스們믄믄○노릇ᄒᆞ던그놈
들히更궁궁沒뭉무一힝이箇거거肯큰큰偢칭칙倸채채的딩디○노의
여ᄒᆞ나토긔수ᄒᆞ리업서如슈슈今긴긴跟근근着쟣죠官권권人신신拿나나
馬마마○이제는관원을조차ᄃᆞᆫ녀ᄆᆞᆯ을잡아且쳐쳐得덩더暖놘눤衣이이飽
밥반飯빤반○아직아므려나옷덥고밥ᄇᆡ브르고져ᄒᆞᄂᆞ니라▣我어오買매매
這저저貨휘호物우우○내이황호엣것들사要얗약涿쟣조州짛쥐賣매매
去큐큐○涿州로ᄑᆞᆯ라가려ᄒᆞ더니這저저幾기기日싀시為위위請칭칭親

朴通事諺解 下 五十

친친眷권권筵연연席씽시○요즈음권당쳥ᄒᆞ여이바디ᄒᆞ미又잏우為위위
病뼝빙疾찡지耽단단閣갛거○ᄯᅩ병으로머믈어不붕부曾쯩층去큐큐
的딩디○가디못ᄒᆞ엿더니我어오如슈슈今긴긴去큐큐也여여○내이
제가노라火휘호伴뻔번你니니落랑로後흫후好핳한坐쭤조的딩디着
쟣죠○벗아너ᄂᆞᆫ벼더도히안자시라我어오到담단那나나裏리리○내뎌긔가
賣매매了랴랴貨휘호物웅우便뻔변來래레○황호ᄑᆞᆯ고즉시오마你니니
好핳한去큐큐著쟣죠○네됴히가라我어오賣매매了랴랴這저저人
신신蔘ᄉᆞᆷ숨毛망마施ᄉᆞ스布부부時ᄊᆞ스○내이人蔘과모시뵈ᄑᆞᆯ면不붕부
揀견견幾기기日싀시○아므날이라업시好핳한歹대대等등등你니니
來래레○모로매너ᄅᆞᆯ기ᄃᆞ려셔咱짱자商샹샹量량량買매매迴훼휘去

큐큐的딍디貨훠호物뭉우 ○ 우리도라갈貨物사기를외논호리니 你니니是
쓰스必빙비早장잔來래레 ○ 네모로미일오라 因店뎐뎐主쥬쥬人신인
家갸갸 ○ 뎜쥬인아 引인인着쟣죠幾기기箇거거舖푸푸家갸갸來래레
○ 여러젼사를을드려오라 商샹샹量량량人신신蔘슨순價갸갸錢쪈쳔 ○
人蔘갑슬의논호쟈 這저저蔘슨순是쓰스好항한麽마마 ○ 이심이도호나 將
쟝쟝些셔셔樣양양蔘슨순來래레我어오看칸칸 ○ 본블심가져오라내보쟈
這저저蔘슨순是쓰스新신신羅러로蔘슨순也여여 ○ 이심은新羅人심이
라 着쟣죠中중중 ○ 둥품이로다 你니니說쉉숴甚씸슴麽마마話쫘화
○ 네므슴말을니르논다 這저저蔘슨순絕쮜쥐高갈갈 ○ 이심이ᄀᆞ장됴호니
怎즘즘麽마마做주주着쟣죠中중중的딍디看칸칸 ○ 엇디둥품으로보논

다 牙야야家갸갸說쉉숴 ○ 즈름이닐오되 你니니兩량량家갸갸不봉부
須슈슈折셩저辨뻔변高갈갈低디디 ○ 너희둘히구틔여됴홈구즘을분변티말
라 如유유今긴긴時쓰스價갸갸五우우錢쪈쳔一힁이斤긴긴 ○ 이제
시개닷돈에훈근식아니 有잉우甚씸슴麽마마商샹샹量량량 ○ 므슴헤아림이
이시리오 你니니這저저蔘슨순多더도少얗샤斤긴긴重쭝중 ○ 네이蔘이
몃근므긔고 我어오這저저蔘슨순一힁이百빙버一힁이十씽시斤긴긴
○ 내이蔘이일빅열근이라 你니니稱칭칭如유유何해허 ○ 네저울이엇더훈뇨
我어오的딍디是쓰스官권권稱칭칭 ○ 내하는구윗저울이라 放빵방着
쟣죠印힌인子즈즈裏리리 ○ 인텻느니 誰쒸쉬敢간간使쓰스私쓰스稱
칭칭 ○ 뉘감히아름저울쓰리오 這저저價갸갸錢쪈쳔一힁이定띵딩也여여

○ 이갑시일뎡커다 我어오只즈즈要향야上쌍샹等등등官권권銀인인
○ 내샹등엣됴흔은올바드되 見현현要향야銀인인子즈즈 ○ 압픠셔즉제은
을밧고 不봉부賒서셔 ○ 드리오디아니호리라 怎즘즘那나나般번번說
쉉숴 ○ 엇디그리니르느뇨 銀인인子즈즈與유유你니니好항한的딍디 ○
은을너를됴흔이를주려니와 買매매貨훠호物뭉우的딍디 ○ 황호사논이 那
나나裏리리便뻔번與유유見현현銀인인 ○ 어듸앏픠셔쪽제은을주리오 須
슈슈要향야限현현幾기기日상시 ○ 모로미여러날그음호쟈 你니니兩량량
家갸갸休힝휘爭증증 ○ 너희둘히싯구디말고 限현현十씽시箇거거日
상시頭뜰투 ○ 열흘만그음호야 還환환足주주價갸갸錢쪈쳔 ○ 갑슬ᄎᆞ게
가풀새시라 這저저般번번時쓰스 ○ 이러면 依이이着쟣죠牙야야家

갸갸話쫘화 ○ 즈름의말대로호쟈 這저저蔘슨순稱칭칭了랑랴 ○ 이심을드
나 只즈즈有잉우一힁이百빙버斤긴긴 ○ 다만일빅근이로다 你니니說
쉬쉥一힁이百빙버一힁이十씽시斤긴긴 ○ 네닐오되일빅열근이라호더니
那나나一힁이十씽시斤긴긴 ○ 뎌열근은 却컹커在째재那나나裏리리
○ 또어듸잇느뇨 我어오家갸갸裏리리稱칭칭了랑랴一힁이百빙버一
힁이十씽시斤긴긴 ○ 내집의셔드니일빅열근이러니 你니니這저저稱칭칭
大따다 ○ 네이저울이세니 因힌인此츠ᄎᆞ上쌍샹 ○ 이런젼ᄎᆞ로 折쎵셔
了랑랴十씽시斤긴긴 ○ 열근이서도다 那나나裏리리稱칭칭大따다 ○
어되저울이세리오 這저저蔘슨순你니니來래레時쓰스節졍저有잉우些
셔셔濕씽시 ○ 이심이네올제저기저젓다가 如유유今긴긴乾간간了랑랴 ○

라이 시제 니물 因 힌인 此 ᄎᆞ츠 上 썅샹 ○ ᄎᆞ이 로런 젼 折 쪄셔 了 랼랴 這 져져
十 씽시 斤 긴긴 ○ 셔이 도열 다ᄉᆞᆺ 이 這 져져 麽 ᄉᆞᆫ소 做 쭈주 了 랼랴 五 우우 人
分 뿐분 兒 ᅀᆞᆯ술 分 뿐분 了 랼랴 ○ 운이 에심 논을 화다 ᄉᆞᆺ 一 힝이 箇 거거 人
신신 二 ᅀᆞᆯ술 十 씽시 斤 긴긴 家 갸갸 ○ 근ᄒᆞᆫ 식나 ᄒᆞ히 야스 므 每 믜믜 一 힝이
斤 긴긴 五 우우 錢 쪈쳔 ○ 돈미 식ᄒᆞᆫ ᄒᆞᆫ근 면에 닷 二 ᅀᆞᆯ술 十 씽시 斤 긴기 該
개개 十 씽시 兩 량량 ○ 열스 량므 이근 니에 通 퉁퉁 計 기기 五 우우 十 씽시 兩
량량 ○ 낭대 이되 로혜 다니 쉬 又 잉우 店 뎐뎐 主 쥬쥬 人 신신 家 갸갸 ○
인ᄯᅩ 아ᄅᆞᆷ 쥬 引 인인 將 쟝쟝 幾 기기 箇 거거 買 매매 毛 맘마 施 ᄉᆞ스 布 부부
的 딍디 客 킝커 人 싄신 來 래레 ○ 니여 그러 내모 겨시 오븨 라살 你 니니 這 져져
毛 맘마 施 ᄉᆞ스 布 부부 ○ 시네 뵈이 모 細 시시 的 딍디 價 갸갸 錢 쪈쳔 ○

老乞大諺解下 五十三

엣고 갑는 과이 麤 추추 的 딍디 價 갸갸 錢 쪈쳔 ○ 엣굴 갑근 ᄉᆞᆯ이 要 햘야 多 더도
少 샬샤 ○ 져언 ᄒᆞ멋 논식 다밧 고 細 시시 的 딍디 上 썅샹 等 등등 好 항할 布
부부 ○ 됴ᄀᆞ ᄒᆞᆫ는 븨上 논等 엣 要 햘야 一 힝이 兩 량량 二 ᅀᆞᆯ슬 錢 쪈쳔 ○ 냥ᄒᆞᆫ
밧두 고돈 麤 추추 的 딍디 要 햘야 八 빵바 錢 쪈쳔 ○ 돈굴 밧근 고이 져는 ᄒᆞ여 노ᄒᆡᆷ
라 這 져져 黃 홯황 布 부부 ○ 뵈이 예가 믄 好 항할 的 딍디 多 더도 少 샬샤
價 갸갸 錢 쪈쳔 ○ 시됴 언ᄒᆞ 메니 머는 갑 低 디디 的 딍디 多 더도 少 샬샤 價
갸갸 錢 쪈쳔 賣 매매 ○ 언사 머오 쎱나 세온 풀이 다는 這 져져 一 힝이 等 등등 好
항할 的 딍디 一 힝이 兩 량량 ○ 이이 논ᄒᆞᆫ ᄒᆞᆫ듬 냥엣 이됴 오ᄒᆞᆫ 這 져져 一 힝이 等
등등 較 걓갸 低 디디 些 셔셔 的 딍디 七 칭치 錢 쪈쳔 家 갸갸 ○ 엣이 져ᄒᆞᆫ 기등
곱ᄂᆞ 돈죽 식ᄒᆞᆫ 이이 라는 ᄇᆞᆯ 你 니니 休 힣휘 胡 훟후 討 탈토 價 갸갸 錢 쪈쳔 ○

ᄯᅩ네 오간 디대 말로 라갑 這 져져 布 부부 如 슈슈 今 긴긴 見 현현 有 잉우 時 ᄊᆞ스
價 갸갸 ○ 時이 價뵈 ㅣ이 이제 시헌 니들 시 我 어오 買 매매 時 ᄊᆞ스 ○ 면내 사
不 봉부 是 ᄊᆞ스 買 매매 自 ᄍᆞᄌᆞ 穿 쳔쳔 的 딍디 ○ 시이 아내 니니 라블 것 一
힝이 發 빵바 買 매매 將 쟝쟝 去 큐큐 ○ 가흥 져써 가사 要 햘야 覓 밍미 些 셔셔
利 리리 錢 쪈쳔 ○ 져리 ᄒᆞ쳔 노을 라엇 고 我 어오 依 이이 着 쨯죠 如 슈슈 今
긴긴 的 딍디 價 갸갸 錢 쪈쳔 ○ ᄉᆞ내 로이 조젯 차갑 還 환환 你 니니 ○ 주너 러를
라 這 져져 毛 맘마 施 ᄉᆞ스 布 부부 高 갛가 的 딍디 一 힝이 兩 량량 ○ 모이
논시 ᄒᆞᆫ뵈 냥됴 이ᄒᆞᆫ 오이 低 디디 的 딍디 六 룽루 錢 쪈쳔 ○ 엿ᄂᆞ 돈즌 이이 오는 這
져져 黃 홯황 布 부부 高 갛가 的 딍디 九 깋긔 錢 쪈쳔 ○ ᄒᆞᆫ이 이가 논믄 아뵈 홉됴
오돈 이 低 디디 的 딍디 五 우우 錢 쪈쳔 ○ 돈ᄂᆞ 식즌 ᄒᆞ이 야는 닷 我 어오 不

老乞大諺解下 五十四

봉부 賺 [illegible] 你 니니 的 딍디 ○ 오내 디내 아거 니드 코리 一 힝이 領 [illegible] 兒 [illegible]
還 환환 你 니니 好 항할 銀 인인 子 ᄌᆞ즈 ○ 은흥 을서 주너 리를 라됴 흔 牙 야야
家 갸갸 說 숴쉬 ○ 니즈 르름 되이 他 타타 們 믄믄 還 환환 的 딍디 價 갸갸 錢
쪈쳔 是 ᄊᆞ스 着 쨯죠 實 싱시 的 딍디 ○ 갑며 시의 올주 ᄒᆞ려 니 ᄒᆞ 논 你 니니 客
킝커 人 신신 們 믄믄 ○ 너너 들나 흔그 遼 량랴 東 둥둥 新 신신 來 래레 ○ 동료
로으 와로 시셔 니새 不 봉부 理 리리 會 휘휘 得 딍디 這 져져 着 쨯죠 實 싱시 的
딍디 價 갸갸 錢 쪈쳔 ○ 디이 못바 ᄒᆞ른 느갑 니ᄅᆞ 아 你 니니 休 힣휘 疑 이이 惑
횋휘 ○ 말네 고의 심 成 찡칭 交 걓갸 了 랼랴 罷 빠바 ○ 무흥 뎐뎡 ᄒᆞ못 다참 이
這 져져 們 믄믄 時 ᄊᆞ스 ○ 면이 러 價 갸갸 錢 쪈쳔 依 이이 着 쨯죠 你 니니
○ 조갑 ᄎᆞᄉᆞᆫ 러란 니너 와를 銀 인인 子 ᄌᆞ즈 依 이이 的 딍디 我 어오 時 ᄊᆞ스 ○

은으란 내 말대로 ᄒᆞ면 成찡칭交걍갸 ◯ 흥졍올 ᄆᆞᆺ고 依이이不붕부得딍더
我어오時쓰스 ◯ 내 말대로 아니면 我어오不붕부賣매매 ◯ 내 ᄑᆞ디 아니리
라 我어오這져져低디디銀인인子즈즈都두두不붕부要향야 ◯ 내 이
사오나온 은으란 다 마다 你니니只즈즈饋귀귀我어오一힝이樣양양的딩디
好항하銀인인子즈즈 ◯ 네 나ᄅᆞᆯ ᄒᆞᆫ가지 됴ᄒᆞᆫ 은을 주고려 似쓰스你니니這
져져般번번都두두要향야官권권銀인인時쓰스 ◯ 네 이러ᄐᆞ시 다 구읫나기
은으로 바ᄃᆞ면 虧퀴퀴着쟣죠我어오 ◯ 내게 셜웨라 待때대虧퀴퀴你니니
多더도少샹샤 ◯ 네게 언머나 셜오뇨 肯큰큰時쓰스成찡칭交걍갸 ◯ 즐기
거든 흥졍을 ᄒᆞ고 不붕부肯큰큰時쓰스你니니別뼝벼處츄츄買매매去
큐큐 ◯ 슬커든 네 다ᄅᆞᆫ ᄃᆡ 사라 가라 這져져們믄믄時쓰스 ◯ 이러면 與유유

你니니這져져好항하銀인인子즈즈買매매 ◯ 너ᄅᆞᆯ 됴ᄒᆞᆫ 은을 주고 사리라
你니니這져져布부부裏리리頭뜰투 ◯ 네 이 뵈 듕에 長짱창短된된
不붕부等등등 ◯ 댱단이 ᄀᆞᆺ디 아니ᄒᆞ야 有잉우勾긓구五우우十씽시尺
칭치的딩디 ◯ 쉰 자 남ᄋᆞ니도 이시며 也여여有잉우四숭스十씽시尺칭치
的딩디 ◯ ᄯᅩ 마은 자치도 이시며 也여여有잉우四숭스十씽시八빵바尺
칭치的딩디 ◯ ᄯᅩ 마은 여ᄃᆞᇒ 자치도 이시니 長짱창短된된不붕부等등등 ◯
댱단이 ᄀᆞᆺ디 아니ᄒᆞ다 這져져布부부都두두是쓰스地띠디頭뜰투織징지
來래래的딩디 ◯ 이 뵈ᄂᆞᆫ 다 밋ᄯᅡ희셔 ᄧᅡ 오고 我어오又잉우不붕부曾쯩층
剪젼젼了럎랴稍샿샤子즈즈 ◯ 내 ᄯᅩ 일즉 ᄀᆞᆺ 버희디 아녓ᄭᅩ 兩량량頭뜰투
放방방着쟣죠印인인記기기裏리리 ◯ 두 머리예 보람 두엇ᄂᆞ니라 似쓰스

這져져一힝이箇거거布부부 ◯ 이 ᄀᆞᄅᆞᆫ ᄒᆞᆫ 뵈ᄂᆞᆫ 經깅깅緯위위都두두一
잉이般번번 ◯ ᄢᅵ 날히 다 ᄀᆞᆺᄐᆞ여 便뼌변是쓰스魚유유子즈즈兒ᅀᆞᆯ슬也
여여似쓰스勻윤윤淨찡징的딩디 ◯ ᄀᆞᆺ 고기 알 ᄀᆞᆺ티 고로고 ᄀᆞᆺᄀᆞᆺᄒᆞ거니와 似
쓰스這져져一힝이等등등經깅깅緯위위不붕부等등등 ◯ 이 ᄒᆞᆫ가지 ᄀᆞᆺᄃᆞ
니ᄂᆞᆫ ᄢᅵ 날히 ᄀᆞᆺ니 아니ᄒᆞ고 織징지的딩디又잉우鬆숭숭 ◯ ᄧᆞᆫ거시 ᄯᅩ 얼믜어
却컹커不붕부好항하 ◯ ᄯᅩ 됴티 아니ᄒᆞ니 買매매的딩디人신신多더도
少샹샤駁빵바彈딴 ◯ 살 사ᄅᆞᆷ이 ᄀᆞ장 희나ᄆᆞ라 홀 거시니 急깅기且쳐쳐難
난난着쟣죠主쥬쥬兒ᅀᆞᆯ슬 ◯ 과ᄀᆞᆯ이 님자 엇기 어려오리라 似쓰스這져져等
등등布부부 ◯ 이 등 ᄀᆞᆺᄐᆞᆫ 뵈ᄂᆞᆫ 寬퀀퀀時쓰스好항하 ◯ 너ᄇᆞ니 됴커니와 這
져져幾기기箇거거布부부忒틍티窄찡저 ◯ 이 여러 뵈ᄂᆞᆫ 너모 좁다 窄찍저

時쓰스偏편편爭쯩중甚씸슴麼마마 ◯ 조브들 독별히 므서시 ᄯᅩ리오 也여여
一힝이般번번賣매매了럎랴 ◯ ᄯᅩ ᄒᆞᆫ가지로 ᄑᆞᆯ리라 你니니怎즘즘麼마마
說숴쉬那나나等등등的딩디話화화 ◯ 네 엇디 뎌런 말 닐으ᄂᆞᆫ다 寬퀀퀀時
쓰스做주주衣이이裳쌍샹有잉우餘유유剩씽싱 ◯ 너브면 옷 지으매 남음이
잇고 又잉우容융용易잉이賣매매 ◯ ᄯᅩ ᄑᆞᆯ기 쉽거니와 窄찡저時쓰스做
주주衣이이裳쌍샹不붕부勾긓구 ◯ 조브면 옷 지으애 ᄌᆞ라디 못ᄒᆞ여 着샵쇼
少샹샤些셔셔時쓰스 ◯ ᄒᆞ다가 져기 모ᄌᆞ라면 又잉우要향야這져져一
힝이等등등的딩디布부부零링링截쪙져 ◯ ᄯᅩ 이 ᄀᆞᄐᆞᆫ 뵈 ᄯᅩ니언노라 ᄒᆞ면 又
잉우使숭스一힝이錢쪈쳔銀인인 ◯ ᄯᅩ ᄒᆞᆫ 돈 은을 ᄡᅳᄂᆞ니 爲위위這져져上
썅샹 ◯ 이런 젼ᄎᆞ로 買매매的딩디人신신少샹샤 ◯ 살 사ᄅᆞᆷ이 져그니라 要

향약 甚 씸슴 麽 마마 閑 현현 講 강강 ○ 업므 싸슴 겻아 고라 료 절 算 쉰쉰 了
랼랴 價 가가 錢 쪈쳔 ○ 히깁 고솔 看 칸칸 了 랼랴 銀 인인 子 즈즈 ○ 보은 자을
大 你 니니 是 쓰스 牙 아야 家 갸갸 ○ 름너 아는 니즈 你 니니 算 쉰쉰 了 랼랴
着 쟢죠 ○ 라네 혜 該 개개 多 더도 少 샾샾 ○ 머히 나오 ᄒᆞ니 뇨언 上 썅샹 等
등등 毛 망맏 施 숭스 布 부부 一 힝이 百 뵝버 匹 핑피 ○ 뵈샹 일등 빅옛 필모 은시
每 믜믜 匹 핑피 一 힝이 兩 량량 ○ 량每 식ᄒᆞᆫ ᄒᆞ필 니에 ᄒᆞᆫ 共 꿍궁 該 개기 一
힝이 百 뵝버 兩 량량 ○ 량대 이되 오일 빅 低 디디 的 딩디 三 산산 十 씽시 匹
핑피 ○ 흔ᄂᆞ 필즌 은이 셜 每 믜믜 匹 핑피 六 룽릭 錢 쪈쳔 ○ 엿每 돈ᄒᆞᆫ 식필 ᄒᆞ에
니 共 꿍궁 通 퉁퉁 一 힝이 十 씽시 八 방바 兩 량량 ○ 됩대 량되 이열 니여 都
두두 與 유유 好 핳핲 銀 인인 子 즈즈 是 쓰스 ○ 미다 올됴 ᄒᆞᆫ 니은 라을 주 委

老乞大諺解下　三十二

휘위 實 씽시 沒 뭉무 許 휴휴 多 더도 好 핳핲 銀 인인 子 즈즈 ○ 더진 대실 도로
은록 아만 업히 세됴 라ᄒᆞᆫ 敢 간간 只 즈즈 到 닿닫 的 딩디 九 깅구 十 씽시 兩 량량
○ 눈九 ᄃᆞᆺ十 ᄒᆞ兩 다이 왓 那 나나 零 링링 的 딩디 二 ᅀᆞᆯ술 十 씽시 八 방바 兩
량량 ○ 여그 됩ᄠᅳ 량니 으스 란믈 與 유뉴 你 니니 青 칭칭 絲 숭스 如 슈슈 何 헣허
○ 주너 미를 엇구 더품 ᄒᆞ은 뇨을 客 킣커 人 신신 看 칸칸 ○ 아나 보그 라내 這 져져
偌 셔셔 多 더도 交 걒갸 易 잉이 ○ ᄒᆞᆫ이 흥대 정도 애록 만 要 얗얖 甚 씸슴 麽
마마 爭 즁종 競 낑깅 ○ 므 구슴 ᄂᆞ아 뇨라 這 져져 些 셔셔 箇 거거 銀 인인 子
즈즈 是 쓰스 好 핳핲 青 칭칭 絲 숭스 ○ 구이 품은 이이 니됴 ᄒᆞᆫ 比 비비 官 궈권
銀 인인 一 힝이 般 번번 使 ᄉᆞ스 ○ ᄒᆞᆫ구 가읫 지나 로기 ᄡᅳᆯ은 것을 시골 라와 這 져져
們 믄믄 時 쓰스 依 이이 着 쟢죠 你 니니 ○ 대이 로러 ᄒᆞᄒᆞ 리면 라네 將 쟝쟝 好

핳핲 青 칭칭 絲 숭스 來 래래 ○ 가됴 져흔 오구 라품 은 這 져저 銀 인인 子 즈즈
都 두두 看 칸칸 了 랼랴 ○ 보이 아은 다다 我 어오 數 수수 將 쟝쟝 布 부부 去
큐귀 ○ 가나 져는 가뵈 노혜 라여 大 你 니니 且 쳐쳐 住 쮸쥬 着 쟢죠 ○ 직네 날아
라회 這 져져 銀 인인 子 즈즈 裏 리리 頭 뜰투 ○ 뚱이 에銀 ㅅ 眞 진진 的 딩디
假 갸갸 的 딩디 ○ 거진 즛짓 새쌔 신신 동동 我 어오 高 강갈 麗 리리 人 신신 不
붕부 識 싱시 ○ 이우 아리 디高 못麗 ᄒᆞㅅ 니사 름 你 니니 都 두두 使 숭스 了 랼랴
記 기기 號 핳핲 着 쟢죠 ○ 람네 두다 고보 牙 아야 家 갸갸 眼 연연 同 뚱둥 看
칸칸 了 랼랴 着 쟢죠 ○ ᄒᆞ즈 여름 보과 라眼 同 後 핳후 頭 뜰투 使 숭스 不 붕부
得 딍더 時 쓰스 ○ 못후 ᄒᆞ에 거ᄡᅳ 든디 我 어오 只 즈즈 問 문운 牙 아야 家 갸갸
換 휜훤 ○ 러내 밧즈 고름 리ᄃᆞ 라려 무 却 킹커 不 붕부 當 당당 面 면면 看 칸칸

老乞大諺解下　五十八

了 랼랴 見 현현 數 수수 ○ 을또 보ᄂᆞᆺ 디ᄎᆞᆯ 아당 니ᄒᆞ ᄒᆞ야 엿쳐 ᄂᆞ잇 나는 수 出 츟츄
門 믄믄 不 붕부 管 권권 退 뛰퉈 換 휜훤 ○ 알문 라에 못나 홀면 새므 시르 라기 를
怎 즘즘 麽 마마 說 쉥숴 ○ 니므 르서 는시 다라 你 니니 這 져져 們 믄믄 慣 관관
做 주주 買 매매 賣 매매 的 딩디 人 신신 ○ ᄒᆞ네 기이 니러 근ᄐᆞ 사시 름흥 이정 我
어오 一 힝이 等 등등 不 붕부 慣 관관 的 딩디 人 신신 根 근근 前 쪈쳔 ○ 리우
ᄒᆞᆫᄒᆞᆫ 사가 름지 의닉 게디 못 多 더도 有 잉우 欺 키키 瞞 먼먼 ○ 기만 ᄂᆞ히 니소 你
니니 使 숭스 着 쟢죠 記 기가 號 핳핲 着 쟢죠 ○ 두네 에보 야람 大 따다 家 갸갸
把 바바 穩 운운 ○ ᄒᆞ대 리되 라편 안 這 져져 一 힝이 百 뵝버 兩 량량 做 주주
一 힝이 包 밯반 ○ ᄒᆞᆫ이 빰일 에빅 밍냥 글으 라란 這 져져 的 딩디 是 쓰스 一 힝이
百 뵝버 一 힝이 十 씽시 八 방바 兩 량량 ○ 뎔이 냥는 이일 로빅 다열 여 那 나나

幾기기箇거거客킈커人신신 ○나ᄂᆡ 여러 더려 將장장布부부子즈즈去
큐큐了랴랴 ○가뵈거가 다져 咱자자們믄믄人신신蔘슨슨價갸갸錢쳔쳔
○우리 人蔘 갑도 다 也여여都두두收싁식拾씽시了랴랴 ○다 收拾ᄒ다 咱
장자貨휘호物욿우都두두發밣바落랗로了랴랴 ○황호 다 ᄒ여 다다 [illegible]
們믄믄買매매些셔셔甚씸슴麼마마迴휘휘貨휘호去큐큐時쓰스
好항한 ○우리 져그나 므슴 도라갈 황호를 사 가미 됴ᄒ료 商샹샹量량량其끼키
間견견 ○의논홀 ᄉ이예 涿좍주州쥬쥬買매매賣매매去큐큐來래래的
딩디火휘호伴뻔번到땋다來래래 ○갓 涿州 ᄠ들 버 [illegible] 相샹샹
見견견 ○보셔 고르 好항한麼마마好항한麼마마 ○이 이 대대 買매매賣
매매稱칭칭意이이麼마마 ○의흥 마졍 즈이 가ᄇ[illegible] 托탕토着쟢죠哥거거哥

거거們믄믄福봉부蔭힌인裏리리 ○형님 [illegible] 也여여有잉우些
셔셔利리리錢쩐쳔 ○[illegible] 你니니的딩디貨휘호要얗야
都두두賣매매了랴랴不봉부會쭁충 ○[illegible] 我어오
貨휘호物욿우都두두賣매매了랴랴 ○[illegible] 正징징要얗야
買매매迴휘휘去큐큐的딩디貨휘호物욿우 ○[illegible]
尋씬신思슾스不봉부定띵딩 ○[illegible] 恰쨩갸好항한
你니니來래래到땋다 ○[illegible] 你니니要얗야買매매甚씸슴
麼마마貨휘호物욿우拿나나去큐큐 ○[illegible] 我어오知징지他타타甚
씸슴麼마마好항한 ○[illegible] 你니니與유유我어오擺배배布부부着쟢죠 ○[illegible] 大
따다哥거거 [illegible]

결ᄒ여라 我어오曾쯩층打다다聽팅팅得딍더 ○내 일즉 드르니 高갈고麗
리리地띠디面면면裏리리賣매매的딩디貨휘호物욿우 ○高麗 ᄯ히 [illegible]
[illegible] 十씽시分븐븐好항한的딩디 ○[illegible] 倒닿다賣매매不
봉부得딍더 ○[illegible] 只즈즈宜이이將장장就찧직的딩디貨
휘호物욿우 ○[illegible] 倒닿다着쟢죠主쥬쥬兒숲울
快쾌쾌 ○[illegible] 可커커知징지 ○[illegible] 大따다
哥거거你니니說쉬워的딩디正징징是쏘스 ○[illegible] 我
오어那나나裏리리好항한的딩디歹대대的딩디不봉부識싱시 ○[illegible]
[illegible] 只즈즈揀견견賤쪈쳔的딩디買매매 ○다만 [illegible]
[illegible] 正징징是쏘스宜이이假갸갸不봉부宜이이眞진진 ○

[illegible] 我어오引인인着쟢죠你
니니 ○[illegible] 買매매些셔셔零링링碎쉬쉬的딩디貨휘호物욿우
○[illegible] 紅홍훙纓잉잉一힝이百빙버斤긴긴 ○[illegible]
燒샿샤珠쥬쥬兒숲울五우우百빙버串쵠쳔 ○[illegible] 瑪
마마瑙남나珠쥬쥬兒숲울一힝이百빙버串쵠쳔 ○마노 [illegible] 琥
후후珀퍼퍼珠쥬쥬兒숲울一힝이百빙버串쵠쳔 ○호박 [illegible] 玉
유용珠쥬쥬兒숲울一힝이百빙버串쵠쳔 ○옥 [illegible] 香향향串쵠쳔
珠쥬쥬兒숲울一힝이百빙버串쵠쳔 ○[illegible] 水쉬쉬精징징
珠쥬쥬兒숲울一힝이百빙버串쵠쳔 ○[illegible] 珊산산瑚후후
珠쥬쥬兒숲울一힝이百빙버串쵠쳔 ○[illegible] 大따다針진진

一이잉百버빙帖텨텽○큰바늘일빅밤小샤샹針진진一이잉百버빙帖텨텽○세일빅밗鑷녀녕兒슬슰一이잉百버빙把바바○죠집게일빅낫兒

蘇수수木무뭉一이잉百버빙斤긴긴○다목일빅근氊젼젼帽마망兒술숤一이잉百버빙箇거거○시으갓일빅낫桃닷땅尖쟌쟌椶중중帽마망

兒술숤一이잉百버빙箇거거○부롯흔충갓일빅낫琥후후珀퍼핑頂딩딩子즈즈一이잉百버빙副부부○호박딩조실빅블結겨켱椶중중帽마망

兒술숤一이잉百버빙箇거거○초으로미조갓을빅낫面면면粉분분一이잉百버빙匣하햐○면분일킥갑綿면면臙연연脂즈즈一이잉百버빙

箇거거○소옴연지일뫼낫臘라랑臙연연脂즈즈一이잉百버빙斤긴긴○밀에도린연지일빅근牛부닝角교걍盒허헝兒술숤一이잉百버빙箇

거거○쇠쁠로훈면합조일빅낫鹿루룽角교걍盒허헝兒술숤一이잉百버빙箇거거○노과으로훈면함조일빅낫繡식심針진진一이잉百버빙帖텨텽

○슈쓰는바늘일빅밤棗잔장木무뭉梳수수子즈즈一이잉百버빙箇거거○대쵸나모어레빗일빅낫黃왕황楊양양木무뭉梳수수子즈즈一이잉百

버빙箇거거○황양목어레빗일빅낫大다따篦비삐子즈즈一이잉百버빙箇거거○굴근춤빗일빅낫密미밍篦비삐子즈즈一이잉百버빙箇

거거○빈춤빗일빅낫斜셔써皮피삐針진진筒퉁뚱兒술숤一이잉百버빙箇거거○셔피로훈바놀통일빅낫大다따小샤샹刀다당子즈즈共궁꿍一이잉

百버빙副부부○大小刀子대되일가불雙왕쌍鞘샤샹刀다당子즈즈一이잉十시씽把바바○창가플훈칼일빅낫雜자짱使스슷刀다당子즈즈一

이잉十시씽把바바○잡하의쓸칼열조르割거궁紙즈즈細시시刀다당子즈즈一이잉十시씽把바바○죠희버힐ㄱ눈칼열조르裙균균刀다당子즈즈十

一이잉十시씽把바바○치마허리예출칼열조르五우우事스쏘兒술숤十시씽副부부○연장다숫드려밍근칼열블象샹썅棊키끼十시씽副부부○

샹괴열부大다따碁키끼十시씽副부부○비독열부雙쌍상六륙륙十시씽副부부○유륙열부茶차짜褐허헝欒런뤈帶대대一이잉百버빙條됴탸

○감찰아롱디조일빅오리紫즈즈條닷땅兒술숤一이잉百버빙條됴땅○조디토으일빅오리壓야양口쿠쿵荷허허包반방一이잉百버빙箇거거○

닷개훈느못일빅낫剃티티頭투뚱刀다당子즈즈一이잉百버빙把바바○머리갓는칼일빅조르剪전젼子즈즈一이잉百버빙把바바○ᄀᆞ애일빅조르

錐쥐귀兒술숤一이잉百버빙箇거거○송곳일빅낫秤칭칭三산산十시씽連련련○큰저울설흔모르等등등子즈즈十시씽連련련○효근저울

열모르那나나秤칭칭等등등子즈즈都두두是스쏘官권권做주주的디딩○녀큰저울져근저울이다구의예셔밍근이오秤칭칭竿간간秤칭칭錘취쮜

○저울대저울듀毫할향星싱싱秤칭칭鉤구궁子즈즈○저울눈저울갈구리都두두有우잉○다잇다再재재買매매些서서麤추추木무뭉綿

면면一이잉百버빙疋피핑○또굴근목면일빅필과織지징金긴긴和호헤素수수段뒨뒨子즈즈一이잉百버빙疋피핑○금으로ᄧᆞᆫ니와민비단일빅필

과花화화様양양段뒨뒨子즈즈一이잉百버빙疋피핑○화문비단일빅필과更궁궁有우잉小샤샹孩해해兒술숤們문믄○또아히됴희小샤샹

鈴링링兒술슈一이힝百버빙箇거거○효근방올일빅낫과馬마미纓잉힝
一이힝百버빙顆코쿼○몰손동일빅낫과減견견鐵텨텽條됴댱環환햔
一이힝百버빙箇거거○쇠예입ᄉ혼됴환일빅낫출사고更긍긍買매매些
셔셔文운몬書슈슈一이힝部부뿌○또척혼불을사되四스ᄉ書슈슈都
두누是스쓰晦휘휘庵안한集지찡註쥬쥬○四書란다晦庵註년이롤ᄒ자又
우잉買매매一이힝部부뿌毛모맘詩스숬尙샹썅書슈슈周직짐易이잉
禮리리記기기五우우子즈ᄌ書슈슈○또ᄒ블毛詩尙書周易禮記五子書과
韓한햔文운몬柳류륭文운몬東둥둥坡포퓌詩스숬詩스숬學효햫大
다따成칭찡押야향韻윤윤君균균臣친찐故구구事스쓰○韓文柳文東坡
詩詩學大成押韻君臣故事과資ᄌᄌ治지찌通퉁퉁鑑견견翰한햔院원원新

신신書슈슈標뱌뱧題디띠小샤샹學효햫貞징징觀권권政징징要야향
三산산國궈궝誌즈ᄌ評핑뼝話화쫘○資治通鑑翰院新書標題小學貞觀政要
三國誌評話를사쟈這저져些셔셔貨호훠物우뭉○이황호돌都두두買매매
了랴럏也여여○다사다我오어揀견견箇거거好한함日시싕頭
투뜰迴휘훼去큐큐○우리됴혼날갈히여도라가쟈我오어一이힝發바빵待
대때筭쉰쉰一이힝卦과과去큐큐○내임의셔음양ᄒ여가고져ᄒ노라這저져
裏리리有우잉五우우虎후후先션션生승승○여긔五虎先生이이시니最
쥐쥐筭쉰쉰的디딩好한함○ᄀ장츄명을잘ᄒᄂ니라咱자쟝們믄믄那나나
裏리리筭쉰쉰去큐큐來래래○우리뎌긔츄명ᄒ라가쟈到도당那나나卦
과과鋪푸푸裏리리坐조쭤定딩띵○뎌츄명ᄒᄂ져제가안자셔問운몬先

션션生승승○先生ᄂ려무로되伱니니與유유我오어看칸칸命밍밍○
네날위ᄒ여필ᄌ보고려伱니니說쉬숴將장장年년년月워웕日시싕生승승
時스쓰來래래○네난히돌대들니ᄅ라我오어是스쓰屬슈쑹牛누눙兒
을슬的디딩○내쇼히로니今긴긴年년년四스ᄉ十시씽也여여○올히
마은아오七치칭月워웕十시씽七치칭日시싕寅인인時스쓰生승승○
칠월열닐웻날인시에낫노라伱니니這저져八바빵字즈쯔十시씽分븐뿐好
한항○네이필ᄌᄀ장됴라一이힝生승승不부붕少샤샿衣이이祿루룽○
一生에옷밥이낫브디아니ᄒ고不부붕受식씽貧핀삔○가난티아니ᄒ려니와
官권권星싱싱沒무뭉有우잉○官星이업스니只즈ᄌ宜이이做주주買
매매賣매매○오직買賣ᄒ기맛당ᄒ고出츄츙入슈숭通퉁퉁達다땅○츄입

이통달ᄒ다今긴긴年년년交갸걍大다따運윤윤丙빙빙戌슈슝○올히
대운이丙戌에다ᄃ라시니已이이後후흫財채째帛버뻥大다따聚쥬쮸○
이후에ᄂ쳔량이만히모다強캉강如슈슈已이이前천쪈數수수倍비삐○
이젼수도곤나음이비ᄒ다這저져們믄믄時스쓰○이러면我오어待대때
近긴긴日시싕迴휘훼程칭찡○내요ᄉ이도로가고져ᄒ니幾기기日시싕
好한함○몃ᄎ날이됴흔고且쳐쳐住쥬쮸○아직날회라我오어與유유
伱니니選쉔쉔箇거거好한함日시싕頭투뜰○내너위ᄒ여됴흔날ᄀ희쟈
甲갸걍乙이힝丙빙빙丁딩딩戊무뭉己기기庚긍긍辛신신壬신신癸
귀귀是스쓰天텬텬干간간○甲乙丙丁戊己庚辛壬癸는이텬간이오子조즈丑
칙칙寅인인卯모망辰친찐巳스쓰午우우未위미申신신酉유잉戌슈숭

亥 해해 是 쓰스 地 띠디 支 즈즈 ○ 子丑寅卯辰巳午未申酉戌亥는 地支라 建 견견
除 쮸츄 滿 먼먼 平 삥핑 定 띵딩 執 징지 破 퍼포 危 위위 成 쪙칭 收 싐식 開
캐캐 閉 비비 ○ 建除滿平定執破危成收開閉예 你 니니 只 즈즈 這 저저 二 슬슬
十 씽시 五 우우 日 싕싀 起 키키 去 큐큐 ○ 네 이 스므닷쇗날 나가되 寅 인인 時
쓰스 往 왕왕 東 둥둥 迎 잉잉 喜 히히 神 씬신 去 큐큐 ○ 인시예 동향ᄒᆞ야 喜神을
마자 가면 大 따다 吉 긩기 利 리리 ○ 大吉利ᄒᆞ리라 五 우우 分 뿐분 卦 과과 錢
쪈쳔 留 릥릭 下 햐하 着 쨯죠 ○ 음양갑 五分을 두라 各 겅거 自 쯔즈 散 산산 了
럎랴 ○ 각각 흐터디쟈 ■ 到 담담 二 슬슬 十 씽시 五 우우 日 싕싀 起 키키 程
쪙칭 ○ 스므닷쇗날 다ᄃᆞ르면 起程ᄒᆞ리니 辭 쏘ᄌᆞ 別 뼈벼 那 나나 漢 한한 兒 슬슬
火 훠호 伴 뻔번 ○ 뎌 漢ㅅ 벗의게 하딕ᄒᆞ쟈 已 이이 前 쪈쳔 盤 편펀 纏 쪈쳔 了

老乞大諺解下　六十五

럎랴 的 딩디 火 훠호 帳 쟝쟝 ○ 이쳔의 쓰고 뎌근 것들 都 두두 算 숸숸 計
기기 明 밍밍 白 쀡버 ○ 다 혜기를 明白히ᄒᆞ쟈 大 따다 哥 거거 我 어오 們 믄믄 廻
휘휘 去 큐큐 也 여여 ○ 큰 형아 우리 도라가노라 你 니니 好 함한 坐 쭤조 的 딩디
着 쨯죠 ○ 네 됴히 안자 잇거라 我 어오 多 더도 多 더도 的 딩디 定 띵딩 害 해해
你 니니 ○ 우리 네게 만히 해자ᄒᆞ과라 你 니니 休 힝휘 怪 괘괘 ○ 네 허믈 말라
咱 장자 們 믄믄 爲 위위 人 신신 ○ 우리 사롬이 도여셔 四 슷스 海 해해 皆 게게
兄 흉흉 弟 띠디 ○ 四海 다 형뎨어니ᄯᆞ녀 咱 장자 們 믄믄 這 져져 般 번번 做
주주 了 럎랴 數 수수 月 웨위 火 훠호 伴 뻔번 ○ 우리 이러ᄐᆞ시 두어 ᄃᆞᆯ 벗지어셔
不 붕부 會 쭝충 面 면면 赤 칭치 ○ ᄂᆞᆺ블키디 아니ᄒᆞ엿더니 如 유유 今 긴긴 辭
ᄯᆞᄌᆞ 別 뼈벼 了 럎랴 ○ 이제 ᄯᆞ별ᄒᆞ거니와 休 힝휘 說 쉉숴 後 ᄒᆛ후 頭 뜽투 再

재재 不 붕부 厮 ᄉᆞᄉᆞ 見 견견 ○ 후에 다시 서르 보디 못ᄒᆞ리라 니르디 말라 山 산산
也 여여 有 잉의 相 상상 逢 뿡봉 的 딩디 日 싕싀 頭 뜽투 ○ 뫼도 서르 맛나ᄂᆞᆫ 날
이 잇ᄂᆞ니 今 긴긴 後 ᄒᆛ후 再 재재 厮 ᄉᆞᄉᆞ 見 견견 時 쓰스 ○ 일록 후에 다시 서르
보면 不 붕부 是 쓰스 好 함한 弟 띠디 兄 흉흉 那 나나 甚 씸슴 麽 마마 ○ 됴흔
형뎨 아니라 므서시리오

老乞大諺解下　六十六

老 랖랖 乞 킹키 大 따다 諺 연연 解 계계 下 햐하 終 중중

老乞大

大哥你從那裏来。我從高麗王京来。如今那
裏去。我往北京去。你幾時離了王京。我這月
初一日離了王京。既是這月初一日離了王
京。到今半箇月。怎麽纔到的這裏。我有一箇
火伴落後了。我沿路上慢慢的行着等候
来。因此上来的遲了。那火伴如今赶上来了
不曾。這箇火伴便是。夜来纔到。你這月盡頭
到的北京麽。到不得。知他。那話怎敢說。天可
憐見。身已安樂時。也到。你是高麗人。却怎麽

放古本作放

漢兒言語說的好。我漢兒人上學文書。因此
上。些小漢兒言語省的。你誰根底學文書来。
我在漢兒學堂裏。學文書来。你學甚麽文書
来。讀論語孟子小學。你每日做甚麽工課。每
日清早晨起来。到學裏。師傅上受了文書。放
學。到家裏。喫飯罷。却到學裏寫做書。寫做書
罷。對句。對句罷。吟詩。吟詩罷。師傅前講書。講
甚麽文書。講小學論語孟子。說書罷。又做甚
麽工課。到晚。師傅前撒簽。背念書。背過的。師
傅與免帖一箇。若背不過時。教當直的學生

背起。打三下。怎的是撒簽背念書。怎的是免
帖。每一箇竹簽上。寫着一箇學生的姓名。衆
學生的姓名。都這般寫着。一箇簽筒兒裏盛
着。教當直的學生。將簽筒来搖動。內中撒一箇。
撒着誰的。便着那人背書。背念過的。師傅與
免帖一箇。那免帖上。寫着免打三下。師傅上
頭畫着花押。若再撒簽試不過。將出免帖来
毀了。便將功折過免了打。若無免帖。定然喫
打三下。你是高麗人。學他漢兒文書怎麽。你
說的也是。各自人都有主見。你有甚麽主見。

小詩解作少

你說我聽着。如今朝廷一統天下。世間用着
的是漢兒言語。我這高麗言語。只是高麗地
面裏行的。過的義州。漢兒地面来。都是漢兒
言語。有人問着一句話。也說不得時。別人將
咱們做甚麽人看。你這般學漢兒文書時。是
你自心裏學来。你的爺娘教你學来。是我爺娘
教我學来。你學了多少時節。我學了半年有
餘。省的那省不的。每日和漢兒學生們一處
學文書来。因此上些小理會的。你的師傅是
甚麽人。是漢兒人。有多少年紀。三十五歲了。

温古本作温

小詩解作少

耐繁教那不耐繁教。我師傅性兒温克好生耐繁教。你那衆學生内中。多少漢兒人多少高麗人。漢兒高麗中半。裏頭也有頑的麽。可知有頑的。每日學長將那頑學生。師傅上禀了。那般打了時。只是不怕。漢兒小廝們十分頑。高麗小廝們較好些。大哥。你如今那裏去。我也往北京去。你既往北京去時。我是高麗人。漢兒地面裏不慣行。你好歹拖帶我做火伴去。這們時。咱們一同去来。哥哥你貴姓。我姓王。你家在那裏住。我在遼陽城裏住。你京裏有甚麽勾當去。我將這幾箇馬賣去。那般時最好。我也待賣這幾箇馬去。這馬上馱着的些小毛施布。一就待賣去。你既賣馬去時。咱們恰好做火伴去。哥哥曾知得。京裏馬價如何。近有相識人来說。馬的價錢這幾日好。似這一等的馬。賣十五兩以上。這一等的馬。賣十兩以上。曾知得。布價高低麽。布價如往年的價錢一般。京裏喫食貴賤。我那相識人曾說。他来時。八分銀子一斗粳米。五分一斗小米。一錢銀子十斤麵。二分銀子一斤羊肉。

似這般時。我年時在京裏来。價錢都一般。咱們今夜那裏宿去。咱們往前行的十里来田地裏有箇店子。名喚瓦店。咱們到時。或早或晚。只那裏宿去。著過去了時。那邊有二十里地。没人家。既那般時。前不着村。後不着店。咱們只投那裏宿去。到那裏便早時也好。咱們歇息頭口。明日早行。這裏到京裏有幾程地。這裏到京裏還有五百里之上。天可憐見身子安樂時。再着五箇日頭到了。咱們到時。那裏安下好。咱們往順城門官店裏下去来。那裏就便投馬市裏去却近些。你說的是。我也心裏這般想着。你說的恰和我意同。只除那裏好。但是遼東去的客人們。别處不下。都在那裏安下。我年時也在那裏下来。十分便當。你這幾箇頭口。每夜喫的草料。通該多少錢。這六箇馬。每一箇五升料一束草。通筭過来。盤纏着二錢銀子。這六箇馬。每夜喫的草料不等。草料貴處。盤纏三四錢銀子。草料賤處盤纏二錢銀子。這箇馬也行的好。可知有幾步慢竄。除了這箇馬。别箇的都不好。你這馬

和布子。到北京賣了時。却買些甚麽貨物。迴
還高麗地面裏賣去。我往山東濟寧府東昌
高唐。收買些絹子綾子綿子。迴還王京賣去。
到你那地面裏。也有些利錢麽。那的也中。我
年時。跟着漢兒火伴。到高唐。收買些綿絹。將
到王京賣了。也尋了些利錢。你那綾絹綿子。
就地頭多少價錢買來。到王京多少價錢賣。
我買的價錢。小絹一疋三錢。染做小紅裏絹。
綾子每疋二兩家。染做鴉青和小紅。絹子每
疋染錢二錢。綾子每疋染錢。鴉青的三錢。小
紅的二錢。又綿子每一斤。價錢六錢銀子。到
王京。絹子一疋。賣細麻布兩疋。折銀一兩二
錢。綾子一疋。鴉青的賣布六疋。折銀子三兩
六錢。小紅的賣布五疋。折銀子三兩。綿子每
四兩。賣布一疋。折銀子六錢。通滾筭着。除了
牙稅繳計外。也尋了加五利錢。你自來到京
裏。賣了貨物。却買綿絹。到王京賣了。前後住
了多少時。我從年時正月裏。將馬和布子。到
京都賣了。五月裏到高唐。收起綿絹。到直沽
裏上船過海。十月裏到王京。投到年終。貨物

都賣了。又買了這些馬并毛施布來了。這三
箇火伴。是你親眷那。是相合來的。都不曾問
姓甚麽。這箇姓金。是小人姑舅哥哥。這箇姓
李。是小人兩姨兄弟。這箇姓趙。是我街坊。你
是姑舅弟兄。誰是舅舅上孩兒。誰是姑姑上
孩兒。小人是姑姑生的。他是舅舅生的。你兩
姨弟兄。是親兩姨那。是房親兩姨。是親兩姨
弟兄。我母親是姐姐。他母親是妹子。你既是
姑舅兩姨弟兄。怎麽沿路穢語不迴避。我一
們不會體例的人。親弟兄也不隔話。姑舅兩
姨更那裏問。咱們閑話且休說。那店子便是
瓦店。尋箇好乾淨店裏下去來。歇頭口着。街
北這箇店子。是我舊主人家。咱們則這裏下
去來。拜揖主人家哥。嗄。却是王大哥。多時不
見。好麽好麽。你這幾箇火伴。從那裏合將來。
我沿路相合着。做火伴北京去。你這店裏草
料都有阿沒。草料都有。料是黑豆。草是秆草。
是秆草好。若是稻草時。這頭口們多有不喫
的。黑豆多少一斗。草多少一束。黑豆五十箇
錢一斗。草一十箇錢一束。是真箇麽。你却休

則 諺解作只

秆 諺解作稈 下同

則該解作只

瞞我這大哥甚麼言語。你是熟客人。咱們便是自家裏一般。我怎麼敢胡說。怕你不信時。別箇店裏試商量去。我則是這般說。我共通十一箇馬量着六斗料與十一束草着。這鍘刀不快。許多草幾時切得了。主人家別處快鍘刀借一箇來。這們時我借去。這鍘刀是我親着家的。他不肯。我哀告借將來。風刃也似快。你小心些使。休壞了他的。這火伴你切的草忒麤。頭口們怎生喫的。好生細細的切着。這火伴你敢不會煮料。你燒的鍋滾時。下上

料該解作了

豆子。但滾的一霎兒。將這切了的草。豆子上盖覆了。休燒火。休教走了氣。自然熟了。客人們。你打火那不打火。我不打火。喝風那。你疾快做着五箇人的飯着。你喫甚麼飯。我五箇人打着三斤麵的餅着。我自買下飯去。你買下飯去時。這間壁肉案上買猪肉去。是今日殺的好猪肉。多少一斤。二十箇錢一斤。你主人家就與我買去。買一斤肉着。休要十分肥的。帶肋條的肉買着。大片兒切着。炒將來着。主人家。迭不得時。咱們火伴裏頭教一箇自

炒肉。我是高麗人。都不會炒肉。有甚麼難處。刷了鍋着。燒的鍋熱時。着上半盞香油。將油熟了時。下上肉。着些塩。着筯子攪動。炒的半熟時。調上些醬水生葱料物拌了。鍋子上盖覆了。休着出氣。燒動火一霎兒熟了。這肉熟了。你嘗看。鹹淡如何。我嘗得微微的有些淡再着上些塩着。主人家。餅有了不曾。將次有了。你放卓兒先喫。比及喫了時。我也了了。主人家。我明日五更頭早行。咱們筭了房錢火錢着。我這一宿人馬盤纏通該多少。你穪了

既古本作既

則該解作只

三斤麵。每斤十箇錢。該三十箇錢。切了一斤猪肉。該二十箇錢。四箇人。每人打火房錢十箇錢。該四十箇錢。黑豆六斗。每斗五十箇錢。該三百箇錢。草十一束。每束十箇錢。該一百一十錢。通該五百箇錢。我草料麵都是你家裏買來的。你減了些箇如何。罷罷。只將四百五十箇錢來。既這般時。火伴你三箇一發都出了着。記着數目。到北京時。一發筭。除那般時。我都與他火伴你將料撈出來。冷水裏拔着。等馬大控一會。慢慢的喂着。初喂時則將

則諸解作只

澁諸解作澀

則諸解作只

則諸解作只

料水拌與他到五更一發都與料喫這般時馬們分外喫得飽着是先與料時那馬則揀了料喫将草都抛撒了勞困裏休飲水等喫一和草時飲咱們各自睡些箇輪着起来勤喂馬今日是二十二五更頭正有月明雞兒叫起来便行主人家點箇燈来我整理睡處這的燈来了壁子上掛着這般精土炕上怎的睡有甚麽藁薦将幾領来大嫂将藁薦席子来與客人們鋪席子波這的三箇藁薦與你鋪主人家你種着火我明日五更頭早行

老乞大　九

那般着客人們歇息我照覷了門户睡也來来且休去我問你些話我先番北京來時你這店西約二十里来地有一坐橋塌了来如今修起了不曾早修起了比在前高二尺闊三尺如法做的好這們時我明日早則放心的去也你十分休要早行我聽得前頭路澁為甚麽有這般的歹人你偏不理會的從年時天旱田禾不收飢荒的上頭生出歹人来碍甚麽事我則是趕着這幾箇馬又沒甚麽錢本那廝們待要我甚麽休這般說賊們怎

則諸解作只

檢古本作撿

箭古本作箭

箭古文作箭

則諸解作只

捉古本訂書挑

知你有錢沒錢小心些還好我這裏前年六月裏有一箇客人纏帶裏裝着一卷紙腰裏絟着在路傍樹底下歇凉睡被一箇賊到那裏見了則道是腰裏纏帶裏是錢物生起歹心来就那裏拿起一塊大石頭把那人頭上打了一下打出腦漿来死了那賊将那人的纏帶解下来看時却是紙就那裏撇下走了官司檢了屍正賊捉不住乾把地主并左近平人涉疑打拷後頭别處官司却捉住那賊發将来今年就牢裏死了年時又有一箇客

老乞大　十

人赶着一頭驢着兩箇荊龍子裏盛着棗兒馳着行後頭有一箇騎馬的賊帶着弓箭跟着行到箇酸棗林兒無人處那賊将那客人脊背上射了一箭那人倒了那賊則道是死了便赶着那驢往前行那客人射的昏了蘇醒迴来恰好有捕盜的官來那裏巡警那客人就告了捕盜官将着弓兵往前赶到約二十里地赶上那賊提拿其間那賊便将一箇弓手放箭射下馬来那賊往西走馬去了捕盜官襲将去到箇村裏差了一百箇壯漢将

着弓箭器械。把那賊圍在一箇山峪裏。纔拿着。迴来看那射着的弓手。那人左肐膊上射傷。不曾傷了性命。如今那賊現在官司牢裏禁着。既這般路澁時。咱們又沒甚麼忙勾當。要甚麼早行。等到天明時。慢慢的去怕甚麼。說的是。依着你。天明時行。安置安置。客人們好睡着。主人家且休去。我又忘了一件勾當。我這馬們不會飲水裏。等一會控到時飲去。那裏有井。那房後便是井。有轆轤那。沒淺淺的井兒。則着繩子拔水。井邊頭有飲馬的石

槽兒。既這般時。你收拾洒子井繩出来。井邊頭洒子井繩都有。我又囑咐你些話。那洒子不沉水。你不會擺時。洒子上經着一塊塼頭着。這的我自會的。不要你教。咱們輪着起来。勤喂馬。常言道。馬不得夜草不肥。人不得橫財不富。却休槽兒平直到明。咱們拌上馬喫一和草時飲水去。盛草的筐兒也沒着甚麼将的草去。既沒時。且着布衫襟兒抱些草去。我将料水去。這主人家好不整齊。攪料棒也沒一箇。疾快取将咱們的拄杖来攪料。且房

小讀解作少

子裏坐的去来。一霎兒馬喫了這和草飲水去。馬敢喫了草也。飲去来。咱們都去了時。這房子裏沒人。敢不中。留一箇看房子。別箇的牽馬去来。碍甚麼事。這店裏都閉了門子了。怕有甚麼人入来。休那般說。小心的還好。常言道。常防賊心。莫偷他物。你自依着我。留一箇看房子。那般着。咱們留誰看房子。你三箇裏頭。着這老的看着。三人同行小的苦。咱們三箇去来。這衚衕窄。牽着馬多時過不去。咱們做兩遭兒牽。那般着。你敢慣打水。我不慣

打水。你先打水去。我兩箇牽馬去。那般着。我打水去。你将馬来。我恰纔這槽兒裏頭。拔上兩洒子水也。着馬喫。這箇馬快喫水。這箇馬喫水小。這水小。再打上一洒子着。将洒子来。我試学打。這洒子是不沉水。怎生得倒。我教與你。将洒子提起来。離水面擺動倒。撞入水去。便喫水也。這般時真箇在前曾見人打水。不曾學。從今日理會得了。你高麗地面裏沒井阿怎麼。我那裏井。不似這般井。這井是塼砌的井。至小有二丈深。我那裏井。都是石頭

則諺解作只　則諺解作只　則諺解作只　鞴諺解作鞁　則諺解作只　[illegible]諺解作鞔

壘的。最深殺的沒一丈。都是七八尺来深。我
那裏男子漢不打水。則是婦人打水。着箇銅
盔頭上頂水。各自將着箇打水的瓢兒。瓢兒
上。絟着一條細繩子。却和這裏井繩洒子一
般取水。却怎麼那般打水。我不理會得。我則
道是和我這裏一般打水。你牽迴這馬去。再
牽將別箇的来飲。這馬都飲了。這般黑地裏。
東廁裏難去。咱們則這後園裏去淨手不好
那。我拿着馬。你淨手去。我不要淨手。你離路
兒着。休在路邊淨手。明日着人罵咱們一箇

人。牽着兩箇去絟的牢着。這槽道好生寬。離
的遠些兒絟。又怕繩子紐着。疾快將草料来。
拌上着。儘着他喫着。咱睡去来。火伴們起来。
雞兒叫第三遍了。待天明了也。咱急急的收
拾了行李。鞴了馬時。天亮了。辭了主人家
去来。主人家哥休怪。我去也。你休怪。好去着。
迴来時。却来我店裏下来。這橋便是我夜来
說的橋。比在前十分好。在先則是土搭的橋
来。如今都是扳慢了。這橋梁橋拄。比在前忒
牢壯。這的捱十年也壞不得。日頭這般高了。

則諺解作只　便小諺解作便少　則諺解作只

前頭又沒甚麼店子。咱們則投那人家糴些
米自做飯喫去来。那般着。肚裏好生飢了。咱
們去来。這馬都卸下行李。鬆了肚帶。取了嚼
子。這路傍邊放了。着喫草着。教一箇看着。別
的都投這人家。問去来。主人家哥。我幾箇行
路的人。這早晚不曾喫早飯。前頭又沒甚麼
店子。我特的来。怎生糶與些米做飯喫。要甚
麼糴来。我的飯熟了。客人們喫了過去。這般
時。敢少了你飯。不妨事。便小時。我再做些箇
便是。將卓兒来。教客人們則這棚底下坐的。

喫飯。淡飯胡亂喫些箇。有甚麼熟菜蔬。將些
来與客人喫。怕沒時。有蘿蔔生葱茄子將来就
將些醬来。別箇菜都沒。只有塩瓜兒與客人
喫。也好將来。客人們休怪。胡亂喫些。小人們
驟面間廝見。大哥便這般重意。與茶飯喫。怎
麼敢怪。量這些淡飯。打甚麼緊。偏我不出外。
出外時。也和你一般。大哥說的是。慣曾出外
偏憐客。自己貪盃惜醉人。你外頭還有火伴
麼。有一箇看行李。就放馬裏。他喫的飯却怎
生。我們喫了時。與他將些去。有椀與一箇這

行古本作行　鑵諺解作鑵

飯裏盛出一椀飯與那箇火伴。由他你都喫
了着家裏還有飯裏喫了時將去你休做客
慢慢喫的飽着。我是行路的客人又肯做甚
麼客喫得飽那不飽我好生餉了收拾椀楪
着客人們有一箇看着馬的。不曾來喫飯與
兒你畧盛一椀飯鑵兒裏將些湯跟着客人
去與那箇火伴喫了時却收拾家事來主人
家哥休恠小人們這裏定害。有甚麼定害處
喫了些淡飯又沒甚麼好茶飯休那般說不
當飢時得一口強如飽時得一斗我正飢渴

老乞大　十五

傳古本作傳　糴諺解作糴

時主人家這般與茶飯喫怎生忘的你休那
般說偏我出外時頂着房子走也要投人家
尋飯喫裏却不說好看千里客萬里要傳名
主人家哥小人這裏攪擾了姓也不曾問大
哥貴姓我姓張是張社長家客人你却姓甚
麼小人姓王在遼東城裏住大哥因事到我
那裏不棄嫌小人時是必家裏來若能勾去
時節便尋你家裏去我偏背你那箇人家我
恰纔糴来去來不肯糴與我他們做下見成
的飯與我喫了又與你將来你喫了時與這

馱諺解作馱　馱諺解作馱　鑵諺解作鑵　則諺解作只

小的椀楪將去火伴你赶將馬來咱打馳馱
比及馳了時他也喫了飯也咱們便行這箇
馬怎麼這般難拿元来這般的既這般歹時
再来着絆着我在前絆着来今日忘了不曾
絆咱們衆人攔當着拿住馳馱都打了也咱
們行着小的你將椀楪鑵兒家去生受你休
恠着日頭却又這早晚也這裏到夏店還有
十里來地到不得也則投這路北那人家尋
箇宿處去来那般着咱們去來都去時那人
家見人多時不肯教宿着兩箇看行李我兩

老乞大　十六

則諺解作只

箇問去拜揖主人家哥我是客人今日晚了
你房子裏尋箇宿處我房子窄沒處安下你
別處尋宿處去你這般大人家量我兩三箇
客人却怎麼說下不得你好房子裏不教我
宿時則這門前車房裏教我宿一夜如何我
不是不教你宿官司排門粉壁不得安下面
生歹人知他你是那裏來的客人自來又不
曾相識怎知是好人歹人便怎麼敢容留安
下主人家哥我不是歹人小人在遼東城裏
住現將印信文引你在遼東城裏那些箇住

孛，原作要墨書作要

小人在遼東城裏閣北街東住。離閣有多少近遠。離閣有一百步地北巷裏向街開雜貨鋪兒便是。那雜貨鋪兒是你的。那近南隔着兩家兒人家有箇酒店是我相識的你認的麼。那箇是劉清甫酒館。是我街坊。怎麼不認的。雖然這般時。房子窄宿不得。你可憐見。你是有見識的。這早晚日頭落也。教我那裏尋宿處去。不揀怎生着我宿一夜。這客人。怎麼這般歪廝纏。如今官司好生嚴謹。省會人家。不得安下面生歹人。你雖說是

則，諸解作只

遼東人家。我不敢保裏。你這幾箇火伴的摸樣。又不是漢兒。又不是達達。知他是甚麼人。我怎麼敢留你宿。你不理會的。新近這裏有一箇人家。則為教幾箇客人宿來。那客人去了的後頭。事發。那人們却是達達人家走出來的。因此將那人家連累官司見着落跟尋逃走的。似這般帶累人家。怎麼敢留你宿。主人家。你說那裏話。好人歹人。怎麼不認的。這幾箇火伴。他是高麗人。從高麗地面裏來。他們高麗地面守口子渡江處的官司比咱們

則，諸解作只
小，諸解作少
時字原作則墨書作只

這裏一般嚴。驗了文引。仔細的盤問了。纔放過來。他們若是歹人。來歷不明時。怎生能勾到這裏來。他見將文引。赶着高麗馬。往北京做買賣去。他漢兒言語說不得的。因此上。不敢說語。他們委實不是歹人。既這般的時。休則管的纏張。後頭房子窄。老小又多。又有箇老娘娘不快。你不嫌冷時。則這車房裏宿。如何。這般時。我只在車房裏宿。主人家哥。小人又有一句話。敢說麼。有甚麼事。你說。這早晚黑夜。我其實肚裏飢了。又有幾箇馬。一客不

旱，古本作早

則，諸解作只

則，諸解作只

把二主。怎麼可憐見。糶與我一頓飯的米。和馬草料。如何。我這裏今年夏裏天旱了。秋裏水澇了。田禾不收的。因此上。我也旋糴旋喫裏。那裏有糶的米。我從早起喫了些飯。到這早晚不曾喫飯裏。好生的飢了。你糴來的米裏頭。那與我些箇。我則熬些粥喫。這的一百箇錢。隨你意與些箇。一百箇錢。與你多少的是。隨你與的是。今年為旱澇不收。一百箇錢糴的一斗米。我本沒糴的米。既是客人則管的央及。我糴來的米裏頭。那與你三升。煮粥

諺解作只

胡亂充飢。客人們休恠。其實今年䊮難。若是
似往年好收時。休說你兩三箇人。便是十數
箇客人也都與茶飯喫。主人家哥說的正是。
我也打聽得。今年這裏田禾不收。既這般時。
主人家哥。小人們待要後頭熬粥去。這早晚
黑地裏。出入不便當。又你這狗子利害。不
揀怎麼。你與我做些箇粥如何。罷罷。你客人
則這車房裏安排宿處。我着孩兒們做將粥
來與你喫。好好。多謝多謝。主人家哥。又有一
句話。人喫的且有些箇。這馬們却怎生。一發

那與些草料如何。客人們說甚麼話。人喫的
也沒。又那裏將馬的草料來。我這院子後頭
有的是草場。你喫了飯時。着兩箇赶着馬。那
裏放去。頭到明不喫的飽了。不須羅草料。這
們時哥哥說的是。我車房裏去。沒甚麼火。教
小孩兒拿箇燈來。這們時。如今教將來。咱們
喫了飯時。這裏留兩箇看行李。先着兩箇放
馬去。到半夜前後。却着這裏的兩箇替迴來。
大家得些睡時。明日不渴睡。這的燈來了。是
有粥將來。匙搠都有。你喫着。咱們飯也喫了。

駄 諺解作馱

駄 諺解作馱

你兩箇先放馬去。到半夜裏。我兩箇却替你
去。我恰纔睡覺了。起去來。參兒高也。敢是半
夜了。我先去替那兩箇來睡。你却來那裏。咱
們兩箇看着馬。這們時你去。你兩箇去睡些
箇。到那裏時。教那箇火伴來着。你來了。你赶
過馬來。在一處着。容易照管。月黑了。恐怕迷
失走了。悞了走路。明星高了。天道待明也。咱
們赶將馬去來。到下處。收拾了行李時。恰明
也。這馬們都絟住着。教那兩箇起來。你兩箇
疾快起來。收拾行李。打駞馱。但是咱們的行

李。收拾到着。主人家的東西。休錯拿了去。駞
馱都打了。叫主人家辭了去來。主人家哥休
恠。我去也。這裏定害了。你有甚麼定害處。你
休恠。好去着。咱們前頭到夏店時。買飯喫了。
儘晚到了京城。這裏到夏店有多少路。敢有
三十里多地。你夜來怎麼說十里來路。今日
却怎麼說三十里地。我夜來錯記了。今日再
想起來。有三十里多地。咱們休磨拖。趂涼快。
馬又喫的飽時。趂動着日頭。又這早晚了。那
望着的黑林子。便是夏店。這裏到那裏。還有

則謊餅作只

七八里路。你在先也曾北京去來。怎麽不理
會的。這夏店我曾走了一兩遭。都忘了。那裏
記得店子。待到也。咱們喫些甚麽茶飯好。我
高麗人。不慣喫濕麵。咱們則喫乾的如何。這
們時咱們買些燒餅。炒些肉喫了。過去咱們
這裏。當住馬。絟着。卸下行李着。飯店裏去來。
過賣。先將一椀温水來。我洗面。客人們洗面
了。過賣。抹卓兒。客人。喫些甚麽茶飯。我四箇
人。炒着三十箇錢的羊肉。將二十箇錢的燒
餅來。這湯淡。有鹽醬拿些來。我自調和喫。這

北乞大　二十一

駄謊餅作駄

燒餅。一半兒冷。一半兒熱々的。留下着。我喫。
這冷的。你拿去爐裏熱着來。咱們飯也喫了。
與了飯錢去。過賣。來會錢。通該多少。二十箇
錢燒餅。三十箇錢羊肉。通是五十箇錢。咱們
打驢駄行。日頭正晌午也。有些熱。早來喫了
乾物事。有些渴。前頭不遠。有箇草店兒。到那
裏。咱們喫幾盞酒。解渴。歇住頭口。着暫時閒。
印下行李來。喫幾盞酒。便過去。賣酒的。拿
二十箇錢的酒來。客人們。這二十箇錢的酒。
酒好麽。好酒。你嘗看。酒不好時。不要還錢。將

則謊餅作只

就喫的。過有甚麽好菜蔬。拿些箇來。這們時。
有塩瓜兒。如今便將來。客人們熱喫。那涼喫。
罷罷。休旋去。我則涼喫。大哥。先喫一盞。大哥
受禮。你敢年紀大。怎麽受禮。大哥你貴壽。小
人年紀三十五歲。小人纔三十二歲。大哥。你
年紀大。受禮。小人雖年紀大。怎麽便受禮。咱
們都起來。大家自在。那般時。教你受禮。堅執
不肯。滿飲一盞。休留底酒。咱們都休講禮。喫
一盞酒。喫了酒也。會了酒錢去來。賣酒的。来
會錢。這的五分銀子。貼六箇錢饋我。大哥與

北乞大　二十二

些好的銀子。這銀只有八成銀。怎麽使的。這
銀子爛。甚麽細絲兒分明都有。怎麽使不得。
你不識銀子時。教別人看。我怎麽不識銀子。
要甚麽教別人看去。換錢不折本。你自別換
與五分好的銀子便是。要甚麽合口。這賣酒
的。也快纏。這們的好銀子。怎麽使不得。今早
起。喫飯處。貼將來的銀子。罷罷。將就留下着。
便使不得也罷。你說甚麽話。使不得時。你肯
要麽。打了驢駄着行。日頭後晌也。這裏離城
有的五里路。着兩箇後頭赶將頭口來。我和

一箇火伴先去尋箇好店安下着却來迎伱咱們先說定着則投順城門官店裏下去那們時伱兩箇先去我兩箇後頭慢慢的赶將頭口去咱們疾快行動着比及到那裏尋了店時那兩箇到來了也店主八家哥後頭還有幾箇火伴赶着幾疋馬來也伱這店裏下的我麼伱通幾箇人幾箇馬我共通四箇人十箇馬車子有麼車子沒這們的時下的伱那東邊有一間空房子伱看去伱引我看去來我怕沒功夫去伱自看去着悮了伱多少

功夫到那裏看了房子中不中我說一句話這們時去來這房兒也下的我茶飯如何茶飯時我店裏家小新近出去了委實沒人整治伱客人們自做飯喫我們自做飯喫時鍋竈椀楪都有麼那的伱放心都有這們便我迎火伴去伱去着伱兩箇到這裏多少時我纔到這裏待要尋伱去來伱却來了店在那裏那西頭有行李都搬入來着把馬們都鬆了且休摘了鞍子伱去問主人家要幾箇席子藁薦來就拿苕蒂來掃地行李且休搬入

去等鋪了席薦時一發搬入去客人們伱這馬要賣麼可知我要賣裏伱既要賣時也不須伱將往市上去則這店裏放着我與伱尋主兒都賣了罷罷到明日再說話咱這馬們路上來每日走路子辛苦喂不到都沒甚麼膘便將到市上市上人也出不上價錢咱們捨着草料好生喂幾日發落也不遲裏伱說的是我也心裏這們想着我又有人蔘毛施布明日打聽價錢去來有價錢時賣了着怕十分的賤時且停些時伱那裏打聽去吉慶

店裏有我相識那裏問去這們時到明日咱們同去伱兩箇看着頭口我兩箇到城裏去便來拜揖大哥這店裏賣毛施布的高麗客人李舍有麼伱尋他怎麼我是他親眷纔從高麗地面來恰纔出去了往羊市角頭去了他說便來伱且出去等一會再來既他羊市角頭去時又不遠我則這裏等隨伱等着他在那箇房子裏下那西南角上芭籬門南邊小板門兒便是他出去了看家的有麼有箇後生來這裏不見敢出去了伱高麗地面裏

將甚麽貨物来我將的幾疋馬来弄有甚麽
貨物別沒甚麽有些人蔘毛施布如今價錢
如何價錢如常人蔘正缺着裏最好價錢如
今賣的多少往年便則是三錢一斤如今爲
沒有賣的五錢一斤家也沒處尋裏伱那蔘
那裏蔘我的是新羅蔘新羅蔘時又好愁甚
麽賣那箇不是李舍来了好麽好麽幾時来
家裏都好麽都安樂来我下處去請請裏頭
坐的伱從幾時離了王京我七月初頭離了
却怎麽這時間纔来到我沿路慢慢的来我

家裏有書信麽有書信這書上寫着沒甚麽
備細伱来時我父親母親伯父叔父伯娘嬸
子姐姐姐夫二哥三哥嫂子妹子兄弟們都
安樂好麽都安樂那般好時休道黄金貴安
樂直錢多怪道今日早起喜鵲兒噪又有嚏
噴来果然有親眷来又有書信却不道家書
直萬金小人拙婦和小孩兒們都安樂麽都
安樂伱那小女兒出疹子来我来時都完痊
痾了伱將甚麽貨物来我將着幾疋馬来又
有些人蔘毛施布如今價錢如何馬的價錢

和布價則依往常人蔘價錢十分好說的是
恰纔這店裏那客人也這般說伱有幾箇火
伴又有兩箇火伴都是親眷一箇是姑舅哥
哥一箇是兩姨兄弟在那裏下在順城門官
店街北一箇車房裏下着從幾時来到我則
夜来到這火伴是誰到遼東這邊合將他来
他也有幾疋馬一處赶將来他是漢兒人在遼
東城裏住我沿路来時好生多得他濟我漢
兒言語不理會的路上喫的馬疋草料弁下
處全是這大哥辛苦說的是我且到下處去

弄廝見且停些時咱們聊且喫一盃酒不當
接風不要今日忙明日弄廝見喫酒也不遲
裏這們時明日就店裏尋伱去一發和那親
眷們一處喫一兩盃我送到伱外頭去不要
伱送伱這房裏沒人不要去這們時伱却休
恠小人沒甚麽館待恠甚麽咱們一家人又
不是別人不多時却到店裏見店主人和三
箇客人立地看馬店主人說這三箇火伴兩
箇是買馬的客人一箇是牙子伱這馬他們
都一潑買將山東賣去便到市上也只一般

則諺解作只

千零不如一頓倒不如都賣與他你既要賣
時咱們商量這箇青馬多少歲數你則拿著
牙齒看我看了也上下衢都沒有十分老了
你敢不理會的馬歲這箇馬如何今春新騸
了的十分壯的馬這好的歹的都一發商量
這兒馬騸馬赤馬黃馬鷰色馬栗色馬黑鬃
馬白馬黑馬鎖羅青馬土黃馬繡膊馬破臉
馬五明馬桃花馬青白馬豁鼻馬騍馬懷駒
馬環眼馬劣馬這馬牛行花塔步又竄行的
馬鈍馬眼生馬撒蹶的馬前失的馬口硬馬

則諺解作只

則諺解作只

口軟馬這些馬裏頭歹的十箇一箇瞎一箇
跛一箇蹄歪一箇磨硯一箇打破脊梁一箇
熟蹶一箇瘸三箇瘦則有五箇好馬你這馬
好的歹的大的小的相滾着要多少價錢一
箇家說了價錢通要一百四十兩銀子你說
這般價錢怎麼你則說賣的價錢沒來由這
般胡討價錢我不是矯商量的你說的是時
兩三句話交易便成了不要你這般胡討價
錢怎麼還你的是牙子說客人們你不要十
分多討你兩箇枉自成不得我是箇牙家也

固諺解作箇

則諺解作只

不向買主也不向賣主我只依直說你要一
百四十兩銀子時這五箇好馬卜箇歹馬你
筭多少這五箇好馬我筭的該六十兩這十
箇歹馬我筭的該八十兩似這般價錢其實
賣不得如今老實的價錢說與你兩家依着
我說交易了如何我且聽你定的價錢這五
疋好馬每一疋八兩銀子通該四十兩這十
箇歹馬每一箇六兩銀子通該六十兩共通
一百兩成了罷似你這般定價錢就是高麗
地面裏也買不得那裏是實要買馬的則是

則諺解作只

銀諺解誤作好

胡商量的這箇客人你說甚麼話不買時害
風那做甚麼來這裏商量這馬恰纔牙家定
來的價錢還虧着我了你這般的價錢不賣
你還要想甚麼你兩家休只管叫喚買的添
些箇賣的減了些箇再添五兩共一百零五
兩成交了罷天平地平買主你不添價錢也
買不得賣主多指望價錢也賣不得邊頭立
地閑看的人說這牙家說的價錢正是本分
的言語罷〻咱們則依牙家的言語成了罷既
這般時價錢還虧着我只是一件低銀子不

古本作既

幾古本作閒有

要與我好銀子與我些咳低銀我也沒我的
都是細絲官銀既是好銀時咱先齊了銀子
寫契這們便布俙裏取銀子來着牙人先看
你賣主自家看裏頭沒有一錠兒低的這銀
子雖是看了真假我不識你記認着久後使
不得時我則問我家換我有認色了不揀幾
時要換文契着誰寫牙家就寫這契寫時一
總寫麼分開着寫休總寫總寫時怎麼轉賣
與人你各自寫着你這馬是一箇主兒的那
是各自的這馬是四箇主兒的各自有數目

你從頭寫我的馬契你的馬是家生的那元
買的我的是元買的你在那裏住姓甚麼我
在遼東城裏住姓王寫着王某着我寫了這
一箇契了我讀你聽遼東城裏住人王某今
為要錢使用遂將自己元買到赤色騸馬一
疋年五歲左腿上有印記憑京城牙家羊市
角頭街北住坐張三作中人賣與山東濟南
府客人李五永遠為主兩言議定時值價錢
白銀十二兩其銀立契之日一併交足外沒
欠少如馬好歹買主自見如馬來歷不明賣

併諺解作幷

則諺解作只

主一面承當成交已後各不許番悔如先悔
的罰官銀五兩與不悔之人使用無詞恐後
無憑故立此文契為用者某年月日立契人
王某押牙人張某押其餘的馬契都寫了也
咱們算了牙稅錢着舊例買主管稅賣主管
牙錢你各自算將牙稅錢來我這一百零五
兩該多少牙稅錢你自算一兩該三分十兩
該三錢一百零五兩牙稅錢該三兩一錢五
分牙稅錢都算了我這馬契幾時稅了這的
有甚麼難你着一箇火伴跟我去來到那裏

便了更不時你都則這裏等候着我去稅了
送將來與你我不曾好生看這箇馬元來有
病有甚麼病那鼻子裏流膿是瘆馬我怎麼
敢買將去不爭將去時連其餘的馬都染的
壞了這們的你要番悔我委實不要你既不
要時契上明白寫着如馬好歹買主自見先
悔的罰銀五兩官憑印信私憑要約你罰下
銀五兩與他賣主悔將去便是不須惱懆這
們時你拿出這箇馬契來問他們元定價錢
內中除了五兩銀子做番悔錢扯了文契着

率諺解作羊　賣諺解作買　則諺解作只

這箇馬悔了該着八兩銀價錢你要過的牙
錢通該着一錢二分你却迴將來那們時迴與
你你都這裏等候着我稅契去要甚麽等你
我赶着馬下處分付車料去你稅了契時到
明日我下處送來相别散了你這人蔘布疋
不曾發落還有些時住裏我别沒甚買賣比
及你賣布的其間我買些羊到涿州地面賣
去走一遭迴來咱們商量别買貨物如何這們
時也好你買羊時咱們一處去來我也閑看
價錢去到街上立地的其間一箇客人赶着

一羣羊過來大哥你這羊賣麽可知賣裏你
要買時咱們商量這箇羖羊臊胡羊羯羊羖
䍽羔兒母羖䍽共通要多少價錢我通要三
兩銀子量這些羊討這般大價錢好綿羊却
賣多少討的是虛還的是實你與多少你這
們胡討價錢我還你多少的是你說的是這
們便我減了五錢着你來你休減了五錢你
說老實價錢則一句兒話還你我與你二兩銀
肯時便賣你不肯時赶將去罷休要只說二
兩你再添五錢賣與你添不得肯時肯不肯

王諺解作玉　春諺解作春

時罷我是快性的撿好銀子來臨晚也我濫
賤賣與你火伴你再下處好去坐的着我赶
着羊到涿州賣了便迴來我恰尋思來這幾
箇羊也當走一遭既要去時我有些餘剩的銀
子閑放着怎麽一𢿘買段子將去咱們鋪裏
商量去來賣段子的大哥你那天青胷背抑
青膝欄鴉綠界地雲鸚哥綠寶相花黑綠天
花嵌八寶草綠蜂赶梅栢枝綠四季花蔥白
骨朶雲桃紅雲肩大紅織金銀紅西蕃蓮肉
紅纏枝牡丹閃黃筆管花鵝黃四雲柳黃穿

花鳳藍香褐膝欄艾褐玉塼堦蜜褐光素鷹
背褐海馬茶褐暗花這們的紵絲和紗羅都
有麽客人你要南京的那杭州的那蘇州的
那大哥南京的顏色好又光細只是不耐穿
杭州的經緯相等蘇州的十分澆薄又有粉
飾不牢壯你有好綾子麽你要甚麽綾子我
要官綾子那春興綾子不好客官你要綃子
麽我有好山東大官綃讓涼綃易州綃倭綃
蘇州綃水光綃白絲綃我只要大官綃白絲
綃蘇州綃水光綃其餘的都不要你有好絲

了古本作子

撿諺解作揀

麽我多要些要甚麽綾我要白湖州綾花抅
綾那定州綾不要這段疋綾綃紗羅等項你
都看了你端的要買甚麽段子別箇不要只
要深青織金胷背段了我老實對你說不是
我自穿的要拿去別處轉賣尋些利錢的你老
實討價錢這織金胷背要七兩你休這般胡
討倒悮了你買賣我不是利家這段子價錢
我都知道這織金胷背是蘇州來的草段子
你討七兩時這南京來的清水織金絨段子
却賣多少不須多說你既知道價錢你與多

少這織金胷背與你五兩是實實的價錢你
肯時我買不肯時我別處商量去你既知道
價錢要甚麽多說撿好銀子來賣與你這段
子買了也咱們再商量這箇柳青紵絲有多
少尺頭勾做一箇襖子麽你說甚麽話滿七
托有餘官尺裏二丈八𢦤衣尺裏二丈五你
一般身材做襖子時細褶兒也儘勾了若做
直身襖子也有剩的你打開我托看那裏滿
七托剛剛的七托少些你身材大的人一托
比別人爭多這段子地頭是那裏的你說是

𢦤諺解作裁

折諺解作斷

把諺解作兒

捎諺解作稍

我識貨物却又不識這段子是南京的不是
外路的你仔細看沒些箇粉飾好清水段子
要多少價錢這段子價錢誰不知道要甚麽
討價錢若討時討五兩老實價錢四兩拿銀
子來便是這段子也買了你這鞍子轡頭鞦
攀胷鞦鞍橋子鴈翅板鐙折皮肚帶接絡籠
頭包糞編繮〻繩塊額閘口汗替皮替〻子
都買了再買一張弓去到賣弓的旁子裏問
道有賣的好弓麽可知有沒時做甚麽買賣
裏你將這一張黃樺弓上弦着我試扯氣力

有時我買新上了的弓慢慢的扯是好弓時
怕甚麽扯這弓把裏軟難扯梢迴𢜳這弓你
却是胡駁彈這的弓你還嫌甚麽由他說駁
彈的是買主這一張弓為甚麽不樺了你不
理會的這弓最好上等弓若樺了時買的人
不信教人看了面子上的角背子上鋪的觔
商量了價錢然後樺了也不遲裏這弓卸下
彇子小些箇捎兒短弓也買了也有賣的弓
弦時將來我一發買一條就這裏上了這弓
着弦有你自揀着買這的忒細這的却又麤

倷似這一等兒着中恰好這弓和弦都買了也再買幾隻箭這鈚子虎爪鹿角撲頭響撲頭艾葉柳葉迷針箭這箭簳是竹子的這的是木頭的再買這弓箭撒袋諸般的都買了也再買些椀子什物鍋兒鑼鍋荷葉鍋兩耳鍋磁楪子木楪子漆楪子這紅漆匙黑漆匙銅匙紅漆筯銅筯三脚鐺兒這盤子是大盤子小盤子漆椀這漆器家火一半兒是通布裹的一半兒是膠漆的再有些薄薄的生活其餘的都是布裹的是主顧生活其餘的都

是市賣的今日備辦了些箇茶飯請咱們衆親眷閑坐的公公婆婆父親母親伯伯叔叔哥哥兄弟姐姐妹子外甥姪兒姪女舅舅女婿妗子叉嬸母姨姨姑姑姑夫姨夫姐夫妹夫外甥女婿叔伯哥哥兄弟姑舅哥哥兄弟房親哥哥兄弟兩姨哥哥兄弟親家公親家母親家伯伯親家舅舅親家姨姨使喚的奴婢都請將來欄門盞兒都把了請家裏坐的今日些小淡薄禮虛請親眷酒也醉不得茶飯也飽不得休恠休這般說不當教你一日

辛苦我們酒也醉了茶飯也飽了你休恠如今正是臘月天氣寒冷拾来的糞將来堰着些火熱手脚糞拾在筐子裏頭放進来休教别人將去了這車子折了車網子輻條將来可惜了咱們後頭不修理那車軸車釧車鐧車頭車梯車廂車轅繩索都好摟子車庫車驢騾大車坐車兒都好生房子裏放着休教兩雪濕了似這般冷時咱們遠垜子放着射賭一箇羊咱們六箇人三㴑兒箭句射了那邊先射過来人吽喚大了纔射的歪了高些

箇射休小了低射時寬到了誰羸誰輸由他你看早裏一會兒再添一枝箭時咱們滿了我羸了輸了的做宴席着咱們做漢兒茶飯着頭一道團攛湯第二道鮮魚湯第三道鷄湯第四道五軟三下鍋第五道乾安酒第六道灌肺蒸餅脫脫麻食第七道粉湯饅頭打散咱們點着這果子菜蔬整齊麽不整齊這藕菜黄瓜茄子生葱薤蒜蘿蔔冬瓜葫蘆芥子蔓菁赤根海帶這按酒煎魚羊雙腸頭蹄肚兒睛撓骨耳朶這果子棗兒乾柹核桃乾

妙諺解作砂　寔諺解作寔　則諺解作只　宴諺解作筵

葡萄龍眼荔支杏子西瓜甜瓜柑子石榴梨兒李子松子粆糖蜜栗子這肉都煑熟了賴項骨背皮肋扇前膊後腿胷子却怎麼不見一箇後腿饅頭餡兒裏使了湯水茶飯都完備了日頭落了疾忙擡肉時散着咱們今日宴席喫了多少酒喫了二兩銀的酒咱們通是十數箇人怎麼喫二兩銀的酒也不則十數箇人喫下頭伴當們𠊱不喫這宴席散了我有些腦痛頭眩請太醫來胗候脉息看甚麼病太醫說你脉息浮沉你敢傷着冷物來

老乞大　三十七

諺解作以

我昨日冷酒多喫了那般時消化不得因此上腦痛頭眩不思飲食我這藥裏頭與你些尅化的藥餌喫了便教無事消痞丸木香分氣丸神芎丸檳榔丸這幾等藥裏頭堪服治飲食停滯則喫一服檳榔丸食後喫每服三十丸生薑湯送下喫了時便動臟腑動一兩次時便思量飯喫先喫些薄粥補一補然後喫茶飯明日太醫來問你好些箇麼今日早晨纔喫了些粥較好些了明日病痊可了時太醫上重重的酬謝咱們每年每月每日快

活。春夏秋冬一日也不要撇了。咱人今日死明日死的。不理會得。安樂時。不快活時。真箇呆人死的後頭不揀甚麼。都做不得主張好行的馬別人騎了。好襖子別人穿了。好娘婦別人娶了。活時節着甚麼來由不受用大槩人的孩兒從小來。好教道的成人時。官人前面行着。他有福分時。官人也做了。若教道他不立身成不得人也是他的命也。咱們盡了為父母的心。不會落後。你這小孩兒若成人時。三條路兒中間裏行着別人東西休

老乞大　三十八

愛別人折針也休拿。別人是非休說。若依着這般用心行時。不揀幾時成得人了常言道老實常在脫空常敗。休做賊說謊休姦猾懶惰官人們前面。出不得氣力行時。一日也做不得入火伴中間。自家能處休說。休自誇。別人落處休笑。船是從水裏出旱地裏行不得須要車子載着車子水裏去時水裏行不得須用船裏載着一箇手打時響不得一箇脚行時去不得。咱們人厮將就厮附帶行時好又這火伴們。好的歹的。都厮扶助着行。有

好古本有時字

好處揚說着人有歹處掩藏着常言道隱惡揚善若是隱人的德揚人的非最是歹勾當咱們做奴婢的人跟着官人們行時這裏那裏下馬處将官人的馬牵着好生拴着肥馬涼着瘦馬鞍子摘了絆了脚草地裏撒了教喫草布帳子疾忙打起着鋪陳整頓着房子裏搬入去着鞍子轡頭自己睡卧房子裏放着上頭着披氊盖着那的之後鑼鍋安了着疾忙茶飯做着肉熟了撈出來茶飯喫了時椀子家具收拾了官人們睡了時教一箇火伴伺候着若這般謹慎行時便是在下人扶侍官長的道理咱們結相識行休說你歹我好朋友的面皮休教羞了親熱和順行時便是一箇父母生的弟兄一般相待相顧盼着行朋友們若困中沒盤纏時自己錢物休愛惜接濟朋友們使着朋友若不幸遭着官司口舌時衆朋友們向前救濟着若不救時俺人要唾罵有些病疾時休迴避請太醫下藥看治着早起晚夕休離了煎湯煮水問候着若這般相看時便有十分病也減了五分

懷諺解作懷　鮑古本作謹　孤古本作狐　千諺解作干　叟諺解作曳　的諺解本作得

朋友有些病疾你不照觀他那病人想着沒朋友的情分悽惶時縱有五分病添做十分了咱們世上人做男兒行時自己祖上的名聲休壞了凡事要的慎行時卓立的男子父母的名聲辱磨了時別人唾罵也父母在生時家法名聲好來田産家計有來孳畜頭口有來人口奴婢有來爺孃亡沒之後落後下的孩兒們不務營生教些幫閑的潑男女孤朋狗黨每日穿茶房入酒肆妓女人家胡使錢衆親眷街坊老的們勸說你為甚麼省不得執迷着心迴言道使時使了我的錢壞時壞了我的家私千你甚麼事因此上幾人再不曾勸他隨着他胡使錢每日十數箇幇閑的家裏媳婦孩兒喫的穿的都是這呆廝的錢騎的馬三十兩一疋好窟行馬鞍子是時様減銀事件的好鞍轡通使四十兩銀穿衣服時按四時穿衣服每日脫套換套春間好青羅戗撒白羅大搭胡柳綠羅細摺兒到夏間好極細的毛施布布衫上頭繡銀條紗搭胡鴨綠紗直身到秋間是羅衣裳到冬間界

地紵絲襖子綠紬襖子織金膝襴襖子茶褐水波浪地兒四花襖子青六雲襖子苗紅氈段藍綾子袴兒白絹汗衫銀褐紵絲板褶兒短襖子黑綠紵絲比甲這般按四時穿衣裳繫腰時也按四季春裏繫金條環夏裏繫玉鉤子最低的是菜玉最高的是羊脂玉秋裏繫減金鉤子尋常的不用都是玲瓏花樣的冬裏繫金廂寶石閙裝又繫有綜眼的烏犀繫腰頭上戴的好貂鼠皮披肩好纓綜金頂大帽子這一箇帽子結裹四兩銀子又有紵

老乞大 四十一

絲剛叉帽兒羊脂玉頂子這一箇帽子結裹三兩銀子又有天青紵絲帽兒雲南氈帽兒又有貂鼠皮狐帽上頭都有金頂子穿靴時春間穿皀麂皮靴上頭縫着倒提雲夏間穿猠皮靴到冬間穿嵌金線藍條子白麂皮靴氈襪穿好絨毛襪子都使大紅紵絲縁口子一對靴上都有紅絨鴈爪那靴底都是兩層淨底上的線蠟打了錐兒細線麁上的分外的牢壯好看喫飯時揀口兒喫清早晨起來梳頭洗面了先喫些箇醒酒湯或是些點心

然後打餅熬羊肉或白煑着羊腰節胷子喫了時騎着鞍馬引着伴當着幾箇幇閑的盤弄着先投大酒肆裏坐下一二兩酒肉喫了時酒帶半酣引動淫心唱的人家裏去到那裏教那彈絃子的謊廝們捉弄着假意兒叫幾聲舍人公子早開手使錢也那錢物則由那幇閑的人支使他則粧孤正面兒坐着做好漢那廝們將着銀子花使了中間尅落了一半兒養活他媳婦孩兒一箇日頭比及到晚出來時至少使三四兩銀子後來使

老乞大 四十二

的家私漸漸的消乏了人口頭疋家財金銀器皿都盡賣了田產房舍也典儅了身上穿的也沒口裏喫的也沒幇閑的那廝們更沒一箇肯偢倸的如今跟着官人拿馬且得暖衣飽飯我買這貨物要涿州賣去這幾日為請親眷筵席又為病疾耽閣不曾去的我如今去也伙伴你落後好坐的着我到那裏賣了貨物便來你好去着我賣了這人蔘毛施布時不揀幾日好歹等你來咱商量買迴去的貨物你是必早來店主人家引着幾箇鋪

家來商量人蔘價錢這蔘是好麼將些様蔘來我看這蔘是新羅蔘也着中你說甚麽話這蔘絕高怎麽做着中的看牙家說你兩家不須折辨高低如今時價五錢一斤有甚麽商量你這蔘多少斤重我這蔘一百一十斤你稱如何我的是官稱放着印子裏誰敢使私稱這價錢一定也我則要上等官銀見要銀子不賒怎那般說銀子與你好的買貨物的那裏便與見銀須要限幾日你兩家休爭限十箇日頭還足價錢這般時依着牙家話

這蔘稱了只有一百斤你說一百一十斤那一十斤却在那裏我家裏稱了一百一十斤你這稱大因此上折了十斤那裏稱大這蔘你來時節有些濕如今乾了因此上折了這十斤這蔘做了五分兒分了一箇人二十斤家每一斤五錢二十斤該十兩通計五十兩又店主人家引將幾箇買毛施布的客人來你這毛施布細的價錢麤的價錢要多少細的上等好布要一兩二錢麤的要八錢這黃布好的多少價錢低的多少價錢賣這一等

好的一兩這一等較低些的七錢家你休胡討價錢這布如今見有時價我買時不是買自穿的一發買將去要覓些利錢我依着如今的價錢還你這毛施布高的一兩低的六錢這黃布高的九錢低的五錢我不賒你的一頓兒還你好銀子牙家說他們還的價錢是着實的你客人們遼東新來不理會得這着實的價錢你休疑惑成交了罷這們時價錢依着你銀子依的我時成交依不得我時我不賣我這低銀子都不要你則饋我一様

的好銀子似你這般都要官銀時虧着我待虧你多少肯時成交不肯時你別處買去這們時與你這好銀子買你這布裏頭長短不等有勾五十尺的也有四十尺的也有四十八尺的長短不等這布都是地頭織來的我又不曾剪了稍子兩頭放着印記裏似這一箇布經緯都一般便是魚子兒也似勻淨的似這一等經緯不等織的又鬆却不好買的人多少駁彈急且難着主兒似這等布寬時好這幾箇布忒窄窄時偏爭甚麽也一般

則 諺解作只

則 諺解作只

賣了你怎麽說那等的話覔時做衣裳有餘
剩又容易賣窄時做衣裳不勾若少些時又
要這一等的布零截又使一錢銀爲這上買
的人少要甚麽閑講筭了價錢看了銀子你
是牙家你筭了着該多少上等毛施布一百
疋每疋一兩共該一百兩低的三十匹每疋
六錢共通一十八兩都與好銀子是委實倰
許多好銀子敢則到的九十兩那零的二十
八兩與你青絲如何客人看這偌多交易要
甚麽爭競這些箇銀子是好青絲比官銀一

老乞大　四十五

般使這們時依着你將好青絲來這銀子都
看了我數將布去你且住着這銀子裏頭真
的假的我高麗人不識你都使了記號着牙
家眼司看了着後頭使不得時我則問牙家
換却不當面看了見數出門不管退換怎麽
說你這們慣做買賣的人我一等不慣的人
根前多有欺瞞你使着記號着大家把穩這
一百兩做一包這的是一百一十八兩那幾
箇客人將布子去了咱們人蔘價錢也都收
拾了貨物都發落了咱們買些甚麽迴貨去

物 諺解誤作要

拾 古本作恰

則 諺解作只

則揀 諺解作只揀

換 諺解作換

穩 諺解作穩

時好商量其間涿州買賣去來的火伴到來
相見好麽好麽買賣稱意麽托着哥哥們福
陰裏也有些利錢你的貨物都賣了不曾我
貨物都賣了正要買迴去的貨物尋思不定
拾好你來到你要買甚麽貨物我知他甚麽
好拿去大哥你與我擺布着我曾打聽得高
麗地面裏賣的貨物十分好的倒賣不得則
宜將就的貨物倒着主兒快可知大哥你說
的正是我那裏好的歹的不識則揀賤的買
正是宜假不宜真我引着你買些零碎的貨

老乞大　四十六

物紅纓一百斤燒珠兒五百串瑪瑙珠兒一百
串琥珀珠兒一百串玉珠兒一百串香串珠
兒一百串水精珠兒一百串珊瑚珠兒一百
串大針一百帖小針一百帖鑷兒一百把蘇
木一百斤麤帽兒一百箇桃尖撥帽兒一百
箇琥珀頂子一百副結椶帽兒一百箇面粉
一百匣綿臙脂一百箇蠟臙脂一百斤牛角
盒兒一百箇鹿角盒兒一百箇繡針一百帖
棗木梳子一百箇黃楊木梳子一百箇大篦
子一百箇密篦子一百箇斜皮針筒兒一百

老諺解作都

箇大小刀子共一百副雙鞘刀子一十把雜使刀子一十把割紙細刀子一十把裙刀子一十把五事兒十副象棊十副大碁十副雙六十副茶褐欒帶一百條。紫條兒一百條壓口荷包一百箇剃頭刀子一百把剪子一百把錐兒一百箇。秤三十連等子十連那秤等子老是官做的秤竿秤鉈毫星秤鈎子都有再買些麤木綿一百疋織金和素段子一百四花樣段子一百四更有小鍁兒們鈴兒一百箇馬纓一百顆減鐵條環一百箇更買

老乞大　四十七

小諺解作少

些文書一部四書都是晦庵集註又買一部毛詩尚書周易禮記五子書韓文柳文東坡詩詩學大成押韻君臣故事資治通鑑翰院新書標題小學貞觀政要三國志評話這些貨物都買了也我揀箇好日頭迴去。我一發待算一卦去這裏有五虎先生最算的好。咱們那裏算去来到那卦鋪裏坐定問先生你與我看命你說將年月日生時来我是屬牛兒的。今年四十也。七月十七日寅時生你這八字十分好一生不小衣祿不受貧官星隆

有只宜做買賣出入通達今年交大運丙戌已後財帛大聚強如已前數倍這們時我待近日迴程幾日好且住我與你選箇好日頭甲乙丙丁戊己庚辛壬癸是天干子丑寅卯辰巳午未申酉戌亥是地支建除滿平定執破危成收開閉你則這二十五日起去寅時往東迎喜神去大吉利五分卦錢留下着各自散了到二十五日起程辭別那漢兒火伴已前盤纏了的火帳都算計明白大哥我們迴去也。你好坐的著。我多多的定害你。你休

老乞大　四十八

恠。咱們為人。四海皆兄弟。咱們這般做了數月火伴。不曾面赤。如今辭別了。休說後頭再不廝見。山也有相逢的日頭。今後再廝見時。不是好弟兄那甚麼。

老乞大終

飜譯老乞大朴通事凡例 漢訓諺字皆從俗撰字旁之點亦依鄉語

一國音

凡本國語音有平有仄平音哀而安仄音有二焉有厲而舉如齒字之呼者有直而高如位字之呼者哀而安者爲平聲厲而舉者直而高者爲去聲爲入聲故國俗言語平聲無點上聲二點去聲入聲一點今之反譯漢字下在左諺音並依國語高低而加點焉但通攷內漢音字旁之點雖與此同而其聲之高低則鄉漢有不同焉詳見旁點條

一漢音

平聲全清次清之音輕呼而稍舉如國音去聲之呼全濁及不清不濁之音先低而中按後厲而且緩如國音上聲之呼上聲之音低而安如國音平聲之呼去聲之音直而高與同國音去聲之呼入聲之音如平聲濁音之呼而促急其間亦有數音隨其呼勢而字音亦變焉如入聲軸聲本音쥐呼如平聲濁音而或呼如去聲爲쥐角字呼如平聲濁音爲교而或갸如去聲爲갸或呼如上聲爲갸又

從本韻거之類

一諺音

在左者即通攷所制之字在右者今以漢音依國俗撰字之法而作字者也通攷字體多與國俗撰字之法不同其用雙字爲初聲及ㅁㅇㅂ爲終聲者初學雖資師授率多疑碍故今依俗撰字體而作字如左云如通攷內齊ㅉ其ㄲ皮ㅃ調땽愁쯯爻뺭着쨩今書ㅉ爲치ㄲ爲키ㅃ爲피땽爲턍쯯爲츻뺭爲퍙쨩爲죠爲쟌之類ㅋㅌㅍ大ㅎ乃通攷所用次

清之音而全濁初聲之呼亦似之故今之反譯全濁初聲皆用次清爲初聲旁加二點以存濁音之呼勢而明其爲全濁之聲

一旁點 漢字下諺音之點

在左字旁之點則字用通攷所制之字故點亦從通攷所點而去聲入聲一點上聲二點平聲無點在右字旁之點則字從國俗編撰之法而作字故點亦從國語平仄之呼而加之漢音去聲之呼與國音去聲相同故鄉漢皆一點漢音平聲全清次清通攷則無點而

其呼與國音去聲相似故反譯則亦一點漢人之呼亦相近似焉漢音上聲通攷則二點而其呼勢同國音平聲之呼故反譯則無點漢人呼平聲或有同上聲字音者焉漢音平聲全濁及不清不濁之音通攷則無點而其聲勢同國音上聲之呼故反譯則亦二點漢音入聲有二音通攷則皆一點而反譯則其聲直而高呼如去聲者一點先低後厲而促急少似平聲濁音之呼者二點但連兩字皆上聲而勢難俱依本聲之呼者則呼上字如平聲濁音之勢然後呼下字可存本音故上字二點若下字爲虛或兩字皆語助則下字呼爲去聲

一非ㅸ奉ㅹ微ㅱ三母

合脣作聲爲ㅂ而曰脣重音爲ㅂ之時將合勿合吹氣出聲爲ㅸ而曰脣輕音制字加空圈於ㅂ下者即虛脣出聲之義也ㅹㅱ二母亦同但今反譯平聲全濁群定並從床匣六母諸字初聲皆借次清爲字邪禪二母亦借全清爲字而此三母則無可借用之音故直

書本母爲字唯奉母易以非母而平聲則勢從全濁之呼作聲稍近於ㅍ而至其出聲則爲輕故亦似乎清母唯其呼勢則自成濁音而不變焉上去入三聲亦皆逼似乎非母而引聲之勢則各依本聲之等而呼之唯上聲則呼爲去聲微母則作聲近似於喩母而四聲皆同如惟字本微母而洪武韻亦自分收於兩母ᄝᅵ或위今之呼ᄝᅵ亦歸於위此微母近喩之驗也今之呼微或從喩母亦通漢俗定呼爲喩母者今亦從喩母書之

一清濁聲勢之辨

全清見端幫非精照審心影九母平聲初呼之聲單潔不岐而引聲之勢孤直不按上去入三聲初呼之聲亦單潔不岐而引聲之勢各依三聲高低之等而呼之次清溪透清滂穿曉六母平聲初呼之聲岐出雙聲而引聲之勢孤直不按上去入三聲初呼之聲亦岐出雙聲而引聲之勢各依三聲之等而呼之全濁群定並奉從邪床禪八母平聲初呼之聲亦岐出雙聲而引聲之勢中按後厲上去

入三聲初呼之聲逼同全清而引聲之勢各依三聲之等而呼之故與全清難辨唯上聲則呼爲去聲而又與全清去聲難辨矣不清不濁疑泥明微喩來日七母平聲初呼之聲單潔不歧而引聲之勢中按後厲初呼則似全清而聲終則似全濁故謂之不清不濁上去入三聲各依三聲之等而呼之唯來母初呼彈舌作聲可也初學與泥母混呼者有之誤矣匣母四聲初呼之聲歧出雙聲與曉母同而唯平聲則有濁音之呼勢而已上去入

三聲各依三聲之等而呼之大抵呼清濁聲勢之分在平聲則分明可辨餘三聲則固難辨明矣

一ㅱㅸ爲終聲

蒙古韻內蕭爻尤等平上去三聲各韻及藥韻皆用ㅱ爲終聲故通攷亦從蒙韻於蕭爻尤等平上去三聲各韻以ㅱ爲終聲而唯藥韻則以ㅸ爲終聲俗呼藥韻諸字與蕭爻同韻則蒙韻制字亦不差謬而通攷以ㅸ爲終聲者殊不可曉也今之反譯調ᄃᆄᇢ爲ᄃᆄ愁츠ᇢ爲추著ᄌᆄᇢ爲ᄌᆄ作좌ᇢ爲좌者ㅱ本非ㅜㅗㅸ本非ㅗㅛ之聲而蕭爻韻之ㅱ呼如ㅜ尤韻之ㅱ呼如ㅜ藥韻之ㅸ呼如ㅗㅛ故以ㅱㅸ爲終聲者今亦各依本韻之呼飜爲ㅗㅛㅗ而書之以便初學之習焉

一正俗音

凡字有正音而又有俗音者故通攷先著正音於上次著俗音於下今見漢人之呼以一字而或從俗音或從正音或一字之呼有兩三俗音而通攷所不錄者多焉今之反譯書

正音於右書俗音於左俗音之有兩三呼者則或書一音於前又書一音於後而兩存之大抵天地生人自有聲音五方殊習人人不同鮮有能一之者故切韻指南云吳楚傷於輕浮燕薊失於重濁秦隴去聲爲入梁益平聲似去江東河北取韻尤遠欲知何者爲正聲五方之人皆能通解者斯爲正音也今按本國通考槩以正音爲本而俗音之或著或否者盖多有之學者毋爲拘泥焉

一支紙寘三韻內齒音諸字

通攷貲字音즈註云俗音ᄌᆞ韻內齒音諸字口舌不變故以ㅿ爲終聲然後可盡其妙今按齒音諸字若從通考加ㅿ爲字則恐初學難於作音故今之反譯皆去ㅿ聲而又恐其直從去ㅿ之聲則必不合於時音今書正音加ㅿ之字於右庶使學者必從正音用ㅿ作聲然後可合於時音矣通攷凡例云ㅡ則ㅡㆍ之間今見漢俗於齒音著ㅡ諸字例皆長於用ㆍ爲聲故今之反譯亦皆用ㆍ作字然亦要參用ㅡㆍ之間讀之庶合時音矣

朴通事谚解

提要

《朴通事諺解》三卷，朝鮮佚名撰，崔世珍諺解，一九四四年韓國京城帝大圖書館影印奎章閣叢書活字本。此書為李朝時期漢語會話教科書，編寫於元代，明初加以修改。此書用對話或一人敍述方式，介紹當時宴會、買賣、農業、手工業、詞訟、宗教、遊藝、景物等。朝鮮人崔世珍以訓民正音為其『諺解』。本書後附《老乞大集覽》二卷，《單字解》一卷，朝鮮崔世珍撰。《集覽》與《單字解》系崔氏為《老乞大》《朴通事》作注而撰。

朴通事諺解序

上而事大有而交隣有國之所不免而達其志通其好非辭令莫可則譯之為用曷可小之哉海東禮俗肇自太師文物之盛一變為夏而特言語不相通耳於是乎置院設官教誨而勸課之其在
世宗朝有曰崔世珍者取朴通事一册諺以釋之俾象鞮肄業者皆得以易知而易學其於譯學實有指南之功龍蛇之變書籍盡灰而崔氏之釋從而失其傳學譯者多病之近有宣川譯學周仲者於閭閻舊藏偶得一卷書曰老朴輯覽其下又有單

字解亦世珍所撰也蓋漢語之行於國中者有老乞大有朴通事所謂輯覽即彙二册要語而註解者自得是本窒者通疑者解不啻若醒之呼寐燭之遇幽時則左議政臣權大運實提調是院以譯學之未明華語之未熟為慨然使舌官邊暹朴世華等十二人就輯覽考較證訂作朴通事諺解幷勤致志過一年始成而以輯覽及單字解附其後擬以鋟諸梓而廣其傳乃入告于
上出而又令邊世華幹其事則邊世華斂捐其私財以供剞劂之費不月而工告訖自此習華語者不患無良師而其為　國家通梯航馳玉帛之助又宣溥乎云爾臣不佞適待罪兼任謹略叙其槩而弁之歲丁巳十月日通訓大夫行吏曹正郎知製
教兼校書館校理漢學教授東學教授臣李聃命拜手稽首謹序

朴팍팍通퉁퉁事쓰스諺연연解계계上쌍샹

當당당今긴긴聖싱싱主쥬쥬○當今에聖主ㅣ洪훙훙福부부齊치치天텬텬○

큰福이하ᄂᆞᆯ과ᄀᆞ즉ᄒᆞ야風봉봉調댤댤雨유유順슌슌○風調雨順ᄒᆞ고國궈귀泰태태

民민민安한안○國泰民安ᄒᆞ더又일우逢뽕봉着잪죠這저저春츈츈二슬을三

산산月웨웨好할한時쓰스節졍져○또이봄二三月됴흔時節을만나시니休힐후蹉

초초過거고了랼럎好할한時쓰스光광광○됴흔時光을그ᄅᆞᆺ디내디마쟈人신인生

승승一힝이世싱시草찰찬生승승一힝이秋칠추○人生一世ㅣ오草生一秋ㅣ라咱

장자們믄믄幾기기箇거거好할한弟디디兄흉흉○우리여러됴흔弟兄들히去큐큐

那나나有일우名밍밍的디디花화화園원원裏리리○뎌有名ᄒᆞᆫ花園에가做주주

一힝이箇거거賞샹샹花화화筵연연席씨시○ᄒᆞᆫ賞花ᄒᆞ논이바디ᄒᆞ여○凡宴會常

話曰筵席文語曰筵會吏語曰筵宴蓋取譯筵設席之意咱장자們믄믄消샹샾愁쯯추解계계

朴通事諺解上 一

悶믄믄如유유何허허○우리消愁解悶흠이엇더ᄒᆞ뇨衆중중弟디디兄흉흉們믄믄

商샹샹量량량了랼럎○모든弟兄들히혜아리쟈咱장자們믄믄三산산十씨시箇

거거人신인○우리三十사ᄅᆞ미各갈거人신인出츄츄一힝이百뵈버箇거거銅뚱퉁

錢쪈쳔○各人이一百낫銅錢을내면共궁궁通퉁퉁三산산千쳔쳔箇거거銅뚱퉁

錢쪈쳔○대되三千낫銅錢이니勾귷구使ᄉᆞ스用융융了랼럎○유여히쓰리라着

잪죠張쟝쟝三산산買매매羊양양去큐큐○張三으로ᄒᆞ여羊을사라가○三或稱次或朋

友行輩之次或有官者以職次相呼或稱爲定名者有之李四王五亦同買매매二슬을十씨시箇

거거好할한肥뻬뷔羊양양○二十낫ᄆᆞ장ᄉᆞᆯ진羊을사되休힐후買매매母무무的

디디都두두要얄얀羯겨거的디디○암을사디말고다수를사고又일우買매매一

힝이隻징지好할한肥뻬뷔牛닣누○또一隻ᄆᆞ장ᄉᆞᆯ진쇼를사고買매매五우우十

씨시斤긴긴猪쥬쥬肉슈수○五十斤猪肉을사고着잪죠李리리四ᄉᆞ스買매매果

궈고子쯔즈拖터토爐루루隨쉬쉬食씨시去큐큐○李四로ᄒᆞ여과실와拖爐隨食을사

라가게ᄒᆞ라○果子果實也又呼油蜜果亦曰果子曰蜜果子制形如棗拖爐音義云麪作小餅質問云以參

麪和油蜜印成花餅烙熟食之隨食音義云與拖爐相似質問云以參麪和油作小餅與茶時食之取其香酥

也原本用隨字故反譯亦用隨字俗音쉬今更質之字作餾宜從쉬音續今俗亦曰餾餅酒징쥐京깅깅

城칭칭槽짤찬房빵방雖쉬쉬然션션多더도○술은京城에술집이비록만ᄒᆞ나○槽房

釀酒出賣之家官收其稅街개개市쓰스酒징쥐打다다將쟝쟝來래래怎즘즘麽마마

喫칭치○져젯술을가져오면엇디머그리오咱장자們믄믄問운운那나나光광광祿루루

寺쓰스裏리리○우리뎌光祿寺에무러○光祿寺在東長安門內其屬有大官珍羞良醞掌醢

四署掌供辦內府諸品膳羞酒醴及筵待使客之事討탈탚南난난方방방來래래的디디蜜

미미林린린檎긴긴燒샾샾酒징쥐一힝이桶퉁퉁○南方으로셔온蜜林檎燒酒ᄒᆞᆫ桶과

○蜜林檎燒酒質問云初蒸熟燒酒用蜜葡萄相參浸久而食之方言謂之蜜林檎燒酒又云以麪爲麴還用

朴通事諺解上 二

蘗料以燒酒爲蘗下入熟米肉待熟榨之其味甚甜又云如蒸的熟燒酒將蘗與秫釀果參和盛入缾內封裹

久而食之最妙長쨩창春츈츈酒징쥐一힝이桶퉁퉁○長春酒ᄒᆞᆫ桶과○長春酒質問云春

分日前造之酒永久不變其味方言謂之長春酒又云以春分日蒸藥下酒三日後封閉了覺待夏後方拆

苦쿠쿠酒징쥐一힝이桶퉁퉁○苦酒ᄒᆞᆫ통과○苦酒質問云酒有苦味少甜味又云麴多米少

之酒其味最苦豆뚜두酒징쥐一힝이桶퉁퉁○豆酒ᄒᆞᆫ통은어더오고○豆酒音義云菉豆做

的質問云菉豆造爲細麪作酒取其有味又云以菉豆作麪用粘米作酒其味殊長桶質問云大者容二十瓶

小者容十五瓶又일우內뉘뉘府부부管관관酒징쥐的디디官권권人신인們믄믄

造짱잔的디디好할한酒징쥐○또內府에술ᄆᆞᄋᆞᆯ아ᄂᆞᆫ官人들ᄒᆡ비즌됴흔술을○內府猶言

開內也討탈탚十씽시來래래瓶삥핑如유유何허허○여라믄병을어더오미엇디ᄒᆞ

뇨可커커知징지道땋닾好할한○그리어나됴커니와着잪죠誰쒸쉬去큐큐討

탈탚○눌로ᄒᆞ여가어더오료光광광祿루루寺쓰스裏리리着잪죠姓싱싱李리리

子部　第五册

的뎌디館권관夫부부討탈닾去큐큐○光祿寺에는姓이李가館夫로ᄒᆞ여어드라가게ᄒᆞ
고○館夫應當館驛接待使客之役質問云府州縣百姓差撥無身役者做館夫答應使客待三年更替內
뉘뉘府부부裏리리着잪죠姓신신崔취취的뎌디外왜왜郎랑랑討탈닾去큐큐
○內府에는姓이崔가外郞으로ᄒᆞ여어드라가게ᄒᆞ라○外郞從姓稱各衙門吏典之號俗嫌其札衣貴外
小印衙之門號吏呼典外名字稱為各上異聲大門討탈닾酒잘작的뎌디都두두迴휘회来
래래了랖랸○술너가다질오라나갓다히勘간간合행허有왕우了랖랸不불부曾
츙충○勘勘合合印이古잇之는符가契來也ᄒᆞ質엿問ᄂᆞᆫ云가官○府勘設合簿吏冊學二揩扇南扎云
事차用號印上給寫記內上字寫幾外號字留幾在號官設府付者去日者內曰號討탈닾將장장来
래래了랖랸○이갓더노가다져我어오到닾닾那나나衙야야門믄믄裏리리堂
땅탕上샹샹官권권說쉉쉬了랖랸○내上더官衙의門게에너가로堂너便뺸변叫갸갸
將장장當당당該개개的뎌디外왜왜郎랑랑来래래○곳곧當블該러와와即寫

朴通事諺解上　三

서셔勘간간合햏허就쩧직使ᄉᆞ스印힌인信신신與유유我어오来래래○勘合
글더써나이를의주셔드간라在째재那나나裏리리拿나나来래래我어오看간간○
어저되오잇라ᄂᆞ내됴보가자官권권人신신們믄믄文믄운書슈슈分븐븐付부부管
권권酒잘작的뎌디署슈슈官권권根근근底디디○官술人마들옴이아文는書署를官
각祿게寺分屬付官ᄒᆞ也여有○署署正官署良丞醞監署事即等光官支즈즈與유유竹죵주葉
여딩清칭칭酒잘작十씽시五우우瓶삥핑腦낲낲兒ᅀᆞᆯ酒잘작五우우桶퉁퉁
竹竹葉葉清清酒酒十質五問瓶云파其腦酒兒甚酒清五色桶如ᄋᆞᆯ竹支葉與腦ᄒᆞ兒더滴라質○問
○做又酒云用以麯糯麴米藥為餅之為酒藥之久帶封糟不者動又其云色好紅麴而如味米最作純酒
云厚成味不熟用粘參稠和有照잘잘依히이前쪈쳔例리리該개개與유유多더도少샹샨
○箇나例주대엄로주ᄒᆞᄒᆞ뎐관언뒤메如유유今긴긴怎즘즘麽마마少샹샨了랖랸
○이져제그엿뇨디都두두是ᄉᆞ스官권권人신신們믄믄剋킈킈減견견了랖랸

○다물官께人더들도이다羅빠바羅빠바减견견不부부多더도○두감어호두거어시
하니ᄒᆞ디아다一이황邊변변擺배배卓죠잘兒ᅀᆞᆯ○一상邊버으리로라즘즘麽
마마擺배배○뒷리디됴버外왜왜手싀식一이황遭잘잔兒ᅀᆞᆯ十씽시六루루
楪뎌뎌○밧숫첫뎝줄시열에여ᄂᆞᆫ菜채채蔬수수○菜ㅣ蔬오第디띠二ᅀᆞᆯ遭잘잔
十씽시六루루楪뎌뎌○둘숫재뎝줄시열에여ᄂᆞᆫ榛즌즌子즈즈○개과얌松숭충
子즈즈○잣과乾간간葡푸푸萄닾닾○葡ᄆᆞ와ᄅᆞᆫ葡栗리리子즈즈○밤과龍
룽룽眼현연○龍其眼子形과如○一彈丸名核圓如眼樹木如遠荔肉支白但漿枝甘葉如精賓小五
六荔十奴穎木作穗即本荔支國모熟如後彈龍간仝遠如熟如音聽號患如遠핵의땅닾○호張도壽와
使西五域胡得時胡遊胡耗字國四改種名子核中熟國荔리리子즈즈○作티支지荔오支○生子
後巴峽西間如形狀如國如帷如盖葉如杷如枇冬如紅青如繒花如膜橘如紫春如綃葉如實肉如潔白丹
夏朵如宿如冰如濃如甘如醴如雖如本枝一日色如日色二日香三日味四日五日外本枝日色變香變味變冬蒙떠디三산산
二日如冰香宿變漿三漿日甘味如變醴四駱五日離日外色枝香一味日冬色變變筭

朴通事諺解上　四

遭잘잔十씽시六루루楪뎌뎌○셋숫졉재줄시열에여ᄂᆞᆫ柑간간子즈즈○柑와子
櫻시씽石榴리류○石와榴香항향水쉬쉬梨리리○水香梨와櫻잉잉桃땅닾○
櫻와桃고杏힝힝子즈즈○杏과頻핀핀婆포포果과果○頻婆果其形如大云相思果○似林檎而大
大者果色丹且諱反名潤賓義問云覓言形如沙波果如大云相思以玉음유黃황황子
즈즈○고유와황술虎후후剌라리賓빈빈○云술如근李와長앗大이半오青○半紅問
色如食亦李之可長口而大又者云當당당中중중間견견裏리리○여가는온放방방象
샹샹生승승纏쪈쳔糖땅탕○生物音義ᄋᆞᆯ纏象字ᄒᆞ云ᄯᆡ民沙白이糖白芝어麻나
相和以火煎熱須入木印內須東京亦與後果與實果相似今也按
糖字註云白糖化後用木印流成東亦與後果實相似今也按
纏糖即一二物合之名諸糖司職掌婚禮定親二及納徵果實皆用纏糖
麻纏糖一二合蔡纏糖二別掌纏婚與禮糖定非親二及物納幣實皆音用義芝
內解相同則是亦明為一物則成象生者形之樣範者物形也之音義芝
而為之義也象作像木印以木刻物成物形為模範者也之糖形
即沙糖煎為之成𤍃是ᄉᆞ스獅ᄉᆞ스仙션션糖땅탕○션호양ᄉᆞ으지로ᄂᆞᆫ민신
甘蔗汁熬為之㓣황취

二二一

근沙糖을노고○獅仙糖以糖印做騎獅仙人之形也亦有為樓蘸僧佛之形者也 前젼젼面면면一
이이遭잪잪○줄압은호燒샾샾鵝어오白뼁비楪쟝자鷄기기○와子민온기게즈오
義에音지쟝진課듸以파油○煎糵也音 川쳔쳔炒찰찰猪쥬쥬肉슝수○호제퍼믈육에파조
肉○수音按義川云炒ᄒᆞᆫ盞은水에炒炒也ᄒᆞᆫ 猪熿잔잔鴿꿍거子즈즈彈딴단○기비알돈
肉全湯은在이鍋와再○加質椒問料云菜鴿葱子花彈燒撩火於丞滾滾肉滯湯方食下之鴿又子云卵用
以盛獻之賓於客碗 燒샾샾爛란란膀빵팡蹄띠티○은농쪽난파허子 蒸징징鮮션션
魚유유○션변와싱焩붕붕牛뉴뉴肉슝수○焩子書은봉쇠平고聲기質와問○云畜兮義
至肉滚細沸切方用下椒細鹽切焩的食牛入肉云再以加水椒和醋醬葱成花湯盛放訣入故鍋曰內焩燒
炮뺠팦炒찰찰猪쥬쥬肚뚜두○和炮水炒炒ᄒᆞᆫ之돗質회問양云와如○猪炮肚炒生用切醬
熟置方於言鍋謂中之用炮緊炒火炒 席씽시面면면上썅샹○義席云面못에첫눈죽○音
寶빵보粧쫭좡高강갇頂딩딩插창차花화화○곳寶츨粧곳高고頂에着짶죠張

장장三산산去큐큐○張三으로ᄒᆞ여가呌걓갸教걓갸坊방방司스스十씽시數
수수箇거거樂얗요工궁궁和훠호做주주院원원本븐븐諸쥬쥬般번번雜짜자
技기기的딩디来래레○教坊司의여라믄樂工과院本에여러가지雜技ᄒᆞᄂᆞ니롤블러오라○
教坊司掌雜俗樂之司隸禮部有奉鑾韶舞司樂等官一名麗春院即元俗所呼拘欄司○院本南村輟耕錄
云唐有傳奇宋有戲曲唱諢詞說金有雜劇諸宮調院本雜劇其實一也國朝院本雜劇始釐而二之院本則
五人一曰副淨古謂之參軍一曰副末古謂之蒼鶻鶻能擊禽鳥末可打副淨故云一曰引戲一曰末泥一曰
孤裝又謂之五花爨弄或曰宋徽宗見爨國人來朝衣裝鞋履巾裹傳粉墨舉動如此使優人効之以為戲其
間副淨有散說有道念有筋斗有科範蓋古教坊色長有魏武劉三人而魏長於念誦武長於筋斗劉長於科
範至今樂人皆宗之質問云院本有曰外或粧充生搽訪使考試官老人達達之類皆是外扮曰淨有男淨女
淨亦做醜態卑一奚言取人歡笑曰末粧扮不一初則開蕩白說或粧家人祇候或扮使臣之類曰丑狂言戲
奚或粧醉漢大醫吏負媒婆之類令按譯音混優人戲矣之言也雜劇上戲也南村輟耕錄曰神官發而傳奇

作傳奇作而戲曲繼金季國初樂府猶宋詞之流傳奇猶宋戲曲之變世傳謂雜劇 那나나氷빙빙盤
뻔펀上썅샹放방방一힝이塊쾌쾌氷빙빙○뎌氷盤에ᄒᆞᆫ덩이어름을노코杏힝힝兒
슬을櫻힝잉桃땋탚諸쥬쥬般번번鮮션션果궈고○술고와잉도와여러가지鮮果로
浸진진在째재氷빙빙盤뻔펀裏리리好핳한生승숭好핳한着잔잔○氷盤에즘
가두면ᄆᆞ장보기됴ᄒᆞ니라 如유유今긴긴却캭거早잫잘有잉우賣매매的딩디拳
권권杏ᄒᆡᆼ힝麼마마○이제불셔拳杏풀리인ᄂᆞ나黃황황杏ᄒᆡᆼ힝未의위有잉우裏
리리○黃杏은업고大따다水쉬쉬杏ᄒᆡᆼ힝半번번黃황황半번번生승숭的딩디
有잉우○훈고을한술고ㅣ半黃半生ᄒᆞᆫ이잇디라官권권人신신們믄믄都두두來래레
了랼랴○官人들이다오나다將장장些셔셔乾간간按한안酒징쟉來래레○져기
ᄆᆞ른按酒을가저오고就쟝쥬將장장那나나燒샾샾肉슝수來래레○이의서뎌燒肉
을가져오라我어오們믄믄先션션喫칭치兩량량巡쓘쑨酒징쟉後흫후頭뜰투

撞때태卓좧조兒슬을○우리몬져두술비술어근후에상을드러돈○撞舉也進奏撤奏皆曰撞
謂入所拳也卓即本國所謂高足床也 彈딴탄的딩디們믄믄動뚱둥樂얗요器키키○
ᄐᆞᄂᆞ니들이樂器ᄅᆞᆯ動ᄒᆞ고呌걓갸將쟝장唱챵창的딩디根근근前젼젼来래레着
좧조他타타唱챵창○노래브르ᄂᆞ니를블러앏ᄑᆡ와ᄐᆞᆯ로ᄒᆞ여브르게ᄒᆞ라如슈슈今긴긴
撞때태卓좧조兒슬을上썅샹湯탕탕着좧조○이제상을들면湯을들일거시니捧
봉봉湯탕탕的딩디都두두来래레○湯들리다오라第떼디一힝이道땋답燒샾샾
羊양양蒸징징捲권권○第一道ᄂᆞᆫ므르고은羊과蒸捲ᄎᆡᆨ이오○蒸捲質問云麥麵作成五寸長
糕蒸熟食之又云以麵之長疊四折用籠蒸熟為 第떼디二슬을道땋답金긴긴銀인인豆
등두腐뿌부湯탕탕○第二道ᄂᆞᆫ金銀豆腐湯이오○質問云豆腐用油煎熟其色黃如金白如銀細
切作湯食之又云用鷄鳴清同黃相制為之今按鷄鳴即鷄子也 第떼디三산산道땋답鮮션션
笋순순燈등등籠롱롱湯탕탕○第三道ᄂᆞᆫ鮮笋燈籠湯이오○質問云鮮笋以笋雕為玲瓏花

切成寸段鷄子煮熟去黃粧肉做湯採空其肉𣩵肉作羹食之又云以竹芬第뗴디四亽스道닿닫
三산산鮮션션湯탕탕○第四道ᄂᆞᆫ三鮮湯이오○質問云奧蛤蜊三味合為一羹或鷄鴨鵞三味
合為羹方言俱謂之三鮮湯又言以羊腸豆粉做假蓮蓬假淡猻假合香魚謂之三鮮今按合香魚恐是河豚
魚之誤然亦未詳第뗴디五우우道닿닫五우우軟원원三산산下햐햐鍋귀고○
第五道ᄂᆞᆫ五軟三下鍋ㅣ오○質問云五般精肉碎切為片先用鹽煎次用醋煮交葱花以食第뗴디六
륙륙道닿닫鷄기기脆취취芙뿌부蓉융융湯탕탕○第六道ᄂᆞᆫ鷄脆芙蓉湯이니○質問
云將鷄腰子作芙蓉花做湯食之又云以鷄子清做成芙蓉花每碗三朶令按上文五樣湯名之釋恐或失真
都두두着쟢죠些셔셔細시시料랴랴物울우○다져기ᄀᆞᄂᆞᆫ료믈두고○事林廣記食
鹹類細料物官桂良薑草撥草荳蔻陳皮砂仁八角茴香各一兩川椒二兩杏仁五兩甘草一兩半白檀末半
兩右共為細末用之如欲出路停久用之者以水浸蒸餅為丸如彈子大臨時湯泡用之令按漢俗謂탕食고
믈曰細料物第뗴디七칭치道닿닫粉븐븐湯탕탕饅먼먼頭뚜투○第七道ᄂᆞᆫᄉᆞ뎐

와상화롤ᄒᆞ면官권권人신신們믄믄待때대散산산也여여○官人들히ᄒᆞ마터딜새ᄒᆞᆫ
시니疾찡지快쾌쾌旋쒼쉰將쟝장酒짇주來래리○샐리술들러가져와把바바上
샹샹馬마마盃븨비兒ᅀᅳᆯ○上馬盃ᄅᆞᆯ잡게ᄒᆞ라如슈유今긴긴唱챵창達뭉다達
땅다曲큐큐兒ᅀᅳᆯ○이제達達曲을브ᄅᆞ고吹취취笛띵디兒ᅀᅳᆯ着쟢죠○뎌롤
불라今긴긴日싏시箇거거日싏시頭뚷투○오ᄂᆞᆯ날에咱잠자弟뗴디兄흉흉們
믄믄和훠호順쓘순的띵디上썅샹頭뚷투○우리弟兄들히和順ᄒᆞᆫ젼ᄎᆞ로皇황황帝
디디的띵디大따다福부부蔭힌인裏리리○皇帝큰福蔭에酒짇주也여여醉쮜쥐
了럎랴茶짜차飯빤반也여여飽밯반了럎랴○술도醉ᄒᆞ엿고飯도비브르다泰古
구구人신신道땋닫○古人이니ᄅᆞ되有잉우酒짇주有잉우花화화以이이為위위
眼연연前쪈쳔之즈즈樂랗로○술이잇고곳치잇거든배眼前의樂을ᄒᆞ라無무우子
즈즈無무우孫순순盡진진是쑤스他타타人신신之즈즈物울우○無子無孫ᄒᆞ면

다他人의거시라ᄒᆞ니咱잠자如슈유今긴긴不봉부快쾌쾌活훻호時쓰스○우리
이제즐기디아니ᄒᆞ면做주주甚씸슴麽마마○므슴ᄒᆞ리오
好핳한院원원判펀펀哥거거○므ᄅ됴ᄒᆞᆫ院判형아○太醫院有院使一負院判一負到
닿닫那나나裏리리○어디가ᄂᆞᆫ다小샿샤人신신到닿닫禮리리部뿌부裏리리
○小人이禮部의가노라有잉우甚씸슴麽마마勾궁구當당당○므슴일잇ᄂᆞ뇨이
我어오有잉우箇거거差채채使쓰스○내差使ㅣ이셔堂땅당上샹샹稟빈빈去
큐큐○堂上애稟ᄒᆞ라가노라甚씸슴麽마마差채채使쓰스○므슴差使고差
開캐캐詔잫잔去큐큐○詔書開讀ᄒᆞ리가노라甚씸슴麽마마詔잫잔○므슴詔書
고都두두堂땅당摠중중兵빙빙官권권的띵디詔잫잔書슈슈○都堂摠兵官외
계ᄒᆞᄂᆞᆫ詔書라○都堂唐制尚書省曰都堂元時亦有尚書省令按華制都察院有左右都御史副都御史僉
都御史在外十三布政司及都司皆有御史一負都御史所在謂之都堂監察御史所在謂之察院○摠兵官

各都司各有鎮守摠兵官一負以管兵政往왕왕那나나箇거거地떼디面면면裏리리去
큐큐○어ᄂᆡᄯᅡ홀향ᄒᆞ여가ᄂᆞ뇨往왕왕永융융平뼝핑大따다寧닝닝遼량랴陽양양
開캐캐元원원瀋신신陽양양等등등處츄츄開캐캐去큐큐○永平大寧遼陽開元
瀋陽等處ᄅᆞᆯ향ᄒᆞ여開讀ᄒᆞ라가노라○永平一統誌云禹貢冀州之城虞分冀北為營州此即其地商為孤竹國元
為永平路洪武二年改永平府屬北平布政司北平即燕都永樂都燕京以此直隸京師大寧遼誌云在遼東
城北黃水之南漢為新安縣唐置營州遼號大定府金改北京元改大寧路今廢遼陽遼誌云舜分冀東北為
幽州即今廣寧以西之地青東北為營州即今廣寧以東之地周武王封箕子於朝鮮是其地也即古肅慎氏
也遼置遼陽路元改為東京路尋復遼陽路今置遼東都指揮使司開元遼誌云本肅慎氏地虞舜時高麗有
其地周時為燕服元設開元路元末屬納哈出今設三萬衛又設遼海衛永樂年間設安樂自在二州俱隸遼
東都司城東陸路舊有設站至三散口子通朝鮮後門管屬外夷往來朝貢之路四面皆古設站之地瀋陽遼
誌云舊名瀋州禹貢營州之域遼為節鎮屬遼東道亡故金元為瀋陽路去遼東城數舍今設瀋陽中衛地

方廣衍東逼高麗北抵建州云衛治東 北八十里有州日貴總戍謂玄菟郡 開 개개 詔 잘잗 後 흫후
頭 뜰투 ○ 詔書開讀ᄒᆞᆫ후의 高 갈간 麗 리리 地 띠디 面 면면 裏 리리 去 큐큐 麽 마마
○ 高麗ᄯᅡ히 갈다 我 어오 也 여여 往 왕왕 金 긴긴 剛 강강 山 산산 禪 쩐천 院 원원 松
숭숭 廣 광광 等 등등 處 츄츄 降 강강 香 향향 去 큐큐 ○ 나도 金剛山 禪院 松廣等處롤 향ᄒ
야 降香ᄒ라 가노라 ○金剛山 一名皆骨山 即白頭山 南條也 南至淮陽騎之隷高城郡之西爲金剛山 凡一
萬二千峯 禪院松廣 俤剎名 皆在金剛山 哥 거거 哥 거거 伱 니니 幾 기기 時 쓰스 起 키기 身
신신 ○ 힝아 네 언제 起身홀다 這 저저 月 웡워 二 슬을 十 씽시 頭 뜰투 起 키기 身 신신
○ 이돌 스므날괴 起身ᄒ리로다 小 샹샨 人 신인 也 여여 得 뚱더 了 랼랴 劄 쨩자 付 부부
關 관관 字 쯔즈 便 뻔변 上 샹샹 馬 마마 ○ 小人도 劄付關字롤 어드 면 곳 上馬ᄒ리로다 ○劄
付音義云 禮部知會都堂總兵官文書內有事件体式 詳見求政錄 關字音義云 支應馬廷幷稟給者体式 詳
見求 政錄 聖 싱싱 旨 쯔즈 領 링링 了 랑랴 麽 마마 ○ 聖旨롤 닷논다 領 링링 了 랑랴 ○

닷 리노 我 어오 是 쏘스 愚 유유 魯 루루 之 쯔즈 人 신인 ○ 나ᄂᆞᆫ 愚魯 ᄒᆞᆫ 사ᄅᆞᆷ이라 不
봉부 理 리리 會 휘휘 那 나나 裏 리리 的 뒤디 法 봥바 度 두두 ○ 뎌긧 法度롤 아디 못ᄒ니
伱 니니 到 닿단 本 븐븐 國 궤귀 ○ 네 本國에 가거든 好 할하 生 승승 照 짤잘 覷 츄츄
我 어오 ○ ᄀ장 날올 보ᄉᆞᆲ피라 咱 장자 會 휘휘 同 뚱뚱 着 쨥죠 一 힝이 時 쏘스 行 힝힝
○ 우리 모다 ᄒᆞᆷᄭᅴ 가자
今 긴긴 年 넌넌 雨 유유 水 쉬쉬 十 씽시 分 븐븐 大 따다 ○ 올ᄒᆡ 雨水ㅣ ᄀ장 만ᄒ여 水
쉬쉬 渰 연연 過 궈고 蘆 루루 溝 긓구 橋 꺌갼 獅 쏘스 子 쯔즈 頭 뜰투 ○ 믈이 蘆 溝橋獅
子 머리ᄅᆞᆯ ᄌᆞᆷ가 너머 ○蘆溝 本桑乾河 俗曰渾河 亦 曰小黃河 上自保安州 累歷山南 流入宛平縣境 至都
城四十里 分爲二派 其一東流 經金口河 引注都城之 壕 其一東南流 入于蘆溝 又東入于東安縣界 去都城
三十里 有石橋 跨于河 廣二百餘步 其上兩旁 皆石欄 雕刻石獅 形狀奇巧 成於金明昌三年 橋之路 西通關
陝 南達江淮 兩旁多旅舍 以其 要害 通京都 行人使客 給驛不絶 把 바바 水 쉬쉬 門 믄믄 都 두두 衛

충충 壞 홰홰 了 랼랴 ○ 水門을 다가 다 길 리해야ᄇ리고 澇 랖랖 了 랼랴 田 뗜뎐 禾 훠호
沒 몽무 一 힝이 根 근근 兒 슬은 ○ 田禾에 을시어 ᄒᆞᆫ 믈희도 업고 看 칸칸 那 나나 人 신인
家 갸갸 墻 쨩샹 壁 빙비 都 두두 倒 닿단 了 랼랴 ○ 뎌人家墻壁을 보 니다 믄히디시니 伱
니니 家 갸갸 墻 쨩창 如 유유 何 허허 ○ 네 집 담은 엇디ᄒ요 我 어오 家 갸갸 墻 쨩샹 也
여여 倒 닿단 了 랼랴 幾 기기 堵 두두 ○ 우리 집 담도 여리 모 럼이 믄허며시니 如 유유 今
긴긴 待 때대 秋 칭차 後 흫후 鏊 징징 治 찌치 怕 파파 甚 셈솜 麽 마마 ○ 이제 秋 後롤 기
ᄒ며 鏊治ᄒ면므 서시져프리오 後 흫후 日 싱시 是 쏘스 天 텬텬 赦 셔셔 日 싱시 ○ 뢰므
云이 天赦日이니 ○春戊寅 夏甲午 秋戊申 冬甲子 謂 天道生育萬物 兩宵其罪也 甲戊爲陽 于之德 子午爲
陰陽之成 寅申爲陰陽之立 以 于德配之 爲赦也 可修造起土 去 큐큐 角 걍교 頭 뜰투 叫 걍갼 幾
기기 箇 거거 打 다다 墻 쨩샹 的 딩디 和 훠호 坌 븐븐 工 궁궁 來 래레 築 쭝주 墻 쨩샹
○ 모롱이에 가 여리 담 ᄡᄂ이와 조의을 블리다가 담 밧이리라 ○角頭 音義云 東南西北往來人 頻壞集

之處 今按角頭 即通達達道要會之衢 備力求直之人 坌集之所 然漢俗呼市臺 亦曰角頭 謂做市者 必指角
頭而夫故云伱坌 工分工用力之人 伱 니니 來 래레 ○ 바이 我 어오 教 걒갸 與 유유 伱 니니
○ 내더롤ᄀ ᄐ치마 多 뎌도 少 샹샨 一 힝이 板 반반 ○ 언여에ᄒ판고○ 六尺爲板五板爲
堵 二 슬을 錢 쪈촌 半 번번 一 힝이 板 반반 家 갸갸 ○ 두돈반에ᄒ 판식ᄒ뒤 喫 칠치
我 어오 的 딩디 飯 빤반 時 쏘스 ○ 내 밥을 먹이면 錢 쪈천 半 번번 一 힝이 板 반반 ○
든반에ᄒ 판이라 伱 니니 來 래레 ○ 바이 休 힝화 愛 해애 惜 싱시 那 나나 飯 빤반 ○
뭐밥을맛 기디달고 一 힝이 日 씽시 三 산산 頓 둔둔 家 갸갸 饋 궈귀 他 타타 飽 밮바 飯
빤반 喫 칭치 ○ ᄒᄅ 제 시식 뎌롤 주어 밥을 ᄇ브리 먹이고 着 짱죠 墻 쨩샹 板 반반 當 당당
着 짱죠 墻 짱샹 頭 뜰투 絟 싼산 的 딩디 牢 랑란 着 짱죠 ○ 담ᄡᄂ 널로 머리예 막아 이담
기믈굿 이ᄒ고 着 짱죠 石 씽시 杵 츄츄 慢 만만 慢 만안 兒 슬은 打 다다 ○ 돌고로 다가날
회여 기되다 不 붕부 要 랑약 忙 망망 ○ 밧바 말고 着 짱죠 他 타타 下 햐하 工 궁궁 夫

부부打다다○듸르ᄒᆞ여드러다이라工夫你니니再재재和혀호他타타商샹샹量
량량○네다시뎌과商量ᄒᆞ여假갸가如슈슈明밍밍年년년倒닿단了랼랴時쓰스
○가ᄉᆞ明年에믄허디면管권권的딩디三산산年년년不봉부要향얀功궁궁錢
쳔쳔打다다○三年을마ᄋᆞ락工錢을밧디아니ᄒᆞ교다ᄋᆞ게ᄒᆞ라這저저般번번要향얀
他타타文문운書슈슈打다다了랼랴時쓰스○이리려의게文로밧고다이연書五
우우十쓰시年년년也여여倒닿단不봉부得듸더○五十年이라도믄허더다아니ᄒᆞ리
라

那나나挑탿턒脚걒교的딩디○뎌삭짐지ᄂᆞᆫ이아○舊本作趂脚的謂趁脚者貫驛取直之人
謂挑脚者負擔重物求直之人也今긴긴日싀이開캐캐倉창창麼마마○오ᄂᆞᆯ開倉ᄒᆞᄂᆞ
냐今긴긴日싀이開캐캐○오ᄂᆞᆯ開倉ᄒᆞᄂᆞ니라關권권來미미麼마마○발을돌가
我어오有잉우兩량량箇거거月웡워俸뽕봉來래레關권권○내두돌고둘뼈시이

셰라○月俸元制官祿每月支給今此一月四石之俸以元制考之乃從九品也米豆曰祿鈔錢曰俸關
권권幾기기擔단단○몃짐을ᄐᆞ료○所負曰擔俗作担今按關八擔則是八石也前漢蒯通傳守儋
石之祿應劭註擔受二斛之稱儋傳家無儋石之儲無一石爲石再石爲擔以斗觀之則擔爲二石也然今俗皆
一石爲擔謂任力所勝而負擔之也字俗作名音단關권권八밯바擔단단○여ᄃᆞᆲ짐을ᄐᆞ리
로다郞랑랑中즁즁馬마마只즈즈寄기기在째재這저저人신신家갸가裏리리
○郞中아몰을그지이人家에브터두엇다가○元制郞中正五品月支米十六石歲該一百九十石今此
月支四石則非實郞中乃斷須假號稱故之稱關권권出츄츄米미미來래래○발타나오나든
絟싼산馬마마錢쳔쳔與유유他타타一힝이捧붕봉兒ᅀᆞᆯ米미미便뼌편是
쓰스○물의것든갑술뎌를ᄒᆞᆫ우흠ᄡᆞᆯ을줌이곳올타咱짐자們믄믄且쳐쳐商샹샹量량량
脚걒교錢쳔쳔着쟣죠○우리아직삭갑해아리자郞랑랑中즁즁你니니在째재那
나나裏리리住쥬쥬○郞中아네어듸이셔사ᄂᆞᆫ다我어오在째재平뼝핑則징저門

믄믄邊변변住쥬쥬○내平則門ᄭᅴ이셔사노라○燕都禹貢冀州之域唐曰幽都虞爲幽州武王
封召公奭於燕即此元初爲燕京路後稱大都路洪武初改爲北平布政司太宗皇帝龍潛於此及承大統
遂爲北京遷都焉永樂十九年營建宮室立門九南曰正陽又曰午門元則曰麗正南之右曰宣武元則曰順
承南之左曰文明元則曰崇文又曰哈噠北之東曰安定北之西曰德勝元則曰健德東之北曰崇仁一名東
直元名同東之南曰朝陽元則曰齊華西之北曰西直西之南曰阜城元則曰平則元設十一門而今減其二
你니니與유유多더도少샾샨脚걒교錢쳔쳔○네언머삭갑ᄉᆞᆯ주려ᄒᆞᄂᆞ다五우우
十씨시箇거거銅뚱퉁錢쳔쳔一힝이擔단단家갸가去큐큐來래레○五十낫銅
錢에ᄒᆞᆫ짐식ᄒᆞ여가쟈平뼝핑則징저門믄믄離리리這저저廣광광豐봉봉倉창창
二ᅀᆞᆯ을十씨시里리리地띠디○平則門이廣豐倉에셔ᄠᅳᆷ이二十里ᄯᅡ히니○廣豐倉貿問
下云在京師收天下來糧處也五우우十씨시箇거거銅뚱퉁錢쳔쳔一힝이擔단단時
쓰스○五十낫銅錢에ᄒᆞᆫ짐식ᄒᆞ면却컈거不봉부勾귷구着쟣죠我어오○또내게ᄡᅳᆷ

디아니ᄒᆞ나那나나裏리리有잉우二ᅀᆞᆯ을十씨시里리리地띠디來래레○뎌ᄃᆡ
二十里ᄯᅡ히잇ᄂᆞ니不봉부去큐큐時쓰스○叫걓갸別뼤비箇거거○가디아니연다ᄅᆞ니
ᄅᆞᆯ브ᄅᆞ쟈罷빠바罷빠바去큐큐來래레○두어두어가쟈郞랑랑中즁즁你니니如
유유今긴긴到닿닫裏리리頭뜰투○郞中아네이제간히가與유유他타타一힝이
百빅버箇거거斗둥두子즈즈錢쳔쳔○뎌를一百낫말되ᄂᆞᆫ갑술주고○斗子執斗槩量數
之人槩即平斗解木監견견納낭나官권권人싄인們믄믄處츄츄說쉬숴○監納ᄒᆞᄂᆞᆫ
官人들의게닐러○監納質問云收來糧官名着쟣죠解햫후起키키○휘로되계ᄒᆞ라斗듷두
量량량時쓰스不봉부勾귷구○말로되면太디못ᄒᆞ리라將쟝쟝來미미貼텧뎨兒
ᅀᆞᆯ을來래레對뒤뒤官권권號햫한○발뎨조가져다가官號마초고○來貼月俸之貼質問云
收來放來許數之標也又云是文武官負閑支月米時各該衙門出給印信貼兒西시시邊변변對
뒤뒤籌쭈추去큐큐○셔편에사ᄅᆞᆷ마초라가○籌音義云出倉之計筭質問云以木爲之與收放米

一計石數之籌每一根與유유他타타小샿샾脚걓교兒슬올錢쪈쳔○젹더은롤
주삭되갑술三삼산十씽시箇거거錢쪈쳔一힝이擔단단家갸갸○돈三에十ᄒᆞᆫ낫
ᄒᆞᆫ짐고삭將쟝쟝碎쉬쉬貼톙텨兒슬올來래레過거고籌쯯추○져조와뎌사조숩가
듸디出내門라驗○放碎之貼貼音義布부부俤때대不붕부漏릉루麽마다○서布디俤
ᄂᆞ아나니ᄒᆞ新신신布부부俤때대那나나裏리리怕파파漏릉루○니새어布디俤
프실리가오저將쟝쟝車쳐쳐子즈즈來래레載재재○와술시위르가라져那나나的
뎌더有잉우四ᄉᆞ스箇거거小샿샾車쳐쳐兒슬올○시더니비ᄋ적ᄒᆞ은車술一위輪이
轆車輪也即一힝이車쳐치兩량량擔단단家갸갸推뒤뒤將쟝쟝去큐큐○술ᄒᆞᆫ
이위러뎌가두저짐가식쟈ᄒᆞ여不붕부要햘얀小샿샾車쳐쳐○란적알은고술위只
즈즈着잘죠大따다車쳐쳐上썅샹裝쟝쟝去큐큐○예그시저러큰가술쟈위千쳔쳔
零링링不붕부如유유一힝이頓둔둔○깃千디零못이ᄒᆞ一니頓각만

朴通事諺解上 十三

你니니那나나腮새새頰겨겨上썅샹甚씸슴麽마마瘡챵촹○므뎨슴더瘡ᄇᆡᆷ고에
不붕부知지지甚씸슴麽마마瘡촹촹○므아슴디瘡못인새더라從쭝충幾기기時
스스出츄츄來래레○낫언ᄂᆞ제노브터從쭝충前쪈쳔日싱시箇거거出츄츄來
래레○나그시제되브터痒양양的듸디當당당不붕부得듸더○當ᄀᆞ티렵못기ᄒᆞᆯ
라여這저져們믄믄時스스不붕부碍애애事스스○롭이다려아ᄆᆡᆫ니일ᄒᆞ에다해容
융융易이이醫이이他타타○기뎌쉬논오고니티不붕부須슈슈貼톙텨膏꽁갼藥
얄요○보모티롬디이알膏라藥을有잉우箇거거法바바度뚜두便변변好햫핰了
랗랸○니ᄒᆞᆫ곳法됴度ᄒᆞᆫㅣ리이라시太때태醫이이哥거거○형太아醫你니니敎걓갼
與유유我어오這저져好햫핰法바바兒슬올○을네ᄆᆞ나ᄅᆞᆯ올처이주됴고흔려법將
쟝쟝指즈즈頭뚱투那나나瘡촹촹口쿠쿠上썅샹○가ᄌᆞᆫ더가瘡락부으리로예다着
잘죠唾터토沫뭐모白빼버日싱시黑헝허夜여여不붕부住쥬쥬的듸디搽짜차

○머츰므로로다다말가고白낫日로黑라夜에那나나們믄믄時스스便변변消샿샾
了랗랸○더그디려리면라곳스眞진진箇거거好햫핰法바바兒슬올○로진됴실
로흔다法이太때태醫이이哥거거不붕부說숴숴時스스○ᄅᆞ太디醫아형니이면니
却쿼커怎즘즘麽마마知지지道닿닾○알뇨리엇오디常쨩챵言연연道닿닾○
닐常오言더에話화화不붕부說숴숴不붕부知지지木뭉무不붕부鑽쥔쥔不붕부
透틓투○뚤말다을다니디ᄅᆞ면디ᄉᆞ아못니디면아아닏디논못다ᄒᆞᄒᆞ고니남라글
拜배배揖잉이哥거거哥거거那나나裏리리去큐큐來래레○니拜형揖아ᄒᆞ어노
ᄐᆞ뒤다갓角걓교頭뚱투買매메段뛴뒨子즈즈去큐큐來래레○비모단ᄅᆞᆯ사이라에
거갓라ᄃᆞ你니니將쟝쟝來래레我어오看칸칸○라내네가보져쟈오這저져的듸디
幾기기托탕토○몃이발거고시滿먼먼七칭치托탕토○발ᄎᆞᆫ이닐라곱你니니猜
재새的듸디麽마마○로데소알나리我어오猜채새○로배다알리這저져的듸디

朴通事諺解上 十四

大따다紅훙훙綉싱수五우우爪잘잔蟒망망龍룽룽○蟒이龍大을紅슈에지五쳘衣
衣ᄒᆞᆫ二고角○龍蟒爲大文蛇者也止蟒御龍用無不角許龍下也人元穿制用五經깅깅緯위위
合공거線션션結겹겨織장지○ᄒᆞᆫ비어ᄂᆞᆯ메을지合니線上샹샹用융융段뛴뒨子
즈즈○단上이用국ᄂᆞᆯ비不붕부是스스諸쥬쥬王왕왕段뛴뒨子즈즈○의諸비王
니단오이아也여여不붕부是스스常쨩쨩行형형的듸디○시또아常니行라엣기
不붕부着잘죠十씽시二숙은兩량량銀인인子즈즈○이열아두니냥면은買매매
不붕부得듸더他타타的듸디○못더ᄒᆞᆯ리사라더咳해해眞진진箇거거好햫핰
標밯뱐致지지○영개노진숨실갑로다ᄆᆞ쟝便변변猜채새着잘죠了랗랸○아ᄆᆞᆺ
나ᄂᆞᆫ고你니니說숴숴甚씸슴麽마마話화화○니네ᄅᆞ므ᄂᆞ슴다말을好햫핰物
붕우不붕부賤쪈젼賤쪈젼物훙우不붕부好햫핰○니됴ᄒᆞᆫ고거쳔슨ᄒᆞᆫ쳔거티슨아
ᄒᆞ됴니더라아니

快쾌쾌打다다刀닿닾子즈즈的딩디匠쨩장人신인那나나裏리리有읻우○
이갈어잘티인인ᄃ노는뇨표人我어오打다다一힝이副부부刀닿닾子즈즈○흔벼
려볼ᄒ칼노올라민돌有읻우名밍밍的딩디張쨩장黑흐허子즈즈○張有黑名子ᄒ
瘡ㅣ曰○以張爲姓號黑人子號瘡爲也張張黑之子面有打다다的딩디好함한刀닿닾子
즈즈○됴민ᄒ돈니칼라이着쟝죠他타타打다다不불부得딩더○두텨디ᄒ못거ᄒ린
랴你니니打다다時쓰스瘡즘즘麽마마打다다○민베돌민려돌ᄒ면눈엇다디起
키키線션션花화화梨리리木뭉무鞘샿샤兒숭올○未실갑도플틴에花梨鹿룽루
角갚교口쿵루子즈즈○개鹿에角마駝떠토骨궁구底디디子즈즈○새약밋대
히梁량량兒숭올東숭수兒숭올打다다的딩디輕킹깅妙먀먀着쟝죠○르모
기쇠로와輕못妙금히식ᄒ롤고민들어紫즈즈檀딴탄把바바兒숭올○졸紫례檀象샹샹
牙야야頂딩딩兒숭올○리象에牙어也여여是숭스走쯩주線션션○도쏘티실

노려라ᄒ着쟝죠甚씸슴麽마마鐵텽뎌頭뜽투打다다○이므려슴ᄒ鐵눈로다티不
봉부要향얀別뼝벼操양양鐵텽뎌○란다알룬고鐵着쟝죠鑌빈빈鐵텽뎌打다다
○螺鑌花鐵者로有티芝이麻되花○者鑌凡鐵刀總劍龜器云打出磨西光番淨面價上過自銀有旋
利鈌者中也最刃인인兒숭올不불부要향얀忒틍틔厚쯯후了랼랴○무눌두을터비
고이달脊징지兒숭올平삥핑正징징着쟝죠○ᄒ등려올ᄒ平노正라히你니니打
다다幾기기件편편兒숭올○뒨베돌몃다볼을大따다刀닿닾子즈즈一힝이把
바바○조큰로칼훈小샹샨刀닿닾子즈즈一힝이把바바○훈직조은로칼叉차차
兒숭올一힝이箇거거○ᄒ쳠나조錐쥐쥐兒숭올一힝이箇거거○ᄒ송나곳鋸
규규兒숭올刀닿닾子즈즈一힝이箇거거○홀톱호칼되ᄒ나鋸규규兒숭올上
샹샹鈒샵사一힝이箇거거好할한花화화操양양兒숭올○흔톱花우操희을흔사됴
고기買매매將쟝장條탕탄兒숭올來래래帶대대他타타○가條뎌兒돌을초사려다

라ᄒ노你니니這저저五우우件편편兒숭올刀닿닾子즈즈○불네칼이울다숫
這저저般번번打다다的딩디可커커喜히히乾간간淨찡징時쓰스○민이돌리
히기ᄒ롤려곰ᄒ고면乾淨三산산錢쩐쳔銀인인子즈즈打다다的딩디○은서이돈
리야라민들如슈슈今긴긴張쟝장黑흐허子즈즈家갸갸裏리리去큐큐来래래
○의이집제의張가黑자子張쟝장舍셔셔你니니来래래○王張公가大야人이之바家○
人必貧有賤舍之人所卽羨家慕臣者也故如街本巷國呼伴親當識之爲類張爲舍權李勢舍倚乃任一之
職時官推下敬開之人稱謂又之質舍問人云武咱쟝자這저저官권권人신인要향얀打
다다一힝이副부부刀닿닾子즈즈○갈우을리민이돌官고人져이호됴되블好할한生
승승細시시詳샹샹○詳マᄒ장니細這저저五우우件편편兒숭올刀닿닾子즈즈
○불이갈다을솟你니니用융융心신신下해햐功궁궁夫부부打다다○心네ᄒ用
려여민功들夫라드這저저的딩디你니니不불부須슈슈說워워○롬이이란니비르모

라더갈越웡위細시시詳샹샹越웡위好할한○더더옥옥됴細ᄒ詳니토라록我어오
也여여用융융心신신做주주生승승活헝호○셩나녕도울用ᄒ心리ᄒ라여
街계계上샹샹放방방空쿵쿵中중중的딩디小샹샨廝스스們믄믄好할한生
승승廣광광○中거音리義에云박用핑檀이木릴旋아圓히內들用マ刀장刺흔空터以라縄○鬼空
之之傷在作地一轉聲動以有繩聲繫質拉問旋云轉頑有童聲將亦胡謂蘆之用空木中釘事如유슈
今긴긴這저저七칭치月웡위立립리了랼랴秋청추○너이立제秋이ᄒ七엇月고이
祭지지了랼랴社쎠셔神씬신○冪社五神戊셔爲祭春ᄒ社여立시秋너後○冪立五春戊後
封爲土秋爲社社孝以經穀緯功曰也社春土祭地社之新主穀也之土生地秋潤祭不社可報盡穀祭之故
制成五左十傳戶共爲工一氏社有令子一制每句一龍鄉氏村平之水間土戒故十立五以戶爲或社二元
人十爲戶社隨長其擇所其使斂合賞爲者一一社人擇爲其副鄉立里社之倉民收有學義錢行穀者借一
急貸應正징징是쑹스放방방空쿵쿵中중중的딩디時쑹스節겨져○박정핑히

이털배로다 八月裏却放鶴兒 ○ ᄯᅩ 八月에 연 노ᄒᆞᄂᆞ니 ○ 鶴兒即紙鳶今漢俗呼為風箏亦曰風禽又號紙鷂兒質問云風旗也乃小兒三月放為風箏八月放為紙鶴也 有幾等鶴兒 ○ 여러가지 연이 이시니 鵝老翅鶴兒 ○ 쇼로기연 鮎魚鶴兒 ○ 메유기연 八角鶴兒 ○ 여ᄃᆞᆲ모연 月樣鶴兒 ○ ᄃᆞᆯᄀᆞᄐᆞᆫ연 人樣鶴兒 ○ 사ᄅᆞᆷᄀᆞᄐᆞᆫ연 四方鶴兒 ○ 네모연 有六七等鶴兒 ○ 여ᄉᆞᆺ닐곱가지 연이 이시니 八月秋風急 ○ 八月에 秋風이 急ᄒᆞ면 五六十托麁麻線也放不勾 ○ 五六十발 ᄀᆞᄂᆞᆫ 삼실이라도 노키 유여티 못ᄒᆞ리니 九月裏打撻 ○ 九月에 ᄐᆡ기ᄒᆞ고 ○ 打撻音義云抗州小兒之戲也用小圓木長三四寸各持一棍彼此相撃出限者為輸 耍鶴鶉 ○ 뫼초라기 노롯ᄒᆞ고 鬪促織兒 ○ 뵈ᄶᅡᆼ이 ᄡᅡ홈브티고 十月裏騎竹馬 ○ 十月에 대ᄆᆞᆯ ᄐᆞ기ᄒᆞ고 冬裏踢建子 ○ 겨ᅀᅳᆯ은 뎌기ᄎᆞ기ᄒᆞ고 ○ 建子 아ᄒᆡ ᄎᆞᄂᆞᆫ 뎌기 作毽音健俗離韻自換內字也 開春時 ○ 開春ᄒᆞ면 打毬兒 ○ ᄃᆞᆼ방올 티기ᄒᆞ고 ○ 毬兒質問云作成木圓毬二人用木杓一上一下連接不絶方言謂之打毬 毬兒質問所釋即本國優人所笑拘鈴之戲與此節小兒之戲恐或不同詳見下卷集覽 或是博錢拿錢 ○ 혹 돈더ᄂᆞ기ᄒᆞ며 ᄊᆞᆼ륙잡기ᄒᆞ고 ○ 博錢質問云兩人賭錢將八文錢捏在手指擲於地有七八背是謂之八七錢七捏此是為勝無八七此背謂之輸八拿八錢有即猜拳也背相同為贏質問云之釋若本國돈ᄠᅢ기 夏裏藏藏昧昧 ○ ᄒᆞᆫ녀름은 수뭇져기ᄒᆞᄂᆞ니라 咳小廝們倒聒噪 ○ 아히들히 도로혀 지져귀며 按

四時耍子 ○ 四時로 조차 노ᄂᆞᆫ ᄯᅩ다 你那金帶是誰廂的 ○ 네 뎌 금ᄯᅴ롤 뉘 젼에셔 웟ᄂᆞ뇨 是拘欄衚衕裏帶匠夏五廂的 ○ 이 拘欄ᄯᅴ장이 夏五ㅣ 젼메ᄆᆡᆫᄂᆞ니라 ○ 書言故事云鉤欄作優棚也風俗通云漢文帝廟設拖老鉤欄注云其鉤屈曲如鉤以防入墮質問云麗春院樂人撤演戲文雜劇之處也人云麗春院即教坊司也教坊司見上今按此京有東拘欄西拘欄俗謂宿娼者曰院裏走質問云是京師樂工住處 鞓帶忒長了 ○ 바탕이 너모 기니 你饋我趲短些 ○ 네 날을 져기 주려 주고려 多少分兩 ○ 언멧 分兩고 五兩金子廂的 ○ 닷냥金으로 젼메엇ᄂᆞ니라 那三台板兒做得好 ○ 뎌 三台돈은 민ᄃᆞᆯ기롤 잘ᄒᆞ엿고 ○ 三台星名在天為六座名天階亦曰泰階太上升降之道也事文類聚云上階為天子中階為諸侯公卿大夫下階為士庶人三階平則陰陽和風雨時天下大安周禮號上台司命為太尉中台司中為司徒下台司祿為司空三公之象 南斗六星板兒做得忒圓了些 ○ 南斗六星돈은 ᄃᆞᆯ기롤 너모 두렷게 ᄒᆞ엿고 ○ 南斗南極老人星名曰天府曰天相曰天梁曰天童曰天樞曰天機六星兼爵秩祿俸之籍能解本命之厄晉書天文志六星天廟丞相太宰之位主褒賢進士稟授爵祿 左輔右弼板兒和兩箇束兒 ○ 左輔右弼돈과 두 뭇금쇠ᄂᆞᆫ 欠端正些 ○ 端正홈이 업고 後面北斗七星板兒做的好 ○ 後面北斗七星돈은 민ᄃᆞᆯ기롤 잘ᄒᆞ엿고 ○ 北斗九星曰樞宮貪狼曰璇宮巨門曰璣宮祿存曰權宮文曲曰衡宮廉貞曰闓陽宮武曲曰搖光宮破軍曰洞明宮左輔曰隱元宮右弼左輔連附北斗第六星在外右弼連附北斗第七星在內俱在紫微垣七現二隱世人惟見七星不見輔弼二星蓋九星在宰生死非之薄能錄一切厄晉書天文志云七星在太微北七是

政之樞機陰陽之元本七星明其國昌輔星明則臣强邦나나雀챨쵸舌쎠셔兒술을牢랄랄
壯짱장便뼌변好항한○뎌혓쇠ᄂᆞᆫ牢壯ᄒᆞ니곳됴타他타타要햫얀多더도少샹샤
工궁궁錢쪈쳔○녜언멋工錢을밧더뇨要햫얀一힝이兩량량銀인인子즈즈○
ᄒᆞᆫ냥은을밧더라若샿숖廂샹샹的딩디好항한時쏘스○만일젼에오기ᄅᆞᆯ잘ᄒᆞ면也
여여不봉부打다다緊긴긴○또打緊티아니ᄒᆞ니伱니니明밍밍日싕시領링링我
어오去큐큐○네ᄂᆡ일날을드려가做주주一힝이條땰댤銀인인廂샹샹花화화帶
대대○ᄒᆞᆫ올銀젼에온섭사긴띄ᄅᆞᆯ민ᄃᆞᆯ게ᄒᆞ라我어오知징지道땋닾領링링伱니니
去큐큐○내알과라니ᄅᆞᆯ드려가마
伱니니今긴긴日싕시那나나裏리리去큐큐○네오ᄂᆞᆯ어듸가ᄂᆞᆫ다我어오今긴긴
日싕시印힌인子즈즈鋪푸푸裏리리儅당당錢쪈쳔去큐큐○내오ᄂᆞᆯ印子鋪에돈
典儅ᄒᆞ라가노라○印子鋪音義云是典儅錢物濟急之所質問云有錢之人開鋪那無錢之人拿衣服或器

朴通事諺解上　十九

皿借銅錢或銀子使用每十分加利一分亦與有印號帖兒以為執照把바바甚씸숨麽마마去
큐큐儅당당○므서ᄉᆞ로가면당ᄒᆞ려ᄒᆞᄂᆞ다把바바一힝이對뒤뒤八빵바珠쥬쥬環
환환兒술을○ᄒᆞᆫ빵八珠環과○八珠環兒귀엿골회以珍珠大者四顆連綴為一隻一雙共八珠一
힝이對뒤뒤釧쳔쳔兒술을○ᄒᆞᆫ빵ᄑᆞᆯ쇠로다가ᄒᆞ현노라○釧事物紀原云黃帝時西王母獻白
環舜時亦獻通俗文云環臂謂之釧漢順帝時有功者賜金釧亦曰環釧那나나珠쥬쥬兒술을多
더도大따다小샹샤○뎌진쥬ㅣ크기언메나ᄒᆞ뇨圓원원眼연연來래레大따다的
당디好항한明밍밍淨찡징○龍眼만치크고마장明淨ᄒᆞ니라○圓眼音義云龍眼的外名釋見
上儅당당的당디多더도少샹샤錢쪈쳔○언멋돈에典儅ᄒᆞ려ᄒᆞᄂᆞ다儅당당的
당디二술을十씽시兩량량銀인인子즈즈○二十兩銀에典儅ᄒᆞ려ᄒᆞ노라儅당당那
나나偌셔셔多더도做주주甚씸숨麽마마○뎌리만히典儅ᄒᆞ여므슴ᄒᆞ려ᄒᆞᄂᆞ다多
더도儅당당時쏘스多더도贖쓯슈○만히典儅ᄒᆞ면만히갑고少샹샤儅당당時쏘스

少샹샤贖쓯슈○젹게典儅ᄒᆞ면젹게갑ᄂᆞ니라二술을十씽시兩량량也여여不봉부
勾궇구○二十兩도유여티못ᄒᆞ여라我어오典뎐뎐一힝이箇거거房빵방子즈즈
裏리리○내ᄒᆞᆫ집을典儅ᄒᆞ려ᄒᆞ야我어오再재재把바바一힝이副부부頭뚷투面
면면○내또ᄒᆞᆫ불곳갈파一힝이箇거거七칭치寶밯받金긴긴簪잔존兒술을○
ᄒᆞᆫ七寶금빈혀와ᄒᆞᆫ一힝이對뒤뒤耳술실墜쮜쥐兒술을○ᄒᆞᆫ빵귀엿골회과○事文類聚
云莊子曰天子之侍御不爪揃不穿耳則穿耳自古有之今俗亦曰耳環即八珠環也一힝이對뒤뒤
窟황와嵌컨컨的딩디金긴긴戒개개指즈즈兒술을○ᄒᆞᆫ빵날박은금가락지○窟嵌
戒指事物紀原云古者后妃羣妾御于君所當御者以銀環進之娠則以金環退之進者着右手退者着左手
今有指環即遺制也今按窟嵌者指環之背剜空為穴用珠寘穴為飾總龜云亦名手記所飾玉石手剜為戒指
面舊本作指纓兒音義窟音왕窟是空字之誤窟音쿵空音쾅這저저六룡루件견견兒술을儅
당당的딩디五우우十씽시兩량량銀인인子즈즈○이여슷가지ᄅᆞᆯ五十兩銀에典儅ᄒᆞ

朴通事諺解上　二十

려ᄒᆞ니共궁궁有잉약二술을百뵈버兩량량銀인인子즈즈○대되二百兩銀이이
셔야○共有二百兩銀今觀所典之物只得七十兩而云二百兩銀者蓋舊本云有二百錠鈔今本改鈔為銀
仍存鈔之舊數而不改也典뎐뎐一힝이箇거거大따다宅쪄저子즈즈○ᄒᆞᆫ큰집을典儅
ᄒᆞ리로다○俗總稱家舍曰房子自稱曰寒家文士呼曰寒居自指室內曰屋裏人稱王公大人之家則曰宅
子
背븨븨後흫후河허허裏리리洗시시馬마마去큐큐來래레○뒷내헤ᄆᆞᆯ싯기라가
쟈絟산산在째재陰힌인涼량량處츄츄○서ᄂᆞᆯᄒᆞᆫ듸미여두고着쨯쟈鉋빵판子
즈즈刮꽈과的딩디乾간간淨찡징着쨯쟈○글게로다가긁빗기기ᄅᆞᆯ乾淨히ᄒᆞ되一
힝이日싕시三산산遍변변家갸갸○ᄒᆞᄅᆞ세번식每믜믜日싕시洗시시刷솽솨
鉋빵판的딩디乾간간乾간간淨찡징淨찡징地띠디○每日에싯빗겨글게질ᄒᆞ기ᄅᆞᆯ
乾乾淨淨히ᄒᆞ고等등등一힝이會휘휘兒술을饋귀귀些셔셔草찰찬喫칭치○

여흔 을더 울위 주기 어ᄃᆞ 먹려 이져 교기 黑황허 夜여여 好할한 生승숭 用융용 心신신 喂
위위 他타타 ○ 여밤 뎌의 롤마 먹장 이用 라心 ᄒᆞ 懶란란 小샿샨 厮ᄉᆞᄉᆞ 們믄믄 一힝이
鼓봥방 滿먼먼 槽짬찬 子ᄌᆞᄌᆞ 餧귀귀 草창찬 ○ 서게 커여 유론 에아 마히 못들 이히 거훔
주들 고을 驟쒸쒸 到당닫 明깅밍 ○ 다자 돗기 도록 록볼 ᄒᆞ그 니에 可커커 憐련련 見견견
○ 엿가 브히 다어 那나나 不봉부 會華회 說숴쉬 話화화 的딩디 頭뜰투 口콩쿠 們
믄믄 喂위위 不봉부 到당닫 ○ 먹뎌 이말 기못 롤ᄒᆞ 이ᄂᆞᆫ ᄎᆞ즘 못승 ᄒᆞ물 니홀 好할한 生승숭
說숴쉬 與유유 小샿샨 厮ᄉᆞᄉᆞ 們믄믄 ○ ᄃᆞ마 려장 블아 러히 들 十씽시 箇꺼거 人
신신 一힝이 宿숭수 家갸갸 輪룬룬 着짬죠 喂위위 ○ 돌열 려사 먹룸 이이 게ᄒᆞ ᄒᆞ좀 라식
那나나 們믄믄 時ᄉᆞᄉᆞ 不봉부 渴컹커 睡쉬쉬 ○ 더그 아리 니면 ᄒᆞ좀 리이 라낫 브 切
쳥쳐 的딩디 草창찬 細시시 着짬죠 ○ 마여 놀물 게쩌 ᄒᆞ흘 야기 롤 為위위 頭뜰투 兒
ᄉᆞ올 只ᄌᆞᄌᆞ 半번번 筐쾅쾅 兒ᄉᆞ올 草창찬 ○ 광쳐 조음 리은 여그 믈저 울반 着짬죠 攪

朴通事諺解上 三十二

갛갓 草창찬 棍군군 拌뻔번 餧귀귀 他타타 些셔셔 料랼랴 水쉬쉬 喫칭치 ○ 믈여
콩버 믈므 울리 버ᄂᆞᆫ 므막 려대 주로 어뎌 먹롤 이져 교기 半번번 夜여여 裏리리 却켱커 拌뻔번
餧귀귀 他타타 料랼랴 喫칭치 ○ 버半 므夜 려에 주ᄯᅩ 어뎌 먹롤 이콩 되믈 一힝이 夜여여
裏리리 喂위위 到당닫 七칭치 八방바 遍변변 家갸갸 ○ 기ᄒᆞ 롤ᄅᆞᆺ 닐밤 곱의 여먹 ᄃᆞᆯ이
게번 ᄒᆞ의 다다 ᄃᆞᆺ 每믜믜 日ᅀᅵᆼ시 這져져 般번번 勤낀킨 勤낀킨 的딩디 喂위위 時
ᄉᆞᄉᆞ ○ ᄌᆞ每 련日 이에 먹이 이리 면브 甚씸슴 麼마마 膘뱧뱦 添텬텬 不봉부 上썅샹 ○
ᄅᆞ므 더슴 아아 니라 ᄒᆞ술 리이 오오 說숴쉬 的딩디 是ᄉᆞᄉᆞ ○ 올ᄂᆡ 흐롬 니이 人신신 不봉부
得딍더 橫횡훙 財쨔재 不봉부 富부부 ○ ᄒᆞ사 면롬 가이 ᄋᆞᆷ橫 여財 디롤 못엇 ᄒᆞ더 고못 馬
마마 不봉부 得딍더 夜여여 草창찬 不봉부 肥삐뻬 ○ 못믈 ᄒᆞ이 면夜 술草 지롤 더엇 못더
니ᄒᆞ 라다 ᄒᆞ
今긴긴 日ᅀᅵᆼ시 下햐햐 雨유유 正징징 好할한 下햐햐 碁끼키 ○ 니오 졀ᄂᆞᆯ 히비 바오

됴독 타두 기 咱쟝자 們믄믄 下햐햐 一힝이 局큥쥐 賭두두 輸슈슈 贏잉잉 如슈슈
何해허 ○ 긔우 믈리 더ᄒᆞᆫ 느판 미두 엇어 뎌지 ᄒᆞ며 뇨이 你니니 那나나 裏리리 贏잉잉 的
딩디 我어오 ○ 울대 기어 길되 다날 要햫얀 甚씸슴 麼마마 合껑거 口콩쿠 ○ 아므 라슴
ᄒᆞ입 리힐 오홈 眼연연 下햐햐 交걓갸 手싷수 便뻔변 見견견 輸슈슈 贏잉잉 ○ 下眼
며에 이交 긔手 믈ᄒᆞ 보면 리곳 라지 你니니 一힝이 般번번 淺쳔쳔 見견견 薄빵보 識싱시
的딩디 人신신 ○ 識너 엣마 사ᄅᆞᆫ ᄅᆞᆷ淺 이見 薄 那나나 裏리리 抵디디 當당당 的딩디
我어오 ○ 抵어 當뎌 훌내 다게 咱쟝자 賭두두 甚씸슴 麼마마 ○ 술우 더리 ᄂᆞ므 료서 咱
쟝자 賭두두 一힝이 箇거거 羊양양 着쨯죠 ○ 울우 더리 ᄂᆞᄒᆞᆫ 쟈羊 這져져 們믄믄 時
ᄉᆞᄉᆞ ○ 면이 러 有잉우 一힝이 箇거거 輸슈슈 了랼랴 的딩디 便뻔변 賽새새 殺
샹사 ○ 시ᄒᆞ 면나 곳히 뎐지 기ᄂᆞ 리나 라이 可커커 知징지 便뻔변 賽새새 ○ 니그 곳리 뎐어
쟈기 你니니 饒샿샨 四ᄉᆞᄉᆞ 着쨯죠 時ᄉᆞᄉᆞ 纔째채 好할한 ○ 야네 ᄆᆞ네 됴훌 ᄒᆞ접 리혜

朴通事諺解上 三十三

라 硬잉잉 道땋닫 是ᄉᆞᄉᆞ 着쨯죠 麼마마 ○ 리굿 블ᄐᆞ 을여 다이 我어오 饒샿샨 四
ᄉᆞᄉᆞ 着쨯죠 ○ 졉내 으네 마흘 咱쟝자 停뗭팅 下햐햐 ○ 버우 리리 쟈맛 罷빠바 罷빠바
來래래 拈텬뎐 子ᄌᆞᄌᆞ 為위위 定띵딩 ○ 몯두 잡어 바두 뎡어 ᄒᆞ오 쟈라 這져져 一힝이
着쨯죠 好할한 利리리 害해해 ○ 쟝이 利ᄒᆞᆫ 害손 ᄒᆞ이 다마 殺상사 一힝이 殺상사 八
슝슈 一힝이 八슝슈 赶간간 一힝이 赶간간 撥붕부 將쟝장 去큐큐 打다다 刼켱겨
○ 고주 몰기 리리 모주 라기 에고 뭐ᄃᆞ 가리 패리 터드 쟈리 我어오 輸슈슈 了랼랴 這져져 刼
켱겨 時ᄉᆞᄉᆞ 遲찌치 了랼랴 ○ 사내 오이 나패 오을 니지 뎐 這져져 箇거거 馬마마 下
햐햐 了랼랴 時ᄉᆞᄉᆞ 好할한 ○ 연이 됴몯 타을 두 咳해해 這져져 官권권 人신신 好
할한 尋씬신 思ᄉᆞᄉᆞ 計기기 量량랑 大따다 ○ 尋애 思이 計官 量人 이이 크마 다창 你니니
的딩디 殺상사 子ᄌᆞᄌᆞ 多더도 沒몽무 眼연연 碁끼키 ○ ᄒᆞ네 니주 눈긴 엄몰 손이 바만
로독 다이 咱쟝자 擺배배 着쨯죠 看칸칸 ○ 려우 보리 쟈버 我어오 不봉부 說숴쉬 停

명링 下햐하 来래레 ○ 더내 아맛 니버 ᄒ리 드쟈 냐니 ᄅ 你니니 說숴쉬 饒샹샨 我어오
四ᄉᆞᄉᆞ 着쟢죠 ○ 훌네 접닐 쟈오 ᄒ티 더놀 너을 네 我어오 却캉켜 怎즘즘 麽마마 贏
잉잉 了랴랴 這저저 三산산 十씽시 路루루 碁끼키 ○ 집내 바ᄉ도 독엇 올더 이이 긔설 여혼
ᄂ 来래레 麽마마 兄흉흉 弟떠디 ○ 으오 야라 가 常쨩쟝 言연연 道땋닾 ○ 言常
오에 디날 高갛갇 碁끼키 輸슈슈 頭뜰투 盤뻔펀 ○ 을놉 진흔 다바 ᄒ독 ᄂ은 니칫 라관
咱장자 幾기기 箇거거 好할한 朋뻥풍 友일우 們믄믄 ○ 됴우 흔리 벗여 들러 이므 옴
這저저 八바바 月웨워 十씽시 五우우 日ᅀᅵ시 仲쭝중 秋칭추 節졓저 ○ 月이 十八
五日에仲秋節 斂련련 些셔셔 錢쪈쳔 做주주 筵원원 月웨워 會휘휘 ○ 기저 두기 어돈
月會ᄅᆞᆯᄒᆞ자 ○東京夢華錄云中秋夜貴家結飾臺榭民間爭占酒樓玩月絲簧鼎沸近內庭居民夜深遙聞笙竽之聲宛若雲外天樂閭里兒童連宵嬉戲夜市駢闐至於通曉
咱장자 就찍작 那나나 一힝이
日ᅀᅵ시 各갛거 自쯔즈 說숴쉬 箇거거 重쭝중 誓씽시 ○ 날우 에리 각읻 각의 둥셔 ᄒ그

닐밍 러셔 롤 結겨 做주주 好할한 弟떠디 兄흉흉 時ᄉᆞᄉᆞ 如유유 何허허 ○ 옴므
음됴 이흔 엇弟 더兄 ᄒ을 뇨지 好할한 意이이 思ᄉᆞ ○ ㅣ됴 로흔 다意思 將쟝장 一힝이
張쟝쟝 紙즈즈 来래레 ○ 가호 저당 다죠 가히 롤 衆중중 朋뻥풍 友일우 們믄믄 的
당디 名밍밍 字쯔즈 都두두 寫셔셔 着쟢죠 請칭칭 去큐큐 ○ 名모 字도 롤벗 다들 써긔
가청 자ᄒ 라 那나나 箇거거 劉릳리 三산산 舍셔셔 如유유 何허허 ○ 솜뎌 ㅣ劉 엇드
뇨더 ᄒ 那나나 厮ᄉᆞ 不부 成칭 ○ 成뎌 ᄒ놈 여이 不 面면면 前쳔쳔 背븨븨
後흫후 ○ 後面 ᄒ前 고背 到닫 處츄 裏리리 破포 別벼 人신신 誇콰콰 自
쯔즈 已기기 ○ 보간 리곳 떠마 내다 몸다 을론 자사 랑롬 ᄒ을 고해 야 說숴 口쿠 諂천천
佞닝닝 ○ 諂말 佞ᄒ ᄒᄂ 여입 이 不부 得더 仁신신 義이이 的디 人신신 ○
ᄒ仁 사義 롬롤 이잇 라디 못 結겨 做주주 弟떠디 兄흉흉 時ᄉᆞᄉᆞ 不부 中중중 ○
당弟 티兄 아지 니음 ᄒ이 너맛 將쟝장 筆비 来래레 抹마 了랴 着쟢죠 ○ 저븟 다가

오가 라에 咱쟈 衆중중 弟떠디 兄흉흉 們믄믄 裏리리 頭투 ○ 弟우 兄리 들모 둔돈
에 那나나 一힝이 箇거거 有일우 喜히히 事ᄉᆞ 便뻔 去큐큐 慶깅깅 賀허허
○ 잇아 거모 든나 곳ᄒ 가나 慶치 賀喜 ᄒ事 고ㅣ 有일우 官권권 司ᄉᆞ 灾재재 難난난 ○
謂官 之司 官灾 司難 如이 鄕잇 語거 于든 의○ 종凡 이于 字詞 恐訟 是累 事禍 字之 之事 誤皆 便뻔뻔 儘
진진 氣기키 力링리 去큐큐 救갛구 一힝이 救갛구 ○ 여곳 가氣 救力 ᄒ글 자다 ᄒ 這
저저 般번번 照쟐잔 覷츄츄 ○ 술이 피리 면보 却캉켜 有일우 弟떠디 兄흉흉 之즈즈
意이이 ○ 이ᄯᅩ 시弟 려兄 니의 ᄯᅳ뜻 뎌이 咱쟈 休휼후 別뼈 了랴 兄흉 長쟝쟝
之즈즈 言연연 ○ 올우 변리 티兄 말長 고의 말 定떵딩 體티티 已이이 後흫후 不부
得더 改개개 別뼈 ○ 改定 別體 티ᄒ 아후 자의 這저저 的디 時ᄉᆞ ○ 면이 러
有일우 甚씸숨 麽마마 話화화 說숴 ○ 이그 이슴 시말 리을 오넘 옴 君균균 子즈즈
一힝이 言연연 快쾌쾌 馬마마 一힝이 鞭변변 ○ 馬君 는子 一ᄂ 鞭一 이言 라이 ᄒ오 니ᄡ

라
午우우 門믄믄 外쇄왜 前쪈쳔 看칸칸 操찰찬 馬마마 去큐큐 来래레 ○ 밧午 재門
뢰문 門도 下슬 操ᄒ 練ᄂ 習양 也보 謂라 軍가 士쟈 上○ 番午 亦門 曰見 上ᄂ 操平 夜여여 来래레 兩
당랑 箇거거 舍셔셔 人신신 操찰찬 馬마마 ○ 호어 티제 ○두 舍舍 人ㅅ 見이 上물 張됴 舍습
下 一힝이 箇거거 舍셔셔 人신신 打다마 扮반반 的디 ○ ᄋ호 가舍 는人 비 胸
강교 穿천쳔 着쟢죠 皂잫잔 麂기기 皮삐피 嵌켠켠 金긴긴 線션션 藍란란 條턒탼
子즈즈 ○ 가발 품에 세신 고은 ○거 麂은 大거 麖은 也기 麖ᄌ 麂피 之예 大金 者線 譯남 語오 指리 南로
曰謂 麖花 小鹿 曰曰 麂麖 其鹿 皮質 可問 作云 靴大 捲현현 尖젼젼 粉본본 底디디 ○ 것부 고리
철디 ᄒ즈 고에 분 五우우 綵채채 繡식수 麒끼키 麟린린 柳릳류 綠릉루 紵쥬쥬 絲
ᄉᆞᄉᆞ 抹마 口쿠 的디 靴훠훠 子즈즈 ○ 粉五 綵綠 빗로 체棋 비磷 단을 으綉 로ᄒ 부고
치리 ᄋ두 에른 白뻐 絨숭숭 氈쟌쟌 襪왁왁 上샹샹 ○ 시흰 옥부 청드 에러 온 絟완완

着잘죠一힝이副부부鴉야야青칭칭段돤돤子즈즈滿먼먼刺칭치嬌걓걓護
후후膝싱시○ᄒᆞᆫ부야칭비단에滿刺嬌ᄒᆞᆫ슬갑을ᄆᆡ엿고○質問云以蓮花荷葉藕鴛鴦蜂蝶之形或
用五色絨繡或用彩色畫於段帛上謂之滿刺嬌今按刺新舊原本皆作池今詳文義作刺是池字刺音相近
而訛衫산산兒ᅀᆞᆯ袴쿠쿠兒ᅀᆞᆯ褁거고肚두두等등등裹리리衣이이且쳐쳐
休힣힉說쉐쉬○젹삼고의褁肚等속옷으란아직닐오디말려니와刺칭치通퉁퉁袖쓩싹
膝싱시襴란란羅러로帖톄텨裏리리上샹샹○ᄉᆞ매ᄆᆞᄂᆞ내치질ᄒᆞᆫ고膝襴ᄒᆞᆫ羅ᄐᆞᆯ릭에
袖○元時好着此衣前後具胷背又連干然育而通袖之至背周衣周圍亦爲紋如膝襴又有紋匹之
爲段或皮用繞之緣周其內回曲爲緣奇巧如花皆用刺繡圍領爲衣至
着之對有山川宮殿之類俗今亦猶然成日扣紐音
草者或高達呼爲刺子曰細音扣
실로치질ᄒᆞ니라○子즈즈繫기기腰햫얖○珊산산瑚후후鉤
금구子즈즈繫기기腰햫얖○銅珊瑚玉鉤子等錫鋼用金銀之類
爲頭鑿之於鉤頭一端空以帶圍之使不及解落如之條一端之屈曲縲於鉤條之環端納之繫人若則以條龍虎獅子刻之

然五우우六루뤼件젼젼兒ᅀᆞᆯ刀달도子즈즈○다엿ᄇᆞᆯ갈ᄋᆞᆫ象썅샹牙야야
頂딩딩兒ᅀᆞᆯ○象牙머리오玲링링瓏룽룽龍룽룽頭뚜뚜解계계錐쥐쥐兒
ᅀᆞᆯ○ᄒᆞᆫ龍頭解錐兒로玲瓏와花히象썅샹牙야야細시시花화화兒ᅀᆞᆯ挑탈탈牙
야야○ᄒᆞᆫ象牙로아細花에鞘샹샾兒ᅀᆞᆯ都두두金쳔쳔○갑ᄆᆞ잣플고이다明
밍밍縧루루抹뫄마絨융융胷흉흉背븨븨的딩디比비비甲갸갸○치明綠윤빗ᄉᆞ
로絲ᄆᆞ두織成ᄅᆞᆫ胷背胷背과○甲紗羅段帛之上以
者曰絨織已成衣服者凡於衣之背胸前後以金線熟綵
比甲曰即本國合音爲之綸者也凡對襟無袖者謂之比甲
稱曰比甲護通合音爲之鴉青칭칭繡식식四ᅀᆞ花화화織징지金긴긴羅러로搭
당다護후후○鴉○鴉青하야事物紀原云隋內官多服半臂除長
戒袖曰唐高祖減其袖謂之半臂即今俗呼爲搭護子也
西시시十씨시分뿐븐上썅샹等등등真진진結겨겨綜중중帽맏만兒ᅀᆞᆯ上

쌍샹○江西古揚州地上等에진짓宣課所定之馬尾로짐ᄒᆞᆫ兒이○江西마장上等置於宣布政使司
文每皮一如車輪一剪無枝皆華於木秋其下有皮重疊其累一二
埋皆是之以絲結而成經大緒如織衛有細繡文相連爲綴其者
綴쥐쥐着잘죠上샹샹等등등玲링링瓏룽룽羊양양脂즈즈玉용유頂딩딩兒
ᅀᆞᆯ○羊上脂等玉에딩玲瓏ᄒᆞᆫ又잉우是ᅀᆞ箇거거鵝鴿兒령령
兒ᅀᆞᆯ○또짓출이두두잘교의騎기기着잘죠一힝이箇거거墨머머丁딩딩也
겨여似ᅀᆞ黑흑허五우우明밍밍馬마마○쟈ᄒᆞᆫ스墨丁빗ᄆᆞ른물가ᄐᆞ라고간鞍
한안子즈즈是ᅀᆞ一힝이箇거거烏후우犀시시角갸교邊변변兒ᅀᆞᆯ幔먼먼
玳때대瑁미미○변ㅣ오ᄅᆞ게마玳瑁이물ᄒᆞᆫ鳥犀角油心紅畫
鞍和水쉬쉬波붜보面면면兒ᅀᆞᆯ的딩디鞍한안橋걓걓子즈즈○빗치ᄒᆞᆫ
如彼心而之紅也油加油於紅漆之上也又質問云油乃朱紅一字
彼面之그린기름가지오漆○油心紅云紅云水紅一
字非

紅油如也其色心色件其
鵰면면翅츠츠板반반上샹샹釘딩딩着잘죠金긴긴絲ᅀᆞ減
견견鐵톄텨事ᅀᆞ件면면○ᄒᆞᆫ事件을金으로박아입고紅홍홍斜셔셔皮삐피
心신신兒ᅀᆞᆯ○心紅斜皮에藍란란斜셔셔皮삐피細시시邊변변兒ᅀᆞᆯ金
긴긴絲ᅀᆞ夾갸갸縫뿡봉的딩디鞍한안座쬐조兒ᅀᆞᆯ○藍斜皮에細金絲로邊
뿡가兒ᄒᆞᆫ鞍黃황황獐뎐면皮삐피軟원원座쬐조兒ᅀᆞᆯ○黃獐皮座兒軟
藍란란斜셔셔皮삐피細시시邊변변兒ᅀᆞᆯ刺칭치靈링링芝즈즈草찬찬○
芝藍草斜皮細邊兒에靈芝ᄒᆞᆫ고羊肝漆로ᄒᆞᆫ뵈○
예ᄅᆡ銀인인絲ᅀᆞ兒ᅀᆞᆯ獅ᄉᆞ子즈즈頭뚜뚜的딩디花화화鐙등등○銀
섭ᄉᆞ사ᄒᆞᆫ긴獅子등ᄌᆞ어에리獐뎐면皮삐피心신신兒ᅀᆞᆯ藍란란斜셔셔皮삐피邊
변변兒ᅀᆞᆯ的딩디皮삐피汗한한替티티○獐皮心兒ᄒᆞᆫ가족에藍斜皮ᄯᆞ에
大따다紅훙홍斜셔셔皮삐피雙솽솽條턀탈轡피피頭뚜뚜○大紅斜皮雙條로ᄒᆞᆫ

구례예 帶대대纓잉잉筒뚱퉁 ○ 번영을드랏고 鞦칭착皮삐피穗쉬쉬兒슬을鞦
칭착根근근都두두是씃스斜쎠셔皮삐피的듸디 ○ 쥬피딜새와곤더귀롤다이斜皮로
ᄒᆞ엿고 攀편편留흫흫下햐햐滴듸디溜릴릭着쨯죠一힝이箇거거珠쥬쥬兒
슬을網왕왕盖개개兒슬을罕한한荅당다哈행허 ○ 가숨거리아리ᄒᆞᆫ구슬로망ᄋᆡ자션
罕荅哈롤드리웟더라 又잉우一힝이箇거거舍셔셔人인인打다다扮반반的듸디
○ 또ᄒᆞᆫ舍人비ᄋᆞ기ᄂᆞᆫ 白뻥버麂기기皮삐피靴훠훠子쯔즈 ○ 휜기조피휘ᄋᆞ에 鴨
향야綠루루羅러로納낭나繡싛수獅스스子쯔즈的듸디抹뭥마口쿵쿠青칭칭
絨숭숭氈젼젼襪왕와上쌍샹 ○ 鴨頭綠羅에獅子롤繡ᄒᆞ야도론프른부드러온시움청에깃
○納繡以汞合絲滿繡紗面不令紗之本質外見者繡亦作繡 絟찬산着쨯죠一힝이對뒤뒤明
밍밍綠루루繡싛수四ᄉᆞᄉᆞ季기기花화화護후후膝싱시 ○ ᄒᆞᆫ쌍明綠빗체四季花롤
繡ᄒᆞᆫ슬갑을ᄆᆡ엿고 柳릭릭綠루루蟒망망龍룽룽織징지金긴긴羅러로帖텽텨裏

朴通事諺解上 二十七

리리 ○ 柳綠빗치蟒龍을織金ᄒᆞᆫ羅텰릭에 嵌켠면八방바寶밥바骨구구朶더도雲윤윤
織징지金긴긴羅러로比비비甲걍갸 ○ 八寶ᄭᅵ고글근운문ᄒᆞᆫ織金比甲에 ○骨朶南村
輟耕錄云國朝有四怯薛中有云都赤三日一次輪流入直負骨朶於背余究骨朶字義嘗記宋景文筆記云
關中人以腹大為脈肫音孤部俗謂杖頭大者亦曰肫肫後訛為骨朶ヒ平聲事文類聚云宋景文筆錄謂俗
以撾為骨朶古無稽據國朝統名衛士執撾扈從者為骨朶子挂子接字書撾過皆音竹瓜切通作檛又音徒
果切撾字之變為骨朶雖不雅馴其來久矣今俗音于玉皆上聲 柳릭릭黃황황飾싱시金긴긴
繡싛수四ᄉᆞᄉᆞ花화화羅러로搭당다護후후 ○ 柳黃빗치金으로ᄭᅮ며四花롤繡ᄒᆞᆫ羅로더
그레예 八방바辮빤반兒슬을鋪푸푸翠취취真진진言연연字즈즈粧좡좡金
긴긴大따다帽망맏上쌍샹 ○ 여듧ᄲᅡᆨ에비취짓ᄭᆞᆯ고真言字롤금으로ᄢᅮᆷ인큰갓에 指즈즈
頭뚷투來래래大따다紫즈즈鴉야야忽홍후頂딩딩兒슬을 ○ 손가락귿귀紫鴉忽
頂子에 ○紫鴉忽瓚也出南番西番悍堅滑有紅瓚紫瓚亦有淡者色明瑩有大如指面者盧天價貴古語云

瓚重一錢十萬可相瓚音날蕃本作剌元語作剌兒 傍빵팡邊변변插창차孔쿵쿵雀챵쵸翎
링링兒슬을 ○ 짓티孔雀의짓훌고잣고 騎끼키着쨯죠一힝이箇거거十씽시分번분
膘뱧뱌鐵텽텨青칭칭玉융유面면면馬마마 ○ ᄒᆞᆫᄀᆞ장ᄉᆞᆯ진텰청총이마간쟈ᄆᆞᆯ을탓고
鞍한안子즈즈是씃스雪쉬쉐白뻥버鹿루루角갸교邊변변兒슬을 ○ 기ᄅᆞ마ᄂᆞᆫ
이눈ᄀᆞᆺ티흰鹿角邊兒에 時씃스樣양양的듸디黑훵허斜쎠셔皮삐피鞍한안橋꺙꺄
子즈즈 ○ 시톄로ᄒᆞᆫ黑斜皮번기ᄅᆞ마가지오 銀인인絲스스事쓰스件젼젼 ○ 銀입ᄉᆞᄒᆞᆫ
事件이오 紅홍홍斜쎠셔皮삐피心신신兒슬을 ○ 紅斜皮心兒에 藍란란斜쎠셔皮
삐피邊변변兒슬을的듸디座쭤조兒슬을 ○ 藍斜皮로邊兒ᄒᆞᆫ座兒ㅣ오 天텬텬青
칭칭描먀먀金긴긴獅스스子즈즈韂쳔쳔 ○ 天青빗치金으로獅子그린ᄃᆞ래예 底디디
下햐햐垂쮜쥐下햐햐着쨯죠兩량량頭뚷투青칭칭珠쥬쥬兒슬을結경겨串
쳔쳔的듸디駝뛰토毛망맏肚뚜두帶대대 ○ 미티드리온거슨두머리예프른구슬로ᄆᆡ자

朴通事諺解上 二十八

ᄯᅢ온약대털로ᄒᆞᆫ빗대오 白뻥버斜쎠셔皮삐피鞦칭착皮삐피轡피피頭뚷투 ○ 白斜
皮로ᄒᆞᆫ쥬피와굴레오 攀편편留흫흫下햐햐滴듸디溜릴릭着쨯죠 ○ 가숨거리아리
드리온거슨 珠쥬쥬結경겨子즈즈的듸디盖개개兒슬을野여여狗궁구尾위이
子즈즈罕한한荅당다哈행허 ○ 구슬로ᄆᆡ자씬여ᄋᆞᄭᅩ리罕荅哈ㅣ러라 兩량량箇거거
舍셔셔人인인打다다扮반반的듸디的듸디風봉봉風봉봉流릴루流릴루 ○ 두舍人의
비온거시風風流流ᄒᆞ고 騸쳔쳔的듸디那나나馬마마一힝이似쓰스那나나箭젼젼
○ 잰더몰은더살ᄆᆞ트니 真진진箇거거是씃스好항한男난난兒슬을 ○ 진짓이好
男兒ㅣ러라 這저저的듸디都두두是씃스前쪈쳔世씽시裏리리修싱슈善쎤션
積징지福봉부來래래 ○ 이다前世예修善積福ᄒᆞ여시매 因힌인此ᄎᆞᄎᆞ上썅샹 ○
이런젼ᄎᆞ로 今긴긴世싱서裏리리那나나般번번得듸더自쯔즈在째재 ○ 今世
예뎌리自在홈을어덧ᄂᆞ니 易왕이經깅깅云윤윤 ○ 易經에닐오더 積징지善쎤션之

죠즈家갸갸必빙비有잉우餘유유慶킹킹 ○ 積善ᄒᆞᆫ 집은 반ᄃᆞ시 餘慶이 잇다 ᄒᆞ니라
店뎐뎐裏리리買매매獺뎐뎐皮삐피去큐큐來래레 ○ 店에 獺皮사라 가쟈 ○店停物
貨賣之舍客商往來者多寓之官府營建收稅者曰店 獺皮質問云華皮去毛熟軟有縈眼作靴好看者今按
獺字韵書不收字義未詳 那나나箇거거店뎐뎐裏리리去큐큐 ○ 어니店에 가료 山산산
西시시店뎐뎐裏리리去큐큐 ○ 山西店에 가쟈 買매매獺뎐뎐皮삐피做주주甚
씸슴麼마마 ○ 獺皮사 므섯ᄒᆞ려 ᄒᆞ논다 做주주坐쭤조褥슈수皮삐피搭다다連련련
○ 아답내 와가쪽 대편을 만들려 ᄒᆞ노라 這저져兩량량件견견東둥둥西시시做주주
時슸스 ○ 이 두가짓 거슬 민돌려 ᄒᆞ면 使슸스的듸디六류루箇거거獺뎐뎐皮삐피
○ 여숫 獺皮롤 쓰리로다 賣매매獺뎐뎐皮삐피的듸디好항한獺뎐뎐皮삐피有
잉우麼마마 ○ 獺皮 푸누니아 됴흔 獺皮 잇누냐 那나나裏리리將쟝쟝不봉부好항한
的듸디來래레 ○ 어되 됴티 아니 롤 가져오리오 都두두是슸스好항한的듸디 ○

다 이 됴ᄒᆞᆫ 이라 你니니要향얀幾기기箇거거 ○ 네 엿치나 ᄒᆞ고져 ᄒᆞ는다 要향얀六류루
箇거거 ○ 려숫슬 ᄒᆞ고져 ᄒᆞ노라 這저져六류루箇거거商샹샹量량량價갸갸錢
쩐쳔着짷조 ○ 이 여숫 갑슬 혜아리자 你니니說쉥숴都두두是슸스好항한的듸디
○ 네 닐오티 다 이 됴다 ᄒᆞ더니 怎즘즘麼마마沒뭉무一힝이箇거거中중중使슸스
的듸디 ○ 엇더 ᄒᆞ나도 범즉ᄒᆞ니 업누뇨 十씽시箇거거指즈즈頭뚱투也여여有잉우
長쨩창的듸디短된뒨的듸디 ○ 열 손가락도 기니 뎌ᄅᆞ니 잇누니 有잉우的듸디是
슸스獺뎐뎐皮삐피裏리리 ○ 獺皮 잇거에 져 ᄒᆞ 你니니自쯔즈揀견견着짷조要
향얀 ○ 네 손조 골희여 사라 這저져一힝이等등둥花화화兒슬을勻윤윤大따다的
듸디 ○ 이 효가지 소흠 고로고 크니로 怎즘즘麼마마賣매매 ○ 엇디 풀다 這저져六류루
箇거거大따다的듸디 ○ 이 여숫 크니예 每믜의一힝이箇거거討탛닷五우우錢
쩐쳔銀인인子즈즈 ○ 미ᄒᆞ나히 닷돈 은을 씌오려니와 老랑랃實씽시價갸갸錢쩐쳔

○ 고디식ᄒᆞᆫ 갑슨 四슸스錢쩐쳔一힝이箇거거家갸갸將쟝쟝去큐큐麼마마 ○
너 돈예 ᄒᆞ나식 ᄒᆞ여 가져 갈다 你니니來래레 ○ 이바 我어오說숴쉬與유유你니니 ○
내ᄃᆞ려 니ᄅᆞ마 沒뭉무來래레由잉우胡후후討탛닷價갸갸錢쩐쳔怎즘즘麼
마마 ○ 속졀업시 간대로 갑 솔씨옴은 엇디오 三산산錢쩐쳔一힝이箇거거家갸갸買
매매你니니的듸디 ○ 서돈에 ᄒᆞ나식 ᄒᆞ여 메하롤 사쟈 罷빠바罷빠바將쟝쟝銀인인
子즈즈來래레看칸칸 ○ 두어 두어 銀 가 저 오라 보쟈 六류루箇거거獺뎐뎐皮삐피
每믜의一힝이箇거거三산산錢쩐쳔家갸갸筭쉰쉬時슸스 ○ 여숫 獺皮에 믜 ᄒᆞ나
히서돈식 혜아리면 通퉁퉁該개개一힝이兩량량八방바錢쩐쳔 ○ 通ᄒᆞ여히 오니 ᄒᆞᆫ냥
여ᄃᆞᆲ돈 이로다 我어오的듸디都두두是슸스細시시絲슸스官권권銀인인 ○ 내 하
는다 이 細絲官銀이라 ○ 銀十品曰十成曰足色曰成 色曰細絲曰絲絲兒曰吹螺曰白銀九品曰九成曰青
絲八品曰八成 元宝元宝釋見下 絲 每믜의一힝이兩량량傾킹킹白뻥버臉견련銀

인인子즈즈出츄츄一힝이錢쩐쳔裏리리 ○ 每ᄒᆞᆫ냥에 白臉銀을 ᄃᆡ위인들려 ᄒᆞ면 ᄒᆞᆫ돈을
내리라 ○ 傾質問云將碎銀子與銀匠化了傾成整錠 白臉質問云將好銀子與銀匠化了傾成細絲雪白錠
兒又有光色好 着即十成銀也 罷빠바罷빠바我어오知징지道당닷 ○ 두어 두어 내 알파라
出츄츄饋긔귀你니니一힝이錢쩐쳔八방바分븐븐銀인인子즈즈 ○ 너롤 ᄒᆞᆫ돈
八分銀을 내여주마 咳해해你니니忒퇴퇴細시시詳썅샹 ○ 애 네 너모 細詳ᄒᆞ다 覓믱미
得득더高강갚麗리리錢쩐쳔大따다快쾌쾌三산산十씽시年년년 ○ 高麗 入錢
을 어든 들 크게 三 十年을 즐기라
李리리小샹샹兒슬을那나나廝슸스 ○ 李小兒ㅣ 란며 놈을 這저져兩량량日싱이
不봉부見견견他타라 ○ 이 두어 날 더롤 보디 못ᄒᆞ니 你니니見견견來래레麼마마
○ 네 보앗 눈다 你니니饋긔귀我어오尋씬신見견견了량랏拿나나將쟝쟝來
래레 ○ 네 ᄎᆞ자 보아 잡아 다가 날을 주고려 你니니不봉부理리리會휘휘的듸디 ○ 메 아

흐디다못那나나廝스스高갸갸麗리리地띠디面면면來래래的디디宰재재相
샹샹們믄믄上샹샹做주주牙야야子즈즈○온뎌宰놈相기들高희麗손서되흐즈로름셔
ᄂ이니도엿那나나狗곧구骨구구頭뚜투知지지他타타那나나裏리리去큐큐
○로뎌다가어희뎌배간모디로리誆광광惑훠휘人신인東둥둥西시시不부부在
재재家갸갸○집사의룸잇의디것아소니기흐노니라你니니尋씬신他타타怎즘즘麼
아마○숨네흐뎌려롤흐태는자다므他타타少샤샤我어오五우우兩량량銀인인子
즈즈裏리리○을뎨빗내젓게ᄂ닷니낭은別뼈뼈人신인便변변一이이兩량량要
햐햐一이이兩량량利리리錢쳔쳔借져져饋귀귀○낭다예룬흐사낭룸利은錢곳을흐
기밧되고약他타타京깅깅裏리리臨린린起키키身신신時스스節져져○셔래
매을게셔臨起흐身여홀那나나般번번磕커커頭뚜투禮리리拜배배央양양及기기
我어오○흐뎌이리내어게리빌좃거고는禮拜限현현至즈즈周주주年년년○을限

朴通事諺解上　三十二

ᄅ周게年흐에여나本븐븐利리리八바바兩량량銀인인子즈즈○八本兩과銀利을ㅣ
寫셔셔定띵딩文운운書슈슈借져져與유유他타타來래래○定文흐書므를뎌세
뎌롤니끠엿到닾닾今긴긴一이이年년년半번번了랼랴○이이다제天一게年야ᄎ
只즈즈還환환我어오本븐븐錢쳔쳔○錢그만져갑네고게本一이이分븐븐利
리리錢쳔쳔也여여不부부肯큰큰還환환○갑ㅡ더分가利니錢흐도니즐거回인인
些스스上샹샹○太이로런져半번번夜여여三산산更깅깅裏리리起키키來
래래○의半니夜려三更上샹샹他타타家갸갸門믄믄前쳔쳔○희며가집셔門앏
叫갸갸喚훤훤着쟢죠討탕탄時스스○라블흐려면달他타타傜채채也여여不
부부傜채채○수테티긔러아니홀흐뎌고긔那나나驢류류養양양下햐햐來래래的
디디○나리흐나놈키이엳려只즈즈趕着쟢죠我어오走주주○을그수지어날
고ᄃ니討탕탄了랼랴半번번年년년不부부肯큰큰還환환我어오○흐달여라

내디게半갑年더이아로니티흐즐애거把바바我어오的디디兩량량對뒤뒤新신신靴
靴화화子즈즈都두두走주주破포포了랼랴○도네녀두해쌍야새ᄇ훠리롤게다흐가고다
他타타那나나養양양漢한한的디디老랼랴婆포포○흐뎌는의老뎌婆養ㅣ漢甜
뎐면言연연義의의語유유的디디○語甜로言表只즈즈說숴숴明밍밍日이이
後흐후日이이還환환我어오○리그네겨게날갑오흐뎌마니흐일니모知지지他타타
是스스幾기기箇거거明밍밍日이이○엿모녀로일리인로디다이只즈즈是스스
快쾌쾌說숴숴謊황황○ᄅ그기져롤거잘즛흐말니니真친진箇거거氣키키殺사사
我어오○쎠진오실ᄂ로니날라을애可커키知지지快쾌쾌說숴숴謊황황○리그
어기니롤거잘즛흐말ᄂ니니ᄅ債재재不부부殺사사人신인○죽빗게이아사니롬흐을
ᄂ나常장창言연연道닾닾○날常오言되에人신인貧삔핀只즈즈為위위慳권권
少샤샤債재재快쾌쾌說숴숴謊황황○랍사고롬빗이지가면난거흐즛면말그니지ᄅ다

朴通事諺解上　三十三

흐기ᄂ잘니흐라다
一이이箇거거和훠호尚샹샹偷투투美루루別뼈뼈人신인的디디媳시시婦
뿌부○흐萬ᄋ里相이和ᄂ日의和겨外진道올相도尚적日흐尚여又이知ᄅ者노太라和○也和尚尚
子者年高少尚不也離又於和師尚常外近國常語近云受云經近而誦誦以者身偷투투將장장去
큐큐的디디時스스節져져○길도빠적예흐여正징징撞짱쭝見견견他타타的
디디漢한한子즈즈○兒정日히漢뎌又의指남婦진女을之만夫나日보漢니子○事諺物稱紀男
原云三代以降有國號者至多獨以漢為名者取兩漢
之盛漢武帝征討四夷專事匈奴由此有漢胡之介至
晉末五胡亂華胡人罵華人曰漢兒華人罵胡人曰胡
夷此稱漢之始也今按元時胡漢相雜故両書稱漢者
居多却큐거拿나나着쟢죠那나나和허호尚샹샹○을또잡뎌아중打다다的디디
半번번死스스刺랄라活훠호的디디○가뎌되반끼만여죽나엿니다傍빵팡邊변변
看칸칸的디디閑현현人신인們믄믄說숴숴○새거룸티들셔히보닐든오힘티힘흐

你니니是숫스佛뿡보家갸갸弟뎨디子즈즈○니논이佛家弟子ㅣ라○梵云婆加婆唐
言佛者覺也自覺ㄷ他一切有情咸具此道悟者即名佛迷者曰衆生穿쳔쳔着잪죠衲낭나襖
앟앞將쟝쟝着잪죠鉢봥보盂유유○누비옷닙고에우아리가지고○衲襖反譯名義云好衣
是未得道者生貪着屢招致賊難或致奪命有如是等患故受契衲衣大智論云行者少欲知足衣趣蓋形又
国土多寒畜百衲具鉢盂総亀云天竺國器也釋迦有女青石鉢宋盧陵王以銅鉢餉于五祖是宋晉間中國
始用也披피피着잪죠袈갸갸裟사사○袈裟닙고○反譯名義云袈裟是外國三衣之名或
名離塵服由斷六塵故或名消瘦服由斷煩惱故或名無垢衣一曰金縷僧伽黎即大衣也入王宮聚落時衣
乞食時着二曰欝多羅僧即七條也此云上着衣也入衆時衣禮誦齋講時着三曰安陀會即五條也院內行
道雜作衣華嚴云着袈裟者捨離三毒戒壇云五條下衣斷貪身也七條中衣斷嗔口也大衣上衣斷痴心也
揀견견那나나清칭칭淨쩡징山산산庵한안裏리리○뎌清淨ᄒᆞᆫ山庵을ᄀᆞᆯ히여安
한안禪쪈쳔悟우우法봥바却켱키不봉부好항한○安禪悟法홈이ᄯᅩ됴티아니ᄒᆞ냐○

禪靜也傳燈錄有五等禪有外道禪凡夫禪小乘禪大乘禪最上乘禪又名如來清淨禪又名無上菩提又云
被於身爲法說於口爲律行於心爲禪更긍긍不봉부時쓰스○ᄯᅩ그리못ᄒᆞ거든歸귀귀
佛뿡보敬깅깅法봥바看칸칸經깅깅念년년佛뿡보也여여好항한○歸佛敬法
ᄒᆞ며看經念佛홈이됴커늘○歸ᄂᆞᆫ依也般若經序云經者徑也是成佛之徑路而슬을今긴긴沒
몽무來래래由잉우偷틍투別뼝비人신신的딩디媳싱시婦뿡부怎즘즘麽마마
○이제쇽절업시ᄂᆞᆷ의겨집을도ᄌᆞᆨ홈은엇디오却켱키喫칭치這져져一잉이頓둔둔打
다다也여여是쓰스○ᄯᅩ이ᄒᆞᆫ디위마즘을니버도올ᄒᆞ니라你니니布부부施쓰스人
신신家갸갸齋재재飯빤반錢쪈쳔○네人家에보시ᄒᆞᆫ齋飯錢을○布施捨施也財施爲凡法
施爲聖凡布施必以滿三千世界七宝爲求福之具財施也此住相布施也菩薩布施但一心清淨利益一切
爲大施主法施也此不住相布施也請觀音經疏云齋者齊也齊身口業也佛氏日中而食瓶沙王問佛何故
日中食答云早起諸天食日中三世佛食日西畜生食日暮鬼神食無뭉우處츄츄發봥바落랑로

○發落ᄒᆞᆯ곳이업고○發落吏學指南云明白散附也到당닫處츄츄裏리리養양양老랗랖
婆뽀포○간곳마다겨집을어르니這져져一잉이等등등和허호尚샹샹不봉부打
다다他타타要햪얀做주주甚씸슴麽마마○이런즁을티디아니ᄒᆞ고므슴ᄒᆞ리오衆
중중人신신再재재問운운和허호尚샹샹○모든사ᄅᆞᆷ이다시즁ᄃᆞ려무로ᄃᆡ你니니
再재재敢간간偷틍투別뼝비人신신媳싱시婦뿡부麽마마○네다시감히ᄂᆞᆷ의겨
집도적ᄒᆞᆯ다那나나和허호尚샹샹說쉏쉬再재재也여여不봉부敢간간○뎌즁
이닐오ᄃᆡ뇌여단싱심이다小샿샾僧승승從쭝충今긴긴日싱시○小僧이오ᄂᆞᆯ브터
准쥰쥰備삐비箬얗쇼笠링리瓦와와鉢봥보○ᄀᆞᆯ갓과어유아리ᄅᆞᆯ准備ᄒᆞ야○箬音義
云日灼切亦作篛竹皮笠往왕왕深신신山산산裏리리懺찬찬悔휘휘去큐큐○深山
을향ᄒᆞ야懺悔ᄒᆞ라가노라○懺自陳悔也六祖惠能大師曰懺者懺其前愆悔者悔其後過反譯名義云懺
者首也悔者伏也不逆爲伏順從爲首正順道理不敢作非故名懺悔又修來爲懺改往爲悔常쨩챵言

연연道땋닫○常言에닐오ᄃᆡ一잉이年년년經깅깅蛇쎠셔咬햪얀三산산年년년
怕파파井징징繩씽싱○ᄒᆞᆫ히ᄅᆞᆯ비얌믈려디내면三年을드렛줄도접피ᄒᆞᆫ다ᄒᆞ니라
咳해해貴귀귀人신신難난난見견견○애貴人을보기어렵다你니니那나나裏
리리有잉우來래래○네어ᄃᆡ잇돈다這져져兩량량日싱시不봉부見견견○이두
어날보디못ᄒᆞ엿더니你니니來래래怎즘즘麽마마這져져般번번黃황황瘦슿수
○이바엇디이리黃瘦ᄒᆞ엿ᄂᆞ뇨我어오這져져幾기기日싱시害해해痢리리疾찡지
○내요ᄉᆞ이痢疾알하不봉부曾쯩층上샹샹馬마마○일즙ᄆᆞᆯ을ᄐᆞ디못ᄒᆞ더니라咳
해해我어오不봉부曾쯩층知징지道땋닫來래래○애내일즙아디못ᄒᆞᆯ샤早잫잔
知징지道땋닫時쓰스○일즉아드면探탄탄望왕왕去큐큐好항한來래래○
探望ᄒᆞ라감이됴탓다你니니休힣학恠괘괘○네허믈말라不봉부敢간간相샹샹
公궁궁○不敢ᄒᆞ여라相公아如슈유今긴긴都두두好항한了랴랸不봉부曾쯩층

○가이못재ᄒ다엿도ᄂ한가ᄂ一이이箇거거太태태醫이이者잔잔我어오小샹샨
肚두두皮삐피上샹샹使ᅀᆞ스一이이針진진○근ᄒ비太우醫희날ᄒ을번보침고주저
고脚갸교內뉘뉘踝괘고上샹샹炙갈각了랼랴三산산壯좡좡艾애애來래래
○ᄃ발壯안박쎄으머로리쓰우니회如유유今긴긴飯빤반也여여喫칭치得드더些
셔셔箇거거却쿄커無무우事ᅀᆞ스了랼랴○고이또재無ᄂ事밥ᄒ도여저라기먹虛
휴휴炙갈각那나나實싱시炙갈각○실우듬각올뜸ᄒ을냐ᄒ냐怎즘즘麽마마虛
휴휴炙갈각○올엇ᄒ디리우오각뜸將장장一이이根근근兒ᅀᆞᆯ草찰찬來래래
○가ᄒ저낫다플가을比비비着쟢죠只즈즈一이이把바바長쟝챵短된둰鉸걀갸
了랼랴○롤그견저초ᄒ와씀ᄉ기처리將장장那나나草찰찬稍살산兒ᅀᆞᆯ○즐려
다ᄎ가톨放방방在째재脚갸교內뉘뉘踝괘고尖젼젼骨구구頭뚱투上샹샹○
ᄒ발쎄안우셔희어노리하ᄉ보족那나나稍살산兒ᅀᆞᆯ到닿단處츄츄○곳려올ᄎ간

把바바那나나艾애애來래래揉싛수的디디細시시着쟢죠○가더부쑥뷔올기다
게롤ᄒᄆ야놀一이이箇거거脚갸교上샹샹三산산壯좡좡家갸갸炙갈각的디디
○壯ᄒ식발쓰우되회三直지지到닿단做주주灰휘휘○게잇ᄒᄎ니저되這저저
般번번時ᅀᆞ스○홈이애리艾애애氣키키肚두두裏리리八숑유去큐큐○氣艾
러빈가에드氣키키脈뫼머通퉁퉁行힝힝便뼌변好할한了랼랴○通氣行脈ᄒ이
거야니꼿와됴핫只즈즈是ᅀᆞ스腿뛰뛰上샹샹十씨시分본본無무우氣키키力
룽리○쟝그氣저力싄이다업리세예라마你니니且쳐쳐休휘후上샹샹馬마마○아비
디작말믈라트忙망망怎즘즘麽마마○ᄒ밧리바오므섯且쳐쳐着쟢죠乾간간飯
빤반肉ᅀᆞᆷ수湯당당○肉아湯직으乾로飯과慢만만慢만만的디디將장장息싱시
却쿄커不봉부好할한○○날將희養여也됴息리生ᄒ也면謂또調됴養티其아氣니使ᄒ生라
將息攝之今也俗亦只曰說將將理息又曰

我어오說워숴幾기기箇거거謎미미○시내니여○러謎슈隱지語엣也말正니音롤미거
呼俗의或你니니猜채재○라네알你니니說워숴我어오猜채재○라네내볼알ᄋ
마大따다哥거거山산산上샹샹播뤄뤄鼓구구○셔큰불헝티은고山에二ᅀᆞᆯ을
哥거거來래래來래래去큐큐去큐큐○락둘가재락헝ᄒ은고오三산산哥거거待
때대要향야分본본開캐캐○호셋고재저헝ᄒ은고ᄂ四ᅀᆞ스哥거거待때대要향야
一이이處츄츄○고넷저재ᄒ헝ᄂ은거ᄒ시뒤여모호我어오精채채○노내라아大
따다哥거거是ᅀᆞ스棒빵방鎚쮜취○방큰휘헝오은이二ᅀᆞᆯ을哥거거是ᅀᆞ스運
윤윤斗둥두○다둘리재우헝리은오이三산산哥거거是ᅀᆞ스剪젼젼子즈즈○재셋
ᄆ헝애은오이四ᅀᆞ스哥거거是ᅀᆞ스針진진線션션○ᄂ벗실재이헝로은다이바你
니니再재재說워숴我어오猜채채着쟢죠○라데내또알볼마ᄋ當당당路루루一
이이科커코麻마마○펵길이혜삼당이ᄒᄒ下햐하兩유유開캐캐花화화刮광파

風봉봉結켱겨子즈즈○면비여오롬면여꼿ᄂ픠거고시ᄂ여람블這저저的디디是
ᅀᆞ스傘산산○산이이ᄂ로이다우一이이箇거거長쟝챵大따다漢한한撒샤사大
떠다鞋혜혜○큰ᄒ신킈ᄊ큰으놈고이白삐버日ᅀᅵ시去큐큐黑헝허夜여여來래래
○오나ᄂ조거가시고여밤은這저저箇거거是ᅀᆞ스燈등등臺때대○이이燈거臺ᄂ
다로皴증그皺증주氈젼젼皴증그皺증주被삐비○블뼝에긘○담音에義뼝云긘皴니
그音疙疙瘩수미按답疙音皴증그皺증주娘냥냥娘냥냥裏리리頭뚱투睡쒸쉬○
서뼝자긘ᄂ거거집시이여안히這저저箇거거是ᅀᆞ스核헿허桃땋탄○이이호거되ᄉ
다로金긴긴甕웅웅兒ᅀᆞᆯ銀인인甕웅웅兒ᅀᆞᆯ表뱧뱌裏리리無무우縫뽕봉
兒ᅀᆞᆯ○씨금솔독엽은손독거이시안여팟這저저箇거거是ᅀᆞ스鷄기기鳴띤단○
의이알거이손로이다ᄃᆞᆰ鐵텽텨人신신鐵텽텨馬마마不봉부着쟢죠鐵텽텨鞭변변
不봉부下햐하馬마마○씨쇠ᄂ사리롬다쇠아몰니띠ᄒ쇠ᄂ채거아시니여면몰這저저

箇거거是쓰스鎖소소子즈즈○이거ᄉᆞᆫᄌᆞ믈쇠로다 墻쨩샹上샹샹一힝이塊
패패土투투吊댱댜下햐하来래레禮리리拜배배○이담우희ᄒᆞᆫ덩이흙이벼러더ᄂᆞ려와
거禮시拜여ᄒᆞᄂᆞᆫ這저저箇거거是쓰스崔챵쵸兒ᅀᅳᆯ○새이로거다ᄉᆞᆫ이一힝이
箇거거老랄랖子즈즈當당당路루루騷쉬쉬○희ᄒᆞᆫ당늘ᄒᆞ근여사자ᄅᆞᆷ거이든길過
커고去큐큐的딩디過커고来래레的딩디㚔룽룽我어오的딩디○여다더나나가
오리날을不봉부知징지道땋닾我어오的딩디麁추추和허호細시시○
나의ᄀᆞᆯ금과ᄀᆞᄂᆞᆷ을아디못ᄒᆞᄂᆞᆫ거시여這저저箇거거是쓰스碾련년子즈즈○ᄉᆞᆫ이이거
碾매로다○碾磨下安石碾曰磨也䌷磨擀上轉石碾曰墻쨩샹上샹샹一힝이箇거거琵
피비파琵빠파任신신誰쒸쉬不봉부敢간간拿나나他타타○琵담로우아희므ᄒᆞᆫ도琵
감히며ᄂᆞᆯ거시잡이여ᄂᆞ이這저저箇거거是쓰스蝎허혀子즈즈○젼이갈거이ᄉᆞᆫ로이
다못ᄒᆞᆫ家갸갸後흫후一힝이群큔큔羊양양箇거거箇거거尾믜이子즈즈長쨩챵

○집뒤희ᄒᆞᆫ무리양이낫치고ᄀᆞ리ᄆᆞᆫ거시여이다 這저저箇거거是쓰스櫻잉잉桃땋닾○
이거ᄉᆞᆫ이로다櫻이一힝이間견견房빵방子즈즈裏리리五우우箇거거人신신
劉강강坐쮜조的딩디○이ᄒᆞᆫ간방에다ᄉᆞᆺ사ᄅᆞᆷ이계요안ᄂᆞᆫ거시여這저저箇거거是쓰스
靴훠훠子즈즈○이거ᄉᆞᆫ훠이로다金긴긴鑵권권兒ᅀᅳᆯ鐵텽텨擕혜히兒ᅀᅳᆯ
裏리리頭뜰투盛쪙칭着쨯죠白뼁버沙사사蜜믬미○금속에당白沙蜜곡지담
시ᄂᆞᆫ여거這저저箇거거是쓰스梨리리兒ᅀᅳᆯ○이거ᄉᆞᆫ비로다이一힝이箇거거
長쨩챵甕훙응兒ᅀᅳᆯ窄쩡저窄쩡저口쿻쿠裏리리頭뜰투盛쪙칭着쨯죠糯
노ᄂᆞᆫ米미미酒질쥐○ᄒᆞᆫ돗ᄀᆞᆫ조븐부리안희酒쌀술담은거시여這저저箇거거是쓰스
嬭내내子즈즈○이거ᄉᆞᆫ젓이로다滿면면天텬텬星싱싱宿쉼수一힝이箇거거
月웡워三산산條땰댜繩씽싱子즈즈由읭와佡내내曳이이○하ᄂᆞᆯ에ᄀᆞ독ᄒᆞᆫ星宿ᄒᆞᆫ
에ᄒᆞᆫ돌을세오리노ᄒᆞ로ᄃᆞ러ᄉᆞᆺ으ᄂᆞᆫ거시여這저저箇거거是쓰스秤칭칭○이거ᄉᆞᆫ

로다○이兩량량箇거거先션션生승승合겅거賣매매藥양요一힝이箇거거
坐쮜조一힝이箇거거跳땰댜○두先生이모다약ᄑᆞ노라ᄒᆞ나ᄒᆞᆫ안잣고ᄒᆞ나ᄒᆞᆫ뻐노ᄂᆞᆫ거시
여這저저箇거거是쓰스藥양요刀당닾○이거ᄉᆞᆫ藥ᄭᅡᆯ이로다弟떼디兄훙훙
三산산四쓰스箇거거守싱수着쨯죠停뗭팅柱쮸쥬坐쮜조○兄弟세네ᄒᆞ기마
ᄃᆞᆯ희ᄒᆞ여안잣ᄂᆞᆫ거시여這저저箇거거是쓰스蒜쉰숸○이거ᄉᆞᆫ마ᄂᆞᆯ이로다鑽젼쥔
天텬텬錐쥐쥐下햐햐大따다水쉬쉬○하ᄂᆞᆯ송곳ᄂᆞ리고아리큰믈이여這저저箇거거
是쓰스塔탕타兒ᅀᅳᆯ○이거ᄉᆞᆫ탑이로다咳해해都두두精채채着쨯죠了랼랸
也여여○애ᄂᆞᆫ아다고나真진진箇거거是쓰스精징징細시시人신신○진짓精
細ᄒᆞᆫ사ᄅᆞᆷ이로다

這저저裏리리有임우獸싱수醫이이家갸갸麽마마○여긔즘생고티ᄂᆞᆫ집이잇ᄂᆞ냐
○南村輟耕錄云世以療馬者曰獸醫療牛者曰牛醫按此則療牛者亦當曰獸醫
周禮獸醫註獸牛馬之屬

獸俗呼療馬者曰馬醫 那나나紅훙훙橋꺌갸邊변변有임우一힝이箇거거張쟝쟝
獸싱수醫이이○獸醫紅橋ㅅ시에ᄒᆞ나張시셔 他타타快쾌쾌醫이이頭뜰투口
쿠쿠○뎌즘생고티기잘ᄒᆞᄂᆞ니라 我어오的딩디赤칭치馬마마害해해骨궁구眼
○내ᄆᆞᆯ이눈에알치ᄂᆞᆫ言○謂骨之眼病質問云馬害骨眼
연연○ 害肚疼打滾割眼肉方 ○ 내ᄆᆞᆯ이 ᄇᆡ알하ᄂᆞ니라 不봉부
住쮸쥬的딩디臥어오倒당닾打다다滾균균○고어누으며우다니사러ᄒᆞ一힝이
宿송수不봉부喫칭치草챵찬○ᄒᆞᄅᆞᆺ밤을먹디아니ᄒᆞ여닌물을ᄒᆞ니將쟝쟝那나나裏
리리治짱치去큐큐来래레○가져가뎌라티라가고就쪙쥐蹄뗴티子즈즈放방방血
혀어○ 임의ᄲᅡᆯ리 셔ᄀᆞᆷ에 ᄒᆡ라 他타타要향야多더도少샹샹功궁궁錢쪈쳔○언머
빗ᄎᆞᆫ功錢을 不봉부問몬운多더도少샹샹與유유他타타些서셔箇거거便
변변是쓰스○多少를믈으디말고져고미주어도ᄒᆞ니라 治짱치得ᄃᆞᆼ티馬마마好할할
時쓰스○ᄆᆞᆯ을됴ᄒᆞ고면터多더도少샹샹不봉부打다다緊긴긴○多少ᄂᆞᆫ긴티

아니호니라 張장장五우우你니니饋귀귀我어오醫이이馬마마骨구구眼연연
○張五ㅣ야네나롤몰눈에치고뎌주고 一힝이發봥방就찧쥬蹄뎨티子즈즈放방방
血혀혀着잪죠○호번에임의서급에도피빠히라 醫이이了랴랴○고터다
慢만만的듸디牽켠켠將장장去큐큐○날회여잇뜨러가 乾간간淨찡징田뎐뎐
地띠디上썅샹樹쓔슈底디디下햐하絟솬솬着잪죠○乾淨호싸나오아래미고 喂
위위的듸디好항할着잪죠○먹이기를잘호라 咱쟝자男난난子즈즈漢한한○
우리ㅅ나히 沒몽무馬마마時쓰스怎즘즘麽마마過궈고○몰이업ㅅ면엇더디내리
오 半번번步뿌부也여여行항힝不봉부得듸더○호步도行티못호ㄴ니 馬마마
是쓰스第띠디一힝이寶방바貝븨비○몰은이第一寶貝라 常짱챵言연연道닿단
○常言에널오되 狗궁구有잉우濺젼젼草챻찬之즈즈恩흔은○개는濺草호恩이잇
고○晉太和中楊生養狗甚愛之後生飮酒醉行至大澤草中眠時值冬月野火起風又猛狗呼奐生不覺前
有一坑水狗便走往水中還以身洒生左右草沾水得着地火尋過去生醒而去 馬마마有잉우垂
쮜취韁강강之즈즈報봘발○몰은垂韁호報ㅣ잇다호니라○漢高祖與項王會鴻門舞劍事急
謀脫走馬南行道衛有一智井馬到井邊不肯行漢王恐追者至下馬入井項王追至井衛見馬迹至井而止
謂漢王在井令人下井搜求見井口有蜘蛛罩網鶉鴿一雙出井飛去謂無人在中項王還壁翌日其馬到井
垂韁漢王執之而出
叫갸갸將장장那나나剃티디頭뜰투的듸디來래레○뎌머리갓ᄂ이롤블러오다○
漢俗凡梳頭者必剃去腦後頂上髮際細毛故曰剃頭 你니니的듸디刀닿닫子즈즈快쾌쾌
也여여鈍뜬둔○네칼이드ㄴ냐무되나 我어오剃티디頭뜰투的듸디○나ㄴ머리
갓ᄂ이라 管권권甚씸슴麽마마來래레刀닿닫子즈즈鈍뜬둔○므서슬ᄀ옴알관티
갈이무되리오 你니니剃티디的듸디乾간간淨찡징着잪죠○네갓기롤淨히호고乾
不봉부要햫얀只즈즈管권권的듸디刮광과○그저ᄉ리며긁빗기다알라 刮광과

的듸디多더도頭뜰투疼뜽틍○긁빗기기롤만히호연어리알프ᄂ니라 剃티티了랴랴
○갓가다 撒상사開캐캐頭뜰투髮황바梳수수○어리터럭을혜쳐고빗기되 先
션션將장장那나나稀히히篦삐비子즈즈挽피피了랴랴○몬져뎌셩긘츰빗가져다
가빗기고 將장장那나나挑탕탚針진진挑탕탚起키키來래레○뎌것고지가처다가
것곳고○挑針用牛角作廣篦ㄷ一端作刷子者多髮者髮厚難梳故先梳之髮以一篦挿置上頭更梳下髮
今俗猶然 用융융那나나密밍미的듸디篦삐비子즈즈好항할生승승挽피피着
잪죠○뎌빈춤빗을뻐ᄆ장빗겨 將장장風봉봉屑셩셔去큐큐的듸디爽상상利리리
着잪죠○비듬을다가업시호야식흰케호라 梳수수了랴랴○빗겨다 綰완완起키키
頭뜰투髮황바來래레○머리터럭울조지고 將장장那나나鑷뎡뎌兒슬을來래레
○뎌쪽집게가저다가 摘찡저了랴랴那나나鼻삐비孔콩콩的듸디毫향할毛맏맏
○뎌코셍긔터럭싸히고 將장장那나나鉸갸걒刀닿닫斡왕와耳슬을○뎌키갓갈
가져다가키안도로고○斡運也俗音呼와字作究是 捎샾샾息싱시來래레掏땋닫一힝이
掏땋닫耳슬을朶더도○짓븨가처다가깃바회쌀라○以鵝鳥毳銅安共竹針頭用以取耳垢者
俗呼爲消息舊本作蒲樓鉀兒朶作朶是俗去聲讀 與유유你니니五우우箇거거銅뚱퉁錢
쩐쳔○ᄂ를다숫낫銅錢을주마
別뼈벼處츄츄一힝이箇거거官권권人신신娶츄츄娘냥냥子즈즈○다룬고뒤
京官人이娘子롤娶호노라○子謂母曰娘字作孃又以女之稱字作娘孃娘亦通用南村轂新婦世謂總婆
曰老娘女巫曰師娘娼婦曰花娘遠人又曰章娘苗人謂妻曰夫娘南方謂婦人無行者曰夫娘謂婦人之卑
賤者曰某娘曰幾娘鄙之曰婆娘今俗稱公主宮女下至底人妻皆曰娘子 今긴긴日싱이做주주
筵연연席씽시○오놀이바디호ᄂ니라○舊本作閙口筵席古所謂言安今俗云求觀 女뉴뉴
孩해해兒슬을那나나後쯓후婚흔흔○새각시려나니을리기려나 今긴긴年년년
纔째재十씽시六륭뤼歲쉬쉬的듸디女뉴뉴孩해해兒슬을○올히ᄭ十六歲엣새

각시리라 下햐하 多터도 少샹샤 財쨰채 錢젼쳔 ○언멋財錢을드리더뇨○下財錢亦云下
財家禮會通云婚有六禮納采問名納吉納徵請期親迎今制納采問名納吉㧾一次行禮以從簡便謂之定
禮亦謂之定親亦曰下紅定亦送幣物又消吉送婚書行納徵禮亦曰納幣俗云下財亦曰送禮俗㧾稱曰羊
酒花紅又一次有禮曰請期謂之催裝亦具禮物一五品以下無請期之禮 下햐하 一잉이 百빙버 兩
량량 銀인인 子즈즈 ○銀一百兩과 十씽시 表뱡뱌 十씽시 裏리리 ○열갓과열안과
八빵바 珠쥬쥬 環환환 兒ᅀᆞᆯ올 ○八珠環과○八珠環兒上 滿먼면 頭뚤투 珠쥬쥬 翠
취취 金긴긴 廂샹샹 寶밯보 石씽시 頭뚤투 面면면 ○머리예마도ᄒᆞᆫ珠翠와金으로寶石
에젼에ᄌᆞᆫ곳갈과○寶石即上節紫鴉忽之類以金爲托拱而納石於其中綴着於女冠之上以爲飾也音義
云寶石에금젼에워ᄉᆞ민頭面 珠쥬쥬 鳳뿡붕 冠권권 ○珠鳳冠과○音義云珠子結成鳳的冠今
按用珍珠串結作成鳳形而至於翎毛則皆用絲線及翠羽爲飾 十씽시 羊양양 十씽시 酒쟝쟉
裏리리 ○十羊과十酒를드리더라○羊十牽酒十瓶也制禮亦隨貴賤異帙即送禮也詳見諸司職掌

那나나 女뉴뉴 孩해히 兒ᅀᆞᆯ올 生숭승 的디디 十씽시 分븐본 可커커 喜히히 ○며새각시얼굴이ᄆᆞ장
고아○生的天生容範 俊쥰쥰 如슈슈 觀권권 音인인 菩뿌푸 薩샤사
○쥰슈ᄒᆞᆫ이觀音菩薩ᄀᆞᆺ고○以耳根圓通以聞聲作觀故謂之觀世音菩者普也薩者濟也謂普濟衆生
也 好핳할 刺ᄎᆞ츠 繡식식 生승승 活훵호 ○슈지치셩녕을잘ᄒᆞ고 百빙버 能능능
百빙버 巧걒캎 的듸디 ○百能百巧ᄒᆞ더라 幾기기 時쓰스 下햐하 紅훙훙 定띵딩
○연제紅定을드리더뇨○晋武帝多簡良家女以充内職而自擇美者入選則以絳紗繫臂鎭軍將軍胡
奮女入選亦以絳紗繫臂故俗謂定婚曰紅定 這져저 月웨워 初추추 十씽시 日ᅀᅵᆯ시 立리리
了랼랴 婚훈훈 書슈슈 ○이달초열흘날婚書를세오고 下햐하 了랼랴 定띵딩 禮리리
○定禮를드리고 半번번 頭뚤투 娶츄츄 將쟝쟝 來래래 做주주 筵연연 席씨시 ○
보롬셔취ᄒᆞ여ᄃᆞ려와이바디ᄒᆞ고 第띠디 三산산 日ᅀᅵᆯ시 做주주 圓원원 飯빤반 筵연연
席씨시 了랼랴 時쓰스 ○第三日에圓飯이바디ᄒᆞ연○圓作完是謂齊足之意今按漢人娶妻親

迎而女至男家以宿則女家送女食于男家三日而止止食之日女家必具酒餞送男家設宴謂之完飯筵席
質問同舊本日解饅筵席邵氏聞見錄宋景文公納子婦其婦家饋食書云以食物餽女公曰錯用字從食從
向從大其子退撿搏雅餉字注云女家三日餉食爲餉女也圓飯即遺制也 便뻔변 着쟢죠 拜배배
門믄믄 ○곳拜門ᄒᆞ고○質問云女嫁九日公婆使兒子女兒往丈人家拜丈人丈母或兄嫂們方言謂
之拜門 對뒤뒤 月웨웨 又일우 做주주 箇거거 大따다 筵연연 席씨시 ○버금돌에
큰이바디ᄒᆞ면 女뉴뉴 孩해해 兒ᅀᆞᆯ올 家갸가 親친친 戚치치 們믄믄 都두두 去
會휘휘 親친친 ○새각시집권당들히다가會親ᄒᆞᄂᆞ니라 可커커 知지지 都두두 去
裏리리 ○그리어니다가ᄂᆞ니라 那나나 官권권 人신인 是쓰스 今긴긴 年년년
十씽시 九긓꾸 歲쉬쉬 ○뎌官人은이올희十九歲오 好핳할 文운운 章쟝쟝 諸쥬쥬
般번번 才째채 藝이이 ○文章이됴코여러가지才藝오 無무우 計기기 策쳔쳔 的듸디
錢젼쳔 粮량량 ○수업슨쳔량이니 媒믜믜 人신신 也여여 有읭우 福봉부 ○媒人

도有福ᄒᆞ샤○兩次送禮之日媒人各有衆裏之賞 正징징 着쟢죠 了랼랴 也여여 多더도 尋
씬신 鈔찰찰 ○졍히만나시니錢鈔를만히어드리로다 可커커 知징지 有읭우 福봉부 裏
리리 ○그리어니有福ᄒᆞ다 依이이 體티티 例리리 十씽시 兩량량 裏리리 一잉이 兩
량량 家갸가 除쮸츄 時쓰스 ○體例대로열량에ᄒᆞᆫ냥식덜면○體例謂官私通行格例曰體例 得
디디 十씽시 兩량량 銀인인 ○열량은을어드리로다 這져저 兩량량 口쿵쿠 兒ᅀᆞᆯ올
夫부부 妻치치 好핳할 奕쌍상 利리리 ○이두夫妻ㅣᄆᆞ장영노숩갑더라 常쨩챵 言
연연 道땋닿 ○常言에닐오되 一잉이 夜여여 夫부부 妻치치 百빙버 夜여여 恩ᅙᅳᆫ은
○一夜夫妻ㅣ百夜恩이라ᄒᆞᄂᆞ니라
我어오 這져저 幾기기 日ᅀᅵᆯ시 差채채 使ᄊᆞ스 出츙츄 去큐큐 ○내요ᄉᆞ이差使로나
가니 好핳할 姐져져 姐져져 ○ᄆᆞ음됴ᄒᆞᆫ각시아○漢俗呼姊曰姐姐雖非弟妹如遇婦女可長斯
須之敬者亦曰姐姐是尊之之謂 你니니 做주주 饋귀긔 我어오 一잉이 副부부 護후후

膝 상시 ○ 울네 닌날 드을 라ᄒᆞᆫ 주부 고슬 려갑 我 어오 沒 뭉무 裁 째재 帛 뻥버 ○ 裁내 帛게
세이 라업 這 져져 的 듸디 你 니니 休 힣휴 愁 쫗추 ○ 심이 말란 라네 근 我 어오 有 잏우
明 밍밍 緣 룽루 紵 쮸쥬 絲 숭스 ○ 비내 단게 이明 이緣 시빗 니치 護 ᅘᅮ후 膝 싱시 上 썅샹
但 딴단 使 숭스 的 듸디 都 두두 說 쉏쉬 與 유유 我 어오 着 쨯죠 ○ 윗슬 쁠갑 거에 슬믈
니다 ᄅᆞ날 라ᄃᆞ 려 如 슈슈 今 긴긴 鋪 푸푸 裏 리리 買 매매 去 큐큐 ○ 에이 사제 라푸 가ᄌᆞ
자 諸 쥬쥬 般 번번 絨 숭숭 線 션션 砌 치치 山 산산 子 즈즈 吊 댱댜 珠 쥬쥬 兒 ᅀᅳᆯ
的 듸디 麁 추추 白 뻥버 線 션션 ○ 수여 무러 오가 고지 진보 쥬ᄃᆞ 돌라 ᄀᆞᆯ온 근실 천과 실키 과여
○砌山子音義云 키여ᄉᆞ類엣것ᄉᆞ 按山子卽키여ᄉᆞ 砌卽結成之意 俗呼築城曰砌城 謂疊石而築成之也
不 봉부 要 향얀 紙 즈즈 金 긴긴 要 향얀 五 우우 錢 쪈쳔 皮 빼피 金 긴긴 ○ 으紙 란金
알고 닷돈 皮金을 ᄒᆞ고 ○皮金未詳 質問云 以厚紙上貼金 女人緣紬之用 又云將金搥打如紙張之薄 方言
謂之皮金 紫 즈즈 官 권권 素 수수 段 똰돤 子 즈즈 一 힝이 尺 칭치 ○ 나ᄌᆞ 기덕 민ᄀᆞ 비뮛

朴通事諺解上 三

자단 과ᄒᆞᆫ 三 산산 尺 칭치 半 번번 白 뻥버 清 칭칭 水 쉬쉬 絹 권권 ○ 들석 엣자 김반 이제
이야 니○ 光白 滑清 緻水 硬絹 如무 本리 國플 擣기 砧업 者시 也다 卽ᄃᆞ 不마 用ᄃᆞᆯ 糨ᄒᆞ 粉로 而미 練ᄅᆞᆫ 生깁
猏綃 也以 石 做 주주 帶 대대 子 즈즈 和 ᅘᅥ호 裹 리리 兒 ᅀᅳᆯ ○ 둘석 라와 로안 녀흘 닌
氈 쪈쳔 子 즈즈 駝 떠도 毛 망모 我 어오 都 두두 有 잏우 ○ 내담 게파 다약 이며 시털 니온
其 이키 餘 유유 的 듸디 你 니니 如 슈슈 今 긴긴 買 매매 去 큐큐 ○ 스그 란남 매은 이거
가제 라사 라 做 주주 一 힝이 對 뒤뒤 護 ᅘᅮ후 膝 싱시 ○ 민ᄒᆞᆫ 들썅 려슬 ᄒᆞ갑 면을 不 봉부
筭 쉰쉔 功 궁궁 錢 쪈쳔 時 숭스 ○ 디功 이錢 녀을 도헤 沒 뭉무 有 잏우 五 우우 六 룽륙
錢 쪈쳔 銀 인인 子 즈즈 ○ 이다 업엿 ᄉᆞ돈 면은 結 겨계 裹 키고 不 봉부 出 출츄 來 래레
○ 못잇 ᄒᆞ삼 리여 라내 ᄃᆞ 姐 져져 姐 져저 不 봉부 要 향얀 說 쉏쉬 ○ 날姐 ᄋᆞ姐 디ㅣ 말아
라 我 어오 也 여여 知 징지 道 땋다 ○ 노나 라도 아 你 니니 用 융윤 心 신신 做 주주
與 유유 我 어오 ○ 각데 날用 을心 주ᄒᆞ 고여 려민 ᄃᆞ 慢 만만 慢 만만 的 듸디 把 바밝 盞

잔잔 ○ 올날 자ᄒᆞ 브여 마잔 我 어오 再 재재 央 향양 及 꿩기 ○ 노네 니ᄯᅩ 비 你 니니 做
주주 饋 귀귀 我 어오 荷 ᅘᅥ허 包 빨반 如 슈슈 何 ᅘᅥ허 ○ 민네 ᄃᆞ날 라을 줌주 이머 엇니 더울
ᅭᄒᆞ 那 나나 的 듸디 最 쥐쥐 容 융융 易 이이 ○ 쉬뎌 오ᄂᆞᆫ 너마 장 打 다다 甚 씸슴 麽
아마 不 봉부 緊 긴긴 ○ 긴므 티서 아시 니티 ᄒᆞ오 다다 你 니니 放 방방 心 신신 ○ 心네 ᄒᆞ放
락 我 어오 做 주주 饋 귀귀 你 니니 送 숭숭 路 루루 ○ 주내 어면 送ᄃᆞ 路라 ᄒᆞ녀 마ᄅᆞᆯ 多
뎌도 謝 써셔 姐 져지 姐 저저 ○ 姐多 姐謝 ㅣᄒᆞ 아노 라 我 어오 回 휘휘 來 래레 時 숭스
○ 오네 뎐도 라 多 뎌도 多 뎌도 的 듸디 與 유유 你 니니 人 신신 事 숭스 ○ 네만 게히
人事 ᄒᆞ마 ○人事土産 俗도산 舊本作撒花
你 니니 今 긴긴 日 싱이 怎 즘즘 麽 마망 學 향효 裏 리리 不 봉부 曾 쯩층 去 큐큐 ○
가네 더오 아ᄂᆞᆯ 니엇 ᄒᆞ디 엿學 ᄂᆞᆫ에 다일 좁 我 어오 今 긴긴 日 싱이 告 강갇 假 갸갸 來 래래
○ ᄒᆞ내 고오 왔ᄂᆞᆯ 노ᄉᆞᆷ 라假 你 니니 幾 기기 箇 거거 學 향효 生 숭승 ○ 學녀 生희 고엿 咱

朴通事諺解上 四

장자 學 향효 長 쟝장 為 위위 頭 뜰투 兒 ᅀᅳᆯ 四 숭스 十 씽시 五 우우 箇 거거 學 향효
生 숭승 ○ 여우 아리 은學 다長 ᄉᆞ으 學로 生為 이頭 라ᄒᆞ 多 뎌도 少 샿샾 學 향효 課 쿼코 錢
쪈쳔 ○ 머學 나課 ᄒᆞ錢 뇨이 언 一 힝이 箇 거거 月 웡웨 五 우우 錢 쪈쳔 家 갸가 ○ 돋ᄒᆞ
식에 이닷 라돈 你 니니 師 숭스 傅 부부 是 숭스 甚 씸슴 麽 마마 人 신신 ○ 이네 이스 엇승
름던 고사 是 숭스 秀 싱수 才 쨰채 ○ 才이 라秀 你 니니 如 슈슈 今 긴긴 學 향효 甚 씸슴
麽 미마 文 문운 書 슈슈 ○ 을네 비이 호제 ᄂᆞᆫ므 다슴 글 讀 뚱두 毛 망모 詩 숭스 尚 썅샹
書 슈슈 ○ 롤毛 려詩 노와 라尚 書 讀 뚱두 到 닾닾 那 나나 裏 리리 也 여여 ○ 롤려 어기
엿티 ᄂᆞ세 뇨지 ᄒᆞ 待 때대 一 힝이 兩 량량 日 싱이 了 랼랸 也 여여 ○ ᄒᆞ흔 뎐이 ᄆᆞ톨 ᄎᆞ안
다리 로 你 니니 每 뭐뫼 日 싱이 做 주주 甚 씸슴 麽 마마 功 궁궁 課 쿼코 ○ 日네 에每
ᄒᆞ므 ᄂᆞᆫ슴 다풍 부 每 뭐뫼 日 싱이 打 다다 罷 빠바 明 밍밍 鐘 중중 起 키키 來 래레 ○
터每 罷日 ᄒᆞ에 면明 니鐘 러을 洗 시시 臉 련련 到 당닫 學 향효 裏 리리 ○ 學ᄂᆞᆺ 에싯 가고 師

ᄉᆞ스傅부부上샹샹唱챵챵喏셔셔○스승님세읍ᄒᆞ고○唱喏揖也詞曲日一箇唱百箇喏謂
一入呼唱於上衆人應諾於下如將帥在營幕下軍卒救謁於前者列於庭將帥發一令語則衆下齊聲以應
允里巷子弟拜謁父兄亦然曰謂揖曰唱喏未詳是否但家禮集註說云揖者拱手着胷也揖恐非所謂唱喏也
今中朝俗以鞠躬拱手為唱喏試ᄉᆞ스文문운書슈슈的디디之즈즈後흫후○글을바딘
후에迴휘휘家갸갸喫치치飯빤반○집의도라와밥먹고却컿커到닿닫學햫효裏
리리上샹샹書슈슈念녠녠一이이會휘휘○또學에가글비화ᄒᆞᆫ디위念ᄒᆞ고做주주
七칭치言연연四ᄉᆞ스句규규詩ᄉᆞ스○七言四句詩롤짓고到닿닫晌샹샹午우우
寫셔셔倣방방書슈슈○나지다ᄃᆞ로면셔품ᄡᅳ기ᄒᆞ여寫셔셔差차차字ᄌᆞ즈的디디
○字롤그롯ᄡᅳᄂᆞᆫ이ᄂᆞᆫ手싛쉬心신신上샹샹打다다三산산戒계제方방방○손바
당을세번젼반으로티ᄂᆞ니라○音義云學罰에티ᄂᆞᆫ것質問云讀書小兒送入學堂師傅敎寫字不用心寫
好字師傅拿二尺長寸半寬半寸厚的木板打手掌使後日寫好字免打手掌謂之戒方伱好할핟好

핳핟○도타도타伱니니休힣휘撒상사懶란란○네게얼리말고街계계上샹샹休
힣휘遊웡우蕩땅당○거리에遊蕩티말고越웨웨在재재意이이勤긴킨勤긴킨的
디디學햫효着잪죠○더옥ᄠᅳᆺ두어브ᄌᆞ런이비호라如슈슈今긴긴國궇귀家갸갸行
행힝仁신신義이이重중중詩ᄉᆞ스書슈슈○이제國家ㅣ仁義롤行ᄒᆞ고詩書롤重히너기
니伱니니學햫효的디디成칭칭人신신長장장大따다○네비화成人長大ᄒᆞ야가
應잉잉科커코擧규규得득더做주주官권권○科擧롤應ᄒᆞ여벼슬홈을어더輔뿌부
國궇귀忠중중君균균孝향햐順쓘슌父뿌부母무무○輔國忠君ᄒᆞ며孝順父母ᄒᆞ야
光광광顯현현門문문閭류류時ᄉᆞ스如슈슈何허허○門閭에光顯ᄒᆞ면엇더ᄒᆞ뇨
這져져的디디便뼌변是ᄉᆞ스○이곳을ᄒᆞ니立링리身신신行ᄒᆡᆼ힝道땋닫○
立身行道ᄒᆞ야揚양양名밍밍於유유後흫후世싫시○後世에揚名ᄒᆞ야以이이顯
현현父뿌부母무무○뻐父母롤顯홈이孝핳햫之ᄌᆞ즈終중중也여여○孝의終이

니라
伱니니幾기기時ᄉᆞ스来래레○네언제온다大따다前쪈쳔日잉이来래레了
럏랴○긋그적ᄭᅴ왓노라我어오家갸갸裏리리書슈슈信신신有윟우麽마마○
우리집書信이잇ᄂᆞ나稍샇산將쟝쟝来래레了럏랴○브텨놀가저왓노라我어오父
뿌부母무무都두두身신신已기기安한안樂랗로麽마마○우리父母ㅣ다몸이安樂
ᄒᆞ더냐老랗랖官권권人신신爲위위頭뜰투兒ᅀᆞᆯ○老官人爲頭ᄒᆞ야○漢人呼尊
長亦加老字於姓字之上尊之之稱大따다小샿샫家갸갸眷권권小샿샫娃와와娃와와
們믄믄○大小家眷과저근아히들로○娃娃指孩兒之稱字作咳音와是小兒啼聲以이이至
ᄉᆞ스下햐햐人신신們믄믄○ᄡᅥ下人들에니르히都두두身신신已기기安한안樂
랗로○다몸이安樂ᄒᆞ더라貴귀귀眷권권稍샇산的디디十씽시箇거거白뻥버毛
맣맏施ᄉᆞ스布부부○貴眷이브틴열필흰모시뵈라○毛施布卽本國人呼苧麻布之稱漢人皆呼

曰苧麻布亦曰麻布曰木綿布或書作沒絲布又曰漂白布又曰白布今言毛施布即沒絲布之訛也而漢人
曰麤人之稱見麤布則直稱此名而呼之記書者曰其相稱而遂以為名也五우우箇거거黃황황
毛맣맏施ᄉᆞ스布부부○닷필누론모시뵈와五우우箇거거黑흥허帖텽텨裏리리
布부부○닷필거믄털릭뵈롤小샿샫人신신將쟝쟝来래레這져져裏리리○小人
이여긔가져왓노라謝쎠셔伱니니將쟝쟝偌여여多더도布부부匹핑피来래레○
네만흔布匹가져옴을謝ᄒᆞ노라今긴긴年년년馬마마價갸갸如슈슈何허허○올히
몰갑시엇더ᄒᆞ노今긴긴年년년較걓갸賤쪈젼些셔셔箇거거○올희적이賤ᄒᆞ니
且쳐쳐喂위위幾기기日싫이賣매매時ᄉᆞ스好핳한○아직요ᄉᆞ이먹여ᄑᆞᆯ면됴호려
니와如슈슈今긴긴賣매미時ᄉᆞ스○이제ᄑᆞᆯ면出츄츄不붕부上썅샹價갸갸錢
쪈쳔○노픈갑시나디아니ᄒᆞ리라
孫순순舍셔셔混훈훈堂땅탕裏리리洗시시澡잘잔去큐큐来래레○孫가아混

堂에 목욕곰으라가자 ○人家設溫湯浴室處燕都多 有之乃熱水爲湯非溫泉也或稱堂子舊本作湯子
我어오 是쑤스 新신신 来래레 的듸디 莊좡좡 家갸갸 ○ 향나 암는 이이 라새 ○로 村온
謂莊 不治 達農 時之 務人 之曰 人莊 家 不봉부 理리리 會휘휘 的듸디 ○ 호아 니디 못 多
더도 少샿샾 湯탕탕 錢쪈쳔 ○ 메湯 나錢 호이 뇨언 我어오 說숴쉬 與유유 你니니 ○
내니 르더 아도 려 湯탕탕 錢쪈쳔 五우우 箇거거 錢쪈쳔 ○ 낫湯 돈錢 이은 오다 숫 挑
낭보 背븨븨 兩량량 箇거거 錢쪈쳔 ○ 두등 낫은 돈디 이릇 오기 는 梳수수 頭뜰투 五
우우 箇거거 錢쪈쳔 ○ 다머 숫리 낫빗 돈기 이기 오는 剃티티 頭뜰투 兩량량 箇거거 錢
쪈쳔 ○ 두머 낫리 돈갓 이기 오는 修싱수 脚걍교 五우우 箇거거 錢쪈쳔 ○ 돕발 기돕 는다
돈다 이숫 니낫 全쮠췬 做주주 時쑤스 只즈즈 使쓰스 的듸디 十씽시 九깅구 箇거거
錢쪈쳔 ○ 아다 홉호 낫려 돈호 을면 쓰그 리저 라열 我어오 管권권 着쟣죠 湯탕탕 錢쪈쳔
去큐큐 来래레 ○ 옴내 아湯 라錢 가을 마ᄆᆞ 衣히이 裳쌍샹 帽말만 子즈즈 靴훠훠 子

즈즈 ○ 파옷 훠과 롤갓 都두두 放방방 在째재 這져져 櫃귀귀 裏리리 頭뚤투 ○ 이다
두櫃 고안 희 分븐븐 付부부 這져져 管권권 混훈훈 堂땅탕 的듸디 看칸칸 着쟣죠
○ 分이 付混 호堂 여ᄆᆞ 보옴 라아 호ᄂᆞ 고니 게 到닿닫 裏리리 間견견 湯탕탕 池찌치 裏
리리 洗시시 了랼랴 一광이 會휘휘 兒슬올 ○ 디안 위싼 목湯 욕池 곰에 고가 호 第띠디
二슬을 間견견 裏리리 睡쉬쉬 一광이 覺걀갸 ○ 호第 숨二 자間 고에 又잉우 入숭슈
去큐큐 洗시시 一퓸이 洗시시 ○ 기또 금드 고려 却쿵커 出츄츄 客킁커 位위위 裏
리리 歇혀혀 一퓽이 會휘휘 兒슬올 ○ 호또 디客 귀位 쉬에 고나 가 梳수수 刮곽과 頭
뜰투 修싱수 了랼랴 脚걍교 ○ 발머 돕리 다긁 돕빗 고고 凉량량 定띵딩 了랼랴 身신신
巳기기 時쑤스 ○ 호뭄 거이 巳凉 定 却퀑커 穿춴춴 衣히이 服뿡부 喫칭치 幾기기
盞잔잔 悶비비 風붕봉 酒짙작 ○ 悶또 風옷 酒닙 롤고 먹여 으러 면잔 精징징 神씬신 便
밴변 別뻥뻐 有잉우 ○ 이精 이神 시이 리꼿 라각 별 你니니 休힣햐 怪괘괘 ○ 믈네 말허

라 到닿닫 家갸갸 慢만만 慢만만 的듸디 與유유 你니니 洗시시 塵찐친 ○ 의집
가게 날마 희지 여호 네아
哥거거 你니니 聽팅팅 的듸디 麼마다 ○ 런형 는아 다네 ᄃᆞ 京깅깅 都두두 駕갸갸
幾기기 時쑤스 起키키 ○ 긔셔 동울 호대 실개 러언 뇨제 未위위 裏리리 ○ 시못 니호 여
且쳐쳐 早잫잘 裏리리 ○ 럿아 터직 라일 把바바 田뗜텬 禾훠호 都두두 收싱삭 割
궁거 了랼랴 時쑤스 ○ 거田 두禾 어롤 븨다 면가 다 八방바 月웨워 初추추 頭뚤투 起
키키 ○ 긔八 동月 홀初 러生 라에 今긴긴 年넨넨 錢쪈쳔 鈔챻챂 艱견견 難난난 ○ 히올
錢錢 古鈔 者ㅣ 天艱 降難 災ᄒᆞ 民야 於○ 是錢 乎者 量金 資帛 幣之 權名 輕古 重曰 以泉 教後 民鑄 困而 代日
飛各 錢鑄 至錢 元輕 朝重 有不 中一 統鈔 元楮 寶幣 交也 鈔始 通於 行蜀 寶之 鈔交 之子 名唐 之 京깅깅
都두두 也여여 沒몽무 甚씸슴 麼마마 買매매 賣매매 ○ 買셔 賣울 ㅣ도 홀아 거ᄆᆞ 시란
라업 드 遭잠잔 是쑤스 我어오 不봉부 去큐큐 ○ 다마 아초 니아 홀이 샤내 가 往왕왕

迴훼휘 二슬을 千쳔쳔 里리리 田뗜텬 地띠디 ○ 里往 싸迴 돌히二 千 到닿닫 那나나
裏리리 住쮸쥬 三산산 箇거거 月웨워 ○ 을뎌 머긔 믈가 면셕 돌 納낭나 房빵방 錢
쪈쳔 空쿵쿵 費비비 了랼랴 ○ 뎔房 법錢 시드 허리 비는 홀거 낫슬 다속 說쉬쉬 的듸디 是
쑤스 ○ 올닐 타옴 이 不봉부 去큐큐 的듸디 倒닿닫 快쾌쾌 活홯호 ○ 님가 이디 도아
깁로 다혀 즐 省승승 多터도 少샿샾 盤뻔편 纏쪈쳔 ○ 와언 뇨멋 ○盤 盤纏 纏글 길ᄆᆞ 혜더
給더 服러 食가 應지 用로 金ᄡᅳ 銀는 財것 帛質 之問 類云 今盤 按纏 盤纏 纏繳 二供 字給 取之 義物 源如 流供
詳去 出츄츄 外왜왜 時쑤스 端뒨둰 的듸디 是쑤스 愁쭐추 殺새새 人신신 ○ 미밧
을나 근가 심면 케젼 호히 ᄂᆞ사 니롬 家갸갸 貧삔핀 不봉부 是쑤스 貧삔핀 路루루 貧삔핀
愁쭐추 殺새새 人신신 ○ 둠家 을貧 근은 심이 메貧 호이 ᄂᆞ아 니니 라오 ○路 愁貧 殺이 謂아 人사
死有 甚愁 言之 其甚 愁而 之可 極至 也於
咱짬자 們믄믄 教걓갸 場짱창 裏리리 射써셔 箭쪈젼 去큐큐 来래레 ○ 教우 場리

라에 가활 자쏘 這 저져 般 번번 時 쓰스 咱 쟈차 們 믄믄 幾 기기 箇 거거 去 큐큐 ○ 러이
처면 가우 료리 멋 咱 쟈자 十 씨시 數 수수 箇 거거 弟 떠디 兄 훙훙 們 믄믄 去 큐큐 時
쓰스 勾 흫구 了 랄랴 ○ 가우 면리 유여 여라 흘믄 거弟 시兄 니돌 히 一 황이 邊 변변 五 우우
箇 거거 家 갸갸 分 븐븐 着 쟢죠 射 쎠셔 ○ 삭흔 눈편 화에 쏘다 쟈소 咱 쟈자 賭 두두 甚
셤솜 麼 마마 ○ 나우 기리 흥므 료시 슬 咱 쟈자 賭 두두 一 황이 箇 거거 筵 연연 席 씽시
着 쟢죠 ○ 롤우 나리 기흔 흥이 자바 디 那 나나 般 번번 着 쟢죠 ○ 흥그 자리 你 니니 借
저지 饋 귀괴 我 어오 巴 빠바 指 쯔즈 麼 마마 ○ 주베 고나 려를 ○헐 흡거 義피 云롤 헐빌 거뢰
피 饋 귀괴 你 니니 濟 지지 機 기기 ○ 쌜디 로롤 밍각 근지 헐롤 거주 피마 ㅁ○ 톤音 짓義 수云
姿如 漢摞 人着 或於 牛㩉 角拮 或所 鹿以 角鉤 爲弦 之鬧 形弓 咱 쟈자 各 갛기 自 쯔즈 用 융융 心
신신 儘 진진 氣 키기 力 릭리 射 쎠셔 ○ 力우 을리 잇각 곳각 흔用 야心 쏘흐 쟈야 氣 哥 거기
你 니니 放 방방 心 신신 ○ 心형 흐아 라네 放 我 어오 獨 뚱두 自 쯔즈 箇 거거 射 쎠셔

朴通事諺解上　四十九

時 쓰스 也 여여 贏 잉잉 的 딩디 ○ 이내 겨흔 리자 로쏘 다아 도 難 난난 道 땁단 難 난난
道 땁단 ○ 니니 큰큰 기기 어이 럽랍 다다 你 니니 說 숴쉬 甚 씸승 麼 마마 話 화화 ○ 므베
큰슴 눈말 다니 張 장장 弓 궁궁 有 일우 別 뼝벼 力 릭리 飮 힌인 酒 짇쥐 有 일우 別 뼝벼
腸 짱창 ○ 酒張 애弓 別애 腸別 이力 잇이 눙잇 니고 라飮
你 니니 姐 져져 姐 져져 曾 쯩층 幾 기기 時 쓰스 喫 칭치 粥 죻주 來 래래 ○ 姐네 ㅣ姐
죽일 을좁 먹언 누제 노브 더 恰 캬갸 三 산산 日 싀시 也 여여 ○ 미ㅈ 라三 日 小 샿샿 廝
쑤스 兒 슬을 那 나나 女 뉴뉴 孩 해해 兒 슬을 ○ 군소 나나 희희 가가 一 황이 箇 거거 後
죠죠 小 샿샿 廝 쑤스 ○ 나흔 희죠 려슈 라흔 소 好 할한 好 할한 ○ 됴됴 토토 다다 只 쯔즈
怕 파파 產 찬찬 後 흫후 風 봉봉 感 간간 冒 맘만 ○ 感그 冒저 흘產 가後 저에 프브 니롬 에
說 숴쉬 與 유유 你 니니 姐 져져 姐 져져 ○ 려네 날姐 리姐 드 好 할한 生 숭숭 小 샹샹
心 신신 着 쨯죠 ○ 심마 흐장 야조 休 힐휘 喫 칭치 酸 쉰숸 甜 떤뎐 腥 싱싱 葷 훈훈 等

등등 物 몽우 ○ 린쉰 것것 들둔 을것 먹비 디린 말것 고누 只 쯔즈 着 쟢죠 些 서셔 好 할한 醬
장장 瓜 과과 兒 슬을 就 짝작 飯 빤반 喫 칭치 ○ 로그 밥저 흐역 여이 역됴 허흔 라書 本 滿
먼먼 月 월워 過 귀고 了 랄랴 時 쓰스 喫 칭치 的 딩디 不 붕부 妨 방방 事 쓰스 ○ 기돌
分차 娩다 未나 滿면 月억 忿어 食도 生일 冷에 粘해 硬듬 果디 菜아 肥나 膩흐 魚리 肉다 之○ 物產 當書 時云
不雖 出未 門覺 不有 生損 理滿 只月 補之 養後 本即 身成 一蓐 月勞 之貧 後問 出云 門婦 又之 喫一 書箇 酒月
賀今 生接 兒喜 之酒 宴者 滿 먼먼 月 월워 日 싀이 老 랄랃 娘 냥냥 來 래레 ○ 날돌 에이 老杏
生娘 産이 的와 婦○ 人老 令娘 接音 俗義 呼云 穩伏 婆侍 着 쟢죠 孩 해해 兒 슬을 盆 뻔픈 子 즈즈
水 쉬쉬 裏 리리 放 방방 着 쟢죠 ○ 물아 에히 노롤 흐盆 변子 人 親 친친 戚 칭치 們 믄믄
那 나나 水 쉬쉬 裏 리리 ○ 뎌親 을戚 에들 이 金 긴긴 銀 인인 珠 쥬쥬 子 즈즈 之
類 뤼뤼 ○ 각金 類銀 롤珠 子 各 갛거 自 쯔즈 丢 뭉무 入 슝슈 去 큐큐 ○ 리각 더각 든드
繞 재재 只 쯔즈 洗 시시 了 랄랴 孩 해해 兒 슬을 剃 티티 了 랄랴 頭 뜽투 ○ 아그 아제

朴通事諺解上　五十

머히 리롤 갓식 고기 고 把 바바 孩 해해 兒 슬을 上 썅샹 搖 얖야 車 처쳐 ○ 다아 가히 搖롤
누車 니에 라올 리 買 매매 將 쟝장 車 처쳐 子 즈즈 來 래레 ○ 사술 다위 가롤 底 디디 下
해하 鋪 푸푸 蒲 뿌푸 席 씽시 ○ 죽잇 설희 고지 又 일우 鋪 푸푸 氈 전전 子 즈즈 ○ 당또
고얼 上 썅샹 頭 뜽투 鋪 푸푸 兩 량량 三 산산 箇 거거 褯 쪄져 子 즈즈 ○ 세우 깃희 을두
子얼 褯고 即○ 褯褯 子子 音音 義義 混云 而褯 一褯 之接 誤習 矣誘 但褯 譯之 語物 指今 南按 亦褯 呼即 繃繃
詳子 是混 否褯 褯爲 子褯 깃褯 未 着 쟢죠 孩 해해 兒 슬을 臥 어오 着 쟢죠 ○ 흐아 여히 누로
고이 上 썅샹 頭 뜽투 蓋 개개 着 쟢죠 他 타타 衣 이이 裳 썅샹 ○ 옷우 덥희 고제 着 쟢죠
繃 봉봉 子 즈즈 絟 싼산 了 럎랴 ○ 即비 襁보 也로 廣기 約미 束고 兒○ 衣繃 也子 褟보 八로 寸기
兒長 而一 負尺 之用 行約 者小 把 바바 溺 냑냐 胡 흫후 蘆 루루 正 징징 着 쟢죠 那 나나 窟
쿵쿠 籠 룽룽 裏 리리 放 방방 了 럎랴 ○ 바오 로좀 티누 곰눈 긔박 노을 코다 가 把 바바 尿
낭냔 盆 뻔픈 放 방방 在 쩨재 底 디디 下 햐하 ○ 미분 틔지 노롤 코다 가 見 건견 孩 해해

兒올숭啼티떠哭쿠쿵時스쑤○아히울믈보면把바바搖얀양車처쳐搖얀양一
이황搖얀양便변뻔住쥬쭈了랴랼○綠車를다가흔들면곳그치ᄂᆞ니라做주주滿먼언
月웨훵○돌ᄎᆞᆫ이바디ᄒᆞ련老랄랑娘냥낭上샹쌍賞샹샹銀인인子즈즈段뒨둰
疋피핑○老娘의게은과비단을샹ᄒᆞ고百버븽歲쉬쉬日시씽又우잉做주주筵연연
席시씽○百歲日에ᄯᅩ이바디ᄒᆞ면○子生一七日謂之一臘一歲謂之百晬質問云初生孩兒以百日
爲百歲日六親皆以禮賀之主人設席館待親친친戚치칭們믄믄都두두來래래慶킹킹
○親戚들히다와경하ᄒᆞᄂᆞ니라把바바孩해해兒올숭又우잉剃티티了랴랼頭투뚱
頂딩딩上샹쌍灸구깅○아히로다가ᄯᅩ머리깍고뎡박이ᄯᅳ고那나나一이황日시싱
老랄랑娘냥낭上샹쌍又우잉賞샹샹○그날老娘의게ᄯᅩ샹ᄒᆞᄂᆞ니라如유유今긴긴
自즈쯔妳내내那나나尋신씬妳내내子즈즈○이제손조젓먹이냐젓즐어던ᄂᆞ냐ᄂᆞ
尋신씬一이황箇거거好한황婦부뿌人인신妳내내○ᄒᆞᆫ됴흔婦人의젓을어더시되

一이황箇거거月웨훵二올숭兩량량妳내내子즈즈錢쳔쪈○ᄒᆞᆫ돌애두ᄂᆞᆼ젓갑시
오按안한四ᄉᆞ스時스쑤與유유他타타衣이ᄒᆡ服부뿡○四時ᄅᆞᆯ조차려ᄅᆞᆯ衣服을
주나養양양孩해해兒올숭好한황難난난○ᄌᆞ식기ᄅᆞ기ᄆᆞ장어렵더라可거거知
지징難난난裏리리○그리어이어려오니懷회홰躭단단十시씽月웨훵○비아열돌
이오乳유유哺부뿌三산산年년년○젓머겨三年이오推퉈퉈乾간간就쥬짝濕
시쌍○推乾就濕ᄒᆞ야千쳔쳔辛신신萬완환苦쿠쿠○千辛萬苦ᄒᆞ야養양양大다따
成칭쨍人인신○養大成人ᄒᆞ니因인힌此ᄎᆞ츠上샹쌍○이런젼ᄎᆞ로古구구人
신신道단땅○古人이니ᄅᆞ되養양양子즈즈方방방知지징父부뿌母무무恩은흔
○ᄌᆞ식을길러야보야흐로父母은혜ᄅᆞᆯ안다ᄒᆞ니라
好한황大다따舍셔셔○ᄆᆞ옴됴흔大舍ㅣ아那나나裏리리下하햐着죠쟝裏리리
○어디브리엇ᄂᆞᆫ다小샤샹人인신在재째那나나東둥둥角교걓頭투뚱堂당땅

子즈즈間견견壁비빙下하햐着죠쟝裏리리○小人이뎌동녁모롱이堂子ㅅᄇᆞᄅᆞᆷ을ᄉᆞ
이ᄒᆞ여브리워잇노라○堂子即混堂釋見上板반반闥타탕門문문那나나甚숨씸麽마마
門문문○널문가므숨문고朝챵쨩南난난開캐캐着죠쟝一이황箇거거小샤샹
牆챵쨩門문문便변뻔是스쑤○남을향ᄒᆞ여ᄒᆞᆫ小牆門변거시곳이라不부붕知지징
道단땅下하햐處츄츄不부붕曾층쯩得더둥望왕왕去큐큐○下處ᄅᆞᆯ아디못ᄒᆞ여
일즙보라가디못ᄒᆞ니大다따舍셔셔休학힝怪괘괘○大舍ㅣ아허믈말라不부붕敢
간간哥거거○不敢ᄒᆞ여라형아小샤샹人인신昨조쨧日시싱貴귀귀宅져쪄裏
리리○小人이어제貴宅에留루릳下하햐一이황箇거거拜배배貼텨뎡來래래見
견견來래래麽마마○ᄒᆞᆫ拜貼을머므럿더니보신가是스쑤小샤샹人인신見견견來
래래○올흐니小人이보앗노라小샤샹人인신每믜믜日시싱不부붕在재째家갸갸
○小人이每日에집의잇디아니ᄒᆞ니大다따舍셔셔夜여여來래래乾간간走주증了

랴랼一이황遭잔짱○大舍ㅣ어제속절업시ᄒᆞᆫ디위ᄃᆞᆫ녀다改개개日시싱迴휘훼望
왕왕大다따舍셔셔去큐큐○다ᄅᆞᆫ날大舍ᄅᆞᆯ迴望ᄒᆞ라가慢만만慢만만的디딍說
쉬쉥話화화○날회여말ᄒᆞ자
醜착칭廝스ᄉᆞ你니니來래래○뎌러온놈아이바咱쟈갸將쟝쟝那나나斜셔셔
眼연연的디딍弓궁궁匠쟝쨩王왕왕五우우來래래○뎌눈흘뷘弓匠王五ᄅᆞᆯ블러오
라王왕왕舍셔셔來래래了랴랼○王가ㅣ아오라相샹샹公궁궁王왕왕五우우
來래래○相公아王五ㅣ왓ᄂᆞ이다我오어有우잉些셔셔央양향及기꽁的디딍勾
구궁當당당○내져기빌일이이셔咱쟈갸的디딍你니니來래래○너ᄅᆞᆯ블러오라相
샹샹公궁궁有우잉甚숨씸麽마마話화화○相公아므슴말이이셔說쉬쉥與유유
小샤샹人인신麽마마○小人ᄃᆞ려니ᄅᆞ실고你니니打다다饋거긔我오어兩량량
張쟝쟝弓궁궁如유유何허해○네나ᄅᆞᆯ두댱활을ᄆᆡᆫᄃᆞ라주미엇더ᄒᆞ뇨你니니要얀양

打다다幾기기箇거거氣키키力리리的딩디弓궁궁○네언머힘에활을민돌고져ᄒᆞ
ᄂᆞ다○氣力音義云弓強弱之力重十二斤曰一箇氣力今按舊本以斗石為重續綱目兩石弓註三十斤為
鈞四鈞為石重百二十斤也京깅깅都두두綜중중殿뎐뎐西시시教걒갸場쨩챵裡
리리○京都綜殿西教場에○作殿閣用櫻木皮茎盖以為遊御之所舊本作椋毛鞍櫻通作椋官권권
裏리리前쪈쳔面면면控쟝자柳량랴射쎠셔弓궁궁的딩디多더도有읻우○
황뎨앏희셔버들곳고활쏘ᄂᆞ니만히이시니○呼皇帝為官家亦曰官裏五帝官天下三王家天下故耳控
柳質問云端午節日赴教場内將校三柳枝插之三豪走馬射之戲時樂事記云武士軍校稽于柳擊場令掠稽
字即相音而刈字韵書不著唯免疑雜韵内書卞即與揷字音意同綵龜云端午日武士射柳為開力之戲各
料強弱相敵此作控恐誤你니니打다다十씹시箇거거氣키키力리리的딩디一힝이
張쟝장○네열힘에치ᄒᆞ당파七칭치八빠바箇거거氣키키力리리的딩디一힝이
張쟝장○닐곱여듧힘에ᄒᆞ당을묘들라你니니来래레這져저弓궁궁面면면上샹샹

朴通事諺解上 五十三

鋪푸푸筋긴긴將쟝장来래레⊕이바이활면에힘을서라가겨와着짭쟈我어오者
了랴랴之즈즈後헿후⊕날울뵌후예樺화화一힝이樺화화⊕보님히라你
用융용心신신做주주的딩디好할한時쓰스⊕비用心ᄒᆞ여민들기로잘ᄒᆞ면我
多더도與유우你니니賞샹샹錢쪈쳔○내만히너를賞錢을주리라不불부敢
相샹샹公궁궁○不敢ᄒᆞ여라相公아豈키키可커커望왕왕賞샹샹⊙엇더가히
小샹샤人신인奉뽕봉承찡칭的딩디便삔변是쓰스○小人이奉承홈
只즈즈願권권的딩디為위위頭뚤투兒슬올射쎠셔着짭쟈○그저
이곳ᄒᆞ너올
원권대웃뜸으로쏘소셔
秀싱슈才째채哥거거○秀才혐아你니니與유유我어오寫셔셔一힝이紙즈즈
借져져錢쪈쳔文문운書슈슈○네나롤ᄒᆞ당돈마ᄂᆞᆫ文書돌써주고며拿나나紙즈즈
墨뭉머筆빙비硯연연来래레我어오寫셔셔與유유你니니○紙墨筆硯을가져오

라베써더돌주마這져저文문운契키키寫셔셔了랴랴○이글월써다我어오讀
뚤투你니니聽팅팅○내보거든네드르라京깅깅都두두在째재城찡칭積징지慶
깅킹坊방방住쥬쥬人인인趙짱잔寶밯바兒슬올○京都자안積慶坊에셔사논사룸趙
寶兒ㅣ今긴긴為위위缺퀑퀴錢쪈쳔使쓰스用융융○이제돈쓸것입소물위ᄒᆞ여
情찡칭愿원원立리리約약요於유유其우무財째채主쥬쥬處츄츄○情愿으로
야모財主處에立約ᄒᆞ야借져져到닫다細시시絲쓰스官권권銀인인五우우十씹시
兩량량整징징○細絲官銀五十兩뎡이샤되○整無零數之謂롤每믜믜月웡웨
利리리幾기기分본본○每兩에月利현푼식ᄒᆞ야按한안月웡웨送숭숭納낭나○
ᄃᆞᆯ을조차送納ᄒᆞ되不불부致징지拖퉈토欠켠켠○믄그어며ᄅᆞ텀에니ᄅᆞ게말고其끼키
銀인인限현현至즈즈下해하年년년幾기기月웡웨內뉘뉘○그은을이니년아限
므돌니에ᄅᆞ게ᄒᆞ야나歸귀귀還환환數수수足죵주○갑기로수족히ᄒᆞ고에如유유

朴通事諺解上 五十四

至즈즈日씽시無무우錢쪈쳔歸귀귀還환환○난길날이다ᄃᆞ라갑올돌이업슈면將
장장借져져錢쪈쳔人인인在째재家갸갸應잉잉有잌우直찡지錢쪈쳔物무우
件견견○돈산사룸의집의應有엿ᄂᆞᆫ갑산物件을다가ᄒᆞ照쨩쟌依이이時쓰스價갸갸
准쥰쥰折졍져無무우詞쏘스○時價에照依ᄒᆞ야准折ᄒᆞ야도말못ᄒᆞ고如유유借져져
錢쪈쳔人인인無무우物무우准쥰쥰與유유○만일돈산사ᄅᆞᆷ이與홀셰시겁소면准
代때대保밯바人인인一힝이面면면替티티還환환○代保人이一面으로마ᄅᆞ차갑
게ᄒᆞ라○一面ᄒᆞ은자詳見字解恐쿵쿵後헿후無무우憑삥핑○후에의빙홈이업슬가저
허故구구立리리此츠츠文문운契키키為위위用융융○징조이글월을셰워쓰게
ᄒᆞ엿ᄂᆞ니某무무年년년月웡웨日씽시借져져錢쪈쳔人인인某무무○아모年日
日에돈산사룸아모同뚱퉁借져져錢쪈쳔人인인某무무○ᄒᆞᆫ가지로돈산사룸아모代
때대保밯바人인인某무무○代保ᄒᆞ룸아모사同뚱퉁保밯바人인인某무무等

둥둥押햐야○同保훈사름아모등이일홈두어다空쿵쿵處츄츄寫셔셔大따다吉깅기
利리리○빈곳에大吉利라쓰거나或휭훠寫셔셔餘유유白뻥버兩량량字쯔즈着
쟣죠○或餘白兩字로쓰라將쟝쟝錢쪈쳔来래레贖쓩슈將쟝쟝契키키去큐큐○
돈가져와갑고글월가져가라
那나나裏리리有잉우賣매매的딩디好할한馬마마○어티꿀됴흔몰이잇더뇨東
둥둥角갛교頭뜰투牙야야家갸갸去큐큐處츄츄廣광광○동덕모롱이에즈름가눈
뒤안흐니○事文類聚云今人云駔儈爲牙本謂之互郞主互市事也唐人書互作牙似牙字因轉爲牙今漢
俗亦曰牙子卽古之牙儈敢간간知징지道땋닾○알듯흐니你니니打다다聽팅팅一
힝이打다다聽팅팅○비둣보라你니니待때대買매매甚씸슴麽마마本븐븐事
쓰스的딩디馬마마○네므슴지조엣몰을사고져흐는다我어오要햠얀打다다圍위위
處츄츄騎끼기的딩디快쾌쾌走즣주的딩디馬마마○내산영흐는고뒤들잘돈는몰

朴通事諺解上 五十五

을사고져흐노라你니니拿나나着쟣죠多더도少샿샾銀인인子즈즈買매매○
네언머은을가지고사려흐는다我어오有잉우三산산十씽시兩량량銀인인子즈즈
○내게三十兩銀이이세라那나나裏리리有잉우一힝이箇거거土투투黃황황馬
마마好할한本븐븐事쓰스○뎌긔흔고라몰이이셔지죄됴호되只즈즈腿튀뒤蹺쿠쿠
不봉부開캐캐○다믄뒷지폐페디디못흐고○音義지폐딘몰一힝이箇거거黑흥허鬃
중중青칭칭馬마마快쾌쾌走증주○훈가리온총이몰이잘드르되只즈즈是쓰스前
쪈쳔失스시○그저앏거티고○音義云거티는몰譯語指南云앏거티는몰一힝이箇거거赤
칭치馬마마生승승的딩디十씽시分븐븐可커커喜히히○훈절다몰이열굴이ᄀᆞ장
고오되沒뭉무本븐븐事쓰스○직죄업소니你니니自쯔즈馬마마市쓰스裏
리리揀견견着쟣죠買매매去큐큐○네손조몰져제골히여사라가라市쓰스裏리리
尋씬신不봉부着쟣죠好할한馬마마○져제됴흔몰을엇디못홀러라一힝이箇

거거栗링리色싀서白뻥버臉련련馬마마○훈구렁빗치간쟈몰이有잉우九깅구
分븐븐膘뱧뱦○九分이나술이잇고好할한轡피피頭뜰투○석대됴코○音義云잘돈
논몰을닐온轡頭今按轡頭即馬勒也今俗謂석대됴흔몰을呼爲好轡頭則音義亦當并好字爲釋可也且
漢俗以華爲之有銜者曰轡頭以索爲之無銜者曰籠頭今呼鞍轡之轡音비好轡頭之轡音피此轡字別有
其字而今未得也恐當作披字爲是謂以勒披馬頭引之也點뎐뎐的딩디細시시○져가잘호
되只즈즈是쓰스小샹샾行행힝上샹샹遲찡치○그저준걸음이쓰고有잉우些
셔셔槽짱찬疥계계○쳐기비릇잇고也여여有잉우些셔셔撒상사蹄띠티○져쏘
기굽ᄀᆞ리미잇더라○音義云뒷굽므리므리예ᄀᆞ리는몰譯語指南云굽ᄀᆞ리는몰討땅탄多더도
少샿샾銀인인子즈즈○언머은을꾀오더뇨有잉우人신인出츄츄十씽시五우우
兩량량銀인인子즈즈○사름이열닷냥은을내리잇더라你니니為위위甚씸슴麽
마마不봉부買매매来래레○네므서슬위흐야사오디아니흔다真진진箇거거是쓰스

朴通事諺解上 五十六

好할한馬마마麽마마○진실로됴흔몰이랏다只즈즈有잉우那나나些셔셔證
징징候흫후○그저뎌證候ㅣ잇고銀인인子즈즈也여여不봉부勾흥구○은도조라
디못흐야不봉부曾쯩층買매매来래레○일즙사오디못호라槽짱찬疥계계有잉우
甚씸슴難난난處츄츄○빌라아므슴어려온곳이이시리오醫이이他타타時쓰스便
뼌변是쓰스○뎌를고티면곳이라料략략着쟣죠你니니那나나細시시詳썅샹時
쓰스○혜아리건대네뎌리細詳흐면是쓰스買매매不봉부得득디馬마마○몰을사
디못흐리라將장장就찧작着쟣죠買매매將장장来래레○두어라흐여사가져다가
且쳐쳐胡핳후亂뤈뤈騎끼기時쓰스怕파파甚씸슴麽마마○아직간대로트면므
슴저프리오萬완완事쓰스不봉부由임우人신신計기기較걒걒○萬事ㅣ사롬의
許較롤말미암디아니흐느니라
你니니怎즘즘麽마마纔째새来래레○네엇디깃온다早쟣잔起키키家갸갸裏

리리有잉약客킹커人신인來래레○그아뇌춤왓의거집놀의나打다다發빵바他
타타去큐큐了랄랴纔째채來래레○보뎌내롤고打ᄀᆞᆺ發올ᄒ와여咱쟝자官권권人
인인在째재那나나裏리리○이우터리잇官는人뇨이官권권人신인在째재文븐운
淵원원閣갈거○一官名人玉이堂文有淵大閣學에士이표셔五○品文官淵閣官권권裏
리리前쪈쳔面면면着칸간書슈슈畫화학裏리리○書황畫뎨롤앏보희니셔一황이
會휘휘兒슬올喫칭치罷빠바湯탕탕時쓰스便뻔변上썅상馬마마○위효탕다
上올馬먹홀으러면라곳上썅상馬마마往왕왕那나나裏리리去큐큐○어몰티토롤면
갈항러ᄒ뇨며今긴긴日싕이上썅상墳뿐븐去큐큐○라오갈놀러上라墳ᄒ上썅상
了랄랴墳뿐븐迴휘휘來래레怎즘즘的딍디○러上나墳엇ᄒ될고러도뇨라올今
긴긴日싕이到당도黃황황村츈츤宿숭수○에오가놀자黃고村明밍밍日슁이就
쩡자那나나裏리리上썅상了랄랴墳뿐븐○서너上일墳입ᄒ의교서게喫칭치遮

朴通事諺解上　五十七

연연席씽시儘진진晚환완入융유城쪙칭來래레○늣이게바야디자먹안고에잇드ᄂ
시리니올거各갇거衙야야門믄믄官권권人신인們믄믄○人各돌衙올門官今
긴긴日싕이都두두請칭칭下해하了랄랴○엿오ᄂ놀니다라請ᄒ八빵바舍셔셔
你니니却캉커那나나裏리리去큐큐○다八○舍八ㅣ舍아音네義또云어行뎌次가第는
ᄉ八之我어오家갸갸裏리리取츄츄氈젼젼衫산산和해호油잉우帽망만去
큐큐○帽우롤리가집질의라氈가衫노과라油我어오不봉부理리리會휘휘的딍디○
못내ᄒ아여디不봉부曾쯩층將장장得딍터來래레○못일ᄒ즙여가시져니오디你
니니將장장兩량량箇거거油잉우紙즈즈帽망만兒슬올來래레○紙네帽두롤油
와가저借저쟈與유유我어오一황이箇거거○빌날려올주ᄒ고나려흘我어오只
즈즈有잉약一황이箇거거油잉우絹견견帽망만兒슬올裏리리○만내ᄒ게油다
잇絹고帽ㅣ盂믕믕舍셔셔有잉약兩량량箇거거油잉우紙즈즈帽망만兒슬올

○紙盂帽가ㅣ의이게시두니油你니니問믄운他타타借저저時쓰스便뻔변饋귀긔
你니니○면데곳뎌뎌드롤려주우리러라빌那나나廝스那나나裏리리肯큰큰饋
귀긔○즐뎌거놈주이리어오디不봉부通퉁퉁人신인情찡칭不봉부得딍더仁신인
義이이的딍디小샹샤廝스○義人롤情엇을디통못티ᄒ못놈ᄒ이고라仁怎즘즘麽
마마不봉부與유유你니니○더엇아디니너ᄒ롤료주又잉우不봉부喫칭치了랄랴
他타타的딍디○디또아뎌날의거거시슬니먹你니니自쯔즈儘진진一황이儘진진
○犬네ᄒ손라조잇咱쟝자們믄믄的딍디馬마마怎즘즘的딍디喂휘위○리우
먹몰이을료엇디官권권人신인的딍디伴뻔번當당당處츄츄○當官의人손의ᄃᆡ伴
謂○之質伴問當云三軍日戰一官揆跟當隨去儀聲從人散산산饋귀긔喂휘위馬마마的
딍디草참찬料랄랴錢쪈천○갑물슬먹ᄒ일터딥주과라콩那나나般빈반時쓰스省
승승氣키키力릥리○力그이리덜ᄒ리면라氣

朴通事諺解上　五十八

你니니昨쪼조日싕이張장장千천천戶후후的딍디生승승日싕이裏리리○
二네千어二재百張名千爲戶一의千生戶日所에一○百軍一士十五名千爲六一百百名戶爲所一每衛
二百名戶小內旗設二總名旗何해허故구구不봉부來래레○디므아습니면ᄒ고다로오
小샹샤人신인其끼키實싱시不봉부曾쯩층知징지道땀단○실小로人일이습진
ᄒ아와디못那나나裏리리做주주生승승日싕이來래레○日어을더ᄒ가뇨生八
빵바里리리庄쫭좡梁량량家갸갸花화화園원원裏리리做주주來래레○里八
在庄內梁日家街花坊園閑의廟셔在ᄒ外니曰라店○鎭八鄕里庄庄畜地保名屯九務鄕寨井峪之灣制
指寓人盖所曰聚俗居呼之得處名也皆我어오也여여那나나一황이日싕이遠띠디了
량랴手싱사怕파파之즈즈後흫후○후나에도○그手날帕에卽手手帕巾드也린喫칭치
幾기기盞잔잔酒잉자過거고兩량량道땀단湯탕탕○兩여道러湯잔을술디먹너고
고便뻔변上샹상馬마마出흉츄來래레了랄랴○고곳나롤올을와트咳해해我

어오眞진진箇거거不불부曾쯩층知징지道땋닿来래레○애내진실로일즙아디못
ᄒ엿더니我어오也여여明밍밍日싱ᅀ到닿닿羊양양市ᄉᆞ스裏리리○나도니일
羊져제가五우우錢쪈쳔銀인인子즈즈買매매一힝이箇거거羊양양腔캉캉子
즈즈○닷돈은에ᄒᆞᆫ양의얼골을사○韵會云骨体曰腔音義云羊無首之名羊有首則人厤者今按漢俗
屠羊出賣者皆去其首做주주人신신情찡칭去큐큐○人情을상아가饋귀귀他타타
補부부生승승日싱ᅀ○더롤주어生日을다ᄂ림ᄒ면有잉우甚씸슴麼마마遲찡치
處츄츄○므슴더된곳이이시리오常쨩챵言연연道땋닿○常言에날오더有잉우心
신신拜배배節쪄져○節에拜홀무용이이시면○拜節歲時樂事記云元日士庶自早五相慶賀車
馬交馳衣服華煥雜還街市三四日而乃止寒한한食씩시不불부遲찡치○寒食이라도더
듸디아니타ᄒᄂ니라○荊楚記云去冬節一百五日有疾風甚雨謂之寒食又謂之百五節秦人呼為熟食
日言其不動烟火預辦熟食過節也晉文公焚山介子推因燒死遂禁火以報之東京錄云唐明皇詔寒食上

朴通事諺解上　五十九

墓近代相承皆用此日拜掃丘墓都人傾城出郊四野如市芳對之下園圃之間羅列盃盤抵暮而歸
揮휘휘使ᄉᆞ스你니니曾쯩층到닿닿西시시湖후후景깅깅来래레麼마마○
揮使ㅣ아녜일즙西湖ㅅ景에갓든다○音義云揮使指揮之義稱今按指揮使官名都督府都指揮使正二
品各衙指揮使正三品西湖在玉泉山下泉水諸而為湖流入宮中西苑為太液池出都城為玉河東南流注
子大通河環湖十餘里荷蒲菱芡與夫沙禽水鳥出沒隱映於天光雲影中實佳境也我어오不불부
曾쯩층到닿닿来래레○내일즙가디못ᄒ여시니你니니說쉉쉬與유유我어오那
나나裏리리的딩디景깅깅致징지麼마마○네날ᄃ려더그景致롤니르라說쉉쉬時
ᄉᆞ스濟지지甚씸슴麼마마事ᄉᆞ스○날온들므슴일이일라오咱쨩자一힝이箇거거
日싱ᅀ頭뜽투隨쮜취喜히히去큐큐来래레○우리ᄒᄅ구경ᄒ라가자然연연雖
쉬쉬那나나們믄믄時ᄉᆞ스○비록그러나且처쳐說쉉쉬一힝이說쉉쉬着잘죠
○아직니ᄅ라我어오說쉉쉬與유유你니니○내너ᄃ려니ᄅ마西시시湖후후

是ᄉᆞ스從쭝충玉융유泉쪈쳔裏리리流릳루下햐햐来래레○西湖ᄂᆞᆫ이玉泉으로
조차흘러ᄂ리ᄂ니○玉泉在宛平縣西北三十里玉泉山下山有石洞三一在山之西南其下有泉深淺莫測
一在山之陽泉出石罅間鑿石為螭頭泉從螭口噴出鳴若雜佩色如素練泓澄百頃一在山之根有泉湧出
洞門刻玉泉二字有觀音閣又南有石岩榜呂公洞其上有金時芙蓉殿廢址相傳以為章宗避暑處宣德年
間建玉泉亭于其上以備臨幸深신신淺천천長쨩챵短뒨뒨不불부可커키量량량○
深淺長短을可히헤아리디못ᄒ고湖후후心신신中중중○물새온티有잉우聖싱싱旨
즈즈裏리리蓋개개来래레的딩디兩량량座쭤조琉릳루璃리리閣갇거○聖旨
로지은兩座琉璃閣이이시니遠원원望망왕高갈갈接졍져青칭칭霄샹샹○멀리ᄇ라
매놉히ᄑᄅ하놀애졉ᄒ엿고近낀긴看칸칸時ᄉᆞ스遠원원侵친친碧빙비漢한한○
갓가이셔보면멀리碧漢을侵ᄒ고○碧漢即天河也河精上為天漢爾雅析木謂之津ᄃ在箕斗間自坤抵
艮為地紀亦名雲漢曰天漢曰銀河曰銀漢曰河漢四ᄉᆞ스面면면蓋개개的딩디如유유鋪

朴通事諺解上　六十

푸푸翠취취○四面에변거시비취롤선ᄃᆺᄒ야白뻥버日싱ᅀ黑흥허夜여여瑞쒸쉬
雲윤윤生승승○白日黑夜에瑞雲이나니果거고是ᄉᆞ스奇끼키哉재재○果然긔특
ᄒ더라那나나殿뎐뎐一힝이剗찬찬是ᄉᆞ스纏쪈쳔金긴긴龍룽룽木뭉무香
향향停띵팅柱쮸쥬○뎌殿에ᄒᄅᄌ티金龍이열거던木香기둥이오泥니니椒쟝잪紅
훙훙墻쨩챵壁빙비○호죠로ᄇᄅ블근墻壁에蓋개개的딩디都두두是ᄉᆞ스龍룽룽
鳳봉봉凹와와面면면花화화頭뚱투筒뚱퉁瓦와와和허호仰양양瓦와와○
뎬기ᄂ다龍鳳을우묵겨면돗게ᄒ막새와수디새와암디새오兩량량角갈교獸씹수頭뚱투
都두두是ᄉᆞ스青칭칭琉릳루璃리리○두모헤獸頭ᄂ다青琉璃오地띠디基기기
地띠디飾싱시都두두是ᄉᆞ스花화화斑반반石씽시○地基地飾은다花斑石이오
瑪마마瑙낭나幔먼먼地띠디○瑪瑙ᄅᄯ히ᄉ랏고兩량량閣갇거中중중間견견
有잉우三산산叉차차石씽시橋꺙걒○두집ᄉ이에세가려石橋ㅣ이시니欄란란干

간간都두두是솟스白쀵버玉융유石씽시○欄干은다白玉石이오橋걒갼上샹샹
丁딩딩字쯓즈街게계中중중間겨견正징징面면면上썅샹○字ㄷ街리中우間丁
正面에有잉약官권권裏리리坐쭤조的딩디地띠디白쀵버玉융유石씽시玲
령령瓏룽룽龍룽룽床좡촹○황뎨안ᄂᆞᆫ白玉石으로玲瓏히ᄒᆞᆫ龍床이잇고西시시壁빙비
廂샹샹有잉약太태태子쯓즈坐쭤조的딩디地띠디石씽시床좡촹○西壁廂에
太子안ᄂᆞᆫ石床이잇고東둥둥壁빙비也여여有잉약石씽시床좡촹○東壁에도石床
이잇고前쪈쳔面면면放빵방一잉이箇거거玉융유石씽시玲령령瓏룽룽酒
질작卓좡조兒숭을○前面에ᄒᆞᆫ玉石으로玲瓏히ᄒᆞᆫ酒卓올노핫고北빙버岸한안上썅샹
有잉약一잉이座쭤조大따다寺숭스○북편언덕우희ᄒᆞᆫ座큰뎔이이시니內뉘뉘外
왜왜大따다小샹샤佛뽕보殿뗜뎐○안밧大小佛殿과影힝잉堂땅탕○텅잇ᄂᆞᆫ집
과串쳔쳔廊랑랑○월랑과兩량량壁빙비鐘중중樓릉루○兩壁鐘樓와金

긴긴堂땅탕○金堂과禪쪈쳔堂땅탕○禪堂과齋재재堂땅탕○齋堂과碑
비븨殿뗜뎐○碑殿과諸쥬쥬般번번殿뗜뎐舍셔셔且쳐쳐不불부索쌩새說
쉐쉬○여러가지殿舍ᄂᆞᆫ아직다니른디아니ᄒᆞᆫ거니와筆빙비舌셔셔難난난窮궁쿵○
筆舌로도다ᄒᆞᆫ기어려오니라殿뗜뎐前쪈쳔閣갛거後헿후○殿前閣後에擎낑킹天
텬텬耐내내寒햔한傲앟오雪쉬쉬蒼창창松숭숭○擎天ᄒᆞᆫ耐寒傲雪ᄒᆞᆫ눈蒼松과
여여有잉약帶대대霧후우披피피烟엔연翠취취竹쥬주○또帶霧披烟ᄒᆞᆫ翠竹이잇
고諸쥬쥬雜짜자名밍밍花화화奇끼키樹쓔슈不불부知징지其끼키數수수
○여러가지名花奇樹ᄂᆞᆫ그수를아지못ᄒᆞᆫ고閣갛거前쪈쳔水쉬쉬面면면上썅샹○
집앏물우희自쯓즈在째재快쾌쾌活황호的딩디是숭스對뒤뒤對뒤뒤兒숭을
鴛훤원鴦향양○제대로즐기ᄂᆞᆫ거순이對對鴛鴦이오湖후후心신신中중중浮뿧부
上썅샹浮뿧부下햐햐的딩디是숭스雙솽상雙솽상兒숭을鴨향야子쯓즈○

湖心中에浮上浮下ᄒᆞᆫᄂᆞᆫ거순이雙雙ᄒᆞᆫ올히오河해허邊변변兒숭을窺퀴퀴魚유유的
딩디是숭스無무우數수수目뭉무的딩디水쉬쉬老랄로鴉야야○믈ᄀᆞ의고기엿
ᄂᆞᆫ거순이수업순가마오디오撒삻사網왕왕垂쮜취鈎금구的딩디是숭스大따다小
샹샤漁유유艇팅팅○撒網垂釣ᄒᆞᆫ거순이大小漁艇이오弄룽룽水쉬쉬穿췬쳔波붜보
的딩디是숭스覓밍미死숭스的딩디魚유유蝦햐하○弄水穿波ᄒᆞᄂᆞᆫ거순이覓死ᄒᆞ
ᄂᆞᆫ魚蝦오無무우邊변변無무우涯애애的딩디是숭스浮뿧부萍삥핑蒲뿌푸棒
빵방○無邊無涯ᄒᆞᆫ거순이浮萍과蒲棒이오噴픈픈鼻삐비眼연연花화화的딩디是
숭스紅훙훙白쀵버荷허허花화화○코궤쌩기고눈에밤원거순이紅白荷花려다官권권
裏리리上썅샹龍룽룽舡쮠쳔○황뎨龍舡에오ᄅᆞ면官권권人신신們믄믄也여여
上썅샹幾기기隻징지舡쮠쳔○官人들도여러빅에올라做주주箇거거筵연연席
씽시○이바디ᄒᆞ여動뚱둥細시시樂얍요大따다樂얍요○細樂大樂을動ᄒᆞ고沿

연연河해허快쾌쾌活황호○河를조차즐기다가到답단寺숭스裏리리燒샹샤香
향향隨쮜취喜히히之쯓즈後헿후○뎔에가향피오고구경ᄒᆞᆫ후에却쿵커到답단湖
후후心신신橋걒갼上샹샹玉융유石씽시龍룽룽床좡촹上썅샹○또湖心橋上玉
石龍床에가坐쭤조的딩디歇헐허一잉이會훼휘兒숭을○안자ᄒᆞᆫ디위쉬고又
잉우上썅샹琉릭루璃리리閣갛거○또琉璃閣에올ᄋᆞ면遠원원望왕왕滿먼먼眼
연연景깅깅致징지○멀리ᄇᆞ라매滿眼景致ㅣ真진진箇거거是숭스畫화화也여여
畫화화不붕부成쩡칭○진실로그리려ᄒᆞ여도그리디못ᄒᆞ고描먀먀也여여描먀먀
不붕부出츄츄○모ᄒᆞ려ᄒᆞ여도티못ᄒᆞᆯ거시니오休힐휴誇콰과天텬텬上썅샹瑤
양양池짜치○天上瑤池를자랑티말라○瑤池列仙傳崑崙閣苑白玉樓十二玄室九層左瑤池右翠
水環以弱水九重非飈車羽輪不可到也註瑤池王母所居只쯓즈此츠츠人신신間견견兜
듬두率쐥쇄○그저이人間人兜率이러라○梵語兜率此云妙足又云知足於五欲知止足故佛地論

云名憙足謂後身菩薩於中教化多修憙足故即欲界六天之一也兜率天人間四百世爲一日
咱쟝자們믄믄結겨겨相샹샹識싀시知지지心신신腹부부多더도年년년了
랼랴○우리結相識ᄒ여心腹아란다여리히로더好항핟哥거거哥거거弟띠디兄흉흉
們믄믄裏리리頭뜰투○므음도흔혀아ᄋ들을에一흥이遍변변也여여不부부曾
쯩층說쒀숴知지지心신신腹부부的디디話화화○ᄒ변도일즉心腹아는말을니ᄅ디
못ᄒ여시니咱쟝자有임우一흥이件껸견東둥둥西시시○우리흔가짓거시이시니
對뒤뒤換훤환如유유何허허○막밧곰이엇더ᄒ뇨咱쟝자對뒤뒤換훤환甚씸슴
麽마마東둥둥西시시○우리므스거슬막밧고료我어오的디디串천현香향향褐
훵허通퉁퉁袖씩슈膝싀시欄란란五우우彩채채繡식슈帖텨텨裏리리○내팀
향빗체通袖膝欄ᄒ고五彩로繡노흔털릭과○串香者合和諸香以爲佩者也凡稱染色之少文彩者曰褐
串香褐麝香褐鷹背褐蜜褐茶褐即黃黑雜色也玉褐艾褐水褐銀褐即白黑雜色也藕褐即紫黑雜色也深

淺異色各取其像你니니的디디大따다紅훙훙織지지金긴긴胸흉흉背비븨帖
텨텨裏리리對뒤뒤換훤환着죠죠○네大紅빗체금소로ᄶ胸背ᄒ털릭과막밧고쟈我
어오的디디裏리리帖텨텨裏리리怎즘즘麽마마趕간간上샹샹你니니的디디繡식슈
帖텨텨裏리리○내털릭이엇디네슈털릭게미ᄎ리오打다다甚씸슴麽마마緊긴긴
那나나○므서시다긴ᄒ리오咱쟝자男난난兒숲올漢한한做주주弟띠디兄흉흉
○우리ᄉ나희弟兄이되여셔那나나裏리리計기기較걒갼○어듸혜아리리오咱
쟝자從중충今긴긴已이이後흫후○우리이제로브터ᄆ後ㅣ야爭중중甚씸슴麽
마마一흥이母무무所수소生승승親친친弟띠디兄흉흉○므ᄒ一母所生親弟兄에
셔ᄯ리오有임우苦쿠쿠時쑤스同뚱퉁受쒸수○고로옴이잇거든ᄒ가지로밧고有
임우樂랖로時쑤스同뚱퉁樂랖로○즐거옴이잇거든ᄒ가지로즐겨홈이爲위위之
죠조妙먀먀也여여○희옴이妙ᄒ니라

朴賣매매織지지金긴긴胸흉흉背비븨段뒨돤子죠즈的디디○뎌織金胸
背비단풀리아將쟝쟝来래래我어오看간간○가져오라내보쟈這져져的디디是
쑹스真진진陝션션西시시地띠디面면면裏리리来래래的디디○이거시이진짓
陝西ᄯᅡᄒ로셔온거시로다○陝西古雍州地漢爲都長安之地唐置京畿道宋置陝西路元置陝西行中書
省今置陝西布政司使舍셔셔人신신敢간간不부부識싀시好항할物우우麽마마
○舍人이됴흔거슬아디못ᄒ논돗ᄒ다道땁닾地띠디的디디好항할胸흉흉背비븨
○본ᄯ됴흔胸背라你니니謾먼먼不부부的디디我어오○네날을속이디말라我
어오又잉우不부부是쑹스生승승達땋다達땋다回훼휘回훼휘○내또生達達回
回아니라生승승達땋다達땋다回훼휘回훼휘如유유今긴긴也여여都두두會
훼휘了랼랴○生達達回回도이제다아ᄂ니라你니니怎즘즘麽마마謾먼먼的
디디我어오高갈간麗리리人신신○내엇디우리高麗人사ᄅ올소기ᄂ다不부부敢

간간舍셔셔人신신○不敢ᄒ여라舍人아怕파파你니니不부부信신신時쑤스○
저프건매네미더아니ᄒ거든着쟣죠別뼈뼈人신신看칸칸○다른사름으로ᄒ여뵈연便
뺀변見견견真진진假갸갸○곳真이며假롤보리라罷빠바罷빠바○두어두어說
쉬쉬賣매매的디디價갸갸錢쪈쳔○풀갑술내ᄅ라要향얀七칭치兩량량銀인인
○닐곱냥은을바드려니와老랖랏實싱시價갸갸錢쪈쳔六룽루兩량량銀인긴子
죠즈○고디식흔갑슨엿냥은이라你니니来래래你니니這져져暗한안花화화段
뒨돤子죠즈○이바데이스윈문비단올一흥이打다다裏리리饋긔긔你니니十씹시
兩량량銀인인子죠즈○흔번에더롤열량은올줄거시니肯큰큰時쓰스要향얀你
니니的디디○즐기면네하롤ᄒ고不부부肯큰큰時쓰스罷빠바○즐기디아니면마쟈
要향얀甚씸슴麽마마多더도話화화○므슴수라말한양ᄒ리오舍셔셔人신신甚
씸슴麽마마銀인인子죠즈○舍人아므숨은고有잉우細시시絲숭스官권권銀

힌인◯細絲官銀이이세라罷빠바罷빠바◯두어두어將쟝쟝銀인인子즈즈來래레
◯은을가저오라濫란란賤쪈쳔的듸디賣매매與유유你니니◯濫賤히네게풀리라
你니니的듸디手싛식裏리리難난난尋씬신錢쪈쳔◯네손에돈엇기어렵다
南난난城찡칭永융융寧닝닝寺숭스裏리리◯南城永寧寺에◯南城大元以燕京為大
都俗呼南城以開平府為上都俗呼此城開平府在陰山之南自燕京至上都地勢一步高一步四時多雨雪
聽팅팅說쉬숴佛뽕보法밯바去큐큐來래레◯佛法니르는양드르라가쟈一힝이
箇거기見견견性싱싱得듿더道땋닫的듸디高갛간麗리리和훠호尚샹샹◯
ᄒᆞ見性得道ᄒᆞᆫ高麗人音法밯바名밍밍喚훤훤步뿌부虛흮흐◯法名을步虛ㅣ라브르는
이◯法名削髮披緇故依佛法別立外號是謂法名步虛俗姓洪氏高麗洪州人法名普愚初名善虛號太古
和尚有求法於天下之志至正丙戌春入燕都聞南朝有臨濟正脉不斷可往印可盖指臨濟直下雪嵓嫡孫
石屋和尚清珙也遂往湖州霞霧山天湖庵謁和尚嗣法傳衣還大都時遼丁太子令辰十二月二十四日奉

傳聖旨住持永寧禪寺開堂演法戊子東還掛錫于三角山重興寺尋往龍門山結小庵額曰小雪戊午冬示
寂放舍利玄陵賜謚圓證國師封塔于重興寺之東以藏舍利玄陵即恭愍王陵也到닿단江강강南
난난地띠디面면면石씽시屋훙우法밯바名밍밍的듸디和훠호尚샹샹根근근
底디디◯江南州石屋이라法名ᄒᆞᆫ즁의손ᄃᆡ가니◯石屋法名清珙號石屋和尚臨濟十八世之嫡孫
也普虛謁石屋石屋見之云老僧今日既已放下三百斤擔子遞你擔了且展脚聽矣乃微笑云佛法東矣遂
以袈裟表信曰衣雖今日法自灵山流傳至今令附於汝汝善護持毋令斷絶事文類聚云釋氏五宗之教傳
至法眼為雪峯真覺禪師之道至永明其道傳于高麗國此即普虛之傳也作잗조興유유頌쑹숭
字즈즈◯頌字를지어주매迴휘휘光광광反반반照쟝잔◯迴光反照ᄒᆞ야大따다
發밯바明밍밍得듿더悟우우◯크게發明得悟ᄒᆞ야◯音義云石屋和尚作偈頌与步虛其偈
光迴還返照於步虛之身其於生死輪迴之説靡不通號拜배배他타타為위위師숭스傅부부
◯뎌를拜ᄒᆞ야師傅를삼고得듿더傳쮠쳔衣이이鉢봉보◯衣鉢傳ᄒᆞᆷ을어더◯書言故事

云傳授佛法謂之傳衣鉢衣即袈裟三事衣也鉢應供器也詳見上釋迦佛生年十九出家住世四十九年傳衣
鉢于迦葉初祖達摩達摩傳衣鉢于二祖二祖傳于三祖至於六祖至三十二祖弘忍盖以此為傳道之器也
迴휘휘來래레到닿단這져저永융융寧닝닝寺숭스裏리리◯이永寧寺에도라오
니皇황황帝디디聖싱싱旨즈즈裏리리開캐캐場쨩챵說쉬숴法밯바裏리리
◯皇帝聖旨로開場說法ᄒᆞᄂᆞ니라說쉬숴幾기기箇거거日싀이頭틓투◯몃날을나
를러료說쉬숴三산산日싀이三산산宿숭수◯三日三宿을블올새시니從쭝충今
긴긴日싀이起키키後흫후日싀이罷빠바散산산◯오ᄂᆞᆯ브터시작ᄒᆞ여모러면罷散ᄒᆞᆯ
라러諸쥬쥬國궈귀人신신民인민一힝이切쳥쳐善쎤션男난난善쎤션女뉴뉴
◯諸國人民一切善男善女ㅣ◯金剛經跪曰向善之男女也又見下不봉부知징지其끼키數
수수◯不知其數ᄒᆡ發밯바大따다慈쯔ᄎ心신신◯큰慈心을發ᄒᆞ야都두두往
왕왕那나나裏리리聽팅팅佛뽕보法밯바去큐큐◯다뎌긔롤향ᄒᆞ여佛法을드르라가

니ᄂᆞ這져저的듸디真진진善쎤션知징지識싱시那나나裏리리尋씬신去큐큐
◯이런진짓善智識을어더어드리오◯善智識者指高僧之稱反譯名義云佛菩薩羅漢是善智識六改
釋家三十七品是善智識法性宗際是善智識咱장자也여여隨쮜쉬喜히히去큐큐來래레
◯우리도구경ᄒᆞ라가쟈你니니且져져停텅팅一힝이停텅팅◯네아적어물라我
어오到닿단衙야야門믄믄押향야了랼랸公궁궁座쭤조便변변來래레◯내衙
門에가公座簿에일ᄒᆞᆷ두고곳오리라咱장자兩량량箇거거將장장些서서布부부施
숭스和훠호香향향去큐큐◯우리둘히저기보시와향을가지고가禮리리拜배배供
궁궁養양양做주주些서서因긴인緣연연時쓰스好활한◯禮拜供養ᄒᆞ야져기인연
을지음이됴ᄒᆞ리로다說쉬숴道땋닫◯닐럿ᄂᆞ니人신신生승승七칭치十씽시古
구구來래레稀히히◯人生七十이古來稀라ᄒᆞ니不붕부到닿단三산산歲쉬쉬下
햐하世싱시去큐큐的듸디也여여有잉익的듸디◯三歲에니ᄅᆞ디몯ᄒᆞ여서下世ᄒᆞ여

가ᄂᆞ니도엇ᄂᆞ니라是쓰스裏리리○니올ᄒᆞ常쨩챵言연연道땅닿○常言에닐오되
今긴긴日잉이脫퉁토靴훠훠上썅상炕캉캉○오ᄂᆞᆯ훠ᄅᆞᆯ벗고炕애올랏다가明밍밍
日잉이難난난保밥밧得듸더穿춴춴○ᄂᆡ일어더신기ᄅᆞᆯ잇기어렵다ᄒᆞᄂᆞ니라

朴팍팦通퉁퉁事쓰스諺연연解걔계上썅상

朴通事諺解上 六十七

朴팍팦通퉁퉁事쓰스諺연연解걔계中중중
拘큐큐欄란란裏리리看칸칸雜짜자技끼기去큐큐來래래○拘欄에雜技보라가
見자上○著拘欄去큐큐時쓰스怎즘즘麽마마得듸더入슝슈去큐큐的듸더○
가면엇디드러가료一힝이箇거거人싄신與유유他타다五우우箇거거錢쪈쳔時
쓰스放방방入슝슈去큐큐○ᄒᆞᆫ사ᄅᆞᆷ이뎌ᄅᆞᆯ다ᄉᆞᆺ낫돈을주면노하드려보내ᄂᆞ니라有잉우
諸쥬쥬般번번唱챵챵詞쓰스的듸디○여러가짓唱詞ᄒᆞᄂᆞ니이시며也여여有잉우
耍솨솨棒빵방的듸더○또막대耍ᄒᆞᄂᆞ니이시나一힝이箇거거高갛갈卓쨯조兒ᅀᆞᆯ
ᅀᆞᆯᅀᅳᆯ上썅상脫퉁토下햐하衣히이裳썅샹○ᄒᆞᆫ노픈卓子우희옷벗고赤칭치條턍탈
條턍탈的듸더仰양양白뻥버着쨯죠臥어오○이벌갓거바게누올어올一힝이托
탕토來래래長쨩샹短뒨뒨○뤼ᄒᆞᆫ예발기停떵팅柱쮸쥬來래래麤추추細시시
的듸더○굴기거ᄯᅩᆼ예만ᄒᆞᆫ油임우紅훙훙畫화화金긴긴棒빵방子즈즈○紅油

朴通事諺解中 一

림빗그세린金막그데로노ᄅᆞᆯ그放방방在째재他타다脚갸교心신신上썅상轉쭨쮠○
하더구발을빠리당고에노脚갸교背븨븨上썅상轉쭨쮠○을발리ᄯᅳᆼ고에구指즈즈
頭뜰투上썅상轉쭨쮠○을가리락다우가휘구吊댱댜下햐하來래래踢틔티上
상샹去큐큐○든ᄂᆞᆫ차려올오려거耍룽룽的듸더只즈즈是쓰스眼연연花화화了
랼랴○이농바ᄒᆞᆯ되기엿ᄅᆞᆯ비그ᄒᆞ저고ᄂᆞ耍룽룽寶밮밮盞개개的듸더○ᄒᆞ寶ᄂᆞᆫ盞이농
入ᄂᆞ優○場凡告優戲人雀以之造由化次鳥有爲一戲人時捧一一人雀擎以一入彩作帛戲綵如盞本先
雉節曰所銅云觜造嘴化曰鳥鑞盃觜다리又잉우是쓰스一힝이箇거거銅뚱퉁觜쥐쥐
鑞랑라觜쥐쥐造짷잔化화화○리도프ᄒᆞᆫ론부암리종노다론리수노종롯다호리더부帶
대대着짷죠鬼귀귀臉련련兒ᅀᆞᆯ○벽광위더趒츄츠兒ᅀᆞᆯ舞우우○춤늘츠개
고이他타타的듸더主쥬쥬兒ᅀᆞᆯ拿나나着짷죠諸쥬쥬般번번顏연연色싀서
的듸더小샹샹旗끼기兒ᅀᆞᆯ○적제은님旗재ᄅᆞᆯ여가려저가다지가빗채那나나主

兒着那銅鞘的○
嗬將那一箇顏色的旗來
說時○便鞘裏嗬將
來○與他那主兒○
有呈諸般把戲的那○
好看的甚麼沒○
我沒零錢怎麼好○
我不妨事○我
有零錢○我管着饋你
○這般時倒好○
古人道○因風吹火用力

不多○
夜來着李三○木匠家
裏旋做一箇櫃子○
說定與他二兩銀○
把來做的不成○
油的也不好○板子又
薄○都是接頭補定麼○
多有節子○事件
也不牡○兩箇鋸鋑兒
○一箇了吊兒都不牡○
一箇薄薄的生活○

要做甚麼○那廝
不是人○誆猾賊○
好生捏掆東西○
這櫃子多直的一兩銀儘
勾也○這廝落了
我一兩銀○我臨
了喫了他一道兒○
我拿着這廝時○驢一
般打○罷麼相公○
饒他麼○大人不見小
人過○

染房裏染東西去來○
染家你來○看生活
○這楊州綾子滿七托長
○兩頭有記事○
染柳黃襬的光着○
這被面大紅身兒○
明綠當頭○都是擡
色白的○裏兒都全○
要染的好着○這十
箇絹裏○五箇大紅襬
着○

五우우箇거거染연연小샹샾紅훙훙乾간간色싀새罷빠바○紅닷드필려은건小
므석뎐으호로너흠 이十씽시箇거거絹견견練련련的딍디熟슣수到닿닿着쨥죠
○를열복필개깁잇을곳누호우라기這쳐저細시시綿면면紬쯯추染연연鴉햐야青
칭칭攞배배一힝이攞배배○드이려ᄀ널는다綿동紬이란ᄒ鴉고青這저저肉슝수紅
훙훙婦뿌부人신신搭당다忽훙후表반반兒술을○의이더肉그紅려빗것체ᄒ婦 人
跂개개染연연做주주挑댠단紅훙훙碾넌년到닿닿着쨥죠○드고려뎌다桃동紅
치기ᄒ를라깃商샹샹量량량染연연錢쪈쳔着쨥죠○아뭇라갑자슴 혜這저저柳
량탁黃황황綾령링染연연錢쪈쳔五우우錢쪈쳔半번번銀인인子즈즈○柳이
닷每돈綾반은銀兩이갑오시五우우箇거거大따다紅훙훙絹견견○홍닷깁필은다每
모리一힝이疋피피染연연錢쪈쳔四술스錢쪈쳔家가가○갑每시호너필돈에식兩
나이通퉁퉁是쑤스二술을兩량량○냥대이되오두五우우箇거거小샹샨紅훙훙

絹견견○紅닷김필은小一힝이兩량량五우우錢쪈쳔○돈ᄒ이냥오닷這저저鴉
야야青칭칭綿면면紬쯯추六륙릭錢쪈쳔○ᄂ이엇鴉돈青이綿오紬 에被뼤븨表
방반帶대대裏리리兒술을八받바錢쪈쳔○ᄂ니여불둙거돈죽이과니안 셔都두두
通퉁퉁染연연錢쪈쳔是쑤스五우우兩량량四술스錢쪈쳔半번번銀인인子
즈즈○닷대낭되너통돈ᄒ반여은뭈이갑라시你니니將쟝장摟양양子즈즈来래래我
허오者잔잔○簿네冊攞一子本를有가人져求요染라絹내帛보者쟈ㅁ○於攞簿子上染記家其有
以物當數契及約染者色謂弁之甚攞染兒直你니니来래래○바이假가갸如유유朋밍밍
日싀이這저저攞양양兒술을上쌍샹的딍디顏현연色싀서○이가견스양너것알
셔빗 체但단단有임우些서서兒술을不붓부像썅샹時쑤스○곳몰더핏아져남기
시이면이你니니便뼌변替티티我어오再재재染연연○차네다곳시날드을리마리ᄅ
라我어오說쉉쉬與유유你니니○니내ᄅ더마ᄃ 려那나나的딍디有임우甚

씽습麽마마話화화說쉉쉬○ᄅ긔이야이므시습리말오을 니幾기기時쑤스来래래
取츄츄○져연가제료와 가外왜왜後훙후日싀시来래래取츄츄○가글져의가와
라准쥰쥰的딍디麽마마○홀일다뎡 히你니니放방방心신신○ᄒ네라放 心
不붓부悞우우了랼랴你니니的딍디○아네니하호를리그라릇
站잔잔家가갸擂뤼뤼鼓구구○談站吏에鼓서之붑摟티凡니使○客館入驛門門必上擊삼
衆其應鼓辦招事集務人使숭스臣쪈친来래래也여여○곳使다臣 이怎즘즘麽마마
沒뭉무一힝이箇거거聽팅팅事쑹스的딍디○리엇도디업ᄒ ᄂ聽뇨事 ᄒ百뵈버
户후후都두두那나나裏리리死숭스去큐큐了랼랴○되百주户어ㅣ가다냐어我
허오們믄믄都두두在째재這저저裏리리○긔우잇리노다라여拜배배揖잉이舍
셔셔人신신與유유我어오閑현현字쯔즈麽마마○아拜우揖리ᄒ롤노閑니字舍롤人
가주 실正징징官권권幾기기貟원원○貟正이官며이 엇隨쒸취從쭝중幾기기

箇거거○치隨나從ᄒ이뇨엇將쟝장闗권권字쯔즈来래래○저闗오字타가正징징
官권권三산산貟원원六룩릭箇거거伴뻔번當당당○오正여官숫너伴三當貟이이
너分뿐븐例리리支즈즈應힝잉○廩分給例從로人支日應口ᄒ糧라通○謂正之官分日
一例斤元酒制一正升官桒一一貟束一經日過宿減頓半該從支人来一一名升止麺支一米斤一羊升肉
從經人過一歲名半經今過制二正升官宿一頓貟三一升日漢經倍過今來云三行升三宿坐頓五五 升
大따다使숭스你니니来래래○一大貟使或ㅣ正아九이品바或○從館九驛品有有大副使
大使使一副貟使從辭九見品諸亦司有職未掌入 流三산산箇거거正징징的딍디○正셰
계官논의三산산升싱싱米미미○쌀서과되三산산斤긴긴麵면면○ᄅ서과근 ᄆ
三산산斤긴긴羊양양肉슝우○肉서과근 羊兩량량瓶삥핑酒쥥직○술두이병
오從쭝중的딍디六룩릭箇거거○의슈계죵논여 숫三산산升싱싱米미미○
쌀시과되三산산斤긴긴麵면면○ᄅ서과근 ᄆ三산산斤긴긴猪쥬쥬肉슝수○

肉서 파근 猪一 황이 甁 뼁핑 米 미미 酒 직징 和 훠호 駱 랄로 ○ 타호 라병 과米 ○酒 米가
酒舊本作一甁半酒新本作米酒今造酒用粳米糯米 黃米凡支待使客皆用此等酒也不必擧米酒爲說恐
是新本仍存半字而誤印爲米 字也今從半字讀恐或爲是
연연 ○ 과소 금 芥 계계 末 뭥모 ○ 르계 와ㅈ ㅁ 葱 충추 ○ 파파 蒜 쉰쉰 ○ 과마 늘
醢 해혜 菜 채채 ○ 와부 치 油 잉익 ○ 과기 름 生 승승 蘿 러로 蔔 뽕부 ○ 우뭇 과무
瓜 과과 ○ 와외 茄 꺼켜 等 등등 ○ 등가 지 諸 쥬쥬 般 번번 菜 채채 蔬 수수 鷄 기기
鴠 딴단 和 훠호 升 싱싱 斗 듷두 等 등등 子 즈즈 ○ 긔여 알러 과가 되자 과ㄴ 말물 과과 저듥
을울 疾 찡지 忙 망망 如 유슈 今 긴긴 都 두두 將 쟝쟝 來 래레 ○ 다샐 가리 저이 와제 如
유슈 今 긴긴 支 즈즈 一 황이 支 즈즈 ○ 應이 호제 되支 休 힇후 多 더도 要 향얀 你 니니
的 딩디 ○ 히네 말게 고도 만 休 힇후 少 샿샾 了 랼랴 我 어오 的 딩디 便 뺜변 是 쓰스
마우 꿋리 울게 흐도 니적 라게 말 廚 쥬츄 子 즈즈 你 니니 來 래레 ○ 바廚 ㅁ子 光ㅣ 樣아 ㅎ이

朴通事諺解中 六

有廚子即供應大小筵宴及 館待使客執爨之役者也 疾 찡지 忙 망망 做 주주 飯 빤반 ○ 티샐
으밥 라을 지 舍 셔셔 人 인신 道 땀도 做 주주 甚 씸슴 麽 마마 飯 빤반 ○ 니舍 ㄹ人 라아
지므 으슴 료밥 을 做 주주 乾 간간 飯 빤반 那 나나 水 쉬쉬 飯 빤반 ○ 으乾 라飯 水을 飯지
으을 라지 熬 압안 些 셔셔 稀 히히 粥 죵주 ○ 쥭적 을이 ᄡ물 고근 你 니니 將 쟝쟝 那 나나
白 뼁버 麵 면면 來 래레 ○ 가네 저더 다흰 가ㄹ 를 捏 녕녀 些 셔셔 匾 변변 食 씽시 ○
롤적 빗이 고匾 食 撇 평퍼 些 셔셔 禿 톻투 禿 톻투 麽 마마 思 쓰스 ○ 져적 비ㅣ ᄉᆞ의 고역
○禿禿麽思一名手撇麵即本國의역저키禿字音투 上声讀麽思二合爲音맛急呼則用思字曰투투맛慢
言之則用食字曰투투마시元時語如此劑法如水滑 麵和圓小彈剤冷水浸手掌按作小薄餅兒下鍋煮熱
以盤盛用酥油炒斤羊肉加塩炒至焦以酸甜湯拌和 滋味得厮別研蒜泥調酪任便加減使竹簽簽食之
一 황이 辟 빙비 兩 상샹 熬 압안 些 셔셔 細 시시 茶 재차 ○ 셔효 젹ㅂ 이롬 細干 茶석 롤의
라달 히 這 져져 米 미미 麽 추추 將 쟝쟝 去 큐큐 再 재재 篩 빵바 一 황이 篩 빵바 ○

저이 가쌀 다이 시ㅜ 술즈 흐ㄴ 라가 管 권권 事 쓰스 的 딩디 來 래레 ○ 논일 이ㅁ 오옴 라아 馬
마마 們 믄믄 怎 즘즘 麽 마마 來 래레 的 딩디 遲 쯩치 ○ 옴물 이들 더히 되엇 뇨디 這 져져
的 딩디 不 봉부 來 래레 了 랼랴 也 여여 ○ 호이 엇오 ᄂ디 나아 니 舍 셔셔 人 신인 你
니니 自 쯔스 着 잔잔 ○ 舍솔 ᄌ스 보아 라네 這 져져 馬 마마 都 두두 不 봉부 中 중중 ○
티이 아믈 니이 흐다 니맛 당 三 산산 箇 거거 官 권권 人 신인 騎 끼키 的 딩디 ○ ᄉ세 의官
믈 將 장쟝 三 산산 箇 거거 十 씽시 分 븐븐 緊 긴긴 驢 천천 的 딩디 頭 뚷투 馬 마마
來 래레 ○ 물세 을ㅁ 가장 져잰 오읏 고뜸 伴 뻔번 當 당당 騎 끼키 的 딩디 ○ 틀伴 當 五
우우 箇 거거 細 시시 點 뎐뎐 的 딩디 馬 마마 來 래레 ○ 믈다 을숫 가세 저가 오탈 고ᄒ ᄂ
我 어오 騎 끼키 的 딩디 十 씽시 分 븐븐 快 쾌쾌 走 즇주 的 딩디 馬 마마 將 쟝쟝 來
래레 ○ 는나 몰룰 을이 가란 져ㅁ 오장 라잘 것 我 어오 又 잉우 先 션션 報 밤보 馬 마마 去
큐큐 ○ 報내 ᄒ㘞 라몬 가저 노믈 라을 背 븨븨 包 밤보 馬 마마 們 믄믄 都 두두 將 쟝쟝 好

朴通事諺解中 七

항한 壯 좡좡 馬 마마 來 래레 ○ 장背 흔色 믈馬 을들 가을 져다 오ㅁ 라장 使 쓰스 臣 쪈친 這
져져 站 잔산 裏 리리 不 봉부 宿 숭수 ○ 디使 아臣 니이 홀이 거참 시에 니자 疾 찡지 快 쾌쾌
將 쟝쟝 好 항한 馬 마마 來 래레 ○ 울샐 가리 져됴 오흔 라믈 拿 나나 將 쟝쟝 管 권권 馬
마마 的 딩디 來 래레 吊 댱댜 着 쟝죠 ○ 자물 바ㅁ 다음 가아 돌ㄴ 고이 를 將 쟝쟝 棍 군군
來 래레 打 다다 ○ 다끈 가댱 티가 라져 這 져져 賊 쩍지 弟 띠디 子 즈즈 孩 해해 兒 슬올
○ 의이 ᄌ도 식적 아놈 你 니니 聽 팅팅 我 어오 說 쉬워 與 유유 你 니니 ○ 라네 내ㄷ 너르
르ㄷ 마려 니 這 져져 使 쓰스 臣 쪈친 是 쓰스 使 쓰스 長 장쟝 耳 슬울 目 뭉무 一 황이
般 번번 的 딩디 使 쓰스 臣 쪈친 ○ 目이 ᄒ使 가臣 짓은 使이 臣使 이長 라의 耳 你 니니 不
봉부 見 견견 這 져져 金 긴긴 字 쯔즈 圓 원원 牌 빼배 ○ 보네 더이 못金 ᄒ字 ᄂ圓 中牌 ○를
金字圓牌至正條格云元時中書省奏諸王駙馬各投 下有軍情緊急重事許令懸帶原降銀字圓牌應付鋪
馬騎坐其餘差使人負有緊急軍情重事許令懸帶金 字圓牌方付鋪馬其他泛常勾當只許臨時領受給降

許聖給旨馬方一흥이日ᅀᅵ시九깋구站잔잔十씹시站잔잔家갸갸行헝힝○르ᄒᆞ
站아식홈톄站거식눈열你니니怎즘즘麽마마不불부肯큰큰將쟝쟝頭뜰투馬마마
来래레○가데져엇오디다즐아거너웃ᄒᆞ든ᄂᆞᆫ믈다을這져져廝ᄉᆞᄉᆞ們믄믄打다다的
뜽디輕킹킹○롤이경놈히들ᄒᆞ을면티기他타타不불부係채채好핳핳生승승打
다다○시데ᄂᆡ거ᄆᆞ수장티티아라날거為위위頭뜰투兒ᅀᅳᆯ老랄랄漢한한們믄믄
告강갇道땋닾○告為ᄒᆞ頭여ᄒᆞᆫ널老오漢더들이相샹샹公궁궁可커커憐련련見
견견○비相너公기은라어엿我어오的뎡디不불부是ᄊᆞ스了랄랄○터우아리ᄂᆡ올
라호這져져的뎡디恰쟝쟈將쟝쟝来래레的뎡디馬마마○온이믈ᄌᆞ이가져飛
비뵈也여여似ᄊᆞ스緊긴긴騾췬췬○시ᄂᆞ재ᄂᆞᆫ교ᄃᆞ快쾌쾌走즘주的뎡디點뎐뎐
的뎡디都두두有잉우了랄랄○ᄒᆞᆫ잘ᄂᆞᆫ견이ᄃᆞᆫ다이이와세세라가탈揀견견定뎡딩
了랄랄馬마마也여여○뎡믈ᄒᆞ을여클다히여轡피피頭뜰투都두두散산산與

朴通事諺解中　八

유유他타타○達子子래朝롤貢다時ᄒᆞᆫ到더驛더應롤付주馬라匹○騎轡坐頭者散各與出女轡直
轡頭主散認與轡馬占夫馬馬使夫無受爭轡占套之馬換㑹・各明밍밍日ᅀᅵ시鷄기기兒ᅀᅳᆯ
吽갛갸一흥이聲싱싱便뻔변上샹샹馬마마○드녀곳일믈드을이들ᄒᆞᆫ거번시울니어
茶쨔차飯반반都두두准쥰쥰備삐비下햐햐着쟢쥬○備茶ᄒᆞ飯여을두다라准當
당당直찡지的뎡디將쟝쟝燈등등来래레○등當잔直블ᄒᆞ혀ᄂᆞᆫ오이라아我
어오也여여鋪푸푸鋪푸푸蓋개개睡쒸쉬些셔셔箇거거○교나져도기鋪자盖쟈얼
相샹샹公궁궁鷄기기兒ᅀᅳᆯ吽갸갸起키키来래레○우相너公널아라ᄃᆞᆰ이馬
마마都두두將쟝쟝来래레○져믈다을가다가疾찡지忙망망着쟢죠背븨븨鞍
한안子즈즈○마밧짓비고기ᄅᆞ將쟝쟝飯빤반来래레我어오喫칭치○져밥오가
믹라자내牌빼패子즈즈令링링史ᄉᆞᄉᆞ們믄믄来래레○오牌라子○令牌史子를凡흔
者馬謂驛之設驢置牌馬総驢稱不牌等子其令中史管在馬京答六應部者及謂三之品馬衙牌門管在驢

驛外吏各則衛無及令都吏布文按稱三元司制俱未有詳令史你니니與유유我어오甘간간
結겨ᄀᆡ應힝잉付부부○結내吏날學을指甘南結云과所應頹付日를甘주合고從려日○結甘
娼令優按子如嗣保委擧的人賢村能者如必虛爲甘稱伏所重擧罪之人云云並擧無此喪爲過辭及以千
同成重文甘狀結興狀彼應狀付執質或問呈云報應上者司答以應憑也後付考者謂與之也不如致過裁
應使與容他到方驛言將謂口之粮應馬付驢答相샹샹公궁궁們믄믄別뼈베没몰무擊
깅깅賫지지錢쩐천粮량량○粮相을公擊들賫이홈각이벌업이고錢更긍긍没몰무多
더도騎끼기鋪푸푸馬마마○히ᄯᅩ믈鋪이馬업를고안又잉우不불부曾쯩층冒막안
支즈즈分뿐분例리리○支ᄯᅩ티일아즙니分ᄒᆞ例여를冒没몰무一힝이點뎐뎐非
비뵈理리리害해해民민민○民一害點이도업非ᄉᆞ理니르害何쪄허故구구不불부
與유유甘간간結걔겨○주므다合아연니고ᄒᆞ로리甘오結을
我어오本븐븐待때대要향약請칭칭你니니去큐큐来래레○마내너본믈더청ᄒᆞ

朴通事諺解中　九

져ᄒᆞᄒᆞ라더가니고遭장잔是ᄊᆞ스你니니来래레也여여○오마나즘다대我어오今
긴긴日ᅀᅵᆯ이買매매一힝이箇거거小샿샤廝ᄊᆞ스兒ᅀᅳᆯ○허내를오사ᄂᆞᆯ뫼ᄒᆞ아
他타타的뎡디爺여여娘냥냥立립리與유유文믄운書슈슈来래레○내제이어
주文어書시롤니세워你니니與유유我어오着잔잔一힝이着간간中중중也여여
不불부中중중○아대남보을을보맛아당주홈고맛려당터將쟝쟝来래레我어오念
년년○내가念저ᄒᆞ오마라大따다都두두某무무村춘춘住쮸쥬人인인錢쩐천小
샹샨馬마마○논셔사을롬아錢모小존馬의ㅣ사今긴긴將쟝쟝親친친生승승孩해해
兒ᅀᅳᆯ小샿샤名밍밍喚훠훤神쎤신奴누누○名이을제神親奴生ㅣᄒᆞᆫ라아브히론ᄂᆞᆫ
고年년년五우우歲쉬쉬無무우病뻥빙○업나ᄉᆞ히너五롤歲다오가병少샿샤人
신인錢쩐천債재재闕퀘쿼少샿샤口큳쿠糧량량○믈사겨롬시의업빗서저먹不
불부能능능養양양活횡호○티능못히ᄒᆞ養니活深신신為위위未위위便뻔변○

便ᄀ 호장 디未 隨 쥐취 問 몬운 到 당닫 本 븐븐 都 두두 在 째재 城 쩡칭 某 무무 坊 방방
住 쥬쥬 某 무무 官 권권 人 인인 處 츄츄 賣 매매 與 유유 ○ 갓隨 안問 아ᄒᆞ 모야 坊本 에都
손셔 ᄃᆡ사 가ᄂᆞᆫ ᄑᆞ아 라ᄆᆞ 주官 되人 의 兩 량량 言 연연 議 이이 定 띵딩 ○ 定兩 ᄒᆞ言 야에 議
恩 흔은 養 양양 財 째재 禮 리리 銀 인인 五 우우 兩 량량 永 융융 遠 원원 爲 위위 主
쥬쥬 ○ 야恩 永養 遠ᄒᆞᆫ 히財 남禮 자銀 를닷 삼냥 아에 ᄒᆞ 養 양양 成 쪙칭 軀 큐큐 使 ᄉᆞᄉᆞ ○
리길 되러 브 如 유유 賣 매매 已 이이 後 흫후 ○ 후만 에일 ᄂᆞᆫ 神 씬신 奴 누누 來 래래
歷 릭리 不 불부 明 밍밍 ○ 不神 明奴 ᄒᆞㅣ 거來 나歷 이 遠 원원 近 낀긴 親 친친 戚 칭치
閑 현현 雜 짜자 人 인인 等 등등 ○ 雜遠 人近 等親 이戚 閑 往 왕왕 來 래래 爭 쯩증 競
징징 ○ 도往 로來 면ᄒᆞ 야 賣 매매 主 쥬쥬 一 힁이 面 면면 承 쩡칭 當 당당 不 불부 詞
ᄉᆞᄉᆞ ○ 一큰 面님 音재 義一 云面 猶으 言로 賣承 主當 自ᄒᆞ 身야 又알 一ᄋᆞᆺ 面ᄒᆞ 詳고 見○ 字賣 解主 並
빙빙 不 불부 干 간간 買 매매 主 쥬쥬 之 즈즈 事 ᄉᆞᄉᆞ ○ 간다 셥산 ᄃᆡ남 아자 ᄂᆡ의 일게 이ᄂᆞᆫ

朴通事諺解中 一

라 恐 쿵쿵 後 흫후 無 무우 憑 빙핑 ○ 업후 ᄉᆞᆯ에 가의 저빙 허홈 이 故 구구 立 릭리 此
츠츠 文 몬운 字 ᄌᆞᄌᆞ 爲 위위 用 융융 ○ 위짐 ᄡᅳ즛 게이 ᄒᆞ글 엿월 ᄂᆞ을 니세 某 무무 年 년년
月 웡워 日 싱시 賣 매매 兒 ᅀᅳᆯ 人 인인 錢 쪈쳔 小 샿쇼 馬 마마 ○ 여某 아年 히月 ᄑᆞᆫ日
사小 馬ᄅᆞᆯ 錢 同 뚱퉁 賣 매매 人 인인 妻 처처 何 허허 氏 ᄉᆞᄉᆞ ○ 妻同 何賣 氏人 見 견견
人 인인 某 무무 ○ 아본 모사 ᄅᆞᆷ 引 인인 進 진진 人 인인 某 무무 ○ 릉리 아進 모ᄒᆞᆫ ㅣ사
라 買 매매 人 인인 的 딩디 文 몬운 契 키키 只 즈즈 這 저저 的 딩디 是 ᄉᆞᄉᆞ ○ 롬사
이사 리ᄂᆞᆫ 홈글 이월 올을 ᄒᆞ그 니저 更 궁궁 待 때대 怎 즘즘 的 딩디 ○ ᄃᆞ또 리므 리서 오ᄉᆞᆯ 기
沒 뭉무 保 방바 人 신인 中 중중 麼 마마 ○ 도保 므人 뎌이 ᄒᆞ업 라서 怕 파파 甚 씸슴 麼
마마 ○ 프므 리서 오시 저 買 매매 人 신인 的 딩디 契 키키 ○ 글사 월롬 은사 ᄂᆞᆫ 保 방바
人 인인 只 즈즈 管 권권 一 힁이 百 븽븨 日 싱시 ○ 날保 을人 ᄆᆞ이 ᄋᆞᆷ그 아저 니일 빅 要
향얀 做 주주 甚 씸슴 麼 마마 ○ ᄒᆞᄒᆞ 리여 오므 슴 五 우우 歲 쉬쉬 的 딩디 小 샿샤 廝

오
ᄉᆞᄉᆞ 急 깅기 且 쳐쳐 那 나나 裏 리리 走 죻주 ○ 아다 직ᄉᆞᆺ 어술 ᄃᆡ겟 로아 ᄃᆞ힘 라파 나게 리리
一 힁이 兩 량량 日 싱시 上 썅상 位 위위 郊 걓갼 天 텬텬 去 큐큐 ○ 만ᄒᆞ ᄒᆞᄅᆞ 면이 上를
郊上 以郊 祭天 天ᄒᆞ 神라 地가 祇실 日거 月시 星니 辰○ 山郊 川天 嶽天 瀆子 以設 太圜 祖丘 配於 享南 古
五制 日冬 以至 裏祭 祭天 天今 謂制 之正 拜月 郊十 怎 즘즘 麼 마마 還 환환 不 불부 曾 쯩층 偺
싱수 理 리리 車 쳐쳐 輛 량량 ○ 偺엇 理디 리다 아시 니롱 ᄒᆞ일 엿좀 ᄂᆞ車 뇨輛 을 ᄆᆡᆨ 걓갼 將
쟝쟝 那 나나 木 몽무 匠 쨩쟝 來 래래 ○ 불뎌 러木 다匠 가이 를 買 매매 饋 귀귀 他 타타
木 몽무 料 량랸 席 쎵시 子 ᄌᆞᄌᆞ 整 징징 理 리리 ○ 주뎌 어롤 整木 理料 게와 ᄒᆞ삿 라글 ○사
木木 料料 ᄂᆞ杌 모造 브一 뭇件 ᄆᆞ物 옴而 詳該 見用 字之 解物 料皆 字曰 下料 車 쳐쳐 輛 량량 都 두두
有 잉우 麼 마마 ○ 잇車 ᄂᆞ輛 냐ㅣ 다 都 두두 有 잉우 了 랼랴 ○ 셰다 라이 那 나나 們
믄믄 時 ᄉᆞᄉᆞ ○ 면그 리 如 유유 今 긴긴 少 샿샨 甚 씸슴 麼 마마 ○ 시이 업제 스므 뇨서

朴通事諺解中 十二

少 샿샨 梯 티티 子 ᄌᆞᄌᆞ ○ 音술 義위 云앏 車과 前오 과ᄂᆞᆫ 오나 ᄂᆞᆫ모 나○ 모梯 子 撐 층층 頭
뜰투 ○ 音술 義위 云뒤 車피 後오 피ᄂᆞᆫ 오나 ᄂᆞᆫ모 나○ 모撐 頭 套 탈탈 繩 찡싱 ○ 줄멘 撒 상사
繩 찡싱 ○ 줄ᄡᅳ 을 拘 규규 索 삭소 ○ 게목 집 籠 룽룽 頭 뜰투 ○ 궤바 굴 脚 걓교
索 삭소 ○ 쓸지 바달 鞍 한안 子 ᄌᆞᄌᆞ ○ 아기 ᄅᆞᆫ 肚 뚜두 帶 대대 ○ 세빗 라대 업 我
어오 饋 귀귀 你 니니 銀 인인 子 ᄌᆞᄌᆞ ○ 줄내 거뎌 시ᄅᆞᆯ 니은 을 如 유유 今 긴긴 都 두두
買 매매 去 큐큐 ○ 라이 가제 라다 사 鑼 러로 鍋 궈고 ○ 고로 柳 릭류 箱 상샹 ○ 섥
灑 사사 子 ᄌᆞᄌᆞ ○ 레드 三 산산 脚 걓교 ○ 쇠아 리 椀 원원 楪 뎍뎌 ○ 뎝사 시발 匙
ᄌᆞᄌᆞ 筯 쮸쥬 ○ 저술 榪 마마 杓 쌷샨 ○ 쥬나 게모 笊 쨯잔 籬 리리 ○ 릐죠 炊 취취 箒
징작 ○ 솔 擦 창차 床 쫭촹 兒 ᅀᅳᆯ ○ 小숙 板치 長칼 尺○ 餘擦 橫床 穿音 爲義 空云 二用 三木
刃十 之穴 上各 其用 絲薄 從鐵 穴爲 下刃 縢廂 勝其 於中 刃以 切蘿 今蔔 按等 即物 本按 國磨 혈於 갈鉄 鏃
뒤보 箕 기기 ○ 키 篩 ᄉᆞᄉᆞ 子 ᄌᆞᄌᆞ ○ 이얼 멍 馬 마마 尾 미이 羅 러로 兒 ᅀᅳᆯ ○

체믈 충 卓 짤조 兒 슬을 ○ 상 盤 뻔펀 子 즈즈 ○ 반 茶 짜차 盤 뻔펀 ○ 반찻 檯
때태 盞 잔잔 ○ 잔졉 壺 후후 瓶 삥핑 ○ 甁壺 酒 잘작 鼈 뼈벼 ○ 쥬벼ᄋᆞ 銅 뚱뚱 杓
쌉샨 ○ 노쥬게ᄅᆞᆯ 都 두두 收 싈ᄉᆞ 拾 씽시 下 햐햐 着 짤죠 ○ 다收拾ᄒᆞ여두라 各 각거
撋 양양 帳 장쟝 房 빵방 室 싱시 車 처처 ○ 여러가지帳房ᄒᆞᆫ室車와 ○室車鄕習以細字作室
字讀謂車上設屋可卧者也然漢人凡稱物之善者皆曰細如云茶之好者曰細茶也令此細車亦謂設帳房於
車上爲屋乃車之善者也故謂之細車連呼帳房細車讀亦通質問云如婦人所乘車周圍雕刻花槅油飾花
領方言謂之細車又云女人所乘有槅長蓋之車 簾 씽시 筐 광광 馬 마마 槽 짤찬 都 두두 壯
짱짱 麽 마마 ○ 삿광조리믈거유ㅣ다壯ᄒᆞ나 都 두두 壯 짱장 ○ 다壯ᄒᆞ엿다 伱 ᄂᆡᄂᆡ 這
저저 車 처처 子 즈즈 先 션션 將 쟝쟝 到 닿다 門 믄믄 外 왜왜 ○ 비이술위를몬져가지고
믄밧믜가 買 매매 些 서서 柴 재채 拳 권권 頭 둑투 藁 재채 茶 짜차 葉 영여 拿 나나 去
큐큐 ○ 저기나모와고사리와茶葉올사가져가라 我 어오 囑 쥬쥬 付 부부 伱 ᄂᆡᄂᆡ ○ 내너

ᄃᆞ려당부ᄒᆞ자 到 닿다 那 나나 裏 리리 各 갛거 自 쯔즈 省 승승 睡 쒸쉬 些 셔셔 箇 거거
○ 러긔가각각즘 술져기덜고 黑 흑허 夜 여여 用 융용 心 신신 好 항한 生 승승 看 간간
着 짤죠 ○ 밤의用心ᄒᆞ여ᄆᆞ장보술피라 我 어오 慢 만만 慢 만만 的 딩디 跟 끈근 駕 갸가
去 큐큐 ○ 내날회여대가 로쏠와가마
拜 배배 揖 힁이 趙 짤쟛 舍 셔셔 ○ 拜揖ᄒᆞ노라趙舍ㅣ아 幾 기기 時 쑤스 來 래레 了
럏랴 ○ 언제온다 昨 짜조 日 싱ᅀᅵ 恰 캬캬 來 래레 到 닿다 ○ 어제굿올와 伱 ᄂᆡᄂᆡ 船
쮠춴 路 루루 裏 리리 來 래레 那 나나 ○ 네빗길로온다 旱 한한 路 루루 裏 리리 來 래레
○ 뭇길로온다 我 어오 只 쯔즈 船 쮠춴 上 썅샹 來 래레 了 럏랴 ○ 내그저비로올와
伱 ᄂᆡᄂᆡ 說 쉉쉬 我 어오 地 띠디 面 면면 裏 리리 的 딩디 田 뗜뎐 禾 훠호 如 슈슈 何
허허 ○ 네날오라우리새히田禾ㅣ엇더ᄒᆞ더뇨 今 긴긴 年 년년 那 나나 裏 리리 慶 킹킹 尙
쌍샹 全 쮠춴 羅 러로 黃 황황 海 해해 忠 중중 淸 칭칭 江 강강 原 원원 各 갛거 道 닿다

裏 리리 ○ 올히더거慶尙全羅黃海忠淸江原各道에 十 씽시 分 븐븐 好 핳한 田 뗜뎐 禾
회호 ○ ᄀᆞ장田禾ㅣ됴터라 謝 써셔 天 텬텬 地 띠디 只 즈즈 願 윈원 的 딩디 好 항한 收
싱식 着 짤죠 ○ 天地ㅅ씌謝ᄒᆞ노니그저 원컨데잘거도개ᄒᆞ쇼셔 聽 팅팅 的 딩디 今 긴긴 年
년년 水 쉬쉬 賊 쩍직 廣 광광 ○ 드르니올히水賊이흔타ᄒᆞ니 是 쑤스 那 나나 不 붕부 是
쑤스 ○ 올흐나올티아니ᄒᆞ나 我 어오 來 래레 時 쑤스 節 졍져 ○ 내올젹의 五 우우 六
롱락 箇 거거 賊 쩍직 船 쮠춴 ○ 대엿賊舡이 圍 위위 着 짤죠 一 이이 箇 거거 西 시시
京 깅깅 來 래레 的 딩디 載 재재 黃 황황 豆 뚱두 的 딩디 船 쮠춴 ○ ᄒᆞᆫ西京으로셔오는
黃豆시ᄅᆞᆫ비롤에오고 又 임아 高 갛갚 麗 리리 地 띠디 面 면면 裏 리리 來 래레 載
千 쳔쳔 餘 유유 筒 뚱퉁 布 부부 子 즈즈 的 딩디 大 따다 船 쮠춴 ○ 도高麗ㅅ싸흐로셔
오는千餘筒뵈시른큰비롤 ○音義云十疋爲同 衝 츙츙 將 쟝쟝 去 큐큐 了 럏랴 ○ 달려가져
갓더니 後 흫후 頭 뜰투 聽 텅팅 的 딩디 ○ 후에ᄃᆞᄅᆞ니 那 나나 賊 쩍직 們 믄믄 把

바바 那 나나 船 쮠춴 上 썅샹 的 딩디 物 뚱우 件 견견 都 두두 奪 뚱도 了 럏랴 ○ 뎌도
적들히그비엣物件을다앗고 把 바바 那 나나 船 쮠춴 上 썅샹 的 딩디 人 신인 來 래레 打
다다 殺 상사 了 럏랴 ○ 그비엣사ᄅᆞᆷ을더 죽이다ᄒᆞ더각 那 나나 丁 띵딩 舍 셔셔 伱 ᄂᆡᄂᆡ
幾 기기 時 쑤스 來 래레 ○ 더丁舍ㅣ아네언제온다 我 어오 趕 간간 着 짤죠 一 힁이 百
빙버 疋 핑피 馬 마마 ○ 내一百疋ᄆᆞᆯ을몰고 大 따다 前 쪈천 日 싱ᅀᅵ 來 래레 了 럏랴 ○
굿그제올와 馬 마마 們 믄믄 都 두두 好 핳한 將 쟝쟝 來 래레 也 여여 麽 마마 ○ 몰들
흘다잘가져온다 來 래레 時 쑤스 節 졍져 ○ 올적의 到 닿다 遷 천천 民 민민 鎭 진진
口 쿵쿠 子 즈즈 裏 리리 ○ 遷民鎭어귀예다ᄃᆞ라 ○鎭安也凡民聚爲市者曰鎭遷民鎭在遼西瑞
州之境金兩置屬大寧路 抽 칭착 分 븐븐 了 럏랴 幾 기기 箇 거거 馬 마마 ○ 여러몰을츌렴
ᄒᆞ고 ○抽分音義云十分而取一分以利官用今接中朝設抽分竹木局如過客商興販竹木柴炭等項照例
抽分粗貨十五分中抽二分細貨十分中抽二分竹木柴炭或三十分取二或十分取二或三分取一 到

三河縣○抽分了幾箇馬○瘦倒的倒了○又不見了三箇○只將的八九十箇馬來了○到通州賣了多一半兒○到城裏都賣了○草料貴賤○我來時節○黑豆一錢銀子二斗○草一錢銀子十一箇

家大東兒今年好生賤了○我不會漢兒言語○又不會做飯○我這吳舍生受服事我來○這的是遠行知馬力○日久見人心○我今日腦疼頭旋○身顫的當不的○請將范太醫來看○范太醫를請ᄒᆞ여와뵈라○太醫來這裏○請的屋裏來

來好相公坐的○小人虛汗只是流水一般○奪腦疼的○一宿不得半點睡○與我把脈息着一着○咳相公脈息○尺脈較沉○傷着冷物的様子○感冒風寒○是小人昨日張少卿的慶賀筵席裏到來○好哥哥弟兄們央及我○燒酒和黃酒多喫了○生果子也多喫了○來到家裏害熱時○把一身衣服都脫了○着這小丫頭們打扇子○那般不小心枚拾身己○可知得這證候○我如今先與你香蘇飲子○

저너룰香蘇飮子룰줄거시니 熬암앞 兩량량 服뿡부 喫칭치 ○ 두복을달혀먹고 熱셔여 炕강캉 上샹샹 熰흫우 着쟣죠 出츄츄 些셔셔 汗한한 ○ 더온강에불무희고적이ᄯᆞᆷ내라 我어오 旋쒼쉰 合헝거 與유유 伱니니 藿황호 香향향 正징정 氣키지 散산산 ○ 내미조차너롤藿香正氣散을지어줄거시니 喫칭치 了랼랴 時쓰스 便뼌변 無무우 事쓰스 了랼랴 ○ 먹으면곳無事ᄒᆞ리라 貼텨뎌 兒슬을 上샹샹 寫셔셔 與유유 伱니니 引인인 子즈즈 ○ 貼에너롤引子롤써주리라 每믜믜 服뿡부 三산산 錢쪈쳔 ○ 每服三錢ᄒᆞ되 水쉬쉬 一힝이 盞잔잔 半번번 ○ 물ᄒᆞᆫ잔반 生승승 薑걍걍 三산산 片펀편 棗잪잪 一힝이 枚믜믜 ○ 生薑三片棗一枚롤ᄒᆞ야 煎졘젼 至즈즈 七칭치 分븐븐 ○ 달혀七分에너르거든 去큐큐 滓재재 溫훈운 服뿡부 ○ 滓롤ᄇᆞ리고더온이롤먹으라 然연연 後흫후 喫칭치 進진진 食씽시 丸훤원 ○ 그린후에進食丸을먹으되 每믜믜 服뿡부 三산산 十씽시 丸훤원 ○ 每服三十丸ᄒᆞ야 溫훈운 酒징작 送숭숭 下햐하 ○ 더온술에ᄂᆞ리오라 我어오 去큐큐 也여여 ○ 내가노라 生승승 受쌍쉭 相샹샹 公궁궁 ○ 슈고ᄒᆞ이다相公아 不봉부 違위위 寒한한 生승승 薄뽕보 面면면 ○ 寒生의薄面올어기오디아니ᄒᆞ고 勞랖랖 易이이 前쪈쳔 来래래 ○ 슈고로이오니 幾기기 時쓰스 忘왕왕 這져져 恩흔은 念년년 ○ 언제이恩念을니즈리오 不봉부 敢간간 哥기거 ○ 不敢ᄒᆞ여라형아 小샹샾 人신신 豈키키 敢간간 有잉약 違위위 ○ 小人이엇디감히어기옴이이시리오 故구구 人신신 誠쪙칭 信신신 病뼝빙 中중중 知징지 ○ 故人의誠信은病中에아ᄂᆞ니라

我어오 妳내내 妳내내 使쓰스 的딩디 我어오 說숴쉬 將쟝쟝 来래래 ○ 우리妳妳ㅣ날을브려닐러늘가져왓노이다○汎稱尊長妻室曰妳妳 大때다 娘냥냥 身신신 子즈즈 好핳한 麼마마 ○ 大娘의몸이됴흐신가○大娘音義云안해님이라ᄒᆞ돗ᄒᆞᆫ말ᄉᆞᆷ接汎稱尊長妻室曰大娘又稱人之正妻曰大娘妾曰小娘 這져서 幾기기 日씽시 高강갈 麗리리 地띠디 面면면

裏리리 来래레 的딩디 ⊕ 요ᄉᆞ이高麗人셔호로셔온 這져져 海해해 菜채채 乾간간 魚유유 脯부부 肉슝수 ⊕ 이어육과乾魚와脯肉을 饋귀귀 婆뽀포 婆뽀포 口쿠쿠 到 些셔셔 箇거거 ⊕ 婆婆를주어젹이입브티ᄉᆞ셔ᄒᆞ더이다○婆婆汎稱老媼之謂或呼尊屬老婦之稱又祖母曰婆婆 好핳한 意이이 思쓰스 好핳한 意이이 思쓰스 ⊕ 됴흔意思ㅣ로다됴흔意思ㅣ로다 女뉴뉴 兒슬을 說숴쉬 與유유 伱니니 妳내내 妳내내 ○ 女兒ㅣ아네妳妳ᄃᆞ려니ᄅᆞ라 這져져 般번번 稀히히 罕한한 的딩디 好핳한 物뭉우 ○ 이런稀罕ᄒᆞᆫ됴ᄒᆞᆫ거슬 重쭝중 意이이 的딩디 多더도 與유유 將쟝쟝 来래레 ○ 重ᄒᆞᆫ뜻으로만히주어가져오니 我어오 這져져 裏리리 好핳한 生승승 多더또 喫칭치 了랼랴 ○ 내예셔ᄆᆞ장안히먹을와 再재재 有잉우 一힝이 件견견 ○ 또ᄒᆞᆫ가지ᄂᆞ 醬쟝쟝 麴큥큐 今긴긴 年년년 沒뭉무 處츄츄 尋씬신 ⊕ 에조를굴히들더업더니어 一힝이 把빵바 稍샇산 將쟝쟝 些셔셔 醬쟝쟝 麴큥큐 来래레 最쥐쥐 好핳한 ○ ᄒᆞᆷ셔젹이메조룰브뎌가져오니ᄆᆞ장됴타 這져져 般번번 的딩디 有잉우 甚씸슴 麼마마 稀히히 罕한한 ○ 이런거시므슴稀罕ᄒᆞᆫ이이시리오 又잉우 沒뭉무 多더도 ○ 또만티아니ᄒᆞᆫ이다 咳해해 這져져 孩해해 兒슬을 也여여 好핳한 不봉부 識싱시 ○ 애이아ᄒᆡ또ᄀᆞ장아디못ᄒᆞᆫ다 却쿼커 不봉부 說숴쉬 ○ 또닐ᄋᆞᄃᆡ아녓ᄂᆞ나 人신신 離리리 鄉향향 賤쪈쳔 物뭉우 離리리 鄉향향 貴귀귀 ○ 사ᄅᆞᆷ이離鄕ᄒᆞ면賤ᄒᆞ고物이離鄕ᄒᆞ면貴ᄒᆞᄂᆞ니라 姐져져 姐져뎌 我어오 看칸칸 上샹샹 伱니니 ⊕ 姐姐ㅣ아내너롤보니○看上猶言見取之意 飯뻔반 也여여 好핳한 生승승 喫칭치 不봉부 得딩더 ○ 밥을ᄆᆞ장먹다못ᄒᆞ리로다 常쨩창 言연연 道땋닿 ○ 常言에닐오되 男난난 兒슬을 無무우 婦뿌부 財째재 無무우 主쥬쥬 ⊕ ᄉᆞ나희겨집에업스면지플이님재업고 婦뿌부 人신신 無무우 夫부부 身신신 無무우 主쥬쥬 ⊕ 겨집이지아비업스면몸이님재업다ᄒᆞᄂᆞ니 怎즘즘 擺배배 劃홯홰 我어오 這져져 一힝이 場쨩챵 愁쯓추 ⊕ 엇ᄃᆡ베이一場愁로혜와드료○擺劃排擠開

割之意비韻書不收免疑韻略作百凡陌韻陌字數諸 字皆呼如奏韻之音故百字呼如撮字而卿習傳呼副

字音비亦從上聲 讀則字作撮亦通 咳해해你니니說워쉬甚씸슴麽마마話화화 ○ 애 네

므슴말을 니른는다 我어오夫후부主쥬쥬知징지道닿도時쓰스了랼랴不부부得

딍더 ○ 우리지아비알면에 위나다못ᄒ리라 再재재來래래休향후說워쉬這저져般

번번不부부曉향햪事쓰스的딍디話화화 ○ 뇌여란이런일모로 는말나ᄅ다말라 咳

해해姐저져姐저져我어오不부부想샹샹你니니這저져般번번煩반한惱납난

○ 애姐姐ㅣ아버네이리노ᄒ 여홀줄을싱각더못호라 不부부妨방방事쓰스 ○ 밀에 혀룸

다아니 ᄒ가 古구구人인인道닿도 ○ 古人이 닐오되 隔긍겨簾련련聽딩팅笑샹샤

語유유燈등등下햐햐看칸칸佳갸갸人인인 ○ 발을즈음ᄒ여笑語 로듯고燈下에佳人

을봄이 라ᄒ니 氣키키殺상사我어오也여여 ○ 날을애 벼온다 姐저져姐저져你니니

再재재尋씬신思숭스我어오這저져秋칠추月웡워紗사사窓창창一힝이扇

편편心신신 ○ 姐姐ㅣ아네또나의이秋月 紗窓一扇心을싱각ᄒ여 只즈즈減몀여了랼랴

我어오這저져心신신頭뜰투火훠호 ○ 그저나의이心 頭火를쓰면 強걍강如슈슈

良량량藥얄요治찌치病빙빙 ○ 良藥으로病다스 림도곤나으리라 怕파파沒뭉무治

찌치病빙빙的딍디心신신那나나 ○ 저프건대病고틸ᄆ 옴이업스라마는 只즈즈怕

파파同뚱퉁房빵방人신인攪걒갸撒상사了랼랸 ○ 그저同房사ᄅ이 알싸저프고○讀

撒攪作覺是覺字雖入聲而凡入聲清声則呼如上聲 者多矣如角字亦或呼如上聲記書者以覺撒之覺呼

為上聲而謂覺字為入聲不可呼如上聲故書用攪字 耳撒猶知也俗語亦曰次撒了今以撒放之撒用為知

覺之義者 亦未詳 又임우怕파파窓창창孔쿵쿵裏리리偷틀투眼연연兒슬을看

간간 ⊕ 또창궁그로여 어볼가지펴라 那나나的딍디有잉익法방하度뚜두 ⊕ 더ᄂ 法度

ㅣ이 시니 推퉈퉈出츄츄後흫후去큐큐的딍디一힝이般번번出츄츄來래래時

쓰스 ⊕ 뒤보라가ᄂ데ᄒ가지로나오면○推出後漢人 措廁爲後路詳見老乞大集覽上篇東廁下又大

便小便亦曰 大後小後 怕파파甚씸슴麽마마 ○ 므서시저 프리오 你니니且쳐쳐休

힣후忙망망休힣후心신신焦잘잪 ○ 대아직밧바말고ㅁ 움을되오디몰라 有잉우緣

연연千쳔천里리리能능능相샹샹會휘휘 ○ 인연이이시면千里라 도능히서르못ᄎ고

無무우緣연연對뒤뒤面면면不부부相샹샹逢뽕봉 ○ 인연이업스면 낫출뒤ᄒ여도

서로맛나디 못ᄒᄂ니 兩량량心신신相샹샹照잘잪亦잉이不부부難난난 ○ 둘 희

모음이서르비최연ᄉ도 ᄒ어렵디아니ᄒ니라

這저져幾기기箇거거賊쩍즈漢한한們믄믄 ○ 이여러도 적놈들히 一힝이日싀시

喫칭치三산산頓둔둔家갸갸飯빤반 ○ ᄒᄅ세베 밥먹고 每믜믜日싀이家갸갸

閑햔헌浪랑랑蕩땅당做주주甚씸슴麽마마 ○ 날마다힘힘이ᄀ 래여므승ᄒ리오 一

힝이箇거거賊쩍즈那나나靴훠훠鋪푸푸裏리리 ○ ᄒ도적은며 휘ᄋ푸ᄌ에 學할효

生승숭活훵호去큐큐 ○ 셩녕비호 라가고 一힝이箇거거狐후후帽말만匠짱장

家갸갸學할효生승숭活훵호去큐큐 ○ ᄒ나흔狐帽匠의집의셩 넝비호라가고○狐帽匠

音義云터럭장수按以有毛皮作大小帽者 謂之胡帽匠狐字作胡猶本國毛衣匠之類 兩량량箇거거

漢한한子즈즈 ○ 두놈 은 把바바那나나驢류류騾러로們믄믄喂쥐위的딍디

好할한着쫗조 ○ 티나귀노새흘을 먹이기를잘ᄒ야 將쟝쟝十씽시兩량량銀인인子

즈즈 ○ 열량은을 가지고 東둥둥安한안州징주去큐큐 ○ 東安州에가○ 東安州在東安

縣西北金以前皆爲縣元陞爲州今避水患移今 治在順天府南一百里故城遂廢洪武初改爲縣 放방방

黑흥히豆뜰두 ○ 거믄콩 에노하 收실식拾씽시車쳐쳐輛량량 ○ 술위를 拾ᄒ거收

先션션載재재將쟝쟝一힝이車쳐쳐來래래 ○ 몬저ᄒ술위를 시러가저오고 又일와

兩량량箇거거人인신 ○ 또두사 룸은 將쟝쟝五우우兩량량銀인인子즈즈下

햐햐馬마마莊쫭장裏리리去큐큐 ○ 뒷냥은을가지고下馬 莊에가○下馬莊地名 放방방

稈간간草창찬五수우錢쪈천一힝이束숭수家갸갸放방방 ○ 조답해노 호되다ᄉ

낫단에흔뭇식ᄒᆞ며ᄃᆞ고○稃禾稭也卽稭之和皮者也中國北方土地高燥宜粟不宜稻故治田好種粟收
粟者穀總取實留其稭以飼馬曰名其稭曰稈草亦曰穀草稭音戞稻稭曰稻草把바바摟루루草
찬찬二ᅀᅳᆯ을錢쳔쳔半번번一ᅙᅵ이束숭수家갸갸○히돈딥흔다가돈둘반에ᄒᆞᆫ뭇식ᄒᆞ
이○摟撥聚也收禾登場栽穗取實亂撒禾稭在場仍西摟聚者曰摟草商샹샹量량량着잪죠放
방방饋귀귀○혜아려노하주고再재재那나나一ᅙᅵ이箇거거小샾샾廝ᄉᆞ스○
또더ᄒᆞᆫ아히ᄂᆞᆫ將장장二ᅀᅳᆯ을兩량량銀인인到담도西시시山산산裏리리○두냥
은을가지고西山에가○西山在順天府西三十里太行山首始于河內北至幽州境形勢爭奇擁翠雲若聳
星拱于皇都之右每大雪初霽千峯萬簪積素凝華若圖畫然為京師八景之一曰西山霽雪今見北京西城
外有山卽是一錢쳔쳔半번번一ᅙᅵ이束숭수家갸갸○돈반에ᄒᆞᆫ뭇식ᄒᆞ야五ᅌᅮ우
百뷕버来래래束숭수稻닾도草찬찬裏리리放방방○五百뭇볏딥혜노흐라這
저저們믄믄時ᄊᆞ스○이리면一ᅙᅵ이冬둥둥裏리리這저저頭틓투口쿨쿠們

믄믄勾긓구喫칭치了랴랴○흔ᄆᆞᄅᆞᆫ믈이즘싱믈이유여히먹으리라○頭口泛指馬牛猪羊之
稱數猪以頭數牛亦曰頭數羊以口數擇亦曰口故泛稱畜口曰頭口牛馬亦曰頭疋
咱잠자兌뒤뒤付부부些서서盤빤펀纏쪈쳔○우리적이盤纏을예도가南난난海
해해普푸푸陀떠도落랄로伽캬캬山산산裏리리○南海普陀落伽山예○山在寧波府
定海縣古昌國隣海中佛書所謂海岸高絶處普陀落伽山世傳觀音現像于此上有普陀寺普陀落伽唐言
小白花卽山礬花也山多小白花故仍名然時高麗新羅日本諸國皆由此取道以候風汎發譯名義云補陁
落迦此云海島又云小白花參잔찬見견견觀권권音ᅙᅵᆫ인菩뿌푸薩상사真진진像
샹샹去큐큐来래래○觀音菩薩真像을參見ᄒᆞ라가자○參禮觀也這저저菩뿌푸薩상사
真진진乃내내奇기기哉재재○이菩薩이진실로긔특ᄒᆞ니라理리리圓원원四ᄉᆞ스
德뒹더○理ᄂᆞᆫ四德게ᄀᆞ잣고○理者圓常道之至也圓全備也四德曰常曰樂曰我曰淨無二生死爲
常不受二邊爲樂具入自在爲我三業清淨爲淨又我者卽是佛義常者卽是法身義淨者卽是[illegible]義樂者卽

是涅槃義大抵梵語經文釋義不一令不煩解智징지滿먼먼十씽시身신신○智ᄂᆞᆫ十身에ᄎᆞᆺ
도ᄃᆞ○本覺為知始覺為智滿備也十身有調御十身曰無着曰弘願曰業報曰住持曰涅槃曰淨法曰真心
曰三昧曰道性曰如意有內十身曰菩提身願曰化曰力持曰莊嚴曰威勢曰意生曰福德曰法曰智有外十
身曰自身曰衆生曰國土曰業報曰聲聞曰圓覺曰菩薩曰智曰法曰虛空灑새새悲비븨雨유유於
휴유遐하하方방방○悲雨로遐方에ᄡᅳ리고扇션션慈ᄍᆞᄉᆞ風봉봉於휴유刹찹차
土투투○慈風으로刹土에부ᄂᆞ다○悲雨慈風佛發大慈悲廣濟衆生猶雨而發風然無遠不被故曰
風雨佛有四無量心慈悲喜捨刹土梵語刹此云竿卽幡柱也沙門於此法中勤苦得一法者便當竪幡以告
四遠曰令有以欲人也云法苑云阿育王取金華金幡懸諸刹上瓔珞經云刹土乃聖賢所居之處又刹土樹
言法界也又號伽藍曰梵刹者以柱為表也座쭤조飾싱시芙뿌부蓉융융湛쩐친南난난
海해해澄쩡칭清칭칭之즈즈水쉬쉬○안즌ᄃᆡᄂᆞᆫ芙蓉으로ᄭᅮ미여시니南海澄清ᄒᆞᆫ水에ᄌᆞᆷ
기고○座飾芙蓉飜譯名義云大論問諸床可坐何以蓮華答曰於為世間白衣坐法又以蓮華軟淨欲現神

力能坐其上令不壞故又以莊嚴妙法故又以此華華臺嚴淨香妙可坐故湛沒也澄也身신신嚴연연
瓔힝잉珞랄로居규규普푸푸陀떠도空쿵쿵翠취취之즈즈山산산○몸에瓔珞
으로장엄ᄒᆞ여시니普陀空翠의山에居ᄒᆞ엿도다○瓔珞頸飾也普門品經云無盡意菩薩解頸下衆寶瓔
珞而以與之一說珠在頸曰瓔在身曰珞或횡휘作작조童뚱퉁男난난○혹童男이되며或
횡휘作작조童뚱퉁女뉴뉴○혹童女ㅣ되며○童男童女觀音現三十二應曰佛身曰辟支曰圓
覺曰聲聞曰梵王曰帝釋曰自在天曰大自在天曰天大將軍曰四天王曰四天太子曰人王曰長者曰居士
曰宰官曰婆羅門曰比丘曰比丘尼曰優婆塞曰優婆夷曰女主曰童男曰童女曰天身曰龍身曰藥叉曰乾
達婆曰阿修羅曰緊那羅曰摩睺羅曰樂人曰非人應作種種身或在天上在人間隨其所樂皆令見衆生形
相各不同行業音聲亦無量或횡휘現현현質징지梵빤반王왕왕帝디디釋싱시○
或梵王帝釋에現質ᄒᆞ여○梵王帝釋有欲界色界無色界為三界欲界有四洲四惡趣六欲天帝釋為欲界
主色界有四禪十八梵天梵王為色界主無色界有四空天或횡휘分븐븐身신신居규규士

ᄉᆞ스宰지재官관권○或居士宰官에分身ᄒᆞ고○居士宰官隱居之士宰輔之官佛書云應以居士
得道者必現居士應以宰官得道者必現宰官禮記玉藻曰居士錦帶注道藝處士也翻譯名義云受談名言
清淨自居又多積財貨居業豈盈皆謂之居士以이이聲싱싱察창차聲싱싱拯정징悲비비
酸쉰쉰於유유六룽루道닿단○소리로셰소리를ᄉᆞᆯ펴悲酸을六道에건디고○以聲察聲聞
其聲而察其苦樂之狀六道人道天道阿脩羅道餓鬼道畜生道地獄道亦名六趣加仙道名曰七趣阿脩羅
有大力神入嘗共天闘立大海中身高半天隨쮜취相샹샹現현현相샹샹救궁구苦쿠쿠
惱낳나於유유三산산塗뚜두○상을조차상을뵈야苦惱를三塗에救ᄒᆞᄂᆞᆫᄯᅩ다○隨相現相
隨其衆生之相自爲其相而往救焉翻譯名義云佛昔爲帝釋時遇飢歲疾疫流行醫藥無功道種相屬帝釋
悲愍君而救濟乃變其形爲大蟒身瘞屍出于谷空中適告聞者感慶相率奔赴隨割隨生療飢療疾三塗餓
鬼塗畜生塗地獄塗起기기浮뿧부屠뚜두於유유泗슿스水쉬쉬之즈즈間견견○
浮屠를泗水ㅅᄉᆞ이에니ᄅᆞ혀고○浮屠即塔也唐言高顯也神僧傳云僧伽大士西域人姓何氏唐龍朔初

朴通事諺解中 二十二

於泗州臨淮縣信義坊將建伽藍掘得古香積寺銘記并金像一軀上有普照王佛字遂建寺焉中宗聞名遣
使迎師居薦福寺頂上有一穴以絮塞之夜則去絮香從項穴中出非常芬馥及曉香還項中又以絮窒之景
龍四年端坐而終中宗令於寺起塔供而大風欲起臭氣滿長安中宗問諸近臣近臣奏僧伽大師化緣在臨
淮恐欲歸中宗心許其臭頓息奇香馥烈五月送至臨淮起塔供養即令泗上僧伽塔是也中宗問萬迴和尚
曰僧伽是何人迴曰觀音化身結겨겨草찯찬廬루루於유유香향향山산산之즈즈上
샹샹○草廬를香山우희지엇도다○翻譯名義云西域記云阿耨達水名在香山之南觀此則香山亦西
域山也而未詳所在結廬事亦未詳執징지楊양양柳링리於유유掌쟝쟝內뉘뉘拂봉부
病뼝빙體티리於유유輕깅깅安한안○楊柳를손에잡아病體를輕安ᄒᆞ디벌디고○佛圖
澄天竺人也以通玄術善誦呪能役使鬼神石勒聞其名召試其術澄取鉢盛水燒香呪之須臾鉢中生青蓮
後勒愛子暴病死澄又取楊枝沾水洒而呪之遂蘇自後凡病謝僧醫病日辱沾楊枝之水傾징깅甘간간
露루루於유유缾뻥핑中즁즁濟지지險현현途뚜두於유유飢기기渴컿커○

甘露를瓶中에기우려險途를飢渴에ᄀᆞ제ᄒᆞᄂᆞ다○翻譯名義云梵言軍持此云瓶軍持有二若甕瓦者是
淨用若銅鐵者是觸用西域記云軍持澡瓶也尼畜軍持僧畜澡罐佛經云佛洒甘露水又云開甘露門又云
手執青楊枝徧洒甘露之水然甘露源流未許面면면圓원원璧빙비月웡워○ᄂᆞᆺᄎᆞ璧月ᄀᆞ티
두렷ᄒᆞ고○璧天生瑞玉盈尺餘形圓者也佛八十種好云面圓淨如滿月身신신瑩잉잉瓊궁궁
瑰귀귀○몸은瓊瑰ᄀᆞ티ᄆᆞᆰ고○瑩玉色潔也瓊瑰石次玉者也瑰音귀平聲佛八十種好云身有光
明又云身清淨又云色潤澤如瑠璃齒츠츠排빼배柯거거雪셰쉐○니ᄂᆞᆫ柯雪이버럿ᄂᆞᆫᄃᆞᆺᄒᆞ
고○齒排柯雪謂齒如雪推枝柯之上淨白頓整之形似人所編排然佛三十二相有四十齒相有齒白淨相
有齒齊密相眉믜믜秀싛수垂쮜취楊양양○눈셥은垂楊이ᄲᅡ혀난ᄃᆞᆺᄒᆞ도다○佛十相有
眉細垂楊相由잉우是쏘스威위위神씬신莫망모測칭처○일로말미암아威神을혜
아리디못ᄒᆞ고聖싱싱德딩더難난난思ᄉᆞ스○聖德을ᄉᆡᆼ각기어려온디라故구구得
딩더人신신天텬텬之즈즈喜히히躍양야鬼귀귀神씬신之즈즈歡훤훤欣힌힌

朴通事諺解中 二十三

○이러모로人天의喜躍과鬼神의歡欣을어디萬완완民민민無무우擾삼샤攘얌샹之
즈즈憂힝우○萬民이擾攘ᄒᆞᄂᆞᆫ근심이업고百빅비姓싱싱有잉우安한안祥썅샹之
즈즈慶킹깅○百姓이安祥ᄒᆞᆫ慶이잇도다若얗요人신신有잉우難난난○만일사ᄅᆞᆷ
이어려옴이잇거든念년년菩뿌푸薩삭사名밍밍○菩薩의일홈을念ᄒᆞ면速숭수詣
이이其끼기處츄츄○ᄲᆞᆯ리그곳예나아가救궁구衆중중生승승難난난○衆生의難
을救ᄒᆞ야尋씬신聲싱싱救궁구苦쿠쿠應힝잉念년년除쮸츄災재재○尋聲救苦
ᄒᆞ며應念除災ᄒᆞᄂᆞ니○史記晋盧景裕繫晋陽獄志心念觀世音菩薩枷鎖自脫又有人當死志心誦觀世
音菩薩普門品經千百遍臨刑刀折曰以救之如유유是쏘스菩뿌푸薩삭사不봉부可거기
不봉부參찬찬○이런菩薩을可히참변티아니티못홀거시라咱쟝자這져저衆중중生
승승知징지不봉부知징지○우리이衆生이알거나아디못ᄒᆞ거나○一切衆緣合集而生故曰
衆生又衆緣和合名曰衆生衆平聲作작조一힁이切쳥처罪쮜쥐障쟝쟝○一切치罪障지

는거시○一以普及為言切以盡除為語罪障猶言業障罪業 有잉우千천천有잉우萬완완○
有千有萬ᄒᆞ나 咱장자也여여到닿ᄃᆞ佛뿡부所수소○ 우리佛所에가도 誠쩡칭心
신신懺찬찬悔휘휘後헣후不붕부復뿡부作잫조○ 誠心으로懺悔ᄒᆞ여ᄒᆞ에다시짓디
아자○悔見上 咱장자如유유今긴긴身신신已기기安한안樂랗로時쑿스節
져졍○ 우리이제몸이安樂ᄒᆞᆫᄠᆡ예 不붕부修싱슈善쎤션時쑿스○ 善을닷디아니ᄒᆞ면
如유유同뚱퉁禽낀킨獸싣식之즈즈類뤼뤼○ 禽獸의類ᄀᆞᄐᆞᆫ디라 一힝이針진진
投뜰투海해해底디디○ 一針을海底에ᄃᆞ리티면 尚쌍샹有잉우可커커得딍더日
이승○ 오히려可히어들날이이시려니와 一힝이失싱시人신신身신신後헣후○ ᄒᆞᆫ번
사ᄅᆞᆷ의몸을일흔後ㅣ던 萬완완劫겁거再재재逢뽕풍難난난○ 萬劫이라도다시만나기
어려오니라○萬劫儒曰世釋曰劫道曰塵一說儒家曰數道家曰劫佛家曰世道經云天地一成一敗謂之
劫上天開化建五劫紹運曰龍漢曰赤明曰上皇曰延康曰開皇五劫院周後從其始又六十年一甲子一百

朴通事諺解中　二十四

年為一小劫一千年為一中劫三中劫為一大劫佛家初劫為釋迦牟尼佛二劫為寶蓋佛三劫為燃燈佛偰
武帝鑿昆明池其底有灰帝問東方朔對曰此劫灰也
今긴긴日싕시上썅샹直찡지去큐큐○ 오ᄂᆞᆯ上直가니 你니니將쟝샹鋪푸푸蓋
개개送숭숭去큐큐○ 네鋪蓋가져보내고 那나나廝ᄉᆞ스你니니也여여將쟝쟝那
나나箭젼젼俗때대裏리리○ 뎌놈아뎌동개예도 揷창차三산산十씽시根근근
箭젼젼○ 설흔낫살올곳고 弓궁궁俗때대裏리리揷창차一힝이張쟝쟝弓궁궁
○ 弓俗에ᄒᆞᆫ댱활을곳고 盔퀴퀴甲갸갸一힝이副부부○ 투구와갑옷ᄒᆞᆫ부와 環환환
刀닿닫一힝이口큳쿠○ 環刀ᄒᆞᆫ나홀 都두두一힝이打다다裏리리將쟝쟝到
닿닫直찡지房빵방裏리리等둥둥我어오着잡조○ 다ᄒᆞᆫ번의가지고直房에가날을기
ᄃᆞ리고 其끼기餘유유的딩디伴뻔번當당당們믄믄家갸갸裏리리有잉우着
잡조○ 그나믄伴當들ᄒᆞᆫ집의이셔 街개계上쌍샹休힇휘撒삻사潑퐁포皮삐피○

거리예가보피로온뎨말고 好핳할生승승用융융心신신看칸칸家갸갸着잡조○
ᄆᆞ장用心ᄒᆞ여집을보라 如슈슈今긴긴賊쩌즤廣광광○ 이제도적이ᄒᆞᆫᄒᆞ니 我어오若
샿요出츄츄直찡지房빵방來래래○ 내ᄒᆞᆫ일直房ᄋᆞ로셔나와 看칸칸家갸갸裏리리
沒몽무你니니時쑿스○ 집의보아네업스면 却궇쿼要향야打다다○ 또티리라 家
갸갸中중중沒몽무甚씸슴的딩디事쏘스時쑿스賞샹샹你니니○ 집의아므란일
이업스면를샹ᄒᆞ고 有잉우些셔셔事쏘스時쑿스喫칭치打다다○ 져기일미이시
면마즘을니브리라 我어오說쉃쉬與유유你니니衆중중伴뻔번當당당們믄믄○
내너희모든伴當들ᄃᆞ려닐ᄋᆞ노니 常쨩챵言연연道땋닾○ 常言에닐오되 常쨩챵防빵방
賊쩍즤心신신莫맣모偷틓투他타타物뭉우○ 상녜도적ᄆᆞ음을막고놈의것도적디말
라ᄒᆞᄂᆞ니라
你니니的딩디帽맣모兒ᅀᆞᆯ을那나나裏리리做주주來래래○ 내갓을어ᄃᆡ셔민ᄃᆞ

朴通事諺解中　二十五

란ᄂᆞ노 徐쓔슈五우우家갸갸的딩디○ 徐五의집셔ᄒᆞᆫ거시라 將쟝쟝來래래我
오서 看칸칸○ 가져오라내보쟈 這져져帽맣모兒ᅀᆞᆯ을也여여做주주得딍더中
중중中중중的딩디○ 이갓을민ᄃᆞ기를알맛게ᄒᆞ엿다 頭뜰투盔퀴퀴大다다○ 더우
ㅣ크고 簷연연兒ᅀᆞᆯ을小샿샤○ 드르희젹고 毡젼젼粗추추○ 시욹이욹고 做
주주的딩디鬆숭숭了럏랴○ 인들기를섭섭이ᄒᆞ여시니 着잡조了럏랴幾기기遍
변변兩유유時쑿스都두두走증주了럏랴樣양양子즈즈○ 여러번비를마즈면다듦
로ᄇᆞᆯ다양이 徐쓔슈五우우的딩디徒뚜투弟디디李리리大다다○ 徐五의뎨시李
ㅣ大 如슈슈今긴긴搬번번在째재法밯바藏짱장寺ᄊᆞ스西시시邊변변混훈훈
堂땅당間견견壁빙비住쥬쥬裏리리○ 이제法藏寺서편混堂ㅅ이ᄇᆡ람에올마사ᄂᆞ니
那나나廝ᄉᆞ스十씽시分븐븐做주주的딩디好핳할○ 뎌놈이ᄀᆞ장ᄆᆡ기를잘ᄒᆞᄂᆞ니
라니 可커커知찌지那나나廝ᄉᆞ스使ᄉᆞ스長쟝쟝的딩디大다다帽맣모也여여

做주주裏리리○그리어니며놈이使長의큰갓도인ᄃ니使長者猶言君長也元語那衍音노연
大帽如本國笠子之制南村輟耕錄云胡石塘先生嘗應聘入京世皇召見之於便殿趨進不覺笠子欹側上問
曰秀才何學對曰修身齊家治國平天下之學上笑曰自家笠子尚不端正又能平天下耶此元時戴笠也今
俗唯出外行者及新婚婿郎無職者親迎之夕必戴大帽休힐후道땋닾是씃스街개계上샹샹
百븡버姓싱싱的딍디○이거릿百姓의거순니르디말리라我어오如유슈今긴긴與
유유伱니니一힝이兩량량銀인인○내이제너를ᄒᆞᆫ냥은을줄세시비將장장去큐큐
饋귀귀李리리大따다做주주定뗭딩錢쪈쳔○가져가李大를주어마초논갑술삼고
做주주雲윤윤南난난氊젼젼大따다帽맣만兒ᅀᆞᆯ一힝이箇거거○雲南氊으
로ᄒᆞᆫ큰갓ᄒᆞ나와○雲南古梁州南境爲徼外爨也漢置益州郡元置路今改爲布政司州縣俱出氊細密爲
天下最陝션션西시시赶간간來래래的딍디白삥븨駝떠토氊젼젼大따다帽
맣만兒ᅀᆞᆯ一힝이箇거거○陝西셔미러온白駝氊큰갓ᄒᆞ나흘민드되說쉬쉬與유유

朴通事諺解中 二十六

他타타○더ᄃ더널러套탕탈上샹샹氈젼젼兒ᅀᆞᆯ○털을버올러着쟣죠我
어오着잔잔了랼랴的딍디之즈즈後흫후○날로ᄒᆞᆫ여된후에着쟣죠刺칭치邊
변변兒ᅀᆞᆯ○ᄀ에치질호더刺칭치的딍디細시시勻윤윤着쟣죠○치질ᄒᆞ기를ᄀᆞ
ᄂᆞᆯ고고로게ᄒᆞ라李리리大따다的딍디帽맣만兒ᅀᆞᆯ樣양양兒ᅀᆞᆯ可커커喜
히히不붕부走쯤주作잘조○李大의갓이모양이곱고븐ᄡᅳ디아니케된ᄃᆞ랏고又일우不
붕부怕파파兩유유雪쉐쉬○또兩雪이저프디아니ᄒᆞ니라爲위위甚씸슴麼마마○
므서슬위ᄒᆞᆫ고那나나頭뚬투盔킈킈好핳할歟새시到땋닾了랼랴時쓰스○미ᄃᆡ
우를ᄀ장뼈기롤잇곳ᄒᆞ고纔째재套탕탈上샹샹氈젼젼兒ᅀᆞᆯ○그제야털올ᄢᅦ골리
ᄂ니라這져져一힝이箇거거高갈간手싈슈的딍디人신신做주주的딍디生
승상活횡호○이ᄒᆞᆫ高手엣사ᄅᆞᆷ의민도셩녕이高갈간如슈슈師소스傳붛부○승스
어셔ᄂᆞ오너라

一힝이箇거거放방방債재재財째재主쥬쥬○ᄒᆞᆫ빗주기ᄒᆞ는財主小샹샾名망밍
喚훤훤李리리大따다舍셔셔○小名을李大舍ㅣ라브ᄅᆞᄂᆞᆫ이開개개着쟣죠一힝이
座쪼조解계계當당당庫쿠쿠○一座解當庫ᄅᆞᆯ질고○解當庫王莽令市官收賤賣貴謂如貸
錢與民一百箇每月於利錢三箇銀一兩則每月取利三分之類後主量其貨物利錢兩抽分遺下亦收息百三後
人所以効之令之解庫是其遺意元時或稱卯子鈔或稱把解人以重物來當承錢兩去在後償還本利還取
其物兩去此卯解當庫也但딴단是씃스直찍지錢쪈쳔物몽우件껸견來래레當당당
時쓰스○믈읫갑ᄉ物件으로와뎐당ᄒᆞ면便뼌변奪똥도了랼랴那나나物몽우○
곳그거술갓고却껴거打다다死소스那나나人신신○ᄯᅩ그사ᄅᆞᆷ을터죽여正징징房
빵방背뵈븨後흫후掘꿩귀開캐캐一힝이箇거거老랄랄大따다深신신淺쳔쳔
地띠디坑콩콩○正房뒤헤ᄒᆞᆫ크고기픈디함을ᄀᆞ고埋매ᄆᆡ在째재那나나裏리리頭
뜰투○그안희ᄃᆞ리리더나有일우一힝이日싀시賣매매布부부絹견견的딍디過

朴通事諺解中 二十二

거고去큐큐○흘룬布와깁플리디냐가거늘那나나大따다舍셔셔叫갸갸將쟝쟝屋
홍우裏리리去큐큐○더大舍ㅣ블러짐의가把바바那나나布부부絹견견來래레
都두두奪똥도了랼랴○뎌뵈과깁을다앗고也여여打다다殺삭사撒폐펴在째재
坑콩콩裏리리○ᄯᅩ뎌죽겨디함에ᄃᆞ리디고又일우一힝이日싀시一힝이箇거거
婦뿌부人신신○ᄯᅩᄒᆞᆯᄅᆞᆫᄒᆞᆫ베집이將쟝쟝豆뚤두子즈즈來래레大따다的딍디
明밍밍真진진珠쥬쥬一힝이百븨버顆쿼코來래레當당당○콩만치큰블근真珠
一百낫ᄋᆞᆯ가져다가뎐당ᄒᆞ거늘又일우奪똥도了랼랴○ᄯᅩ앗고也여여打다다殺
삭사撒폐펴在째재那나나坑콩콩裏리리○ᄯᅩ뎌죽여그ᄃᆡ함예ᄃᆞ리티고用융융板
반반蓋개개在째재上샹샹頭뜰투○널로ᄲᅧ우희덥고頻삔핀頻삔핀的딍디這
져저般번번做주주歹대대勾금구當당당○不로이런사오ᄂᆞ온얼을ᄒᆞ더니他타타
有일우兩량량箇거거渾훈훈家갸갸○뎨두겨집이이시니小샹샾媳싀시婦뿌부

與유유大따다妻치치商샹샹量량량說숴쉐○小媳婦ㅣ大妻ㅣ려혀아려닐오되我
허오男난난兒숭ᅀᅳᆯ做주주這져져般번번迷미미天텬텬大따다罪쮜쥐的띵디
事쏘스○天大罪우리스옛나일희을이ᄒᆞ련니迷假갸갸如유유明밍밍日ᅀᅵ시事쏘스
蔱봥바起키키来래래時쏘스○이만니일리明나日면에일帶대대累뤼뤼一킹이
家갸갸人신신都두두死쏘스也여여怎즘즘的띵디好할할○이온비집므사리롬
더여ᄒᆞ다여죽야온도ᄢᅢᄒᆞ시리ᄂᆡ오엇大따다妻치치見견견那나나般번번說숴쉐○
大닐妻옴ㅣ을보그고리對뒤뒤他타타男난난兒숭ᅀᅳᆯ說숴쉐勸권권○회제롤소더나
말ᄒᆞ리여되닐러常짱창言련연道짤닫○닐常오言되에若샹ᅀᅣ作잘조非빙뵈理
리리必삥비愛쌩사其끼키殃걍양○시만그일알非화理롤벗밧길는을다ᄒᆞᄒᆞ면니반ᄃᆞ
伱니니做주주這져져般번번不봉부合뻥허理리리的띵디勾흥구當당당○
아데년이일런을理ᄒᆞ에다合가디若샹ᅀᅣ官권권司ᄉᆞ스知진지道땀닫時쏘스○길만

官권권司ᄉᆞ스ㅣ把바바咱장자們믄믄不봉부償쨩상命밍밍那나나甚씸숨麽마마
알면○아우니리코를므다숨가ᄒᆞ償리命오티伱니니再재재来래래休힐휘做주주○뇌비
더여말랄라ᄒᆞ說숴쉐罷빠바○모니차른매기롤老랄랄李리리聽팅팅了랄랄惱
남나懆잘잔起키키来래래○ᄒᆞ老여李니뭇러고나노便뼌변要향얀打다다殺상사
那나나媳싀시婦뿌부○이곳고뎌저媳ᄒᆞ婦거롤늘뎌죽那나나婦뿌부人신신便
뺀번走즐주了랄랄○곳그ᄃᆞ데라집나이走즐주到달담官권권司ᄉᆞ스告잘갈了
랄란○가官告司ᄒᆞ에니ᄃᆞ다官권권人신신們믄믄引인인着잘죠幾기기箇거거
皂짱잔隷리리○皂官隷人롤들ᄃᆞ이리여고려將장장棍군군繩씽싱到달담那나나
家갸갸裏리리○지악고대뎌파잡노의홀가가把바바老랄랄李리리拿나나着잘죠
背뵈뵈綁방방了랄랄○저老차李리를텨다리가고자바家갸갸後훙후坑킁킁裏
리리○함집에뒤ᄃᆡ都두두搜ᅀᆖ수出츄츄三산산四ᄉᆞ스十씽시箇거거血휘히

瀝릭리瀝릭리的띵디尸ᄉᆞ스首싱식和허호那나나珠쥬쥬子즈즈布부부絹
권련○진열쥬마布른絹파올뭇다되ㄴ여尸벼首고와그將장장老랄랄李리리打다다
了랄랄一킹이百뷩버七칭치○一老百李七를南다杖가一數百補目錄벋云을凡뎌七下ㅇ
七至者五達十九七以下前用笞六十杖七數下大至德中一部百刑七尚下書用三杖數上言用
杖國一朝百用者刑宜寬止笞九杖十七十而減不其當三反故加笞十一也十議減者爲榑七於今變之
更其寢事遂不用椿法其刀剕於其刑以人肉法撾拉狗而一只大留柱其縛骨着極罪其人漆於酷其方上施創
子木用椿法刑其刀剕於其刑肉人以法
子大獄辟史卽刑古罪之入者也刑也創
木몽무椿쨩장上썅샹剮과과了랄랄○악나가모주기이도니에라리ㄱ고
一킹이箇거거官권권人신신就쮸작便뼌번
娶츄츄了랄랄那나나媳싀시婦뿌부○媳ᄒᆞ婦官人娶이ᄒᆞ엄뎌의ᄒᆞ서니더那나나
媳싀시婦뿌부道땀닫○닐더오媳되婦ㅣ妻치치賢현헌夫후부省숭숭事쏘스
官권권清칭칭民민민自쪼즈安한난○덜妻리ㅣ이어고딜官편이지몰아그뢰면일빅ㅣ

안성ᄒᆞ미ᄂᆞ스니스라로편
咳해해今긴긴日싀이天텬텬氣키키冷릉릉殺상사人신신○늘애과오윤늘이하
주차게사ᄒᆞ롬니올腮새새頰겹겨凍뚱뚱的띵디刺랑라刺랑라的띵디疼뚱등○
벌쌤알이헌ᄃᆞ다라街계계上썅샹泥니니凍뚱뚱的띵디○흙거연리거예시즌只즈즈
是ᄊᆞ스一킹이刻찬찬狼랑랑牙하야也여여似ᄊᆞ스○알그희저ᄀᆡᄒᆞᄆᆞ길ㅌᆞㄱ니티
馬마마們믄믄怎즘즘麽마마當당당的띵디○ᄆᆞᆯ들ᄒᆞ리히오엇디鐵텽텨匠
쨩쟝家갸갸裏리리去큐큐○鐵집匠의가의打다다一킹이對뒤뒤馬마마脚갈교
匙ᄎᆞ츠来래래釘딩딩上썅샹着잘죠○여호다보가다박갈으을다티我어오明밍밍
日싀이通퉁퉁州짇쥬接쪙져尚쨩창書슈슈去큐큐○書내마비즈일라通가州리尙
라將장장交걍갼床좡창来래래○저됴오상라을가我어오且쳐쳐外왜왜前
쳔천坐쮜조的띵디○ᄢᅵ내안아잣직쟈밧請칭칭官권권人신신屋루우裏리리喫

칭치 飯빤반 ○ 인청 회권 서대 밥官 먹人 으운 라집 做주주 甚씸슴 麼마마 飯빤반 ○ 슴므
엇밥 ᄂᆞ을 뇨지 乾간간 飯빤반 也여여 做주주 着쟣죠 裏리리 ○ 지된 엇밥 고도 稀히히
粥죻주 也여여 熬환오 着쟣죠 裏리리 ○ 갸뭐 人은 好쥭 饋도 不싸 力엇 於다 農ㅁ 獵稀 者粥
行者 皆多 丸齋 時粉 所米 記且 多其 言食 稀粧 粥好 及粥 酪丸 粉好 音生 抄肉 即本 本漢 國酪 來故 實兩 再
재재 有잉우 甚씸슴 麼마마 就찧작 飯빤반 的딩디 ○ 먹쏘 을므 것合 잇밥 ᄂᆞᄒᆞ 뇨여 乾
간간 羊양양 脚갶교 子즈즈 煮츄쥬 着쟣죠 裏리리 ○ 롤모 술론 맛羊 노의 라다 리 好
항핲 好 ○ 됴됴 타타 飯빤반 湯탕탕 休힣후 着쟣죠 冷렁릉 了랑랴 ○ 탕밥 을과
알초 라게 等등등 一힁이 會쀠휘 兒슬을 喫칭치 ○ 두ᄒᆞ 려디 먹위 쟈기 如유유 今긴긴
便뼌변 入슝유 裏리리 頭뜰투 去큐큐 時쓰스 ○ 히이 드제 러죽 가시 면안 凍둥둥 面
면면 皮삐피 都두두 打다다 破퍼포 了랑랴 不봉부 中중중 ○ 다연 히ᄎ 여가 딜죡 거이
마시 니니 ᄒᆞ맛 니당 티 你니니 把바바 那나나 鑵랑라 壺홍후 瓶뼝핑 汕산산 的딩디

朴通事諺解中　三十

乾간간 淨찡징 着쟣죠 ○ 쇠네 기려 를鑵 乾瓶 淨을 히다 ᄒᆞ가 야부 控쿵쿵 一힁이 控쿵쿵
○ 로거 고후 且쳐쳐 旋쓘쉰 將쟝쟝 酒짇작 來래래 ○ 러아 가직 져술 오을 라둘 喫칭치
一힁이 盞잔잔 ○ 먹ᄒᆞ 쟈잔 這져져 酒짇작 忤우우 禿퉁투 怎즘즘 麼마마 喫칭치
○ ᄒᆞ이 니술 잇어 더든 먹므 으쥬 됴근 將쟝쟝 去큐큐 再재재 吊댱댶 一힁이 吊댱댶 ○
드가 리져 오가 라다 시
孫숸순 舍셔셔 那나나 醜칭칙 廝스스 ○ 더孫 온가 놈며 이더 那나나 裏리라 將쟝쟝
那나나 般번번 好항핲 衣이이 服뿡부 好항핲 鞍한안 馬마마 來래래 擻평퍼 擺
양양 子즈즈 ○ 馬며 를되 가가 져려 와리 얻됴 ᄀᆞᆯ흔 ᄂᆞᆫ옷 비과 언됴 는흔 고鞍 那나나 謊황황 鬆
숭숭 一힁이 箇거거 財쨰새 主쥬쥬 人인신 家갸갸 裏리리 ○ 고더 넙거 섭즛 ᄒᆞᆫ말 ᄒᆞ고
家財 에主 셔人 招잘잘 做주주 女뉴뉴 婿시시 來래래 ○ 물불 삼러 으사 니회 他타타 如
유유 今긴긴 喫칭치 的딩디 穿춴춴 的딩디 無무우 處츄츄 發빵바 落랑로 裏리리

○ 시데 數이 落제 ᄒᆞᆯ논 ᄀᆞᆺ먹 이을 업것 스닙 니을 라것 哥거거 你니니 說숴쉬 甚씸슴 麼마마
話화화 ○ 글형 너아 ᄅᆞ네 눈므 다슴 말 他타타 如유유 今긴긴 氣키지 象샹샹 大따다
起키키 來래래 時쓰스 ○ 크테 게이 너제 르氣 허象 면글 粧좡좡 腰햫얀 大따다 模무무
樣양양 ○ 氣腰 像大 起模 來樣 時音 又질 粧여 妖○ 氣腰 又大 作模 大樣 樣質 大問 樣云 不如 禮人 待大
粧人 腰言 猶謂 僞氣 飾像 也一 一大 說起 腰來 大時 猶粧 言妖 大大 氣模 像樣 也一 說 只즈즈 把바바
我어오 這저저 舊꿓구 為뗘디 兄훙흉 伴뻔번 當당당 們믄믄 根근근 底디디 ○
伴그 當저 돌우 의리 손녯 디為 兄 半번번 點뎐뎐 ᄡᅵ 셔여 不봉부 係채채 ○ 제半 수點 티드
터아 라니 他타타 要햫얀 變변변 時쓰스 誰쒸쉬 係채채 他타타 ○ ᄒᆞ데 면변 뉘코 더져
ᄒᆞ룰 리거 오수 他타타 敬깅깅 我어오 五우우 分본본 剌랑라 ○ 을데 공날 경을 ᄒᆞ五 면分
我어오 也여여 敬깅깅 他타타 十씽시 分본본 ○ 을나 공도 경더 ᄒᆞ룰 고十 分 他타타
敬깅깅 我어오 一힁이 分본본 時쓰스 ○ 울데 공날 경을 ᄒᆞ一 면分 我어오 敬깅깅 他

朴通事諺解中　三十一

타타 五우우 分본본 ○ 나는 공더 경려 ᄒᆞ룰 리五 라分 這저저 般번번 時쓰스 ○ ᄒᆞ이 면리
是쓰스 人신인 倫륜륜 為뗘디 兄훙훙 之즈즈 意히이 ○ 뜻이 이ᄉ 어倫 너為 와兄 괴
他타타 不봉부 敬깅깅 我어오 時쓰스 ○ 터데 가날 너을 ᄒᆞ공 면경 我어오 敬깅깅 他
타타 甚씸슴 麼마마 屁삐피 ○ 리버 나더 공룰 경므 ᄒᆞ슴 라맛 도 那나나 廝스스 如유유 今
긴긴 倒당단 可거거 喜히히 ○ 로더 혀놈 곱이 더이 라제 可거거 知지지 貌망만 隨
쮜취 福봉부 轉쮠쮄 ○ 글그 조리 차어 공니 누얼 니굴 라이 福
咱잗자 們믄믄 當당당 不봉부 的딩디 ○ 當우 티리 못답 ᄒᆞ답 니흠 을 一힁이 箇기거
日싀이 頭뜰투 咱잗자 商샹샹 量량량 着쟣죠 ○ 혜ᄒᆞ 아른 더우 리 遊잉우 山산산
翫원완 景깅깅 去큐큐 來래래 ○ ᄒᆞ遊 라山 가翫 쟈景 好항핲 好항핲 ○ 됴됴 타타 我
어오 也여여 那나나 般번번 想샹샹 着쟣죠 ○ 각나 ᄒᆞ도 엿더 노리 라싱 如유유 今긴긴
更긍긍 秋칭칙 凉량량 冊단단 楓봉봉 八빵바 月웽워 好항핲 時쓰스 節졍져 ○

이제또秋凉冊楓。八月丘혼뻬니 正징징好할한山산산中중즁之즈즈味위위○허正
山中味丘호리로다야 咱쟝자那나나箇거거山산산裏리리去큐큐好할한○여우너리
山에가丘호료야 這져져離리리城쳥칭三산산十씨시里리리来래래地디디○
三이十城里에셔서히뜸이 有임와箇거거名밍밍山산산○이名시山되이嚛훤훤襌
젼쳔頂딩딩山산산○라樟브頂큰山니이真진진箇거거奇끼기妙먀먀○로진奇실
니妙라ᄒᆞ那나나山산산景깅깅致징지○致더눈山景尖젼젼尖젼젼險현현險
현헌的딩디山산산○ᄒᆞᆫ尖山尖과險險灣관완灣환완曲큐큐曲큐큐的딩디路
루루○ᄒᆞᆫ灣길灣히曲오曲松숭숭栢븨버檜귀귀栗리리諸쥬쥬雜쨩자樹슈슈木
릉무上썅샹○리松가栢짓檜남栗게여纏젼쳔着쟢죠乞키키留릭릭曲큐큐葎류류
藤뜽뜽○之音意길漢온人藤凡이稱열草것木고行ㅇ蔓乞必留曰曲藤葎非謂別屈有曲一擁物蓬
也有임와累뤼뤼累뤼뤼垂쮜취垂쮜취石씩시○돌累히累이垂시垂며ᄒᆞᆫ有임와

朴通事諺解中　三十二

高갛갛高갛갛下햐햐下햐햐坡풔포○뎌高이高이下시下며ᄒᆞᆫ언有임와重쭝충
重쭝충疊뎧뎌疊뎧뎌奇끼기峯봉봉○峯重이重이疊시疊며ᄒᆞᆫ奇有임와深신신
深신신淺쳔쳔淺쳔쳔澗견견○시深ᄂᆡ深이淺시淺며ᄒᆞᆫ有임와一이簇쥭추兩
량량簇충추人신인家갸갸○家一一簇이兩시簇며人有임와凹와와坡퓌포凸똉뎌
嶺링링庵한안堂땅당○堂凹이坡이凸시嶺며옛庵有임와睍현현睍현현睆훤훤
睆훤훤的딩디山산산禽낀긴聲싱싱○禽睍聲睍이睆이睆시ᄒᆞᆫ며山有임와雀쮜취
雀쮜취巍위위巍위위棧짠잔道땋닾○棧雀道雀ㅣ巍잇巍고ᄒᆞᆫ崖애애高갛갛道
닾닾窄쥥저○窄崖ᄒᆞ高니道只즈즈是쑹스這져져箇거거愁쭉추人인신膓쨩챵
○시그름저ᄒᆞ이게사ᄒᆞ람ᄂᆞ의니간라당을栗리리子즈즈葡뿌푸萄탛토滿먼먼山
산산峪용유○에밤마파도葡ᄒᆞ萄여ㅣ시山니峪遠원원望망왕一이似쑹스黑휘허
水쉬쉬精징징○黑멀水리精ㅂ것라고매五우우色싱서彩채채雲윤윤籠룽룽罩

쟉잔○五이色섯彩雲고山산산頂딩딩上썅샹有임와一이小샿샾池정치○
山은頂못上에이시ᄒᆞᆫ니적滿먼먼池찌시荷뼈허花화화香향향噴픈픈噴픈픈○
치못향애내마쌜두기ᄒᆞᆫ더던라곳僧승숭尼니니道땋닾俗쑹슈都두두隨쒸쉬喜히히
去큐큐○구僧경尼ᄒᆞ道라俗가이니다咱쟝사也여여柱쥬쥬着쨥죠柱쥬쥬杖쟝장
○대우답리고도막沿연연山산산沿연연峪용유隨쒸취喜히히那나나景깅깅
致징지去큐큐来래래○景山致을를조구ᄎ경며ᄒᆞ골라을가조쟈차더只즈즈是쑹스
平뼝핑平뼝핑斜써셔斜써셔石씽시徑깅깅難난난行헝힝○斜그斜저ᄒᆞᆫ平石平
려徑오에니行라기어礙애애甚씸숨麽마마事쑹스○로므오슴리일오에해常쨩챵
言연연道땋닾○닐常오言ᄃᆡ에逢뽕봉山산산開캐캐路루루遇유유水쉬쉬迭
뗭더橋걓쟌○나山ᄃᆞ을리만를나놋길ᄂᆞ홀다열ᄒᆞ고ᄂᆞ물니을라만
聽텅팅的딩디賣매매菜채채子즈즈的딩디過궈고去큐큐麽마마○라드ᄂᆞ르

朴通事諺解中　三十三

물뻬가ᄂᆞ풀나리디買매매些셔셔菜채채子즈즈兒술울○뼤저롤기사ᄂᆞ믈後
흫흥園원원裏리리種쭝중時쑹스好할한○편뒷됴동ᄒᆞ산리에라시므夜여여来
래레箇거거都두두收싱식割궁거了럏랴麻마마○두어어제뵈삼여올시다니거種
중중菜채채来래레○므ᄂᆞ자물시麻마마骨궁구一이遭변변收싱식拾씽시
下햐햐着쟢죠用융융着쟢죠○拾상ᄒᆞ대여ᄅᆞᆯ두ᄒᆞᆫ라편ᄡᅳ에쟈收種쭝중甚씸숨麽
마마菜채채来래레○을므시슴므ᄂᆞ됴믈蘿러로蔔뽕부○우댓무蔓먼먼菁징징
○우쉿무蒿훠호苣큐큐○로부葵끼지菜채채○혹아白쁴버菜채채○치빅
赤칭치根근근菜채채○치시근園원원荽쉬쉬○식고蓼럏랴子즈즈○피여
葱충충○파蒜쉰쉰○늘마薤혜혜○치부荊깅깅芥계계○개형薄뽕보荷
혀허○하박茼뚱퉁蒿할할○쑥믈水쉬쉬蘿러로蔔뽕부○무믈우한댓胡후후
蘿러로蔔뽕부○무노우른댓芋유유頭뚱투○란토紫즈즈蘇수수都두두種

중중來래례○紫蘇를다시므라紫즈스蘇수수這저져廝스스好항한喫칭치○

紫蘇란어기시먹기됴흐니라把바바那나나葉예여兒슬을摘징저了랴랴○더납홀다

가빠着짱죠針진진線션션串천천上샹샹○바ᄂᆞ실로재여吊댱댜在재재一잉이

壁비비廂샹샹○호ᄇᆞ람ᄉᆞ석외ᄃᆞ랏다가一잉이冬둥둥裏리리熬암오喫칭치好

항한○ᄒᆞᆫ겨ᄋᆞᆯ의ᄉᆞᆯ아먹기됴ᄒᆞ니라水쉬쉬芹낀킨田뎐뎐也여여修싱식理리리的

딩디好항한着짱죠○미나리밧도修理ᄒᆞ기를잘ᄒᆞ라叫걍갸將쟝샹翠취취兒슬을

春츈츈喜히히來래례○翠兒와春喜를블러다가挨빵바野여여菜채채去큐큐○

들ᄂᆞ믈을킈라가되挨빵바將쟝쟝小샹샤蒜쉰숸○쪽지田뗜텬菁징징○샤리올

薺찌지菜채채○낭이芫인인荇힝힝○비름골킈여오라都두두挨빵바將쟝쟝

來래례○다리여가져오나든把바바芫인인荇힝힝來래례煮쥬쥬喫칭치○비름

을다가술마먹자那나나廝스스你니니西시시園원원裏리리○더놈아西園에며

種중중些서셔冬둥둥瓜과과○동화西시시瓜과과○슈박甜뎐뎐瓜과과○

츰외揷챠차葫후후○조롱박○質問云如葫蘆長一二尺者方言謂之揷葫稍샾산瓜과과

○수세외黃황황瓜과과○외茄계겨子즈스○가지를시모라着짱죠那나나

丫야아頭뜽투菜채채市쓰스裏리리○더丫頭로ᄂᆞ을저재買매매將쟝쟝些서셔

山산산菜채채來래래○저기山菜를사오되買매매些서셔拳퀀퀀頭뜽투菜채채

○저기고사리치貫권권衆중중菜채채○회초미최搖얌양頭뜽투菜채채○두룹

치蒼창상朮쥬츄菜채채來래례○삽듀치를사오라我어오們믄믄大다다家

갸갸當쟝샹新신신○우리대되當新ᄒᆞ쟈那나나廝스스把바바菜채채園원원修

싱식理리리的딩디好항한着짱죠○더놈아菜園을다가修理ᄒᆞ기를잘ᄒᆞ고休힝휴嫌

현헌生승승受씽수○슈고홈을험의로이너기디말라古구구人인신道땅닾○古人

이닐오되無무우功궁궁食씽시祿룽루寢친친食씽시不봉부安한안○功이업시

안티아너라ᄒᆞ너라樣을먹으면寢食이편

如유유今긴긴怎즘즘麼마마那나나般번번賊쩡지廣광광○이제엣더더리도적

이흔ᄒᆞ효今긴긴年년년天텬텬旱한한田뎐뎐禾훠호不봉부收싱수○올히하ᄂᆞᆯ

이ᄀᆞ므라田禾를거도디못ᄒᆞ여시니因힌인此츠츠上샹샹賊쩡지廣광광○이런젼ᄎᆞ

로도직이흔ᄒᆞ니라使쓰스鉤궁구子즈즈的딩디賊쩡지們믄믄更긍긍是쓰스廣

광광○갈고리ᄡᅳᄂᆞᆫ도적이ᄯᅩ흔ᄒᆞ여拿나나着짱죠取츄츄燈등등兒슬을○取燈을가

지고○取燈南村輟耕錄云杭人削松木為小片其薄如紙鎔硫黄塗木片頂分許名曰發燭又曰粹兒宋陶

學士清異錄云夜有急苦於作燈之緩掀杉木條染疏黄一與大過得續必速呼為引光奴今之取燈兒其遺

制也今按舊本作吹燈兒焠音취則舊本吹燈之名恐或為是到당닾那나나一잉이箇거거人

인신家갸갸裏리리○아모ᄒᆞᆫ人家에가舌쎵셔尖전전兒슬을潤순순開개캐了

랼랴窓창창孔쿵쿵○혓긋흐로창구글빨고불위吹취취起키키火훠호來래례○

불을부러니르켜鑽쥔줜入슝슈裏리리面면면○안히드러여비빅看칸칸東둥둥

西시시在재재那나나裏리리時쓰스○자븐거시아므디잇ᄂᆞᆫ줄을보아知진지道

땅닾了랼랴的딩디之즈즈後흫후○안후에却켱커吹취취殺상사那나나燈

등등○ᄯᅩ그등잔을부러죽이고不봉부論룬룬竿간간子즈즈上썅샹的딩디櫃뀌귀

子즈즈上샹샹的딩디物웅우件쪈견○홰옛거시나레옛物件을혜다아나ᄒᆞ고便뼌변

着짱죠鉤궁구子즈즈鉤궁구出츙츄來래례將쟝쟝去큐큐○곳갈고리로그러내

여가져가ᄂᆞ니라那나나廝스스們믄믄只즈즈是쓰스夜여여[犭由]왐앋○뎌놈들온

그지옷밤이오不봉부是쓰스強걍강盜땅닾○強盜ㅣ아니라有잉우法방바度뚜두

容융융易이이隄디디防빵방○法度ㅣ이시니隄防ᄒᆞ기쉬오ᄂᆞ니라那나나廝스스們

믄믄怕파파簾련련子즈즈○뎌놈들이발을두려ᄒᆞᄂᆞ니亮량량窓창창裏리리面

면면把바바簾련련子즈즈幔먼먼上샹샹○불근창안히발올다가디고着짱죠釘

딩딩子즈즈釘딩딩在째재三산산四스스處츄츄○못으로세비곳을박고着쟐죠
鎺쿵큐鍼슝슈兒슬을釘딩딩在째제兩량량三산산處츄츄○비목으로두세곳을
박고把바바了랼랴吊댱댜子즈즈叩쿻쿠上썅샹了랼랴○걸새로걸고將쟝쟝
指즈즈頭뜰투來래레大따다小샹샤的딩디長쨩샹鐵텽텨條턍탸兒슬을○
손자락굴긔예긴쇠가락으로다가挿창차在째재鎺쿵큐鍼슝슈裏리리○비목에곳고
門믄믄子즈즈閂권권了랼랴○문을닷고腰햫햐絟관산挿창차的딩디牢랄랖
○빗당곳기를구디ᄒᆞ라這져져般번번隄디리防빵방時스스○이리隄防ᄒᆞ면怎
증증麽마마得득더入슝슈去큐큐○엇디드려가리오常쨩챵言연연道땋닿○
常言에닐오되小샹샤心신신必빙비勝싱싱○조심ᄒᆞ연반ᄃᆞ시이권다ᄒᆞᄂᆞ니라
你니니那나나裏리리去큐큐○네어듸가는다角걓교頭뜰투店뎐뎐裏리리買
매매段뛴뒨子즈즈去큐큐裏리리○모롱이店에비단사라가나咱쨩자兩량량箇

거거去큐큐來래레買매매了랼랴段뛴뒨子즈즈○우리둘히가비단을사고貼텽뎌
些셔셔銅뚱퉁錢쪈쳔○저기銅錢을거스려茶짜차房빵방裏리리喫칭치茶짜차
去큐큐來래레○茶房에차먹으라가쟈這져져們믄믄時스스○이려면我어오
也여여與유유你니니做주주伴뻔번兒슬을閑현현看칸칸去큐큐○나도널로
ᄃᆞ려벗지어힘힘이보다가쟈這져져鋪푸푸裏리리有일우四스스季기기花화화段
뛴뒨子즈즈麽마마○이푸ᄌᆞ에四季花문ᄒᆞᆫ비단잇ᄂᆞ냐你니니要얀얀甚씸숨麽마마
顔연연色싀서的딩디○네므슴빗체치룰ᄒᆞ려ᄒᆞ는다南난난京깅깅鴉햐야青칭칭
段뛴뒨子즈즈○南京鴉青빗쳬비단과葱총총白쀡버素수수通둥퉁袖씩수膝
싱시欄란란段뛴뒨子즈즈有잉우麽마마○葱白빗체素通袖膝欄ᄒᆞᆫ비단이잇ᄂᆞ냐牙
야야子즈즈道땋닿都두두有잉우○즈름이닐오되다이셰라干간간你니니甚씸숨
麽마마事스스○네게므슴일이간섭ᄒᆞ뇨沒뭉무你니니時스스怕파파買매매不

봉부成쩡칭○네업다사디못흘가저프라賣매매段뛴뒨子즈즈的딩디道땋닿○
비단프ᄂᆞ이닐오되你니니官권권人인인們믄믄○너회官人돌히和해호那나나廝
떠디子즈즈孩해해兒슬을○뎌弟子孩兒과說쉬쉬甚씸숨麽마마閑현현話화화
○므슴힘힘ᄒᆞᆫ말올니른는다要향얀時스스請칭칭下햐햐馬마마來래레看칸칸
○ᄒᆞ려커든청권대믈누려보라我어오說쉬쉬與유유你니니○내너ᄃᆞ려니ᄅᆞ마休
힁휘哄훙훙弄룽룽我어오○날을소기디말라你니니放빵방心신신○네放心ᄒᆞ
라小샹샤人인인不부부敢간간○小人이不敢ᄒᆞ여다小샹샤廝스스將쟝쟝那
나나厨쥬츄裏리리夾갸갸板반반來래레○아회아뎌듀방에협판을가져다가解계계
與유유官권권人인인高갚간的딩디○官人을노폰이룰프려주라這뎌져段뛴뒨
子즈즈多더도小샹샤賣매매○이비단을얼너에풀려ᄒᆞ는다鴉햐야青칭칭四스스
季기기花화화六륙뤼兩량량銀인인子즈즈一힁이匹핑피○鴉青빗四季花문에

는엿낭은에ᄒᆞᆫ필이오葱충충白삥버膝싱시欄란란四스스兩량량銀인인子즈즈
一힁이匹핑피○葱白빗膝欄에는넉낭은에ᄒᆞᆫ필이라你니니休힁휘胡후후討탕탓
價갸갸錢쪈쳔○네간대로갑슬색오다말라討탕탓的딩디是스스虛휴휴還환한
的딩디是스스實싱시○색오는거슨이거즛거시오갑는거시아이실ᄒᆞᄂᆞ라官권권人
인인你니니與유유多더도少샹샤便뻔변了랼랴○官人아네연머를주어야편ᄒᆞ료
這져져箇거거段뛴뒨子즈즈中중중中중중的딩디○이비단이알마ᄌᆞ니你니니
再재재饋궈귀我어오絶쮀쥐高갈갚的딩디○네ᄯᅩ날을ᄀᆞ장노프니를주고려我
어오再재재沒뭉무高갈갚的딩디了랼랴○내게ᄯᅩ노프니업ᄉᆞ니官권권人인인
十씽시分븐븐休힁휘駁밟반彈딴탄○官人아ᄀᆞ장나므라디말라○駁作包是事文類聚
云包彈者以包孝肅公多所抨彈故云耳今按包孝肅公名拯性剛直不撓其所彈劾不避權勢故時人呼為
包閻羅曰關節不到有閻羅包老怕파파甚씸숨麽마마○므서시저프료駁밟반彈딴탄

的딕디是쓰스買매매主쥬쥬○나므라ᄂᆞ니아 이 사논 님재라 我어오老랄랖實시시
價갸가錢쳔쳔○네 고디식ᄒᆞᆫ 갑슨 這져저鴉야야青칭칭的딕디五우우兩량량
銀인인子ᄌᆞ즈○이 鴉青에ᄂᆞᆫ 닷 냥 은이오 蔥충충白뻥버的딩디三산산兩량량銀인인
子ᄌᆞ즈如유슈何허허○蔥白에ᄂᆞᆫ 석냥은 예홈이 엇더ᄒᆞ뇨 那나나般번번時쓰스
人인인○그려ᄒᆞ면 爭증쯩着쟢죠遠원원裏리리○ᄠᅳᆷ이 머다 咱짜자這져저裏리리沒
뭉무牙야야子ᄌᆞ즈省승승些셔셔牙야야錢쳔쳔不부부好할학○우리 여긔 즈름
이 업스니 져기 즈름갑시 덜림이 됴티 아니ᄒᆞ냐 罷빠바罷빠바○두어 두어 將장장銀인인
子ᄌᆞ즈來래래○은을 가져오라 小샹샤賣매매了랴랖五우우錢쳔쳔銀인인○
닷 돈 은을 디위 ᄑᆞᆫ노라 明밍밍日ᅀᅵ이來래래管권권迴휘휘換환환○닉일 와 므르골
마음 알리라 不부부妨방방事쓰스○일에 해롭디 아니ᄒᆞ니 管권권着쟢죠來래래
迴휘휘○와 므름을 ᄆᆞ용 알마

哥거거你니니寫셔셔與유유我어오房빵방契키키○형아 네 날을 집 글월 써 주고려
你니니搬번번那나나裏리리去큐큐○네 어듸 올마 가ᄂᆞ다 我어오羊양양市쓰스
裏리리前쳔쳔頭뚜투磚쥰쥰塔탕타衚후후衕뚱퉁裏리리○내 羊져제 앏 벽탑골
에 賃닌닌一ᅙᅵ이所수소房빵방子ᄌᆞ즈來래래○ᄒᆞᆫ 집을 세내엿더니 嫌현현窄
쯩지○좁으믈 나므라 今긴긴日ᅀᅵ이早잘잡起키키表뱦뱌褙븨븨衚후후衕뚱뚱
裏리리○오ᄂᆞᆯ 아ᄎᆞᆷ에 비뎝골 예 賃닌닌一ᅙᅵ이所수소房빵방子ᄌᆞ즈○ᄒᆞᆫ 곳 집을
세내엿노라 這져져房빵방契키키寫셔셔了랴랖○이 집 글월 써다 你니니聽팅팅
我어오念년년○네 드르라 내 닐그마 京깅깅都두두在째재城쳥칭黃황황華화화
坊방방住쮸쥬人인인朱쥬쥬玉융유○셔울 셩안 黃華坊에 셔 사논 사람 朱玉이 隨쮜쉬
問운운到담단本븐븐坊방방住쮸쥬人인인沈신신元원원處츄츄○隨問ᄒᆞ여
本坊에 사논 사롬 沈元의 손ᄃᆡ 가 賃닌닌到담단房빵방子ᄌᆞ즈一ᅙᅵ이所수소○ᄒᆞᆫ 집

옷을 세내되 正징징房빵방幾기기間견견○正房이 현 간 西시시房빵방幾기기
間견견○西房이 현 간 東둥둥房빵방幾기기間견견○東房이 현 간 暖눤눤閣
幾기기間견견○暖閣이 현 간 花화화房빵방幾기기間견견○花房이 현 간
捲권권蓬뿡풍幾기기間견견○무량각이 현 간 ○音義云 비구 혓집이니 ᄆᆞᄅᆞ 업슨 지블 닐오
ᄃᆡ 捲逢 佛뽕보堂땅탕一ᅙᅵ이間견견○佛堂이 ᄒᆞᆫ 간 ○漢人酷好釋敎家設一堂或安金像
或掛畫佛焚香頂禮朝夕不懈 庫쿠쿠房빵방幾기기間견견○庫房이 현 간 馬마마房
빵방幾기기間견견○馬房이 현 간 廚쮸츄房빵방幾기기間견견○廚房이 현 간
中즁즁門믄믄一ᅙᅵ이間견견○中門이 ᄒᆞᆫ 간 客컹커位위위幾기기間견견○
客位ᅵ 현 간이오 鋪푸푸面면면周쥭주圍위위幾기기十씽시間견견○鋪面 周圍
ᅵ 幾十間이오 ○漢人造屋於大街之間者向街周遭必設空屋聽令坐賈居爲市按月受直 門믄믄
窗촹창炕캉캉壁삐비俱큐큐全쮠쳔○門窓炕壁이 다 ᄀᆞ잣고 井징징一ᅙᅵ이眼

언연○우믈 ᄒᆞ나 空쿵쿵地띠디幾기기畝무무○空地 幾畝로 兩량량言연연議
이이定띵딩○兩言議定ᄒᆞ야 賃닌닌房빵방錢쳔쳔每믜믜月웡워銀인인二ᅀᅳᆯ을
兩량량○집 세내ᄂᆞᆫ 갑슬 ᄃᆞᆯ마다 은 두 냥에 ᄒᆞ여 按한안月웡워送숭숭納낭나○ᄃᆞᆯ을
조차 送納ᄒᆞ디 如유슈至ᄌᆞ즈日ᅀᅵ이無무우錢쳔쳔送숭숭納낭나○만일 날이 다ᄃᆞ
라 送納ᄒᆞᆯ 돈이 업스면 將장장賃닌닌房빵방人인인家갸갸內뉘뉘應잉잉有윻우
直찌지錢쳔쳔物우우件견견○집 세낸 사ᄅᆞᆷ의 집의 應有ᄒᆞᆫ 갑ᄊᆞᆫ 物件을 다가 准쥰쥰折
졍져無무우詞쓰스○准折ᄒᆞ여도 말 못ᄒᆞ리라 恐쿵쿵後흫후無무우憑삥핑○후
에 의빙홈이 업슬가 저허 故구구立링리此ᄎᆞ츠賃닌닌房빵방文운운字ᄌᆞ즈爲위위
用융융○짐즛 이 집 세내ᄂᆞᆫ 글월을 세워 쓰게 ᄒᆞ노라 某무무年년년月웡워日ᅀᅵ이○
某年月日에 賃닌닌房빵방人인인某무무○집 세낸 사ᄅᆞᆷ 아모 代때대保밥바人
신신某무무○代保人 아모 ○代保音義云爲人保約受債之人 引인인進진진人인인某

무무○아리모進ㅣᄒᆞᆫ라사ᄅᆞᆷ
每믜믜日ᅀᅵᅀᅵ下햐햐雨유유○비每와日에房빵방子즈즈都두두漏릉루○
신집다이다這저져的딩디有윙우些셔셔法봥바度뚜두○ㅣ이이는시法니度房
빵방上썅샹生승승出츄츄那나나草찰찬○플집이우나희뎌養양양住쥬쥬那
나나水쉬쉬○머뎌믈믈위을好항할生승승流릉루不붕부下햐햐来래레○장마
더흘못려ᄒᆞᄂᆞ여리只즈즈越웡워漏릉루了랼랴○옥그시저니려你니니两량량箇
거거小샬샨廝ᄉᆞ스慢만만慢만만的딩디上썅샹去큐큐○희녀여두올아라희가날
把바바那나나房빵방上썅샹草찰찬来래레○플뎌믈집다우가희一힝이根근근
一힝이根근근家갸갸援빵바的딩디乾간간淨찡징着쨯죠○혀ᄒᆞᆫ乾낫淨식히ᄲᅢ
고ᄒᆞ你니니看칸칸那나나尾와와有윙우破퍼포的딩디時ᄉᆞ스○뎌비디보새아
잇때거여둔디니換훤훤箇거거新신신的딩디○쇼새고로밧你니니慢만만慢

朴通事諺解中　四十

만만兒ᅀᆞᆯ走즇주○도녀니날라회여那나나尾와와水쉬쉬潤슌슌了랼랴無
무우些서서氣키키力링리○기뎌힘디이새엄믈수비니야저只즈즈怕파파躧채채
破퍼포了랼랴○채그躧저通블用와後ㅃ同릴수가按지舊페本라作○躧音韻義書云跐跐音音
讀재則又倶조從躧채音音새並又上시聲两今字亦為從채之音字者學韻踏書蒙不字收作而跴俗那
나나尾와와有윙우破퍼포的딩디麽마마○디뎌니다잇새ᄂᆞ채나야多더도有윙우
破퍼포的딩디○안새히야잇디다니我어오不붕부說쉉쉬来래레○디내아닐니ᄋᆞ
나ᄒᆞᄃᆞ都두두是ᄉᆞ스你니니两량량箇거거小샬샨畜츄추生승승的딩디勾
긍구當당당○삐다의뎌일희이두라가희每믜믜日ᅀᅵᅀᅵ家갸갸尋씬신空쿵쿵便
뻔변拿나나雀쨯죠兒ᅀᆞᆯ○어每더日새에잡뵌노적라울把바바尾와와来래레都
두두躧채채破퍼포了랼랴○뵐디와새ᄲᅡ롤려다시가니다把바바這저져生승승分
뿐분忤우우逆잉이呆여여種중중○가이ㅇ본生디分忤謂逆賊ᄒᆞᆫ受어性린分ᄲᅵ也룰忤다

亦雜字送呆也音呆庄種今事俗林之廣呼記皆呆從音去爺聲易여見殺삼사了랼랴有잉우甚
씸슴麽마마多더도處츄츄○온죽곳인이들이므시슴리갓오가你니니来래레聽팅팅
我어오說쉉쉬○울이드바르내라닐옴十씽시歲쉬쉬年년년紀기기了랼랴○
紀十에歲年學향효裏리리也여여不붕부肯큰큰去큐큐○가學디에아도니즐ᄒᆞ겨
고不붕부學향효些셔셔禮리리體티티○호저디기아禮니體ᄒᆞ롤니비無무우些
셔셔兒ᅀᆞᆯ尊쥰쥰貴귀귀處츄츄○곳저이기업尊다貴ᄒᆞᆫ可커커知지지道닾닾
裏리리○닐그잇리ᄂᆞ어니버古구구人인신道땅닾○닐古오人되이家갸갸富부부
小샬샨兒ᅀᆞᆯ嬌걒갸○건집양이ᄒᆞᆫ가다음ᄒᆞ덜ᄂᆞ뎐니아라히ᄒᆞ
我어오問븐운你니니些서서字즈즈樣양양○樣내을녀무ᄃᆞ로려리저라기字縫
뽕봉衣이이裳샹샹的딩디縫뽕봉字즈즈怎즘즘麽마마寫셔셔○호衣다裳ᄒᆞ을
기ᄂᆞᆫ쓰縫ᄂᆞ字뇨롤어那나나的딩디不붕부容융융易이이○아그니ᄂᆞᆫᄒᆞ쉽니더絞

朴通事諺解中　四十一

걒갸絲ᄉᆞ스傍빵팡做주주逢뽕봉字즈즈○字실ᄒᆞᆫ소여변시에니逢那나나箇거거
逢뽕봉字즈즈○字더는逢夂깅긱字즈즈底디디下햐햐手싷식字즈즈○字夂
字아ᄒᆞ리고手着쨯죠走즇주之즈즈的딩디便뻔변是ᄉᆞ스○시走ᄆᆞᆺ字이ᄒᆞ라ᄂᆞᆫ替
티티代때대的딩디代때대字즈즈怎즘즘麽마마寫셔셔○代替字代롤ᄒᆞ어다이ᄒᆞ
뇨쓰ᄂᆞ代때대字즈즈○는代字立링리人인신傍빵팡做주주弋잉이字즈즈
便뻔변是ᄉᆞ스○ᄒᆞᆫ立거人시변ᄆᆞᆺ에이弋라字拖터토字즈즈怎즘즘的딩디寫셔셔
○이拖쓰字ᄂᆞ롤뇨어才째재手싷식傍빵팡做주주人신신字즈즈下햐하也여여
字즈즈便뻔변是ᄉᆞ스○也才字手ᄒᆞᆫ변거에시人ᄆᆞᆺ字이아라러床짱창字즈즈怎즘즘
的딩디寫셔셔○이床쓰字ᄂᆞ롤뇨어氷빙빙角갹교裏리리木뭉무字즈즈○角氷
엿안ᄂᆞ희니木라字ᄒᆞ却쿄겨字즈즈怎즘즘麽마마寫셔셔○아却쓰字ᄂᆞ롤뇨어去
큐큐字즈즈傍빵팡着쨯죠反반반耳ᅀᆞᆯ的딩디便뻔변是ᄉᆞ스○에去된字귀변

곳이 미흔 라거 시 劉 릭릭 字 쯔즈 怎 즘즘 的 딍디 寫 셔셔 ○ 이劉 쓰字 ᄂ를 뇨어 文 문운
字 쯔즈 傍 빵팡 着 짤죠 刀 닿닫 字 쯔즈 的 딩디 便 뻔변 是 쓰스 ○ 刀文 字字 ᄒ변 거에
이시 라곳 錯 찰초 字 쯔즈 怎 즘즘 麽 마마 寫 셔셔 ○ 이錯 쓰字 ᄂ를 뇨어 金 긴긴 傍 빵팡
做 주주 昔 싱시 字 쯔즈 便 뻔변 是 쓰스 ○ ᄒ金 거字 시변 곳에 이昔 라字 宋 숭숭 字 쯔즈
怎 즘즘 麽 마마 寫 셔셔 ○ 이宋 쓰字 ᄂ를 뇨어 家 갸갸 頭 뚷투 下 햐햐 木 뭉무 字 쯔즈
便 뻔변 是 쓰스 ○ ᄒ갓 거어 시리 곳아 이리 라木 字 笠 링리 字 쯔즈 怎 즘즘 麽 마마 寫
셔셔 ○ 이笠 쓰字 ᄂ를 뇨어 竹 중주 頭 뚷투 下 햐햐 立 링리 字 쯔즈 ○ ᄒ대 字듀 ㅣ아 라리
滿 먼먼 字 쯔즈 怎 즘즘 麽 마마 寫 셔셔 ○ 이滿 쓰字 ᄂ를 뇨어 點 뎐뎐 水 쉬쉬 傍 빵팡
做 주주 草 찰찬 頭 뚷투 底 디디 下 햐햐 兩 량량 字 쯔즈 ○ 아點 리水 兩변 字에 ᄒ草 엿頭
라ᄂ 니 麽 마마 字 쯔즈 怎 즘즘 麽 마마 寫 셔셔 ○ 이麽 쓰字 ᄂ를 뇨어 那 나나 的 딍디
不 붕부 容 융융 易 이이 ○ 아그 니는 ᄒ쉽 니더 二 슬은 字 쯔즈 下 햐햐 一 이이 箇 거거

朴通事諺解中 四十二

丿 폐피 ○ 밧二 그字 로아 비리 티ᄒ 고곳 裏 리리 頭 뚷투 一 이이 箇 거거 林 린린 字 쯔즈
○ 字안 ᄒ히 고ᄒ 林 做 주주 么 향얀 字 쯔즈 便 뻔변 是 쓰스 ○ 시么 곳字 이ᄒ 라ᄂ 待
때대 字 쯔즈 怎 즘즘 的 딍디 寫 셔셔 ○ 이待 쓰字 ᄂ를 뇨어 雙 솽솽 人 신신 傍 빵팡 做
주주 寺 쓰스 字 쯔즈 便 뻔변 是 쓰스 ○ ᄒ雙 거人 시변 곳에 이寺 라字 思 쓰스 字 쯔즈 怎
즘즘 麽 마마 寫 셔셔 ○ 이思 쓰字 ᄂ를 뇨어 那 나나 思 쓰스 字 쯔즈 ○ 字더 ᄂ思 田 뎐뎐
字 쯔즈 下 햐햐 心 신신 字 쯔즈 便 뻔변 是 쓰스 ○ ᄒ田 거字 시아 곳리 이心 라字 東 둥둥
字 쯔즈 怎 즘즘 的 딍디 寫 셔셔 ○ 이東 쓰字 ᄂ를 뇨어 一 이이 畫 황휘 下 햐햐 曰 월워
字 쯔즈 ○ 曰ᄒ 字天 ᄒ아 고리 一 이이 箇 거거 直 찌지 老 랖란 條 탈탈 ○ 天ᄒ ᄒ고 고든
一 이이 丿 폐피 一 이이 ㇏ 봉부 便 뻔변 是 쓰스 ○ ᄒᄒ 天天 안밧 ᄒ그 로로 비비 틴티 거고
이시 라곳
我 어오 要 향얀 你 니니 莊 짱장 頭 뚷투 裏 리리 去 큐큐 ○ 가내 고뎨 저농 ᄒ장 디에 不

붕부 得 듸더 工 궁궁 夫 부부 去 큐큐 不 붕부 得 듸더 ○ 여工 가夫 디를 못엇 ᄒ디 노못 라ᄒ
你 니니 每 믜믜 日 싀시 做 주주 甚 씸슴 麽 마마 ○ 스네 일미 ᄒ일 ᄂ에 다므 我 어오 每
믜믜 日 싀시 才 째재 聽 텅팅 明 밍밍 鐘 중증 一 이이 聲 싱싱 響 향향 ○ 다내 게날 요마
리明 를鐘 듯ᄒ 고소 便 뻔변 上 샹샹 馬 마마 跟 근근 官 권권 人 신신 ○ 入곳 올올 랄타 와官
直 찌지 到 닿닫 點 뎐뎐 燈 둥등 時 쓰스 分 뿐븐 恰 걍갸 下 햐햐 馬 마마 ○ 불잇 혈天
ᄎ빼 쿨예 게다 ᄂ둣 리게 ᄂ야 幾 기기 時 쓰스 得 듸더 些 서셔 閑 현현 ○ 한언 가제 홈저 울기
리어 오드 說 쉐쉬 的 딍디 是 쓰스 ○ 골날 타음 이 你 니니 一 이이 般 번번 爭 증증 名
앙망 奪 뚱도 利 리리 的 딍디 官 권권 人 신신 ○ 취녀 ᄒᄒ 논가 官짓 人爭 이名 奪 每 믜믜
日 싱시 馬 마마 肚 뚜두 皮 삐피 塵 쩐친 埋 매매 三 산산 尺 칭치 ○ 빗리 가일 죽에 에를
히퇴 나글 우이 텻적 교자 靜 증증 着 짤죠 驢 류류 眼 연연 ○ 뜨나 듯귀 ᄒ눈 교ᄇ 르 跟 근근
着 짤죠 假 갸갸 使 쓰스 長 쟝쟝 ○ 을假 말使 와長 鑽 쭨쫜 在 째재 爭 증증 前 쩐천 立

朴通事諺解中 四十三

링리 的 딍디 ○ 기배 를비 두여 토앏 아셔 夾 걉갸 着 짤죠 那 나나 屁 피피 眼 연연 ○ 잇더
세궁 고글 東 둥둥 走 증주 西 시시 走 증주 ○ 서동 로으 두로 라듯 고 不 붕부 得 듸더 撚
년년 指 즈즈 歇 혀혀 息 싱시 ○ 도소 엇돔 더다 곳두 ᄒ물 고쉬 기 一 이이 望 왕왕 成 쩡칭
名 밍밍 ○ ᄒᄒ 기올 를ᄆ 부티 라成 니名 那 나나 裏 리리 肯 큰큰 来 래래 我 어오 一 이이
般 번번 村 춘춘 莊 짱장 人 신신 家 갸갸 ○ 村어 莊더 人즐 家겨 예우 오리 리ᄆ 오든 我 어오
在 째재 村 춘춘 裏 리리 ○ 이내 서村 에 稻 땅닾 熟 쑤수 鰣 혜혜 肥 삐뵈 魚 유유 正
징징 義 믜의 ○ 기배 정녁 히고 아께 룸술 다지 오고 매고 滿 먼먼 山 산산 果 거고 子 즈즈 以
이이 爲 위위 食 씽시 ○ 로산 뻐에 食ᄆ 을두 삼ᄒ 고과 실 堂 땅탕 上 상샹 掛 과과 佛 뿡부
端 된된 然 연연 坐 쭤조 ○ 고堂 단上 정에 히블 안샹 자을 걸 亦 이이 看 칸칸 樓 릉루 外
왜왜 滿 먼먼 池 찌치 荷 허허 花 화화 ○ ᄒ또 년樓 곳外 출ᄉ 보못 노에 니ᄆ 두 你 니니 自
쯔즈 說 쉬쉬 村 춘춘 莊 짱장 無 무우 人 신신 来 래래 訪 방방 ○ 오네 디스 村스 莊로 예날

와ᄎᆞ줄사ᄅᆞᆷ이업다ᄒᆞ거니와 我어오每믜믜日ᅀᅵ시臨린린池ᄯᅵ치樓릉루上썅샹○
내每日예池樓우희臨ᄒᆞ여 開캐캐呈찡칭村츈츈味위위○村味ᄅᆞᆯ開呈ᄒᆞ고 對뒤뒤
客컹커飮힌인酒잘주吟힌인詩ᄉᆞ스句규규○客ᄅᆞᆯ對ᄒᆞ야술을먹고詩句ᄅᆞᆯ읇프며
着쟐죠碁끼키論룬룬談딴탄能능능消샾샤日ᅀᅵ시○바독두며論談ᄒᆞ야능히消日
ᄒᆞ고 月웕워明밍밍紗사사窓창창秋칭칙夜여여半번번○ᄃᆞᆯ이秋窓에ᄇᆞᆰ고ᄀᆞ올ᄲᆞᆷ
이반만ᄒᆞᆫ제 撫부부琴낀킨一핑이操찰찬解계계千쳔쳔愁쭇추○거문고ᄒᆞᆫ곡됴
ᄅᆞᆯ어르ᄆᆞ져千愁ᄅᆞᆯ프ᄂᆞ니○操去聲曲名劉向別錄日其道閉塞悲愁而作者其曲日操言遇災害不失其
操也仍名曲爲操 若샥쇼你니니也여여到당도我어오樓릉루上썅샹○만일너도
내樓上예오면 一핑이發빵바忘망왕棄키기名밍밍與유유利리리○파홈다ᄭᅴ못名
利ᄅᆞᆯ니저ᄇᆞ리리
這져져客컹커位위위收숭식拾씽시的딍디好핳화不붕부整징징齊찌치○

朴通事諺解中　四十四

이客位收拾기ᄅᆞᆯᄆᆞ장졍제히못ᄒᆞ여시니 酒새새些셔셔水쉬쉬○져기물ᄡᅳ리고 將쟝쟝
笤턒툐帚짛작來래래掃샵산的딍디乾간간淨찡징着쟐죠○다낫가뫼ᄡᅳᆯ가기져
ᄅᆞᆯ간졍히ᄒᆞ고○苕帚周禮桃茢鄭云茢苕帚也 苕帚也今按苕乃凌霄花也苕帚之苕作芀是也
花화화氈젼젼來래래底디디下햐햐鋪푸푸一핑이條땰됴○花氈가져다가몃회
ᄒᆞᆫ불셜고 炕캉캉上썅샹鋪푸푸着쟐죠靑칭칭錦긴긴褥슝슈子즈즈○캉우희청
금요셜고 一핑이周질주遭잘잔放빵방幾기기張쟝쟝交걓갸椅히이○ᄒᆞᆫ도림으
로여러당교의ᄅᆞᆯ노코 將쟝쟝幾기기箇거거磨뭐모果궈고釘딩딩子즈즈來래래
○여러머리믈ᄀᆞᆫ못가져다가○磨果 即香蕈也됴고釘形似之故曰名鳥 釘딩딩在ᄶᆡ재這져져
壁빙비子즈즈上썅샹○이ᄇᆞᄅᆞᆷ우희박고 掛과과幾기기軸쥬주畫화화兒ᅀᅵᆯ
○여러뎍그림을걸고 那나나中중중柱쥬쥬上썅샹釘딩딩一핑이箇거거釘딩딩
子즈즈○뎌가온ᄃᆡᆺ기동에ᄒᆞᆫ낫못을박고 掛과과十씹시八빵바學햫효士ᄉᆞ스大

ᄯᅢ다 畫화화○十八學士그린큰그림을걸고○唐太宗秦王時開館延文學之士杜如晦房玄齡虞世
南褚遂良姚思廉李玄道蔡允恭薛元敬顔相時蘇勗于志寧蘇世長薛收李守素陸德明孔穎達蓋文達許
敬宗爲文學館學士分爲三番更日直宿秦王暇日至館中討論文籍使閻立本圖像褚亮爲贊得與其選者
世謂之登瀛洲 將쟝쟝鏤릏루金긴긴香향향爐루루來래래○鏤金香爐ᄅᆞᆯ가져다가
燒샿샨些셔셔餠빙빙子즈즈香향향○져기餠子香피오고 那나나書슈슈案한안
上썅샹的딍디各갸거樣양양書슈슈冊청치○뎌셔안우희各樣書冊을 堆뒤뒤的
딍디乾간간淨찡징着쟐죠○ᄡᅡ키ᄅᆞᆯ乾淨히ᄒᆞ라 這져져般번번收숭식拾씽시的
딍디整징징齊찌치時ᄉᆞ스不붕부好핳화那나나○이리收拾ᄒᆞ기ᄅᆞᆯ졍제히ᄒᆞ면됴티
아니ᄒᆞ라 來래래的딍디客컹커人인신們믄믄也여여道땋단我어오精징징細
시시○오ᄂᆞᆫ客人들토날을精細타ᄒᆞᄂᆞ리라 古구구人신신道땋단○古人이닐오되 家
갸갸齊찌치而ᅀᅳᆯ後흫후國귁귀治찡지○집이ᄆᆞ주ᄒᆞᆫ후에나라히다ᄉᆞᆫ다ᄒᆞ니라

朴通事諺解中　四十五

同뚱퉁知징지哥거거○同知형아○都督同知從一品指揮 同知從二品留守司同知各衛同知
俱從三品 你니니的딍디月웕워日ᅀᅵ시滿먼먼了량랴不붕부曾쯩층○네月日이
ᄎᆞᄂᆞ나못ᄒᆞ엿ᄂᆞ나 這져져五우우月웕워裏리리滿먼먼了량랴○이五月에ᄎᆞᄂᆞ니라
却퀴기早장잔滿먼먼三산산十씹시箇거거月웕워○이ᄇᆞᆯ셔三十月찻도다 替
티티的딍디官권권人인신有읶우麽마마○이테잇ᄯᅴᄂᆞ흘나官人 有읶우了량랴
○ᄂᆞ잇라ᄂᆞ 守십수我어오半번번年년년來래래○더날半을年더이희ᄂᆞ연 五우우
月웕워初추추頭틓투禮리리上썅샹了량랴也여여○五月初生에출관ᄒᆞ리라 解
계계由잉우得듸더了량랴不붕부曾쯩층○解由ᄅᆞᆯ어더ᄂᆞ나못ᄒᆞ엿ᄂᆞ나○吏學指南云
考滿職除曰解歷其殿最曰由貫問云是當差的官人 三年一替換滿日討了文書四家其文書方言謂之解
由 別뼝벼沒뭉무不붕부了량랴的딍디事ᄉᆞ스件껸견○못각ᄒᆞᆫ별일이이못업다
고 又임우沒뭉무過궈고犯빤반○ᄯᅩ過犯이업ᄉᆞ니 爲위위甚씸슴麽마마不

붕부得등더○엇므 디서 못슬 ᄒᆞ위 리ᄒᆞ 오여便뻔변是쓰ᄾ這져져般번번○러곳 ᄒᆞ이

면那나나幾기기日싀ᅀᅵ○음더 ᄉᆡ즈你니니却켜커不봉부道뎡도首싱식領

링링官권권署쓔슈了랼랴卷권권廳텅팅上쌍샹不봉부曾쯩층押햐야裏리리

○더네 아ᄉᆞ도 녀首 다領 니官 르은 디권 아에 니일 ᄒᆞ홈 련두 다고 ○廳 令上 宗이 人일 府즙 經슈 歷례 爲두

各首 衙領 門官 有六 首部 領主 官事 如爲 有首 司領 之官 任之 主類 出然 納未 一詳 司取 公義 事但 是쓰ᄾ

大따다前쩐쳔日싀ᅀᅵ箇거거○天올 그ᄒᆞ 제니衙야야門믄믄令링링史ᄉᆞᄉᆞ們

믄믄送숭숭的듸디來래레了랼랴○보아 내문 여령 왓ᄉᆞ 거들 늘히得듣더也여여得

듸더了랼랴○덧어 노듬 라은 어你니니常쨩챵選숸쉰官권권○에너 샌ᄂᆞᆫ 이샹 ᄂᆞᆫ샹

이관 라원只즈즈是쓰ᄾ一히이步뿌부高갚간如유슈一히이步뿌부除쭈츄將

쟝쟝去큐큐○놉그 하저 除ᄒᆞᆫ ᄒᆞᆫ거 여롬 가에 거ᄒᆞᆫ 니거 와롬 식我어오一히이般번번雜

짜자職징지人신신家갸갸○職나 에ᄒᆞᆫ 사가 ᄅᆞᆷ짓 은雜滿먼면了랼랴一히이任신신

時쓰ᄾ○이ᄒᆞᆫ ᄎᆞᆫ벼 들슬急긩기且쳐쳐幾기기時쓰ᄾ又잉우得듣더除쮸츄○

홈과 을거 거리 드언 리제 오ᄯᅩ 除休힝햐那나나般번번道뎡도○디더 말리 라날 ᄋᆞ你

니니高갚간官권권裏리리轉줜쥰除쭈츄的듸디有잉우慾쭝추甚씸슴麽마아

○이비 이ᄂᆞᆫ 실노 ᄉᆡᄑᆞᆫ 시벼 니슬 므예 슴쳔 근뎐 심ᄒᆞᆫ ᄒᆞ여 리뎨 오슈 홈常쨩챵言연언道땅도

○날常 오言 더에命밍밍來래레鐵텽뎌也여여爭증중光광광○쇠命 도이 비오 출면

ᄀᆞ고 도運윤윤去큐큐黃황황金긴긴失싱시色싀서○도運 비이 출가 일면 ᄂᆞᆫ黃 다金

라ᄒᆞᆫ 니

那나나一히이日싀ᅀᅵ李리리指즈즈揮휘휘家갸갸裏리리○指뎌 揮ᄒᆞᆫ 집날 의李

셔打다다雙솽솽陸루류時쓰ᄾ節졍져○적쌍 의뉵 틸王왕왕千쳔쳔戶후후

打다다背븨븨後흫후來래레○ᄒᆞᆫ王 로千 셔戶 와ㅣ 뒤扯쳐쳐了랼랴我어오一

히이把바바刀단도兒ᅀᅳᆯ○을내 ᄲᅢ혀 히조 고ᄅᆞ 갈他타타輪슈슈了랼랴的듸디

猪쥬쥬頭틀투也여여不붕부肯큰큰買매매○겨뎨 사진 디도 가틔 니어 ᄒᆞ리 ᄂᆞ도 줄

恨흔흔的듸디他타타當당당不붕부得듣더○못뎌 ᄒᆞ를 여믜 ᄒᆞ워 뎌당 니티昨쪼조

日싀ᅀᅵ那나나廝ᄉᆞᄉᆞ我어오家갸갸裏리리來래레了랼랴○이어 배제 집뎌 외놈

ᄂᆞᆯ왓 거我어오特뗑되故구구裏리리把바바酒잘작灌권권的듸디他타타爛

란란醉쥐쥐了랼랴○게내 브부 으러 니술 爛을 醉다 ᄒᆞ가 거뎌 의眼연연花화화的듸디

不붕부辨뼨변東둥둥西시시○를눈 분이 변밤 티의 못여 ᄒᆞ동 고셔不붕부省싱싱人

신신事쓰ᄾ○디인 못ᄉᆞ ᄒᆞ를 여아倒달도在째재床쫭촹上썅샹打다다鼾한한睡

쉐쉬○코상 고우 오희 고것 자구 기러 늘뎌把바바他타타的듸디小샬샨刀닾도子즈즈

拔빠바了랼랴○다뎌 가의 ᄲᅢ져 이ᄀᆞᆫ 고갈 을又잉우將쟝쟝筆빙비來래레面

皮삐피上쌍샹畫화화了랼랴○ᄂᆞᆺᄯᅩ 체붓 그을 렷가 더져 니다 가他타타酒잘작醒

싱싱了랼랴起키키來래레不봉부覺갸교○나뎨 ᄊᆡ술 티이 디ᄭᆡ 못여 ᄒᆞ니 고러只즈즈

那나나般번반去큐큐了랼랴○재그 가져 니그 린路루루上썅샹必빙비定띵딩

喫칭치別뼈비人신신笑샾샾話화화○잉길 을히 니길 브뎡 리ᄂᆞᆷ 라의 우爲위위頭

틀투兒ᅀᅳᆯ他타타瞞먼먼別뼈볘人신신來래레○글처 소엄 것은 뎌데 니ᄂᆞᆷ臨린린

了랼랴他타타也여여着쨯죠我어오道땅도兒ᅀᅳᆯ○ᄲᅢ나 를죵 님에 어뎌 다도 내

這져져的듸디便뻔변是쓰ᄾ○ᄒᆞ이 니곳 골老랄란實씽시常쨩챵在째재○

덧고 렷디 이식 것ᄒᆞ 고니 ᄂᆞᆫ脫퉁토空쿵쿵常쨩챵敗뻬배○덧섭 이섭 패ᄒᆞᆫ ᄒᆞ이 다ᄂᆞᆫ ᄒᆞᆫ덧

라ᄂᆞᆫ 니

這져지孩해해兒ᅀᅳᆯ幾기기箇거거月월워也여여○이이 나아 ᄒᆞ히 ᄂᆞᆫ몃 돌九

굼구箇거거月월워了랼랴○이아 라홉 돌不붕부到닾도一히이生승승日싀ᅀᅵ

裏리리○디ᄒᆞᆫ 못싱 ᄒᆞ일 여이 셔다 돗揣힝힝了랼랴他타타齈눙농帶대대揩캐캐

的듸디乾간간淨쩡징着쟢죠○간제 졍코 히를 ᄒᆞ프 ᄂᆞ러 니ᄉᆞᆺ 라기 를會훼휘爬빠파

麼마마 ○ 아기 ᄂᆞ기 나를 爬빠파 得뎌더 ○ 니거 라ᄂᆞ 這져저 妳녜녀 子즈ᄌᆞ 也여여
好할할 不부부 精징징 細시시 ○ 세이 티젓 아어 너이 ᄒᆞᄆᆞ 다작 정 眼연연 睛ᄌᆞ즈 兒
ᅀᆞᆯ을 眼연연 角갈교 裏리리 流릴류 下햐하 來래레 ○ 에눈 홀삽 러이 ᄂᆞ눈 리삭 되석 不
부부 曾쯩층 揩캐캐 來래레 ○ 내일 ᄒᆞ잡 여숫 시디 니아 我어오 饋귀긔 你니니 揩캐캐
的디디 乾간간 淨징징 着쟢죠 ○ 정내 히디 ᄒᆞ롤 여숫 주기 가롤 간 孩해해 兒ᅀᆞᆯ 腕
완완 揞남나 兒ᅀᆞᆯ 腕완완 揞남나 兒ᅀᆞᆯ ○ 나아 완히 나완 이나 절기 ᄒᆞ질 ᄂᆞᄒᆞ 나ᄂᆞ 把
바바 那나나 手싣식 來래레 提미티 的디디 高갈가 着쟢죠 ○ 들며 기손 롤을 ᄌᆞ다 피가
여ᄒᆞ 打다다 光광광 光광광 打다다 凹와와 凹와와 ○ 와광 기광 절비 ᄒᆞ절 ᄂᆞᄒᆞ 니며 라와
這져저 孩해해 兒ᅀᆞᆯ 亭띵팅 亭띵팅 的디디 麼마마 ○ 이이 질아 ᄒᆞ히 ᄂᆞ딩 나딩 恰
캬캬 學햘효 立리리 的디디 ○ 비ᄌᆞ 호셔 티기 腰햪얀 兒ᅀᆞᆯ 軟원원 休힣휴 美룽룽
他타타 ○ 를허 농리 터므 말ᄅᆞ 라너 뎌 不부부 妨방방 事ᄉᆞ스 ○ 아일 니에 ᄒᆞ해 니룸 더

朴通事諺解中　四十八

我어오 試ᄉᆞ스 一힝이 試ᄉᆞ스 ○ ᄒᆞ내 자시 힘 休힣휴 跌뎧뎨 了랼랴 孩해해 兒
ᅀᆞᆯ을 ○ 티아 디히 말롤 라구 르 那나나 一힝이 日ᅀᅵ 喫칭치 了랼랴 一힝기 跌뎧뎨
○ 러뎌 딤ᄒᆞᆫ 을날 납ᄒᆞ 어번 구 額옹여 頭뚷투 上썅상 跌뎧뎨 破퍼포 了랼랴 ○ 마너
해히 야구 다리 니뎌 娘냥냥 子ᄌᆞ즈 見견견 了랼랴 時ᄊᆞ스 聒꿔고 譟상사 難난난 聽
팅팅 ○ 니娘 듯子 기ㅣ 어보 렵고 티짓 라케 你니니 說쉬워 的디디 是ᄊᆞ스 ○ 이대 울날 타음
你니니 好할할 生ᄉᆞᆼ승 用융융 心신신 看칸칸 守싷식 着쟢죠 ○ 심네 ᄒᆞᄆᆞ 여장 간욕
라슈 ᄒᆞ 不부부 用융융 心신신 救싷식 拾씽시 時ᄊᆞ스 怪괘괘 你니니 ○ ᄒᆞ욕 여심
더슈 롤습 히디 을아 ᄒᆞ니 리ᄒᆞ 라면 過귀고 了랼랴 一힝이 生ᄉᆞᆼ승 日ᅀᅵ 時ᄊᆞ스 ○ 生ᄒᆞᆫ
나日 면이 다 便뼨변 那너노 的디디 步뿌부 兒ᅀᆞᆯ ○ 를곳 ᄡᅦᄂᆞᆫ 시휠 니휘 기 我어오
也여여 做주주 饋귀긔 他타타 一힝이 對뒤뒤 學햘효 行ᄒᆡᆼ힝 的디디 綉싷식 鞋
해헤 ○ 신나 을도 지ᄒᆞᆫ 어방 뎌기 를룸 주비 리호 라ᄂᆞᆫ 슈

姐져저 姐져저 來래레 ○ 가姐 오姐 라ㅣ 咱쟘자 們믄믄 下햐하 鼈볘벼 碁기기 ○
子우 圓리 如츄 鼈사 身ᄋᆞ 上ᄒᆞ 蓋자 謂ㅇ 之質 鼈開 碁云 碁 我어오 生ᄉᆞᆼ승 活홯호 忙망망 不
부부 閑현현 耍와와 ○ 롤내 결셩 을녕 티이 못밧 ᄒᆞ바 여놀 라ㅣ 你니니 做주주 甚씸숌 麼
마마 生ᄉᆞᆼ승 活홯호 ○ 녕네 ᄒᆞ므 ᄂᆞᆫ슴 다셩 我어오 做주주 架갸갸 裟사사 裏리리 ○
민내 ᄃᆞ架 노裟 라롤 咱쟘자 們믄믄 人인인 今긴긴 日ᅀᅵ 死ᄉᆞ스 的디디 明밍밍 日
ᅀᅵ 死ᄉᆞ스 的디디 不부부 理리리 會훼휘 的디디 ○ 쥭우 울리 줄사 니롬 일이 쥭오 올ᄂᆞᆯ
못줄 ᄒᆞ아 니디 做주주 些서셔 好할할 因인인 緣연연 時ᄊᆞ스 不부부 好할할 ○ 기져
謂됴 先ᄒᆞᆫ 世인 其면 事울 而지 從으 彼면 生됴 也티 緣아 謂니 素ᄒᆞ 有라 其ㅇ 分又 而譯 從名 彼義 起云 也因
也又 現云 相前 助緣 成相 緣生 也因 恠괘괘 哉재재 ○ ᄒᆞ괴 다이 恰캬갸 十씽시 五우우 歲
쉬쉬 的디디 女뉴뉴 孩해해 兒ᅀᆞᆯ ○ 女又 孩十 兒五 ㅣ歲 옛 說쉬워 這져저 般번번
作잡조 怪괘괘 的디디 言연인 語유유 ○ 올이 널련 ᄋᆞ괴 ᄂᆞᆫ이 고ᄒᆞᆫ 나닫 怎즘즘 麼마마

朴通事諺解中　四十九

這져저 們믄믄 說쉬워 ○ 날엇 ᄋᆞ디 ᄂᆞ이 고리 死ᄉᆞ스 不부부 在째재 老랄랴 少샬샤
○ 더죽 어기 니老 ᄒᆞ少 니에 타깃 雖쉬쉬 然연연 這져저 般번번 ○ 러비 ᄒᆞ록 나이 你니니
且쳐처 來래레 麼마마 ○ 오네 라가 쟉 咱쟘자 們믄믄 下햐하 一힝이 盤뻔편 ○
관우 두리 쟈ᄒᆞᆫ 羅빠바 羅빠바 ○ 두듀 어어 我어오 忒퉁티 強걍걍 時ᄊᆞ스 也여여 不
봉부 是ᄊᆞ스 ○ 울내 티너 가모 니세 ᄒᆞ오 니면 你니니 敢간간 怪괘괘 我어오 的디디 換
무무 揉양양 ○ 듯다 ᄒᆞᆯ날 양을 이히 로믈 다ᄒᆞᆯ 將쟝쟝 過귀고 碁기기 盤뻔편 來래레 ○
져바 오두 라쟌 가 擺배배 的디디 滿먼먼 着쟢죠 ○ 두버 이리 호기 티롤 ᄆᆞ 咱쟘자 休
할휘 揀견견 着쟢죠 擺배배 ○ 버우 리리 디ᄅᆞᆯ 말히 고어 只ᄌᆞ즈 好할할 生ᄉᆞᆼ승 和훠호
勻윤균 着쟢죠 ○ ᄅᆞᆯ그 고저 로ᄆᆞ 게장 ᄒᆞ석 여기 老랄랴 實씽시 擺배배 着쟢죠 下햐하
○ 리고 고디 두식 자이 버 是ᄊᆞ스 我어오 先션션 擲쪙지 ○ 더이 더너 마몬 져 你니니
怎즘즘 麼마마 先션션 擲쪙지 ○ 저네 더ᄉᆞ 딜디 ᄡᅡ몬 咱쟘자 比비비 賽새새 ○ 리우

징도림ᄒᆞ자○此賽兩人下棊鄭色兒有點多者先下棊小者後下棊 咱쟝자賭두두甚씸슴麼
마마○우리므서슬더ᄂᆞ료不붕부要햫얀賭두두甚씸슴麼마마○아모것도던ᄋᆞ더말
고我어오輸슈슈了랼랸時쑹스○내지면不붕부敢간간違위위了랼랸姐
저저姐저저的뎡디言연연語유유○감히姐姐과말을너거고다말고
你니니輸슈슈了랼랸時쑹스○姐姐ㅣ네지면也여여不붕부要햫얀違위위了
랼랸我어오的뎡디言연연語유유○ᄯᅩ내말을어거고디미자這저저般번번時쑹스
如슈유何쒸허○이리ᄒᆞ면엇더ᄒᆞ료不붕부要햫얀聒궝고譟살산連련련忙망망
擲쮕지○짓쾌디말고밧비더디타怎즘즘那나나般번번道땅닫○엇디더리부ᄋᆞᄂᆞᆫ다
實씽시說쉉쉬定띵딩了랼랸時쑹스不붕부要햫얀改개개○실로닐러뎡ᄒᆞ고고
디더마자先션션小샹샨人인인後훟후君균균子즈즈○몬져ᄂᆞᆫ쇼인이라도후에ᄂᆞᆫ균
ᄌᆞ로ᄒᆞ새시니라

朴通事諺解中 五十

鄭쮱징舍셔셔你니니來래레○鄭舍ㅣ아이바咱쟝자這저저草챵찬地디디裏
리리學햫효捽쒱쇄校걍갸○우리이草地에셔시름희ᄒᆞ쟈咳해해那나나矬쭤초漢
한한你니니那나나裏리리抵디디當당당的뎡디我어오○에뎌킈져근놈이네어더
버게뎌당ᄒᆞ리오休힁휴問문운他타타○뎌란뭇더말고咱쟝자兩량량箇거거交
걍갸手싷식時쑹스便뼌변見견견○우리둘히交手ᄒᆞ면ᄭᅳᆺ보리라誰쒸쉬喫칭치蘿
러로蔔뿡부打다다噎애애佛뽕보○뉘무수먹고트림ᄒᆞ옷ᄂᆞ뇨氣키키息싱시臭
칭착的뎡디當당당不붕부的뎡디○내옴이더러워당티못ᄒᆞ니敢간간是쑹스這
저저矬쭤초漢한한喫칭치來래레○킈져근놈이먹은돗ᄒᆞ다擺배배忙망망裏
리리說쉉쉬甚씸슴麼마마閑현현話화화來래레○밧븐듸므슴헙힘호말날ᄋᆞ리오
咱쟝자兩량량箇거거捽쒱쇄○우리둘히시름호되大따다家갸갸休힁휴打다다
臉련련○대ᄇᆡ빰티디말고好핳하好핳하的뎡디捽쒱쇄○됴히됴히시름ᄒᆞ쟈傷

빵팡邊변변看칸칸捽쒱쇄校걍갸的뎡디人인인們믄믄道땅닫○겨틔셔시름보
ᄂᆞᆫ사ᄅᆞᆷ들이닐오되咳해해那나나矬쭤초金긴긴舍셔셔倒닿단了랼랸也여여○
애뎌킈져근金舍ㅣ것ᄀᆞ러디거다我어오不붕부說쉉쉬來래레○내닐ᄋᆞ디아니터냐你
니니那나나裏러리迭뗭뎌的뎡디我어오○네어듸내게미ᄎᆞ리오常짱챵言연연
道땅닫○常言에닐오되矮해애子즈즈呵허허欠켠켠氣키기兒슬을不붕부長
쨩챵○난쟝의하회옴은그윤이기디아니타ᄒᆞᄂᆞ니라
你니니到당닫那나나裏리리○네어듸가ᄂᆞᆫ다我어오只즈즈到당닫這저저裏
리리來래레○내그저여긔오노라雨유유住쥬쥬了랼랸麼마마○비그첫ᄂᆞ냐雨
유유晴쨩칭了랼랸也여여○비개엿다街계계上샹샹有잉우路루루麼마마○
거리예길히잇ᄂᆞ냐那나나裏리리見견견路루루○어듸길흘보리오一힝이刻찬찬
渧히히泥니니曲쿵큐膝싱시盖개개深신신○호ᄅᆞᆯᄆᆞ티ᄌᆞᆫ흙이우룹도리로깁더라

朴通事諺解中 五十一

那나나般번번時쑹스○뎌러면你니니的뎡디靴훠훠子즈즈怎즘즘麼마마
乾간간○비휘이엇디믈랏ᄂᆞ뇨我어오慢만만慢만만兒슬올沿연연着쟣죠人
인인家갸갸房빵방簷연연底디디下햐햐○내날회여人家첨하를조차揀견견路
루루兒슬올行힝힝來래레○길흘ᄀᆞᆯᄒᆡ여오롸騎끼지馬마마的뎡디官권권人
인인們믄믄○ᄆᆞᆯᄐᆞᆫ官人둘히一힝이套탕탄兒슬올衣히이裳썅샹都두두汚후우
了랼랸泥니니○ᄒᆞᆫ불衣裳을다ᄌᆞᆫ흙에더러엿더라官권권人신신那나나裏리리去
큐큐○官人아어듸가ᄂᆞᆫ다我어오別뼈벼處츄츄有잉우些셔셔緊긴긴勾긍구當
당당去큐큐○내다ᄅᆞᆫ고듸져기긴ᄒᆞᆫ일이이셔가노라將쟝쟝我어오木뭉무綿면면衣
히이撒삻사來래레穿춴쳔○내목면이삭ᄃᆡ녕을가져오다닙쟈馬마마套탕탄上샹샹
鐢피피頭뚱투○ᄆᆞᆯ굴레새這저저裏리리將쟝쟝來래레鞴삐븨鞍한안子즈즈
○여긔가져다가기ᄅᆞ마짓고把바바那나나尾믜이子즈즈挽완완的뎡디牢랄란

着 ○ 려쇠리ᄅᆞᆯ다가 미기ᄅᆞᆯ 구디ᄒᆞ라

你今年怎麼京城不曾去 ○ 네 올ᄒᆡ 엇디 京城에 일즙 가디 아니ᄒᆞ다 路上盤纏艱難怎麼去 ○ 길ᄒᆡ 盤纏이 간난ᄒᆞ니 엇디 가리오 你却為甚麼不上去 ○ 너는 ᄯᅩ 므서슬 위ᄒᆞ여 올라가디 아니ᄒᆞ다 我也沒甚麼幹的勾當 ○ 나도 아므란 ᄒᆞᆯ 일이 업고 又少些盤纏不曾去的 ○ ᄯᅩ 져기 盤纏이 업서 일즙 가디 못ᄒᆞ롸 年時牢子們走的你見来麼 ○ 젼년에 牢子ᄃᆞᆯ희 ᄃᆞᄅᆞᆷ질을 네 본다 ○牢獄名繫重囚之所牢子守獄之卒也南村輟耕錄云牢子走者元時每歲一試之名曰放走亦名貴由赤俗謂快行是也以脚力便捷者胥上賞故覽役之官齊其名數而約之以繩使無後先參差之爭然後去繩放行在大都則自河西務起程若

朴通事諺解中 三十二

上都則自泥河兒起程越三時走一百八十里直抵御前俯伏呼萬歲先至者賜銀一餅餘者賜段疋有差

我不曾看来 ○ 내 일즙 보디 못ᄒᆞ여시니 在那裏走 ○ 어듸셔 ᄃᆞᄅᆞ뇨 六十里店裏走 ○ 六十里店에셔 ᄃᆞᄅᆞ니 上位在西湖景凉殿裏坐的看 ○ 上位ㅣ 西湖景凉殿에 안자 보시더라 年時誰先走来 ○ 젼년에 뉘 몬저 ᄃᆞᄅᆞ뇨 一箇細長身子兒 ○ ᄒᆞᆫ 킈 헐힐ᄒᆞ고 小團欒面皮兒的漢兒人 ○ 젹이 ᄂᆞᆺ치 두렷ᄒᆞᆫ 漢ㅅ 사ᄅᆞᆷ이 小名喚許瘦兒 ○ 小名을 許瘦兒ㅣ라 ᄒᆞ리 他先走来 ○ 뎨 몬저 ᄃᆞᄅᆞ니라 是誰家的牢子 ○ 이 뉘 짓 牢子ㅣ료 跟張總兵使的牢子 ○ 張總兵을 ᄯᆞ라 브리이ᄂᆞᆫ 牢子ㅣ러라

上位賞了一百錠鈔兩表裏段子 ○ 上位ㅣ 一百錠 鈔와 두 안밧 비단을 상ᄒᆞ시니라 ○質問云每一張鈔謂之一錠又云五貫寶鈔爲一錠今按俗謂銀一餅亦謂之一錠元寶則五十兩爲一錠 一不同小可 ○ 젹디 아니ᄒᆞ다 萬千人裏頭 ○ 萬千人에셔 第一箇走 ○ 第一로 ᄃᆞᆮ고 得偌多賞賜 ○ 만흔 賞賜ᄅᆞᆯ 엇도다 休道是偌多鈔錠段子 ○ 이 만ᄒᆞᆫ 鈔錠과 비단을 니ᄅᆞ디 말라 皇帝人家的一條線也 ○ 皇帝ㅅ 집ᄒᆞᆫ 오리 실인ᄃᆞᆯ 怎能勾得 ○ 엇디 유여히 어드리오 可知道裏 ○ 그리어니 날렷ᄂᆞ니 福不至萬事難 ○ 福이 니ᄅᆞ디 아니ᄒᆞ면 萬事ㅣ 어렵다 ᄒᆞᄂᆞ니라

朴通事諺解中 五十三

今日幾 ○ 오ᄂᆞᆯ이 엿츤고 今日臘月二十五日 ○ 오ᄂᆞᆯ이 臘月 二十五日이라 ○臘無定日冬至後第二戌日是也夏曰嘉平殷曰清祀周曰大䄍秦曰臘漢仍之臘者獵也因獵取獸以祭先祖又臘者接也新故交接大祭以報功也 咳却早年節下也 ○ 애 볼셔 年節이 다ᄃᆞ랏고나 却没一件兒新衣裳怎麼好 ○ ᄯᅩ ᄒᆞᆫ 볼 새 衣裳이 업스니 엇디ᄒᆞ여야 됴ᄒᆞ료 將曆頭来我看 ○ 척녁 가져오라 내 보쟈 這月是大盡那小盡 ○ 이 ᄃᆞᆯ이 거진ᄒᆞᆫ냐 나젹어진ᄒᆞᆫ냐 這的大盡 ○ 이 거진ᄒᆞ니라 也有五箇日頭裏 ○ ᄯᅩ 닷새 이시니 五六箇婦人們坐的縫時 ○ 다엿 겨집들이 안자 지으면 怎麼做不出一套衣

이히裳쌍샹來래레○엇디혼볼衣裳을지어내디못혼리오赶간간也여여赶간간上
쌍샹做주주裡리리○엇츠믄이셔지으리라今긴긴日싱이是쓩스乙황이丑칭착
日싱이斗듬두星상상日싱이○오놀은이乙丑日이오콰星日이라且쳐쳐慢만만着
짱죠我어오看간간○아직날회라내보쟈角걀교安한안○角은安혼고亢강강食
쌍시○亢은食혼고氏띠띠房빵방益황이○氏房는益혼고斗듬두義의의○斗는
義혼고牛낭우休힐후○牛는休혼고虛휴휴得덕더粮량량○虛논得粮혼고壁
벽비翼잉이獲휭휘財째쌔○壁翼은獲財혼고奎퀴퀴得덕더寶방바○奎논得寶
혼고婁릉루增증증○婁논增혼고軫진진久걸각○軫은久혼고鬼귀귀迎잉잉
祥샹샹○鬼는迎祥혼니今긴긴日싱이好항한日싱이頭뜰투○오놀이됴혼날이로
다斗듬두星상상日싱이得덕더飲힌인食쌍시的딩디日싱이頭뜰투○斗星
日은飲食어들날이니好항한裁째재衣이이○옷므르기됴흐니將쟝쟝出츄츄那

朴通事諺解中 三十四

나나段뒨뒨子중즈來래레裁째새○뎌비단가져다가므른라這저져明밍밍綠룽루
通퉁퉁袖싱식膝싱시襴란란繡싱식的딩디做주주帖텽텨裏리리○이明綠빗
체通袖膝襴슈혼거스간털릭짓고這저져深신신肉웅우紅뿡홍界계계地띠디穿촨촨
花화화鳳뽕봉紵쭈쥬絲승스做주주比비비甲걍갸○이디튼肉紅빗체벽드르에穿
花鳳문혼비단으란比甲을짓고這저져鷄기기冠권권紅뿡홍繡싱식四쓰스花화화
做주주搭다다護후후○이만도람이빗체四花슈혼거스란더그레짓고這저져鵝야야
靑칭칭織징지金긴긴大따다蟒망망龍룽룽的딩디做주주上쌍샹蓋개개○
이鴉靑빗체大蟒龍織金혼이란옷거리지으라都두두裁째새了랴랴也여여○다몯라다
如유유今긴긴便뻔변下햐햐手싱쉬縫뽕봉○이제꼿下手혼여짓고一황이箇
거거不봉부會휘휘針진진線션션的딩디女뉴뉴兒술을○혼바는질아디못혼논女
兒란着짱죠他타타搓처초各갈거色싱서線션션○뎔로흐여各色실올뵈이고且

쳐쳐將쟝쟝那나나水쉬쉬線션션來래레都두두引인인了랴랴着짱죠○아직
뎌스츰이실가저다가다스츠라你니니來래레將쟝쟝那나나腰향얀線션션包밤밧
兒술을來래레○이바뎌실감기밤가저다가揀견견着짱죠十씽시分본븐細시시
的딩디大따다紅뿡홍腰향얀線션션上쌍샹○마장마는大紅감기엣치톨굴히라紐
닣누子중즈不봉부要향얀底디디似쓰스大따다恰캬캬好한한着짱죠○돌마
기틀너모도게혼라○크게말고마치底似너모大따다時쓰스着간간的딩디蠶춘츈坌
븐븐了랸랸○크면보기벌더오너라又힝우一황이箇거거女뉴뉴兒술을纖걍갸
手싱식帕파파着짱죠○도혼려집은手帕ㅅ물마모로되纖걍갸的딩디細시시匀윤윤
着짱죠○마모로기를마놀끄고로게혼다三산산四쓰스十씽시箇거거手싱식帕
파파也여녀遍떠디不봉부勾공구○셜마은手帕ㅣ라도드리기유겨더못호리라
咳해해今긴긴日싱이熱엳서氣키키蒸징징人인인裏리리○예오놀熱氣사롬을

朴通事諺解中 三十五

셔너把바바這저져簾련련子중즈都두두捲권권起키키○이발올다가다것고把
바바這저져窓창황兒술을都두두支즈즈起키키着짱죠○기창골다가다벗퇴오라
怎즁즁麽마마這저져般번번蠅잉잉子중즈廣광광○엇디이리ᄑᆞ리흔흐고將
쟝쟝蠅잉잉拂붇부子중즈來래레都두두赶간간了랴랴○프리채가져다가다뜻고
將쟝쟝一힝이把바바扇션션兒술을來래레與유유我어오○혼조르부체가저다
가날올주고려熱엳여當당당不봉부的딩디○더허當티못혼여라這저져房빵방子
중즈水쉬쉬芹낀긴田뗜뎐近낀긴○이집이미나리밧티갓가오니水쉬쉬蛙와와叫
갼갼的딩디聒광고噪삼산○머구리울어짓궨다這저져孩해해兒술을們믄믄怎
쯩쯩麽마마這저져般번번定띵딩害해해我어오○이아히들이엇디이리날울보채ᄂᆞ
뇨一힝이辟빙비廂샹샹去큐큐浪랑랑蕩땅당不봉부的딩디○혼부름구셕의
가글래디옷흘소나好항한歹대대喫칭치打다다去큐큐○모로미맛고갈다老랗랖

子즈즈伯븩버伯븩버阿하아○조아바바아你니니敢간간那나나○심네이성
나我어오兒ᅀᆞᆯ你니니來래레○아我이兒바ㅣ好함한孩해해兒ᅀᆞᆯ好함한
孩해해兒ᅀᆞᆯ○어이던던아아히히아아你니니弟띠디兄흉흉兩량량箇거기引
인인的딩디那나나小샹샤廝ᄉᆞ스們믄믄○아너히희들弟올兄드들러리더背븨베
後흫후河혀허裡리리洗시시澡장잘去큐큐○ᄒᆞ뒷라내가혜라목욕定띵딩僧
승승你니니來래레○이定바僧아咱장자河혀허裏리리浪랑랑蕩땅당去큐큐
來래레○래우라리가내자히믈咱장자只즈즈這져저裏리리跳땋턋入융유去
큐큐○뛰우어리드그러저가예자서我어오先션션跳땋턋你니니看간간○져내뻘믄
네게보시라니跳땋턋冬둥둥瓜과과跳땋턋西시시瓜과과○라동슈과박뛰뛰옴옴ᄒᆞ
라ᄒᆞ跳땋턋的딩디河혀허裡리리倘양양不붕부搽짜차○러물쟛에바뻐좀어기드
자더아

我어오家갸갸裏리리老랖랖鼠슈슈好함한生승승廣광광○ᄆᆞ내장집흔의ᄒᆞ쥐
나怎즘즘的딩디好함한○야엇됴디흐ᄒᆞ료여你니니家갸갸裏리리沒뭉무猫
망만兒ᅀᆞᆯ那나나○업네스집나의괴我어오家갸갸裏리리沒뭉무○의내업집
니스庫쿠쿠房빵방櫃꿔귀子즈즈裏리리放방방的딩디米미미都두두喫칭치
了랖랖○쌀곳을집다게먹예고둔我어오的딩디衣이이裳샹샹被삐비兒ᅀᆞᆯ包
방반袱뿡부也여여都두두齩얖얖了랖랖○보내흘衣다裳터과시니니블ᄇᆞ根흔흔
的딩디我어오沒뭉무是쑻스處츄츄○곳몹이기업내세올라흔那나나的딩디不
붕부賣매매猫망만兒ᅀᆞᆯ的딩디○픈뎨ᄂᆞ아니니가괴籃란란子즈즈裏리리盛
찡칭將쟝쟝去큐큐○담드아라가치니에是쑻스賣매매猫망만的딩디○풀이리피
다로將쟝쟝猫망만兒ᅀᆞᆯ來래레○오괴라가저我어오買매매一힁이箇거거
○흘내사ᄒᆞ자나我어오要향얀這져저女뉴뉴花화화猫망만兒ᅀᆞᆯ○암내어이

려롱ᄒᆞ괴노를라사女뉴뉴的딩디價갸갸錢쪈쳔大따다○만암ᄒᆞ은니갑라시要향얀
多더도少샿샾賣매매○풀언려머ᄒᆞ를는밧다고兒ᅀᆞᆯ的딩디五우우十씽시箇
거거錢쪈쳔○돈수이는오쉰낫女뉴뉴的딩디一힁이百븨버箇거거錢쪈쳔賣
매매與유유你니니○폰암라은니一를百주낫마돈에賣매매的딩디價갸갸錢쪈쳔
老랖랖實씽시說쉬쉬○식플이갑니슬ᄅᆞ고라다又잉우不붕부是쑻스大따다買
매매賣매매○이도아큰니흥니정有잉우甚썸슴麼마마討탐토價갸갸錢쪈쳔處
츄츄○곳므이슴이감시슬리씌오올一힁이百븨버箇거거錢쪈쳔短뒨된一힁이箇
거거錢쪈쳔也여여不붕부賣매매○서一도百폰낫디돈미에니호ᄒᆞ낫리돈라이업硬
잉잉道땋다是쑻스這져저們믄믄○리굿니히를여다이一힁이箇거거猫망만兒
ᅀᆞᆯ怎즘즘麼마마直찡지的딩디一힁이百븨버箇거거錢쪈쳔○엇ᄒᆞ디피완에
빗빅리낫오돈○이這져저潑퍼포禽낀킨獸싷수殺삳사娘냥냥賊쪅적○끼이라보

ᄒᆞ온ᄂᆞ즘도싱작殺아娘賣매매便뼌변賣매매不붕부賣매매便뼌변將쟝쟝的딩디
去큐큐○니풀키거든든곳곳가풀져고가프라디아你니니也여여不붕부買매매便
뼌변罷빠바○커더든도곳사알디라아니錢쪈쳔是쑻스你니니上샹샹有잉우○
세갑잇슨고내物웅우在째재我어오根근근底디디○더物이은시내니손你니니爲
위위甚썸슴麼마마罵마마人인신○릅네을므삭슴짓아는라다사你니니爲위위甚
썸슴麼마마胡후후討탐토價갸갸錢쪈쳔○로내갑므슬슴씌아오라는간다대我이오
先션션惹여어你니니來래레○집내쪽몬ᄒᆞ져나너를愛애애錢쪈쳔買매매東
둥둥西시시○것돈사을려앗ᄒᆞ기거여든자븐夾갸갸着쟣죠屁피피眼연연家갸갸
裡리리坐쥐조的딩디去큐큐○안잇자흘시씨라고가집라의這져저弟띠디子즈즈
孩해해兒ᅀᆞᆯ○孩이兒弟아子你니니敢간간罵마마我어오○나네날싱을심삭이
다지줄怎즘즘麼마마不붕부敢간간罵마마你니니○삭엇짓디다감못히ᄒᆞ너리를

這的便是仰面唾天 ○ 常言道 ○ 風不來樹不搖 ○ 雨不來河不漲 ○ 蚊子咬的當不的 ○ 孩兒你饋我買將草布蚊帳來打着睡 ○ 將裏頭床兒不穩 ○ 碎塼塊來墊的穩着 ○ 把這窗孔的紙都扯了 ○ 一發着草布糊了 ○ 那般却 ○ 蚊子怎麽得入來 ○ 你家裏不有菖蒲來 ○ 有的是裏 ○ 你摘饋我些葉兒 ○ 要做甚麽 ○ 把那蒲葉兒來做席子 ○ 鋪着睡時 ○ 跳蚤那廝近不的 ○ 最好最好 ○ 我只會根兒鮮酒和做醋 ○ 不知道葉兒用處 ○

因你要蒲葉 ○ 我也學了 ○ 你那告狀的勾當 ○ 發落了不曾 ○ 憑着理時 ○ 合斷與小人 ○ 堂上官人們 ○ 都商量了 ○ 待到根前來 ○ 那究家們打關節時 ○ 吏學指南云下之所以通款曲於上者曰關節又造請權要謂之關節漢曰關說宋包拯剛直好[illegible]時人語曰關節不到有閻羅包老如本國俗語쇼쳥ᄒᆞ다 內中一兩箇官人 ○ 受他錢財當住 ○ 還不肯發落 ○ 該管的外郎也受了些錢財 ○ 把我的文卷來 ○ 颩在櫃子閣落裡 ○ 閣落音ᄀᆞ랃猶一隅深奧之處舊本未得本字而借用栲栳二字按韻書栲栳木名篣笼鄉器並音간랃皆上聲與本語字音大不相同但免桊韻累及字學咎豪字作旭备音マ랃此二字乃俗之自撰諸韻書所不收今不採用唯於直解小學內字作閣落兩字之音稍為彷彿今亦用之然閣字音亦[illegible]不合讀者詳之 不肯家啓稟 ○ 他是幾時的勾當 ○ 可知道不肯用心 ○ 沒油水的勾當 ○ 那裏

肯큰큰用융융心신신發밟바落랄로○여어發더落줄ᄒᆞ거리用오心ᄒᆞ我서오放
방방着짭죠合헣허理리리的딍디事쑤스○일내을理두에고合ᄒᆞ與유유他타타
甚씸슴麽마마東둥둥西시시○술더주롤리므오스 거怎즘즘麽마마這져져般
번번說숴숴○널엇ᄋᆞ디ᄂᆞ기다리如유유今긴긴是쑤스財쨔채帛뻥버世싱시界
계계○帛이世제界ᄂᆞ라이 財徐니니不봉부與유유他타타一힝이文문운錢쪈쳔
○주네디뎌아롤니一ᄒᆞ文고錢 도徐니니道땅닾是쑤스合헣허理리리的딍디事
쑤스○合베ᄒᆞᆫ날일오이뎌라이ᄒᆞ理니예幾기기時쑤스倒땅닾的딍디了랼랴○제건
리듧오나徐니니多더도與유유他타타些셔셔物뭉우○인네정만을히주더고롤好
함한好함한的딍디說숴숴○널됴ᄋᆞ히라됴 히這져져般번번時쑤스○ᄒᆞ이면리
口킁쿠也여여順쑨슌○ᄒᆞ업고도 슌終중쥭久끔가是쑤스有일외理리리的
덩디勾긍구當당당○理終ᄒᆞ久일드이록라이有街계계上썅샹人신신道땅닾的

딍디是쑤스○옴거이럿을사ᄒᆞ롬니의 날如유유今긴긴是쑤스墻쨩샹板반반世
싱시界계계○板이世제界ᄂᆞ라墻反반반上쌍샹反반반下햐햐○리도락로드어로올
ᄒᆞ혀다ᄂᆞᄒᆞ리니오 락只즈즈怕파파反반반過귀고來래레○두그르저티저뎐쳔 대
也여여不봉부見견견的딍디○ᄒᆞ또노일라흘 싸我서오料랴랴徐니니那나나
事쑤스色싀서○헤내아베리뎌니일 을這져져般번번兌뛔뒈當당당着쨩죠幹
간간時쑤스○일이오리면몯 여好함하的딍디一힝이般번번○가됴지흠이이니ᄒᆞᆫ
녀스뎌這져져官관권司숭스人신신們믄믄○스이들官히司緊긴간不봉부的딍디
𢡊만만不봉부的딍디○𢡊緊ᄒᆞᄒᆞ여여도도아아니니ᄒᆞᄒᆞ니고不봉부使숭스錢쪈쳔
幹간간勾궁구當당당○일돈을을일쓰오디려아ᄒᆞ니면ᄒᆞ 고不봉부濟지지事쑤스
○못일ᄒᆞ을ᄂᆞ일니오 디常쨩챵言연연道땅닾○날常오言뎌에衙야야門믄믄處
츄츄處츄츄向향향南난난開캐캐○여衙러門시이나곳ㅇ곳南이村南轄을耕향錄ᄒᆞ云여

凡衙門皆坐北南向者南方屬離卦離虛中則聰又南方火位火明則能破暗故表南面聰明爲民治愚暗之事豈門必北開者陰之象有잉우理리리無무우錢쪈쳔休힣학入슝슈來래레
○理이셔도돈이업거든드러오디말라ᄒᆞᄂᆞ니라

朴팍팦通퉁통事쑤스諺연연解계개中중중

朴通事諺解 下

我差使出去了 ○내 差使로 나가매 一夏裡不曾好生收拾 ○ᄒᆞᆫ 녀ᄅᆷ을 일즙 ᄀᆞ장 收拾디 몯ᄒᆞ니 把我的銀鼠皮背子 ○내 銀鼠皮背子와 ○銀鼠形如青鼠而差小色純雪白出達子地價直甚高 貂鼠皮丢袖 ○貂鼠皮ᄉᆞ매 조차 내브틴 갓오ᄉᆞᆯ 다가 ○丢袖音義云ᄉᆞ매조쳐내브틴갓옷 虫蛀的無一根兒風毛 ○좀이 먹어 ᄒᆞᆫ 낫 터리도 업서시니 怎的好 ○엇디ᄒᆞ여야 됴ᄒᆞ료 咳可惜了 ○애 앗가올셔 這的是誰的不是 ○이거시 이 뉘 올티 아니ᄒᆞ뇨 你臨去時節 ○네 갈 ᄢᅢ예 다ᄃᆞ라 家裡好生囑付 ○집의 ᄀᆞ장 당부ᄒᆞ여 着菖蒲末兒撒的勻了着 ○菖蒲ㅅ ᄀᆞᄅᆞ로 ᄲᅳ리 고ᄅᆞ게 ᄒᆞ고 每日箇日頭裡曬 ○每日에 볃티 ᄢᅬ되 比及晌午刭正熱時分收拾 ○낫계어 경히 더울 ᄢᅢ예 미처 收拾ᄒᆞ여 每日這般用心弄他時 ○每日에 이리 用心ᄒᆞ여 ᄃᆞ롤 달호면 虫子怎麼蛀的 ○좀이 엇디 먹으리오 這的是怪不的人 ○이거ᄉᆞᆫ 사ᄅᆞᆷ도 허믈 못ᄒᆞ고 也怪不的虫子 ○ᄯᅩ 좀도 허믈 못ᄒᆞᆯ 거시니 你的不是 ○네 올티 아니ᄒᆞ다 罷 ○두어 두어 休煩惱 ○서그려 말라 身已安樂時有也 ○몸이 安樂ᄒᆞ면 이시리라 古人이 닐오ᄃᆡ 休道黃金貴 ○黃金을 귀타 니ᄅᆞ디 말라 安

樂直錢多 ○安樂ᄒᆞ미 갑시 만타 ᄒᆞ니라 不知道那裡躧死了一箇蚰蜒 ○아디 몯게라 어ᄃᆡ ᄒᆞᆫ 지차리 ᄇᆞᆯ펴 죽엇ᄂᆞ뇨 我聞了臊氣 ○내 노린 내ᄅᆞᆯ 맛ᄐᆞ니 惡心上來 ○아닛교오미 올라 冷疾發的當不的 ○뒤웃춤이 나 당티 못ᄒᆞ니 拿些水來我漱口 ○져기 믈 가져오라 내 양지질ᄒᆞ쟈 疾忙將笤帚來 ○ᄲᆞᆯ리 ᄂᆞᆺ븨 가져다가 綽的乾淨着 ○ᄡᅳᆯ기ᄅᆞᆯ 乾淨히 ᄒᆞ고 將兩根香來燒着 ○두 ᄌᆞᄅᆞ 香을 가져다가 퓌오라 我如今不喫飯 ○내 이제 밥을 먹디 아녀 等一會兒喫 ○ᄒᆞᆫ디위 기ᄃᆞ려 먹울ᄉᆡ시니 且休燒蒼子 ○아직 젹을 곱디 말고 熬些茶芽來我喫 ○져기 茶芽ᄅᆞᆯ 달혀오라 내 먹쟈 長老的佛像鑄了麽 ○長老ㅣ아 佛像을 디엇ᄂᆞ다 ○僧有智德可尊者曰長老又道高臘長呼為須菩提亦曰長老 鑄了三尊佛 ○三尊佛을 디워 ○過去佛現在佛未來佛為三尊佛也亦曰三世如來 我待要上金來 ○내 ᄒᆞ마 금올 리려 ᄒᆞ더니 前日三更前後賊入來 ○그젓긔 三更은 ᄒᆞ여 도적이 드러과 ○言前後者未能定的時而云然也 把我二三年布施來的金銀鈔錠 ○내 二三年 布施ᄒᆞ여 온 金銀鈔錠을 都偷將去了 ○다 도적ᄒᆞ여 가져가니 沒計奈何 ○계피 엇디 ᄒᆞ여 업서 我如今又往江南地面裡布施去 ○내 이제 ᄯᅩ 江南 ᄯᅡ흘 향ᄒᆞ여 보

시ᄒᆞ니라 려ᄒᆞ가 一이 來래레 是ᄉᆞ쓰 十시씨 分분븐 命밍밍 不부뿌 快쾌쾌 ○
一來ᄀᆞ장命이 快티몯ᄒᆞ여라 告갈ᄀᆞᆷ 諸쥬쥬 佛보뿌 菩푸뿌 薩사상 ○ 諸佛ᄭᅴ 菩薩ᄭᅴ 告ᄒᆞ노라
여 願원원 滿먼먼 之즈ᄌᆞ 日ᅀᅵ시 死ᄉᆞ스 時ᄉᆞ쓰 也여여 不부부 愁추ᄎᆞ ○ 願滿
ᄒᆞᆫ날이 죽어도 ᄅᆞᆫ심티 아니리라 羅바빠 羅바빠 師ᄉᆞ스 傳부부 善션쎤 曰인ᄒᆡᆫ 不부붕
滅며몀 ○ 두어 滅티 아니ᄒᆞ느니 師傅ㅣ 아ᄒᆞ니 善 休휘휘 生승승 怠대때 慢
心신신 ○ 모ᄅᆞᆷ애 내 怠慢ᄒᆞᆫ 말 고 ᄆᆞ옴 沿연연 路루루 上샹샹 用융융 心신신 好
去큐큐 着쟢죠 ○ 길ᄒᆞᆯ 조ᄎᆞ 여 ᄆᆞᅀᆞᆷ 用ᄒᆞ여 됴히 가라 往왕왕 常쨩챵 唐땅탕 三산산 藏
師ᄉᆞ스 傳부부 ○ 陳뎌 적의 唐 三藏 師傳ㅣ 名偉洛州 人也 號玄奘 俗姓 三藏法師
貞觀三年奉勅往西域取經一十六年百卷而來仍爲三藏經律論 三藏 佛 三藏 羅 聖
法師 三藏經曰 一藏 律曰 一藏 論曰 一藏 修多羅 即阿難爲
衆結集 爲經 阿難 即 毗奈耶 一日 毗尼 即優波 尊者 結集 之爲
律曰 毗曇 即諸大菩薩 衍而爲尼論藏 即包含攝持
義非藏 無以積錢財 非藏無以蘊文義 謂之藏也 西시시 天텬텬 取
攝一切所應知義 無令分散 故名爲藏

經깅깅 去큐큐 時ᄉᆞ쓰 節져쪄 ○ 西遊記云 西天의 니ᄅᆞ러 가 經을 갈 제 尼佛在西天度
奉天 迷 靈山 雷 音 寺 撰 成經律論 三藏 經 金人 不來 人衆 東土 東土 衆生 東 有 西天 送 經 乃 須 以 輕 乃 天 東土 南海 洛 伽 以 輕 東 天 南 海 東 縣 東 乃 安 長 京 北
十萬八千里 之程 妖怪 多 往東土 誰 不 敢 去 城 高 此 時 唐 太 宗 聚
迦 山 觀 世 音 菩 薩 精 魔 妖 多 往 諸 人 西 法 師 見 說 此
府 一 道 瑞 氣 衛 天 觀 音 化 作 老 僧 一 入 高 僧 爲 壇 主 說 法 師
天 下 僧 尼 設 無 遮 大 會 因 衆 學 僧 天 竺 伽 西 造 經 三 藏 以
即 玄 奘 法 師 也 老 僧 曰 西 天 有 到 時 西 天 經 雖 救 我
待 取 經 之 人 法 師 曰 既 有 經 言 程 途 須 有 釋 迦 知 到 天 觀 遠
發 大 願 當 往 取 來 老 僧 說 騰 空 而 去 帝 知 遠 音 化
身 即 大 勅 法 師 往 西 天 取 經 法 師 奉 勅 行 六 年 東 還 十
萬완완 八바방 千쳔쳔 里리리 途뚜두 程칭쩡 ○ 十萬八千里 길히 니ᄂᆞᆫ 正징징 是
瘦수숭 禽킨낀 也여여 飛비뷔 不부붕 到닿다 ○ 져기 瘦禽도 ᄂᆞ라 가디 몯ᄒᆞ고 壯
馬마마 也여여 實시씽 勞랖랖 蹄티뎌 ○ 壯馬도 勞蹄ᄒᆞ리니 진실로 這져져 般
遠원원 田뎐뎐 地디뎌 裏리리 ○ 이런 먼 쌔히 經깅깅 多도뎌 少산샹 風봉봉
寒한한 暑슈슈 濕시씽 ○ 언머 濕을 風寒暑를 ᄃᆡ내여 파 受ᄉᆞ쓰 多도뎌 少산샹 日시싱

炙지징 風봉봉 吹취취 ○ 언머 日炙 風吹ᄅᆞᆯ 바드며 過궈고 多도뎌 少산샹 惡헏어 山
산산 險현현 水쉬쉬 難난난 路루루 ○ 언머 惡山 險水 難路ᄅᆞᆯ 디내며 見견견 多도뎌 少
산샹 怪괘괘 物우몽 妖얀얀 精징징 侵친친 他타타 ○ 언머 怪物 妖精이 침노ᄒᆞ여 害ᄒᆞ믈 보이
며 撞쨩쨩 多도뎌 少산샹 猛몽몽 虎후후 毒두뚜 虫충쭝 定딩띵 害해해 ○ 언머
猛虎 毒虫의 보채여 害홀 만나 逢봉뽕 多도뎌 少산샹 惡허어 物우몽 刁댝댠 蹶궐쿼
○ 언머 惡物의 刁蹶ᄒᆞ믈 만나리오 ○ 音義云 刁蹶 難也 西天時 初到 師陀 人
國界遇猛虎毒蛇之害 次遇黑熊精 黃風怪 地湧夫 人
蜘蛛精 獅子怪 多目怪 紅孩兒怪 僅免 又過 棘鈞
洞火炎山 薄屎洞 女人國 及諸惡山 險水 怪害 患
苦不知其幾 此所謂刁蹶也 詳見 西遊記 正징징 是
好항핫 人신신 魔뭐모 障쟝쟝 多도뎌 ○ 정히 이 됴흔 사ᄅᆞᆷ은 魔障
義云 梵語 魔 此云 障也 能爲 修道 作障 依釋 迦出 世 名 障
時 魔 王 波 旬 若 如 來 供 養 恭 敬 魔 王 依 昔 佛 法 得 善
利 不 念 報 恩 而 反 欲 加 毀 行 六 年 受 多 少
故 名 波 旬 此 言 惡 中 惡 행 형 륙 루 년 년 슈 ᄊᆞ 도 뎌

千쳔쳔 辛신신 萬완완 苦쿠쿠 ○ 行ᄒᆞ여 千辛萬苦ᄅᆞᆯ ᄀᆞᆺ초 ᄋᆞᆯ 히 밧고 언머 到닿다 西
시시 天텬텬 取츄츄 將쟝쟝 經깅깅 來래래 ○ 西天의 가 經을 가져와 度두뚜 脫퉁토
衆중중 生승승 各거각 得더텅 成칭쩡 佛보뿌 ○ 衆生을 度脫ᄒᆞ여 각각 成佛ᄒᆞ게 ᄒᆞ니
師ᄉᆞ스 傳부부 你니니 也여여 休후훠 忙망망 ○ 師傅ㅣ 너도 밧바 말고 慢만만 慢
的다디 到닿다 江강강 南난난 沿연연 門문문 布부부 施ᄉᆞ스 ○ 江南의 ᄂᆞᆯ오 여
願원원 滿먼먼 成칭쩡 就짝작 着쟢죠 ○ 願을 일오 ᄒᆞᆷ차 ᄆᆞᆺ가 시다 ᄒᆞ보 와 久강구
後후흗 你니니 也여여 得더텅 證징징 果거고 金긴긴 身신신 ○ 오란 후에 너도 證果
金身 ○ 按 證 應 得 果 報 者 也 果 報 者 也 經 云 凡 經 金 身 喜 三 十 二 相 云 身 真 金 色 言 果 報 得 果 報 也 觀 經 蹟 云 行 金
身 者 佛 身 三 十 二 相 云 身 真 金 色 言 果 得 果 報 也 觀 經 蹟 云 行
真 寶 感 得 勝 報 也 又 修 善 得 善 果 作 惡 得 惡 果 謂 之 果 報 謂 之
果 報 又 法 生 時 所 作 善 惡 又 謂 之 善 曰 他 日 果 報 應 謂 得 之 果 謂 證 之
果 者 如 三 藏 法 師 取 經 東 還
化 爲 旃 檀 佛 如 來 詳 見 下
叫갈갸 一이훵 箇거게 泥니니 水쉬쉬 匠쟝쨩 和호혀 兩량랑 箇거거 坌번번 工

궁궁來래래○ᄒᆞᆫ泥匜이와두조역을블러다가整징징治찡치這저저炕캉캉壁삐비
○이炕壁을整治ᄒᆞ쟈你니니有잉우泥니니鏝면면泥니니托퉁토麼마마○네게
흙손과흙밧기잇ᄂᆞ냐沒몽무家갸갸事쓰스時쓰스筭숸숸甚씸슴麼마마泥니니
水쉬쉬匜쨩쟝○연장이업ᄉᆞ면므슴泥匜이라혜리오都두두有잉우裏리리○다이
셰라做주주炕캉캉時쓰스○구돌을인돌려ᄒᆞ면死ᄉᆞᄉᆞ火훠호炕캉캉燒샤샤火
훠호炕캉캉○블아니덧ᄂᆞᆫ구돌을ᄒᆞ라블딧ᄂᆞᆫ구돌을ᄒᆞ라都두두不부부要얀얀○다말
고你니니只즈즈做주주饋귀귀我어오煤믜믜火훠호炕캉캉着쟣죠○네그
저날을이탄뛰오ᄂᆞᆫ구돌을민두라주되前쳔쳔面면면做주주一황이箇거거煤믜믜爐
루루○앏픠ᄒᆞᆫ煤爐롤민돌라坯피피塼쥰쥰都두두有잉우麼마마○벽비이와다파
잇ᄂᆞ냐都두두有잉우○다잇ᄂᆞ니라如슈슈今긴긴疾찡지忙망망買매매石
씽시灰휘휘麻마마刀당닫去큐큐○이제밧비石灰와삼거울을사라가라將쟝쟝鐵

텽텨杴현현和훠호鍋궈고來래래搋쵀취土투투○삽과광이룰가져다가흙을픠여
這저저裏리리和훠호泥니니○예셔흙니기라且쳐쳐打다다將쟝쟝兩량량擔
단단水쉬쉬來래래○아직두메믈을기러다가把바바那나나麻마마刀당닫一
황이打다다裏리리和훠호的디디勻윤윤着쟣죠○뎌삽새올을다가ᄒᆞᆫ번의섯기롤고
로게ᄒᆞ라你니니把바바那나나繩씽싱子즈즈○뎌노ᄒᆞ로다가在재재墻쨩챵
上쌍샹驗연연的디디正징징着쟣죠○담우희견조기롤바로ᄒᆞ라這저저一황이
脫퉈토兒ᅀᆞᆯ無우우處츄츄絟촨촨○이ᄒᆞᆫ곳틀믤곳이업세라這저저高갚갚處
츄츄鑽줜줜些셔셔土투투○이노픈곳의흙을뿔고打다다一황이箇거거橛퀘궈
子즈즈絟촨촨不부부的디디○ᄒᆞᆫ말뚝을박고미더못ᄒᆞᆯ소나你니니只즈즈朝챺챺
南난난做주주門믄믄兒ᅀᆞᆯ○네그저남향ᄒᆞ여문을민들고那나나西시시邊변변
做주주一황이箇거거竈잪잪洞뚱뚱○뎌셔편의ᄒᆞᆫ굴올민들라○竈洞音義云取灰之處

굴수按你니니為위위甚씸슴麼마마這저저炕캉캉面면면上쌍샹灰휘휘泥
니니的디디不부부平삥핑正징징○네므스글위ᄒᆞ여이炕面灰ᄇᆞᄅᆞ미平正티못ᄒᆞᄂᆞ將
쟝쟝泥니니鏝면면來래래再재재抹뫄마的디디光광광着쟣죠○쇠손가져다가
다시스서번번이ᄒᆞ라枉왕왕可커커惜싱시了랼랴飯빤반○속절업시밥이앗갑다
一황이般번번動뚱둥脚갸교動뚱둥手싁수做주주生승승活훠호○ᄒᆞᆫ가지로
발손을놀려ᄒᆞᆫ셩녕이這저저般번번做주주的디디不부부成찡칭時쓰스○이리
민들기룰블셩이ᄒᆞ면不부부可커커惜싱시了랼랴工궁궁錢쳔쳔○工錢이앗갑다
아니ᄒᆞ라咳해해我어오到닾닾處츄츄裏리리做주주生승승活훠호時쓰스○
에내간ᄃᆡ마다셩녕을ᄒᆞ디從쭝충來래래不부부曾쯩층見견견這저저般번번細
시시詳썅샹的디디官권권人신인○본ᄃᆡ일즙이런細詳ᄒᆞᆫ官人을보디못ᄒᆞ엿노라你
니니說숴쉬甚씸슴麼마마話화화○네므슴말니ᄅᆞᄂᆞᆫ다拙줘줘匠쨩쟝人신인巧

걒걒主쥬쥬人신인○拙ᄒᆞᆫ匠人이오巧ᄒᆞᆫ主人이니라
我어오害해해疥계계痒양양當당당不부부的디디○내옴알파ᄀᆞ려옴을당티못ᄒᆞ
니你니니的디디長쨩챵指즈즈甲갸갸饋귀귀我어오掐캬캬一황이掐캬캬
○네긴손ᄐᆞᆸ으로날을ᄃᆡ여주고려我어오不부부掐캬캬他타타○내뎌룰디기디못ᄒᆞᆯ
로다滿먼먼指즈즈甲갸갸疙긍그瀼낭낭和훠호膿눙눙水쉬쉬怎즘즘麼마마
當당당○손ᄐᆞᆸ의ᄀᆞ독ᄒᆞᆫ더덩이와고롬을엇디당ᄒᆞ리오我어오說숴쉬與유유你니니
○내너ᄃᆞ려니ᄅᆞ마撓낲낲時쓰스廝쓰스剌라라疼뚱둥○글그면알히고ᄲᆞᆯ掐
캬캬時쓰스甜뎐텬殺사사人신인○ᄃᆞᆨ이면ᄃᆞ라사ᄅᆞᆷ을죽게ᄒᆞᄂᆞ니라你니니饋귀귀
我어오掐캬캬一황이遍변변兒ᅀᆞᆯ○내날을ᄒᆞᆫ번ᄃᆡ여주고려我어오那나나幾
기기日싀시着쟣죠那나나小샿샾廝쓰스掐캬캬來래래○내뎌적의아희로ᄒᆞ여
ᄃᆡ이더니一황이會휘휘兒ᅀᆞᆯ打다다頓둔둔着쟣죠撓낲낲破풔포了랼랴○

ᄒᆞ디 위조으다가 긁더히여 ᄇᆞ려놀 ○頓集 顩作跐膝龐欲睡之皃打盹今俗語조오다 我어오罵마마
他타타 ○ 지내조더니를사 那나나廝ᄉᆞ스惶황황了랸랑 ○ 두더려놈이 又우우
蟒망망抓좌좌了랸랑一이힝遍변변 ○ 또ᄒᆞᆫ번 긁티니을 越웨웨疼등등的디딩
當당당不부붕的디딩 ○ 더 못알프믈 ᄒᆞ여라 당 你니니去큐큐更깅깅鼓구구
樓루루北버벅邊변변王왕왕舍서서家갸가裏리리 ○ 王舍는 更鼓樓의 北邊의 집이가
買매매將쟝쟝一이힝兩량량疥계계藥요얗來래래搽차짜一이힝遍변변 ○
ᄒᆞᆫ냥 疥藥을 사다가 ᄒᆞᆫ번 ᄇᆞᄅᆞ면 便변변成칭칭疙그긍瘩재재都두두吊됴됴了랸랑
○ 곳 딩이 져다 벼러디리라 我어오不부붕知지징道도당那나나家갸가有우잏
○ 내 아디 못ᄒᆞ니 뎌 집의 므슴 보람이 잇ᄂᆞ뇨 ○ 수按漢俗凡出
甚씸슴麼마마慌황황字쯔즈 ○
賣諸物之家俱設標識之物置於門口或於門前起立牌榜如曰張家出賣高麗布扁一如賣酒家標植青帘
之類俗呼曰酒家望子 帘 那나나家갸가門믄믄前쳔쳔兀우옹子즈즈上샹샹 ○

뎌 집 문 앏 노 도 우 희 放방방着져쟝一이힝箇거거三산산隻지징脚교갈鐵텨텽
蝦허허蟆마마兒ᄉᆞᆯ을 便변변是스ᄾᆞ ○ ᄒᆞᆫ 세 발 가진 쇠 두 텁 이 ᄂᆞᆫ 거 시 곳 이 라 ○ 수按漢俗優
人作戲時手執三脚蝦蟆入優場作戲問之則曰唯仙
家畜養三脚蝦蟆 三俗人聞氣者必死然未詳之源流書言
故事云月宮蟾蜍是爲羿妻所化 三 買매매將쟝쟝些서서箇거거來래래 ○ 사져 가기
火휘호盆픈픈裏리리弄룽룽些서서火휘호 ○ 화로에 블 ᄠᆡ오고 노ᄒᆞ 破
와져 了랸랑疥계계瘡창창搽차짜那나나藥요얗 ○ 疥瘡을 글거 헐우고 뎌 약을 ᄇᆞᆯ라
火휘호裏리리炙지징 ○ 블에 쬐라 這저저般번번時스ᄾᆞ便변변好한한了랸랑
○ 이리 ᄒᆞ면 곳 됴ᄒᆞ리라 休휘휘尋신신海해해上샹샹方방방 ○ 海上方을 ᄎᆞᆺ디 말라 ○ 唐
崔元亮著海上方即醫方也 自즈즈有우잏神신신仙션션藥요얗 ○ 즈연이 神仙藥이 잇
ᄂᆞ니라
這저저七치칭月워웡十시씽五우우日시싱是스ᄾᆞ諸쥬쥬佛보봉解계계夏

ᄒᆞ 하 之즈즈日시싱 ○ 이 七月十五日은 諸佛解夏ᄒᆞᄂᆞᆫ 날이라 ○ 道藏經云七月十五日謂之中元
地官下降人間捻校世人甄別善惡上告天曹解夏不剃
楚歲時記云天下僧尼於四月十五日就禪刹掛搭不
出門謂之結夏亦曰結制蓋夏乃長養之節在外行則
恐傷草木虫類故九十日安居不出至七月十五日應
禪寺掛搭僧尼盡皆散去謂之解夏
夏又謂解制掛搭詳見事林廣記 慶킹깅壽식슈寺ᄾᆞ스裏리리
爲위위諸쥬쥬亡왕망靈링링 ○ 慶壽寺에셔 모든 亡靈을 위ᄒᆞ여 ○ 慶壽寺一統志云在順天
府西南內有飛虹飛渡二橋石刻六大字極道勁相傳
金章宗所書又有金學士李晏碑文正統間重建賜額
大興隆寺僧錄司在焉 僧 做주주盂유유蘭란란盆픈픈齋재재 ○ ᄒᆞᄂᆞ니라 ○ 盂蘭盆齋를
盂蘭盆齋大藏經云大目犍連尊者以母生餓鬼中不
得食佛令作盂蘭盆至七月十五日具百味五果置盆
中供養十方大德而後母乃得食 飜譯名義云梵言盂蘭盆華言救倒懸也
我어오也여여隨쭤취喜히히
去큐큐來래래 ○ ᄒᆞ나 도 가 구경ᄒᆞ자 那나나壇탄탄主쥬쥬是ᄾᆞ스高강고麗리리
師ᄾᆞ스傅부부 ○ 뎌 壇主ᄂᆞᆫ 이 高麗人 師傅ㅣ라 ○ 名義云梵言漫茶羅此云壇謂主壇說
法者曰壇主

青칭칭旋쎤쎤旋쎤쎤圓원원頂딩딩 ○ 프른 圓頂이오 旋旋ᄒᆞᆫ 白뻐버
淨쩡징淨쩡징顏연연面면면 ○ ᄒᆞᆫ 淨淨ᄒᆞᆫ 顏面이오 聰충충明밍밍智징지慧훠휘
過궈고人신신 ○ 聰明과 智慧ᄂᆞᆫ 사ᄅᆞᆷ의게 디나고 唱창챵念녠녠聲싱싱音힌인壓
야 衆중중 ○ 唱念ᄒᆞᄂᆞᆫ 聲音은 衆을 壓ᄒᆞ고 經깅깅律류륭論룬룬皆계계通퉁퉁 ○
經律論을 다 通ᄒᆞ니 ○ 經律論見三藏法師 下 真진진是ᄾᆞ스一이힝箇거거有우잏德더덩行
힝힝 的디딩和호허尚샹썅 ○ 진실로 이 ᄒᆞᆫ 德行 잇ᄂᆞᆫ 和尚이러라 說쉬쉉目무뭉連련련
尊준준者져저救구각母무무經깅깅 ○ 目連尊者의 救母經을 니ᄅᆞᄂᆞ니 ○ 尊者譯名義云目連
婆羅門姓也名拘律陀又大經云目犍連即姓也名
立名目連事林廣記云佛書所謂王舍衛城即賓童龍
國也國在西南海中隸占城占城選人作地主即
目連即此國人也人云目連舍基至今猶存 僧승승尼
니니道단단俗쑤수善쎤쎤男난난信신신女뉴뉴 ○ 僧尼ㅣ 道俗ㅣ 善男 信女ㅣ 과 ○ 善男
云善者順理也信者言是事如是也佛法大海信爲能
入智爲能度人也若無信不入佛法又善男善女釋見上

不붕부知징지其끼키數수수○不知數히其人인신人션신盡신진盤뺀편雙
솽상是쯩주○사ᄅᆞᆷ마다다발을서리고두箇거거箇거거擎깅킹拳권권合거강掌
쟝쟝○낫낫치擎拳合掌ᄒᆞ야○擎拳合掌翻譯名義云此方以拱手為恭外國以合掌為敬手本二遂수
合為一表不敢誕身主一心西域記云致敬之式其儀九等四曰合掌平拱側즉저耳술을聽텅팅
聲싱싱○귀롤기우려소리롤듯더니內뉘뉘中중중一흥이箇거거達땅다達땅다
只즈즈管권권呵허허欠켠켠○그듕에ᄒᆞᆫ達達이그저ᄉᆞ리여하회옴ᄒᆞ다가衆중중人
신싄着찬찬他타타的디디中중중間견견○모든사ᄅᆞᆷ이롤볼ᄉᆞ이예더一흥이會
휘회兒숭올倚이이着짱죠欄란란干간간頓둔둔睡쒸쉬○ᄒᆞᆫ더위欄干을지혀조오
니더不붕부知징지怎즘즘生승숭滾군군在째재底디디下햐하○아디못게라엇
다ᄒᆞᆫ디구으러아리이셔喫칭치了랼랸一흥이跌뗭뎌○ᄒᆞᆫ번구러디믈남어把바바鼻
빼비子즈즈跌뗭뎌破퍼포了랼랸○코ᄅᆞᆯ다가구러디해여ᄇᆞ리니那나나講걍걍主

朴通事諺解下 九

쥬쥬見견견那나나達땅다達땅다跌뗭뎌破퍼포鼻뻬비子즈즈○뎌講主ㅣ뎌達
達의구러더고때이믈보고먁랴갸將쟝쟝根근근前쳔쳔來래래說숴쉬道땅단○
불러ᄆᆡᆯ피오라ᄒᆞᆫ여날오디你니니聽텅팅我어오說숴쉬與유유你니니○네드르라
내너드려니르마這져져佛뿡보法뽕바最쥐쥐尊준준最쥐쥐貴귀귀不붕부可
커키不붕부信신신○이佛法이ᄀᆞ장尊ᄒᆞ고ᄀᆞ장貴ᄒᆞᆫ니가히빗디아니타못ᄒᆞᆯ세시라因
힌인你니니貪탄탄嗔친친癡칭치三산산毒뚱두不붕부離리리於유유身신신○
네貪嗔癡三毒이몸에ᄠᅥ나디아니ᄒᆞᄆᆞᆯ인ᄒᆞ여○貪嗔癡卽三毒也又曰三業大智論云有利益我者生貪欲
有違逆我者生嗔恚不從智生從在惑生是名為癡為一切煩惱之根本心신신只즈즈在째재酒
쥐직肉숭우氣키키色싀서○ᄆᆞ이그저과氣色에아서酒肉不붕부信신신佛뽕보
法방바不붕부聽텅팅經깅깅論론론○佛法을밋디아니ᄒᆞ고經論을듯디아니ᄒᆞ니因
힌인此츠츠上쌍샹見현현世싀시報밤받○이런젼ᄎᆞ로見世예報ᄒᆞᄂᆞ니라入슝유

寺ᄊᆞ스敬깅깅三산산寶밥반○뎔에드러ᄂᆞᆫ三寶ᄅᆞᆯ敬ᄒᆞ고○三寶佛法僧也功成妙智道登
圓覺佛也玄理幽微正教精誠法也禁戒守真威儀出俗僧也皆是四生導首六通舟航故曰寶又法數云十
號圓明萬行具足天龍戴仰稱無上尊即佛寶也一音演說普應羣機究竟清淨名離欲尊即法寶也塵異
俗圓頂方袍入聖超凡為眾中尊即僧寶也到담단家갸갸裏리리敬깅깅重중중父뿌부
母무무○집의가ᄂᆞᆫ父母ᄅᆞᆯ敬重ᄒᆞᄂᆞ니你니니如유유今긴긴誠찡칭心신신懺찬찬
悔휘휘○네이제란誠心으로懺悔ᄒᆞ여改개개往왕완修싱식來래례着쨩죠○改往
修來ᄒᆞ라道땅단羅뽜바○니ᄅᆞ기ᄅᆞᆯᄆᆞᄎᆞ매那나나達땅다達땅다聽텅팅師ᄊᆞ스
傳부부說쉬쉬○더達達이師傅의니ᄅᆞᆫ을듯고便뻔번喝허허跳땅탄起키키來래래
道땅단○ᄭᅮ혀태고ᄯᅢ여니러닐오디怎즘즘的디디是ᄊᆞ스佛뽕보法방바○엇디
ᄒᆞᄂᆞᆫ이佛法고罵마마了랼랸走쥼주出춍츄去큐큐了랼랸○ᄭᅮ짓고ᄃᆞ라나니師
ᄊᆞ스傳부부道땅단○師傅ㅣ닐오디一흥이年년년一흥이日잉시解계게說쉬쉬

朴通事諺解下 十

戒계계法방바時ᄊᆞ스○一年一日에戒法을解說ᄒᆞ되他타타也여여不붕부肯큰큰
信신신向향향○뎌줄겨信向티아니ᄒᆞ니這져져的디디無무우緣연연眾중중生
승숭難난난化화화○이런인연업ᄂᆞᆫ衆生은化키어려오니라
這져져幾기기日잉시我어오家갸갸裏리리有잉유人신신去큐큐○요ᄉᆞ이우
리집의사ᄅᆞᆷ가리이시니先션션生숭숭你니니寫셔셔與유유我어오書슈슈稍샬산
的디디去큐큐○先生아네날을글ᄡᅥ주어든브터보내자我어오寫셔셔了랼랸也여여
○내ᄡᅥ다你니니聽텅팅我어오念년년○네드르라내念ᄒᆞ마愚유유男난난山
산산童뚱퉁○愚男山童은頓둔둔首싛식拜배배上쌍샹父뿌부親친친母무무
親친친尊준준侍ᄊᆞ스前쪈쳔○頓首ᄒᆞ고절ᄒᆞ여父親母親尊侍前에올리노니玉융유
體티티安한안樂랑로好할한麽마마○玉體ㅣ安樂ᄒᆞ여됴ᄒᆞ신가孩해해兒ᅀᆞ을
在째재都두두○孩兒ㅣ셔올이셔托탈토着쨩죠爺여여娘낭냥福봉부蔭힌인

裏리리 ○ 爺娘의福蔭을닙어 身신신已기기安한안樂랗로不봉부須슈슈憂힣우
念년년 ○ 이몸이安樂ᄒᆞ니모로미憂念티마ᄅᆞ쇼셔 孩해해兒ᅀᆞᆯ自ᄍᆞ즈拜배배別뼝벼
之즈즈後흫후 ○ 孩兒ㅣ拜別ᄒᆞᆫ後로브터 想샹샹念년년之즈즈心신신無무우日
싀시有잉우忘망왕 ○ ᄉᆡᆼ각ᄒᆞᄂᆞᆫᄆᆞᄋᆞᆷ이줄ᄂᆞᆯ이업서이다 前쪈쳔者져져姐져져夫
부부去큐큐時ᄊᆞ스 ○ 前에姐夫ㅣ갈제 稍샾산一힝이箇거거水쉬쉬褐뻥허段
뒨뒨匹핑피 ○ ᄒᆞᆫ슈혈빗치비단을브터 與유유父뿌부親친친用융용來래레之즈즈
後흫후 ○ 父親ᄭᅴ셔밧ᄌᆞ와ᄒᆞᆫ후에 未위위見견견回휘휘書슈슈 ○ 回書를보디못
ᄒᆞ니 不봉부知징지得득더否블부 ○ 得否를아디못ᄒᆞᄂᆞᆫ디라 有잉우人신신來래레
時ᄊᆞ스 ○ 사ᄅᆞᆷ오리잇거든 望왕왕稍샾산書슈슈來래레着쨯죠 ○ ᄇᆞ라건대글월
브터보내쇼셔 孩해해兒ᅀᆞᆯ今긴긴將장장金긴긴色셔서茶짜차褐헝허段뒨뒨
子즈즈一힝이箇거거 ○ 孩兒ㅣ이제金色차파혈빗치비단ᄒᆞᆫ필과 藍란란長쨩챵綾링링

一힝이箇거거 ○ 藍자긴綾ᄒᆞᆫ필을 各갸거俱규규壹힝이裏리리 ○ 각각ᄒᆞᆫ안흘ᄀᆞᆫ
초와 與유유兄흉흉弟띠디佛뿡보童뚱뚱將쟝쟝去큐큐 ○ 아ᄋᆞ佛童을주어가져가
니 父뿌부親친친母무무親친친穿춴춴用융융 ○ 父親母親은닙으쇼셔 孩해해兒
ᅀᆞᆯ這져져裏리리所수소幹간간已이이成쩡칭完원원備삐비 ○ 孩兒ㅣ여
긔ᄒᆞᄂᆞᆫ배임의完備케되여시니 得득더了랼랴照쟣잔會휘회 ○ 照會ᄅᆞᆯ엇노라○照會五
軍都督府照會六部六部照會承宣布政使司使司照會提刑按察司體式詳見求政錄 待때대兩량량
箇거거月웡위 ○ 두ᄃᆞᆯ을기ᄃᆞ리면 衣이이錦긴긴還환환鄉향향 ○ 비단옷닙고고
향의도라가○項羽居咸陽與沛公分王又懷東歸曰富貴不歸故鄉如衣繡夜行遂東歸都彭城故後人仕
宦榮貴還鄉里者曰衣錦還鄉 喜히히面면면相샹샹參찬찬 ○ 喜面으로서ᄅᆞ뵈면 孝향햐
順쓘순父뿌부母무무 ○ 父母ᄭᅴ孝順ᄒᆞ여셔 光광광顯현현門믄믄閭류류 ○ 門閭
에光顯ᄒᆞ리니 只즈즈此ᄎᆞ츠已이이外왜왜 ○ 그저이밧긔ᄂᆞᆫ 別뼝벼無무우所수소

懷홰화 ○ 다ᄅᆞᆫ所懷ㅣ업ᄉᆞᆫ디라 如슈슈書슈슈到ᄃᆞᇢ닾日ᅀᅵ시 ○ 만일글이니ᄅᆞᄂᆞᆫ날
이면 勝싱싱如슈슈見견견面면면 ○ ᄂᆞᆺ출봄도곤나으리이다 比비비及끼기孩해해
兒ᅀᆞᆯ相샹샹會휘휘 ○ 孩兒ㅣ서ᄅᆞ모듬을미처 善션션保밮반尊준준顏연연 ○
尊顏을保ᄒᆞ쇼셔 不봉부宣쉰션 ○ 베프디아니ᄒᆞ노이다 某무무年년년秋칙추李
기기月웡워十씽시有잉우五우우日ᅀᅵ시 ○ 아므ᄒᆡ秋季月十五日에 愚유유男난난
山산산童뚱퉁頓둔둔首싱삭百빙비拜배배 ○ 愚男山童은頓首百拜ᄒᆞ노이다 沱
휘오 饋귀귀你니니筆빙비 ○ 먹므더너ᄅᆞᆯ븟을주니 畫홰화箇거거字ᄍᆞ즈 ○ 일홈
두라
我어오要양얀蓋개개一힝이座쭤조書슈슈房빵방 ○ 내一座書房을짓고져ᄒᆞ니
木몽무匠쟝쟝你니니來래레咱자자商샹상量량량 ○ 木匠아이바우리혜아리자
相샹샹公궁궁支즈즈分븐븐怎증증的딩디蓋개개 ○ 相公이ᄀᆞ결ᄒᆞ쇼셔엇디지으

리고잇 捲권권蓬뿡풍樣양양做주주 ○ 무랑각양으로지으려ᄒᆞ노라 木몽무植씽시
都두두有잉우麼마마 ○ ᄀᆞ옴이다잇ᄂᆞ냐○木植亦曰木料남그로ᄆᆡᆼᄀᆞᆯᄀᆞ옴이니詳見字解
料字下 檁린린 ○ 납 樑량량 ○ 모ᄅᆞ 椽쥔쥔 ○ 혀 柱쮸쥬 ○ 기동 短뒨뒨柱
쮸쥬 ○ 短柱 叉차차竪쓔슈 ○ 작슈 門믄믄框광광 ○ 門얼굴 門믄믄扇션션 ○
門ᄧᅡᆨ 吊댱댜窗촹촹 ○ 들창 天텬텬窗촹촹 ○ 울어리창 雙솽솽扇션션 ○ 상다디
單단단扇션션 ○ 외다디 窗촹촹欞링링 ○ 창살로 以이이至즈즈升싱싱斗
둥두 ○ 베바리와 石씽시 ○ 돌과 塼쥔쥔 ○ 벽과 坯뻬피瓦와와 ○ 坯瓦에니르히 都
두두有잉우 ○ 다이셰라 你니니只즈즈取츄츄將쟝쟝墨믕머斗둥두 ○ 네그저먹
고조와 墨믕머簑친친 ○ 먹갈과 和해호鎊팡팡 ○ 갓괴와 錛븐븐子즈즈 ○
항피와 退튀튀鉋빨받 ○ 되패와 鑿짶조子즈즈 ○ 살과 斧부부子즈즈 ○ 도치
와 銼처초子즈즈來래레做주주生ᄉᆞᆼ승活황호 ○ 줄을가져다가셩녕ᄒᆞ라 我어오

慢만만慢만만的디디旋쉔쉔指즈즈分븐븐○내날호여곳곰겨블ᄒᆞ마蓋개개打다다了
這져저房빵방子즈즈○이집을짓고那나나西시시壁삐비廂샹샹打다다
一이이流릭릭兒슬을短된된墻쟝챵○뎌西壁廂에ᄒᆞᆫ줄短墻을ᄡᆞ고上샹샹面면면
畫화화六릭루鶴햫허舞무우琴킨킨○上面에六鶴舞琴을그리고○六鶴舞琴史記師曠
援琴而鼓一奏之有玄鶴二八集于廊門再奏之延頸而鳴舒翼而舞善惡報應錄云江夏郡辛氏沽酒爲業
有一先生入坐曰有好酒飲吾否辛以巨杯明日復來如此半載謂辛曰多負酒債無錢酬汝遂取籃橘皮
於壁上畫鶴曰客來飲酒但令拍手歌之其鶴必舞將此酬汝後客至如其言鶴果舞觀者沓至酬之以錢遂
致巨富前젼쳔面면면壘뤼뤼一이이箇거거花화화臺때태兒슬올○前面에ᄒᆞᆫ
花臺를무으고栽재재些셔서好핳한名밍밍花화화○져기됴ᄒᆞᆫ名花를시므고臨린린
窓창창看칸칸書슈슈亦이이看칸칸花화화○窓에臨ᄒᆞ여글을보고ᄯᅩ곳을보자相
샹샹公궁궁道닿닿的디디正징징好핳한正징징好핳한○相公의닐오미정히됴타

朴通事諺解 下 十三

졍히됴타別뼝벼要향얀蓋개개甚씸合麼마마房빵방子즈즈○다ᄅᆞᆫ므슴집을지으
실고不봉부要향얀蓋개개○짓디말고져ᄒᆞ노라儘진진勾궁구也여여○잇긋유여
ᄒᆞ다常쨩챵言연연道땋닿○常言에닐오디能능능蓋개개萬완완間견견房빵방
○능히萬間房을지어도夜여여眠면면一이이厦햐하間견견○밤의一厦間에잔다
ᄒᆞᄂᆞ니라
你니니官권권人신인除쮸츄做주주那나나裏리리○네官人이어ᄃᆡ벼슬ᄒᆞ엿ᄂᆞ뇨
除쮸츄做주주光꽝광祿룽루寺ᄊᆞ스卿킹킹○光祿寺卿을除ᄒᆞ엿ᄂᆞ니라咳해해
這져져一이이除쮸츄甚씸合麼마마好핳한○애이ᄒᆞᆫ벼슬이므서시됴ᄒᆞ뇨除쮸츄
好핳한清칭칭高갛간○벼슬이ᄀᆞ장清高ᄒᆞ니라做주주了랗랖第띠디幾기기位
위위○몃재위로ᄒᆞ엿ᄂᆞ뇨第띠디二슬을少샿샤卿킹킹○第二少卿이라這져져衙
야야門믄믄更긍긍是쓰스好핳한湯탕탕食씽시○이衙門이ᄯᅩ湯食이됴ᄒᆞ니라可

커키知징지每믜믜日슁시兩량량箇거거羊양양爲위위頭뚜투兒슬올○그리
어니每日에두羊을읏듬으로ᄒᆞ고軟쉔원肉숭수薄뽕보餅빙빙喫칭치了랗랴○軟肉
소녀ᄒᆞᆫ薄餅을먹고○軟肉薄餅質問云以麥麵作成薄餅片而用爐軟肉捲而食之又잉우喫칭치
幾기기盞잔잔酒징작之즈즈後흫후○ᄯᅩ여러잔술먹은후에喫칭치稍샴샤麥
머믕粉븐븐湯탕탕○稍麥파스면먹고○質問云以麥麵作成薄片包肉蒸熟與湯食之方言謂之
稍麥麥亦作賣又云皮薄肉實切碎肉當頂撮細似線稍䴸故曰稍麥又云以麵作皮以肉爲餡當頂作爲花
蕊方言謂之稍麥却쿼거喫칭치棋끼기子즈즈○ᄯᅩ碁子ᄯᅥᆨ을먹고
淡딴단粥죵주後흫후頭뚜투○或믈ᄀᆞᆫ죽을ᄒᆞᆫ후에擺배배茶짜차飯반반又잉우
喫칭치一이이會휘휘酒짇작○茶飯버리고ᄯᅩᄒᆞᆫ디위술먹고擡때대了랗랴卓좋조
子즈즈○상들면繞째채只즈즈掾연연史ᄉᆞ스們믄믄將쟝쟝文문운卷권권
来래래○곳掾史들히文卷을가져와○今按五軍都督府有掾史而光祿寺吏無此名元制未詳紫

朴通事諺解 下 十四

즈즈羅러로書슈슈案한안上쌍샹展쩐젼開캐캐○紫羅書案에펴고啓키키稟
빈빈公궁궁事쓰스○公事를落稟ᄒᆞᆫ면頭뚜투到닿도發황하落랄로公궁궁事
쓰스○처엄으로公事를發落ᄒᆞ여直찌지到닿도日슁시平삥핑西시시纔째채上
샹샹馬마마○잇ᄀᆞᆺ날이平西ᄒᆞ매다ᄃᆞᆺ개야ᄀᆞᆺ믈을ᄐᆞᄂᆞ니라那나나般번번散산산了
량랴時쓰스○그리ᄒᆞ더디면便뼌변到닿도家갸갸裏리리那나나怎즘즘的디디
○곳집의가ᄂᆞ나엇더ᄒᆞᄂᆞ뇨時쓰스常쨩챵這져져般번번早짱잘聚쮸쥬晚완완
散산산麼마마○시샹에이리일모다늣게야흣더디ᄂᆞ나但딴단早짱잘散산산時쓰스
實씨시不봉부見견견早짱잘回휘휘家갸갸○다믄일흣터디되실로일즉이집의도라
오믈보디못ᄒᆞ니繞샾샾地띠디裏리리望왕왕官권권人인인○두로官人을ᄎᆞ자보
고直찌지是쓰스人인인定띵딩時쓰스分뿐븐纔째채下햐하馬마마○잇곳
人定ᄢᅢ예ᄀᆞᆺᄆᆞᆯ을ᄂᆞ리ᄂᆞ니라那나나般번번時쓰스○그러면你니니伴뻔번當당당

們믄믄其끼키實씽시受씽수苦쿠쿠○로너受희苦伴ᄒᆞ當는들또히다실罷빠바罷
빠바○두두어어跟근근官권권人인인時쓰스休힝후撒상사懶란란○을官조人
어출리작말서고면게一힝이發방바用융융心신신上쌍상緊긴긴着쨩죠○골ᄒᆞ
를긋긴티히用ᄒᆞ心라ᄒᆞ기我허오也여여跟근근官권권人인인時쓰스節졍져○
조나차도돈官날人제을那나나裏리리問운운雨유유雪숭쉐陰인인晴찡칭○뎌어
무雨로雪리陰오晴울忍인인多뎌도少샹샤飢기기○믈인ᄎᆞ머므주머리受씽수多
뎌도少샹샤渴컹커○바언다머시갈리호오믈這져져般번번受씽수苦쿠쿠來래레
○쏨이ᄒᆞ리여受令긴긴日씽시箇거거日씽시頭뜽투○날오에놀官권권人인신
們믄믄的딍디要향얀路루루裏리리到닿닷了량랴也여여○要官路人에들다의
노ᄃᆞ라란古구구人인신道땅닷○날古오人디이苦쿠쿠盡쪈진甘간간來래레○
라苦ᄒᆞ盡니甘라來

朴通事諺解下　一五

我어오家갸갸裏리리一힝이箇거거漢한한子즈즈○ᄒᆞᆫ우놈리이집의城찡칭
外왜왜種중중稍땅닷子즈즈來래레○으셤라밧갓긔다벼가시和해호一힝이箇
거거漢한한兒ᅀᆞᆯ올人인신廝쏘스打다다來래레○과ᄒᆞᆫᄡᅡ漢홧ᄉᆞ뎌사니룸那나나
廝쏘스先션션告낭갓官권권○의뎌에놈告이ᄒᆞ몬야져ᄌᆞ把바바我어오家갸갸
小샹샤廝쏘스拿나나將쟝쟝去큐큐監견견了량랴貳ᅀᅳᆯ을日씽이○집우놈리
도을완다디가이잡틀아이가오가又잉우一힝이箇거거小샹샤廝쏘스半번번夜여여
裏리리起키키來래레○夜또에ᄒᆞᆫ니놈러은半煤믜믜場쨩샹裏리리推튀튀煤
믜믜去큐큐時쓰스節졍져○轤煤軸場載에煤ᄉᆞᆺ炭실一라人갈推ᄲᅥ運에而○來推用被
삐비巡쑨슌夜여여的딍디拿나나着쨩죠○힘巡을夜닙외어게잡冷릉릉鋪푸푸
裏리리監견견禁긴긴着쨩죠○련冷ᄂᆞ鋪니에라가咳해해事쓰스不봉부過궈고
三산산日씽시○나에더일몯이ᄒᆞ사여흘셔이디却큥커又잉우招쟣쟌災재재○

브또르지니화로禍확호不봉부單단단行횡힝真진진箇거거是쓰스○單禍行不
로이올진타실種중중稍땅닷子즈즈那나나廝쏘스因힌인何허허監견견着쨩죠
○일벼을시인므ᄒᆞ든여뎌갓놈뎐은누므쿄스他타타一힝이家갸갸住쮸쥬的딍디漢
한한兒ᅀᆞᆯ올人인신○논뎌漢ᄒᆞᆫ사집룸의이사不봉부見견견了량랴幾기기件견견
衣히이裳쌍상○술여일러쿄볼오却큥커說숭쉐我어오家갸갸漢한한子즈즈
偷틍투了량랴○이또도날적오ᄒᆞ뎌다우ᄒᆞ리니집놈那나나廝쏘스急깅기性싱싱
便뻔변合꿩거口쿵쿠廝쏘스打다다○입뎌힐곰홈이ᄒᆞ셩여이싸금홧ᄒᆞ뎌여니ᄎᆞᆺ那
나나廝쏘스告낭갓官권권○官뎌ᄒᆞ놈여이솜把바바我어오小샹샤的딍디監
견견了량랴○가우도리완아누희니롤라다가由잉우他타타○두뎌라뎌無우우贓
장장時쓰스有잉우甚씸숨麼마마事쓰스○스장일믈이이이업시스리면오므律룽류
條땅닷裏리리明밍밍白뻥버有잉우○히律이條시에니明白妄왕왕告낭갓官

朴通事諺解下　一六

권권司쏘스抵디디罪쮜쥐反반반坐쭤조○면망죄녕反되坐이에官니司ᄅᆞ에ᄂᆞ고니ᄒᆞ
라這져져的딍디便뻔변是쓰스○ᄒᆞ이니곳올閑비비門믄믄屋훙우裏리리
坐쭤조○의문안을자닷셔고도집禍확호從쭝충天텬텬上쌍상來래레○天禍上ㅣ
오으ᄂᆞ로니조라차
我어오兩량량箇거거部뿌부前쪈천買매매文운운書슈슈去큐큐來래레○
퓌우쳐리사둘라히가部쟈앏買매매甚씸숨麼마마文운운書슈슈去큐큐○쳐므을숨
가사됴라買매매趙쨩잔太태태祖주주飛븨븨龍룽룽記기기○飛趙龍太記祖와의
生○之宋夕太赤祖光姓滿趙室名異匡香胤護母郁昭及獻長皇性后沉夢厚日有入大懷度而調孕運誕
禪為即殿皇前帝都位點易檢曰陳飛橋龍之在變天黃龍袍為已人加君于之身象受故周稱恭即帝位之
龍曰飛唐땅당三산산藏짱장西시시遊잉우記기기去큐큐○西唐遊三記藏롤의
卷사而라來가記쟈其○往西來遊始記末三為藏書法名師曰往西西遊域記取詳經見六上百買매매

時쓿스買매매四숭스書슈슈六륙릭經깅깅也여여好핳항○살작시면四書과六
經을사미또됴흐니旣기기讀똥두孔쿵쿵聖싱싱之즈즈書슈슈○이믜孔聖의書룰닑
어시면必빟비達땋다周짇작公궁궁之즈즈理리리○반ᄃ시周公의理룰達홀새시
니要향얀怎즘즘麼마마那나나一힝이等등등平삥핑話황화○엇다더혼듣平
話를要호리오西시시遊영우記기기熱셩셔鬧낲나○西遊記ᄂ위전즈련혼니悶믄믄
時쓿스節졍져好핳핲看칸칸有읻우○답답ᄒ제보기됴흐니라唐땅탕三산산藏
쟝자引인인孫순순行헝힝者져져○唐三藏이孫行者를ᄃ리고○孫行者行者僧未經關給
度牒者謂之僧行亦曰行者西遊記云西域有花菓山
山下有水簾洞洞前有鐵扳橋橋下有萬丈澗澗邊有
萬箇小洞洞裏多獼有老獼精號齊天大聖神通廣大
入天宮仙桃園偸蟠桃又偸老君靈丹藥又去王母宮
偸王母綉仙衣一套來設慶仙衣會老君王母具奏于
玉帝傳宣李天王引領天兵十萬及諸神將至花菓山
與大聖相戰失利巡山大力鬼上告天王擧灌州灌江
口神曰小聖二郞可使拿獲天王遣太子木叉與大力

鬼往請二郞神領神兵圍花菓山衆猴出戰皆敗大聖
被執當死觀音上請于玉帝免死令巨靈神押大聖前
往下方去乃於花菓山石縫內納身下截畫如來押字
封着使山神土地神鎭守飢食鐵丸渴飮銅汁待我往
東土尋取經之人經過此山觀大聖肯隨往西天則此
時可放其後唐太宗勅玄奘法師往西天取經路經此
山見此猴精壓在石縫去其佛押出之以爲徒弟賜法
名吾空改號爲孫行者與沙和尚及黑猪精朱八戒備
往在路降妖去怯救師脫難皆是孫行者神通之力也
法師到西天受經三藏東還法師證果栴檀佛如來孫
行者證果大力王菩薩朱八
戒證果香華會上淨壇使者到닿닷車쳐쳐遲찌치國궈귀○車遲
國에가○在西域未詳所在和혀호伯븩버眼연연大따다仙션션○伯眼大仙과闘
등두聖싱싱的딩디你니니知징지道땅닷麼마마○闘聖ᄒ든줄을네아ᄂ다你니니
說쉏숴我어오聽텅팅○니ᄅ라내듯쟈唐땅탕僧승승往왕왕西시시天텬텬
取츄츄經깅깅去큐큐時쓿스節졍져○唐僧이西天을향ᄒ여經가질라갈지到닿닷
一힝이箇거거城찡칭子쯩즈○흔셩에가니喚훤훤做주주車쳐쳐遲찌치國

궈궈○車遲國이라브ᄅᄂ디라那나나國궈궈王왕왕好핳핲善션션○뎌國王이善을
됴히너겨恭궁궁敬깅깅佛뽕보法빵바○佛法을공경ᄒ더니國궈궈中즁즁有읻우
一힝이箇거거先션션生승승○國中에ᄒ先生이이시되喚훤훤伯븩버眼연연○
伯眼이라브ᄅ고外왜왜名밍밍喚훤훤燒샿샤金긴긴子즈즈道땅닷人인신○
外名은燒金子道人이라브ᄅᄂ니○西遊記云有一先生到車遲國吹口氣以磚瓦皆化爲金驚動國王拜
爲國師號伯眼大仙見견견國궈궈王왕왕敬깅깅佛뽕보法빵바○國王의佛法을
보고便뻔변使쓿스黑흑허心신신○은득게념ᄆ음을브려要향얀滅몋며佛뽕보
敎걓갸○佛敎를滅코저ᄒ여但딴단見견견和혀호尚쌍샹○믈읫즁을보면便뻔변
拿나나着짷죠曳이이車쳐쳐解계계鋸규규○곧잡아술윗이고돕질시겨起기키
蓋개개三산산清칭칭大따다殿뗸뎐○三清大殿을지으니清道經云無上大羅
十二天聖境也九聖所居元始天尊所治上清十二天
眞境也九眞所居玉晨道君所治太清十二天仙境也

九仙所居太上老君所治謂之三清如유유此솟츠定뎡딩害해해三산산寶밥발○이러
ᄐ시三寶를보채더라一힝이日잏시先션션生승승們믄믄○一日에先生들히做
주주羅러로天텬텬大따다醮쟣잔○羅天大醮를ᄒ더니道經云七寶之擱各方
弥覆一天八樹弥覆八天包羅衆天故云大羅聖境
也謂覆蓋萬天羅絡三界極高無上故稱大羅清五
境三十六天謂之大羅四方四梵三十二天謂中羅
其欲色三界三十八天謂之小羅總謂之羅天界○
大醮道經云醮祭名夜中於星辰之下陳設餅酒果
餌物種祀天皇太乙地祇列宿又有消災度厄法依
陰陽五行之數推人年命書爲章疏青詞奏達神謂
之醮上元金籙齋帝王修奉設普天大醮中元玉齋
保佑六宮輔寧妃后設周天大醮下元黃
籙齋臣民通修音貧家國設羅天大醮唐땅탕僧승승師
숭스徒뚜두二ᅀᅵ얼人인신○唐僧의師徒二人이正징징到닿닷城찡칭裏리리智
징지海해해禪쪈천寺숭스投뚷투宿숭수○졍히셩안智海禪寺예가드러자다가聽
텅팅的딍디道땅닷人인신們믄믄祭지지星싱싱○道人들의祭星흠을듯고孫순순

行행힝者져져○孫行者ㅣ師스스傳부부上샹샹說숴쉐知지지○스승의게닐러
알게ᄒᆞ고到닫닷羅러로天텬텬大따다醮쟢쟢壇딴탄場짱창上샹샹藏짱창身신신
○羅天大醮ᄒᆞᄂᆞᆫ壇場우희가몸을곰초와奪뙤도喫칭치了랴랴祭지지星싱싱茶차차
果궈고○祭星ᄒᆞᄂᆞᆫ茶果롤아사먹고却킹커把바바伯뵈버眼연연打다다了
랴랴一힝이鐵톄텨棒빵방○또伯眼을다가쇠막대로티니ᄒᆞᆫ小샾샾先션션生승승
到닫닷前쪈쳔面면면教갸갸點뎐뎐燈등등○小先生이앏픠와블혀이거놀又임우
打다다了랴랴一힝이鐵톄텨棒빵방○또ᄒᆞᆫ쇠막대로티니伯뵈버眼연연道땋닷
○伯眼이닐오되這져져禿투투廝스스好핳한沒뭉무道땋닷理리리○이어리린
놈이ᄀᆞ장道理업다ᄒᆞ고便쁜변焦쟣쟢燥쟣쟢起키키來래레○곳노히여니러到닫닷
國궈궈王왕왕前쪈쳔面면면告갛갓未미위畢빙비○國王의앏픠가고ᄒᆞ기롤뭇다
못ᄒᆞ여서唐땅탕僧승승也여여引인인徒뚜투弟뗴디去큐큐到닫닷王왕왕所

수소○唐僧이또徒弟롤ᄃᆞ리고王의곳에니ᄅᆞ니王왕왕請칭칭唐땅탕僧승승上샹샹
殿뎐뎐○王이唐僧을請ᄒᆞ여뎐에올린대見견견大따다仙션션打다다罷빠바問
운운訊신신○大仙을보고기롤뭇매先션션生승승也여여稽키키首싛식廻
훼휘禮리리○先生도稽首ᄒᆞ고廻禮ᄒᆞ더라先션션生승승對뒤뒤唐땅탕僧승승道
땋닷○先生이唐僧을對ᄒᆞ야닐오되咱짜자兩량량箇거거冤훤원讎쯀추不붛부小
샾샾可커커裏리리○우리둘히冤讎ㅣ져기아니ᄒᆞ니라三산산藏짱장道땋닷○三藏
이닐오되貧뺀핀僧승승是쓰스東둥둥土투투人신신○貧僧은이東土ᄉᆞ사롬이라
不붛부曾쯩층認신신的딩디○일즙아디못ᄒᆞ니你니니有임우何허허冤훤원
讎쯀추○네므슴冤讎ㅣ잇다ᄒᆞᄂᆞ뇨大따다仙션션靜쯩징開캐캐雙솽솽眼연연
道땋닷○大仙이두눈을브릅ᄯᅳ고닐오되你니니教갸갸徒뚜투弟뗴디○내徒弟로
ᄒᆞ여壞쾌쾌了랴랴我어오羅러로天텬텬大따다醮쟢쟢○우리羅天大醮롤해여ᄇᆞ

리고更궁궁打다다了랴랴我어오兩량량鐵톄텨棒빵방○또우리롤두번쇠막대로
티니這져져的딩디不붛부是쓰스大따다讎쯀추○이거시큰원쉬아니가咱짜자
兩량량箇거거對뒤뒤君균균王왕왕面면면前쪈쳔鬪둫두聖싱싱○우리둘히
君王앏픠셔鬪聖ᄒᆞ야那나나一힝이箇거거輸슈슈了랴랴時쓰스○아므나ᄒᆞ
나히지거든強깡걍的딩디上샹샹拜배배為위위師스스傳부부○나ᄋᆞ니拜ᄒᆞ곰
ᄒᆞ야스승을삼쟈唐땅탕僧승승道땋닷○唐僧이닐오되那나나般번번着쟣쵸○그러
ᄒᆞᄌᆞ伯뵈버眼연연道땋닷○伯眼이닐오되起키키頭뜰투坐쭤조靜쯩징○웃듬
은안시롤靜히ᄒᆞ고第떼디二ᅀᆞᆯ櫃귀귀中중중猜칭칭物웅우○둘ᄯᅢᄂᆞᆫ櫃中엣거슬슴
알고第떼디三산산滾균균油임우洗시시澡짤잘○셋재ᄂᆞᆫᄭᅳᆯᄂᆞᆫ기롬에도욕ᄒᆞ고第
四스스割겅거頭뜰투再재재接졔져○넷재ᄂᆞᆫ머리버혀다시닛기ᄒᆞ자說숴쉐罷
빠바○닐오기ᄆᆞᆺ매打다다一힝이聲싱싱鐘중중響향햐○ᄒᆞᆫ소리鍾을티고

各강거上샹샹禪쪈천床짱창坐쭤조定띵딩○각각禪床애올라안셰定ᄒᆞ고分
분분毫햏핳不붛부動뚱둥○分毫도動티마라但딴단動뚱둥的딩디便쁜변筭
쉰쉰輸슈슈○므릇動ᄒᆞᄂᆞᆫ이곳지니로혜라大따다仙션션徒뚜투弟뗴디名밍밍
鹿룽루皮삐피○大仙의徒弟일홈은鹿皮라ᄒᆞ리拔빵바下햐하一힝이根근근頭뜰투
髮빵바○ᄒᆞᆫ낫머리털을ᄲᅡ혀變변변做주주狗궇구蚤짷잘○變ᄒᆞ여개벼록이되여
唐땅탕僧승승耳ᅀᆞᆯ을門믄믄後흫후咬얗얀○唐僧의귀뒤흘므러要향얀動뚱둥
禪쪈천○禪을動코져ᄒᆞ거놀孫순순行형힝者져져是쓰스箇거거胡훟후孫순순
○孫行者ᄂᆞᆫ진납이라見견견那나나狗궇구蚤짷잘○뎌개벼록을보고便쁜변
拿나나下햐하來래레磕컹커死스스了랴랴○곳잡아ᄂᆞ리와죽괴여죽이고他타타
却킹커拔빵바下햐하一힝이根근근毛맣마衣이이○ᄯᅩᄒᆞᆫ낫털을ᄲᅡ혀變변변
做주주假갸갸行형힝者져져○변ᄒᆞ여거즛行者ㅣ되여靠캏칸師스스傳부부立

링리 的 딩디 ○ 지師 ᄒᆞ傳 여의 세게 고의 他 타타 走 즘주 到 닾닾 金 긴긴 水 쉬쉬 河 허허
裏 리리 ○ 에뎨 ᄃᆞ金 라水 가河 和 훠호 將 쟝쟝 一 흥이 塊 쾌쾌 靑 칭칭 泥 니니 來 래레
○ 나ᄒᆞᆫ 여덩 가이 져프 다른 가흙 을 大 따다 仙 션션 鼻 삐비 凹 와와 裏 리리 放 방방 了
랴랴 ○ 긔大 노仙 ᄒᆞ의 니콧 굼 變 변변 做 주주 靑 칭칭 母 무무 蝎 혀혀 ○ 프변 른ᄒᆞ 암여
뢰젼 여갈 이 脊 징지 背 븨븨 上 샹샹 咬 얇얀 一 흥이 口 쿵쿠 ○ 번등 므을 니ᄒᆞᆫ 大 따다
仙 션션 叫 걒갼 一 흥이 聲 싱싱 ○ 소大 리仙 디이 ᄅᆞ흔 고번 跳 댤탸 下 햐햐 床 쫭촹 來
래레 了 랴랴 ○ ᄂᆞ床 려에 디ᄲᅧ 니여 王 왕왕 道 땋닾 唐 땅탕 僧 승승 得 듸더 勝 싱싱 了
랴랴 ○ 僧王 娥이 이날 긔오 어되 다唐 又 잉우 叫 걒갼 兩 량량 箇 거거 宮 궁궁 娥 어오 ○
를ᄯᅩ 블두 러宮 娥 撞 때대 過 궈고 一 흥이 箇 거거 紅 횽홍 漆 칭치 櫃 뀌귀 子 즈즈 來
래레 ○ 드ᄒᆞᆫ 러블 오근 라칠 ᄒᆞᄒᆞᆫ 여櫃 를 前 쪈쳔 面 면면 放 방방 下 햐햐 ○ 노앏 코픠 着
쨯죠 兩 량량 箇 거거 猜 채채 裏 리리 面 면면 有 잉우 甚 씸슴 麼 마마 ○ ᄒᆞ둘 여ᄒᆞ 안로

朴通事諺解下 二十一

고ᄒᆡ 알므 라서 ᄒᆞ시 니잇ᄂᆞᆫ 皇 황황 后 흫후 暗 한안 使 ᄉᆞ스 一 흥이 箇 거거 宮 궁궁 娥
어오 ○ ᄒᆞᆫ皇 宮后 娥ㅣ 를ᄀᆞ 브만 려이 說 워숴 與 유유 先 션션 生 승승 櫃 뀌귀 中 중중 有
임우 一 흥이 顆 커고 桃 땋탄 ○ 복先 셩生 해ᄃᆞ 잇려 디켓 닐가 릿온 더대 니ᄒᆞᆫ 낫 孫 순순 行
힝힝 着 져져 變 변변 做 주주 箇 거거 焦 쟐쟌 苗 먚먀 虫 쭝충 兒 슬을 ○ ㅣ孫 변行 ᄒᆞ者
버여 리ᄒᆞᆫ 되닥 여졍 飛 븨븨 入 슝슈 櫃 뀌귀 中 중중 ○ 대ᄂᆞ 드라 러켓 가가 온 把 바바 桃
땋탄 肉 슝수 都 두두 喫 칭치 了 랴랴 ○ 다복 가셩 다화 먹술 고흘 只 즈즈 留 릭루 下 햐햐
桃 땋탄 核 훻허 出 츄츄 來 래레 ○ 머다 므만 려복 두셩 고화 나ᄲᅧ 와만 說 워숴 與 유유 師
ᄉᆞ스 傅 부부 ○ 닐師 럿傅 더ᄃᆞ 니려 王 왕왕 說 워숴 今 긴긴 番 반반 着 쨯죠 唐 땅탕 僧
승승 先 션션 猜 채채 ○ 僧王 므이 로닐 몬오 져되 알이 베번 ᄒᆞ온 라唐 三 산산 藏 짱장 說 워숴
是 ᄉᆞ스 一 흥이 箇 거거 桃 땋탄 核 훻허 ○ ᄒᆞᆫ三 복藏 셩이 화닐 ᄲᅧ오 로되 다이 皇 황황 后
흫후 大 따다 笑 샿샾 猜 채채 不 붕부 着 쨯죠 了 랴랴 ○ 며皇 아后 디ㅣ 못크 ᄒᆞ게 여우 다으

大 따다 仙 션션 說 워숴 是 ᄉᆞ스 一 흥이 顆 커고 桃 땋탄 ○ 이大 ᄒᆞᆫ仙 낫이 복닐 셩오 해되
다로 着 쨯죠 將 쟝쟝 軍 균균 開 캐캐 櫃 뀌귀 看 칸칸 ○ 櫃將 를軍 여으 러로 보ᄒᆞ 니여 却
귱거 是 ᄉᆞ스 桃 땋탄 核 훻허 ○ 화ᄯᅩ ᄲᅵ이 라복 셩 先 션션 生 승승 又 잉우 輪 슈슈 了
랴랴 ○ 더先 거生 다이 ᄯᅩ 鹿 룽루 皮 삐피 對 뒤뒤 大 따다 仙 션션 說 워숴 ○ ㅣ鹿 大皮
여仙 닐을 오되 되ᄒᆞ 咱 쟈자 如 슈슈 今 긴긴 燒 샿샾 起 키키 油 잉우 鍋 궈고 ○ 이우 제리
에기 블름 ᄻᆞᆺ가 고마 入 슝슈 去 큐큐 洗 시시 澡 쟣잪 ○ 욕드 곰러 쟈가 모 鹿 룽루 皮 삐피
先 션션 脫 퉁토 下 햐햐 衣 이이 服 뿡부 ○ 오鹿 ᄉᆞᆯ皮 벗ㅣ 고몬 져 入 슝슈 鍋 궈고 裏
리리 ○ ᄃᆞ가 니마 에 王 왕왕 喝 훵허 係 채채 的 딩디 其 끼키 間 견견 ○ 출王 ᄉᆞ이 가혀
孫 순순 行 힝힝 者 져져 念 년년 一 흥이 聲 싱싱 唵 한안 字 쯔즈 ○ ㅣ孫 ᄒᆞ行 쇼者
슴리 ᄒᆞ唵 니字 를 山 산산 神 쎈신 土 투두 地 띠디 神 쎈신 鬼 귀귀 都 두두 來 래래 了
랴랴 ○ 鬼山 ㅣ神 다과 오土 나地 ᄂᆞᆯ神 行 힝힝 者 져져 教 걒갼 千 쳔쳔 里 리리 眼 연연 順

朴通事諺解下 二十二

쓘슌 風 봉붕 耳 슬을 等 등등 兩 량량 箇 거거 鬼 귀귀 ○ 順行 風者 耳ㅣ 等千 두里 鬼眼 神과
眼은 順ᄒᆞᆫ 風ᄒᆞ 耳여 兩○ 鬼千 名里 油 잉우 鍋 궈고 兩 량량 邊 변변 看 칸칸 着 쨯죠 ○ 룸기
의가 셔마 보두 와편 先 션션 生 승승 待 때대 要 향얀 出 츄츄 來 래레 ○ 오先 고生 져이 ᄒᆞᆫ나
든거 拿 나나 着 쨯죠 肩 견견 膀 빵방 颩 딩두 在 쨰재 裏 리리 面 면면 ○ 잡엇 아게 안를
ᄒᆞᄒᆡ 엿드 더리 니티 라 鹿 룽루 皮 삐피 熱 셩셔 當 당당 不 붕부 的 딍디 ○ 더鹿 오皮 몰ㅣ
ᄒᆞ당 여티 못 脚 갸교 踏 땀다 鍋 궈고 邊 변변 待 때대 要 향얀 出 츄츄 來 래레 ○ 로발
나가 오맛 고ᄀᆞ 져을 ᄒᆞ드 다되 가고 被 삐비 鬼 귀귀 們 믄믄 當 당당 住 쮸쥬 出 츄츄 不 붕부
來 래레 ○ 어귀 나신 오들 디의 못막 ᄒᆞ으 여몰 넙 就 찍쥐 油 잉우 裏 리리 死 ᄉᆞ스 了 랴랴
○ 죽기 으름 니에 셔 王 왕왕 見 견견 多 더도 時 ᄉᆞ스 不 붕부 出 츄츄 時 ᄉᆞ스 ○ 이王
아오 니래 몰나 보오 고디 莫 말모 不 붕부 死 ᄉᆞ스 了 랴랴 麽 마마 ○ 가아 ᄒᆞ니 여죽 은 教
갸갸 將 쟝쟝 軍 균균 看 칸칸 ○ 여將 보軍 라으 ᄒᆞ로 니ᄒᆞ 將 쟝쟝 軍 균균 使 ᄉᆞ스 金 긴긴

鉤子○將軍이쇠갈고리로빼搭出箇爛骨頭的先生○흔므르노가ᄲᅧ만잇는先生을건뎌내니孫行者說○孫行者ㅣ닐오디我如今入去洗澡○내이제드러가모욕ᄒᆞ리라ᄒᆞ고脫了衣裳○오ᄉᆞᆯ벗고打一箇跟阧○ᄒᆞᆫ번跟阧질ᄒᆞ여跳入油中○뛰여기름가온대드러가纔待洗澡○ᄀᆞᆺ모욕ᄒᆞ고져ᄒᆞ더니却早不見了○불셔보디몯ᄒᆞᆯ러라王說將軍你搭去○王이닐오디將軍아네건뎌라가라行者敢死了也○行者ㅣ죽은듯ᄒᆞ다將軍用鉤子搭去○將軍이갈고리로버건디라가니行者變做五寸來大的胡孫○行者ㅣ변ᄒᆞ여五寸만치큰진

납이되여左邊搭右邊趯○좌편으로건디려ᄒᆞ면우편으로숨고右邊搭左邊去○우편으로건디려ᄒᆞ면좌편으로가매百般搭不着○ᄇᆡᆨ가지로호디건디디몯ᄒᆞ니將軍奏道○將軍이엿ᄌᆞ와닐오디行者油煎的肉都沒了○行者ㅣ기름에지지여ᄉᆞᆯ히다업더이다唐僧見了啼哭○唐僧이보고우더니行者聽了跳出來○行者ㅣ듯고뛰여나와叫大王有肥棗麼○大王을블러비노잇ᄂᆞ냐與我洗頭○날을주어머리곰게ᄒᆞ라衆人喝倸佛家贏了也○모든사ᄅᆞᆷ이혀츠고佛家ㅣ이긔여다ᄒᆞ더라孫行者把他的頭○孫行者ㅣ제머리를다가先割下來○본져

버혀ᄂᆞ리티니血瀝瀝的腔子立地○피ᄯᅳᆺᄃᆞᆫᄂᆞᆫ몸ᄯᅩᆼ만ᄯᅡ히셔고頭落在地上○머리ᄠᅥ러뎌ᄯᅡ히잇더니行者用手把頭提起○行者ㅣ손으로머리ᄅᆞᆯ다가자바니르혀接在脖項上依舊了○목우희니ᅀᅳ니녜라온듯ᄒᆞ더라伯眼大仙也割下頭來○伯眼大仙도머리ᄅᆞᆯ버혀ᄂᆞ리와待要接○닛고져ᄒᆞ거늘行者念金頭揭地銀頭揭地波羅僧揭地之後○行者ㅣ金頭揭地와銀頭揭地와波羅僧揭地ᄅᆞᆯ念ᄒᆞᆫ後에○西遊記云釋迦牟尼佛在靈山雷音寺演說三乘敎法○傍有侍奉阿難伽舍諸菩薩聖僧羅漢八金剛四揭地十代明王天仙地仙觀此則揭地神名然未詳何神變做大黑狗○변ᄒᆞ여큰거믄개되여把先生的

頭拖將去○先生의머리ᄅᆞᆯ다가ᄭᅳ어가져가니先生變做老虎趕○先生이변ᄒᆞ여老虎ㅣ되여ᄲᅡᆯ로거늘行者直拖的王前面颩了○行者ㅣ바로ᄭᅳ어王의앏피드리티니不見了狗○개도보디몯ᄒᆞ고也不見了虎○ᄯᅩ범도보디몯ᄒᆞ고只落下一箇虎頭○그저ᄒᆞᆫ범의머리만ᄠᅥ러뎌시니國王道○國王이닐오디元來是一箇虎精○본디ᄒᆞᆫ虎精이랏다不是師傅怎生拿出他本像○師傅ㅣ아니면엇디本像을잡아내리오說罷○니ᄅᆞ기ᄅᆞᆯᄆᆞᄎᆞ매越敬佛門○더옥佛門을敬ᄒᆞ여賜唐僧金錢三百貫金鉢盂一箇

○唐僧을金돈三百貫과金에우아리ᄒᆞ나흘주고賜ᄉᆞ스行ᄒᆡᆼ힝者져저金긴긴錢쳔쳔
三산산百ᄇᆡᆼ버貫권권打다다發바바了랴랴○行者ᄅᆞᆯ金돈三百貫을주어打發ᄒᆞ니
這져져孫순순行ᄒᆡᆼ힝者져져正징징是ᄊᆞ스了랴랴的디디○이孫行者ᄂᆞᆫ정히을
ᄃᆞᆺ다那나나伯ᄇᆡᆼ버眼연연大따다仙션션○뎌伯眼大仙이那나나裏리리想샹샹
胡후후孫순순手식슈裏리리死ᄉᆞ스了랴랴○어듸胡孫의손에죽을줄을ᄉᆡᆼ각ᄒᆞ라오
古구구人신인道ᄯᅡᆸ닾○古人이닐오되殺샤사人신인一이이萬완완○ᄉᆞᄅᆞᆷ一萬
을죽이연自쯔즈損순순三산산千쳔쳔○스스로三千은손ᄒᆞᆫ다ᄒᆞᄂᆞ니라
那나나賣매매珠쥬쥬兒ᅀᆞᆯ올的디디你니니来래레○뎌구슬ᄑᆞᆯ리아이바燒샾샤
子ᄌᆞ즈珠쥬쥬兒ᅀᆞᆯ올好핳한的디디有잉우麼마마○구은구슬됴ᄒᆞ니잇ᄂᆞ냐沒
뭉무有잉우○업고青칭칭白ᄈᆡᆼ버間견견串쵠쳔的디디上샹샹等등등玉ᅌᆔ유
珠쥬쥬兒ᅀᆞᆯ올有잉우幾기기串쵠쳔○青白섯거ᄭᅦ엔샹등옥구슬여러ᄭᅦ옴이이예라你

니니將쟝쟝来래레○네가져오라我어오看칸칸便뼨변知징지道ᄯᅡᆸ닾○내보
면곳알리라這져져不부부是ᄊᆞ스燒샾샤子ᄌᆞ즈的디디甚씀슴麼마마○이구
은ᄂᆡ아니오므섯고你니니敢간간要향얀玉ᅌᆔ유價갸갸錢쪈쳔○네감히옥갑슬밧고
져ᄒᆞᄂᆞᆫ다你니니待대대謾먼먼過궈고我어오○네ᄒᆞ마날을소길랏다為위위我
어오命밍밍不부부好핳한○내명이됴티아니ᄆᆞᆯ위ᄒᆞ여撞쫭좡着쟣죠你니니○
너ᄅᆞᆯ만나과라除쮸츄了랴랴你니니○너ᄅᆞᆯ덜면別뼤버人신인不부부理리리會
훼휘的디디○다른사ᄅᆞᆷ은아디못ᄒᆞ리라你니니多더도少샾샤賣매매○네언머에
ᄑᆞᆯ다這져져珠쥬쥬兒ᅀᆞᆯ올討탘탚時ᄊᆞ스討탘탚三산산兩량량價갸갸錢쪈쳔
○이구슬을ᄡᅵ오면석냥갑시ᄡᅵ오려니와實씽시要향얀二ᅀᆞᆯ을兩량량銀인인子ᄌᆞ즈
賣매매與유유你니니○실로두냥은을밧고네게ᄑᆞᆯ마這져져賊쪙지養양양漢한한
生숭승的디디小샾샤驢류류精징징○이도적화냥년의난나괴삐야一이이發바바

做주주賊쩌지時ᄊᆞ스不부부好핳한○흠ᄭᅴ도적질호미됴티아니ᄒᆞ라燒샾샤子
ᄌᆞ즈二ᅀᆞᆯ을兩량량家갸갸賣매매了랴랴幾기기串쵠쳔○구은이예두냥식엿ᄭᅦ옴
이나ᄑᆞ란ᄂᆞ다村춘춘言연연村춘춘語유유的디디休힣후罵마마人신인○村言
村語로사ᄅᆞᆷᄭᅮ짓디말고相샹샹公궁궁知징지道ᄯᅡᆸ닾時ᄊᆞ스○相公이알거든但딴단
與유유的디디便뼨변是ᄊᆞ스價갸갸錢쪈쳔○믈읫주논거시곳올흔갑시니我어오
不부부敢간간言연연語유유○내감히말못ᄒᆞ리라與유유你니니一이이兩량량
銀인인子ᄌᆞ즈賣매매麼마마○너ᄅᆞᆯᄒᆞᆫ냥은을줄새시니ᄯᅩᆯᄡᅡ罷빠바罷빠바將쟝쟝
来래레○두어두어가져오라你니니說숴쉬都두두是ᄊᆞ스白ᄈᆡᆼ버銀인인○네닐
오되다이白銀이라ᄒᆞ리니這져져的디디八바바成쪙칭銀인인○이거순八成銀이니
只ᄌᆞ즈與유유我어오二ᅀᆞᆯ을兩량량沒무무利리리錢쪈쳔○그저날을두냥을주
어도니쳔이업ᄉᆞ니虧퀴퀴死ᄉᆞ스我어오也여여○설워날을죽게ᄒᆞᄂᆞᆫ고나你니니有
잉우好핳한珊산산瑚후후麼마마○네게됴흔珊瑚ㅣ잇ᄂᆞ냐有잉우時ᄊᆞ스有잉우
不부부賣매매○이시믄이시되ᄑᆞ디아니ᄒᆞ리라你니니不부부賣매매將쟝쟝家
갸갸去큐큐就찍쥐飯빤반喫칭치○네ᄑᆞ디아니ᄒᆞ고집의가져가밥ᄒᆞ여먹을ᄡᅡ黃황황
豆뜰두来래레大따다的디디○콩만치크고血훵혀點뎐뎐也여여似ᄊᆞ스○
血點ᄀᆞᆺ고好핳한顔연연色싱서圓원원淨쩡징的디디價갸갸錢쪈쳔大따다○
빗됴코圓淨ᄒᆞ니ᄂᆞᆫ갑시만흔디라你니니要향얀那나나○네사고져ᄒᆞᄂᆞᆫ다這져져沒
뭉무觜쥐쥐臉련련小샾샤胡후후孫순순○이얼굴업순저근진납이好핳한小샾샤
看칸칸人신신○ᄀᆞ장사ᄅᆞᆷ업슈이너긴다我어오偏편편帶대대不부부的디디好
핳한珊산산瑚후후○내ᄃᆞ로별이됴흔珊瑚ᄅᆞᆯᄎᆞ디못ᄒᆞ라不부부是ᄊᆞ스這져져般
번번說숴쉬○이리닐은거시아니라官권권人신신捨셔셔不부부的디디錢쪈쳔
那나나裏리리買매매的디디○官人이쳔을앗기니어듸사리오呆여여鬆숭숭你

녀너 將쟝장 來래레 我어오 看칸칸 ○어린섭섭ᄒᆞᆫ놈아네 가져오라내보자 心신신 裏
리리 想샹샹 道닾닾 ○ᄆᆞᄋᆞᆷ에싱 각ᄒᆞ니 這져져 珊산산 瑚후후 帶대대 的디디 過
궈고 ○이珊瑚ㅣ초 돈거시로다 這져져 二ᅀᅳᆯ을 十씽시 顆쿼코 珊산산 瑚후후 怎즘즘
的디디 賣매매 ○이스믈낫珊瑚롤 엇디플려ᄒᆞᄂᆞ다 老랖랖 實씽시 價갸갸 錢쳔쳔 一
이이 兩량량 一이이 顆쿼코 家갸갸 ○고디식ᄒᆞᆫ갑슨ᄒᆞᆫ 낭에ᄒᆞᆫ낫식이라 你니니 看칸칸
那나나 廝ᄉᆞ스 唧지지 唧지지 的디디 喝허허 倸채채 ○네보라뎌놈이 唧唧히혀차ᄂᆞ
니고 你니니 休힉후 自즈즈 誇콰콰 我어오 知지지 道닾닾 ○네손조쟈랑 말라내아노라
라 這져져 的디디 甚씸심 麼마마 東둥둥 西시시 ○이거시므 스것고 咳해해 一
이이 件껸견 好할한 物뭉우 ○애ᄒᆞᆫ볼됴 ᄒᆞᆫ거시라 我어오 還환환 與유유 你니니 價
갸갸 錢쳔쳔 ○내네게갑 ᄉᆞᆯ가프되 八바바 錢쳔쳔 一이이 顆쿼코 家갸갸 買매매 你
니니 的디디 ○여ᄃᆞᆲ돈에ᄒᆞᆫ낫식 ᄒᆞ여네하로사자 買매매 不부부 的디디 ○사디못 ᄒᆞ리라

罷바바 罷바바 ○두어두어 九긷가 錢쳔쳔 一이이 顆쿼코 家갸갸 ○아홉돈 에ᄒᆞᆫ낫
식ᄒᆞ자 看칸칸 銀인인 子즈즈 買매매 了랖랖 儘진진 勾구구 了랖랖 ○은을 보라
사기ᄂᆞᆫ잇ᄂᆞᆫ 유여호되 我어오 買매매 的디디 不부부 應잉잉 心신신 ○내사기 모옴애
맛당티못 ᄒᆞ여라 怕파파 你니니 錯찰초 買매매 時쓰스 ○네그릇사ᄂᆞᆫ 가서프거든 着
쟣죠 別뼈벼 人신신 看칸칸 去큐큐 ○다ᄅᆞᆫ사ᄅᆞᆷ으로 ᄒᆞ여뵈라가라 寸춘춘 心신신 不
부부 昧미미 ○寸心이어둡 디아니ᄒᆞ면 萬완완 法빵바 皆계계 明밍밍 ○萬法이 다ᄇᆞᆰᄂᆞ
니라
請칭칭 哥거거 這져져 茶짜차 房빵방 裏리리 ○쳥ᄒᆞ노니형 아이차방에 喫칭치 些
셔서 茶짜차 去큐큐 來래레 ○져기차머 그라가쟈 坐쭤조 的디디 哥거거 ○안조 라쳥
아 茶짜차 博밥보 士쓰스 們믄믄 ○茶博士들히○音義 進茶人之役稱 問믄운 客
킁커 官권권 人신신 們믄믄 喫칭치 甚씸심 麼마마 茶짜차 ○客官人ᄃᆞ려 무로디므솜

차머 글써 先션션 喫칭치 甛편텬 的디디 金긴긴 橘큥규 蜜밍미 煎젼젼 銀인인 杏
힝힝 煎젼젼 ○몬져ᄃᆞᆫ金橘蜜煎과銀杏煎을먹에돈○蜜 煎事林廣記云九煎生果最要遂其本性酸
苦辛硬隨性製之以半蜜半水煮十數沸乘熱控乾別 接新蜜入銀石器內用文武火煮取其色明透為度入
新瓮盛野緊密封審勿令生虫須時復 看視纔覺蜜酸急以新蜜煉熟易之 再재재 將쟝장 涼략량
酪랄로 來래레 ○또ᄎᆞᆫ타락ᄋᆞᆯ 가져오라 賣매매 榛즌즌 子즈즈 的디디 你니니 來
래레 ○개얌ᄑᆞᄂᆞᆫ 이아이바 我어오 和해호 你니니 拿나나 榛즌즌 子즈즈 ○내너 와개
암더 기ᄒᆞ자ᄂᆞ 一이이 耍상사 兒ᅀᅳᆯ 贏잉잉 了랖랖 二ᅀᅳᆯ을 升싱싱 多더도 榛즌즌
子즈즈 ○져근덧에두되나ᄆᆞᆫ 개암을이긔어다 乾간간 得더더 那나나 些셔서 榛즌즌
子즈즈 喫칭치 ○공히더개암을 어더먹으니 倒닿단 省승승 錢쳔쳔 ○도로척 돈을ᄆᆞ
디다 어 賣매매 刷쏴솨 子즈즈 的디디 將쟝장 來래레 ○刷子ᄑᆞᄂᆞᆫ이 아가져오라 這
져져 帽맏맏 刷쏴솨 靴훼훼 刷쏴솨 各거거 一이이 箇거거 ○이帽刷靴刷 각ᄒᆞᆫ나와

刷쏴솨 牙야야 兩량량 箇거거 ○刷牙 둘파 掠랸랸 頭뜰투 兩량량 箇거거 怎즘즘
麼마마 賣매매 ○귀밋빗기둘 ᄒᆞᆯ엇디ᄑᆞᆯᄊᆞ 這져져 的디디 有일우 甚씸심 麼마마 商
샹샹 量랑랑 處츄츄 ○이므ᄉᆞᆷ혜아릴 곳이이시리오 將쟝장 二ᅀᅳᆯ을 百뵈버 箇거거
銅뚱퉁 錢쳔쳔 來래레 ○二百낫銅錢 을가져오라 哥거거 我어오 與유유 你니니 這
져져 一이이 箇거거 刷쏴솨 牙야야 一이이 箇거거 掠략랴 頭뜰투 ○형아내 더룰이
ᄒᆞᆫ刷牙와ᄒᆞᆫ귀밋 빗기룰줄서시니 將쟝장 去큐큐 使쓰스 休힉후 吊닿됴 了랖랖 ○가 저
가ᄡᅳ고ᄇᆞ려 티다말라 不부부 妨빵방 事쓰스 ○일에해롭디 아니ᄒᆞ니 我어오 靴훼훼
靿향샾 裏리리 揣채채 將쟝장 去큐큐 ○내훳돈에고자 가저가리라 李리리 舍셔서
哥거거 好할한 生승승 定띵딩 害해해 你니니 ○李舍형아구쟝 ᄃᆡ게녀리라라 有잉우
甚씸심 麼마마 定띵딩 害해해 處츄츄 ○므슴녀린곳 이이시리오 心신신 裏리리 好
할한 着쟣죠 ○ᄆᆞᄋᆞᆷ에 됴ᄒᆞ면 明밍밍 日ᅀᅵᆯ시 再재재 廝쓰스 見견견 ○너글다 시서르

보ᄂᆞ니라
張쟝장大따다○張大ㅣ아你니니打다다鐀괴괴我어오一힝이箇거거立링리
鼈볘벼兒ᅀᆞᆯ올○네날을ᄒᆞᆫ호鼈兒와一힝이箇거거蝦햐햐蟆마마鼈볘벼兒ᅀᆞᆯ올
和훠호蝎혜혀虎후후盞잔잔兒ᅀᆞᆯ올○ᄒᆞᆫ蝦蟆鼈兒와蝎虎盞을민ᄃᆞ라주고려○蝎虎蠑
蚖蜥蜴蝘蜓守宮一物而四名在壁曰守宮在草曰蜥蜴守宮即蝎虎也褐色四足假伏壁間名蝘蜓亦曰守
宮五月五日捕其生着飼以朱砂明年端午擣之點宮人臂上經事則消否則雖死不敗故名日守宮漢武帝
當試之果驗常捕全蝎食之故名蝎虎如유유今긴긴銀인인子즈즈如유유何허허○
이제은이엇더ᄒᆞ뇨只즈즈是쓰스如유유常챵창○그저如常ᄒᆞ니라元원원寶밤반
我어오有잉우半번번錠딩딩了랴랴○元寶ㅣ내게반뎡이이시니○南村輟耕錄云至元
十三年元兵平宋回至揚州丞相伯顏號令搜撿將士行李所得撒花銀子銷鑄作錠每五十兩為一錠歸朝
獻納世祖大會王子王孫駙馬國戚從而頒賜或用貨賣所以民間有此錠也錠上有字曰揚州元寶後朝廷

亦鑄又有遼陽元寶至元二十三年征遼所得銀子而鑄者也撒花元語猶本國語曰土産也再재재添
텬텬上샹샹三산산五우우兩량량銀인인子즈즈時쓰스勾궇구也여여○또三
五兩銀을더ᄒᆞ면유여ᄒᆞ리라鼈볘벼兒ᅀᆞᆯ올打다다的딩디匾변변着쟢죠些셔셔箇
거거○鼈兒민ᄃᆞ기를저기납족이ᄒᆞ고觜쥐쥐兒ᅀᆞᆯ올把바바兒ᅀᆞᆯ올且쳐쳐打다다
下햐하我어오看칸칸着쟢죠銲한한○부리와죠롤아직민ᄃᆞ라내보와든빼라你니니
自쯔즈這져져裏리리打다다爐루루子즈즈○네손ᄌᆞ여거플무롤민돌고鐵텨텨
鎚쮜취○마치鉗껸견子즈즈○집게鐵텨텨枕진진◉모로鍋궈고兒ᅀᆞᆯ올○
도관碎쉬쉬家갸갸事쓰스和훠호將쟝장瀝리리青칭칭來래레○존연장과瀝青
을가져다가○瀝青家禮儀節云主蛤粉桐油合熬為之這져져裏리리做주주生승숭活훠호
○예셔셩녕ᄒᆞ라你니니看칸칸我어오這져져帽맣맏頂딩딩子즈즈○네보라내
이가싯頂子ㅣ帳쟝쟝房빵방門믄믄上썅샹磕커거着쟢죠○당방문예다뎌搨탁타

了랴랴半번번邊변변○반편이ᄢᅵ러디고顏연연色싀서也여여都두두消샿샤
了랴랴○빗치다업서시니你니니就찍쥐鐀괴괴我어오掠량랴飾칭치○네임
의셔날을빗아사주고려我어오不붕부算쉰쉬工궁궁錢쪈쳔○내공젼을혜아리디아니
ᄒᆞ고多더도多더도的딩디賞샹샹你니니○만히네게샹ᄒᆞ리라
你니니那나나裏리리有잉우來래레○네거디잇든다今긴긴日씽시是쓰스聖
싱싱節졀져日씽시○오ᄂᆞᆯ은이聖節日이라我어오在째재官권권裏리리前쪈쳔
面면면○내황뎨앏ᄑᆡ이셔百빙버官권권禮리리畢비비後훟후○百官이禮畢ᄒᆞᆫ
後에看칸칸摔쐥쐐挍걓갸來래레○시롬ᄒᆞᄂᆞᆫ양보도니라穿춴춴着쟢죠花화화
袴쿠쿠皂짷잘靴훠훠的딩디勇융융士쓰스○아롱바디예거믄훠신은勇士ㅣ○花袴
以褉連上衣為之着如倭奴上着纈文之衣勇士華制以紅毡裁成勇字附於方帛之上施長帶於四角橫負
於背侍衛則用之故曰勇士即本國甲士也四쓰스五우우對뒤뒤家갸갸蔟충추蔟충추

趲잔잔趲잔잔的딩디○네다숫빵식무둑무둑나아드러摔쐥쐐倒땅도拿나나法
밣바○시롬ᄒᆞ가롤법저이잡더라○拿法音義云用手拿緊要之處看칸칸摔쐥쐐挍걓갸的
딩디官권권人싄신們믄믄○시롬보ᄂᆞᆫ官人돌히有잉우甚씸슴麽마다數수수目
뭉무○언머수목이잇더뇨官권권裏리리前쪈쳔面면면丞찡칭相샹샹為위위頭
뜽투兒ᅀᆞᆯ올○황뎨앏ᄑᆡ승샹위두ᄒᆞ여各걿거衙야야門믄믄官권권人신신們믄믄
○各衙門官人들히一힝이品핀핀至즈즈九깋기品핀핀○一品으로九品에니르히
大따다小샿샤衆즁즁官권권○大小衆官이니知지지他타타是쓰스多더도多
더도少샿샤少샿샤○모로리로다언메런디便뻔변是쓰스箇거거人신신城쪙칭
○곳이人城이니只즈즈是쓰스垓개개垓개개滾군군滾군군的딩디○그저구물
구물ᄒᆞ더라大따다明밍밍殿뎐뎐前쪈쳔月웡워臺때태上샹샹○大明殿앏月臺
우희四쓰스角걒교頭뜽투立릥리地띠디的딩디四쓰스箇거거將쟝쟝軍균균

네모힌셋ᄂᆞᆫ네將軍이○四箇將軍募選身軀長大○壯偉異於人者紅盔銀甲立於殿前月臺上四隅名
鎭殿將軍亦曰紅盔將軍亦曰大漢將軍其請給衣糧曰大漢衣糧年過五十方許出官咳해해那나나
身신션材째채○材애여더身身신신長짱창六룽릭尺칭치○身長이六尺이오
腰햫얀闊쿼쿼三산산圍위위抱빵반不붕부匝쟝자○허리너ᄅᆞ기세아름이나ᄒᆞ니
안아두로디못ᄒᆞ고頭뜽투戴대대四ᄉᆞ스縫뿡봉盔쿼쿼○머리예四縫盔ᄅᆞᆯ쓰고身
신신披피피黃황황金긴긴鎖쉬소子즈즈甲걍갸○몸에黃金으로ᄒᆞᆫ사슬갑을닙어시
니曜얗얀日싕이連련련環환환○히連環에비최고脚걍교穿쳔쳔着쨯죠朝
쟣쟈雲윤윤靴훠훠○발에朝雲靴ᄅᆞᆯ신고各갛거自ᄍᆞᄌᆞ腰햫얀帶대대七칭치寶
방발環환환刀닿다○각각허리예七寶흔環刀ᄅᆞᆯᄎᆞ고手싱슈持찡치畫화화干간간
方방방天뎐뎐戟깅기的딍디○손에畫干方天戟을잡으니將쟝쟝鉞웡웨斧부부
的딍디○鉞斧ᄅᆞᆯ가지니와拿나나劍견견的딍디○劍을가지니와手싱슈柱쥬쥬

朴通事諺解下　二十一

槍챵창的딍디○손에槍을잡흔이三산산尺칭치寬권권肩견견膀빵방○석자
나너ᄅᆞᆫ엇게오燈둥둥盞잔잔也여여似ᄉᆞ스兩량량隻징지眼연연○등잔ᄀᆞᄐᆞᆫ두눈
에直찡지挺틩팅挺틩팅的딍디立링리地띠디○바로곳곳이ᄯᅡ히셔시니山산산
也여여似ᄉᆞ스不붕부動뚱둥憚딴단○山ᄀᆞ트여動憚티아니ᄒᆞ니咳해해正징징
是ᄉᆞ스一잉이條땋탄好할한漢한한○애정히一條好漢이러라這저저的딍디擎
낑킹天뎐뎐白뼝버玉융유柱쮸쥬○이ᄂᆞᆫ하ᄂᆞᆯ을바텨ᄂᆞᆫ白玉柱ㅣ오駕갸갸海해해
紫ᄌᆞ즈金긴긴梁량량○바다흘걸텬ᄂᆞᆫ紫金梁이로다天뎐뎐子ᄌᆞ즈百뷩버靈링링
咸현현助쭈주○天子ᄂᆞᆫ百靈이다돕고將쟝쟝軍균균八빵바面면면威위위風
붕붕○將軍은八面威風이러라
咱장자們믄믄食씽시店뎐뎐裏리리喫칭치些셔셔飯빤반去큐큐來래레○
우리밥뎜에밥먹으라가쟈○飯漢人凡稱餠麵酒食之類皆曰飯午우우門믄믄外왜왜前쪈쳔

好할한飯빤반店뎐뎐○午門밧기밥뎜이됴ᄒᆞ니那나나裏리리喫칭치去큐큐來
래레○뎌리먹으라가쟈咱장자各갛거自ᄍᆞᄌᆞ愛해애喫칭치甚씸숨麼마마飯
빤반○우리각각모숨밥을즐겨먹ᄂᆞᆫ고各갛거自ᄍᆞᄌᆞ說숴쉐○각각니ᄅᆞ쟈過궈고
賣매매你니니來래레有잉우甚씸숨麼마마飯빤반○過賣아이바므숨밥이잇ᄂᆞ뇨
○過賣食店內執役供具之人如雇子者也官권권人신신們믄믄各갛거自ᄍᆞᄌᆞ說숴쉐
○官人돌히각각니ᄅᆞ라喫칭치甚씸숨麼마마飯빤반○므숨밥을먹을ᄯᅡ羊양양
肉숭우餡현현饅먼먼頭뜽투○羊肉소녀흔상화와○餡或肉或菜及諸料物拌勻爲胎納於
餠中者曰餡酸餡素餡葷餡生餡熟餡供用合宜詳見事林廣記事文類聚居家必用等書劑法不一今不煩
註素수수酸쉰쉰餡현현稍샇산麥믱어○素酸소ᄒᆞᆫ稍麥과匾변변食씽시○
匾食과水쉬쉬精징징角걍교兒ᅀᆞᆯ○水精角兒과○飮饌正要云羊肉羊脂羊尾子生葱
陳皮生薑各細切入細料物鹽醬拌勻爲餡用豆粉作皮包之水煮供食又居家必用云皮用白麪於滾湯攪

朴通事諺解下　二十二

作稠糊於冷水浸以豆粉和搜作劑打作皮包餡上籠緊火蒸熟洒兩次水方可下竈臨供時再洒些水便供
麻마마尼니니汁징지經깅깅卷쥔쥔兒ᅀᆞᆯ○즘새즘經卷兒와○飮饌正要云白麪一
斤小油一斤小椒一兩炒去汗茴香一兩炒右件隔宿用酵子鹽減溫水一同和麪次日入麪接肥再和成麪
每斤作二箇入籠蒸麻卽脂麻也搗脂麻爲汁如稀泥然故曰麻尼汁尼作泥是軟쉰쉰肉숭우薄
빵보餠빙빙○연육소ᄒᆞᆫ박병과○見上餠빙빙餶저저○餠餶와○質問云將蒸豆粉摻和粘
穀米着水浸濕用石磨磨細杓兒盛在鍋內一攤一撮煎熟而食煎젼젼餠빙빙○煎餠과水
쉬쉬滑뽷화經깅깅帶대대麪면면○제믈엣갈국슈와○質問云以麥麪扯成長條似包經帶
子撈煮熟撤肉湯食之方言謂之水滑經帶麪事林廣記及居家必用以水滑經帶爲二物水滑麪用頭麪春
夏秋用新汲水入油鹽先攪作拌麪羹揉漸漸入水和搜成劑用新水拆開作小塊子再用油水洒和以拳搵一
二百拳如此三四次微軟和餠劑就案上用拗棒拗百餘棒多揉數百拳至麪性行方可搓如指頭大新涼水
內浸兩時許伺麪性行方下鍋闊細任意做冬月溫水浸經帶麪用頭白麪二斤減二兩鹽二兩研細新汲水

破開和捜比趕麪劑微軟漸以物捧揤百餘下停一時許彑揤百餘下趕趕至揺薄切如經帶揉滚湯下快熟入

涼水投汁任意 掛괘괘麪면면○모ᄅ국슈와○詳見老乞大集覽漏麪下 象샹샹眼연연棋

기기子ᄌᄌ○象眼ᄀ巨棋子와○質問云以麥麪作成象眼朕大棋子付路便於食之方言謂之象眼

餠子禁餠子形剳末詳但居家必用著來心餠子剳法云頭麪以涼水入盞和成剳掬撵掬過趕至薄切作細

基子洒乾以籃子蒲過再用刀切千百次再隔過麁者吾切細者有麼來却篩去皆要一揉搓細如米粒下鍋

煮熱連湯起在盆內用涼水寬挼之三五次方得精細攪轉撈起控乾麻汁加碎肉槽姜菜醬瓜菜黃瓜米香

菜善粧點用供 柳류류葉엽여䭫기기子ᄌᄌ○柳葉ᄀ巨棋子와○質問云以麥麪作成柳葉

揉餠子亦便於行路之食方言謂之柳葉餠子 芝ᄌᄌ麻마마燒샹샹餠빙빙○ᄎᆞᆷ깨므틴쇼병

과 黃황황燒샹샹餠빙빙○누론쇼병과○總龜云燒餠即古之胡餠也石勒諱胡改為麻餠質

問云以麥麪作成餠子用芝麻粘洒烙熱食之事林廣記云毎麵一斤八油一兩半炒鹽一鐵冷水和搜得所

骨魯矬硏開鏊上煿熟得硬煿火燒熟甚酥美酥석식ᄒ다 酥수수燒샹샹餠빙빙○酥油녀ᄒ

朴通事諺解下 三十五

쇼병과○質問云以麥麪用酥油調和作成餠子烙熟最酥方言謂之酥燒餠 硬잉잉麪면면燒샹샹

餠빙빙都두두有잉우○硬麪으로ᄒᆞᆫ쇼병이다잇다○質問云些不用油徒以冷水和麪烙熟

燒샹샹餠빙빙䭫끼기子ᄌᄌ伱니니店뎐뎐裏리리有잉우麼마마○燒餠䭫子

네뎜에잇ᄂ나 官권권人신신們믄믄要햫얀時쓰스○官人들히ᄒ고저ᄒ면 這저저

間견견壁벽비麼뭐오房빵방裏리리取츄츄將장장來래래○이ᄉ잇ᄇ룸매ᄀᄂ

집의가저오자 伱니니來래래飮행허汁징지熱셩셔着짭죠○이바마실즙을덥게ᄒ고

○喝汁詳見老乞大集覽這湯下 零링링碎쉬쉬和ᄒ호生승승薑강강料량랴物웅우

葱충충蒜숸숸醋추추鹽연연都두두將장장來래래○죤것과싱강과ᄑ퇴와파와마

놀과초와소금을다가저오라 咱쟝자各걸거自쯔즈儘진진飽밮바喫칭치○우리각각

잇것ᄇᆡ블리먹자 過궈고賣매매伱니니這저저飯빤반○過賣ㅣ아네이밥을 只쯔즈

要햫얀乾간간淨찡징休힐후着짭죠冷릉릉了량랴○그저간정히ᄒ고ᄎ게말라

官권권人신신們믄믄這저저的뎌디不붕부消샾샤說숴쉬○官人들아일란쇽졀

업시닐으디말라 我어오管권권甚씸슴麼마마○내므서술ᄀ옴아ᄂ뇨 請청칭也

여여 請청칭不붕부來래래○청ᄒ여도오디아니ᄒ리니 我어오用융융心신신伏

뿡부侍쓰스官권권人신신們믄믄○내용심ᄒ여官人들을복시ᄒ리라 常쨩챵言연연

道땋닿○常言에닐오듸 一힝이箇거거去큐큐百븽버箇거거來래래○ᄒ나히가

매빅이온다ᄒᄂ니라

咱쟝자們믄믄今긴긴日싕시打다다毬꿩캬兒슬얼如슈슈何훠허○우리오늘

당방올티기엇더ᄒ뇨○今按質問畫毬兒如本國다방올法云以木刷圖成 咱쟝자賭두두甚

씸슴麼마마○우리므서슬더ᄂ료 咱쟝자賭두두錢쪈쳔兒슬얼○우리돈올더ᄂ자

那나나箇거거新신신來래래的뎡디崔취취舍셔셔○뎌새로온崔개아 伱니니

也어여打다다的뎡디麼마마○너도티기ᄒᄂ다 我워오怎즘즘麼마마打다다

朴通事諺解下 三十四

不붕부的뎡디○내엇디티디못ᄒ리오 伱니니是쓰스新신신來래래的뎡디莊

좡좡家갸갸○너ᄂ이새로온향암이라 那나나裏리리會휘휘打다다○어듸티기롤알

리오 不붕부濟지지事쓰스○쇽졀업ᄉ니 伱니니休힐후問운운他타타○네더

로뭇디말라 我어오學햫효打다다這저저一힝이會휘휘○내이ᄒᆞᆫ디위비화티리라

將장장我어오那나나提뎌티攬란란和ᄒ호皮삐피俙대대來래래○내더망주

리와皮俙로가저다가○提攬質問云如筐子上有圖圖用手提攜方言謂之提攬又云或竹或荊為之有本

寺長圈提繫今以質問之釋考之則竇字作篋為是然此兩釋似皆不合本意未詳是否 拿나나出츄츄

毬꿍캬棒빵방來래래○당방올막대로내여○毬棒質問云如入要木毬要木棒一上一下用有

栖木杓接毬相連不絕方言謂之毬棒又云與戲之一端也有毬門有窩兒中者為勝以下四者俱打毬之用

借저저與유유崔취취舍셔셔打다다○崔가룰빌려주어티게ᄒ라 飛븨븨棒빵방

杓쌴샨兒슬얼○飛棒杓兒와○質問畫成毬棒即本國武試毬杖之形而下云塲木爲柄其杓用水

牛皮為之以木為胎今按燧木黃蘗木也廂柄者以黃蘗皮裹其柄也胎者以木為骨而以皮為外裹也滾
군군子즈즈○방올과鷹잉잉觜쥐쥐擊깅기起키키毬끌꾸兒슬올○鷹觜와擊
起毬兒를○鷹觜質問云毬棒上所用之物擊起毬兒質問云如人將木圓毬兒打起老高便落於窩內方言
謂之擊起毬兒都두두借져져與유유你니니○다너를빌려주마咱장자打다다那
나나一힝이箇거거窩워오兒슬올○우리어늬흔굼티료○窩兒質問云如人打毬兒先掘
一窩兒後將毬兒打入窩內方言謂之窩兒又一本質問畫毬門架子如本國抛毬樂架子而云木架子其高
一丈用五色絹結成彩門中有圓眼擊起毬兒入眼過落窩者勝咱장자且쳐쳐打다다毬끌꾸
門믄믄窩워오兒슬올了랼랴○우리아직毬門굼글티고○毬門窩兒質問云如打毬兒先竪
一毬門上繫毬窩然後將毬打上方言謂之毬門窩兒又云平地窩成圓窩擊起毬兒落入窩者勝打다다
花화화臺때대窩워오兒슬올○花臺ㅅ굼글티고○質問云以磚砌臺其上栽花藏窩將毬打
入窩內為勝却쿄커打다다花화화房빵방窩워오兒슬올○또花房굼글티쟈○質問

云如打毬先立毬窩於花房之上然後用棒打入方言謂之花房窩兒凡数撲毬名用各不同如此又云在馬
上舞毬棒一木有一尺五寸長上下俱窩兒今按上文自打毬兒以下質問各說似不總合先說窩兒不合於本
節所云事意而又無義理後說似有可取而又有一槩毬棒杓兒之制一如本國武試毬杖之設即元時有擊丸
之事毬門及三窩兒之設一如本國抛毬樂之制質問所畫亦同此制詳見事林廣記但今漢俗未見兩毬而
惟見踢氣毬者即古之蹴踘也此節打毬又如上卷打毬兒名同事異但本國龍飛御天歌云擊毬之法或
数人或十餘人分左右以較勝負棒形如匙大如掌用水牛皮為之以厚竹合以為柄棒皮薄則毬高起厚則
毬不高起又有滾棒杽擊之毬輪而不起隨其厚薄大小厥名各異毬用木為之或用瑪瑙大如鷄卵掘地如
捥名窩兒或隔殿閣而作窩或於階上作窩或於平地作窩毬行或騰起或斜起或輪轉各隨窩所在之宜一
擊入窩則得筭二一擊不入隨毬所止再三擊之而入則得筭一一擊而入則他毬不得再擊而死再擊而入
則他毬不得三擊而死此後同一擊之毬雖與他毬相觸而不死再擊之毬與他毬相觸則死此後亦同或立
而擊或蹴而擊節目甚多又云擊鞠騎而以杖擊也黃帝習兵之勢或曰起於戰國所以鍊武士因嬉戲而講

習之猶打毬非踢鞠之戲也咱장자打다다不붕부上쌍상的딩디○우리더울리다못호
니看간간那나나一힝이箇거거毬끌꾸兒슬올老랄랄時씃스○어니호나냥방
을티기니니롤보와그着짭죠先션션打다다○몬져티게호쟈一힝이耍상사兒슬올
人신신閙냥난起키키來래레○흔디위사룸이짓궤더니新신신來래레的딩디崔
취취舍셔셔○새로온崔개三산산迴훼훼連련련打다다上쌍상了랼랴○세번
을년호야더올려다別뼈뼈人신신道땋닫○다론사룸이닐오되夢몽몽着짭죠了랼랴
也여여○삼이로다又일우打다다一힝이會훼훼○또흔디위티더니崔취취舍
셔셔又일우打다다上쌍상○崔개또더올리니衆즁즁人신신喝헝허係채채道
땋닫○모든사룸이혀초고닐오되我어오不붕부想샹샹這저저新신신來래레的
딩디徔쭝쭝家갸갸快쾌쾌打다다○내이새로온향암이털줄울셩각디못호這저저
的딩디喚훤훤做주주○이러모로니른기룰人신신不붕부可커커貌망마相샹샹

○사룸은가히얼굴로상티못호고海해해不붕부可커커斗둘두量량량○바다흔가
히말로되디못혼다호니怎즘즘麼마마小샾샾看칸칸人신신○엇디사룸올小看호리오
崔취취舍셔셔道땋닫○崔개닐오되哥거거你니니們믄믄○형아너히돌이再
재재也여여敢간간和혀호我어오打다다毬끌꾸麼마마○뇌여싱심이나날과당방
을티기혼싸你니니十씽시分븐븐休힣휘小샾샾看칸칸人신신○네ᄀᆞ장사룸을
小看티말라常쨩샹言연연道땋닫○常言에닐오되寸츈츈鐵텽텨入슝슈木몽무
九긷구牛닝닉之즈즈力링리○寸鐵이남게들매九牛의힘이라호ᄂᆞ니라
老랄랄安한안因힌인甚씸슴麼마마事씃스○老安이므숨일을인호여監견견在
째재牢랄랄裏리리○옥에갓텬ᄂᆞ뇨你니니不붕부知징지道땋닫○네아디못호논
다城찡칭外왜왜那나나劉릳릭村춘춘裏리리○城밧뎌劉村에管권권着짭죠
他타타官권권人신신家갸갸莊쫭좡土투투種중중田뗜뎐來래레○뎌官人외

농ᄉᆞ를 ᄀᆞ옴아라 種田ᄒᆞ더니 到닿닫秋칙착他타타種중중来래레的디디 ○ ᄀᆞ올ᄒᆡ다
ᄃᆞ라 뎌의 심근 稻땋닾子즈즈 ○ 벼 蜀슣슈秫슣슈 ○ 슈슈 黍슈슈子즈즈 ○ 기장
大따다麥믱머 ○ 보리 小샿샾麥믱머 ○ 밀 蕎꺟걒麥믱머 ○ 모밀 黃황황豆
뚷두 ○ 콩 小샿샾豆뚷두 ○ ᄑᆞᆺ 菉룽루豆뚷두 ○ 녹두 豌권권豆뚷두 ○ 광장
이 黑훙허豆뚷두 ○ 거믄콩 芝즈즈麻마마 ○ 참ᄭᆡ 蘇수수子즈즈 ○ 듧ᄭᆡ 諸
쥬쥬般번번的디디都두두納낭나與유유了랼랴租주주稅쉬쉬 ○ 여러가짓 거ᄉᆞᆯ
다 租稅예 밧티고 另링링除쮸츄了랼랴種즁중子즈즈後흫후頭뚷투 ○ ᄯᆞ로 ᄲᅵ를
뎨ᄒᆞᆫ 후에 三산산停띵팅裡리리 ○ 세분에서 官권권人신신上쌍상納낭나與유유
二ᅀᆞᆯᅀᅳᆯ停띵팅外왜왜 ○ 官人의게 두분을 바티고 밧긔 除쮸츄了랼랴一힁이停띵팅
兒ᅀᆞᆯᅀᅳᆯ ○ ᄒᆞᆫ분올 뎨ᄒᆞ여 賣매매的디디賣매매了랼랴 ○ ᄑᆞᆯ리 ᄑᆞᆯ고 落랗로下햐하
些셔셔箇거거 ○ 져기 ᄢᅧ ᄅᆞ뎌 養양양活황호他타타媳싱시婦뿌부孩해해兒

朴通事諺解 下 三十七

ᅀᆞᆯᅀᅳᆯ ○ 뎌의 媳婦와 孩兒를 養活ᄒᆞ여 這져져般번번過궈괴當당당的디디其끼키間
견견裡리리 ○ 이리 다녈 ᄉᆞ이예 一힁이箇거거挾걓갸讎쯯추的디디人신신 ○
ᄒᆞᆫ 挾讎ᄒᆞᆫ 사ᄅᆞᆷ이 却컇커點뎜뎜饋귀귀那나나官권권人신신 ○ ᄯᅩ 뎌 官人의게 뎌어
주니 這져져兩량량日싀시官권권司ᄉᆞ스裡리리告갛갇了랼랴 ○ 이 두 날에 官
司에 告ᄒᆞ여 監견견下햐하老랗랖安한안要얗얀追쥐쥐裡리리 ○ 老安올 가도고
물리고져 ᄒᆞᄂᆞ니라 孩해해兒ᅀᆞᆯᅀᅳᆯ使ᄉᆞ스爺여여娘냥냥的디디 ○ ᄌᆞ식은 어버의 거ᄉᆞᆯ
ᄡᅳ고 奴누누婢삐비使ᄉᆞ스使ᄉᆞ스長쟝쟝的디디 ○ 죵은 되연의 거ᄉᆞᆯ ᄡᅳᄂᆞ니 管권권
着쨩죠那나나莊좡좡土투투 ○ 뎌 농ᄉᆞᄅᆞᆯ ᄀᆞ옴아다가 便뼌변不봉부使ᄉᆞ스些
셔셔箇거거做주주甚씸슴麽마마 ○ ᄭᅩᆺ 져기 ᄡᅳ디 아니코 므슴 ᄒᆞ리오 常쨩챵言연연
道땋닾 ○ 常言에 닐오디 管권권山산산喫칭치山산산 ○ 山을 ᄀᆞ옴알면 山엣 거ᄉᆞᆯ 먹고
管권권水쉬쉬喫칭치水쉬쉬 ○ 믈을 ᄀᆞ옴알면 믈엣 거ᄉᆞᆯ 먹ᄂᆞ다 ᄒᆞᄂᆞ니라

俆니니哥거거 ○ 네 형이 除쮸츄在째재那나나裡리리 ○ 어듸 除ᄒᆞ엿ᄂᆞ뇨 除
쮸츄在째재南난난京깅깅應힝잉天텬텬府부부丞찡칭 ○ 南京應天府 丞을 除ᄒᆞ엿
ᄂᆞ니라 ○南京古金陵之地吳晉宋齊梁陳南唐建都大明太祖定鼎於此為京師設應天府以燕京為北平
布政司永樂中於北平舉建北京為行在所正統中以北京為京師設順天府以應天府為南京府丞二負正
四品 幾기기時ᄊᆞ스行힝힝 ○ 언제 가뇨 昨쫗조日싀이去큐큐了랼랴 ○ 어제 가니
라 鋪푸푸馬마마裏리리去큐큐也여여 ○ 鋪馬로 가나 長쨩챵行힝힝馬마마
去큐큐 ○ 長行馬로 가나 甚씸슴麽마마長쨩챵行힝힝馬마마 ○ 므슴 長行馬ㅣ리오
五우우箇거거鋪푸푸馬마마去큐큐了랼랴 ○ 다ᄉᆞᆺ 鋪馬로 가니라 ○鋪馬站馬也元制
遠方之任官負一品五疋二品四疋三四品三疋五品以下二疋古者常祿太守曰五馬按禮天子六馬左右
驂三公九卿駟馬左驂則漢制太守加馬其加秩中二千石乃右驂故以五馬爲貴遴翕閑覽云漢朝臣出使
為太守增一馬故為五馬 也며여不봉부小샿샾可커커 ○ ᄯᅩ 젹디 아니다 去큐큐時ᄊᆞ스

朴通事諺解 下 三十八

節졓져 ○ 갈ᄢᅵ예 有잏우甚씸슴麽마마氣키키像썅샹 ○ 므슴 氣像이 잇더뇨 比
비비丞찡칭相샹샹爭증중甚씸슴麽마마 ○ 丞相에 比컨대 므서시 ᄠᅳ리오 ○丞相元中書
省有左右丞相任宰相之職佐天子平章萬機 車규규馬마마 ○ 車와 馬 茶쨔차褐헣허
羅러로傘산산 ○ 차할빗치 羅傘이 ○羅傘即丞用傘紅浮屠頂黑色茶褐羅表紅絹裏三簷 銀
인인栲캏캏栳랗랗交걓갸椅키이 ○ 銀栲栳 交椅와 銀인인盆쁜뿐 ○ 銀盆과 水
싀쉬罐권권 ○ 水罐과 金긴긴瓜과과 ○ 金瓜와 古구구朶뎌도 ○ 보리알파 金
긴긴鐙등등 ○ 金鐙과 鉞윙워斧부부 ○ 鉞斧와 對뒤뒤對뒤뒤皂짱잘隸리리
○ 對對皂隸ㅣ 擺배배着쨜죠四ᄉᆞ스五우우里리리喝헝허道땋닾 ○ 四五里에
버러 喝道ᄒᆞ고 大따다小샿샾官권권負원원 ○ 大小官負과 一힁이行힝힝部뿌부
從쭝중 ○ 一行部從이 那나나氣키키像썅샹是ᄊᆞ스氣키키像썅샹 ○ 뎌 氣像이
이 氣像이러라 俆니니却컇커為위위甚씸슴麽마마不봉부跟근근去큐큐 ○ 네 ᄯᅩ

와므 가서 디숩 아워 나ᄒᆞ 흔여 다뽈 我 어오 這 져져 上 썅샹 直 찡지 着 짤죠 誰 쒸쉬 當 당당
着 짤죠 ◯ ᄒᆞ내 ᄆᆞ이 당上 ᄒᆞ直 리을 오눌 로 你 니니 的 딍디 伴 뻔번 當 당당 着 짤죠 一
황이 箇 거거 替 티티 當 당당 ◯ 로네 替伴 當當 ᄒᆞᄒᆞ 거나 나ᄒᆞ 更 긍긍 不 붕부 時 쓰스 ◯
니그 면리 아 上 썅샹 直 찡지 官 권권 人 신신 前 쪈쳔 告 강갇 暇 햐햐 ◯ 人上 의直 게官
ᄒᆞ告 고暇 送 숭숭 到 땋닫 那 나나 裡 리리 時 쓰스 也 여여 有 잉약 些 서셔 情 찡칭 分
뽄본 ◯ 기보 情내 分여 이더 이거 실니 랏ᄅᆞ 다면 저 你 니니 送 숭숭 那 나나 裡 리리 迴 회휘
来 래레 ◯ 고네 도어 라되 온가 다보 내 送 숭숭 到 땋닫 四 쓰스 十 씽시 里 리리 地 띠디
◯ 뽀보 짜내 히여 가四 十 宿 숭수 了 랼랴 一 힝이 宿 숭수 ◯ 자ᄒᆞ 고ᄅᆞᆺ 밤 辭 쓰ᄎᆞ 了
랼랴 迴 휘휘 来 래레 ◯ 도하 라딕 오ᄒᆞ 롸고 接 졍져 客 킈커 不 붕부 如 유유 送 숭숭 客
킈커 ◯ 는客 이을 만接 굿호 디미 못客 ᄒᆞ을 나送 ᄒᆞ 送 숭숭 到 땅닫 三 산산 四 쓰스 日 싱시
辭 쓰ᄎᆞ 迴 훠휘 来 래레 ◯ 하보 되내 고여 도三 라四 오日 면에 가 怕 파파 甚 씸슴 麼 마마

朴通事諺解下　三十九

◯ 프므 리서 오시 저 不 붕부 能 능능 勾 긓구 跟 근근 將 쟝쟝 去 큐큐 ◯ 바유 라여 가히
작디 시못 연ᄒᆞᆯ 只 즈즈 管 권권 的 딍디 遠 원원 去 큐큐 怎 즘즘 麼 마마 ◯ 리그 야저 멀소
ᄒᆞ리 리가 오므 솜 古 구구 人 신인 道 땋닫 ◯ 니古 ᄅᆞ人 되이 送 숭숭 君 균균 千 천천 里
리리 終 중중 有 잉약 一 힝이 別 뼝벼 ◯ 一送 別君 이千 라里 ᄒᆞ나 니終 라有
好 할한 畫 홰화 匠 쨩장 那 나나 裡 리리 有 잉약 ◯ 인그 이림 어잘 되그 잇리 ᄂᆞ는 뇨장 你
나니 知 징지 道 땋닫 麼 마마 ◯ 눈네 다아 我 어오 知 징지 道 땋닫 ◯ 노내 니아 一 힝이
箇 거거 有 잉약 名 밍밍 的 딍디 畫 홰화 匠 쨩장 ◯ 畫ᄒᆞ 匠有 이名 ᄒᆞᆫ 天 텬텬 下 햐하
沒 뭉무 雙 솽상 ◯ 업天 ᄉᆞ下 니에 라雙 이 在 째재 那 나나 裏 리리 住 쮸쥬 ◯ 이어 셔디
뇨사 ᄂᆞ 他 타타 在 째재 樞 츄츄 密 밍미 院 원원 角 걀교 頭 뜰두 住 쮸쥬 裏 리리 ◯
使태 知樞 院密 同院 知모 院룡 簽이 書에 院이 与셔 中사 書ᄂᆞᆫ 號니 爲라 二○ 府元 主制 兵有 政使 副 他
타타 是 쓰스 那 나나 裏 리리 人 신인 氏 쓰스 ◯ 人뎨 氏이 고어 듸 是 쓰스 真 진진 定

띵딩 人 신인 ◯ 州이 地真 泰定 爲사 鍾롬 鹿이 郡라 漢○ 置禹 恒貢 山冀 郡州 元之 爲域 真周 定爲 路并
直今 隸爲 京真 師定 府 你 니니 要 향얀 畫 홰화 甚 씸슴 麼 마마 ◯ 리네 고므 저서 ᄒᆞ술 ᄂᆞᆫ그
다 要 향얀 畫 홰화 我 어오 的 딍디 喜 히히 身 신신 裏 리리 ◯ 리내 고진 저영 ᄒᆞ을 노그
라 他 타타 別 뼝벼 處 츄츄 畫 홰화 了 랼랴 一 힝이 箇 거거 官 권권 人 신인 的 딍디
影 힝잉 来 래레 ◯ 의뎨 얼다 굴른 을되 그ᄒᆞᆫ 리官 나ᄉᆞ 一 힝이 似 쓰스 那 나나 活 황호 的
딍디 ◯ 굿뎌 고사 니 只 즈즈 少 샿샤 一 힝이 口 킇쿠 氣 키키 ◯ 운그 만저 업ᄒᆞᆫ 드입 라긔
他 타타 標 뱧뱦 致 징지 ◯ 가뎨 오몀 니노 술 是 쓰스 我 어오 好 할한 相 샹샹 識 싱시
◯ ᄅᆞ이 아내 ᄂᆞᆫ그 이장 라서 你 니니 請 칭칭 他 타타 這 져져 裡 리리 来 래레 麼 마마 ◯
여네 여뎌 긔ᄅᆞᆯ 올쳥 ᄊᆞ다ᄒᆞ 来 래레 不 붕부 的 딍디 ◯ ᄒᆞ오 랴디 아 니 和 훠호 我 어오 兩
량량 箇 거거 至 즈즈 好 할한 麼 마마 ◯ 장날 됴과 천둘 마히 ᄂᆞᆫ가 他 타타 家 갸갸 裏 리리
事 쓰스 多 더도 ◯ 이뎨 만집 ᄒᆞ의 니일 怎 즘즘 麼 마마 来 래레 的 딍디 ◯ 리엇 오디 오

朴通事諺解下　四十

那 나나 般 번번 時 쓰스 ◯ 면그 러 咱 짱자 兩 량량 箇 거거 去 큐큐 来 래레 ◯ 리우
가들 히 咱 짱자 商 샹샹 量 량량 了 랼랴 放 방방 下 햐하 定 띵딩 錢 쪈쳔 ◯ 혜우 아리
울려 두定 자錢 他 타타 不 붕부 曾 쫑층 開 캐캐 鋪 푸푸 的 딍디 ◯ 테뎨 아일 니즙 ᄒᆞᆫ開 이鋪
니 似 쓰스 不 붕부 肯 큰큰 家 갸갸 畫 홰화 麼 마마 ◯ 아즐 닐거 ᄃᆞᆺ그 ᄒᆞ리 고디 也 여여
不 붕부 要 향얀 工 궁궁 錢 쪈쳔 ◯ 다ᄯᅩ 아工 니錢 호도 더밧 相 샹샹 識 싱시 們 믄믄 十
쓩시 分 븐븐 央 향양 及 끵기 時 쓰스 ◯ 히서 ᄀᆞᄅᆞ 장아 빌ᄂᆞᆫ 면이 들 沒 뭉무 奈 내내 何
휘허 畫 홰화 ◯ 서엇 그디 리려 ᄂᆞ뇨 니홈 라이 업 難 난난 道 땋닫 不 붕부 要 향얀 工 궁궁
錢 쪈쳔 ◯ 라工 니錢 ᄅᆞ을 기밧 어디 렵아 다니 리 你 니니 知 징지 道 땋닫 他 타타 就 찍작
裡 리리 麼 마마 ◯ 을네 아뎌 ᄂᆞᆫ의 다속 常 쨩챵 言 연연 道 땋닫 ◯ 닐常 오言 되에 畫 홰화
虎 후후 畫 홰화 皮 삐피 難 난난 畫 홰화 骨 쿵구 ◯ 그범 려을 도그 ᄲᅢ리 그매 리가 기죡 어은
고렵 知 징지 人 신인 知 징지 面 면면 不 붕부 知 징지 心 신신 ◯ ᄂᆞᆺ사 ᄎᆞ롬 아을 라알 도매

ᄆᆞ음은아디몯ᄒᆞᆫ다ᄒᆞᄂᆞ니라
曹짱찬大따다家갸가裏리리○曹大ㅣ의집읫人신신情칭칭來래레麽마마○
人情이왓더냐甚씸슴麽마마人신신情칭칭○므슴人情고却컹켜不봉부沒몽무
了랴랴老랗랖曹짱찬來래레○또老曹ㅣ죽디아니ᄒᆞ냐我어오不봉부曾쯩층知
징지道땅닿來래레○내일즙아디몯ᄒᆞ엿노라出츄츄殯빈빈也여여麽마마○出殯
ᄒᆞ냐今긴긴早잪잔起키키出츄츄殯빈빈來래레○오ᄂᆞᆯ새배出殯ᄒᆞ니라幾기기
歲쉬쉬了랴랴○나히언메나ᄒᆞ더뇨今긴긴年년년纔쨰채三산산十씽시七칭치
歲쉬쉬○올히ᄀᆞᆺ三十七歲라咳해해年년년紀기기也여여小샹샤裏리리○애나
도졈닷다留릭릭幾기기日싱시來래레○며츨을머므로뇨三산산來래레○사홀
을ᄒᆞ니라○三字下恐有日字陰한인陽양양人신신是씃스誰쒸쉬○陰陽ᄒᆞᄂᆞᆫ사ᄅᆞᆷ은이
뉘러뇨朱쥬쥬先션션生승승來래레○朱先生이왓더라殃향양榜방방橫훙훙

貼텽뎌在째재門믄믄上썅상○殃榜을문우희빗기브텻더니○漢俗凡遇人死則其家必斜
貼殃榜於門外壁上榜文如本節所云使生人臨喪知所避忌也曜仙肘後經云生人所生之年與亡者所死
月節相犯則忌避如四孟節內死者忌寅申巳亥生人四仲月節內死者忌子午卯酉生人四季月節內死者
忌辰戌丑未生人是也你니니過궈고來래레時쏘스節졍저不봉부曾쯩층見견견
○네디나올제일즙보디몯ᄒᆞ다我어오不봉부曾쯩층見견견○내일즙보디몯ᄒᆞ여시니
寫셔셔着쨯죠甚씸슴麽마마裏리리○므서시라섯더뇨寫셔셔着쨯죠壬신신
辰찐친年년년二ᅀᅳᆼ을月웡워朔숳소丙빙빙午우우十씽시二ᅀᅳᆼ을日싱시丁
딩딩卯맣맢○壬辰年二月朔丙午十二日丁卯에丙빙빙辰찐친年년년生승승人신신
三산산十씽시七칭치歲쉬쉬○丙辰年에난사ᄅᆞᆷ三十七歲ㅣ艮근근時쏘스身신신
故구구○艮時예身故ᄒᆞ여二ᅀᅳᆼ을十씽시四ᄉᆇ스日싱시丁딩딩時쏘스殯빈빈
出츄츄順쓘쓘城찡칭門믄믄○二十四日丁時예殯이順城門으로나가니巳쏘스午

우우亥해해卯맣맢生승승人신신忌끼기犯빤반裏리리○巳午亥卯에난사ᄅᆞᆷ은忌
犯ᄒᆞ라섯더라黑훟허夜여여道땅닿場쨩창裏리리你니니有잉우來래레麽마마
○밤의道場에네잇든다○道場反譯名義云修道之場僧寺或名道場隋煬帝勅天下寺院皆名道場
我어오有잉우來래레○내잇더니라為위위頭뜰투兒ᅀᆞᆯ올門믄믄外왜왜前
쪈천放방방一힝이箇거거卓쪼조兒ᅀᆞᆯ올○웃듬으로문밧긔ᄒᆞᆫ탁ᄌᆞᄅᆞᆯ노코上썅상
頭뜰투放방방坐쭤조一힝이尊쭌준佛뿡부像썅샹○우희一尊佛像ᄋᆞᆯ안치고○一
尊佛觧見三尊佛下明밍밍點뎐뎐燈등등燭쥬주○燈燭을ᄇᆞᆰ게쳐고擺배배諸쥬쥬
般번번茶짜차果궈고等등등味위위○여러가짓茶果等味ᄅᆞᆯ버리고請칭칭佛뿡보
入슝슈到닿도殯빈빈前쪈천○佛을請ᄒᆞ여殯前에드리매吹취취螺러로打다다
鈸뽕보○고라불고바라티고擂뤼뤼鼓구구撞쫭짱磬깅깅○붑티여경티고念년년
經깅깅念년년佛뿡보○經을념ᄒᆞ고佛을념ᄒᆞ야直찡지念년년到닿도明밍밍○

잇ᄀᆞᆺ念홈을ᄇᆞᆰ으애다ᄃᆞᆺ게ᄒᆞ고供궁궁養양양的딩디是쏘스豆뚷두子ᄌᆞᄌᆞ粥쥬주
○供養ᄒᆞ는거슨이ᄑᆞᆺ쥭과䭄끼기子ᄌᆞᄌᆞ燒샾샤餅빙빙○䭄子와燒餅과麪면면茶
짜차等등등飯뽠반○麪茶等飯이오臨린린明밍밍喫칭치和훟호和훟호飯뽠반○
ᄇᆞᆰ음애님ᄒᆞ여온반을먹드라多더도早잪잔晚뢍완入슝슈斂련련來래레○어늬
배예入斂ᄒᆞ뇨丑칭착時쏘스入슝슈斂련련○丑時에入斂ᄒᆞ니라仵우우作쫗조家
갸가○仵作의집의○仵作吏學指南云中人也仵作者也作者任事也爾雅曰偶者合也陰陽相合則成偶
偶謂得中也仵字從人從午萬物至午則中正又午位屬火破諸齒賠所以作名中人也賃닌닌魂
훈훈車처처○魂車와○魂車作小腰輿以黃絹結為流蘇垂飾如本國結彩之施以貯魂帛為前導
紙즈즈車처처○紙車와○以金銀錢紙結造小空車為前導影잉잉亭뗭팅子즈즈○
影亭子와○影亭子亞魂者之真容擲於小腰輿以為前導香향향亭뗭팅子즈즈○香亭子와
諸쥬쥬般번번彩채채亭뗭팅子즈즈○여러가지彩亭子ᄅᆞᆯᄆᆡᆼᄀᆞ고○彩亭子亦以彩綃結

作小輿爲前導漢俗皆於白日送殯九結飾車輿幢幡傘蓋及紙造人馬爲前導者連亘四五十步僧尼道士及鼓樂鐃鈸塡咽大路遠近大小親隣男女前後導從者不知幾人後施夾障從之花화화果궈고酒
쟉작器키키家갸갸事ᄊᆞ스○花果와酒器家事ᄅᆞᆯ都두두裝좡좡在째재桌죠조兒
ᅀᆞᆯ올上쌍샹擡때대着쟣죠○다탁ᄌᆞ에담아들고又잉우是ᄊᆞ스魂훈훈馬마마衣
이이帽맏맏靴훠훠帶대대之즈즈類뤼뤼○또魂馬와衣帽와靴帶人類와○魂馬以紙捏爲馬者也十씽시餘유유對뒤뒤幢쫭챵幡반한寶밯보蓋개개螺러로鈸뽕보
鼓구구磬킹깅○열아믄幢幡과寶蓋螺鈸과鼓磬이러라咳해해那나나小샿샿孩
해해兒ᅀᆞᆯ올可커커憐련련見견견○애더어린아히에엿블샤穿쳔쳔着쟣죠斬잔잔
衰취취○斬衰ᄅᆞᆯ닙엇더라誰쒸쉬碎쉬쉬盆뻔픈來래레○뉘소라ᄅᆞᆯᄇᆞ리ᄂᆞ뇨○碎盆未詳源流但本國送殯之晨在家者見靈輀登道卽隨以瓦器擲碎於門外大聲作語曰持汝家具而去云爾者蓋使亡人無留念家緣之術也曹짱찬大다다就쭈작門믄믄前쪈쳔碎쉬쉬盆뻔픈

朴通事諺解下　四十三

○曹大ㅣ문앏퓌셔소라ᄅᆞᆯᄇᆞ리더라送숭숭殯빈빈的디디官권권人신신們믄믄○
送殯ᄒᆞᄂᆞᆫ官人들히有잉우甚씸슴麼마마數수수目몽무○므슴數目이이시리오都
두두繫기기着쟣죠孝향햐帶대대○다孝帶ᄅᆞᆯᄯᅴ엿더라尸ᄉᆞ스首싛식實씽시奠
장장了랴랴那나나怎즘즘的디디○尸首ᄅᆞᆯ실로장ᄒᆞ더나엇디ᄒᆞ뇨燒샤샤人신신
場쨩챵裡리리燒샤샤着쟣죠○燒人場에셔ᄉᆞᆯ와寺ᄊᆞ스裏리리寄기기着쟣죠
裡리리○뎔에브티니라咳해해嗇쿠쿠哉재재嗇쿠쿠哉재재○애셟다셟다罷
징지下햐햐千쳔쳔百빙버口쿵쿠○千百口ᄅᆞᆯ두어도臨린린死ᄉᆞ스獨뚱두自
ᄍᆞ스當당당○주으매님ᄒᆞ여홀로당ᄒᆞᄂᆞ니三산산寸춘춘氣키키在째재千쳔쳔般
번번有잉우○三寸氣ㅣ이시매쳔가지나ㅣ잇다가一힝이日싱시無무우常쨩챵萬완완
事ᄊᆞ스休힣후○一日에常이업ᄉᆞ면萬事ㅣ休ᄒᆞᄂᆞ니라
咳해해春츈츈奴누누○애春奴ㅣ아你니니着잔잔那나나飯빤반○너더밥을

朴通事諺解下　四十四

략랴有잉우些셔셔胡후후撥뽀보氣키키○져기노린내이시니這져져婆뽀포娘
냥냥好핳한不봉부用융융意히이○이년이ᄆᆞ장用意티아니ᄒᆞ엿다○婆娘怒詬之辭詩見上卷娘子下
做주주的디디生승승時ᄊᆞ스也여여難난난喫치치○짓기ᄅᆞᆯ설게ᄒᆞ연먹기어렵고
忒퉁티軟원원了랴랴也여여不봉부好핳한○너모믈러도됴티아니ᄒᆞ
고硬잉잉了랴랴也여여不봉부中중중喫치치○세여도먹기맛당티아니ᄒᆞ니淘
땋탈的디디米미미乾간간淨찡징着쟣죠○ᄡᆞᆯ일기ᄅᆞᆯ淨히ᄒᆞ라乾早쟣잔起키키
飯빤반裏리리咬얗햐了랴랴一힝이塊쾌쾌沙사사子즈즈○아ᄎᆞᆷ밥에ᄒᆞᆫ녕이모
래ᄅᆞᆯ므러셔니牙야야疼뚱퉁的디디當당당不봉부的디디○니알파당티못ᄒᆞ여라
着쟣죠水쉬쉬停띵팅當당당着쟣죠○믈두기ᄅᆞᆯ아초ᄒᆞ고不봉부要얗햐多더도
也여여不봉부要얗햐少샿샤了랴랴○만히도말고젹게도말아恰캬캬好핳한着
쟣죠○맛치됴게ᄒᆞ라把바바那나나煤믜믜爐루루來래레○뎌煤炉ᄅᆞᆯ가져다가掠
략랴飭칙치的디디好핳한着쟣죠○싯닷기ᄅᆞᆯ잘ᄒᆞ라乾간간的디디煤믜믜簡
견견兒ᅀᆞᆯ올有잉우麽마마○므른밋텽이잇ᄂᆞ냐○煤簡兒質問云如碎煤用黃泥水和成塊子方言謂之煤簡兒
沒몽무了랴랴○업고只즈즈有잉우些셔셔和훠호的디디濕
씽시煤믜믜○그저져기버므린濕煤ㅣ이시되○濕煤質問云如和煤末乾濕燒取其餘火方言謂之濕煤今摟石炭摠碎并黃土以水和作塊晒乾臨用麁碎納於炉中總謂之水和炭末乾者謂之濕煤已乾者謂之煤簡兒亦曰煤塊子其燒過土塊曰乞煤揀其土塊更和石炭用之黃황황土투투少샿샤些
셔셔箇거거○黃土ㅣ져기젹에라揀견견着쟣죠那나나乞바바煤믜믜○뎌ᄇᆞᆫ미탄
을골ᄒᆡ여一힝이打다다裡리리和훠호着쟣죠乾간간不봉부的디디○ᄒᆞᆫ티버으
려믈릐디못ᄒᆞᆯ소나着쟣죠上쌍샹些셔셔煤믜믜塊쾌쾌子즈즈○져기미탄뎡이ᄅᆞᆯ노
코美룽룽的디디火훠호快쾌쾌時ᄊᆞ스○블퓌오기ᄅᆞᆯ샐리ᄒᆞ면𥈭잔잔眼연연
熟쓩수了랴랴○눈ᄀᆞᆷᄌᆞᆨ일ᄉᆞ이예니그리라煮쥬쥬一힝이脚걒교羊양양肉ᅀᆞᇢ수

着죠쟣 ○ 훈다리양의고기롤술므라 這져저 飯반빤 熟수쓯 了랸럏 ○ 이밥이닉거다
點뎐뎐 將쟝쟝 燈등등 来례래 喫치칭 飯반빤 ○ 등잔블혀가저오라밥먹쟈 盛칭쩡
湯탕탕 着죠쟣 ○ 湯을쓰라 伯비쀠 伯버븽 喫치칭 些셔셔 飯반빤 ○ 伯伯아져기밥
먹으라 好핳핳 生승승 不부붕 喫치칭 飯반빤 ○ ᄀ장밥먹디못ᄒ돠 做주주 的디딩
早잘짱 時스쑿 ○ 짓기롤일ᄒ뎐돌 喫치칭 些셔셔 箇거거 好핳핳 来례래 ○ 저기
먹기됴흐러니 黑희흫 夜여여 不부붕 敢간간 喫치칭 多도뎌 ○ 밤이니감히먹기롤만히
못홀도다 為위위 甚씸씸 麼마마 ○ 므서술위ᄒ여뇨 古구구 人신신 道단땋 ○ 古人
이닐오뎌 夜여여 飯반빤 少샨샾 一이힝 口쿠쿻 ○ 夜飯은훈입을적게ᄒ면 活호홯 到
닫닿 九구깋 十시씹 九구깋 ○ 살기롤九十九예니ᄅᆞᆫ다ᄒᆞ니라
宋송숭 舍셔셔 看칸칸 打다다 春츈춘 去큐큐 来례래 ○ 宋개아닙츈ᄒ논양보라
가자 ○ 打春音義云如今北京迎春時唯牛芒而已在前只有府縣官負斧師生耆老引赴順天府候春至之

時此節皆杭州所行非京都之事今按月令日季冬出土牛以示農之早晚東京夢華錄云立春前五日造土
牛耕夫犁具前一日順天府進農牛入禁中鞭春府縣官吏士庶耆社具鼓樂出東郊迎春牛芒神至府前各
安方位至日黎明官吏具香花燈燭為壇以祭先農至立春時官吏行禮畢各執綵扶環擊土牛者三以示勸
農之意為牛者謂十二月建丑屬牛寒將極故為其像以送之且以升陽也 我오어 不부붕 去큐큐
○ 내가다못ᄒ리로다 其기끼 實시씽 怕파파 看칸칸 去큐큐 ○ 진실로보라가기저프니
라 我오어 從충쭝 来례래 不부붕 曾층쯩 看칸칸 ○ 내본디일즙보디아니ᄒ엿노라
你니니 休후힣 強강깡 不부붕 要얀향 去큐큐 ○ 네세오디말고가디말라 你니니 自
즈쯔 聽팅팅 我오어 說숴쉉 ○ 네스스로내니ᄅᆞ믈드ᄅᆞ면 強강깡 如유슈 親친친 自
즈쯔 看칸칸 ○ 친히보니도곤나으리라 那나나 牛뉴닝 廠챵챵 裡리리 ○ 뎌牛廠에셔◦
屋無壁為廠即塑牛處 塑수수 一이힝 箇거거 象샹쌍 一이힝 般번번 大다따 的디딩
春츈춘 牛뉴닝 ○ 훈象ᄀ티큰春牛롤민ᄃ라 粧좡쫭 點뎐뎐 顏연연 色서씅 ○ 빗출

ᄭᅮ미고 ○ 牛色以立春日為法日干為頭角耳色日支為身色納音為蹄尾肚色日干甲乙木青色丙丁火紅
色之類日支亥子水黑色寅卯木青色之類納音如甲子日立春納音屬金用白色之類餘做此 一이힝
托토탈 来례래 長쟝쨩 的디딩 兩량량 箇거거 機기기 角교갸 ○ 훈발기러에두샐이
오 ○ 華人鄉語呼角曰挑角 當당당 間견견 裏리리 按안한 一이힝 箇거거 木무뭉 頭
투뜽 做주주 的디딩 明밍밍 珠쥬쥬 ○ 가온디훈남그로민든明珠롤박고 簸보붜 箕기기
来례래 大다따 一이힝 對뒤뒤 耳ᅀᆞᆯᅀᆞ 朵도뎌 ○ 키만치크게훈훈빵귓바회와 十시씹
尺치칭 来례래 長쟝쨩 尾이위 子즈ᄌᆞ ○ 열자길의ᄭᅩ리와 椽쳔쳔 子즈즈 麄추추
的디딩 四스ᄉᆞ 條됴됻 繩싱씽 ○ 헛가래ᄂᆞᆯ호뎨네오리노호로 絟솬솬 在재재 牛뉴닝
車처처 上샹샹 ○ 쇠술위예미고 衆중중 人신신 拖토터 牽켠켠 ○ 모든사롬이ᄭᅳ으고
前쳔쪈 面면면 彩채채 亭팅뗭 裡리리 頭투뜽 ○ 前面彩亭안헤 一이힝 箇거거 塑
수수 的디딩 小샤샹 童퉁뚱 子즈즈 ○ 훈小童子룰민ᄃ라 叫갸걒 做주주 芒망망 兒

올ᅀᆞ ○ 브ᄅᆞ기롤芒兒ㅣ라ᄒ고 牌패빼 上샹썅 寫셔셔 着죠쟣 勾구금 芒망망 神신씬
○ 牌예勾芒神이라쓰고◦春神之號太皥伏羲氏有子曰重主木為勾芒神 手식싱 拿나나 結
겨곙 線션션 鞭변변 ○ 손에結線鞭을잡고◦鞭子用柳枝長二尺四寸被二十四氣上用結子立春
在孟日用麻仲日用苧季日用綠用五彩色蘸漆 頭투뜽 戴대대 耳ᅀᆞᆯᅀᆞ 掩연연 或훠횡 提
티띠 在재재 手식싱 裡리리 ○ 머리예耳掩을쓰며혹손에들고◦芒神耳掩以立春時為法從卯
至戌八時掩耳用手提陽時左手提陰時右手提以八時晃日温和也寅時揭左邊亥時揭右邊而戴以寅亥
時為通氣故揭一邊也子丑時全戴為嚴凝也 立립리 地디띠 趕간간 牛뉴닝 ○ ᄯᅡ히셔셔쇼롤
몰면◦芒神閑忙立春在正旦前後各五日内者是忙芒神與牛齊立在正旦前五辰外者是農早忙芒神在
牛前立正旦後五辰外者是農晚閑芒神在牛後立子寅辰午申戌陽年在左邊立丑卯巳未酉亥陰年在右
邊立 順슌순 天텬텬 府부부 官권권 ○ 順天府官과 司ᄉᆞ스 天텬텬 臺대때 官권권
衆중중 官권권 人신신 們믄믄 ○ 司天臺官모든官人들히◦元置以司曆占今改為欽天監又

設司天監於朝陽門城上 街계게 上쌍상 兩량량 行향항 擺배배 着잘죠 行형힝 ○ 거리
예두줄로버러가며 前쪈쳔 面면면 動뚱둥 細시시 樂얗요 大따다 樂얗요 吹취취 角
갸교 ○ 앏픠細樂大樂을動ᄒᆞ며角을불고 第띠디 二숳을 一킁이 箇거거 十씽시 分본븐
可커커 喜히히 的등디 衒향항 衒현원 ○ 第二는ᄒᆞᆫᄀᆞ장고온녀기와 粧좡좡 二숳을
郎랑랑 爺여여 爺여여 ○ 二郎爺爺를ᄀᆞ며○二郎神名爺爺 尊敬之稱今遼東城內有二郎神廟
按西遊記西域花菓山洞有老猴精號齊天大聖神變 無窮閙亂天宮玉帝命李天王領神兵往捕相戰失利
灌州灌江口立廟有神日小聖二郎又稱二郎賢聖天 王請二郎捕獲大聖即此廟額日昭惠靈顯真君之廟
然未知何神打春之日采此塑像盖亦未詳又見孫行 者註下宣和遺事云宣和七年十二月有神降坤寧殿
修神保觀神保觀者乃 二郎神也都人素畏之 身신신 穿쳔쳔 黃황황 袍뽀팦 ○ 몸에黃袍를닙
고 腰향얀 繫기기 白뻬버 玉유유 帶대대 ○ 허리예白玉帶를띠고 頭뚱투 戴대대
幞뿡부 頭뚱투 ○ 머리예幞頭를쓰고 脚갸교 穿쳔쳔 朝쨩쟌 雲윤윤 靴훠휘 ○ 발예

朴通事諺解下　四十七

朝雲靴를신고 手싛식 拿나나 結켱겨 線션션 鞭변변 ○ 손에結線鞭을잡고 騎끼키 坐
쬐조 白뻬버 馬마마 珠쥬쥬 鞍한안 ○ 白馬珠鞍을ᄐᆞ고 一킁이 箇거거 小샿샿 鬼
귀귀 拿나나 着잘죠 大따다 紅훙훙 羅러로 傘산산 ○ ᄒᆞᆫ小鬼ㅣ大紅羅傘을잡고 馬
마마 前쪈쳔 馬마마 後흫후 跟근근 着잘죠 的등디 大따다 小샿샿 鬼귀귀 卒종주
○ 馬前馬後에ᄯᆞ로ᄂᆞᆫ大小鬼卒이 不부부 知징지 其끼키 數수수 ○ 그수를아디몯ᄒᆞ고
前쪈쳔 面면면 一킁이 箇거거 鬼귀귀 ○ 앏픠ᄒᆞᆫ귀졸이 拿나나 着잘죠 三산산 丈
짱장 來래래 高강갈 的등디 大따다 旗끼키 號햫한 上쌍상 寫셔셔 着잘죠 明밍밍
現현현 真진진 君균균 ○ 三丈노픠큰긔예明現 真君이라쓴거슬잡고 後흫후 頭뚱투 又
잉우 是숳스 箇거거 茶짜차 博밣보 士숳스 們믄믄 ○ 뒤히또이茶 博士들히 提떼티
湯탕탕 灌권권 的등디 ○ 湯灌든 이며 拿나나 茶짜차 椀뤈원 把바바 盞잔잔 的
등디 跟근근 着잘죠 ○ 茶椀가지며잔 잡은이ᄯᆞ와 這저저 般번번 擺배배 隊뒤뒤 行

항힝 ○ 이리隊를버러가 到닿단 鼓구구 樓릏루 前쪈쳔 面면면 ○ 鼓樓앏히니ᄅᆞ러
朝쨩챠 東둥둥 放방방 着잘죠 土투투 牛닝부 ○ 東을향ᄒᆞ여土牛를노코 芒망망 兒
슬을 立릭리 在째재 牛닝부 背븨븨 後흫후 ○ 芒兒ㅣ쇠뒤히서셔 甚씸슴 時숳스 幾
기기 刻킈킈 立릭리 春츈츈 ○ 아ᄆᆞᄢᅢ현刻에立春ᄒᆞᆫ다ᄒᆞ면 司숳스 天텬텬 臺때대 家
갸갸 ○ 司天臺家ㅣ 這저저 般번번 揀견견 定띵딩 時숳스 辰쪈친 ○ 이리ᄢᅢ를골희
여定ᄒᆞ고 相샹샹 着잘죠 地띠디 脉뭉머 ○ 地脉을相ᄒᆞ야 放방방 一킁이 堆뒤뒤 灰
휘휘 ○ ᄒᆞᆫ무독지를노ᄒᆞ면○立春之日 以葭莩灰實律之端氣至則灰飛 具뀨규 服뿡부 的등디
官권권 人인인 們믄믄 ○ 具服ᄒᆞᆫ官人들히 燒샿샾 香향향 等등등 候흫후 的등디
其끼키 間견견 ○ 燒香ᄒᆞ고기ᄃᆞ릴ᄉᆞ이에 地띠디 氣키키 正징징 旺왕왕 上쌍샹 的
등디 時숳스 節졍제 ○ 地氣正히旺上ᄒᆞᆯᄢᅢ에 那나나 灰휘휘 忽훟후 然연연 飛비븨
將쟝샹 起키키 來래레 後흫후 頭뚱투 ○ 뎌지急然히ᄂᆞ라 니러난후에야 纔째채 只

朴通事諺解下　四十八

중즈 那나나 箇거거 太태태 師숳스 家갸갸 的등디 ○ 그제야아ᄆᆞ太師ㅅ집 太태태
保밣반 家갸갸 的등디 ○ 太保ㅅ집○太師太保元以太師太 傅太保為三師以太尉司徒司空為
三公漢唐旧制也三師〻範一人儀 刑四海三公論道經邦燮理陰陽 丞찡칭 相샹샹 家갸갸 的
등디 ○ 丞相집 公궁궁 侯흫후 家갸갸 的등디 ○ 公侯ㅅ집이 各갛거 自쫗즈 一
킁이 火훠호 家갸갸 ○ 各各ᄒᆞᆫ무리식 睜쯩즁 着잘죠 眼연연 ○ 눈을브르ᄯᅳ고 捨셔셔
着잘죠 性싱싱 命밍밍 ○ 性命을ᄇᆞ려 各갛거 拿나나 棍군군 棒빵방 ○ 各各막대
를가지며 又잉우 是숳스 擔단단 杖쨩장 廝숳스 打다다 着잘죠 ○ ᄯᅩ막대를메고서ᄅᆞ
싸화 爭쯩즁 那나나 明밍밍 珠쥬쥬 ○ 뎌明珠를ᄃᆞ토와 其끼키 中즁즁 那나나 一
킁이 火훠호 兒숳을 强깡캉 的등디 ○ 그듕에가모ᄒᆞᆫ무리나은이 把바바 別뼈버 的
등디 打다다 的등디 四숳스 分뿐븐 五우우 落랗로 裡리리 ○ 다ᄅᆞᆫ이를다 가텨四分五
落ᄒᆞ야 東둥둥 走졓주 西시시 散산산 ○ 東走西散ᄒᆞ니 這저저 般번번 趕간간 退

튀튀了랴랴○이리ᄠᅥ차믈리티고忽홍후跳땋턒上썅샹牛닣닉去큐큐○믄득쇠게
ᄠᅱ여올라撮촣초下뺘햐那나나明밍밍珠쥬쥬○뎌明珠룰ᄲᅢ혀各갛거飯빤반店
뎐뎐酒쟝작肆슿스裡리리繞샿샾着쟣죠走즣주○各飯店과酒肆에두로ᄃ니這
져져般번번鬧낳낲起키키來래레○이리요란ᄒ여打다다的딩디打다다躧채채
的딩디躧채채○티리티고볼피리볼피니這져져般번빈戰젼젼場쨩챵裡리리○
이런戰場에乾간간無무우來래레由잉우做주주甚씸숨麼마마去큐큐○속졀
업시므슴ᄒ라가리오常쨩챵言연연道땋닾○常言에닐오디好핳한兒슬을不붕부
看칸칸春츈츈○好兒눈看春아니ᄒ고好핳한女뉴뉴不붕부看칸칸燈등등○
好女눈看燈아니ᄒ다ᄒᄂ니라○容齋隨筆云漢家祠太乙以昏時祠到明今人正月望夜夜遊觀月是其
遺事唐韋述兩京記曰正月十五日夜勅金吾弛禁前
後各一日以觀燈其寺觀街巷燈明若晝士女夜遊車
馬塞路有足不躡地浮行數十步者阡陌縱橫城闉不
禁五陵年少滿路行歌萬戶千門笙簧未徹得樂經云

朴通事諺解下 四十九

上元如來闍維訖收舍利置金床上天人散花奏樂繞
城步步燃燈十二里宣和遺事云天官好樂地官好人
水官好燈道經云正月十五日謂之上元天官下降人
間考宴罷楅是夜張燈士女鼓樂遊街令漢俗上元夜
行過三橋則一年度厄謂之過橋
傾城士女夜遊徹明頗有穢聲
北붕버京깅깅外왜왜羅러로城쨍칭○北京밧羅城에有잉우九깅구座쭤조門
믄믄○九座門이이시니南난난有잉우正징징陽양양門믄믄宣쉔쉔武무우門
믄믄崇쭝충文문운門믄믄○南에正陽門宣武門崇文門이잇고東둥둥有잉우朝짷잔
陽양양門믄믄東둥둥直찡지門믄믄○東에朝陽門東直門이잇고北붕버有잉우
安한안定띵딩門믄믄德뒹더勝싱싱門믄믄○北에安定門德勝門이잇고西시시
有잉우阜뿡부城쨍칭門믄믄西시시直찡지門믄믄○西에阜城門西直門이이시니
這져져門믄믄裡리리頭뜽투○이門ㅅ듕에舊깋구名밍밍○네일흠이正징징
陽양양是쓰스午우우門믄믄○正陽은이午門이오宣쉔쉔武무우是쓰스順쓘쓘

城쨍칭門믄믄○宣武눈이順城門이오崇쭝충文문운是쓰스合헣허噠땋다門
믄믄○崇文은이合噠門이오朝짷잔陽양양是쓰스齊찌치華화화門믄믄○朝陽
은이齊華門이오阜뿡부城쨍칭是쓰스平삥핑則즹저門믄믄○阜城은이平則門이
니라
秀싛수才째채哥거거○秀才형아咱짱자們믄믄打다다魚유유兒슬을去큐큐
來래레○우리고기잡오라가자我어오不붕부去큐큐○내가디못ᄒ리로다如슈슈
何ᄒᆏ허不붕부去큐큐○엇디가디아니ᄒ눈다你니니這져져般번번金긴긴榜
방방掛과과名밍밍的딩디書슈슈生승승○너눈이런金榜에掛名ᄒᆞᆯ書生이니○唐崔昭
暴卒復鞋云見實間列榜書人姓名將相金榜次銀榜州縣小官缺榜放余之科第綴名之榜謂之金榜那
나나裏리리想샹샹我어오這져져漁유유翁웅웅之즈즈味미위○어더우리미漁
翁의마술싱각ᄒ리오我어오棄키키了랴랴這져져名밍밍利리리家갸갸筵면연

朴通事諺解下 五十

○내이名利家筵을ᄇ리고將쟝쟝一힝이葉여여小샿샾漁유유艇팅팅○一葉小漁
艇을가지고裝쫭좡載재재這져져酒쟉작琴낀킨漁유유網왕왕○이酒琴漁網을
싯고彈딴단一힝이曲큐큐流릳릭水쉬쉬高강간山산산○一曲流水高山을ᄩ며○
列子伯牙善鼓琴鍾子期善聽伯牙鼓琴志在高山子期曰善哉巍巍乎志在高山俄而志在流水子期曰善
哉洋洋乎志在流水子期死伯牙以爲世無知音終身不復鼓琴孔子曰仁者樂山智者樂水子期嘆伯牙仁
智脩盉挽환완我어오這져져錦긴긴心신신繡싛수腹붕부○내이錦心繡腹을ᄉᆞᆫ
오고潛편천入슝슈這져져水쉬쉬國궈궈魚유유邦방방○이水國魚邦에潛入ᄒ여
披피피着쟣죠這져져箬샿요笠링리蓑서소衣히이○이箬笠蓑衣롤닙고一힝이
任신신交걓갸斜써셔風붕붕細시시雨유유○斜風細雨交ᄒ믈一任ᄒ여我어오
援원원琴낀킨一힝이張쟝쟝酒쟝작一힝이壺후후○내琴一張酒一壺롤가지고
自쯔즈飲인인自쯔즈歌거거○自飲自歌ᄒ야對뒤뒤着쟣죠這져져水쉬쉬聲

싱싱山산산色싀서淡단단烟현연○이水聲山色淡烟을對ᄒᆞ고閑현현居규규兩
량량岸안안青칭칭蒲뿌푸紅뿡홍蓼랼랖灘탄탄邊변변○兩岸青蒲紅蓼灘邊에閑
居ᄒᆞ야纜란란船쳔쳔下햐햐網망왕○비미고그물티고或훠훠撑층층開캐캐忽
入슝슈這저저荷허허國궈귀花화화城칭칭○혹ᄇᆡ버혀이荷國花城에드러가忽
훌후生승승得듸더清칭칭歌거거細시시舞우우之즈즈心신신○믄득淸歌細舞
홀훌ᄆᆞᄋᆞᆷ올내여尋씬신着쟢죠這저저蘆루루葦위위密밍미處츄츄巖연연頭뚷투
石씨시崖애애○이蘆葦密處巖頭石崖룰ᄎᆞ자慢만만慢만만的딩디將장장鉤궇구
兒ᅀᆞᆯ얼垂쮜취下햐햐水쉬쉬裡리리去큐큐時ᄉᆞ스○날호여낙시를다가믈에들이
오면銀인인絲ᄉᆞ스鉤궇구破풔포波붜보紋운운○銀絲낙시波紋을헤티고䁪진잔
眼연연釣닿댜出츄츄箇거거老랖랴大따다的디디金긴긴色싀서鯉리리漁
유유○䁪眼ᄒᆞᆯᄉᆞ이예ᄒᆞᆫᄀᆞ장큰금빗치鯉魚를낫가내니漁유유翁웅웅之즈즈味미위萬

朴通事諺解下　五十一

완완無무우迭뎡뎌○漁翁의마ᄋᆞᆷ안가지도迭ᄒᆞᆫ거시업ᄉᆞ니라也여여不부부想샹샹
李리리白빙비摸무무月웨위○또李白의撈月을ᄉᆡᆼ각디아니ᄒᆞ고○李白唐玄宗朝詩人從
采石江見月影滿水以手撈月身翻而死也여여不부부學햫효屈규규原원원投뚷투江
강강○또屈原의投江을비호디아니ᄒᆞ니○屈原楚之大夫也諫懷王不聽投汨羅水而死便뼌변
是ᄉᆞ스小샿샤太태태公궁궁○곳이小太公이라○太公姓呂名尚釣於渭水周文王出獵遇
於渭水之陽與語大悅曰自吾先君太公曰當有聖人適周周以興子豈是耶吾太公望子久矣故號之曰太
公望載與俱歸立爲師也여여不부부願원원遇유유文운운王왕왕○ᄯᅩ文王만나믈
願티아니ᄒᆞ고我워오待때대學햫효范빤반蠡리리歸귀귀湖후후○내范蠡의歸湖
룰비호고저ᄒᆞ노라○范蠡越之大夫也相越王勾踐敗吳曰越王爲人長頸烏喙可與圖患難不可與共安
逸遂泛扁舟載西施遊五湖不返
申신신竊쳥쳐盜닿닾狀좡좡○竊盜狀을申ᄒᆞ노니○申音義云下司達於上司之謂猶言呈

志今按直隸府申六府在外府州申都司應天府申五
軍都督皆名曰申狀某府爲某事云云合行申覆狀乞
照驗施行須至申者右申某處承宣布政使司年月府
官姓名以此觀之則非所志也乃官行文移也詳見求
政錄某무무村츈츤住쥬쥬某무무人인인○아모村에사ᄂᆞᆫ아뫼年년년幾기기無
무우病뼝빙○나히현이오병업슨이라右잉우某무무伏뿡부爲위위於유유今긴긴
月웨위某무무日ᅀᅵ시某무무時ᄉᆞ스巳이이來래래○右某ᄂᆞᆫ伏爲今月아모날아모
ᄢᅢ예本본본家갸갸人인인口쿠쿠睡쉬쉬臥워오○본집사ᄅᆞᆷ이자더니不부부覺
걍교有잉우賊쩍지人인인入슝슈來래래本본본家갸갸東둥둥屋우우內뉘뉘
○賊人이이셔本家東屋안희드러오믈ᄭᆡ돗디못ᄒᆞ여偷틓투盜땋닾去큐큐布부부一
힝이百뵝비匹핑피○布一百匹을도적ᄒᆞ야가니即징지時ᄉᆞ스某무무聲싱싱言
연연○即時某ᅵ聲言ᄒᆞ여叫걒갸到닿닾隣린린人인인并빙빙巡순순宿숭수總
즁중甲갸갸人인인等등등○隣人과巡宿ᄒᆞᄂᆞᆫ總甲人等을아오로블러○總甲軍制編成排甲

朴通事諺解下　五十二

每一小甲管軍人一十名總甲管軍五十名每一百戶該管一百一十二名又里甲每里一百戶五家爲一火十
家爲一甲每十戶甲首一名追쮜쥐趕간간賊쩍지人인인○賊人을발와約얗요至
즈즈某무무處츄츄○거의아므곳에가되偷틓투盜땋닾前쳔쳔項향향物뭉우色
싀서○도적ᄒᆞᆫ前項物色을不부부知지지去큐큐向향향○去向을아디몯ᄒᆞ더니某
무무與유유隣린린人인인等등등○某ᅵ隣人等으로더브러辨변변驗연연得듷더
賊쩍즤人신신蹤중중跡징지○辨驗ᄒᆞ여賊人의蹤跡을어드니約얗요賊쩍즤幾
기기人신신○거의도적현사ᄅᆞᆷ이於유유本본본家갸갸那나나邊변변跳댱댜墻
챵창入슝슈來래래家갸갸內뉘뉘○본집뎌편담을뛰여안히드러와於유유東둥둥
屋우우那나나邊변변剜원원窟쿠쿠○동녁집뎌편에굼글뚧고一잉이箇거거入
슝슈來래래屋우우內뉘뉘○ᄒᆞ나히집안희드러와偷투투盜닿닾前쳔쳔項향항
布부부匹핑피○前項布匹을도적ᄒᆞ여却겨궈跳댱댜墻쨩창出츄츄去큐큐○

또 당을 뷔여 나가시니 今 긴긴 具 규규 狀 장장 申 신신 告 갈간 某 무무 官 권권 ○ 이제 狀을 ᄀᆞ초와 某官셔 申告ᄒᆞ노니 伏 뽕부 乞 킹키 詳 샹샹 狀 장장 ○ 伏乞詳狀ᄒᆞ여 撿 견견

驗 연연 是 쑤스 實 씽시 ○ 撿驗ᄒᆞ야 이실커든 着 쟣죠 當 당당 該 개개 地 띠디 分 뿐븐

弓 궁궁 手 싛식 人 신인 等 등등 ○ 當該地分弓手人等으로ᄒᆞ여 ○弓手 文獻通考曰弓手兵号 如弩手槍手之類 今按軍制編成排甲每一百户銃手十名刀牌手二十名弓箭手三十名槍手四十名 收 싛삭

提 쬬조 上 샹샹 件 껸견 賊 쯕즉 人 신인 ○ 上件賊人을 거두어 잡아 赴 부부 官 권권

施 ᄉᆞ스 行 힝힝 ○ 官에 보내여 施行ᄒᆞ쇼셔 執 짛지 結 겨 是 쑤스 實 씽시 ○ 執結이 이

실ᄒᆞ니 ○執結音義云亦猶云所志 令按凡供狀內皆云執結是實 謂令所供報之詞皆實非虛 如虛甘罪云

云之意非徒謂所志詞語也 伏 뽕부 取 츄츄 處 츄츄 分 븐븐 ○ 업딘여 處分을 取ᄒᆞ노이다

某 무무 年 년년 月 웛워 日 싱이 ○ 某年月日에 告 갈간 狀 장장 人 신인 某 무무 ○ 告狀ᄒᆞᆫ 사롬 아뫼라

陸 룩루 書 슈슈 吏 리리 ○ 陸書吏아 你 니니 饋 귀귀 我 어오 寫 셔셔 一 힝이 箇 거거

狀 장장 子 즈즈 ○ 네 날을 ᄒᆞᆫ 고장을 써주고려 ○狀子猶本國所志 吏學指南云 狀貌也 以貌寫情於紙墨也 亦曰告狀 謂述其情告訴於上也 甚 씸슴 麽 마마 狀 장장 子 즈즈 ○ 므슴 고장고 有

잉우 一 힝이 箇 거거 沒 뭉무 理 리리 的 딍디 村 춘춘 牛 닏ᄂᆞ ○ ᄒᆞᆫ 무리ᄒᆞᆫ 村牛ㅣ 이셔

打 다다 我 어오 來 래래 ○ 날을 터세라 這 져져 般 번번 着 쟣죠 ○ 이러면 那 나나

廝 ᄉᆞ스 多 더도 少 샿샾 年 년년 紀 기기 ○ 뎌놈이 나히 언메나 ᄒᆞ더뇨 那 나나 廝 ᄉᆞ스

不 불부 到 당단 六 륙루 十 씽시 的 딍디 摸 무무 樣 양양 ○ 뎌놈이 六十이 다돗디 못ᄒᆞᆫ 摸

樣이러라 那 나나 般 번번 時 쑤스 ○ 그러면 正 징징 是 쑤스 喫 칭치 打 다다 的 딍디

裁 재재 兒 ᄉᆞᆯ ○ 졍히 마즐 ᄀᆞ음이로다 ○裁兒 裁作材 是謂軀幹也 官 권권 法 빵바 內 뉘뉘

七 칭치 十 씽시 已 이이 上 샹샹 十 씽시 五 우우 已 이이 下 햐하 ○ 官法內예 七十已上

十五已下는 不 불부 合 헝허 加 갸갸 刑 헝힝 ○ 형벌을 더으미 맛당티 아니타 ᄒᆞ엿ᄂᆞ니 你

聽 팅팅 我 어오 念 넨년 ○ 네 드르라 내 念ᄒᆞ마 告 갈간 狀 장장 人 신인 李 리리 萬

환완 見 견견 ○ 告狀ᄒᆞᆫ 사롬 李萬見이 年 년년 幾 기기 歲 쉬쉬 無 우무 病 삥빙 ○ 나히

현이오 病 업슨이 係 헤히 本 븐븐 府 부부 本 븐븐 縣 현현 附 뿌부 籍 쩍지 人 신인 户

후후 ○ 本府本縣에 ᄆᆡ여 附籍ᄒᆞᆫ 人户ㅣ ○附籍 非土著户而以他鄕之人來寓居者也 狀 장장 告

갈간 ○ 狀을 告ᄒᆞ노니 伏 뽕부 為 위위 於 유유 今 긴긴 月 웛워 某 무무 日 싱이 某

時 쑤스 已 이이 來 래래 ○ 伏為 이ᄃᆞᆯ 아모 날 아모 ᄢᅢ에 前 쪈천 去 큐큐 街 계계 上 샹샹

勾 궁구 當 당당 ○ 거리에 일로 가드니 到 당단 某 무무 處 츄츄 ○ 아모 곳에 가 逢 뽕봉

着 쟣죠 本 븐븐 府 부부 張 쟝쟝 千 쳔천 帶 대대 酒 짇작 ○ 本府張千이 술 취호믈 만나

即 징지 時 쑤스 躲 더도 避 삐비 ○ 즉제 躲避ᄒᆞ니 張 쟝쟝 千 쳔천 前 쪈천 來 래래 赶

간간 上 샹샹 ○ 張千이나 아와 ᄯᆞᆯ와 將 쟝쟝 某 무무 衣 이이 領 링링 扯 처처 住 쥬쥬 言

연연 道 땀단 ○ 某의 옷기술 잡고 닐오되 你 니니 那 나나 裡 리리 去 큐큐 ○ 네 어딕 가는다

ᄒᆞ여놀 是 쑤스 某 무무 回 훼휘 言 연연 道 땀단 ○ 이 某ㅣ 回言ᄒᆞ여 닐오되 你 니니 醉

취취 家 갸갸 去 큐큐 ○ 네 醉ᄒᆞ여시니 집의 가라 張 쟝쟝 千 쳔천 言 연연 說 쉬쉬 ○ 張千

이 닐오되 你 니니 買 매매 與 유유 我 어오 喫 칭치 來 래래 ○ 네 날을 사주 머긴다ᄒᆞ고 이

便 뻔번 行 힝힝 作 쟉조 惡 항어 ○ 곳 사오나옴을 지어 於 유유 某 무무 面 면면 上 샹샹

用 융융 拳 뀐권 打 다다 破 쀠포 ○ 某의 ᄂᆞᆺ출 주머괴로 터하야 ᄇᆞ리되 某 무무 並 삥빙 不

불부 曾 쯩ᄉᆞᆼ 抵 디디 敵 띵디 ○ 某ㅣ 다ᄆᆞ기 일즙 抵敵디 아니ᄒᆞ엿ᄂᆞ니 當 당당 有 잉우 其

무무 縣 현현 某 무무 村 춘춘 住 쥬쥬 人 신신 王 왕왕 大 따다 户 후후 為 위위 證 징징

○ 곳 아모 고을 아모 ᄆᆞ을에 사ᄂᆞᆫ 사ᄅᆞᆷ 王大户ㅣ 이셔 證ᄒᆞ엿ᄂᆞ니이다 ○當有猶言即有也 一曰猶言上項證

之辭 有 잉우 此 ᄎᆞ츠 情 찡칭 理 리리 難 난난 甘 간간 ○ 이런 情理 難甘홈이 이셔 今 긴긴

不 불부 免 면면 具 규규 狀 장장 ○ 이제 마디 못ᄒᆞ여 具狀ᄒᆞ여 上 샹샹 告 갈간 某 무무

官 권권 ○ 某官ᄭᅴ 上告ᄒᆞ노니 伏 뽕부 乞 킹키 詳 샹샹 狀 장장 施 ᄉᆞ스 行 힝힝 ○ 伏ᄂᆞᆫ

ᄒᆞ노니狀을詳ᄒᆞ여施行ᄒᆞ쇼셔 其무무年년년月웡워日싀시○某年月日에 告갈갇
狀쨩장人신인李리리萬완완見견견○告狀ᄒᆞᆫ사ᄅᆞᆷ李萬見이라 狀쨩장不붕부過궈고
三산산日싀시便변변告갈갇時쓰스好핳한○狀은三日이디나디아녀셔ᄀᆞᆺ告ᄒᆞ
이됴커니와 你니니更긍긍有잍우傷샹샹有잍우何허허愁쯓추○너ᄂᆞᆫᄯᅩ傷ᄒᆞᆫ듸
이시니므슴근심이이시리오 常쨩챵言연연道땅닾○常言에닐오되 捉좌조賊쯰즤見
견견贓장장○도적잡기ᄂᆞᆫ장믈을보고 廝스스打다다驗연연傷샹샹○서ᄅᆞ싸호ᄃᆡᄂᆞᆫ
傷處를驗ᄒᆞᆫ다ᄒᆞᄂᆞ니라
今긴긴日싀시早잪잔起키키○오ᄂᆞᆯ일쪽에 我어오別뼈벼處츄츄望왕왕相
識싱시去큐큐来래레○내다ᄅᆞᆫ고ᄃᆡ아ᄂᆞᆫ이ᄅᆞᆯ보라가 門믄믄前쪈첸絟솬솬着쟙죠
帶대대鞍한안的딩디白쀡버馬마마来래레○門앏희기ᄅᆞ마지은白馬ᄅᆞᆯ미엿더니
不붕부知징지怎즘즘生승승走증주了랴랴○아디못게라엇디돌아난디 不붕부

知징지去큐큐向향향○간ᄃᆡᄅᆞᆯ아디못ᄒᆞ니 你니니寫셔셔與유유我어오告갈갇
子즈즈○네날을방을ᄡᅥ주라 各거거處츄츄橋꺌캬上샹샹角꺌교頭뜰투們믄믄
貼텽뎨去큐큐○各處ᄃᆞ리모ᄅᆞᆼ이들헤브티고 又잎우雇구구一잉이箇거거小샿샨
廝스스○ᄯᅩᄒᆞᆫ아ᄒᆡᄅᆞᆯ셰내여 與유유他타타二슬을兩량량告갈갇子즈즈錢쪈천
○뎌를두냥告子錢을주고 二兩告子錢鈔之兩數也 ○着쟙죠他타타沿연연街계계叫
갸갸○뎌로ᄒᆞ여거리를조차웨려ᄒᆞ노라 這져져告갈갇子즈즈寫셔셔了랴랴也여여
○이방을ᄡᅥ다 幾기기年년년月웡워日싀시○아모ᄒᆡ月日에 走증주失싱시了
랴랴 甚씸슴色싱서馬마마○아모빗쳇ᄆᆞᆯ를ᄃᆞ라나일허시되 牙야야幾기기歲쉬쉬
○나히현이오 有잍우甚씸슴瞎한안記기기沒뭉무印힌인○아ᄆᆞ란ᄆᆞ만ᄒᆞᆫ보람
이엇고인은업ᄂᆞ니 報밮밮信신신的딩디三산산兩량량○報信ᄒᆞᄂᆞ니ᄂᆞᆫ셕냥이오 收
싷식討탕탄的딩디六륙루兩량량○거두어어드니ᄂᆞᆫ엿냥을ᄒᆞ여 着쟙죠他타타將

쟝장的딩디去큐큐○뎌로ᄒᆞ여가져가게ᄒᆞ고 得뒁더了랴랴馬마마時쓰스○ᄆᆞᆯ을
어더든 與유유他타타一잉이半번번兒ᅀᆞᆯ錢쪈천贖쓩슈將쟝장來래레○
뎌ᄅᆞᆯ一半갑ᄉᆞᆯ주고믈러가져오리라 尋씬신將쟝장馬마마來래레時쓰스○ᄆᆞᆯ을어더
오면 請칭칭的딩디哥거거來래레把바바一잉이盞잔잔○형을請ᄒᆞ여와ᄒᆞᆫ盞을자
브마 不붕부敢간간○不敢ᄒᆞ여라 我어오且쳐쳐問문운你니니○내아직너ᄃᆞ려
뭇노니 怎즘즘的딩디是씃스一잉이半번번兒ᅀᆞᆯ錢쪈천贖쓩슈○엇디ᄒᆞᆯ손
이一半갑ᄉᆞᆯ주고므ᄅᆞ기고 你니니看칸칸這져져告갈갇子즈즈○네이방을보라 半
번번張쟝쟝紙즈즈上샹샹寫셔셔着쟙죠裏리리○半張조희예ᄡᅥᆺᄂᆞ니 一잉이張
쟝쟝裏리리寫셔셔時쓰스全쪈천饋괴지他타타○ᄒᆞᆫ張에ᄡᅥ시면오로뎌를주고 半
번번張쟝쟝裏리리寫셔셔時쓰스與유유一잉이半번번錢쪈천贖쓩슈○張半
에ᄡᅥ시면一半갑ᄉᆞᆯ주고므ᄅᆞ이니라

如슈슈何허허先션션生승승數수수日싀시不붕부見견견○엇디先生을두어날
보디몯ᄒᆞᆯ소니 聽팅팅我어오說숴쉬○내닐옴을드ᄅᆞ라 小샿샨子즈즈近낀긴日
싱이聽팅팅得뒁더○小子ㅣ요ᄉᆞ이드ᄅᆞ니 有잍우高갈갇麗리리来래레的딩디
秀싷식才쨋채○高麗로셔온秀才잇다ᄒᆞ여ᄂᆞᆯ 尋씬신他타타講걍걍論룬룬些셔셔
文문운書슈슈来래레○뎌를차자글을講論ᄒᆞ노라 曰힌인此ᄎᆞ츠不붕부得뒁더
工궁궁夫부부闕퀑쿼拜배배望망왕○이런젼ᄎᆞ로工夫를엇디못ᄒᆞ여拜望을闕ᄒᆞ니
得뒁더罪쮜쮜得뒁더罪쮜쮜○得罪得罪ᄒᆞ여라 先션션生승승有잍우何허허
新신신聞문운○先生이므슴新聞이잇ᄂᆞ뇨 沒뭉무甚씸슴新신신聞문운○아므
란新聞이업서 只즈즈聽팅팅的딩디高갈갇麗리리新신신事ᄉᆞ스来래레○그저
高麗ㅅ新事를드런노라 先션션生승승你니니說숴쉬一잉이說숴쉬○先生아네니ᄅᆞ
라 要향얀說숴쉬甚씸슴麽마마○므서ᄉᆞᆯ니ᄅᆞ과뎌ᄒᆞᄂᆞ뇨 如슈슈今긴긴和허호

小人望他去便了○
咳後頭口却怎的好○
且住○你來街坊
有賃的驢麼○有錢
時那裏後賃的驢○
將一百箇錢去○疾快
賃的來○牽將來鞴了
也○先生恰說的秀
才在那裏下着裏○
崇文門裏頭○大街街
東○張編修家裏下着

○那般時更好○
張編修是小人的同年○
就望他去時也不多○
二人到那門首敲
門道○編修相
公有麼○小廝道○
我相公不在家○高
麗來的秀才有麼○
書房裏坐的看文書裏○
你入去說一說○
常來的○沈進中和葛教

之教授兩箇○探先
生來裏○相公○沈
先生在門前裏○請
麼沈先生○小人門前
有客是誰○葛教
授探先生來裏○
咳惶恐惶恐○請麼先
生○不敢○何必如
此○主人先行客從
之○請坐○先
生貴姓○貴在下姓韓○

在下表德何似○在下年
幼○無德可表○
在下名是彬字文中○
春秋何似○三句
有二○賢尊令堂有麼
○在下具慶○你
這東國歷代幾年○
當初怎生建國來○咱
本國是太祖姓王諱建表
德若天○

岳郡人幼而聰明龍顏日角年二十始仕弓裔拜波珍飡其時人洪儒等四人詣建第請擧義兵公固拒不從夫

人柳氏曰妾聞諸公之言尚有感奮況大丈夫乎提甲領以披之諸將扶擁而出令人呼曰王公已擧義旗圍
人來赴者不可勝計先至宮門鼓噪以待者亦萬餘人弓裔微服逃至斧壤爲民所害太祖即位國號高麗
年 년년 二 술을 十 씹시 歲 쉬쉬 時 쓰스 分 뿐븐 ○ 나히 스믈인 제 唐 땅당 昭 쌸샾 宗
중중 乾 건권 寧 닝닝 三 산산 年 년년 ○ 唐昭宗乾寧三年에 ○ 唐昭宗姓李名曄僖宗弟七子爲
逆臣朱全忠所弑 上 샹샹 泰 태태 封 봉봉 王 왕왕 弓 궁궁 裔 이이 手 싛슈 下 햐하 ○
泰封王弓裔手下에 올라 ○ 弓裔新羅憲安王之妾子以五月五日生屋上有素光屬天如虹日官奏曰此兒
以重午日生生而有齒且光燄異常恐將不利於國家宜勿擧王勅中使殺之乳婢竊奉而逃祝髮爲僧一日
持鉢赴齋有烏啣牙籤落鉢中視之有王字遂叛據鐵圓郡爲都即今鐵原府也國號摩震改元武泰後改國
号泰封 做 주주 了 랼랴 鐵 톄텨 原 원원 京 깅깅 太 태태 守 싛슈 ○ 鐵原京太守ㅣ 되엿
더니 每 믜믜 番 반반 有 잉우 大 따다 功 궁궁 勞 랄랄 ○ 每番에 큰 功勞ㅣ 이셔 陞 싱싱
做 주주 水 쉬쉬 軍 균균 將 쟝장 軍 균균 波 붜보 珍 진진 餐 찬찬 侍 쓰스 中 중중 ○

陞ᄒ여 水軍將軍波珍餐侍中을 ᄒ엿더니다 恰 캬캬 說 숴숴 的 딩디 是 쓰스 甚 씸슴 麼 마마
官 권권 職 징지 ○ 굿 니ᄅ는 거시 이 므슴 벼슬고 侍 쓰스 中 중중 是 쓰스 這 져저 裡 리리
丞 징칭 相 샹샹 一 힝이 般 번번 ○ 侍中은 이 여긔 相과 ᄒᆞᆫ가지라 丞 那 나나 時 쓰스 節
졍져 ○ 그時節에 弓 궁궁 裔 이이 無 무우 道 땅도 ○ 弓裔ㅣ 無道ᄒ여 靡 믜믜 所 수소
不 부부 為 위위 ○ ᄒ디 아닐 배 업ᄃ니 梁 량량 貞 징징 明 밍밍 四 쓰스 年 년년 三 산산
月 웡워 裡 리리 ○ 梁貞明四年三月에 ○ 梁貞明梁國號即五代朱梁也貞明均王年號均王名瑱太
祖朱溫之第四子也朱溫事唐僖宗賜名全忠拜宣武軍節度使封梁王受唐禪即位六年爲第二子郢王
友珪所弑均王誅友珪而立十一年唐人取曹州帝急其臣皇甫璘所弑是爲末帝 將 쟝장 軍 균균 裴
뻬페 玄 훤현 慶 깅깅 洪 훙훙 儒 슈유 卜 붕부 智 징지 謙 켠켠 申 신신 崇 쭝충 謙 켠켠
等 등등 四 쓰스 箇 거거 人 인인 ○ 將軍裴玄慶洪儒卜智謙申崇謙等 네 사ᄅ미 到 닫닫 太
태태 祖 주주 宅 쪄저 裡 리리 商 샹샹 量 량량 道 땀단 ○ 太祖宅에 가 아려 닐오디 혜 弓

궁궁 王 왕왕 如 슈슈 此 츠츠 無 무우 道 땅단 ○ 弓王이 이러ᄐ시 無道ᄒ니 怎 즘즘 受
씋수 他 타타 苦 쿠쿠 ○ 엇디 뎌의 보채믈 바드리오 咱 장자 衆 중중 人 인인 們 믄믄 特
뜽더 來 래레 告 갈갈 報 발발 ○ 우리 모든 사ᄅᆞᆷ들히 특별이 와 告報ᄒ노니 願 원원 主 쥬쥬
公 궁궁 用 융융 心 신신 教 걀갸 百 븽버 姓 싱싱 受 씋수 苦 쿠쿠 ○ 願컨대 主公은 用心
ᄒ야 百姓의 受苦ᄅᆞᆯ 救ᄒ쇼셔 太 태태 祖 주주 不 붕부 准 쥰쥰 的 딩디 其 끼기 間 견견
○ 太祖ㅣ 허디 아닐ᄉ이예 娘 낭낭 子 즈즈 柳 률루 氏 쓰스 出 츄츄 來 래레 說 숴숴 道
땅단 ○ 娘子柳氏ㅣ 나와 닐오디 ○ 柳氏貞州柳天弓女也高麗太祖初爲弓裔將軍領兵過貞州憩古柳
下見川上有一女子甚義問誰女對曰天弓之女太祖到其家天弓饗之甚款以女薦枕既去絕不往來女守
節爲尼太祖聞之迎以爲妃後裴玄慶申崇謙等推戴太祖后贊成之既即位冊后爲元妃薨諡神惠貞州今
豐德昇天浦古城北二里是也 憑 삥피 着 쨯죠 大 따다 體 티티 例 리리 ○ 大體例로 의빙ᄒ면
征 징징 伐 빵바 無 무우 道 땅단 ○ 無道ᄅᆞᆯ 征伐호미 自 쯔즈 古 구구 有 잉우 之 즈즈

○ 녜브터 잇ᄂ니 咱 장자 婦 뿌부 人 신인 家 갸갸 也 여여 聽 팅팅 的 딩디 這 져저 衆
중중 人 인인 之 즈즈 言 연연 ○ 우리 婦人도 이 衆人의 말을 드ᄅ니 心 신신 裡 리리 疼 뜽등
殺 상사 ○ ᄆ음에 셟거든 更 궁궁 是 쓰스 男 난난 子 즈즈 漢 한한 家 갸갸 怕 파파 甚
씸슴 麼 마마 ○ 또 이 男子漢이 므서슬 저퍼ᄒ리오 道 땅단 罷 빠바 ○ 니ᄅ기ᄅᆞᆯ ᄆ차매 擡
때태 出 츄츄 金 긴긴 甲 갸갸 來 래레 ○ 金甲을 드러 내여와 穿 춴춴 與 유유 太 태태 祖
주주 身 신신 上 썅샹 ○ 太祖의 몸에 닙피니 衆 중중 將 쟝장 軍 균균 們 믄믄 扶 뿌부 侍
쓰스 上 썅샹 馬 마마 ○ 모든 將軍들히 븟드러 ᄆᆞᆯ ᄐᆡ오고 着 쨯죠 一 힝이 箇 거거 人 신인
前 쪈쳔 行 헝힝 ○ ᄒᆞᆫ 사ᄅᆞᆷ으로 앏픠 行ᄒ여 曉 햫햪 諭 유유 衆 중중 百 븽버 姓 싱싱 們
믄믄 道 땅단 ○ 모든 百姓들의게 曉諭ᄒ여 닐오디 王 왕왕 公 궁궁 已 이이 擧 규규 義 이이
兵 빙빙 了 랼랴 也 여여 ○ 王公이 볼셔 義兵을 드럿ᄂ니라 百 븽버 姓 싱싱 們 믄믄 聽
텡팅 的 딩디 歡 훤훤 喜 히히 無 무우 盡 쪈진 ○ 百姓들이 드ᄅ매 歡喜ᄒ이 無盡ᄒ야 擂

鼓打鑼先到宮門前等的萬千人弓王攬撒了穿着下次人的衣服逃走在山裏山後頭打圍的人們撞着射殺便那一日即位布政殿國號高麗第二年移都松岳郡

松岳郡今開城府高麗太祖之先有康忠者居五冠山摩訶岬時新羅監干八元善風水到扶蘇郡見扶蘇山形勝而童告康忠曰若移郡山南植松使不露岩石則統合三韓者出矣於是康忠與郡人徙居山南栽松過嶽因名松岳

便是如今王京城子咳義哉張編修有好文官古人道君子不出戶而知天下信然安置韓先生咱去也何須謙讓當家喫些淡茶去不妨先生且坐一坐保童疾快將茶來小子沒甚麼鄉產

與先生這的高麗筆墨和二千張大紙將去人事與相識弟兄多謝正是難得之物咱秀才家正是所用之物這的便是古人有言賣劍賣與烈士臙粉贈與佳人

朴通事諺解下終

老乞大集覽上

火伴 古者從軍十人為一火調度器具共之火長一人主炊爨故曰火伴

花押 事物紀原云古者書名改真從草取其便於書記難於摸倣也復有不取其名多出於摸巧者此押字之始也花者巧其体也

漢兒人有 元時語必於言終用有字如語助而實非語助今俗不用

溫克 詩傳云克勝也猶溫恭自持以勝也

年時 俗呼過去前年曰年時曰上年曰年裏通稱已去之年曰往年曰舊年

山東 古青兗二州地今置布政使司

濟寧 在兗州城西六十里古徐州之域元陞為濟寧路今為州

東昌 禹貢兗州之域元為東昌路今為府

高唐 在東昌府城東北一百一十里本春秋時齊之高唐邑元改為州今仍之

牙稅錢 牙見朴通事集覽稅錢事物紀原云晉宋齊梁時凡貨牛馬田宅有文券者率輸四百入官賣主三百買主一百後世因之蓋漢武帝算商緡遺制

繳 凡事之歸結者曰繳上司移下司之文必立限日某日迴繳下司迴報曰繳報

加五 十分為本取息五分則十分之外加得五分也又有加一加二之語

直沽 在武昌縣東南衛河白河丁字沽合流于此入于海質問云海口也離京南去四五日程天津衛地方南來河水北去河水俱東入海

姑舅哥哥 俗呼父之姊妹曰姑母之兄弟曰舅姑舅之出相謂曰姑舅哥哥

房親 音義云吾母與若母同宗伯叔所生今按吾母之父與若母之父為同生吾母與若母為四寸吾與若也為六寸兄弟漢人無寸之呼又質問云同稱伯叔兄弟之子女

左近平人 左近音義云鄰近的今按左近蓋謂左右鄰近之人省文為左近也平人謂無過責之人一說謂證左在近平人也漢書左驗註顏師古曰在證左也言當時在其左右見其事也

弓兵 諸司職掌云凡天下衝要去處設巡檢司專一盤詰往來奸細及販賣私鹽犯人逃軍逃囚無引面生可疑之人於丁糧相應人戶內僉點弓兵應役

襲 凡師有鐘鼓曰伐無鐘鼓曰襲謂潛蹤掩襲也

轆轤 亦作轆轤井上機轉汲水器其制於井上植兩長柱並穿其頭為孔用短木橫納於兩長柱之孔以長繩懸一䉛桶於橫木腹上之釘施樞三四枝於橫木兩頭如船上矴猶之車汲水則下其桶於井中汲舉轉其橫木則繩自纏繞於橫木之腹桶亦隨之而上人取其桶傾水於石槽及大桶之中以飲驢馬以受其直䉛音孫以篾束物皆曰䉛如本國以所為帶而束

桶也

酒子 汲水之器以柳枝編成者呼曰柳罐元語謂帖落酒音外上聲

東廁 廁本音去俗音仝凡尊者必居東屋其居之北必有廁尊者在廁稱為上東因呼為東廁總稱曰廁屋曰茅廁卑少於尊前呼廁曰後路凡人自稱請廁曰出後於尊處稱曰出恭

行李 事文類聚云行李之李字人姓之外更無別義左傳云行李之往來杜氏不究意理註云行李使人也今遂行結束次第謂之行李而不悟是行使李按舊文使字作岑傳寫誤作李通作理

張社長 社長見朴通事社神下張即社長之姓也

夏店 驛名隸三河路

車房 藏車輛以避兩雪處也

排門粉壁 有所拘刷人犯令城內編戶於外門壁上塗粉書云本戶元無隱藏人犯

閣北 遼東泮宮有尊經閣泮宮在城內東南隅

酒館 酒店也

街坊 謂同街同坊猶言同里閈也

文引 如本國行狀漢志云引信也蓋取信之文也今俗亦曰路引

走出來 走逃也

盤問 吏學指南云再三鞫詰也

纏張 音義云纏去聲纏張猶言雜言舊本書作戰張

老娘娘 卑以呼尊敬老婦之稱

院子 庭院也有垣墻內庭謂之院亦曰院落

參兒高 參星名冬至十一月節三更參中立冬十月節四更

參中寒露九月節五更參中今指參高而半夜則此必九十月也

明星 啓明星以其先日而出故謂之啓明人言一星而夕為長庚誤也俗亦曰曉星

駞駄 駞以馬負荷也馱指負載之物

卸 說文舍車解馬也增韻脫衣解甲曰卸舟人出載亦曰卸

濕麪 以麪條曬乾臨用於熱湯泡食者謂之料麪未乾者謂之濕麪

這湯 湯即參羹也凡人買燒餅饅頭而食者必有湯并飲之用以解渴亦曰飲汁如本國所云床花蘗

爐裏 爐鏊也烙熱燒餅之器以生鐵為之有蓋有底而蓋亦如底置燒餅於內加火於蓋上使之自熱俗呼為爐鏊鏊音傲

細絲兒 見朴通事集覽

鍋竈 所以安鍋之具或以鐵為之又湯酒處呼為酒竈

老乞大集覽上

老乞大集覽下

喜鵲兒 語云乾鵲噪而行人至漢陸賈曰 喜鵲噪行人至蜘蛛集百事喜 疹子 直指方云

小兒在胎食母五臟血穢生則其毒當出名曰瘡疹 隨五臟有異名肝臟水疱淚出如水小而色青肺臟

臟疱其淨濁色白而大心臟斑血疱色赤而小 脾臟發疹色黃微赤又小於斑瘡腎臟則變而黑馬

青紫乾陷斑亦 作瘢一名痘瘡 劣馬 劣作劣是騁躍跳踉漢人謂 不馳難御之馬曰劣馬舊本作

乘騎馬亦謂 不循軌度也 濟南府 禹貢青州之域春秋時齊國宋 陞為濟南府元改為濟南路今

改為 南府 蘇馬 南村輟耕云凡大畜勞傷則鼻中常 流膿水馬之有是病者謂之蘇馬 要

約 周禮司約註云 約言語之約 涿州 直隸順天府秦為上谷郡魏 晉為范陽郡元陞為涿州路

今 仍之 羝羊 音義云好鬪的質問云公羊兒人抵觸 方言謂之羝羊又云乃有角之騸羊也 臊

胡羊 質問云有角公羊未割賢子方言謂之臊胡羊 譯語指南云騸羊今양質問又云騸羊未割賢

羊也胡羊山羊也又云乃有角大山羊有一騸子又云 山羊毛與聲不同胡羊其毛作不得毯另一種也

羖䍽 譯語指南云양염희위十亘又質問於羖䍽 羔兒註云初生公羊方言謂之羖䍽羔兒 母

羖䍽 質問云初生牝羊方言謂之母羖又羖䍽 兒母羖䍽二名下云此二者俱義羖小羊也 羔

綿羊 音義云리고양一說羔衣羊今按綿羊即羹 衣羊今婚禮多用之且漢人呼羊今與本國不同

本國呼羊漢呼大羊胡羊也本國所呼영企即漢呼 山羊也諸司職掌婚禮北羊二牵山羊二牵云則此

二羊之分也飲膳正要著羊又著粘羖別為一種則 是羖羝為本國所呼멍企也亦呼為羖子亦呼大粘

羝韻書亦有胡羊夏羊之分以此觀之則胡羊北羊 或單稱羊者即本國所呼양也粘羝山羊即엄企也

總稱牡曰公羊牝曰母羊未割賢者曰公 騾曰騸羊去賢者曰羯羊然未詳是否 蘇州 禹貢 揚州

之域周泰伯仲雍始居為吳國隋改為蘇 州元為平江路今為蘇州府直隸應天府 杭州 禹貢 揚州

之域戰國時屬楚秦為會稽郡東漢屬吳晉為吳興 陳置錢塘郡隋為杭州五代時為吳越國宋高宗南

渡都杭元為杭州 路至本朝為府 嘉興 禹貢揚州之域春秋時勢李 地本吳越境界越敗吳之地

三國吳為嘉興元為嘉興路今 為嘉興府質問云嘉興綾闕長 易州 在保定府西北 一百二十里泰

為上谷郡漢為涿郡隋置易州金屬中都 路元屬大都路後改屬保定府今仍之 湖州 禹貢 揚州

之域春秋時屬吳後屬越漢初屬荊國三 國吳為吳興郡隋置湖州元為路今為府 花拘絲 質問

云花 地名 拘 利家 音義云不會買賣的會買賣的使叫杭 家今按利家亦是市行之人杭作行是

漢俗呼市廛曰鋪 行曰行市行音抗 細褶 譯語指南云細褶マ匸甚卒 吾今按褶作褶是細褶細發

積 也 開口 音義云馬銜一說水嚼環今按水嚼即 問口俗呼為馬嚼子或云嚼子亦曰水環 外

路 吏學指南云宋分各道為十八路元 以大郡為之今分為十三布政使司 替子 音義云 汗替皮

替之總名今按本文既歷舉汗替皮替言之則不必 更舉總名之替也蓋汗替即如本國別造單替加於

馬背以防汗者也皮替即如本國以皮為之加着厚 替之上為飾者也替子即着毡絮為裹而作厚替者

也又有指甲替者即較兩翅板下襯着為飾此元制 也今俗只用厚替汗替而不用皮替指甲替之類故

今罕稱之汗作 靴替作歷是 鈚子 質問云箭鏃 極寬大且長 虎爪 質問云箭鏃 上有鉤如虎

爪 艾葉 質問云箭鏃寬長 有銘齒如艾葉樣 柳葉 質問云箭名細尖 而長如柳葉樣 迷

針 質問云箭名細尖而 長如針馬述針樣 什物 師行二五為什食器之 數公共之故謂之什物

什具今人通謂生 生之具為什物 紅漆匙 造子女直用匙而用鐵用 角為之或黑或紅為漆行

路亦帶之漢 俗不用匙 外甥 音義云女生 又姊妹生的 的 妗子 母之兄弟之 妻亦曰妗母

又曰 舅母 嬸女 父之弟妻亦曰嬸娘又曰嬸子又曰嬸 按宋張文潛明道雜志云經傳中無嬸字嬸

二字嬸乃世母二字合呼妗乃舅母二字合 呼也二合如真言中合兩字音為一之類 外甥女

壻 女壻 女壻之 車釧 用鐵為環以冒轂空 外端者[illegible] 車鐧 車轂空內 用鐵條縱

貼之以防 軸之磨損 庫車 達子無定居居車上施氈帳為室逐水 草以居今此庫車蓋仍藏物料之車

如庫藏者也元俗猶然 資問云其形似箱櫃 驢騾大車 一車駕驢騾五大 頭者平地任載大

車 也 遠垜子 射埒也或壘磚為之或 束鷄桑稭為墢以射之 三掤 詩抑釋掤忌 註矢箭蓋也

用矢則舉掤以開箭既用則納矢箭中釋下掤以 箭因此凡言矢箭曰掤質問云三根箭方言謂之一蓑

掤九根箭謂 之三掤兒 團攢湯 質問云細切肉為丸又切薄內 片着於湯內食之方言謂之團

擴湯又云以乾粉紋成粉皮兒用難內絲兒稓腑猪肚俱切成絲兒合成包兒紋湯

脉息浮沉 人稟天地五行之氣以生手三陽三陰足三陽三陰合為十二經以環絡一身往來流通其脉應於兩手三部写夫脉者血也息者氣也脉不自動氣實使之故有九裝之法氣血盛則脉盛氣血衰則脉衰血熱則脉數血寒則脉遲血微則脉弱氣血平則脉緩難經云浮者為表為陽外浮之病也有力主風無力主氣沉者為裏為陰內受之病也有力主積無力主氣詳見脉訣

剋化的 剋勝也化消也

幫閑的 人有依附於人而無正身差役之苦者也一說裝扮雜劃之人

腕套 **換套** 套物項之搿事物紀原云凡首飾曰項衣服曰套言逐日脫已着之服而換着別件衣也

繡銀條紗 紗之白而無紋者只以白鐵綠織成胃背而已

閙裝 用金石雜實裝成為帶者

剛叉帽 質問云將軍勇士侍衛所冠今按其制如本國騣小譯之釋不同者以本文類舉大帽而帽子此以舉項釋與反子則剛又為大帽明矣故反譯釋為大帽也盖以元制今制公革不同未可詳也

倒提雲 盖謂作雲形以頭向下以毛向上綏着靴頭為飾者也

鴈爪 音義云靴以工一說靴纓今按靴纓即鴈爪音義搿

老乞大集覽下　三

一說誤矣

醒酒湯 質問云人傷酒困倦不醒作酸湯食之方言謂之醒酒湯又云用肉汁作湯細切精肉下切麪加椒醋葱菜酸而且美是以醒酒

點心 南村輟耕錄云今以早飯前及飯後午後餔前小食為點心今俗謂小饅頭曰點心包兒

白煮 凡水煮而不雜他味者

絃子 樂器名俗曰三絃子項細而長腰圓且短施三絃彈之如月琴形

粧孫 質問云也又云餞粧官人殺粧作富貴撲撻又云如人好敗大撲撻

花使 音義云與胡使同按胡亂也花巧也今

傲傑 音義云理也如國俗所云聽理之謂

耽閣 音義云遲滯之意謂耽悞廢閣之意

青絲 見朴通事集覽

帖 音義云十箇為一帖

縩帶 以黑段為大帶儒家好帶亦有織成者

大運 五行精紀云運行則一辰十歲折除乃三日為年註云夫運者人生之傳含考數運氣以定平生之吉凶陽男陰女以生日後未来節氣日時為數順而行之陰男陽女以生日前過去節氣日時為數逆而行之詳見五行精紀

喜神 便民音纂云甲巳寅卯喜乙庚辰戌強丙辛申酉上戊癸巳亥良丁壬午未好此是喜神方

火帳 火伴中用度記數文籍

燒珠 音義云쥬은쥬슬一說消子珠兒今按燒字當毋消字心毋其音稍似而深淺不同消作燒為是

老乞大集覽下

老乞大集覽下　四

單字解

喫 正音기俗音치喫也喫飯喫酒又被也喫打맛다字雖入聲而俗讀去聲或呼如上聲俗省文作吃

休 禁止之辭休去가디말라 **等** 候待也等他等着기들우다又等子지을又吏語用此為等輩之意

又等閑釋見下 **每** 本音上聲頻也每年每一箇又平聲等輩也我每咱每俺每우리您每俗每너희今

俗喜用們字 **待** 擬要也ᄒ야그리호려ᄒ다라又欲也待責褻箇馬去여러ᄆ를끌ᄒ야가노

라 **恰** 適當之辭恰便似아치又方纔之辭恰纔곳 **只** 止此之辭다믄又오직韻書皆上聲俗讀

去聲唯韻會註云今俗讀若賓 **這** 此也這箇這裏俗呼二音之夜切저之石切지俗從지音者多 **還**

猶尚也再也還有多少당시론언메나잇느뇨又다하還要多少다하언메나받고지ᄒ느뇨還有還要

之還或呼如孩字之音此或還音之訛或別有其字未可知也又償也還錢갑주다 **和** 平聲調和也又

去聲與也又也我和俗다와나와銅匙和快子술와랏저와 **但** 凡也但凡但是글읫 **安** 安錫兒가

마거다又安下사르미자리블다又吏語安揷사르믈안접ᄒ게ᄒ다 **料** 漢俗飼馬或用小黑豆或

用蜀黍雜飼之故凡稱飼馬穀豆曰料又凡用物色雜稱曰物料造屋材木曰木料入畫彩色曰顏料又

量也又理也 **彈** 平聲鼓弓曰彈又糾也劾也去聲丸也俗呼雞子曰雞彈通作鳴 **剛** 僅也剛坐

계우았다纔也剛纔곳 **沒** 無也沒有업다 **殁** 卒也通作沒 **撒** 散之也撒了헤티다又覺也覺

撒了아다又放也撒放罷人직인을앗아라노다 **慢** 緩也慢慢的날회여慢著날회라 **稍** 寄也

稍將來브려가져오라 **底** 下也底下아래又本也底薄긴큰한又語助根底앎피又손디又與的字

通用 **借** 假也貸也 **扯** 裂也正作撦又扶執也又挽弓曰扯 **消** ㅣ化ㅣ息又須也 **裏** 內也裏頭

內裏又閤內亦曰裏頭又曰內裏又處也這裏那裏又語助去裏有裏通作里俚哩 **里** 居也五家為鄰

五鄰為里又路程以三百六十步為一里又語助 **俚** 助語辭亦作哩凡語有用리音為語助者皆用

裏里俚哩等字 **滾** 煮水使沸曰滾滾花水글믄믈又輪轉曰滾滾了干으며字作輥又通共和雜曰累

滾곤블와비라又滾子방올 **且** 姑也안직急且과글이亦曰且節俗字用 **嗳** 五音集韻烏蓋切氣

也今呼驚訝之聲曰噯借用為字也考韻書作欬是 **咳** 五音集韻何來切小兒笑也口嘅切咳欬逆氣

也今呼驚嘆之聲曰咳音해借用為字也考韻書作唉是 **阿** 俗音하阿的猶言此也又語助辭有阿沒

잇느니업스니皆元朝之語 **胡** 亂也胡亂간대로 **迭** 企及之辭잇다 **乾** 音干使然之辭근히

又숙절업시 **直** 用強務致之辭犬又直錢비ᄉ다通作値 **捱** 正作涯倚限有待之意그음ᄒ다捱

到十年열히다돈도록 **挨** 音태平聲俗語挨次謂猜次歷審無撓越之意杏太니ᄒ다又吏語挨究

挨捕 **教** 平聲使之為也通作交 **交** 同上又吏語交割卽交付也ゝ **怕** 疑懼之意怕人知道又疑

若之辭怕徐不信ᄒ다가너옷잇디只거든又恐也害怕두리여ᄒ다 **與** 給也與徐多少又及也又

爲也為去聲 **也** 在詞之上者又承也也好乍丘타也是또을타在詞之中者承上起下之辭我也去나

도가아在詞之終者語助 **廝** 罵賤之稱這廝이놈又相也廝見서르보다又泛指人亦曰廝小廝아희

瞎廝쇼경 **另** 音零去聲別也零也另的些깃吏語另行각벼리ᄒ다 **纔** 方得僅始之辭又纔自又

剛纔又方纔又恰纔 **赶** 音干上聲亦作趕趂也及也赶上잇다又逐也赶出去내티다又驅也赶牛쇼

모다 **保** 侍也保徐니믄노라辭保믄디어랍다吏學指南相訖信任曰保又保擧也 **嫵** 惡之也疾

之也忌之也 **倒** 上聲仆也倒了구으러디다又撥也倒馬므ᄅ다又騰也倒闢字글월번ᄃ다又

去聲反辭도르혀通作到 **偏** 독벼리又독허又치여 **遍** 次也一遍ᄒ번 **着** 使之為也着落희여

吾着他ᄃᄒ야又置也着盤소吾두다又中也着了맛다又見人所行之事正合人所指望之方則亦曰

着了마초ᄒ야다又實也着實실히又語助又穿衣服也 **了** 語助去了又決絕之意了不得又了當

要 欲也須也去聲 **咱** 五音集韻子葛切俗謂自已為咱免疑雜字音面兩書皆有咱們之文們字初

聲為合口聲鄉習以文字初聲連咱字之終讀之故咱字亦似合口聲之字遂以咱字為合口聲習以為

常誤矣又着於詞終則為語助今平用也 **箇** 一枚也俗呼一枚為一箇亦曰箇把又箇箇난나치單言

箇字亦為一枚之意有箇人ᄒ사ᄅ미又語助這箇些箇又音어舌頭兩箇헛그토로今不用 **那** 平聲

音노推移也又一那는힐후다上聲나何也那裏어되那箇어킈又誰也那一箇누ㅍ去聲나那裏彼處

也那箇더것又語助有那沒잇느니업ᄉ니 **的** 指物之辭徐的니것好的됴ᄒ것又語助坐的안자

通作地又明也實也端也吏語的確的當虛的的實 **地** 土也田地土地地方地面又指當處土地之神

亦曰土地又語助坐地又恁地猶言如此

們 諸韻書皆云們渾肥滿皃今俗借用為等輩之字而曰我們咱們우리你們너희又猶言如此也這們이리那們뎌리

做 韻會遇韻作字註云造也俗作做非蒙韻作字註云為也造也起也俗作做非做音直信切今按俗語做甚麼므슴ᄒ료作衣裳옷짓다作音조去聲不走作즘쯔디아니타作音조入聲以此觀之則做從去聲作互呼去聲入聲通做字俗不用直信切之音

勾 平聲曲也勾龍社神勾芒春神勾吳地名今按俗語勾了유여ᄒ다又에우다又能勾어루又유여히又吏語勾取자피다又勾攝公事공ᄉ로블리다又勾數블리다又勾當幹管也俗語謂事也勾當並去聲

打 擊也着實打又打三下又爲也打酒來술사오라又曰打將來ᄒ야오라打聽듣보라打水물깃다不打緊又打那裏去打東邊去有投向從往之意俗用打字似不合本意者多而實有取意不拘其用甚廣此不盡錄

將 持也將來가져오라將着가지라將咱們우리를다가又將次장ᄎ

把 持也握也一把흔줌又흔ᄌᄅ把我們우리를다가把他그를다가與將字大同小異又元時語有把解之語猶言典儅也今不用

來 來往又語助你來이마夜來어제有來잇더라去來가다又數物而有餘數未的知之辭十來箇여라믄十里來地심니란ᄒ더十來日여라믄날

怎 何也怎麼엇디字音本合口聲或有不從合口聲而讀之者則曰不麼乎如指字俗言故或書作只字又書作則字者有之又有呼怎的兩字則怎字音조秀才之ᆂ差成之人凡呼合口韻諸字義從本音讀之

麼 本音므俗用為語助辭音아古人皆呼為모故或通作莫怎麼엿더來麼오나라又用如乎字之意者則曰去麼눈다有麼잇ᄂ녀元諸麼還니ᄅᄂ다麼音므今不用

甚 合俗語甚麼므슴猶何也又有呼為ᄉ音者故古文語錄有什麼之語音시모以甚為什殊無意義甚字用終聲連呼麼字則難於作音語不圖熟故甚字不用終聲之音今俗亦呼為ᄉ아

討 求也探也討去여드라가다討債去빗주니바드라가다討債錢빗받다又本國傳習之解曰빗쎄고다亦通

索 求也索債錢갑밧다又鄉習傳解曰빗쎄고다亦通又須也不索今皆罕用

都 國都又摠也

便 去聲即也便行즉재가너라使去즉재가리라又좀재가다又則也便有只잇다便是只울ᄒ니라又順也順便又安也便當又宜也行方便됴ᄒᆯ양오로ᄒ다子方便다히이지쉽사디아니타又猶則也你去便就有了더옷가면이시리라又平聲穩便온당ᄒ다吏語便益

隨 從也隨你네모ᄉ모로隨喜구경ᄒ다隨從조ᄎ니吏語根隨좃다

該 備也載也當也屬也合也管也攝也有此數意而俗用兼備於一處者有之

兒 嬰孩也孩兒又呼物名必用兒字爲助語之辭杏兒李兒凡呼物名則呼兒字只宜微用其書而不至太白可也

却 또又却來却有來뒤아니라그거니却有뜨그

早 早裏일엇다却早볼서

些 少也些兒些箇些少져기又語助

時 猶則也古本用呵字今本皆易用時字或用便字

往 向也往那裏去어드리항ᄒ야가ᄂ다又音也往常아리

你 汝也又語助

恁 汝也亦作恁又恁地猶言如此也

快 急也走的快疾快又樂也快活大快又快手잘巨ᄂ느又뿌筋曰快子

刺 音라語助又痛也廝刺疼集韻作辨又音치刺綉

儘 讓也任也儘他제게다와ᄃ라儘讓더그미다又縱令也儘數으던타又儘一儘지괴우다又儘船빗ᄀ장

朝 音潮向也朝南朝東

家 止指一數之稱一箇家ᄒ낫식幾箇家첫갓뇌又헌낫식幾年家헌희식又槃也大家대개又擧姓呼人之稱李家張家又呼皇帝曰宮家又語助沒有家업다

忒 太過也忒大더으ᄏ다

越 尤甚也越好ᄀ장됴타越細詳더목ᄎᄎᄒ다

敢 忍爲也你敢那네于

就 即也就將來즉재가져오라就有了就去了又遂也就那裏聽了게서자다就使只又就行드되여서ᄒ다

虧 損也少也虧你多少베게언에나낫브뇨

哏 極也哏好ᄀ장됴타今不用言흔匣毋

丟 拖也亦作颩音다平聲

頓 一吹也一頓飯又跺也頓坐주잔件又拜頭叩地也頓首百拜

使 上聲差也役也使的哉날브러又用也使用也吏語行使些다又使船비달호다又去聲將命曰使又官

好 됴다又好生ᄀ장又去聲喜ㅣ情ㅣ

雇 與賃字意同而賃字只用於物雇字人物通用律條疏議云驗日還價而不必取償也

哄 音흥上聲瞞也亦作噴

認 識也辨認太러내다又認得사피다又아다又認記보람

吊 以繩懸物曰吊着又自繼而死曰吊死又物自彫落曰吊了又行文州縣取其問因卷宗曰吊取曰吊卷

短 不長也又欠也缺也

趲 잔上聲逼使走也又促之也通作儹又縮之也趙短些조러며早게ᄒ다

會 識也

著 蒙古語謂諾辭曰者兩書舊本皆述元時之語故多有者字今俗不用故新本易以着字

幾 數間多少之辭幾箇엿고幾時언제幾曾어닉제

擺 開也擻也

又排而振之也又撓也動也 曾 층乃也則也又經也嘗也又증曾孫又姓 遭 一次謂之一遭又周

遭措言周圍也又遭是아조와 般 名數也諸般여러가짓又等也一般又多也 頭 看也東頭西頭

동녁큰셧녁큰頭到나죵내到頭나죵에通作投又上頭전太로又頭盤첫관頭舘첫관頭辨첫ᄃᆞ리 旋

平聲回也斡也又疾也又성녕아조다ㅣ做 到 至也又極也又反辭도로허通作倒 饋 遺也字本

在群毋而俗讀皆從見毋上聲間有從本毋讀者而什有一二 絟 纏縛也音솬或音선字亦作拴 他

指人之辭又語助 猜 測疑也 廣 多也ᄒᆞ다흔 耍 戲弄之事曰耍子戲笑之事曰耍笑又行

房亦曰耍子 連 及也并也조쳐又秤一把曰一連又膺一箇亦曰一連字又作聯 偌 太息

大너므크다偌多너므也偌하다又하나한通作熱 扮 修飾也裝扮꾸미다扮꾸며밍그다音班去聲做

單字解　五

單字解

讐正官通訓大夫前司譯院正　臣　邊　暹

通訓大夫前司譯院正　臣　朴世華

通訓大夫前司譯院正　臣　李仁楷

通訓大夫前司譯院正　臣　卞爾璹

通訓大夫前司譯院正　臣　金揚立

通訓大夫前司譯院正　臣　李後絳

通訓大夫前司譯院正　臣　金益華

通訓大夫前行司譯院主簿　臣　金　璲

通訓大夫前行司譯院主簿　臣　卞爾璜

通訓大夫前行司譯院主簿　臣　高徵厚

書寫官通訓大夫前司譯院正　臣　崔惟卷

通訓大夫前行司譯院僉正　臣　洪世泰

琉璃王經音義

提要

《琉璃王經音義》，佚名撰，日本東京大學東洋文化研究所藏唐鈔本。其中包括《琉璃王經》一卷，西晉月氏國三藏竺法護譯。此經為佛陀的族人遭難之記錄。《五苦章句經》一卷，東晉西域沙門竺曇無蘭譯。說五道之苦。所解音義，以反切注音，並解釋文字。

琉璃王經一卷

西晉竺法護譯

刻足又限切削也亦鏟佚非挟悪胡頰切懐也在奏奏進對日合居下句其上句去云合為令為文多無在恐非造声

丨諸往也夷滅夷杜預曰夷殺也又廣云滅也冠幘責音冠也

弥同用炳然兵永切明也喻非吼踊嗉吼蹴踊也

樹荄皆音根也又古來切筒非箫徒東切泓然烏横

切深也櫜橐囊上二排拜切風袋也鼓風也亦韛排吁非

呼響下作嚮字亦非抌非頞骨針往切腦後骨令謂之玉

丨也貟非圓光丨丨丨一哥也疊牒非褺徒叶切重

衣或複稫音重衣也盥非澡鑵古玩切酎非

短柜都管切梢莘色交切似腐又音朽也楕非

木屑先節切丨糠稍刺生角切七亦切刺滂普郎

切嚼食子雜切亦嘍呼慨恨上開愛切嘆息也振非

掁觸宅耕切亦揨敦遥非經丨歷也遊也栢非打

拍字從手衒賣縣音姽裊脆裊非萎邑邑音

五苦章句經一卷

東晉竺曇無蘭譯

慱 非 相慱 陟莫切擊也 痛𤸎 非 雄盧 上都回切落也下烏合切蒼頡壓也又安合切山穴也非此用 迫脇 許業切勢

丨也 剌 非 毒剌 七漬切亦㓨 狡狗 交巧切狂也 鷚

鵨 述春切鳥也 咏鶚 非 喙鶚 上呼穢切口也下亦作鳴觜咮觜

根檔 非 鋃鐺 郎當二音頸鏁也 驕縱 非

憍慢 居妖切逸也亦憍 怢 非 恃智 市音倚丨 輕邈

遠也 跱 非 興峙 直里切五也亦峙 枯 非 衆祜 又音

佛也 怢 非 特智 特獨單也 愧 非 懷地 損丨毁傷也

諭諂 上亦諛以朱切 拌 非 髮絆係 上亦髮中亦絆下亦

繫 訢 非 悲訢 吉丨也 捐 非 屑 細也粖也 組 非

鶩怛 下丹達切亦怛 闔闔 皆何盧切丨門 慢 非 欺謾

莫諫切 渧研 非 適硯 丁曆切五見切 伍 非 無底

正用 二裁 根丨也 栫 五葛切 糵蘖 非 根蘖 魚列

切又五葛切丨餘木也 捔智 角試校其智能正作角 索 柰作

指盡也　趍化七俞切走也　瞳朦非　童蒙幼稚也

侵傷以豉切欺也輕也亦易　檮塞非　禱賽上刀討切

下塞代切　赦除舍音亦赦　自首去声自陳己過曰首　勉非

挽身莫辯切生產也　摧燥上尺隹切讓与也下蘇早切又去声

宮韁彊非　突皺亦皺腸側渡切丨縮也上亦肉　痾瘟

非　傴僂於羽切力主切　㭨械上戶剛切即相也丨　質非

鈇鑕櫍夫音下二質音　梟古　県挖上皎堯切斬首懸竿

也下吒華切張也拼也開也亦磔搩　釵非　叉六銜日兩枝鐵柄長

六尺也　鈷非　三股古音枚也　濩非　鑊中正用　圣

伍佤非　㡯丁乱切下無横畫　属非　屡陳力任切具

也　但坐去声　瘟非　痾瘟於何切病也於下切　癖非

跛躄正用卑益切　啞非　相啞丑栗切又徒結切笑也

奴虜魯音胡丨北戎又卒名　玄非　乎正用　同伍部丨

行列次也　蚰蜒蟺曲善二音　甫來始也　迮非　憒心

責音兗丨也尔雅云情也亦責又耿介也　迮非　乍信曾也又疑

詞也

痓瘖 非 醒瘖 正用 顫棹 戰音 棹四肢一
芟 非 荄垂 上談皆二 音木根也 十須 一也

觀其結體重是的爲唐書頭一佳云
墨色如新係時人贋作聽之不覺噴
飯悠悠眼底誰可論古甲寅花朝頤

唐時於長安建塔每貯經數千卷皆唐經生書全
倣褚河南亦一時風氣相尚耳其字即所謂硬黃是也
塔久頹毀其帙散落人間遂爲好事者珍重壽見石
刻兜沙經有松雪印記及他帖中摹刻藏經筆法與
此本一律均稱鍾紹京書袁清容亦定靈飛經爲越國
所出不知何據想去古未遠必有確見以越國平生
經字是之類耶　乾隆癸丑十二月望日鐵玉庵識

冣見鍾紹京書靈飛經筆意與此絶相類
唐時書學盛行雖經生家率爾操觚然運筆
圓勁渾厚絶非近代所可摹擬今人見古器
輒目爲鈍拙不若今之纖巧者蓋去古既遠
日趨於薄用此爲譏議耳書特其小焉者也
琴山農部好古善鑑出此冊相示爲識數語歸之宗溪陳其銳

冠注輔教篇

提要

《冠注輔教篇》十卷，宋釋契嵩編并注，日僧梁嚴湛冠注，日本元祿九年（一六九六年）洛陽書堂刊本。是書又名《夾註輔教編五書要義》，收入《大正藏》第五十二册《鐔津文集》卷一至卷三。上卷收原教、勸書，中卷收廣原教，下卷收孝論、壇經贊、真諦無聖論。書中將佛教的五戒十善説，與儒、道二教的五常説互作比較，並主張三教調和歸一。是書成於宋代，二百年后傳入日本。釋契嵩，字仲靈，自號潛子，俗姓李，藤州鐔津人。有《嘉祐集》、《治平集》凡百餘卷。今存《鐔津文集》二十二卷。事見《鐔津文集》卷首宋陳舜俞《鐔津明教大師行業記》。

輔教編後敘

大道雖性至聖明自窮而非信
聊以施綫者儒見之而見相之雖
未謹事一乎術而二諦廢然之生
失性源豪者淺之屬之如某而若
自法者既已而無具雖在邪見者為

叢裡親參嵩頗圓教縱遂云於
私邃觀堯而將從者識嘉夫
大法收之業者有救時運之來速
而離門典之多擾而也乎而杜撰見之
承之乃不因果之直心之正屬於五
常之仁義禮下求全極以詳觸原

哉及虔哉乃釋儒之理同而通
暖以救彼破邪從之哉然者而至
本哉也然於宗之確所行取之編
其之言必原之詳正業識業而忘情
高甫式金化訓某圓理以昭神之
為神也同樣之業酒在法之為

法者哉業書較據邪說乎將來
者也

維時文久改元辛酉結制之日
現住東仁如艾宗謹敬述

▲明敎大師　傳者如至本文省所援引也▲輔敎編　字義如本文題註所解也○宋史二百五志卷第一百五十八藝文十一張云僧契嵩輔敎編三卷○鐔津文集卷十九附錄諸師著述中載釋懷悟所述之序云師乃以輔敎編上中下爲前三卷以師所著之文志在通會儒釋以誘士夫鏡本識心窮理見性而寂其妄誚是非之聲也云云○同載石門慧洪禪師所作之禮嵩禪師塔詩云吾道比孔子譬如掌與拳展握故有異要之手則然晚世苦陵夷講習失淵源君看投迹者紛紛等狂顛韓子亦儒衣偶強稱時賢憑陵作謗語到死不少悛後世師韓輩尤長猶可憐趨名不自信泛逐工訶言嵩然皇祐初飛聲闖宣闕由衣動成書怒褒空自懸縞習不暇息兀坐如蹲猿堂堂東山公才大德亦全峭牙生風雷筆陣森戈鋋儼然湖海上長庚橫曉天作書肆豪猛揮斥莫敢前群兒雖頑敬臆論已不專書成謁天子一日萬口傳坐令天下士欲見經無緣功成還山中笑語答雲煙我來不及見山水自明鮮入門寂無聲修竹空滿軒冰懷倚然麥骨自聳清堅僮奴登知此住茲亦彌年指余以石塔草棘北峰巔再拜不忍去聽此繞澗泉吁嗟末運中那復斯人焉文章亦細事淸苦非所便但愛公所守遠伯者祖肩遲遲哦公詩落日滿晴川願持折脚鐺結茅西澗邊歲時遲松檜來此掃頹磚○同載龍舒天柱山修辭禪師所述之贊明敎大師文拜敘云始余讀嵩禪師輔敎編愛其文落落有奇偉氣而能發揮釋氏之道以諭夫當世名儒釋子之不知敎本者俾之達性命之奧見聖賢所以施敎敷化之心而不淪於是非相戰之地云云又云予曉路末學不逮洒掃于庭宇而覩望餘光徒臨風揮涕有朗不萬年之歎也今採其遺芳暫賢長想系之以贊云藤山之東紫雲深空爰有僧龍名配維嵩自服褐稀居仁由孝冰雪其躬律儀是敘遠覽高翔遊吳賢衆道繼佛祖欲隱藏彰道于祇園旁俠四起縱筆成書蓋不得已既而撲滅雲華垂榮嘉祐之間獨飛英聲帝澤屢霈公卿折節咄嗟吾徒及肆駁舌遂賦歸歟安於覆盂少林食毒異軌同途小智自賢所在成市傾然誰儔理固宜爾太阿出匣斬蛟戮蛸用之補履曾不如錐咨爲云逝遺迹莫繼凜乎負風亦獨氣骼照乎鄙生不克祇承每一念至氣塡于膺竟何能爲只益慚怍聊筆清芬式告來學○同載靈源惟清禪師所撰之題明敎手帖後跋云師乃著之書號輔敎編以開縉紳先生之徒奏之天子天子嘉歎之詔與藏行而名卿鉅儒至如歐陽文忠公亦嘗覽其書莫不歎服敬而禮之云云○徑山虛堂愚禪師禮明敎大師塔偈云道樹將摧皇祐間力扶危處發多艱因思今日安然者忍辱庭前幾筆○天目中峰本禪師廣錄卷十一山房夜話上云或問永明和尚作宗鏡錄百卷廣引大乘經論之文配吾達磨直指之禪其志亦有矣似亦不免開鑿尋文解義之端乎幻曰不然達磨自至此土其直指之道六傳至曹溪溪又九傳至大法眼眼又二傳而至永明其間哲人偉士奇蹤異行雖後先錯出照映今古而三藏學者不能無議於吾道由是永明和尚弘多生智慧辯才之力該羅經敎迹而辨之其縱橫放肆左右逢原是謂郎文字之總持門也仰三藏學者不敢置吾徒於佛海之外與明敎和尚之輔敎編精搜百氏博達羣書佃釋氏之眞慈相儒門之重娛此二書乃佛祖之藩屛謂開鑿尋文解義之端不可也云云▲序　序與敘同○爾雅注疏卷一釋詁第一云敘緖也疏敘謂次敘○同卷四釋宮第五云東西牆謂之序注所以序別內外疏此謂室前堂上東廂西廂之牆也所以次序分別內外親疎故謂之序也▲屛山居士李之全　中州集卷四二十四張載屛山李先生純甫傳云純甫字之純弘州人承安年進士仕至尚書右司都事爲舉子日亦自不碌碌於書無所不闚而於莊周列禦寇左氏戰國策爲尤長文亦略能似之三十歲後徧觀佛書能悉其精微旣而取道學書讀之著一書合三家爲一就伊川橫渠晦菴諸人所得者而商略之毫髮不相貸且恨不同時與相詰難也性嗜酒未嘗一日不飮亦未嘗一飮不醉眼花耳熱後人有發其談端者隨問隨答初不置慮漫者知所以純空者知所以通傾河瀉江無有窮竭好賢樂善獎新進少年游其門亦與之爲爾汝交其不自貴重又如此迄今論天下士至之純與雷御史希顏則以中州豪傑數之子全字稚川今居鎭陽○李純甫本傳載于金史卷百二十六列傳六十四五張云李純甫字之純弘州襄陰人云云○又載于佛法金湯編卷十五云自號屛山居士云云○娑婆敎體本在音聞　首楞嚴經卷六下六張云我今白世尊佛出娑婆界此方眞敎體淸淨在音聞欲取三摩提實以聞中入離苦得解脫注娑婆世界耳根最利故用音聲以爲佛事由從耳根發識聞聲引生第六識中聞慧緣名句文熏成解心種子納爲敎體故云敎體在音聞也云云▲娑婆　飜譯名義集卷三世界篇云索訶注西域記云索訶世界三千大千國土爲一佛之化攝也舊曰娑婆又曰娑訶皆訛楞伽翻能忍悲華云何名娑婆是諸衆生忍受三毒及諸煩惱能忍斯惡故名忍土如來獨證自誓三昧經云沙訶漢言忍界眞諦三藏云劫初梵王名忍梵王是世界主故名忍土三云雜會世界長水云大千界之都名感通傳云娑婆則大千總號孤山云舉其通名非指大千也▲震旦　名義集卷三諸國篇云震旦注或曰眞丹旃丹琳法師云東方屬震是日出之方故云震旦華嚴音義飜爲漢地此不善華言樓炭經云葱河以東名爲震旦以日初出耀於東隅故得名也▲文身句義　楞伽經注解卷二一切佛語心品二一四張云復次大慧當說名句形身相善觀名句形身菩薩摩訶薩隨入義句形身疾得阿耨多羅三藐三菩提如是覺已覺一切衆生大慧名身者謂若依事立名是名名身句身者謂句有義身自性決定究竟是名句身形身者謂顯示名句是名形身又形身者謂長短高下又句身者謂徑跡如象馬人獸等所行徑跡得句身名云云注名句形身者唯識論云名詮自性句詮差別文即是字爲二所依形即文也身者聚義名詮自性者如說六根但云眼耳鼻舌身意之名而已句詮差別者如云眼是佛眼法眼慧眼等種種差別也○名義集卷五名句文法篇云楞伽云佛菩薩等是能說者語是能說相名句文身是所說相▲具方便智　法華方便品云舍利弗吾從成佛已來種種因緣種種譬喩廣演言敎無數方便引導衆生令離諸著所以者何如來方便知見波羅蜜皆已具足註倫師此雙釋二智如來即是釋實智從眞如實相中來而得成佛道故名如來方便即是釋權智出於方便善巧故能種種因緣說也云云○維摩經卷七佛道品云智度菩薩母方便以爲父注肇曰智爲內照權爲外用萬行之所由生諸佛之所因由故菩薩以智爲母以權爲父生曰方便以外濟爲用成菩薩道父義也▲隨宜說法　法華方便品云成就甚深未曾有法隨宜所說意趣難解註倫師稱機適會故言隨宜非七方便人所知故言難解此結成權智○又同品云舍利弗諸佛隨宜說法意趣難解○又同品偈云我以智慧力知衆生性欲方便說諸法皆令得歡喜▲無礙辯才　維摩經卷二方便品云辯才無閡遊戲神通云云○法界次第卷下云四無礙智若欲闡揚大道必須無礙辯才故次八種變化以明四無礙智此四通名無礙智者菩薩於此四法智慧捷疾分別了了通達無滯故通名無礙智也〔一〕義無礙智〔二〕法無礙智〔三〕辭無礙智以語言說名字義種種莊嚴語言隨其所應

能令得解云云四樂說無礙智菩薩於一字中能說一切字一語中能說一切語一法中能說一切法於是中所說法皆是眞實皆隨可度者而有所益云云○又三藏法數卷九云三無礙出大藏經一總持無礙二辯才無礙謂菩薩獲大辯才於大小乘種種諸法隨衆生機縱辯宣揚悉使通達皆無疑礙是爲辯才無礙三道法無礙

▲大解脫門　法數卷九云三解脫門出法界次第卷二解脫卽自在之義也門卽能通之義謂由此三解脫門則能通至涅槃故名三解脫門一空解脫門二無相解脫門三無作解脫門

明教大師輔教編序

屏山居士李　之全

娑婆教體本在音聞震旦機根亦多明敏故大聖人嘗以種種文身句義其方便智隨宜說法諸佛弟子莫不皆得無礙辯才大解脫門所以摧伏外道扶護宗乘不得不爾蓋亦哀憫世智辯聰爲第一障能造無間業者決是利根衆生故也以崔浩之博學而行眞君之事以李德裕之高才而下會昌之詔雖像季以來佛法浸微亦坐其徒

▲以崔浩之博學　北史卷二十一列傳第九十云崔宏子浩字伯淵少好學博覽經史玄象陰陽百家之言無不該覽研精義理時人莫及弱冠爲直郎稍遷著作郎道武以其工書常置左右云云又十六張云天師寇謙之每與浩言聞其論古典亡之迹常自夜達旦竦意斂容歎美之曰斯人言也惠皆可底行亦當今之臯陶也但人貴遠賤近不能深察之耳因謂浩曰吾當兼修儒教輔助太平眞君而學不稽古爲吾撰列王者政典幷論其大要浩乃著書二十餘篇上推太初下盡秦漢變弊之迹大旨先以復五等爲本云云又三十二張云神麚二年詔集諸文人撰錄國書浩及弟覽高讜鄧穎晁繼范亨黃輔等共參著作敘成國書三十卷著作令史太原閔湛趙郡郄標素諂事浩乃請立石銘載國書幷勒浩所注五經浩贊成之景穆

善等遂營於天郊東三里方百步用功三百萬乃訖浩書國事備而不典而石銘顯在衢路北人咸悉忿毒相與構浩於帝帝大怒使有司案浩取祕書郎吏及長曆生數百人意狀浩服受賕眞君十一年六月誅浩云云又云浩非毀佛法而妻郭氏敬好釋典時時讀誦浩怒取而焚之捐灰於廁中及浩幽執被置檻內送於城南使衞士數十人溲其上呼聲嗷嗷聞于行路自宰司之被戮辱未有如浩者世皆以爲報應之驗云云▲行眞君之事　北史卷二魏本紀第二一張云世祖太武皇帝諱燾明元皇帝之長子也云云又云泰常七年四月封太平王五月立爲皇太子及明元帝疾命帝總攝百揆帝聰明大度意豁如也八年十一月己巳明元帝崩壬申太子卽皇帝位大赦天下云云又十七張云神麚四年九月以左光祿大夫崔浩爲司徒云云又二十二張云太平眞君七年三月詔諸州坑沙門毀諸佛像云云又云戊子毀鄴城五層佛圖於泥像中得玉璽二云云又二十二張云太平眞君十一年六月己亥誅司徒崔浩云云○通鑑綱目卷二十五五十九張云宋文帝元嘉二十三年魏太武太平眞君七年〔綱〕三月魏誅沙門毀佛書佛像〔目〕魏主與崔浩皆信重寇謙之奉其道浩素不信佛法每言於魏主以爲佛法虛誕爲世費害宜悉除之及魏主至長安入佛寺云云浩因說魏主悉誅境內沙門焚毀經像魏主從之詔曰昔後漢荒君信惑邪僞以亂天常使政教不行禮義大壞九服之內鞠爲丘墟朕欲除僞定眞滅其蹤跡有司其宣告征鎭諸有佛像胡書皆擊破焚燒沙門無少長悉阬之自今以後有事胡神及造泥人銅人者門誅太子晃素好佛法屢諫不聽乃緩宣詔書使遠近豫聞之得各爲計沙門多亡匿獲免或收藏經像唯塔廟無復孑遺○同卷六十張〔綱〕六月魏殺其司徒崔浩夷其族〔目〕浩自恃才略及爲魏主所寵任專制朝權云云魏主使浩允等共撰

國記曰務從實錄著作令史閔湛郄標性巧佞爲浩嘗注易及論語詩書湛標上疏言馬鄭王賈不如浩之精微云云湛標又勸浩刊所撰國史于石以彰直筆云云浩竟刊石立於郊壇東方百步所書魏之先世事皆詳實列於衢路北人無不忿恚相與譖浩以爲暴揚國惡魏主大怒使有司按浩云云又二十三張云六月誅浩夷其族餘皆誅其身云云○又見于編年通論卷四佛祖統紀卷三十九法運通塞志佛祖通載卷八釋稽古略卷二也▲以李德裕之高才　舊唐書第百二十四卷列傳云李德裕字文饒趙郡人祖栖筠御史大夫父吉甫趙國忠公元和初宰相祖父自有傳德裕幼有壯志苦心力學尤精西漢書左氏春秋云云元和十一年張弘靖罷相鎭太原辟爲掌書記由大理評事得殿中侍御史十四年府罷從弘靖入朝眞拜監察御史明年正月穆宗卽位召入翰林充學士云云禁中書詔大手筆多詔德裕草之云云○新唐書卷百八十列傳第一百五云李德裕字文饒元和宰相吉甫子也少力于學旣冠卓犖有大節云云穆宗卽位擢翰林學士云云凡號令大典冊皆更其手數召見賚獎優華云云又云武宗立召爲門下侍郎同中書門下平章事云云▲下會昌之詔　新唐書卷八本紀第八十三張云武宗至道昭肅孝皇帝諱炎穆宗第五子也云云會昌五年八月壬午大毀佛寺復僧尼爲民云云贊曰武宗用一李德裕遂成其功烈然其奮然除去浮圖之法甚銳而躬受道家之籙服藥以求長年以此見其非明智之不惑者特好惡有不同爾○通鑑綱目卷五十唐武宗會昌元年〔綱〕上受法籙於趙歸眞〔書法〕司馬承禎不書道士於此書之也歸眞道士也其不書何略之也書受法籙則其爲道士明也云云又會昌四年〔綱〕以趙歸眞爲道門教授先生〔目〕上好神仙歸眞得幸云云又會昌五年〔綱〕秋七月朔日食○詔毀天下佛寺

僧尼並勒歸俗〔目〕上惡僧尼耗蠹天下欲去之道士趙歸眞等復勸之乃先毀山野招提蘭若至是敕上都東都各留二寺每寺留僧三十人天下節鎭各留一寺寺分三等留僧有差餘僧及尼並勒歸俗寺皆立期毀撤仍遣御史分道督之財貨田產並沒官寺材以葺公廨驛舍銅像鐘磬以鑄錢凡天下所毀寺四千六百餘區招提蘭若四萬餘區歸俗僧尼二十六萬五百人收良田數千萬頃奴婢十五萬人五臺僧多亡奔幽州云云○又見于通鑑卷二十五統紀四十三通載十六稽古略三也通論中具載會昌五年五月敕并八月制詔不煩錄之▲像季　三藏法數十三云三時出南嶽願文謂釋迦如來入滅之後其敎法住世有此三時不同也一正法時正猶證也謂如來滅後敎法住世人有稟敎者即能修行有修行者即能證果是名正法據法住記云佛滅度後正法一千年又據法苑珠林云復令正法增住四百年是則正法住世總一千四百年二像法時像者似也有敎有行似正法時故也謂如來滅後敎法住世人有稟敎即能修作多不能證果是名像法據法住記云佛滅度後像法一千年又據法苑珠林云復令像法增住一千五百年是則像法住世總二千五百年三末法時謂如來滅後敎法垂世人雖有稟敎而不能修行證果是名末法據法住記云佛滅度後末法一萬年又據法苑珠林云復令末法增住二萬年是則末法總三萬年▲浸微　前漢書卷五十六董仲舒傳云上嘉唐虞下悼桀紂寖微寖滅寖明寖昌之道注師古曰寖古浸字浸漸也○又文選卷十三潘安仁秋興賦云天晃朗以彌高兮日悠陽而浸微○韻會沁韻浸子鴆切漬也又漸也易臨剛浸而長楊子浸以光大亦作寖前董策寖明寖昌又作寖▲坐　韻會箇韻坐徂臥切廣韻又被罪也增韻又坐獄對理曰坐

▲發明　宋尹起莘字耕道遂昌人隱居不仕學問該洽嘗著資治通鑑綱目發明五十九卷行世統譜▲東夏　尚書註疏卷十三微子之命云庸建爾于上公尹茲東夏〔漢孔氏傳曰〕正此東方華夏之國宋在京師東○左傳卷二十昭公元年傳云服齊狄寧東夏○又尚書註疏卷三舜典云帝曰皐陶蠻夷猾夏寇賊姦宄〔傳〕夏華夏〔孔穎達疏〕〔正義曰〕夏訓大也中國有文章光華禮義之大定十年左傳云裔不謀夏夷不亂華是中國爲華夏也○文選卷四十七陸士衡漢高祖功臣頌云天命方輯王在東夏▲異端　論語註疏卷二爲政云子曰攻乎異端〔魏何晏集解曰〕善道有統故殊塗而同歸異端不同歸也〔宋邢昺疏〕〔正義曰〕異端之書則或粃糠堯舜戕毀仁義是不同歸也○又朱熹註云異端非聖人之道而別爲一端如楊墨是也▲宋仁廟　宋史九本紀卷九云仁宗體天法道極功全德神文聖武睿哲明孝皇帝諱禎初名受益眞宗第六子母李宸妃也大中祥符三年四月十四日生章獻皇后無子取爲己子養之天性仁孝寬裕喜慍不形於色七年封慶國公八年封壽春郡王講學于資善堂天禧二年兼中書令明年進封昇王九月丁卯冊爲皇太子以參知政事李迪兼太子賓客癸酉謁太廟四年詔五日一開資善堂太子秉笏南鄉立聽輔臣參決諸司事乾興元年二月戊午眞宗崩遺詔太子即皇帝位尊皇后爲皇太后權處分軍國事云云同卷十二云嘉祐八年春三月辛未帝崩于福寧殿遺制皇子即皇帝位皇后爲皇太后喪服以日易月山陵制度務從儉約謚曰神文聖武明孝皇帝廟號仁宗十月甲午葬永昭陵○贊曰仁宗恭儉仁恕出於天性一遇水旱或密禱禁廷或跣立殿下有司請以玉淸舊地爲御苑帝曰吾奉先帝苑囿猶以爲廣何以是爲燕私常服澣濯帷帟衾禂多用繒絁云云▲廟　釋名卷五釋宮

室下云廟貌也先祖形貌所在也▲歐陽修　宋史三百十九列傳卷七十八云歐陽修字永叔廬陵人四歲而孤母鄭守節自誓親誨之學家貧至以荻畫地學書幼敏悟過人讀書輒成誦及冠嶷然有聲云云舉進士試南宮第一擢甲科調西京推官云云遂以文章名冠天下入朝爲館閣校勘云云熙寧四年以太子少師致仕五年卒贈太子太師謚曰文忠修始在滁州號醉翁晚號六一居士天資剛勁見義勇爲云云▲作本論　歐陽文鈔卷十三載本論上中下三篇其中云佛法爲中國患千餘歲世之卓然不惑而有力者莫不欲去之已嘗去矣而復大集攻之暫破而愈堅撲之未滅而愈熾遂至於無可奈何是果不可去邪蓋亦未知其方也夫醫者之於疾也必推其病之所自來而治其受病之處病之中人乘乎氣虛而入焉則善醫者不攻其疾而務養其氣氣實則病去此自然之效也故救天下之患者亦必推其患之所自來而治其受患之處佛爲夷狄去中國最遠而有佛固已久矣堯舜三代之際王政修明禮義之敎充於天下於此之時雖有佛無由而入及三代衰王政闕禮義廢後二百餘年而佛至乎中國由是言之佛所以爲吾患者乘其闕廢之時而來此其受患之本也補其闕修其廢使王政明而禮義充則雖有佛無所施於吾民矣此亦自然之勢也云云○又見于文章軌範卷四張十一　異端辯正卷中八張也但辯正則三篇之中載上下二篇又軌範則唯載中篇也▲石守道　宋史四百三十二列傳卷百九十一云石介字守道兗州奉符人進士及第歷鄆州南京推官篤學有志尚樂善疾惡喜聲名遇事奮然敢爲御史臺辟爲主簿未至以論赦書不當求五代及諸僞國後罷爲鎭南掌書記代父丙遠官爲嘉州軍事判官丁父母憂耕徂徠山下葬五世之未葬者七十喪以易敎授于家魯人號介徂徠先生入爲國子監直講

學者從之甚衆太學繇此益盛介爲文有氣嘗患文章之弊佛老爲蠹著怪說中國論言去此三者乃可以有爲又著唐鑑以戒姦臣宦官宮女指切當時無所諱忌云云▲作怪說　異端辯正卷中二七張載怪說三云石守道云三才位焉各有常道反厥常道則謂之怪矣夫三光代明四時代終天之常道也夫日月爲薄蝕五星爲彗孛可怪也夫五嶽安焉四瀆流焉地之常道也山爲之崩川爲之竭可怪也夫君南面臣北面君臣之道也父坐子立父子之道也而臣抗於君子敵於父可怪也夫中國聖人之所常治也四民之所常居也衣冠之所常聚也而髡髮左衽不士不農不工不商爲夷者半中國可怪也夫中國道德之所治也禮樂之所施也五常之所被也而汗漫不經之敎行爲妖誕幻惑之說滿焉可怪也云云又至末云甚矣中國之多怪也人不爲怪者幾少矣噫一日蝕一星縮則天爲之不明一山崩一川竭則地爲之不寧釋老爲怪也千有餘年矣中國蠹壞亦千有餘年矣不知更千餘年釋老之爲怪也何如中國之蠹壞也如何堯舜禹湯文武周公孔子不生吁▲德士著冠　宋史十九本紀卷第十九云徽宗體神合道駿烈遜功聖文仁德憲慈顯孝皇帝諱佶神宗第十一子也母曰欽慈皇后陳氏元豐五年十月丁巳生於宮中云云紹聖三年以平江鎭江軍節度使封端王出就傅云云乃召端王入即皇帝位皇太后權同處分軍國事云云政和七年二月辛未改天寧萬壽觀爲神霄玉淸萬壽宮乙亥幸上淸寶籙宮命林靈素講道經云云同夏四月庚申帝諷道籙院上章冊已爲敎主道君皇帝止於敎門章疏內用云云重和元年丁亥以林靈素爲通眞達靈元妙先生張虛白爲通元冲妙先生云云同卷二十二云宣和元年春正月乙卯詔佛改號大覺金仙餘爲仙人大士僧爲德士易服飾稱姓氏寺爲宮院爲觀改女冠爲女道

尼爲女德云云欽宗靖康二年二月丁卯金人蘇帝北行紹興五年四月甲子崩于五國城年五十有四七年九月甲子凶問至江南遙上尊謚曰聖文仁德顯孝皇帝廟號徽宗云云○續通鑑綱目卷十云徽宗政和六年(綱)賜方士林靈素號通眞達靈先生(目)靈素溫州人少從浮屠學苦其師笞罵去爲道士善妖幻往來淮泗間丐食僧寺僧寺苦之及王老志死王仔昔寵衰帝訪方士于左階道籙徐知常知常以靈素對即召見云云同七年(綱)帝幸上清寶籙宮命林靈素講道經(目)時道士皆有俸每一齋觀給錢亦不下數百千貧乃設大齋輒費緡錢數萬貧下之人多買青布幅巾以赴日得一飲餐而襯施錢三百謂之千道會且令士庶入聽靈素講經帝爲設幄其側靈素據高座使人於下再拜請問然所言無殊絕者時時雜以滑稽媟語上下

不能發明之耳西方之書名字音聲與東夏不同諸儒多以爲異端盡力而攻之欲其破滅當宋仁廟時歐陽修作本論唱之於上石守道作怪說和之於下非高禪師出輔教一編吾恐德士著

冠注輔教編序　七

爲大開典莫有君臣之禮復命吏民詣官授神霄祕籙朝士皆進者靡然趨之○又宣和元年(綱)元年春正月詔更寺院爲宮觀(目)林靈素欲盡廢釋氏以逞前憾請於帝改佛號大覺金僊餘爲僊人大士僧爲德士云云○大槩與上本紀同也又見于統紀四十七通載十九稽古略四也▲天水之世　稽古略卷四十引續宋通鑑云徽宗諱佶神宗第十一子初封端王年十九即帝位在位二十五年云云蔡京爲太師內侍童貫領樞密受遼國燕人李嗣良而同歸言遼可取遂女眞來聘約夾攻遼金既滅遼復侵宋帝乃禪位太子尊帝曰太上皇爲金師擁之北去降封天水郡王終於五國城○天水郡　一統志卷二十五鞏昌府領州三縣十二下出秦州注在府城東三百里云云漢置天水郡治平襄云云同山川下出天水湖注在秦州南七

冠不待於天水之世也嘗讀此書略舉佛語之一二合於孔老之言者微加訓釋文而不夸辯而不爭諸儒尚莫能涯際其邃處固叵測也始驚而中喜後從而陰化者如王介甫父子蘇子瞻兄弟黄魯直

里其水冬夏無增減天水郡以此得名宋建隆初立宇其上號天水廟又以水療疾有效改惠應殿云云▲訓釋　字彙訓吁運切熏去聲又釋也如其字釋作其義○釋韻會陌韻釋施隻切說文釋解也○字彙釋文註解也▲始驚而中喜　古文後集載李漢所撰昌黎文序云時人始而驚中而笑且排先生益堅終而翕然隨以定云云▲王介甫父子　宋史三百二十七列傳卷八十六云王安石字介甫撫州臨川人父益都官員外郎安石少好讀書一過目終身不忘其屬文動筆如飛初若不經意既成見者皆服其精妙友生曾鞏攜以示歐陽脩脩爲之延譽擢進士上第云云元祐元年卒年六十八贈太傅紹聖中謚曰文配享神宗廟庭崇寧三年又配食文宣王廟列于顏孟之次追封舒王欽宗時楊時以爲言詔停之高宗用趙鼎呂聰問言停宗廟配享削其王封初安石訓釋詩書周禮既成頒之學官天下號曰新義晚居金陵又作字說多穿鑿傅會其流入於佛老一時學者無敢不傳習云云○佛法金湯編卷十二云安石熙寧間拜相封荊公後罷相歸建康奏施舊第爲禪寺請沙門克文住持敕賜額曰報寧賜文號曰眞淨公嘗參文云云▲安石子雱　宋史列傳卷八十六云王雱字元澤爲人慓悍陰刻無所顧忌性敏甚未冠已著書數萬言云云雱氣豪睥睨一世不能作小官作策三十餘篇極論天下事又作老子訓傳及佛書義解亦數萬言云云卒時纔三十三特贈左諫議大夫▲蘇子瞻兄弟　宋史三百三十八列傳卷九十七云蘇軾字子瞻眉州眉山人生十年父洵游學四方母程氏親授以書聞古今成敗輒能語其要云云比冠博通經史屬文日數千言云云以黄州團練副使安置軾與田父野老相從溪山間築室於東坡自號東坡居士云云又取葑田積湖中南北徑三十里爲長堤以通行者吳人種菱云云請得百

冠注輔教編序　六

僧度牒以募役者堤成植芙蓉楊柳其上望之如畫圖杭人名爲蘇公堤杭僧淨源舊居海濱與舶客交通舶至高麗交譽之云云建中靖國元年卒于常州年六十六軾與弟轍師父洵爲文既而得之於天云云軾成易傳復作論語說後居海南作書傳又有東坡集四十卷後集二十卷奏議十五卷內制十卷外制三卷和陶詩四卷云云高宗又以其文寘左右讀之終日忘倦謂爲文章之宗親製集贊賜其孫嶠遂崇贈太師謚文忠云云○金湯編卷十二云軾初參東林總禪師與論無情話有省遂酬投機偈云溪聲便是廣長舌山色豈非清淨身云云公謫黃州佛印住廬山歸宗爲方外交及佛印移住金山公獲釋如杭州過金山值印入室公竟造之云云○又普燈錄卷二十三賢臣部載軾參玉泉皓禪師機緣不煩紀之乃嗣法東林總禪師▲蘇轍　宋史三百三十九列傳卷九十八云蘇轍字子由年十九與兄軾同登進士科又同策制舉云云崇寧中蔡京當國又降朝請大夫罷祠居許州再復大中大夫致仕築室於許號潁濱遺老自作傳萬餘言不復與人相見終日默坐如是者幾十年政和二年卒年七十四追復端明殿學士淳熙中謚文定云云所著詩傳春秋傳古史老子解欒城文集並行於世云云○金湯編卷十二云轍號欒城先生又號東軒長老云云嘗謁上藍順禪師告以心法順示楞嚴經中擂鼻因緣有省呈偈曰中年聞道覺前非邂逅相逢老順師云云○又見于普燈二十三賢臣部等也嗣法上藍順禪師▲黄魯直　宋史四百四十四列傳卷二百三云黄庭堅字魯直洪州分寧人幼警悟讀書數過輒成誦舅李常過其家取架上書問之無不通常驚以爲一日千里舉進士調葉縣尉云云蘇軾嘗見其詩文以爲超軼絕塵獨立萬物之表世久無此作由是聲名始震云云庭堅在河北與趙挺之有微隙挺之執政轉運

判官陳舉承風旨上其所作荊南承天院記指爲幸災復除名羈管宜州三年徙永州未聞命而卒年六十一云云初游灊皖山谷寺石牛洞樂其林泉之勝因自號山谷道人云云○金湯編卷十三云魯直號山谷道人謫涪州別駕因號涪翁後謫黔州寓開元寺有摩圍泉又號摩圍老人元祐中爲太史嘗參黃龍心禪師求入道捷徑云云後謫黔南忽有省乃曰詩常被天下老和尚漫却多少惟有死心道人不肯可謂真實相爲公在黔止酒絕慾讀大藏經三年云云○又見普燈二十三賢臣部等也嗣法晦堂心禪師

▲陳無已　宋史四百四十四列傳卷二百三云陳師道字履常一字無已彭城人少而好學苦志年十六蚤以文謁曾鞏一見奇之許其以文著時人未之知也留受業云云元祐初蘇軾傅堯俞孫覺薦其文行起爲徐州教授又用梁燾薦爲太學博士云云召爲祕書省正字卒年四十九友人鄒浩買棺斂之師道高介有節安貧樂道于諸經尤邃詩禮爲文精深雅奧喜作詩云云時蘇軾知州事待之絕席欲參諸門弟子間而師道賦詩有向來一瓣香敬爲曾南豐之語其自守如是云云○又陳后山詩集十二卷現行于世其卷首載於門人魏衍所譔陳先生集記并係年譜也○金湯編卷十三云師道號后山居士云云登封令要弁講因徐力修少林道場成曰面壁蘭社師道爲記略曰孔氏之門顏閔冉皆無傳仲弓之後有荀卿曾參之後有孟軻端木賜之後有莊休而荀孟莊之後無聞爲李氏之傳關尹尹之傳復無聞焉釋自能仁二十八世而爲達磨又六世而爲曹溪至於今又十有五世矣而儒老子之徒欲狡源委誤矣后山集

▲張天覺　宋史三百五十一列傳卷百十云張商英字天覺蜀州新津人長身偉姿采如峙玉負氣倜儻豪視一世云云蔡京久盜國

柄中外怨疾見商英能立同異更稱爲賢徽宗因人望相之時久旱彗星中天是夕彗不見明日雨徽宗喜大書商霖二字賜之商英爲政持平云云商英因僧德洪客彭几與語言往來事覺竄於開封府御史中丞張克公疏擊之云云宣和三年卒年七十九贈少保云云亦贈太保紹興中又賜諡文忠云云○金湯編卷十三云商英號無盡居士童兒日記萬言趙抃薦之召赴闕稱草茅憂國書以進云云初因入僧寺見藏經嚴整怫然曰吾孔聖之教不如胡人之書耶夜坐長思憑紙閣筆妻向氏曰何不睡公公曰吾正此著無佛論向氏曰既言無佛何論之有當著有佛論可耳公默而止云云初謁東林總禪師遂蒙印可公漕江西見兜率悅禪師與夜談及宗門事公曰比看傳燈尊宿機緣惟疑德山托鉢話云云忽大有省發云云公著護法論云云　又見普燈廿三賢臣部等也嗣兜率悅禪師

▲藩籬　文選卷五十一賈誼過秦論云乃使蒙恬北築長城而守藩籬卻匈奴七百餘里云云○前漢書卷三十一項籍傳贊載過秦論曰守藩籬註師古曰言以長城扞蔽胡寇如人家之有藩籬▲大方　莊子卷六秋水篇云吾非至於子之門則殆矣吾長見笑於大方之家註希逸云大方大道也▲撤藩籬於大方之家　李屏山鳴道集說卷五張六云伊川之學今自江東浸淫而北矣搢紳之士負高明之資者甘心爲之亦出入於其中幾三十年嘗欲發註其得失而未暇也今以承之於秋闈考經學數十餘日乘閒漫筆於小藁意者撤藩籬於大方之家匯淵谷於聖學之海蒐諸子胸中之祕發此書言外之機道冠儒履同入解脫法門翰墨文章皆是神通游戲姑以自洗其心耳云云○又朱子詩云剖破藩籬即大家○撤韻會屑韻撤去也廣韻發撤也又除去也經典通作徹▲李翺　新唐書百七十七列傳卷百二十六

李翺字習之後魏尚書左僕射沖十世孫中進士第始調校書郎累遷元和初爲國子博士史館修撰云云翺性峭鯁論議無所屈仕不得顯官怫鬱無所發云云後歷遷桂管湖南觀察使山南東道節度使卒翺始從昌黎韓愈爲文章辭致渾厚見推當時故有司亦諡曰文○金湯編卷九云李翺嘗爲朗州刺史仰慕藥山惟儼禪師道風屢請不赴乃躬入山致敬藥山端然看經殊不顧翺乃曰見面不如聞名拂袖便行藥山却召翺翺回首何得貴耳賤目遂頂拜起問如何是道藥山以手指天復指淨瓶翺曰不會藥山云雲在青天水在瓶翺拜謝乃呈偈云鍊得身形似鶴形千株松下兩函經我來問道無餘事雲在青天水在瓶云云翺嘗著復性書三篇其一謂情昏則性匿忘情則復性其二謂無思則寂照其三謂昏而不思終不明道○又見

陳無已張天覺之徒願爲外護皆以翰墨爲佛事未必不自此書發之論者猶疑儒者之助佛者佛者之不助儒者何耶是殊不知佛者未嘗爲儒者害儒者嘗爲佛者害也此書在世不惟儒者信佛者之

聯燈會要卷十九等也嗣法藥山儼禪師▲著復性書　編年通論卷二十四載復性書三篇其一曰人之所以爲聖人者性也人之所以惑其性者情也喜怒哀懼愛惡欲七者情之所爲也情既昏性斯匿矣非性之過也七者循環而交來故性不能統也水之渾也其流不清火之煙也其光不明非水火清明之過沙不渾流斯清矣煙不鬱光斯明矣情不作性斯統矣云云其二曰或問曰人之昏也久矣將復其性者必有漸也敢問其方曰弗慮弗思情則不生情既不生乃爲正思正思者無思無慮也易曰天下何思何慮又曰閑邪存其誠詩曰思無邪云云其三曰晝而作夕而休者凡人也作乎非作者與物皆作休乎非休者與物皆休吾則不類於凡人晝無所作夕無所休作非吾作也作有物休非吾休也休有物作耶休耶二皆離而不存

語佛者亦信儒者之語撤藩籬於大方之家卷波瀾於聖學之海又豈止有力於佛者抑儒者實受其賜矣雖然自李翺參藥嶠而著復性書而張載二程氏出其徒張九成劉子翬張栻呂祖謙朱熹皆借

云云故晦文繁○同卷載李翺傳傳後石室琇論曰習之復性書益得之佛經第其文字援引爲異耳由習之從韓昌黎學爲文昌黎著原性而實未見性徒婉其辭設品目以攻之當時明道君子咸無取焉習之於是齋戒其心究乎動靜俱離寂照互融之旨至於泯情而復性至誠而見道其說與天台止觀統例頗合雖不明引佛經其能隱乎向使習之獲入藥山之室則其說更遠其說遠則反不若是書之近衆情也○又見于通載卷十六也▲張載　宋史四百二十七列傳卷百八十六云張載字子厚長安人少喜談兵至欲結客取洮西之地年二十一以書謁范仲淹一見知其遠器乃警之曰儒者自有名教可樂何事於兵因勸讀中庸載讀其書猶以爲未足又訪諸釋老累年究極其說知無所得反而求之六經云云舉進士爲祁州司法參軍雲巖令政事以敦本善俗爲先云云乃詔知太常禮院與有司議禮不合復以疾歸中道疾甚沐浴更衣而寢旦而卒云云載學古力行爲關中士人宗師世稱爲橫渠先生著書號正蒙又作西銘云云嘉定十二年賜謚曰明公淳祐元年封郿伯從祀孔子廟庭○枯崖漫錄卷下云張橫渠亦云學者但養心識明淨自然可見生死存亡胸中瑩然無疑▲二程▲程顥　宋史四百二十七列傳卷百八十六云顥字伯淳世居中山後從開封徙河南云云顥舉進士調鄠上元主簿云云哲宗立召爲宗正丞未行而卒年五十四顥資性過人充養有道和粹之氣盎於面背云云自十五六時與弟頤聞汝南周敦頤論學遂厭科舉之習慨然有求道之志泛濫於諸家出入於老釋者幾十年返求諸六經而後得之云云文彥博采衆論題其墓曰明道先生云云嘉定十三年賜謚曰純公淳祐元年封河南伯從祀孔子廟庭○金湯編卷十二云程顥嘗曰佛說光明變現初莫測其旨近看華嚴論倏然得个曉處是約喻

應機破惑名之爲光心垢解脫名之爲明只是喻自心光明便能教化得人光明無盡世界只在聖人一心之明所以諸經之先皆說放光一事雲蓋寺石刻公每見釋子讀佛書端莊整肅乃語學者曰凡看經書必當如此今之讀書者形容先自怠惰了如何存主得性學旨要▲程頤　宋史列傳卷百八十六云頤字正叔年十八上書闕下欲天子黜世俗之論以王道爲心云云哲宗初司馬光呂公著其疏其行義曰伏見河南府處士程頤力學好古安貧守節言必忠信云云詔以爲西京國子監教授力辭尋召爲祕書省校書郎既入見擢崇政殿說書云云徽宗即位徙峽州俄復其官又奪於崇寧卒年七十五頤於書無所不讀云云張載稱其兄弟從十四五時便脫然欲學聖人故卒得孔孟不傳之學以爲諸儒倡其言之旨若布帛菽粟然知德者尤尊崇之云云涪人祠頤於北巖世稱爲伊川先生嘉定十三年賜謚曰正公淳祐元年封伊陽伯從祀孔子廟庭▲金湯編十二云頤嘗致書於靈源清禪師問禪要師答書略曰妄承過聽以知道者見期雖未一奉目擊之權聞公留心此道甚久天下大宗匠歷叩殆遍乃猶以鄙人未見爲不足頃年聞有者師言公見處今覽法要後序深觀信人眞實不虛也靈源筆錄▲張九成　宋史三百七十四列傳卷百三十三云張九成字子韶其先開封人徙居錢塘游京師從楊時學云云先是徑山僧宗杲善談禪理從游者衆九成時往來其間檜恐其議己令司諫詹大方論其與宗杲謗訕朝政謫居南安軍在南安十四年云云檜死起知溫州戶部遣吏督軍糧民苦之九成移書痛陳其弊戶部持之九成即丐祠歸數月病卒九成研思經學多有訓解然早與學佛者游故其議論多偏寶慶初特贈太師封崇國公謚文忠○金湯編卷十四云子韶號無垢居士云云謫南安又自號曰橫浦居士云云嘗爲書權清

禪師云云公悚然有省遂着栢樹子話忽聞蛙聲釋然證入說偈云春天月下一聲蛙撞破乾坤共一家正恁麼時誰會得嶺頭腳痛有玄沙公與汪應辰登徑山問道於大慧公與師談格物之旨師曰公只知有格物而不知有物格頃領深旨投偈曰子韶格物曇晦物格欲識一貫兩個五百傳燈子韶嘗曰九成了末後大事實在徑山老人處此一瓣香不敢孤負他也年譜○又普燈廿三賢臣部載子韶謁寶印楚明禪師請問入道之要也乃嗣法大慧杲禪師○大慧書問卷下載答子韶書云左右以自所得瞥脫處爲極則纔見涉理路入泥入水爲人底便欲掃除使滅蹤跡見恭所集正法眼藏便云臨濟下有數箇庵主好機鋒何不收入如忠國師說義理禪教壞人家男女決定可刪左右見道如此諦當而不喜忠國師說老婆禪坐在淨淨潔潔處只愛擊石火閃電光一著子此外不容一星兒別道理眞可惜耳云云○劉子翬　宋史四百三十四列傳卷百九十三云劉子翬字彥沖贈太師韐之仲子以父任爲承務郎辟眞定府幕屬韐死靖康之難子翬痛憤幾無以爲生廬墓三年服除通判興化軍云云初朱熹父松且死以熹託子翬云云子翬少喜佛氏說歸而讀易即渙然有得其說以爲學易當先復故以是告熹爲一日感微疾即謁家廟泣別母與親朋訣付子共家事云云訓學者修身求道數百言後二日卒年四十七學者稱屏山先生○又大慧書問卷上載答兄劉子羽彥脩及弟子翬彥沖書其答彥脩書中云彥沖引孔子稱易之爲道也屢遷和會佛書中應無所住而生其心爲一貫又引寂然不動與土木無殊此尤可笑也云云○又有其答彥沖書二道其前書中云杜撰長老輩教左右靜坐等作佛豈非虛妄之本乎又言靜處無失鬧處有失豈非壞世間相而求實相乎云云○又後書首云左右做靜勝工夫積有年矣不識於

鬧處應物處得心地安閑否若未得安閑是靜勝工夫未得力也云云○張栻　宋史四百二十九列傳卷百八十八云張栻字敬夫丞相浚子也穎悟夙成浚愛之自幼學所教莫非仁義忠孝之實長師胡宏宏一見即以孔門論仁親切之旨告之栻退而思若有得焉宏稱之曰聖門有人矣栻益自奮厲以古聖賢自期云云栻有公輔之望卒時年四十有八○金湯編卷十四云栻號南軒官至祕閣修撰見蕭菴顏禪師曰道之所在可以心傳不可以力求師識如何師曰會得心猶公曰見即見擬思即差又作歷生師曰如有還同不如有公曰政當如有時如何師曰聞聲見色只如常公豁然有省乃呈偈曰聞聲見色只如常熟察精粗理自彰曉似虛空藏碧落曾無少剩一毫芒貢鑒○呂祖謙　宋史四百三十四列傳卷百九十三云呂祖謙字伯恭尚書右丞好問之孫也自其祖始居婺州祖謙之學本之家庭云云初蔭補入官後舉進士復中博學宏詞科調南外宗教丁內艱居明招山四方之士爭趨之除太學博士云云除著作郎兼國史院編修官卒年四十五謚曰成云云修讀詩記大事記皆未成書考定古周易書說閫範官箴辨志錄歐陽公本末皆行于世晚年會友之地曰麗澤書院在金華城中既殁郡人即而祠之○朱熹　宋史四百二十九列傳卷百八十八云朱熹字元晦一字仲晦徽州婺源人父松字喬年云云熹幼穎悟甫能言父指天示之曰天也熹問曰天之上何物松異之就傅授以孝經一閱題其上曰不若是非人也嘗從羣兒戲沙上獨端坐以指畫沙視之八卦也年十八貢于鄉中紹興十八年進士第云云慶元四年熹以年近七十申乞致仕五年依所請明年卒年七十一云云家故貧少依父友劉子羽寓建之崇安後徙建陽之考亭簞瓢屢空晏如也云云詔賜熹遺表恩澤謚曰文尋贈中大夫特贈寶謨閣直學士理

宗寧慶二年贈太師追封信國公改徽國云云所著書有易本義啓蒙蓍卦考誤詩集傳大學中庸章句或問論語孟子集註太極圖通書西銘解楚辭集註辨證韓文考異所編次有論孟集義孟子指要中庸輯略孝經刊誤小學書通鑑綱目宋名臣言行錄家禮近思錄河南程氏遺書伊洛淵源錄皆行於世云云又有儀禮經傳通解未脫稾亦在學官平生爲文凡一百卷生徒問答凡八十卷別錄十卷云云○金湯編卷十五云熹號晦菴公少年不樂讀時文因聽一尊宿說禪直指本心遂悟昭昭靈靈一著十八歲請舉時從劉屏山屏山意其留心舉業暨搜其篋只大慧禪師語錄一帙耳有久雨齋居誦經詩曰端居獨無事聊披釋氏書暫息塵累牽超然與道俱云云公嘗致書於開善道謙禪師云向蒙妙喜開示應是從前記持文字心識計校不得置絲毫許在胸中但以狗子話時時提撕願受一語警所不逮師答曰不要公知見不要強承當公有省師卒公祭以文云云資鑒或問朱子曰令士大夫晚年都被禪家引去者何故答曰是他高似佛儒平生讀許多書記誦文章所藉以取功名利祿之計者到這裡都靠不得所以被他降下他底且省力人誰不悅而趣之乎王介甫平生學許多道理臨了捨宅爲寺又云只緣他打併得心下清潔所以本朝李文靖公王文正公楊文公劉元城呂申公都是甚麼人也都公學他云云又曰釋氏之學與吾儒有甚相似處如有物先天地無形本寂寥能爲萬象主不逐四時凋又曰撲落非他物縱橫不是塵山河幷大地全露法王身又曰若人識得心大地無寸土看他是甚麼見識今區區小儒怎生出得他手宜爲他揮下也　朱子語錄幷易解

▲箋注　毛詩註疏卷一鄭氏箋下註云鄭氏箋本亦作牋同薦年反又正義曰鄭於諸經皆謂之註此言箋者呂忱字林云箋者表也識也鄭以毛學審備遵暢厥旨所以表明毛意記識其事故特稱爲箋餘經無所遵奉故謂之註註者著也言爲之解說使其義著明也○韻會先韻箋將先切說文箋表識書也从竹戔聲古者紀其事以竹編次爲之故从竹徐曰於書中所表記之也一曰編也又詩註曰箋張華博物志鄭玄即毛萇郡人謙敬不敢言註但表識其不明者耳集韻或作牋亦作䇳又書作牋　成一家之言　史記卷百三十太史公自序云爲太史公書序略以拾遺補蓺成一家之言云云○又文選卷四十一司馬遷報任少卿書云亦欲以究天人之際通古今之變成一家之言云云○同卷四十六任彥昇王文憲集序暨同四十八班孟堅典引亦出此語不勞紀之　胡寅　宋史四百三十五列傳卷百九十四云胡寅字明仲安國弟之子也寅將生弟婦以多男欲不舉安國妻夢大魚躍盆水中急往取而子之少桀黠難制父閉之空閣其上有雜木寅盡刻爲人形安國曰當有以移其心別置書數千卷於其上年餘寅悉成誦不遺一卷游辟雍中宣和進士甲科靖康初以御史中丞何㮚薦召除祕書省校書郎楊時爲祭酒寅從之受學遷司門員外郎云云紹興二十一年卒年五十九寅志節豪邁云云始安國頗重秦檜之大節及檜擅國寅遂與之絕新州謫命下即日就道在謫所著讀史管見數十萬言及論語詳說皆行于世其爲文根著義理有斐然集三十卷○萬姓統譜卷十一亦載傳云世稱致堂先生又金湯編卷十四亦有傳也▲爲仇敵　續通鑑綱目卷十四十九叙宋徽宗宣和二年綱六月詔蔡京致仕目京專政日久公論益不與帝亦厭薄之子攸權勢既與父相軋浮薄者復間爲由是父子各立門戶遂爲仇敵云云

▲作崇正辨　鳴道集說卷五云屏山曰論至於此儒佛之說爲一家其功用之殊但或出或處或默或語優生分別以爲同異者何也至於劉子翬之洞達張九成之精深呂伯恭之通融張敬夫之辭正朱元晦之峻潔皆近代之偉人也想見方寸之地既虛而明四通六闢千變萬化其知見只以夢幻死生操履只以塵垢富貴皆學聖人而未至者其論佛老也實與而文不與陽擠而陰助之蓋有微意存焉昌千古之絕學扁末流之塵迹將行其說於世政自不得不爾如胡寅者詬罵不已嘻其甚矣豈非翻著祖師衣倒用如來印者耶語在崇正辨吾恐白面書生輩不知諸老先生之心借以爲口實則三聖人之道幾何不化而爲異端也云云○宋史二百五志卷第一百五十八藝文志註云崇正辨三卷胡寅撰▲逢蒙　孟子卷四離婁章

佛祖之意箋注經書自成一家之言而又有胡寅者反爲仇敵作崇正辯醜辭惡語殆不忍聞此逢蒙之所不肯爲也學者當以此爲戒毋藉此編爲嚆矢云吁

句下云逢蒙學射於羿盡羿之道思天下惟羿爲愈己於是殺羿註朱子曰羿有窮后羿也逢蒙羿之家衆也羿善射篡夏自立後爲家衆所殺▲嚆矢　莊子卷四在宥篇云吾未知聖知之不爲桁楊椄槢也仁義之不爲桎梏鑿枘也焉知曾史之不爲桀跖嚆矢也故曰絕聖棄智而天下大治註希逸曰桁楊械也桁楊椄槢因聖智而有桎梏鑿枘因仁義而有桀跖借曾史之說得以自文而爲害是曾史爲盜跖之嚆矢也椄槢今枷中橫木亦楔也嚆矢今之響箭也○莊子大全陸方壺云嚆矢矢之猛者言曾史爲桀跖之利用也絕聖棄智去其所以攖也○同翼註云嚆矢矢之鳴者林云嚆大呼也又徐士彰云桀跖嚆矢如言興論亦幟也○嚆當作嗃嗃字彙虛交切孝平聲大呼也又嗃黑各切音鶴又虛交切音哮叱呼聲

▲洞山聰公　廣燈卷二十三云鼎州文殊山應眞禪師法嗣筠州洞山曉聰禪師
初開堂示衆云衆㘞宗旨意密難明心地法門豈從言路云云師一日不安上堂辭
衆至七日早示寂至齋時却來遂述法身頌示衆參禪學道莫忙忙問透法身北斗
藏余今老倒尩羸甚見人無力待商量唯有钁頭知我道種松同步上金剛師言訖
跏趺而寂建塔于金剛嶺
傳自十張至七〇又見于
五燈會元卷十五也師嗣
文殊應眞眞嗣德山緣密
密嗣雲門文偃▲卜居
楚辭註卷五出居篇
也又載文選卷三十三也
▲西湖　一統志卷三十
八杭州府山川下出西湖
注在府城西周廻三十里
其源出於武林泉山川秀
發景物華麗自唐以來爲
東南遊賞勝處舊稱西湖
有十景曰平湖秋月蘇堤
春曉斷橋殘雪雷峰落照
南屏晚鐘麯院風荷花港
觀魚柳浪聞鶯三潭印月
兩峰插雲至今湖中四時
邦人士友嬉遊歌鼓之聲
不絶云云▲阿黨　管子
卷五重令篇十五諸於法
令以治又阿黨詐撓法從
私謂之阿黨○月令是察
阿黨　▲閉戶著書　佛
祖統紀卷四十六法運通
塞志云宋仁宗嘉祐七年
藤州沙門契嵩初得法於
洞山聰禪師至錢唐靈隱
閉戶著書既成入京師見
內翰王素進輔教編定祖
圖正宗記七贊其書至爲
法不爲身嘉歎其誠敕以
其書入大藏賜明教大師云云▲兩府　歸田錄云後唐用文事出中書武事樞密
自此其權甚盛至宋號爲兩府○事文類聚新集卷十七樞密院歷代沿革云宋樞
密院與中書對掌文武二柄號爲二府○又事物紀原卷四樞密下云後唐莊宗始
用郭崇韜分中書兵房置樞密院與宰相分秉朝政自此始用士人凡文事出中書

輔教編後序

明敎乃洞山聰公之子得法之後卜居西湖世不安交時有惑者以三敎不同阿黨其說互相詆訾公憫此愚卜乃閉戶著書以獻仁宗令兩府看詳時大參歐公翰於朝頃解其紛翕然美集　上賜入藏天下名山節鎭各付一本其言文而不隘質而不雜由有實識者孰卷憮睡我　明敎又自注之其憫物之切如此今平陽彌陀院遵公敬道重刊板行乞敍於清宮

武事出樞密謂之二府▲看詳　正宗記末卷尾載知開封府王侍讀所奏劄子云
陛下萬機之暇淡得法樂願賜聖覽如有可採乞降付中書看詳特與編入大藏目
錄取進止▲大參　類書纂要卷四仕官部云大參參政也又曰參知○紀原卷四
云參政唐宰相有參知政事宋朝以爲執政官云云錢若水曰按唐故事劉洎爲參
知政事宰相任也云云
▲解其紛　老子經卷上道冲章第四云道冲而用之或不盈淵乎似萬物之宗挫
其銳解其紛和其光同其塵註希逸曰解其紛言其處紛擾之中而秩然有條也○
又同卷下知者不言章第五十六云挫其銳解其紛云云▲翕然　論語八佾篇云
子語魯大師樂曰樂其可知也始作翕如也註朱子曰翕合也○李漢集昌黎文序
云翕然隨以定○韻會緝韻翕廣韻合也斂也聚也▲名山　史記卷百三十太史
公自序云整齊百家雜語藏之名山副在京師○文選卷四十一司馬遷報任少卿
書曰僕誠已著此書藏之名山傳之其人通邑大都則僕償前辱之責雖萬被戮豈
有悔哉云云○同卷三十八任彥昇爲范始興作求立太宰碑表云既絶故老之口
必資不刊之書而藏諸名山則陵谷遷貿府之延閣則青編落簡云云▲節鎭　通
鑑綱目卷五十七五十七張唐武宗會昌五年下[質實]節鎭猶言藩鎭注見肅宗上元二年
○韻會震韻鎭字下云鎭陟刃切說文鎭博厭也从金眞聲亦安之也又山名周禮
四鎭揚州會稽青州沂山幽州醫無閭冀州霍山皆山之重大者云云○又字彙凡
藩鎭山鎭皆取安重鎭厭之義▲文而不隘質而不雜　論語註疏卷六雍也篇云
文質彬彬然後君子正義曰彬彬文質相半之貌言文華質朴相半彬彬然云云○
隘韻會卦韻乙解切狹也陋也或作阸▲憮睡　論語註疏卷十八微子篇云子路
行以告夫子憮然正義曰憮然者憮失意貌○朱子註云憮然猶悵然○孟子註疏
卷五下滕文公章句上云夷子憮然爲閒曰命之矣趙註云憮然者猶悵然也○朱
子註云憮音武憮然茫然自失之貌▲平陽彌陀院　一統志二十平陽府寺觀不
載彌陀院宜重考之▲遵公敬道　未詳其人▲清宮　未詳其人蓋想釋子爲之
道稱或別號也
▲作引　法華文句卷一之一云序明大由述三義下[本]云問答釋疑正說弄引敍
述也云云[末]言弄引者以譬顯也謂弄家之引故名弄引亦可正弄亦得名引如歌
引舞序義可知故正說如弄二序如引故引亦歌也謂談述也亦引發義云云▲長
庚　毛詩註疏卷十三小雅大東章云東有啓明西有長庚傳曰日且出謂明星爲
啓明日既入謂明星爲長庚庚續也箋云啓明長庚皆有助日之名而無實光也疏
曰又東方有啓導日明之星西方有增長續日之星此亦何曾有啓續乎○史記卷
二十七天官書云察日行以處位太白索隱太白晨出東方曰啓明故察日行以處
太白之位韓詩云太白晨出東方爲啓明昏見西方爲長庚云云▲爲蛇畫足　史
記卷四十楚世家云懷王六年楚使柱國昭陽將兵而攻魏破之襄陵得八邑又移
兵而攻齊齊王患之陳軫適爲秦使齊齊王曰爲之奈何陳軫曰王勿憂請令罷之
卽往見昭陽軍中曰願聞楚國之法破軍殺將者何以貴之昭陽曰其官爲上柱國
封上爵執珪陳軫曰其有貴於此者乎昭陽曰令尹陳軫曰令君已爲令尹矣此國
冠之上臣請得譬之人有遺其舍人一卮酒者舍人相謂曰數人飲此不足以徧請
遂畫地爲蛇蛇先成者獨飮之一人曰吾蛇先成舉酒而起曰吾能爲之足及其爲
之足而後成人奪之酒而飮之曰蛇固無足今爲之足是非蛇也今君相楚而次自

破軍殺將功莫大焉冠之上不可以加矣今又移兵而攻齊攻齊勝之官爵不加於此攻之不勝身死爵奪有毀於楚此爲蛇爲足之說也不若引兵而去以德齊此持滿之術也昭陽曰善引兵而去○　▲平陽府十方大梵寺　一統志卷二十平陽府寺觀下不載十方大梵寺宜重檢之

老朽曰屏山作引如長庚之横於晩空何用更點雲滓耶遵曰就虎添斑有何不可予曰姑以爲蛇畫足耳

壬寅秋七月晦日平陽府十方大梵禪寺嗣祖釋子亲謹序

▲壬寅　湛然按云大元第六主成宗大德六年歲次壬寅據之則釋子亲者蓋元朝之知識乎未詳師承請俟後檢

▲杭州佛日山　一統志卷三十八杭州府建置沿革禹貢揚州之域天文斗分野春秋時屬吳越戰國時屬楚秦爲會稽郡地東漢屬吳郡三國吳分置東安郡治富春尋罷晉屬吳興及吳郡陳置錢唐郡隋廢郡置杭州治餘杭云云宋爲杭州高宗南渡遷都於杭陞爲臨安府云云○同山川下載佛日山注在府城東北五十四里中有佛日淨慧寺○鐔津文集卷十尉藏受佛日山請先狀上蔡君謨侍郎云右某今者伏蒙知府端明侍郎台造特差衙前徐新等遠賫牒疏祈帖四道就潤州請召某住淨慧禪院住持今月二十日於登雲禪寺已恭受鈞命祗伏念某道德虛薄器識淺常顧大賜賓爲忝竊然而敢法衰弊繼作際茲斯益侍郎念西聖付託之意特欲振起頹風曲本屬選拔以師位詞疏雅弘獎勤重惟恐不勝所舉塵累高明且媿且幸中情無任皇恐感激之至謹具狀上謝○同卷尉一藏赴佛日山請起程申狀右某今者伏蒙知府端明侍郎台命俾就淨慧禪院住持祗荷恩輝益任慙媿以今月初五日已起離潤州參見在即謹具狀申聞▲嗣祖　祖庭事苑七六張法嗣注音寺从口以言傳从冊以書記記而主之必有傳嗣者矣宗門之嗣法猶諸侯之嗣國也▲明敎大師契嵩　鐔津文集卷首載尚書屯田員外郎陳舜俞所撰明敎大師行業記云宋熙寧五年六月初四日有大沙門明敎大師示化于杭州之靈隱寺世壽六十有六僧臘五十有三是月八日以其法荼毗鏡其所得六根之不壞者三頂骨出舍利紅白晶潔狀若大菽者三及常所持木數珠亦不壞於是邦人僧士更相傳告駭歎願禮越月四日合諸不壞者葬于故居永安院之左其存也嘗與其

夾註輔教編原敎要義第一

住杭州佛日山嗣祖明教大師　契嵩　編并註

輔教編

輔者毗也弼也所謂輔弼吾佛出世之敎也編者次也聯也謂聯次其事目也

原敎

原者本也亦徐鉉說文解云泉水本也從灥出厂下厂音罕仰山石之厓巖也灥切爲原字又云今別作源非是大宋韻釋文曰篆文省作原後之人加水吾適用此原本字以命題者特欲推本先聖設敎之所以然也敎有世間敎有出世間敎其敎字雖同而爲義則異夫世敎謂今儒道二敎也世敎者先儒謂敎化曰在黃帝顓項帝嚳帝堯帝舜五帝之道則爲敎也在伏羲神農燧人亦謂祝融亦謂黃帝三皇之道則爲化也白虎通曰皇者天之總美大之稱也煌煌人莫違也不煩一夫不擾一士

交居士陳舜俞極論死生之際而已矣其後事茲用不能無述也師諱契嵩字仲靈自號潛子藤州鐔津人姓李母鍾氏七歲而出家十三得度落髮明年受具戒十九而遊方下江湘陟衡廬首常戴觀音之像而誦其號日十萬聲於是世間經書章句不學而能得法於筠州洞山之聰公慶曆間入吳中至錢塘樂其湖山始稅駕焉當是時天下之士學爲古文慕韓退之排佛而尊孔子東南有章表民黃聱隅李泰伯尤爲雄傑學者宗之仲靈獨居作原敎孝論十餘篇明儒釋之道一貫以抗其說諸君讀之既愛其文又畏其理之勝而莫之能奪也因與之遊遇士大夫之惡佛者仲靈無不懇懇爲言之由是排者浸止而後有好之甚者仲靈唱之也所居一室蕭然無長物與人清談靡靡至於終日客非修潔行誼之士不可造也時三卿郎公引年謝歸最爲物外之友嘗欲同遊稽山行色矣公亦風邑豪預爲其見仲靈而有以尊養之仲靈知之不肯行使人謝公曰從吾所好何必求富而執鞭哉凡其潔清類如此皇祐間公居越之南衡山未幾罷歸復著禪宗定祖圖傳法正宗記仲靈之作是書也慨然悯禪門之陵遲因大考經典以佛後摩訶迦葉獨得大法眼藏爲初祖推而下之至于達磨爲二十八祖皆密相付囑不立文字謂之教外別傳者居無何觀察李公謹得其書且欽其高名奏賜紫方袍仲靈復念幸生天子大臣護道達法之年乃抱其書以游京師府尹龍圖王仲義果奏上之仁宗覽之詔付傳法院編次以示褒寵仍賜明教之號仲靈再表辭不許朝中自韓丞相而下莫不延見而尊重之留居愍賢寺不受請還東南已而得圖之講解者惡其有別傳之語而恥其所宗不在所謂二十八人者乃相與造說以非之仲靈聞之攘袂切齒又益著書博引聖賢經論古人集錄爲證幾至數萬言士有賢而好佛者往往甞而爲其冤久之雖

平生厚於仲靈者猶恨其不能與衆人相忘於是非之間及其亡也三寸之舌所以論議是是非非者卒與數物不壞以明之嗚呼使其與奪之不公辯說之不契乎道則何以臻此哉雖然仲靈之所以自得而樂諸己者盖不預於此豈可爲淺見寡聞者道耶仲靈在東南最後密學蔡君謨之帥杭也延置佛日山禮甚厚居數年然言高而行卓不少假學者人莫之能從也有弟子曰慈愈洞清洞光所著書自定祖圖而下謂之嘉祐集又有治平集凡百餘卷總六十有餘萬言其甥沙門法燈克奉藏之以信後世云熙寧八年十二月五日記○禪林僧寶傳第二十七云禪師名契嵩字仲靈自號潛子生藤州鐔津李氏七歲母鍾施以事東山沙門某十三得度受具十九游方時寧風有異女子姚精嚴而住山時年百餘歲面如處子嵩造焉女子留之信宿中夜聞池中有如憂銅器聲以問女子女子曰意此龍吟也聞者瑞徵子當有大名於世行矣無滯於是下沅湘陟衡嶽謁神鼎諲禪師諲與語奇之然無所契遊袁筠間受記莂於洞山聰公嵩夜則頂戴觀世音菩薩之像而誦其號必滿十萬乃寢以爲常自是世間經書章句不學而能是時天下之士學古文慕韓愈拒佛以遵孔子東南有章表民黃聱隅李太伯尤雄傑學者宗之嵩作原教論十餘萬言明儒釋之道一貫以抗其說讀之者畏服未幾復游衡嶽罷歸著禪宗定祖圖傳法正宗記其志益悯道法陵遲博考經典以佛後摩訶迦葉獨得大法眼藏爲初祖推之下至于達磨多羅爲二十八祖皆密相付囑不立文字謂之教外別傳書成游京師知開封府龍圖王公素奏之仁宗皇帝覽之加嘆付傳法院編次入藏下詔褒寵賜紫方袍號明教嵩再奏辭讓不許宰相韓琦大參歐陽修皆延見而尊禮之留居愍賢寺不受再請東還於是律學者僧疾相與造說以非之嵩益著書援引古今左

叢甚明後數萬言禪者增氣而天下公議翕然歸之熙寧五年六月四日晨興寫偈曰後夜月初明吾今獨自行不學大梅老貪聞鼯鼠聲至中夜而化闍維敛六根之不壞者三頂骨出舍利紅白晶潔狀如大菽常所持數珠亦不壞道俗合諸不壞葬於故居永安院之左閱世六十有六坐五十有三夏有文集總百餘卷六十萬言其甥法燈克奉藏之以信後世嵩居錢塘佛日禪院蔡密學襄所請也東坡曰吾入吳尚及見嵩其爲人常瞋然嵩以瞋爲佛事云贊曰是身聚沫中特甚業所持定本一念首楞嚴曰由汝念慮使汝色身身非念倫汝身何因隨念所使然但名爲融通妄想念常清淨正信堅固則名善根功德之力甚生而多聞好辯而常瞋死而火之目舌耳毫爲不壞非正信堅固功德力乎余嘗論人之精誠不可見及其化也多雨舍利譬如太平無象而蒸枯朽爲菌芝嵩其尤著聞者聰公可謂有子矣○續燈卷五洞山聰禪師法嗣下載之其傳末云其如解行高潔性智虛明宋代高僧鮮有如師具在陳賢良行業記○又五燈會元卷十五亦有傳也●輔者　韻會麌韻輔本甫切廣韻助也弼也增韻又扶也●毗也弼也　毗韻會支韻毗頻脂切一曰輔也○弼韻會質韻薄密切說文弼輔也●編者　韻會先韻編卑眠切說文編次簡也从糸扁聲字林以繩次物●次也聯也　次韻會寘韻次七四切音與刺同廣韻次弟也○聯韻會先韻說文聯連也从耳耳連於頰也从絲絲連不絕也●原者本也　韻會元韻源字下云禮記註源本作原又王制必原父子之親註疏本也荀子宗原應變註宗原根本也○又原字下云又推原也易原始要終●徐鉉　宋史四百四十一列傳卷二百云徐鉉字鼎臣揚州廣陵人十歲能屬文不妄游處與韓熙載齊名江東謂之韓徐仕吳爲校書郎又仕南唐李昪父子試知制誥云云又云嘗受

詔與句中正葛湍王惟恭等同校說文云云又云臣等粗爲訓釋以成一家之書云●說文解云等　說文解字卷二十一下云灥三泉也闕凡灥之屬皆从灥詳遵切 厵水泉本也从灥出厂下愚袁切 原篆文从泉臣鉉等曰今別作源非是○同卷六十云厂山石之厓巖人可居象形凡厂之屬皆从厂呼旱切○湛私曰據說文則今註中泉水本當作水泉本郎出石當作卯出石字畫殊謬或顛倒矣本註中曰厓與厓同崖巖崖字當作厓●在黃帝顓頊等　白虎通卷一號下云五帝者何謂也禮曰黃帝顓頊帝嚳帝堯帝舜五帝也易曰黃帝堯舜氏作書曰帝堯帝舜黃帝中和之色自然之性萬世不易黃帝始作制度得其中和萬世常存故稱黃帝也謂之顓頊何顓者專也項者正也能專正天人之道故謂之顓頊也謂之帝嚳者何也嚳者極也言其能施行窮極道德也謂之堯者何堯猶嶤嶤也至高之貌清妙高遠優遊博衍衆聖之主百王之長也謂之舜者何舜猶僢僢也言能推信堯道而行之●在伏羲神農等　又白虎通卷一三皇下云謂之燧人何鑽木燧取火教民熟食養人利性避臭去毒謂之燧人也謂之祝融何祝者屬也融者續也言能屬續三皇之道而行之故謂祝融也○私曰伏羲神農字訓如下所出也三皇五帝之名字諸書所列不同也具見于史記卷一五帝本紀題註及通鑑前編辨疑旌綱鑑補卷一三皇五帝紀題註中也不煩紀之今此本註蓋據白虎通而列焉●白虎通曰皇者等　白虎通卷一號下云皇者何謂也亦號也皇君也美也大也天之總美大稱也時質故總之也號之爲皇者煌煌人莫違也煩一夫擾一士以勞天下不爲皇也不擾匹夫匹婦故爲皇故黃金棄於山珠玉捐於淵巖居穴處衣皮毛飲泉液吮露英虛無寥廓與天地通靈也○

皇韻會陽韻說文皇大也又云三皇大君也皇之為言煌煌然也○黃金棄於山莊子曰損金於山藏珠於淵不利貨財不尚富貴也又文選卷一班孟堅東都賦云賤奇寶而不珍損金於山沈珠於淵○巖居穴處易繫辭下云上古穴居而野處後世聖人易之以宮室上棟下宇以待風雨又綱鑑補卷一有巢氏紀云太古之民穴居野處搏生咀華與物相友無有妒傷之心

●又當古之時等　白虎通一號下云三皇者何謂也謂伏羲神農燧人也或曰伏羲神農祝融也禮曰伏羲神農祝融三皇也謂之伏羲者何古之時未有三綱六紀民人但知其母不知其父能覆前而不能覆後臥之詓詓起之吁吁饑即求食飽即棄餘茹毛飲血而衣皮葦於是伏羲仰觀象於天俯察法於地因夫婦正五行始定人道畫八卦以治下治下伏而化之故謂之伏羲也謂之神農何古之人民皆食禽獸肉至於神農人民衆多禽獸不足於是神農因天之時分地之利制耒耜敎民農作神而化之使民宜之故謂之神農也○三綱六紀白虎通卷三三綱六紀下云三綱者何謂也謂君臣父子夫婦也六紀者謂諸父兄弟族人諸舅師長朋友也故君為臣綱父為子綱夫為妻綱又曰敬諸父兄六紀道行諸舅有義族人有序昆弟有親師長有尊朋友有舊何謂綱紀綱者張也紀者理也大者為綱小者為紀所以彊理上下整齊人道也人皆懷五常之性有親愛之心是以紀綱為化若羅網之有紀綱而萬目張也云云○通鑑前編卷一太昊伏羲氏下[日]外紀曰人生之始也與禽獸無異知有母而不知其父知有愛而不知其禮臥則呿呿起則吁吁饑則求食飽則棄餘茹毛飲血而衣皮革云云

故為皇黃金弃於淵巖居穴處衣皮毛飲泉液吮露英虛無寥廓與天地通靈又當古之時未有三綱六紀民人但知其母不知其父能覆前而不能覆後臥之呿呿起之吁吁飢即求食飽則弃餘茹毛飲血而衣皮革伏羲仰觀象於天俯察於地因夫婦正五行始定人道畫八卦以治天下伏而化之古之人民唯食禽獸之肉消乎人民衆多禽獸不足其食神農乃因天之時分地之利制耒耜教民農作神而化之先儒以知此之義故謂三皇為化也白虎通又曰帝者諦也象可承也謂黃帝始作制度得其中和萬世常存又云易曰上古結繩而治後世聖人易之以書契百官以理萬民以察而後世聖人者謂黃帝已來之五常也又曰敎者效也上為之下効之舜典命契作司徒曰敬敷五教在寬故謂在五帝為敎也其後周公旦廣于司徒五教

云釋義曰呿臥聲又開口也即莊子所謂口呿而不合也吁噓聲也○綱鑑補一云飲禽獸之血而茹其毛先取其皮蔽前後取而蔽後號曰有巢氏之民○易繫辭下云古者包犧氏之王天下也仰則觀象於天俯則觀法於地觀鳥獸之文與地之宜近取諸身遠取諸物於是始作八卦以通神明之德以類萬物之情云云又綱鑑補一云帝太昊伏羲氏於是仰觀象於天俯觀法於地中觀萬物於人始畫八卦○繫辭下云包犧氏沒神農氏作斲木為耜揉木為耒耒耨之利以教天下又通鑑前編一炎帝神農氏下[綱]祝款五穀[日]外紀曰古者民茹草木之實食禽獸之肉未知耕稼炎帝因天時相地宜斲木為耜揉木為耒始教民藝五穀而農事興焉云云又綱鑑補與今此通鑑文同也○耒耜禮記註疏卷十七月令云命農計耦耕事修耒耜具田器註耜者耒之金也廣五寸正義曰耒者以木為之長六尺六寸底長尺有一寸中央直者三尺有三寸句者二尺有二寸底謂耒下鑽前曲接耜者頭而著耜耜金鐵為之故云耜者耒之金云云○韻會隊韻耒盧對切說文耒手耕曲木也从木推丯○韻會紙韻耜說文耜臿也本作枱从木目聲增韻柄曲木曰耒耒端曰耜周禮考工記匠人耜廣五寸二耜為耦註古者耜一金兩人併發之今耜岐頭兩金象古之耦云云●白虎通又曰帝者等　白虎通卷一號下云號言為帝者何帝者諦也象可承也●謂黃帝始作制度等　見前五帝下也●又云易曰上古等　白虎通卷四五經下云春秋何常也則黃帝已來何以言之易曰上古結繩而治後世聖人易之以書契百官以理萬民以察後世聖人者謂五帝也云云○易曰易繫辭下文也○結繩綱鑑補卷一云燧人氏始作結繩之政註上古聖人未有文字大事則大結其繩小事則小結其繩以記之也○梁昭明太子文選序云逮乎伏羲氏之王天下也始畫八卦造書契以代結繩之政由是文籍生焉云云○韻會霽韻契詰計切音與器同說文契大約也又字彙契苦計切音器合也刻也約也券也●又曰教者等　白虎通卷三三教下云教者何謂也教者效也上為之下効之民有質朴不教不成故孝經曰先王見教之可以化民論語曰不教民戰是謂棄之尚書曰以教祇德詩云爾之教矣欲民斯效云云●舜典命契等　尚書註疏卷三舜典云帝曰契百姓不親五品不遜汝作司徒敬敷五教在寬傳五品謂五常遜順也布五常之教務在寬所以得人心亦美其前功正義曰汝作司徒之官謹敬布其五常之教務在於寬故使五典克從是汝之功宜當勉之○又蔡沈註云司徒掌教之官敷布也五教父子有親君臣有義夫婦有別長幼有序朋友有信以五者當然之理而為教令也敬敬其事也云云寬裕以待之也○契史記卷三殷本紀云殷契母曰簡狄有娀氏之女為帝嚳次妃三人行浴見玄鳥墮其卵簡狄取吞之因孕生契契長而佐禹治水有功云云○司徒見職事文類聚新集卷三也●其後周公旦等　尚書註疏卷十八周官云司徒掌邦教敷五典擾兆民傳地官卿司徒主國教化布五常之教以安和天下衆民使小大皆協睦正義曰鄭玄云擾亦安也云云五典即五教也●孔子以周末等　白虎通卷四五經下云孔子所以定五經者何以為孔子居周之末世王道陵遲禮義廢壞強陵弱衆暴寡天子不敢誅方伯不敢伐閔道德之不行故周流應聘冀行其道德自衛反魯自知不用故追定五經以行其道云云○史記卷四十七孔子世家云魯終不能用孔子孔子亦不求仕孔子之時周室微而禮樂廢詩書缺追迹三代之禮序書傳上紀唐虞之際下至秦繆編次其事曰夏禮吾能言之杞不足徵也殷禮吾能言之宋不足徵也足則吾能徵之矣觀殷夏所損益

乃爲儒教又其後世孔子以周末王道陵遲禮義廢壞憫道德之不行自衛反魯知必無用於世乃追定五經以人情有五性懷五常不能自成是以象天五常之道著經而明之教人以成其德也故經解曰溫柔敦厚詩教也疏通知遠書教也廣博易良樂教也潔靜精微易教也恭儉莊敬禮教也屬辭比事春秋教也夫道教與儒同源一出於三皇五帝之道也老子曰聖人處無爲之事行不言之教曰王侯得一以爲天下正莊子曰得吾道者上爲皇而下爲王蓋易三皇之書三墳者所謂易無思也無爲也天下之動正夫一未始異也老子出於皇道而言教者唐玄宗注云寄以教名耳始司馬遷史記分儒家等爲六家以老子爲道家班固藝文志因之謂道家者流合於堯之克讓易之謙謙然不若司馬氏曰道家無爲又曰無不爲又曰乃合

日後雖百世可知也以一文一質周監二代郁郁乎文哉吾從周故書傳禮記自孔氏孔子語魯太師樂其可知也始作翕如縱之純如皦如繹如也以成吾自衛反魯然後樂正雅頌各得其所古者詩三千餘篇及至孔子去其重取可施於禮義上采契后稷中述殷周之盛至幽厲之缺始於衽席故曰關雎之亂以爲風始鹿鳴爲小雅始文王爲大雅始清廟爲頌始三百五篇孔子皆絃歌之以求合韶武雅頌之音禮樂自此可得而述以備王道成六藝孔子晩而喜易序彖繫象說卦文言讀易韋編三絶曰假我數年若是我於易則彬彬矣孔子以詩書禮樂教弟子蓋三千焉身通六藝者七十有二人云云○論語子罕篇云子曰吾自衛反魯然後樂正雅頌各得其所○文選卷四十三劉子駿移書讓太常博士一首云周室既微而禮樂不正道之難全也如此是故孔子憂道不行歷國應聘自衛反魯然後樂正雅頌乃得其所脩易序書制作春秋以記帝王之道云云○陵遲毛詩註疏卷四大車篇序云大車刺周大夫也禮義陵遲男女淫奔云云正義曰陵遲猶陵阤言禮義廢壞之意也○又文選卷三十八任彥昇爲范尚書讓吏部封侯第一表云齊季陵遲官方淆亂註銑曰陵遲零落也同四十四陳孔璋爲袁紹檄豫州云方今漢室陵遲註翰曰陵遲猶漸壞也又同卷司馬長卿難蜀父老云及衰世之陵夷註善曰陵夷即陵遲也同四十七袁彥伯三國名臣序贊云中古陵遲斯道替矣云云●故經解曰等　白虎通卷四五經下云經所以有五何經常也有五常之道故曰五經樂仁書義禮禮易智詩信也人情有五性懷五常不能自成是以聖人象天五常之道而明之以教人成其德也五經何謂易尚書詩禮春秋也禮解曰溫柔寬厚詩教也疏通知遠書教也廣博易良樂教也潔靜精微易教也恭儉莊敬禮教也屬辭比事春秋教也云云○禮記註疏卷五十經解第二十六云孔子曰入其國其教可知也其爲人也溫柔敦厚詩教也疏通知遠書教也廣博易良樂教也潔靜精微易教也恭儉莊敬禮教也屬辭比事春秋教也云云正義曰溫柔敦厚詩教也者溫謂顏色溫潤柔謂情性和柔詩依違諷諫不指切事情故云溫柔敦厚是詩教也疏通知遠書教也者書錄帝王言誥舉其大綱事非繁密是疏通上知帝皇之世是知遠也廣博易良樂教也者樂以和通爲體無所不用是廣博簡易良善使人從化是易良潔靜精微易教也者易之於人正則獲吉邪則獲凶不爲淫濫是潔靜窮理盡性言入秋毫是精微恭儉莊敬禮教也者禮以恭遜節儉齊莊敬愼爲本若人能恭敬節儉是禮之教也屬辭比事春秋教也者屬合也比近也春秋聚合會同之辭是屬辭比次褒貶之事是比事也凡人君行此等六經之教以化於下在下漸習其教還有六經之性故云詩教書教之等●老子曰聖人等　老子經卷上天下皆知章第二云天下皆知美之爲美斯惡已皆知善之爲善斯不善已故有無相生難易相成長短相形高下相傾音聲相和前後相隨是以聖人處無爲之事行不言之教云云　註希逸云聖人以無爲而爲以不言而言何嘗以空寂爲事何嘗以多事爲畏但成功而不居耳云云又同下卷天下之至柔章第四十三云是以知無爲之有益也不言之教無爲之益天下希及之矣同卷其安易持章第六十四云聖人無爲故無敗無執故無失云云●曰王侯得一等　老子經卷下昔之得一章第三十九云昔之得一者天得一以淸地得一以寧神得一以靈谷得一以盈萬物得一以生王侯得一以爲天下貞其

致之一也云云　註希逸云一者道也侯王之所以保正萬邦亦此道也其致之者言其淸寧靈盈生正皆因此道而得之●莊子曰得吾道等　莊子卷四外篇在宥云黃帝再拜稽首曰廣成子之謂天矣廣成子曰來余語汝彼其物無窮而人皆以爲終彼其物無測而人皆以爲極得吾道者上爲皇而下爲王失吾道者上見光而下爲土云云　註希逸云皇是無爲者也王是有爲者也●易三皇之書等　尚書註疏卷一漢孔安國序云古者伏羲氏之王天下也始畫八卦造書契以代結繩之政由是文籍生焉伏羲神農黃帝之書謂之三墳言大道也少昊顓頊高辛唐虞之書謂之五典言常道也正義曰墳大也以所論三皇之事其道至大故曰言大道也以典者常也言五帝之道可以百代常行故曰言常道也又云此言謂之三墳謂之五典者因左傳有三墳五典之文故指而謂之●易無思也等　易兼義卷七繫辭上云易無思也無爲也寂然不動感而遂通天下之故非天下之至神其孰能與於此正義曰易無思也無爲也者任運自然不關心慮是无思也任運自動不須營造是无爲也寂然不動感而遂通天下之故者既无思无爲故寂然不動有感必應萬事皆通是感而遂通天下之故也故謂事故言通天下萬事也云云●天下之動等　易兼義卷八繫辭下云天地之道貞觀者也日月之道貞明者也天下之動貞夫一者也正義曰天下之動貞夫一者也言天地日月之外天下萬事之動皆正乎純一也若得於純一則所動遂其性若失於純一則所動乖其理是天下之動得正在一也●唐玄宗注等　老子翼註卷五附錄云廣川董逌藏書志云唐玄宗既注老子始改定章句爲道德經凡言道者類之上卷言德者類之下卷刻石渦口老子廟中○宋史二百五志卷第一百五十八藝文五云唐玄宗注老子道德經二卷有序唐

宗道德經音疏六卷●司馬遷史記等　史記卷百三十太史公自序云太史公仕於建元元封之間愍學者之不達其意而師悖乃論六家之要指曰易大傳天下一致而百慮同歸而殊塗夫陰陽儒墨名法道德此務爲治者也直所從言之異路有省不省耳云云道家無爲又曰無不爲其實易行其辭難知其術以虛無爲本以因循爲用云云乃合大道混混冥冥（正義曰混混者元氣之貌也）光耀天下復反無名云云○無爲無不爲老子經卷下爲學日益章第四十八云爲學日益爲道日損損之又損以至於無爲無爲而無不爲矣○光耀同卷其政悶悶章第五十八云直而不肆光而不耀○無名同卷上道可道章第一云名可名非常名無名天地之始云云（私曰司馬遷傳見前漢書六十二卷也）●班固藝文志等　前漢書卷三十藝文志第十云道家者流蓋出於史官歷記成敗存亡禍福古今之道然後知秉要執本淸虛以自守卑弱以自持此君人南面之術也合於堯之克攘（師古曰虞書堯典稱堯之德曰允恭克讓言其信恭能讓也故志引之云攘古讓字）易之嗛嗛一謙而四益此其所長也（師古曰四益謂天道虧盈而益謙地道變盈而流謙鬼神害盈而福謙人道惡盈而好謙也此謙字同與謙）及放者爲之則欲絕去禮學兼棄仁義曰獨任淸虛可以爲治（私曰班固傳見後漢書列傳三十也）

●張綱陸脩靜　張綱未詳其人宜重檢之○陸脩靜廣弘明集卷四云齊高祖廢道法詔云昔金陵道士陸脩靜者道門之望云云○宋史二百五藝文志云陸脩靜老子道德經雜說一卷●羽化　事文前集卷三十四道士下云晉許邁恬靜不慕仕進父母尚存未忍違親立精舍於餘杭懸霤山朝望時節還家定省父母既終乃遣婦孫氏還家後改名玄遊名山採藥莫知所終好道者皆謂之羽化（見本傳○又列仙傳卷四）○又古文後集卷上蘇軾前赤壁賦云如遺世獨立羽化而登仙云云●祭醮

冠注輔敎編卷一　八

醮韻會嘯韻子肖切說文醮冠娶禮祭从酉焦聲禮記冠義云醮於客位又昏義云父親醮子而命之迎註云酌而無酬酢曰醮醮之禮如冠禮●梵語阿含等　名義集卷四十二分敎篇云阿含正云阿笈多此云敎妙樂云此云無比法即言敎也唯識論謂諸如來所說之敎云云●大智度論曰等　智度論卷二之一張云大迦葉語阿難從轉法輪經至大般涅槃集作四阿含增一阿含中阿含長阿含相應阿含是名脩妒路法藏

●梵語脩多羅　名義集四總明三藏篇云修多羅或修單蘭或修妒路西域記名素怛覽舊曰脩多羅訛也或言無翻含五義故攝華云義味無盡故喩涌泉能生妙善故號出生楷定邪正故譬繩墨能示正理故名顯示貫穿諸法故曰結鬘含此五義故不可翻（出雜心論）或言有翻妙玄明有五譯一云翻經二翻論三翻法本四翻線五翻善語敎云云●楞伽唯識論等　經直畫一云一百十三函大乘楞伽唯識論一卷對二云昔阿含者謂佛如來所說言敎云云▲此論天親菩薩所造天竺三藏菩提流支譯也一名破色心論●長阿含序云等　經直畫二云六十三四函佛說長阿含經二十二卷其經序（長安釋僧肇述）云阿含秦言法歸法歸者蓋是萬善之淵府總持之林苑其爲典也淵博弘富韞而彌廣明宣禍福賢愚之迹剖判眞僞異齊之原歷記古今成敗之數墟域二儀品物之倫道無不由法無不在譬彼巨海百川所歸故以法歸爲名云云▲此經姚秦三藏法師佛陀耶舍共竺佛念譯▲夾註巨作鉅按韻會鉅與巨通共有大也訓也●智者顗師　續高僧傳卷二十一習禪篇云釋智顗字德安姓陳氏潁川人也有晉遷都寓居荊州之華容爲即梁散騎益陽公起祖之第二子也云云年十有八投湘州果願寺沙門法緒而出家緒授以十戒道品律儀仍隨以北度詣慧曠律師北面橫經具蒙指誨因潛大賢山誦法華經及無量義普賢觀等二旬未淹三部究竟又詣光州大蘇山慧思禪師受業心觀云云（傳文長故不綴）記之又見統紀卷六也

●謂修多羅翻爲法本等　十二卷大部四敎義卷一之二張云第一釋三藏敎名者此敎明因緣生滅四聖諦理正敎小乘傍化菩薩所言三藏敎者一修多羅藏二毗尼藏三阿毗曇藏（云云）修多羅藏者修多羅此或言有翻或言無翻言有翻亦有多家不同然多用法本出世善法言敎之本故云法本即是四阿含經也（出卷四）敎義卷一第二張●阿含亦與今此文同也統大小乘等　章安灌頂法師涅槃經疏卷十三張（云云）云方等阿含者阿含翻法歸衆法所歸阿含通小大小直云阿含大加方等云云●龍猛　名義卷一宗釋論主篇云那伽曷樹那義翻爲猛此出龍樹勸誡王頌彩字函西域記云那伽閼（音遏）刺那此云龍猛舊曰龍樹訛也什日本傳云其母樹下生之因目阿周那阿周那者樹名也以龍成其道故以龍字號曰龍樹云云●智者嘗引此云等　維摩經玄義疏卷四十五張云第一約觀心明三藏敎指者即是觀一念因緣所生之心生滅析假入空約此觀門起一切三藏敎也若觀生滅四諦入道即是修多羅藏故增一阿含云佛告諸比丘謂一切法者秖是一法何等爲一法心是一法離心無一切法也智度論云從初轉法輪經至大涅槃結修多羅藏此秖是約心生滅說四聖諦即是法歸法本之義也（又見大部四敎義卷十二之十七張及宗鏡錄卷卅五之十一張也）○維摩玄疏及十二卷六卷四敎義共智者大師所撰也

大道混混冥冥光耀天下正與易繫辭所謂易無思也無爲也寂然不動感而遂通天下之故合也較班子之論不及太史公淡且悉矣後世之者如張綱陸修靜諸子以天神昇仙羽化祭醮之說傅會老子之道廣之以爲經而道敎益與儒異矣吾唯推老子之道本故謂與儒同其源也若吾佛敎者乃大聖人出世之敎也梵語阿含或云此翻敎也大智度論曰大迦葉語阿

冠注輔敎編卷一　九

難從轉法輪經至大涅槃集作四阿含所謂增一阿含中阿含長阿含相應阿含是名修妒路法藏梵語修多羅此云善語敎彼謂阿含此云敎即楞伽唯識論云阿含者謂諸如來所說之敎也長阿含經序云阿含者秦言法歸也譬猶鉅海百川所歸然阿含本屬小乘三藏其四阿含經是也今校修多羅翻善語敎阿含謂諸如來所說之敎長阿含經序阿含秦言法歸與智

●四聖諦　如下之廣原敎第二篇中引法華玄義詮焉●一切經皆以等　名義卷五名句文法篇云瑜伽云佛菩薩等是能說者語是能說相名句文身是所說相成唯識論云名詮自性句詮差別文卽是字爲二所依此非色心屬不相應行名曰三假婆沙問云如是佛敎以何爲體答二云語業爲體謂佛語言唱詞評論語音語論語業語表是爲佛敎此語業師也二云名等爲體名身句身文身次第行列安布聯合爲名句文云何但以聲爲敎體此名句師也語業師難曰名句文但顯佛敎作用非是自體名句師難曰聲是色法如何得爲敎體要由有名乃說爲敎是故佛敎體卽是名名能詮義故名爲體二師異見永執不通正理論中雙存兩義故正理鈔二云案上二說各有所歸諸論皆有兩家未聞決判云云●華嚴經曰等　唐譯華嚴經卷第八華藏世界品云或有以一切衆生福德海音聲爲體或有以一切衆生諸業海音聲爲體或有以一切佛境界淸淨音聲爲體或有以一切菩薩大願海音聲爲體或有以一切佛方便音聲爲體或有以一切刹莊嚴具成壞音聲爲體或有以無邊佛音聲爲體或有以一切變化音聲爲體或有以一切衆生善音聲爲體或有以一切佛功德海淸淨音聲爲體如是等若廣說者有世界海微塵數

●聖人被下之言　摩訶止觀卷一之二九張云敎是上聖被下之言聖能顯祕兩說凡人宣述只可傳顯不能傳祕聽者因何作觀○法華玄義卷一之一九三張云敎者聖人被下之言也云云同卷十之二五十五張云達摩鬱多羅釋敎迹義云敎者謂佛被下之言迹謂蹤跡亦應跡化跡言聖人布敎各有歸從云云○四敎集解卷上八張

者顗師謂修多羅翻爲法本法歸並同如此則阿含統大小乘不止屬小乘三藏也智度論二云從轉法輪經至大涅槃集作四阿含據此言則阿含果統一代時敎也其下文又云增一阿含中阿含長阿含相應阿含只是今大藏內之小乘經也不知大論何爲其上下之言乃相反如此必龍猛更有別義也智者嘗引此云從轉法輪經至大涅槃結作修多羅藏此秖是約心生滅說四聖諦卽是法歸法本之義以修多羅比阿含又法歸與長阿含序同亦是阿含通大小乘也但其云秖是約心生滅說四聖諦有小乘三藏之意耳此土所翻阿含爲敎統大小乘其義未決且備引衆家之言亦俟後賢辨之吾前出此義甚略今更備論之請取此義爲詳一切經皆以聲名句文四法爲體克實用佛無漏音爲體華嚴經曰或有以一切佛方便音聲爲體

下註云敎者效也聖人被下之言也效之則革凡成聖也○蒙潤四敎儀集註卷上四敎儀下註云敎者聖人被下之言亦詮理化物爲義●能詮二諦之理　維摩玄義詮卷四二十張云今明不思議理事爲本迹者理卽不思議眞諦之理爲本事卽不思議俗諦之事爲迹云云又云今言不思議之理本卽是不思議二諦之理事通名爲理理卽本也不思議之敎迹者卽是大聖八音數演不思議能詮二諦之敎迹也所詮不思議二諦之理卽是理本能詮之敎卽是事迹是則由理本故有敎迹尋敎迹以得理本云云●有大小頓漸權實偏圓等　如下之廣原敎第一篇中引摩訶止觀辨焉●有大乘有小乘　要覽卷中三寶下云大乘梵云摩訶衍此云大乘人者簡小之稱乘者運載爲義○小乘小者簡非大也謂如來觀根逗機方便施設也

●其本覺者　起信論卷上二云所言覺義者謂心體離念離念相者等虛空界無所不徧法界一相卽是如來平等法身依此法身說名本覺何以故本覺義者對始覺義說以始覺者卽同本覺○筆削記卷八云此乃一體眞實但約此體上靈照之義便名本覺也云云同卷九云今此且約對於新生立爲本有以始覺從修新生本覺性自元有由是對始以立於本云云●情者感而遂動等　禮記註疏卷三十七樂記云人生而靜天之性也感於物而動性之欲也物至知知然後好惡形焉正義曰言人初生未有情欲是其靜稟於自然是天性也感於物而動性之欲也者其心本雖靜感於外物而心遂動是性之所貪欲也自然謂之性貪欲謂之情是情別矣●其不覺者　起信論上二云所言不覺義者謂不如實知眞如法一故不覺心

故云聲敎其義則聖人被下之言爲敎乃吾佛所垂開導向下一切衆生能詮二諦之理者修多羅者總謂之敎也然此諸修多羅敎亦自有世間出世間者有大乘有小乘有頓有漸有權有實有偏有圓者今原敎等大率推本乎圓頓大乘一實之敎乃世出世間一切敎妙極之敎也泉較乎小乘若漸若權之敎所謂人天乘者也表此乘與世儒之敎略同顯吾小乘具有儒五常之義使世學士識佛之大權大敎之意無不在者也故謂原敎

萬物有性情古今有死生

此標也亦微顯二敎之遠近也夫萬物者猶萬事萬法也性者寂靜不動人之資質者也亦其本覺者也情者感而遂動人之欲者也亦其不覺者也不動出動本覺出不覺耳就世敎論之則寂靜資質者都是萬物之體也就吾出世敎論之則本覺眞

起而有其念念無自相不離本覺猶如迷人依方故迷若離於方則無有迷衆生亦爾依覺故迷若離覺性則無不覺以有不覺妄想心故能知名義爲說眞覺若離不覺之心則無眞覺自相可說○筆削記卷十二云不覺者即黎耶識中第二義不無覺明也是則無明之別號亦名之癡亦名爲迷無知等云云

●智度論云一切等　智度論卷三十二十二張云用諸觀法如水得火若滅諸觀法如火滅水冷是名爲如如實常住何以故諸法性自爾譬如一切色法皆有空分諸法中皆有涅槃性是名法性得涅槃種種方便法亦名爲法性云云

●七情之異名也　禮記註疏卷五十二中庸云喜怒哀樂之未發謂之中發而皆中節謂之和云云正義曰喜怒哀樂之未發謂之中者言喜怒哀樂緣事而生未發之時澹然虛靜心無所處而當於理故謂之中●智度論云等　智度論卷十七釋禪波羅蜜下云復次菩薩行布施持戒忍辱三事名爲福德門於無量世中作天王釋提桓因轉輪聖王閻浮提王常施衆生七寶衣服五情所欲今世後世皆令具足云云●即有能有所等　首楞嚴義疏卷四上云佛言汝稱覺明爲復性明稱名爲覺爲覺不明稱爲明覺富樓那言若此不明名爲覺者則無所明　疏斯答意覺體自不能明必須別假他明爲其所覺若無所覺之明但可獨名爲覺不得兼稱覺明若欲兼稱覺明必有明爲所覺斯則但認於邪以爲妄法生起之本佛之本意覺性元明必不因他而稱明與覺妙明妙覺明圓明圓明覺一相無二無別此唯眞覺更無別法除實相餘皆魔事●結爲山石抽爲草木等　此即楞嚴經文如下所引也●故楞嚴經

性亦都是萬法所依之體也智度論云一切色法皆有空分諸法中皆有涅槃性是名法性是就世敎論之則感而遂動人之欲者亦都是七情之異名也就出世敎而論之則不覺一念動者亦都是妄情之異名智度論云五情所欲是也由此一念無明心起即有能有所內既所成識想紛然外之所成乃有風輪有金輪有火輪有水輪結爲山石抽爲草木故楞嚴經曰想澄

成國土知覺乃衆生衆生有情爲正報山河無情爲依報原此情與無情二報皆從性情而出故曰萬物有性情然諸經論多云三界唯心萬法唯識孔穎達易正義亦曰有識則有情即此等意也四輪次第與後篇四輪成劫相反者蓋各宗大小乘經論義趣有異乃爾若廣明器世界所出及所問如何忽生山河大地之義也古今者

曰等　首楞嚴經卷六上云迷妄有虛空依空立世界想澄成國土知覺乃衆生空生大覺中如海一漚發有漏微塵國皆依空所生

●正報依報　三藏法數卷八云二報出華嚴經疏一依報亦名依果即世界國土也謂諸衆生各各隨其果報之身依之而住故名依報二正報亦名正果即五陰之身也謂諸衆生隨其所作善惡之業各各感得此身正受其報故名正報○四教集解卷中云言四諦者一苦諦二十五有依正二報是也六界國土名依報也六界五陰及以假名是正報也云云●諸經論多云等　唐譯華嚴經卷五十四離世間品十八張云菩薩摩訶薩知三界唯心三世唯心而了知其心無量無邊是爲第八無等住云云○成唯識論卷七十六張頌曰是諸識轉變分別所分別由此彼皆無故一切唯識○大乘楞伽經唯識論初偈曰唯識無境界以無塵妄見云云論曰如大乘經中說三界唯心唯是心者但有內心無色香等外諸境界云云○唯識二十論云安立大乘三界唯識以契經說三界唯心心意識了名之差別此中說心意兼心所唯遮外境不遣相應內識生時似外境現云云此論世親菩薩造唐玄奘三藏譯與楞伽經唯識論同本也○又見于宗鏡錄卷一標宗章十四張同卷二十八張同卷四十二張等也●孔穎達易正義等　周易兼義卷一乾卦彖曰大哉乾元萬物資始乃統天雲行雨施品物流形大明終始六位時成時乘六龍以御天乾道變化各正性命魏王弼注云天也者形之名也至豈非正性命之情邪唐孔穎達正義曰以乾能正定物之性命故云豈非正性命之情者邪謂物之性命各有情非天之情也天本無情何情之有而物之性命各有情也所稟生者謂之性隨時念慮謂之情無識無情今據有識而言故稱曰情也云云○新唐書卷百九十八儒學列傳第百二十三云孔穎達字仲達冀州衡水人云云又云穎達與顏師古司馬才章王恭王琰受詔撰五經義訓凡百餘篇號義贊詔改爲正義云云●四輪次第與後篇等　見于下廣原敘第八篇也彼則夾註中據小乘義趣引俱舍論而曰風日水日金日地也今此則據大乘楞嚴義趣而列風輪金輪火輪水輪也●如楞嚴經等　首楞嚴經義疏卷四上富樓那曰世尊若復世間一切根塵陰處界等皆如來藏清淨本然云何忽生山河大地諸有爲相次第遷流終而復始云云佛言富樓那如汝所言清淨本然云何忽生山河大地汝常不聞如來宣說性覺妙明本覺明妙富樓那言唯然世尊我常聞佛宣說斯義佛言汝稱覺明爲復性明稱名爲覺爲覺不明稱爲明覺富樓那言若此不明名爲覺者則無所明佛言若無所明則無明覺有所非覺無所非明無明又非覺湛明性性覺必明妄爲明覺覺非所明因明立所所既妄立生汝妄能無同異中熾然成異異彼所異因異立同同異發明因此復立無同無異如是擾亂相待生勞勞久發塵自相渾濁由是引起塵勞煩惱起爲世界靜成虛空虛空爲同世界爲異彼無同異眞有爲法覺明空昧相待成搖故有風輪執持世界因空生搖堅明立礙彼金寶者明覺立堅故有金輪保持國土堅覺寶成搖明風出風金相摩故有火光爲變化性寶明生潤火光上蒸故有水輪含十方界火騰水降交發立堅溼爲巨海乾爲洲潭以是義故彼大海中火光常起彼洲潭中江河常注水勢劣火結爲高山是故山石擊則成燄融則成水土勢劣水抽爲草木是故林藪遇燒成土因絞成水交妄發生遞相爲種以是因緣世界相續云云

●涅槃經曰若心等　南本涅槃經卷十三聖行品十二張云復次善男子壞諸行因緣故心名無常所謂修無常心異修苦空無我心異心若常者應常修無常云云若

男子當知心法必定無常云云善男子心若常者則無怨親非怨非親心若常者則不應言我物他物若死若生心若常者雖有所作不應增長善男子以是義故當知心性各各別異有別異故當知無常云云

則過去現在之二世也凡預此二世之者莫不皆有死生爲死生乃無常之法耳世間著此無常乃謂之死生也今從世先死次生益謬彼有漏世間執著常見而溺於無常也涅槃經曰若心常者則不應言我物他物若死若生即此之例也此吾佛所以起教設五乘次第而致人於眞常者也今原教所以作然其微旨在茲而世間出世間其道於此辨也他經論亦有先死次生其爲義各別非今取以爲法者也然而死生性情未始不相因而有之今却以死生先乎性情者蓋文勢欲躡前而起後也死謂分段形壞生謂分段形成死因因於生生固因於情情固因於性性亦本覺之眞性也情亦不覺之妄情也謂此死也常因有生而乃有死耳生也常因情欲而有身命耳情欲也常因覺性有動而遂生情識耳世間之人順死生著情

●躡前起後　華嚴疏鈔之中往往有此文勢也●分段形壞等　成唯識論卷八二十六張云生死有二一分段生死謂諸有漏善不善業由煩惱障緣助勢力所感三界麤異熟果身命短長隨因緣力有定齊限故名分段二不思議變易生死云云○又三藏法數卷六六云二種生死出勝鬘經一分段生死分即分限段即形段謂六道衆生隨其業力所感果報身則有長有短命則有壽有夭而皆流轉生死故名分段生死●近人情　莊子卷一逍遙遊篇云肩吾問於連叔曰吾聞言於接輿大而無當往而不反吾驚怖其言猶河漢而無極也大有逕庭不近人情焉云云註希逸曰大有甚有也其言不近人情言非世俗所常有也●即涅槃經云等　南本涅槃經卷三十六憍陳如品第十二云瞿曇經中亦作是說若見有人豪貴自在當知是人先世好

施如是不名過去業耶我復答言如是知者名爲比知不名眞知我佛法中或有由因知果或有從果知因我佛法中有過去業有現在業汝則不爾唯有過去業無現在業云云●釋訓　未見其書也案新唐書五十七藝文志第四十七小學類云僧審誌文字釋訓三十卷蓋此書乎○累　韻會纂韻力僞切音與類同事相緣及也又字彙云繫也玷也事相緣生也●繫辭曰原始等　易兼義卷七繫辭上云易與天地準故能彌綸天地之道仰以觀於天文俯以察於地理是故知幽明之故原始反終故知死生之說正義曰原始反終故知死生之說者言用易理原窮事物之初始反復事物之終末始終吉凶皆悉包羅以此之故知死生之數也云云▲大觀　文選卷十三賈誼鵩鳥賦云小智自私賤彼貴我達人大觀兮物無不可注善曰鶡冠子曰達人大觀乃見其符○又前漢書四十八賈誼傳中亦載此賦也●聖也者道也通也　白虎通卷三十五張聖人下云聖人者何聖者通也道也聲也道無所不通明無所不照聞聲知情與天地合德日月合明四時合序鬼神合吉凶云云●天地三才　易兼義卷八繫辭下云易之爲書也廣大悉備有天道焉有人道焉有地道焉兼三才而兩之故六六者非它也三才之道也○同繫辭上云六爻之動三極之道也註三極三材也兼三材之道故能見吉凶成變化也○湛私曰言天地三才者如四禪八定之例也天地乃三才也●佛於淨天之中等　統紀卷二示降生下云夫人見無憂樹華葉茂盛即舉右手欲牽摘之菩薩漸漸從右脇出時樹下生七寶蓮華大如車輪身墮蓮上自行七步舉右手作師子吼云我於

愛今欲直以其死生情性自終而逆推其始蓋務近人情要其易悟耳此即涅槃經云從果而知因之意也使萬物而浮沈於生死者情爲其累也使令萬物出浮於生入沒於死者實由情妄爲之緣累耳釋訓曰緣生爲累也浮沈與死生互者文欲巧耳繫辭曰原始反終故知死生之說此其例也有聖人者大觀聖人謂佛也聖也者道也通也佛極大道得大通具一切種智冠一切聖人故謂之聖也人也者參預天地三才稟受聰明之種也佛非人非不人現預三才之數示入父子人常之法故謂之人也然佛於淨天之中最爲尊大以其天眼是見衆生法此眼所緣國土及其衆生無有障礙故謂之大觀大智度論曰佛說我以清淨天眼見諸衆生死此生彼隨善惡業受其果報此

義是也乃推其因於生之前示其所以來也指其成於死之後敎其所以修也此推三世之因果也明世人之貴賤者承其前世善惡習因而致來今生之如此也今生之貴賤既因於前習而然而其來世厚薄由今之所爲定矣以故將敎衆生必以今身而修植也故以其道導天下排情僞于方今資必成乎

冠註輔教編卷二　十六

將來發句云故故佛以其出世五乘之道導引天下一切之人治其情染之妄使資此淸淨之修以成就勝報乎當來之世也五乘豈止導一天下耳言天下者且就今誕吾佛者耳目之所接而稱也夫生也既有前後而以今相與不亦爲三世乎以將來之善成由今之所以修則方今窮通由其已往之所習斷可見矣

人之中最尊最勝又云將諸天詣梵釋形像皆起禮足而言曰今此太子天人中尊云何來此欲禮於我群臣歎異云云●大智度論曰等　智度論卷一緣起論初云問曰如佛說我以清淨天眼見諸衆生死此生彼隨善惡業受果報善業者生天人中惡業者墮三惡道▲情僞　易兼義卷七繫辭上云子曰聖人立象以盡意設卦以盡情僞云云▲方今　史記卷十孝文本紀即位十四年下云魯人公孫臣上書陳終始傳五德事言方今土德時云云○前漢書卷四十八賈誼傳云夫抱火厝之積薪之下而寢其上火未及然因謂之安方今之勢何以異此云云○文選卷三十九任彥升爲卞彬謝修卞忠貞墓啓云陛下弘宣教義非求效於方今云云○同卷四十四陳孔璋檄云方今漢室陵遲云云●發句云故　禮記註疏卷一曲禮上云故君子式黃髮註發句言故明此衆篇雜辭也又同卷三十五少儀云聞始見君子者辭曰某固願聞名於將命者鄭註固如故也正義曰再辭也固固如故也云云又曰乃再辭故云固也若初辭則不云固云云同卷五十八投壺云主人曰枉矢哨壺不足辭也敢固以請賓曰某賜矣又重以樂敢固辭註固之言如故也言如故辭者重辭也○私曰下廣原教第一篇夾註云發句云故又輔教編夾註中亦云發句曰固固故字同也●夫發語詞也　孝經註疏卷七諫諍章第十五云曾子曰若夫慈愛恭敬安親揚名則聞命矣云云正義曰經稱夫有六爲發言之端也云云○論語雍也篇云夫仁者己欲立而立人己欲達而達人●即大般若經云等　智度論卷四十四釋

夫發語詞也夫人生已有過去未來之二世又與今現報豈果不成三世耶復以是三世通相校其應驗斯人今生或窮或通實由其前往之世修習善惡所致斷定可以見其本末矣情也者發於性皆情也苟情習有善惡方其化也則冥然與其類相感而成其所成凡一切心識自與如性而起動者皆屬情也即大般若經云識即是六情奉法要云

冠註輔教編卷二　十七

謂六情亦謂六衰六欲目受色耳受聲鼻受香舌受味身受細滑心受識此之情是也其情所染習者或善或惡及其身謝神往在乎中陰中稟其羯羅藍凝滑亦自精和合遏蒲曇成胞胎等時者即是冥然自與其善惡種類相感而成就其所成之果報也情習有薄者爲有篤者爲機器有大者爲有小者爲聖人宜之故陳其法爲五乘者爲三

大品般若幻學品第十一下經云佛告須菩提於汝意云何是五陰學般若波羅蜜當得薩婆若不不也世尊何以故是五陰性無所有無所有性亦不可得佛告須菩提於汝意云何如夢五陰學般若波羅蜜當得薩婆若不不也世尊何以故夢性無所有無所有性亦不可得於汝意云何如響如影如焰如化五衆學般若波羅蜜當得薩婆若不不也世尊何以故響影焰化性無所有無所有性亦不可得六情亦如是世尊識即是六情六情即是五衆是法皆內空故不可得乃至無法有法空故不可得○論問曰何以故說識即是六情六情即是五衆答曰是識十二因緣中第三事是中亦有色亦有心數法未熟故受識名從識生六入是二時俱有五衆色成故名五情名成故名意情六情不離五衆以是故說識即是六情復次先世但有心往六情作種種憶想分別故至今世六情五衆身從今世身起種種結使造後世六情五衆如是等展轉是故說識即是六情六情即是五衆是法內空中不可得乃至無法有法空中不可得●奉法要云等　弘明集卷十三郗超嘉賓所撰奉法要四張云六情一名六衰亦曰六欲謂目受色耳受聲鼻受香舌受味身受細滑心受識識者即上所謂識陰者也五陰六欲蓋生死之原本罪苦之所由消禦之方皆具載衆經經云心作天心作人心作地獄心作畜生乃至得道者亦心也凡慮發乎心皆念念受報與事未及形而幽對冥構云云●中陰　即謂中有也○俱舍論世間品一之十四張頌曰死生二有中五蘊名中有○釋曰死生二有中五蘊名中有者謂必有後在生有前二有中間有五蘊起爲至生

處故退此身二趣中間說名中有●羯羅藍等　俱舍世間品二張九云又論文明入胎次第增長引經頌曰最初羯剌藍此云凝滑次生頞部曇此云皰從此生閉尸此云血肉閉尸生鍵南此云堅肉次鉢羅奢佉此云支節後髮毛爪等及色根形相漸次而增長此上是胎內五位也○首楞嚴義疏卷四上二云流愛爲種納想爲胎交遘發生吸引同業故有因緣生羯羅藍遏蒱曇等●涅槃經說等　南本涅槃經卷二十五師子吼菩薩品八張云善男子觀十二緣智凡有四種一者下二者中三者上四者上上下智觀者不見佛性以不見故得聲聞道中智觀者不見佛性以不見故得緣覺道上智觀者見不了了不了了故住十住地上上智觀者見了了了故得阿耨多羅三藐三菩提以是義故十二因緣名爲佛性佛性者即第一義空第一義空名爲中道中道者即名爲佛佛者名爲涅槃○摩訶止觀卷一之二四十三張亦出之●華嚴依本起末　如下之廣原教敘夾註中引疏鈔而叅考▲鄙事　論語註疏卷九子罕篇云吾少也賤故多能鄙事云云註包曰多能爲鄙人之事云云●如大論云等　智度論卷十二二十五張云如釋迦文尼佛本身作大醫王療一切病不求名利爲憐愍衆生故病者甚多力不周救憂念一切而不從心懊惱而死即生忉利天上云云●又經云等　唐譯華嚴經卷六十七入法界品三十九之八張二云善男子於此南方有一國土名爲廣大有鬻香長者名優鉢羅華汝詣彼問菩薩云何學菩薩行修菩薩道時善財童子頂禮其足遶無量匝殷勤瞻仰辭退而去爾時善財童子因善知識教不顧身命云云漸次遊行至廣大國詣長者所云云長者告言善哉善哉善男子

藏者

情所禀習有薄有厚人之根機器量有小有大者佛大聖人天眼能見衆生所習善惡之爲厚纖薄以方便力隨其根機器量或大或小之宜布其法爲五乘爲三藏常式三藏在上五乘次之今先乘而次藏者蓋欲順其上機器大小之勢耳涅槃經說十二因緣智先下而次中上上上者此例是也然吾意又以如來纔出現說華嚴經依本起末便示五乘今其在先亦可尊始而奉大乘經也

別乎五乘又岐出其法繁然殆不可勝數上極成其聖道下極世俗之爲農者商者牧者醫者百工之鄙事皆示其所以然

別出如岐徑自五乘大路隨其宜各設之法繁多僅不可以算數盡也上至菩薩以其所乘而成就菩提智果之聖道如大論云釋迦佛身作大醫王療一切病又經云

冠註輔教編卷一　十七

汝乃能發阿耨多羅三藐三菩提心善男子我善別知一切諸香亦知調合一切香法云云善男子我唯知此調和香法如諸菩薩摩訶薩遠離一切諸惡習氣不染世欲永斷煩惱衆魔羂索超諸有趣以智慧香而自莊嚴於諸世間皆無染著具足成就無所著戒淨無著智行無著境於一切處悉無所著其心平等無著無依而我何能知其妙行說其功德顯其所有清淨戒門示其所作無過失業辯其離染身語意行●又經云等　智度論卷二七十對云如放牛譬喩經中說摩伽陀國王頻婆娑羅請佛三月及五百弟子王須新乳酪蘇供養佛及比丘僧語諸放牛人來近處住日日送新乳酪蘇竟三月王憐愍此放牛人語言汝往見佛還出放牛諸放牛人往詣佛所去云問佛言放牛人有幾法成就能令牛羣蕃息有幾法不成就令牛羣不增不得安穩佛答言有十一法放牛人能令牛羣蕃息何等十一知色知相知刮刷知覆瘡知作煙知好道知牛所宜處知好度濟知安穩處知留乳知養牛主若放牛人知此十一法能令牛羣蕃息比丘亦如是知十一法能增長善法云云○文繁故不煩紀之▲統之於三藏　大部四教義卷一一張云此三法通名藏者藏以含藏爲義但解者不同有言文能含理故名爲藏今言三法之名各是一句三名各含一切文理故名藏也●譬如車乘等　起信論疏一大乘下云乘者就喻爲稱運載爲功云云○法數卷三十七二十乘止觀摩訶十乘者十乘觀法也此十通名乘者乘即運載之義如世車乘之能運載也蓋言修行之人依此十法修之則能運出生死之苦到於涅槃彼岸也◎其一曰人乘　一言人乘人者忍也

或爲鬻香長者又經云爲牧牛人說牧牛之法此等之事莫不一一示其所以之如是也

然與五乘者皆統之於三藏舉其大者則五乘首之

五乘者皆統攝在乎經律論三藏之間若就三藏諸經論舉其大數則當以此五乘爲其端首也

其一曰人乘

一者數之始也人乘者譬如車乘能運載行人各到其所果報之處也此生能以五戒修行則果報當來必生於人道也

其二曰天乘

天者第也天乘者此生能以十善修行則果報當來生天道此十善名數見於下文

其三曰聲聞乘

聲聞乘者能以四諦法修行當來乃證四沙門果也

冠註輔教編卷一　十九

於世間違順情境悉能安忍故也云云二天乘天者謂天然自然樂勝身勝也云云三聲聞乘聲聞者聞如來聲教而得悟道也云云四緣覺乘緣覺者謂觀十二因緣覺悟眞空之理也云云五菩薩乘菩薩梵語華言覺有情謂覺悟一切有情衆生也云云○具如法數卷廿二張ㇵ引盂蘭疏而紀之

次四曰緣覺乘

緣覺乘者能以十二因緣法修行當來必證獨覺辟支佛果也

次五曰菩薩乘

菩薩乘者能依一心源而修六度萬行以趣大究竟佛果也

後之三乘云者盖導其徒超然之出世者也使其大潔情汁直趣乎眞際神而通之世不可得而窺之

▲神而通之 易繫辭上云推而行之存乎通神而明之存乎其人云云又同下云神而化之使民宜之云云○藏本音釋云窺傾規切小視也

後之三乘者指五乘中自聲聞乘至菩薩乘也修此三乘之者則預佛淨戒乃是佛之出世弟子也當以其法卓然高出於世俗之外而能大潔淨其情累之汙唯趣向乎眞實之際然此眞實之際者說有二端如大智度論一說云法性名爲實入處名爲際又云若得證時如法性即是實際又二說云非心數法所量是名法性妙極於此是名眞際若按此大論則阿羅漢辟支

●如大智度論等 智度論卷三十二張云實際者如先說法性名爲實入處名爲際

●又云若得等 智度論三十二張二云若得證時如法性則是實際復次法性者無量無邊非心心數法所量是名法性妙極於此是名眞際

●按此大論等 大論卷三十二張十一云更無有法勝於法性出法性者心則滿足更不餘求則便作證譬如行道日日發引而不止息到所至處無復公心行者住於實際亦復如是如羅漢辟支佛住於實際縱復恒沙諸佛爲其說法亦不能更有增進又不復生三界若菩薩入是法性中亦知實際若未具足六波羅蜜教化衆生爾時若證妨成佛道是時菩薩以大悲精進力故還修諸行云云

佛菩薩三乘之人皆住乎實際莫不盡尊向眞際以爲其究竟耳故曰直趣眞際也然三乘雖皆住眞實之際但其悟入者有淺深偏圓耳而學者不可不愼不別也上解後三乘而下釋前二乘文勢欲連前而起後故

前之二乘云者以世情膠甚而其欲不可輒公就其情而制之

▲膠甚 爾雅卷一釋詁云膠固也疏膠者所以固物小雅隰桑云德音孔膠○文選卷四十九干令升晉紀總論云膠結則不遷注翰曰膠固也○藏本音釋云膠居肴切膠泥不通也

前之二乘者指前五乘中人天之二乘也謂衆生染著世情之重難以解釋如膠漆之沾汙沾汙既劇未能輒使釋公今且就其情而制禦之故使其習五戒十善之法而爲修進之漸也

曰人乘者五戒之謂也

戒者乃梵語尸羅 此翻云戒亦云性善以止過防非爲義也大論曰惡止不更作是名爲戒若心生若口言若從他受息身口惡是爲戒相記者云戒者警也謂警策

●如膠漆等 經直畫一云四十九函觀普賢菩薩行法經一卷其經十二張云汝今應當身心懺悔身者殺盜婬心者念諸不善造十惡業及五無間猶如猨猴亦如黐膠處處貪著徧至一切六情根中云云 觀普賢經一名觀普賢菩薩行法經○劉宋罽賓三藏曇無蜜多譯 ●梵語尸羅 名義卷四辨六度法篇云尸羅此云淸涼大論云秦言性善好行善道不自放逸是名尸羅經音義云義譯曰止正翻止得謂止得善也又古師翻戒戒以防止爲義能防惡律儀無作逆非止三業所起之惡故名防止○要覽卷上戒下云古師云尸羅此云戒以止過防非爲義●大論曰惡止等 智度論卷十三張釋初品中戒相義云問曰已知如是種種功德果報云何名爲戒相答曰惡止不更作是名爲戒若心生若口言若從他受息身口惡是爲戒相云云●記者云等 戒本

三業遠離緣非也又優婆塞戒經云戒者名制能制一切不善法故然戒有道俗二者其一在家戒即五戒八戒也其二出家戒即別解脫戒也其三即大乘三聚戒也前二戒過乎大小乘三聚戒則專在於大乘此三聚戒即大乘菩薩戒也一攝威儀戒謂惡無不離也道行是斷德因修成法身此一戒止是持作是犯二攝善法戒謂善無不積即身口意善及聞思修三慧

十波羅蜜八萬四千助道行等是智慧德因修成報身此一戒作是持止是犯三攝衆生戒亦名饒益有情戒謂生無不度起不住道是恩德因修成化身果此一戒作是持止是犯智度論云若下持戒生人中中持戒生六欲天中上持戒及行四禪四空定生色無色界清淨天中此上持戒有三種下清淨持戒得阿羅漢中清淨持戒得辟支佛上清淨持戒得佛道又云戒爲

亂卷一上七張云二依名分之一即翻釋也初云尸羅此翻爲戒戒有何義義訓警也出警策三業離緣非明其因也如古所傳防非禁惡以解於戒然戒通善惡律儀亦然不可偏舉以釋戒義云云○要覽上戒下云增輝記云戒者警也警策三業遠離緣非也●優婆塞戒經云等　經直書一云八十四因優婆塞戒經七卷其一本共緣卷七業品七八云何因緣故得名爲戒戒者名制能制一切不善之法故得名制云云○此經乃北涼天竺三藏法師曇無讖譯也●戒有道俗二等　法苑珠林卷一百七受戒篇三聚部九張戒相下云菩薩大聖度人功唯在戒凡論戒也極要有三一在家戒謂五戒八戒是二出家戒謂十戒二百五十戒是三道俗通行戒謂三聚戒是云云●別解脫戒　名義集卷四示三學法篇云波羅提木叉戒疏云此翻解脫翻華日此云別解脫謂三業七支各各防非別別解脫故●前三戒　三當作二字也●此三聚戒等即大乘菩薩戒也至止是犯之數行與要覽上三聚戒下註文相同也●三聚戒　法數卷十二云三聚戒出菩薩義聚集也戒禁戒也此三種戒能攝一切大乘諸戒故名三聚戒云云菩薩瓔珞論云初律儀戒以禁防爲體後攝善攝生二戒以斷惡爲體三攝律儀戒謂一切律儀無不聚攝也律即法律是禁止之義儀即儀式是軌範之義云云一攝善法戒所行之行能攝一切善法也謂身口意所作善法及聞思修三慧布施等六度之法無不聚攝二攝衆生戒謂能攝受一切衆生也能攝之行即是慈悲喜捨云云以此等法攝諸衆生也○梵網古迹記下本云謂三聚戒攝律儀者斷一切惡惡謂一切應斷捨法從初發心斷殺生等二障十兩

一切善法住處今原教之五戒者乃俗之所受者也俗者即在家二衆優婆塞優婆夷即不虧俗法名近住男女者也與夫持八戒者善宿男女形雖在俗初未婚媾常隨佛僧若曾婚娶今持八戒則永斷俗法於佛法有功其名勳士勳女亦云離欲男女亦云清信士女亦云中間人其在佛五衆之下而此五戒二衆又在中間人之下也道即出家比丘比丘尼式叉摩那沙彌

沙彌尼之五衆也謂比丘比丘尼等旣受此戒則永離非梵行緣一切都斷畢世清淨者也雖比丘之戒二百五十條與尼戒三百五十條皆以不殺盜淫妄飲酒爲其始也而五戒近生男女且容其不虧俗法者正以有情世間情愛者多有其善根薄劣者不可使其頓斷愛慾乃受之以漸導其稍離嗜慾增益善本亦以世間人倫長於父子相承不絕其嗣乃容其奉全俗法

伏斷二障乃至佛捨生死法故攝善戒者修一切善善謂一切應修證法從初發心隨分所學三賢十聖各十度行乃至佛道二轉依故饒益有情者度一切衆生從初發心隨分教化窮未來際度一切故●斷智恩三德　法數卷九引華嚴經疏而出之彼則次列恩斷智也又宗鏡錄卷八十九一張出斷智恩三德與今此相同也具如前所出也●智度論云等　智度論卷十三張釋初品尸羅波羅蜜上下云若下持戒生人中中持戒生六欲天中上持戒又行四禪四空定生色無色界清淨天中上持戒有三種下清淨持戒得阿羅漢中清淨持戒得辟支佛上清淨持戒得佛道不著不倚不破不缺聖所讚愛如是名爲上清淨持戒若慈愍衆生故爲度衆生故亦知戒實相故心不倚著如此持戒將來至佛道如是名爲得無上佛道戒○夾註此八當作十八一　又云爲一切等　云若人求大善利當堅持戒如惜重寶如護身命何以故譬如大地一切萬物有形之類皆依地而住戒亦如是戒爲一切善法住處●俗者即在家二衆等　灌頂涅槃疏卷二二張云舍利弗毘曇云離欲男女正法華云清信士女大哀經云勳士勳女或云善宿男女雖有多種悉名在家二衆若別分者二衆在俗元未婚娶常隨如來爲一衆若出世離欲二衆者婚娶入持五戒永斷俗法則於佛法有功名曰勳士若俗從本體而受五戒加復八齋名善宿男女復次有三品者名無分優婆塞若一若二名少分若三若四名多分若具持五名滿分●六欲天四禪四空定色無色等　見於下之夾註原教第八篇明三界中也●優婆塞優婆夷　名義集卷一七衆弟子篇云優

波塞優婆夷筆曰義名信士女淨名疏云此云清淨士清淨女亦云善宿男善宿女雖在居家持五戒男女不同宿故云善宿此亦可定用荊溪云依餘經文但云近佛得善宿名不可定云男女不同宿也涅槃疏云一日一夜受八戒者名爲善宿優婆塞西域記云鄔波索迦唐言近事男舊曰伊蒲塞又曰優婆塞皆訛也鄔波斯迦唐言近事女舊優婆斯又曰優婆夷皆訛也言近事者親近承事諸佛法故後漢書名伊蒲塞注云即優婆塞也中華翻爲近住言受戒行堪近僧住也○要覽上稱謂下云優婆塞秦言善宿男謂離彼犯宿故云云又云天竺云受五八戒俗人稱之亦云清信士○優婆夷名義同前●婚媾　易兼義卷一屯卦六二屯如邅如乘馬班如匪寇婚媾正義曰馬季長云重婚曰媾鄭玄云媾猶會也○同卦六四乘馬班如求婚媾往吉無不利注求與合好往必見納矣○又賁卦六四有婚媾字也今案韻會元韻說文婚婦家也禮娶婦以昏時婦人陰也故曰婚爾雅婦之父爲婚或作昏○媾韻會宥韻居候切說文重婚也又詩不遂其媾注云厚也正義曰重昏媾者以情必深厚故媾爲厚也●中間人　要覽卷上八戒下云問俗人受此戒者著何服飾答婆沙云著常所受用衣服皆得問此人何衆攝答報恩經云以無終身戒不名優婆塞但名中間人（謂在七衆外不受戒縱人上也名中間人）又名近住●比丘比丘尼　名義卷一七衆弟子篇云比丘大論云比丘名乞士清淨活命故云云○比丘尼善見云尼者女也文句云通稱女爲尼云云（比丘名義如常文繁故略之）●式叉摩那　同卷云此云學法女四分十八童女應二歲學戒又云小年曾嫁年十歲者與六法十誦中六法練心也云云○要覽上稱謂下云式叉摩那此云學法女似今尼之長髮也云云

●離非梵行　梵網經義記云第三淫戒名非梵行○要覽上十戒下云沙彌十戒一離殺生二離不與取三離非梵行云云○梵網古迹記下本第三無慈行欲戒下開在家料云方便安處種善捨惡住慈愍心行非梵行雖習如是穢染之法而無所犯多生功德●比丘戒二百五十尼戒三百五十　要覽上具足戒下云比丘二百五十條尼三百五十條欠釋如左○五篇名一波羅夷（比丘四尼八）僧伽婆沙（比丘十三尼十七）三波逸提（比丘一百二十尼二百八）四提舍尼（比丘四尼八）五突吉羅（比丘并尼各一百）六不定七滅諍○據南山行事鈔則尼戒三百四十八條也據本願藥師經及大論則尼戒五百條比丘戒二百五十條謂之具足戒也

●涅槃經云等　南本涅槃經卷十九高貴德王菩薩品第二十二之一（十五張）偈云不犯他婦女自妻不非時施持戒臥具斯生不動國●嶽神受戒文等　宋高僧傳卷十九感通篇唐嵩嶽閑居寺元珪傳云釋元珪姓李氏伊闕人也稟氣英奇寬裕閑雅既緣宿習乃誓出家云云遂卜廬于嶽中龐塢云云時有峩冠袴褶部曲繁多輕步舒徐稱謁大師珪覩其貌偉精爽不倫謂之曰善來仁者胡爲而至云云嶽神稽首再拜曰我亦聰明正直於餘神詎能知師有廣大之智辯乎願授之正戒令我度世助其感福珪曰神既乞戒即既戒也所以者何戒外無戒又何戒哉神曰此理也我聞茫昧止求師戒我身爲門弟子珪辭不獲即爲張座焚香秉鑪正机曰付汝五戒汝能奉持即應曰能不能即曰否神曰洗耳傾聽虛心納教珪曰汝能不婬乎神曰亦娶也曰非謂此也謂無羅欲也神曰能曰汝能不盜乎神曰何乏我也焉有盜取哉曰非謂此也謂饗而福淫不供而禍善也神曰能曰汝能不殺乎神曰政柄在躬焉曰不殺曰非謂此也謂有濫誤混疑也神曰能曰汝能不妄乎神曰我本正直焉能有妄曰非謂此也謂先後不合天心也神曰能曰汝能不遭酒敗乎神曰力

能珪曰如上是爲佛戒也云云又見傳燈錄四嵩嶽珪安及通論●八關齋法　法數卷二十上引毘婆沙論并雜阿含經而出八關齋法云云關者禁也謂禁閉殺盜婬等八非使之不犯故也論云夫齋者過中不食也以八戒助成齋法共相支持故又名八支齋法每月初八日十四日十五日二十三日二十九日三十日是爲六齋日於此六日能修行此八齋戒者諸天相慶即爲註福祿增壽算也一不殺生二不偷盜三不邪婬四不妄語五不飲酒六不坐高廣大牀七不著華鬘瓔珞八不習歌舞戲樂●亦涅槃經曰等　南本涅槃經卷第十九高貴德王菩薩品（十九張）偈云若爲無上道一日一夜中受持八戒齋則生不動國

且制其不得邪淫不邪淫乃人倫夫婦禮之得所也涅槃經云不犯他婦女自妻不非時不其然乎嶽神受戒文曰汝能不淫乎神曰我亦娶也曰非謂此也謂無羅欲也然此持身雖得世法之正而其心未免乎汙染之累又敎其益修八關齋法以從今旦受戒至明旦不犯爲期關謂禁閉其八罪而不犯八罪即及八戒者也以結清淨之勝緣耳亦涅槃經曰一日一夜中受持八齋法齋者不茹葷酒過中不食持八戒助成齋體正欲人莊其身清其心積漸以清淨之緣熏染乎神明遠期必成聖道也佛故順從世法以五善敎人而其爲人豈不有素加之使其齋潔及神是又敎人之深也俗恝不知佛有治世俗之法與儒術同徒以無父子夫婦絶嗣議佛紛然吾憫此特推五戒五常之通者示之

一日不殺謂當愛生不可以己輒暴一物不

●俗恝　孟子註疏卷九上萬章章句上云公明高以孝子之心爲不若是恝註恝無愁之貌云云公明高以爲孝子不得意於父母自當怨悲豈可恝恝然無憂哉云云○韻會霽韻恝心有事也同卦韻古黠切孟子不若是恝丁公著讀○黠韻訖黠切無愁貌孟子公明高云云○湛私曰恝字於今此夾註義不穩當益大傳寫之誤乎若作劼字則於義通矣案爾雅卷一釋詁云劼固也疏劼者確固也書酒誥云劼毖殷獻臣○韻會黠韻訖黠切廣韻又固也

●昆蟲　禮記註疏卷十二王制云昆蟲未蟄註昆明也明蟲者得陽而生得陰藏正義曰按說文曰昆同也今云明者以字從日故爲明○說文解字卷二一笂三九十蟲之總名也从二虫凡蚰之屬皆从蚰讀若昆古魂切○此說文註亦見于下物無昆蟲亦註也

●殺於罪最重等　智度論卷十三云佛說十不善道中殺最在初五戒中亦最在初若人種種修諸福德而無不殺生戒則無所益何以故雖在富貴處生勢力豪强而無壽命誰受此樂以是故知諸餘罪中殺罪最重諸功德中不殺第一云云

止不食其肉也

此言受戒爲善當念一切有命乃至昆蟲皆自愛身惜命莫不與我已同我適意可以已之私而專輒傷暴他一物命也如此恕已以奉戒則其殺心難起而其不殺之意易愼是果能愛護一切衆生而致不殺也殺於罪最重不殺於諸功德最爲第一故十不善道中與五戒殺罪最在其初今持不殺戒益免其重罪而取其第一功德

●如世之所云等　孟子梁惠王上篇云君子之於禽獸也見其生不忍見其死聞其聲不忍食其肉是以君子遠庖廚也註朱子曰聲謂將死而哀鳴也

●攘竊　尚書註疏卷十微子篇云今殷民乃攘竊神祇之犧牷牲傳曰攘如羊反自來而取曰攘竊馬云往盜曰竊○藏本音釋云攘如羊切竊也

●大論謂等　大論卷十三二十二張云不與取者知他物生盜心取物去離本處物屬我是名盜若不作是名不盜其餘方便校計乃至手捉未離地者是名助盜法與物有二種有屬他有不屬他取屬他物是盜罪屬他物亦有二種一者聚落中二者空地此二處物盜心取得盜罪若物在空地當撿校知是物近誰國是物應當有屬不

者也豈止如世之所云聞其聲但不忍食其衆生之肉者也然此五戒十善名數大第初取法弘明集郄嘉賓所著之奉法要耳其意義亦依傍之今更引大論證驗參合非臆說也

二曰不盜謂不義不取不止不攘他物也

此言受戒慕行正道凡於他人之物若在義理不當取者而輒取之皆爲偸盜也不爲是掩人不知不見而輒攘竊取物而去

應取如毘尼中說種種不盜是名不盜相云云

○四偶　藏本作匹偶●按曇無德宗　要覽卷中三十三下出五部律云出三藏記ム一婆麤富羅卽僧祇律二薩婆多卽十誦律三曇無德卽四分律四彌沙塞卽五分律五迦葉毘[illegible]○具如名義卷四律分五部篇所載也○經直畫一之二云九十一函曇無德部四分律刪補四卷卽唐崇義寺沙門道宣所撰也其隨機羯磨第二卷諸戒受法篇第三云受三歸法云云[illegible]○受五戒[illegible]○我某甲歸依佛歸依法歸依僧一日一夜盡形壽一戒一分五戒滿分○盡形壽不殺生是優婆塞戒能持不答言能持云云

乃爲盜也大論謂不與取者知他物生盜心取物去離本處物屬我是盜不作是名不盜不與而取是不善相此意是也

三曰不邪淫謂不亂非其匹偶也

此卽上所謂不虧俗法而持五戒加之八齋亦名善宿男女者所持之戒也按曇無德宗謂受五戒者亦隨彼根宜未必具受故有但受三歸名無分優婆塞或受一戒名少分二戒至四名多分五戒具受名滿

●亦智度論等　智度論卷十三二十三張云是五戒有五種受名五種優婆塞一者一分行優婆塞二者少分行優婆塞三者多分行優婆塞四者滿行優婆塞五者斷婬優婆塞一分行者於五戒中受一戒不能受持四戒少分行者若受二戒若受三戒多分行者受四戒滿行者盡持五戒斷婬者受五戒已師前更作誓言我於自婦不復行婬是名五戒○優婆塞戒經卷三十二張受戒品第十四云爾時智者大應爲說三歸依法第一第二第三亦如是說受三歸已名優婆塞爾時智者復應語言善男子諦聽諦聽如來正覺說優婆塞或有一分或有半分或有無分或有多分或有滿分若優婆塞受三歸已不受五戒是名優婆塞若受三歸受持一戒是名一分受三歸已受持二戒是名少分若受三歸持二戒已若破一戒是名無分若受三歸受持四戒

分亦智度論所謂五戒有五種受名五種優婆塞其以五戒中受一戒者爲少分行若受二戒三戒者爲多分行受五戒者爲滿行優婆塞等盡比較其受不邪淫一戒雖未全離欲清淨縱不爲滿分然已預五戒矣或能持彼一戒或四戒亦足爲其少分多分者也大論云迴已易處以自制心若彼侵我妻我則忿恚我若侵彼彼亦無異恕已自制故應不作此與上所引涅槃

是名多分若受三歸受持五戒是名滿分汝今欲作一分優婆塞作滿分耶若隨意說爾時智者當隨意授●大論云迴已等 智度論卷十三 卅五張 云復次婬泆之人當自思惟我婦他妻同爲女人骨肉情態彼此無異而我何爲橫生惑心隨逐邪意邪婬之人破失今世後世之樂 好名善譽身心安樂今世得也生天得道涅槃之利後世得也 復次迴已易處以自制心若彼侵我妻我則忿恚若我侵彼彼亦何異恕己自制故應不作●即大論曰等 智度論卷十三 十六張 云妄語者不淨心欲誑他覆隱實出異語生口業是名妄語妄語之罪從言聲相解生若不相解雖不實語無妄語罪是妄語知言不知不知言知見言不見不見言見聞言不聞不聞言聞是名妄語若不作是名不妄語●又云等 論上之次文云問曰妄語有何等罪答曰妄語之人先自誑身然後誑人以實爲虛以虛爲實虛實顚倒不受善法譬如覆瓶水不得入妄語之人心無慚愧閉塞天道涅槃之門觀知此罪是故不作

經其義同也

四曰不妄語謂不以言欺人

此言受戒當自正直不可以語言欺誑於人即大論曰不淨心欲誑他覆隱實出異語生口業是名妄語不作是名不妄語又云妄語之人心無慚愧閉塞天道涅槃之門觀知此之罪是故不作也

五曰不飮酒謂不以醉亂其修心

此言受戒當攝心守法不可昏醉以散亂其所修即大論曰能令人心動放逸是名爲酒一切不應飮是名不飮酒又云酒有三十六失或弃捨善法或遠離涅槃或種在癡因緣等此義是也

●即大論曰能令以等 智度論卷十三 二十二張 云不飮酒者酒有三種一者穀酒二者果酒三者藥草酒果酒者蒲萄阿梨吒樹果如是等種種名爲果酒藥草酒者種種藥草合和米麴甘蔗汁中能變成酒同蹄畜乳酒一切乳熟者可中作酒略說若乾若濕若淸若濁如是等能令人心動放逸是名爲酒一切不應飮是名不飮酒●又云酒有三十六等 論上之次文今云問曰酒能破冷益身令心歡喜何以故不飮答曰益身甚少所損甚多是故不應飮譬如美飮其中雜毒是何等毒如佛語難提迦優婆塞酒有三十五失何等三十五一者現在世財物虛竭何以故人飮酒醉心無節限用費無度故二者衆疾之門

曰天乘者廣於五戒謂之十善也一曰不殺二曰不盜三曰不邪淫四曰不妄語是四者其義與五戒同也

自一不殺至四不妄語已具前事義即與前之四戒同乃不復解也

三者鬪諍之本四者裸露無恥五者醜名惡聲人所不敬六者覆沒智慧七者應所得物而不得已所得物而散失八者伏匿之事盡向人說九者種種事業廢不成辦十者醉爲愁本何以故醉中多失醒已慚愧憂愁十一者身力轉少十二者身色壞十三者不知敬父十四者不知敬母十五者不敬沙門十六者不敬婆羅門十七者不敬伯叔及尊長何以故醉悶恍惚無所別故十八者不尊敬佛十九者不敬法二十者不敬僧二十一者朋黨惡人二十二者疎遠賢善二十三者作破戒人二十四者無慚無愧二十五者不守六情二十六者縱色放逸二十七者人所憎惡不喜見之二十八者貴重親屬及諸知識所共擯棄二十九者行不善法三十者棄捨善法三十一者明人智士所不信用何以故酒放逸故三十二者遠離涅槃三十三者種

五曰不綺語謂不爲飾非言

持戒之者凡有言說必須正直不得文巧亦不得粧飾其非義之言

六曰不兩舌謂語人不背面

持戒之者與人必正直無僞不得背非而面是背是而面非

七曰不惡口謂不罵亦曰不道不義

持戒之者臨不善境不得輒相毀罵宜須忍辱凡有非理不義之言不得妄出

在癡因緣三十四者身壞命終墮惡道泥犂中三十五者若得爲人所生之處常當狂騃如是等種種過失是故不飮○金光明經文句卷一 二張 云夫酒爲六種之失招於五百世中無手云云此文句者智者所說而灌頂所錄也即函同文句記 百七十五 十六 函 卷二上 張 云初標敬明過三十六失出沙彌戒經大論唯三十五失云云此記者法智知禮所述○經直畫一云九十九函沙彌尼戒經舍利弗問經二經同卷其戒經卷一云沙彌尼不得飮酒不得嘗酒不得齅酒酒有三十六失失道破家危身喪命皆悉由之辜衆引西持南著北不能諷經不敬三尊輕易師友不孝父母心閉意塞世世愚癡不值大道其心無識故不飮酒欲離五陰五欲五蓋得五神通得度五道是爲沙彌尼戒也○經直畫一云七十一函佛說分別善惡所起經一

八曰不嫉謂無所妬忌

持戒之者凡於怨親無生愛惡不得嫉妬而嫌忌

九曰不恚謂不以忿恨宿於心

持戒之者不得以瞋忿怨恨而宿止於心

十曰不癡謂不昧善惡

持戒之人必須明辨善惡之法善則行之惡則違之不得癡昧而無分辨也 奏本

輔敎編注此十善名數謂出弘明集郗嘉

卷其經云佛言人於世間喜飲酒醉得三十六失何等三十六失一者人飲酒醉使子不敬父母臣不敬君君臣父子無有上下 乃至三十六者從地獄中來出生爲人常愚癡無所識知今見有愚癡無所識知人皆從故世宿命喜嗜酒所致如此分明亦可畏酒酒有三十六失云云 此經者即後漢沙門安世高所譯也 ○私曰據大論則有三十五失也

夾註六字當作五

●奉法要 奉法要張二云十善者身不犯殺盜婬意不嫉恚癡口不妄言綺語兩舌惡口云云 ●大涅槃 北本涅槃經卷十八梵行品張十一云善男子菩薩摩訶薩有身遠離非口有口遠離非身有非身非口而亦遠離身遠離者謂離殺盜婬是名身遠離非口口遠離者謂妄語兩舌惡口無義語是名口遠離非身非身非口是遠離者所謂遠離貪嫉瞋恚邪見善男子是名非身非口而亦遠離

實奉法要弁大涅槃四十二章等經並同但郄所列前後互耳是必兼準他經僧祐大法師推以爲萬世弘道明教之典豈無經據耶余爲原教正欲勸世解嫌始愛郄文釋義曉分近人情故取之局疏鈔者不知十餘年來相非不已今不能自默聊示此欲其識之耳

謂兼修其十者報之所以生天也

十善當在五戒之後今先解十善者亦欲

云云 ●四十二章經 四十二章經云佛言衆生以十事爲善亦以十事爲惡何等爲十身三口四意三身三者殺盜婬口四者兩舌惡口妄言綺語意三者嫉恚癡云云 ●僧祐大法師 高僧傳卷十一明律第五云釋僧祐本姓俞氏其先彭城下邳人父世居于建業祐年數歲入建初寺禮拜因踊躍樂道不肯還家父母憐其志且許入道師事僧範道人年十四家人密爲訪婚祐知而避至定林投法達法師達亦戒德精嚴爲法門梁棟祐師奉竭誠及年滿具戒執操堅明初受業於沙門法穎穎既一時名匠爲律學所宗祐乃竭思鑽求無懈昏曉遂大精律部有邁先哲齊竟陵文宣王每請講律聽衆常七八百人云云以天監十七年五月二十六日卒于建初寺春秋七十有四云云初祐集經藏既成使人抄撰要事爲三藏記法苑記世界記

躡前之文勢耳此言若修此十善之法將來果報當生天道也

修前五者資之所以爲人也

即十善之前五戒也此言行人資藉此五法而修之當來之世果報所以生人道也

脫天下皆以此各修假令非生天也而人人足成善人人人皆善而世不治未之有也

脫忽也忽或天下之人並皆以此五戒十善而修之也假令非實得生於天道而此

稱迦部及弘明集等皆行於世 ●弘道明教 弘明集僧祐自序云又前代勝士書記文述有益三寶亦皆編錄類聚區分列爲十四卷夫道以人弘教以文明弘道明教故謂之弘明集云云 ○郄嘉賓奉法要者載於卷十三之首也 ○謂兼修 藏本誤上有然字 ●脫忽也 文選卷二十九曹子建朔風詩云四氣代謝懸景運周別如俯仰脫若三秋註向曰脫猶忽也

▲宋文帝 宋書卷五本紀第五云太祖文皇帝諱義隆小字車兒武帝第三子也云云 今按紀文長故略之 ○又見于南史卷二也 宋南朝也高祖武帝劉裕受晉禪已後八主六十年爲齊所滅都建康 ▲何尚之 宋書卷六十六列傳第二十六云何尚之字彥德廬江潛人也曾祖準高尚不應徵辟祖恢南康太守父叔度吳郡太守尚之少時頗輕薄好摴蒱既長折節蹈道以操立見稱爲陳郡謝混所知與之遊處家貧起爲臨津令高祖領征南將軍補府主簿從征長安云云太祖即位出爲臨川內史入爲黃門侍郎尚書吏部郎云云十三年彭城王義康欲以司徒左長史劉斌爲丹陽尹上不許乃以尚之爲尹立宅南郭外置玄學聚生徒云云遷左僕射領汝陰王師常侍如故二十八年轉尚書令領太子詹事云云是時復遣軍北伐資給戎旅悉以委之云云因議立進退以本官領尚書令丞相云云太明二年以爲左光祿開府儀同三司侍中如故云云薨于位時年七十九追贈司空侍中中書令如故謚曰簡穆公云云 又見于南史卷三十列傳第二十也 ▲顏延之 宋書卷七十三列傳第三十三云顏延之字延年琅邪臨沂人也曾祖含右光祿大夫祖約零陵太守父顯護軍司馬延之少孤貧居負郭

所修之者亦足以成善人人既並皆爲善而世豈不治乎若人人皆善而世道不治自古未之有也

昔宋文帝謂其臣何尚之曰適見顏延之宗炳著論發明佛法甚爲名理並是開獎人意若使率土之濱皆感此化朕則垂拱坐致太平矣夫復何事尚之因進曰夫百家之鄉十人持五戒則十人淳謹千室之邑百人修十善則百人和睦持此風教以周寰區編戶億千則仁人百萬夫能行一善則去一惡去一惡則息一刑一刑息於家萬刑息於國則陛下之言坐致太平是也

宋文帝即南宋之太祖文皇帝劉氏義隆也宋少帝廢自荊州刺史都督入爲天子即位改元號元嘉江左政治稱元嘉年中爲盛何尚之字彥德少立節蹈道爲陳郡謝琨所知在晉爲臨川令入宋事武帝爲征西將軍主簿歷文帝爲丹陽尹遷尚書

室巷甚陋好讀書無所不覽文章之美冠絕當時飲酒不護細行年三十猶未婚娶云云傳長故省之○又見于南史卷三十四列傳也▲宗炳　宋書卷九十三列傳第五十三云宗炳字少文南陽涅陽人也祖承宜都太守父繇之湘鄉令母同郡師氏聰辯有學義敎授諸子炳居喪過禮爲鄉閭所稱刺史殷仲堪桓玄並辟主簿舉秀才不就云云每遊山水往輒忘歸征西長史王敬弘每從之未嘗不彌日也乃下入廬山就釋慧遠考尋文義云云傳長故省之○又見于南史卷七十五列傳隱逸上也▲著論發明佛法等　弘明集卷十一一張云云是時有沙門慧琳假服僧次而毀其法著白黑論衡陽太守何承天與琳比狎雅相擊揚著達性論並拘滯一方詆呵釋敎永嘉太守顏延之太子中舍人宗炳信法者也檢駁二論各萬餘言琳等始亦往還未底績乃止炳因著明佛論以廣其宗帝善之云云顏延年之折達性宗少文之難白黑論明佛法汪汪尤爲名理並足開獎人意云云▲名理　文集作明理▲垂拱　尚書註疏卷十一武成云垂拱而天下治正義曰說文云拱斂手也垂拱而天下治謂所任得人人皆稱職手無所營下垂其拱故美其垂拱而天下治也○又前漢書卷五十六董仲舒傳云垂拱無爲而天下太平云云▲寰區　文選卷五十范蔚宗逸民傳論云然而蟬蛻囂埃之中自致寰區之外註濟曰寰區國之封域也▲編戶　前漢書卷一下高帝本紀云呂后與審食其謀曰諸將故與帝爲編戶民註師古曰編戶者言列次名籍也編音鞭

▲陛下　漢蔡邕獨斷云陛下者陛階也所由升堂也天子必有近臣執兵陳于陛側以戒不虞謂之陛下者羣臣與天子言不敢指斥天子故呼在陛下者而告之因卑達尊之意也上書亦如之及羣臣士庶相與言曰殿下閣下執事之屬皆此類也

●宋少帝廢　通鑑綱目卷二十四宋文帝元嘉元年〔綱〕夏五月宋徐羨之傅亮謝晦廢其主義符爲營陽王遷于吳六月弒之迎宜都王義隆于江陵云云〔目〕羨之等以宜都王義隆素有令望乃稱皇太后令數義符過惡廢爲營陽王以義隆纂承大統遷義符於吳使邢安泰弒之義符多力突走出昌門追者以門關踣而弒之●自荊州刺史等　宋書文帝紀云將鎮洛陽仍以授都督荊益寧雍梁秦六州豫州之河南廣平揚州之義成松滋四郡諸軍事西中郎將荊州刺史持節如故永初元年封宜都王食邑三千戶云云景平二年七月中少帝廢百官備法駕奉迎入奉皇統行臺至江陵進璽紱云云甲戌發江陵八月丙申車駕至京城丁酉謁初寧陵還於中堂即皇帝位云云改景平二年爲元嘉元年云云○夾註郡督當作都督乎又但據本紀中云授都督四郡諸軍事則於義不相妨害也●江左政治稱元嘉等　通鑑綱目卷二十五元嘉十五年〔綱〕宋立四學云云〔目〕宋主性仁厚恭儉勤於爲政守法而不峻容物而不弛百官皆久於其職守宰以六期爲斷吏不苟免民有所繫二十年間四境之內晏安無事戶口蕃息出租供徭止於歲賦晨出暮歸自事而已閭閻之內講誦相聞士敦操尚鄉恥輕薄江左風俗於斯爲美後之言政治者皆稱元嘉焉●謝晁　晁當作混●臨川　川當作淮●征西將軍　西當作南●荊州　見于一統志卷六十一荊州府下也●刺史　見于事文類聚外集卷十一同遺集卷十二武太守下并事物紀原卷六節鉞師帥部也●陳郡　見于一統志卷二十六開封府領州縣下陳州註也●臨川　見于一統志卷五十四撫州府下也●將軍　見于類聚新集卷三十五并紀原卷五環衞中貴部也●主簿　見于類聚外集卷十五并紀原六撫字長民部也●丹陽　見于一統志十一鎭江府下也

●尚書左僕射　見于類聚新集四尚書省下同集十總尚書下并紀原五三省綱轄部僕射六尚書下也●尚書令　見于類聚新集四并紀原五也●司空　見于類聚新集三并紀原四師保輔相部也●丞相　見于類聚新集四并紀原四也●儀同三司　見于類聚新集三并紀原四也●侍中　見于類聚新集六左右丞相歷代沿革下并紀原五也●南史　都計八十卷李延壽所撰也●隋三寶開皇錄　隋翻經學士費長房所撰之歷代三寶紀卷第十三云宋世錄者劉裕字德輿彭城郡鄉人初生之辰神光照室長七尺六寸受東晉禪稱宋仍都建康至第三主元嘉年中有上事者云比京塔修踰邁興乘輸之飾奢競日甚文帝以問何侍中曰范泰及謝靈運皆稱六經本是濟俗性靈眞要會以佛經爲指南此賢達言實有

左僕射尚書令進佐司空益爲尚書令丞相儀同三司侍中甚爲文帝見知帝所問之事南史以于佛敎不取亦史筆之不直也事備隋三寶開皇錄又宜律師古今佛道論衡云此事出僧史傳百家十人之數俟後賢討校也

斯言得之矣

此乃原敎自稱尚之對文帝之言得其理也

誠若使率土之濱皆純此化則朕垂拱坐致太平尚之對曰中朝以遠難復盡知渡江以來王導周顗宰輔之冠蓋王濛謝尚人倫之羽儀郗超王謐等或號絕群或稱獨步略數十人靡非英俊清信之士無於時慧遠法師云釋氏之化無施不可臣謂此說有契理要何者百家之鄉十人持五戒則十人淳謹千室之邑百人修十善則百人和穆傳此風敎已遍寰區編戶億千則仁人百萬夫能行一善則去一惡公一惡則息一刑一刑息於家萬刑息於國則陛下之言坐致太平是也故佛圖澄入石虎殺戮減半澠池寶塔放光苻健椎鋸用息蒙遜反噬無親虐如豺虎末節改悟遂成善人法逮道人力兼萬夫幾亂河渭面縛甘死以赴師尼此並非是內化被時吏部郎羊玄保在坐進曰臣竊恐秦趙論強兵之術孫吳盡吞并之計將無取

以儒校之則與其所謂五常仁義者異號而一體耳

以今五戒與儒敎五常仁義校量比並而二敎所設者雖名號殊異而體質一同也

夫仁義者先王一世之治迹也以迹議之而未始不異也以理推之而未始不同也迹出於理而理祖乎迹迹末也理本也君子求本而措末可也

儒之所宗仁義之者乃是先代聖王治理

於此也帝曰此非戰國之具良如卿言尚之曰大禮隱逸則戰士怠貴仁德則兵氣衰若以孫吳爲心志在吞噬亦無取於堯舜之道豈唯釋教而已哉帝大悅曰釋門有卿亦猶孔氏之有季路所謂惡言不入於耳准此而談可謂至矣表由入頌佛燭帝王自是宋朝釋教隆盛名僧智士鬱若稻麻審利金輪森如竹葦相承八十五十九年其諸譯人華梵道俗二十有三合出修多羅毘尼戒本阿磨優波提舍阿毘曇論傳錄等凡二百一十部四百九十五卷結爲宋代建康錄云○經直書一云一百六十函歷代三寶紀十五卷四本其卷第十五首載開皇三寶錄表云名開皇三寶錄凡十五卷庶法無隱眞經有弘不任下情惶悚戰懼謹奉表上錄以聞伏願天慈垂神除省謹表開皇十七年十二月二十三日大興善寺翻經學士臣費長房上開皇三寶錄總目序末云總其華梵黑白道俗合有一百九十七人都所出經律戒論傳二千一百四十六部六千二百三十五卷位而分之爲十五軸一卷總目兩卷入藏三卷帝年九卷代錄十五云云○宋史二百五志卷第一百五十八藝文志十云費長房開皇歷代三寶紀十四卷又開皇三寶錄總目一卷●佛道論衡云等　集古今佛道論衡實錄卷一二十張載文帝與何尚之問答之語其末云自是文帝致意佛經及見嚴觀諸沙門論道義厥延僧殿會帝躬御地筵同僧列飯時有竺道生法師學山生品英義獨拔帝重之常述生頓悟義沙門僧弼等皆設巨難帝曰若使逝者可興豈爲諸君所屈時顏延之著離識論帝命嚴法師辯其同異往返終日帝笑曰公等今日無愧支許之談也云云見僧史傳○君臣問答之語大槩與開皇錄所載相同也又載於弘明集卷十一及廣弘明集卷二也○經直書一云一百四十三函集古今佛道論衡實錄四卷其首卷道宣自序末云今以天竺胥徒聲華久隔震旦張葛文論寔繁故商推由來銓衡敘列筆削無濫援圖藻鏡總會聚之號曰佛道論衡分爲上中下三卷如有隱括覽者詳焉○宋史志百十八藝文志十一云僧道宣佛道論衡三卷

●五戒五常　法苑珠林卷一百五受戒篇五戒部述意云夫世俗所尚仁義禮智信也含識所資不殺盜婬妄酒也雖道俗相乖漸教通也故發於仁者則不殺奉於義者則不盜敬於禮者則不婬悅於信者則不妄師於智者則不酒斯蓋接化於一時非即修本之教修本教者是謂正法云云今見奉戒不殺不求仁而仁著持戒不盜不欣義而義敷守戒不婬不祈禮而禮立遵戒不妄不慕信而信揚受戒捨酒不行智而智明如斯之實可謂振綱持綱萬目開張云云

●此文論語等　甚私曰此文者乃爲政之語而非學而篇也然如夫明教禪師者博洽之識而猶記繹信筆紀之無所以若斯迭相先後也還是庸愚之所不能致及者與今人撿攷臨摹之流何啻霄壤耶後人焉莫泥執乎此也

●其義謂知人等　論語註疏卷二爲政篇云子曰視其所以云云宋邢昺疏子曰至焉廋哉正義曰此章言知人之法也視其所以者以用也言視其所以行用觀其所由者由經也言觀其所經從察其所安者言察其所安處也人焉廋哉人焉廋哉者廋匿也焉安也言知人之法但觀察其終始則人安所隱匿其情哉再言之者深明情不可隱也○藏本音釋云廋疏鳩切匿也

●施設云云　述記云宋施設者安立異名即假說義○宋書第九十四施設一時珍義

當世一期之事迹也若以二教之迹末比較論議則儒佛施設其事故有殊也若考究二教之理是皆欲人爲善固無別也事迹從理出生則道理爲事祖始故理當爲本而迹當爲末也君子之人凡論道義必先求理本而措置其迹末乃爲可也

●爲事祖始等　禮記註疏卷五十三中庸云仲尼祖述堯舜云云正義曰祖始也言仲尼祖述始行堯舜之道也○又孝經註疏卷一序云至於跡相祖述殆且百家正義曰跡蹤也祖始也因而則之曰述言學者蹤跡相尋以往前者爲始後人從而述修之若仲尼祖述堯舜之爲也云云

子曰視其所以觀其所由察其所安人焉廋哉人焉廋哉

此文論語學而篇云爾其義謂知人在視其所行用觀其所經從察其所安處人之賢不肖安所隱匿其情故再言之者深明情不可隱也

孟子曰不揣其本而齊其末方寸之木可使高於岑樓

此文孟子告子章云爾其注謂孟子言夫物當揣量其本以齊等其末知其大小輕重乃可言也不節其數累積方寸之木可使高於岑樓岑樓山之銳嶺者寧可謂寸

●此文孟子告子等　其注者乃漢趙氏註也孟子云何高於山耶與今本註所紀者相同也○孟子註疏卷十二上告子章句下宋孫奭疏正義曰言凡物有常然不揣量其本但齊等其末則雖方寸之木可令高於岑樓岑樓山之銳峰也此乃齊等一其末而不量其本之謂也注岑樓山之銳嶺正義曰釋云山小而高者曰岑是知岑樓謂知爲銳嶺之峰也只樓者益重屋曰樓亦取其重高之意也○藏本音釋云揣楚委切度量也

本高於山耶

謂事必揣量其本而齊等其末而後語之言君子臨事必如孟子量本等末而然後可以發語也

苟以其一世之迹而責其三世之謂何異乎以十步之履而詰其百步之履且而何其迹之紛紛也曷不爲我之鮮乎是豈知其所適之遠近所步之多少也

若以儒治一世之事迹詰責佛敎所指三

世報應之說者如有人以已所行十步之履而問彼百步之履云彼行迹何紛紛如是之多也何不斆我之履迹之少乎凡其行履遠者其迹則多行履近者其迹則少乃理之常然如此詰責者是不辯遠近多少之等差也今以一世而責其三世頗與二履相難者同也

然聖人爲敎而恢張異宜言乎一世也則當順其人情爲去惡治其形生之間言乎三世也

▲紛紛　六韜曰紛紛渺渺○列子力命篇紛紛若若隨所爲註紛紛多也

▲恢張　文選卷四十五皇甫謐三都賦序云自時厥後綴文之士不率典言並務恢張其文博誕空類云云▲異宜　禮記註疏卷十二王制云器械異制衣服異宜註謂袍裘與絺綌

則當正其人神指緣業乎死生之外

二敎聖人設敎恢廓開張各有事宜若儒急欲治民於當世則宜爲法敎人只在乎一世也佛欲救人輪迴於生死則宜爲法敎人修正精誠當指因緣業果在其死生前後際也

神農誌百藥雖異而同於療病也后稷標百穀雖殊而同於養人也聖人爲敎不同而同於爲善也

此下取譬喻也如神農三皇之一者也繫辭云包犧氏沒神農氏作斵以其始造耕種以敎民亦白虎通云神農因天之時分地之利制耒耜敎民農作神而化之使民宜之故曰神農也而此神農嘗試百草品之爲藥今所謂神農本草經是也與世療疾然百草雖品類有殊而治理于病則一也周本紀謂后稷別姓姬氏名弃其母姜原爲帝嚳元妃出野見巨人跡踐之而身

●恢廓　文選卷三十九鄒陽於獄上書自明云今欲使天下恢廓之士誘於威重之權脅於位勢之貴云云註銑曰恢廓廣大也

▲聖人爲敎不同等　淮南子卷十九修務訓云聖人之從事也殊體而合于理其所由異路而同歸云云夫墨子跌蹏而趍千里以存楚宋跌音牒蹏音啼趍走也段干木闔門不出以安秦魏夫行與止也其勢相反而皆可以存國此所謂異路而同歸者也今夫救火者汲水而趍之或以甕瓴或以盆盂其方員銳橢不同盛水各異其於滅火鈞也云云與此淮南子之文語勢相似也○漢牟子理惑論云百藥並生各有所愈云云

●開張　文選卷三十七諸葛亮出師表云誠宜開張聖聽以光先帝遺德云云

●前後際　具出瑜伽卷五十六○大乘義林章四上

●繫辭云等　前原敎夾註引此說矣●亦白虎通云等　見下前原敎夾註也●故曰神農　風俗通卷一三皇下云神農神者信也農者濃也始作耒耜敎民耕種美其衣食德濃厚若神故爲神農也●神農嘗試百藥等　淮南子十九修務訓云古者民茹草飲水采樹木之實食蠃蛖之肉時多疾病毒傷之害於是神農乃始敎民播種五穀相土地宜燥濕肥墝高下嘗百草之滋味水泉之甘苦令民知所避就當此之時一日而遇七十毒云云●神農本草經　本草綱目序例第一卷上歷代諸家本草部神農本草經註掌禹錫曰舊說本草經三卷神農所作而不經見漢書藝文志亦無錄焉漢平帝紀云元始五年舉天下通知方術本草者所在軺傳遣詣京師樓護傳稱護少誦醫經本草方術數十萬言本草之名蓋見于此唐李世勣等

以梁七錄載神農本草三卷推以爲始云云寇宗奭曰漢書雖言本草不能斷自何代而作淮南子雖言神農嘗百草以和藥亦無本草之名惟帝王世紀云黄帝使岐伯嘗味草木定本草經造醫方以療衆疾乃知本草之名自黄帝始云云●百草品類有殊等　同卷上神農本經名例云上藥一百二十種爲君主養命以應天無毒多服久服不傷人欲輕身益氣不老延年者本上經中藥一百二十種爲臣主養性以應人無毒有毒斟酌其宜欲遏病補虛羸者本中經下藥一百二十五種爲佐使主治病以應地多毒不可久服欲除寒熱邪氣破積聚愈疾者本下經三品合三百六十五種法三百六十五度一度應一日以成一歲倍其數合七百三十度也●周本紀羣等　史記卷四周本紀云周后稷名弃其母有邰氏女曰姜原姜原爲帝嚳元妃姜原出野見巨人跡心欣然說欲踐之踐之而身動如孕者居期而生子以爲不祥弃之隘巷馬牛過者皆辟不踐徙置之林中適會山林多人遷之而弃渠中冰上飛鳥以其翼覆薦之姜原以爲神遂收養長之初欲弃之因名曰弃弃爲兒時屹如巨人之志其游戲好種樹麻菽麻菽美及爲成人遂好耕農相地之宜宜穀者稼穡焉民皆法則之帝堯聞之舉弃爲農師天下得其利有功帝舜曰弃黎民始飢爾后稷播時百穀封弃於邰號曰后稷別姓姬氏后稷之興在陶唐虞夏之際皆有令德云云　●邰　小祀註徐廣曰今斄鄉在扶風○索隱曰邰即斄古今字異耳○正義曰括地志云故斄城一名武功城在雍州縣西南二十二里古邰國后稷所封也云云●楊泉物理論　新唐書五十九志第四十九藝文三云楊泉物理論十六

動如孕者居期而生子初以爲不祥三弃之皆有所覆護不死姜原以爲神遂收養之以初欲弃之因名曰弃爲兒游戲好種樹麻菽及成人好耕農相地之宜民皆法之堯聞舉爲農師有功舜遂封於邰號后稷以姬姓故曰周后稷然其標百穀種實雖殊異而其充人之食則一也百穀者楊泉物理論云粱者黍稷之總名稻者粳糯之總名菽者衆豆之總名三穀各二十爲

六十蔬果之實助穀各二十凡爲百穀也以此二事比例夫二教聖人設其教迹雖殊而同與人爲善豈不然耶

曰佛之道其治三世非耳目之所接子何以而明之

問謂汝佛之爲道其本治理三世若三者其過去未來之世非人耳目之所承接也得而聞見乎汝也何由爲我發揮明辨此三世之說耶

卷○金光明文句記卷第五下八張所出者亦與此註所紀相同也○事文類聚後集卷二十二穀部書要語下亦出之大槩語同此但粳糯作稷種○未見其書也

●梁　倭名類聚卷十七米類云粱米崔禹錫食經云粱米一名芑粟一名稽米和名阿波乃宇留之祢

●黍　同類云丹黍本草云丹黍一名赤黍一名黄黍和名阿賀木木美○秬黍本草云秬黍一名黑黍和名久呂木木美

●稷　同類云秫爾雅注云秫粘粟也本草云稷米一名粢和名木美乃毛智

●稻　同卷稻類云稻廣志云有紫芒稻赤穬稻今按稻熟有早晩取其名和名早稻和勢晩稻於久天

●粳　同卷米類云秔米本草云粳米一名秔米和名宇流之祢

●糯　同類云糯蒼頡篇云糯米之黏也和名毛知乃與祢

●菽　同卷豆類云大豆本草云大豆一名菽和名萬米

●穀　同卷稻類云穀周禮注云五穀禾稷菽麥稻也和名毛美日本紀云五穀以都都乃太奈豆毛乃

●蔬果之實　同卷菜蔬部菜類云菜唐韻云菜蔬菜也兼名苑注云草間食曰菜蔬和名久佐非良○同卷菓蓏部菓類云菓蓏唐韻云說文木上曰果字或作菓日本紀私記云古乃美俗云久太毛乃地上曰蓏和名久佐久太毛乃漢書注張晏曰有核曰菓無核曰蓏

▲猶火之在薪也　莊子卷二養生主篇云指窮於爲薪火傳也不知其盡也註帝逸曰此死生之驗也謂如以薪燃火指其薪而觀之則薪有窮盡之時而世間之火自古及今傳而不絕未嘗見其盡○弘明集卷五晉慧遠法師形盡神不滅論云論者驗之以實火之傳於薪猶神之傳於形火之傳異薪猶神之傳異形前薪非後薪則知指窮之術妙前形非後形則悟情數之感深惑者見形朽於一生便以謂神情俱喪猶覩火窮於一木謂終期都盡耳云云○同卷五宋鄭道子神不滅論云形神有源請爲子循本而釋之夫火因薪則有火無薪則無火薪雖所以生火而非火之本火本自在因薪爲用耳若待薪然後有火則燧人之前其無火理乎火本至陽陽爲火極故薪是火所寄非其本也神形相資亦猶此矣相與爲用而非所由耳云云○同卷三宗炳答何衡陽書中又云形神相資古人譬以薪火云云

▲與火相燼　燼藏本音釋云徐刃切火餘也

▲神理冥眇　藏本音釋云眇彌笑切與妙同

▲曰吾謂人死等　顏氏家訓歸心篇云俗之謗者大抵有五云云其五以縱有因緣如報善惡安能辛苦今日之身利後世之乙乎爲異人也云云釋五曰形體雖死精神猶存人生在世望於後身似不相屬及其歿後則與前身似猶老少朝夕耳世有魂神示現夢想或降童妾或感妻孥求索飲食徵須福祐亦爲不少矣今人貧賤疾苦莫不怨尤前世不修功業以此而論安可不爲之作地乎夫有子孫自是天地間一蒼生耳何預身事而乃愛護遺其基址況於己之神爽頓欲棄之哉凡夫蒙蔽不見未來故言彼生與今非一體耳若有天眼鑒其念念隨滅生生不斷豈可不怖畏耶云云

▲神理　文選卷二十二謝靈運詩遍以神理超註善曰曹植武帝誄曰聰竟神理

曰吾謂人死而其神不死此其驗矣神之在人猶火之在薪也前薪雖與火相燼今所以火者曷嘗燼乎

其人雖死而神終不滅以如此之事是三世之驗也神魄在於人生猶如火性在於所燒之柴薪也前薪者雖與火皆爲灰燼今火復在後薪資人之用又何曾與前之薪俱爲燼乎此可例人死而其神不滅也

曰神理冥昧其形既謝而孰能御其所適果

●靡　字彙散也爛也滅也

爲人邪果爲飛潛異類乎

再設問謂人精魄之理冥昧幽遠若其人既氣散形靡渙然無有誰能引御其神魄所之果然復爲人爲鬼果然爲飛禽爲潛蟲一切異類耶

曰斯可通也苟以其情習之業推之則其報也不差

答言此理可以通明也若以人情染習之業推較則其果報爲人爲畜無有差賺者

●子豈不聞等　顏氏家訓釋一曰夫信謗之徵有如影響耳聞眼見其事已多或乃精誠不深業緣未感時儻差闌終當獲報耳善惡之行禍福所歸九流百氏皆同此論豈獨釋典爲虛妄乎云云

●洪範　尚書註疏卷十二云洪範漢孔氏傳云洪大範法也言天地之大法

●五福一曰等　同卷云九五福至曰弱○唐孔穎達疏正義曰五福者謂人蒙福祐有五事也一曰壽年得長也二曰富家豐財貨也三曰康寧無疾病也四曰攸好德性所好者美德也五曰考終命成終長短之命不橫夭也六極謂窮極惡事有六一曰凶短折遇凶而橫夭性命也二曰疾常抱疾病三曰憂常多憂四曰貧困乏於財五曰惡貌狀醜陋六曰弱志力尫劣也五福六極天實得爲之而歷言此者以人生於世有此福極爲善致福爲惡致極勸人君使行善也五福六極如此次者鄭玄云此數本諸其尤者福是人之所欲以尤欲者爲先極是人之所惡以尤所不欲者爲先以下緣人意輕重爲次耳

也

子豈不聞洪範五福六極之謂乎五福者謂人以其心合乎皇極而天用是五者應以嚮勸之六極者謂人不以其心合乎皇極而天用是六者應以威沮之

子者指彼問家謂爾君子豈不嘗聞尚書洪範五福六極勸沮之言乎五福一曰壽謂年得長者二曰富謂家豐財者三曰康寧謂無疾病者四曰攸好德謂性之所好

●皇極　同云次五曰建用皇極傳皇大極中也凡立事當用大中之道

●尫　字彙音王弱也短小也

美德者五曰考終命謂成終長短之命不橫夭者言凡生人者用其爲心契合乎皇極大中之理也而天道則用此五福者因人嚮慕而報應勸勉之正義曰天九嚮勸人用五福是也六極謂窮極惡事有六一曰凶短折謂遇凶而橫夭性命者二曰疾謂常抱疾病者三曰憂謂常多憂愁者四曰貧謂困乏於財者五曰惡謂貌狀醜陋者六曰弱謂志力尫劣者言凡生人不用

●正義曰次九等　同云次九曰嚮用五福威用六極傳言天所以嚮勸人用五福所以威沮人用六極正義曰次九曰嚮勸人用五福威沮人用六極此九類之事

●又曰福者等　同云正義曰發弱等六者皆謂窮極惡事故曰之六極也福者人之所慕皆嚮望之極者人之所惡皆畏懼之勸勉也勉之爲善沮止也止其爲惡福極皆上天爲之言天所以嚮望勸勉人用五福所以畏懼沮止人用六極

▲善惡之應善惡之報　弘明集卷五載慧遠法師所撰明報應論文繁故不煩紀之

其爲心與合乎皇極大中之理也而天道則用此六極者因人惡畏而報應威沮之亦正義曰威沮人用六極是也又曰福者人之所慕皆嚮望之極者人之所惡皆畏懼之福極皆上天爲之言天所以嚮望勸勉人用五福所以畏懼沮止人用六極然此五福六極有與吾且似通貫乎三世之報應也未可輒發

天其形存而善惡之應已然其神往則善惡

●宗炳明佛論引等　弘明集卷二載宋宗炳明佛論一名神不滅論云衆變盈世羣象滿目皆萬世已來精感之所集矣故佛經云一切諸法從意生形又云心爲本　心作天堂心作地獄義由此也是以清心潔情必妙生於英麗之境濁情滓行永悖於三塗之域云云○經直書一云三十九函維摩結經三卷一本其經卷上張十六弟子品優婆離章云又一切法可知見者如水月形一切諸法從意生形其知此者是爲奉律其知此者是爲善解於是兩比丘言上智哉是優波離所不及也云云此經有上中下三卷上亦名不可思議法門之稱又異名月氏國優婆塞支謙譯第二譯又宗鏡錄卷八十四張云問人法俱空識又不立即今見聞從何而有答一切前塵所現諸法盡隨念而至皆對想而生念息境空意虛法寂故經云想滅鬧靜識停無爲又經云一切諸佛一切諸法從意生形云云○同

之報豈不然乎

夫人形生在世而爲善爲惡其五福六極報應已如此矣若神魂既逝則爲善惡之報豈不與是佛之所範合耶

佛經曰一切諸法以意生形此之謂也

此文據宗炳明佛論引未詳其本經名目酌其義正謂一切有情無情衆法唯以其意變化而成其形象耳

日謂佛道絕情而所爲也如此豈非情乎佛

卷九十五張十三云首楞嚴三昧經云爾時佛告現意天子汝可示現首楞嚴三昧木事少分現意天子語堅意言仁者欲見首楞嚴三昧少勢力不答言天子願樂欲見現意天子善得首楞嚴三昧力故即現變令衆會者皆作轉輪聖王三十二相而自莊嚴及諸眷屬七寶侍從乃至復現神力普令衆會皆如釋迦牟尼佛身相好威儀各有比丘眷屬圍繞釋曰天子名現意者以一切法從意生形因心所現故名現意是知自心如幻無有定體所見差殊隨心生滅云云○又奉法要云維摩云一切諸法從意生形云云

●清淨自正　史記卷六十三老子傳云李耳無爲自化清靜自正註正義作清淨

●在天成象等　易繫辭上云在天成象在地成形變化見矣註象況日月星辰形況山川草木也云云

●無方大用　出于後廣原敎第一篇來註也

●猶涅槃經云等　南本涅槃經卷八鳥喻品六二十張云如來實無憂悲苦惱而於衆生起大慈悲現有憂悲視諸衆生如羅睺羅云云

亦有情耶

或難云佛之道本絕去情累清淨自正今其所施敎化如此豈非亦有情愛乎

日形象者舉有情佛獨無情邪佛行情而不情耳

此答言一切法在天成象在地成形皆以有情而致之佛既出現於世示與人同乃敎化於人豈得無情乎佛起無方大用施設敎法雖示行情憫而非著情也猶涅槃

經云如來實無憂悲苦惱而於衆生起大慈悲現有憂悲

日佛之爲者既類夫仁義而仁義烏得亦謂之情乎

設難云汝佛之敎所爲如已類乎仁義汝何得以我仁義獨爲之情也

日仁者何惠愛之謂也義者何適宜之謂也宜與愛皆起於性而形乎用非情何乎就其情而言之則仁義乃情之善者也

●恤　字彙雪律切音戌愍也張也

▲不情而爲　藏本爲下有之字

▲覺　藏本作競

此答言汝儒所謂仁者乃是惠恤情愛之言也義者亦乃是適順事宜之言也宜與愛皆發自於性而形見乎動用既見於形用非情復是何者耶大凡人之六情有善有惡若就汝仁義而言之此即是其情之善義者也

情而爲之而其勢近權不情而爲而其勢近理性相同也情相異也異爲而天下鮮不競同爲而天下鮮不安

情望於性情是虛假緣情而爲其敎是近其權假也理望於性即是純眞至實也今佛稱性不著情假而爲其敎是近其眞實之理也性即理也萬法一理是其相同也情即事也萬事殊便各宜是其相異也萬物各有其殊類異見天下少不以其事而爭競也萬法既歸其同體之一理天下少不以其理而安和也而乃知性同而情異也

夾註輔敎編原敎要義第一終

夾註輔敎編原敎要義第二

住杭州佛日山嗣祖明敎大師　契嵩　編幷註

▲槩而惠之　楚辭卷四離騷九章云同糅玉石兮一槩而相量夫惟黨人之鄙固兮羌不知余之所臧註槩平斗斛木也○藏本音釋云槩居代切大槩也猶一槩也

●安存　韻會存字下云說文存恤問也从子才聲爾雅在也

●昆蟲　蟲之總名　前引說文而證焉

●動植　文選卷二張平子西京賦云植物斯生動物斯止註綜曰植物草木動物禽獸○周禮曰動物宜毛物也植物宜皁物也

●無緣之慈　大論卷四十慈悲心有三種衆生緣法緣○諸佛善修行畢竟空故名爲無緣具出涅槃經卷十五佛地經論卷五

●含生　文選卷四十任彥竹牋含生之倫庇身有地註善曰曹植對酒行曰含生蒙澤艸木茂延良曰含生有生之類○楚辭[illegible]氣含生兮莫過我最苦

聖人欲引之其所安所以推性而同羣生聖人欲息之其所競所以推懷而在萬物謂物也無昆蟲無動植佛皆槩而惠之不敢損之謂生也無貴賤無賢鄙佛皆一而導之使自求之

聖人即佛也佛欲引導衆生同趣其所同之道淸淨安樂之處故推廣其所證諸法實性謂與衆生本同也佛欲止息衆生各以其殊類異見爭競故推其大慈之心而

安存萬物也謂物也者即一切人之與物也物則無間其昆蟲昆蟲之總名也動則無間其有情植則無間其無情之者佛皆一槩以平等無緣之慈而施惠之又護其含生不敢稍損傷一物也謂生也者即一切含生此諸衆生不揀其貴者賤者賢善者頑鄙者佛皆一例以實相而道達之直使其於己而自求所證

推其性而自同羣生豈不謂大誠乎推其懷

▲中國　具出周禮第九地官第十〇淮南子地形訓四〇焦氏筆乘第三等

▲惻然　藏本惻作測蓋恐刑誤乎

●禹畫九州　史記卷二夏禹本紀云載四時以開九州通九道陂九澤度九山云云〇爾雅註疏卷六釋地部九州下云兩河間曰冀州河南曰豫州河西曰雝州漢南曰荊州江南曰揚州濟河間曰兗州濟東曰徐州燕曰幽州齊曰營州疏此釋九州之名及其界域也云云

●四夷八蠻等　同卷六四極下云九夷八狄七戎六蠻謂之四海註九夷在東八狄在北七戎在西六蠻在南疏云九夷八狄七戎六蠻謂之四海者孫炎云海之言晦晦闇於禮義也云云蠻者風俗通云君臣同川而浴極爲簡慢蠻者慢也其類有八李巡云一曰天竺二曰咳首三曰焦僥四曰跂踵五曰穿胷六曰儋耳七曰狗軹八曰旁春云云

而盡在萬物豈不謂大慈乎大慈故其感人也溥大誠故其化物也易

佛俯推其聖性甘同衆生之卑微豈得不謂佛有至實大信之勝德乎佛推其無緣至慈之心常在乎衆生豈得不謂佛有大慈之勝德乎有此大慈故自然交感入人之溥沖也有此至誠大信故自然交感致人自化之速疾也

故夫中國之內四夷八蠻之外其人聞佛之言爲善有福爲惡有罪而鮮不惻然收其惡心歡然舉其善意守其說拳拳不敢失之

從此禹畫九州中國之內四夷八蠻之外諸國四夷卽東夷西戎南蠻北狄之總名也八蠻者風俗通云君臣同川而浴極爲簡慢故曰蠻慢也然其類有八李巡爾雅注云一曰天竺二咳首三僬僥四跂踵五穿胷六儋耳七狗軹八旁春四夷而獨舉八蠻者欲其句便耳亦可四面南面之方

冠攷輔教編卷二　二

●拳拳　見于後也

▲若向　藏本向作嚮

▲宮掖　掖韻會陌韻說文掖以手持人臂投地也增韻宮掖宮旁舍也〇藏本音釋云掖夷益切宮傍舍也

▲廉潔　〇管子第二十一廉潔之吏失其治故〇楚辭寧廉潔正直以自清乎註逸曰不受曰廉不汙曰潔●六韜曰廉潔愛人

爲尊就其尊而言之也卽此內外國所有之人聞佛所說善惡當有罪福之報莫不惻怕收攝其惡心歡喜舉其爲善之意守奉佛所言戒法不設稍稍虧失之拳拳奉持貌也

若向之所謂五戒十善云者里巷何嘗不相化而爲之自鄉之邑自邑之州自州之國朝廷之士天子之宮掖其修之至也

如向之倣所言謂五戒十善者也五戒十善名彼已見於前謂其人持此戒善之法者展轉相化從一鄉里至一縣邑從一縣邑至於一州郡自一州郡至於一國朝廷卿士大夫之下乃至天子宮苑掖庭之人其人修行戒善之極至也

不殺必仁

若其持此不殺一戒其心必慈而仁善

不盜必廉

若持不盜一戒其人必自廉潔而修正其

冠攷輔教編卷二　三

身

不婬必正

若持不婬一戒其身必自清正合禮而無亂

不妄必信

若持不妄語一戒其人必有誠信而無欺誑

不醉不亂

若持不飲酒一戒其人必自清明而不癡昧

不綺語必誠

若持此不綺語一戒其人發言必實不以綺媚眩人

不兩舌不讒

若持不兩舌一戒其人必無背是而非而讒謟於人也

不惡口不辱

若持不惡口一戒其人必能敬慎不毀罵

▲綺語　瑜伽論第八○成實論第九○珠林八十五

▲不讒　韻會咸韻讒鋤咸切說文讒譖也荀子傷良曰讒

●眩　韻會霰韻眩胡涓切亂也惑也

人而不爲人之恥辱

不嫉不爭

若持不嫉一戒其心既無嫉妬於人人亦無所與其爭競

不恚不讎

若持不恚一戒其人既自不瞋忿於人而人必不有讎於己者

不癡不昧

若人持此不癡一戒其心乃能辨善與惡

有一于此足以誡於身加於人況五戒十善之全也豈有爲人弟者而不悌其兄爲人子者而不孝其親爲人室者而不敬其夫爲人友者而不以善相致爲人臣者而不忠其君爲人君者而不仁其民是天下之無有也爲之者唯恐其過與不及爲癖耳佛豈苟癖於人焉

苟有於此五戒十善之間能行其一戒之善者足以立誠修身亦可以推其善道加

▲不嫉不恚　藏本先不恚後不嫉○藏本音釋云恚於避切恨怒也

●嫉妬　楚辭一曰羌內恕己以量人兮各興心而嫉妬　註害賢爲嫉害色爲妬●唯識論卷七

●爭競　左傳襄公十年曰師競已甚　註爭競也

▲爲癖　藏本音釋云癖匹亦切偏癖疾也

● 悌順也　孟子註疏卷六滕文公章句下云入則孝出則悌趙註悌順也○此孟子文見于後也○又莊子註疏天運篇云夫孝悌仁義忠信疏曰悌順也

● 朋友　周禮大司徒五曰聯朋友註同師曰朋同志曰友○公羊傳云同門曰朋同志曰友

● 開遮　南山云毗尼翻滅從功能爲名非正譯也正翻爲律律者法也從教爲名斷割重輕開遮持犯見出戒疏上一行宗記上一

● 拘縶　韻會虞韻拘恭于切徐曰物公手能止之也○縶韻會緝韻陟立切說文馽絆馬足也本作馽詩縶之維之註疏在腹曰鞅在後曰絆絆縶足也縶之謂絆維之謂繫索說文縶馬本一字禮韻馽字別出誤

勸於他人也況能修其五戒十善之全數者也其人既能以五戒十善而自立誠修身矣豈更有爲人之弟而不孝悌其兄也悌順也爲人之嗣子者而不孝敬其父母也爲人妻室者而不敬愛其夫也爲人朋友者而不以其道相致勸也爲人之臣下者而不輸忠於其君上也爲人君主者而不以慈愛仁惠於生民也其人若修行此五戒十善之者而不能如上六者之說則

窮天下遍四海終不有如是之理也事此五戒十善行人但慮其不能通其方便開遮之道爲其過劇與其行之不至爲患耳佛雖以戒使人依而修持亦乃通其開遮耳非徒以戒拘縶於人而爲與病也

如此者佛之道豈一人之私爲乎抑亦有意於天下國家矣何嘗不存其君臣父子邪豈妨人所生養之道邪但其所出不自吏而張之亦其化之理隱而難見故世不得而盡信

● 流俗　禮記不從流俗鄭玄曰流俗末俗也○孟子盡心同流俗合汚世

● 此文周易等　易兼義卷七繫辭上云化而裁之存乎變推而行之存乎通神而明之存乎其人默而成之不言而信存乎德行韓康伯註德行賢人之德行也順足於內故默而成之也體與理會故不言而信也唐孔穎達疏正義曰若能順理足於內默然而成就之闇與理會不須言而自信也存乎德行者若有德行則得默而成就之不言而信也若無德行則不能然此言德行據賢人之德行也前經神而明之存乎其人謂聖人也

佛之道既能致人善行如上文六者之言乃是天下公共之道也豈得謂是一人自私之法耶推較五戒十善既有功德於天下之人是佛當有微意毗助治天下國家者也佛既能以此五戒十善善世化人致上之六者之義効是佛之道果有德化在乎君臣父子夫婦人倫之間也佛戒既使人適順父子夫婦之義豈不安其生之養之之道何曾爲其妨礙也但其戒善之法

所出之源不從官師士吏之所施張唯待人自感而化之亦其能化之理微隱難爲輒見致使今世流俗之人不能咸皆信伏也

易曰默而成之不言而信存乎德行

此文周易上繫云爾正義言若能順理於內默而成就之闇與理會而不須言而自信也若有德行則得默而成就之不言而信也若無德行則不能默之言德行據賢

●此文孟子盡心等　孟子註疏卷十三上盡心上云孟子曰霸者之民驩虞如也王者之民皞皞如也殺之而不怨利之而不庸民日遷善而不知爲之者註霸者行善恤民恩澤暴見易知故民驩虞樂之也王者道大法天浩浩而德難見也殺之不怨故曰殺之而不怨庸功也利之使趨時而農六畜繁息無凍餓之老而民不知獨是王者之功修其庠序之敎又使日遷善亦不能覺知誰爲之者言化遷善爲之大道者也

●庠序　前漢書卷八十八——○具出禮記大全卷十七

●由來　易文言傳其所由來者漸矣

人之德行也易之前文云神而明之存乎其人謂聖人也

孟子曰民日遷善而不知爲之者豈不然乎

此文孟子盡心章云爾其注言王者道大法天浩浩而德難見又云獨是王者之功修其庠序之敎使日遷善亦不能覺知誰爲之者言化大也上之所指五戒十善使人自感而化之其理微隱比易與孟子之言豈不如是耶

●澆薄　文選卷五十五劉孝標廣絶交論云馳騖之俗澆薄之倫註善曰淮南子曰澆天下之淳許愼曰澆薄也

●刑朴　尚書註疏卷三舜典云鞭作官刑朴作敎刑傳以作爲治官事之刑朴榎楚也不勤道業則撻之正義曰治官事之刑者言若於官事不治則鞭之蓋量狀加之未必有定數也學記云榎楚二物以收其威鄭玄云榎稻也楚荊也二物所以扑撻犯禮者知扑是榎楚也既言以收其威知不勤道業則撻之云云

●程罰　程韻會庚韻荀子程者物之準也註度量之總名○罰韻會月韻説文罰罪之小者从刀从詈未以刀有所賊但持刀罵詈則應罰會意也元命包曰网言爲詈刀詈爲罰罰从网陷於害也

人之惑於情久矣情之甚幾至乎澆薄古聖人憂之爲其法交相爲治謂之帝謂之王雖其道多方而猶不暇救以仁恩之以義敎之賞欲進其善罰欲沮其惡雖罰日益勞賞日益費而世俗益薄

世人遂惑於喜怒哀樂之情其所由來久矣既惑於情過劇而世道將至乎衰澆薄也古聖人如堯舜禹湯之者憂慮世道衰且澆而人倫不整乃爲其法度交互相

●姦暴　姦韻會刪韻姦居顏切音與間同説文姦私也从三女一曰僞也集韻俗作奸奸古作悬○暴韻會號韻薄報切音與虣同説文暴晞也从日从出从収从米徐按姦僞之人競逐欲以要利漿縣必先日暴之収者以手推綮反覆之意也本作㬥隷作暴此嚗暴之暴

●風俗　見于毛詩註疏卷一關雎序云美敎化移風俗下之正義也不煩紀之

●爵祿　中庸爵祿可辭

爲其整治謂帝即黃帝顓頊帝嚳帝堯帝舜之五帝也謂王即夏禹殷湯周文之三王也此五帝三王爲其治道雖多方法如禮樂刑政之類殊名異號不可勝舉猶不皇救其世俗之衰弊爲仁以恩恤於民爲義以敎勗於人爲爵祿旌賞以勸人慕善爲刑朴程罰以止沮奸暴雖其用刑日更勞於行賞日更煩費而時世風俗轉弊轉薄

苟聞有不以賞罰而得民遷善而遠惡雖聖如堯舜必歡然喜而致之豈曰斯人不因吾道而爲善吾不取其善必吾道而爲善乃可善之若是是聖人私其道也安有聖人之道而私哉

嘗此賞罰勞費之時若聞有人能不以賞罰而自得民遷就善道而遠離惡迹雖有聖人如唐堯虞舜之二帝者必欣心歡然喜且悅以致彼不用賞罰之道會合以爲

▲油然　孟子註疏卷一下梁惠王章句上云天油然作雲註油然興雲之貌

▲飈風　飈韻會蕭韻卑遙切說文飈扶搖風也从風猋聲或作颮漢西都賦颮颮紛紛註古飈字通作猋禮記猋風暴至文選曰猋註與飈同爾雅扶搖謂之猋郭璞註暴風从下上云云○藏本音釋云飈卑搖切旋風也

▲飂飂　韻會尤韻說文高風也从風翏聲通作翏○又蕭韻憐蕭切飂戾風聲潘岳賦淸風飂戾○宥韻力救切高風○屋韻力作切飂飂長風貌○藏本音釋云飂蓮條切風聲也

●游泳　文選卷五十九沈約齊安陸昭王碑游泳而莫測註善曰毛詩曰游之泳之

●油油然　文選卷四十八司馬相如封禪文頌曰自我天覆雲之油油云云註善曰漢書音義曰油油雲行貌

治體若東堯舜聖人肯言此人不以我堯舜已出之道而爲善事吾不取其善必須用我已出之道爲善乃可稱善也若堯舜如此之言即是堯舜聖人自私其道也大凡謂聖人之道則通天下人共之何有謂聖人者私恃其道耶

天游能振於江海而雲氣油然四起暴虎聲於山林而飈風飂飂而來各益其類自相應也

若有神龍游泳振動於江海之間山川則

出氣爲雲油油然以應之猛暴之虎聲鳴於山林之中天地之間則有飈風飂飂然相應而來以類自相感應者豈獨於人在物亦爾

故善人非親而善人同之惡人非恩而惡人容之

善人雖其異族而生素非其親若二人以善相合必自同也惡人雖素無恩情之親及其會遇而自然以其同惡相容也

●此文禮記中庸等　禮記註疏卷五十二中庸云子曰舜其大知也與舜好問而好察邇言隱惡而揚善執其兩端用其中於民其斯以爲舜乎漢鄭氏註邇近也近言而善易以進人察而行之也兩端過與不及也用其中於民賢與不肖皆能行之也斯此也其德如此乃號爲舜舜之言充也孔穎達疏正義曰案謚法云受禪成功曰舜又云仁義盛明曰舜皆是道德充滿之意故言舜爲充也

●揄揚　文選卷一班孟堅兩都賦序云雍容揄揚著於後嗣云云註善曰說文曰揄引也孔安國尚書傳曰揚舉也向註與善同○同卷二十五盧諶贈劉琨書云謹貢詩一篇抑不足以揄揚弘美云云註銑曰揄引揚說

▲　朱子註云邇言者淺近之言猶必察焉則無遺善可知云云

舜好問而好察邇言隱惡而揚善

此文禮記中庸云爾正義言謚法云受禪成功曰舜又云仁義盛明曰舜皆是道德充滿之意故言舜爲充也其注云邇近也近言而善易以進人察而行之也好問與隱惡揚善注與義俱不解然此亦可以意甲也謂舜皆好以善道下問於人又好察聽邇近之善言隱覆人之過惡而揄揚人之美善也

●此文孟子盡心章等　孟子註疏卷十三上盡心章句上云孟子曰舜之居深山之中與木石居與鹿豕遊其所以異於深山之野人者幾希註舜耕歷山之時居木石間鹿豕近人若與人遊也希遠也當此之時舜與野人相去豈遠○及其聞一善言見一善行若決江河沛然莫之能禦也註舜雖外與野人同其居處聞人一善言則從之見人一善行則識之沛然不疑若江河之流無能禦止其所欲行也

●此文孟子公孫丑等　孟子註疏卷三下公孫丑章句上云孟子曰子路人告之以有過則喜禹聞善言則拜註子路樂聞其過過而能改也尚書曰禹拜善言

●禹拜讜言　尚書大禹謨云禹拜昌言曰兪云云註昌言盛[illegible]可以敬其言也○韻會養韻讜字下云說文讜直言也又善言也又陽韻當陽切尚書汝亦昌言註一本作讜李登曰善言也集韻或作譡說文讜忠言也

及聞一善言見一善行若決江海沛然莫之能禦也

此文孟子盡心章云爾注謂舜始居深山之中雖外與野人同其居處聞人一善言則從之見人一善行則識之沛然不疑若江河之流無能禦止其所欲行

禹聞善言則拜

此文孟子公孫丑章云爾其注引尚書禹拜讜言而解之

孔子嘗謂善人吾不得而見之得見有恒者斯可矣

此文論語述而云爾正義云善人即君子也恒常也又言善人之君吾不得見之得見有常之君斯亦可矣

又曰三人行必得我師焉擇其善者而從之其不善者改之

此亦述而之文正義曰此章言學無常師也謂我三人本無賢愚相懸但敵體耳然

▲有恒　藏本恒作常蓋恐非是矣

●此文論語述而等　論語註疏卷七述而篇云子曰善人吾不得而見之矣得見有恒者斯可矣疏正義曰善人即君子也恒常也又言善人之君吾不得而見之矣得見有常德之君斯亦可矣

●此亦述而等　同述而篇云子曰三人行必有我師焉擇其善者而從之其不善者而改之○魏何晏註言我三人行本無賢愚擇善從之不善改之故無常師○疏正義曰此章言學無常師也言我三人行本無賢愚相懸但敵體耳然彼二人言行必有一人善一人不善我則擇其善者而從之不善者而改之有善可從是爲師矣故無常師也

彼二人言行必有一人善一人不善我則擇其善者而從之不善者而改之有善可從是爲師矣故無常師也

顏子得一善則拳拳服膺不敢失之

此文禮記中庸云爾正義言顏回選擇中庸而行得一善事則形貌拳拳然奉持之膺謂胸膺言奉持於善道弗敢棄失亦可謂回聞一言則拳拳服膺拳拳謹敬也服膺謂垂其胸伏從不敢輒遺失也

●此文禮記中庸等　禮記註疏卷五十二中庸云子曰回之爲人也擇乎中庸得一善則拳拳服膺而弗失之矣註拳拳奉持之貌○正義曰此一節是夫子明顏回能行中庸言中庸之難也○得一善則拳拳服膺而弗失之矣者言顏回選擇中庸而行得一善事則形貌拳拳然奉持之膺謂胸膺言奉持守於善道弗敢棄失

孟子謂好善優於天下

此亦孟子告子章謂魯欲使樂正子爲政而孟子喜其好善乃曰好善則樂聞善言是采用之也以此治天下可以優之虞舜是也何況魯不能治乎

又謂誠身有道不明乎善不誠其身矣

此亦孟子離婁章謂人求上之意先從己始本之於心心不正而得人意者未之有也

●此亦孟子告子等　孟子註疏卷十二下告子章句下云魯欲使樂正子爲政孟子曰吾聞之喜而不寐公孫丑曰樂正子強乎曰否有知慮乎曰否多聞識乎曰否然則奚爲喜而不寐曰其爲人也好善好善足乎曰好善優於天下而況魯國乎註孟子曰好善樂聞善言是采用之也以此治天下可以優之舜是也何況於魯不能治乎

●此亦孟子離婁等　註疏卷七下離婁章句上云孟子曰居下位而不獲於上民不可得而治也獲於上有道不信於友弗獲於上矣信於友有道事親弗悅弗信於友矣悅親有道反身不誠不悅於親矣誠身有道不明乎善不誠其身矣註言人求上之意先從己始本之於心心不正而得人意者未之有也

此五君子者古之大樂善人也以其善類固類於佛苟其不死見乎吾道之傳是必縡然從而推之

此五君子自虞舜至孟子凡五聖賢人也是五聖賢乃前古尤好樂爲善道之人也若以其善而類例之且類於佛使上五君子不先死得至佛法入中國之時睹見乎佛道之傳揚必縡合然也縡即泯字也謂其爲善既與佛之道相合必從而推振之

●縡合然也縡即泯字也　莊子卷四天地篇云其合緡緡若愚若昏是謂玄德同乎大順註希逸曰緡緡泯泯也泯泯然若愚若昏此形容此合字也○韻會真韻緡韻武盡切合也○同軫韻泯字下云亂也集韻或作湣泯○字彙緡彌隕切音閔又合也

●噫　易兼義八繫辭上云噫亦要存亡吉凶則居可知矣云云正義曰噫者發聲之辭○毛詩註疏卷十九之一周頌噫嘻篇云噫嘻成王傳噫歎也嘻和也疏毛以爲噫嘻然歎而有所戒勅者云云噫又作意同於其反○禮記註疏卷九檀弓下云曰噫毋註噫不寤之聲毋禁止之辭疏正義曰昭子不悟禮意乃曰噫毋得如此云云

▲尤豫　後漢書十五列傳第五來歙傳云隗囂將王元說囂多設疑故久尤豫不

決註。冘豫不定之意也。說文曰冘冘行貌也音淫。東觀記云狐疑不決。○又同卷一十四列傳第十四馬援傳云諸將多以王師之重不宜遠入險阻計冘豫未決。註冘行貌也義見說文豫亦未定也冘音以林反。○韻會侵韻冘音淫又尤韻夷周切冘豫不定也云云。○藏本冘作猶。

●猶豫　禮記註疏卷三曲禮上云所以使民決嫌疑定猶與也故曰疑而筮之則弗非也云云註與音預本亦作豫正義曰定猶與也者說文云猶獸名玃屬與亦是獸名象屬此二獸皆進退多疑人多疑惑者似之故謂之猶與。○又楚辭卷一離騷經云心猶豫而狐疑兮欲自適而不可註猶犬子也人將犬行犬好豫在人前待人不得又來迎候故謂不決曰猶豫。

也

意亦後世之不幸不得其相遇而相證尚使兩家之徒冘豫而不相信

意歎嗟也此原教者嗟嘆謂亦是後世之人不幸不得其五聖賢遇見佛法初傳之時而相照證乃令今儒佛二家之徒猶豫不能相信二教同其勸世爲善冘豫即猶豫也冘亦音淫字

意人情莫不專己而略人是此而非彼非過則爭專過則拘君子通而已矣何必苟專君子當而已矣何必苟非

意字蓋原教者再嗟歎也恨乎人之情見各執其教而苟爲其黨昧於聖人之道乃妄有相毀自爲其障礙也大凡人之情執鮮有不專輒恃己所習而忽略於人也自恃己事而妄非於彼非毀其人太過則生爭競專執己道太過則拘束而不能伏義也君子之人者必務以道通達而已何必

▲過則拘　莊子卷六秋水篇云無拘而志與道大蹇註希逸曰若以貴賤是非自爲拘束則與道相違矣云云蹇違礙也

●拘束　同秋水云北海若曰井蛙不可以語於海者拘於虛也夏蟲不可以語於冰者篤於時也曲士不可以語於道者束於教也云云。○又古詩云浮蹤浪跡無拘束飛到蛛絲也不飛

▲飲食男女等　禮記註疏卷二十二禮運云飲食男女人之大欲存焉死亡貧苦人之大惡存焉故欲惡者心之大端也云云正義曰飲食男女是人心所欲之大端緒也云云。○集註云人心雖有七情總而言之止是欲惡二者故曰大端

苟且而自專執也君子臨於萬事必以義之但適當而止何必苟且非斥他道也

飲食男女人皆能知貴而君子不貴君子之所貴貴其能知道而識理也今有大道遠理若是而余不知識余愧於人多矣

大凡飢食渴飲男女愛欲之事羣衆之人皆能知之而君子不以此知爲貴君子所貴重者唯貴其能知道義而識理趣也適今有佛大妙之道遠奧之理如此余原教

者自謂我也不欲顯斥他人且陽責己言我不能知識而我恥愧於彼達道通理之人固爲多矣此以微意欲激動彼毀佛之人也

嘗試論曰夫欲人心服而自脩莫若感其內欲人言順而貌從莫若制其外制其外者非以人道設教則不能果致也感其內者非以神道設教則不能必化也故佛之爲道也先乎神而次乎人蓋亦感內而制外之謂也

●陽責　韻會陽韻佯詐也本作詳史記秦紀乃使魏餘詳反殷紀箕子詳狂爲奴今文作佯通作陽箕子傳箕子被髮陽狂楚元王傳陽爲羹盡轢釜

▲嘗試　文選卷五十四辨命論嘗試言之曰　註善曰莊子曰請嘗試言之。○杜預左傳曰嘗試之也

▲神道　圭峯宗密盂蘭盆經疏云雖展孝思不資神通云云　○周易卷八觀卦彖曰觀天之神道而四時不忒聖人以神道設教而天下服矣

嘗試謙不敢復專論乎下節之事也大凡欲化人心服道義而自修治者莫如使其人自有誠感發悟於內乃爲至信至實也欲人出言相順於敎勸而貌相敬從者莫若其以法度而制其外今欲果制其外者非用治世理人之法施設其敎化則無能果然得其所致也今欲感人之內者非用佛敎示人神理不滅繫屬三世緣業以施設其敎化則無能果然感動其內也以故

佛爲其敎道乃先推故神明之理示人道之本而然後敎人修之佛如此前後施爲者乃是其感內制外之言也

神也者人之精神之謂也非謂鬼神淫惑之事者也謂人修其精神善其履行生也則福應死也則其神淸昇精神不修履行邪妄生也非慶死也則其神受誅

人之精神者謂生人所稟精魄神識也非言陰冥鬼神妖惑之神也人若修潔其精

▲鬼神淫惑　史記卷三十八宋微子世家云今殷民乃陋淫神祇之祀註劉氏云陋淫猶褻瀆也○尚書註疏卷一漢孔安國序云會國有巫蠱事經籍道息云云正義曰依漢書此時武帝末年上已年老淫惑鬼神崇信巫術由此姦人江充因而行詐云云

神善淑其履行以自遂若其生存也則有福爲感應若其死逝也則其精神淸舉而復生爲人爲天也若其人生精神不果修潔履行邪爲不眞不正雖生於世非有吉慶之事及其死亡則其受罪罰而墜墮惡趣也

故天下聞之其心感動惡者沮而善者加之如此默化而何代無有

天下時世之人聞佛所說如上精神履行

修者而各以善惡受其罪福之報故其有感慨起發而其爲惡之人則止沮其惡素已爲善之人則加其爲善也如上之人聞佛敎化感發止惡而修善亦在何朝代而不有也

然其敎之作於中國也必有以世數相宜而來應人心相感而至不然何人以其法修之天地應之鬼神效之苟其相宜之數未盡相感之理未窮又安可以愛之而苟存惡之而

▲世數　韻會舉韻世始制切說文世三十年爲一世从卅而曳長之又一代爲一世又父子相代爲一世禮記去國三世註疏云自祖至孫陸德明音義引盧王世歲也萬物以歲爲世○又論語爲政篇云十世可知也朱註王者易姓受命爲一世云云

▲相宜之數　藏本數下有之字

●中華　左傳註疏云華夏皆謂中國也中國而謂之華夏者夏大也言有禮義大有文章之華

苟厺

佛教興盛於此中華之國須有世代緣數與其時俗合宜始乃東來應副人民機感乃到也若不須以緣數機感而來者安得衆人以佛遺法修營功德而天神地祇感應之鬼神幽冥而驗効之若此相宜之緣數未盡相感之理道未窮安可以一人私愛之心而乃得其常存以一人私惡之心而妄欲斥厺之

●三王五霸　白虎通卷一號下云三王者何謂也夏殷周也云云夏者大也明當守持大道殷者中也明當爲中和之道也聞也見也謂當道著見中和之爲也周者至也密也道德周密無所不至也云云五霸者何謂也昆吾氏大彭氏豕韋氏齊桓公晉文公也昔三王之道衰而五霸存其政率諸侯朝天子正天下之化興復中國攘除夷狄故謂之霸也昔昆吾氏霸於夏者也大彭氏豕韋氏霸於殷者也齊桓晉文霸於周者也或曰五霸謂齊桓公晉文公秦穆公楚莊王吳王闔閭也霸者伯也行方伯之職會諸侯朝天子不失人臣之義故聖人與之非明王之法張霸猶迫也把也迫脅諸侯把持其政云云或曰五霸謂齊桓公晉文公秦穆公宋襄公楚莊王也云云○風俗通卷一云三王禮號謚記說夏禹殷湯周武王是三王也云云禹者

方之人事若王者霸者其順時應人而爲之豈不然哉

今又以其相宜相感者比方人世之事王者如夏禹殷湯周文之三王者是也五霸者如夏霸昆吾氏殷霸大彭氏豕韋氏周霸齊桓公晉文公又云齊桓晉文秦繆宋襄楚莊亦云吳王闔閭者是也其順時數應人心而起於天下豈不與佛教相類而如此也

輔也輔續舜後庶績洪茂云云湯者攘也昌也言其攘除不軌改亳爲商成就王道天下熾盛文武皆以其所長大摠國之謂王能制割之謂王制殺生之威之謂王王者往也爲天下所歸往也五霸春秋說齊桓晉文秦繆宋襄楚莊是五霸也伯者長也白也言其咸建五長功實明白或曰霸者把也駮也言把持天子政令糾率同盟也云云

況其有妙道冥權又至於人事者耶夫妙道也者清淨寂滅之謂也謂其盡滅衆累純其清淨本然者也非謂死其生取乎空荒滅絕之謂也以此至之則成乎聖神以超出其世冥權也者以道起乎不用之用之謂也謂其拯拔羣生而出乎情溺者也

矧況佛教有妙道冥權更至極不啻於人事者也夫妙道也者絕待無比本自不滅而滅諸累純其清淨無漏無染其本常然

●神通大光明藏　圓覺略疏卷之一云入於神通大光明藏三昧正受云云疏藏即實性法界藏也起信心眞如是諸佛衆生之本源神通光明之性體塵沙德用並蘊其中百千通光皆從斯起故云藏也亦名法性土亦名常寂光土云云

●通猶聖也　尚書註疏卷十一洪範云睿作聖傳於事無不通謂之聖○白虎通卷三聖人下云聖人者聖者通也道無所不通云云○湛然曰夾註若作聖猶通也則可也恐剩之誤乎

●冥權　出于後廣原教第一篇中也

●潛與密應　同上也

●引唆　唆恐引拔乎唆字應是刋誤也與本文所云拯拔者併按則義相允當矣

●應世　郭弘農集奇才應世○關尹子三極篇曰道無作以道應世者是事非道

非取其滅絕空荒無氣無象之謂也人苟修此清淨寂滅而臻至於其道者則當成熟乎諸佛神通大光明藏性卓爾超舉出於世間聖猶通也冥權也者則是諸佛菩薩以大慈悲潛與密應起乎不用而妙用之云云也其起此妙用設爲大教者益欲引唆一切衆生而出乎生滅情想之沒溺者也

考其化物自化則皇道幾之考其權用應世

●或天皇等　天皇氏地皇氏人皇氏之三皇也其見于史記卷一三皇紀也

●付囑國王大臣等　北本涅槃經卷三壽命品之三云如來今以無上正法付囑諸王大臣宰相比丘比丘尼優婆塞優婆夷是諸國王及四部衆應當勸勵諸學人等令得增上戒定智慧若有不學是三品法懈怠破戒毀正法者國王大臣四部之衆應當苦治善男子是諸國王及四部衆當有罪不不也世尊善男子是諸國王及四部衆尚無有罪云云

則無所不至言其化也固後世不能臻之言其權也默而體之則無世不得

稽考佛道之爲化而幽明萬物自然從其所化則是上古伏犧或天皇等三皇之道稍幾近之稽其冥權妙用應順乎世人之心則無有所在而不到也論佛之道化感物而自化故是後世不能至之也論佛之冥權妙用者今內默而自詳體之則無有時世而不在其用內也

昔者聖人之將化也以其法付之王付之臣付之長者有力之人非其私也而苟尊於人也蓋欲因其道而爲道因其善而爲善

昔時佛臨欲化滅之時以其遺教經法付囑國王大臣長者居士有力檀度之人者正欲因依彼道而行佛道也因於彼善而勸爲善也

佛之經固亦多方矣後世之徒不能以宜而授人致其信者過信令君有傍善輒欲捐國

●廝僕　史記卷八十九陳餘傳云有廝養卒謝其舍中云云註如淳曰廝賤者也公羊傳曰廝役扈養韋昭曰析薪爲廝炊烹爲養○又前漢書卷三十二列傳第二亦有陳餘傳○韻會支韻廝養馬者廣韻役也集韻或作廝亦作廝通作斯易旅初六斯其所取災王輔嗣註云爲斯賤之役○僕韻會沃韻蒲沃切說文給事者周禮隷僕給勞辱之役者詩屢顧爾僕箋云將車者也

●儓隷　儓韻會灰韻臺儓臣也方言南楚罵庸賤謂之田儓通作臺○隷韻會霽韻說文隷附著者本作隸一曰賤稱師古曰屬著於人也增韻僕隷

●此文法華經等　法華經科註卷一下方便品云隨宜所說意趣難解註稱義適會故言隨宜非七方便人所知故言難解○又方便品云舍利弗諸佛隨宜說法意趣難解所以者何我以無數方便種種因緣譬喻言辭演說諸法註佛道隨三種機以方便說故云隨宜佛意雖則在實其如物機莫能曉解故云意趣難解非今佛之權能以釋諸佛之方便耳

●或頓或漸等　出于後廣原敎第一篇也

爲奴隷之下俗有淺悟遽欲棄業專勝僧之高此非謂用佛心而爲道也

佛經故亦有多種方便而後世僧徒不能隨其事宜而傳授於人致有信之過劇遂使人君便有曲事佛道輒然欲捨弃其國位而苟爲廝僕儓隷之下流又流俗之人稍有浮淺省悟忽欲拋弃常業擅爲得道勝僧之高尚依善捐國淺悟弃業此二種務道之者是不能通達大理豈可云善用

佛心而爲之道耶

經豈不曰諸佛隨宜說法意趣難解

此文法華經方便品云爾謂諸佛以其方便隨衆生之機宜所說之法或頓或漸或不定祕密其意之所向難於解會也

故爲佛者不止緇其服剪其髮而已矣然佛之爲心也如此豈小通哉

凡爲佛之徒屬弟子但隨其僧俗所宜以法施人苟得佛法正意而修行之者俗亦

佛之徒不唯緇黑其服剪剃其髮而便止乎此也佛之爲心既隨其僧俗在家出家以行其道而如是也於理豈不大洞達此安得謂其道爲小小通耶

此欲以如楊墨而譏之夫楊墨者滯一而拘俗以之方佛不亦甚乎

世人多効孟子抵排楊墨而譏毀於佛敎者夫楊朱墨翟泥滯於一隅而拘束於世俗今以比佛而毀之無乃大過乎

世不探佛理而詳之徒詾詾然誕佛謂其說之不典佛之見出於人遠矣焉可以已不見而方人之見

世俗譏毀佛者不探佛之理道而詳審之空詾詾謂佛敎虛誕以其所說之事爲不典常也詾詾小人相毀之詞也佛之知見過於凡俗之人最爲遠邈何可以爾自已不見之事比方他人之能見者耶

謂佛之言多劫也誕耶世固有積月而成歲

▲此欲以如楊墨一　藏本此字下有有字也

●孟子抵排楊墨等　孟子滕文公下云聖王不作諸侯放恣處士橫議楊朱墨翟之言盈天下天下之言不歸楊則歸墨楊氏爲我是無君也墨氏兼愛是無父也無父無君是禽獸也云云又云吾爲此懼閑先聖之道距楊墨云云又同盡心上云孟子曰楊子取爲我拔一毛而利天下不爲也墨子兼愛摩頂放踵利天下爲之子莫執中執中爲近之執中無權猶執一也所惡執一者爲其賊道也舉一而廢百也○抵排者韓文卷十二進學解云觝排異端攘斥佛老註觝角觸也○抵與觝同字彙觝觸也抵字下云觸也六書正譌俗作觝非也

●泥滯　出于後廣原敎第十二篇也

●詾詾　韻會冬韻詾虛容切本作訩省作詾一曰衆言集韻或作說亦作哅又腫韻詾拱切衆言也增韻嘗戾之聲也或作哅荀子以爲哅哅亦作匈漢高紀天下匈匈數歲師古註喧擾之意荀子君子不爲小人匈匈而輟行○藏本音釋云詾許拱切詾詾喧戾之聲也

●虛誕　陳思王集卷八不敢進虛誕之言○孔安子尚書傳曰誕欺也

積歲而成世又安知其積世而不成劫耶

爾謂佛言劫數長遠繁多爲虛誕耶今世常有累十二月而成一歲又累三十歲而成一世如此累積以成歲世汝又何知積其世數而不成劫耶梵語具足云劫波此謂時劫也亦智度論日時中最小者六十念中之一念大時名劫又日時節歲數名爲小劫是衆小劫和合爲大劫廣說具如經論

苟以其事遠耳目不接而謂之不然則六藝所道上世之事今非承其傳而孰親視之此可謂誕乎

若謂佛家所談之事玄遠而人耳目不相承接謂非則如儒教六經所道黃帝堯舜上世之事今非承其相傳而誰親見之此亦可以爲虛誕乎

謂佛言大也誕耶世固有遊心凌空而往雖四隅上下窅然爲嘗有涯方之佛謂其世界

●梵語劫波　見于下所引大論文中也具如名義卷一時分篇也

●亦智度論日等　智度論卷三十八張十四云如經說有一比丘問佛言世尊幾許名劫佛告比丘我雖能說汝不能知當以譬喻可解有方百由旬城溢滿芥子有長壽人過百歲持一芥子去芥子都盡劫猶不盡又如方百由旬石有人百歲持迦尸輕軟疊衣一來拂之石盡劫猶不盡時中最小者六十念中之一念大時名劫劫有二種一爲大劫二爲小劫大劫者如上譬喻云云

●又日時節等　同卷五十張云復有人言時節歲數名爲小劫如法華經中說舍利弗作佛時正法住二十小劫像法住二十小劫佛從三昧起於六十小劫中說法華經是衆小劫和合名爲大劫劫簸秦言分別時節

▲六藝　前漢書卷三十藝文志云有六藝略註師古日六藝六經也

▲謂佛言大也等　顏氏家訓釋曰夫遙大之物寧可度量今人所知莫若天地天爲積氣地爲積塊日爲陽精月爲陰精星爲萬物之精儒家所安也云云凡人之信唯耳與目耳目之外咸致疑焉儒家說天自有數義或渾或蓋乍宣乍安斗極所周管維所屬若所親見不容不同若所測量寧足依據何故信凡人之臆說迷大聖之妙旨而欲必無恆沙世界微塵數劫也而鄒衍亦有九州之談山中人不信有魚大如木海上人不信有木大如魚漢武不信弦膠魏文不信火布胡人見錦不信有虫食樹吐絲所

成昔在江南不信有千人氈帳及來河北不信有二萬斛船皆實驗也世有祝師及諸幻術猶能履火蹈刃種瓜移井倏忽之間十變五化人力所爲尚能如此何況神通感應不可思量千里寶幢百由旬座化成淨土踊出妙塔乎

▲佛説其世界等　唐譯華嚴經卷八華藏世界品張十二云爾時普賢菩薩復告大衆言諸佛子此中有何等世界住我今當説諸佛子此十不可説佛刹微塵數香水海中有十不可説佛刹微塵數世界種安住一一世界種復有不可説佛刹微塵數世界諸佛子彼諸世界種於世界海中各各依住云云○又見於同品張二及同卷七世界成就品張十一等也但未見此全文也

●窅然　莊子卷一逍遙遊篇云窅然喪其天下焉註希逸曰窅然茫茫之意也○韻會篠韻説文窅深目也从穴中目徐曰會意蕭韻於堯切窵窅深也

無窮何不然乎

若以佛説世界廣大爲虛誕耶今世嘗有人冥然遊其心想像他處或千百里之外凌虛空而去雖經四隅四隅則東南東北西南西北之四角也文欲巧故但舉四偏之方則四正自然具矣表包有十方之義也此十方雖窅然廣遠而其心所遊又何嘗有涯際較佛所謂其世界無窮無盡豈不如此耶

▲其知物　藏本物字作故

●九部衆　乃九趣也下之卷九云九竊夾註曰九趣即九部也○義楚六帖卷十四人事親明部云趣有其九注阿毘曇論云六趣更加菩薩緣覺聲聞爲九矣

●儒者如文中子等　新唐書百九十六隱逸傳百二十一王績傳云績字無功絳州龍門人性簡放不喜拜揖兄通隋末大儒也聚徒河汾間倣古作六經又爲中説以擬論語不爲諸儒稱道故書不顯惟中説獨傳云云績遊北山東皐著書自號東皐子云云○又同二百一文藝列傳七百二十六王勃傳中云初祖通隋末居白牛溪教授門人甚衆嘗起漢魏盡晉作書百二十篇以續古尚書後亡其序有錄無書者十篇勃補完

謂佛言化也誕耶世固有夢中而夢者方其夢時而其所遇事與身世與適夢或其同或其異莫不類之夢之中既夢又安知其死之中不有化耶

若以佛説生死變化以爲誕今世間常有夢中而又作夢之者其作夢所睹之事若平生固不知其夢之夢也今夢之中既又作夢汝復何知其死逝之中不有變化耶

佛之見既遠而其知物亦多故聖人廣其敎

缺逸定著二十五篇云云○編年通論卷九云隋高祖文帝仁壽三年文中子王通旣冠慨然有濟世之志西游長安見帝坐太極殿召見因奏太平策十有二道尊王道推霸略稽古驗今恢恢乎運天下於掌上帝大悅曰得生幾晚矣不以生賜朕也下其議於公卿公卿不悅時將有蕭牆之憂通知謀之不用也作東征之謌而歸乃續詩書正禮樂修元經贊易道九年而六經大就門人自遠而至者河南董常太山姚義京兆杜如晦趙郡李靖南陽程元扶風竇威河東薛收中山賈瓊清河房元齡鉅鹿魏徵太原王珪溫彥博潁川陳叔達等咸稱師北面受王佐之道焉往來受業者千餘人大業中累徵不就十三年疾病聞江都有變泫然而興曰生民厭亂久矣天其或者將啓堯舜之運吾不與焉命也遂卒門人謚曰文中子嘗爲中説以擬論語其周公篇曰詩書盛而秦世滅云云○王通字仲淹金湯編卷六

●其書稱佛等　中説卷上周公篇第四云子曰詩書盛而秦世滅非仲尼之罪也虛玄長而晉室亂非老莊之罪也齋戒修而梁國亡非釋迦之罪也易不云乎苟非其人道不虛行或問佛子曰聖人也曰其敎何如曰西方之敎也中國則泥軒車不可以適越冠冕不可以之胡古之道也○中説者有上下二冊其中列十篇謂王道天地事君周公問易禮樂述史魏相立命關朗也宋阮逸序即在于漢魏叢書中也

以敎多類欲其無所適而不化也

然佛之所見其見與法界無窮如此則其所知物類亦乃廣博繁多故聖人推廣其敎法敎化此多種機宜之者如九部衆之類是也蓋欲其法無所往處而不被其敎化也

今日佛西方聖人也其法宜夷而不宜中國斯亦先儒未之思也

儒者如文中子王通之類也通隋大業時名儒其書稱佛爲西方之聖人謂其敎法只宜化彼夷狄不宜行此中國是亦乃先世儒者未能深思遠慮輒如此而輕議於佛

聖人者蓋太有道者之稱也豈有太有道而不得曰聖人亦安有聖人之道而所至不可行乎

聖者通也能通達天地三才之理而應變無窮乃曰聖也其於萬物之中有仁惠之

●彌綸　繫辭上易與天地準故能彌綸天地之道

心乃曰人也此聖人乃能大有彌綸天地識辨萬事之道理也今佛大有道又不啻如適所言之聖人者佛既益大又爭得不爲聖人耶凡謂聖人之道者必一切人公共之道豈有公共之道只可行於夷狄而不可行於中國耶苟以其人所出於夷而然也若舜東夷之人文王西夷之人而其道相接繼行于中國可夷其人而非其道乎況佛之所出非夷也

●此文乃孟子離婁等　孟子註疏卷八上離婁章句下云孟子曰舜生於諸馮遷於負夏卒於鳴條東夷之人也注生始卒終記終始也諸馮負夏鳴條皆地名也負海也在東方夷服之地故曰東夷之人也○文王生於岐周卒於畢郢西夷之人也注岐周畢郢地名也岐山下周之舊邑近畎夷畎夷在西故曰西夷之人也

●諸馮等　孟子大全朱氏曰諸馮在冀州之分負夏春秋時衛地鳴條在安邑之西○畢郢同大全新安陳氏曰畢在鎬東非楚都之郢

●夷服　周禮夏官職方氏凡九服之邦國方五百里曰侯服又其外方五百里曰甸服又其外方五百里曰男服又其外方五百里曰采服又其外方五百里曰衛服又其外方五百里曰蠻服又其外方五百里曰夷服又其外方五百里曰鎮服又其外方五百里曰藩服○又尚書註疏卷五益稷云弼成五服云云傳五服侯甸綏要荒服也服五百里四方相距爲方五千里云云○同卷六禹貢云五百里甸服正義曰言服者舉中以明上下皆是服王事也云云○又韻會服字下引周禮出六服註屬也從也言服從天子之事也

若以佛其人自出於夷狄而不以爲是不可行其道於中國如舜東夷之人文王西夷之人者此文乃孟子離婁章云舜生於諸馮遷於負夏卒於鳴條東夷之人也注云諸馮負夏鳴條在東方夷服之地故云東夷人也文王生於岐周卒於畢郢西夷人也注云岐周畢郢地名也岐山下周之舊邑近畎夷畎夷在西故曰西夷人也而此舜文王豈非亦蠻夷人耶而舜文王其

●南閻浮提　名義卷三世界篇云閻浮提訛云剡浮此云勝金大論云閻浮樹名其林茂盛此樹於林中最大提名爲洲此洲上有此樹林林中有河底有金砂名閻浮檀金以閻浮樹故名爲閻浮洲此洲有五百小洲圍遶通名閻浮提西域記云南贍部洲舊曰閻浮提洲又曰剡浮洲訛也藏鈔云贍部此土無相當故不翻唯西域記音中翻爲穢樹云云

●正中　出二世因果經卷一又大莊嚴經第一可往見也○大智度論卷四

所行之道前後相承接而已行中國如此是亦可夷鄙舜與文王其人而拒抗其所行之道耶別況佛所生之國乃是南閻浮提天地之正中非是邊夷之地也

或曰佛止言性性則易與中庸云矣而無用佛爲是又不然如吾佛之言性與世書一也是聖人同其性矣同者却之而異者何以處之水多得其同則滲爲河海土多得其同則積爲山嶽大人多得其同則廣爲道德

●我儒之周易等　易繫辭上云一陰一陽之謂道繼之者善也成之者性也云云又云成性存存道義之門○同上彖傳云乾道變化各正性命保合大和乃利貞云云○同說卦傳云和順於道德而理於義窮理盡性以至於命又云昔者聖人之作易也將以順性命之理云云○中庸首章云天命之謂性率性之謂道脩道之謂教又二十一章云自誠明謂之性自明誠謂之教誠則明矣明則誠矣又二十二章云唯天下至誠爲能盡其性能盡其性則能盡人之性能盡人之性則能盡物之性能盡物之性則可以贊天地之化育可以贊天地之化育則可以與天地參矣

今之世人或言佛教但說心性而已謂性則我儒之周易與禮記中庸篇已言之矣不用佛之言爲所習學也世之此說益爲不爾若吾佛之所說性理果與汝世間之書一同如此乃是儒釋聖人通同其性也聖人其道既相通同而輒却逆之如有一人其道與儒異者即爾君子夜以何禮數而品別處置之此下文取水土二者以喻其同譬若水多得其同則貯積滚瀏成河

●雀巍　楚辭註解卷四九章涉江云帶長鋏之陸離兮冠切雲之崔嵬（嵬一作巍）○又文選卷二張衡西京賦云神山崔巍欻從背見○同卷八司馬相如上林賦云崇山矗矗巄嵸崔巍注善曰郭璞曰巄嵸崔巍皆高峻貌也○同卷三十三亦載之註王逸曰崔巍高貌也

▲嗚呼　藏本嗚作烏○字書嗚呼歎辭也古於戲字今作嗚呼或烏呼或烏虖音義皆同具見于韻會魚韻於字嗚字呼字註也

成海也若士多得其同則積累崔巍成山成嶽也大人君子多得其同人則乃增廣其知識才行以成其至道盛德也

嗚呼余烏能多得其同人同誠其心同齋戒其身同推德于人以福吾親以資吾君之康天下也

嗚呼嚶嘆之詞也原敘者自歎言我何能剩得其同道之人同誠實其心同齋潔戒檢以修其身同推廣其所修之德以臨被

▲以衣食　藏本食作服字　▲補其治世　藏本作補治其世

●而汝也　莊子註疏天道篇云老子曰而容崖然○疏而汝也○論語微子篇云且而與其從辟人之士也豈若從辟世之士哉朱註而汝也

●四民　尚書註疏卷十八周官云司空掌邦土居四民時地利傳冬官卿主國空土以居民士農工商四人使順天時分地利授之土能吐生百穀故曰土○前漢書卷二十四食貨志第四上云士農工商四民有業學以居位曰士闢土殖穀曰農作巧成器曰工通財鬻貨曰商聖王量能授事四民陳力受職故朝亡廢官邑亡敖民地亡曠土理民之道地著為本註師古曰地著謂安土也

●虛張　文選卷四十五皇甫謐三都賦序云而長卿之儔過以非方之物寄以中

於人以福祐我之父母以資助我之君王以康濟天下也

日而何甚不厭邪予輩雖然盈乎天下不藉四民徒張其布施報應以衣食於人不為困天下亦已幸矣又何能補其治世而致福於君親乎

而汝也如難家言汝何大不自厭足予亦汝也汝輩僧徒繁雜盈滿天下不係籍於四民虛張其布施報應因果之說以苟取

域虛張其類註有於無云云

▲固哉　孟子註疏卷十二上告子章句下云固哉高叟之為詩也云云註固陋也

▲居吾語汝　禮記註疏卷三十九樂記云子曰居吾語汝夫樂者象成者也云云註居猶安坐也○論語註疏卷十七陽貨篇云子曰由也女聞六言六蔽矣乎對曰未也居吾語女正義曰居猶坐也

●愚鄙固陋　禮記註疏卷五曲禮下云故擬朔而顧君子謂之固正義曰固陋也若身無異事心無異慮忽止朔而顧君子謂此為固陋不達禮意也○文選卷三十八庾亮讓中書令表云臣凡庸固陋少無檢操註銑曰固陋小也○同卷四十一楊惲子幼報孫會宗書云言鄙陋之愚心則若逆指而文過云云○同卷司馬相如報任少卿書云請略陳固陋云云

衣食於人民如此不為困斃天下民業亦已僥幸而免其過矣復何能裨補帝王治世而致福祐於君王父母乎

曰固哉居吾語汝汝亦知先生之門論德義而不計工力邪

此解難家之詞云汝何愚鄙固陋而不知德義居猶且住也聽吾論語於汝汝曹亦稍知學者有教授於先生之門只論傳授道義為功不可計校工夫勤勞之力為貨

○同三十九鄒陽上書吳王云飾固陋之心云云○同卷江文通詣建平王上書云不圖小人固陋云云

●混淆　前漢書卷五十六董仲舒傳云廉恥貿亂賢不肖渾殽未得其真云云師古曰貿易也渾殽雜也○文選卷十潘安仁西征賦云五方雜會風流溷淆註善曰說文曰溷亂也溷或作渾○同卷四十九干寶晉紀總論云內外混淆庶官失才註向曰混同淆亂○韻會肴韻淆混淆濁水通作殽○同韻殽字下云說文殽相雜錯也又豪韻胡刀切雜亂

夫先王之制民也恐世斃民混而易亂遂為之防故四其民使各屬其屬豈謂禁民不得以利而與人為惠

先王如周文王之例嘗設制度以制置於民者此蓋恐後世衰斃民相混淆而易致暴亂遂為此制度以防護之故分布編戶以為四類之民令其各係屬其所屬然文王如此豈是專為禁制民人不得以財利而與人為施惠耶

●黷亂　文選卷五十六張茂先女史箴云驩不可以黷寵不可以專註向曰過分曰黷言歡不可過分○同卷四十九晉紀總論云有黷亂上下云云同四十三北山移文亦云先貞而後黷云云○藏本音釋云黷徒谷切恩濁也

●此文孟子滕文公等　孟子註疏卷六上滕文公章句下云於此有人至仁義者哉註入則事親孝出則敬長悌順也守先王之道上德之士可以化俗者若此不得食子之祿子何尊彼而賤此也

若今佛者默則誠語則善所至則以其道勸入舍惡而趣善其一衣食待人之餘非黷也苟不能然自其人之罪豈佛法謬乎

若適今爲佛之徒屬者其默則内守眞實之道語則外示勝善之言其所到之處則以其所修之道勸誘衆人弃捨惡務而趣向爲善其所資身一衣一食益亦俟待人之有餘者乃受之非爲黷亂也苟若不能如此以道自修以德化人乃自是其人濫

預僧實也豈是佛之本教所設其法之謬僞邪

孟子曰於此有人焉入則孝出則悌守先王之道以待後之學者而不得食於子何尊梓匠輪輿而輕爲仁義者哉儒豈不然邪

此文孟子滕文公章云爾其意謂於今若有人能入則孝敬其父母出則悌順其兄弟又能奉守先世聖王之道以待後來之學者此當享衣食於子輩學者而子輩何

●上德　老子經下上德不德是以有德

●周平王　史記卷四周本紀云又廢申后去太子也申侯怒與繒西夷犬戎攻幽王幽王舉烽火徵兵兵莫至遂殺幽王驪山下盡取周賂而去於是諸侯乃卽申侯而共立故幽王太子宜臼是爲平王以奉周祀平王立東遷于雒邑辟戎寇平王之時周室衰微諸侯彊并弱齊楚秦晉始大政由方伯四十九年魯隱公卽位五十一年平王崩云云

●井田什一　孟子註疏卷五上滕文公章句上云夏后氏五十而貢殷人七十而助周人百畝而徹其實皆什一也徹者徹也助者藉也註民耕五十畝貢上五畝耕七十畝者以七畝助公家耕百畝者徹取十畝以爲賦雖異名而多少同故曰皆什一也徹猶取人徹取物也藉者借也猶人相借力助之也○同云方里而井井九百畝其中爲公田八家皆私百畝同養公田公事畢然後敢治私事所以別野人也註方一里者九百畝之地也地爲一井八家各私得百畝同共養其公田之苗稼公田八十畝其餘二十畝以爲廬井宅園圃家一畝半也先公後私遂及我私之義也則是野人之事所以別於士伍者也

●秦獻公子孝公　史記卷五秦本紀云迎靈公之子獻公于河西而立之云云二十四年獻公卒子孝公立時年已二十一歲矣云云周室微諸侯力政爭相併

以尊奉梓匠造輪輿者而却反輕今我傳授爲仁義上德之士也彼注者其義不足此不取之今校汝儒者豈不如此亦尊養其以道義而教訓爲人者耶

堯舜已前其民未四當此其人豈盡農且工未聞其食用之不足

堯舜二帝已前固未有四民當此之時而天下之人豈是盡爲士農與工商亦未嘗聞其衣食器用有所不足也

周平之世井田之制尚舉而民已匱且澈及秦廢王制而天下益擾當是時也佛老皆未之作豈亦二教加於四民而爲厲然邪人生天地中其食用恐素有分予亦爲世之憂太過爲人之計太約

秦僻在雍州不與中國諸侯之會盟夷翟遇之孝公於是布惠振孤寡招戰士明功賞下令國中曰昔我穆公自岐雍之間修德行武東平晉亂以河爲界云云寡人思念先君之意常痛於心賓客羣臣有能出奇計彊秦者吾且尊官與之分土於是乃出兵東圍陝城西斬戎之獂王衛鞅聞是令下西入秦因景監求見孝公二年天子致胙三年衛鞅說孝公變法修刑內務耕稼外勸戰死之賞罰孝公善之甘龍杜摯等弗然相與爭之卒用鞅法百姓苦之居三年百姓便之乃拜鞅爲左庶長其事在商君語中云云八年與魏戰元里有功十年衛鞅爲大良造將兵圍魏安邑降之云云二十二年衛鞅擊魏虜魏公子卬封鞅爲列侯號商君云云孝公卒子惠文君立是歲誅衛鞅鞅之初爲秦施法法不行太子犯禁鞅曰法之不行自於貴戚君必欲行法先於太子太子不可黥黥其傅師於是法大用秦人治及孝公卒太子立宗室多怨鞅鞅亡因以爲反而卒車裂以徇秦國○同卷六十八商君列傳云商君者衛之諸庶孽公子也名鞅姓公孫氏其祖本姬姓也鞅少好刑名之學事魏相公叔痤爲中庶子云云傳長故者之

周平王卽周幽王之太子宜臼也幽王死遂立爲平王平王東遷雒邑以避戎寇其時周室衰微諸侯强政由方伯井田什一與四民之制雖存而其時天下之民食用已匱之且衰敝也洎乎秦獻公之子孝公治秦恥諸侯卑秦遂用衛鞅行其變法之令廢置王制而其天下愈更擾亂當此之時佛法等皆未與起於中國如此豈亦是佛老之敎增加於四民之制而爲其疾癘耶夫人之所生於天地之間其衣食器用恐慮其本來各有其賦分子指難者而言汝亦爲世憂慮其事太甚過劇爲衆人之計校太甚儉約也

● 疾癘　莊子卷一逍遙遊篇云其神凝使物不疵癘而年穀熟云云○韻會癘韻癘惡瘡疾又疾疫周禮疾醫四時皆有癘註氣不和之疾集韻或作𤸰亦作瘌瘌公羊傳莊二十一年大災瘌也通作厲史記嚴安傳民不夭厲註病也

● 此尚書洪範等　尚書註疏卷十二洪範云天乃錫禹洪範九疇彝倫攸敘初一曰五行次二曰敬用五事次三曰農用八政次四曰協用五紀次五曰建用皇極次六曰乂用三德次七曰明用稽疑次八曰念用庶徵次九曰嚮用五福威用六極云云八庶徵曰雨曰暘曰燠曰寒曰風曰時五者來備各以其敘庶草蕃廡一極備凶一極無凶曰休徵曰肅時雨若曰乂時暘若曰哲時燠若曰謀時寒若曰聖時風若孔穎達疏正義曰既言五者次序覆述次序之事曰美行致以時之驗何者是也曰人君行敬則雨以時而順之曰人君政治則暘以時而順之曰人君昭晢則燠以時而順之曰人君謀當則寒以時而順之曰人君通聖則風以時而順之此則致上文各以其次序庶草蕃廡也○曰咎徵曰狂恆雨若曰僭恆暘若曰豫恆燠若曰急恆寒若曰蒙恆風若疏正義曰上既言失次序覆述失次序之事曰惡行致備極之驗何者是也曰君行狂妄則常雨順之曰君行僭差則常暘順之曰君行逸豫則常燠順之曰君行急躁則常寒順之曰君行蒙闇則常風順之此即致上文一極備凶一極無凶也

報應者儒言休徵咎徵積善有慶積惡有殃亦已明矣

此尚書洪範庶徵第八疇云爾休徵正義言美行致以時之驗何者是也曰人君行敬則雨以時而順之曰人君政治則暘以時而順之曰人君昭晢則燠以時而順之曰人君謀當則寒以時而順之曰人君通聖則風以時而順之咎徵正義言惡行致備極之驗何者是也曰君行狂妄則常雨順之曰君行僭差則常暘順之曰君行逸豫則常燠順之曰君行急躁則常寒順之曰君行蒙暗則常風順之積善積惡此周易坤卦文言云爾正義云欲明初六其惡有漸故先明其所行善惡事由久而積漸故致後之吉凶此足以見儒家亦有果報應効之言已甚分明矣

● 庶證　尚書註疏云八庶徵疏正義曰庶衆也徵驗也○私曰徵與證通用案韻會徵韻證諸應切廣韻驗也同蒸韻徵知陵切驗也東韻叶陟隆切證也

● 第八疇　尚書註疏云九疇傳疇類也正義曰九疇疇是輩類之名故爲類也言其每事自相類者有九云云

● 休徵　同註疏云曰休徵傳敘美行之驗○休韻會尤韻虛尤切公羊傳何休註云美大之貌又本韻香幽切美也通作烋

● 咎徵　尚書註疏云曰咎徵傳敘惡行之驗○咎韻會有韻咎廣韻愆也惡也過也

若布施之云者佛以其人欲有所施惠必出於善心心之果善方乎休證則可不應之孰爲虛張邪夫舍惠誠人情之難能也斯苟能其難能其爲善也不亦至乎

布施之說者是佛以世人欲有捐捨施惠必須出其善心也若其布施之心果然至善比方其休證所應効之者而孰謂吾敎

●此引論語雍也等　論語註疏卷六雍也篇云子貢曰如有博施於民而能濟衆何如可謂仁乎子曰何事於仁必也聖乎堯舜其猶病諸正義曰此章明仁道也子貢問夫子曰設如人君能廣施恩惠於民而能振濟衆民於患難者此德行何如可以謂之仁人之君乎子曰何事於仁必也聖乎堯舜其猶病諸者此孔子答子貢之語也言君能博施濟衆何止事於仁謂不啻於仁必也爲聖人乎然行此事甚難堯舜至聖猶病之以爲難也

虛張其布施之說耶大凡有所指捨施惠實是人情難爲其能也此若有人能其難能之行果然惠施其爲善事也不亦至極耶

語曰如有博施於民而能濟衆何如可謂仁乎子曰何事於仁必也聖乎堯舜其猶病諸蓋言聖人難之亦恐其未能爲也

此引論語雍也第六子貢問孔子曰設如人君能廣博施惠於民而能賑濟民於患

難者此德行何如可以謂之仁人之君乎孔子答言君能博施濟衆何止事於仁謂不啻於仁必也爲聖人然行此事甚難堯舜至聖尚猶患之以爲難能也此蓋言雖仲尼聖人尚以爲難慮其所問弟子未能爲其博施濟衆也

佛必以是而勸之者意亦釋人貪悋而廓其善心耳世宜視其與人爲施者公私如何哉不當傚其所以爲施也

●開廓　韻會槃韻廓闊鑊切開也虛也廣韻空大也或作郭詩增其式廓註疏大也

●猶智度論曰等　智度論卷三十七二十七張云初發心菩薩行六波羅蜜以六惡雜行故六波羅蜜不增長不增長故不疾得道今知諸法相故是六惡法根本所以者何菩薩知布施爲善慳心不善能辟餓鬼貧窮中云云

▲終其身　藏本無其字

●郊天祀地　禮記郊特牲第十一云郊之祭也迎長日之至也大報天而主日也兆於南郊就陽位也掃地而祭於其質也器用陶匏以象天地之性也於郊故謂之郊○又祭法第二十三云燔柴於泰壇祭天也瘞埋於泰折祭地也用騂犢○又中庸云郊社之禮所以事上帝也宗廟之禮所以祀乎其先也明乎郊社之禮禘嘗之義治國其如示諸掌乎

●祠禴鬼神　禮記祭義第二十四云宰我曰吾聞鬼神之名不知其所謂子曰氣也者神之盛也魄也者鬼之盛也合鬼與神教之至也衆生必死死必歸土此之謂鬼骨肉斃于下陰爲野土其氣發揚于上爲昭明焄蒿悽愴此百物之精也神之著也○中庸云子曰鬼神之爲德其盛矣乎視之而弗見聽之而弗聞體物而不可遺使天下之人齊明盛服以承祭祀洋洋乎如在其上

吾佛必然以是布施而勸導世俗之者其意亦欲解釋人貪婪慳悋而開廓其爲善之心耳猶智度論曰菩薩知布施爲善慳心爲不善能臨餓鬼貧窮中世人宜觀其僧徒勸人爲布施者或公或私其如何哉不當輕傚佛之元本教人爲布施之法也

禮將有事於天地鬼神雖一日祭必數日齋蓋欲人誠其心而潔其身也所以祈必有福于世今佛者其爲心則長誠齋戒則終其身

比其修齋戒之數日福亦至矣豈盡無所資乎

世法凡欲有事於郊天祀地及祠禴鬼神者雖一日行禮必先數日致齋此蓋欲誠其致敬之心而潔清其身所以取必然有福於世今爲佛之徒屬者其爲修心則長誠實而無妄齋潔戒檢則終其身世比世之人欲祀天地而但齋戒數日者而其福抑亦極矣豈況僧徒終身齋戒而盡無福

如在其左右 ● 數日致齋 禮禮器第十云故魯人將有事於上帝必先有事於頖宮云云三月繫七日戒三日宿愼之至也 ○ 又祭義云致齋於内散齋於外齋之日思其居處思其笑語思其志意思其所樂思其所嗜齋三日乃見其所爲齋者 ○ 又祭統第二十五云及時將祭君子乃齋齋之爲言齊也齊不齊以致齊者也是故君子非有大事也非有恭敬也則不齊不齊則於物無防也耆欲無止也及其將齊也防其邪物訖其耆欲耳不聽樂故記曰齊者不樂言不敢散其志也心不苟慮必依於道手足不苟動必依於禮是故君子之齊也專致其精明之德也故散齊七日以定之致齊三日以齊之定之之謂齊齊者精明之至也然後可以交於神明也 ● 男有妻室 禮記曲禮上第一云三十曰壯有室註有室有妻也 ● 又内則第十二云三十而有室始理男事博學無方孫友視志 ● 女有夫家 内則云女子十年不出姆教婉娩聽從云云學女事以共衣服云云 ○ 十有五年而笄二十而嫁有故二十三年而嫁聘則爲妻奔則爲妾云云 ○ 謝會家字註云詩箋引周禮男女之無夫家者疏正義云男稱夫女稱家以男女所以成家云云又禮韻嫁說文女適人也从女家聲廣韻家也故婦人謂家曰歸言歸其家也 ● 全其髮膚等 孝經註疏卷一開宗明義章第一云身體髮膚受之父母不敢毀傷孝之始也宋邢昺疏正義曰身謂躬也體爲四支也髮謂毛髮膚謂皮膚 ○ 禮記祭義云曾子曰身也者父母之遺體也行父母之遺體敢不敬乎云云又云樂正子春曰吾聞諸曾子曾子聞諸夫子曰天之所生地之所養無人爲大父母全而生之子全而歸之可謂孝矣不虧其體不辱其身可謂全矣云云 ● 高尚 易蠱卦上九不事王侯高尚其事

祈以資報君王父母之恩乎

曰男有室女有家全其髮膚以奉父母之遺體人倫之道也而子輩反此自爲其修超然欲高天下然修之又幾何哉混然何足辨之

或難家云大凡爲人男必有妻室女必有夫家人人完全其髮膚以奉其父母所生之遺體如此之事蓋人倫之常道也而汝僧輩反背於此而自爲其修持欲超然自恃高尚於天下然而汝輩如此能修之者又幾多人哉今天下爾輩混雜紛然何足分辨

曰爲佛者齋戒修心義利不取雖名亦忌至之遂通於神明其爲德也抑亦至矣推其道於人則無物不欲善之其爲道也抑亦大矣以道報恩何恩不報以德嗣德何德不嗣巳

● 報君親之恩 釋氏要覽卷中恩孝下云凡釋氏晨暮祝香禮佛乃至作一毫善事皆回向四恩三有者蓋是廣大心報恩中孝之至也 ○ 引用諸經具出四恩者如其處不煩紀之 ● 史記云吳太伯等 史記卷三十一吳太伯世家云吳太伯太伯弟仲雍皆周太王之子而王季歷之兄也季歷賢而有聖子昌太王欲立季歷以及昌於是太伯仲雍二人乃犇荊蠻文身斷髮示不可用以避季歷季歷果立是爲王季而昌爲文王太伯之犇荊蠻自號句吳 索隱曰荊者楚之舊號以州而言之曰荊蠻者閩也南夷之名蠻亦稱越此言自號句吳吳名起於太伯明以前未有吳號地在楚越之界故稱荊蠻 荊蠻義之從而歸之千餘家立爲吳太伯 ● 孔子於論語等 論語泰伯篇首云子曰泰伯其可謂至德也已矣三以天下讓民無得而稱焉 ● 史記又云等 史記卷六十一伯夷列傳云其傳曰伯夷叔齊孤竹君之二子也 索隱曰其傳蓋韓詩外傳及呂氏春秋也其傳云孤竹君是殷湯三月丙寅日所封相傳至夷齊之父名初字子朝伯夷名允字公信叔齊名致字公達解者云夷齊謚也 正義曰括地志云孤竹古城在盧龍縣南十二里殷時諸侯孤竹國也 父欲立叔

雖不娶而以其德資父母形雖外毀而以其道濟乎親

爲佛徒屬之者持齋守戒修理其心雖於義可得之利猶亦不取雖有爲善之名譽而亦乃忌之以此修潔而至其道者遂常通貫於天地神明此其所爲德也抑亦臻矣推其所修之道而施於人則幽冥人畜無一物不欲以善加之此其爲道也抑亦廣大矣若以其所行廣大之道報此君親之恩亦何恩不可報也以此殊勝之德紹其君親之德而何德不可繼也巳雖身不婚娶蓋以其所修道德而資延其父母之慧命也其形骸雖外隳毀而以其所行廣大之道以資濟於君親

泰伯豈不虧形邪而聖人德之伯夷叔齊豈不娶長往於山林乎而聖人賢之孟子則推之曰伯夷聖之清者也不聞以虧形不娶而少之子獨過吾徒邪

齊及父卒叔齊讓伯夷伯夷曰父命也遂逃去叔齊亦不肯立而逃之國人立其中子於是伯夷叔齊聞西伯昌善養老盍往歸焉及至西伯卒武王載木主號爲文王東伐紂伯夷叔齊叩馬而諫曰父死不葬爰及干戈可謂孝乎以臣弑君可謂仁乎左右欲兵之太公曰此義人也扶而去之武王已平殷亂天下宗周而伯夷叔齊恥之義不食周粟隱於首陽山采薇而食之及餓且死作歌其辭曰登彼西山兮采其薇矣以暴易暴兮不知其非矣神農虞夏忽焉沒兮我安適歸矣于嗟徂兮命之衰矣遂餓死於首陽山

●孔子於論語則稱等　論語述而篇云冉有曰夫子爲衛君乎子貢曰諾吾將問之入曰伯夷叔齊何人也曰古之賢人也曰怨乎曰求仁而得仁又何怨出曰夫子不爲也

●孟子萬章章等　孟子萬章下云孟子曰伯夷聖之清者也伊尹聖之任者也柳下惠聖之和者也孔子聖之時者也

史記云吳太伯始雖以讓國避於季歷犇荊蠻文身斷髮示其不可用而孔子於論語則嘗稱其有至德爲民無得名焉史記又云伯夷叔齊孤竹國君之二子父卒當嗣位二人相讓皆逃去及周武王伐紂二人叩馬諫之而不入天下宗周二人恥之義不食周粟隱於首陽采薇而食之及餓且死亦未聞其有繼嗣之者而孔子於論語則稱爲古之賢人也孟子萬章章則稱

冠註輔教編卷二　三十八

▲偷安　唐陸贄傳云引日偷安○又傅玄歌云偷安樂目前不論清與濁○

▲藏本安下有耶字

▲不可以人廢道　論語衛靈公篇云子曰君子不以言舉人不以人廢言

●其子之不肖等　史記卷一帝堯本紀云堯知子丹朱之不肖不足授天下於是乃權授舜授舜則天下得其利而丹朱病授丹朱則天下病而丹朱得其利堯曰終不以天下之病而利一人而卒授舜以天下堯崩三年之喪畢舜讓辟丹朱於南河之南諸侯朝覲者不之丹朱而之舜獄訟者不之丹朱而之舜謳歌者不謳歌丹朱而謳歌舜舜曰天也夫而後之中國踐天子位焉是爲帝舜○同卷虞舜本紀云舜子商均亦不肖舜乃豫薦禹於天十七年而崩

伯夷是聖人之清潔者也不聞孔孟聖賢以太伯伯夷二賢人以隳毀其形及不娶室家絕後嗣而輕少於人子難者何獨過咎吾僧之徒而不顧太伯伯夷之事也夫世之不執道久矣雖賢父兄如堯舜周公尚不能必制其子弟今去佛世愈遠教亦將季烏得無邪人寄我以偷安雖法將如之何大林中固有不材之木大畝中固有不實之苗宜之可也不可以人廢道

三年喪畢禹亦乃讓舜子如舜讓堯子諸侯歸之然後禹踐天子位堯子丹朱舜子商均皆有疆土[illegible]不敢專也

●其弟者如周公之等　史記卷三十五管蔡世家云管叔鮮蔡叔度者周文王子而武王弟也武王同母兄弟十人母曰太姒文王正妃也其長子曰伯邑考次曰武王發次曰管叔鮮次曰周公旦次曰蔡叔度次曰曹叔振鐸次曰成叔武次曰霍叔處次曰康叔封次曰冉季載冉季載最少同母昆弟十人唯發旦賢左右輔文王故文王舍伯邑考而以發爲太子及文王崩而發立是爲武王伯邑考既已前卒矣武王已克殷紂平天下封功臣昆弟於是封叔鮮於管杜預曰管在滎陽京縣東北封叔度於蔡世本曰居上蔡二人相紂子武庚祿父治殷遺民封叔旦於魯而相周爲周公封叔振鐸於曹封叔武於成封叔處於霍康叔封冉季載皆少未得封武王既崩成王少周公旦專王室管叔蔡叔疑周公之爲不利於成王乃挾武庚以作亂周公旦承成王命伐誅武庚殺管叔而放蔡叔遷之與車十乘徒七十人從而分殷餘民爲二其一封微子啓於宋以續殷祀其一封康叔爲衛君是爲衛康叔封季載於冉冉季康叔皆有馴行於是周公舉康叔爲周司寇冉季爲周司空以佐成王治皆有令名於天下蔡叔度既遷而死其子曰胡胡乃改行率德馴善周公聞之而舉胡以爲魯卿士魯國治於是周公言於成王復封胡於蔡以奉蔡叔之祀是爲蔡仲

●苟偷　前漢書卷五十一賈山傳云是以道諛媮合苟容云云○偷與媮同音尤韻他

世之人不尊執聖人之道而行其來已久矣雖有聖賢之德爲人父爲人兄如唐堯虞舜周公旦者猶不能必然制訓其子弟之不肖其子之不肖者即堯之子丹朱舜之子商均也丹朱商均皆不得嗣其父踐天子位及夏禹爲天子乃有疆土謂以唐封堯之子以虞封舜之子以奉其先祀以客禮見天子天子弗臣示不敢專也此見史記堯舜之本紀云爾其弟者如周公之

冠註輔教編卷二　三十九

弟蔡叔度也武王已克殷紂平天下封功臣昆弟於是封鮮叔於管封叔度於蔡二人相紂子武庚祿父治殷遺民武王既崩成王少周公專王室二叔疑周公之不利於成王乃挾武庚以作亂周公誅武庚殺管叔放蔡叔遷之此見史記管蔡世家云爾適今相去釋迦文佛之世轉遠其遺教亦已季末又何得無邪妄之人寄身於我教苟偷以安其生雖戒律欲之奈何哉如

侯切苟且也廣韻又盜也又虞韻叶容朱切薄也○同韻偸說文巧黠也通作偸文選卷四十四鍾士季檄蜀文云若偸安旦夕迷而不反

●戒律　鈔批七末謂遏望一切善法是名律儀若對境而防則名戒也

廣大山林之中亦有不材之木廣大田畝之中亦嘗有不結實之苗稼治世者但以法正直其偸安邪人可矣豈可便以其非僧之人而欲毀廢佛道也

日而言之教若詳誠可尚也然則三教之說皆張於方今較之孰為優乎

或問云汝所說汝之教道似亦詳審適可以尊尚然佛道儒三教其所傳說之道皆施張於當今之世若校量此三者孰為優

大

日叟愚也若三者皆聖人之教小子何敢輒議然佛吾道也儒亦竊嘗聞之若老氏則未嘗存意不已而言之三教也亦猶同水以涉而厲揭有深淺儒者聖人之治世者也佛者聖人之治出世者也

此解答問者而自稱叟也顏師古注漢書幽通賦云叟老人稱也或云草野老父之稱今取草野老父之謂也余草野之叟豈

●顏師古注漢書等　前漢書卷一百敘傳第七十云有子曰固弱冠而孤師古曰固年二十也作幽通之賦以致命遂志劉德曰致極也陳吉凶性命遂明已之志其辭曰系高頊之玄胄兮氏中葉之炳靈云云皋取弔于逌吉兮王膺慶於所感叛回穴其若茲兮北叟頗識其倚伏註師古曰叟老人稱也○幽通賦又載於文選卷十四也班彪子固傳見于後漢書列傳卷三十也○新唐書卷百九十八儒學列傳百二十三云顏師古字籀其先琅邪臨沂人云云師古少博覽精故訓學善屬文云云注班固漢書上之賜物二百段良馬一云云

●或云草野老父之稱　未見其所出也

●厲揭者論語等　論語註疏卷十四憲問篇云子擊磬於衞有荷蕢而過孔氏之門者曰有心哉擊磬乎既而曰鄙哉硜硜乎莫己知也斯已而已矣深則厲淺則揭註包云以衣涉水為厲揭揭衣也言隨世以行己若過水必以濟知其不可則當不為疏正義曰深則厲淺則揭者此衞風匏有苦葉詩以衣涉水為厲揭揭衣也荷蕢者引之欲令孔子隨世以行己若過水深則當厲不當揭淺則當揭而不當厲以喩行己知其不可則不當為也○註包曰至不為正義曰云以衣涉水為厲揭揭衣也者爾雅釋水文也孫炎曰揭衣褰裳也衣涉濡褌也○爾雅註疏卷七釋水第十二云濟有深涉謂渡處之深則厲淺則揭揭者揭衣也謂褰衣也以衣涉水為厲衣褌謂繇膝以下為揭繇膝以上為涉繇帶以上為厲○疏文繁故省之○湛按新唐書五十七藝文志第四十七十五云爾雅孫炎注六卷又宋史二百二志卷第一百五十五藝文七二十張云孫炎爾雅疏十卷○孫叔然本名炎與晉武帝同名故以字稱樂安人受學鄭玄之門人稱東州大儒徵為秘書監不就嘗作周易春秋例毛詩禮記春秋三傳國語爾雅諸注並行于世　統譜

●忝竊　文選卷三十七羊祜讓開府表云且臣忝竊雖久未若今日兼文武之極寵受宰輔之高位也云云○同卷陸機謝平原內史表云臣蒙拔含容所忝竊云云

知其三教優劣若必論此三者之法亦皆是聖人之所為教也我叟小子胡敢專輒而輕議然而佛是我之本道也儒教亦忝竊嘗聞之于先生如老聃氏之道叟則未甚留意而學今若不得已為爾問者而言此之三教亦如同涉一水而隨其淺深厲揭而過也厲揭者論語憲問云爾正義曰深則厲淺則揭者此衞風匏有苦葉之詩以衣涉水為厲揭揭衣也荷蕢者引之欲

令孔子隨世以行己若過水深則當厲淺則當揭又孫炎云揭褰裳也衣涉濡褌也儒教者若篤論之則是聖人治理世間之法也佛教者益是聖人訓人修治出世間之法也

輔教編原教要義第二終

▲勸書　藏本作勸書第一并叙○事物紀原卷二書下云魏曰書用識哉春秋子家中宣孟以竹簡日尺牘陳遵所蓋是也故今日書凡名雖見於有虞而實始於春秋○顏氏家訓上卷文章篇云書奏箴銘生於春秋者也

●勸者勉也等　韻會願韻云說文勸勉也从力雚聲廣韻獎勉也助也教也悅從也

●漫澶　前漢書卷八十七下揚雄傳云其恭漫澶而不可知註服虔曰漫音滿澶音從師古曰漫澶猶漠濛也○韻會翰韻澶字註漫澶難測貌一曰不分別

●書者如也等　尚書註疏卷一孔安國尚書序正義曰書者舒也書緯璿璣鈐云書者如也則書寫其言如其意情得展舒也又劉熙釋名云書者庶也以記庶物又爲著言事得彰著五緯六籍皆是筆書此獨稱書者以彼五經者非是君口出言即書爲法所書之事各有云爲遂以所爲別立其稱稱以事立故不名書至於此書者本書君事事雖有別正是君言言而見書因而立號以此之故名異諸部但諸部之名立之後亦是筆書故百氏六經總曰書也論識所謂題意別名各自載耳昭二年左傳曰晉韓起適魯觀書於太史氏見易象與魯春秋此總名書也

●百氏六典　六典者典六經同但總之義異耳故上兩引正義云百氏六經也○尚書註疏卷一堯典題號正義曰然經之與典俱訓爲常名典不名經者以經是總名包殷周以上皆可爲後代常法故以經爲名典者經中之別特指堯舜之德於常行之內道最爲優故名典不名經也其太宰六典及司寇三典者自由當代常行與此別矣

夾註輔教編勸書要義第三

住杭州佛日山嗣祖明教大師　契嵩　編并註

勸書

勸者勉也教也助也潛子適以其人頗嚮學自蔽不信佛法沮毀過當乃發意建言勉之欲迴其心其年德優於我者雖稍知佛爲可向而其識未深吾助之使其必至其年與學微於吾者漫澶不知佛之旨趣而妄作排毀吾則發明教導之書者如也舒也謂寫言如意以舒展乎勸善護法之志也凡自筆書雖百氏六典總曰書也及其必題意別名各表其事則吾之書命曰勸書耳書有三篇此篇當其第一第次也一數之始也

叙曰余五書出未逾月客有踵吾門而謂曰僕粗聞大道適視若廣原教可謂涉道之深矣勸書者益其警世之漸也

叙曰乃其序云我五書原教等出傳未經

●第次也等　論語註疏卷一學而第一正義曰第順次也一數之始也言此篇於次當一也○史記卷一五帝本紀第一正義曰第者次序之目一者數之由云云

▲踵吾門　孟子註疏卷五下滕文公章句上云有爲神農之言者許行自楚之滕踵門云云註踵至也▲大道　老子經上大道汎兮其可左右

●僕客自卑等　前漢書卷七十三韋玄成傳云丞相史遁與玄成書曰僕素愚陋過爲宰相執事云云○韻會沃韻僕卑稱也

●若猶汝也　莊子註疏卷四人間世篇云仲尼曰若殆往而刑耳疏曰若汝也

●關涉　沈約尼淨秀行狀曰屬事關涉

○浚奧　楞嚴經一宣示深奧　惠琳辛義第六云云

▲義例　左傳序其經無義例

▲第以原教廣教　藏本第以下有茲字廣下有原字○文集亦同之

擢勸書　藏本音釋云擢直角切拔也

一月有賓客者至我門言曰僕客自卑稱也粗略聞佛之大道爲嘗見若之廣原教若猶汝也可謂關涉道理之浚奧勸書著益是警悟世人之漸次者也

大凡學者必先淺而後浚欲其不煩而易成也

大凡學道之者必先從其淺漸而後至其浚奧也欲其所學不煩勞而易成就其業也

若今先廣教而後勸書僕不識其何謂也曰此吾無他義例第以原教廣教相因而作故以其相次而列之耳

客問汝今先以廣原教在前而後列勸書之者僕不曉識其意如何也答云我別無他之體例也但只以原教廣教二書相因由而作之用其次第而排列之也

客曰僕固欲公擢勸書於前排廣教於後使夫觀之者先後有序沿淺而及奧不亦善乎

客復曰僕今欲公稱作書者爲公請推擢勸書列於廣敎之前復卻布廣敎於勸書之後使夫後世之觀覽者前後有其序公詩其淺漸然後至其深奧豈不爲之善乎余然之矣而客又請之曰若五書雖各有其目也未若統而名之俾其流百世而不相離不亦益善乎

我善其客之言是之也其客又請曰云汝五書雖然各有名目未若總一而名之使

其流傳於後世而不相離散豈不更善也余從而謝其客曰今大揞紳先生厭吾道者殷矣而子獨好以助之子可謂篤道而公於爲善矣

我從客所請因而謝其客曰方今天下揞紳先生揞謂插笏紳謂大帶卽插笏於大帶革帶之間先生謂先於後來士大夫而生者或作薦紳者義同也而此等之人厭嫉吾聖人之道者多矣殷亦多也而汝獨

●揞紳　史記卷一五帝本紀末云太史公曰其文不雅馴薦紳先生難言之注徐廣曰薦紳卽揞紳也古字假借○同卷廿八封禪書云其語不經見揞紳者不道注李奇曰揞插也插笏於紳紳大帶○索隱曰姚氏云揞當作縉鄭衆注周禮云揞讀曰薦謂垂之於紳帶之間今按鄭意以揞爲薦則薦亦是進進而置於紳帶之間也故史記等書亦多作薦字也○書言故事卷九百官類云縉紳薦紳云云注縉音晉本作揞揞插也紳帶也謂插笏於大帶革帶之間

●先生　禮記註疏卷二曲禮上云從於先生不越路而與人言註先生老人敎學者正義曰先生師也謂師爲先生者言彼先已而生其德多厚也

●殷亦多也　尚書註疏卷六禹貢云九江孔殷正義曰鄭云殷猶多也九江從山谿所出其孔衆多云云○韻會文選云殷廣韻又衆也詩殷其盈矣

▲三帙　韻會廣韻云帙直質切說文帙書衣也从巾失聲廣韻書帙

●允從　韻會彰韻云允信也增韻又肯也

能喜吾佛道微妙以贊助之子可以言敦篤於大道而公正於爲善者矣

卽爲其命工移易乎一說增爲三帙總五書而名之曰輔敎編

便允從其請乃命工匠者移易原敎廣敎二書復同五書列爲三冊總而名之曰輔敎編輔敎編解見於前也

潛子爲勸書

潛子乃爲書者自號也勸書乃勉勸世人

信向吾佛大道也

或曰何以勸乎曰勸夫君子者自信其心然後事其名爲然也

或有問者云今所作之書所以勸爲何事也答曰今作此書所以勸於世間君子之人使自信自知其已然後務事儒者之名敎也

古之聖人有曰佛者先得乎人心之至正者乃欲推此與天下同之而天下學者反不能

●叡聖之人　尚書註疏卷十二洪範云睿作聖傳於事無不通謂之聖正義曰睿聖俱是通名聖大而睿小緣其能通微事事無不通因睿以作聖也鄭玄周禮注云聖通而先識也是言識事在於衆物之先無所不通以是名之爲聖聖是智之上通之大也云云

●佛乃覺　涅槃經十八曰佛者名覺既自覺悟復能覺他云云○善見律第四出

●剛毅　論語註疏卷十三子路篇云剛毅木訥近仁註王曰剛無欲毅果敢○朱註云楊氏曰剛毅則不屈於物欲○蔵本音釋云毅魚既切有決也

●虛名　文選卷二十九古詩曰虛名復何益云云

●區區小貌　前漢書卷二十二禮樂志云河間區區小國藩臣以好學修古能有所存云云○文選卷四十一朱叔元爲幽州牧與彭寵書云奈何以區區漁陽而結怨天子註善曰區區言小也翰曰區區小貌○同卷五十二曹元首六代論云區區之陳項註翰曰區區小貌○同卷五十三陸士衡辨亡論下又同卷六十陸士衡弔魏武帝文共出區區之語註亦大概同上故省之●復從　湛私曰復當作徇字恐刊誤乎

●過劇　韻會𥨊韻劇字註云甚也廣韻劇過也又沁韻時鴆切過也廣韻太過增韻劇過也尤也

自信其心之然遂毅然相與排佛之說以務其名吾嘗爲其悲之

往古之世有叡聖之人稱爲佛者佛乃覺義也今所謂釋迦文佛是也此佛預證得乎一切衆生一心覺源清淨之理清淨即眞正之種智也特欲推此所得者與天下一切人同登此理然佛以其道化度遍法界衆生言天下者且順此方而云耳今天下儒學之人翻不能自信其心本自靈通清淨如此遂剛毅而然交相同與排毀佛所說其心之理道以事務乎虛名吾嘗爲此輩而悲愍之

夫人生名孰誠於心今忽其誠說而徇乎區區之名惑亦甚矣

夫發語詞也人之平生心神與名稱誰爲其親的今其毀者乃自輕忽其心而徇從區區之名區區小貌不亦過劇乎

夫心也者聖人道義之本也名也者聖人勸善之權也務其權而其本不笛其爲善果善乎其爲道義果義乎

心也者謂佛與衆生本覺之靈源也具二一切諸法備一切功德即爲三教聖人所立道與義之根本也名也者謂儒教所尚之名也此名乃是聖人勸天下人爲善之權術也今儒者事務其權而其心源眞本不能而自詳體如此則其所爲善果得成其善乎其所爲道義者果然得爲義乎

●名也者謂儒教等　論語註疏卷十三子路篇云子路曰衛君待子而爲政子將奚先子曰必也正名乎註馬曰正百事之名○朱註云是時出公不父其父而禰其祖名實紊矣故孔子以正名爲先謝氏曰正名雖爲衛君而言然爲政之道皆當以此爲先

▲外事中節等　下之廣原教第十一篇所云夫事中也者萬事制中（去声）者也理中也者性理之至正者也云云○中節　中庸曰發而皆中節謂之和

今學者以適義爲理以行義爲道此但外事中節之道理也未預乎聖人之大道也大理也

今儒學之者以適順事義爲理推行事義爲道如此但是人倫所行外事中當其節制之道理也未可廁乎佛聖人出世廣大之道理也

夫大理也者固常道之主也凡物不自其主而爲爲之果當乎

●後漢之末有八等　弘明集卷一載漢牟融所撰理惑論三十七篇一云蒼梧太守牟子博傳○云牟子既修經傳諸子書無大小靡不好之雖不樂兵法然猶讀焉雖讀神仙不死之書抑而不信以爲虛誕是時靈帝崩後天下擾亂獨交州差安北方異人咸來在焉多爲神仙辟穀長生之術時人多有學者牟子常以五經難之道家術士莫敢對焉比之於孟軻距楊朱墨翟先是時牟子將母避世交趾年二十六歸蒼梧娶妻太守聞其守學謂識羅吏時年方盛志精於學又見世亂無仕宦意竟遂不就是時諸州郡相疑隔塞不通太守以其博學多識使致敬荊州牟子以爲榮爵易讓使命難辭遂嚴當行會被州牧優文處士辟之復稱疾不起牧弟爲豫章太守爲中郎將笮融所殺時牧遣騎都尉劉彥將兵赴之恐外界相疑兵不得進牧乃請牟子曰弟爲逆賊所害骨肉之痛憤發肝心當遣劉都尉行恐外界疑難行人不通君文武兼備有專對才今欲相屈之零陵桂陽假塗於通路何如牟子曰被秣伏櫪見遇日久列士忘身期必騁效遂嚴當發會其母卒亡遂不果行久之退念以辯達之故輒見使命方世擾攘非顯己之秋也乃歎曰老子絕聖棄智修身保真萬物不干其志天下不易其樂天子不得臣諸侯不得友故可貴也於是銳志於佛道兼研老子五千文含玄妙爲酒漿翫五經爲琴簧世俗之徒多非之者以爲背五經而向異道欲爭則非道欲默則不能遂以筆墨之間略引聖賢之言證解之名曰牟子理惑云云○編年通論卷一云獻帝初平中牟子未詳名字世稱牟子云云又至末石室係論曰牟子理惑三十有七篇梁僧祐律師載之宏明集可謂所從來遠矣觀其崇德辯惑闢邪衛正

謂此大理者本始二覺之道也如此大理者故是世間常用之道之主宰也大凡萬事若不從其主宰而興作之豈能果然得其正當乎

漢人有號牟子者嘗著書以爲佛道曰道之爲物也居家可以事親宰國可以治民獨立可以治身履而行之則充乎天地

後漢之末有八姓牟者其名字則未詳嘗著書自號牟子其意唯以發明我佛之道

謂道之所爲事物若在其家者則可以奉事其父母也若主宰國家之政事者則可以治化於民人若獨立其誠不預於政事者則可以自修其身若履踐行之而不休則諸其道妙此之道妙且就目接近事而言之可以充塞乎天地之間耳

此奋言乎世道者須佛道而爲其根本者也

牟子蓋說乎世間所行之道其必須藉佛道以爲其根本也

發揮大教之耿光至國覺博物之君子也嘗是時吾佛法源濫觴之初凡西域沙門至中國者由騰蘭而下不過十人所新出經三百餘卷俱小乘故若般若大乘諸經皆所未至牟子乃能玄鑑頓悟契佛心宗尋法味若是之深比大漢末禰衡陳元龍孔北海諸公虛負奇資終於不聞道不逮爲一俗士而歿矣然則牟子賢哉其著書不能備載聊取二十篇輯成通論大抵世之惑也者雖世尊在世尚莫能無知今太公聖遠二千載欲天下之廓廓皆正信其可得哉雖然是書正不可不以垂世也○私曰理惑論全篇文繁故省之具見于弘明集卷首并編年通論卷一佛祖通載卷五等也

●謂道之所爲等　理惑第四篇云或問曰孔子以五經爲道教可拱而誦履而行今子說道虛無恍惚不見其意不指其事何與聖人言異乎牟子曰不可以所習爲重所希爲輕惑於外類失於中情立事不失道德猶調弦不失宮商天道法四時人道法五常老子曰有物混成先天地生可以爲天下母吾不知其名強字之曰道道之爲物居家可以事親宰國可以治民獨立可以治身履而行之充乎天地廢而不用消而不離子不解之何異之有乎○私曰弘明與通論等其文相殊所編亦異也弘明則以今此一段列於第四篇又通論通載等則乃列於第三篇矣

▲君子治世　藏本作夫君子

▲雖概見乎百家　藏本無乎字

▲窮深極微　易兼義卷七繫辭上云夫易聖人之所以極深而研幾也正義曰言

君子治世之書頗嘗知其心之然乎知之而苟排之是乃自欺其心也然此不直人心之然也天地之心亦然鬼神異類之心皆然而天地鬼神益不可以此而欺之也

世之爲君子之人修習世之書稍其嘗知省其心自爲汝道義之本如此耶汝若知之而強排毀佛之道是乃自欺昧其已靈也然如此之心神不唯人一類獨得之耳天地之心靈如是鬼神萬物之類其心亦

皆如此也而天地鬼神之靈愈不可以此自得道義之根本者而欺昧之也

然此雖概見乎百家之書而百家者未始盡之佛迺窮深極微以究乎死生之變以通乎神明之往來乃至於大妙

此之心理雖大略現乎百家衆部之書而爲百家之宗者亦未嘗而能盡極之唯佛獨能窮盡其深奧極到其幽微又能以此究竟乎死生輪迴之變化而通貫乎神明

易道弘大故聖人用之所以窮極幽深而研覈幾微也

▲斐然　文選卷四十一陳孔璋爲曹洪與魏文帝書云有子勝斐然之志註翰曰斐然彊進之貌

精鬼爲人爲畜交相往來諸趣乃至超到乎佛妙覺大妙之際先死次生其意已見於原教矣

故世俗以其法事於天地而天地應之以其書要於鬼神而鬼神順之至乎四海之人以其說而舍惡從善者不待爵賞之勸斐然趨以自化此無它也蓋推其大誠與天地萬物同而天人鬼神自然相感而然也

以佛如上所能之故致得今世間之俗資

佛教法奉事天地神祇而天地亦從人心所求而應之以其所爲之經典要召酬酢於幽冥鬼神而鬼神亦以福祚而順人心之所禱也以至周遍乎四向海瀆之濱其人以佛經所說罪福報應而皆弃背其惡而從向其善豈不俟國家爵賞之勸誘斐然相向趨慕而各自化之此無別道理使然蓋由佛大聖人推一大乘誠實之道與天地神祇鬼神萬類混同一體而天地人

●要召　下之廣原教第五篇云內感之謂召夾註云內心自感可謂之召

●酬酢　易兼義七繋辭上云是故可與酬酢可與祐神矣註酬酢猶應對也正義曰酬酢謂應對報答言易道如此若萬物有所求爲此易道可與應答萬物有求則報故曰可與酬酢也

●四向海瀆　爾雅註疏卷六釋地第九四極下云九夷八狄七戎六蠻謂之四海疏謂之四海者案孫炎云海之言晦晦闇於禮義也云云○同卷七釋水第十二云水注川曰谿注谿曰谷注谷曰溝注溝曰澮注澮曰瀆又云江河淮濟爲四瀆四瀆者發源注海者也疏案白虎通云瀆者何謂瀆中國垢濁發源東注海其功著大故稱瀆也

●名教　文選卷三十八任彥升爲蕭揚州作薦士表云彥輔名教之樂註善曰世說曰王平子胡毋彥國諸人皆以放任爲達或去衣裸體樂廣曰名教中自有樂地何爲乃爾○同卷四十任彥升百辟勸進今上牋云此明公本自諸生取樂名教云云同卷四十七袁彥伯三國名臣序贊云於是君臣離而名教薄云云

神遂能自然相交感而致如上之應効也

曰此吾知之矣姑從吾名教乃爾也

世之君子或言此道我已知之矣我今且從順吾孔子所立名教乃然也

曰夫欲其名勸之但誠於爲善則爲聖人之徒固已至矣何必資斥佛乃賢邪

勸書答或者曰夫爾世之君子欲依汝教以名而相獎勸者汝但只以心誠實習於爲善則爾諸君爲孔子聖人之徒已可爲

君子德義之極也何須資藉斥毀佛教乃爲賢能乎

今有人日爲善物於此爲之既專及寢則夢其所爲宛然當爾則其人以名夢乎以寃夢邪是必以寃而夢之也如此則善惡常與心相親奈何徒以名夸世俗而不顧其心鬼君子自重輕果如何哉

此取喩也如有一人日日爲善事於此處其所爲既專既切及至其寢臥則夢其所

▲宛然　藏本與此同但文集作依然○論解中宛然者分明之義○韻會云宛然毛晃猶依然

▲心鬼　藏本鬼下有乎字文集校訛云鬼當作寃

▲獨盛　藏本盛下有而字

●吏部侍郎　事文類聚新集卷十一吏部侍郎歷代沿革吏部侍郎周之小宰中大夫也云云○同卷總侍郎歷代沿革初秦置侍郎無員分隸三署主執戟侍宮殿出則充車騎漢因之侍郎秩四百石以其為郎內侍故曰侍郎侍郎六卿之副凡諸郎掌更直執戟宿衛諸殿門以侍衛之故通謂之侍郎云云

●韓愈　新唐書卷百七十六列傳第一百一云韓愈字退之鄧州南陽人七世祖茂有功於後魏封安定王父仲卿為武昌令有美政既去縣人刻石頌德終祕書郎愈生三歲而孤隨伯兄會貶官嶺表會卒嫂鄭鞠之愈自知讀書日記數千百言比長盡能通六經百家學擢進士第云云愈歸奏其語帝大悅轉吏部侍郎云云長慶四年卒年五十七贈禮部尚書謚曰文愈性明銳不詭隨與人交始終不少變成就後進士云云愈[illegible]

為之事宛然如日間所作然當此則其能夢之人以名為夢以冥冥為夢信知此人決以其已之心冥而自為其夢也校量能夢人如此則世人凡為善惡之事只常於其心為相觀謂予諸君子奈何甘空以浮名而夸詫於世俗而不肯返顧自己之心冥冥雖稍分之其在識想即一正心予諸君徇名昧心其自謂重與輕果如之何

答韓子以佛法獨盛惡時俗奉之不以其方

雖以書抑之至其道本而韓亦頗推之

韓子即唐吏部侍郎韓愈也其作原道之書譏擯佛教者益嫌時世之俗奉佛教不以方法而趨事之雖作原道之書如此然於佛法道妙之本韓亦甚推揚之

故其送高閑序曰今閑師浮圖氏一死生解外繆是其心必泊然無於所起其於世必澹然無於所嗜

以是之故韓子作送高閑上人序高閑唐

本元卓然樹立成一家言其原道原性師說等數十篇皆奧衍閎深與孟軻揚雄相表裏而佐佑六經云云

●其作原道　韓文卷十一雜著載原道也

▲外繆　藏本與此同但文集作外膠

●送高閑上人序　韓文卷二十一序類載送高閑上人序[illegible]云云苟可以寓其巧智使機應於心不挫於氣則神完而守固雖外物至不膠於心云云今閑師浮屠氏一死生解外膠[illegible]是其為心必泊然無所起其於世必淡然無所嗜云云○高閑傳見于宋高僧傳卷三十雜科聲德科也

●佛圖　弘明集卷八其辯之文繁故省之

▲侵亂　藏本作侵亂○湛私曰恐刑誤乎義不允當也若侵字作寢則可矣

●與孟簡尚書稱讚大顛　韓文卷十八載與孟尚書書[illegible]云云有一老僧號大顛頗聰明識道理遠地無可與語者故自山召至州郭留十數日實能外形骸以理自勝不為事物侵亂[illegible]為難得因與往來云云○舊唐書列傳卷一百十三云孟簡字幾道平昌人云云簡明於內典六年詔給事中劉伯芻工部侍郎歸登右補闕蕭俛等同就醴泉佛寺翻譯大乘本生心地觀經簡最擅其理云云又見于新唐書列傳卷第八十四也

●大顛　潮州靈山大顛寶通禪師嗣石頭遷乃南嶽四世孫也傳見於傳燈卷十[illegible]

僧也善艸書乃云高閑是佛圖氏之徒梵語佛圖亦云佛陁今曰浮屠者訛故爾能見其道理生猶死也在理為一能解釋其外境之紛繆是其心必澹泊然其於世間之境必無所嗜好也稱乎大顛則曰頗聰明識道理又曰實能外形骸以理自勝不為事物侵亂韓氏之心於佛亦有所善乎而大顛禪書亦謂韓子嘗相問其法此必然也

此文乃韓子作書與孟簡尚書稱讚大顛禪師謂其聰明而達識至道之理能外遺形軀而以佛法至理自善不為外境事法侵入而惑亂而韓子之內心於佛法亦有美善其事而禪家之書如祖堂集之類亦云韓嘗問法於大顛如此即必是也非祖堂集妄書

逮其為絳州刺史馬府君行狀乃曰司徒公之薨也刺臂出血書佛經千餘言期以報德

四又會元卷五也韓文公叅問機緣語句載于會元中也
● 祖堂集　未見其書也 ○ 宋大慧禪師正法眼藏卷一下（張十四）云予建炎中首衆臨降時首座寮有洞山聰禪師所集禪門宗要祖堂一錄云云
▲ 授爲行狀　藏本作韓文作授其大者爲行狀 ○ 藏本音釋云授都括切拾也
● 絳州刺史馬彙之行狀　韓文卷三十七唐故贈絳州刺史馬府君行狀也云司空生燧爲司徒侍中北平王贈太傅謚莊武莊武之勳勞在策書君其長子也（彙文暢）長少舉明經云云司徒公之薨也刺臂出血書佛經千餘言期以報德廬墓側植松柏終喪又拜大僕少卿疾病一年貞元十八年七月二十五日終于家凡年四十有五其弟少府監暢上印綬求追贈贈絳州刺史布帛百四君在家行孝友待賓客朋友有信義其宗官恭愼舉職其朝獻奉父命不違難其爲疾有過人行云云愈旣世通家詳聞其世系事業今葬有期日從少府請撰其大者爲行狀託立言之君子而圖其不朽焉 ○ 新唐書卷百五十五列傳第八十載馬燧傳云燧字洵美系出右扶風徙爲汝州郟城人云云燧卒年七十贈太傅謚曰莊武子彙暢云云（不別載彙傳也） ○ 絳州一統志卷二十平陽府領州六中有絳州註在府城南一百五十里云云 ○ 不朽見于左襄公二十四年傳也不煩紀之
▲ 有權道　論語註疏卷九子罕篇云可與立未可與權唐棣之華偏其反而豈不爾思室是遠也正義曰此章論權道也云云可與立未可與權者言人雖能有所立[illegible]通權道其輕重之極也唐棣之華偏其反而豈不爾思室是遠而子

又曰其居喪有過人行又曰授爲行狀託立言君子圖其不朽焉是豈盡非乎爲佛之事者耶

及韓吏部作贈絳州刺史馬彙之行狀彙卽唐司徒馬燧之長子也故云司徒公薨逝之時居喪亦嘗刺血寫佛經數千言以期冥酬報父之恩德又言彙在父之喪刺血書經有過人之行又云授此等之事作其行狀伏立言文章君子爲撰彙碑銘以圖傳之不朽也蘄言旣如此豈是盡非爲佛法之事者耶

韓子賢人也臨事制變當自有權道

韓子聖賢之人或排佛法或讚佛法如此抑揚必自有或權或正之道

方其讓老氏則曰其見小也坐井觀天曰天小者非天罪也

當韓子作原道之時誚讓老聃不合小仁義之說謂老子所見譬如人坐井而觀於

冠注輔教編卷三　十三

此逸詩也唐棣移也其華偏然反而後合賦此詩者以言權道亦先反常而後至於大順也云云 ○ 淮南子卷十三氾論訓云孔子曰可以立未可與權權者聖人之所獨見也故忤而後合者謂之知權 ○ 文選卷三十六王元長策秀才文云將以旣道而權註善曰公羊傳曰權者何權者反於經然後有善者也 ○ 又見史記太史公自序也
● 韓子作原道　韓文卷十一原道云老子之小仁義非毀之也其見者小也坐井而觀天曰天小者非[illegible]彼以煦煦爲仁孑孑爲義其小之也則宜
● 誚讓　史記卷九十一黥布列傳云布又稱病不從楚項王由此怨布數使使者誚讓召布（漢書音義曰誚責也）布愈恐不敢往云云 ○ 又前漢書卷三十四布傳云譙讓召布註師古曰譙讓責之也譙音在笑反 ○ 類書纂要卷十二云誚讓以辭相責也
● 韓作師說等　韓文卷十二師說云聖人無常師孔子師郯子萇弘師襄老聃郯子之徒其賢不及孔子孔子曰三人行則必有我師（論語本無則字下三有曰字）
● 引左氏傳　左傳卷二十三昭公十七年秋郯子來朝公與之宴昭子問焉曰少皞氏鳥名官何故也郯子曰吾祖也我知之云云仲尼聞之見於郯子而學之旣而告人曰吾聞之天子失官學在四夷猶信杜註云失官官不修其職也傳言聖人無常師 ○ 家語卷三觀周篇云孔子謂南宮敬叔曰吾聞老聃博古知今通禮樂之原明道德之歸則吾師也今將往矣對曰謹受命云云敬叔與俱至周問禮於老聃訪樂於萇弘註弘周大夫 ○ 又同卷八辯樂解云孔子學琴於師襄子襄子曰吾雖以擊磬爲官然能於琴今子於琴已習可以

天云大卑小益其人自小非天之過也

又曰聖人無常師萇弘師襄老聃郯子之徒其賢不及孔子孔子三人行則必有我師是亦謂孔子而師老聃也

韓作師說謂聖人無常師如仲尼者未始常定而師範於人也所師之者唯道是從不執其人品之高下也故引左氏傳孔子以樂師於萇弘師襄郯子引曾子問史記老子傳孔子以禮問於老聃之事其賢不及孔子引論語述而篇孔子曰三人行本無賢愚但擇善從之不善改之必得我師故無常師也以韓如此之云乃是孔子果師於老聃也

與夫曾子問司馬遷所謂孔子問禮於老聃類也

韓子如此之言正與禮記曾子問稱孔子云吾聞諸老聃曰者自天子崩國君薨至其篇末吾聞諸老聃答者魯公伯禽有爲

冠注輔教編卷三　十四

益矣云云○史記卷四十七孔子世家又云孔子學鼓琴師襄子索隱曰益師襄子
魯人論語謂之擊磬襄是也
●禮記曾子問稱等　禮記曾子問第七云吾聞諸老聃曰天子崩國君薨則祝取
羣廟之主而藏諸祖廟禮也卒哭成事而后主各反其廟○曾子問曰葬引至于堩
日有食之則有變乎且不
乎孔子曰昔者吾從老聃
助葬於巷黨及堩日有食
之老聃曰丘止柩就道右
止哭以聽變既明反而后
行曰禮也反葬而丘問之
曰夫柩不可以反者也日
有食之不知其已之遲數
則豈如行哉老聃曰諸侯
朝天子見日而行逮日而
舍奠大夫使見日而行逮
日而舍夫柩不蚤出不莫
宿見星而行者唯罪人與
奔父母之喪者乎日有食
之安知其不見星也且君
子行禮不以人之親痁患

為之也者凡四端是也及司馬遷史記老
子傳云孔子適周將問禮於老子老子謂
孔子云吾所以告子若是而已孔子去謂
弟子曰至於龍吾不能知其乘風雲而上
天吾今日之見老子其猶龍耶此是也其
言相似也
然老子固薄禮者也豈專言禮乎是亦在其
道也驗太史公之書則孔子問道於老子詳
矣

冠註輔教編卷三　十五

吾聞諸老聃○孔子曰吾
聞諸老聃曰昔者史佚有
子而死下殤也墓遠召公
謂之曰何以不棺斂於宮
中史佚曰吾敢乎哉召公言
於周公周公曰豈不可史
佚行之下殤用棺衣棺自
史佚始也○子夏曰金革
之事無辟也者非與孔子
曰吾聞諸老聃曰昔者魯
公伯禽有為為之也今以
三年之喪從其利者吾弗
知也
●史記老子傳云等　史
記卷六十三老子傳云孔
子適周將問禮於老子索隱
曰大戴禮老子曰子所言者其人與骨皆已朽矣獨其言在耳且君子得其時則駕
亦云然不得其時則蓬累而行吾聞之良賈深藏若虛君子盛德容貌若愚去子之驕氣與
多欲態色與淫志是皆無益於子之身吾所以告子若是而已孔子去謂弟子曰鳥
吾知其能飛魚吾知其能游獸吾知其能走走者可以為罔游者可以為綸飛者可

然者老子之書如其德經曰禮者忠信之
薄而亂之首此乃老子本自然薄於禮豈
是老子全以禮教於人乎驗孔子所問老
子乃是學問老子之道非只學其禮也復
較驗太史公之書所言則益知孔子問道
於老聃詳審乎
昔孟氏力攘夫為楊墨者而韓子則與墨曰
孔子必用墨子墨子必用孔子不相用不足
為孔墨

以為矰至於龍吾不能知其乘風雲而上天吾今日見老子其猶龍邪
●其德經曰等　道德經卷下上德不德章第三十八章云故失道而後德失德而
後仁失仁而後義失義而後禮夫禮者忠信之薄而亂之首也前識者道之華而愚
之始也是以大丈夫處其厚不取其薄居其實不居其華故去彼取此
▲昔孟氏力　藏本并文
集力字作故字
●孟子滕文公上章等
孟子滕文公上章云有為
神農之言者許行自楚之
滕踵門而告文公曰遠方
之人聞君行仁政願受一
廛而為氓文公與之處其
徒數十人皆衣褐捆屨織
席以為食
●墨者夷之　同上章云
墨者夷之因徐辟而求見
孟子孟子曰吾固願見今
吾尚病病愈我且往見夷
之不來朱註云墨者治墨
翟之道者夷姓之名徐辟

昔時孟子滕文公上章排為神農者許行
墨者夷之與其下章云許子之道相率而
為偽者也攘楊墨則云楊朱墨翟之言盈
天下天下之言不歸楊則歸墨楊氏為我
是無君也墨氏兼愛是無父也無君無父
是禽獸也今韓子作讀墨即稱譽墨子云
欲行孔子之道必資用墨子之道行墨子
之道必資用孔子不相用不足為孔子墨
子者也

冠註輔教編卷三　十六

孟子弟子
●其下章云許子等　同
章云曰夫物之不齊物之
情也或相倍蓰或相什伯
或相千萬子比而同之是
亂天下也巨屨小屨同賈
人豈為之哉從許子之道
相率而為偽者也惡能治
國家　湛私案曰今此從
許子之道等之語者列在
於墨者夷之之語之上也
然今謂其下章者蓋以為
有為神農之言等之語之
下章矣
●攘楊墨則曰等　同滕
文公下章云聖王不作諸
侯放恣處士橫議楊朱墨翟之言盈天下至是禽獸也
●今韓子作讀墨等　韓文卷十一讀墨子云儒譏墨以上同兼愛上賢明鬼而孔
子畏大人居是邦不非其大夫春秋譏專臣不上同哉孔子泛愛親仁以博施濟衆
為聖不兼愛哉孔子賢賢以四科進褒弟子疾沒世而名不稱不上賢哉孔子祭如

儒者不尚說乎死生鬼神之事而韓子原鬼
稱乎羅池柳子厚之神奇而不疑韓子何嘗
膠於一端而不自通耶
凡為儒道之者不相習尚言乎死生鬼神
之事論語曰未知生焉知死未能事人焉
能事鬼怪力亂神子所不道儒之法既如
此今韓子作原鬼稱說鬼神之道又作柳
州羅池廟碑謂柳子厚死而為神降神于
州之後堂歐陽翼等見而拜之其夕夢翼

在識祭如不祭者曰我祭則受福不明鬼哉儒墨同是堯舜同非桀紂同修身正心
以治天下國家奚不相悅如是哉余以爲辯生於末學各務售其師之說非二師之
道本然也孔子必用墨子墨子必用孔子不相用不足爲孔墨
●論語曰等　論語註疏卷十一先進篇云季路問事鬼神子曰未能事人焉能事
鬼曰敢問死曰未知生焉
知死註陳曰鬼神及死事
難明語之無益故不答正
義曰皆所以抑止子路也
以鬼神及死事難明又語
之無益故不答也○同註
疏卷七述而篇云子不語
怪力亂神正義曰此章記
夫子爲教不道無益之事
怪怪異也云云神謂鬼神
之事或無益於教化或所
不忍言也○朱註云鬼神
造化之迹雖非不正然非
窮理之至有未易明者故
亦不輕以語人也
●韓子作原鬼　韓文卷

而告之曰館我於羅池是稱其神惟而曾
不疑誕若此韓子又何嘗膠固於儒書未
知生死一端之說而不能自通達耶
韓謂聖賢也豈其是非不定而言之反覆益
鑑在其心抑之揚之或時而然也
世謂韓子爲聖賢人也既是聖賢豈其是
之非之不當而言有反有覆今韓子如此
之言也或抑或揚益其鑑識自在其心內
故有此一時論難佛教之說也

冠註輔教編卷三　十七

[illegible]感於[illegible]
而觸之無見也斯鬼乎曰
非也云云　文繁故省之
●又作柳州羅池廟碑
韓文卷三十一　柳州羅池
廟者故刺史柳侯廟也元和十年三月以永州司馬柳宗元爲柳州刺史
侯爲州不鄙夷其民動以
禮法三年民各自矜奮云
云嘗與其部將魏忠謝
寧歐陽翼飲酒驛亭謂曰
吾弃於時而寄於此與若
等好也明年吾將死死而
爲神後三年爲廟祀我及
期而死元和十四年十月宗元死三年
孟秋辛卯侯降于州之後
堂歐陽翼等見而拜之其夕夢翼而告曰館我於羅池其月景辰廟成大祭過客李
儀醉酒慢侮堂上得疾扶出廟門即死明年春魏忠歐陽翼使謝寧來京師請書其
事于石余謂柳侯生能澤其民死能驚動福禍之以食其土可謂靈也已作迎享送
神詩遺柳民俾歌以祀焉而并刻之○一統志卷八十三柳州府山川下載羅池註

後世當求韓之心不必隨其語也
後世之儒者欲學於韓當求探韓子存心
不須但循隨其空語也
曰吾於吾儒之書見其心亦久矣及視李氏
復性之說益自發明無取於佛也
或謂於我儒家之書見乎人之所稟心性
亦久矣洎觀李氏即唐李翱尚書所著復
性書所說更自發明曉䆒於性故無取於
汝佛之所說也

在府城東水可溉田近有柳宗元祠名羅池廟
●膠固　文選卷五十四陸士衡五等諸侯論云爲上無苟且之心羣下知膠固之
義註善曰莊子曰待膠漆而固者是侵其德者也范曄後漢書鄭泰曰以膠固之衆
當解合之勢翰曰膠固謂如膠漆堅固也○私曰今此膠固與原教中所乘下所云
世情膠甚者義頗相同矣
▲及視李氏　藏本弁文
集視作見字
●復性書　如前屏山序
中引通論而諸焉
▲然他書　藏本及文集
無然字
▲大較　孝經註疏卷一
天子章第二云蓋天子之
孝也註蓋猶略也孝道廣
大此略言之正義曰案孔
傳云蓋者辜較之辭劉炫
云辜較猶梗概也孝道既
廣此纔舉其大略也

曰止渴不必東井而飲充飢不必擇庖而食
得子審其心爲善不亂可也豈抑人必從於
我不然也
大凡止人渴之不須揀其井而飲充其飢
餓不必擇其庖廚而食此喩爾君子但得
自審其心理而爲善事不自惑亂可已也
今吾豈須抑屈汝諸衆人必須就於吾教
而達於性命之道此事不爾也
然他書雖見乎性命之說大較恐亦有所未

冠註輔教編卷三　十八

●性命道理　易乘義卷
九說卦云窮理盡性以至
於命註命者生之極正義
曰命者人所稟受有其定
分從生至終有長短之極
故曰命者生之極也此所
賦命乃自然之至理云云
●性命二字見于此說卦
及家辭家語等也
●僧錄贊寧所撰高僧傳
稽古略卷四宋太宗太
平興國三年下云沙門贊
寧隨吳越王入朝帝賜號
通慧大師敕住左街天壽
寺命修僧史云云皇朝事苑太
平興國七年十月敕寧編
修大宋高僧傳云云寧作始自唐貞觀二十年至此端拱元年成三十卷用梁唐義
例開十科云云帝王年運詮要戊戌眞宗咸平元年詔擢寧汴京右街僧錄主管教門公事
大年進左街云云錄塔記○又見統紀卷四十四法運通塞志太宗下也
●惟儼禪師傳中等　宋高僧傳卷十七唐朗州藥山惟儼傳中云李翺出爲朗州

盡者也
他家百氏之書雖稍發見夫性命道理之
大概恐其亦有所未能盡其淵奧者也
吾視本朝所撰高僧傳謂李習之嘗問法於
道人惟儼及取李之書詳之其微旨誠若得
於佛經但其文字與援引爲異耳
吾觀本國宋朝其命僧錄贊寧所撰高僧
傳於惟儼禪師傳中言李翱字習之曾問
禪法於道人惟儼大論曰得道者名道人

刺史翺閱來謁儼遂成警悟云云○湛私曰今此所言與傳文雖義意相同語少有差異蓋必應有微旨所在也

●大論曰等　大論卷三十六七張云如得道者名為道人餘出家未得道因得道者亦名為道人云云同卷六十一卅八張云如實得道者名道人今未得道者衣服法則隨得道者故亦名道人云云

餘出家未得道因得道者亦為道人故謂儼師等為道人也洎其取李翺復性書詳看果見其微旨實得之於佛經所說之理但翺之所作文章與其援引經書與佛語不同耳

然佛亦稍資諸君之發明乎

此謂李翺既取佛經微旨為書而佛之道亦在李之書矣諸君子既因讀李之書得知於道如此則是佛亦稍有資助諸君子

之所發明耶

曰雖然子盍盡子之道歟曰於此吾且欲諸君易曉耳遽盡吾道恐世誕吾言而益不信也勿已幸視吾書曰廣原教者可詳也

世之君子或謂為勸書者曰子言雖如此矣何不盡示子之道於我乎為勸書者謂客曰今此吾且欲諸子易曉吾所言我之教道故且示汝此之勸書耳若忽然盡推於吾道恐世俗之不曉其淺旨而恠誕我

▲盍　文選綵註盍猶何不也

▲遽盡吾道　藏本道字下有則字

●恠誕　韓愈詩勿驚猷色變齒雅却信靈仙非怪誕

▲勸書第二篇　藏本及文集無篇字

說轉不信之也不得已爾諸君子幸且觀吾別著書名曰廣原教者可盡詳究吾之道也

勸書第二篇

天下之教化者善而已矣佛之法非善乎而諸君必排之是必以其與己教不同而然也

天下所行儒道釋三聖人之法或教或化教謂以言而教訓之化謂使其感德而自化之教化義備見原教解內凡其教化但

欲使人為善耳今吾佛之教法豈不是以善而化人諸君子何苦苟拼擯之是必以與諸君己之儒教不相同而爾耶

此豈非莊子所謂人同於己則可不同於己雖善不善謂之矜吾欲諸君為公而不為矜也語曰多聞擇其善者而從之又曰君子之於天下也無適也無莫也義之與比

豈非莊子南華眞經雜篇漁父文漁父謂事有四患者其第四患言其人同於己也

●南華眞經等　莊子卷十雜篇漁父篇云且人有八疵事有四患不可不察也云云所謂四患者好經大事變更易常以挂功名謂之叨專知擅事侵人自用謂之貪見過不更聞諫愈甚謂之狠人同於己則可不同於己雖善不善謂之矜此四患也能去八疵無行四患而始可教也

則可之苟不同於己彼雖是善事亦不善此謂矜夸也今吾爲勸書且要欲諸君子爲公道而不致爲其矜持耳又引論語述而文謂人若多聞擇善而從之多見擇善而從之能如此者比天生知之可以爲次也此戒人不可爲穿鑿又引里仁文謂君子於天下之人無擇其器厚與窮薄者但有義者則與之相親也適厚也莫薄也比親也

●論語述而文等　論語註疏卷七述而篇云子曰蓋有不知而作之者我無是也註包曰時人有穿鑿妄作篇籍者故云然○多聞擇其善者而從之多見而識之知之次也正義曰言人若多聞擇善而從之多見擇善而識之能如此者比天生知之可以爲次也言此者所以戒人不爲穿鑿

●里仁文謂等　論語註疏卷四里仁篇云子曰君子之於天下也無適也無莫也義之與比正義曰此章貴義也適厚也莫薄也比親也言君子於天下之人無擇於富厚與窮薄者但有義者則與之相親也

聖人抑亦酌其善而取之何嘗以與己不同而棄人之善也

孔子聖人亦乃斟酌其善者而採取之何嘗以與己不同而便毀弃人之善也

自三代其政既衰而世俗之惡滋甚禮義將不暇獨治佛之法乃播於諸夏遂與儒並勸而世亦翕然化之其遷善遠罪者有矣其自得以正乎性命者有矣而民至于今賴之

從夏商周三代已來而世之風俗弊惡滋

●斟酌　淮南子卷八本經訓云斟酌萬殊旁薄衆宜以相嘔咐醞釀而成育羣生云云○文選卷四十八班固典引云斟酌道德之淵源餚覈仁義之林藪云云又卷五十沈休文恩倖傳論云都正俗士斟酌時宜云云○韻會斟韻酌職略切一曰取也禮記坊記上酌民言註猶取也增韻又取善而行曰酌周語而後王斟酌焉註行也禮記祭統列於天下而酌之祭器註酌之祭器言斟酌其美傳著於鐘鼎也

▲滋甚　孟子公孫丑上云若是則弟子之惑滋甚註朱曰滋益也

▲翕然　見于序也

▲至于今賴之　左傳卷十七襄公二十五年傳云庸以元女大姬配胡公而封諸陳以備三恪則我周之自出至于今是賴杜註云言陳周之甥至今賴周德○同卷廿一昭公四年傳云齊有仲孫之難而獲桓公至今賴之云云同十年傳云齊桓公城穀而寘管仲焉至于今賴之○尚書呂刑云一人有慶兆民賴之其寧惟永

●不皇　尚書無逸篇毛詩谷風禮表記之註疏皇與遑通用而皆云皇暇也又左襄公二十五年傳亦引詩谷風下杜註曰皇暇也○韻會陽韻云遑亦曰暇也爾雅暇也通作皇尚書無皇曰今日耽樂云云

●諸夏　論語註疏卷三八佾篇云不如諸夏之亡也註包曰諸夏中國正義曰謂中國而謂之華夏者夏大也言有禮儀之大有文章之華也

漆極其儒一教禮義將不皇獨治其世而佛之法乃流播諸夏入國遂同儒教相並而勸化其時世亦翕然興起而從佛之化其人遷就善道遠其過惡者有之其自於佛經或於善知識所得以正乎法性慧命者有矣而其人民自後漢至于今世其依賴之而爲善也

故吾謂三教者乃相資而善世也但在冥數自然人不可得而輒見以理而陰校之無不

●善知識　事苑卷七○成實論十七○涅槃經廿六

▲吾謂三教　文集作佛教○私曰與夾註佛家則其佛教者恐非是乎

然也佛之法爲益於天下抑亦至矣

吾勸書者自言三家聖人之教者乃相資藉而勸善於世耳此但是因緣冥數自相交感人不可得專輒而見今以因緣之理陰默而討校之無不如此也旣爾則佛所垂之教法有益於天下之人抑亦臻至矣

今日佛爲害於中國斯言甚矣君子何未之思也

今有人爲文曰佛作害於中國如此之言

▲冥數　文選三十一詩治亂惟冥數註善曰冥幽冥也數曆數也范曄後漢書烏九論曰天之冥數以至於是乎

▲佛之法　藏本及文集佛上有故字

●陰默　尚書註疏卷十說命上云王宅憂亮陰三祀傳陰默也正義曰陰者幽闇之義默亦闇義故爲默也

●敎法　行願品疏鈔四

●心地觀經第二聲名句文名爲敎法

●爲文曰佛作害等　歐陽永叔本論中云佛具見于序也

●浚思遠慮　楚辭卷五漁父辭云何故深思高舉自令放爲云云。論語衛靈公篇云子曰人無遠慮必有近憂

▲久存於世者也　藏本及文集無者字

▲垂千年　藏本及文集年下有矣字

其亦過甚矣其爲文之君子何未加其浚思遠慮乃輕發其言如此也

大凡害事無大小者不誅於人必誅於天鮮得久存於世者也今佛法入中國垂千年果害則天人安能久容之如此也若其三廢於中國而三益起之是亦可疑其必有大合乎天人者也

大凡爲禍害之事無其大者小者不爲人之誅滅必爲天之誅滅也其害事鮮少得

●三廢於中國等、魏太武及唐武宗廢教事如序中所引也。通鑑綱目卷三十五後周武帝邕建德三年綱夏五月周廢佛道教毀淫祠目初周主定三教先後以儒爲先道爲次釋爲後至是遂禁佛道二教經像悉毀沙門道士並還俗諸淫祠非祀典所載者盡除之。同卷周宣帝贇天成元年靜帝闡大象元年綱冬十月周主贇復道佛像目天元與二像並坐大陳雜戲令士民縱觀。又編年通論卷九具載廢教復教之事矣但通論則云建德六年廢教也通論與通鑑且有紀年差異未知孰是焉。私案通鑑卷二十五云魏武太平眞君七年三月魏誅沙門毀佛書佛像。同卷二十六魏高宗文成帝濬興安元年云魏復建佛圖聽民出家。同卷五十二云唐武宗會昌五年詔毀天下佛寺僧尼並勒歸俗同六年夏四月趙歸眞等伏誅

久在於世今佛法流入中國僅乎千歲若果然爲害則天意與人心何能久相容之如此也若其三廢於中國謂遭魏太武周武邕唐武宗三武之沙汰毀滅也此三難之後轉復興起如是諸君亦可以疑其法大有契合乎天人之心者也

君子謂其廢天常而不近人情惡之然其遺情當絕有陰德乎君親者也而其意甚遠不可遽說且以天道而與子質之父子夫婦固

月詔上京增置八寺復度僧尼宣宗皇帝大中元年閏月勅復廢寺

●沙汰　晉習鑿齒字彥威襄陽人少有志氣云云鑿齒與孫綽共行綽性通率好譏調嘗綽在前顧謂鑿齒曰沙之汰之瓦石在後鑿齒曰簸之颺之糠粃在前 晉書 又近蒙求。通鑑卷二十六宋大明二年綱宋沙門曇標謀反伏誅目於是詔沙汰沙門云云集覽沙汰沙之汰之瓦礫在後言選擇之而所棄斥者也

▲廢天常　左傳卷九文公十八年傳云顓頊氏有不才子不可教訓不知話言云云傲很明德以亂天常天下之民謂之檮杌。揚子法言卷三問道篇云孰有書不由筆言不由舌吾見天常爲帝王之筆舌也註天常五常

▲不近人情　藏本及文集情下有而字。不近人情此語見于莊子也前出之

天常也今佛導人割常情而務其修潔者益反常而合道也夫大道亦恐其有所至於常情耳不然則天厭之久矣

世之君子以吾屬捨家慕道謂其廢父子夫婦天常者爲不近人情而厭惡之然其遺外其常情當別有陰德資益其或君或親者而其意甚遠若其出家之實功德勝具詳諸經不可遽忽而說今且以天常之道其諸君子而質正之夫婦父子固是天

▲反常而合道　論語註疏卷十八微子篇云謂虞仲夷逸隱居放言身中清廢中權正義曰權反常合道也云云。易屯卦象云十年乃字反常也同兼義八繫辭下云巽以行權註權反經而合道必合乎巽順而後可以行權也。公羊傳第二桓公十有一年權者何權者反於經然後有善者也

▲天厭之　論語註疏卷六雍也篇云子曰予所否者天厭之天厭之正義曰厭棄也。朱註云厭棄絕也

●出家之實功德勝　法苑珠林卷三十八入道篇欣厭部引諸經而明出家無量功德不煩紀之又要覽卷上出家部明之

●及卻常情　及當作反字蓋刊誤乎

▲從事於佛　藏本及文集無從字。詩經十月之交八章黽勉從事不敢造惠苑

然之常道也今佛以引導乎世人捨割其父子夫婦之常情而事務其戒定慧修治潔雜之者益欲反卻常情而合於大道者也此佛之大道諸君亦可以疑其更有勝妙之理過於人之常情者耳若其不如此也天道必厭廢之久矣

若古之聖賢之人從事於佛而相贊之者繁乎此不可悉數姑以唐而明其大略

若前古之聖人賢人相從而事奉於佛教

音義從事河上公法曰從爲也○老子經上從事於道

▲京兆　白虎通第一○風俗通第十云　大全曰京兆郡名今西安府○唐歐函五十一絕高曰京十億曰兆大衆所聚故曰京兆○三輔黃圖曰長安以東爲京兆長陵以北爲左馮翊渭城以西爲右扶風

▲命琬爲其　藏本及文集無其字

▲大節　論語泰伯篇臨大節而不可奪

▲孰與顏魯公　藏本與作於○文集與此本文同

▲絕孝　左傳隱公元年傳君子曰潁考叔純孝也

▲佛之經像　藏本及文集經像下細書有已上之事見於劉昫唐書及本朝所撰高僧傳之十八字也

而贊助之者此繁多不可盡數且以唐朝奉佛之者發明其大概耳

夫爲天下而至於王道者孰與太宗當玄奘出其衆經而太宗父子文之曰大唐聖教序相天下而最賢者孰與房杜姚宋邪若房梁公玄齡則相與玄奘譯經杜萊公如晦則以法尊於京兆玄琬逮其垂薨乃命琬爲其世之師宋丞相璟則以佛法師於曇一裴晉公勳業於唐爲高丞相崔羣德重當時天下

服其爲人而天下孰賢於二公裴則執弟子禮於徑山法欽崔則師於道人如會惟儼抱大節忠於國家天下死而不變者孰與顏魯公魯公嘗以戒稱弟子於湖州慧明問道於江西嚴峻絕孝而清正孰與於魯山元紫芝紫芝之以母喪則刺血寫佛之經像自太宗逮乎元德秀者皆其君臣之甚聖賢者也借使佛之法不正而善惑亦烏能必惑乎如此之聖賢邪

●太宗　新唐書卷二本紀第二云太宗文武大聖大廣孝皇帝諱世民高祖次子也母曰太穆皇后竇氏生而不驚方四歲有書生謁高祖曰云云必有貴子及見太宗曰龍鳳之姿天日之表其年幾冠必能濟世安民云云乃採其語名之曰世民云云貞觀三年閏十二月癸丑爲死兵者立浮屠祠

●高宗　新唐書卷三本紀第三云高宗天皇大聖大弘孝皇帝諱治字爲善太宗第九子也母曰文德皇后長孫氏始封晉王云云

●大唐聖教序　續高僧傳卷四上云釋玄奘本名禕姓陳氏漢太丘仲弓之後也云云同卷五云貞觀二十五年幸玉華宮追奘至問翻何經論答正翻瑜伽上問何聖所作明何等義具答已令取論自披閱遂下勅新翻經論寫九本頒與雍洛相兗荊揚等九大州奘又請經題上乃出之名大唐三藏聖教序於明月殿命弘文館學士上官儀對羣僚讀之其詞曰蓋聞二儀有象顯覆載以含生四時無形潛寒暑以化物云云○又云皇太子述上所作三藏聖教序曰夫顯揚聖教非智無以廣其文崇闡微言非賢莫能定其旨蓋眞如聖教者諸法之玄宗衆經之軌躅也云云○太宗撰聖教序事又見于通鑑卷十二也

●玄奘三藏本傳云等　續高僧傳卷五玄奘三藏傳云上即事戎旃問罪遼左明旦將發下勅同行固辭疾苦兼陳翻譯不違其請乃勅京師留守梁國公房玄齡專知監護資備所須一從天府云云帝曰自法師行後造弘福寺其處雖小禪院虛靜可爲翻譯所須人物吏力並與玄齡商量務令優給云云○新唐書卷九十六列傳第二十一云房玄齡字喬齊州臨淄人父彥謙仕隋

夫爲治於天下而臻於三王之道者誰如唐太宗當玄奘自西域還譯出衆經太宗與其子高宗皆爲文贊述之今藏中凡有玄奘所譯之經經端所列曰大唐聖教序者是也宰輔於天下而甚賢者誰如房杜姚宋之四人耶續高僧傳玄奘三藏本傳云房梁公玄齡奉詔與奘翻譯其自西域賚歸梵夾續僧傳京兆玄琬法師本傳云杜萊公如晦師於琬及其將薨乃請琬公

爲其當來世世之師大宋高僧傳曇一律師本傳云唐丞相文正公宋璟以佛法問於沙門曇一裴晉公度勳庸德業在於唐朝而最爲高冠宰相崔羣德業莊重當唐之時天下之人服其爲人至今天下之人孰能賢如裴崔二公大宋僧傳徑山法欽本傳云裴晉公以法師問於欽欽即國一禪師也大宋僧傳東寺如會樂山惟儼二人本傳云丞相崔羣各以禪法師問於

歷司隸刺史玄齡幼警敏貫綜墳籍善屬文書兼艸隸云云遂爲梁國公未幾加太子少師云云薨年七十一贈太尉并州都督謚曰文昭○又見于舊唐書列傳卷第十六也

●玄琬法師本傳云等　續高僧傳卷二十八明律科京師普光寺釋玄琬傳云釋玄琬俗姓楊弘農華陰人也云云隨洪遵律師服膺四分云云右僕射杜如晦臨終委命召爲歷劫師資云云○新唐書卷九十六列傳第二十一云杜如晦字克明京兆杜陵人祖果有名周隋間如晦少英爽喜書以風流自命內負大節臨機輒斷云云薨年四十六帝哭爲慟贈開府儀同三司及葬加司空謚曰成云云徙國萊云云○又舊唐書列傳卷第十六傳中云徙封萊國公云云

●姚崇　新唐書卷百二十四列傳第四十九姚崇字元之陝州硤石人父懿字善懿貞觀中爲嶲州都督贈幽州大都督謚文獻崇少倜儻尚氣節長乃好學仕爲孝敬挽郎舉下筆成章云云開元八年授太子少保以疾不拜明年卒年七十二贈揚州大都督謚曰文獻十七年追贈太子太保云云○又舊唐書列傳卷第四十六云姚崇本名元崇云云○私曰夾註中唯云房杜姚宋之四人而雖本文不載姚公今此引援本傳令入慕蘭爲

●曇一律師本傳云等　宋高僧傳卷十四明律科會稽開元寺曇一傳云釋曇一姓張氏蓋韓人也云云開元五年西遊長安依觀音寺大亮律師傳毗尼藏云云公卿嚮慕京師稱其時丞相燕國公張說廣平宋璟尚書蘇瓌兗國陸象先祕書監賀知章宣州涇縣令萬齊融皆以同聲並爲師友雖支許之會盧嘉宗雷之集廬岳未之云多也云云○新唐書卷百二十四列傳第四十九云宋璟邢州南和人七世祖弁

爲元魏吏部尚書璟耿介有大節好學工文辭云云開元十七年爲尚書右丞相云云二十五年卒年七十五贈太尉謚文貞璟風度凝遠人莫涯其量云云○又見于舊唐書列傳卷第四十六也○淮私曰宋璟謚文貞然今夾註云文正公蓋謂貞與正音異義同故云爾耳如其貞正通用之例者則資卷原教二字註中引易及老子語而出之矣

●徑山法欽　宋高僧傳卷九習禪科唐杭州徑山法欽傳云釋法欽俗姓朱氏吳郡崑山人也云云因遇鶴林玄素禪師默識玄鑑云云欽聞悟藏本心云云名賢執弟子禮者相國崔渙裴晉公度第五琦陳少游等云云○傳燈卷四載傳也但法欽作道欽高僧傳并傳燈云帝手詔賜號國一云云師乃嗣鶴林玄素素嗣牛頭智威威嗣牛頭法持持嗣牛頭惠方方嗣牛頭智巖巖嗣牛頭法融融嗣四祖大醫禪師○新唐書卷百七十三列傳第九十八云裴度字中立河東聞喜人云云進金紫光祿大夫弘文館大學士上柱國晉國公戶三千復知政事云云度薨年七十六帝聞震悼以詩置靈几冊贈太傅謚文忠贈禮優縟云云○又見于舊唐書列傳卷第一百二十也

●二人本傳云丞相等　宋高僧傳卷十一習禪科唐長沙東寺如會傳云釋如會韶州始興人也大曆八年止國一禪師門下後歸大寂法集時禪客仰慕決求心要云云時相國崔公羣慕會之風來謁于門答對瀏亮辭感造理自爾爲師友之契云云○會嗣馬祖道一傳燈卷七載傳也○宋高僧傳卷十七護法科唐朗州藥山唯儼傳云釋唯儼俗姓寒絳縣人也童齔慷慨敏俊逸羣云云遂謁石頭禪師密證心法住藥山爲云云相國崔羣常侍溫造相繼問道儼能開發道意云云○師嗣石頭

遷傳燈卷十四載傳也○新唐書卷百六十五列傳第九十云崔羣字敦詩貝州武城人云云梁肅薦其有公輔才擢甲科舉賢良方正授祕書省校書郎累遷右補闕云云召拜吏部尚書卒年六十一贈司空○又見于舊唐書列傳卷第一百八也

●慧明律師本傳云等　宋高僧傳卷二十六興福科唐湖州佛川寺慧明傳云釋慧明俗姓陳氏漢太丘長寔之後也云云乃西筈方巖頭開心地云云黃龍戒弟子刺史盧幼平顏真卿獨孤問俗杜位裴清深於禪味云云

●巖峻禪師本傳云等　宋高僧傳卷十四明律科唐洪州大明寺巖峻傳云釋巖峻姓樊氏維州人也云云後抵荊州王泉山蘭若遇真禪師示其禪觀云云衆請臨壇復乘律之宗主云云大曆元年思在潤京山未達廬陵見顏魯公一言相契膠漆如也云云

會儼抱負爲臣之大節忠義於國家天下至死而不變改者誰似顏魯公大宋僧傳湖州慧明律師本傳云魯公受戒法於明江西巖峻禪師本傳云魯公師問禪道於峻純孝於親清正節行誰似於魯山令元德秀德秀字紫芝劉昫舊唐書文苑傳云德秀少孤事母以孝聞母亡廬於墓所食無鹽酪藉無茵席刺血畫佛像寫經不婚娶以兄子當婚家貧無以爲禮求爲魯山

○師乃嗣南嶽讓傳燈卷六目錄唯云揚州大明寺巖峻禪師而無機緣語句也○新唐書卷百五十三列傳第七十八云顏真卿字清臣祕書監師古五世從孫云云博學工辭章事親孝云云逆賊遂縊殺之年七十六云云帝廢朝五日贈司徒謚文忠賻布帛米粟加等真卿立朝正色剛而有禮非公言直道不萠於心天下不以姓名稱而獨曰魯公云云○又見于舊唐書卷第七十八也○夾註巖峻巖當作嚴恐刊誤乎○私曰自房公至巖峻數人之傳文僧傳所載與夾註少有異蓋謂惟取意不依語也

●劉昫舊唐書文苑等　舊唐書列傳卷第一百四十文苑下云元德秀者河南人字紫芝開元二十一年登進士第性純朴無緣飾動師古道父爲延州刺史德秀孤貧事母以孝聞開元中從鄉賦遊京師不忍離親每行則自負版輿與母詣長安登第後母亡廬於墓所食無鹽酪藉無茵席刺血畫像寫佛經云云以兄子婚娶家貧無以爲禮求爲魯山令云云天寶十三年卒時年五十九門人相謚爲文行先生士大夫高其行不名謂之元魯山○夾註劉昫與昫同然昫當作煦○新唐書卷一百九十四卓行列傳一百十九亦載本傳傳中事跡大概與舊唐書所載者相同也但不載刺血畫像寫經事而已

●鹽酪　沈約宋書孝義列傳劉瑜傳云劉瑜歷陽人也喪母三年不進鹽酪號泣晝夜不絶聲云云○禮記雜記下

●魯山　一統志卷三十南陽府領州縣下云魯山縣註在州西南一百三十里云云唐初復置魯州改縣曰魯山貞觀中州廢以滍陽縣省入魯山屬汝州云云○周名官下出元德秀不煩紀之

●幻惑　尚書註疏卷十六無逸云民無或胥譸張爲幻傳君臣以道相正故下民無有相欺誑幻惑也正義曰釋詁文孫炎曰眩惑誑欺人也民之從上若影之隨形君臣以道相正故下民無有相欺誑幻惑者幻即眩也惑亂之名漢書稱西域有幻人是也

今自太宗至乎元德秀此十八人皆其聖君賢臣之尤者也假使佛之法爲不眞正而善能幻惑於人而亦何能必然惑此上十聖賢人耶

至乃儒者文者若隋之文中子若唐之元結李華梁肅若權文公若裴相國休若柳子厚李元賓此八君子者但不詬佛爲不賢耳不可謂其盡不知古今治亂成敗與其邪正之是非也而八君子亦未始謂佛爲非是而不

冠註輔教編卷三　廿九

●儒雅者　尚書註疏卷一孔安國序云漢室龍興開設學校旁求儒雅以闡大猷云云○前漢書卷七十六張敞列傳云敞本治春秋以經術自輔其政頗雜儒雅云云同傳贊曰張敞衎衎履忠進言緣飾儒雅刑罰必行云云○杜詩集註卷二十二咏懷古蹟五首其二云搖落深知宋玉悲風流儒雅亦吾師註風流以標格言儒雅以文學言云云

●文中子王通　見于前也

●元結　新唐書卷一百四十三列傳第六十八云元結後魏常山王遵十五代孫云云結少不羈十七乃折節向學元德秀天寶十二載舉進士禮部侍郎云云會代宗立固辭丐侍親歸樊上授著作郎益著書作自釋曰河南元氏望也結元子名也次山結字也世業載國史世系在家譜云云卒年五十贈禮部侍郎

推之如此諸君益可思之

至於儒雅者文章者如隋之文中子王通唐之元結李華梁肅權文公裴相國休公美柳宗元子厚李觀元賓文中子至李元賓其稱佛而不毀者見於隋唐之書與其各人家譜文集此上八君子人者但是不毀罵佛爲不賢不可言其皆不知古今或治或亂或成或敗其事之邪正其理之是非此八君子未嘗言佛之不是而不肯推

●李華　新唐書卷二百三文藝列傳下第一百二十八云李華字遐叔趙州贊皇人云云華少曠達外若坦蕩內謹重尚然諾云云苦風痺去官客隱山陽勒子弟力農安於窮槁晚事浮圖法不甚著書惟天下士大夫家傳墓版及州縣碑頌時時齎金帛往請乃强爲應大曆初卒云云○又見于舊唐書列傳卷第一百四十也

●梁肅　新唐書卷二百二文藝列傳中第一百二十七蘇源明傳末云源明雅善杜甫鄭虔其最稱者元結梁肅也肅字敬之一字寬中隋刑部尚書毗五世孫世居陸渾建中初中文辭清麗科云云轉右補闕翰林學士皇太子諸王侍讀卒年四十一贈禮部郎中

●權文公　新唐書卷一百六十五列傳第九十云權德輿字載之父皐見卓行傳德輿七歲居父喪哭踊如成人未冠以文章稱諸儒間云云德宗聞其材召爲太常博士改左補闕云云出爲山南西道節度使後二年以病乞還卒於道年六十贈尚書左僕射謚曰文云云

●裴相國　舊唐書列傳卷第一百二十七云裴休字公美河內濟源人也云云累轉中書侍郎兼禮部尚書休在相位五年云云家世奉佛休澡於釋典太原鳳翔近名山多僧寺視事之隙遊踐山林與義學僧講求佛理中年後不食葷血常齋戒屏嗜欲香爐貝典不離齋中詠歌讚唄以爲法樂云云○又新唐書卷一百八十二列傳第一百七云裴休字公美孟州濟源人云云秉政凡五歲罷爲宣武軍節度使云云卒年七十四贈太尉云云爲人醞藉進止雍閑宣宗嘗曰休眞儒者然嗜浮屠法居常不御酒肉講求其說演繹附著數万言習歌唄以爲樂與紇干泉素善至爲桑門號以相字當世嘲薄之而所好不衰○傳燈卷十二黃蘗運禪師法嗣之下具載於休之傳也不煩紀之

冠註輔教編卷三　三十

●柳宗元　新唐書卷一百六十八列傳第九十三云柳宗元字子厚其先蓋河東人云云宗元少精敏絕倫爲文章卓偉精緻一時輩行推仰第進士博學宏辭科云云元和十四年卒年四十七宗元少時嗜進謂功業可就既坐廢遂不振然其才實高名蓋一時云云既沒柳人懷之託言降于州之堂人有慢者輒死廟於羅池愈因碑以實之云

●李觀　新唐書卷二百三文藝列傳第一百二十八云李觀字元賓貞元中舉進士宏辭連中授太子校書郎卒年二十九觀屬文不旁沿前人時謂與韓愈相上下云云○同卷李華傳中云宗子翰從子觀皆有名○新唐書元賓作元實蓋刊誤乎

●家譜　證韻會廣韻從五切說文籍錄也又世系曰譜

▲猶人之移易其居廬耳　弘明集卷五慧遠法師明報應論云地水火風結而成身以爲神宅此即宅有主矣云云

●羊祜本傳云等　晉書三十四列傳卷第四云羊祜字叔子泰山南城人也云云及長博學能屬文身長七尺三寸美鬚眉善談論云云祜年五歲時令乳母取所弄金環乳母曰汝先無此物祜即詣鄰人李氏東垣桑樹中探得之主人驚曰此吾亡兒所失物也云何持去乳母具言之李氏悲惋時人異之謂李氏子則祜之前身也云云○同列傳卷第九十五云鮑靚字太玄東海人也年五歲語父母云本是曲陽李家兒九歲墜井死其父母尋訪李氏推問皆符驗云云○湛私案曰今此夾

註混合乎羊鮑二人之事蹟而紀焉耳識環則祜之事而墜井則拔李許傳也是雖記背特之所致蓋以更生符驗之事所以頗相類同也

●劉昫唐書崔咸等　舊唐書列傳卷第一百四十文苑下云崔咸字重易博陵人祖安石父銳位於給事中云云初銳佐李抱眞爲澤潞從事有道人自稱盧老曾事隋朝雲際寺李先生預知過往未來之事屬河朔禁遊客銳館之於家一旦辭太息曰我歿當與君爲子因指口下黑子願以爲志咸之生也果有黑子其形郎盧老字之既冠棲心高尚志於林谿往往獨遊南山經時方還云云○又新唐書卷一百七十七列傳第一百二云崔咸字重易博州博平人元和初擢進士第又中宏辭云云太和八年卒咸素有高世志云云○私曰今夾註與舊唐書咸之本傳其文少有差異蓋以爲佳取其意不拘其言請思之

●澤潞節度李抱眞　新唐書卷一百三十八列傳第六十三李抱玉傳中云從父弟抱眞字太玄沈慮而斷抱玉屬以軍事云云遷殿中少監陳鄭澤潞節度留後既謝因言自姓勞逸在牧守願得一州以自試更授澤州刺史兼澤潞節度副使徙懷州乃爲懷澤潞觀察留後凡八年云云○一統志卷二十一載潞州澤州不煩紀之二州名首下各載李抱眞也

●口傷黑志　史記卷八高祖本紀云美須髯左股有七十二黑子正義曰許北人呼黶子吳楚謂之誌誌記也○又前漢書卷一上高帝紀註顏師古曰今中國通呼爲黶子吳楚俗謂之誌誌者記也○墨當作黑

揚之既上之諸賢推揚之如此諸君子宜更甚思之

今吾人之所以爲人者特資乎神明而然也神明之傳於人亦猶人之移易其屋廬耳舊說羊祜前爲李氏之子崔咸乃盧老後身若斯類古今頗有諸君故亦嘗聞之也

舊說卽晉書羊祜本傳云祜自言其前生是李氏之子因墜井而死在李氏家嘗埋金環於桑樹下遂自往取之果得其環劉昫唐書崔咸本傳云咸父銳嘗爲澤潞節度使李抱眞從事其時有客自稱盧老自言學道於隋朝雲際寺李先生每往來於澤潞銳常善待之一日臨別謂銳曰吾後世當爲君之兒郎自指其口傷黑志云以此爲證及生咸也而其口傷之志儼然風調舉措一如盧老如此事類古與今固多有之諸君子故嘗聞之也

以此而推之則諸君之賢豪出當治世是亦

▲以外物而自謬　藏本及文集謬字作繆

●條理　孟子萬章金聲也者始條理也註條理猶言脈絡

●探索　易繫辭上探賾索隱

▲落乎　藏本及文集落作苓

●稟靈爲於人　尚書泰誓上云惟人萬物之靈云云

●紛綸而多　文選卷四十八司馬長卿封禪文云紛綸威蕤湮滅而不稱者不可勝數也註善曰紛綸亂貌韓曰紛綸威蕤言衆多也○又後漢書卷八十三逸民列傳第七十三井丹傳云京師爲之語曰五經紛綸井大春註紛綸猶浩博也○又文選卷五十四劉孝標辨命論云天闕紛綸莫知其辨註良曰紛綸言多也云云

乘昔之神明而致然也又烏知其昔不以佛之法而治乎神明邪於此吾益欲諸君審其形始姑求其中不必徒以外物而自謬

以前羊祜崔咸二事推之則諸君子賢俊豪傑出當今治平之世是亦乘夙世之神明修鍊乃致如此既神明資於修鍊又何知諸君夙世不以佛法而修理其神明邪既如此矣吾更欲諸君審詳其受形之始而探索其心之中不須慮以外事聲名

而自迷謬

今爲書而必欲勸之者非直爲其法也重與諸君皆稟靈爲人殊貴於萬物之中而萬物變化落乎紛綸唯人爲難得諸君人傑愈難得也

今爲勸書必欲勸勉諸君子者非只自爲吾法也乃尊重與諸君子皆稟靈爲於人也人生殊貴於萬物含生之中而萬物變化落然而出紛綸而多唯是人之一類爲

●人之豪傑　前漢書卷一上高帝紀云沛中豪桀吏云云同卷一下同紀云子房蕭何韓信三者皆人傑吾能用之註師古曰傑言桀然獨出也○史記卷八十九陳餘列傳云不成封侯之業者非人豪也云云○豪韻會豪韻呼刀切淮南子智過百人謂之豪又彊也健也○傑韻會屑韻巨列切徐按傑謂傑出也韻會藝也才過萬人也集韻俊也廣韻英傑特立也荀子註倍万人曰傑白虎通賢万人傑文國策註才出千人曰傑通作桀

▲請郎人事　藏本及文集郎下有以字

▲諸君少取　藏本及文集取下有焉字

●變化死生　淮南子卷七精神訓云故形有摩而神未嘗化者以不化應化千變万抮而未始有極註摩滅猶死也神變歸於無形故曰未嘗化化猶死也不化者精神化者形骸○化者復歸於無形也不化者與天地俱生也云云

●惚恍　老子經卷上孔德之容章第二十一云孔德之容唯道是從道之爲物唯恍唯惚惚兮恍其中有象恍兮惚其中有物云云註希逸曰唯恍唯惚言道之不可見也云云○又肇論新疏卷下涅槃無名論云大道恍惚窈冥其中有精若無聖人誰與道遊註有無難象故云恍惚○藏本音釋云惚呼骨切恍呼廣切惚恍不明貌

▲折吾福矣　藏本矣字作也文集與此同○藏本并文集也字下有然字

▲損益陰德者　藏本并文集無者字

▲必宜思之　藏本及文集宜下有須字

難得諸君人之豪傑轉爲難得

然此亦死生鬼神之惚恍不足擅以爲諭請郎人事而言之幸諸君少取

如此上之所言者皆是變化死生鬼神惚恍之說不足專以爲譬諭也惚恍表無中之有顯象也今請便以人事而言之幸諸君少爲採取

夫立言者所以勸善而沮惡也及其善之惡之當與不當則損益歸乎陰德今閭巷之人欲以言而辱人必亦思之曰彼福德人也不可辱之辱則折吾福矣佛縱不足與世聖賢豈不若其閭巷之福德人邪今詆訶一出則後生末學百世效之其損益陰德者亦必宜思之

夫立言爲文章以傳道者其所以勸勉爲善而止沮爲惡者也及其稱人善惡當理不當理而此損益之罪福則歸屬於陰德如今里閭巷陌之人欲以言而毀辱於人必亦且思之云彼是有福德之人若毀辱之恐損折吾福德矣佛縱然不足以厠預其世儒聖賢之人豈便不及閭巷福德之凡人也詆訶毀罵之詞一出於口則後生末學之儒必百世遞相倣傚其損益己之陰德君子又稍宜思度之

●褒貶　左傳序發義指行事以正褒貶注良曰善者褒之惡者貶之

▲此又未可多貶　藏本及文集貶下有也字

●韓文外集等　韓文外集卷二答劉秀才論史書劉秀才或云名軻字希仁集中不他見公是時爲史館修撰劉作書以勉之云云六月九日韓愈白秀才辱問見愛教勉以所宜務敢不拜賜愚以爲凡史氏褒貶大法春秋已備之矣云云孔子聖人作春秋辱於魯衞陳宋齊楚卒不遇而死齊太史氏兄弟幾盡左丘明紀春秋時事以失明司馬遷作史記刑誅班固瘦死陳壽起又廢卒亦無所至王隱謗退死家習鑿齒無一足崔浩范曄亦誅魏收夭絕宋孝王誅死足下所稱吳兢亦不聞身貴而今其後有聞也夫爲史者不有人禍則有天刑豈可不畏懼而輕爲之哉云云若無鬼神豈可不自心慚愧若有鬼神將不福人僕雖騃亦粗知自愛實不敢率爾爲也云云

昔韓退之不宜爲史益懼其褒貶不當而損乎陰德也故與書乎劉生曰不有人禍則有天刑又曰若有鬼神將不福人彼史氏之褒貶但在乎世人耳若佛者其道德神奇恐不啻於世之人也此又未可多貶

昔韓退之不宜爲史書益是懼其褒貶善惡不當自損乎陰德也此即韓文外集有與劉秀才論史書云爲史者不有人之禍患亦必有天之刑罰又曰若果有鬼神賞善罰惡將不能致福謂恐畏有貶斥善人乃招鬼神之禍今爲史之家或褒或貶者但只在世間之人耳若佛者大聖人其道

其德及其神通變化無方者慮亦不啻如
世之凡人耳如此諸君子又未可多多耶
斥之
列禦寇稱孔子嘗曰丘聞西方之有大聖人
不治而不亂不言而自信不化而自行蕩蕩
乎民無能名焉使列子妄言耶已如其稍誠
聖人固不可侮也
晉列子禦寇著書稱孔子嘗云丘聞西方
之國有大聖人此乃謂佛也其法亦不務
治於世亦不苟亂於世雖然不喋喋而言
人自信奉之不渠渠苟行其教而人自信
稟之其蕩蕩廣大而民人不能名狀彼列
子若妄謬爲此言則休如其稍詳且實則
佛聖人諸君固不可輕侮也
勸書第三篇
余嘗見本朝楊文公之書其意自謂少時銳
於仕進望望常若有物礙於胸中及學釋氏
之法其物縣然破散無復蔽礙而其心泰然

▲如其稍誠　藏本及文集稍作稱誠字下有則字。私曰與夾註弁系則蓋稍字可字

●晉列子禦寇著書等　列子卷上周穆王篇云商太宰見孔子曰丘聖者歟孔子曰聖則丘何敢然則丘博學多識者也商太宰曰三王聖者歟孔子曰三王善任智勇者聖則丘弗知曰五帝聖者歟孔子曰五帝善任仁義者聖則丘弗知曰三皇聖者歟孔子曰三皇善任因時者聖則丘弗知商太宰大駭曰然則孰者爲聖孔子動容有間曰西方之人有聖者焉不治而不亂不言而自信不化而自行蕩蕩乎民無能名焉丘疑其爲聖弗知眞爲聖歟眞不聖歟商太宰嘿然心計曰孔丘欺我哉註希逸曰此章似當時已有佛之學托夫子之名而尊之也西方之人出於三皇五帝之上非佛而何然則佛之書入於中國雖在漢明帝之時而其說已傳於天下久矣不治而不亂者言其用世無治亂之迹也不言而信不化而行以誠感人也云云

●喋喋　史記卷百二張釋之列傳云豈斅此嗇夫諜諜利口捷給哉註晉灼曰音牒索隱曰漢書作喋喋喋喋多言也。前漢書卷五十張釋之傳有此語也

●渠渠　毛詩秦風權輿章云於我乎夏屋渠渠箋云屋具也渠渠猶勤勤也

●蕩蕩　論語註疏卷八泰伯篇云蕩蕩乎民無能名焉註包曰蕩蕩廣遠之稱言其布德廣遠民無能識其名焉

▲勸書第三篇　藏本及文集無篇字

▲縣然　藏本音釋云縣音剝皮破散也。文集校訛云縣當作爆

▲楊公資此　藏本及文集楊下有文字

故楊公資此終爲良臣孝子而天下謂其有
大節
余嘗見本朝楊億侍郎謚文公所著之文
有與李維內翰之書其意自言其少盛之
時勇銳求於仕進望勤切若有物爲礙
於心胸之間及其參學佛釋氏禪要之法
謂其心中所导之物縣然破散縣破自不
復更有障礙也其心遂便安泰乃然故楊
文公藉此禪法正治其心遂爲忠良之臣

●楊億侍郎謚文公　宋史三百五列傳卷第六十四云楊億字大年建州浦城人云云億生有毛被體長尺餘經月乃落能言母以小經口授隨即成誦七歲能屬文對客談論有老成風云云天禧二年冬拜工部侍郎云云四年十二月卒年五十七云云性耿介尚名節多周給親友故廩祿亦隨而盡留心釋典禪觀之學云云○普燈錄卷二十三賢臣部載楊文公傳傳中有參廣慧璉禪師機緣語句不煩繹之○私案宋史傳中不載論文公之事但載於金湯編傳中也公嗣法廣慧璉

●李維內翰　宋史二百八十二列傳卷第四十一云李維字仲方第進士爲保信軍節度推官云云權爲翰林學士累遷中書舍人以疾辭出知許州復入翰林爲學士承旨加史館修撰云云○僧寶傳卷十六廣慧璉傳中云大年嘗書寄內翰李公維敍師承本末其詞曰病夫夙以頑惷獲受獎顧預聞南宗之旨久陪上國之遊動靜咨詢周旋策發俾其刳心之有詣而之無惑者誠出席間床下矣云云太年假守茲郡適會廣慧禪師實嗣南院念云云齋中務簡退食多暇或坐邀而至或命駕從之請叩無方蒙滯俱釋半歲之後曠然弗疑如忘忽記如睡忽覺平昔礙膺之物曝然自落積劫未明之事廓爾現前固亦決擇之洞分應機之無疑矣云云○內翰事文類聚新集卷二十翰林學士歷代沿革唐開元二十六年始以翰林供奉改稱學士迎用益重而禮遇益親至號爲內相又以爲天子私人云云○事物紀原卷四內翰下云又陸贄傳贄入翰林雖外有宰相主大議而贄常居中參裁可否時號內相則是其稱自陸贄始也由此今亦呼翰林學士爲內相亦曰內翰

●望望　禮記註疏問喪篇云其往送也望望然汲汲然如有追而弗及也註望望瞻望之貌

▲尚清靜　藏本靜作淨文集同此

●祥符天禧　祥符與天禧共宋第三主眞宗年號也大中祥符者九年而改元天禧者五年而改元也

●諫大夫泌　宋史三百六列傳卷第六十五云謝泌字宗源歙州歙縣人自言晉太安二十七世孫少好學有志操云云遷太常少卿右諫議大夫判吏部銓大中祥符五年卒年六十三泌性端直然好方外之學疾革服道士服端坐而卒帝聞而歎異云云○大夫且見于類聚新集卷二十一左右諫議大夫歷代沿革下也

●査道待制　宋史二百九十六列傳卷第五十五云查道字湛然歙州休寧人云云道幼沈嶷不群寡言笑喜親筆硯云云侍母渡江奉養以孝聞母嘗病思鱖羹方冬苦寒市之不獲道泣禱于河鑿冰取之得鱖尺許以饋又刲臂血寫佛經母疾尋愈後數年母卒絶意名宦遊五臺將落髮爲僧云云大中祥符元年歸直史館遷刑部員外郎預脩册府元龜三年進秩兵部爲龍圖閣待制云云天禧二年五月卒詔聞眞宗軫惜之云云淺信内典平居多茹蔬或止一食默坐終日服玩極於卑儉云云○琅耶代醉編卷三十張十二引國老談苑云查道性淳古早寓常州艮山寺躬事薪水以給衆常衣巨衲不復洗濯以育蚤虱晩年待制龍圖閣朝列伏其重德咸謂之査長老云云○待制類聚遺集卷二龍圖閣歴代沿革宋朝大中祥符中建龍圖閣在會慶殿西偏北連禁中閣東曰資政殿西曰述古殿閣上以奉太宗御書御製文集及典籍圖書寶瑞之物會要有學士直學士待制直閣學士大中祥符三年置以杜鎬爲之班在樞密直學士之上云云會要

▲吾亦然也　藏本及文集然下有之字

●資尹待制洙　宋史二百九十五列傳卷第五十四云尹洙字師魯河南人少與兄源俱以儒學知名舉進士云云又徙晋州遷起居舍人直龍圖閣知潞州云云徙監均州酒税感疾沿牒至南陽訪醫至年四十七云云洙内剛外和博學有識度尤深於春秋云云

●南陽鄧州　一統志卷三十一南陽府建置沿革秦取韓地自漢江以北置南陽郡治宛以其在中國之南而居陽地故曰南陽○同鄧州三下云鄧州註在府城西南

純孝之子而天下之人傳其有忠孝大節

抑又聞謝大夫泌與查道待制甚通吾道故其爲人能仁賢其爲政尚清靜而所治皆有名迹

抑又嘗聞祥符天禧之間本朝有謝大夫泌與查道待制甚通達吾佛法祕密禪要之道故其爲人能仁善賢明其臨官政則崇尚清淨無爲德化而所治理之處皆有能名善迹

及謝大夫之亾也沐浴儼其衣冠無疾正坐而盡

及謝泌大夫將無身也則沐浴儼雅其衣冠無疾端坐而盡

資尹待制師魯死於南陽其神不亂士君子皆善師魯死得其正吾亦然也

又資尹待制洙字師魯本龍圖閣直學士其時或相傳爲龍圖閣待制師魯死在南陽鄧州其神識不紊亂天下上君子皆美

二百二十里本春秋時鄧侯國云云

▲錢塘　藏本及文集塘作唐○一統志卷三十八杭州府領縣九下云錢塘縣○又輟耕錄卷九云錢唐二字其來甚遠按史記始皇本紀至雲夢浮江下丹陽至錢唐臨浙江上會稽立石刻頌秦德西漢地理志亦有錢唐縣今唐字從土則訛矣蓋以錢易土及捐錢築塘等事皆傅會之辭耳註世說者已然況後世乎

●節度　具載于事文類聚外集卷五也

●推官　見于類聚外集卷十三也

●朱君名炎　宋史列傳中不見朱炎之傳也○普燈錄卷二十二賢臣上云節推朱炎居士嘗問義江禪師云未審此身死後此心何往江曰此身未死此心何往公契旨述偈曰四大不須先後覺六根還向用時空難將語默呈師也只在尋常語默中江曰更須吐卻

●知府　見于類聚外集卷十總管府下也

●范資政　蓋范仲淹也○宋史三百十四列傳卷第七十三云范仲淹字希文唐宰相履冰之後其先邠州人也後徙家江南遂爲蘇州呉縣人云云仲淹亦自請罷政事乃以爲資政殿學士陝西四路宣撫使知邠州其在中書所施爲亦稍稍沮罷以疾請鄧州進給事中徙荊南鄧人遮使者請留仲淹亦願留鄧許之尋徙杭州再遷戸部侍郎徙靑州會病甚請潁州未至而卒年六十四贈兵部尚書謚文正云云○資政類聚遺集卷二張四載資政殿大學士并資政殿學士也

●診候　診韻會軫韻上忍切説文診視也又候脉曰診史記倉公傳診脉震韻直刃切視也徐按診脉言視脉也

師魯死亾得其正理吾勸書者亦以其是也

及資朱從事炎於錢塘聞其所以然益詳朱君善方脉嘗師魯疾革而范資政命朱夜往候之尹待制即謂朱曰吾死生如何朱君曰脉不可也而師魯亦謂朱曰吾亦自知吾命已矣

洎相會遇朱氏來錢塘爲其州節度推官朱君名炎即其時知府范資政之所辟命

也因聞尹待制死亾益更詳審朱君前任鄧州職官亦預范資政幕下范公嘗師魯病時適知鄧州朱君善能方脉嘗尹師魯疾危急時而范尚書資政請命朱君夜往診候其疾尹待制即問朱曰吾脉死生如何朱對曰脉候不可救也而尹師魯亦謂朱君曰吾自知吾命盡矣

因説其素學佛於禪師法昭者吾乃今資此及其夕二鼓屏人遂隱机而終

▲吾乃今資此 藏本及文集此下有也字
●汝州法昭禪師 續燈卷四云汝州寶應禪院法昭演教禪師問如何是人法本來齊師云自牛耕大地觸目是金眞云云○傳中不載師魯來參之語句請竢後撿也師乃嗣葉縣省省嗣首山念念嗣風穴沼沼嗣南院顒顒嗣興化奬○汝州其見于一統志三十南陽府領州下也
▲隱杌 藏本及文集杌作几
●三更 顏氏家訓下或問一夜何故五更更何所訓答曰漢魏以來說有甲夜乙夜丙夜丁夜戊夜又云鼓一鼓二鼓三鼓四鼓五鼓皆以五爲節也
▲尹氏退說 未見其書
▲迥光 文集作廻光藏本同此
▲然而佛之法 藏本及文集然下無而字

師魯因而說其素嘗學禪法於汝州法昭禪師自以我今死之不亂乃是資賴此之禪學也及其夜三更乃屏去侍人遂即凭隱杌案而終

余勉見尹氏退說與其送迥光之序驗朱從事之言是也

勸書者其後因見尹師魯文集有退說者及其送僧迥光之序遂自說學禪於法昭禪師乃得其心安然因此校驗朱從事前

所言之是也不妄

然而佛之法益人之生也若彼益人之死也如此孰謂佛無益於天下乎而天下人人默自得之若此四君子者何限

然佛之法利益人之生也如彼楊謝查三大夫忠孝仁賢及其爲政清靜利益人之死也如此尹待制死得其正誰云佛法入中國無益於天下乎而天下之人各各默自心得其法如前四君子等何有數限

▲父益其慈 藏本及文集慈作善字私按與夾註并讀則慈乃可乎
▲稍以十善修 藏本及文集無修字
●潯陽江州 見于一統志卷五十二九江府下也
●周懷義 雲臥紀談卷上十二張云自雲端和尚住潯陽能仁新其堂與寄略記其實曰古之稱善知識者蓋專以祖法爲務云云愚嘉祐丙申孟夏自圓通應命來攀茲席雖不揆其實而至止患其法堂廚舍悉皆頹圮有風雨不堪之憂何足以容衆而繼人之後者哉已而往州人周氏懷義大新其堂明年有慕開來者又新其廚然後風雨不足憂而徒衆得以安爲周氏素遷於吾教不欲書以自與愚謂廚眘出諸遠近之人不書之無以嘉其善乃俾以之道刻於廚壁云云巳亥九月十七日住持沙門守端述云云
●治平 宋第五主英宗年號乃四年而改元矣
●無恙 事物紀原卷十廿九張琅邪代醉編卷三十九十五六張蠏耕錄卷四十五六張中引用諸書而出之不煩紀焉

至乃以其五戒十善陰自修者而父益其慈子益其孝夫婦兄弟益其和抑亦衆矣

至乃天下之人以五戒十善五戒十善名數義理已見原教解內陰默自修行者父增慈子增孝夫婦兄弟增其和睦者如此益又其多矣

余昝見潯陽之民曰周懷義者舉家稍以十善修慈孝仁惠稱於鄉里鄉人無相害之意雖街童市豎見周氏父子必曰此善人也皆

不忍欺之

余勸書者昝時嘗見潯陽江州之人名周懷義者其人至今治平中年逾八十尚存無恙其一家稍稍以十善修行其家門仁義慈惠稍揚於其鄉里其鄉邑之人亦無相害周氏之意雖街游之童兒市行之豎子豎字避國諱凡見周氏之父子皆謂此純善之人也不忍以詐妄之事相欺

吾嘗謂使天下皆如周氏之家豈不爲至德

之世乎

吾勸書者自謂使天下一一皆如周氏之家修行十善豈得不爲上古含孚淳朴適自無爲至極上德之時世耶

夫先儒不甚推性命於世者蓋以其幽奥非衆人之易及者也未可以救民之弊

夫先世儒賢不甚推說其性命之理於世者蓋此理幽微深奥非凡衆之人之所易到也未可以此理救乎民俗之衰敝也

●堅字避諱

●適自　蓋寶作自適字顛倒乎

始以禮義統乎人情而制之若其性與神道恐獨待乎賢者耳語曰回也庶幾乎屢空不其然哉

且以禮樂仁義統攝其人情而制禦之若其性命與乎神理之道處聖人唯待于賢者乃可傳耳屢空論語先進篇云爾正義謂孔子以聖人庶幾之善道並教六子而猶尚不能知於庶幾善道者屢每也空猶虛中也其於庶幾每能虛中唯回者言唯

▲不其然哉　藏本及文集哉作乎

●論語先進篇等　論語註疏卷十一先進篇云柴也愚參也魯師也辟由也喭子曰回也其庶乎屢空賜不受命而貨殖焉億則屢中注言回庶幾聖道雖數空匱而樂在其中云云一曰屢猶每也空猶虛中云云也以聖人之善道教數子之庶幾猶不至於知道者各內有此害其於庶幾每能虛中者唯回懷道深遠不虛心不能知道云云正義曰此章孔子歷評六弟子之德行中失也云云其說有二一云屢數也空匱也言回庶幾聖道雖數空匱貧窶而樂在其中是美回也云云一曰屢猶每也空猶虛中也言孔子以聖人之善道教數子之庶幾猶不至於知道者云云又正義曰云以聖人之善道教數子之庶幾者言孔子以聖人庶幾之善道並教六子也云猶不至於知道者各內有此害者言聖人不倦並教誨之而猶尚不能至於知幾微善道者以其各自內有愚魯辟喭之病害也云其於庶幾每能虛中唯回者言唯顏回每能虛其中心知於庶幾之道也云懷道深遠不虛心不能知道者此解虛中之由由其至道深遠若不虛其中心則不能知道也

顏回每能虛其中心知於庶幾之道也聖人之言如此不其是乎

今曰三代時人未有大佛法之說豈不以其心而爲人乎曰何必三代三皇時未有乎孔氏老子之言其人豈不以心而爲君臣父子夫婦乎

今或有人難曰夏商周三代之時其人未嘗有佛教法之言其時人人豈不各以其心而爲生人乎勸書者對曰如此言之何

▲何必三代　藏本及文集代下有如字

▲未有乎　藏本無乎字

文集同此藏本及文集孔氏孔字上有夫字

必三代之久如往昔千遠在萬代之上之時世而爲人皇有三皇九皇之者三皇則伏羲神農黃帝之時亦未嘗有孔子老聃所言之教道其時之人豈盡不以其心爲君臣爲父子夫婦乎

夫君子於道當精麤淺深之不宜如此之混說也佛豈直爲世不以其心而爲人邪蓋欲其人愈至而愈正也

夫君子者乃是勸書者戒勸難家謂大凡

●九皇　史記唐司馬貞補記三皇本紀云人皇九頭乘雲車駕六羽出谷口兄弟九人分長九州各立城邑凡一百五十世合四万五千六百年○綱鑑補卷一三皇紀云人皇氏一姓九人繼地皇氏以治相厥山川分爲九區人居一方故又曰居方氏當是時也萬物羣化淳風汚穆主不虛王臣不虛貴政教君臣所自起飮食男女所自始並號九皇氏兄弟九人合四萬五千六百年○又見于十九史卷一太古下也

▲泰山有鳥　藏本鳥作嶌恐刊誤乎文集同此　▲曾崖　藏本作嶒崕文集同蓋文集校記云曾當作層　▲所生愈適　文集愈作逾藏本同此

▲泰山有鳥巢於曾崖等　廣弘明集卷二十七十五張　劉孝標東陽金華山栖志云夫鳥居山上層巢木末魚潛淵下窟穴泥沙豈好異哉蓋性自然也云云

▲其所託愈高等　唐太宗御製聖教序云譬夫桂生高嶺零露方得泫其華蓮出綠波飛塵不能汚其葉非蓮性自潔而桂質本貞良由所附者高則微物不能累所憑者淨則濁類不能沾夫以卉木無知猶資善而成善況乎人倫有識不緣慶而求慶云云

●泰山者　風俗通卷十五嶽下云東方泰山詩云泰山巖巖魯邦所瞻尊曰岱宗岱者長也萬物之始陰陽交代雲觸石而出膚寸而合不崇朝而偏雨天下其惟泰山乎故爲五嶽之長云云○爾雅註疏卷七釋山第十一云河東岱註岱宗泰山疏案周禮職方氏河東曰兗州其山鎮曰岱山云云一名岱宗一名泰山○又見于一統志卷二十三兗州府下也

●峻極　毛詩註疏卷十八之三大雅崧高篇云崧高維嶽駿極于天傳駿大極至也箋下註駿音峻○中庸云大哉聖人之道洋洋乎發育萬物峻極于天註朱曰峻高大也

●弋繳射也等　論語註疏卷七述而篇云弋不射宿註孔曰弋繳射也正義曰云弋繳射也者夏官司弓矢云矰矢茀矢用諸弋射註云結繳於矢謂之矰矰高也茀矢象焉茀之言刜也二者皆可以弋飛鳥刜羅之也然則繳射謂以繩繫矢而射也說文云繳謂生絲爲繩也○弋韻會職韻弋逸職切說文𢌿繳射飛鳥也本作隿○繳韻會藥韻說文繳生絲縷也廣韻矰繳也增韻弋箭繫之也

●筌罩　周易略例明象云筌者所以在魚得魚而忘筌也云云○韻會先韻筌取魚竹器或云積柴水中使魚依而食一曰魚笱○同效韻罩陟教切說文𦊅捕魚器也徐按爾雅籗謂之罩註捕魚籠也詩烝然罩罩註李巡曰編細竹以爲罩無竹則以荊謂之楚籗云云

●孟子盡心章云爾等　孟子註疏卷十三下盡心章句上云孟子曰孔子登東山云云註趙氏曰所覽大者意大觀小者志小也○淮南子卷二俶真訓云夫目察秋毫之末耳不聞雷霆之聲耳調玉石之聲目不見太山之高何則小有所志而大有所忘也云云

▲爲可任人情　藏本及文集文今此本文亦共同作爲可然據夾註則蓋爲可當作嗚呼

君子於道義當探其事理或精麤或深或淺不宜如汝之言混濫無別佛岱止爲世人不以其心爲人也蓋欲人聞道愈至而所修更至聞道愈正而所修更正也

泰山有鳥巢於曾崖木末而弋者不及千仞之淵有魚潛於深泉幽穴而筌者不得蓋其所託愈高而所棲愈安所潛愈深而所生愈適

泰山者取諭如泰嶽乃天下衆山之尊最爲峻極今有飛鳥又巢棲於其山之高崖樹杪而射弋者不能及之弋繳射也謂以生絲爲繩繫矢而射也千仞淵水亦最爲深沖今有游魚又潛伏於其淵之深泉幽穴而筌罩者不可得之筌罩皆取魚具也此蓋其所託愈高而所棲息轉安穩所潛愈深而所生養轉安且樂

孟子曰孔子登東山而小魯登泰山而小天下此言諭道至矣

此孟子盡心章云爾其注云所覽大者意大觀小者志小而孔子此言譬喻於道所見大小甚至其理也

吾答與人論此而其人以名矜以氣抗雖心然之而語不即從夫抗與矜人情而心固至妙嗚可任人情而忽乎至妙之心其亦昧矣諸君賢達無爲彼已昧者也

勑書者答曾與學問之人語論此之道理而其人以名位相矜以氣勢相抗其人雖心默自伏之而其語不即相從夫抗傲矜夸乃是人之愛惡之情耳而其心法固是至妙之理嗚呼嘆息其學習之人恣任情僞而自忽略其至妙之心是人乃其迷昧者也今爾諸君子自是賢明疏達之人不可復爲彼前時之既已迷昧者也

夾註輔教編勑書要義第三　終

▲廣原敎　藏本題號下小字書有弁叙二十六篇之六字○湛私曰二十六之六字恐當作五歟　●廣者演也　韻會養韻廣古晃切說文廣殿之大屋也从广黃聲一曰闊也廣韻大也○韻會銑韻演以淺切說文長流也一曰水名从水寅聲

集韻又廣也○字彙又廣也延也○文選卷四十一司馬子長報益州刺史任少卿書曰蓋文王拘而演周易註良曰演廣也○私曰題號廣字之例如大藏內有大乘五蘊論及廣五蘊論又百論及廣百論也又梁僧祐嘗撰弘明集壹部十四卷至唐朝南山道宣撰廣弘明集三十卷今此廣原敎亦蓋斯類例歟但有入與而撰同或入撰俱全乎

▲廣見　見于前原敎中云佛皆繫而惠之之下也

夾註輔敎編廣原敎要義第四

住杭州佛日山嗣祖明敎大師契嵩

編弁註

廣原敎

廣者演也演大乎原敎發明如來設敎之大意也敎之義已見於前此廣原敎弁其序文總有二十五篇

叙曰余昔以五戒十善通儒之五常爲原敎急欲解當世儒者之訾佛若吾聖人爲敎之

▲丹丘長吉　一統志卷四十七台州府古蹟下云丹丘　注在寧海縣南九十里吳葛玄煉丹處晉孫綽賦仍羽人於丹丘是也○鐔津文集卷十一載送梵才吉師還天台詩叙云夫爲佛者修出世之道因以淸淨自守與俗不接非以其敎道推於世勸於人豈宜遂遂與於世間游乎梵才大師以詩鳴於京師曉識天台敎觀栽道一朝思以佛事以勸縉紳先生之徒前年來浙西淮甸間所過卿大夫有名聲於人者皆樂從其事不避百數此非精誠篤志推尊於聖人眞敎道妙何能得仁賢君子如是之多耶云云吾偉乎吉師之所爲故歌以贈其歸詞曰若人之來兮賢俊攜逝若人之歸兮勝事告成春色佳兮春風輕擊雲袖兮趨遙征台山崚嶒兮氣象淑淸云云○私案曰丹丘長吉者蓋梵才吉師歟其所棲之地亦天台人也

大本雖槩見而未暇盡言

叙曰此叙之所云也我廣原敎者往昔之年嘗用佛敎人天乘之五戒十善通乎儒之五常仁義謂之原敎急切欲解當時儒者毀訾佛法耳如吾佛聖人作爲大敎之所以然雖已一槩見於前之原敎猶未遑究盡而言之

意待別爲書廣之原敎傳之七年會丹丘長吉遺書勸余成之雖屬草以所論未至焚之

▲屬草　史記卷八十四屈原列傳云懷王使屈原造爲憲令屈平屬草稾未定漢曰屬猶草藁謂創制憲令之本藁也上官大夫見而欲奪之○前漢書卷四十八賈誼傳云賈誼雒陽人也年十八以能誦詩書屬文稱於郡中師古曰屬謂綴輯之又同傳云適草具其儀法師古曰草謂創造之○草韻會皓韻云又文藁曰草

●刱　韻會漾韻刱說文刱造也刱業也廣韻初也通作創○字彙刱楚浪切音創初也造法刱業也

▲師華嚴經　華嚴經疏演義鈔卷五懸談七十張云第二化儀前後者今辨如來一代時敎略爲十門一本末差別門二依本起末門三攝末歸本門四本末無礙門五隨機不定門六顯密同時門七一時頓演門八寂寞無言門九該通三際門十重重無盡門云云二依本起末門此有五類謂初爲菩薩說大二爲

本意實待別作書而廣傳之原敎傳布四方更七年適會台州丹丘沙門長吉惠書相勸我成就之雖屬草稾級詞義已畢尚以其所議論者未爲詣極遂燒弃之

適就其書幾得乎聖人之心

適今果成就其書僅得乎佛聖人立敎之意

始余爲原敎師華嚴經先列乎菩薩乘蓋取其所謂依本起末門者也師智度論而離合

緣覺三爲聲聞四爲善根發生五爲邪定如出現品日照高山及三千初成喻中廣辨其相皆明先大後小約法名從本起末以於一佛乘分別說三故十八本二普人乘出故約機各是一類之機非約三機前後大小云云三攝末歸本門者依無量義初時說小大說中乘後時說大故法華亦云初轉四諦深密緣智難復三若云云不同皆先小後大○具如懸談中所紀不煩錄之

▲師智度論　智度論卷十三張　同卷四十六張九七具載之不煩紀之

▲有體裁　文選卷五十沈休文宋書謝靈運傳論云延年之體裁明密云云註善曰體裁制也裁字彙牆來切音才𠛮也製也又裁度也又昨代切音在亦制也又鑒別也楊升菴曰音才者裁制裁度是也音在者風裁體裁是也

乎五戒十善者也

始我作原敎之時乃師則華嚴經先列乎菩薩乘取其本疏所謂依本起末門者也

師法智度論而開合乎五戒十善者也

然立言自有體裁其人不知頗相誚訝當時或爲其改之

然其立言之家自有其體宜裁決其局執疏鈔之人不相能多有誚讓譏訝當彼之時或已爲其改之

▲從華嚴之所謂攝末歸本門　出於前也又見疏鈔卷一下張七也
▲旨哉　尚書註疏卷十說命中云王曰旨哉說乃言惟服傳旨美也美其所言皆可服行○書大全註云旨美也古人於飲食之美者必以旨言之蓋有味其言也○又揚子法言卷一學行篇出旨哉二字而註云旨美也　●輪王十善世法　俱舍世間品第三之五張九云從此第一明輪王出現下頌曰輪王八萬上金銀銅鐵輪一二三四洲逆次獨如佛他迎自往伏諍陣勝無害相不正明圓故與佛非等釋曰從此洲人壽無量歲至八萬歲有輪王出此王由輪旋轉應道威伏一切名轉輪王金銀銅鐵輪應別故謂鐵輪王王一洲界銅輪王王二洲界銀輪王王三洲界金輪王王四洲界輪王如佛無二俱生唯一出現依薩婆多十方世界唯有一佛依經部宗十方世界許十方佛論有相破壞而不叙此四輪王威定諸方亦有差別謂金輪王諸小國王各自來迎作如是請我等國土安穩富樂多諸人衆唯願天尊親垂教敕我等皆是天尊賓從若銀輪王自往彼土彼方臣伏若銅輪王至彼國已宣威競德彼方推勝若鐵輪王亦至彼國現威列陣尅勝便止一切輪王皆無傷害令伏得勝已各安其所君勸化令修十善業道故輪王必定得生天經說輪王有七種寶一者輪寶二者象寶三者馬寶四者珠寶五者女寶六者主藏臣寶七者主兵臣寶如諸輪王非唯七寶與餘王別亦有三十二大士相與餘王別問若爾輪王與佛何別答佛大士相處正明圓王相不然故有差別○大婆■百八十二舊三十一乾子經第三

今書乃先列乎人天乘亦從華嚴之所謂攝末歸本門者也

今書即此廣原教也乃特先列乎人天乘亦取華嚴疏所謂攝末歸本門者也

旨哉五戒十善則不復出其名數

旨哉是歎其微祖所成原教前本先列菩薩乘及開合五戒十善者實有深旨而淺昧者不能知之其先列菩薩乘者蓋原佛本自菩薩乘而起此一代時教也其以五戒收攝十善者就不飲酒一戒便攝不癡一善也蓋欲尊佛所制雖小乘五戒已能統攝輪王十善世法矣意示此五戒與彼五常深淺自形耳今其開合之文雖已改矣不復列此然惜其有深意姑言之耳

吾所以爲二書者蓋欲發明先聖設教之大統以諭夫世儒之不知佛者

我所以爲原教廣教之二書者蓋欲發明乎先佛聖人設教大統以曉諭夫世之儒

▲大統　尚書註疏卷十一武成云惟九年大統未集○韻會宋韻統他綜切音與送韻痛同說文統紀也廣韻總也增韻綱也緒也總御也又禮記檀弓註疏云天統地統人統統本也○私曰發明設教之大綱之謂也
▲欲簡　尚書大全卷二大禹謨云臯陶曰帝德罔愆臨下以簡注簡者不煩之謂○論語註疏卷六雍也篇云仲弓問子桑伯子子曰可也簡正義曰簡略也言其人可也以其行能寬略故也○韻會潸韻簡賈限切一曰略也書註簡者寬大率略之名
▲枝辭蔓說　周易兼義卷八繫辭下云中心疑者其辭枝正義曰中心疑者其辭枝者枝謂樹枝也中心於事疑惑則其心不定其辭分散若間枝也○蔓韻會願韻說文蔓葛屬廣韻瓜蔓又延也又翰韻莫半切集韻枝長莊子攬蔓其枝○墨子修身篇云慧者心辯而不繁說
▲章句者存焉　前漢書卷八十七下揚雄傳下張九云離散其文章句尚不存焉○文選卷四十五揚雄解嘲云當其無事也章句之徒相與坐而守之亦無所患注向日章句之徒謂文儒之人也
●簡當　簡見于前也○當韻會陽韻當都郎切廣韻又敵也直也主也又漾韻丁浪切主也禮記樂記注當謂不失其所○私曰簡當之當者蓋如至當允當宜當之類也
●四教　天台四教儀云言八教者頓漸秘密不定藏通別圓是名八教頓等四教是化儀如世藥方藏等四教名化法如辨藥味云云○佛祖統紀卷三轉法輪下明八教云化儀四教是如來化物之儀式故喻如藥方化法四教是衆生除病之法度故喻如藥味云云　●五教　華嚴經疏演義鈔懸談卷五張廿六云今初以義分教教類有五即賢首所立廣有別章大同天台但加

人不知佛者

故其言欲文其理欲簡其勢不可枝辭蔓說

故其立言欲有文章其理致欲取簡當其述作之勢不可又枝蔓其詞說若曲細辨別乎諸經所屬四教五教當是何教之義者則有疏鈔者在焉

若曲辨乎衆經之教義則章句者存焉

知余議余其原教廣原教乎

若其人或知我專用涅槃經隨人隨意隨時及他經論所云佛許比丘隨便不依文第擇取經中要義安比文句等例此例備見下文尊僧篇也以爲此輔教五書以扶于教法者或其不知而譏我不一一取乎經語而自用己之文義者盡在此原教與廣原也

廣原教凡二十五篇總八千三百餘言是歲丙申也振筆于靈隱永安山舍

廣原教大凡有二十五篇都計八千三百

頓教。今先用之後總會通有不安者頗爲改易○言五教者一小乘教二大乘始教三終教四頓教五圓教○初即天台藏教○二始教者亦名分教以深密第二第三時教同詮定性二乘俱不成佛故今合之總爲一教此既未盡大乘法理故立爲初有不成佛故名爲分○三終教者亦名實教定性二乘無性闡提悉當成佛方盡大乘至極之說故立爲終以稱實理故名爲實上二教並依地位漸次修成故總名漸○四頓教者但一念不生即名爲佛不依地位漸次而說故立爲頓如思益云得諸法正性者不從一地至於一地楞伽云初地即爲八乃至無所有何次等不同前漸次位修行不同於後圓融具德故立名頓頓詮此理故名頓教天台所以不立者以四教中皆有一絕言故今乃開者頓顯絕言別爲一類離念機故即順禪宗○五圓教者明一位即一切位一切位即一位是故十信滿心即攝五位成正覺等依普賢法界帝網重重主伴具足故名圓教○已下約所說法相等文長故不煩紀具應就本疏見之又見于起信疏序中也

▲知余議余　孟子滕文公下篇云孔子懼作春秋春秋天子之事也是故孔子曰知我者其惟春秋乎罪我者其惟春秋乎○史記卷四十七孔子世家云孔子曰後世知丘者以春秋而罪丘者亦以春秋

●涅槃經隨人隨意隨境　南本涅槃經卷三十一迦葉菩薩品二十四五張云善男子如來世尊爲衆生故廣中說略略中說廣第一義諦說爲世諦說世諦法爲第一義諦云何名爲廣中說略如告比丘我今宣說十二因緣云何名爲十二因緣所謂因果云何名爲略中說廣如告比丘我今宣說苦集滅道苦者所謂無量諸苦集者所謂無量煩惱滅者所謂無量解脫道者所謂無量方便云何名爲第一義諦說爲世諦

如告比丘吾今此身有老病死云何名爲說世諦爲第一義諦如告憍陳如汝得法故名阿若憍陳如是故隨人隨意隨時故名如來知諸根力善男子我若當於如是等義作定說者則不得稱我爲如來具知根力

▲是歲丙申也　宋第四主仁宗嘉祐元年乃當丙申也

▲靈隱永安山舍　一統志卷三十八杭州府寺觀下載靈隱寺注在武林山晉咸和初建寺有觀風臺白猿洞見山冷泉五亭云云○私曰一統志不載永安宜重撿之

●精舍　要覽卷上住處部云精舍注釋迦譜云息心所棲曰精舍○藝文類集云非由其舍精妙良由非精練行者所居也

▲廣原教要義第一篇　藏本及文集無此八字并第二篇已下亦同

▲惟心之謂道闡道之謂教等　湛私曰蓋此章者模倣乎中庸首章天命之謂性之文勢也○孟子告子操則存舍則亡出入無時莫知其鄉惟心之謂與

▲甚乎　論語述而云子曰甚矣吾衰也久矣吾不復夢見周公

▲謬其本　藏本謬作繆

●一眞法界　名義卷五法寶衆名篇云達磨馱都此云法界妙樂云所詮無外故名法界賢首云依生聖法故云法界清凉云法界者一切衆生身心之本體也起信云心眞如者即是一法界大總相法門體云云

●言心則約生義　起信論疏上一云所言義者則有三種云何爲三一者體大謂一切法眞如平等不增減故二者相大謂如來藏具足無量性功德故三者用大謂能生一切世間出世間善因果故一切諸佛本所乘故一切菩薩皆乘此法到如來地故○又同上二阿黎耶識下云此識有二種義能攝一切法生一切法云云

●言道則約通義　四教儀卷一十七張四諦下云所言道者能通爲義戒定智慧能通至涅槃故名爲道○法界次第卷中對十七明四諦下云四道諦道以能通爲義正道及助道是二相扶能通至涅槃故名爲道○周易兼義卷七繫辭上云成性存存道義之門正義曰道謂開通也○揚子法言卷三問道篇云或問道曰道也者通也無不通也

●一眞法界　法藏起信懸談云五重者初唯一心爲本源即華嚴經一眞法界然華嚴所宗雖四法界而彼疏云統唯一眞法界謂寂寥虛曠沖深包博總該萬有即是一心云云

餘言是歲當丙申發筆在于靈隱寺之永安山精舍

廣原教要義第一篇

惟心之謂道闡道之謂教教也者聖人之垂迹也道也者衆生之大本也甚乎群生之謬其本也久矣

惟心之謂道闡道之謂教標立其端也教也者聖人之垂迹也道也者衆生之大本也此釋上之標立也甚乎群生之謬其本也久矣此歎息也廣教大旨在茲二節特重列其本文而逐節釋之下諸篇所申不可例此此下正解上二節意○惟心之謂道也者心即紇利陀耶四種心之乾栗陀耶心也梵語乾栗陀耶此云堅實心亦云眞實心即眞實心也四種心義備見於壇經贊內然此眞實心即一切衆生淸淨本覺亦名佛性亦云靈覺亦是一眞法界大道亦心也言心則約生義言道則約通義

●通洞　肇論注疏卷五涅槃無名論云萬累都損故與道通洞疏凡注曰洞者通也事與理同故曰與道通洞○釋名卷四釋言語云通洞也無所不貫洞也

●凡聖融通因果無礙　圓覺經大疏卷三之下十八云所言一實境界者謂衆生心體從本已來不生不滅自性清淨無障無礙平等普徧無所不至圓滿十方究竟一相以一切衆生心一切聲聞辟支佛心一切菩薩心一切諸佛心皆同不生不滅無染寂靜眞如相故

●道亦理也　韻會皓韻道杜浩切又廣韻理也衆妙皆道也

●法也法亦心也　起信論上之一云依於此心顯示摩訶衍義疏釋其法名謂依此一心宗本法上顯示大乘三大之義故名此心以爲法也

●謂其有軌持之義不失自分也　圓覺大疏卷之一十五張釋人方廣下云方者就法得名方是也軌持爲義軌生物解任持自性持自性者一切衆生皆有本覺雖流浪六道受種種身而此覺性不曾失滅生解者衆生信入知見雖因善友開示然其智解從覺性生如木之潤生穀等芽非從種生不從水土故

●稍起信論云等　起信論疏卷上之一云已說因緣分次說立義分摩訶衍者總說有二種云何爲二一者法二者義所言法者謂衆生心是心則攝一切世間法出世間法依於此心顯示摩訶衍義何以故是心眞如相即示摩訶衍體故是心生滅因緣相能示摩訶衍自體相用故　●闡訓明也　周易兼義卷八繫辭下云夫易彰往而察來而微顯闡幽注闡明也○韻會銑韻闡齒善切廣韻大也明也又先韻稱延切集韻闡也明也　●清淨無礙之道　起信論上之二云是心從本已來自性清淨而有無

生謂能生世出世一切善不善法通謂通洞世出世一切凡聖情與無情善惡皆生迷悟同體故皆謂之心也凡聖融通因果無礙故皆謂之道也又道亦理也法也法亦心也謂其有軌持之義不失自分也稱起信論云所言法者謂衆生心也故曰惟心之謂道也闡道之謂教也者闡訓明也佛既先圓悟乃憫衆生迷此清淨無礙之道特爲其發明之遂示是聲教也教也者

聖人之垂迹也者教即佛無漏圓音發演其能詮二諦之教乎佛大聖人乃垂示此以爲其接引之事也夫本是所依之理迹是能依之事如人依處住則有行往之蹤跡由處有跡尋跡得處譬尋教能依之事迹乃得道所依之理本道也者衆生之大本者也道即清淨本始之二覺也此清淨覺心即是衆緣假合而生者其所稟圓徧法界體無邊涯絕諸分量非揀小之大乃

明爲無明所染有其染心雖有染心而常恒不變○圓覺大疏卷之三之下十九云清淨心者菩提心中大智心也直心正念眞如故清淨矣

●佛無漏圓音　起信上之一云所謂如來在世衆生利根能說之人色心業勝圓音一演異類等解則不須論疏結成不假論也色心圓音即三業矣一音及圓音者有二初如來一音說一切法無不顯了故名圓音華嚴云如來於一語言中演出無邊契經海二如來同一切音故云圓音華嚴云一切衆生語言法一言演說盡無餘以一切音即一音故云一音一音即一切音故云圓音二一語音徧窮生界而其音韻恒不雜亂若音不徧則是音非圓若音等徧失其韻曲則是圓非音今不壞曲而等徧不動徧而差韻此是如來圓音非是心識思量境界耳

●發演其能詮二諦之教　天台維摩經玄義疏卷四張二十明不思議本迹義略爲五意一約理事明本迹者此經云從無住本立一切法今明不思議理事爲本迹者理即不思議眞諦之理爲本事即不思議俗諦之事爲迹由不思議眞諦之理本故有不思議俗諦之事迹尋不思議俗諦之事迹得不思議眞諦之理本是則本迹雖殊不思議一也二約理教明本迹者此經云三轉法輪於大千其輪本來常清淨今言不思議之理本即是不思議二諦之理事通名爲理理即本也不思議之教迹者即是大聖八音敷演不思議能詮二諦之教迹也所詮不思議二諦之理即是理本能詮之教即是事迹是則由理本故有教迹尋教迹以得理本本迹雖殊不思議一也　●夫本是所依之理等　維摩經玄義疏卷四張十九云所言本迹者本即所依之理迹是能依之事事理合明故稱本迹譬如人依住處則有行往之蹤跡也住處是所依能依之人有行往之跡由處有跡尋跡得處今以處譬所依之理本人依

行往之跡譬能依之事迹是則由所依之理本有能依之事迹尋能依之事迹得所依之理本本迹雖殊不思議一也○法華玄義卷第七一張云釋本迹爲六本者理本即是實相一究竟道迹者除諸法實相其餘種種皆名爲迹又理之與事皆名爲本說理說事皆名教迹也又理事之教皆名爲本稟教修行名爲迹如人依處則有行跡尋迹得處也又行能證體體爲本依體起用用爲迹又實得體用名爲本權施體用名爲迹又今日所顯者爲本先來已說者爲迹約此六義以明本迹也

●道即清淨本始之二覺也　起信疏卷上之二云所言覺義者謂心體離念離念相者等虛空界無所不遍法界一相即是如來平等法身依此法身說名本覺疏既是法身之覺理非新成故云本也○何以故本覺義者對始覺義說疏以對始故說之爲本答初意也又以本覺隨染生於始覺還待此始覺方名本覺○以始覺者即同本覺疏以至心源時始本無二一相故是故上文但云其覺答後意也又此始覺是本所成還契心源融同一體方名始覺故○始覺義者依本覺故而有不覺疏明起始覺之所由謂即此心體隨無明緣動作妄念○依不覺故說有始覺疏本覺內熏力故漸有微覺厭求乃至究竟還同本覺故下文云本覺隨染生智淨相者即此始覺也此文意明本覺成不覺不覺成始覺始覺同本覺以同本覺故則無不覺無不覺故則無始覺無始覺故則無本覺無本覺故平等平等離言絕慮是故佛果圓融蕭然無寄尚無始本之殊況有三身之異但隨物心現故說報化之用下文顯之○又以覺心源故疏染心之源謂性淨也又麤相之源謂生相也○名究竟覺疏始覺道圓同於本覺故也此在佛地○不覺心源故非究竟覺疏不了其源始未同本故也此在金剛已還

●衆緣假合而生者　首楞嚴義疏卷一下之二十三云則汝今者識精元明能生諸緣緣所遺者疏正顯也第八梨耶於諸識中最極微細名爲識精云云元明者本覺也云云從此變起根身種子器世間等名生諸緣○同卷二上云佛興慈悲哀愍阿難及諸大衆發海潮音徧告同會諸善男子我常說言色心諸緣及心所使諸所緣法惟心所現疏諸緣即總指色心

●絶無邊涯等　圓覺大疏卷一之二十五釋大方廣下云大者當體得名常徧爲義當體者不同法相宗揀小之大大外有小可揀猶是分限豈爲至大今以圓覺體無邊涯絶諸分量強名大也　心鏡云大者絶待之稱

絶待至大之理本也始先道而次教今却先諸分量非揀小之大乃絶待至大之理本也始先道而次教今却先教而次道者其文勢欲躡前而起後亦謂群生迷本必待設教引接方歸于道故却先教而次道意歟過劇乎衆生之迷悞此妙道大本者自無始而來迄至于今可謂久矣

聖人不作而萬物終昧聖人所以與萬物大明也心無有外道無不中故物無不顧道聖

●始先道至理本也　二十六字恐衍字歟

●自無始而來迄至于今　楞嚴義疏卷一之下云云何二種阿難一者無始生死根本則汝今者與諸衆生用攀緣心爲自性者疏正顯也衆生受身輪迴五道莫窮初際故云無始○同一下云由汝無始至于今生認賊爲子失汝元常故受輪轉○同二上云一切衆生從無始來迷已爲物失於本心爲物所轉故於是中觀大觀小○起信論下一云復次染法從無始已來熏習不斷乃至得佛後則有斷○瓔珞經使無法起故名無始

▲聖人不作而萬物終昧　易乾卦文言云子曰同聲相應同氣相求水流濕火就燥雲從龍風從虎聖人作而萬物覩

▲不棄物　老子經上善行無轍迹章二十七云是以聖人常善救人故無棄人常善救物故無棄物是謂襲明云云

▲聖人作興　論語注疏卷十七陽貨篇云日月逝矣歲不我與正義曰此陽貨勸孔子求仕之辭逝往也言孔子年老歲月已往不復留待我也○韻會語韻與演女切又待也論語歲不我與焉衍賦壽冉冉其不與

人不私道不棄物道之所存聖人皆與

聖人謂佛若不興作此之教法而衆生萬物之類終竟自溺其迷暗佛聖人所以與此迷昧衆生萬物爲大光明也一心之理圓包十方故云無外一心之道法界無邊故云無不中也是故十方法界無一事物而不圓預于道之中也佛稱法性而設教故不自私秘其道亦不弃遺彼一微細衆生亦云彼具一念微塵心之衆生凡其道

所在法界所統之處者佛聖人不復間其尊賤咸待以同德與稱待也

是故其爲教也通幽通明通世出世無不通也通者統也統以正之欲其必與聖人同德

緣此之故佛乃作爲其教通洞鬼神一切幽冥乃至天人之明顯者又通洞世間及出世間世間即上所謂天人等出世間即佛菩薩等出世之聖人也無有不通不貫也通者統也謂其爲教總統世出世之者

●待以同德　尚書泰誓上云同力度德同德度義○同泰誓中云予有亂臣十人同心同德雖有周親不如仁人

●一切幽冥至乃天人　至乃二字恐當作乃至○後漢書第十八註幽冥論淺遠也○淮南子第十之說山訓視之無形聽之無聲謂之幽冥

●廣大乃道之廣博等　圓覺大疏卷上二之一十六云廣博者此無盡之用一一同於覺性無有邊際無有分限○同表十五云常徧者常則竪通三世徧則横該十方竪者過去無始未來無終無有一法先之唯此先於諸法故名大也涅槃經云所言大者名之爲常横者十方窮之無有涯畔涅槃又云所言大者其性廣博猶如虛空○易繫辭上云夫易廣矣大矣以言乎遠則不禦以言乎邇則靜而正以言乎天地之間則備矣

●靈明亦法理冥靈寂照等　楞嚴義疏卷四上云汝常不聞如來宣說性覺妙明本覺明妙疏體相寂滅心言不能及故稱妙靈鑒不昧昏惑不能雜故名明妙明明妙左右言乎或可寂而常照故稱妙明照而常寂故曰明妙此顯法界一相眞覺無二○同卷六下云淨極光通達寂照含虛空却來觀世間猶如夢中事疏淨極謂滿淨解脫圓也光通達謂滿覺般若備也寂照謂眞理法身極也三德既圓三障水盡云云

●神而自得德無不備　易繫辭上云陰陽不測之謂神○又云神而明之存乎其人默而成之不言而信存乎德行○同下云精義入神以致用也利用安身以崇德也過此以往未之或知也窮神知化德之盛也　▲妄識　出入楞伽經第四

●五向　私曰蓋謂五趣也向者趣之義歟未見所出宜重檢之

並皆推正其法性欲其與諸佛同得涅槃之果德也

廣大靈明莫至乎道神德妙用莫至乎心循妄縛業莫甚乎迷本流蕩諸趣莫甚乎衆生知衆生之過患莫善乎聖人與萬物正本莫善乎設教

廣大乃道之廣博宏大横竪周徧無有窮極靈明亦法理冥靈寂照未嘗泯昧而具此二者舉十方世界無有至極者過乎此

道也神而自得德無不備妙以應用用而無窮具此二者亦舉十方世界無有至極者過乎此心也亦可道是出染聖法聖人以道而設教今先道乃尊佛之聖法也心是在障屬凡染淨未分必藉聖法引之乃辨故却以心次道變於上文也循從妄識以結業果舉十方世界亦無有過劇乎迷昧其本心者也爲業所引流轉漂蕩于五向之中者舉十方世界亦無有過劇于衆

●涅槃經云心若常者　此經文出於前也

●萬彙　白氏六帖千品萬彙

易乾卦彖曰時乘六龍以御天

●凝猶成也　禮記註疏卷五十二中庸云故曰苟不至德至道不凝焉鄭註云凝成也○又朱子註云凝聚也成也○韻會蒸韻凝疑陵切增韻結也一曰成也

●端猶頭也　禮記註疏卷二十二禮運云飲食男女人之大欲存焉云云故欲惡者心之大端也正義曰端謂頭緒飲食男女是人心所欲之大端緒也○同註疏卷五十二中庸云執其兩端用其中於民正義曰端謂頭緒

生者也此先死而後生者蓋就世間無常之見而言之耳亦涅槃經云心若常者不言若死若生之例也下皆倣此知一切衆生所以爲過失自致其死死生生輪轉而不休舉十方亦無有能知之者如佛之聖人也與彼衆生萬彙推正其本源妙心舉十方世界亦無有如佛能設爲其教法如此也

正固明明固妙妙固其道凝焉是故教者聖人明道救世之大端也夫教也者聖人乘時應機不思議之大用也

其心源既正正即清淨也以清淨故明以明了故妙而不可思議既到其不可思議之境故垂成其妙覺之道也發句云固也凝猶成也此所以知其爲教者乃是聖人推此發明其一心源之道以救度乎世俗至大之頭緒也端猶頭也夫教也者乃是重釋教之云也謂此教乃是佛大聖人乘

其宜說之時應其宜度之機亦是聖人不可思議無方之大用也

●無方之大用　維摩玄疏卷四張五云若實相智慧窮源盡性化用之功則彌綸法界無方大用究竟圓極也○易繫辭上云範圍天地之化而不過曲成萬物而不遺通乎晝夜之道而知故神無方而易無體

是故其機大者頓之其機小者漸之漸也者言乎權也頓也者言乎實也實者謂之大乘權者謂之小乘聖人以大小衍攬乎群機而幽明盡矣

是以聖人隨其所宜之機大者則以頓敎接之猶華嚴時爲法身大士宿世根熟天龍八部直說圓滿修多羅是也小者則以漸敎接之漸敎謂一時權假之法也猶鹿苑時爲憍陳等五比丘說四諦十二因緣等法輪是也頓者謂圓頓眞實之法也此眞實乃謂大乘此言一向是實猶法華經是也權假乃謂小乘此言一向是權猶化城引接是也乘之義解在原敎義內吾此說但以佛一敎大綱只是大小乘之權實耳如大智度論云聲聞經有三法印無常無我寂滅涅槃印小乘經一切大乘經但

●大者則以頓敎接之等　天台四敎儀集解卷上云初辨五時五味及化儀四敎然後出藏通別圓第一頓敎者卽華嚴經也從部時味等得名爲頓所謂如來初成正覺在寂滅道場四十一位法身大士及宿世根熟天龍八部一時圍繞如雲籠月爾時如來現盧舍那身說圓滿修多羅故言頓敎註法身者若從所證理性法身則此法身非色非心初住已上皆分證於毗盧遮那妙法身也若從能證事法身者則是十力四無所畏不共法等爲事法身初住已上皆分證也今文且在事法身乎亦遍理法身也大士者大非小也士事也運心廣大能建佛事故云大士亦云上士瑜伽論云無自利利他行者名下士有自利無利他名中士具自他行名上士大論以菩薩名大士亦開士皆覺觀以聲聞菩薩名大士金光明以佛爲大士諸文不同故須略知宿世根熟者夫衆生從佛受化皆有種熟脫三今此或從過去久種善根於近世熟今華嚴脫可以意知無勞委示天龍八部者天龍是八部攝總別兼擧故云天龍八部也亦如四禪八定耳云云部者部伍部署之義若四天王所領各一鬼神亦曰八部也云云總以別圓頓初而說三諦無缺故云圓滿修多羅也始從如是終至奉行皆名修多羅云云○四敎儀集註云法身大士破無明惑得無生忍捨生身已居實報土受法性身故曰法身上求下化建立大事故曰大士宿世根熟佛化衆生種熟脫三時時不廢諸種在久遠熟在宿世脫在今日天龍八部天龍別名八部總稱總別兼擧也云云六圓滿修多羅約圓實部上說釋籤云華嚴頓部正在圓兼中別俗修多羅翻契經聖敎之稱名

●小者則以漸敎接之等　四敎儀集解卷上云第二漸敎者次爲三乘根性於頓無益故不動寂場而遊鹿苑脫舍那珍御之服著丈六弊垢之衣示從兜率降下託摩耶胎住胎出胎納妃生子出家苦行六年已後木菩提樹下以草爲座成劣應身初在鹿苑先爲五人說四諦十二因緣事六度等敎註爲五人者人先見諦故人中具四衆故諸天於人中得道故先爲五人也初太子之入山也年始十九父王思念遣五人侍之所謂憍陳如頞鞞跋提十力迦葉拘利太子陳如十力此二母親餘三父親二人以欲爲淨三人以苦行爲淨太子勤行苦行二人捨之而去三人猶侍太子捨苦行還受飮食蘇油三人又捨之而去云云復更念曰昔五人侍我勞苦須先度之於是卽往波羅奈國鹿野苑中爲此五人說四諦敎更說十二因緣事六度等以化緣覺菩薩正施小化三乘具矣傍爲菩薩○四敎儀集註云五人頌曰頞鞞跋提并俱利此三屬在父之親陳如十力母之親初轉法輪先度此○私曰四諦十二因緣等具見于下廣原敎第二篇夾註中也

●猶化城引接是也　法華第七品化城喩品中文相分明不煩紀之

●乘之義解在原敎義內　見于第一卷原敎列五乘下人乘夾註中也

●如大智度論云聲聞經等　智度論卷二十二之一四張云通達無礙者得佛法印故通達無礙如得王印則無所留難問曰何等是佛法印答曰佛法印有三種一者一切有爲法念念生滅皆無常二者一切法無我三者寂滅涅槃行者知三界皆是有爲生滅作法先有今無今有後無念念生滅相續相似生故可得見知如流水燈炎長風相似相續故人以爲一衆生於無常法中常顚倒故謂去者常住是名一切作法無常印一切法無我諸法內無主無作者無知無見無生者無造業者一切法皆屬因緣屬因緣故不自在不自在故無我我相不可得故如破我品中說是名無我印問曰何以故但作法無常一切法無我答曰不作法無因無緣故不生不滅不生不滅故不名爲無常復次不作法中不生心著顚倒以是故不說是無常可說言無我有人說神是常遍知相以是故說一切法中無我寂滅者是涅槃三毒三衰火滅故名爲寂滅印○同卷八張云問曰佛說聲聞法有四種實摩訶衍中有一實今何以說三實答曰佛說三種實法印廣說則四種略說則一種無常卽是苦諦集諦道諦說無我則一切法說寂滅涅槃卽是盡諦復次有爲法無常念念生滅故皆屬因緣無有自在無有自在故無我無常無我無相故心不著無相不著故卽是寂滅涅槃以是故摩訶衍法中雖說一切法不生不滅一相所謂無相無相卽寂滅涅槃是念法三昧緣智緣盡諸菩薩及辟支佛功德

有一法印所謂諸法實相吾只據大小乘之理而云也若論大乘經亦有兼權權不獨在小乘者此自判諸經所屬之教也故吾此廣原教序云若曲辨乎衆經之教義則章句者存焉是也佛聖人用此大小乘收攬衆機之者幽道乃至鬼神異類明道乃至天人群生無有其不盡者也

預頓而聞漸預漸而聞頓是又聖人之妙乎天人而天人不測也

●如維摩經云佛以一音等　註維摩經卷一佛國品云爾時一切大衆覩佛神力歎未曾有合掌禮佛瞻仰尊顏目不暫捨長者子寶積即於佛前以偈頌曰云云佛以一音演說法衆生隨類各得解皆謂世尊同其語斯則神力不共法釋曰密口一音殊類異解　●智度論云有一會中或聞說布施等　智度論卷十一張云如說密迹金剛經中佛有三密身密語密意密一切諸天人皆不解不知云云語密者有人聞佛聲一里有聞十里百千萬億無數無量遍虛空中有一會中或聞說布施或有聞說持戒或聞說忍辱精進禪定智慧如是乃至十二部經八萬法聚各各隨心所聞是名語密　●法聚　名義集第四出　●如華嚴會中有二乘之智等　唐譯華嚴經卷六十入法界品三張云及與五百聲聞衆俱悉覺眞諦皆證實際深入法性永出有海依佛功德云云○同卷十五張云于時上首諸大聲聞舍利弗大目犍連摩訶迦葉離婆多須菩提阿㝹樓馱難陀劫賓那迦旃延富樓那等諸大聲聞在逝多林皆悉不見如來神力如來嚴好如來境界如來遊戲如來神變如來尊勝如來妙行如來威德如來住持如來淨刹亦復不見不可思議菩薩境界菩薩大會　乃至　菩薩諸行圓滿如是等事一切聲聞諸大弟子皆悉不見云云○同卷六十一入法界品十六張云時尊者舍利弗與六千比丘在前後圍繞出自住處來詣佛所頂禮佛足具白世尊世尊聽許右繞三匝辭退而去　四教儀集註卷上明頓教下云信解品云即遣傍人急追將還窮子驚愕稱怨大喚等此領何義答諸聲聞在座如聾若瘂等是也注徵此信解品文爲領何等之義答出華嚴擬宜也謂有耳不聞圓頓教故如聾有眼

如維摩經云佛以一音演說法衆生隨類各得解智度論云有一會中或聞說布施或有聞說持戒云云乃至十二部經八萬法聚各各隨心所聞是名語密是乃佛大聖人不思議力能令衆同在其頓說之中而得漸教之益如華嚴會中而有二乘之智或同其漸說之中而得頓教之益如鹿苑四諦會中而有得無生忍天台教化儀四教中判爲不定秘密教者其義是也此

不見舍那身以不見故不能讚歎故若瘂問玅玄十三十云華嚴初分永無聲聞今何云聲聞在座耶答華嚴不入二乘人手聲聞若聞華嚴則非聲聞故不可云有若據華嚴擬宜小機其最鈍根具經五味故不可云無是則顯對則無擬宜則有今四大弟子領解如來擬宜之時故云聲聞在座也

●如鹿苑四諦會中有得無生忍　同集註卷上明秘密教下云第三秘密教者如前四時中如來三輪不思議故或爲此人說頓或爲彼人說漸彼此互不相知能令得益故言秘密教　注　如釋籤一之十引大論釋大品經諸天子歎云我見閻浮提第二法輪轉今轉似初轉問初轉必今轉多云何以大獨小而言似耶答諸佛法輪有二種一者顯二者密初轉聲聞見八萬及一人諸菩薩見無量阿僧祇人得二乘無量阿僧祇人得無生忍無量阿僧祇人發無上道心行六波羅密阿僧祇人得初地乃至十地一生補處坐道場是名爲密文又云如別行玄記云若八萬諸天獲無生忍故云密去又大疏云利根人於三藏中宜聞常住聞即得解如初轉法輪時八萬諸天得無生忍乃是密教意○同明不定教下云第四不定教者亦由前四味中佛以一音演說法衆生隨類各得解此則如來不思議力能令衆生於漸說中得頓益於頓說中得漸益如是得益不同故言不定教也　注　蓋二類機俱世於頓有漸種於漸有頓種故今聞小證大聞大證小推功歸教教名不定矣如大經置毒發毒大論八萬諸天得無生忍等皆不定義

又佛之不可思議無漏圓音所出雖資發乎天之與人而其天人不能測度也聖人示權所以趣實也聖人顯實所以藉權也故權實偏圓而未始不相顧

佛垂示權教者所以導其趣向乎一實之道也佛顯彰實道者亦所以資賴乎權假之教也以故其權與實其偏與圓者實即一乘實教權即二乘權教不論大乘經亦有權者偏亦小乘偏眞之理圓則一乘圓

●相顧亦交相含攝之謂也猶禮記中庸云等　禮記註疏卷五十二中庸云言顧行行顧言君子胡不慥慥爾鄭氏註君子謂衆賢也慥慥守實言行相應之貌正義

曰言顧行者使言不過行恒顧視於行〇行顧言者使行副於言謂恒顧視於言也〇既顧言行相副君子何得不慥慥然守實言行相應之道也

●顯權冥權　洪覺範林間錄卷上四十八張云吾聞大聖應世成就法道其權非一有顯權有冥權冥權卽爲異道爲非道顯權則爲親友爲知識

●爲小息之處如化城喩　法華化城喩品文云導師多諸方便而作是念此等可愍云何捨大珍寶而欲退還作是念已以方便力於險道中過三百由旬化作一城告衆人言汝等勿怖莫得退還今此大城可於中止隨意所作若入是城快得安隱若能前至寶所亦可得去

●如大般若經云等　智度論卷四十一二十至二十三張釋往生品經舍利弗白佛言世尊云何菩薩摩訶薩法眼淨佛告舍利弗菩薩摩訶薩以法眼知是人隨信行是人隨法行是人無相行云云論釋曰所謂是人隨信行是人隨法行初入無漏道鈍根者名隨信行利根者名隨法行是人初依信力故得道名爲隨信行利根者名隨法行是人分別諸法故得道是名隨法行

●起信論云謂凡夫二乘等　起信論卷下二十二云此體用熏習分別復有二種云何爲二一者未相應謂凡夫二乘初發意菩薩等以意意識熏習依信力故而能修行論明其行劣凡小意識熏菩薩五意熏並未契眞如故　未得無分別心與體相應故未得自在業修行與用相應故　筆削記卷十四九張云三釋疏明行劣等者意識五意皆是妄心能所分別未稱平等眞如但依信力修進而隨順之

極之道也此等權實偏圓之敎未嘗不相顧視而相應副相顧亦交相含攝之謂也猶禮記中庸云言顧行行顧言君子胡不慥慥爾

權也者有顯權有冥權聖人顯權之則爲淺敎爲小道與夫信者爲其小息之所也聖人冥權之則爲異道爲他敎爲與善惡同其事與夫不信者預爲其得道之遠緣也顯權可見而冥權不測也

此權也者有二種一謂顯權一謂冥權其一若佛示明顯之權者則爲小乘淺漸之敎爲聲聞緣覺二乘小聖之道與夫具信根者爲小息之處如化城喩是也所謂信者竝該菩薩聲聞大小乘乃至凡夫者如大般若經云隨信行人若大論解云初入無漏道鈍根者名隨信行人起信論云謂凡夫二乘初發意菩薩等以意意識熏習依信力故而修行者今指聲聞之信力者

●潛興密應　圓覺大疏卷三一二十五張云此圓覺性本有過塵沙之妙用潛興密應無有休息無有窮盡〇盂蘭盆經疏云機感相投潛通密應故言秘也新記云不謀而自合故云潛密也

●肇法師所謂等　僧肇所撰註維摩經序云夫聖智無知而萬品俱照法身無象而殊形並應至韻無言而玄籍彌布冥權無謀而動與事會故能統濟群方開物成務利見天下於我無爲而惑者覩感照因謂之智觀應形則謂之身覩玄籍便謂之言見變動而謂之權夫道之極者豈可以形言權智而語其神域哉云云

●如立天地經云等　維摩經玄義疏卷一十六張云問曰諸論天人所有經書依何而造答曰法身菩薩住諸三昧生人天中爲天人師造論作諸經書如金光明經云五通之人作神仙之論諸梵天王說出欲論釋提桓因種種善論亦是初番悉檀之方便也故造立天地經云寶應聲聞菩薩示號伏羲以上皇之道來化此國又清淨法行經說摩訶迦葉應生振旦示名老子設無爲之教外以治國修神仙之術內以治身彼經又云光淨童子名曰仲尼爲赴機緣亦遊此土文行誠信定禮刪詩垂裕後昆云云〇灌頂法師涅槃經疏卷十二二張文字與六如清淨法行經云迦葉爲老子儒童爲顏回光淨爲孔子　廣弘明集卷八二十七張釋道安撰二敎論十二篇中服法非老第九云又清淨法行經云佛遣三弟子震旦敎化儒童菩薩彼稱孔丘光淨菩薩彼稱顏淵摩訶迦葉彼稱老子云云又云須彌四域經曰寶應聲菩薩名曰伏羲寶吉祥菩薩名曰女媧云云〇同卷十二二十二張釋明槃決破傅奕廢佛毀僧事八條中第七云故清淨法行經云摩訶迦葉化爲老子迦葉既是小心

也其二若爲冥密之權者乃其無方妙用潛興密應肇法師所謂冥權無謀是也此權或爲異道之師以化正彼道之類或爲他敎之主用他敎法以利于世如立天地經云寶應聲聞菩薩示號伏犧清淨法行經說摩訶迦葉應生震旦示名老子又云光淨童子名字仲尼此等是也亦爲愚善强惡二類之人與同其善惡之事猶起信云或爲知友同類以勸發或爲怨家怖之

以入道蓋欲與此無信根者預先作其當來得道久遠之因緣也亦猶起信所謂遠緣則久遠得度故此冥權而引起信外緣爲證者以彼諸佛菩薩善知識有慈悲願護之方便故也其顯示之權現於諸經敎是乃可見者也冥密之權在其妙用冥推密布是乃不可得而測度者也實也者至實也至實則物我一也物我一故聖人以羣生而成之也

老子又無大志法行之言信而非謬也孔子以術藝訓人禮敎齊俗少習利他漸學兼濟片同菩薩之利他也故淸淨法行經云儒童菩薩化作孔丘儒童既是大心孔丘復有兼濟法行之說理豈虛哉云云又同卷二十四張第八條云故須彌圖經云寶應聲菩薩化爲伏羲吉祥菩薩化作女媧儒童應化作孔丘迦葉化爲李老號德訖梟開士能儒誕孕國師云云○同卷十四張釋法琳所撰九箴云故二皇統化須彌四域經云應聲菩薩爲伏羲吉祥菩薩爲女媧居淳風之初三聖立言空寂所問經云迦葉爲老子儒童爲孔子光淨爲顏回興已澆之末云云○佛祖統紀卷四十九張入涅槃下引冢墓因緣經云時阿難請問如來般涅槃後云何殯葬佛言當如轉輪聖王葬法云云又云我此國土未來衆生亦葬火葬塔冢之葬其事爲多閻浮界內有振旦國我遣三聖在中化導人民慈哀禮義具足注止觀我遣三聖化彼眞丹輔行仁義先驅眞道後啓淸淨法行經光淨菩薩彼稱孔子迦葉菩薩彼稱老子月光菩薩彼稱顏回○歷代三寶紀卷四後漢譯經二十一張云淸淨法行經一卷○同卷十三大乘錄入藏目十九張淸淨法行經一卷○大藏目八十六函隋翻經沙門法經等所撰衆經目錄卷二十四張淸淨法行經一卷○同函隋翻經沙門及學士等所撰衆經目錄卷四張淸淨法行經一卷○同卷三張造天地經一卷○同函唐沙門明佺等所撰武周刊定衆經目錄卷七小乘單譯經目十二張淸淨法行經一卷右西晉代竺法護譯出達摩鬱多羅錄○同卷十四見定流行入藏錄卷下二十張造天地經一卷○私曰現所流布之藏板經直書一及聖敎目錄中不載於上件二經也

●猶起信云或爲知友等　起信論卷下三云如是外緣有無量義略說二種云何爲二一者差別緣二者平等緣差別緣者此人依於諸佛菩薩等從初發意始求道時乃至得佛於中若見若念或爲眷屬父母諸親或爲給使或爲知友或爲冤家或起四攝乃至一切所作無量行緣以起大悲熏習之力能令衆生增長善根若見若聞得利益故此緣有二種云何爲二一者近緣速得度故二者遠緣久遠得度故云云

冠注輔敎編卷四　十九

此實也者非是常常之事實也乃是眞如不妄不變一心極實最勝之實諦也若此至實之理則萬法與我之已靈爲一也萬法與已既一聖人故亦以衆生此之一道而成其聖果也

語夫聖人之權也則周天下之善徧百家之道其救世濟物之大權乎語夫聖人之實也則旁礴法界與萬物皆極其天下窮理盡性之大道乎

▲旁礴　莊子卷一逍遙遊篇云之人也之德也將旁礴萬物以爲一世蘄乎亂注旁礴猶混同又廣被也又旁礴與旁魄通文選卷四十八司馬長卿封禪文云旁魄四塞雲布霧散註義曰張揖曰旁魄布衍也翰曰旁魄通達也言德澤通達於四方云云○前漢書卷五十七司馬相如傳中載封禪文云旁魄四塞註師古曰旁魄廣被也○前漢書卷八十七下楊雄傳中解難云獨馳騁於有亡之際而陶冶大鑪旁薄群生註師古曰旁薄猶言溥薄也○藏本音釋旁礴註礴白各切旁礴廣被也

▲窮理盡性之大道乎　周易兼義卷九說卦云和順於道德而理於義窮理盡性以至於命正義曰蓍數既生爻卦又立易道周備無理不盡聖人用之上以和協順成聖人之道德下以治理人倫之正義又能窮極萬物深妙之理究盡生靈所禀之性物理既窮生性又盡至於一期所賦之命莫不窮其短長定其吉凶

●天下乃四大　乃字恐當作及字歟　●拯救　拯字恐當作救字歟

●依生聖法　起信論卷上三云心眞如者即是一法界疏依生聖法故云法界中邊論云法界者聖法因義故也○筆削記七云依生上二釋法界諸有聖法依此生故即菩提涅槃十力四無所畏等是聖人所證所得之法故名聖法云云因義者法爲聖法界即是因能生聖法故云法界

●旁礴猶通洞耳　與前所引之文選封禪文翰註云旁魄通達也義相通同矣　●取起信論云等　起信論上一云言眞如者亦無有相謂言說之極疏立名分齊也疑云既絕名相但假立客名者何故不立餘名而唯云眞如耶釋云眞如者是言說之極謂此名之後更無有名則諸名之中最後邊際故攝論中十種名內眞如是第十究竟名故云極也

●極亦訓中　尚書註疏卷十二洪範云次五曰建用皇極傳皇大極中也凡立事當用大中之道正義曰皇大釋詁文極之爲中常訓也凡所立事王者所行皆是無得過與不及常用大中之道詩云莫匪爾極周禮以爲民極論語允執其中皆謂用大中也○毛詩註疏卷十九周頌思文章云立我烝民莫匪爾極傳極中也正義曰北極以居天之中故謂之極是爲中之義也

語論上二種之權也者則周匝此一小天下乃四大天下其所有之意徧滿彌八乎異道與此百家諸子其所有之法也如此乃是其拯救世間生滅妄業所累重大之機權乎若語論上一實眞如之道也者則通洞乎無邊法界依生聖法故云法界旁礴猶通洞耳謂常與世間萬法之者咸預乎一乘之圓極也以極字起例者蓋取起信論云唯是一心故名眞如言眞如者亦

冠注輔敎編卷四　二十

無有相謂言說之極極亦訓中即中道也篇首以惟心之謂道標立牢以一心眞如之中極結末所以明其始終也此可謂天下窮極妙理究竟法性無有對待之大道也此當言天上天下十方世界窮理盡性之大道今只言天下且順乎世間之聞見耳

聖人者聖人之聖者也以非劣生而示劣示生與人同然而莫睹其所以然豈古神靈叡

▲莫睹　藏本睹作覩覩與睹同
▲博大　莊子卷十天下篇云常寬容於物不削於人可謂至極關尹老聃乎古之博大眞人哉　●引經例已見上文　首卷原敎云死固因於生也註中引涅槃經而論焉　●涅槃經云菩薩等　南本涅槃經卷十一聖行品十四張云迦葉菩薩摩訶薩亦復如是不願生天以生當有老病死故是以俱棄曾無受心凡夫愚人不知老病死等過患是故貪受生死二法云云〇又見北本經卷十二聖行品八張也北本者受心作愛心貪受作貪愛
●菩薩猶有變易生死　成唯識論卷八二十張云生死有二一分段生死云云二不思議變易生死謂諸無漏有分別業由所知障緣助勢力所感殊勝細異熟果由悲願力改轉身命無定齊限故名變易無漏

智博大盛備之聖人乎

謂唯佛聖人也此聖人乃出世三乘十地等覺聖人之中尤爲其聖人也非獨於世之聖人中其爲尤聖者也世間之心著於無常佛乃以眞常不死不生示變滅於兜率天上現生於淨飯聖王之家與天與人同其死生如此彼天彼人不可得見其所以如此也文亦欲順其無常之見故曰死生引經例已見上文或問曰天上亦有生

死耶曰有涅槃經云菩薩不願生天以生當有老病死又菩薩猶有變易生死又大論云天中死人中生人中死天中生以故知菩薩示死於天上而現生於人間也如此之人豈非是自古卽大圓體起大神用妙覺幽靈叡聖明智廣大充備之大聖人者耶

故其爲敎有神道也有人道也有常德也有奇德也不可以一槩求不可以世道擬議得

定願正所資感妙用難測名不思議〇又三藏法數卷六十六張出二種生死出唯識論一分段生死二變易生死因移果易名爲變易謂聲聞緣覺菩薩雖離三界內分段生死而有方便等土變易生死如初位爲因後位爲果又後位爲因後後位爲果以其因移果易故名變易生死
●又大論云天中死等　智度論卷十六五張云菩薩得天眼觀衆生輪轉五道廻旋其中天中死人中生人中死天中生天中死生地獄中地獄中死生天上天上死生餓鬼中餓鬼中死還生天上天上死生畜生中畜生中死生天上天上死還生天上地獄餓鬼畜生亦如是云云　●大圓體　圓覺大疏卷二十六二張云廣圓者滿足周備此外更無一法覺者虛明靈照無諸分別念想故　●大神用　文選卷四十六任彥昇撰王文憲集序云非虛明之絕

不可窮者其唯神用者乎註曰固非其致心絕遠之境也然其不可窮究者其唯神明之用者乎非此所能論之　●叡聖明智　周易兼義卷七繫辭上云古之聰明叡知神武而不殺者夫正義曰古之聰明叡知神武之君謂伏羲等云云　●廣大充備　同繫辭下云易之爲書也廣大悉備有天道焉有人道焉有地道焉云云　▲一槩　楚辭離騷九章之語見于前原敎也　▲擬議　易兼義卷七繫辭上云擬之而後言議之而後動擬議以成其變化正義曰聖人欲言之時必擬度之而後言也欲動之時必議論之而後動也云云　▲有神道也　易兼義卷三觀卦彖曰觀天之神道而四時不忒聖人以神道設敎而天下服矣正義曰神道者微妙無方理不可知目不可見不知所以然而然謂之神道云云〇文

在於心通失在於迹較

是故其所爲敎乃有神道也者神力神理之謂也順世文言故云神道耳謂佛自不測之理起其變轉之用欲以警動天人使之敬信稟其說敎法華經云如來一切神力亦智度論云此神十方三世諸佛及諸賢聖求之不可得此意是也有人道也者此乃是佛以五戒敎人修所生之人道也華嚴經攝末歸本所謂人天乘此意是也

有奇德也者卽上神力所變奇詭之德也有常德也者卽上五戒具世敎仁義禮智信五常之德也又奇德者亦佛奇特最勝三界無對果上三德之德也常德者亦佛不變不易恒常湛寂涅槃斷果之德也然佛之敎有如此之道德不可輒以世敎一世人道常德之說輒以世間拘局見聞輕而擬之議之佛之敎道其所以爲得在於心自通悟其所以爲失在於輒以世間形

選卷二十陸士龍大將軍宴會被命作詩云神道見素遺華反質〇同卷四十六王元長三月三日曲水詩序云設神理以景俗敷文化以柔遠註善曰神理猶神道也〇同卷任彥昇王文憲集序云公乘理照物動必研幾當時嗟服若有神道　●不測　易繫辭之語出于前也　●法華經云如來一切等　法華經卷七如來神力品第二十一云以要言之如來一切所有之法如來一切自在神力如來一切秘要之藏如來一切甚深之事皆於此經宣示顯說註一切力者通達無礙具八自在此結妙用也　●智度論云此神等　智度論卷二十五二十一張云如是諸法皆說是神此神十方三世諸佛及諸賢聖求之不可得但憶想分別強爲其名諸法亦如是皆空無實但假爲其名云云　●斷果之德也　見于前原敎中人乘下衣

詳三聚戒下也

▲四諦　法界次第卷中四諦初門下云此四通言諦者諦以審實爲義此四諦法門正爲聲聞人從聞生解故必須措教詮理令明教理不虛故云審實也云云

述者而詳校度量之也

廣原教要義第二篇

治人治天莫善乎五戒十善修夫小小聖小聖莫盛乎四諦十二緣修夫大大聖以趨乎大大聖莫盛乎六度萬行

修理其必生於人道天道者莫勝於五戒十善五戒十善名數已見於原教修理其必證夫小小聲聞中小緣覺之二聖果也無有隆盛於四聖諦十二因緣也四諦者

●一苦諦謂二十五有至聲聞之上　此等數行引大藏内第百七十五函天台一卷四教義并註也但彼書此文作世二支侵除無除字餘皆與此文同矣

●四果　佛藏經第四○集異門足論第十六出

一苦諦謂二十五有依正二報也二集諦謂積集無明之種子又云見思惑也三滅諦謂滅前苦集明偏眞理也四道諦謂略則戒定慧廣則三十七道品也以此道修成聖預位者一初果曰見道二則二果三果曰修道三則四果曰無學道此上四果隨其斷惑淺深或盡未盡而分其位次高下耳十二因緣者一無明謂煩惱障煩惱道也二行謂業障業道此支屬過去也三

●習氣　無礙論卷六唯識論卷二述記二○又出大論八十四

識謂託胎一分息氣也四名色謂名是心色是質也五六入謂六根成此胎中也六觸謂出胎也七受謂領納前境好惡等事從識至受名現在五果也八愛謂愛色男女金銀錢物等事也九取謂凡見一切境皆生取著心此二未來因皆屬煩惱如過去無明也十有謂業已成就是未來因屬業道如過去行也十一生謂未來受生事也十二老死也緣覺人因觀此十二因緣

●一曰檀波羅蜜等　法界次第卷下六波羅蜜初門云此六通云波羅蜜者並是西土之言秦翻經論多不同今略出三翻一云事究竟或翻云到彼岸或翻云度無極云云菩薩乘此六法能從二種生死此岸到二種涅槃彼岸謂之到彼岸云云　一檀波羅蜜檀那秦言布施云云　二尸羅波羅蜜尸羅秦言好善好行善道不自放逸是名尸羅或受戒行善或不受戒行善皆名尸羅云云　三羼提波羅蜜羼提秦言忍辱内心能安忍外所辱境故名忍辱云云　四毗梨耶波羅蜜毗梨耶秦言精進於法勤行善法不自放逸謂之精進云云　五禪波羅蜜禪秦言思惟修一切法攝心繫念學諸三昧皆名思惟修也云云　六般若波羅蜜般若秦言智慧照了一切諸法皆不可得而能通達一切無擬名爲智慧云云○又見于智度論卷十一至十七也

先生次滅覺眞諦理故名緣覺又名獨覺此人斷三界見思與聲聞同更侵除習氣乃居聲聞之上同是漸教耳修理乎菩薩大聖人必向入乎佛大大聖之域境者無有隆盛於六度萬行也六度者即六波羅蜜也一曰檀波羅蜜檀梵語檀那此云布施波羅蜜此云到彼岸下五波羅蜜所翻皆然二曰尸波羅蜜梵語尸羅此云好善謂好行善道不自放逸受戒不受戒皆名

●此岸彼岸　大論第六十四出

尸羅三曰羼提波羅蜜羼提此云忍辱謂能安忍外所辱境也四曰毗梨耶波羅蜜毗梨耶此云精進謂欲樂勤行善法不自放逸也五曰禪波羅蜜此言思惟修謂一切攝心繫念學諸三昧也六曰般若波羅蜜般若此云智慧照了一切諸法皆不可得而通達一切無礙也謂菩薩乘此六法度生死海此岸到大涅槃彼岸也萬行者謂菩薩能於此六法通達一切佛法而遍

▲夫五戒　藏本戒字下有十善二字

▲隆殺　文集作降殺

▲則小聖　藏本小聖下有小小聖三字

●又大論云說重等　智度論卷十三三十二張云復次四種口業中妄語最重復次妄語心生故作餘者或故作或不故作復次但說妄語已攝三事復次諸善法中實爲最大若說實語四種正語皆已攝得復次白衣處世當官理務家業作使是故難持不惡口法妄語故作重事故不應作○私曰說重者等語非大論全文蓋據上所引文而取意也應與下大智度論云下所引金光明文句文併看焉

修諸行爲其具足方便也

夫五戒者離之所以致天合之所以資人語其成功則有勝有劣語其所以然則天人之道一也夫四諦十二緣者離之則在乎小聖合之則在乎小小聖語其成功則有隆殺語其乘之則小聖同道也

五戒數如前離若開也五戒者謂其不妄語之一元攝口四以俗不能護口略制其一又大論云說重者是妄語則已攝三若

●不飲酒之一等　智度論卷四十六七二張云十善爲總相戒別相有無量戒不飲酒不過中食入不貪中杖不加衆生等入不瞋中餘道隨義相從云云○同論卷十三不飲酒戒下曰酒有三十五失中曰三十三者種狂痴因緣云云又偈中曰酒失覺知相身色濁而惡智心動而亂慚愧已被劫失念增瞋心失歡毀宗族如是雖名飲實爲飲死毒不應瞋而瞋不應笑而笑不應哭而哭不應打而打不應語而語與狂人無異奪諸善功德知愧者不飲○又偈曰實諦不飲酒正命以淨心云云

●大智度論云飲酒是邪命等　金光明經文句卷一六十五張云開合五戒大有所闕云云又對十善殺盜淫是身三妄語攝口四飲酒攝意三俗不能護口略制一不妄語釋論云說重者是妄語則已攝三飲酒是邪命自活增益恚癡出世以智慧爲首生死以三毒爲根若能禁酒是防止意地三毒長養出世智慧也是爲開五戒出十善云云○法智記禮同文句記云六十一張云俗不能護口者以五戒制在家衆故口分四過俗護誠難故但制一飲酒是邪命自活者以酒資身不遵正戒名爲邪命云云○湛私曰夾註云大智度論云飲酒云云案大論無載此全文但大論卷十三三十三張明妄語下數語與今此所引文句義趣相似焉矣故以天台取意之釋使曰大智度論云者也請應與大論併讀也文句者乃天台大師所撰也

●開四諦等　四教集解卷中云值佛出世稟十二因緣教所謂十二無明云云十二老死此是所滅之境與前四諦開合之異耳云何開合謂無明行愛取有此之五支合爲集諦餘七支爲苦諦也云云

開此不妄語之一則爲不綺語爲不兩舌爲不惡口之三者也不飲酒之一元攝意三大智度論云飲酒是邪命自活增益恚癡出世以智慧爲首生死以三毒爲根若能禁酒是防止意地三毒長養出世智慧也若開此不飲酒之一則爲不貪爲不恚爲不癡三者與前身三不殺不邪淫不盜是爲十善也此所開之十善所以能置其生乎天趣也若却收合此之十善復爲五

戒者所以資籍其生乎人趣也語論其所生之功德則有天勝人劣之差降也語論其五戒十善之所以而然者則此天人之道是一致也夫四聖諦及十二因緣者若開四諦之集諦則成十二緣之無明行愛取有之五支又開四諦之苦諦則成十二緣識名色六觸受生老死之七支也此則在乎緣覺小聖之所修者也若合十二緣復其四諦之苦諦集諦者此則在乎小小

●降殺　禮記註疏卷五十二中庸云親親之殺尊賢之等禮所生也正義曰五服之節降殺不同是親親之衰殺云云○同禮器云有曲而殺也有經而等也○同襍記云母在不稱背類云云註疏中出降殺字也○莊子註疏天運篇云民有爲其親殺其殺而民不非註殺降也言親疏有降殺也○韻會點韻殺字下云怪韻所戒切亦降殺周禮註殺衰小之也

●猶涅槃經云等　南本涅槃經卷三十一迦葉菩薩品二十五張云善男子我諸弟子聞是說已不解我意唱言如來說十二緣定是有爲云云○同經卷二十五師子吼菩薩品六張云無常無斷即是觀照十二緣智如是觀智是名佛性云云

▲乘化　歸去來辭乘化以歸盡詩銑曰乘化謂乘其運會也

聖人聲聞之所修者也言其所成之功德則二聖似有降殺降殺差之貌言其所乘則小聖亦小小聖同其道也文直言緣不兼因字欲略耳猶涅槃經云十二緣或云十二緣智等例也

夫六度也者首萬行廣萬行者也大聖與乎大大聖其所乘雖稍分之及其以萬行超極則與夫大大之聖人一也萬行也者萬善之謂也聖人之善蓋神而爲之適變乘化無所

而不在也

六度也者亦謂六波羅蜜也此六度既爲萬行之首又能廣衍諸善之行也大聖菩薩與乎大大聖如來其所乘雖稍分其淺深分全及其以萬行超詣圓極之道極亦中也亦謂微妙中道也則與夫大大人聖如來一理也萬行者乃是萬善之爲言也菩薩聖人行此萬善之行蓋以法身神力而爲之適順於變乘糈於化即無有力所

▲天人不測　藏本測下有也字文集同此

▲麤妙　見于四教義及法華文句等也

▲天下之者知　藏本者知作知者恐刊誤乎文集同此

●陶家埏埴　老子經卷上三十輻章第十一云埏埴以爲器云云冀註云埏如然反埴市力反考功記曰埏和埴黏也和水土燒以爲陶也又吳注埏和也埴土之黏膩者爲器謂以水和黏膩之土爲陶器也

●名器　左傳卷十二成公二年傳云新築人仲叔于奚救孫桓子桓子是以免新築大夫既衛人賞之以邑于奚辭請曲縣繁纓以朝許之軒縣也周禮天子樂宮縣四面諸侯軒縣闕南方繁纓馬飾皆諸侯之服仲尼聞之曰惜也不如多與之邑唯器與名不可以假人器車服名爵號君之所司也名以出信名位不愆爲民所信信以守器動不失信則器以藏禮車服所以表尊卑禮以行義尊卑有禮各得其宜義以生利得其宜則利生利以平民政之大節也若以假人與人政也政亡則國家從之弗可止也已云云○文選卷四十七袁彦伯三國名臣序贊云固慎名器云同卷五十六潘岳楊仲武誄云名器雖光勳業未融云云

●莊子逍遙遊等　莊子卷一逍遙遊篇云是其塵垢粃糠將猶陶鑄堯舜者也云云玄英疏云鎔金曰鑄範土曰陶希逸註云陶鑄做成之意也○揚子法言卷一學行篇云或問世言鑄金金可鑄歟曰吾聞覿君子者問鑄人不問鑄金或曰人可鑄歟曰孔子鑄顏淵矣或人踧爾曰旨哉問鑄金得鑄人學者所以修性也云云

而其神德不在者也

是故聖人預天人之事而天人不測夫神也者妙也事也者麤也麤者唯人知之妙者唯聖人知之

是故菩薩聖人夙預彼天人之事而彼天人不能測之夫神乃精妙事乃麤粗麤粗者唯人能知之神妙者唯菩薩聖人能自知之

天下以彼我競以儒佛之事相是非而天下

之者知儒佛之事豈知其埏埴乎儒佛者耶

天下之學者雖自以彼我相競以儒道佛教之事而相是非而此天下之學者但知儒佛之事豈知如彼陶家埏埴因其虛無乃和土成器今但爲其儒佛之名器安知其所以成儒佛者同一無爲之道也埏埴謂和土也此亦莊子逍遙遊所謂將猶陶鑄堯舜者也同其義耳

夫含靈者溥天溥地徧幽徧明徧乎夷狄禽

▲遺其物　藏本及文集無其字物下有也字　●震古　毛詩註疏卷十九之
四周頌載芟章云匪且有且匪今斯今振古如茲傳且此也振自也箋云振亦古也
○爾雅註疏卷二釋言第二張十六云振古也註詩曰振古如茲猶云久若此疏言久
故也○私曰震當作振但震且或作振且由是則震振音相通故今夾註作震乎譌
重撿焉
●猶華嚴經曰等　唐譯華嚴經卷四世主妙嚴品第一之四四張十八云爾時淨莊嚴幢道場神承佛威力普觀一切道場神衆而說頌言我念如來往昔時於無量劫所修行云云衆生行海無有邊佛普彌綸雨法雨云云
●涅槃經云等　南本涅槃經卷四四相品第七之上張七云佛言善男子若言如來能爲衆生宣說十善增上功德是則如來視諸衆生如羅睺羅云何難言將無世尊欲令衆生入於地獄我見一人有墮阿鼻地獄因緣尚爲是人住世一劫若減一劫我於衆生有大慈悲何緣當誑如子想者令入地獄善男子如王國內有納衣者見衣有孔然後乃補如來亦爾見諸衆生有入阿鼻地獄因緣即以戒善而爲補之云云
●淨名經曰等　注維摩經卷七佛道品第八云或現作婬女引諸好色者先以欲鉤牽後令入佛智注肇曰反欲以順○同經略疏卷九云示受於五欲下十五行五明入假同事利物皆爲引入佛道善權方便稱機無爽云云
●作猶用也　左傳卷十二成公八年傳云君子曰從善如流宜哉詩曰愷悌君子遐不作人註遐遠也作用也詩大雅言文王能遠用善人不謂助傳求善也夫作人斯有功績矣云云○毛詩註疏卷十六之三大雅旱麓云豈弟君子遐不作人箋云

獸非以神道彌綸而古今殆有棄物聖人重同靈懼遺其物是故聖人以神道作

大凡含靈之者周普於天地而遍乎幽冥天地鬼神乃至夷狄禽獸若非以法身神力彌而補合綸而牽引使其全復於覺道而震古及今殆有弃置之物猶華嚴經曰衆生行海無有邊佛普彌綸雨法雨涅槃經云見衣有孔然後乃補如來亦爾見諸衆生有入地獄因緣即以戒善而補之淨名經曰先以欲鉤牽然後入佛慧此等意是也佛菩薩之聖人器重其同共靈覺恐懼遺失其一切含靈之物是故菩薩聖人以法身神力之道乃潛興密用矣作猶用也

廣原敎要義第三篇

心必至至必變變者識也至者如也如者妙萬物者也識者紛紛一作給萬物異萬物者也變也者動之幾也至也者妙之本也天下無不

遐遠也言大王王季之德近於變化使如新作人疏大王王季其變化惡俗遠此不新作人言其近新作人也○私曰左傳與詩註疏義意異矣
▲妙萬物　易繫義卷九說卦傳云神也者妙萬物而爲言者也正義曰神也者非物妙萬物而爲言者神既範圍天地云云　▲紛一作給萬物　藏本及文集無一作給三細字
●涅槃經云須陀洹等　南本涅槃經卷十九高貴德王菩薩品第二十二之一張十七云爾時世尊即告光明徧照高貴德王菩薩善哉善哉善男子汝今於此當至心聽吾當爲汝分別解說有因緣故不至至至有因緣故不至至有因緣故至不至有因緣故至至何因緣故不至不至善男子夫不至者是大涅槃凡夫未至以有貪欲瞋恚愚癡故身業口業不清淨故及受一切不淨物故犯四重故謗方等故一闡提故五逆罪故以是義故未至不至善男子何因緣故不至至不至者名大涅槃何義故至永斷貪欲瞋恚愚癡身口惡故不受一切不淨物故不犯四重故不謗方等經故不作一闡提故不作五逆罪故以是義故名不至至須陀洹者八萬劫至斯陀含者六萬劫至阿那含者四萬劫至阿羅漢者二萬劫至辟支佛者十千劫至以是義故名不至至善男子何因緣故名至不至至者名爲二十五有一切衆生常爲無量煩惱諸結之所覆蔽往來不離猶如輪轉是名爲至聲聞緣覺及諸菩薩已得永斷故名不至爲欲化度諸衆生故示現在中亦名爲至善男子何因緣故名爲至至至者即名二十五有一切凡夫須陀洹乃至阿那含煩惱因緣故名至至
●天台敎涅槃疏云等　灌頂法師涅槃經疏卷二十德王品廿

本天下無不動

心謂如來藏心也此之藏心染淨相混具凡聖所到之二至也必至者謂修道除惑出障離染得到涅槃乃爲至也若不修道不背厭未出障未離染動到生死亦爲之至也涅槃經云須陀洹八萬劫至等天台敎涅槃疏云涅槃有至不至生死有至不至此等例是也必至謂有心必有此二至者也至又訓極亦謂心即圓極之理乃上乘之至也猶法華經曰乘此寶乘直至道場取圓極之至最爲簡直吾始用此義也然原敎切欲化世間沒溺生死不見妙理之者故先起同體之至後總以別相圓極之至故謂至者如也涅槃經四句謂至至爲生生者理亦相貫可以意求也至必變者謂此二至之心必有變動若前所謂心具染者此是其變而不能復者也所謂心具淨者此是其變而能復者也變者識也

張一云正答答中先舉未至不至次標聞不聞初又二初標至不至章次解釋釋中意者然德王初問有三種六種佛說六喻及光瑞答不聞聞竟次瑞光論義已答不生生竟今更重標不至至爾初聞不聞四句上根已了次不生生四句中根又悟今爲下根釋不至至緣之所宜故前後開出爾就此四句前兩句明涅槃有至不至修道除惑則至不爾不至下兩句明生死有至不至若修道背厭則不至不爾則至還重反覆成上諸句然此中解釋還須望前前云不生不生即大涅槃此言不至還是不生更無別異若爾何以不同前明不至不至答爲緣觀復不至不至者即是凡夫不能修習所以不至不至至者亦望前初出胎時名不生生此中言不至至於生死互舉一邊至不至者亦須望前世諦死時名生不生亦是互舉至至亦須望前前云生生不斷此中還論生死故與前同云云

●猶法華經曰等　法華科註卷二之上譬喩品偈云汝舍利弗我爲衆生以此譬喩說一佛乘云云得如是乘令諸子等日夜劫數常得遊戲與諸菩薩及聲聞衆乘此寶乘直至道場註以彼三乘人同入佛智故云與諸菩薩等也

●涅槃經四句等　南本涅槃經卷十九對三云善男子如不生生不生不生生不生生生如不至至不至不至至不至至至世尊云何不生生善男子安住世諦初出胎時是名不生生云何不生不生善男子是大涅槃無有生相是名不生不生云何生不生善男子世諦死時是名生不生云何生生善男子一切凡夫是名生生何以故生生不斷故一切有漏念念生故是名生生云云

●謂此三至　當作二至恐刊誤乎

●周易正義曰等　易兼義卷八繫辭下云子曰知幾其神乎君子上交不諂下交不瀆其知幾乎幾者動之微吉之先見者也正義曰此釋幾之義也幾微也是已動之微動謂心動事動初動之時其理未著唯纖微而已若其已著之後則心事顯露不得爲幾若未動之前又寂然頓無兼亦不得稱幾也幾是離無入有在有無之際故云動之微也云云

者謂此變即是根本無明微細識也至者如也者謂此三種之至都是眞如圓極之一心也此如者即今神妙乎萬事者也此識者即今幻妄紛（紛一作）亂乎萬法殊異乎萬事者也又此變也者者亦是心動之幾微周易正義曰幾是離無入有在有無之際此說似之故云動之幾也此至也者亦是一切法玄妙之根本也天下之有情者自無始而來莫不本此之妙本也莫不動

▲萬物出于變等　列子上天瑞第一云萬物皆出於機皆入於機註希逸曰萬物之變化生生何所不有入於機者言歸於盡也出機入機即是出入死生也便是火傳也不知其盡也○莊子卷六至樂篇亦出此語與列子相同也

●猶涅槃經云等　南本涅槃經卷十八對云爾時佛告阿闍世王言大王今當爲汝說正法要汝當一心諦聽諦聽凡夫常當繫心觀身有二十事一我此身中空無無漏云云十九因無明生亦因而死二十去來現在常行放逸大王凡夫之人當於此身常作如是二十種觀作是觀已不樂生死不樂生死則得止觀云云

●猶圓覺經云等　圓覺經略疏卷二普賢章偈云普賢汝當知一切諸衆生無始幻無明皆從諸如來圓覺心建立猶如虛空華依空而有相空華若復滅虛空本不動幻從諸覺生幻滅覺圓滿覺心不動故云云

此之妄動也

故萬物出于變入于變萬物起于至復于至萬物之變見乎情天下之至存乎性以情可以辨萬物之變化以性可以觀天下之大妙善夫情性可以語聖人之教道也

故此萬法亦出生自於識變亦入死自於識變猶涅槃經云因無明生亦因而死此萬法亦依此眞如之至而起亦於此眞如之至而復猶圓覺經云幻從諸覺生幻滅

覺圓滿萬法之變易蓋形現乎情弊者也天下之因至蓋存在乎性正者也以此之情可以辨別萬物死生變化也以此之性可以觀審天下所本之大妙也若或善夫此性情之理則可以語論佛聖人之因情設教以教牽情使復其覺性之教道者也

萬物同靈之謂心聖人所履之謂道道有大者焉有小者焉心有善者焉有惡者焉善惡有厚薄大小有漸奧故有大聖有次聖有小

▲須倫　名義集卷二八部篇云阿脩羅舊翻無端正男醜女端正新翻非天淨名疏云此神果報最勝鄰次諸天而非天也新婆沙論云梵本正音名素洛素洛是天彼非天故名阿素洛又素洛名端正彼非端正名阿素洛西域記云阿素洛舊曰阿脩羅阿須倫阿須羅皆訛也什曰秦言不飲酒云云

▲介羽　韻會卦韻介甲也○又韻會洽韻甲字下云又蟲介曰甲○說文韻譜卷九貝下云海介蟲也云云○本草綱目卷四十五六出介類也○私曰介謂龜鼈蚌蛤之屬羽謂飛禽等之屬

●聖人履踐　詩小雅大東篇云周道如砥其直如矢君子所履小人所視云云又孟子萬章下篇亦引此語也○史記卷一帝顓頊紀云載時以象天索隱曰履亦踐而行也○韻會紙韻履徐曰履行

聖有天有人有須倫有鬼神有介羽之屬有地道

萬法同其覺靈乃謂之心也聖人所履踐乃謂之道也謂道也故有大有小謂心也故有善有惡爲善爲惡故有厚有薄趣大之與小故有漸有深以故有大聖佛菩薩有小聖聲聞緣覺有天人阿修羅餓鬼畜生地獄等六道此六道名言與常途不類者欲其文便耳略文據經論起例事見下

尊僧篇

群生者一心之所出也聖人者一道之所離也聖人之大小之端不可不審也群生之善惡之故不可不愼也

凡一切衆生皆從此一心之所出也一切聖賢皆自此一道之所分別差等也若此已上所證大小聖人其道之端由不可不審詳也一切衆生之善惡之因緣不可不顧愼也

▲區以別之　論語註疏卷十九子張篇云譬諸草木區以別矣註馬曰言大道與小道殊異譬如草木異類區別言學當以次○朱註云區猶類也○又梁昭明太子文選序中亦有此語也

●隣虛　首楞嚴經義疏卷三下云汝觀地性麤爲大地細爲微塵至鄰虛云云註隣虛無方分微也即是極微也云云○溫陵解云塵之細者曰微細之又細曰極微微之又微曰隣虛云云○具出瑜伽論卷五十四大婆沙一百三十六等

●沖漠　法藏起信論序云沖漠希夷筆削云沖漠下別約橫竪以顯心之德相沖謂深也此明心之體性竪窮三際而洞然無底云云漠謂泳漠此顯心之德相橫徧十方而曠然無邊云云

●精粹　易乾文言云乾乎剛健中正純粹精也云云○字彙粹不雜也

●包含　寶藏論包含萬有

●大論云等　大論卷三十六十七云是衆微塵有大有中有小大者遊塵可見中者諸天所見小者上聖人天眼所見慧眼觀之則無所見所以者何性實無故若微塵實有即是常不可分裂不可毀壞火不能燒水不能沒

●天眼等　大論卷三十三出

夫心與道豈異乎哉以聖人群生姑區以別之曰道曰心也

心之與道其理豈有殊異耶但以佛及衆生因之與果且強分別云是道是心耳

心乎大哉至也矣幽過乎鬼神明過乎日月博大包乎天地精微貫乎隣虛幽而不幽故至幽明而不明故至明大而不大故絕大微而不微故至微精日精月靈鬼靈神而妙乎天地三才

此之心法萬法無以爲對其特獨大故曰大哉至極也矣若以其幽冥沖漠比並則超過乎鬼神若以其光明照曜比並則超過乎日月其廣博宏大則包含天地精粹微細則通貫於隣虛隣虛極微之塵此塵微細難見隣近於虛空耳大論云微塵有三大者中者小者大者遊塵可見中者諸天所見小者上聖人天眼所見慧眼觀之則無所見小乘經論所談隣虛之義或異

●天台教禪波羅蜜　具見釋禪波羅蜜次第法門卷一下及卷三下也文繁故省之

於此者吾則未嘗討論也言其爲幽則非幽故爲至極之幽言其爲明則非明故爲至極之明言其爲大則非大故爲殊絕之大言其爲細微則非細微故爲至極之微乃能爲精魄乎日月能爲靈驗乎鬼神能神妙乎天地人之三才若有乎若無乎若不有不無若不不有若不不無是可以言語狀及乎不可以絕待玄解諭

此之心法相似乎有相似乎無相似乎非有非無相似乎非非有相似乎非非無此有無非有非無及其雙非有無之二見四見其互立互破然其有無亦有亦無非有非無此之四句用時亦有全略在事詮次必須全用在理超詮或可略用不須次第其全具四句並如經論疏義也其收略不必次第如天台教禪波羅蜜中於有句之下便列亦有亦無者又以非有非無爲中

●如永嘉集等　具見永嘉集卷下優畢叉頌觀心十門第七明其是非下也不煩紀之

●又起信論等　起信論疏卷上一云當知眞如自性非有相非無相非非有相非非無相非有無俱相非一相非異相非非一相非非異相非一異俱相云云

遂攝亦有亦無其爲一句却與有無爲三句對三觀三諦亦有家只出有無非有非無如永嘉集之類又起信論於非有非無下却列有無俱此亦是亦有亦無之義其前後不必次第此類是也今此篇是詮時以理而遮絕之特用收略不必次第例也及第六卷壇經贊內謂非有非無句下却列亦有亦無亦是此上之例耳今其謂不有不無不不有不不無亦只是經論中

●如有如無之六句　六字當作五

●詺狀　詺韻會敬韻彌正切音與命同目照物也廣韻詺目增韻辯別物名云云

●玄默　六韜曰軍勢莫大於玄默●文選第九長楊賦曰人君以玄默爲神註善曰玄默謂幽玄恬默也翰曰玄默無事也

非有非無非非有非非無之義謂也非如他書別以不不非不不是以明是非之義如永嘉集類者也又四句有開合寛狹單複其義亦更微細具如他家經論義目夫言似有似無者蓋法非有無不可定說其有其無但謂其如有如無之六句也今此言似有似無乃至乎似非非有非非無但是可用言說詺狀之耳洎其不可用斷絕對待與其以玄默會解爲之表諭也

●一瞬目　呂氏春秋曰萬世猶一瞬○吳越春秋第二廻旋規規不敢瞬目註瞬謂開目之間

▲多端　文選卷十三鵩鳥賦曰何造化之多端註善曰楚辭曰多端膠加

▲不謬也　藏本及文集謬作繆

▲謂乎心　藏本及文集心下有者字

▲不審　藏本審作審文集同此蓋與夾註先照則審字恐刊誤乎

▲趣道　藏本及文集道下有也字

●夥多貌也　史記卷四十八陳涉世家云涉王陳其故人嘗與庸耕者聞之之陳扣宮門曰吾欲見涉宮門令欲縛之自辯數乃置不肯爲通陳王出遮道而呼涉陳王聞之乃召見載與俱歸入宮見殿屋帷帳客曰夥頤涉之爲王沈沈者索隱曰服虔云楚人謂多爲夥又言頤者助聲之辭也謂涉爲王宮殿帷帳庶物夥多驚而偉之故稱夥頤也楚人謂多爲夥故天下傳之夥涉爲王由陳涉始云云○藏本音釋云夥胡果切盛多貌

●智相分別之意識　起信論卷上二云以有境界緣故復生六種相云何爲六一者智相依於境界心起分別愛與不愛故疏於前現識所現相上不了自心所現故創起慧數分別染淨執有定性　同論同卷云復次言意識者卽此相續識依諸凡夫取著轉深計我我所種種妄執隨事攀緣分別六塵名爲意識亦名分離識又復說名分別事識此識依見愛煩惱增長義者

得之在乎瞬息差之在乎毫氂者是可以與至者知不可與學者語

但其得在於一瞬目一喘息若過差不卽證之亦只在一毫氂之際是以可與到此之境者知之不可與學習者語論也

聖人以此難明難至也乃爲諸教言之義之諭之正之雖夥然多端是皆欲人之不謬也而學者猶昧今夫天下混謂乎心言之而不詳知之而不審苟認意識謂與聖人同得其趣道不亦遠乎

佛始以此難曉難到遂乃爲之經教演說之義解之譬諭之推正之開張法門雖夥爾多其頭緒夥多貌也如此皆欲人之不迷謬之也而學習者尚暗鈍不曉會之今乎天下之人混同一槩稱之爲心其所說者不至詳悉其所知者不至諦審但妄執認智相分別之意識者言與佛同其所證如此趣向佛道不亦尚遼遠耶

▲其至實之道　藏本及文集無其字

●古德遂以理之清淨等　法華玄義卷六之一五張云問何意於理善稱第一義悉檀也答理善明生理闇必滅終不理惡滅方始理善生故於理善稱第一義悉檀也若事善生事惡未必去事惡去事善未必生事是隔別對治悉檀正是藥病相對故不於中開第一義悉檀其意在此釋籤六云答意者理明是理善理闇是理惡故理之善惡其性雖相傾若理善生時理惡必定滅無有先惡滅方始理善生若事中善惡其性亦相傾善生之時未必惡滅惡滅之時未必善生故於生善以分事理善卽屬第一義義事中善惡生卽屬爲人義也惡滅卽屬對治義也理惡卽滅理善卽生故於生善以分二悉滅惡唯得並一對治惡無先滅故不分二○又摩訶止觀卷三之三十六張云權實既興良由悉檀權實可廢亦由悉檀何者衆生煩惱結使厚利智善根薄故興初觀生其事善事善若生煩惱伏薄卽廢三藏觀爲生理善興於通觀理善已生卽廢通觀爲生界外事善卽興別觀界外事善已生卽廢別觀爲生界外理善卽興圓觀是爲興廢因緣故說權實止觀也餘三悉檀興廢可解

廣原教要義第四篇

性出乎情情隱乎性性隱則其至實之道息矣是故聖人以性爲教而教人天下之動生於情萬物之惑正於性情性之善惡天下可不審乎

性能生也情所生也卽心眞如而變爲心生滅也情識既起則隱覆性眞眞性若終隱覆則衆生永迷而不覺不覺則此眞實之理似乎止息不行也是固佛聖人特以此眞實本性爲之教法而教訓引導於天人之類天下之人凡有動作固生於情妄天下萬事有所惑亂必正之於眞性夫情與性邪正既自成其善惡而天下其人可不詳審耶然理無善惡既有生滅之情自理而起古德遂以理之清淨對乎情妄之惡謂之理善也

知善惡而不知夫善惡之終始其至知乎知其終而不知其始其至知乎唯聖人之至知

知始知終知微知亡見其貫死生幽明而成象成形

夫語詞也縱有世之聖賢能知此性之爲善情之爲惡者而不能知乎斷惑是善惡之終起惑是善惡之始如此其可爲至極之知乎縱有出世賢聖能分斷惑至入妙覺知去終處雖近尚不見其一品微細無明微惑猶存如此其可爲至極之知乎記者謂起惑如著衣之法從內至外斷惑如

脫衣之法從外至內最終脫者是最始著者當知見終是約斷惑說見始是約起惑說唯是佛一品大聖人之至極究竟乎正遍知海乃能具足備見其始之微細終之勝妙知微亦始之幾微知亡亦終之清淨無始無終也又能見此惑通貫乎諸趣死此而生彼入鬼神之幽出天人之明在高成象而在下成形也文不云知見而單曰知者謂大聖具一切智有智能見猶古德

●正遍知海　觀經諸佛正徧知海從心想生疏正徧知者十號之一也世出世法無不究盡深廣無際故喩如海佛德無邊略舉徧知以攝餘○涅槃經十七○成實論十號品

●猶古德云知之一字等　宋思齊圓覺略疏之鈔卷二一張六云荷澤云即體之用即知即知而體自寂名說雖差體用一致識謂用而常寂寂而常用知之一字衆妙之門恒涉佛法因此成立云云○華嚴經疏演義鈔卷十三下五十二張云水南知識云即體之用名知即用之體爲寂如即燈之時即是光即光之時即是燈燈爲體光爲用無二而二也知之一字衆妙之門亦是水南之言云云

云知之一字衆妙之門故得以知而兼見也涅槃經云一切衆生雖與十二因緣共行而不知不見故無有終始十住菩薩唯見其終不見其始諸佛世尊見始見終此例是也經所謂十住疏曰唯十住分見九住至初住皆不分見記曰即第十地是等覺人也　記作說一

天地至遠而起於情宇宙至大而內於性故萬物莫盛乎情性者也

天地雖極高遠亦其情識外變乃有此蒼茫茫之相也宇謂天地四方也宙謂往古來今也又說文云舟輿所極覆曰宙然此宇宙雖廣大亦不出於法性之中乃云內於性耳故其萬法凡有乎名相之者莫有隆盛於情性者也

情也者有之初也有有則有愛有愛則有嗜欲有嗜欲則男女萬物生死焉死生之感則善惡以類變始之終之循死生而未始休

●涅槃經云等　南本涅槃經卷二十五張七云善男子是因非果如佛性是果非因如大涅槃是因是果如十二緣所生之法非因非果名爲佛性非因果故常恒無變以是義故我經中說十二因緣其義甚深無知無見不可思惟乃是諸佛菩薩境界非諸聲聞緣覺所及以何義故甚深甚深衆生業行不常不斷而得果報雖念念滅而無所失雖無作者而有作業雖無受者而有果報受者雖滅果不敗亡無有慮知和合而有一切衆生雖與十二因緣共行而不見知不見知故無有終始十住菩薩唯見其終不見其始諸佛世尊見始見終以是義故諸佛了了得見佛性云云

●疏曰唯十住等　具見于灌頂法師涅槃經疏卷二十四之五六張也文繁故省之

●宇謂天地等　韻會廣韻字廣韻又大也爾雅同又尸子曰天地四方曰宇往古來今曰宙○淮南子卷十一齊俗訓云往古來今謂之宙四方上下謂之宇○又注千字文宇宙注云宇者天能覆物形如屋宇名之爲宇宙者往古來今曰宙

●又說文云等　說文韻譜卷三八下云宙舟輿所極覆也从宀由聲直又切

●名相　大方便報恩經第一○念佛三昧經第四卅

▲嗜欲　月令仲夏之月節嗜欲定心氣

●萬有　關尹子四符篇萬有於一息無有一物可役○子華子詮於物以寫其署流形於萬有○金剛三昧經上一切萬有無生無相

●循環　寶藏論第十八若循環轉若陶鈞註循環言其旋繞往來無窮也　又西征賦

▲未始無　藏本始下有而字文集同此

▲出乎生入乎死　老子經卷下出生入死章第五十云出生入死云云註希逸曰生死之機有數刻處出則爲生入則爲死云云○文選卷十三潘岳秋興賦云彼知安而忘危兮固出生而入死云云

▲爲狡爲兇　韻會巧韻狡說文狡少狗也从犬交聲廣韻又狂也猾也又本韻下巧切○兇韻會腫韻說文兇擾也通作凶○同冬韻凶字下云說文凶惡也象地穿交陷其中也徐曰惡不可居象地之塹也惡可陷人也通作兇

情識乃爲萬有之始初既有其有也則有情愛有情愛則有喜好欲事有嗜慾則男之與女萬彙之形生焉死生變化既有其感召則其善者惡者各各以其類習變而相承也又始因之終類之循環死而復生生而復死未嘗而休息也

性也者無之至也至無則未始無出乎生入乎死而非死非生聖人之道所以寂焉明然唯感所適

此性也者者則是無相之圓極也極無之理未嘗必無出入生死乃非其死生下句先死欲躡上文無他義例也佛聖人之道所以能寂能照唯在其機感則無所不在也

夫情也爲僞爲識得之則爲愛爲慧爲親親爲疎疎爲或善爲或惡失之則爲欺爲狡爲兇爲不遜爲貪爲溺嗜欲爲喪心爲滅性

夫情之過者則能爲妄僞爲識想苟得于

●爲貪婪　韻會覃韻貪他含切說文貪欲物也从貝今聲釋名云探也探入他分也又貪婪楚辭註愛財曰貪愛食曰婪又勘韻吐濫切多欲也○同韻婪盧含切說文婪貪也从女林聲徐曰女性多貪集韻或作惏河之北謂貪曰惏

●猶起信論云等　起信論卷下云若心有動非眞識知無有自性非常非樂非我非淨熱惱衰變則不自在乃至具有過恒沙等妄染之義對此義故心性無動則有過恒河沙等諸淨功德相義示現云云

●聖訓通　白虎通第三出○尚書註疏卷十二

●亦起信論所謂等　見上所引論文中也

此者且爲愛好且爲恩惠亦爲親其親爲疎其疎亦爲或善事爲或惡事失于此者則爲欺誑爲奸狡爲兇暴爲不順義爲貪婪爲沒溺愛欲爲喪失其眞心爲滅沒其正性猶起信論云具有過恒沙等妄染之義然此妄染亦善不善者也

夫性也爲眞爲如爲至爲無邪爲清爲靜近之則爲賢爲正人遠之則爲聖神爲大聖人

夫性之德者乃爲眞而無妄爲如而無變爲圓極無有不徧爲眞正而無邪爲清淨而無染爲寂靜而無生無滅近而效之則爲賢明者爲中正之人遠而效之則爲通聖妙神爲佛最勝大通之人聖訓通也亦起信論所謂心性無動則有過恒沙等清淨功德相義示現也

冠註輔敎編廣原敎要義卷四終

●一大事因緣　見法華論註及科註卷一也

●聲教　尚書禹貢云朔南暨聲教訖于四海註聲謂風聲教謂敎化

●淵蘊也　易兼義卷七繫辭上云鼓之舞之以盡神乾坤其易之緼邪註緼淵奥也

▲性靈　文選卷五十四辨命論言命以窮性靈

●靈覺　四十二章經觀靈覺即菩提指南靈覺是本有佛性

夾註輔教編廣原教要義第五

住杭州佛日山嗣祖明教大師　契嵩　編并註

聖人以性爲教教人而不以情此其蘊也

聖人謂佛以眞性一大事因緣爲此聲教教導於天人而竟不用情愛者此乃其淵蘊也

情性之在物常然宛然探之不得決之不絕天地有窮性靈不竭五趣迭改情累不釋是故情性之謂天下不可不柬也

情之與性在於萬物恒常宛爾儼爾探取

夾註輔教編卷五　二

之不可得斬決之亦不可得而斷絕天地刼數有時而窮盡此性之靈覺終不可竭盡縱在五趣之中五趣名數可見也不復備列交相改易而此情所牽累終亦不解故此情性之云天下之不可不柬別其邪正善惡也

夫以情教人其在生死之間乎以性教人其出夫死生之外乎情教其近也性教其遠也誕乎死生之外而罔之其昧天理而絕乎生

●小知不及大知等　莊子卷一逍遥遊篇云又何知小知不及大知小年不及大年奚以知其然也朝菌不知晦朔蟪蛄不知春秋此小年也晋郭象註曰物各有性性各有極皆如年知豈跂尚之所及哉○私曰據此郭註則夾註云如實知當作如年知跂尚當作跂尚

●醯雞局乎等　莊子卷七田子方篇云孔子曰夫子德配天地而猶假至言以脩心古之君子孰能說焉老聃曰不然夫水之於汋也無爲而才自然矣至人之於德也不脩而物不能離焉若天之自高地之自厚日月之自明夫何脩焉孔子出以告顏回曰丘之於道也其猶醯雞與微夫子之發吾覆也吾不知天地之大全也郭象註曰醯雞者甕中蠛蠓也又希逸註曰醯雞醋甕中蠛蠓也其包覆於甕中豈知甕外之大言所見者小也○爾雅註疏卷九釋蟲第十五云蠓蠛蠓註小蟲似蚋喜亂飛蠓莫孔切蠛亡結切疏小蟲似蚋亂飛者也名蠓又名蠛蠓列子云生朽壤之上因雨而生得陽而死一名醯雞莊子云云○蠛本草釋云醯鷄醯甕切醯鷄蠛蠓也○倭名類聚卷十九蟲豸類云蠛蠓漢語抄云加豆乎無之日本紀云蠛末久奈木小蟲亂飛也從則天風春則天雨

●醯　韻會齊韻醯馨奚切說文醯酸也作醯集韻醯味也

●甀　韻會有韻甀說文甂甎也从瓦音聲前揚雄傳覆醬甀註音部小罌也增韻甀也無甀罌也或作罌又虞韻馮無切小罌也尤韻薄侯切本作甀小缶也集韻或作瓿○甀同甀云爾雅註疏甀小甕也疏云甀一名甀一名甀○甕同庚韻罌幺莖切說文罌缶也从缶賏聲集韻或作甖甇增韻亦作甇又備火長頸瓶也又敬韻於政切博雅瓶也○甕同

生之源也

今夫以情設教而教勸人者此正在乎一世生死之間耳若以性設教而教勸人者此乃通乎三世之際其出拔於死生之表矣以情爲教其意近也以性爲教其意遠也誕乎此死生之外爲不詳而無罔之此說乃是昧天之理而欲絕天地三才生生之本源也

小知不及大知醯雞之局乎甕甀之間不亦

夾註輔教編卷五　三

然乎

小知不及大知者乃莊子内篇逍遥遊云爾解者謂物各有性性各有極皆如年知豈跂尚之所及哉醯雞局乎甕甀之間者亦莊子外篇田子方章云孔子以老聃之言出告顏回曰丘之於道也其猶醯雞與微夫子發吾覆也吾不知天地之大全也醯雞酒甕中之蠛蠓也甀甒甖甕類漢書揚雄傳云吾恐用覆醬甀是也謂或以佛

送韻烏貢切說文罋罌也本作瓮从瓦公聲又汲瓶也今作甕又冬韻於容切罋器
廣韻汲器腫韻於隴切用韻於用切俱嬰也　●漢書揚雄傳云等　前漢書卷
八十七下揚雄傳班固贊曰雄之自序云云雄以病免復召爲大夫家素貧耆酒
人希至其門時有好事者載酒肴從游學而鉅鹿侯芭常從雄居受其太玄法言焉
劉歆亦嘗觀之謂雄曰空
自苦今學者有祿利然尚
不能明易又如玄何吾恐
後人用覆醬瓿也瓿音部
也　雄笑而不應云云
●梵語羯磨等　名義集
卷四衆善行法篇云羯磨
詮南山引明了論疏翻爲
業也所作是業亦翻所作
百論云事也若以義求翻
爲辦事謂施造遂法必有
成濟之功爲天台禪門翻
爲作法云一切羯磨須具四
法　一法二事三人四
界云云　○要覽卷上戒法
部熏戒種子下云大小乘
宗計各一義且小乘宗經
部云受戒時有四種思一
審慮思二決定思此二思
是意業內自思惟審決起
增上願心故三動身思是
身業謂處跪等四發語思
則陳辭等此二思能發於
色至羯磨竟羯磨事竟百論云開辯事道法有成濟故於審決二思上
熏成心種子於動發二思
上熏成色種子通於四思
上熏成色心種子也有能思者業招感當來果之功用故正法念經云思爲勝因戒種子即因義也又云次大思勝故其果則大
乘宗者有三思一審慮思
二決定思三發起勝思此
三思皆屬心業云云
●或云事辦　當作辦事
●起信論云等　起信論卷上二云復次依不覺故生三種相與彼不覺相應不離
云何爲三一者無明業相以依不覺故心動說名爲業此中業有二義一云動作覺則
不動動則有苦果不離因故云云　●悠遠　中庸二十章徵悠遠

外衆生之說爲之虛誕者豈不類其小知
與醯雞如是耶

廣原教要義第五篇

心動曰業會業曰感感也者通內外之謂也
天下之心孰不動萬物之業孰不感業之爲
理也幽感之爲勢也遠故民不睹而不懼

心動曰業者梵語羯磨此翻爲業或云事
辦以義而解此業者乃曰思者業也正以
思因事起事引心動故謂業爲事爲思經

論大小乘各說受戒時有四種思有三種
思者不同起信論云心動說名爲業解此
云動作是業義即此心動是也文云心動
曰業蓋取起信之義者也與此業會合爲
感此感也者通徹五陰身內外之爲言也
天下一切有心之類誰不有動萬類之物
所繫於業者誰不有感此業爲之道理也
常幽冥此感爲之勢況也常悠遠人民不
得睹見而不以爲恐懼

●形象者　藏本象作像
文集同此

聖人之教謹乎業欲其人之必警也欲其心
之慎動也

聖人謂佛也此聖人垂其教所以謹切於
業理其意欲要人必然警悟也欲要人心
護慎其發動也

內感之謂召外感之謂應召爲其因應爲其
果因果形象者皆預也

內心自感可謂之召事境外來致此心發
可謂之應召故爲因應故爲果因生果成

而幽明之中凡有形有象者皆厠預于此
也

夫心動有逆順故善惡之情生焉善惡之情
已發故禍福之應至焉情之有淺深報之有
輕重輕乎可以遷重乎不可却

夫此心既感外境而動則有逆有順逆則
成惡順則成善善惡之情妄由此而生焉
此善惡之情既已發生而禍應其惡福應
其善自然而到焉彼善惡之情所發既有

●修禳　禳韻會陽韻云說文[illegible]磔禳祀除癘殃也徐曰禳之爲言攘也周禮女祝註卻變異曰禳禳攘也

●善惡有前後　成實論第八三報業品問曰經中佛說三種業現報生報後報業何是耶答曰若此身造業卽此身受是名現報此世造業次來世受是名生報此世造業次次世受是名後報又出涅槃經第卅二

●逸猶亡也　韻會質韻逸弋質切說文逸失也

▲礪　藏本音釋云礪力制切砥石也

淺有深此果報之業故有輕有重其業輕
者可以修禳遷移其業重者不可以意退
却

善惡有先後禍福有遲速雖十世萬世而相
感者不逸曾一世而已乎夫善惡不驗乎一
世而疑之是亦昧乎因果者也

彼所生善惡之情既有前有後而此禍福
之報遂有遲有疾雖自十世圓數至其大
數之萬世也而其善惡禍福相感之理者

必不相亡逸逸猶亡也如此豈只在其此
之一世而休已耶夫所見爲善爲惡不驗
効於一世之中而疑惑之者此亦昧乎因
果之理也

報施不以夫因果正則天下何以勸善人樹
不見其長而日茂礪不見其銷而日無業之
在人也如此可不愼乎

禍福之報施如不以因果正之則舉天下
何以持善而勸人耶樹木人誰得見其長

●樹木人誰得見等　文選卷三十九漢枚乘上書諫吳王云磨礱砥礪不見其損有時而盡種樹畜養不見其益有時而大積德累行不知其善有時而用棄義背理不知其惡有時而亡臣願王熟計而身行之此百代不易之道也○廣弘明集卷十五十八張唐李師政內德逼命篇云夫種植不見其長有時而大砥礪莫覩其銷終歸銷薄今形善惡之報爲時近而未熟昔世吉凶之果須數終而乃酬云云○又禪門寶訓卷上引箏帖云靈源曰磨礲砥礪云云　私曰大槃與校乘上書文相同蓋靈源禪師引用此文而不舉乎

●道世法苑珠林一　宋高僧傳卷四義解科唐京師西明寺道世傳云釋道世字玄惲姓韓氏厥先伊闕人也祖代因官爲京兆人焉生且凝禂漸而聰敏云云時年十二於靑龍寺出家從執德亂比臨欣鑑律宗研覈書籍鑽尋云云及爲皇太子造西明寺爰以英博召入斯寺時道宣律師當塗行律世且旁敷同驅五部之車共遵三乘之軌云云由是搴文囿之菁華嗅大義之贍葡以類編錄號法苑珠林總一百篇勒成十秩始從劫量終乎雜記部類之前各序別論令學覽之人就門隨擧擬括所知如提綱焉如擧領焉爲世之用心周乎十稔至總章元年畢軸蘭臺郎李儼爲之都序此文行于天下云云○新唐書卷五十九志第四十九藝文十一云玄惲法苑珠林集一百卷玄惲本名道世

●神淸北山語錄　宋高僧傳卷六義解科唐梓州慧義寺神淸傳云釋神淸字靈庾俗姓章氏緜州昌明人也云云年十三受學於緜州開元寺辨智法師云云至年十七聽習粗通卽講法華一經歲滿慧義寺依如律師受具戒云云歸慧義寺講導著述略無閑日以元和年中終于本寺峰頂云云識心論澄觀論俱舍義鈔數卷北山參玄語錄十卷都計百餘軸並行於代就中語錄博該三教最爲南北鴻儒名僧高士之所披翫焉寺居郪城之北長平山陰故云北山統三教玄旨實而爲錄故云參玄也云云○宋史二百五志卷第一百五十八藝文四十張云僧神淸北山參玄語錄十卷○釋氏稽古略卷三云憲宗卽位改元元和北山錄北山法師神淸著盛行於世至是元和九年淸入寂

●業篇住持篇　業因篇見珠林卷八十四五也又住持篇見同卷三十九四十也

大而不覺其日夜自然芳盛磨礪之石亦
人誰得見其消滅而不覺其日夜自然微
無而業緣在於世人如此二喻灼然得不
畏愼耶吾始以前輩名僧論業及住持之
事多不辨明文字不工如道世法苑珠林
神淸北山語錄者遂著此曰業篇弁下之
住持篇等然業與住持事相一出自經論
皆古今通用愚無識者相嫉妬謂我剽竊
神淸語錄是大可笑也

廣原教要義第六篇

物有性物有命物好生物惡死有血氣之屬
皆然也聖人所以欲生而不欲殺

大凡物物有性命各各好惡其生死但有
血氣之類屬者咸如此佛教所以然者唯
欲世人護生不欲其殺害

夫生殺有因果善惡有感應其因善其果善
其因惡其果惡夫好生之心善好殺之心惡
善惡之感可不愼乎

●剿竊　韓愈進學解云窺陳編以盜竊○會史略序云剿竊佛經撰成已教云云○剿類會剿韻說文勦從剌也从力巢聲一曰剿勦人也集韻或作𠞰○勦同韻匹妙切說文勦刼也从力票聲強取也通作剽徐曰今人言剽刼

●有血氣之類屬等　禮記三年問篇云凡生天地之間者有血氣之屬必有知有知屬莫不知愛其類○唐裴休圓覺經疏序云夫血氣之屬必有知凡有知者同體所謂眞淨明妙虛徹靈通卓然而獨存者也云云

凡所生之殺之既有因果而善惡遂有感應不因既善既惡其果報亦即善即惡今乎好生之心是善理好殺之心是惡理此善惡感會不得不慎之耶

人食物物給人昔相負而冥相償業之致然人與物而不覺

今人食啖血氣之物此物供給於人皆是夙昔相負欠而今乃償塡業之所致爾人與其物皆不能覺知

●偏頗　書洪範無偏無頗遵王之義註曰偏不中也頗不平也

▲宰殺　韻會賄韻宰子亥切廣韻制也增韻又烹也屠也

謂物自然天生以養人天何頗邪害性命以育性命天道至仁豈然

世人言物自而然天地生之以供養於人如此之言而天道何乃偏頗乎使其害性命之物以養育性命之人天道特爲至極之仁豈可如此世之言哉

夫相償之理冥冥而難言也宰殺之勢積而難休也

夫相償之理冥冥而難爲言也割殺之勢

●王制謂不暴等　禮記註疏卷十二王制云田不以禮曰暴天物天子不合圍諸侯不掩羣鄭註爲盡物也正義曰田不以禮曰暴天物者若田獵不以其禮殺傷過多是暴害天之所生之物以禮田者則下文天子不合圍以下至不覆巢皆是也天子至掩羣○天子四時田獵皆得圍但圍而不合若諸侯惟春田不得圍其夏秋冬皆得圍圍亦不合故下曲禮云國君春田不圍澤○諸侯不掩羣者是畿內諸侯爲天子大夫故下曲禮云大夫不掩羣云云○同註疏卷四曲禮下云國君春田不圍澤大夫不掩羣士不取麛卵正義曰此明貴賤田獵不同國君諸侯也春時物產孕不欲多傷殺故不合圍繞取也夏亦當然○大夫不掩羣羣謂禽獸共聚也群聚則多不可掩取之

●論語述而云等　論語註疏卷七述而篇云子釣

積久難輒休也

故古之法使不暴天物不合圍不掩羣也子釣而不綱弋不射宿其止殺之漸乎

古之法即王制也王制謂不暴天物者正義言若田獵不以其禮殺傷過多是暴害天所生之物天子不合圍諸侯不掩羣注者云爲盡物也正義所謂殺傷過多是暴害天物與注義同也論語述而云子釣而不綱者正義謂釣則得魚少綱則得魚多

而不綱弋不射宿註孔曰釣者一竿釣綱者爲大綱以横絕流以繳繫釣羅屬著綱弋繳射也宿宿鳥也正義曰此章言孔子仁心也釣者以繳繫一竿而釣取魚也綱者爲大綱羅屬著綱以横絕流而取魚也釣則得魚少綱則得魚多孔子但釣而不綱是其仁也弋繳射也宿宿鳥也大子雖爲弋射但晝日爲之不夜射栖鳥也爲其欺猶必中且驚衆也又正義曰繳射謂以繩繫矢而射也說文云繳謂生絲爲繩也

●信諒　諒瀆會諒韻力讓切說文諒信也从言京聲禮記內則請肄簡諒註云諒信也增韻方言衆信曰諒

▲近返遠遠返近　藏本及文集返作反

孔子但釣而不綱是其仁也弋不射宿云者義謂繳射也大子雖爲弋射但晝日爲之不夜射栖鳥爲其欺猶必中且驚衆也

儒書如此之言乃是佛戒止殺之漸漸也

佛教教人可生而不可殺可不思耶諒哉

今佛教所以教可以生之而不可以殺之可得不思量其意趣而信諒其所說耶

廣原教要義第七篇

人信近也小信遠也近返遠遠返近情蔽而

然也

信肯順之謂也内心在人特爲其人而又切近於已人苟自信肯其心乃爲大信此之大信是爲近也外事於人乃爲其小而又疎遠於已人苟信肯其事乃爲小信此之小信是爲遠也若此之近者反自遠之此之遠者反自近之蓋其情有取著自爲障蔽而爾也

天下莫近乎心天下莫遠乎物人夫不信其

心而信其物不亦近反遠遠反近乎不亦迷繆倒錯乎

大凡天下切已者莫近於心天下異已者莫遠於物今夫衆人乃不自信其已心爲三世善惡之本乃特信其外境一世名勢之事如此豈不果然近之實理反成遠乎遠之妄境反成近耶衆人不亦各自迷悞顛倒乖錯耶

心也者聰明叡智之源也不得其源而所發

▲聰明叡智　見易繫辭也由前。

▲能不謬乎　藏本及文集謬作繆。

能不謬乎

此心也者乃古今人耳之聰目之明聖人之叡聖賢人之賢智之本源也人若不能自得其本源而有所發用寧不謬悞耶聖人所以欲人自信其心也

佛大聖之人其所以立敎要欲衆人且各自信其本覺之心矣

信其心而正之則爲誠常爲誠善爲誠孝爲誠忠爲誠仁爲誠慈爲誠和爲誠順爲誠明

誠明則感天地振鬼神更爲生變化而獨得是不直感天地動鬼神而已矣將又致乎聖人之大道者也是故聖人以信其心爲大也爲

既信其本心見其妙理則其發行用心乃一一如理稱性當自止之若爲常德則成實常乃至爲善孝忠仁慈和順此十德皆能誠實如理乃臻於誠明然此誠之與明者其名言雖與儒之中庸相似而其爲

▲感天地　卜子夏毛詩序動天地感鬼神莫近於詩○易繫辭言行君子之所以動天地也可不愼乎

▲爲大也焉　藏本及文集無焉字然與夾註併讀則闕焉字者非乎

●此十德　湛私按云常善孝忠仁慈和順明是九德也然称十者蓋合根本之誠一德而云十德矣

●儒之中精等　中庸二十一章云自誠明謂之性自明誠謂之敎誠則明矣明則誠矣

●妙明寂照　見首楞嚴經也

●一乘　華嚴經第六文殊師利問賢首菩薩言佛子一切諸佛一乘得出生死○涅槃經第二十七一乘者名佛性○妙玄八云云

●無上菩提　知論卷五十三云云

▲聖人博說之　藏水及文集聖上有夫字

●直截　永嘉證道歌曰直截根源佛所印摘葉尋枝我不能

義適別誠即一乘誠實之道明則一乘妙明之理也亦其寂照之謂也世間若果修心至此一心誠實妙明之理必能感致天神地祇振動幽冥鬼神雖經劫經生歷變歷化縱其十世百世而凝然獨自得之未爲衆境攪亂略有所失也此不唯如上只能感致於天地振動鬼神而止矣必又能致成乎佛聖人所證無上菩提廣大之道也是以佛之聖人以自信解其心爲優大者也爲語助耳

冠注輔教編卷三　三

聖人博說之約說之直示之巧示之皆所以正人心而與人信也人而不信聖人之言乃不信其心耳自棄也自惑也豈謂明乎哉賢乎哉

聖人佛也其所設教或廣博說法或約略說法或直截以法呈示之或巧曲以法呈示之佛之如此施設並所以欲推正一切物之心性而待人自信解也衆人而乃有

●巳靈　傳燈十四石頭師至南嶽使問不慕諸聖不重己靈時如何讓曰子問大高生何不高下問

●前聖後聖　孟子離婁章句下出

●夫修多羅者梵語也等　法華玄義卷八二張云修多羅或云修單蘭多或云修妒路彼方楚夏此土翻譯不同或言無翻或言有翻○私曰自玄義一張至十張具明修多羅梵漢義趣繁故略之又見華嚴經疏演義鈔懸談卷二三也大槩與上文相同也

●謂其契會　維摩經玄義疏卷五三張云有師言修多羅此翻言契以契會爲義云云

●六典　見于前也

●猶主峰疏云等　主峰圓覺大疏上卷之一四張云修多羅古譯爲契經契謂契理契機經謂貫穿攝化備契理合機之經依契經即藏梵正翻爲綫綫能貫華經能持緯此方不貴綫稱故存於經然大佐一呼綫席經並崇聖教皆曰修多羅故梁攝論譯爲聖教古德見此儒墨皆稱爲經遂借彼席經以目聖教則雙含二義

不信其佛之所說此乃是自不信其心之靈妙耳今其人若如此者是自委棄其己靈也自惑亂其生也是豈可謂之聰明者耶賢智者耶哉亦乎也

廣原教要義第八篇

修多羅藏者何謂也合理也經也經也者常也貫也攝也顯乎前聖後聖所詮皆然莫善乎常也持義理而不亡莫善乎貫也總群生而教之莫善乎攝也

冠注輔教編卷三　三

修多羅藏者何謂也者是文家自起語端謂此修多羅當是何言耶夫修多羅者梵語也此土翻爲契契猶合也亦云會也合理也者謂其契會合同乎眞正之理也經也者謂其契合乎經典也不重言合經文欲略耳經也者者標經以發下文解之之詞也常也者明經訓常也擬此上六典以稱經耳貫也攝也者取西土結鬘之義也然結鬘譬喩其義雖一而說有二端猶主

俱順兩方借義助名更加契字揀異常經甚爲允當然其義相即佛地論有二一貫
二攝故彼論云能貫能攝故名爲經以佛聖教貫穿攝持所應說義所化生故雜心
有五一云涌泉無盡二出生展轉三顯示事理四繩墨楷定正邪五結鬘綖能貫華結鬘故西域四物爲殊
義意相似故同一修多羅之目而聖教多含○同略疏卷一經題號下疏云脩多羅
自具其四將此五義對詳可見已下更說
者此云契經契謂契理契
機經謂貫穿攝化謂貫穿
所應知義攝持所化生故
○華嚴疏演義鈔懸談三
亦與此文同也今夾註作
所化衆生略疏及華嚴疏
缺無衆字

●略有五翻一曰等　法
華玄義卷八十九至十張云又言
經者緯義如世絹經以緯
織之龍鳳文章成云云○
二翻爲契者契緣契事契
義云云○三翻法本者即
教行理本如前釋○四翻
綖者綖貫持教行理令不
零落云云又綖能縫義縫

峰疏云貫穿所應知義攝持所化衆生故
曰貫也攝也顯明夫前佛後佛聖人其所
說法悉皆如是窮天地亘萬世而不能改
易之者無有勝善於此恒常之義也教串
義相名理使不亡失者無有勝善於貫穿
之力也總括衆生大小之機咸教化之無
有勝善於攝持之力也修多羅略有五翻
一曰法本二曰契三曰綖四曰善語教五
曰經今只稱契與經者取其義訓簡直不

冠註輔教編卷五　十三

教使章句次第堪可說法
云云○五翻善語教亦是
善行教亦是善理教云云
○韻會綫與綖同

●含五義一曰法本等
同卷二張云一云法本亦云出
生二云微發亦云顯示三
云涌泉四云繩墨五云結
鬘今只作五義不可翻○
今於一中作三三五十五
義一教本二行本三義本
今廣釋之言法本者一切
皆不可詮以四悉檀因緣
則有言說○同五張云二含
微發者佛以四悉檀說言
辭巧妙次第詮量初中後
善圓滿具足如大海水漸漸轉深○同張云三含涌泉者從譬爲名也佛以四悉檀
說法文義無盡法流不絕○四含繩墨者佛以四悉檀說初聞世界裁愛見之邪教
不爲邪風倒惑得入正轍即教繩墨也○同八張云五含結鬘者結教行理如結華鬘
含不零落云云○夾註結縵縵字當作鬘○又維摩經玄義疏卷五亦具明十之義

煩欲世人易曉修多羅名含五義一曰法
本二曰微發三曰涌泉四曰繩墨五曰結
縵義今只推結縵綖與常義者取其親近
不煩亦欲世人易曉耳而五翻五義與經
字含多訓則備於諸家疏義也
阿毗曇藏者何謂也對法也論也論也者判
也辨也發明乎聖人之宗趣莫善乎辨指其
道之淺深莫善乎判
阿毗曇藏何謂也者謂此阿毗曇當是何

煩故省之
●舊梵語阿毘曇等　名義卷四總明三藏篇云阿毘曇或云阿毗
達磨此云無比法謂無漏法慧爲最勝故云云新云阿毗達磨此云對法對有二種
一者對向謂向涅槃以乘無漏聖道之因感趣涅槃圓極之果二者對觀謂對觀四諦
謂以淨慧之心觀察四諦之法故名對也法有二種一者勝義法云云二法相法云
云問若據此義合云對法
藏今隱對法之名但云慧
論者如何答此乃隨方之
經也梵語蘇怛羅此云
論梵語摩怛理迦此云本
母本母能生妙慧妙慧因
論而生故展轉翻爲論也
瑜伽論云問答決擇諸法
性相故名論　師傳云舊
曰優波提舍訛也正云鄔
波弟鑠後分經云摩達磨
○要覽卷中三寶部論下
云梵云阿毗曇此云無比
法爲分別慧故而有四種
一梵云摩怛理迦此云本
母取由生之義也二梵云

言耶舊梵語阿毗曇此云無比法謂無漏
之智慧最勝無比新梵語阿毗達磨此云
對法即無漏淨慧分別爲能對智四諦涅
槃爲所對法故呼無漏智慧爲對法適以
對法而解阿毗曇如此耳其不曰無比對
法藏而云論藏者此亦以無比法分別淨
慧所總四種之說而云之耳其一梵語奢
薩怛羅此云義論也謂義詳空有論量假
實其二梵語摩怛理迦此云本母本母能

冠註輔教編卷五　十四

奢薩怛羅此云義論謂議
詳空有論量假實三梵云
烏波僻舍此云近說謂略
說經中要義不次第故四
梵云阿毗達磨此云對法
謂能對所對論也○又圓
覺大疏卷上之一三張云三
阿毗達磨此云對法云云
言對法者法之對故故對
法藏特明慧論世親攝論
說有四義謂對故數故伏
故通故云云

●猶圭峰疏云等　起信
論疏卷上題號下疏云論
者建立決了可軌文言判
說甚深法相道理依決判
義名之爲論云云

●智者疏云等　維摩經玄義疏卷三三張云三阿毗曇藏者阿
毗曇此翻言無比法聖人智慧分別法義永定無比故云無比法若佛自分別法相
義若弟子分別法相皆名阿毗曇也云云○又見大部四教義卷一也文相相同
故不煩紀之

●崇宗歸趣　圓覺大疏卷上之二八張云七宗趣通別者當部所崇

生妙慧妙慧因論而生故展轉翻爲論也
其三梵語烏波偒舍此云近說謂略取經
中要義不次第故也其四阿毗達磨即此
能對所對法也斯四種之說皆是無比對
法所攝故無比對法皆得稱論論也者
推論欲發其下文辨之之詞也判也者指
決之謂也辨也者曉別之謂也猶圭峰疏
云依決判義名之爲論智者疏云智慧分
別爲無比法開發著明夫佛聖人崇宗歸

日宗宗之所歸曰趣云云又起信論序中出此語也○唐法藏心經略疏云宗趣者語之所表曰宗宗之所歸曰趣 ●猶涅槃經云等　南本涅槃經卷六四依品二張云若有戒律阿毗曇修多羅不違是四亦應依止若有說言有時非時有能護法不能護法如來悉聽一切比丘受畜如是不淨物者如是之言不應依止若有戒律阿毗曇修多羅中有同是說三分亦不應依云云

●大智度論云等　大論卷二張云是時大迦葉思惟我今云何使是三阿僧祇劫難得佛法而得久住如是思惟竟我知是法可使久住應當結集修妒路阿毗曇毗尼作三法藏如是佛法可得久住未來世人可得受行云云

●天台四敎儀等　四敎儀集解卷中云第一三藏敎者一修多羅藏二阿毗曇藏三毗尼藏云云

●夫毗尼也者等　名義卷四撿明三藏篇云毗奈耶或毗尼什師云毗尼秦言善治謂自治婬怒癡亦能治衆生惡也圓覺鈔云此云調伏調練三業制伏過非云云四敎義云此翻滅謂佛說作無作戒能滅身口之惡是故云滅云云南山云毗尼翻滅從功能爲名非正譯也正翻爲律律者法也從敎爲名斷割重輕開遮持犯非法不定俗有九流法流唇一云云○要覽卷中三寶部律下云律梵云毗尼此翻名律律法也云云

●涅槃　見于上也

●菩薩處胎經等　菩薩處胎經卷五出經品第三十八十七張五云爾時佛取滅度已經七日七夜時大迦葉告五百阿羅漢打犍稚集衆云云即使阿難昇七寶高座迦葉告阿難言佛所說法一言一字汝愼勿使有缺漏也菩薩藏者集著一處聲聞藏者亦集著一處戒律藏者亦著一處爾時阿難發聲唱言我

趣者無有勝善乎辦別也標指諸乘法義之淺漸深決者無有勝善於決判也經律論三者上下次第亦各從其語便義便互爲前後不必定爾猶涅槃經云戒律阿毗曇修多羅大智度論云應當結集修妒路阿毗曇毗尼三法藏天台四敎儀亦先經次論次律吾意自謂議論者先出已預於修多羅十二部經故次論次律蓋尊經也是亦義便故取智度論爲例耳

毗尼藏者何謂也戒也律也律也者制也啓衆善遮衆惡莫善乎制也

夫毗尼也者梵語也此土翻爲律律謂法也今解先戒而次律者蓋取涅槃菩薩處胎等諸經所云戒律藏者用其語便耳又取戒律相兼屬之義也如天台涅槃疏云木叉名解脫毗尼名滅滅兼解脫又木叉兼得毗尼故以戒先而次律又以律是能詮之文戒是所詮之行今亦可用行爲本

聞如是一時及說佛所居處迦葉及一切聖衆皆隨淚悲泣不能自勝云云今日已稱言爲我聞最初出經胎化藏爲第一中陰藏第二摩訶衍方等藏第三戒律藏第四云云○此經者姚秦三藏法師竺佛念所譯也有五卷見經直畫一五十四函也

●天台涅槃疏云等　南本涅槃經卷四四相品十六張云云何名律云何名波羅提木叉義佛言波羅提木叉者名爲知足成就威儀無所受畜亦名淨命云云○灌頂涅槃疏卷九九張云戒與毗尼誦者義得相兼木叉名解脫毗尼名滅只滅兼解脫問木叉兼得毗尼律有二義一詮量輕重二者遮制今取遮制邊兼得戒義戒是遮止律攝誦者書之在文爲律闇誦在口爲誦一體而有兩名云云

●禮記王制正義等　禮記註疏卷十一云王制第五正義曰案鄭目錄云名曰王制者以其記先王班爵授祿祭祀養老之法度此於別錄屬制度云制之作蓋在秦漢之際云云

●韻釋文謂制斷也　韻釋文者韻首卷原敕牒註所引之大宋韻釋文乎未見其書也○韻會霽韻制征例切音與質同說文裁也从刀从未未物成有滋味可裁斷也本作制增韻法禁也○又屑韻掣列切裁也法也○字彙制斷也

●藏字等　名義四三藏篇云俱舍或云比吒或云摘迦此翻爲藏即包含攝持之義非藏無以積錢財非藏無以緼文義故攝論云何名爲藏答曰能攝故謂攝一切所應知義無令分散故名爲藏云云○要覽卷中三寶部三藏下云經律論謂之三藏又佛藏菩薩藏聲聞藏名三藏藏者攝也謂攝入攝法故○莊嚴論云謂攝一切所應知義故○同入藏下云若今安置經律論處名藏者梵云俱舍此言藏謂庫府之搃稱也

用文爲迹尊本以行其迹而敎人故先戒而次律也今又以其義通下文而單釋於下蓋亦正乎毗尼尊爲律藏之名也律也者者欲發下文解之之詞也制也者禮記王制正義謂法度爲制度明制亦法也韻釋文謂制斷也今取儒經書訓釋而爲之解者蓋表其義翻毗尼擬此土法律乃謂之律耳啓衆善遮衆惡也者開啓衆多爲善之門而遮塞衆多起惡之源者無有勝善乎此之法律斷制者也此上三處藏字不解者以經論律三藏攝一切所應知義名之爲藏與今天下安置經律論處梵語俱舍此謂之藏者其名混然攝入攝法之藏學者宜自以意知之多置之藏於庠敎不甚稀故皆略而不列也

人天乘者何謂也漸之漸也導世俗莫盛乎至漸

人天乘者定何以而說之也人也者聰明

●人也者聰明業等　要覽卷中界趣部人趣下云大毗婆沙論云梵云末奴沙以能用意思惟觀察所作事故或多憍慢或能寂靜意故名人。阿毗曇論云何故人道名摩㝹沙此有八義一聰明二爲勝三意微細四正覺五智慧增上六能別虛實七聖道正器八聰明業所生故。私曰此已下至菩薩乘夾註文相似引用要覽也

●天者於諸趣等　同卷同部天趣下云毗婆沙論云諸趣最勝故光明照耀故名天也。智度論云有四種天云云

●聲聞者謂其所聞等　同卷三寶部聲聞下云聲聞者瑜伽論云諸佛聖教聲爲上首從師友所聞此聲教展轉修證永出世間小行小果故名聲聞。私曰據要覽則夾註求出世間當作永出世間

▲與其進而不與等　論語註疏卷七述而篇云互鄉難與言童子見門人惑子曰與其進也不與其退也唯何甚註孔曰教誨之道與其進不與其退云云。朱註與許也。私案云此論語之文與夾註並讀則與字訓待爾且前廣原教第二篇云聖人皆與夾註與猶待也具如其下引論斷貨之文也

●緣覺者又曰等　同卷同部獨覺下云梵云畢勒支底迦唐言獨行此有二謂部行麟喩也瑜伽論云常樂寂靜不欲雜居修加行滿無師友教自然獨出世間中行中果故名獨覺或觀緣悟道又名緣覺華嚴經云上品十善道修治淸淨不從他教自覺悟故大悲方便不具足故悟解甚深因緣法故

業所生能用意思惟觀察其所作事是聖道正器又頁天地三才之數故曰人也天者於諸趣最勝能有光明照耀故曰天也乘者喩其能以五戒十善如車乘運載到其所果報之處也下三乘義皆類此然此二乘皆攝屬於聲聞乘在聲聞漸教又爲之漸也若引導乎世之俗者蓋生於人天之閒無有隆盛於此極漸者也

聲聞乘者何謂也權也漸也小道也

聲聞乘者定何以而說之也聲聞者謂其所聞佛無漏聲教展轉修證永出世間小行小果故曰聲聞也此乘是佛方便且隨其機宜以建立漸次引導其小機令向佛乘乃是小乘小聖之道理也

緣覺乘者何謂也亦小道也從其器而宜之莫盛乎權與其進而不與其退莫盛乎漸

緣覺乘者定何以而說之也緣覺者又曰獨覺梵語畢勒支底迦此翻云獨行謂部

●更侵習氣等　四教集解卷中明獨覺下云此人斷三界見思與聲聞同更侵習氣故居聲聞上註侵習氣故異習即慣習習氣謂氣分即是慣習正使氣分如久鎖脚人卒得解脫行時雖無尚有習在又如香在器中雖除其香餘氣猶有云云

●菩薩者梵語等　要覽卷中三寶部菩薩下云菩薩者具足應云菩提薩埵唐言覺有情覺者所求果也有情者所度境也言摩訶薩者此云大有情即能求能度人也云云。又圓覺經大疏上卷之三八張經與大菩薩摩訶薩十萬人俱解曰先標類具云菩提薩埵摩訶薩埵此翻菩提云覺則所求佛果薩埵云有情則所化衆生此約境釋又此人有了悟之覺餘緣慮之情此約心釋又此是求菩提之有情此約能所釋摩訶大也信大法解大義發大心證大道修大行趣大果故云云

●等覺　長阿含經第十二。集解下云云。大論卷四云云

行麟喩也又常樂寂靜不欲雜居修加行滿無師友教自然獨出世間中行中果故名獨覺又觀緣悟道亦曰緣覺又云大悲方便不具足故悟解深因緣故也此乘亦是小乘望前聲聞以更侵習氣故在其上品稍爲優若望後菩薩大乘乃爲小乘小聖之道理也皆統於聲聞之教耳若隨從其人之根器所宜乃授之法者無有隆盛於開權者也待其進向於大理而不待其

退道者無有隆盛於漸教者也

菩薩乘者何謂也實也頓也大道也卽大心而授大道莫盛乎菩薩乘也其乘與妙覺通其殆庶幾者也

菩薩乘者定何以而說之也菩薩者梵語具足乃云菩提薩埵此翻云覺有情覺者所求之果也有情者所度之境也又言摩訶薩者此云大有情也大能度也然小乘亦有菩薩今所謂菩薩者蓋指大乘菩薩

●如儒大賢等　易繫義卷八繫辭下云子曰顏氏之子其殆庶幾乎有不善未嘗不知知之未嘗復行也正義曰上節明其知幾是聖人之德此節論賢人唯庶於幾雖未能知幾故引顏氏之子以明之也其殆庶幾乎者言聖人知幾顏子亞聖未能知幾但殆近庶慕而已故云其殆庶幾乎云云　▲觀乎四輪　藏本及文集輪下有則字

●四輪者謂空刧等　首楞嚴經義疏卷四上衆九云覺明空昧相待成搖故有風輪執持世界云云疏云一明四輪所起四一風輪二金輪三火輪四水輪○又俱舍頌疏論本第十一分別世間品第三之四云初第一明三輪者云云頌曰安立器世間風輪最居下其量廣無數厚十六洛叉次上水輪深十一億二萬下八洛叉水餘凝結成金此水金輪廣徑十二洛叉三千四百半周圍此三倍釋曰初句總標餘句別釋洛叉此云億論云許此三千大千世界如是安立形量不同謂諸有情業增上力先於最下依止虛空有風輪生其量廣無數厚十六億踰繕那如是風輪其體堅密假使有一大諾健那此云露形神以金剛輪奮威懸擊金剛有碎風輪無損又諸有情業增上力起大雲雨澍風輪上滴如車軸積水成輪於未凝結位深十一億二萬踰繕那問如何水輪不傍流散答有餘師說一切有情業力所持令不流散如所飲食未熟變時終不流移墮於熟藏有餘師說由風力持令不流散如篅持穀有情業力感別風起搏擊此水上結成金如熟乳停上凝成膜故水輪減唯厚八洛叉餘轉成金輪厚三億二萬二輪廣量其數是同謂徑十二億三千四百半周圍其邊數成三倍謂周圍量成三十六億一萬三百五十踰繕那○私案俱

耳從十信至乎等覺蓋此等之菩薩也此菩薩之所乘者是一乘眞實之法也是頓覺之教也是無上之大道也即就此菩薩大機之人而授與此無上大道者無有隆盛於茲菩薩乘也其此菩薩所乘之法乃與佛妙覺通同而菩薩躋要於佛果亦如儒大賢顏子者殆近庶慕乎彼聖人幾微之道也

四輪者何謂也曰風也曰水也曰金也曰地也四輪也者天地之所以成形也觀乎四輪天地之終始可知也

四輪者何謂也者此欲發下文解之之詞也四輪者謂空刧之末有風名毗嵐此風吹動最在極下欲起成刧謂之風輪尋有大雲昇空霔雨雨滴大如車軸積于風輪之上結爲水輪水輪最上堅凝爲金如乳停膜是爲金輪亦俱舍論云水輪堅如乳凝冷也此三輪既成又有大雨自空飛霔

舍論者明風水金三輪從此第一第三明九山八海等也○又四輪見于法苑珠林卷四張大三災部成劫下及同卷四洲部地量下又原人論云界則成住壞空空而復成下并佛祖統紀卷三十一三世出興志也○又三藏法數卷十八引統紀出四輪持世界云輪取持載之義云云一金輪二水輪三風輪四空輪云云

●有風名毗嵐　名義卷三什物篇云毗嵐亦云隨藍此云迅猛風大論云八方風不能動須彌山隨嵐風至碎如腐草云云

●三界者何謂也等　俱舍頌疏論本第八分別世間品第三之一云此下第一明三界者云云頌曰地獄傍生鬼人及六欲天名欲界二十由地獄洲異此上十七處名色界於中三靜慮各三第四靜慮八無色界無處由生有四種依同分及命命心等相續云云釋文煩故略之○又見法苑珠林卷五三界篇及統紀卷三十一三界名體志也又要覽卷中界趣部三界下云界者何義瑜伽論云種性義因義住持義婆沙論云分段義聲論云趣義俱舍論云種族義因果不同故有三焉

●此一欲界等　一卷四教儀七張明六道下云六天道二十八天不同欲界六天色界十八天無色界四天欲界六天者一四天王天居須彌山腹二忉利天居須彌山頂自有三十三天已上二天單修上品十善得生其中三夜摩天四兜率天五化樂天六他化自在天已上四天空居修上品十善兼坐禪未到定得生其中○私曰一卷四教儀者高麗諦觀法師所錄也在大藏內百七十五函也今夾註所載文相大槩與彼書相同彼則天之住處及修善得生等之事細書爲耳又四教集解卷中所載亦同此及天之梵漢名義亦具在彼註中不煩紀之

積此金輪之上厚若干由旬廣若干由旬又有風名毗嵐持此風吹皷于水以成世界遂有地輪諸大小乘經論說四輪前後各各不同今且依據其嘗所聞見者云耳不復校其同異然此之四輪即是高天厚地所以成就其形勢也若觀囑此四輪者即前刧天地之所以終後刧天地之所以成即可以知之也

三界者何謂也曰欲也曰色也曰無色也三界也者有情者之所依也觀乎三界則六合之內外可詳而不疑也

三界者何謂也者此解見上曰欲界也者言一欲界也此一欲界凡統六天及下四洲一曰四天王天此一天居須彌山腹二曰忉利天此一天在須彌山頂此天又有三十三天此四天王忉利二天乃單修上品十善者得生其間也三曰夜摩天四曰兜率天五曰化樂天六曰他化自在天此

●兼坐禪而　一卷四教儀註及同集解無禪而二字

●上中下十善　出十住毗婆沙論第十二○立世阿毘達磨論第七○阿毘達磨集論第四○未曾有因緣經

上四天空居耳修上品十善兼坐禪而未到定者得生其間也四洲即四天下也名數見下文乃四天王天之所統也曰色界也者言二色界也此二色界凡統一十八天分爲四禪其初禪占三天一曰梵衆二曰梵輔三曰大梵其二禪占三天一曰少光二曰無量光三曰光音其三禪占三天一曰少淨二曰無量淨三曰徧淨其四禪占九天一曰無雲二曰福生三曰廣果此

上三天乃凡夫住處所修上品十善坐禪者得生其間也四曰無想者乃外道所居之處也五曰無煩六曰無熱七曰善見八曰善現九曰色究竟此上五天乃第三果聖人所居之處也此之九天離欲麤散未出色籠故云色界坐禪得定故得禪名曰無色界也者言三無色界也此三無色凡統四天一曰空處二曰識處三曰無所有處四曰非非想此上四天只有四陰而無

●界猶境也　說文韻譜卷三云界境也从田介聲古拜切又字彙界音戒境也限也

●六道者者何謂也等　私案曰二者字一則當在也字下也文字交錯恐刊誤乎○俱舍論本八世間品三之一頌云從此第二明五趣云云頌曰於中地獄等自名說五趣云云釋中云謂前所說地獄傍生鬼及人天是名五趣云云○要覽卷中界趣部趣下云即五趣也一天二人三地獄四畜生五餓鬼謂修羅四趣皆攝故今開爲一趣故云六趣也趣者何義毗婆沙論云所往義是諸有情所應往結生三處故名趣也毗曇論云趣到義謂彼善惡業因能令有情到其生處又道義故名六道矣　又見珠林卷七至十二六道篇及統紀卷卅二三也

●地獄者梵語等　已下至未數行與一卷四教儀六張以下及同集解卷中七張以下文大槩相同矣、捺落迦等各道之梵漢名義見上所引俱舍八明三界釋文中也

●各有眷屬　四教儀同集解屬下有其類二字

●相吞噉　四教儀噉作啖同集解同此

●亦徧諸處　四教儀及集解作諸趣

●填河塞海　慈悲水懺下餓鬼神道中擔沙負石填河塞海罪報○玄義六之二

●無酒　文句二之二○淨名疏二●天諂正●無天具出集解中○大論卷三十

色蘊故得名無色耳界猶境也此三界者乃是一切有情之類隨其善惡業緣果報所依之境也若觀察乎此三界則天地上下二境與其四方六合內未爲必有外未爲必無此可詳審自知而不足以置疑也

六道者何謂也曰地獄也曰畜生也曰餓鬼也曰修羅也曰人也曰天也六道也者善惡心之所感也觀乎六道可以慎其爲心也

六道者者何謂也解如上文曰地獄也者

地獄者梵語捺落迦又云泥犁此翻苦具而言地獄者此處在地之下故也謂八寒八熱等大獄各有眷屬無數其中受苦者隨其作業各有輕重經劫數等其最重一日之中八萬四千生死經劫無量作上品五逆十惡者感此道身曰畜生也者即畜生道也亦云旁生此道徧在諸處披毛戴角鱗甲羽毛四足多足有足無足水陸空行互相吞噉受苦無窮愚癡貪欲作中品

● 亦徧諸處　四教儀及集解作諸趣

● 四洲不同等　俱舍頌疏論本十一 世間品三之四 四云從此第四明四大洲頌曰於中大洲相南贍部如車三邊各二千南邊有三半東毗提訶洲其相如半月三邊如贍部東邊三百半西瞿陀尼洲其相圓無缺徑二千五百周圍此三倍北俱盧形方面各二千等中洲復有八四洲邊各二云云釋文煩故省之又見珠林卷四 七張已下 統紀卷三十二 二三張 也

五逆十惡者感此道身曰餓鬼也者餓鬼梵語闍梨哆此道亦徧諸處有福德者作山林塚廟神無福德者居不淨處不得飲食常受鞭打塡河塞海受苦無量謂諂誑心意作下品五逆十惡感此道身也阿修羅也者阿修羅此翻云無酒又云無端正又云無天或在海岸海底宮殿嚴飾常好鬪戰怕怖無極在因之時懷猜忌心雖行五常欲勝他故作下品十善感此道身也曰

● 謂東弗婆提壽等　俱舍頌疏論本十一 十八張 云從此第二明壽量云云頌曰北洲定千年西東半半減此洲壽不定後十初叵量云云釋曰北俱盧洲人定壽千歲西牛貨洲人壽五百歲東勝身洲人壽二百五十歲南贍部洲人壽無定限云云○一卷四教儀 六張 云五人道四洲不同謂東弗婆提壽二百五十歲南閻浮提壽百歲西瞿耶尼壽五百歲北鬱單越壽一千歲命無中夭聖人不出其中即八難之一云云○又珠林卷四三界篇四洲部 二十二張 壽量下引毗曇及長阿含出四洲壽量不同恐煩且略○私案曰今夾註所載者與四教集解卷中 十一張 明四洲下註相同又俱舍與一卷四教儀壽量說相似同矣

● 八難　增一阿含經卷三十六○要覽中 云云

人也者此人所生四洲不同謂東弗婆提壽五百歲南閻浮提壽一百歲西瞿耶尼壽二百五十歲北鬱單越壽一千歲命無中夭聖人不出其中即八難之一皆苦樂相間在因之時行五常五戒中品十善感此道身也曰天也者即欲界六天不數須彌山頂自有三十三天并色界十八天無色界四天是也此天屬在因或單修上品十善或兼修禪定得生此道也六道也者

又觀乎四生　藏本及文集生下有則字

● 四生即胎卵濕化等　俱舍頌疏論本第八 世間品三之一 十二張 一云從此第六明四生云云頌曰於中有四生有情謂卵等人傍生具四地獄及諸天中有唯化生鬼通胎化二釋曰前兩句答第一問下四句答第二問於中有四生者標數於三界中生有四生也有情謂卵等者列名謂諸有情類有四種生卵生胎生濕生化生如孔雀等生從卵殼是名卵生如牛馬等生從胎藏是名胎生如飛蛾等生從濕氣是名濕生如諸天等諸根頓具無而欻有是名化生人傍生具四者人傍生趣各具四生人卵生者謂如世羅鄔波世羅生從鶴卵鹿母所生三十二子槃遮羅王五百子等解云世羅此云大山鄔波世羅此云小山近山生故以山爲名婆沙論云昔於此洲有商人入海得一雌鶴形色偉麗旃

即上六道也凡生此六道之者必其爲善爲惡之心感召之耳觀察此六道之所以然乃可以護愼其爲心也

四生者何謂也曰胎也曰卵也曰濕也曰化也四生也者情之所成也觀乎四生可以知形命之所以然也

四生者何謂也者解如上文四生即胎卵濕化四種之生也瑜伽論釋衆生云思業爲田殼胎濕涤爲緣五蘊初起爲生曰胎

而悅之遂生二卵於後卵開生二童子端正聰明年長出家得阿羅漢果大者名世羅小者名鄔波世羅鹿母是毗舍佉天人毗舍佉是二月星名從星爲名此云長養即功德生長也是彌伽羅長者兒婦生子名鹿故名鹿母從子爲名生三十二卵卵各生一兒般遮羅王有妃生五百卵生已羞恥恐爲災變以小函盛棄殑伽河隨流而去下有隣國王因觀河水有函遣人接取見卵將歸城內經數日開各出一子養大驍勇所往皆伏無敢敵者時彼隣國王與彼父王久來怨讎欲遣征伐先作書告今欲來戰導後兵至圍遶其城即欲摧破般遮羅王極大忙怖王妃問委慰喩王言王不須愁此五百子皆是我兒其陳前事夫子見母惡心必息妃自登城告五百子說上因緣如何今者欲造逆罪若不信者各應張口妃按兩乳有五百道乳各注一

生也者謂從胎藏出生者也胎生唯人類多胎生如鬼子母及地行羅刹金翅龍餘畜獸雖胎生亦有數限卵生也者謂從殼而出生者也唯空行羽翼之類多卵生人而卵生如毗舍佉母卵生三十二子者此類尤少濕生也者謂資濕潤氣而出生者也則古柰女之類是也化生也者謂其從無而忽有如天及地獄與劫初之時是也又智度論云諸天地獄皆化生餓鬼二種生

口應時信伏因即和好兩國交通各無征伐人胎生者如今世人人濕生者如曼馱多遮盧鄔波遮盧鴿髻菴羅衛女解云曼馱多此云我養是布殺陀王頂皰而生顔貌端正王抱入宮諸宮皆言我能養也故以標名舊云頂生此是義翻然非正目此王長大爲金輪王遮盧此云髀生鄔波遮盧此云小髀於我養王兩髀生上各生一皰皰生一子從所生處爲名以小標別亦爲輪王鴿髻者昔有一王名爲靜授於王腋下有一皰生生一女子名爲鴿髻如鴿飛出王重如髻故以爲名菴羅衛女從菴羅樹濕氣而生從樹爲名人化生者唯劫初起傍生三種人所共見化生如龍揭路茶等解云此云頂癭亦名蘇剌尼此云妙翅舊云金翅鳥地獄及諸天中有唯化生者一切地獄及諸天中有皆唯化生鬼趣唯通胎化二種鬼胎生者如餓鬼母白目連言我夜生五子隨生皆自食晝生五亦然雖食盡而無飽解云意表有胎生 ○ 又南本涅槃經卅二二十一張出四生又同十一二十下張出頂生事

●瑜伽論釋衆生等　圓覺大疏中卷之三二十五張彌勒菩薩章云若諸世界一切種性卵生胎生濕生化生皆因婬欲而正性命當知輪迴愛爲根本解曰卵等四生則受生差別故瑜伽釋衆生云思業爲因卵胎濕柰爲緣五蘊初起爲生若以四生配六道者天及地獄化生鬼通胎化謂鬼子及地行羅刹是胎餘皆化生人畜各四人具四者毗舍佉母卵生三十二子胎即常人濕則捺女化則劫初畜具四者金翅及龍餘獸皆胎餘鳥皆卵然著地飛空若水若陸微細蠢動或卵胎或濕化不可具分品類云云○同畧疏卷三三張所出文相亦與大疏同畧疏捺作柰○又金剛纂要刊定記卷四二張云故經標云所有一切衆生即総該也梵語僕呼繕那此云衆生智度論云五蘊和合中生故云衆生瑜伽論云思業爲因卵胎溼化爲緣五蘊初起名之

爲生類即流類即胎卵等四也若兆下二釋列三初中二初釋文衆命之始名曰受生即和起之時也卵等四異故云差別謂卵殼中生胎藏中生依溼而生化忽然生故不同也云云文頌故者之大衆與圓覺疏同○衆生名義卷二人倫篇云僕呼繕那或薩多婆或禪豆或禰兜此云衆生摩訶衍云謂意及意識一切衆染合集而生故名衆生而別自體唯依心爲體同性經佛言衆生者衆緣和合名曰衆生所謂地水火風空識名色六入因緣生云云○又見要覽卷中界趣部也

●又智度論云等　大論卷八張十五云五道生法各各不同諸天地獄皆化生餓鬼二種生若胎若化生人道畜生四種生卵生濕生化生胎生卵生者如毗舍佉彌伽羅母三十二子毗舍佉母人生三十二卵卵剖生三十二男皆爲力士彌伽羅大兒字也此母人得三道如是等名卵生人濕生者如揜羅婆利揜音烏甘反婬女頂生轉輪聖王如是等名濕生化生者如佛與四衆遊行比丘尼衆中有比丘尼名阿羅婆地中化生及劫初生時人皆化生如是等名爲化化胎生者如常人生化生人即時長大能到佛所云云

若胎若化人道畜生四種生卵生濕生化生胎生如毗舍佉彌伽羅母三十二子如是等名卵生人濕生者如揜音庵羅利婬女頂生轉輪聖王名濕生化生者如佛與四衆遊行比丘尼中有比丘尼名阿羅婆地中化生及劫初時人皆化生如是等名爲化生胎生如常人生然著地飛空若水若陸微細蠢動或卵胎或濕化不可具分然四生名目經論各出其前後不同今准楞

嚴經故云胎卵濕化也然此上之四生也者皆以情識而生成也觀審乎此四者之生則可以知覺其有形體命數之所以如是也

何家無教何書無道道近而不道遠天下何以知遠乎教人而不教他類物其有所遺乎何家如九家者流如此諸家何家不有其教法何書則今九家者各有所傳之書何書不各有其道理耶此諸書之道若只說

●今准楞嚴經等　首楞嚴經義疏卷四上云胎卵濕化隨其所應卵唯想生胎因情有濕以合感化以離應云云又同卷七云乘此輪轉顛倒相故是有世界卵生胎生濕生化生云云○私案曰今夾註云准楞嚴者則蓋依第四卷所說也

▲䘏　藏本音釋云䘏雪律切憂䘏也○文集音釋云䘏恤同

▲人不能及　文集人下有之字藏本同此

▲含靈　文選五十九頭陀寺碑涉歷于名含靈萬族註春秋元命苞曰蚑行喙息蠕動蛸翹根生浮著含靈盛壯○楞嚴經第八艸本蠕動含靈○釈要鈔一含靈卽衆生之異目也

●魍魎　韻會養韻魍字下云說文蛧本作蝄蜽山川之精物淮南子說狀如三歲小兒赤黑色赤目長耳美髮从虫网聲引國語木石之怪云云左傳宣三年註魑魅山林之神罔兩川澤之神孔叢子土木怪夔罔兩水石之怪龍罔象云云

一世邇近之事而不能詮三世悠遠則古今天下何由知有三世神理之不滅悠遠幽冥者耶彼諸家爲教若只教導人之一種而不能教導如鬼神等異類者其於萬物或有所遺弃者耶

大幽者遠者固人耳目之所不及也惚恍者飛潛者固人力之所不能䘏也人不能及宜聖人能及之人之不能恤宜聖人能恤之聖人不能及天下其終昧夫幽遠者耶聖人不

能䘏含靈者將淪而無所拯乎夫神理幽冥三世眇茫者故是世人耳聽目視所不能洎也惚恍鬼神也鬼神無中而有其魍魎者故謂惚恍也飛潛者空行爲飛水游爲潛此魍魎空行水游之類亦故是世人之力所不能救䘏也今世人耳目既不能及宜乎佛有大神通之聖人有力而化及之也世人之力既不能存䘏亦宜乎佛有大神通之聖人有力而能拯䘏之也此佛

▲廣大悉備　易下繫辭文卽見前也

之聖人苟更不能化及之古今天下其必終竟迷昧夫神理幽冥三世悠遠者乎此佛聖人更不能拯䘏耶一切含稟靈識之者將盡淪溺惡趣而無所拯䘏耶

是故聖人之教遠近幽明無所不被無所不著天下其廣大悉備者孰有如吾聖人之教者也

以是之故佛聖人之爲教道者遠至十世萬世近至一世一身幽至神鬼明至天人

使無所不霑被無所不昭著如此爲教乃天下廣博宏大盡悉包備之謂也誰有如我佛聖人如此而爲教者也

廣原教要義第九篇

天之至高地之至遠鬼神之至幽修吾聖人之法則天地應之舉吾聖人之言則鬼神順之天地與聖人同心鬼神與聖人同靈蓋以其類相感而然也

天蓋在上蒼蒼無極是天之至高也地載

●即經所謂等　楞伽經會譯卷四上五十一張魏譯經云爾時世尊重說偈言遠離於始造及與形相異云云三界上下法我說皆是心離於諸心法更無有可得。又宗鏡錄卷八十三張云問萬法唯心誠證非一入楞伽經偈云三界上下法我說即是心離於諸心法更無有可得云云。會譯在大藏內續藏二十一函四卷四本。

●又經曰等　法華倫註卷一下方便品偈曰是法住法位世間相常住於道場知已導師方便說註四是法住法位一行頌理一也衆生正覺一如無二悉不出如若如法爲位也世間相常住者出世正覺以如爲位亦以如爲相位相常住世間衆生亦以如爲位亦以如爲相豈不常住世間相既常住豈非理一云云科註大槩與倫註同也

●論曰等　肇論注疏卷六涅槃無名論第四妙存第七云淨名曰不離煩惱而得涅槃天女曰不出魔界而入佛界然則玄道在於妙悟妙悟在於即眞即眞則有無齊觀齊觀則彼己莫二所以天地與我同根萬物與我一體（天地萬物皆有無所歸者涅槃妙理非有無也玄道在於不出不在之間故天地萬物與我涅槃同不二之根體同）我則非復有無異我則乖於會通所以不出不在而道存乎其間矣云云。又見釋文。才所述肇論新疏卷下世五張也煩故不記之。注疏在於又續十函也

在下茫茫無極是地之至遠也鬼神之道冥冥寞寞是其極幽也若有以佛之經法修奉而祈禱之彼天地必感應鬼神必從順皆者其効也用佛之法而能果致如上所云者此良由天地與佛聖人同一心源鬼神與佛聖人同一靈覺之性蓋是以其類趣自相感召而如此也天地鬼神形像與佛雖物迹有異而在其理本大同亦猶物之同類也故曰其類相感爾即經所謂

三界上下法我說皆是心又經曰是法住法位世間相常住論曰天地與我同根萬物與我爲一此意是也

情不同則人睽類不同則物反非其道則孺子不從今夫感天地振鬼神得乎百姓夷狄更古今而其心不離吾聖人之道其大通大至斷可見矣

大凡情好不相合同其人雖素親屬則亦睽違氣類不相合同其事物自相反戾又

●人睽　藏本音釋云睽傾畦切乖也。文集校譌睽北作睽依舊本改正

▲其心不離　藏本及文集離下有則字

●此非筭數之一等　起信論卷上之二十七張云眞如者即是一法界（無二眞心爲一法界此非筭數之一謂如理虛融平等不二故稱爲一）云云

●黔首方足　史記卷六秦始皇本紀二十六年下云分天下以爲三十六郡郡置守尉監更名民曰黔首（應劭曰黔亦黎黑也）○前漢書卷三十藝文志第十云至秦患之乃燔滅文章以愚黔首（師古曰秦謂人爲黔首言其頭黑也）（文又音琴）○大戴禮記卷五曾子天圓篇云曾子曰天之所生上首地之所生下首上首之謂圓下首之謂方（人首圓足方）云云○孝經援神契云人頭圓像天足方法地五藏像五行四肢法四時云云○又弘明集卷四八張何承天重答顏光祿云夫陰陽兩儀氣斷絕類圓首方足容貌殊異云云○文中子中說卷下五命篇云人者統元識爲非也圓首方足之謂也云云○私曰夾註所云黔首蓋應作圓首則可也大戴禮以下之書皆共稱人而謂圓首方足未見黔首方足也然若據漢書師古註云謂人爲黔首則亦義有所通者乎

非其道理不合乎中正者雖嬴劣孺小兒必亦不相稟也今夫佛法在古今天下既常有感應天地振動鬼神又收斂得此百姓外及四方夷狄一切之人經古經今而其人之心不肯離散捨棄其教乃知我佛聖人之道其廣大通達臻極決可以見此乎也

廣原敎要義第十篇

佛者何謂也正乎一者也人者何謂也預乎一者也佛與人一而已矣萬物之謂者名也至理之謂者實也執名而昧實天下其知至乎

佛者何謂也者解如上佛謂妙覺聖人此妙覺聖人已證正乎清淨之一心源矣然此非筭數之一二謂如理虛融平等不二故稱一也人者則黔首方足之一類含生者也此人者何以云也而此含生之人亦預乎一心之道也妙覺與彼含識爲人之

●含識　應法記曰含識卽曰羣生識蘊色中謂之含識

▲言乎至之也　藏本及文集無之字

▲至則正　藏本及文集正下有矣字

▲不自得　中庸十四章

●天覺　大法炬陀羅尼經第十二○大論第七十○刊定記第一

者固同一清淨之心源而已矣萬種之物類而爲言者但是名字諂貌也至極之理而爲言者乃是眞實之際也今有徒執守名字諂貌而瞎昧其眞實之際如此天下之人其得爲能知道理至極耶

道在乎人謂之因道在乎佛謂之果因也者言乎未至也果也者言乎至之也至則正正之則無所居而不自得焉

眞實道理在乎衆凡之人乃謂之因也在乎佛一品聖人乃謂之果也就因也者而言之明凡衆之人雖同預於道未究竟於道也故云未至也就果也者而言之表佛大覺乃能究竟於道也故云至之也能此究竟則能圓正其清淨之理既圓正也則其所往處無不是其獨得者也獨即大妙絕待之意也

佛乎豈必形其形迹其迹形迹者乃存其教耳教也者爲其正之之資也

●金身　智度論卷四涅槃經廿九

●玉毫　觀佛三昧經二○慧琳音義一○玄應音義七○僧祐法師釋迦譜序明玉毫而制法界○鮑參軍集佛影頌日金光絕見玉毫遺觀○事苑四

▲聖人之所敎　藏本及文集所下有以字但藏本敎字下細書云或無以字

▲名實　莊子卷三應帝王篇名實不入

●萬品　子華子晏子問黨臨萬品御萬民○良曰萬品言多也

佛乎也者謂既至其圓正之境爲妙覺矣而所在皆其妙體又何必形其形須得金身玉毫迹其迹須得層嵸廣廟耶然不有其敎則不能生善不生善則不能至其得道也今其示佛僧之形住持三寶之迹者是留意在其設敎耳此敎也者大體爲無上菩提正覺之道之資藉者也

別萬物莫盛乎名同萬物莫盛乎實聖人以實敎人欲人之大同也聖人以遺名而勸人助人之大異也觀夫聖人之所敎則名實之至斷可見矣

區分萬品之法親疏邪正者莫有勝盛其名目者也融同萬品之法差別相狀者亦莫有勝盛其眞實者也是故佛聖人必以眞實之理而敎導於人者正欲使人預其廣大融通之道也必以遺忘名迹之彼我而勸導于人者正欲助護人各執其見大爲差殊紛異者也若觀矚佛聖人之所爲

敎法則此或名或實之臻至者決然可以
見知也

廣原敎要義第十一篇

何人無心何心無妙何敎無道何道無中緊
言乎中則天下不趣其至道混言其妙則天
下不求其至心

大凡生人必禀心靈乃成人耳今所謂人
者何人無其心耶夫有心必有其神妙今
亦何心而無其神妙耶大凡設敎以敎人

必有其理道敎既有道亦何道而不有其
大中若一槩論其中道則天下之人不能
向詣其中之又中之至道也若混淆論其
神妙則天下之人亦不能求其心之至心
者也

不盡乎至心至道則僞者狂者矜者慢者由
此而不修也生者死者因循變化由此而不
警也

若不能究竟盡乎此之至心至道則其人

▲何心無妙　文集心作人字藏本同此私案與夫註弁讀則作人者非是乎

▲因循　前漢書卷七十九馮奉世列傳末云子立字聖卿通春秋以父任爲郎稍遷諸曹竟寧中以王舅出爲五原屬國都尉數年遷五原太守徙西河上郡立居職公廉治行略與野王相似而多知有恩貸好爲條敎吏民嘉美野王立相代爲太守歌之曰大馮君小馮君兄弟繼蹤相因循聰明賢知惠吏民政如魯衛德化鈞周公康叔猶二君云云

素來之狂猾之者矜誕之者傲慢之者從
此而不知其爲修治也見處此生世及將
死亡之者乃因依循環其死生變化從此
而不復知其警悟也

妙有妙有大妙中有事中有理中

凡百所謂妙者當須分辨之雖有此妙於
此妙中益有至大之妙也凡所謂中者亦
當分別雖有此中於此中之間自有行事
之中自有性理之中也

夫事中也者萬事之制中也理中也者
性理之至正者也夫妙也者妙之者也大妙
也者妙之又妙者也

今夫所分事之中也者則是凡聖所行萬
種事務折中之中道也今所分理之中也
者則是性理淸淨之眞空也今夫所分凡
謂之妙也者則是妙所之妙但其語言諸
貌心想分別者也今所分別凡謂此妙之
中益有至大之妙也者則是皃體皃諸妙

●素來之　淮私曰之字下恐補入僞妄之人者之四字而讀之則註本文僞者二字者明矣

●狂猾　見論語也

▲制中　藏本及文集中下無去聲二細字

●折中　史記卷四十七孔子世家贊太史公曰中國言六藝者折中於夫子索隱曰離騷云明五帝以折中王師叔云折中正也宋均云折斷也中當也言欲折斷其物而用之與度相中當也○楚辭註解卷四九章惜誦云令五帝以折中註折中謂事理有不同者執其兩端而折其中若史記所謂六藝折中於夫子是也○又文選卷六左太沖魏都賦云商豊約而折中云云

▲及其大妙也　藏本其作未宅私曰恐非乎　▲若極乎　藏本及文集無若字
●此極大之妙等　法華玄義卷一之一五張云所言妙者妙名不可思義也釋籤云
初釋妙者但舉一不思議則已簡於可思議也彼止觀中為成觀故乃以相待為可
思議廣唯一絕待為不思議妙云云又同卷一之二十張云心如幻炎但有名字名之
為心適言其有不見色質適言其無復起慮想不可以有無思度故名心為妙云云◎又宗鏡錄卷九五張下已具辨明心之神妙也不頗紀之　●尚書洪範見前　●中庸篇云等　禮記註疏卷五十二中庸篇云發而皆中節云云正義曰發而皆中節謂之和者不能寂靜而有喜怒哀樂之情雖復動發皆中節限猶如鹽梅相得性行和諧故云謂之和　●如四十二章經等　四十二章經云沙門夜誦迦

之又妙者也
妙者百家者皆言而未始及其大妙也大妙者唯吾聖人推之若極乎衆妙者也夫事中百家者皆然吾亦然矣理中者百家者雖預中而未始至中唯吾聖人正其中以驗其無不中也
若此衆謂之妙者古今百家之學者皆如此言而未嘗涓及妙中之極大妙也此極大之妙者唯是吾佛聖人能推研之似若

冠註輔教編卷五　三十五

葉佛遺教經其聲悲緊思悔欲退佛問之曰汝昔在家曾為何業對曰愛彈琴佛言絃緩如何對曰不鳴矣絃急如何對曰聲絕矣急緩得中如何對曰諸音普矣佛言沙門學道亦然心若調適道可得矣於道若暴暴即身疲其身若疲意即生惱意若生惱行即退矣其行既退罪必加矣但清淨安樂道不失矣。私案曰藏本四十二章經與上所引現流布之本大異相同而少有差殊又見于增一阿含卷十三十二張及中阿含卷二十九十五張　大品沙門二十億經第七也但增一者則作二十億耳中阿含者則作二十億二經各載佛告以彈琴之事矣恐煩不紀之　●不緩　經緩作緩　●意耳比丘　意道作億。法華玄義卷六之一五十八張云阿波陀那者與世間相似柔輭淺語如中阿含長譬喩長阿含大譬喩億耳二十億耳譬喩等無量譬

究竟窮極乎衆所謂妙而為其曲盡之者也今夫所分萬事之中彼百家之言竝皆如此者如儒家尚書洪範五皇極云皇建其有極中庸篇云發而皆中節之謂和此例是也雖吾亦然矣謂吾教亦如此矣如四十二章經取調琴之喩不急不緩得所者此佛教意耳比丘之語其意是也所分性理清淨之中彼百家者雖同稟賦此眞空之中而實未嘗臻極其中道也亦吾佛

喩皆名阿婆陀那釋籤云譬中亦然先舉阿含文道一切言億耳者生時耳上自然有環評堪一億金錢二十億耳者亦耳有環堪二十億故中阿含二十九云佛在給孤二十億耳亦遊舍衛在晴林中初夜後夜學習不眠精勤正作修習道品於是億耳安坐思惟作是念言佛弟子中精勤我最第一不得解脫我家大富不如還家布施修福佛知彼心令比丘呼來至已禮佛却坐一面佛言汝實如所念耶答實爾佛言我今問汝隨汝意解汝在家時彈琴調絃琴隨歌音歌隨琴音耶答如是佛又言絃若緩若急有樂音耶答曰不也調和有耶答曰有也佛言極大精進令心掉散極不精進令心懈怠故當觀察時與非時二十億耳聞佛教已於閑靜處精勤修習得阿羅漢果云云○私曰今釋籤所出與中含文大同小異也　●龍樹中觀論云

聖人獨能究竟推正其中道以明其百家者萬法者莫不盡具足乎中道也龍樹中觀論云因緣所生法我說即是空亦名為假名亦名中道義此意是也
曰心曰道名為耳曰中曰妙語為耳名與言雖異而至靈一也
今文所謂之心者謂之道者但是世俗之名字然耳所謂之中者謂之妙者亦但是世間語言然耳然此名字與語言雖其事

冠註輔教編卷五　三十六

等　中論卷六觀四諦品第二十四四張云諸法有定性則無因果等諸事如偈說衆因緣生法我說即是無亦為是假名亦是中道義未曾有一法不從因緣生是故一切法無不是空者衆因緣生法我說即是空何以故衆緣具足和合而物生是物屬衆因緣故無自性無自性故空空亦復空但為引導衆生故以假名說離有無二邊故名為中道云云○論乃龍樹所造而羅什譯也在大藏內百七函　▲展之轉之　藏本作轉之展之恐非是乎但文集同此　▲其如此也矣　藏本及文集矣下有大字　●華嚴法界觀　法界觀門者乃京終南山釋杜順集圭峰蘭若沙門宗密注有一卷即在大藏內百八十四函也　●交涉無閡門　法界觀門略有三重真空第一理事無礙第二周徧含容第三第一第二各有十門第三周徧含容觀

差異而其至靈之理性一也
一即萬萬即一一復一萬復萬展之轉之交相融攝而浩然不窮大妙重玄其如此也矣
此上文即華嚴法界觀交涉無閡門例也但此文章與彼觀文小異耳一即萬乃此之一具乎一切萬法也彼觀文解云如舉東鏡為能攝也義備彼文下三句類此此之一切萬法却具乎一彼觀文解云正是上一攝一切也文勢一一三及上釋之一復

略華嚴門中說十入云入交涉無礙門入六七……卽多一切如衆九鏡爲所攝所入彼所攝也同時卽一切字一一句上及之一入爲此能入及所攝也卽上所攝能攝同時便是後擧所入及能攝也同故以便爲此所一句攝以一句以兩望多句爲合云偏攝不合云攝入今由此門容一二礙覆相卽故通互無一也攝一正是上切一切入一一是入一一切攝之也一入文勢一一如及上攝彼鏡西一一入一鏡東入便我鏡東時卽我東鏡中去一切攝一入彼西鏡中去圓滿常如切一切入一切此句但以言不頓彰故假前三句二三句不頓三句皆偏也○又見華嚴法界玄鏡卷下裴休十七云觀曰入交涉無礙門下文煩故省之玄鏡者乃澄觀所述也同在大藏百八十四函有二卷也○字彙閡與礙同

●浩汗　文選卷十二木玄虛海賦云瀇瀁浩汗翰曰瀇瀁浩汗廣大貌○同卷四十三孫子荊爲石仲容與孫皓書云三江五湖浩汗無涯云云○又同卷五十九王簡棲頭陀寺碑文云南則浩汗雲霞之所沃蕩云云

●大千須彌等義等　具見俱舍論分別世間品也

●裴休等　唐緜州刺史裴休所述華嚴法界觀門序云法界者一切衆生身心之本體也從本已來靈明廓徹廣大虛寂唯一眞之境而已云云故佛身一毛端則徧一切而含一切也世界徧衆生徧塵塵徧念念徧法法徧無一法定有自體而獨立者證此本法故能凡聖融攝自在無礙納須彌於芥子擲大千於方外皆眞心之常分爾非假於他術也云云○涅槃經第四維摩經七不思議品出

一此之一一一互相涉入彼觀文解云如東鏡攝彼西鏡入我東鏡中時卽我東鏡便入彼西鏡中去萬復萬此一切萬法一一切一切亦互相涉入彼觀文解云圓滿常如此句但以言不頓彰故假前三句二句皆偏也窮而展之迭而轉之輔教奏版寫轉字在上筆悞耳重重交互相融相攝而浩汗然不可窮極此大妙之理乃有重重之玄其妙如是也矣

故其擲大千於方外納須彌於芥子而至人不疑

以此故古人乃云擲大千於方外納須彌於芥子而得道至人終亦不疑惑其言爲之恠誕大千須彌等義者煩不更解此與裴休華嚴法界觀序文相似也裴文云納須彌於芥子擲大千於外方與此上下稍異或裴文傳之者異耶

曰妙而已矣曰中而已矣又何以加焉

●莊子云其子沒等　莊子卷十雜篇列禦寇篇云人有見宋王者錫車十乘以其十乘驕穉莊子莊子曰河上有家貧恃緯蕭而食者其子沒於淵得千金之珠其父謂其子曰取石來鍛之夫千金之珠必在九重之淵而驪龍頷下子能得珠者必遭其睡也使驪龍而寤子尚奚微之有哉今宋國之深非直九重之淵也宋王之猛非直驪龍也子能得車者必遭其睡也使宋王而寤子爲虀粉夫

●淮南子云等　淮南子卷十五兵略訓云建心乎窈冥之野而藏志乎九旋之淵雖有明目孰能窺其情藻高誘註云九旋言深淵也○文選卷十二郭璞江賦云悶淵九迴以懸騰註善曰淮南子曰藏志九旋之淵許愼曰九旋之淵至深○私曰現流布淮南子者乃高誘註而非許註恨未見許愼註淮南子案宋史藝文志第五十一卷云淮南子鴻烈解二十一卷許愼注淮南子二十一卷高誘注淮南子十三卷○夾註九璇之當作旋

●許愼　後漢書儒林列傳第六十九下云許愼字叔仲汝南召陵人也性淳篤少博學經籍云云○私案傳中但載撰五經異義說文解字十四篇而未見注淮南子可考

今或人曰言妙卽休矣言中亦卽休矣又何得更以有妙有中者架辯於其間耶

曰海固深矣而九淵深於海夷谿之子豈諒於藏

吾文乃以譬喻解其或者之難云凡言大海者其水固是素爲獨深者也而水之中又有九重之淵尤深於海水然此九淵尤深於海若使聞之于夷鄙小溪所游泛之豎子彼子豈能信諒今不信大妙有大妙

中有至中亦何異其夷溪之子疑於藏亦嗚呼也嘆息其人之不伏義也或曰天下之水無深於海也今謂九淵乃深於海何以然耶曰若以莊子云其子沒九重之淵而得驪龍千金之珠者較其沒入之義則九淵九重當是豎入之重淵也海雖謂深於衆水亦不聞其有豎入重重之海者今淵泉沒入特有九重明九淵又深於海必矣淮南子云九璇之淵而許愼注曰至深

●漢書顏師古等　前漢書卷四十八賈誼傳弔屈原賦云襲九淵之神龍兮註師古曰九淵九旋之川言至深也○賦者見文選卷六十及古文後集卷上也

●夷貉之子等　荀子勸學篇云故不登高山不知天之高也不臨深谿不知地之厚也不聞先王之遺言不知學問之大也于越夷貉之子生而同聲長而異俗教使之然也註唐大理評事楊倞云于越猶言吳越呂氏春秋荊有佽飛得寶劍於于越高誘曰吳邑也貉東北夷同聲謂啼聲同貉莫革反○又大戴禮記卷七勸學第六十四云是故不升高山不知天之高也不臨深谿不知地之厚也不聞先王之遺言不知學問之大也於越戎貉之子生而同聲長而異俗者教使之然也云云○莊子卷五外篇刻意篇云夫有于越之劍者柙而藏之不敢用也寶之至也云云翼註云司馬云于吳也于谿越山出名劍案吳有谿名于谿○淮南子卷二俶真訓云烏號之弓谿子之弩不能無弦而射註谿蠻夷也以柘桑為弩○新唐書卷五十九藝文志第四十九二張楊倞注荀子二十卷汝上大理評事　又宋史二百五志卷第百五十八藝文一張楊倞注荀子二十卷

也與漢書顏師古注賈誼弔屈原賦云九淵九旋之川亦言至深也夷溪之子者荀子勸學篇所云于越夷溪之子也吾初按古寫本與楊倞注本云夷貊之子異矣考于越舊事則夷溪為使

夾註輔教編廣原教要義第五終

●猶古師云等　維摩玄義疏卷四一張云分別權實應須四義一明一切非權非實二明一切皆權三明一切皆實四明一切有權有實云云二明一切皆權者若論四不可說有因緣而說是則四教皆是權巧化物也故佛言我坐道場時不得一法實空拳誑小兒以度於一切也云云又見大部四教義卷十二張也與此文同○又大論卷二十一十丁張偈云我坐道場時智慧不可得空拳誑小兒以度於一切諸法之實相則是衆生相云云○私曰夾註云古師者乃指天台智者也上所引維摩玄疏及大部四教義共天台大師所撰也

●泥滯　文選卷四十四陳孔璋檄吳將校部曲文云若夫說誘甘言懷寶小惠泥滯苟且沒而不覺云云註良曰泥溺也言溺滯於苟且之間云云

●大論所謂等　大論卷十一十六丁張釋初品中檀相義下云復次我無定處我以為彼彼以為非彼以為我我以為非以是不定故無實我也所施財者從因緣合有無有一法獨可得者如絹如布衆緣合故成除縷縷則無絹布諸法亦如是一相無相相常自空人作想念計以為有顛倒不實是為世間檀云云

●亦古師所謂等　如前廣原教第十二篇皆夾註云發演其能詮二諦之教耳之下引維摩玄疏而證焉○八音詳於法界次第卷下八音初門不煩紀之十住斷結經第十二如來八種音不男音不女音不強音不軟音不清音不濁音不雄音不雌音○又出中陰經下中阿含經第四十一

●教迹　法華音義十之二云教者謂佛被下之言迹謂蹤跡亦應化迹○資持記上一聖人出現爲物垂範謂之教跡

夾註輔教編廣原教要義第六

住杭州佛日山嗣祖明教大師　契嵩　編并註

廣原教要義第十二篇

教不可泥道不可罔泥教淫迹罔道棄本泥也者過也罔也者不及也過與不及其為患一也

教則權設猶古師云四教皆是權巧化物也遂引經曰空拳誑小兒以度於一切奉教者不可一向泥滯然道雖無相縱大論所謂一相無相相常自空而務道者亦不可一向無罔苟若泥滯于教則是淫著其迹迹亦古師所謂大聖八音敷演不思議能詮二諦之教迹也果無罔於道則是棄其本本即是不思議所詮二諦之理本也泥者則為過罔者則為不及皆是不得於中道然此過與不及其為病患是一致也

聖人所以為理必誠為事必權事與理皆以

▲以大中得　藏本及文集得下有也字
●有權宜　禮記註疏卷六十三喪服四制云有恩有理有節有權取之人情也云云權者知也仁義禮智人道具矣正義曰權者知也量事權宜非知不可故云權者知也云云○尚書註疏卷十九呂刑云輕重諸罰有權傳輕重諸刑罰各有權宜○文選卷一東都賦云蕭公權宜而拓其制云云
●大中之道　尚書註疏卷十七蔡仲之命云率自中無作聰明亂舊章傳循用大中之道無敢爲小聰明作異辯以變亂舊典文章

●梁高祖號武帝等　梁書卷一武帝本紀上云高祖武皇帝姓蕭諱衍字叔達小字練兒云云同卷三武帝紀下二十云高祖幸同泰寺設無遮大會捨身公卿等以錢一億萬奉贖云云具如本紀恐煩且止○通鑑綱目卷三十一梁大通元年下云梁主捨身于同泰寺[質實]一統志云同泰寺在應天府城中臺城內
●北齊文宣皇帝等　北齊書卷四云顯祖文宣皇帝諱洋字子進高祖第二子云云十年帝於甘露寺禪居深觀唯軍國大政奏聞云云具如本紀也
●楊道彥　道當作遵○北齊書卷三十四云楊愔字遵彥具如列傳也
●其疾如風　法華論註卷二上譬喩品云駕以白牛膚色充潔形體姝好有大筋力行步平正其疾如風

大中得

佛聖人所以立爲理道必有誠實示爲事法必有權宜此權之與實皆以大中之道爲得所也

夫事有宜理有至從其宜而安之所以爲聖人之教也即其至而至之所以爲聖人之道也

夫立事當各有其便宜立理亦各有其極當也若從其便宜合此宜而致之是所以

爲佛聖人之教法也即其極當合此至當而安之是所以爲佛聖人之道理也

梁齊二帝（梁武齊文宣也）反其宜而事教不亦泥乎

魏周二君（魏武周武也）泥其至而預道不亦罔乎

梁即梁高祖號武帝蕭衍也齊即北齊文宣皇帝高洋也反其宜謂二帝與爲人君只宜用人君之法以行善不可苟弃國政如梁武捨身於同泰寺齊文宣委弃國政於其臣楊道彥但竟日坐禪繞佛其疾如

●魏大武皇帝　如序中所引者也
●周武帝宇文邕　周書卷一文帝本紀上云太祖文皇帝姓宇文氏諱泰云云同卷五武帝紀上云高祖武皇帝諱邕字禰羅突太祖第四子也云云建德三年云云丙子初斷佛道二教經像悉毀罷沙門道士並令還民并禁諸淫祀禮典所不載者盡除之云云○通鑑綱目卷三十五武帝建德三年下[綱]夏五月周廢佛道教毀淫祠[目]初周主定三教先後以儒爲先道爲次釋爲後至是遂禁佛道二教經像悉毀云云

風此例是也若捨身於寺坐禪繞佛自是夫出家者之宜爲今二帝乃以此事奉佛教不亦是泥滯而不通其大體乎魏周二君魏即魏大武皇帝拓跋燾也毀滅佛教周即周武帝宇文邕也謂此二君皆泯沒其妙極之理而特以其糊預空荒滅絶之道二君如此不亦是徒爲無罔耶

夫聖人之教善而已矣夫聖人之道正而已矣其人正人之其事善事之不必僧不必儒

不必彼不必此彼此者情也僧儒者迹也

夫佛聖人之爲教法唯在乎善而止矣佛聖人之爲道亦唯在乎正而止矣今若外教之人所行之道果正即其人便爲之行佛行人也其所行之事若是善事即就其事便爲之行佛事也不在必然須爲僧爲儒必在乎彼之此之乃爲正不正善不善耳執彼與此者乃是人之情謂僧與儒者亦是道之迹耳

聖人垂迹所以存本也聖人行情所以順性也存本而不滯迹可以語夫權也順性而不溺情可以語夫實也

今佛聖人垂示教迹其所以然實在乎道本也佛聖人示行大悲之情其所以欲順其妙性也今若能存心于道本而不滯著其教迹者是乃可與語論乎佛之示權者也若能順其妙性而不淫溺其情愛者是乃可與語論佛之眞實者也

答者石虎以柄國殺罰自疑其事佛無祐佛圖澄乃謂石虎曰王者當心體大順動合三寶如其兇愚不爲教化所遷安得不誅但刑其可刑罰其可罰者脫刑罰不中雖傾財奉佛何以益乎

昔往古之者石虎字季龍卽石勒從子僞趙之第二主也晉書避唐太祖廟諱只稱其字耳高僧佛圖澄傳云石虎嘗因晉兵侵趙疆場輒以主權其國生殺賞罰之勢乃疑其事奉佛教無有福祐欲沮毀圖澄澄乃示其神異不測之迹石虎已而改悔致敬圖澄遂誠虎曰夫爲帝王之者正當以誠心體合大順中正之道發動卽符合佛法僧三寶之理若有兇暴愚狠之人不肯爲帝王教化所遷改其惡者又何得不誅責之君行其誅責但當刑戮其可刑戮之者懲罰其可責罰之者脫或用其刑罰不中當於理雖更傾竭財利以奉事於佛

何以成其利益耶此事見佛圖澄傳等文

宋文帝謂求那跋摩曰孤媿身徇國事雖欲齋戒不殺安得如法也跋摩曰帝王與匹夫所修當異帝王者但正其出言發令使乎人神悅和人神悅和則風雨順風雨順則萬物遂其所生也以此持齋齋亦至矣以此不殺德亦大矣何必輟半日之飧全一禽之命爲之修乎

宋文帝亦南朝之宋太祖文皇帝劉氏也

▲無祐　藏本及文集祐下有而字

▲不中　文集中下有也字藏本同此

▲傾財　文集傾作輕字藏本同此私謂輿夾註併讀則若作輕字則恐非是乎

●石虎　晉書卷第一百六石季龍紀上云石季龍勒從子也名犯太祖廟諱故稱字爲云云

●高僧佛圖澄　高僧傳卷九神異上云竺佛圖澄者西域人也本姓帛氏少出家云云晉軍出淮泗隴北凡城皆被侵逼三方告急人情危擾虎乃瞋曰吾之奉佛供僧而更致外寇佛無神矣澄明旦早入虎以事問澄澄因諫之曰云云壇場軍寇國之常耳何爲怨謗三寶夜興毒念乎虎廼信悟跪而謝焉虎嘗問澄佛法不殺朕爲天下之主非刑殺無以肅清海內既違戒殺生雖復事佛詎獲福耶澄曰帝王事佛當在體恭心順顯暢三寶不爲暴虐不害無辜至於凶愚無賴非化所遷有罪不得不殺有惡不得不刑但當殺可殺刑可刑耳若暴虐恣意殺害非罪雖復傾財事法無解殃禍願陛下省欲興慈廣及一切則佛教永隆福祚方遠虎雖不能盡從而爲益不少云云○又晉書卷第九十五藝術有佛圖澄傳

●符合　文選四十三國名臣序贊君臣相體若合符契註論語考讖曰君子上達與天合符○續博物志云云

▲宋文帝　藏本宋上有晉字文集同此文帝紀者如前原教中何尚之問答下所引也

●求那跋摩　高僧傳卷三譯經下云求那跋摩此云功德鎧本刹利種累世爲王
云云後文帝重勅觀等復更敦請乃汎舟下都以元嘉八年正月達于建鄴文帝引
見勞問慇懃因又言曰弟子常欲持齋不殺迫以身徇物不獲從志法師既不遠万
里來化此國將何以教之跋摩曰夫道在心不在事法由己非由人且帝王與匹夫
所修各異匹夫身賤名劣
言令不威若不剋己苦躬
將何爲用帝王以四海爲
家萬民爲子出一嘉言則
士女咸悦布一善政則人
神以和刑不夭命役無勞
力則使風雨適時寒暖應
節百穀滋繁桑麻鬱茂如
此持齋亦大矣不殺亦衆
矣寧在闕半日之餐全一
禽之命然後方爲弘濟耶
帝乃撫机歎曰夫俗人迷
於遠理沙門滯於近教迷
遠理者謂至道虛說滯近
教者則拘戀篇章至如法
師所言眞謂開悟明達可
與言天人之際矣乃敕住
祇洹寺供給隆厚云云
▲撫机　文集机作几藏
本作几恐刊誤乎○藏本
音釋云机麋履切案属
▲天下之達道　中庸云
天下之達道五云云
▲天人之際　楊子法言
卷四問神篇云致天下之
大利和同天人之際使之
無間者也云云○文選卷
四十一司馬遷報任少卿
書云亦欲以究天人之際
通古今之變云云同卷四
十阮嗣宗爲鄭沖勸晉王
牋云明公宜承聖旨受兹
介福允當天人云云註銑曰天人謂天意人事也

元嘉中罽賓天竺僧求那跋摩此云功德鎧
者在建鄴帝語於跋摩云孤帝自以爲孤
寡以其身見御從治國之事雖欲持齋蔬
食守戒不殺物命以資庖廚既牽於此之
國事又爭得一一如佛所制之戒法耶跋
摩即對帝云大凡爲帝爲王與彼匹獨一
夫其所修心愼行其事應當各有異殊若
帝王所修但當其出一言發一令使令乎
人民神祇喜悦和暢則感召風雨順時若

風雨必順則萬彙之物自然稱遂其生成
也帝果以是謂爲之持齋也如此之齋亦
已至極以是謂爲之守戒不殺也而如此
之戒德亦其優大矣亦何須欲止輟其半
日之飡餉完全一禽鳥之性命始可爲之
修奉耶
帝撫机稱之曰俗迷遠理僧滯近教若公之
言眞所謂天下之達道可以論天人之際矣
文帝聞跋摩之言乃喜之遂拍其几案云

●論亦云等　見前原教
夾註也
▲至人　莊子逍遥遊云
至人無己　註詣於靈極故
謂之至○禪門宝訓音義
行到之人又聖人也○銑
註至人謂至德之人

拘世俗之者迷昧其淺遠之理道預稽倫
之者泥滯近漸之教迹尊稱跋摩若如公
之所言者實所謂天下達理至公之言也
此義意可以共論議天道與人事之際際
猶其中間也論亦云人處爲際
圖澄跋摩古之至人也可謂知權乎
此佛圖澄求那跋摩二高僧乃古至極之
人其如此見識淺遠可以謂之知權乎權
謂澄摩二人能因其世道而役引人出世

之道也
廣原教要義第十三篇
聖人以五戒之導世俗也教人修人以種人
修之則在其身種之則在其神一爲而兩得
故感人心而天下化之
佛聖人初以不殺不盗等五戒教導世間
在俗之者教其修習此法以爲人又如栽
植來生復爲人之種子也今之修身在此
現世之身其心神習以成種則來生資之

以生乃是一為其善而現在未來兩生得其利益也以此故感動人民之心而世間天下皆習其風而化之也

與人順理之謂善從善無迹之謂化善之故人慕而自勸化之故在人而不顯故天下不可得以校其功天下不可得以議其德

凡與人適順道理之事則為善也其人默自起心趣隨其善不有朕迹則為之化也其善果然善之也以故人向慕而自相勸進其化果然化之也以故人從之而不滋彰以故天下縱有巧算之者不可得以計校其功績天下縱有善分辨者不可得以議論其德行

天下鮮惡孰知非因是而損之天下多善孰知非因是而益之謂佛無所助王者之治天下者此不睹理者也

今天下四海鮮少為惡之者誰果知其不由此化而減損其惡類也天下繁多為善之者誰果知其不由此化而增益其善人也今有言佛法在中國無所裨助帝王理治天下者此乃世人自不見其善化之道理者也

●朕迹　莊子卷一齊物論云若有真宰而特不得其朕注希逸曰不得其朕即莫知其所為也云云○私曰夾註朕字當作眹案韻會軫韻眹集韻又吉凶形兆謂之兆眹○同箋韻眹直稔切我也云云

▲天下　藏本及文集天下上有然字

▲益之　藏本及文集之下有有字

▲王者　藏本及文集王上有夫字

▲不睹　藏本及文集睹下有乎字

廣原教要義第十四篇

善不修則人道絕矣性不明則神道滅矣

為善之法若不修理則天人之道斷絕矣真性之理若不明悟則神明之道隱滅矣

天地之生生者神也萬物之靈族者人也其神昧生生者所以異也其人失靈族者所以衰也聖人重人道所以推善而益之也聖人重神道所以推性而嗣之也

天地世間以有漏因緣生生相續者乃在其神性而然也萬物族類之靈唯在於人族者也其能生之神理若昧則相續而生生者所以紛然殊異也其人若失在於靈族者此靈族所以衰少也佛聖人為重人族其所以推善而欲增益之也佛為重神

性之道亦所以推性而欲繼嗣之也

人者天者聖人者孰不自性而出也聖人者天者人者孰不自善而成也所以出者固其本也所以成者固其致也衆成之大成者也萬本之大本者也

今人天與佛等三乘聖人者誰不從此一性而所出也佛等三乘聖人天人者又孰不從善法而所成也既從性之所以出者性故爲其本源也既從善法之所以成者善故爲其資致也今之所以成顯是衆事所成之最大之成者也今此之所以本亦顯是萬事所本之最大之本者也印本輔教編所出所成各脫以字今補之

聖人以性嗣益與天下厚其大本也聖人以善益益與天下務其大成也

佛聖人今以性爲嗣乃欲與天下之人敦厚其大本者也佛以善增益益與天下之人事務其大成者也

▲其致也　一本無致作教字藏本同此

●各脫以字　藏本及文集各無以字

●爲嗣　毛詩註疏卷四之四鄭風子衿篇云縱我不往子寧不嗣音箋云嗣續也○韻會嗣說文諸侯嗣國也从冊从口司聲廣韻繼也

●敦厚　中庸云溫故而知新敦厚以崇禮朱註云敦加厚也

●大本　禮記註疏卷五十二中庸云中也者天下之大本也云云正義曰言情慾未發是人性初本故曰天下之大本也○莊子卷五天道篇云夫明白於天地之德者此之謂大本大宗註希逸曰大本大宗即是贊其所爲之德云云

●大成　禮記學記云七年視論學取友謂之小成九年知類通達強立而不反謂之大成○孟子萬章下云孟子曰伯夷聖之清者也伊尹聖之任者也柳下惠聖之和者也孔子聖之時者也孔子之謂集大成集大成也者金聲而玉振之也云云

父母之本者次本也父母之成者次成也次本次成能形人而不能使其必人也必人必神必先其大本大成也而然後及其次本次成是謂知本也

今世俗以已父母爲本者於其大本乃是次小之本也父母生成爲其生成者亦是次小之成此次本次成二者但形生今之爲人而不能使他生須又爲人也必欲他生復于人必欲其在死生使其神明全而

不昧必須先明其大本大成者也而然後可以事其父母之次本父母之次成者也如此次第事之是可謂之知本者也

夫天下以父子夫婦爲人道者是見人道之緣而不見其因也

今夫天下古今以父母夫婦爲人倫之道者此是但見人倫之緣會也不見其夙修之因也

緣者近也因者遠也夫天下以變化自然爲

▲謂知本也　禮記大學云大畏民志此謂知本

▲夫天下以變化　藏本及文集以上有知字

●因親縁疎　註維摩經卷二弟子品云法不屬因不屬縁故註生曰因近縁疎縁遠故易之今以所易釋所難則易也因親故言屬縁疎故言在也

●楞伽經云等　楞伽經註解卷二一切佛語心品云爾時大慧菩薩摩訶薩復請世尊惟願爲說一切諸法縁因之相以覺縁因相故我及諸菩薩離一切性有無妄見無妄想見漸次俱生佛告大慧一切法二種縁相謂外及內云云註內外因縁皆有親疎之義謂親生爲因疎助爲縁云云○同經叅訂疏卷二上疏云必先因後果展轉而生謂親起者爲因疎助者爲縁也

●楞嚴經云等　首楞嚴義疏卷四上云如彼城中演若達多豈有因縁自怖頭走忽然狂歇頭非外得縱未歇狂亦何遺失富樓那妄性如是因何爲在汝但不隨分別世間業果衆生三種相續三縁斷故三因不生則汝心中演若達多狂性自歇疏煩惱爲縁能潤業故殺等爲因正是業故分別是識能生煩惱三種相續是所分別分別此三故云三縁三即縁也或殺盜淫三之助縁故三之縁也分別既亡業因不作於三界中狂心自歇故云云

▲推其遠者　藏本及文集遠下有而略其近四字

乎神道者是見其然而不見其所以然也然者顯也所以然者幽也

此縁若望因縁爲近遡而因爲遠遡如法數名言因親縁疎矣第者則因當在前縁當次之今先縁者蓋文勢欲順上入道故爾如楞伽經云一切諸法縁因之相楞嚴經云三縁斷故則三因不生此例是也若天下他學之者多以變化自然之理爲乎神性之道者此言但見其境爾而不見

其心之所致爾此境之爾者顯著易睹也其心之所以爾者幽微難識也

是故聖人推其所以然者以盡神道之幽明也推其遠者以驗人道之因果也聖人其與天下之終始乎

以此之故佛聖人多推辨其心所以爾者以究盡其神理之能幽能明也推辨其因之遠者以驗効此人道之因果也下文不

●目擊　莊子卷七田子方篇云子路曰吾子欲見温伯雪子久矣見之而不言何邪仲尼曰若夫人者目擊而道存矣亦不可以容聲矣

▲不亦大族　藏本及文集亦作爲字

▲舉性　藏本及文集性下有本字

▲與天下嗣之　藏本及文集之下有其爲嗣二字

●智度論曰檀名等　智度論卷十一張二十云問曰云何名檀答曰檀名布施心相應善思是名爲檀有人言從善思起身口業亦名爲檀有人言有信有福田有財物三事和合時心生捨法能破慳貪是名爲檀云云○布施　入道章云布施運心普及稱之爲布散己惠人故名爲施

論近者蓋以近者是今父子夫婦之縁目擊可見故不復言也佛聖人乃與天下世間示其終之始之耶先終後始其義已見上文

聖人不自續其族舉人族而續之其爲族不亦大族乎哉聖人不自嗣其嗣舉性而與天下嗣之不亦大嗣乎哉

佛捨釋種而不自繼續其族特舉人族使入續之其爲族豈不亦爲大族乎佛不自

以其父子爲繼嗣舉性理與天下同嗣之是不亦爲大嗣者乎

廣原教要義第十五篇

教謂布施何謂也布施吾原教雖論而未盡此盡之也

教謂布施何謂也者欲發下解之之詞也下皆倣此佛教所謂布施者乃此土翻梵語檀那爲布施耳智度論曰檀名布施時心相應善思名爲檀有云善從善思起身

●又有一家云等　法界次第卷下六波羅蜜初門云一檀波羅蜜檀那秦言布施若內有信若外有福田者有財物三事和合時心生捨法能破慳貪是名爲檀布施有二種一者財施二者法施財施者所謂飲食衣服田宅六畜奴婢珍寶一切已之所有資身之具妻子乃至身命屬他爲他財物故云捨身猶屬財施隨有所須者悉能施與皆名財施也○私曰有一家者蓋指天台家也

●此說亦與智度論同也　大論卷十二八張云復次檀有三種一者物施二者供養恭敬施三者法施云何物施珍寶衣食頭目髓腦如是等一切內外所有盡以布施是名物施○同論卷二十二廿二張云施捨有二種一者財施二者法施二種捨和合名爲捨財施是一切善法根本故云云○同論卷二十三廿三張云財福者衣服飲食臥具醫藥金銀車馬田宅等云云

●法施者若從等　法界次第下檀波羅蜜下上所引之次文云法施者若從諸佛及善知識聞說世間出世間善法若從經論中聞若自以觀行故以清淨心爲人演說皆名法施云云

●猶智度論云等　大論卷十一三十二張云問曰云何名法布施答曰有人言常以好語有所利益是爲法施云云○私曰此論文下相尋明八種法施恐須不紀之○又大論卷二十二廿二張　同論卷二十三廿三張　亦具明法施也

●其論又曰等　大論卷十一二十五張云復次有世間檀有出世間檀有聖人所稱譽檀有聖人所不稱譽檀有佛菩薩檀有聲聞檀何等世間檀凡夫人布施亦聖人作有漏心布施是名世間檀復次有人言凡夫人布施是爲世間檀聖人雖有漏心布

業口業亦名爲檀又有一家云若內有信心外有福田有財物三事和合時心生捨法能破慳貪是爲檀那布施有二種一者財施二者法施從飲食乃至珍寶等名財施此說亦與智度論同也法施者若從諸佛及善知識聞說世間出世間善法等皆名法施猶智度論云有人言常以好語有所利益是爲法施其論自此下又有八種法皆爲法施也其論又曰有世間檀有出世間檀有人言凡人布施是爲世間檀雖聖人有漏心布施以結使斷故名出世間檀世間檀者不淨出世間檀者清淨二種結使一種屬愛一種屬見爲二種所使是爲世間檀無此二種是爲出世間檀此之布施我原敎雖嘗論已而未盡悉其意此文當盡言之也

布施也者聖人之欲人爲福也

大凡言布施也者者是佛聖人之欲令一

施以結使斷故名出世間檀何以故是聖人得無作三昧故復次世間檀者不淨出世間檀者清淨二種結使一種屬愛一種屬見爲二種結使所使是爲世間檀無此二種結使是爲出世間檀若三礙繫心是爲世間檀何以故因緣諸法實無吾我而言我與彼取是故名世間檀

▲福豈有象　藏本及文集象下有耶字

●猶智度論云福從心等　智度論卷三十二二十二張云如舍利弗以一鉢飯上佛佛即迴施狗而問舍利弗汝以飯施我我以飯施狗誰得福多舍利弗言如我解佛法義佛施狗得福多舍利弗者於一切人中智慧最上而佛福田最爲第一不如佛施狗惡田得福極多以是故知大福從心不在田也如舍利弗千萬億倍不及佛心云云

▲論而不議　莊子卷二齊物論云六合之外聖人存而不論六合之內聖人論而不議云云

●貪婪　見于前又出離騷經也○藏本音釋云婪盧含切貪也

●釋名曰等　見于新刻釋名卷之四釋言語部九張也

●悋亦慳也　韻會震韻悋又慳也或作恡增韻俗作悋通作吝○同删韻慳悋也

●悋又訓悋也　同震韻吝良刃切說文恨惜也或作咯啗

●百法論以貪等　大乘百法明門論解卷上九張云善十一者一信二精進云云五無貪云云慈恩註解云言無貪者於有有具無著爲性對治貪著作善爲業言有有具者上一有字即三有之果有具即三有之因云云○同卷十二張云煩惱六者一貪云云註解云言貪者於有有具染著爲性能障無貪生苦爲業生苦者謂由愛力取

切人作爲其福祚也

夫福豈有象在其爲心之善不善耳

夫謂福者豈有其形象耶但在其人之所爲心之善不善耳猶智度論云福從心生不在田也貪婪慳悋者心之不善者也濟人惠物者心之善者也善心感之則爲福不善心感之則爲極福極之理存乎儒氏之皇極矣皇極蓋論而不議者也貪婪婪亦貪也但上下語耳釋名曰貪探也探入他分也慳悋悋亦慳也亦上下語耳悋又訓悋也酌其義訓必悋有輕重爲慳爲悋也百法論以貪屬根本煩惱慳是隨煩惱若此二種之惑結縛其心則爲不善心也若不貪知足則能出乜救濟人之急難不慳能散則能仁惠物之苦厄若此濟惠二種之情在心則爲善心也此善心感則爲福不善心感則爲極此福極之道

理在夫儒氏之尚書洪範五福六極文內彼洪範雖稍略論之而不議也

夫布施之云者聖人欲人發其感福之心也其發之者有優劣則其應之者厚薄

今夫布施之言乃佛特欲使人發其感召福祐之心耳其能發之心有優有劣則其所應之福有厚有薄也

以佛事而發其施心者優也以世事而發其施心者劣也聖人欲人之福必厚故先優而後劣劣者謂之卑優者謂之勝

佛事謂佛法中凡發心布施必全備依於三種福田一佛法僧三寶爲敬田一父母爲恩田一貧病苦厄爲悲田又此能施之心必契合其所施三寶平等妙理猶淨名經云猶如如來福田之相無所分別等于大悲不求果報若以此起發其布施之心故爲優大也是亦大論所謂反其不淨施愚癡施無所分別者也世事謂世法分偏

藏生故云云○同論卷下張一云隨煩惱二十有六忿二恨云云十八慳云云註解云言堅者著法財不能惠捨祕悋爲性能障不慳鄙畜爲業亦貪分也云云○大乘百法明門論在大藏百十一函又百法明門論註解上中下三卷在大藏二百五函也論即天親菩薩所造唐玄奘譯而唐慈恩窺基註解也

▲夫布施之云者　藏本及文集云下有感字

▲則其應之　藏本及文集則下無其字

▲厚薄　藏本及文集厚上有有字

●三種福田　法苑珠林卷二十九福田篇優劣部云如優婆塞戒經云佛言世間福田凡有三種一報恩田二功德田三貧窮田報恩田者所謂父母師長和尚功德田者從得暖法乃至阿耨菩提貧窮田者一切窮苦困厄之人世尊是二種田一報恩田二功德田法亦如是衆僧是三種田一報恩田二功德田三貧窮田云云○又三藏法數卷十一出三福田同三十三亦出八福田云八福田者謂佛聖人僧三種名敬田和尚阿闍黎生我法身者父母生我肉身者此四名恩田救濟病人名病田亦名悲田此八種皆甚勝福故名田也若人能盡力從事此八種者亦猶農之力田則獲秋成之利也○又維摩經卷四菩薩品長者子善德章云若菩薩住是法施會者爲大施主亦爲一切世間福田註什曰若行財施但名施主不名福田若行法施

只於孤老貧病無聊乞人而行其施惠其能施之心或但有愛憐或但聘其富強或但樹恩於人或但取譽於時或但望報於後又其所施之處凡劣不足取法以行其心若以此而起發其施惠之心故爲弱劣也是亦大論所謂愚癡施無所分別如是等種種名爲不淨施者也佛聖人蓋欲人之致其福祐必得應厚以故多推先其優大全備之方法而後兼及其弱劣之者若世法所惠孤老貧病乞人其在佛法亦謂之悲田上所云兼及弱劣者此是也今佛法能施如理之種子與其所施三寶之敬田等既極且全其在經義誠可謂之勝田亦大論所謂如佛所言二施之中法施爲勝者也

儒曰福者備也備者百順之名也無所不順之謂備

儒曰即禮記祭統云賢者之祭必受其福

亦名施主又名福田肇曰福田謂人種福於我我無穢行之穢令人獲無量之果報名福田也○又出勝思惟梵天所問經卷六成實論卷一張六

●猶淨名經云等　維摩經四菩薩品長者子善德章末云時維摩詰現神變已作是言若施主等心施一最下乞人猶如如來福田之相無所分別等于大悲不求果報是則名曰具足法施註肇曰若能齊尊卑一行報以平等悲而爲施者乃具足法施耳

●大論所謂反其不淨施等　大論卷十一二十一張云復次施有二種有淨有不淨不淨施者愚癡施無所分別或有爲求財故施或愧人故施或爲嫌責故施或畏懼故施或欲求他意故施或畏死故施或誑人令喜故施或自以富貴故應施或諍勝故施或妒瞋故施或憍慢自高故施或爲名譽故施或爲呪願故施或解除衰求吉故施或爲聚衆故施或輕賤不敬施如是等種種名爲不淨施淨施者與上相違名爲淨施

●分偏　偏韻會頗也又傍也半也

●無聊　文選卷四十四陳孔璋爲袁紹檄豫州云是以兗豫有無聊之民帝都有吁嗟之怨註善曰戰國策蘇秦曰上下相怨民無所聊○韻會蕭韻聊憐蕭切又賴也其畫無俚之至耳方言俚聊也此其計畫無所聊賴

●亦大論所謂如佛等　大論卷十一三十六張云問曰財施法施何等爲勝答曰如佛所言二施之中法施爲勝所以者何財施果報在欲界中法施果報或在三界或出

非世所謂福也福者備也備者百順之名也無所不順者之謂備正義言若賢者受福身外萬事皆順於道理故云非世所謂福也又言內盡其心外極其禮內外俱順祭具也

此道其緣而不道其因則天下不知其所以爲福也

若儒祭統文義之所說則其財用充富順於行禮物儀豐贍備於致祭固是福之所致備也然此福但在適今之緣而不能盡其夙因也先緣文因亦文勢欲順也若不說其因則天下之人不可得而知其端由以之爲福之也

所種之地薄則所成之物不茂所種之地嘉則所成之物碩必也矣

如世種植田地薄弱者則其所生成之物則不茂盛所種植田地美好膏腴者則其所生成之物充碩此必然之理矣

三界○論自此下明七種財施法施優劣其第七云復次法施能分別諸法有漏無漏法色法無色法有爲無爲法善不善無記法常法無常法有法無法一切諸法實相清淨不可破不可壞如是等法略說則八萬四千法藏廣說則無量如是等種種皆從法施分別了知以是故法施爲勝是二施和合名爲檀行是二施願求作佛則能令人得至佛道何況其餘

●禮記祭統云等　禮記註疏卷四十九祭統云賢者之祭也必受其福非世所謂福也福者備也備者百順之名也無所不順者之謂備言內盡於己而外順於道也云云註世所謂福者謂受鬼神之祐助也賢者之所謂福者謂受大順之顯名也云云正義曰非世所謂福也者言世人謂福爲壽考吉祥祐助於身若賢者受福身外萬事皆順於道理故云非世所謂備此是賢者之福謂內盡其心外極其禮內外俱順於祭具也

●豐贍　韻會豔韻贍又賙也又爾雅序英儒贍聞之士疏云多也

▲碩必也矣　藏本及文集作必碩私曰與夾註相照則從碩必而可也

●膏腴　前漢書卷五十二田蚡列傳云治宅甲諸第田園極膏腴註師古曰膏腴謂肥墝之處○文選卷四左太冲蜀都賦云阻要害於膏腴註劉曰膏腴上地肥沃也○同卷五左太冲吳都賦云其四野則畛畷無數膏腴兼倍註向曰膏腴謂良沃地也○同卷三十九李斯上書秦始皇云割膏腴之壤註銑曰膏腴良地也壤亦地○同卷五十一　賈誼過秦論云東割膏腴之地註濟曰膏腴土田良沃也

是故聖人示人之勝劣豈有所苟乎

是故佛示人勝優悲劣豈欲有所苟且乎不云悲勝而特云勝劣者變其文欲明悲田於敬田等義有降殺

以財而施人者其福可量也以法而施人者其福不可量也可量者并世而言之也不可量者以出世而言之也

今以財利而施於人者其爲福祚乃可度量也若以法施於人其爲福祐不可校量也其可量者并以世間以財利有限之心而言之也其不可量者特以出世間之法法體不可思量計校而言之也

廣原教要義第十六篇

教必尊僧何謂也僧也者以佛爲姓以如來爲家以法爲身以慧爲命以禪悅爲食

凡佛教必須尊奉於僧何以爲此言耶僧者梵語僧伽此翻云衆和合或云和合衆謂四人已上名衆今一人亦得稱僧者蓋

▲如來家　梁攝論卷八能使如來種姓不絕故稱生如來家由生如來家乃至當來得成佛故

●僧者梵語等　名義集卷一釋氏衆名篇云僧伽大論秦言衆多比丘一處和合是名僧伽譬如大樹叢林是名爲林淨名疏云律名四人已上皆名衆律鈔曰此云和合衆云云○要覽卷上稱謂部僧下云僧史略云凡四人已上名僧今一人亦稱僧者蓋從衆名之也云云

●凡謂尚具煩惱等　南本涅槃經卷六四依品三張云佛復告迦葉善男子是大般涅槃微妙經中有四種人能護正法建立正法憶念正法能多利益憐愍世間為世間依安樂人天何等為四有人出世具煩惱性是名第一須陀洹人斯陀含人是名第二阿那含人是名第三阿羅漢人是名第四是四種人出現於世能多利益憐愍世間為世間依安樂人天云何名為具煩惱性云云○具如經中所説文繁故省之

●如大論所見等　大論卷二十二九張云諸菩薩辟支佛及聲聞衆除佛餘殘一切聖衆及諸功德是念僧三昧所緣念僧者是佛弟子衆戒衆具足禪定衆智慧衆解脱衆解脱知見衆具足四雙八輩應受供養恭敬禮事是世間無上福田行者應念如佛所讚僧若聲聞僧若辟支佛僧若菩薩僧功德見聖僧五衆具足如上説

從衆而名之也然此總論凡聖二種僧也凡謂尚具煩惱如四依中之第一依者也聖謂聲聞僧辟支佛僧菩薩僧如大論所見此之三種僧者也此僧者依佛為師故從佛釋氏為姓如阿含經云佛告比丘四大河入海無復本名同名為海四姓之子於佛出家剃除鬚髮著三法衣無復本名但云沙門釋子及道安法師初以凡我剃髮染衣紹釋迦種豈容殊姓宜皆稱釋氏

●如阿含經云等　要覽卷上姓氏部出家人統姓下云開元錄云秦晉已前出家者多隨師姓後彌天沙門道安云凡剃髮染衣紹釋迦種即無殊姓宜悉稱釋氏時皆然猶未有據洎譯出阿含經云佛告比丘四大河水入海無復本名同名為海四姓之子於佛出家剃除鬚髮著三法衣無復本姓但云沙門釋子○彌沙塞律云汝等比丘雜類出家皆捨本姓同稱釋子○具如增一阿含經第二十一卷十二張所説也

●及道安法師等　高僧傳卷五義解科云釋道安姓衞氏常山扶柳人也家世英儒早失覆蔭云云至年十二出家云云初魏晉沙門依師為姓故姓各不同安以為大師之本莫尊釋迦乃以釋命氏後獲增一阿含果稱四河入海無復河名四姓為沙門皆稱釋種既懸與經符遂為永式云云

●本覺名如等　起信論疏卷上之一云二者為欲解釋如來根本之義疏又生滅門中本覺名如始覺名來始本不二名曰如來此即所證本覺真理名如能證無分別智名來諸衆生未有無分別智時是如無來也今以如來依此心成故名此心為如來根本之義○大論卷七十二十張云如來者如實行來到佛法中云云

●即華嚴經云等　唐譯華嚴經卷六十二入法界品第卅九之三三十一張云爾時善財童子一心思惟善知識教云云漸次南行至海門國向海雲比丘所頂禮其足右繞畢於前合掌作如是言聖者我已先發阿耨多羅三藐三菩提心欲入一切無上智海而未知菩薩云何能捨世俗家生如來家云云

●涅槃經云等　南本涅槃經卷二十高貴德王菩薩品十七張云貪慢之結不令居心為菩提舍遮止結賊障惡風雨故受屋舍求醫藥者心無貪慢但為正法不為壽命為常命故云云

●圭峰云等　宋高僧傳卷六義解科唐圭峰艸堂寺宗密傳云釋宗密姓何氏果州西充人也云云元和二年偶謁遂州圓禪師圓未與語密欣然而慕之乃從其削染受教云云○傳燈錄卷十三云前遂州道圓禪師法嗣終南山圭峰宗密禪師云云山南溫造尚書問悟理息妄之人不結業一期壽終之後靈性何依密答一切衆生無不具有覺性靈明空寂與佛無殊云云但可以空寂為自體勿認色身以靈知為自心勿認妄念妄念若起都不隨之即臨命終時自然業不能繫云云○又林間錄卷上五十九張亦出此語也

●亦大論云等　大論卷十九三十五張云正命者一切資生活命之具悉正不邪住不戲論智中不取正命不捨邪命亦不住正法中亦不住邪法中常住清淨智中入平等正命不見命不見非命行如是實智慧以是故名正命云云

遂與經合是謂以佛為姓也本覺名如始覺名來始本不二名如來所證本覺真理是如能證無分別智是來諸衆生未有無分別智時是如無來也唯佛具始覺無分別智以成如來故出家為佛之子必依如來而住即華嚴經云能捨世俗家生如來家涅槃經云為菩提舍遮止結賊障惡風雨故云以如來為家用諸法寂滅之性為其身體猶圭峯云但以空寂為體莫認色身用智慧無量長壽為壽命亦大論云行如是智慧故名正命也用禪定安樂法味為食饌猶淨名經云法喜禪悦以為食今用此禪定安樂法味之食以療治大經所謂六塵飢饉之病者也故不恃俗氏不營世家不修形嚴不貪生不懼死不溷乎五味以故不恃怙俗間姓氏姓氏者世本云言姓則在上言氏則在下白虎通曰人所以

●猶淨名經云等　維摩經卷二方便品云雖復飲食而以禪悦為味註肇曰外食世膳而内甘禪悦之味也○又句七之二云出

●大經所謂等　未見經文宜更檢之○要覽卷上稱謂部除饉男下云康僧會註法鏡經云凡夫貪著六塵猶餓夫貪食不知厭足今聖人斷除貪愛除六情飢饉故號除饉○分別功德論云世人飢饉色欲比丘除此愛饉之想故

●世本云等　未見其書也○史記裴駰集解叙云采世本戰國策索隱曰按劉向云世本古史官明於古事者之所記也錄黃帝以來帝王諸侯及卿大夫系謚名號凡十五篇也○新唐書五十八藝文志第四十八二十七張云宋衷世本四卷世本別錄

一卷宋均注帝譜世本七卷王氏注世本譜二卷

●白虎通曰等　白虎通卷三姓名下云人所以有姓者何所以崇恩愛厚親親遠禽獸別婚姻也云云姓生也人所稟天氣所以生者也云云所以有氏者何所以貴功德賤伎力或氏其官或氏其事聞其氏即可知其所以勉人爲善也云云

●西域記云等　要覽卷上姓氏部云西域記云姓者所以繫統百世使不別也氏者所以別子孫之所出也○又名義集卷一釋尊姓字篇亦引世本及西域記出此語其文同故略之○史記卷一虞舜本紀末云舜爲周姬姓媯氏裴駰註云天子賜姓命氏諸侯命族族者氏之別名也姓者所以統繫百世使不別也氏者所以別子孫之所出故世本之篇言姓則在上言氏則在下也○私曰夾註云西域記云然考玄裝所撰西域記未見其所出蓋恐有所據乎且俟重撿焉

●夸恃　韻會麻韻說文夸奢也从大亏聲集韻或作誇馬韻苦瓦切夸奓自大也○恃韻會紙韻上止切說文恃賴也廣韻依也集韻或作仗寘韻常利切仗也

●滛溽　韻會侵韻滛夷針切過也書罔滛于樂詩序疏云過其度量謂之爲滛又禮坊記云示不滛也註猶貪也○溽韻會沃韻禮記儒行飲食不溽註忞滋味爲溽溽之言欲也即濃厚也

●五味　尚書洪範云潤下作鹹炎上作苦曲直作酸從革作辛稼穡作甘○本艸綱目序例五味宜忌下云岐伯曰木生酸火生苦土生甘金生辛水生鹹云云

▲畢身　藏本畢作異字恐刊誤乎文集同此

有姓者何所以崇恩愛厚親親遠禽獸別婚姻也姓者人所稟天氣所以生者也所以有氏者何所以貴功德賤伎力或氏其官或氏其事聞其氏即可知其所以勉人爲善也西域記云姓所以繫統百世使不別也氏所以別子孫之所出也今言不特俗氏而略姓者以出家亦用佛爲姓故不言姓也不特俗氏者以氏有用官而爲氏者也僧之先聖始捨轉輪聖王之位而出

冠註輔教編卷六　九二

家務道明僧自當脫略世間官勢而不必夸恃其俗氏者也不營世業之家不修飾形迹骸體不貪愛其生不畏懼其死不滛溽甘辛等五味

其防身有戒攝心有定辨明有慧語其戒也潔清三惑而畢身不汙語其定也恬思慮正神明而終日不亂語其慧也崇德辨惑而必然以此修之之謂因以此成之之謂果

其防護身業則有戒制攝持其散亂之心

▲崇德辨惑　論語註疏卷十二顏淵篇云子張問崇德辨惑註孔曰辨別也

●財利飲啖嗜慾三惑　即五欲中之三欲也法數卷二十四引華嚴隨疏演義鈔具五欲不煩紀之

●飲啖　啖韻會敢韻定宗下云啖杜覽切說文啖噍也或作啗集韻亦作啗

●其無明塵沙之二惑　具四教儀集解及同集註等也又出法數卷十二也

●神爽　韻會養韻爽所兩切說文爽明也○左昭公廿五年傳心之精爽是謂魂魄

●尅成　韻會職韻剋廣韻又剋也爾雅勝也通作克俗作尅非

則有禪定辨曉眞妄之境則有智慧語論其持戒也則潔淨其財利飲啖嗜慾三惑終於身而不令汚染亦可云截見思無明塵沙之三惑也語論其修定也恬靜思想念慮端正其神爽而竟日不復紛亂語論其修慧也崇尚爲德辨別衆惑而必是必當始以此三法發行而修之是爲因也終以此三法剋成其道是爲果也

其於物也有慈有悲有大誓有大惠慈也者

●大慈大悲　具出大論卷二十六

●四弘願六波羅蜜　具見法界次第卷下及法數等也

●大論四無量心等　見大論卷二十也論文說自十二張至二十四張恐煩且止○大婆沙卷八十一○涅槃經卷十五

常欲安萬物悲也者常欲拯衆苦誓也者誓

冠註輔教編卷六　九三

與天下見眞諦惠也者惠羣生以正法

其臨於一切物也有大慈有大悲即四無量心也有大誓願即四弘願也有大惠施即六波羅蜜之一也其爲慈者謂欲安樂於物其爲悲者謂欲拯救衆多之苦難此慈悲二義通與大論四無量心慈悲之義通同也其爲誓願者即四弘願之一也見眞諦者則屬四眞諦之見道諦也道諦二

●三十七品　具法界次第卷中不煩釋之

●亦大論云等　大論卷十一之十二張釋初品中檀波羅蜜法施下云復次說法者能以淨心善思讚歎三寶開罪福門示四眞諦教化衆生令入佛道是爲眞淨法施

●佛本行經等　佛本行集經卷第五十說法儀式品五張云爾時佛告諸比丘言我今聽許以微妙音而演說法於時比丘取諸經中要略義味而爲他說不依次第於時比丘懷愧恐怖慮違經律具以白佛於時佛告諸比丘言我許隨便於諸經中擇取要義安比文句爲人說法但取中義莫壞經本云云○私曰此經者隋天竺三藏闍那崛多譯而即在大藏內六十九七十函也乃有六十卷十二本又大藏內百三十八函有佛本行經七卷二本乃宋涼州沙門寶雲所譯也據此則大註作佛本集經則可也

●毗尼母論等　毗尼母論卷第六八九張云諸比丘復諮問世尊佛言說修多羅乃至優波提舍隨意所說諸比丘佛既聽說十二部經欲示現此義復有疑心若欲次第

十七品甚是四弘願法門無量誓願學所緣之境亦大論云示眞實諦教化衆生令入佛道故曰與天下之衆同見眞諦耳其爲施惠者施衆生以一切佛眞正之法也上四無量心四弘願六波羅蜜不二一備舉法數者文欲略故爾然四無量心慈悲爲先四弘願於一切願中爲勝法施於一切施中爲勝又僧爲法施王今說僧功德故於六度中獨舉法施然如此撮略亦按

佛說非恣胸臆自尒佛本行經第五十卷云佛許諸比丘隨便於諸經中不依次第擇取要義安比文句爲人說法毗尼母論第六卷云佛既聽說十二部經若欲次第說其文衆多恐生疲厭若略撰集好詞直示現義如何白佛佛即聽引要言妙詞直顯其義又論藏有四種其第二種梵云烏波偷舍此云近說亦謂略說經中要義不次第故輔教中凡有略取法數名言者皆

說文衆大文多恐生疲厭若略撰集好辭直示現義不知如何以是因緣具白世尊佛既聽諸比丘引經中要言妙辭直顯其義爾時佛聽說法云云○此論者失譯人名今附秦錄乃在大藏內九十八函而有八卷二本也

●論藏有四種等　見後孝論夾註也

●神德　賈誼弔屈原所貴聖人之神德兮

▲能忍人之等　五燈會元卷之一達磨章云祖曰諸佛無上妙道曠劫精勤難行能行非忍而忍豈以小德小智輕心慢心欲冀眞乘徒勞勤苦云云　祖告神光之語也

▲丐食　藏本音釋云丐居太切乞也

▲可辱而等　禮學記云儒有可親而不可劫也可近而不可迫也可殺而不可辱也云云○私曰今此文亦禮記之文勢也

●若經文等　要覽卷中志學部二十智下云般若經云禪學謂之開智講學謂之演智

●大涅槃經云等　南本涅槃經卷三金剛身品十九十張云佛告迦葉善男子以是因緣故比丘比丘尼優婆塞優婆夷應當勤加護持正法護法果報廣大無量云云

●不校者　論語註疏卷八泰伯篇云曾子曰以能問於不能以多問於寡有若無實若虛犯而不校註包曰校報也言見侵犯不報

○枯槁　吳越春秋曰形體枯槁○屈平漁父顏色憔悴形容枯槁

是此例也

神而通之天地不能揜密而行之鬼神不能測

以其神德而自通達也雖天地之力不能揜蔽之以祕密之意而自行其道也雖鬼神之靈不能測度

其演法也辯說不滯其護法也奮不顧身能忍人之不可忍能行人之不能行其正命也丐食而食而不爲恥其寡欲也糞衣綴鉢而不爲貧其無爭也可辱而不可輕其無怨也可同而不可損

若經文以講說爲演智以智慧演述其法則辯論無有留礙大涅槃經云應當勤加護持正法護法果報廣大無量若以此護法爲重任則發勤心忘不復顧惜己之身命能忍其非理毀辱而不校者皆人情之不可忍也能行顧其孤苦枯槁之行者亦人情之所不能行也其乞食乃正命之食

●取糞掃處弃衣等　要覽卷上法衣部衲衣下云，又名五衲衣，謂衣有五種故。十誦律云，一有施主衣，二無施主衣，三往還衣（西天送亡人以衣覆屍，送林取施僧），四死人衣，五糞掃衣。此自有五種：一道路弃衣，二糞掃處衣，三河邊弃衣，四蟻穿破衣，五破碎衣。又有五種：一火燒衣，二水漬衣，三鼠咬衣，四牛嚼衣，五妳母弃衣。已上衣天竺人諱忌，故弃之，以不任用，義同糞掃，故其納成衣，名糞掃衣也

今以乞食自養，而不以爲羞恥。其寡少貪欲，取糞掃處弃衣，其衲成衣，名爲糞掃之衣；以破鉢五片，釘校連綴而用，如四分律本云比丘畜鉢減五綴不漏，更求新者爲好。雖用此糞衣綴鉢，而不爲貧窮。觀身無我，故與一切人物無所爭競也。其身孤弱，無有勢援，雖可以侵辱，而其內道德自充，是不可輕忽之也。其心契平等之理，無愛可親，無嫌可怨，雖與怨親混淆，其居而其

●以破鉢五片等　要覽卷中道具部五綴鉢（綴讀）○四分律藏本云比丘畜鉢減五綴（連綴也），不漏，更求新者，爲好故，尼薩耆波逸提。○法苑云，世尊成道三十八年，赴王舍城國王請，食訖，令羅云滌鉢，失手，撲爲五片云云。佛乃親將鉢鍋釘綴破鉢，故云五綴。○南山宣律師所撰四分律含注戒本卷上（三十三張）云二十一，非分乞鉢戒（佛在舍衛國，跋難陀鉢破，求多鉢畜，居士譏嫌，受取無厭，比丘以過白佛，因制此戒）。若比丘畜鉢減五綴不漏（相去兩指間一綴也），更求新鉢爲好故（若滿五綴不漏，更求新者皆罪），尼薩耆波逸提（略注）。彼比丘應往僧中捨，展轉取最下鉢與之，令持乃至破，應持，此是時（略注）。○同疏卷三下（三十九張）云第二十二乞鉢戒，然鉢減五綴，不堪資身長道，便能令乃處處隨非親乞，長貪妨道，惱亂施主，於理不可，故所以制云云。二本鉢未滿五綴，相五分云若本無綴乃至四綴，更乞如上鉢者亦薩，若乞五綴得吉云云。○又明廣州沙門釋弘贊四分戒本如釋卷第五（十五張）云減綴求鉢戒第二十二。若比丘畜鉢減五綴不漏云云。釋曰畜鉢者，謂現自所受持鉢。減五綴者，減謂不漏也，五綴謂相去兩指間一綴，綴謂聯綴合著，遮漏也。不漏者，出其受羹飯也。更求新鉢爲好故者，謂現有不漏之鉢，而爲貪新好勝妙故，更從他乞求第二鉢也。若減五綴不漏，更求新鉢，捨墮；若滿五綴不漏，更求新鉢，惡作云云。○又具見四分律藏卷九初分之九（六七張）也，文煩故省之。律藏者有六十卷十二本，乃姚秦佛陀耶舍共竺佛念譯，在大藏內八十七函也

●勢援　韻會元韻援字下云緣韻于眷切，助也。廣韻援，援救助也。詩無然畔援云云

道德自充，不可得而損汚也。以實相待物，以至慈修己，故其於天下也，能必和，能普敬。唯以眞實一相之法接待於人物，以廣大極慈而愼修於其心也。以是之故，在於天下之人也，能必然和同，能普行恭敬。蓋如其實相之理，佛與衆生平等而然也。其語無妄，故其爲信也；至其法無我，故其爲讓也誠。

其發語必契實相，豈有虛妄？以故爲信也。臻至其所守之法，純眞無有人我，以故爲推讓也誠實。有威可警，有儀可則，天人望而儼然。戒撿威嚴可以警戒於物，道德儀範可以爲出世間法則，天與人者望而見之，乃儼肅然且畏且敬也。能福於世，能導於俗。以其稟全淨戒，生長萬善，乃能爲世福之

▲有威可警　藏本及文集作可敬，敬字下細書云敬或作警。○左傳卷十九襄公三十一年傳云，衛侯在楚，北宮文子見令尹圍之威儀，言於衛侯曰：令尹似君矣。云云。公曰：善哉，何謂威儀？對曰：有威而可畏謂之威，有儀而可象謂之儀。云云

▲天人望而儼然　論語子張篇云子夏曰：君子有三變，望之儼然。註朱子曰：儼然者，貌之莊。○同堯曰篇云子曰：君子正其衣冠，尊其瞻視，儼然人望而畏之，斯不亦威而不猛乎。

▲其讀誦也　藏本也作日字恐刊誤乎文集同此
●法身慧命　具出文句九之二○智論七十八
▲聚落　具出前漢書卷六十九趙充國傳○十誦律卷五
▲覩名若谷響等　四十二章經末云佛言吾視王侯之位如過隙塵視金玉之寶如瓦礫視紈素之服如弊帛云云○文選卷五十九王簡栖頭陀寺碑曰幽谷無私有至斯響

良由以其已到六度之彼岸乃能接導迷俗出生死流
其忘形也委禽獸而不恪其讀誦也冒寒暑而不廢
以法身慧命爲其身命故其遺忘此分段之形委飼飛禽走獸又不爲恪惜其讀誦受持經典雖觸冒冬寒夏暑而不敢暫廢
以法而出也遊人間偏聚落覩名若谷響覩利若游塵視物色若陽艷煦嫗貧病丸合輿

●又萊子傳云等　高士傳卷上老萊子傳中不載此語宜重撿之○史記卷一舜本紀云舜耕歷山歷山之人皆讓畔漁雷澤雷澤上人皆讓居陶河濱河濱器皆不苦窳一年而所居成聚註正義曰聚謂村落也二年成邑三年成都云云
●陽熱之艷　楞伽經參訂疏卷一之上一切佛語心品第一之一偈曰云何世不動何因如幻夢及揵闥婆城世間熱時餤及與水月光疏幻夢揵城熱餤水月皆喻世間不實云云○私曰陽艷蓋謂陽餤也
●煦嫗者樂記云等　禮記註疏卷三十八樂記云天地訢合陰陽相得煦嫗覆育萬物云云註下云煦許具反嫗於具反正義曰天地訢合者訢猶喜也氣蒸動言樂感動天地之氣是使二氣蒸動則天氣下降地氣上騰陰陽相得者言體謂之下

傴而不爲卑
用法出而化誘世俗也雖遊於人世之間周偏其人聚落可居云聚落又萊子傳云民從之者一年成落二年成聚者而於此聚落見稱美己之名與者若聞空谷之響見財利之好如飛浮之塵見一切可愛之色如見陽熱之艷煦嫗者樂記云天地訢合陰陽相得煦嫗覆育萬物正義曰訢猶喜也天以氣煦之地以形嫗之是天煦覆

地言氣謂之陰陽天地動作則是陰陽相得也煦嫗覆育萬物者天以氣煦之地以形嫗之是天煦覆而地嫗育故言云云
●儒行云等　禮記註疏卷五十九儒行云毀方而瓦合其寬裕有如此者註毀方而瓦合去己之大圭角下與衆人小合也云云正義曰毀方而瓦合者方謂物之方正有圭角鋒鋩也瓦合謂瓦器破而相合也言儒者身雖方正毀屈己之方天下同瓦細如破去圭角與瓦甓相合也
●僚輿　恐字顛倒乎當作輿僚　左傳卷二十一昭公七年傳云人有十等下所以事上上所以共神也故王臣公公臣大夫大夫臣士士臣皁皁臣輿輿臣隸隸臣僚僚臣僕僕臣臺云云○藏本音釋云儓

而地嫗育萬物也僧以慈悲之心憫卹貧病之人惟如其煦嫗也儒行云毀方而瓦合者正義曰方謂物之方正有圭角鋒鋩也瓦器破而相合也喻儒毀屈己方正下同瓦細如破圭角與瓦甓相合也僚輿郎給公家之事者如皁隸之屬耳謂僧瓦合化誘此輩亦如是而不自以爲卑下也
以道而處也雖深山窮谷艸其衣木其食晏然自得不可以利誘不可以勢屈謝天子諸

堂來切輿儓賤之稱
●晏然　文選卷五十一東方曼倩非有先生論云海內晏然註向曰晏安也○同卷三十七曹子建求自試表云九州晏如註良曰晏安也言九州之地皆晏然也
▲形影相弔　文選卷二十曹植上責躬應詔詩表云形影相弔五情愧赧註良曰弔問也○同卷三十七李令伯陳情表云煢煢獨立五臣作煢煢出可刪註濟曰煢單也
●孤介特立　文選卷十五張平子思玄賦云何孤行之煢煢兮孑不羣而介立註衡曰介特也良曰煢煢獨也介亦獨也
●孤煢　書洪範云無虐煢獨而畏高明註煢單無兄弟也○韻會庚韻嬛字下云獨也或作嬛通作煢惸○文選卷二十曹植責躬詩云煢煢僕夫註濟曰煢煢獨也

侯而不爲高
以其道而自居處也雖深冲之山幽窮之谷用艸葉爲其衣採木實爲其食安然而自得其所是不可以財利誘引又不可以官勢屈致謝去天子之崇貴諸侯之隆重者自不以爲之高也
其獨立也以道自勝雖形影相弔而不爲孤
其孤介特立也以其道法自善雖其形與影相弔而不以爲孤煢

●律有開學令等　要覽卷中志學部開外學下云毘奈耶云因舍利子降伏橩無後世外道佛聽比丘學外論仍須是明慧強記者方可於一日分三時初中二分讀誦佛經至晚讀外書○云云地持論云若聰明上智能速受學者於日月中常以二分學佛法一分學外典○案根本說一切有部毘奈耶雜事卷六十三曰我今聽諸苾蒭學盧迦耶等諸外俗論時諸苾蒭聞佛世尊許學書論遂無簡別愚昧之類亦學外書佛言不應愚癡少慧不分明者令學外書自知明慧多聞強記能摧外道者方可學習諸明慧者鎮學外典善品不修佛言不應如是常習外典佛言當作二時每於兩時讀佛經一時習外典苾蒭遂於年月分作三時以緣白佛佛言人命迅速剎那無定不應年月分作三時可於一日分爲三分苾蒭朝習外典暮讀佛經佛言於

其羣居也以法爲屬會四海之人而不爲混
其爲羣隊而居住也以敎法相爲眷屬雖
會聚四海之人而不爲混亂
其可學也雖三藏十二部百家異道之書無
不知也他方殊俗之言無不通也祖述其法
則有文有章也行其中道則不空不有也
在智當遍知則一切有益之事皆可學也
律有開學令一日分三時以初中時讀誦
佛經後時讀外道典籍此例是也雖經律

冠注輔敎編卷六　三十

日初分及以中後可讀佛經待至晚時應披外典苾蒭即便暫時尋讀不誦其文尋還廢忘佛言應誦彼皆不知何時應誦佛言如晝三節夜亦三時云云○毘奈耶雜事者在大藏內九十二函而有四十卷八本也○又開外學事見菩薩戒本經八張菩薩戒本十四紙也此二部者在大藏內八十四函也○私曰夾註開學當作開外學則可也

●十二分部　即一修多羅二祇夜乃至十二優波提舍也具見大論卷三十三及要覽卷中三寶部名義集卷四十二十分敎篇等也

●九家者流　具見前漢書藝文志也

●毘伽羅　名義卷五半滿書籍篇云毘伽羅章安疏曰此云字本河西云世間文字之根本典籍音聲之論宜通四辨訶責世法讚出家法言詞清雅義理深邃斯是

論之三藏從修多羅乃至譬喻論議等一
十二分部之經百家如此方九家者流與
道如西土世俗毘婆羅門法之類其書
即此六籍道德等文與彼異敎一十八種
大書如毘伽羅等論其數有五一曰悉曇
章以成就吉祥爲義二曰蘇呾囉此云契
經即是解釋其聲明之經也三曰馱覩顯
明字功亦如上經是聲之根本也四曰棄
囉是梵棲義謂如田夫之開墾畎畝也五

外論而無邪法將非菩薩大士之所爲也故以此論喻方等經三藏傳云其音不正正云毘耶羯剌諵此飜爲聲名記論以其廣紀諸法能詮故名聲名記成劫初梵王說百萬頌住劫初帝釋略爲十萬頌

●悉曇章　同卷同篇云悉曇章西域悉曇章本是婆羅賀磨天所作自古迄今更無異書但點畫之間微有不同悉曇此云成就所生悉曇章是生字之根本說之爲半餘章文字具足說名爲滿又十二章悉名爲半自餘經書記論爲滿類如此方由三十六字生而生諸字潤州云梵章中有十二章其悉曇章以爲第一於中合五十二字悉曇兩字是題章總名餘是章體所謂惡阿乃至魯流盧樓

●四圍陀　同卷篇云韋陀亦名吠陀此云智論知此生智即邪智論亦飜無對

曰悉栗底蘇呾囉即是解釋上之蘇呾囉
四件正經也又如婆羅門四圍陀等其
一曰阿由此云方命謂醫方等二曰殊夜
謂祭祀書也三曰娑摩謂禮儀卜相音樂
戰法諸事等四曰阿達婆謂呪術等皆梵
天所說如此百家異道之書無有不知者
也他彼方上殊別風俗其言語義謂譯
經之類如梵僧羅什等臨此土之語此土
竺法護等臨五天竺之言亦無有不通曉

冠注輔敎編卷六　廿九

舊云毘陀訛也韋陀有四一阿由此云方命亦曰壽謂養生繕性二殊夜謂祭祀祈禱三娑磨謂禮儀占卜兵法軍陣四阿達婆謂異能伎數禁咒醫方索隱引摩蹬伽經云初人名梵天造一韋陀大有仙名白淨變一爲四一名讚誦二名祭祀三名歌詠四名禳災大名弗沙有二十五弟子各一韋陀能廣分別或云韋陀是符檄云云

●梵僧羅什　高僧傳卷二譯經科云鳩摩羅什此云童壽天竺人也家世國相云云什以說法之暇乃尋訪外道經書善學韋陀舍多論多明文辭製作問答等事又博覽四韋陀典及五明諸論陰陽星筭莫不畢盡妙達吉凶言若符契云云識入西明閣及逍遙園譯出衆經什旣率多諳誦無不究盡轉能漢言音譯流便云云○又見晉書九十五卷藝術列傳也

者也祖宗佛之敎法而演述之即是論通
弟子所造如舍利弗造集異門足論二十
卷目連造法蘊足論二十卷皆玄奘所譯
此例是也凡撰述論議皆有文華章灼
然可觀如西竺則馬鳴龍猛此方則慧遠
僧肇其著述最謂其有文章者此例是也
然佛敎貴於文章自涅槃經云示現知其
威儀禮節能解一切文章技藝又華嚴經
云淵才雅思文中王本行經云安比文句

●此土竺法護　高僧傳卷一譯經科云竺曇摩羅刹此云法護其先月支人本姓支氏世居燉煌郡年八歲出家事外國沙門竺高座爲師云云護乃慨然發憤志弘大道遂隨師至西域遊歷諸國外國異言三十六種書亦如之護皆遍學貫綜詁訓音義字體無不備識遂大齎梵經還歸中夏自燉煌至長安沿路傳譯寫爲晉文云云

●集異門足論二十卷　此論者舍利弗所說而唐玄奘三藏譯也在大藏內百一十八函有二十卷四本

●法蘊足論二十卷　此論者目揵連所說而玄奘譯也在大藏內百三十四函乃云阿毘達磨法蘊足論十卷二本今此夾註云二十卷恐寫作十卷則可也

●馬鳴　名義卷一宗釋論主篇云阿濕縛窶沙或名阿濕矩沙西域記云唐言馬鳴云云○引摩訶衍論明過去世馬鳴之事文繁故省之○又圭峰起信疏云名馬鳴者此菩薩初生之時感動諸馬悲鳴不已又善能撫琴以宣法音諸馬聞之咸悉悲鳴云云

●慧遠　高僧傳卷六義解科云釋慧遠本姓賈氏鴈門樓煩人也云云時沙門釋道安立寺於太行恒山弘讚像法聲甚著聞遠遂往歸之一面盡敬以爲眞吾師也後聞安講般若經豁然而悟乃歎曰儒道九流皆糠粃耳便與弟慧持投簪落髮委命受業既入乎道云云初遠善屬文章辭氣清雅席上談吐精義簡要云云所著論序銘贊詩書集爲十卷五十餘篇見重於世焉

●僧肇　高僧傳六云釋僧肇京兆人家貧以傭書爲業遂因繕寫乃歷觀經史備盡墳籍志好玄微每以莊老爲心要嘗讀老子道德章乃歎曰美則美矣然期棲神冥累之方猶未盡善後見舊維摩經歡喜頂受披尋翫味乃言始知所歸矣因此出家學善方等兼通三藏云云肇既才思幽玄又善談說承機挫銳曾不流滯時京兆宿儒及關外英彥莫不挹其鋒辯負氣摧衂云云

●涅槃經云等　南本涅槃經卷七邪正品四云若有說言菩薩如是示入天祠外學法中出家修道示現如其威儀禮節能解一切文章技藝示入書堂技巧之處能善和合僕使鬪爭云云

●又華嚴經云等　唐譯華嚴經卷十四賢首品二十二張云菩薩種種方便門隨順世法度衆生譬如蓮華不著水如是在世令深信雅思淵才文中王歌舞談說衆所欣一切世間衆技術譬如幻師無不現云云

如此之云其衆蓋明佛教貴用其文章非自馬鳴等始也或言或解推行其不一不異微妙中道之法非有所滯必離其空有之見也中觀論云亦名爲假名亦名中道義此意是也其絕學也離念清淨純眞一如不復有所分別也

在理當超證則一切事皆可遮絕而心冥其清淨寂滅者也圓覺經云彼諸聲聞所

●本行經云等　見于前也

●中觀論云等　見於前廣原教第十一篇夾註也

●圓覺經云等　圓覺大疏中卷之三金剛藏菩薩章卅一張云善男子但諸聲聞所圓覺界身心語言皆悉斷滅終不能至彼之親證所現涅槃何況能以有思惟心測度如來圓覺境界疏思惟心近者種種計度意云無心近理尚不能造有心轉非豈能測度云云

●智度論云等　智度論卷二十一二十二張云云不生滅法中而作分別相若分別憶想則是魔羅網不動不依止是則爲法印

●十住十行十迴向　其見四教儀集解卷下至十七八張等也

●十地　其見集解下二十等也

●五停心至七世第一法　其見集解卷中三十三九張及大部四教義卷四四至十等也

圓境界身心語言悉皆斷滅終不能至彼之親證所現涅槃此意是也去離微細識想冥其清淨空寂純眞無妄一如不變不更略有所分別好醜彼我之境也智度論云有憶想分別是則魔羅網不動不分別是爲眞法印此意是也

僧乎其爲人至其爲心溥其爲德備其爲道大其爲賢非世之所謂賢也其爲聖非世之所謂聖也出世殊勝之賢聖也僧也如此可不尊乎

僧乎謂僧有如上所述之者其爲人也不亦至極其爲心也不亦平普其爲德也不亦備具其爲道也不亦廣大其所以爲賢蓋十住十行十迴向菩薩之賢非是世間所謂之賢也其所以爲聖亦是十地菩薩之聖十地名可見不須出亦非世間所謂之聖也乃吾大乘之賢聖者也至乎五停心一別念處二總相念處三四煖法五頂

●一隨信行至七不時解脫　具見集解中四十二丈三張大部四教義卷六第十二也
●十科高僧　通慧大師贊寧所撰宋高僧傳卷一五張列十科云譯經篇第一變梵成華通凡入聖法論期轉諸律所顯義解篇第二尋文見義得意忘言三慧克念一依當儀習禪篇第三修至無念尊慈都亡以其所以常住安樂明律篇第四戒而少恩正而悉護彼金湯護法篇第五法有名師外禦其侮感通篇第六感而遂通化下遺身篇第七世間難捨能捨施中第一讀誦篇第八以微漏全體過金剛身此爲花高十大德法師爲福爲生興福篇第九果益有生能爲福德雜科聲德篇第十罪滅有爲之雜科其利傳高尚唱導之同歸佛乘光顯
●高僧傳云范甯等　高僧傳卷六慧持傳云釋慧持者慧遠之弟也沖默有遠量云云豫章太守范甯請講法華毗曇於是四方雲聚千里遙集王珣與范甯書云遠公持公孰愈范答書云誠爲賢兄賢弟也王重書云但令如兄誠未易有況弟復賢耶云云○范甯傳見于晉書卷七十五也王珣傳見晉書卷九十三外戚傳也恐須不紀之應往考焉
●僧朗以僧徹等　高僧傳卷六僧徹傳云釋僧徹魏郡長樂人也少以樂出家至年十八始復從志依投僧賢法師爲弟子神慮內敏學與時競至年二十二博通經論嘗聽僧朗法師講放光經屢有擬難朗與賢有褒上之契謂賢曰徹比格難吾累思不能通可謂眞賢弟子也云云
●唐神清北山錄　見於前也但未見其書故不詳以安約顗爲賢之器也○道安傳見高僧傳卷五義解科也慧約傳見續高僧傳卷七義解科也智顗傳見續高僧傳卷二十一習禪科也
●如涅槃經云等　南本涅槃經卷十一聖行品云善男子云何名爲聖行聖行者佛及菩薩之所行故故名聖行以何等故名佛菩薩爲聖人耶如是等人有聖法

法六忍法七世第一法乃吾小乘之七賢也一隨信行二隨法行三信解四見得五身證亦云修證六時解脫羅漢七不時解脫羅漢乃吾小乘之七聖者也亦非世間之賢聖也自此大小乘賢聖之前乃至十科高僧雖尚具凡夫之形而已預賢聖之流修眞守戒護持正法亦爲之賢如高僧傳云范甯以慧遠慧持爲賢僧朗以僧徹爲賢唐神清北山錄以道安慧約智顗爲

賢此等之僧是也從十聖僧寶之後上至諸佛亦爲之聖如涅槃經云以何等故名佛菩薩爲聖人耶如是等人有聖法故常觀諸法空寂故故名聖人有聖戒故有聖定慧故故名聖人他疏鈔亦說十住十行十迴向爲賢或爲內凡十地等妙二覺爲聖唯且謂聖者與涅槃經似同也彼世書所謂千人曰英倍英曰賢者縱其德不踰閑行中規繩言足法於天下也彼所謂萬

故常觀諸法性空寂故以是義故故名聖人有聖戒故故名聖人有聖定慧故故名聖人有七聖財所謂信戒慚愧多聞智慧捨離故故名聖人有七聖覺故故名聖人云云
●彼世書所謂等　白虎通卷三聖人下云禮別名記曰五人曰茂十人曰選百人曰俊千人曰英倍英曰賢萬人曰傑萬傑曰聖云云
●不踰閑　論語疏卷十九子張篇云子夏曰大德不踰閑也註孔曰閑猶法也云云正義曰閑猶法也大德之人謂上賢也所行皆不越法則也云云
●行中規　中庸云是故君子動而世爲天下道行而世爲天下法言而世爲天下則云云

人曰傑倍傑曰聖者與天地合德通變無方窮萬事之始終協庶品之自然也乃只方內有漏之因果耳今此之賢聖以四諦無漏之因自利亦能教人見苦斷集證滅修道遠離魔說超成無漏之果以此之故二教賢聖所以不同也既以無漏法修證超凡入聖故爲出離世間奇異強勝之賢聖也其爲僧也有如此殊勝功德可得不尊大乎

廣原教要義第六終

●周之世宗柴氏　五代史卷十二周本紀第十二云世宗睿武孝文皇帝本姓柴氏邢州龍岡人也柴氏女適太祖是爲聖穆皇后云云顯德二年春二月云云夏五月辛未云云甲戌大毀佛寺禁民親無侍養而爲僧尼及私自度者○資治通鑑卷五十九（四十一張）顯德二年五月下綱云周廢無額寺院禁私度僧尼目云敕天下寺院非敕額者悉廢之禁私度僧尼凡欲出家者必俟祖父母父母伯叔父之命禁僧俗捨身斷手足煉指掛燈帶鉗之類幻惑流俗者令諸州每歲造僧帳有死亡歸俗皆隨時開落廢寺院三萬餘所存者二千六百九十四見僧尼六萬餘人云云○同卷五十八（十七張）周太祖郭威廣順元年綱云春正月郭威稱皇帝國號周目云漢太后下誥授監國符寶即皇帝位制曰朕周室之裔虢叔之後國號宜曰周改元大赦云云○綱鑑補卷二十七（十五九張）世宗下註云名榮姓柴氏太祖后兄守禮之子太祖無嗣養以爲子及太祖崩乃承大統在位六年壽三十九○私曰周太祖郭威在位三年壽五十三第二主世宗郭榮第三主恭帝宗訓七歲即位在位一年已上周代三主踐祚僅十年也

●唐文宗太和　新唐書第八卷本紀云文宗元聖昭獻孝皇帝諱昂云云○綱鑑補卷二十六文宗皇帝下註云名昂穆宗第二子初封江王宦官所立在位十三年崩壽三十三○私曰文宗者乃唐第十五主也按新唐書及通鑑綱鑑等太和之年不載置僧帳籍之事識俟後撿焉○僧史略卷中僧籍弛張章云立名籍以紀之周隋之世無得而知唐來主張方聞附麗文宗太和四年正月祠部請天下僧尼冒名非正度者具名申省各給省牒以憑入籍時入申名者計七十萬造帳入籍自太和五年始也云云然則由時君之好惡乃入籍之弛張今大宋用周顯德條貫三年一造帳子准令也

夾註輔教編廣原教要義第七

廣原教要義第十七篇

以世法籍僧何謂也籍僧者非古也其暴周之意耳

今用治世俗管記民人戶口數目之法制而帳籍收係僧徒此何以爲言也今置文帳以僧預簿籍所管係者此意非出於古先聖王所爲也始自五代暴亂周之世宗柴氏之志意特以顯德二年四月置帳籍以撿括僧尼也或謂置僧帳籍始於唐文宗太和之四年今云暴周之意者且以今世承周之制故爾也

僧也者遠塵離俗其本處乎四民之外籍僧乃民畜僧也

若僧也者者割愛辭親拋世榮辱遠絕塵境脫離浮俗其本元自在乎士農工商四民之外今必籍管於僧乃是以民收畜僧也

冠文輔教編卷七

▲遠塵離俗　法華妙莊嚴王本事品云佛說是妙莊嚴王本事品時八萬四千人遠塵離垢於諸法中得法眼淨　●割愛　四十二章經云佛言出家沙門者斷欲去愛識自心源達佛深理悟無爲法云云　●辭親　同經云佛言辭親出家識心達本解無爲法名曰沙門云云○入濟觀卷下沙彌得度下落髮偈云毀形守志節割愛辭所親出家弘聖道誓度一切人　●遠絕塵境　要覽卷上出家部出家由下云瑜伽論云在家煩擾若居塵宇出家閑曠猶處虛空云云

●羽嘉始生乎應龍　淮南子卷四墜形訓云窔生海人海人生若菌若菌生聖人聖人生庶人凡窔者生於庶人羽嘉生飛龍飛龍生鳳皇鳳皇生鸞鳥鸞鳥生庶鳥凡羽者生於庶鳥毛犢生應龍應龍生建馬建馬生麒麟麒麟生庶獸凡毛者生於庶獸云云

吾聖人之世國有僧以僧法治國有俗以俗法治各以其法而治之也

當我佛聖人之時世其國土中若有僧者則以其僧所奉戒律之法而治理之其國若有民俗則以治世俗之法度而治理之也各各僧以僧法俗以俗法隨其宜而治之也

未始聞以世法而撿僧也豈非聖人既隱其道大衰其徒汙雜太甚輔法不勝其人而然乎

冠文輔教編卷七　二

未嘗稍聞佛之時其國以治世俗法而撿括僧也後世如此爲意豈不因佛聖人既已隱沒相去積遠其道法太殺衰微後世之徒汙濁混雜過甚我之法教不勝其人而致如此耶

羽嘉生應龍應龍生鳳凰鳳凰生庶鳥物久乃變其勢之自然也

吾僧始自佛而出猶羽嘉始生乎應龍應

●應龍謂龍而有翼　魏張揖博雅卷十釋魚下云有鱗曰蛟龍有翼曰應龍有角曰虯龍無角曰螭龍云云○又見楚辭註解卷三天問篇也

▲制之　藏本及文集之作乎字

龍又生鳳凰鳳凰又生衆鳥羽嘉或云亦瑞物似禽之類其說未甚審應龍謂龍而有翼者羽嘉應龍展轉乃成衆鳥譬佛聖人之世而轉成今世之徒其漸微劣可見也凡其事物久遠乃自改變亦其事勢之自如是也

既變不可不制也制之在乎區之別之邪正曲直不可槩視

今此僧徒既變不如佛世又不可不制置

也然若制禦之當區分辨別其邪者正者曲者直者不可一槩而觀視之也

石有玉草有蘭人乎豈謂無其聖賢耶

石之中亦有美玉草之中亦有香蘭今僧亦人夫豈可言僧人之中殊無賢聖者耶

旌一善則天下勸善禮一賢則天下慕賢

國家但旌賞其中一善人則天下僧徒自勸化爲善若或禮待其中一賢者則天下僧徒自慕尚爲賢也

●近古　文選卷一班固東都賦云汎近古之所務蹈一聖之險易云爾

●僧鍾朝見齊天子　高僧傳卷八義解科云釋僧鍾姓孫魯郡人十六出家居貧履道常至壽春遵公見而奇之云云後南遊京邑止于中興寺云云○同卷十三興福科云釋法獻姓徐西海延水人先隨舅至梁州仍出家云云獻以永明之中被敕與長干玄暢同爲僧主云云時暢與獻二僧皆少習律檢不競當世與武帝共語每稱名而不坐後中興僧鍾於瓶弘殿見帝帝問鍾所宜鍾答稱貧道比苦氣帝嫌之乃問尚書王儉先輩沙門與帝王共語何所稱預正殿坐不儉答漢魏佛法未興見記傳自偽國稍盛皆稱貧道亦預坐及晉初亦然中代有庾冰桓玄等皆欲使沙門盡敬朝議紛紜事皆休寢宋之中朝亦頗令致禮而寺竟不行自爾迄今多預坐而稱貧道帝曰暢獻二僧道業如此尚自稱名況復餘者致拜則太甚稱名亦無嫌自爾沙門皆稱名於帝王自暢獻始也云云○又僧史略卷下對王者稱謂章亦出僧鍾之事者大槩與法獻傳中相同矣但案鍾傳中不載此事也今與夾註所載文相同也

●武帝　南齊書卷第三第二世武帝紀云世祖武皇帝諱賾字宣遠太祖長子也小諱龍兒云云永明元年春正月辛亥車駕祠南郊大赦改元云云○綱鑑補卷十六世祖武帝下註云名賾字宣遠高帝長子在位十一年崩壽五十四

●玄奘爲奘尚爲法師　僧史略卷下對王者稱謂篇云唐三藏請御製經序表稱沙門玄奘啓詔曰敕奘尚而不名也云云○編年通論卷十一二十四張云貞觀廿二年八月丙申賜奘百金磨衲幷寶劍刀云云既遇法師寘心大教云云同二十二年四

近古之高僧者見天子不名預制書則曰師曰公鍾山僧遠鑾輿及門而牀坐不迎虎溪慧遠天子臨潯陽而詔不出山

近古謂前世未遠其時高僧如僧鍾朝見齊天子武帝稱貧道而不自名預其詔書王言如唐太宗謂玄奘爲奘法師宋文帝謂功德鎧爲公金陵鍾山高僧僧遠當齊高祖臨訪其寺鑾輿及門遠坐繩床不起廬山虎溪慧遠法師當晉安帝

自鄂渚還都法駕過潯陽詔遠見於頓所遠不奉命出山然其見天子不名儒之法例者如白虎通曰王者臣有暫不名者五先王老臣不名等是也其引尚書云咨爾伯不言名也引春秋云單父不言名又引春秋云諸父諸兄不名引詩云王曰叔父引春秋傳云不名盛德之士者不可屈爵祿也漢高祖不名四皓以公稱之後漢建武中詔王覇覇見其天子拜而不稱已名

月幸翼改官法師玄奘陪駕每談叙淵奥帝必攘袂曰與法師相値恨晩耳云云〇私曰太宗紀及玄奘傳出於前勸書第二篇下矣案玄奘傳文不載奘尚二字故今引僧史略也　●宋文帝　見于前　●功德鎧　梵名求那跋摩傳見前廣原教第十二篇也

●金陵鍾山　一統志卷六應天府建置沿革戰國屬越後屬楚楚威王初置金陵邑因其地有王氣埋金以鎭之故名云云〇同山川下云鍾山在府東北山周迴六十里漢秣陵尉蔣子文逐盜死於此吳大帝爲立廟子文祖諱鍾因改蔣山輿地志蔣山古曰金陵山一名北山齊周顒隱此云云

●僧遠　高僧傳卷八義解科云釋僧遠姓皇渤海重合人云云因蔬食讀誦曉夜不輟年十八方獲入道云云齊太祖將升位入山尋遠遠固辭老疾足不乖床太祖躬自降禮詣訪遠及登禪復鑾駕臨幸將詣遠房房閤狹小不容輿蓋太祖欲見遠遠持操不動太祖遣問臥起然後轉蹕而去遠曾不屑焉云云

●廬山虎溪　一統志卷五十二九江府山川下云廬山在府城南二十五里古南障山也周威王時有匡俗兄弟七人皆有道術結廬于此故名云云〇同山川下云虎溪在府城南晉僧慧遠送客過此虎輒號鳴因名云云〇又同卷南康府山川下亦出虎溪也　●慧遠法師　傳見于前也　高僧傳六慧遠傳中云晉安帝自江陵旋于京師輔國何無忌勸遠候覲遠稱疾不行帝遣使勞問云云

●晉安帝　晉書卷十安帝紀云安皇帝諱德宗孝武帝長子也云云〇綱鑑補卷十五安皇帝下註云諱德宗孝武之太子也在位二十年劉裕縊殺之壽三十七帝幼不慧口不能言寒暑飢飽不能辨飮食寢興皆非己出

●鄂渚　一統志卷五十九武昌府古蹟下云鄂渚輿地記云夏之南岸號鄂渚

冠注輔教編卷七　五

●潯陽　一統志卷五十二九江府建置沿革云晉爲武昌鄱陽豫章三郡地永興初置潯陽郡於此屬江州云云　●如白虎通日等　白虎通卷二王者不臣下云王者臣有不名者五先王老臣不名親與先王戮力共治國同功於天下故尊而不名也尚書曰咨爾伯不言名也不名者貴賢者而已共成先祖功德德加于百姓者也春秋曰單父不言名傳曰大夫之命于天子者大也盛德之士名尊賢也春秋曰公弟叔肸諸父諸兄不名諸父諸兄者親與己父兄有敵體之義也詩云王曰叔父春秋傳曰王禮者何無長之稱也不名盛德之士者不可屈爵祿也故韓詩內傳曰師臣者帝交友受臣者王臣臣者霸魯臣者亡不在

●漢高祖不名四皓等　史記卷五十五留侯世家云留侯曰始上數在困急之中幸用臣策今天下安定以愛欲易太子骨肉之間雖臣等百餘人何益呂澤彊要曰爲我畫計留侯曰此難以口舌爭也顧上有不能致者天下有四人（索隱曰四人四皓也謂東園公綺里季夏黃公角里先生按陳留志云園公姓唐字宣明居園中因以爲號夏黃公姓崔名廣字少通齊人隱居夏里修道故號曰夏黃公角里先生河內軹人太伯之後姓周名術字元道京師號曰霸上先生一曰角里先生孔父祕記作祿里皆下御覽崔氏周氏世譜及陶潛四八目而爲此說）四人者年老矣皆以爲上嫚侮人故逃匿山中義不爲漢臣然上高此四人云云是時叔孫通爲太傅留侯行少傅事漢十二年上從擊破布軍歸疾益甚愈欲易太子留侯諫不聽因疾不視事叔孫太傅稱說引古今以死爭太子上詳許之猶欲易之及燕置酒太子侍四人從太子年皆八十有餘鬚眉皓白衣冠甚偉上怪之問曰彼何爲者四人前對各言名姓曰東園公角里先生綺里季夏黃公上乃大驚曰吾求公數歲公辟逃我今公何自從吾兒游乎四人皆曰陛下輕士善罵臣等義不受辱故恐而亡匿竊聞太子爲人仁孝恭敬愛士天下莫不延頸欲爲太子死者故臣等來耳上曰煩公幸卒調護太子四人爲壽已畢趨去上目送之云云　●詔王霸　後漢書八十三逸民列傳第七十三云王霸字儒仲太原廣武人也少有清節及王莽簒位棄冠帶絕交宦建武中徵到尚書拜稱名不稱臣有司問其故霸曰天子有所不臣諸侯有所不友云云以病歸隱居守志茅屋蓬戶連徵不至以壽終〇見高士傳卷下也

●嚴光子陵　同卷云嚴光字子陵一名遵會稽餘姚人也少有高名與光武同遊學及光武即位光乃變名姓隱身不見帝思其賢乃令以物色訪之云云帝笑曰狂奴故態也車駕即日幸其館光臥不起帝即其臥所撫光腹曰咄咄子陵不可相助爲理邪光又眠不應良久乃張目熟視曰昔唐堯著德巢父洗耳士故有志何至相迫乎帝曰子陵我竟不能下汝邪於是升輿歎息而去云云除爲諫議大夫不屈乃耕於富春山云云年八十終於家帝傷惜之云云〇見高士傳卷下也

●王儉　南齊書卷第二十三云王儉字仲寶琅邪臨沂人也云云〇私按曰宋許云自武帝以法獻玄暢爲僧正已下至自玄暢法獻始也之數行與前所引僧史略文大同少異也

●庾冰　晉書卷七十三云庾冰字季堅兄亮以名德流訓冰以雅素垂風諸弟相率莫不好禮爲世論所重亮常以爲庾氏之寶云云　●桓玄　晉書卷九十九云桓玄字敬道一名靈寶太司馬溫之孽也云云

●比秩侍中　僧史略卷中僧主秩俸章云自姚秦命僧䂮爲僧正秩同侍中此則公給食俸之始也云云

有司問其意霸曰天子有所不臣諸侯有所不友嚴光子陵初臥見光武亦未嘗自名也佛教之例者如南齊武帝問王儉故事者始武帝以法獻玄暢爲僧正每與之語名之而不坐及僧鍾見帝乃自稱貧道帝嫌之遂問其宰相王儉曰先輩沙門於帝王何所稱正殿坐否儉對曰漢魏佛法未興不聞記傳自諸僞國稱貧道亦預坐正殿及乎晉初亦然中世庾冰桓玄等皆

冠注輔教編卷七　六

欲使沙門盡敬朝議紛紜事皆休寢宋之中朝亦頗令致禮而尋亦不行自爾迄今多預坐稱貧道帝問儉曰獻暢二僧道業如此尚自稱名況其餘者揖拜則太甚稱名亦無嫌而沙門名於王者自玄暢法獻始也夫僧既長謝塵俗弃其爵祿超然出世有勝致靈通之道德不得已且比類乎儒者世間盛德之士不屈於爵祿尚不名於天子者而僧稱貧道於方內君上何爲

●稽古　尚書卷一堯典云曰若稽古帝堯云云○後漢書三十七桓榮列傳第二十七云桓榮字春卿沛郡龍亢人也云云以榮爲少傅賜以輜車乘馬榮大會諸生陳其車馬印綬曰今日所蒙稽古之力也云云　●長太息　楚辭註　離騷經云長太息以掩涕兮哀民生之多艱云云　●曹溪令韜　曹溪見于一統志卷七十九韶州府山川下也○傳燈卷五六祖法嗣下云曹溪令韜禪師者吉州人也姓張氏依六祖出家未嘗離左右祖歸寂遂爲衣塔主云云終于本山壽九十五敕謚大曉禪師○僧史略卷下對王者稱謂章云肅宗上元元年三月八日降御札遣中使劉楚江請曹溪六祖所傳衣鉢入內仍先詔弟子令韜劉表辭年老遣弟子明象上表稱臣見于史傳自此始也云云　●內供奉元皎　宋高僧傳卷二十四

而不可耶彼法獻玄暢二僧既充僧正預世俸祿乃比秩侍中矣其不坐呼名彼自當然又烏可使超然勝盛高謝世俗者一槩如之無乃於義不別亂古法例耶齊武既忿其愛惡言不稽古王儉復從而不稍規正遂令百世習之爲式此可長太息也至唐肅宗之時僧乃稱臣如曹溪令韜內供奉元皎者是皆不稽古者也當時以其不便亦嘗勑令不須稱臣也夫世儒尚有

讀誦科云唐鳳翔府開元寺釋元皎靈武人也有志操云云肅宗於靈武訓兵討逆復京師爲物議攸歸請帝即位改元至德及二年返駕指扶風帝素藴釋氏擇清尚僧爲途中祓除然北土西河所推皎應其選召入受敕宣隨駕仗內赴京寺中敕令皎向前發至于鳳翔於開元寺置御藥師道場更擇三七僧六時行道然燈歌唄讚念持經無敢言疲精潔可量也忽於法會內生一叢李樹有四十九莖具事奏聞宣內使驗實帝大驚喜曰此大瑞應也云云加署內供奉焉○僧史略卷下對王者稱謂章云肅宗至德二年隨駕撿校藥師道場內供奉僧元皎奏道場內生李樹四十九莖表中曰臣等忝爲臣子云云○同卷內供奉并引駕章云內供奉授僧者自唐肅宗云云又李讓國宣敕曰敕內供奉僧元皎置此官者元皎始也又有子麟者泉州人

上不臣天子下不事諸侯白虎通曰王者有不臣者五焉不臣受授之師不臣三老五更者而僧爲出世勝流乃特臣之耶凡稱公者而儒教之例謂公者乃公侯伯子男之爵稱也至乎三公九卿亦其內爵稱也公也者公正無私之意也自古有以隱士而稱公者是特尊賢重道雖非預爵秩唯以德而貴之耳如漢高祖謂四皓曰煩公幸護太子又古稱河上公蓋公黃石公

也纖受斯職云云　●夫世儒尚有等　禮記儒行云儒有上不臣天子下不事諸侯慎靜而尚寬強毅以與人博學以知服近文章砥厲廉隅雖分國如錙銖不臣不仕其規爲有如此者　●白虎通曰等　白虎通卷二王者不臣下云王者有暫不臣者五謂祭尸受授之師將帥用兵三老五更不臣祭尸者方與尊者配也不臣授受之師者尊師重道欲使極陳天人之意也故禮樂記曰當其爲師則不臣也當其爲尸則不臣也不臣將帥用兵者重士衆爲敵國國不可從外治兵不可從內御欲成其威一其命春秋之義兵不稱使明不可臣也不臣三老五更者欲率天下爲人子弟禮曰父事三老兄事五更云云　●凡稱公者等　禮記王制云王者之制祿爵公侯伯子男凡五等○白虎通卷一爵下云王制曰王者之制祿爵凡五等謂公侯伯子男此周制也所以名之爲公侯者何公者通公正無私之意也侯者候也候逆順也春秋傳曰王者之後稱公其餘人皆千乘象雷震百里所潤同大國稱侯小國稱伯子男也云云　●三公九卿　記王制云天子三公九卿二十七大夫八十一元士○白虎通卷一封公侯下云王者所以立三公九卿何曰天雖至神必因日月之光地雖至靈必有山川之化聖人雖有萬人之德必須俊賢三公九卿二十七大夫八十一元士以順天成其道司馬主兵司徒主人司空主地王者受命爲天地人之職故分職以置三公各主其一以效其功一公置三卿故九卿也天道莫不成於三天有三光日月星地有三形高下平人有三尊君父師故一公三卿佐之一卿三大夫佐之一大夫三元士佐之天有三光然後而能遍照各自有三法物成於三有始有中有終明天道而終之也三公九卿二十七大夫八十一元士凡百二十官下應十二子云云　●漢高祖謂四皓等　見于前也

●河上公　太平廣記卷十二云河上公者莫知其姓字漢文帝時公結草爲庵于河之濱帝讀老子經頗好之敕諸王及大臣皆誦之有所不解數事時人莫能道之聞時皆稱河上公解老子經義旨乃使齎所不決之事以問公曰道尊德貴非可遙問也帝即幸其庵躬問之帝曰普天之下莫非王土率土之濱莫非王臣域中四大王居其一子雖有道猶朕民也不能自屈何乃高乎公即撫掌坐躍冉冉在虛空中去地數丈俛仰而答曰余上不至天中不累人下不居地何民臣之有云云○又見於高士傳卷中也高士傳題云河上丈人　●蓋公　前漢書卷三十九曹參傳中云孝惠元年除諸侯相國法更以參爲齊丞相參之相齊齊七十城天下初定悼惠王富於春秋參盡召長老諸先生問所以安集百姓而齊故諸儒以百數言人人殊參未知所定聞膠西有蓋公善治黃老言師古曰黃帝老子之書使人厚幣請之既見蓋公蓋公爲言治道貴清靜而民自定推此類具言之參於是避正堂舍蓋公焉師古曰舍止也其治要用黃老術故相齊九年齊國安集大稱賢相云云○又見於史記卷五十四曹相國世家及高士傳卷中也　●黃石公　前漢書卷四十張良傳云良乃更名姓亡匿下邳良嘗閒從容步游下邳圯上師古曰楚人謂橋曰圯音頤有一老父衣褐至良所直墮其履圯下師古曰直猶故也顧謂良曰孺子下取履良愕然欲毆之師古曰毆擊也爲其老彊忍下取履因跪進父以足受之笑而去良殊大驚父去里所復還曰孺子可教矣後五日平明與我期此良因怪之跪曰諾五日平明良往父已先在怒曰與老人期後何也去後五日蚤會五日雞鳴良往父又先在復怒曰後何也去後五日復蚤來五日良夜半往有頃父亦來喜曰當如是出一編書曰讀是則爲王者師後十年興十三年孺子見我濟北穀城山下黃石即我已遂去不見旦日視其書迺太公

兵法良因異之常習誦居下邳爲任俠云云良始所見下邳圯上老父與書者後十三歲從高帝過濟北果得穀城山下黃石取而寶祠之及良死并葬黃石每上冢伏臘祠黃石云云○又見於史記卷五十五留侯世家及高士傳卷中并列仙傳等也

●三綱六紀　見前首卷也　●師也者等　尚書註疏卷十說命中第十二云惟后王君公承以大夫師長正義曰師者衆所法亦是長之義也云云○同註疏卷四皋陶謨云百僚師師百工惟時傳曰師師相師法云云○韻會文韻云師一曰長也範也

●如學記曰等　禮記註疏卷三十六學記云凡學之道嚴師爲難師嚴然後道尊道尊然後民知敬學是故君之所不臣於其臣者二當其爲尸則弗臣也當其爲師則弗臣也正義曰當其爲尸則弗臣也者若不當其時則臣之案鉤命決云暇所不臣者五謂師也三老也五更也祭尸也大將軍也此五者天子諸侯同之此唯云尸與師者此經本意據尊師爲重與尸相似故特言之云云

●論語曰等　見于前也

●白虎通曰等　白虎通卷三三綱六紀下云師長君臣之紀也以其皆成己也云云　●又曰　見前王者不臣章下也

●又曰　同于上也

●如涅槃經曰等　南本涅槃經卷十六梵行品二十之二云何天人師師有二種一者善敎二者惡敎諸佛菩薩常以善法敎諸衆生何等善法謂身口意善諸佛菩薩敎諸衆生作如是言善男子汝當遠離身不善業何以故以身惡業是可遠離得解脫故是故我以此法敎汝若此惡業不可遠離得解脫者終不敎汝令遠離也若諸衆生離惡業已墮三惡者無有是處以遠離故成阿耨多羅三藐三菩提得大

之例也適宋文帝唐太宗以公稱乎求那功德鎧玄奘者亦以德貴之之例耳凡稱師者儒敎之例謂師者乃三綱六紀之云也師也者法也謂學於人而取其法則也如學記曰當其爲師則不臣也論語曰三人行必有我師焉白虎通曰師長者君臣之紀也又曰師臣者帝交友臣者王臣臣者霸虜臣者亡不行又曰不臣受授之師者尊師重道欲使極陳天人之意也吾佛敎稱師之例者如涅槃經曰云何天人師師有二種一者善敎二者惡敎諸佛菩薩常以善法敎諸衆生作如是言善男子汝當遠離不善業以遠離故成阿耨多羅三藐三菩提得大涅槃是故號佛爲無上師諸佛雖爲一切衆生無上大師然經中說爲天人師以諸衆生中唯天與人能發阿耨多羅三藐三菩提心能修十善故號佛爲天人師耳大師亦法也範也謂其人殊

涅槃是故諸佛菩薩常以此法敎化衆生口意亦爾是故號佛爲無上師云云

●夫師亦法也範也等　要覽卷上師資部師下云師模範也周禮師氏注云敎以道之稱也○指歸曰自具福德有化他之相○周禮云爲人之長訓物之規名師長○寶積論云師長者若能利益長秀聖者○律云和尚於弟子當生兒想弟子於和尚當如父想又稱師父自通云父母也以法敎子故師有二種一親敎師即是依之出家授經剃髮之者毗奈耶亦云親敎二依止師即是依之稟受三藏學者但是依學一切事業乃至一夜皆得稱師

●如莊子曰等　莊子卷四在宥篇云黃帝立爲天子十九年令行天下聞廣成子在於崆峒之上故往見之曰我聞吾子達於至道敢問至道之精云云廣成子曰而所欲問者物之質也而所欲官者物之殘也云云黃帝退捐天下築特室席白茅閒居三月復往邀之廣成子南首而臥黃帝順下風膝行而進再拜稽首而問曰聞吾子達於至道敢問治身云云廣成子蹶然而起曰善哉問乎來吾語汝至道至道之精窈窈冥冥云云

●顏歜　戰國策卷四上十二張云齊宣王見顏斶（集韻斶音觸引呂氏春秋有顏歜　補曰春秋後語作王斶）曰斶前斶亦曰王前宣王不說左右曰王人君也斶人臣也王曰斶前亦曰王前可乎斶對曰夫斶前爲慕勢王前爲趨士與使斶爲慕勢不如使王爲趨士王忿然作色曰王者貴乎士貴乎對曰士貴耳王者不貴王曰有說乎斶曰有昔者秦攻齊令曰有敢去柳下季壟五十步而樵採者死不赦令曰有能得齊王頭者封萬戶侯賜金千鎰由是觀之生王之頭曾不若死士之壟也宣王默然不說云云○見高士傳卷中也

●段干木　孟子滕文公章句下云

勝尊特可以依止資取其法以務出世解脫而其後萬世所謂師者蓋緣此之例也然師之名字與儒世間之謂雖同而佛敎之師敎人超出世俗從凡入聖其義趣逈然大異也大僧遠坐不爲法駕而起慧遠詔不出山者世敎亦皆有例也世敎之例如莊子曰黃帝立爲天子十九年聞廣成子在於空同之上故往見之曰敢問至道之精三月閒居復往邀之廣成子南首而臥黃帝順風膝行而進再拜稽首而問者顏歜與齊宣王相遇於途而不爲之前乃使王進於己之前者嚴光子陵當漢光武車駕出候之光聞駕至乃偃仰布被中長眠光武自入即據床撫光腹曰咄咄子陵汝何不相助治耶光又眠不應徐乃張目熟視曰昔唐虞著德巢父洗耳士固有執節者何至相逼者耶魏文候臨段干木而干木不與之見踰墻而避之者四皓初入

段干木踰牆而辟之云云○史記卷四十四魏世家云文侯受子夏經藝客段干木過其閭未嘗不軾也正義曰皇甫謐高士傳云木晉人也守道不仕魏文侯欲見造其門干木踰牆避之文侯以客禮待之出過其閭而軾其僕曰君何軾曰段干木賢者也不趨勢利懷君子之道隱處窮巷聲馳千里吾安得勿軾干木先乎德寡人先乎勢干木富乎義寡人富乎財勢不若德貴財不若義高文請爲相不肯後卑己固請見與語文侯立倦不敢息云云

●四禪　前引史記留侯世家而出焉○又高士傳卷中云四皓者皆河內軹人也或在汲一曰東園公二曰角里先生三曰綺里季四曰夏黃公皆修道潔己非義不動秦始皇時見秦政虐乃退入藍田山而作歌曰莫莫高山深谷逶迤曄曄紫芝可以療飢唐虞世遠吾將何歸駟馬高蓋其憂甚大富貴之畏人不如貧賤之肆志乃共入商洛隱地肺山以待天下定及秦敗漢高聞而徵之不至深自匿終南山不能屈已

●摯恂　後漢書卷六十上馬融傳云初京兆摯恂以儒術教授隱于南山不應徵聘名重關西（三輔決錄注曰恂字季直好學善屬文隱於南山之陰）融從其遊學博通經籍恂奇融才以女妻之云云○又見于高士傳卷下也

●和帝　後漢書卷四和帝紀云孝和皇帝諱肇肅宗第四子也母梁貴人爲竇皇后所譖憂卒竇后養帝以爲己子云云章和二年二月壬辰即皇帝位年十歲云云太后臨朝云云○私曰和帝者後漢第四主也在位十七年壽二十七而崩矣永元者十六年而改元也

●如賓頭盧等　四分律藏卷五十一二張云爾時世尊在拘睒彌國上優陀延是賓頭盧親厚知識王朝暮常往問訊時有不信樂婆羅門

於商上洛隱於地肺山漢高祖聞而召之不至者摯恂以高節自守後漢永元中和帝嚴徵而不起者吾佛教坐不爲王者而起者其例在古遠者則如賓頭盧坐而不迎乎西域優陀延王王既惡之賓頭盧謂王曰起迎則慮損王之福遂起迎七步而後七日王果失位亡國者近世則如僧稠宴坐不起迎高齊之文宣帝帝惡欲害之稠然知他日乃出寺二十里獨立道旁以迎駕帝驚而問之謂帝曰恐身血不淨穢汙僧房耳帝媿謝請同返其寺者夫世教抗禮於人主如廣成摯恂之數子者彼但以其道自尊不爲形勢而輕重以其節自高不爲爵祿而輒屈耳猶荀子曰志意修則驕富貴節義重則輕王侯此之謂也若吾教賓頭盧僧稠等蓋以出世勝緣靈通廣大之道德能爲世福之損益與其敬之則福生與其慢之則罪長故二勝僧不起

大臣從王白王言云何大王朝暮問訊此下賤業人而見王不起王即報言明日清旦當往若故不起當奪其命王明日清旦便往賓頭盧所遙見王來便作是念此王今懷惡心來若我不起當奪我命我今若起彼失王位若我不起當奪我命而墮地獄令此王墮地獄耶失王位耶寧復令王當今失位不可令墮地獄即便起遠迎先意問訊言善來大王王問言汝今何故起迎我耶答言爲汝故起王言昨日何故不起答言亦爲汝故王問言云何爲我耶答言汝昨日齎惡心來若我不起當奪我命若奪我命必墮地獄我念言此王持惡心來若我不起當奪我命若我起者必失王位若奪我命必墮地獄寧當令失王位不令墮地獄是故起耳王問言我當失位耶答言失王復問幾日當失答言却後七日云云○私曰優陀延失王位事其文煩冗故不紀之○名義卷一總諸聲聞篇云賓頭盧（字也翻不動）頗羅墮（注姓也）眞諦云捷疾亦云利根或廣說本行集翻重幢婆羅門凡十八姓此居其一云云

●僧稠宴坐等　續高僧傳卷十九習禪科云鄴西龍山雲門寺釋僧稠姓孫元出昌黎云云勤學世典備通經史徵爲太學博士講解墳索聲蓋朝廷云云道機潛扣欻厭世煩一覽佛經渙然神解時年二十有八投鉅鹿景明寺僧寔法師而出家云云天保二年又敕於鄴城西南八十里龍山之陽爲構精舍名雲門寺請以居之云云帝常率其羽衛故幸參覲稠處小房宴坐都不迎送弟子諫曰皇帝降駕今據道不迎敍情或阻稠曰昔賓頭盧迎王七步致七年失國吾誠德之不逮未敢自欺形相冀獲福於帝耳時亦美其敦慎大法得信於人云云時或讒稠於宣帝以倨傲無敬者帝大怒自來加害稠冥知之生來不至僧寺忽無何而到云明有大客至多作供設至夜五更先備牛轝獨往谷口去寺二十餘里孤立道側須臾帝至怪問其故稠曰恐身血不淨穢汙御蓋在此候耳帝下馬拜伏慚悔無已謂尚書令楊遵彥曰如此眞人何可毀謗也乃躬負稠身往寺稠辭不受帝曰弟子負師遍天下未足謝愆云云

●高齊之文宣　見于前十二篇夾註乃北齊文宣帝高洋也

●猶荀子曰等　文選卷五十范蔚宗逸民傳論○荀卿有言曰志意修則驕富貴道義重則輕王公也云云○見于荀子修身篇也○史記卷七十四荀卿列傳云荀卿趙人（索隱曰名況卿者時人相尊而號爲卿也仕齊爲祭酒仕楚爲蘭陵令後亦謂之孫卿子者避漢宣帝之諱也）年五十始來游學於齊云云李斯嘗爲弟子已而相秦荀卿嫉濁世之政亡國亂君相屬不遂大道而營於巫祝信禨祥鄙儒小拘如莊周等又猾稽亂俗於是推儒墨道德之行事興壞序列著數萬言而卒葬蘭陵云云

於王者乃護其罪福耳賓頭盧之言是也又其證道之者覩乎彼我必欲平等稱夫諸法實性故於高下貴賤乃特一以道而接之耳二勝僧其亦以大道而待大帝王乎與彼世敎數子所爲雖事略同而意義宜異日道哉慧遠不奉詔出山雖亦沿四皓摯恂之事而起例然其意趣亦平等稱法以道而待其世主耶嗚呼後世吾僧徒混濫修撿者固鮮矣安得一一如賓頭僧

稠乎亦安如慧遠僧遠耶欲皆坐視其崇貴之者不奉詔命此固不可也然其中或道德有可觀者守道執節而當理者崇貴之者宜區以別之以義容之是亦與天下爲善之盛者也

當世待其人尊其德是故其聖人之道振其徒尚德

當世若禮待其僧徒之人尊重其淨戒之德以故其佛聖人之道必自興起其徒屬

●儒曰即禮記等　禮記註疏卷四十七祭義云先王之所以治天下者五貴有德貴貴貴老敬長慈幼此五者先王之所以定天下也貴有德何爲也爲其近於道也貴貴爲其近於君也貴老爲其近於親也敬長爲其近於兄也慈幼爲其近於子也云云正義曰貴有德何爲也爲其近於道也者德是在身善行之名道是於物開通之稱以己有德能開通於物故云近於道也凡言近者非是實到附近而已云云

▲尚不得　文集得作待字藏本同此

▲庸民　藏本及文集民作人字

▲自得　藏本及文集得下有也字

●天官冢宰等　自天官冢宰已下至爲孤卿者其見于尚書註疏卷十八周官也

●冢宰　周官正義曰馬融云冢大也宰治也大治者兼萬事之名也云云○又白虎通卷一爵下云所以名之爲冢宰何冢者大也宰者制也大制事也云云

●司徒　周官傳曰安和天下衆民使小大皆協睦

●宗伯　同傳曰宗廟官長主國禮治天地神祇人鬼之事云云正義曰宗廟也伯長也宗廟官之長故名其官爲宗伯云云

●司馬　同傳曰主戎馬之事掌國征伐云云

●司寇　同傳曰主寇賊法禁治姦惡刑强暴作亂者云云

●司空　同傳曰主國空土以居民云云

●太師太傅太保　同傳曰師天子所師法傅傅相天子保保安天子於德義者云云

●三少爲之副　同傳曰此三官名曰三孤孤特也言卑於公尊於卿特置此三者○同經云貳公弘化下傳曰副貳三公弘大道化云云

●卿之言嚮也等　禮註疏卷十一王制首章云王者之制祿爵下正義曰卿者白虎通云卿之言嚮也爲人所歸嚮大夫者達人

自慕尚爲德

儒曰貴德何爲也爲其近於道也儒豈不然哉

儒曰即禮記祭義之云爾正義言貴有德何爲也爲其近於道也德是於身善行之名道是於物開通之稱以己有德能開通於物故云近於道也儒敎豈不如此重貴賢德之人耶

後世之慕其高僧者交卿大夫尚不得預下

士之禮其出其處不若庸民之自得

今此後世有慕爲其高僧者交接公卿公卿即天官冢宰地官司徒春官宗伯夏官司馬秋官司冦冬官司空是爲六卿或云司馬主天司徒主人司空主土是爲三公又太師太傅太保爲三公乃立三少爲之副少師少傅少保是爲孤卿與六卿爲九卿之言嚮也爲人所歸嚮也士大夫者達人謂扶達於人大夫之稱亦兼三公故

謂狀達於人士者事也皇氏熊氏皆爲任職事其大夫之稱亦得兼三公故詩云三事大夫謂三公也上大夫卿亦兼孤也故春秋陽處父爲太傅經云晉殺其大夫陽處父是也云云○白虎通卷一爵下云公卿大夫者何謂也內爵稱也曰公卿大夫何爵者盡也各量其職盡其才也公之爲言公正無私也卿之爲言章善明理也大夫之爲言大扶進人者也故傳曰進賢達能謂之大夫也士者事也任事之稱也故傳曰通古今辯然否謂之士云云○私曰現流布之白虎通者不載於王制正義所引文不知孔氏據何書而紀之

●元士　禮註疏王制云天子之元士視附庸註元善也善士謂命士也正義曰云元善也善士謂命士者按易文言云元者善之長也故元爲善也按周禮注天子上士三命中士再命下士一命故云善士謂命士則上中下之士皆稱元士也天子之士所以稱元者異於諸侯之士也周禮公侯伯之士雖一命不得稱元士云云○又白虎通卷一爵下云天子之士獨稱元士何士賤不得體君之尊故加元以別諸侯之士也云云

●王制所謂等　今夾註所出是非王制之全文蓋斟酌彼中之語而紀之矣○禮註疏卷十三王制云命鄕論秀士升之司徒曰選士司徒論選士之秀者而升之學曰俊士升於司徒者不征於鄕升於學者不征於司徒曰造士註不征不給其繇役造成也經樂正崇四術立四敎註樂正樂官之長掌國子之敎虞書曰夔命汝典樂敎冑子崇高也高尚其術以作敎也幼者敎之於小學長者敎之於大學尚書傳曰年十五始入小學十八入大學經順先王詩書禮樂以造士註順此四術而敎以成是士也經春秋

詩云三事大夫謂三公也上大夫卿亦兼孤也士者事也皆爲任其職事也自八十一元士而下王制所謂入小學而始命於鄕者亦老子云下士聞道撫掌大笑者蓋此等之下士也非謂諸侯之下北面之臣上大夫卿下大夫上士中士下士但此五等中之下士者也謂今世慕爲高僧雖其道通神明德超塵俗交接彼卿大夫尚不得厠預如前所指下士之禮數也其或出處不如庸常民人自得其所況如僧遠之見天子乎況如慧遠之自若乎況獲如齊世僧遠之見其天子耶又況如晉世慧遠之自如不爲詔命輒動乎

望吾道之興吾人之修其可得乎存其敎而不須其人存諸何以益乎惟此未嘗不涕下

既不得稍如彼晉齊之相似禮待欲望我佛道之興盛吾僧人之修整其可得之乎

今天下存留其敎而不待其人雖存之其

敎又何以爲益乎思惟此事未嘗不爲其涕泣下

廣原敎要義第十八篇

敎謂住持者何謂也住持也者謂藉人持其法使之永住而不泯也

今佛謂住持者爲何言耶此住持也者是令資藉其有道德之人上持敎法使其長住於世而不至泯滅也

夫戒定慧者持法之具也僧園物務者持法之資也法也者大聖人之道也資與具待其人而後舉善其具而不善其資不可也善其資而不善其具不可也皆善可以持而住之也

具訓效也今夫戒定慧之學乃是修持敎法效力之所也涅槃經云菩薩以戒定慧勤修其心斷煩惱已便得見之謂見大涅槃此等意是也圓覺疏序云修戒定慧而求者何也圓覺而已僧園即梵語云僧伽

敎以禮樂冬夏敎以詩書正義曰自命鄕論至曰造士論崇德之事謂鄕人入學德業有成升名進於司徒又鄕人所學須有經術自樂正崇四術至詩書明所習業之事非惟鄕人所敎如此王子公卿之子亦當須敎其不肖者亦當退之

●亦老子云等　老子經卷下上士聞道章第四十一云上士聞道勤而行之中士聞道若存若亡下士聞道大笑之不笑不足以爲道云云

●非謂諸侯之下等　禮註疏十一王制首章正義曰其諸侯之下北面之臣有上大夫卿有下大夫有上士有中士有下士凡五等也云云

▲自若　國語魏語自若以虞註若如也自如無變動也

○後漢書獨行列傳第七十一范冉傳云范冉字史雲作冉或云云遂推鹿車載妻子捃拾自資或寓息客廬或依宿樹蔭如此十餘年乃結草室而居焉所止單陋有時絕粒窮居自若言貌無改云云

●住持　法苑珠林卷三十九住持篇述意部云夫法不自弘弘之在人人通邪正法逐人遷將欲住持三寶必須德行內充云云四分律云非制不制是制便行如是漸漸令法久住云云○要覽卷下住持部禪住持下云伏覩聖朝頒勵大宋傳燈錄云禪門住持規式自洪州百丈山大智禪師懷海創置也云云述劍意別立禪居凡具道眼有可尊之德者命爲長老既爲化主即處于方丈同淨名之室非私寢也云云○同部載十月住持及律住持恐煩且止矣

▲皆善　藏本及文集善下有則字

●具訓效　文選卷四十四司馬相如喩巴蜀檄云南夷之君西僰之長常效貢職不敢惰怠註良曰效具

●効力　文選卷十六潘岳閑居賦云雖通塞有遇抑亦拙者之效也註濟曰效力也○韻會六曰具也效力也

●涅槃經云等　南本涅槃經卷十九高貴德王菩薩品張十九云爾時世尊告光明徧照高貴德王菩薩涅槃之體非本無今有若涅槃體本無今有者則非無漏常住之法有佛無佛性相常住以諸衆生煩惱覆故不見涅槃便謂爲無菩薩以戒定慧勤修其心斷煩惱已便得見之當知涅槃是常住法非本無今有是故爲常云云

●圓覺疏序云等　唐江西道觀察使洪州刺史兼御史大夫裴休所述圓覺經大疏序云蓋圓覺能出一切法一切法未嘗離圓覺今夫經律論三藏之文傳于中國者三千餘卷其所詮者何也戒定慧而已修戒定慧而求者何也圓覺而已云云○又見于略疏也

●僧園　要覽卷上住處部僧伽藍摩下云梵題也或云僧伽羅摩此云衆園五分律云缾沙王施迦蘭陀竹園爲始也園者生植之所佛弟子居之取生植道本聖果之義也或云毗訶羅此云遊止處○僧史略卷上創造伽藍章云僧伽藍者譯爲衆園謂衆人所居在乎園圃生殖之所佛弟子則生殖道芽聖果也云云

●什物　史記卷一虞舜本紀云作什器於壽丘索隱曰什器什數也蓋人家常用之器非一故以十爲數猶今云什物也○要覽卷中道具部什物下云經音疏云什者雜也聚也乃是一切受用器物也○名義卷三什物篇云經音義云什者十也聚也雜也亦會數之名也謂資生之物云云

●中阿含經云等　要覽卷中道具下云中阿含經云所畜物可資身進道者卽是增長善法之具○私曰粗撿閱中阿含未見有此文請俟後考也

羅摩此云衆園謂佛弟子之所居特取生植道本成就聖果之義也謂衆園中什物與眞俗事務卽是修持教法之資充也中阿含經云所畜物可資身進道者此意是也法者卽佛大聖所垂之教道也此資與其具必待得其有道德之人其事緣乃可振舉也若只能其戒定慧三學之效具而不能主幹僧園什物眞俗事務之資充者不可使令住持也又雖能主幹衆園之資

●鷲頭山　大論卷三張四云耆闍名鷲崛名頭問曰何以名鷲頭山答曰是山頂似鷲王舍城人見其似鷲故共傳言鷲頭山因名之爲鷲頭山復次王舍城南尸陀林中多諸死人諸鷲常來噉之還在山頭時人便名鷲頭山是山五山中最高大多好林水聖人住處○又西域記卷九八張云宮城東北行十四五里至姑栗陀羅矩吒山唐言鷲峯亦謂鷲臺舊曰耆闍崛山訛也接北山之陽孤標特起既棲鷲鳥又類高臺空翠相映濃淡分色如來御世垂五十年多居此山廣說妙法頻毗娑羅王爲聞法故興發人徒自山麓至峯岑跨谷陵巖編石爲階廣十餘步長五六里云云○私按大論及西域記不見載靈仙所棲但智者所撰佛說觀無量壽佛經疏云諸聖靈仙依之而住云云蓋應有所據也

●缾沙王所施等　四分律藏卷三十三第二分受戒揵度法之三卌三張云爾時摩竭國王缾沙復作是念若使世尊將諸弟子入羅閱城先至國中者我當卽以此園地施之五精舍時羅閱城諸園中迦蘭陀竹園最勝時世尊知摩竭王心中所念卽將大衆詣竹園已王卽下象自疊象上褥作四重敷地前白佛言願世尊坐世尊卽就座而坐時缾沙王持金澡缾水授如來令清淨白佛言今羅閱城諸園中此竹園最勝我今施如來願慈愍故受佛告王言汝今持此竹園施佛及四方僧何以故若如來有園物房舍房舍物衣鉢尼師壇針筒卽是塔諸天世人魔若魔天沙門婆羅門所不堪用王言我今以此竹園施佛及四方僧時世尊以慈愍心受彼園已卽爲呪願種植諸園樹并作橋船渠園果諸浴池及施人居止如是之人等晝夜福增長持戒順正法彼人得生天爾時缾沙王前禮世尊足

定而不能戒定慧三學之效具者亦不可使令住持也必二者皆能乃可使其住持教法而致其常住也若順其文當言定可以使住持也

昔靈山住持以大迦葉統之竹林住持以身子尸之故聖人之教盛聖人之法長存

佛已前鷲頭山多靈仙所栖因謂靈山佛之時置精舍於其中昔住持此精舍則大迦葉當其任也缾沙王所施其竹林園爲佛精舍當時住持則以身子舍利弗當其任也以此之故佛聖人之教隆盛聖人之法道長存此二住持之事始但據賢聖集諸家泛引未詳經論的當所出後賢請自討論

聖人既隱其世數相去茫然久乎吾人僥倖乃以住持名之勢之利之天下相習沓爲紛然幾乎成風成俗也聖人不復出孰爲之正外猾者不視不擇欲吾聖人之風不衰望聖

已更取一小床、作如來前坐。欲得聞法、時世尊漸文爲王說法、勸令發歡喜心。已從座起禮佛而去云云○名義卷二帝王篇云頻婆娑羅、或名瓶沙王。此云模實、身模充實。又翻形牢、亦云影堅。影謂形影、堅取體分強壯之義。頻婆或云頻毗、此翻顏色、婆羅此云端正、或翻色像殊妙王。

●身子舍利弗　見上于大論卷十一、六七八張也○又名義卷一十大弟子篇舍利弗下云涅槃云如舍利弗母名舍利、因母立字、故名舍利弗。又翻身子。文句云此女好形身、身之所生、故言身子。亦云鶖子云云

●賢聖集　未見其書、故無由撿攷焉

●大迦葉當其任身子當其任等　僧史略卷中僧寺綱糾篇云案西域知事僧總曰羯磨陀那、譯爲知事、亦曰悅衆、謂知其事悅其衆也。稽其佛世、飲光統衆於靈鷲、身子涖事於竹林云云　▲世數相去　藏本上作法字、文集上作失字○私曰與夾註併讀則藏本文集共非是乎　▲僥倖　藏本及文集作儌倖

▲不復出　藏本及文集出下有其字

●僥倖　中庸云小人行險以儌幸○莊子卷四在宥篇云此以人之國僥倖也云云○又韓退之送李愿歸盤谷序云僥倖於萬一、老死而後止者云云○藏本音釋云儌倖儌堅堯切、倖下耿切、謂不得而得曰儌倖○獨斷卷下云幸者宜幸也、世俗謂幸爲僥倖、車駕所至臣民被其德澤以僥倖、故曰幸也云云。是故謂之幸、皆非其所當得而得之云云

●重沓　止觀卷第五之一、七十七、八張云常樂重沓、即積聚義云云。同卷第六之二、十二張云積累重沓、非止一世云云○藏本音釋云沓達合切、重也

●衰殺　莊子卷五天道篇云萬物化作、萌區有狀、盛衰之殺、變化之流也云云。註希逸曰殺、等也。盛者非一時盛、衰者非一時而衰、皆有次第云云○同卷七知北遊篇云謂盈虛衰殺云云。註希逸曰衰、盛衰也。殺、際殺也。舉其二則知其三也云云

人之法益昌、不可得也。悲夫、吾何望也。佛聖人已隱沒、其世之數日相去。今日茫然、遠且久矣。吾僧之人僥倖分外、乃以此住持者爲名、爲勢、爲利之也。天下四方相傚相習、重沓繁多、紛然僅成乎訛風弊俗也。佛聖人不復出現于世、誰能爲其整而理之。外護王臣者、又不肯觀察選擇此住持之其人與非其人、乃欲我佛聖人之風教不即衰殺、是不可而得之也。悲歎其如

▲所爲也　藏本及文集爲作始字○私曰與夾註并讀則作爲字而可也

●比秩侍中　見于前也

此夫、我又安望佛法之隆盛乎。

廣原教要義第十九篇

僧置正、而秩比侍中、何謂也。置正非古也、其姚秦之所爲也。

今僧徒之置立僧正、以其祿秩比視官之在一品侍中者、何以爲之也。置立此僧正比秩於官之侍中者、非出自古佛世之時也。其始因姚興王於關中自稱爲秦、乃此秦朝之所作爲也。

▲造端　禮記註疏卷五十二中庸云君子之道造端乎夫婦云云。正義曰君子行道初始造立端緒、起於匹夫匹婦之所知所行者

▲不明　藏本明作亦字。恐刊誤乎。文集同此

▲窒　藏本音釋云窒陟栗切、塞也

●寵幸　獨斷三張幸下云親愛者皆曰幸

置正、可也。置秩、不可也。僧也者、委榮利以勝德而高世者也。豈預寵祿乎。與僧比秩、不亦造端引後世之競勢乎。道碧不明、不知窒漸、道碧之過也。

若只置僧正、可以爲也。置其祿秩以比視世間官品、則不可爲也。今所謂僧者、已自委棄世間榮華勢利、以其淨戒勝妙之德而高出世俗也。豈可却復廁預寵幸祿利之間耶。其始與僧比秩于世之官品、不亦

●道䂮　高僧傳卷六義解科云釋僧䂮姓傅氏北地泥陽人云云少出家止長安大寺爲弘覺法師弟子覺亦一時法匠云云䂮律行清謹能匡振佛法姚萇姚興早挹風名素所知重及僭有關中深相頂敬興既崇信三寶盛弘大化建會設齋煙蓋重疊使夫慕道捨俗者十室其半自童壽入關遠僧復集僧尼既多或有愆漏興曰凡夫學僧未階苦忍安得無過過而不劾過遂多矣宜立僧主以清大望因下書曰大法東遷於今爲盛僧尼已多應須綱領宣授遠規以濟頹緒僧䂮法師學優早年德芳暮齒可爲國內僧主僧遷法師禪慧兼修即爲悅衆法欽慧斌共掌僧錄給車輿吏力䂮資侍中秩傳詔羊車各二人遷等並有厚給供事純儉允愜時望五衆肅清六時無怠至弘始七年敕加親信伏身從各三十人僧正之興䂮之始也云云

○僧史略卷中立僧正章云僧曹創立淨衆曰齊所樹官方終循佛敎所言僧正者何正政也自正正人克敷政令故曰也蓋以比丘無法如馬無轡勒牛無貫繩漸染俗風將乖雅則故設有德望者以法而繩之令歸于正故曰僧正也此僞秦僧䂮爲始也道䂮或曰云云○䂮藏本音釋云力灼切又文集音釋云音略

是特故造作其端由引發後世之僧趨競於勢利耶道䂮羅什之門徒也以義學有名於其時姚王特擢爲僧正僧正自䂮爲始事見梁高僧傳是道䂮識智不明不能遠慮不即知窒塞其萌漸乃是道䂮之過失也

大僧也者出於戒定慧者也大正也者出於誠明者也僧非誠明孰能誠戒誠定誠慧也不誠乎戒定慧吾不知其所以爲正也

夫僧者必由其修戒定慧而所以致爲眞僧也正者必無有邪妄之過此蓋出聖賢誠明之性亦可謂實相妙明之性也爲僧若非通其眞實妙明之性誰能實爲戒定慧賢聖修證之三法若不誠實爲修戒定慧我則不知其所用何道爲之正耶

宋齊梁陳四代亦沿秦而置正

南朝之劉宋蕭齊蕭梁陳霸先之南陳也

蕭如宋初以尼寶賢又以法持者齊以法

●萌漸　毛詩註疏卷一詩譜序云吉凶之所由憂娛之萌漸昭昭在斯云云○漸頭會事之端先覩之始也云云　●遠慮　論語衞靈公篇云子曰人無遠慮必有近憂○文選卷五十一東方朔非有先生論云深思遠慮引義以正其身云云

▲戒定慧吾　藏本及文集慧下有則字

●誠明之性　中庸云自誠明謂之性自明誠謂之敎誠則明矣明則誠矣

●劉宋　宋書卷一本紀第一云高祖武皇帝諱裕字德輿小名寄奴彭城縣綏里人漢高帝弟楚元王交之後也云云○綱鑑補卷十六宋紀高祖武帝下云姓劉名裕云云仕晉爲太尉封宋王受恭帝禪國號宋都於建康在位三年崩壽六十七

●蕭齊　南齊書卷一本紀云太祖高皇帝諱道成字紹伯姓蕭氏○綱鑑補卷十六齊紀太祖高帝下云相傳爲漢蕭何二十四世孫初仕宋以功封齊公進爵齊王竟代宋在位四年崩壽五十四歲

●蕭梁　梁書卷一本紀云高祖武帝云云出於前第十一篇大計下也○綱鑑補卷十七梁紀高祖武帝下云諱衍字叔達蘭陵人姓蕭氏仕齊封梁公進爵爲王竟代齊在位四十八年崩壽八十六按世紀梁與齊同出蕭何二十四世孫整云云

●陳霸先　陳書卷第一本紀云高祖武皇帝諱霸先字興國云云○綱鑑補卷十八陳紀云高祖武帝諱霸先字興國吳興人姓陳氏漢太丘長寔之後初仕梁封陳公尋進爵爲王竟代梁在位三年壽五十九　●南陳也蕭　私曰蕭字恐衍字乎

●如宋初等　僧史略卷中立僧正章云東晉遷都茂闡此職至宋世及命沙門都又以尼寶賢爲僧正文帝孝武皆崇重之云云同卷同章云又昇明中以法持爲僧正云云○私曰昇明者宋第八主順帝準年號也賢爲僧正宋六主明帝泰始二年也　●齊以法獻　見于前也

●梁以慧超　續高僧傳卷七義解篇梁大僧正南澗寺釋慧超傳云釋慧超姓廉氏趙郡陽平人云云八歲出家從臨菑縣建安寺沙門慧通云云後南澗寺住南澗寺僧宗見而善之云云自齊曆告終梁祚伊始超現疾新林情存拯溺信次之間聲聞日上乃有別敕乃授僧正慈內修威儀外潔云云○僧史略卷中立僧正章云梁祖歸心佛敎深入玄樞慎選德人以充僧首則法超爲都邑僧正云云

●陳以寶瓊　續高僧傳卷九義解篇陳揚都大彭城寺釋寶瓊傳云釋寶瓊姓徐氏云云彌年出俗陳事沙門法通云云遠沐寵敬陽自陳建業武帝學法頂味特深云云文帝纂曆禮異斯深勢下絲綸爲京邑大僧正既兼鑒謁攸彼更勝云云

●元魏拓跋珪　魏書卷第二本紀云太祖道武皇帝諱珪云云歷朝捷錄卷五附南

獻者梁以慧超者陳以寶瓊者皆充僧正或加大字此等例是也此四朝雖承代各爲其國皆只沿襲姚秦而置僧正

二魏高齊後周革秦之制而置統隋承乎周亦置之統唐革隋則罷統而置錄國朝沿唐之制二京則置錄列郡則置正

二魏謂元魏拓跋珪爲太祖至其孝文皇帝宏遷都洛陽改姓元氏與東魏孝靜皇帝善見遷鄴號爲東魏此二魏朝或用法

北朝總略云北朝自晉進拓跋(鮮卑東胡別種依鮮卑山自云 拓天而生黃地而長氏曰拓跋)猗盧爲代王後拓跋珪建國爲元魏凡十六邦強梗之餘云云

●孝文皇帝宏　魏書卷七本紀云高祖孝文皇帝諱宏云云○通鑑綱目卷二十八(四十五張)魏太和十七年下綱魏謀大舉伐齊目魏主以平城地寒六月雨雪風沙常起將遷都洛陽恐羣臣不從乃議大舉伐齊欲以脅衆云云○又見綱鑑補卷十六(五十張)太和十七年下也○私曰高祖孝文帝諱宏獻文帝長子即後魏第六主也在位二十九年壽三十三而崩

●東魏孝靜帝　魏書卷十二云孝靜帝諱善見云云○歷朝捷錄卷五南北朝總略北朝下云拓地數千里自淮以北悉其所有後分爲東魏西魏(滅爾朱氏廢立高歡 滅爾朱氏舉兵反)(立清河王世子善見爲孝靜帝是爲東魏 立南陽王寶炬爲文帝是爲西魏)○綱鑑補卷十七(二十一張)東魏孝靜帝善見(高歡遷都鄴號東魏自此 一百四十九年遂分爲東西魏)○魏自孝武王是○具見于通鑑卷三十二(十八張)東魏天平元年下○私曰孝靜帝在位十七年也

●或用法果等　僧史略卷中僧統章云秦制關中立僧正爲宗首魏尊北土改僧統僞綱徒雖發新題亦提舊職後魏皇始中趙郡沙門法果戒行精至開演法籍太祖徵爲沙門統言多允愜供施甚厚太宗崇信彌加於前云云沙門統之官自法果始也云云

●或以師賢等　同卷同章云復有罽賓沙門師賢本是王種東遊涼土又來京下值罷佛法權假醫術而守道不改於重興日即爲沙門同輩五人魏帝親爲下髮詔賢爲僧統僧統之官自師賢始也云云

●或用曇曜等　續高僧傳卷一譯經篇元魏北臺恆安石窟通樂寺沙門釋曇曜傳云釋曇曜未詳何許人也少出家攝行貞真風鑒閑約以元魏和平年任北臺昭玄統綏緝僧衆妙得其心云云○僧史略

果爲沙門統或以師賢爲僧統或用曇曜爲沙門都統者高齊即高歡子洋受魏禪位改爲齊也亦謂北齊此齊初用曇遵爲統又用法上爲昭玄大統者後周即宇文泰爲大祖至其子孝閔皇帝覺以魏所封爲周公以周公受禪遂自爲周其時號爲後周此周之太祖始授曇延爲國統者此二魏與齊後周皆改姚秦之制而置爲僧統或爲大統隋承乎周即楊堅爲高祖亦

卷中沙門都統章云詳究魏文帝敕曇曜爲沙門都統乃自曜公始也即師帝禮爲師號昭玄沙門都統欣佛法再興彫石造像譯淨土三經并付法藏傳等是也此師也云云

●高齊　北齊書卷一本紀云高祖神武皇帝姓高名歡字賀六渾云云同卷四云顯祖文宣皇帝諱洋字子進云云○通鑑綱目卷三十一(六十張)後魏節閔帝晉泰元年綱魏以高歡爲渤海王目魏封歡爲渤海王徵之不至乃以爲東道大行臺冀州刺史○同卷三十二(七張)西魏文帝寶炬大統二年綱二月東魏大丞相歡遣其世子澄入鄴輔政云云目東魏渤海世子澄年十五入鄴輔政用法嚴峻事無凝滯中外震肅云云○同卷三十三(七張)東魏孝靜帝善見武定七年綱夏東魏大將軍澄如鄴目東魏進澄位相國封齊王加殊禮澄固辭不許云云同卷(五十六張)武定八年綱齊王洋稱皇帝云云目魏齊王洋受魏禪云云遣彭城王韶等奉璽綬禪位于齊王洋即皇帝位于南郊云云

●齊初用曇遵等　續高僧傳卷十義解篇云釋曇遵姓程氏河北人少狀世網投法光出家云云德動貴重傾心奉禮年餘七十舉爲國都尋轉爲統後以篤有疾便坐誦維摩勝鬘各一遍終於鄴下時年八十有五云云

●又用法上等　同卷云釋法上姓劉氏朝歌人也云云至年十二投禪師道藥而出家焉云云翻礼法化難繼其蹤故時人語曰京師極望道場法上斯言允矣年階四十遊化懷衛爲魏大將軍高澄奏入在鄴微言一鼓衆侶雲屯但上戒山峻峙慧海澄深德可軌人威能肅物故魏齊二代歷爲統師昭玄一曹純掌僧錄云云便還山舍誦維摩勝鬘各訖而卒於合水寺春秋八十有六即周大象二年七月十八日也云云初大保之中國置十統有司聞奏事須甄異文宣乃手注狀云上法師可爲大統餘爲通統故帝之特遇事之如佛凡所吐言無不承用云云○僧史略卷中沙門都統章云齊則以法上爲昭玄統云云

●後周即宇文泰　周書卷一本紀文帝上云太祖文皇帝姓宇文氏諱泰云云○同卷二云孝閔皇帝諱覺字陀羅尼云云○通鑑綱目卷三十四(十八張)魏恭帝三年綱冬十月魏太師大冢宰安定公宇文泰卒世子覺嗣[illegible]爲御英家得其力用性好質素不尚虛飾明達政事崇儒好古凡所施設皆依倣三代而爲之云云遂卒世子覺嗣位云云時年十五云云○同綱十二月魏太師覺自爲周公○同卷(四十一張)周武成元年綱秋八月周王始稱皇帝○又見綱鑑卷十七(四十九張)四也

●授曇延爲國統　續高僧傳卷十義解篇隋京師延興寺釋曇延傳云釋曇延俗緣王氏蒲州桑泉人也云云年十六因遊寺聽妙法師講涅槃深悟其旨遂捨俗服周云云周太祖素揖道聲尤相欽敬躬事講主親聽清音云云隋文創業未展度僧延初聞改政即事剃落法服執錫來至王庭面申弘理云云竟乃度一千餘人以副延請此皇隋釋化之開業也云云然其名爲國統道爲帝師欲承其此終古罕類云云○私曰僧傳中不見載周太祖授延國統之事應有而拔前後撿焉

●隋承乎周等　隋書卷一本紀云高祖文皇帝姓楊氏諱堅云云○通鑑綱目卷三十五(八十二張)周大象二年綱十二月周丞相堅自爲相國進爵隋王加九錫○同卷同張注云周大象三年二月以後隋高祖文帝楊堅開皇元年是歲周亡隋代綱春二月隋王堅稱皇帝○同卷三十六(二張)隋仁壽四年綱四年春正月帝如仁壽宮○秋七月太子廣弒帝于大寶殿而自立遂殺故太子勇流尚書柳述侍郎元巖于嶺南目四月不豫七月疾甚臥與百僚辭訣握手歔欷越四日崩於大寶殿尚祖性嚴重令行禁止勤於政事雖嗇於財至於賞賜有功即無所愛愛養百姓勸課農桑輕徭薄賦自奉儉素云云○綱鑑卷十八(二十九張)隋紀高祖文皇帝下云諱堅小字那羅延姓楊氏弘農華陰人漢太尉震之裔父忠仕魏及周封隋公至堅進爵爲王明年稱帝都長安在位二十四年爲太子廣所弒壽六十四

曰文帝之隋堅初襲爵隋國公後受周静帝禪位改元開皇遂號爲隋此隋之高祖亦用曇延法師爲國統亦云沙門昭玄大統者此等例是也唐卽李淵爲高祖之唐初高祖以隋封爲唐國公後又進封唐王及受隋恭帝禪位改年爲武德因號爲唐朝此唐至文宗開成年中乃改革隋制罷去統字而置立左右街僧録以端甫法師爲之此等例是也今我國朝特沿襲唐制

●周静帝　周書卷第八本紀云静皇帝諱衍後改闡○通鑑綱目卷三十五四十六張静帝闡大象元年綱云周主贇傳位于太子闡自稱天元皇帝目天元傳位驕侈彌甚所居稱天臺自比上帝云云○同卷五十一張隋開皇元年綱云隋廢周主闡爲介公改封周○同卷八十九張開皇元年綱云五月隋主堅弒介公闡目諡曰周静帝○綱鑑卷十八廿張鑑云周主下詔遜位居别宮命奉皇帝璽紱禪位于隋

●隋之高祖亦用等　僧史略卷中沙門都統章云大隋受命亦用統名如以曇延爲沙門大昭玄統副大統云云○私曰曇延傳如前所引者不載於國統及大昭玄統之事也

●唐卽李淵等　新唐書卷第一本紀云高祖神堯大聖大光孝皇帝諱淵字叔德姓李氏隴西成紀人也云云○通鑑綱目卷三十七五十九張隋恭帝侑義寧元年綱云淵自爲大丞相封唐王云云同卷四十張義寧二年綱云五月唐王淵稱皇帝目隋恭帝禪位于唐唐王卽皇帝位推五運爲土德色尚黃○綱鑑卷十九唐紀高祖神堯皇帝下云西涼武昭王暠之後也云云隋末起兵受恭帝禪定都長安國號大唐在位九年壽七十一

●隋恭帝　本紀見于隋書卷第五十張恭帝侑

●唐至文宗　新唐書卷第八六張本紀云文宗元聖昭獻孝皇帝諱昂穆宗第二子也云云○又見通鑑綱目卷四十九五十也○綱鑑卷廿六文宗皇帝下云名涵穆宗第二子初封江王宦者所立在位十三年壽三十三○私曰唐朝第十五主也

●端甫法師　宋高僧傳卷六義解篇云唐京師大安國寺端甫傳俗姓趙氏天水人也云云始十歲依崇福寺道悟禪師爲沙彌十七正度爲比丘隷安國寺受具於西明寺照律師云云德宗皇帝聞其名徵之一見大悅常出入禁中與儒道議論賜紫方袍歲時錫施異於他等復詔侍皇太子於東朝順宗皇帝深仰其風親之若兄弟相與臥起恩禮特隆憲宗皇帝數幸其寺待之若賓友常承顧問注納偏厚云云掌內殿法儀錄左街僧事以標表淨衆者凡一十年云云○僧史略卷中左右街僧錄章云至文宗開成中始立左右街僧錄尋其人卽端甫法師也俗姓趙德宗召入禁中與儒道論議賜紫方袍令侍太子於東朝順宗重之若兄弟相與臥起恩禮特深憲宗數幸其院待之若賓友掌內殿法儀錄左街僧事標表淨衆一十年元和中也由此觀之僧錄之起自端甫也甫公文宗開成中卒云云

●今我國朝　僧史略卷中僧統章末云宋沿唐制廢統立錄○同卷沙門都統章末云自爾朱梁後唐晉漢周洎今大宋皆用錄而無統矣云云其僭僞諸國皆自號僧錄焉

二京東西京也此二京則置之僧録天下之列郡則置之僧正其事於今可見但祖宗初命爲僧録者未詳其人

夫古今沿革雖異而所尸一也天下難於得人而古今皆然果得其正則吾人庶幾無邪也愼之乎愼之乎難其人乎

夫古往彼諸朝代與吾今聖世或沿或革雖各殊異所尸主之者亦只一致也然天下凡此置正者常難得其人而古之與今皆悉如此也若果得於其置正之效則我佛教之人尚可望其無邪僞者也亦可云庶幾近乎眞正無邪僞也庶幾者說文解云尚也文選劉良注云愼望也旣古今難於其人而今而後宜更愼擇之乎再叮嚀謂此任誠難爲其人乎

廣原敎要義第二十篇

有形必無形無形出有形故至神之道不可以有尋不可以無測不可以動失不可以靜

●置之僧錄　僧史略中左右街僧錄章云所言錄者有晉宋錄錄其經法傳教傳翻譯人物等事故魏詔曰近得錄公等表錄公乃是僧曹摠錄猶言錄事也云云

▲沿革　通鑑綱目卷三十四二四十張集覽云沿革沿余專反因襲也革更改也○古今類書纂要卷十二云自始至今相沿不動曰沿始作今改之曰革謂革其舊而新制之也

●說文解云等　說文解字卷十一八一五十下云尚庶幾也

●文選劉良注等　文選卷四十二阮瑀爲曹公作書與孫權云庶幾明德來見昭副云云註劉良曰庶幾猶愼望也○文選註者六臣之隨一唐朝鴻儒也郎文選卷一序首云都水使者劉承祖男劉良

▲必無形　藏本及文集必作出字○私曰與夾註併讀則作必字而可也

▲不空乎　藏本及文集乎下有則字

●若涅槃經云等　南本涅槃經卷二十五師子吼菩薩品云善男子汝問云何爲佛性者諦聽諦聽吾當爲汝分別解說善男子佛性者名爲第一義空第一義空名爲智慧所言空者不見空與不空智者見空及與不空常與無常苦之與樂我與無我空者一切生死不空者謂大涅槃云云

▲驗空　藏本及文集驗上有夫字

▲知無形可　藏本文集形下有則字

▲窺神明可以　藏本文集明下有如字

得

凡有形相者必以無形相者爲其本質是從無而出有無既有有亦無有以是之故而至極神妙之理直不可以有相尋求亦不可以無相測度不可以發動爲失之亦不可以靜默爲得之

聖人之道空乎則生生奚來聖人之道不空乎生孰不泯善體乎空不空於聖人之道其庶幾乎

若謂佛聖人之道是空則今世間有漏生生不絶者自何而來若謂佛之道是不空今生者誰不泯滅善能體解此空不空之道其於佛大聖人之道其亦庶慕而幾近乎若涅槃經云智者見空亦見不空此意是也

驗空莫若審有形審有形莫若知無形知無形可以窺神明窺神明可以語道也

驗效此空莫如詳審有形相者從何而來

●玄妙　老子經上曰玄之又玄衆妙之門

▲識之出　藏本文集之下有所自二字

▲大患　老子經上吾所以有大患者爲吾有身

▲識之出　藏本文集之下有所自二字

●淵蘊　易繫辭上云乾坤其易之縕耶○又唐魏證傳云證所上奏展盡底蘊云云○韻會蘊與縕通積也

▲此溺　藏本文集同此下有乃字

▲病益病　藏本文集全下病字下有矣字○論語述而篇云子疾病子路請禱云云○禮註疏卷六檀弓云曾子寢疾病註病謂疾困○又出莊子徐無鬼篇也

又詳審此有形相者莫如須知其無形相之理知無形相之理是可以觀照其神明之玄妙觀此神明之玄妙乃可以言乎大道也

道也者神之蘊也識之出也識也者大患之源也

此道也者者乃是神用之淵蘊微細識情之所以出也此識也者者乃是衆生過患之根源也

謂聖人之道空此溺乎混茫之空也病益病天下其孰能治之乎哉

或謂佛聖人之道爲空此輩是沉溺混茫莽蕩無知之頑空也此之爲患於生死中更爲大患天下復有誰能醫治之乎哉乃結句之云也

廣原教要義第二十一篇

天下不信性爲聖人之因天下不信性爲聖人之果天下惑性而不知修性天下言性而

▲自棄也　孟子離婁章句上云孟子曰自暴者不可與有言也自棄者不可與有為也言非禮義謂之自暴也吾身不能居仁由義謂之自棄也
▲非審也　藏本及文集也下細書云或無上二而字
●法義　起信論卷上一云摩訶衍者總說有二種云何為二一者法二者義疏法者出大乘法體云云義者辨大乘名義云云○禪源諸詮集卷上之一十六張云七法義不同善須辨識者凡欲明解諸法性相先須辨得法義依法解義義即分明以義詮法法即顯著云云○私曰文繁故省之
●猶普賢觀經云等　佛說觀普賢菩薩行法經十張云汝今應當觀大乘因大乘因者諸法實相聞是語已五體投地復更懺悔云云○法華玄義卷五之一七張云故普賢觀云大乘因者諸法實相大乘果者亦諸法實相釋籤云引普賢觀云大乘因者等者雖俱實相因果灼然若有因果即有淺深云云○同玄義卷九五十張云釋論云若離諸法實相皆名魔事普賢觀云大乘因者諸法實相大乘果者亦諸法實相即其義也○私曰普賢觀經者在大藏內四十九函趣號云佛說觀普賢菩薩行法經一名觀普賢經一名出深功德經劉宋罽賓三藏法師曇摩蜜多譯也
●自欺　大學所謂誠其意者毋自欺也

不知見性不信性與聖人同因自昧也不信性與聖人同果自棄也不修性性溺惑也不見性其言性非審也

佛教凡諸佛說經皆具法義因果信解修證法即法體也義即義理也因即三賢十地三十七品十波羅蜜也果即佛之德用也信即信法也解即解義也修即歷位修因也證即證果也又大乘唯以實相為因實相為果猶普賢觀經云大乘因者諸法

實相是果者亦實相是吾所謂性為佛之因果者蓋直指大乘之因果修證也他教立教亦各自有其法義信解之意但都無因果修證耳今欲別其所無者乃特沭因果證修也天下異學者不信自己之性便為佛所起之勝因亦不信便為佛所證之大果天下異學惑於自性有無不知修理其性天下雖言其性而不知見自真性今不信此性與佛同是其因是自欺昧也不

信此性與佛同是其果是自以己褻而委棄也若不庶慕此真性則是溺於情惑也不自見其性則於其自稟非為諦審也

是故指修莫若乎因剋成莫若乎果全性莫若乎修審性莫若乎證因也者修性之表也果也者成性之效也修也者治性之具也證也者見性之驗也

是故指期其修治莫如信因期剋其成功莫如信果完全此性莫如修治審的其性

莫如乎證悟此因也者者蓋是修性之標表也此果也者者蓋是成就其性之功効也此修也者者蓋是治性之効具也此證也者者蓋是見自真性之明驗也

天下其心方散之亂之惰之慢之謂不必因而罔其表者天下何以勸修性而趨其成乎天下異學者其心今止馳散在亂墮惰傲慢乃更言不須其因此正是無罔於其標表者也此天下之人何以相勸修循之性

▲惑而不定　藏本及文集惑下有之字
▲其效者　藏本及文集者下有則字
●狐疑　楚辭云心猶豫而狐疑云云
▲罔其具者　藏本及文集者下有則字
▲果明乎　文集明下有其淨二字藏本不爾
▲罔其驗者　藏本及文集者下有則字
▲天下何以　文集何字作可恐非乎藏本不爾
●雜糅　文選卷三十二屈原離騷經云芳與澤其雜糅兮云云註王逸曰糅雜也○同卷三十四曹植七啓云糅以芳酸甘和旣醇註善曰鄭玄禮記注曰糅雜也

而進向其德者耶

天下之心方疑之惑而不定謂不必果而罔其效者天下何以示其成性而顯其果有所至乎

天下異學其心今正狐疑佛說惑亂不能定當乃更言不須其果此正是自無罔其功効者也儞天下之人何以相示其成性而明顯其果然有所至極者也

謂不必修而罔其具者其性能不蔽而果明乎

若言不須修而亡其所修之効具者其性能不自障蔽而如何果然謂得其分明耶

天下之有見無見斷見常見其說方紛然相糅而不辨謂不必證而罔其驗者天下何以別其見性之正乎邪乎至哉不至哉

今天下異學者以其性或爲有見或爲無見或爲斷見或爲常見者如此其談說正紛紛其多爲相雜糅而不可分辨何堪更

▲不明羣靈　藏本及文集明下有則字
▲相間　藏本及文集間下有也字

言不須證而無其明驗者如此則天下何以品別其有性之正與邪極與不極耶

百家者言性而不事乎因爲果爲修爲證爲其於性也果效白乎諸子務性而不求乎因也果也修也證也其於性果能至之乎是故吾之聖人道性必先夫因果修證者也旨哉天下可以思之矣

今百家學者如九家流之類說性而不務乎因果修證四法於其自已眞性果然得效驗明白耶莊列之類其事性而不求探乎因果修證四法於其自已眞性果能得其儔諳耶以此之故我佛聖人談說法性須先此四法因果修證者也盛有深旨哉天下異學人誠可以此而思惟之矣

廣原教要義第二十二篇

聖人之教存乎道聖人之道存乎覺覺則明不覺則不明不明羣靈所以與聖人相間

佛聖人之教所以在其道也佛之道所以

▲能事　易繫辭上引而伸之觸類而長之天下之能事畢矣○史記高祖本紀第八註正義云能才也能者獸形色似熊足似鹿爲物堅中而强力人之有賢才者皆謂之能也

●究竟覺　起信論疏卷上二云始覺義者依本覺故而有不覺依不覺故說有始覺又以覺心源故名究竟覺心源故非究竟覺云云

在其覺也覺則明了出乎障外不覺則爲業識蔽而不明此之無明含靈者所以與佛境爲相閒隔也

覺也者非漸覺也極覺也極覺乃聖人之能事畢矣

此覺也者者非是漸覺而分證也蓋是其本始合故更不閒斷之究竟覺也此覺乃妙覺大聖人能所之心了了矣

覺之之謂佛況之之謂乘覺之以成乎聖人

▲聖人之域　前漢書卷六十四下賈捐之傳曰臣聞堯舜聖之盛也禹入聖域而不優註臣瓚曰禹之功德裁入聖人區域但不能優泰耳

▲于聲　藏本及文集無于字

▲常覺　藏本及文集覺下有也字○尚書堯典

▲衆生曰覺　文集曰作日字藏本不爾

▲曉猶昧　文集曉下有而字

之道乘之以至乎聖人之域前聖也後聖也孰不然乎哉

覺之故謂之佛比之故謂之乘如此覺之所以成乎佛之無上菩提之道也如此運之所以到如來之境界也前佛後佛也誰不如此耶

于聲聖人之所覺在乎羣生之常覺衆生日覺而未始覺覺猶夢曉猶昧是故聖人振而示之欲其求之引而趨之欲其至之

▲人夫　藏本無人字文集同此

▲亦盛矣　文集盛作甚字藏本全此

於考佛聖人之所覺亦在乎衆生常所之知覺者也但衆生雖日知覺而未嘗知覺覺如夢明其非覺也曉如昧明非其曉別也以是之故佛聖人嘗發其性而呈示之欲衆生而自求索之嘗引導而趨向之欲衆生而詣到之

人夫謂佛何拒而訕之爲家而投珍蹈路而捨地惑亦盛矣

人夫謂儞衆人乎衆人言佛所爲何事反

●岐路　列子說符岐路之中又有岐焉不知所之

●安靖　左傳卷二十昭公元年傳云不靖其能其誰從之註杜曰安靖賢能則衆附從

●八識　百法明門論出

抗佛而訩訩然訩訩群言相沮之貌如此譬如營爲家業而乃投棄珍寶行践岐路而欲舍去大地其爲迷惑此亦甚矣

覺也者以言乎近則息塵勞靖神明正本以修末以言乎遠則了人僞外死生至寂而常明閑閑與聖人同德

覺也者者以論適近之益則能止息塵境之勞慮安靖爾神明端正此本心以修行其迹末之事也以論其悠遠之益則能了

●閑閑大智　莊子口義卷一齊物論篇云大知閑閑○閑閑寬裕也大智慧寬大之
人率性虛淡無是無非云云無是無非故閑閑寬裕也○又林希逸注云閑閑者
從容自得也　●與佛同等　莊子卷五天道篇云故古之人貴夫無爲也上無
爲也下亦無爲也是下與上同德下與上同德則不臣云云
▲在乎其人　藏本及文
集作存字○存乎其人
周易繫辭文也見前
●不可用智知爲得　註
維摩經卷九見阿閦佛品
云不可以智知不可以識
識註肇曰大智識之生生
於相內法身無相故非智
識之所及○禪源諸詮卷
上之一紙三張云真心本
云覺首等九菩薩問文殊
師利言云何佛境界智論
之智云何佛境界知本有文
殊答智云諸佛智自在三
世無所得事過去未來現在
自在無礙智知云非識所能識
不可識識者以識分別分別即非真知真知唯無念方可見若以智證之即屬所證之境界不可以智知心○同卷下
之一二張四真智真知異者
空宗以分別爲知無分別
爲智智淺知深性宗以能
證聖理之妙慧爲智以該
於理智通於凡聖之靈性
爲知知通智局云云
●昭王隆盛之世等　法
苑珠林卷二十九千佛篇
結集部下云案周書異記
云周昭王即位二十四年
甲寅歲四月八日江河泉
池忽然泛漲井水溢出宮
川震動有五色光入貫太微遍於西方盡作青紅色太史蘇由奏曰有大聖人生於
西方一千年外聲教及此昭王即敕鐫石記之埋於南郊天祠前此即佛生之瑞也
相國呂侯乘驊騮八駿而行求佛因以禳之○又見佛史略卷上佛降生年代章及
佛法金湯編卷一周昭王下也　●太微　史記卷二十七天官書云南宮朱鳥

其八識之人妄外遺死生先死後生其意
已見於前則全其圓極寂而常照閑閑大
智恒與理冥蕭然於衆累之外能果正如
此乃可以與佛同其涅槃之果德也
覺之效也如此大哉全乎不可以言盡不可
以智得神而明之在乎其人
其覺悟之功效也蓋如是也其最廣大乎
哉最臻極乎哉誠不可用言語究悉亦不
可用智知爲得若神而發明之則在爾其

人也
廣原敎要義第二十三篇
吾聖人之作當周之盛世也瑞氣見乎昭王
而周書不書遜異也
吾聖人佛之興現當此周之第三王成王
之子昭王隆盛之世也瑞氣即是佛生四
月八日之晨周人見西方有虹光浮空入
貫太微遍乎西方作青紅色王見之乃驚
以問其太史蘇由由謂王曰有大聖人生

權衡衛太微三光之廷索隱曰宋均曰太微天帝南宮也三光日月五星也衛十二星藩臣索隱曰太微有十
法式陳星上云云○又見前漢書卷二十六天文志也
●周穆王之時等　列子口義卷上之二周穆王篇云周穆王時西極之國有化人
來入水火貫金石反山川移城邑乘虛不墜觸實不礙千變萬化不可窮極既已變
物之形又且易人之慮穆
王敬之若神事之若君推
路寢以居之云云君己幾
何謁王同遊王執化人之
袪騰而上者中天迺止暨
及化人之宮化人之宮構
以金銀絡以珠玉云云光
影所照王目眩不能得視
音響所來王耳亂不能得
聽百骸六藏悸而不凝意
迷精喪請化人求還化人
移之王若殞虛焉既寤所
坐猶嚮者之處侍御猶嚮
者之人視其前則酒未清
肴未昲王問所從來左右
曰王默存耳由此穆王自
失者三月而復更問化人
化人曰吾與王神遊也形奚
動哉云云○私曰夾註大
槩據撫列子穆王篇之文
而紀爲於中王自下漏失
字三月不不字當作而字
也矣
●秦始皇時等　法苑珠
林卷二十一十張又檢釋道
安朱士行等經錄目云秦
始皇之時有外國沙門釋
利防等一十八賢者賚持
佛經來化始皇弗從遂囚
禁之夜有金剛丈六來破
獄出之始皇驚怖稽首謝
焉准此而言則知秦漢已
前有佛法也云云○又金湯編卷一秦始皇下云帝莊襄王子三十年甲申西域沙
門室利防等十八人賚梵本經至咸陽有司以聞帝以其異俗囚之利防等念摩訶
般若波羅蜜多光明照曜瑞氣盤旋滿於囹圄須臾有金神長丈六持杵摧破
其獄出之帝驚悔稽首禮之而去　白馬寺記○私曰夾註利房當作防字乎此亦

在西方一千年後聲教被此今尚書周
不書紀其事者欲避其奇異也
化人自西極而至將穆王以神游聖人其兆
於諸夏也
周穆王之時西極之國有一化人自西而
來入水火貫金石移山川城邑乘虛不墜
觸實不礙千變萬化不可窮極既以變物
之形而又易人之慮穆王敬之若神事之
若君化人以王同遊王執化人衣袂騰而

上之至乎中天而止王乃請化人求還化
人乃移王若墜虛既悟所坐猶向之處王
問所從來左右曰王默存耳王自三月不
復更問化人化人曰吾與王神遊也形何
動乎此蓋佛之始兆現於諸夏之境也諸
夏謂此中國之大國也
十八異僧如秦而始皇㩁之佛法其東播之
漸也
秦始皇時有神異之僧釋利房等一十八

又見費長房歷代三寶錄卷一四張也

●播揚　文選卷十八成公子安嘯賦云散滯積而播揚云云善注曰鄭玄儀禮注曰播散也○東漸字本出於書禹貢也尚書注疏卷六禹貢云東漸于海西被于流沙朔南暨聲教訖四海云云傳漸入也正義曰漸是沾濕故爲入謂入海也云云○大法東漸見于玄義釋籤卷第一也彼云東漸者自漢明夜夢迎竺一初臨洎乎隋文御寓台衡誕應諸有習禪義解翻譯之徒漸彼此土弘宣教法僧史所錄云云

●後漢明帝等　高僧傳卷一譯經上云攝摩騰本中天竺人善風儀解大小乘經常遊化爲任云云述漢永平中明皇帝夜夢金人飛空而至乃大集羣臣以占所夢通人傅毅奉答臣聞西域有神其名曰佛陛下所夢將必是乎帝以爲然即遣郎中蔡愔博士弟子秦景等使往天竺尋訪佛法愔等於彼遇見摩騰乃要還漢地騰誓志弘通不憚疲苦冒涉流沙至乎雒邑明帝甚加賞接於城西門外立精舍以處之漢地有沙門之始也但大法初傳未有歸信故蘊其深解無所宣述後少時卒於雒陽有記云騰譯四十二章經一卷初緘在蘭臺石室第十四間中騰所住處今雒陽城西雍門外白馬寺是也相傳云外國國王嘗毀破諸寺唯招提寺未及毀壞夜有一白馬繞塔悲鳴即以啓王王即停壞諸寺因改招提以爲白馬故諸寺立名多取則焉○同卷云竺法蘭亦中天竺人自言誦經論數萬章爲天竺學者之師時蔡愔既至彼國蘭與摩騰共契遊化遂相隨而來會彼學徒留礙蘭乃間行而至既達雒陽與騰同止少時便善漢言愔於西域獲經即爲翻譯所謂十地斷

人至秦之朝始皇以爲妖惟囚之於獄夜有神人爲破獄牆其十八僧即破牆而去此亦佛法東來播揚之漸矣也已上三事下藏賢聖集部中弘明集高僧二傳諸文中多引

夢於漢而聲教遂振其冥數之當興也

後漢明帝永平十年丁卯夢金色人項佩圓光飛行其殿庭遂使博士秦景蔡愔等往西域尋之愔等至月支得摩騰法蘭相

與持釋迦畫像四十二章經而還其事備後漢書西域論此是佛無漏聲教初發起也蓋冥數夙緣之當興隆也

出於彼而不出於此何謂也以彼一天下之大中也將表其心其權其道之大中乎

佛出生於彼中印土迦毗羅國而不出於此諸夏之境何以爲言耶諸夏謂此中國大國也蓋以彼竺國是南閻浮提一天下大中之處也將欲表明其所詮之一心源

結佛本生法海藏佛本行四十二章等五部移都寇亂四部失本不傳江左唯四十二章經今見在可二千餘言漢地見存諸經唯此爲始也愔又於西域得畫釋迦倚像是優田王栴檀像師第四作既至雒陽明帝即令畫工圖寫置清涼臺中及顯節陵上舊像今不復存焉云云○又見于珠林卷二十十三張及金湯編卷一六張也

●月支　後漢書八十八西域列傳第七十八張十四云大月氏國氏音支下同居藍氏城西接安息云云去洛陽萬六千三百七十里戸十萬口四十萬云云自立爲王國號貴霜王云云

●後漢書西域論　同西域列傳張十五天竺國下云天竺國一名身毒在月氏之東南數千里俗與月氏同而卑溼暑熱其國臨大水乘象而戰其人弱於月氏修浮圖道不殺伐遂以成俗浮圖即佛也云云世傳明帝夢見金人長大頂有光明以問群臣或曰西方有神名曰佛其形長丈六尺而黃金色帝於是遣使天竺問佛道法遂於中國圖畫形像焉楚王英始信其術中國因此頗有奉其道者後桓帝好神數祀浮圖老子百姓稍有奉者後遂轉盛○楚王英傳見于後漢書四十二光武十王列傳第三十二張也　▲何謂也　藏本及文集無謂字

●中印度迦毗羅　西域記卷六張五云從此東南行五百餘里至劫比羅伐窣堵國舊曰迦毗羅衛國訛也中印度境　劫比羅伐窣堵國周四千餘里空城十數荒蕪已甚王城頹圮周量不詳云云土地良沃稼穡時播氣序無愆風俗和暢伽藍故基千有餘所云云

●開權顯實　具出釋籤五之二

與其開權顯實其理之大中正乎哉

聖人以道作以權適宜以所出示迹夫道也者聖人之理中也權也者聖人之事中也所出也者聖人之示中也示中則聖人之心可知也理中則聖人之道之至也事中則聖人之事之得也

佛以道出與以其方便權巧適順衆生機宜以其所出之處示其垂迹夫此之道也者者乃佛理之中也此之權也者者乃佛

事之中也所出生也者乃顯示其在南贍部洲天地之中也示此所出之處之中則佛都以其一心之中理出現興作其可以意知也猶智度論曰佛常居中道故現率天於六天及梵之中於彼天必生中國中夜降神中夜出迦毗羅國行中道得阿耨多羅三藐三菩提中道爲人說法中夜入無餘涅槃此之謂也此理之中也者則佛道之妙極者也此事之中也者則是佛示迹起一教本事之得其所者也心之與道亦猶因果是一或以其文便或便互爲前後高下耳適心道或前或後亦以文便乃爾涅槃經所謂或時說因爲果或時說果爲因天台敎儀云集果修因此等例是也

傳謂彼一天下其所統者若中國之所謂其天下者殆有百數而中國者以吾聖人非出中國而夷之豈其所見之未博乎

●猶智度論曰等　大論卷四張八云復次佛常於中道故兜率天於六天及梵之中上三下三於彼天下生中國中夜降神中夜出迦毗羅婆國行中道得阿耨多羅三藐三菩提中道爲人說法中夜入無餘涅槃如中法故中天上生如是菩薩兜率天上生竟云云

●中國中夜　大婆沙等一百九十一出

●有餘涅槃等　具出攝論四十六○佛地經論五

●涅槃經所謂等　南本涅槃經卷三十一迦葉菩薩品張九云善男子我爲衆生或時說因爲果或時說果爲因云云

●天台敎儀云等　四敎集解卷中張卅三云然四諦之中分世出世前二諦爲世間因果後二諦爲出世間因果問何故世出世前果後因耶答聲聞根鈍知苦斷集慕果修因是故然也其解云聲聞根鈍知苦等者對緣覺利先因後果也利則先斷其因苦果自滅鈍乃知苦方始斷因何者以聲聞入要先了知二十五有苦果之後始厭集因又慕滅諦無爲之果乃修道諦無漏之因也云云

傳如珠林法苑高僧傳等所云之類是也言彼中天竺一國之一天下其所統攝如今中華之國所言之一天下者殆有百數天下也今此中國學者以佛法非出今中國而鄙夷之豈非彼學者所聞見未廣不知彼天下爲大中耶

春秋以徐伐莒不義乃夷狄之以狄人與齊人盟于邢得義乃中國之春秋固儒者聖人之法也豈必以所出而議其人乎

洎春秋者云魯文公七年冬以徐人伐莒爲不義莒雖中國之者孔子乃書以夷狄之僖公二十年秋以狄人齊人盟于邢爲得義狄雖夷狄之者孔子乃書以中國之春秋大經固是儒者聖人之軌法也考此豈必然以其所出國土而品論於人乎然類不足以盡人迹不足以盡道以類而求大聖人不亦謬乎以迹而議大聖人之道不亦易乎

●傳如珠林等　法苑珠林卷十九張一同卷三十八聖迹部又續高僧傳五玄奘傳中具明天竺風土矣

●洎春秋者云等　春秋公羊注疏文公卷十三文公七年經冬徐伐莒漢何休注曰謂之徐者前共滅王者後不知尊先聖法度今自先犯文對事連可以起同惡莒在下不得狄故復狄徐也一罪再狄者明爲莒狄之爾徐先狄在僖十五年云云○同注疏卷十一僖公二十年經秋齊人狄人盟于邢注狄稱人者能常與中國也

●徐　一統志卷十八徐州府建置沿革云禹貢徐州之域天文房心分野本古大彭氏國春秋爲宋地戰國屬楚云云

●莒　同卷二十四青州府領州一下云莒州在府城南三百里古莒子國云云

●邢　同卷四順德府建置沿革云禹貢冀州之域天文昴分野周時爲邢國地後屬晉戰國屬趙云云

▲不亦易乎　藏本及文集易作安字○私曰與夾注相照則作易而可乎

然但視其於類固不足以此推盡其人之賢不肖但觀其迹未固不足以此推盡其道之邪正也若只以類而求探乎佛大聖人不亦爲謬妄耶只以迹而論量乎佛之道不亦爲輕易耶

聖人見乎五帝三王之後而不見乎五帝三王之先何謂也聖人非苟見也聖人以人心所感而見也五帝三王之前羣生之心不感而聖人不來也五帝三王之後羣生之心感

聖人之迹所以至也

若今佛聖人之迹見乎五帝三王之後而不見於五帝三王之先何以言乎夫佛不先出見不妄見故也佛正以人心有所機感乃見也黃帝顓頊帝嚳帝堯帝舜之五帝夏禹殷湯周武亦曰文王三王之前衆生之心未有所感召而佛法不來也此五帝三王之後衆生之心有感也佛之教迹所以至此土也先五次三者欲順帝王之

▲雖羣生不求　文集羣作衆字藏本同此

▲雖求之　藏本雖下有群生二字文集亦同但羣作衆字

▲聖人不應　藏本及文集應下有是知三字

▲蓋以其道　藏本及文集無其字

▲相感也　藏本及文集無也字

文第耳亦猶史記帝王本紀先五帝而後三代此其例也

道在衆生之謂因道在聖人之謂緣因緣有穩焉有未穩焉因緣穩矣雖羣生不求而聖人必至因緣未穩雖求之而聖人不應聖人與衆生蓋以其道而自然相感也

其實相道理若在衆生分上而衆生未了此謂之因道理若在佛菩薩善知識等分上而佛菩薩却以此開導衆生之謂緣此

因緣一如起信論云衆生雖有正因熏習之力若不遇諸佛菩薩善知識等以之爲緣能自斷煩惱入涅槃無有是處又平等緣者一切諸佛菩薩皆願度脫一切衆生與同體智力故隨見聞而現作業則是佛菩薩等却以此開導衆生之謂緣也此因與緣有穩熟然有未穩熟然因緣熟矣雖衆生不求慕佛而佛亦須自至因緣未穩熟雖求慕佛者而佛亦不能應嗣佛與衆

●如起信論云等　起信論疏卷下之一云又諸佛法有因有緣因緣具足乃得成辦如木中火性是火正因若無人知不假方便能自燒木無有是處衆生亦爾雖有正因熏習之力若不遇諸佛菩薩善知識等若無人以之爲緣能自斷煩惱入涅槃者則無有是處自不成二明■若雖有外緣之力而內淨法未有熏習力者亦不能究竟厭生死苦樂求涅槃若因緣具足者所謂自有熏習之力云云○同卷云外緣有無量義略說二種云何爲二一者差別緣二者平等緣云云平等緣者一切諸佛菩薩皆願度脫一切衆生自然熏習常恒不捨以同體智力故隨應見聞而現作業顯其用相二明所謂衆生依於三昧乃得平等見諸佛故已去三昧力悉見諸佛身量平等依佐等無有彼此分齊之相云云

生正以其道自然爲相感應耳

非若世之有所爲者以情而取之以情而舍之也

非如今世間之所爲法者以情愛而取之以情惡而舍之也

廣原教要義第二十四篇

聖人之知遠至遠也聖人之先覺至覺也是故其教推索乎太極之前刧道乎天地之更始

●佛具正徧知　南本涅槃經卷十六梵行品八云云何正徧知正者名不顛倒徧知者於四顚倒無不通達云云文長故省之○註維摩經卷九菩薩行品云是故名爲三藐三佛陀註什曰三藐三菩提秦言正徧知今言三藐三佛陀言正徧覺也見法無差故言正智無不周故言徧也出生死夢故言覺也肇曰秦言正徧知見法無差謂之正智無不周謂之徧決定法相謂之知○又見名義卷一十種通號篇也

●太極　易序云所以易有太極是生兩儀太極者道也兩儀者陰陽也陰陽一道也太極無極也萬物之生負陰而抱陽莫不有太極莫不有兩儀絪縕交感變化不窮云云

●五運　祖庭事苑卷七云五運註乾鑿度云夫有形者生於無形則乾坤安從而生故有太易有太初有太始有太素有太極太易者未見氣也太初者氣之始也太始者形之始也太素者質之始也氣形質具而未相離謂之渾沌渾沌旣太極也運旣運數也○韻會問韻運字下云又五運五行氣化流轉之名

佛具正徧知其所知者固爲至極之遠也

佛爲妙覺一切聖賢天人魔梵所不能及固爲先覺之極先也以是之故其垂教又能推求乎太極五運之前事逆說未來成刧天地之初者也

故其書爲博爲多爲不約浩浩乎不可以一往求不可以一日盡

以故其所說之經典爲廣博爲繁多爲不省約浩浩廣遠無窮乎固不可以一去求探不可以一日了盡

治其書之謂學學其教之謂審審其道之謂至天下非至無本非教無明非書無知是故研聖人之道者不可捨其教也探聖人之教者不可捐其書也今辦其道而拒其教校其教而不顧其書不亦妄乎

修習其經文之云學學習其教法之云審審詳其所傳之道之云至極天下非此妙極無復有本源非此審詳無能明辦非此習學無能知曉是故研究佛道者不可捨放佛所遺之教也探討其教者不可捐弃佛所遺經文也今有辦別其佛之道而反拒抗其教校量其教而不觀其經書不亦妄謬乎

儒曰雖有嘉肴弗食不知其旨也雖有至道弗學不知其善也不其然哉

儒書學記云雖有嘉美之餚兼陳列於前若不食則不知其有之美也雖有至極大

▲浩浩　尚書堯典浩浩滔天註浩浩大貌

▲拒其教　文集拒作詎字恐舛誤乎藏本同此但文集校訛云詎當作距

●儒書學記云等　禮記註疏卷三十六學記云雖有嘉肴弗食不知其旨也雖有至道弗學不知其善也是故學然後知不足教然後知困云云正義曰嘉善也旨美也雖有嘉美之肴兼陳列於前若不食則不知其有之美也至謂至極雖有至極大道若不學則不知大道之善云云

▲天下如此　藏本及文集如作若字

道若不學則不知大道之善也比其拒佛教捐佛經而妄論其道法者豈不如此耶謂其道不足法推已道以辨之謂其書不足詳援已書以較之夫與鄉人訟而引家人證當乎必也不當矣

今有言佛之道不足爲法却推已所學之道以辨別之言佛之經法不足爲詳却引已所習之書以比較之夫譬如與鄉里人諍訟却引已家之人爲知證者如此當耶

必也是其不當矣

道也者天下之本也書也者天下之迹也事也者天下之異也理也者天下之同也以理而質事天下之公也尋迹以驗本天下之當也夫委書而辨道舍理而斷事天下如此而爲之者公乎當耶

道理也者則天下萬事之根本也文書也者者天下萬事之迹狀也萬事也者者則天下各各之殊異者也質理也者者則天

▲古者　藏本及文集者作之字

▲曰老　文集老作儒字藏本同此

▲曰儒　文集儒作百家二字藏本同此

▲能仁　大教王能第三十日釋迦師子大能仁能者○具出釋迦譜○事苑卷六出

●一致　易兼義卷八繫辭下云子曰天下何思何慮天下同歸而殊塗一致而百慮云云

▲絕惡人　藏本及文集人上有而字

下之通同者也必以其理而正事乃是天下之公道也必尋其迹以效其本乃是天下之中當也夫有人弃書而欲辨道舍理而欲斷事今天下有人如此之作爲者是得爲公道耶正當哉

廣原敎要義第二十五篇

古者有聖人焉曰佛曰老曰儒其心則一其迹則異夫一焉者其皆欲人爲善者也異焉者分家而各爲其敎者也

古者有聖之人云佛則能仁氏云老則老聃氏云儒則孔氏此三聖人其爲心則一致也其爲迹則異途也若夫其一致爲者是皆欲教人之爲善者也其異迹焉者是其分家而爲三教也

聖人各爲其敎故其敎人爲善之方有淺有奧有近有遠及乎絕惡人不相擾則其德同焉

此之聖人既各有其教故其教勸於人爲

▲三者　文集三作佛字恐非乎

▲不可無老　文集老作百家二字藏本同此

▲加多　藏本文集多下有矣字

▲爲也者　藏本也作之字者下細書有或無之字四字○文集亦與藏本同但者下細書云本或無之

善事之方法即有淺深近遠之異洎乎致其斷過惡人民不相混亂則其爲德一同也

中古之後其世大漓三者其敎相望而出相資以廣天下之爲善其天意乎其聖人之爲乎不測也

中古自三王之後其時世大爲澆薄三者聖人其敎法相次而出興於世相資籍以開廣天下民人爲善此或天意使然乎或其聖人之自作不可測度也

方天下不可無儒不可無老不可無佛虧一敎則損天下之一善道損一善道則天下之惡加多

今天下不可輒無儒無老亦不可無佛若虧欠一敎則損天下之人爲善之一道也損一善道則天下四海之人爲惡者滋多也

夫敎也者聖人之迹也爲也者聖人之心也見其心則天下無有不是循其迹則天下無有不非

夫此敎也者者乃是聖人之垂迹也有爲也者者乃是三聖之心也若必見三聖之心則天下無有互相相非者也若必循執三聖之迹則天下無有互相相是者也

▲知三敎　文集三作佛字藏本同此

▲殆見乎　藏本及文集無乎字

●皇極讜議　中說卷上王道篇第一云文中子曰甚矣王道難行也云云安康獻公之述曰皇極讜義九篇其言三才之去就深矣云云

●三敎於是乎等　中說上問易篇第五云程元曰三敎何如子曰政惡多門久矣曰廢之何如子曰非爾所及也眞君建德之事適足推波助瀾縱風止燎爾子讀洪範讜義曰三敎於是乎可一矣云云○又見于前

是故賢者貴知夫聖人之心文中子曰觀皇極讜議知三敎可以一矣王氏殆見乎聖人之心也

是故賢者之人唯貴知乎聖人之心文中子者卽隋大業中之名儒名通號文中子皇極讜議乃通之祖號安康獻公所撰也其論推明大中之理以斷天下之事文中子讀此知三聖之敎其敎人爲善是一故曰三敎於是乎可以一矣王氏謂文中子近見乎三敎聖人所以爲心也

夾註輔敎編廣原敎要義卷七終

夾註輔教編孝論要義卷八

住杭州佛日山嗣祖明教大師契嵩　編并註

孝論

孝者適順之謂也猶周書謚法云至順曰孝文云慈愛忘勞曰孝雜記云養德順理不逆於時曰孝爾雅釋訓曰善父母爲孝祭法曰孝者畜也說者謂事親之道常畜在心釋名曰孝者好也說者云盡其色養中心悅好然孝之爲物其來遠矣孝經左援神契曰元氣混沌孝在其中其說未詳老子曰有物混成先天地生寂兮寂兮獨立而不改周行而不殆可以爲天下母吾不知其名字之曰道強爲之名曰大莊子曰南海之帝爲儵北海之帝爲忽中央之帝爲混沌儵與忽時相遇於渾沌之地渾沌待之甚善儵與忽謀報渾沌之德曰人皆有七竅以視聽食息此獨無有嘗試鑿

冠註輔教編卷八　一

▲孝論　藏本論字下細書有并序一十三篇六字但文集無之

●周書謚法　尚書註疏卷二一張六正義曰周書謚法周公所作而得在堯舜禹湯者以周法久後乃追成謚之爲謚謚者累也累其行而號也隨其行以名之則必謚猶生號也云云○白虎通卷一謚下云謚者何也謚之爲言引也引烈行之跡也所以進勸成德使上務節也云云○史記正義謚法解云惟周公旦太公望開嗣王業建功于牧野終將葬乃制謚遂叙謚法謚者行之迹號者功之表云云

●至順曰孝　孝經註疏卷一宋邢昺正義一張云按禮記祭統云孝者畜也畜養也釋名云孝好也周書謚法至順曰孝總而言之道常在心盡其色養中情悅好承順無怠之義也爾雅曰善父母爲孝云云

●又云慈愛等　禮記註疏卷四十八祭義云思慈愛忘勞可謂用力矣云云註思父母之慈愛己而自忘己之勞苦正義曰以庶人思父母慈愛忘己躬耕之勞云云

●雜記云養德等　同卷四十九祭統云祭者所以追養繼孝也孝者畜也順於道不逆於倫是之謂畜正義曰畜謂畜養謂孝子順於德教不逆於倫理可以畜養其親故釋孝爲畜此據援神契庶人之孝曰畜五孝不同庶人但取畜養而已不能百事皆順援神契又云天子之孝曰就諸侯曰度大夫曰譽士曰究庶人曰畜分之則五總之曰畜皆是畜養但功有小大耳○要覽卷中恩孝部孝下云雜記云養德順理不逆於時曰孝○私曰雜記與祭統其文少異而其義大同蓋謂此乎但要覽所載者與今夾註所引其文相同然則雜記者應別有一書乎識侯後攷也

●爾雅釋訓　見于爾雅註疏卷三釋訓第

之曰鑿一竅七日而渾沌死簡文釋文曰儵忽取神速爲名渾沌以合和爲貌神速譬有爲合和譬無爲此明混沌有至神之理也何秖乎氣而已矣氣非有知豈別善惡而能合孕乎孝歟有孝父母之善習必在其神理耳其謂元氣混沌孝在其中者豈非言孝自神理所出與神理乃孝之本也雖一氣未分三才未有而神氣混沌含孕乎孝素在其中如此可以爲盡孝在混沌之中之理道也夫孝先於天地乃天地之所稟孝實大哉遠矣莊老所謂混沌者可望吾教大乘諸經所說之空義如楞嚴經曰外洎山河大地色空明暗皆是妙明心中物又曰空生大覺中如海一漚發大前劫既壞壞而一空後器世界未形蕩然寂寞混沌空洞而神識冥妙唯變化所適既適於有復適於無與儒老所謂孝在混沌之中相近也前輩僧或以空劫比方儒

冠註輔教編卷八　二

三張十六也其語與夾註同故省之　●祭法曰等　此謂者祭統之文而非祭法即見于上也祭法當作統字則可矣○說者謂等者亦即見於上所引孝經正義中也

●釋名曰等　釋名卷四釋言語云孝好也愛好父母如所悅好也孝經說曰孝畜也畜養也○說者云等者亦孝經正義之文也

●孝經左援神契　援神契附說郛中有左右契

●老子曰有物等　見于老子經卷上有物混成章第二十五也

●莊子曰南海等　見于莊子卷三內篇應帝王第七也

●簡文釋文　未見其書也○梁書卷四本紀第四云太宗簡文皇帝諱綱字世纘小字六通高祖第三子昭明太子母弟也云云太宗幼而敏睿識悟過人六歲便屬文云云讀書十行俱下九流百氏經目必記篇章辭賦操筆立成博綜儒書善言玄理云云所著老子義二十卷莊子義二十卷云云○新唐書五十九藝文志第四十九張四云梁簡文帝莊子講疏三十卷

●如楞嚴經曰等　首楞嚴義疏卷二之上云皆擾擾相以爲心性一迷爲心決定惑爲色身之內不知色身外洎山河虛空大地咸是妙明真心中物譬如澄清百千大海棄之唯認一浮漚體目爲全潮窮盡瀛渤云云

●又曰空生等　首楞嚴義疏卷六之上云文殊師利法王子奉佛慈旨即從座起頂禮佛足承佛威神說偈對佛覺海性澄圓圓澄覺元妙元明照生所所立照性亡迷妄有虛空依空立世界想澄成國土知覺乃衆生空生大覺中海一漚發有漏微塵國皆依空所生漚滅空本無況復諸三有云云

●前輩僧或以等　盂蘭盆經疏新記卷上圭峰疏序云始於混沌塞乎天地云云

元照記云且據小乘謂一切衆生三毒三業造起器界成住壞空四相循環各二十
劫日從空劫初成世界者俱舍頌曰空界大風起傍廣數無量金剛不能壞此名持
界風光音金藏雲布及三千界雨如車軸下風遏不聽流然成器界乃至夜摩天
風波濤水成須彌七金等滓濁爲山地四洲及泥黎鹹海外輪圍方名器界亦壯經
一增減乃至二禪福盡下
生人間初食地餅林藤後
食粳米不消大小便利男
女形別分田立主求臣佐
等種種差別總十九增減
兼前總二十增減名爲成
劫圭峰云空界劫中道教
指爲虛無之道大風即彼
儒家混沌一氣是知混沌
即成劫之初此時孝道已
蘊其中故云始於也出圭
峰原人論云云○原人論發微錄
云界則成住壞空空而復
成下云自此云從空劫至
名爲成劫之數行與上盂
蘭記所引者其文相同也

言元氣混沌者在其中者彼以盂蘭盆經
本是人天小乘之說曰推小乘經論據相
而擬議之自彼所宗耳然元氣混沌者混
沌謂炁形質已具矣必以小乘空劫比之
恐未爲得今吾孝論必原孝理欲人正心
以守孝之根本故與小乘經論異也吾前
義解此甚略學者疑之今更備論請取此
爲詳援神契曰天子孝者天龍負圖地龜
出書人孝消滅景雲出遊庶人孝則澤林

冠註輔教編卷八　三

其下云議曰空界劫中是道教指之云虛無之道然道體寂照靈通不是虛無老氏
或迷之或權說務絕人欲故指空界爲道空界中大風即彼混沌一氣故彼云道生
一也金藏雲者氣形之始即太極也云云 ●本是人天小乘等 盂蘭盆疏列五
乘末云今此經者是人天乘所攝在小乘藏中云云 ●謂炁形質已具等 易緯
義卷一孔穎達第一論易之三名下云故乾鑿度云夫有形者生於無形則乾坤安
從而生故有太易有太初有太始有太素太易者未見氣也太初者氣之始也太始
者形之始也太素者質之始也氣形質具而未相離謂之渾沌渾沌者言萬物相渾
沌而未相離也視之不見聽之不聞循之不得故曰易也云云
●援神契曰等 孝經左契云元氣混沌孝在其中天子孝天龍負圖地龜出書妖
孽消滅景雲出遊庶人孝則澤林茂浮珍舒怪草秀水出神魚又德至山陵則景雲
出德至下地則嘉禾生德至水泉則黃龍見德至草木則芝草生又曰善養老則芝
草茂又曰德至於草木則木連理德至鳥獸則麒麟臻鳳凰翔鸞鳳舞又云德至鳥
獸則白鳥下云云[illegible]
●機祥 淮南子本經訓云憺然無欲而民自樸無機祥而民不夭云云○前漢書
卷五十三趙敬肅王彭祖傳云彭祖不好治宮室機祥云云註師古曰機鬼俗字或
作譏淮南子曰荊人鬼越人譏機祥總謂鬼神之事也○史記卷七十四荀卿傳云
營於巫祝信機祥云云同卷百三十太史公自序作天官書第五下云星氣之書多
雜機祥不經云云○文選卷五十三陸士衡辨亡論云術數則吳範趙達以機五臣本作
機祥協德註善曰呂忱字林曰機祆祥也居衣切天文志曰臣主共憂患其察機祥

如淳曰呂氏春秋曰荊人鬼而越人譏今之巫祝禱祀之比也云云
●百行 孝經註疏卷一正義曰按劉炫述義其略曰炫謂孔子自作孝經本非曾
參請業而對也士有百行以孝爲本本立而後道行道行而後業就云云○同邢昺
註疏序云孝經者百行之宗五教之要云云○圭峰盂蘭盆疏云且明儒教以孝爲
本者謂始自天子至於士
人宗國相傳皆立宗廟雖
[illegible]之用則別而自行之
不殊云云
●佛教以靈識等 盂蘭
盆經疏上云經欲度父母
乳哺之恩疏然父母有
遠近恩有輕重報有分全
遠者七世乃至多世近者
唯生此身七世者外教所
宗人以形質爲本傳體相
續以父母已上爲七世故
偏尊於父佛教所宗人以
靈識爲本四大形質爲靈
識所依世世生生皆是父
母生養此身已去乃至七
生所生父母爲七世當託
之處唯在母胎生來乳哺
懷抱亦皆是母故偏重於
是以經中但云乳哺之恩
也乃至多世者於中偏取
歸依佛已來所生身之父
母以能生我修道之器故
諸佛成道之時多生父母
皆得會遇聞法獲益云云
●猶涅槃經等 南本涅
槃經卷十二長壽品第十四云
迦葉菩薩復白佛言世尊
我從今始當以佛法衆僧
三事常住啓悟父母乃至
七世皆令奉持甚奇世尊
我今當學如來法僧不可
思議既自學已亦當爲人廣說是義云云

茂浮珍舒怪草秀水出神魚然天地應副
乎人之爲孝而果如此者蓋天地與人同
一神理而神理貴順孝是順善之至善至
順人既孝順乃與天地之理自相感應而
致其機祥耳人夫安可不勤於孝道而情
乎爲心耶夫儒佛一教教人致修百行萬
行雖皆以孝爲宗本然而宗其所以孝者
亦各不同夫儒教以人之稟生一世皆自
其父母之所生育而父母恩德在乎生人

冠註輔教編卷八　四

最爲大者必致孝乎一世父母故儒以一
世之孝爲宗也佛教以靈識不絕依身而
現其身雖生而復滅滅而復生世復一世
生生前後相續浩然無有窮盡則其生生
育已者皆其父母至於鬼神亦有父母必
致孝其生生父母生生世數積多不可得
而徧匝且指七世爲限故佛以七世之孝
爲宗也猶涅槃經迦葉菩薩白佛云我從
今始當以佛法衆僧三事常住啓悟父母

●比遠法師解曰等　未見其書也○案續高僧傳卷十義解篇隋京師淨影寺釋慧遠傳云釋慧遠姓李氏燉煌人後居上黨之高都焉天縱殊叡儀止沖和云云壯年華陰沙門僧思禪師見而度之云云年十六師乃令隨闍梨湛律師往鄴大小經論普皆博涉云云覽講出疏地持疏五卷十地疏十卷華嚴疏七卷涅槃疏十卷云云

●戒經曰等　梵網戒經云隨時釋迦牟尼佛初坐菩提樹下成無上覺初結菩薩波羅提木叉孝順父母師僧三寶孝順至道之法孝名爲戒亦名制止云云同古迹記云孝名戒亦名制止者孝爲百行之本先王要道戒爲萬善之基諸佛本原菩薩此生孝名爲戒惡從此滅亦名制止所以孝戒名異義同

●論語曰等　論語學而篇文也註疏註曰先能事父兄然後仁道可大成

●音釋雖有三切等　說文解字卷之一言字下云論議也从言侖聲盧昆切○大廣益會玉篇云論力昆力困切言議也○韻會元韻論字下引說文與上同又眞韻龍春切言有理也云云○私曰夾註中力旬盧鈍二切未見所出應有所據也

●論者議也等　論語註疏序解正義曰論也綸也輪也理也次也以此書可以經綸世務故曰綸也圓轉無窮故曰輪也蘊含萬理故曰理也篇章有序故曰次也

乃至七世皆令奉持比遠法師解曰無始皆開何止七世但隨世俗且言七耳又七世來愛習未捨可以攝化夫佛教萬行以戒爲首戒則以孝爲本故戒經曰孝名爲戒此取孝之義耳儒教百行以仁爲首仁亦以孝爲本故論語曰孝悌也者其仁之本歟此直指孝之名也然孝有名有理也名也者則所謂孝也理也者所謂其神理也儒佛謂孝其名理雖同而其預理行孝有淺深有遠近佛孝之理即菩薩大戒之體大戒乃涅槃解脫非淨非垢非持非犯乃至諸佛妙覺大聖亦預此淸淨戒也佛之行孝廣及無始父母略則七世所親故佛孝在乎名理特爲深遠者也論也者其音釋雖有三切一盧昆一力旬一盧鈍而其義訓皆一今取盧鈍所切之論字也論者議也理也綸也言語發義故曰議也含蘊萬理故曰理也可以經綸世務故曰綸

冠註輔教編卷八　五

●又論者梵語等　名義四揔明三藏篇云阿毗曇或云阿毘達磨此云無比法云云新云阿毗達磨此云對法云云具如其中文煩故略之

●又梵語等　六卷四教義第一張明三藏教下云三阿毗曇藏者阿毗曇此翻云無比法聖人智慧分別法義也故云無比法若佛自分別法義若佛弟子分別法義皆名阿毗曇也云云

●又含四種之義等　此下自梵語摩怛哩迦至大小乘經也之數行大槃與要覽卷中三寶部論下之注文相同也

也此等出儒者之說者也又論者梵語阿毗達磨此翻云對法亦云無對法又梵語阿毗曇此云無比法謂佛與其弟子衆聖人分別法相其智慧無有比並者也對法者謂分別之智慧爲能對四諦之法爲所對也故云對法亦曰無對法蓋無比之謂也然此分別之智慧其爲論者又含四種之義如梵語摩怛哩迦此云本母取其出生之義也梵語奢薩怛囉此亦云議論謂議詳究有論量假實梵語烏波儞舍此云迮說謂略說經中要義不次第故梵語阿毗達磨此則前所云對法義亦如前也又有二論皆攝前四爲一一謂宗論即宗大小乘經所造也二謂釋論謂造論解釋大小乘經也今孝論蓋融會二教爲孝之道故兼用世儒之說乃有其議者之意義也其宗本乎佛之經故皆用佛教無對無比法與其論議近說宗論者也夫所謂無比者

冠註輔教編卷八　六

●三尊　出優婆塞戒經　○會古通今記曰三尊即目佛法僧當世所仰重故名爲尊

●猶毛義曰等　尚書註疏卷一漢孔安國序正義曰周頌曰繼序思不忘毛傳云序者緒也則緒述其事使理相胤續若繭之抽緒但易有序卦子夏作詩序孔子亦作尚書序故孔君因此作序名也云云

在吾所宗諸佛菩薩分別之說其智慧固不可比擬也若余微小之智其所說安敢預乎無比耶能對者雖此小智亦預分別三教孝道之淺深遠近也所對者其勉人孝順近則其所免離王法不孝刑戮之苦遠則其所免離三塗冥罰之苦是苦諦也既行孝順所斷其五逆十惡不孝聚集之種者是集諦也既依法孝順三尊一切則已斷其苦集見其清淨寂滅之理是滅諦

也證理以修近則人天聲聞之道遠則佛無上涅槃之道是道諦也切欲顯明佛有大孝與彼世教無異以解毀謗以廣人天孝道是迺說略取其要義也其餘三種之義吾論皆具之可見孝論始終宗本賢聖經論是亦宗論也

叙曰

叙次序撰孝論之意也猶毛義曰序者緒也緒述其事使理相胤續若繭之抽緒易

▲夫孝三教　文集三作諸字藏本同此　●猶論語曰等　見于前也

●道經曰等　老子經卷上絕聖棄智章第十九云絕聖棄智民利百倍絕仁棄義民復孝慈云云註希逸曰仁義之名出而後有孝不孝慈不慈分別之論不若絕而去之與道相忘則人皆歸於孝慈之中而無所分別也云云

●戒經曰等　見于前也

▲吾徒而　藏本及文集無而字

▲不能張之　藏本及文集之下有而字

序卦子夏詩序此例是也

夫孝三教皆尊之而佛教殊尊也

夫發語詞也此孝道儒道佛三聖之教皆尊崇之者猶論語曰孝悌者仁之本歟道經曰絕仁棄義民復孝慈戒經曰孝名爲戒者也獨佛教甚尤尊之也尤尊之義入文備見

雖然其說不甚著明於天下　亦吾徒而不能張之吾嘗慨然甚媿

雖然佛教尤尊而其所說孝道者不尤甚昭著發明於天下四海蓋亦是我佛徒屬不能開張之我曾慨然嘆恨甚自恥媿

念七齡之時吾先子方啓手足即命之出家稍長諸兄以孺子可教將奪其志獨吾母曰此父命不可易也

有念七歲之時我先子先子謂吾父也亦猶古今人稱父爲先君或稱先君子夫子之例也曲禮注云子者有德之稱也然稱

●慨然　禮記檀弓上云練而慨然祥而廓然○文選卷十八潘岳閑居賦云未嘗不慨然廢書而歎云云註銑曰慨然歎息也○同卷四十一李陵答蘇武書云陵雖不敏能不慨然云云

▲孺子可教　史記卷五十五留侯張良世家云有一老父衣褐至良所云云父曰孺子可教矣云云○尚書註疏卷十三金縢云武王既喪管叔及其羣弟乃流言於國曰公將不利於孺子傳孺稚也稚子成王○禮註疏卷九檀弓下云孺子其國之註孺稚也

▲奪其志　論語子罕篇云子曰三軍可奪帥也匹夫不可奪志也

●曲禮注云等　禮註疏卷五曲禮下云列國之大夫入天子之國曰某士自稱曰陪臣某於外曰子註子有德之稱云云

●如檀弓曾子寢疾等　禮記註疏卷六檀弓上云曾子寢疾病樂正子春坐於牀下曾元曾申坐於足童子隅坐而執燭童子曰華而睆大夫之簀與子春曰止曾子聞之瞿然曰呼曰華而睆大夫之簀與曾子曰然斯季孫之賜也我未之能易也元起易簀曾元曰夫子之病革矣不可以變幸而至於旦請敬易之註夫子者曾子也云云

●孟子離婁章云等　孟子註疏卷七下離婁章句上云公孫丑曰君子之不教子何也孟子曰勢不行也教者必以正以正不行繼之以怒繼之以怒則反夷矣夫子教我以正夫子未出於正也則是父子相夷也父子相夷則惡矣註父親教子其勢不行教以正道而不能行則責怒之責怒則傷義矣一說云父子反自相非若夷狄也子之心責於父云夫子教我以正道而夫子之身未必自行正道

祖與父爲子者如檀弓曾子寢疾病使易簀其子曾元云夫子病革孟子離婁章云夫子教我以正夫子未出於正者孫稱其祖爲子如檀弓子思云吾先君子孟子公孫丑章曾西云吾先子者或謂稱先君子先子此但孫稱祖非子稱父豈宜據以爲例耶曰先君子先子亦子孫通稱其祖父耳然祖尊於父孫既稱祖爲子而子反不得稱父爲子乎若以孫已稱祖爲子而其

也執此意則爲反夷矣故曰惡也

●如檀弓子思云等　禮記註疏卷六檀弓上云子上之母死而不喪門人問諸子思曰昔者子之先君子喪出母乎曰然子之不使白也喪之何也子思曰昔者吾先君子無所失道道隆則從而隆道汙則從而汙伋則安能爲伋也妻者是爲白也母不爲伋也妻者是不爲白也母故孔氏之不喪出母自子思始也正義曰子之先君子謂孔子也云云

●孟子公孫丑章等　孟子註疏卷三上公孫丑章句上云或問乎曾西曰吾子與子路孰賢曾西蹴然曰吾先子之所畏也註曾西曾子之孫蹴然猶蹴踖也先子曾子也云云

●如檀弓衞國君等　禮記疏卷十檀弓下云公叔文子卒其子戍請謚於君曰日月有時將葬矣請所以易其名者君曰昔者衞國凶饑夫子爲粥與國之

子便不得稱父爲子者如檀弓衞國君稱公叔文子爲夫子君尊既稱其臣爲夫子而曾元爲人子在卑又安得稱父爲夫子耶吾皆特校此義重輕以謂稱先君子先子子孫通稱其祖父者也故文曰吾先子耳方啓手足乃是吾父臨終之際之謂耳亦猶論語泰伯曾子有疾召門弟子曰啓予足啓予手啓開也曾子自以爲受身體於父母不敢毀傷故使開衾而視之此文

餓者是不亦惠乎云云故謂夫子貞惠文子註文子衞獻公之孫名拔或作發公也

●亦猶論語泰伯等　論語註疏卷八泰伯篇云曾子有疾召門弟子曰啓予足啓予手註鄭曰啓開也曾子以爲受身體於父母不敢毀傷故使弟子開衾而視之也

●小子　毛詩註疏卷十八之一大雅抑篇云無言不讎無德不報惠于朋友庶民小子子孫繩繩萬民靡不承正義曰小子幼稚之稱云云

▲攝衣　論語註疏卷十鄉黨篇云攝齊升堂鞠躬如也註孔曰衣下曰齊攝齊者摳衣也正義曰將升堂時以兩手當裳前提挈裳使起恐衣長轉足躡履之云云○前漢書卷一上高帝紀云酈食其乃求見沛公沛公方踞牀使兩女子洗酈生不拜長揖曰足下必欲誅無道秦不宜踞見長者於是沛公起攝衣謝之延上坐云云

云方啓手足欲其語順耳吾父當此開手足之際便令吾出家從師慕道稍漸長成我諸兄以我稚孺小子可教訓爲儒生欲奪其出家之志唯我母氏云此出家乃是其父之遺命不可改易也

逮攝衣將訪道于四方族人留之亦吾母曰汝已從佛務其道宜也豈以愛滯汝汝其行矣

及攝持其衣裳欲訪問法道於四方師匠

▲行矣　文選卷二十八陸機豫章行云行矣保嘉福景絕繼以音註翰曰行矣謂去也

●便宜　前漢書卷四十三婁敬傳云敬見齊人虞將軍曰臣願見上言便宜云云○同卷六十九趙充國傳云遂上屯田奏曰臣聞兵者所以明德除害也故舉得於外則福生於內不可不慎云云臣謹條不出兵留田便宜十二事云云

●淹滯　文選卷二十四枚乘七發云淹滯永久而不廢云云註善曰王逸楚辭注曰淹久也

▲生我父母也等　史記卷六十二管晏列傳云管仲曰生我者父母知我者鮑子也云云

者而我族姓之人共相留駐亦只我之母氏言爾汝已捨家從佛今欲往四方事務其法道乃其便宜也此豈可更以情愛淹滯於汝汝今但自勉其行往矣

鳴呼生我父母也育我父母也吾母又成我之道也昊天罔極何以報其大德

鳴呼乃自歎息之詞也謂能生於此六尺分段之身者是我之父與母也育養我而成長我者亦是我之父母也今我之母氏

又更能成就我所務之佛道昊天罔極取
毛詩蓼莪章云欲報之德昊天罔極今但
引其下句以表乎追感之誠謂昊天乎我
心無極我此何以報荅其如天地之大德
易云天地之大德曰生
自去故鄉凡二十七載未始不欲南還墳隴
修法為父母之冥贊猶不果然
從去離其舊鄉鐔津之歲抵其著孝論之
時大凡已經二十七年未曾無一朝不欲

●毛詩蓼莪等　毛詩註疏卷十三之一蓼莪篇云蓼蓼者莪匪莪伊蒿哀哀父母生我劬勞云云又云父兮生我母兮鞠我拊我畜我長我育我顧我復我出入腹我欲報之德昊天罔極疏我今欲報父母是劬勞之德昊天乎心無已也當所思念無有已時故言已痛切之情以告於天●易云等　周易兼義卷八繫辭下云天地之大德曰生正義曰自此已下欲明聖人同天地之德廣生萬物之意也言天地之盛德在乎常生故言曰生若不常生則德之不大以其常生萬物故云大德也●鐔津　一統志卷八十四梧州府建置沿革鐔縣九下云藤縣在府城西六十里本漢蒼梧郡之　陵縣地晉屬永平郡隋平陳郡廢置藤州治永平縣大業中州廢復置永平郡唐復為藤州天寶初改感義郡乾元初復為藤州治寧風縣宋徙治鐔津縣元因之本朝洪武初改州為縣省鐔津縣入焉編戶四十四里

冠文輔教編卷八　十

南返父母墳塋丘隴之處修營佛法為父
母幽冥昇濟之贊助卻有此誠素歷爾許
時歲猶尚不得果決然以遂其志
辛卯其年自以弘法要難而明年鄉邑亦嬰
於大盜吾父母之墳廬得不為其剽劫望之
漣然泣下
在辛卯歲甲之際其年自以為人請命演
法于彼山寺不幸被賊徒所俘遂嬰纏於
障難而來年其鄉縣鐔津亦嬰罹於儂蠻

●墳塋　禮註疏卷六檀弓上云孔子既得合葬於防曰吾聞之古也墓而不墳註墓謂兆域今之封塋也古謂殷時也土之高者曰墳○韻會文韻云說文墳墓也从土賁聲方言冢秦晉之間謂之墳云云○塋韻會庚韻云說文塋墓也从土熒省聲廣雅塋域葬地也●丘隴　禮註疏卷二曲禮上云適墓不登壟註壟冢也墓塋域○韻會腫韻云壟魯勇切說文壠丘壠也从土龍聲又方言秦晉之間冢謂之壠集韻通作隴又東韻盧東切集韻義同又東方朔七諫篇往古以行恩兮封比干之丘壟云云●果決然　文選卷十潘岳西征賦云逮子嬰之果決敢討賊以紓禍云云註善曰廣雅曰果能也●儂蠻大寇　宋史十一本紀卷第十一仁宗紀載十六皇

大冦父母之墳園廬舍豈不為其盜剽劫
殘暴當此之際望之則漣漣而下其涕泣
又明年會事益有所感遂著孝論一十二章
示其心也
又更來年會遇他事彌益有所感愴遂使
著述此孝論成一十有二章專以呈示其
感懷父母之誠心也
其發明吾聖人大孝之奧理密意會夫儒者
之說殆亦盡矣吾徒之後學亦可以視之也

祐元年九月乙巳廣源州蠻儂智高寇邕州詔江南福建等路發兵以備云云○續通鑑卷五十三宋仁宗皇祐元年下云九月廣源州蠻儂智高反寇邕州注儂氏自唐初即雄於西原世為廣源州首領唐末交趾浸盛廣源服屬之知儻猶州儂全福為交人所殺其妻改適商人生智高冒姓儂氏既壯與其母據儻猶州建國曰大曆交人攻而執之釋其罪使知廣源州智高怨交趾乃乘間襲據安德州僭稱南天國改元景瑞因招納亡命貢獻中國求內附朝廷不許復奉金函書以請亦不報智高怨與廣州進士黃師密等謀據廣南乃數出敵來易穀食納言洞中饑饉部落離散知邕州陳珙信之不設備智高一夕忽縱火焚其居因紿衆曰平生積聚今為天火所焚生計窮矣當取邕廣以自王否則兵必死衆從之遂率衆五千沿江東下攻邕州横江寨守將張日新等戰歿詔江南福建等路發兵備之●漣漣　毛詩註疏卷三之三衛風氓篇云不見復關泣涕漣漣箋細注云漣音連泣貌○藏本音釋云漣陵延切泣貌●分析　文選卷二十五劉琨答盧諶詩序云但分析之日不能不悵悵耳云云同卷四十三劉子駿移書讓太常博士云往者綴學之士不思廢絕之闕苟因陋就寡分文析字煩言碎辭學者罷老且不能究其一藝云云▲祝髮　尚書註疏卷十一泰誓上云上帝弗順祝降時喪傳祝斷也正義曰哀十四年公羊傳云子路死子曰天祝予何休云祝斷也是相傳訓也○列子口義卷下湯問篇云南國之祝髮而裸云云

冠文輔教編卷八　十一

若其起發章明吾佛聖人至大孝之淵奧
理道微密意趣以之會通乎儒家者其所
稱之孝道亦盡悉矣我佛徒之後來學者
亦皆可以觀覽之也
明孝章第一
明孝明謂顯著此孝之理事也章謂彰顯
分析此之文義節段也第次第也一數之
始也
三子祝髮方事於吾道逮其父母命之以

▲佛子　法華譬喩品第三今日乃知眞是佛子從佛口生從法化生得佛法分　○華嚴大疏五云云出

佛子辭而不往吾嘗語之曰佛子情可正而親不可遺也

適當有一二三人弟子剃斷其髮入預僧數才事務於我佛之道及其所生父母命召欲令相見即自以其已出家爲佛弟子辭拒不特而往見之我其時曾敎勉此一二三子云汝曹今既爲吾佛之子雖其情識可以正之使不妄發若於汝之所親不可輙便弃遺不復孝順也

▲始振　禮註疏卷十四月令云東風解凍蟄蟲始振云云註振動也

子亦聞吾先聖人其始振也爲大戒即曰孝名爲戒蓋以孝而爲戒之端也子與戒而欲亡孝非戒也

子者蓋其時呼諸弟子而語之汝曾亦嘗講聞我先佛大聖人當其初始出現振發之際所結菩薩大戒大戒即梵網經也其經云孝名爲戒者戒經疏云行此孝行則敬順無違是名持戒以經如是之說蓋欲用孝爲此戒法之端首也今汝諸子幸厠

●睒子經佛自說等　菩薩睒子經云佛告阿難乃往過去無數世時有菩薩名曰一切妙行慈仁慧施救濟羣生常行四等心度世危難育養苦人云云常以天眼徹觀五道特有迦夷國中有一長者孤無兒子夫婦兩目皆盲心願入山求無上道修淸淨志信樂空閑菩薩念言此人發意所學微妙而兩目皆盲目無所覩若入山或墮溝坑或逢毒蟲所見枉害若我壽終爲其作子供養父母終其年壽於是菩薩壽盡即下生爲盲父母家作子父母歡喜長愛重之本發大意欲行入山以生子故便樂居世間子年十歲號曰睒子至孝仁慈奉行十善云云年過十歲睒自長跪白父母言本發大意欲入深山志求空寂無上至眞道以子故而絕本願云云如本意宜及時入山淸淨我自壽隨與父母供養不失時節父母報言子之孝順天自知之不違本誓便共入山睒聞以家中所有之物皆施國中諸貧窮者便與父母俱共入山睒至山中以蒲草爲父母作屋施作狀褥不寒不熱恒得時宜適入山中一年衆果豐美食之香甘泉水涌出淸而且凉云云睒常與父母取百種果蓏以飼父母恒有盈餘渴飮泉水無所乏短父母時渴欲飮睒著鹿皮之衣提瓶行取水麋鹿衆鳥亦復往飮水不相畏難時有迦夷國王入山射獵王遙見水邊有麋鹿引弓射鹿箭誤中睒胸被毒箭舉身皆痛便大呼言誰持一毒箭射殺三道人者王聞人聲即便下馬往到睒前云云王問睒言卿是何等人被鹿皮衣與禽獸無異睒言我是王國中人與盲父母俱來入山中學道二十餘年未曾爲虎狼毒蟲所見害今便爲王所見射殺當爾之時山中大風暴起云云王時怖懼大自悔責我所作無狀我本射鹿

與其戒而輙欲拒父母之命便無其孝順之義此豈是持戒之訓也

夫孝也者大戒之所以先也戒也者衆善之所以生也爲善微戒善何生邪爲戒微孝戒何自邪故經曰使我疾成於無上正眞之道者由孝德也

夫此孝道也者者乃是菩薩大乘戒法之所以惟先也戒法也者者亦乃是衆多善事之所以出生也今既務爲勝善之事若

非奉戒其善事則何以而生耶今既務爲奉戒之人非修孝德其戒何以而由之耶

睒子經佛自說於過去世時曾爲睒子孝養其盲父母於山中修道偶爲迦夷國王遊獵悞射既死復生皆是孝順感天帝釋等救護及結其經即推其孝事云致使我今得疾成此無上正眞佛道者良由往世所積孝順之德也

孝本章第二

箭誤相中甲射殺道人其罪甚重云云王便前以手挽拔脚箭箭深不可得出云云睒語王言非王之過自我宿罪所致我不惜身命但憐念我盲父母年既衰老兩目無所見一旦無我亦當終殁無所依仰以是之故用自悔惱譯毒中當爾之時諸天龍神山神水神樹神皆爲震動王復重言我寧入泥犁中百劫受罪使睒身活長跪向睒悔過言若子命終我當不復還國便住山中供養汝父母如汝在時勿以爲念諸天龍神皆當證知不負此誓睒聞王此誓言雖被毒箭心喜意悅雖死不恨以我盲父母累王供養道人現世罪滅得福無量云云王便將數人從睒父母所王去之後睒便奄然而死飛鳥禽獸皆大號呼繞睒屍上以舌舐睒身血盲父母聞此音聲益怖徬徨而住王行馳駛觸動草木肅肅有人聲父母驚言此是何人非我子行王言我是迦夷國王聞道人在山中學道故來供養道人盲父母言大王來大善勞屈威尊遠臨草野王體中安隱不云云王答道人言蒙道人恩皆自平安云云盲父母言蒙大王厚恩常自安隱我有孝子名睒常爲我取百種果蓏泉水恒自豐饒山中風雨和調無所乏短我有草牀可坐果蓏可食睒行取水且欲來還王聞盲父母言又大傷心淚出而言我罪惡無狀入山射獵見水邊有羣鹿引弓射之箭誤中道人子睒身被毒箭甚痛故來語二道人父母聞之舉身自撲如太山崩地爲震動王便扶牽父母仰天號哭自訴言我子睒天下至孝仁慈無有過者雖鬼常恐跪痛令有何罪而王射殺之云云卸且聞王言睒爲射何許今爲死活王具以睒口中所言向盲父母說之聞王此言又大感絕我一旦無子俱亦當死願王牽我二人往臨睒屍上王即牽盲父母往到屍上父抱其脚母抱其頭著膝上各以一手摸抱其胸箭處仰天大呼言諸天及諸龍神山神樹神水神我子仁慈至孝諸神所知何能不一哀我

注解輔教編卷八　十七

子是善子母便以舌舐睒胸瘡願毒入我口我年已老目無所見以身代子命睒活我死死不恨也於是盲父母言若睒有至誠至孝者天地所知箭當拔出毒痛當除睒更當生於是第二忉利天王釋座即爲大動以天眼見二道人抱子號哭乃聞第四兜率天諸天宮殿皆儼儼而爲動釋梵四天王即從第四天上來如人伸臂頃來下住睒前以神藥灌睒口中藥入睒口箭自拔出便活如故父母驚喜見睒已更更活兩目皆開飛鳥禽獸皆作歡樂之音云云王大歡喜不能自勝禮天帝釋還禮報恩者王且還國安慰國人皆令奉持五戒王勿復射獵天傷蟲獸現世身不安隱壽盡當入泥犁中云云國王大自悔責自今已後當如睒教云云王還國中宣令國中諸有貧窮盲父母如睒比者皆當供養不得捐捨犯者令有重罪於是國中人民以睒活故上下相敎奉修五戒修行十善死得升天無入三惡道者佛告阿難諸來會者宿命睒身我身是也時盲父者今現父王閱頭檀是也時盲母者今現我母王夫人摩耶是也迦夷國王者阿難是也時天帝釋者彌勒是也使我疾成無上正眞之道以若是我父母育養慈恩從死得生感動天龍鬼神父母恩德重孝子所致今得爲佛并度國人皆由孝順之德云云○此經者在大藏內第四十四函也開元錄云失譯人名附西晉○同函有佛說睒子經姚秦三藏法師釋聖堅譯說相大槩與上經相同但無疾成無上等之文也○又見法苑珠林卷六十二忠孝篇睒子部也

●溥天　詩小雅北山篇曰溥天之下莫非王土

孝以善順父母師養與其法道特欲尊有其生成之根本也章第一其解如前篇也

天下之有爲者莫盛於生也吾養父母以生故先於父母也天下之明德者莫善於教也吾養師以教故先於師也天下之妙事者莫妙於道也吾養道以用故先於道也

溥天之下其有所興作之物者無有踰甚於含生者也今我養藉父母以生以故須先尊在其父母也天下凡有發明於佛聖

注解輔教編卷八　十六

人之道德者無有勝善過於敎導者也今我養藉於師僧之所敎導以故須先尊於師僧也天下凡所謂玄妙之事法者無有玄妙過於一法界圓極之道理也此理在戒即大戒在定即大定在慧即大慧佛祖結稱性大戒乃曰孝名爲戒明此孝者亦其圓極之妙理也我養藉此理而善用以故須先尊於道法也謂道則具體具用今只言用者以必用而後現體故唯言用也

▲教誥　誥韻會號韻居號切說文誥告也从言告聲徐曰以言告曉之也故曰有文告之辭一曰告上曰告發下曰誥

▲白刄可冒等　禮註疏卷五十二中庸云子曰天下國家可均也爵祿可辭也白刄可蹈也中庸不可能也正義曰言白刄雖利尚可履蹈而行之

▲飲食可無　論語顏淵第十二子貢問政子曰足食足兵民信之矣子貢曰必不得已而去於斯三者何先曰去兵子貢曰必不得已而去於斯二者何先曰去食自古皆有死民無信不立

夫道也者神用之本也師也者教誨之本也父母也者形生之本也是三本者天下之大本也

夫此道也者者乃是神理作用之本原也此之師僧也者者乃是一切教導告誘之宗本也此之父母也者者乃是今我形軀生成之根本也是此三種之本者乃是溥天之下廣大之根本者也

白刄可冒也飲食可無也此不可忘也吾之

●一代　隨釋卷一一代者始自成道終至涅槃一期事畢故云一代代者更謝也○集解上一代者若三十年爲一代其義猶局今則但取代更之說即釋迦如來之一代

▲三寶　藏本及文集無此二字但夾註中明脫漏之由也

前聖也後聖也其成道樹教未始不先此三本者也

銛白鋒刄易爲傷如此之刄猶可衝冒飲漿食饌養人身命不可稍無如此飲食猶可無也今此之三本獨不可遺忘也我佛教之前所出現之聖人後所出現之聖人者也所成就其正覺之道所建立其一代之教未曾有不先推尊此之三本者也

大戒曰孝順父母師僧三寶孝順至道之法

●說者云等　名義集卷四示三學法篇波羅提木叉下註引疏鈔云此云別解脫謂三業七支各各防非別別解脫故

●歸命　起信論卷上一歸敬文云歸命疏顯能歸至誠歸者是依歸趣向義命者總御諸根一身之要人之所重莫不爲先衆此無二之命以奉無上之尊又歸命是還源義衆生六根從一心起而背自源馳趣六塵今舉命根總攝六情還歸一心一心即一體三寶云云●吳越春秋第二歸命於大王

大戒即佛初成正覺初結菩薩波羅提木叉孝順父母師僧三寶孝順至道之法說者云波羅提木叉此云別解脫謂三業十支各各防非別解脫孝順者是歸命義以我色身本從父母所生故孝順於父母法身本從師僧三寶所生故合孝順師僧三寶也至道之法者戒疏云孝爲至極之道莫先此法此道至於佛果疏家以此道至於佛果者即吾上文一法界同極之道理

●脫三寶三字　私曰下三字恐當作二字

其意通也即本輔教編孝論脫三寶二字蓋校對時不精也

不其然哉不其然哉

蓋指大戒孝順父母師僧三寶孝順至道之法與吾論尊先乎三本者相符合不其是乎再云不其然哉是時可嘆指佛語爲諭也

原孝章第三

孝有可見也有不可見也不可見者孝之理

也可見者孝之行也理也者孝之所以出也行也者孝之所以形容也

孝有可以炳然覩見者孝有實然不可覩見者其不可覩見即是孝之質理者也其可以覩見者即是孝之行迹也此理也者者乃是孝之所從而出也此行也者者乃是孝之所形見容儀也

修其形容而其中不修則事父母不篤惠人不誠修其中而形容亦修豈唯事父母而惠人是亦振天地而感鬼神也

若只修形見容儀而其中之孝理不修則其事敬父母必不謹愿惠與於他人必不誠實若修其中之孝理并其孝行形容者如此豈只是事父母必厚惠人必誠是亦能振動天地而感召鬼神也

天地與孝同理也鬼神與孝同靈也故天地鬼神不可以不孝求不可以詐孝欺

天地雖然蒼蒼茫茫高且遠要其本質則

●炳然　易集義卷五革卦九五象曰大人虎變其文炳也正義曰其文炳者義取文章炳著也○文選卷一班固兩都賦序云而後大漢之文章炳焉與三代同風註善曰蔡邕篇曰炳著明也向曰炳明也　華嚴音義卷三筆削記炳然者分明無亂貌

●謹愿　尚書註疏卷四皐陶謨云皐陶曰寬而栗柔而立愿而恭正義曰愿者慤謹良善之名謹愿者失於遲鈍貌云云

●蒼蒼　爾雅註疏卷五釋天第八云穹蒼蒼蒼天也註天形穹隆其色蒼蒼因名云○莊子卷一逍遙遊云天之蒼蒼其正色邪其遠而無所至極邪云云

●茫茫　文選卷十六陸機歎逝賦云咨余命之方殆何視天之茫茫註善曰茫茫猶夢夢也詩曰民今方殆視天夢夢鄭玄曰夢夢亂也向曰茫茫不明也○同卷四十七史孝山出師頌云茫茫上天降祚有漢註向曰茫茫廣大貌

與此孝同於一理道也鬼神雖然恍惚幽冥要其本原亦與孝同其靈妙也以是之故天地鬼神不可以不合孝心而祈求之故不可以詐妄爲孝之心而欺謾之

佛曰孝順至道之法儒曰夫孝置之而塞乎天地溥之而横乎四海施諸後世而無朝夕曰夫孝天之經也地之義也民之行也至哉大矣孝之爲道也夫

佛曰孝順至道之法者即大戒所云其義已見前章儒曰即禮記祭義言夫孝道措置於天地之間塞滿天地言上至天下至地謂感天地神明也溥則布也布此孝道而横被於四海言孝道廣遠也諸於也謂施此孝道於後世而無一朝一夕而不行也終長行之言長久又曰夫孝者即孝經三才章謂經者常也義者利也言天有日月星辰照臨於下爲天之常道也地生百穀草木以供人用是地之宜利也人生天

▲施諸　藏本及文集諸作之

▲朝夕　藏本及文集夕下有故字

●儒曰即等　禮註疏卷四十八祭義云曾子曰夫孝置之而塞乎天地溥之而横乎四海施諸後世而無朝夕推而放諸東海而準云云註無朝夕言常行無輟時也正義曰置謂措置也言孝道措置於天地之間塞滿天地言上至天下至地謂感天地神明也溥布也布此孝道而横被於四海言孝道廣遠也溥字而定本作傅傅溥古字傅著之名義俱通其義如此也諸於也謂施此孝道於後世而無一朝一夕而不行也終長行之言長久

●又曰夫孝者等　孝經註疏卷三三才章第七云子曰夫孝天之經也地之義也民之行也註經常也利物爲義孝爲百行之首人之常德若三辰運天而有常五土分地而爲義也正義曰經常也人生天地之間稟天地之氣節人之所法是天地之常義也云云

▲欲人爲善　藏本及文集善下有也字

▲行不以誠　藏本文集誠下有則字

●軨鄲　文選卷二張平子西京賦云郊甸之內鄉邑殷賑注綜曰殷賑謂富饒也善曰爾雅曰賑富也○同卷四十六顏延年曲水詩序云故以殷賑外區焕衍都內者矣注良曰殷賑富有貌○同卷五十七顏延年陽給事誄序云振鄲遺孤以慰存亡云云注善曰鄭玄禮記注曰振收也銑曰振鄲收也

●匱之　玄應音義卷二十三出

●均平　三略下曰使人均平不失其所道之化也

地之間稟受天地之氣以成其身則宜取法天地之常以孝爲行上事其父母乃是人之常也然佛經儒書既如此之云可謂至極乎哉廣大也矣此孝之所以爲道也大歎美之甚也

是故吾之聖人欲人爲善必先誠其性而然後發諸其行也

以是之故我之佛聖人意欲一切人作爲善行必須先誠正其自心性而然後起發

冠註輔教編卷八　廿一

其行行也

孝行者養親之謂也行不以誠其養有時而匱也夫以誠而孝之其事親也全其惠人軨鄲物也均

此孝行者者則是敬養其所生之二親之說也此孝行若不以誠正其供養有時必怠惰而闕之也夫若能誠正而孝順之其爲伏事二親也則完全不復稍有所匱之其惠待他人軨鄲類物也則均平不復有

●儒不曰乎等　禮記註疏卷五十三中庸云誠者自成也而道自道也誠者物之終始不誠無物是故君子誠之爲貴註言貴至誠

▲芒乎　文集作茫乎藏本同此

●神識　楞嚴經八曰亡者神識下墜

愛惡之偏

孝也者効也誠也者成也成者成其道也効者効其孝也爲孝而無効非孝也爲誠而無成非誠也是故聖人之孝以誠爲貴也儒不曰乎君子誠之爲貴

此孝也者者則是仁善行行之効驗也此誠也者者則是成就其仁善之行行也此所成者乃是今之有道也此所効者亦是今之能孝也若雖謂爲孝而終無其効驗

冠註輔教編卷八

者不爲孝也若雖謂爲誠而終不成其道亦不爲誠也以是之故我佛聖人之謂孝者必須以誠爲貴儒不曰乎君子誠之爲貴此引禮記中庸篇文其解者謂貴至誠也以明誠者世出世皆貴重也

評孝章第四

聖人以精神乘變化而交爲人畜更古今混然茫乎而世俗未始自覺

佛聖人天眼見諸有情以其精魂神識乘

遂變化。必此生彼。交互爲人爲畜。經古經
今。混雜而然。乎出之而復沒之。世間人
俗。未嘗而各自知覺。
故其視今牛羊。唯恐其昔之父母精神之所
來也。戒於殺。不使暴一微物。篤於懷親也。諭
今父母。則必於其道。唯恐其更生而陷神乎
異類也。
以此之故。乃敎人見今牛羊之生者。須唯
慮是其往昔之世父母精神而生來也。乃

冠文補敍編卷八　十三

敎人必須戒愼於殺戮。不令其甚傷一微
小物。欲人厚於懷想其風之所親也。亦乃
敎人告諭現今之父母者則必須依於善
惡業理之道。唯慮父母將來復有所生而
陷沒其神明於旁生異類之中也。
故其追父母於旣往。則遠乎七世爲父母慮
其未然。則遠乎更生。雖其藹然駭世而在道
然也。
以是之故。其經敎有追想父母於已往逝

▲唯恐其　藏本及文集其下有是字
▲戒於殺　藏本及文集戒上有故字
▲一微物　文選卷十三鸚鵡賦、矧禽鳥之微物。注、善曰、薛君韓詩章句曰、鳥微物也

●將來　尚書註疏卷一孔安國序云、纂文中義、敷暢厥旨、庶幾有補於將來云云○文選卷六左太沖魏都賦云、放(?)假往之前跡、與將來之後轍云云
●旁生　四教集解卷中明六道、下云、畜生道亦云旁生、此道遍在諸處、披毛戴角、鱗甲羽毛、四足多足、有足無足、水陸空行、互相吞噉、受苦無窮云云。註亦云、旁生者、娑婆云形傍行傍、此名傍生、餘者以由心行業不正故、感畜生道、名云傍也、身多橫行、如牛馬等、名形傍也
▲旣往　尚書註疏卷八太甲中云、旣往背師保之訓、弗克于厥初云云○毛詩註疏卷十三小雅大東篇云、旣往旣來、使我心疚○論語註疏卷三八佾云、旣往不咎
▲雖其　藏本及文集無其字
▲藹然　藏本音釋云、藹古代切、盛也○蔚(?)藹　封禪文、符物蔚藹。注、善曰、蔚藹非常

者則及七世七世。以其愛育未捨可以攝
化也。爲現今父母命防慮其末形見。如世
之果報則及乎將來後世之復生也。雖然
其所説誕藹然驚駭世俗。而考校其在理
必如此也。
天下苟以其不殺觀。則好生惡殺之訓猶可
以移風易俗也。天下苟以其陷神爲父母慮。
猶可以廣乎孝子愼終追遠之心也。
天下苟且以戒愼不殺之言相勸。則於世

冠文補敍編卷八　十四

所謂好生惡殺之敎訓者。尚可以移其弊
風易其惡俗也。今天下苟且以其父母陷
沒神明於殊類爲憂慮者。尚可以開廣世
所謂孝子愼父母終沒之後追慕其遠譱
之時之心也。
況其於變化而得其實者也。校夫世之所謂
孝者局一世。而闇玄覽求於人而不求於神。
是不爲遠而孰爲遠乎。是不爲大而孰爲大
乎。

▲移風易俗　禮記註疏卷三十八樂記云、樂也者聖人之所樂也、而可以善民心、其感人深、其移風易俗。故先王著其教焉。正義曰、其移風易俗者、風謂水土之風氣、謂舒疾剛柔、俗謂君上之情欲、謂好惡趣捨。用樂化之、故使惡風移改、弊俗變易。○又孝經註疏卷六廣要道章第十二云、移風易俗、莫善於樂。注、風俗移易、先入樂聲。變隨人心正、由君德正之與變因樂而彰、故曰莫善於樂。○前漢書卷四十八賈誼傳上疏陳政事云、夫移風易俗、使天下回心而鄉道、類非俗吏之所能爲也云云
▲愼終追遠　論語註疏卷一學而云、曾子曰、愼終追遠、民德歸厚矣。註、孔曰、愼終者喪盡其哀、追遠者祭盡其敬云云。正義曰、愼終者、終謂父母之喪也。以死者人之終、故謂之終。執親之喪、禮須謹愼盡其哀也。追遠者遠、謂親終既葬日月已遠也。孝子感念親、追而祭之、盡其敬也云云
●苟且　毛詩註疏卷四王風君子于役篇云、君子于役、苟無飢渴。箋云、苟、且也。同註疏卷六唐風采苓篇云、人之爲言、苟亦無信、舍旃舍旃、苟亦無然。箋云、苟、且也。○前漢書卷八宣帝紀地節二年下云、樞機周密、品式備具、上下相安、莫有苟且之意也
▲所謂孝　藏本及文集無所字
●玄覽　老子經卷上藏營魄章第十云、滌除玄覽、能無疵乎。註、看述云、蕩滌眼垢而攬覽玄宜、則必有分別之心、無疵者、無分別也。○文選卷十七陸機文賦云、佇中區以玄覽。註、善曰、老子曰、滌除玄覽。河上公曰、心居玄冥之處、覽知萬物、故謂之玄覽。

●深遠廣大　左傳卷十九襄公三十一年傳云子皮曰吾聞君子務知大者遠者小人務知小者云云○文選卷五十九沈休文齊故安陸昭王碑文云簡久遠大之方率由斯至云云

况其果然是父母精魂神識乘遂於變化交爲人畜得其實有如此者也以此比校世之所謂爲孝者局在一世而闇昧遠見不知神理通乎七世但能求孝於人生不能求孝神理之幽眇世既昧理如此無玄覽遠見今佛教特追孝於七世若不爲深遠而誰可以爲深遠耶如是不爲廣大而誰可以爲廣大耶

經曰應生孝順心愛護一切衆生斯之謂也

經亦大戒經也所言愛護一切衆生者其義以人唯靈識爲本四大形質爲靈識所依世世生生皆是父母生養故知一切衆生悉曾爲我父母故不殺害而爲救護即是孝順也今許孝章之意實如經之如此言也

必孝章第五

聖人之道以善爲用聖人之善以孝爲端爲善而不先其端無善也爲道而不在其用無道也

▲能溥善乎　藏本音釋云溥滂五切徧也

佛聖人之法道者以善爲其起用聖人之萬善者以孝爲其端首今若爲其善事而不先推其端首是無有其善也今若爲其法道而不存其興用是無有其法道也

用所以驗道也端所以行善也行善而其善未行乎父母能溥善乎驗道而不見其道之溥善能爲道乎是故聖人之爲道也無所不善聖人之爲善也未始遺親

此之興用者所以表驗於道也此之端首者所以行其善行也今行善而其所善尚未行及乎已之父母何能普善及乎一切有情今驗道而不睹其道之普善及乎一切有情尚何能爲道耶以是之故聖人爲其出世之道也則無所至而不善之聖人爲其出世之善也未嘗遺弃其所生父母之親也

親也者形生之大本也人道之大恩也唯大

聖人爲能重其大本也報其大恩也今夫天下之爲道者孰與於聖人

此親也者者乃是吾人形生之大根本也生人之道之大恩也唯是佛大聖之人爲獨能尊重其大本者也獨能酬報其大恩者也今乎天下慕爲佛之道者其德誰能如於佛

夫聖人之道大臻巍巍乎獨尊於人天不可得而生也不可得而死也及其應物亦同乎

天人尚必順乎人道不敢忘其母之既死不敢拒其父之見命

夫佛聖人之道圓極巍巍高大特尊於人天猶涅槃經云如來世尊道德巍巍其道無生故不可得而生也其道無滅故不可得而死也及其應副衆生機感亦現世間同類乎乃天乃人猶必須順從乎人倫之道亦不敢遺忘其母之已死又不敢違拒其父見召之命

▲順乎人道　藏本及文集道下有而字

●猶涅槃經云等　南本涅槃經卷三長壽品十張云爾時迦葉菩薩復白佛言世尊如來哀憫已垂慈許今當問之然我所有智慧微少猶如蚊蚋如來世尊道德巍巍純以栴檀師子難伏不可壞衆而爲眷屬如來之身猶真金剛色如瑠璃真實難壞復爲如是大智慧海之所圍繞云云

故方其成道之初登天先以其道諭其母氏三月復歸于世應命還其故國諭父於道而其國皆化

以是之故當其成就覺道之始乃昇忉利天宮以佛法道敎諭其母氏摩耶夫人經夏之三月然後自天而下復歸于人世又其成道六載淨飯王使臣請佛相見乃還其所生之處迦毗羅衞國亦乃化諭其父預於聖道而舉其國人皆亦信從其敎化

▲成道之初　藏本及文集初下有而字　▲諭父於道　藏本及文集諭作示字

●乃昇忉利天宮等　大藏內第三十九函有佛昇忉利天爲母說法經三卷又第百三十八函有佛本行經七卷其第五卷首有昇忉利宮爲母說法品也說相具如上二經中所說也。続紀卷四入涅槃下四張云周穆五十三年壬申佛先往忉利天三月安居遣文殊請母所暫屈禮敬三寶摩耶夫人聞之乳自流出直至佛所與文殊俱至佛所佛爲說法得須陀洹果三月將盡欲入涅槃帝釋作三道寶階佛與母別大衆導從下還祇洹　佛昇忉利經

●又其成道六載等　法苑珠林卷十九千佛篇三張遊機部云十二遊經云十二年還父王國爲釋氏八萬四千人說法又中本起經云世尊在摩竭提國六年將還本國王遣優陀延迎佛疑此與前未詳孰定又普曜經云有梵志名優陀王命迎佛別以十二年恩得相見佛七日後還本土云云。又見続紀三轉法輪下也

逮其喪父也聖人躬與諸釋負其棺以趨葬聖人可謂與人道而大順也

及其喪亡父王佛聖人親共諸釋族子難陀等負擔棺櫬以趨向其所葬處如此而佛可謂亦與爾人道而爲大順之義也

今夫方爲其徒於聖人則晩路末學耳乃欲不務爲孝謂我出家專道則吾豈敢也是豈見其出家之心乎

今乎方始幸爲其徒屬比於佛爾則當於

▲聖人躬與　藏本及文集聖上有而字

●負擔棺櫬等　続紀卷三轉法輪下五十四張云周穆四十九年戊辰淨飯王病重念見諸子佛在王舍城去此五十由旬告難陀阿難羅云即以神足至王宮所漏身處空放大光明光照王身患得安息復以手著父王額上曰王是淨戒之人心垢已離今應歡喜諦思經法時王於臥合掌心禮忽就後世諸釋棺斂置師子座佛及難陀喪前肅立阿難羅云住在喪足佛爲當來世人不孝射欲擔棺大千世界一切震動欲界諸天諸鬼神俱來赴喪時四天王曉請擔棺各自變身如人形像世尊手執香爐前行出詣墓所千阿羅漢往大海渚取栴檀香舉棺焚之諸王收

覺道於金函起塔供養佛告衆會父王淨行生淨居天淨飯王泥洹經○此事又出於後終考章也　▲末學　文選卷三二張平子東京賦云乃莞爾而笑曰若客所謂末學膚受貴耳而賤目者也薛綜曰末學謂不經根本云云

▲以道而溥善　藏本及文集善下有也字

▲辜於　文集辜作孤藏本同此

晩季之路愀末之學耳乃敢欲不事爲孝道自謂我是出家之人只專守道若爾如此之言則我孝論者不敢發是語也若如爾之言是不見夫出家者之所爲心乎夫出家者將以道而溥善溥善而不善其父母豈曰道邪不唯不見其心抑亦辜於聖人之法也

今夫出家之者當以其所修之道而溥徧善及一切若欲溥善一切而却不善及其

▲應承事　藏本及文集應作當字

▲有所訓也　藏本及文集也下有矣字

●增一阿含經等　增壹阿含經卷十一善知識品第二十（十五張）云聞如是一時佛在舍衛國祇樹給孤獨園爾時世尊告諸比丘有二法與凡夫人得大功德成大果報得甘露味至無爲處云何爲二法供養父母是謂二人獲大功德成大果報若復供養一生補處菩薩獲大功德得大果報謂比丘施此二人獲大功德受大果報得甘露味至無爲處是故諸比丘常念孝順供養父母如是諸比丘當作是學爾時諸比丘聞佛所說歡喜奉行○法苑珠林卷六十二報恩篇引證部云又增一阿含經云孝順供養父母功德果報與一生補處菩薩功德一等

生補處　大論三十八華嚴疏鈔十二等出

已之父母如是豈可謂爲之道耶如此不止不見爾出家者之孝心抑亦孤負佛所遺孝父母之經法也

經謂父母與一生補處菩薩等故應承事供養故律教其弟子得減衣鉢之資而養其父母父母之正信者可恣與之其無信者可稍與之有所訓也

增一阿含經言所生父母其功德廣大與彼一生補處彌勒菩薩等同故當承奉伏

●僧祇律等　摩訶僧祇律卷二十八雜誦跋渠法第九之六（二十九張）云若父母不信三寶者應少與若有信心者得自恣與無乏○同卷三十一（十四張）云若父母貧苦無信心者得少多與若有信心者得自恣與○私曰減衣鉢之資之事未見出僧祇律者主峰盂蘭盆疏云二養則致其樂者備則倫擧下氣云云釋則節量信毀分減衣鉢等也云云靈芝新記云節謂節約量即觀量信毀謂信與不信僧祇律云父母不信三寶即少供信即恣與減衣鉢者若三衣一鉢理無與俗或恐字誤合云衣食然今世俗謂僧長物以爲衣鉢或恐疏主隨俗爲言此謂貧乏故須分減必自富足不須盈與施物難消反成罪累

事以甘鞠飲食而供養之僧祇律教訓凡爲佛之弟子者得減衣鉢之資給養父母父母若正信三寶者即可恣任其意而與之供須其或少信不信者即可少稍與之供侍然經律如是之言是有所訓教也

冠註輔教編孝論要義卷八終

▲既孝　藏本及文集孝下有矣字〇此文例於論語子路篇曰冉有曰既庶矣又何加焉之法也

▲噫　藏本作噫文集局訛

夾註輔教編廣孝章要義第九

住杭州佛日山輔祖明教大師　契嵩　[illegible]註

廣孝章第六

天下以儒爲孝而不以佛爲孝曰既孝又何以加焉噫是見儒而未見佛也

今天下之奉教化者但知以儒教而爲孝不知以佛教所教而爲孝者也乃云已有儒之爲孝又何以復有孝者加大於儒之所謂孝爲造論者因此噫歎其不知大孝乃輒發其語如是若如此而言者是只局見儒一教之言孝而未始廣見佛教之言孝也

佛也極焉以儒守之以佛廣之以儒人之以佛神之孝其至且大矣

若佛教也者其言孝乃是孝之臻極者焉今若以儒孝而守持其一世之禮法以佛孝開廣其三世之遠見又以儒孝循世人法而信愛之以佛孝推冥其神明之理而

▲趨下也　藏本及文集趨作趍

●火固炎上　書註疏卷十二洪範云五行一曰水二曰火云云火曰炎上傳云其自然之常性正義曰火之性炎盛而升上

▲不亦遠乎　論語泰伯篇云死而後已不亦遠乎〇文選卷五十一王子淵四子講德論云乃欲圖大人之樞機道方伯之失得不亦遠乎

●溝洫　論語註疏卷八泰伯篇云卑宮室而盡力乎溝洫註包曰方里爲井井間有溝溝廣深四尺十里爲成成間有洫洫廣深八尺正義曰溝洫田間通水之道也

●疏決　韻會魚韻說文通也本作延从爻从疋今作疏又分也書禹疏九河

●吹噓　韻會魚韻說文吹也从口虛聲一曰出氣急曰吹緩曰噓集韻或作吁亦作嘘

●元德秀　本傳見于前也

●哀毀過甚　禮記雜記云喪食雖惡必充飢飢而廢事非禮也飽而忘哀亦非禮也視不明聽不聰行不正不知哀君子病之故有疾飲酒食肉五十不致毀六十不毀七十飲酒食肉皆爲疑死〇同問喪云孝子喪親哭泣無數服勤三年身病體羸云云

●李觀元賓　本傳見于前也

追奉之如此相兼爲孝之道不亦其至極且又廣大矣

水固趨下也洫而決之其所至不亦速乎火固炎上也噓而鼓之其所舉不亦遠乎

譬如水性故自常趨向於下也若加溝洫而疏決之其所至之處是不亦速疾乎火性故自常炎向於上若加吹噓鼓發之而其光炎振舉向上之勢是不亦高遠乎

元德秀唐之賢人也喪其母哀甚不能自効刺肌瀝血繪佛之像書佛之經而史氏稱之李觀唐之聞人也居父之憂刺血寫金剛般若布諸其人以資其父之冥遂有奇香發其舍郁然連日及之其鄰

元德秀字紫芝唐朝賢善之人也德秀當喪其母氏之日哀毀過甚恨不能自爲報効乃特刺其肌體瀝取其血繪畫佛像書寫佛經而劉煦舊唐書備述之李觀字元賓亦唐朝之有名聞之人也在其父喪亡

●金剛經應驗傳　金剛經感驗傳下之中廿八張引太平廣記云唐隴西李觀顯慶中寓止滎陽丁父憂乃刺血寫金剛般若心經隨願往生經各一卷自後院中恒有異香非常鄰側亦常聞之無不稱歎中山郎余令過鄭州見彼親友具陳其事

之際亦刺血書寫金剛般若經布施之衆人以資助其父陰冥昇濟忽然有奇異香氣發於其家郁然連日不消乃薰及其鄰里事見金剛經應驗傳

夫善固有其大者也固有其小者也夫道固有其淺者也固有其奧者也奧道妙乎死生變化也大善徹乎天地神明也

夫善固亦有其廣大者也固亦有其差小者也道固亦有其淺漸者也固亦有其淵

奧者也固發句之詞也若奧邃之道乃妙絕乎死生變化也若廣大之善乃通徹乎天地神明也特不辨其小善淺道者欲有所避忌耳視下文可以意知

佛之善其大善者乎佛之道其奧道者乎君子必志其大者奧者爲語不曰乎多聞擇其善者而從之

今佛之所謂善即是其大善者耶佛之所謂道即是其奧道者乎君子之人遠識乃

●梵行　十誦律一婬名非梵行○舊婆沙卷六十四非梵者謂欲界婬欲○大論第三十三能離欲故名爲梵行

●酒漿　禮記一曲禮上云凡進食之禮左殽右胾云云酒漿處右云云

當志慕此之大善奧道者也多聞擇善者此引論語述而篇其旨既恐有不知而妄作者孔子乃自謂我無是也我則多聞選擇其善而依從之多見而識辨之聖人謙抑自謂我此之知雖爲知之次也且免爲其不知者也吾此義不取其注解

戒孝章第七

五戒始一曰不殺次二曰不盜次三曰不邪淫次四曰不妄言次五曰不飲酒

五戒乃俗在家者所受之戒也然此戒亦備於出家戒出數內但其出家之戒梵行清淨情深都斷古德有五戒通至妙覺佛乘者蓋以五戒乃一切戒之本始也其初一戒云不殺物命第二云不竊盜他物第三云不邪妄而交通第四云不虛妄而發言第五云不飲酒漿

夫不殺仁也不盜義也不邪淫禮也不飲酒智也不妄言信也是五者修則成其人顯其

●初戒不殺則等　五戒配五常者見前原教也○又見于顏氏家訓卷下歸心篇也

●立身　孝經開宗明義章第一云立身行道揚名於後世以顯父母孝之終也夫孝始於事親中於事君終於立身

●乃成其爲人也等　禮記註疏卷六十一冠義云凡人之所以爲人者禮義也禮義之始在於正容體齊顏色順辭令云云故冠於阼以著代也醮於客位三加彌尊加有成也已冠而字之成人之道也正義曰在賓客位者尊以成人若賓客待之三加初加緇布冠次加皮弁冠三加爵弁冠彌漸而尊故云三加彌尊加有成也謂加益有成人之事矣

親不亦孝乎是五者有一不修則棄其身辱其親不亦不孝乎

若夫初戒不殺則是世所謂仁也二戒不盜則是世所謂義也三戒不邪淫則是世所謂禮也四戒不妄言則是世所謂信也五戒不飲酒不醉亂則是世所謂智也智信互其前後欲順五戒之次第耳此五戒者於其立身爲人若果修治之乃成其爲人也子有成人之道乃是顯明其親教育

之德如此不亦爲孝子乎此五戒之數中有一戒於其立身爲人果不修治之則是自弃其身玷辱其親是不亦爲不孝之子乎

夫五戒有孝之蘊而世俗不睹忽之而未始諒也

今夫五戒有孝之淵蘊而世之俗人不能知見輒於佛戒而輕忽之而未曾有信也

故天下福不臻而孝不勸也大戒曰孝名爲

▲正勝之法也　藏本及文集無之字

●取物於其左右　孟子註疏卷八上離婁章句下云孟子曰君子深造之以道欲其自得之也自得之則居之安居之安則資之深資之深則取之左右逢其原故君子欲其自得之也註資取也取之深則得其根也左右取之在所逢遇皆知其原本也

●禮記之禮器等　禮記註疏卷二十三禮器云孔子曰我戰則克祭則受福蓋得其道矣註我知禮者也克勝也疏此一節論孔子述知禮之人自稱戰克祭受福之事我戰則克祭則受福者又引孔子特牲語結禮也我謂知禮者也言知禮之人戰必勝祭必受福蓋得其道矣者解所以戰勝而祭受福也戰勝祭受福是所爲得道不多不少隨而稱當也祇爲士大夫之不稱也然此無戰事祇應云祭受福而此連言戰者彼爲一句相連故合引之也且彼因祭之田獵而教戰選兵祭子

戒益存乎此也

以故天下致其福祐不至而爲孝道不勸化而行夫菩薩大戒云孝名爲戒蓋以孝之爲言在此之持戒也

今夫天下欲福不若篤孝篤孝不若修戒戒也者大聖人正勝之法也以清淨意守之其福若取諸左右也

今天下衆心欲求福祐不如敦厚爲孝敦厚爲孝不如修奉佛戒此戒也者者乃是

佛大聖人眞正殊勝之軌法也若果清淨正心而守持之其所慕之福祐若人取物於其左右必然得之

儒者其禮豈不曰我戰則克祭則受福蓋得其道矣其詩豈不曰愷悌君子求福不回是皆言以其正也夫世之正者猶然況其出世之正者乎

儒者其禮豈不曰者即禮記之禮器孔子述知禮之人自稱我戰則克祭則受福克

●嚴事

●毛詩旱麓等　毛詩註疏卷十六之三旱麓章云豈弟君子干祿豈弟箋云君子謂大王王季以有樂易之德施於民故其求祿亦得樂易（豈本亦作愷弟本亦作悌又作凱弟樂也易也）○莫莫葛藟施于條枚豈弟君子求福不回箋云不回者不違先祖之道正義曰上言蒙先祖之福此言脩先祖之德言莫莫然而延蔓者是葛也藟也乃施於木之條枚之上而長也以興依緣者此大王王季也乃依緣已之先祖之功業而起也大王王季既依緣先祖則述脩其業是此樂易之君子其求福祿不違先祖之正道言其脩先祖之正道以致之是謂之東以百福干祿焉

▲夫佛之爲道也　藏本及文集無夫字

勝也言此嚴勝祭受福是所爲得其道不多不少隨而稱當也詩豈不曰者即毛詩旱麓章愷悌樂易也君子謂大王王季以樂易之德施於民也卒章乃云此愷悌君子求福不回箋云不回者不違其先祖之道也而世所致福尚爾況以佛戒出世眞正殊勝之正者而不果致福祐乎

孝出章第八

孝出於善而人皆有善心不以佛道廣之則爲善不大而爲孝小也

孝出自於善而人人但有其善心若不用佛聖道開廣之其爲善終不遠大而其爲孝亦小細也

夫佛之爲道也視人之親猶已之親也衛物之生猶已之生也故其爲善則昆蟲悉懷爲孝則鬼神皆勸

今夫佛氏之所以爲道也觀看他人之所親如已之親也衛護物物之含生如已之

●有情世間　大論卷七十○華嚴疏鈔三十八上

●凝成也　見于前廣原教第十篇云其道凝爲大詳下也

生也以是故其爲慈善之心含生則至於昆蟲盡悉懷卿昆蟲蟲之總名也其爲孝順之道幽冥則至於鬼神亦皆勸及也

賛其孝而處世則與世和平而人忿爭也賛其善而出世則與世大慈而勸其世也

若賛藉佛所爲孝而居處於世間則與此世間和同平等而無有忿怒鬪爭若賛藉佛所爲善超出世間則能與有情世間爲其廣大之慈而勸導其世也

是故君子之務道不可不辨也君子之務善不可無品也中庸曰苟不至德至道不凝焉如此之謂也

以是之故而世教君子其事務善道者不可使無其品秩大小淺深也中庸曰者此引禮記中庸篇若不修至德則至道亦不成爲凝成也中庸篇之意亦如此之言也

德報章第九

▲聖人以德報之　論語註疏卷十四憲問篇云或曰以德報怨何如子曰何以報德以直報怨以德報德註德恩惠之德

養不足以報父母而聖人以德報之德不足以達父母而聖人以道達之道也者非世之所謂道也妙神明出死生聖人之至道者也德也者非世之所謂德也備萬善被幽被明聖人之至德者也

供養不足以酬報父母生成之恩而佛聖人特以萬善之德以報之此德又不足以導達父母佛特以其出世之道而通達之今佛此道也者者非是世間所言之道也

▲君子之所爲　藏本及文集爲作謂字

▲所謂孝也者　藏本及文集無者字

●禮記祭義等　禮記註疏卷四十八祭義云曾子曰孝有三大孝尊親其次弗辱其下能養公明儀問於曾子曰夫子可以爲孝乎曾子曰是何言與是何言與君子之所謂孝者先意承志諭父母於道參直養者也安能爲孝乎曾子曰身也者父母之遺體也行父母之遺體敢不敬乎居處不莊非孝也事君不忠非孝也涖官不敬非孝也朋友不信非孝也戰陳無勇非孝也五者不遂烖及於親敢不敬乎亨孰羶薌嘗而薦之非孝也養也君子之所謂孝也者國人稱願然曰幸哉有子如此所謂孝也已正義曰先意承志諭父母於道者先意謂父母將欲發意孝子則預前逆知父母之意而爲之是先意也承志謂父母已當奉承而行之諭

乃是能妙神明能超出死生最勝聖人之極道也此德也者者非是世間之所言之德也乃是具備萬種之善被及幽之鬼神明之天人盛極之德者也

儒不曰乎君子之所爲孝者先意承志諭父母於道參直養者也安能爲孝乎曰君子之所謂孝也者國人稱願然曰幸哉有子如此所謂孝也已雖然蓋意同而義異也

儒家者禮記祭義豈不云乎君子人其所

父母於道者或在父母意先或在父母意後皆曉諭父母將歸於正道也○五者不遂烖及於親敢不敬乎者遂猶成也若行在上五者事不成其身是烖害必及親所以爲非孝然則君子於上五者豈敢不敬而承之者乎○亨熟羶薌嘗而後薦之父母此非孝也唯是供養○君子之所謂孝也者國人稱願然曰幸哉有子如此所謂孝也已者言嘗薦美食但是養也非論孝子言若人將爲孝曰此子百行皆美一國之人稱揚羨願然曰如此是羨願之云此子父母有幸遇哉而有孝子如此所謂孝也已謂然而令人羨願如此乃所謂孝也

●羨願　文選卷五十五劉孝標廣絕交論云公卿貴其籍甚搢紳羨其登仙註向云羨願也

言孝者必父母將欲發意孝子則預前逆知父母之意而爲之是先意也承志謂父母已有志已當奉承而行之諭父母於道者或在父母意先或在父母意後皆曉諭父母將歸於正道也參直養者也此曾子自謂今參唯是供養者也何能爲孝乎亨熟羶薌之美先自口嘗而後薦之父母但爲養也非孝也又云君子之者其所言孝也者一國之人稱揚羨願然曰如此是

▲可謂絕孝　藏本及文集絕作純字但與衆註相照則作絕字者可也

▲不其然哉　藏本者此四字不再疊也文集同此

羨願之云此子父母有幸遇哉而有孝子如此所謂孝也已謂然而令人羨願如此乃所謂孝也今儒書雖然有此之言蓋其意與佛略同而其義且殊異也

夫天下之報恩者吾聖人可謂至報恩者也天下之爲孝者吾聖人可謂絕孝者也經曰不如以三尊之教度其一世二親書曰黍稷非馨明德惟馨不其然哉不其然哉

今夫天下衆人所報父母之恩者我佛聖

●四十二章經等　法苑珠林卷六十二四十九忠孝篇引證部云又四十二章經云佛言飯凡人百不如飯一善人飯善人千不如飯持五戒者一人飯持五戒者萬人不如飯一須陀洹飯須陀洹百萬人不如飯一斯陀含飯斯陀含千萬人不如飯一阿那含飯阿那含一億人不如飯一阿羅漢飯阿羅漢十億人不如飯辟支佛一人飯辟支佛百億人不如以三尊之教度其一世二親云云

●尚書君陳云等　尚書註疏卷十八君陳云我聞曰至治馨香感于神明黍稷非馨明德惟馨所聞之古聖賢之言政治之至者芬芳馨氣動於神明所謂芬芳非黍稷之氣乃明德之馨勵之以德正義曰我聞人之言曰有至美治之善者乃有馨香之氣感動於神明所言馨香感神者黍稷飯食之氣非馨香也明德之所遠及乃惟爲馨香耶鬼[illegible]君陳[illegible]也云云

人乃可謂極報恩者也今天下衆人之爲孝者我佛聖人乃可謂殊絶之孝者也四十二章經言不如以三尊之教三尊即三寳教亦法也度脫其此一世所生育之父母二親也此文或與今衆人所有之四十二章經別唯道世所撰法苑忠孝篇所引者相同尚書君陳云我聞曰至治馨香感于神明黍稷非馨明德惟馨孔氏傳云所聞上古聖賢之言政治之至者芬芳馨氣動於神明所謂芬芳非馨黍稷之氣乃明德之馨勵之以德二教聖人經書皆以道德待其父母豈不如是耶再稱豈不然哉重之之詞也

吾從聖人之後而其德不修其道不明吾徒負父母而媿於聖人也夫

吾孝論者雖隨從佛之後世以爲其徒而其自德不能修潔於其道又不能明今我屬辜負於父母而羞媿於佛聖人也夫或

●自乘神驥　傳法正宗記卷一釋迦如來表云太子遂密令御者車匿車匿控神驥犍陟來前然而馬悲御泣太子慰之明相遂發光燭大千太子曰過去諸佛出家亦然於是諸天爲捧馬之足并御車匿自其城之北門超然凌虛而去云云○又見統紀卷二十四出父家下也魔出於因果普曜本起佛本行等之諸經也

●雪山阿藍伽藍　又正宗記云及至其山號檀特者初小息林間遂釋衣冠自以所佩寳劍絕其鬚髮誓曰願共一切斷此煩惱即以髮投之天帝當是淨居天化人以纔布僧伽梨請易太子寳衣因得法服服之益進其山之嘉處曰彌樓窟山居其阿藍伽藍其舊隱僊人見太子皆致敬遂坐與其論法云云○又出統紀出父家下也○私曰或云阿迦迦字恐當作藍諸經所出皆云阿藍伽藍然則刊誤乎

嗟或孝之詞也

孝略章第十

善天下道爲大顯其親德爲優告則不得其道德不告則得道而成德是故聖人輒遁于山林

凡善乎天下之事唯道最爲善事之大者也凡尊顯乎親族唯德爲顯之之優隆者也若或須守常禮有所往必告父母若告之或不許往學其道德則終不能得若雖違常禮不告自往而學之則得其道而成就其德者也以是之故佛聖人乃自乘神驥半夜凌空出賊隱匿於雪山阿藍伽藍逮其以道而返德被乎上下天下稱之曰有子若此尊其父母曰大聖人之父母聖人可謂略始而圖終善行權也古之君子有所爲而如此者其泰伯其人也

及其證果成無上道而迴返其父王之國勝德霑被上自父王下及其國之民人與

▲以道而返　藏本及文集返下有也字

▲被乎上下　藏本文集下下有而字

▲大聖人之父母　藏本及文集母下有也字

●略始圖終　文選卷五十八王仲寶褚淵碑文云經始圖終式免祇悔註善曰潘岳家風詩曰經始復圖終葺宇營丘園濟曰經理圖謀

●周之泰伯　見于前也

●大志節　傅玄有女篇容華既以豔志節擬秋霜

四天之下皆稱淨飯王謂其有聖子如是尊仰其父母爲大聖人之父母佛聖人既顯美父母則其初雖不告而自往於山林乃是始違世俗之禮而圖謀其終得出世之聖道如此略始圖終乃是善順行其權也儒書所稱古君子之人其有所作爲如佛略始而圖終者即周之泰伯始以季歷有聖子遂舍其父母國而避之乃葬於荊蠻文身斷髮示不可用也荊蠻義之立爲

吳泰伯是也

必大志可以張大義必大潔可以持大正聖人推勝德於人天顯至正於九趣故聖人之法不顧乎世嗣古之君子有所爲而如此者伯夷叔齊其人也

必須有大志節乃可以張布道德之大宏必須有大清潔乃可以守其廣大眞正今佛聖人推陳其出世勝妙功德及乎人天幽明非廣大之志何以致此其顯明最眞

●九趣即九部也　上原教云聖人廣其教以教多類云云夾註云教化此多種機宜之者如九部衆之類是也

●伯夷叔齊　見于前也

●如禮冠義云等　禮記註疏卷六十一冠義云已冠而字之成人之道也見於母母拜之見於兄弟兄弟拜之成人而與爲禮也正義曰見於母母拜之不拜也今唐禮母見子但起立不拜也案儀禮廟中冠子以酒脯奠廟訖子持所奠酒脯以見於母母拜其酒脯重從尊者處來故拜之非拜子也

極正之法於九趣之間九趣即九部也非大廉潔何以致此以故佛法不復顧藉世俗以子孫之繼嗣于世家儒書所稱古君子之人有所作爲而如佛教之此說者即孤竹君之二子伯夷叔齊兄弟讓國遂偕逃去不聞嘗有妻子以嗣而死於首陽山其人乃似佛經之所言者也

道固尊於人故道雖在子而父母可以拜之冠義近之矣禮曰已冠而字之成人之道也

見於母母拜之

道固常尊妙於人是故道雖在子之已而其父母可以拜之蓋敬道故也如禮冠義云已冠而字之成人之道也見於母母拜之見於兄弟兄弟拜之成人而與爲禮也疏義與本文所說相反唯其引儀禮廟中冠子以酒脯奠廟子持奠酒脯以見母母拜其酒脯重從尊者處來故拜之非拜子也此說雖相近而不切同不足引以講之

●如曲禮云等　禮註疏卷三曲禮上云介者不拜爲其拜而蓌拜註蓌則失容節蓌猶詐也正義曰介者不拜者介甲鎧也著鎧者不爲式敬故亦無所拜之也爲其拜而蓌拜者解所以不拜蓌挫也戎容暨暨著甲而屈拜則挫損其戎威之容也一云蓌詐也言著鎧而拜形儀不足似詐也虛作矯蓌則失容節是蓌猶詐也○藏本音釋云蓌祖臥切蓌拜謂甲冑在身枝拄不利屈伸也○弘明集卷八梁劉勰所撰滅惑論云若乃不跪父母道尊故也父母禮之尊道故也禮新冠見母其母拜之喜其備德故屈尊禮卑也介冑之士見君不拜重其秉武故尊不加也緇弁整冠本無神道介冑凶器非有至德然事應加恭則以母拜子勢宜敬則臣不跪君禮典世教周孔所制論其變通不由一軌況佛道之尊標出三界云云

●戎容暨暨　禮記註疏卷三十玉藻云戎容暨暨註果毅貌也正義曰此一節明戎容之體暨暨果毅剛強之貌

▲先王猶重　藏本及文集重下有之字

▲淡眇　藏本及文集眇作渺字

俗固本於眞其眞已修則雖僧可以與王侯抗禮也而武事近之矣禮曰介者不拜爲其拜而蓌拜也

俗諦固本源於眞諦人若於眞已修正則雖僧衆幽人乃可以與王侯權貴等抗其禮度也表以眞爲重也此抗禮戎武之事有與之相近者如曲禮云著甲鎧者不爲式敬故亦無所拜也蓌拜者蓌挫也戎容暨暨著甲而屈拜則挫損其戎威之容也

一云蓌詐也著鎧而拜形儀不足似詐也

不拜重節也母拜重禮也禮節而先王猶重大道烏可不重乎

禮所云不拜者是重其守武事之節也冠義母拜者乃是重其成人之禮也今禮與節而先世王者猶尚重之若大妙之道何可不重乎

俗曰聖人無父固哉小人之好毀也彼眈然而豈見聖人爲孝之淡眇也哉

●唐傅奕　新唐書百七列傳第三十二云傳奕相州鄴人云云武德七年上疏極詆浮圖法曰西域之法無君臣父子以三塗六道嚇愚欺庸追既往之罪窺將來之福云云又上十二論言益痛切帝下奕議有司唯道源佐其請中書令蕭瑀曰佛聖人也非聖人者無法請誅之奕曰禮始事親終事君而佛逃父出家以匹夫抗天子以繼體悖所親瑀非出空桑乃尊其言蓋所謂非孝者無親瑀不答但合爪曰地獄正爲是人設矣云云○同列傳第二十六云蕭瑀字時文後梁明帝子也九歲封新安王國除以女兄爲隋晉王妃故入長安瑀愛經術善屬文性鯁急鄙遠浮華云云瑀好浮屠問請捨家爲桑門帝許之已復奏自度不能爲云云○又舊唐書列傳二十九有傳奕傳傳中載今此語○傳奕與蕭瑀論佛之事見于通論卷十十二也

●眈然　藏本音釋云眈呼光切日不明也○文集音釋云眈音荒

▲必身荷之　藏本及文集身上有以字

▲與之助　藏本及文集助下有而字

▲烏可以勞君　藏本及文集君下有耶字

●道紀　續高僧傳卷四十雜科聲德篇云高齊鄴下沙門釋道紀未詳氏族高齊之初盛弘講說云云乃退掩房戶廣讀經論爲彼土俗而行開化故其撰集名爲金藏論也一袠七卷以類相從云云論成之後與同行七人出鄴郊東七里而顧周帀七里七女通集爲講斯論七日一遍往必荷擔不恥微行經書塔像爲一頭老母擁竈爲一頭齊佛境內有塔斯掃每誡人曰經不云乎掃僧地如閻浮不如佛地一掌者由智田勝也親供母者以福與登地菩薩齊也故其專必性淳澆爲之纖補衣著食飲大小便利

世俗有如唐傅奕輩言佛不告逾城出家修道以其爲無父之人此益固陋哉小人之好毀謗者也彼傅奕乃眈然盲塞雖有目豈能得見佛之所以爲孝者其淡冲遠妙也乎

孝行章第十一

道紀事其母也母游必身荷之或與之助道紀必曰吾母非君母也其形骸之累乃吾事也烏可以勞君是可謂篤於親也

道紀高齊之高僧也善事奉其母母有所游行則身自負擔之或有人與之替助道紀必云我之母親非你君子之母也今其身形骸體之緣累乃自我之事何可以之疲勞你君子幸勿相助此道紀者可以言篤厚於善親者也

慧能始鬻薪以養其母將從師患無以爲母之備殆欲爲傭以取資及還而其母已殂慨不得以道見之遂寺其家以善之終亦歸死

必身經理不許入衆有識助者紀曰吾母也非他之母形骸之累並吾身也有身必苦何得以吾勞人所以身爲苦先幸勿相助因斯以觀道為從者衆矣云云

▲母之儲　藏本及文集無之字

▲歸歿于是　藏本及文集是下有也字

●賣薪以給養其母等　見傳燈慧能本傳及壇經等也

●殂謝　尚書註疏卷三舜典云二十有八載帝乃殂落傳殂落死也正義曰殂落死也釋詁文李巡曰殂落堯死之稱郭璞曰古死尊卑同稱故書堯曰殂落舜曰陟方乃死謂之殂落者蓋殂爲往也言人命盡而往落者若艸木葉落也云云○謝韻會禡韻詞夜切增韻又代謝退也又衰也彫落也又廣雅往也去也

于是故曰葉落歸根能公至人也豈測其異德猶示人而不忘其本也

慧能禪宗第六祖也初示出於微賤家貧賣薪以給養其母將欲遊從第五祖師其求法憂患無資以爲母歲月之儲備將欲以身傭估於人取貲尋得富人惠銀以爲其備泊其得道還其故鄉而其母已殂謝悵恨不得以其所傳之道以相見於母遂乃立佛寺於其家居之處以勝善之及其

冠註輔教編卷九　十七

▲負母　藏本及文集負上有乃字

▲炙死事　藏本及文集死下有於字

●道丕　宋高僧傳卷十七護法篇云周洛京福先寺釋道丕長安貴胄里人也云云是歲襄宗幸石門避師往迎駕十九歲學通金剛經義復行講貫又爲遷洛京長安焚蕩道途艱其母東徂華陰劉關道作亂復將母入華山安止巖穴時穀麥勇貴每斗萬錢丕巡村乞食自專家息唯供母食母問還食未丕對曰向外齋了恐傷母意至孝如此年二十歲母曰汝父霍山戰沒骨暴霜露汝能收取歸葬不亦孝乎遂辭老親往霍邑立艸菴鳩工集聚白骨晝夜誦經咒之曰古人精誠所感瀝血認骨我今志爲孝子豈無靈驗者乎偏骨中有轉動者即我父之遺骸也如是一心注想目未嘗輕捨數日間果有枯髏從骨聚中躍出競龕

終卒亦歸死于此故自云葉落歸根來時無口此能公者乃是至極之人也不測其奇異通貫神明之德猶亦示于世人不忘遺其所生之根本也

道丕會其世之亂負母逃於華陰山中丐食以爲養父死事而丕往求其遺骸既至而亂骨不辨道丕即祝之遂有髑髏躍至其前蓋其父之骸也道丕可謂全孝也

道丕後周之高僧也值會其時世擾亂遂

丕前揖曰良久不見躍躑抱持如復生在貴歸華陰是夜其母夢夫歸舍明辰骨至其孝感聲譽日高云云

●華陰縣　一統志卷三十二西安府領州縣下云華陰縣在州城東七十里云云漢始置華陰縣以在華山之陰故名云云

●智藏　續高僧傳卷六義解篇云鍾山開善寺沙門釋智藏姓顧氏本名淨藏吳郡吳人少傳曜之八世也云云年十六代宋明帝出家以泰初六年敕住興皇寺事師上定林寺僧遠僧祐天安寺弘宗此諸名德傳如前述藏稟依訓範敬義弘隆嘗遇師疾甚不食多日藏亦從之荷師進飲藏遂進飲乃至平復云云逮梁大同中敬重三寶利動昏心澆波之傳肆情下達僧正憲綱無施於過門帝欲自御僧官維任法侶敕主書遍令許者署名于時盛哲無敢抗者皆匿然投筆後以疏聞藏藏以筆橫轢之告曰佛法大海非俗人所知帝覽之不以介意斯亦拒略萬乘季代一人而已云云○私曰本傳中不見載師沒則心喪三年也應別有所據也

●衰絰　禮記檀弓上云司寇惠子之喪子游爲之麻衰牡麻絰云云又云絰也者實也○釋名卷八釋喪服云三日不生生者成服曰縗縗摧也言傷摧也絰實也傷摧之實也

●哭踊　禮檀弓下云夫禮爲可傳也爲可繼也故哭踊有節○同註疏卷九檀弓下云斯免哭踊止義曰冠尊不居肉袒之上必先去冠而加免故凡哭哀則踊踊必先袒袒必先免故袒免哭踊也○同卷十八云辟踊哀之至也有算爲之節文也

自擔負其母逃避於華陰縣山中身自乞食以爲供養其父亦以行役死亡於王事丕後往其父死之處求其遺委之骸骨既到其處有雜亂之骨不可分辨道丕即便禱祝忽然有一髑髏跳躍到其所祝之前蓋是其父之骸骨也道丕如此可謂爲完全之孝者也

智藏古僧之勁直者也事師恭於事父師沒則心喪三年也

冠註輔教編卷九　十八

智藏梁之高僧也嘗主張佛法抗對武帝而其節不屈乃是其強直者也服事其師恭敬過於子之事父及其師亡沒雖不事衰絰哭踊乃静默戚容似以心守持其父之喪滿于三載之制

常超事師中禮及其沒也奉之如存故燕人美其孝悌

常超周末大宋國初之高僧也事其師中當禮度及師亡沒也又事奉其像設如其

義曰無心爲躃此躃爲踊孝子喪親哀慕至懣男踊女擗是哀痛之至極也若不爲限恐傷其性故擗踊有算爲準節文章云云○以下具載準節之數者如其中也
▲美其孝悌　藏本及文集悌下有焉字●像設　楚辭招魂曰象設君室
●常超　宋高僧傳卷七義解篇云漢州開元寺釋常超姓鄧氏范陽人也云云遂投駐蹕寺出俗未冠二祀方議進修晝夜不殆而屬師以亦遵釋氏衣儀守護無怠孝悌之名燕人所美云云○私曰案僧傳中不見常超者蓋常與恆雖音異義相同故也
●燕地　一統志卷一順天府下具出之不煩紀之
▲律制　藏本及文集律上有故字
●毗柰耶律等　毗之必孝章證之故不重出焉

生存以敬超鄉邑燕地之人稱美超有孝悌善順之德也

律制佛子必減其衣盂之資以養父母也然此諸公不遺其親於聖人之意得之矣智藏常超謹於奉師蓋亦合其起敬之大戒者也可法也矣

毗柰耶律之制度佛令其弟子者必須分減其平生衣服鉢盂之所資助者以供養其所生之父母也然而如此自道紀已下之諸高僧尊稱爲公皆不遺棄其親或父或母者其於佛聖人始制律之意蓋有所得之也矣智藏常超又謹愿於事奉其師氏者如此蓋亦符合佛始結菩薩大戒所說孝順父母師僧三寶孝順至道之法者也而諸高僧如此之孝行可以作法於爾後世之徒也矣

▲衰絰　藏本及文集衰从糸作字相同也

終孝章第十二

父母之喪亦衰衰絰則非其所宜以僧服大布可也凡處必與俗之子異位過斂則以時往其家

冠注輔教編卷九　十九

●大布杜預等　左傳卷四閔公二年傳云衛文公大布之衣大帛之冠杜預註云大布麤布大帛厚繒蓋用諸侯諒闇之服
●三升之布也　論語大全卷六子罕篇云子曰麻冕禮也今也純儉吾從衆註麻冕緇布冠也純絲也儉謂省約緇布冠以三十升布爲之升八十縷則其經二千四百縷矣細密難成不如用絲之省約
●殯斂　禮記檀弓上云子思曰喪三日而殯云云○同註疏卷七檀弓云夏后氏殯於東階之上則猶在阼也云云周人殯於西階之上則猶賓之正義曰夏與周並言殯者以其既殯無所知識孝子不忍以生禮待之猶尚阼階以爲主猶尚西階以爲賓客故曰猶也云云○釋名卷八釋喪服云於西壁下塗之曰殯殯賓也賓客遇之言稍遠也塗曰攢攢木於上而塗之也●斂　禮記檀弓云子游曰飯於牖下小斂於戶內大斂於阼殯於客位云云○釋名八云衣尸棺曰斂斂藏不復見也
●齋七　要覽卷下雜記部累七齋下云人亡每至七日必營齋追薦謂之累七又云齋七云云
●大小二祥　見于禮記也○釋名八云期而小祥亦祭名也孝子除首絰服練冠也祥善也加小善之飾也又云又期而大祥亦祭名也孝子除縗服朝服縞冠加大善之飾也
▲諱父母忌日　藏本及文集諱作唯字○禮記疏卷六檀弓上云喪三年以爲極亡則弗之忘矣故君子有終身之憂而無一朝之患故忌日不樂註謂死日言忌日不用舉吉事正義曰言忌者以其親亡忌難舉吉事不樂之○要覽卷下送終部忌日下云二月十五日佛涅槃日天下僧俗有營會供養即忌日之事也俗禮君子有終

當其父母之喪雖出家之子亦可以哀悼若如在家之子衣衰戴絰則非是其所宜也但以僧所常服而用大布大布杜預注左傳衛文公大布之衣謂麤布也正喪服之所用也亦禮喪服所用三升之布也用此色布爲服可已也凡於喪所居立身必須與在俗之子別其位列若已過其殯斂則以其齋七或大小二祥之時往父母故家

送葬或扶或導三年必心喪靜居修我法贊父母之冥過喪期雖父母忌日孟秋之既望必營齋講誦如蘭盆法是可謂孝之終也

凡送徇父母喪葬或扶持或引導在其三載之制必須精心加勵齋戒修奉吾佛之法教者資贊父母幽冥之昇濟也雖已過其三年喪期或父母遠諱之日及乎孟秋

冠注輔教編卷九　廿

身之孝忌日之謂也又謂不樂之日不飲樂故或云諱日或云遠日遠日猶遥曲禮事先遠日
釋子師恩可稱歸寂之日蓋釋氏無忌諱故
●尚書召誥等　尚書注疏卷十五召誥云惟二月既望傳周公攝政七年二月十五日日月相望因紀之正義曰望者於月之半月當日衝光照月光圓滿而與相當猶人之相望故名望也
●弦望釋文等　未見其書也○國史經籍志云陸德明古文尚書釋文十二卷○宋史二百二藝文志云陸德明釋文音義一卷○私曰蓋此釋文中所載乎
●佛令目連至厄難中者　盂蘭盆經之文也但佛令作佛告現世作現在餘與經文同也
●三設勝供　圭峰疏云初中復有五段一定勝時二發勝意三設勝供四讚勝田五獲勝益云云
●疏家云等　七月十五至衆中聞也之數字乃圭峰疏文也但安居上有夏字今下無經字
●自恣者至他所舉也　又疏文也但舉下無也字
●記家云等　未知指何記者應有所據也○四分律刪繁補闕行事鈔卷上四之二安居策修篇第十一云二結時前後由夏中壞行義多招譏復重故文云自今已去聽三月夏安居春冬過少必無事不依同結言雖開何爲但結三月者一生效待形必假資養故結前三月開後一月爲成供身衣服故　若四月盡結則四月十六日得成若有差脫復不得結敎法太急用難常準故如來順物始從十六日至後十六日開其一月續結令成七總三時分別今但就夏亦有三時初四月十六日是前安居十七日已去至五月十五日名中安居五月十六日名後安居故律中有三種如上所引

七月其月已望已望尚書召誥所謂惟二月既望注云周公攝政七年二月十五日日月相望因紀之弦望釋文日月滿與日相望以朝君也然此既望正與盂蘭盆經佛令目連於十方衆僧七月十五日僧自恣時當爲七世父母及現世父母厄難中者三設勝供之言符合也疏家云七月十五日前三月安居竟故可自恣自恣有三日或十四十五十六今經舉中間也自恣者自說己之過恣他所舉也記家云七月十五日夏安居者夏中衆行義多招譏復重故律云自今已去聽三月夏安居春冬過少故不偏制而言前而三月者以律明安居有三謂前中後也初四月十六日是前安居十七日已去至五月十五日中安居五月十六日是後安居自恣三日者南山鈔云律中但明十四日十五日自恣乃至給施衣中矣第增中十六日自恣云云律

中後也前安居者住前三月後安居者住後三月雖不云中三月然文中具明前後日數中間不辨於理自明約文各別如後法中云云
●安居　行事鈔卷上四之一云安居策修篇曾云大聖慈悲微道之正軌理須假日追功策進心行隨緣託處志唯尚益不許馳散亂道妨業故律通制三時意在澂道文偏約夏月情在三過一無事遊行妨修出業二損傷物命違慈實故三所爲既非故招世譏以斯之過故興在茲然諸義不無指歸護命故夏中方大之患忽違在彊餌正法念經云夏中除大小便餘則加趺而坐故知護命爲重制護制之必須及要言罪在不請結衆在釋衣流苦游修滅如進依文敬之云云○具見於四分律藏卷三十七第三分安居犍度法也○又見南山四分律刪補隨機羯磨卷中四十三張諸衆安居法篇也
●自恣三日者南山等　行事鈔卷上四之三十五張自恣宗要篇第十一云三修道安樂延日自恣得至八月十五日然律中但明十四日十五日自恣及至急施衣中夫第增中十六日自恣增三中三日自恣律云安居竟自恣則七月十六日爲定律又云僧十四日自恣尼十五日自恣此蓋相依制罪故制其日及論作法三日通用克定一期十六日定云云○資持記卷上四四十五張云初云律中者即自恣犍度云諸比丘欲十四十五自恣佛言聽次引急施者初句通指一戒次句別指戒中釋衣時應急文彼云若自恣十日在七月六日得急施衣受已[illegible]至明日自恣應受[illegible]云大第增也[illegible]此明十六自恣今十犍度三日明矣引增三中律云有三種自恣十四十五月初日[illegible]律云下正定此亦犍度中文雖通三日前二非竟不符文意故取十六也律又下二釋妨初引文此出尼犍度中恐人固執故須釋通此文且約處遠爲言準理須云僧十五日尼十六日又尼近處不勞隔日如下文中雙出二法是也此下正釋初二句釋通言相依者疏云僧須在前自恣自衆治舉僧犯清淨方合受尼故及下示通局文既通三今取十六亦非必與六一期克猶約也恐無知者前自恣已出界破夏今世多然爲過斯久母懷昧敎聞之不行渡可悲矣○自恣具見於四分律藏卷三十九第二分一百七十八單提法之六張四及隨機羯磨卷下一張諸衆自恣法篇也
●乃至給施衣　行事鈔乃作及字給作急字○四分律比丘含注戒本卷上三十三十尼薩耆波逸提法第二十八過前受急施衣過後畜戒[illegible]若比丘十日未竟夏三月[illegible]諸比丘得急施衣[illegible]比丘知是急施衣當受受已乃至衣時應畜[illegible]若過畜者[illegible]尼薩耆波逸提[illegible]不犯○急施衣及夫第增事具見於四分律藏卷十初分之十自十六張至十九張煩故省之

●七月十五爲定　行事鈔作七月十六日爲定
●又云僧十五日自恣　行事鈔作僧十四日自恣
●自恣時者恣他所舉等　行事鈔卷上四之四自恣宗要篇第十二云然九旬修道精練身心人多迷己不自見過理宜仰憑清衆垂慈誨示縱宜己罪恣僧舉過內彰無私隱外顯有瑕疵身口託於他人故曰自恣云云
●又經論中等　僧史略卷下賜夏臘章云所言臘者經律中以七月十六日是比丘五分法身生來之歲首則七月十五日是臘除也比丘出俗不以俗年爲計乃數夏臘耳經律又謂十五日爲佛臘日也○又見要覽卷下人衆部夏臘下也
●世書所謂等　風俗通義卷八臘下云謹按禮傳夏曰嘉平殷曰清祀周曰大蜡漢改爲臘臘者獵也言田獵取獸以祭祀其先祖也或曰臘者接也新故交接故大祭以報功也漢家火行衰於戌故曰臘也
●可謂其孝道等　孝經註疏卷九喪親章云喪不過三年示民有終也註云三年之喪天下達禮使不肖企及賢者俯從夫孝子有終身之憂聖人以三年爲制者使人知有終竟之限也
●古皇先生　三體詩法卷中王維過乘如禪師蕭居士嵩丘蘭若詩云深洞長松何所有儼然天竺古先生註佛也老子化胡經曰吾聞天竺有古皇先生善入無爲

中云安居竟自恣則七月十五爲定律又云僧十五日自恣尼十五日自恣此謂相依問罪故制異日及論作法三日通用克定一期十六日定自恣時者恣他所舉內彰無私隱外顯有瑕疵身口託於他人故云恣他所舉也又經論中以七月十六是比丘五分法身生來之歲首則七月十五日是臘除也比丘出俗不以俗年爲計乃數夏臘耳又謂十五日爲佛臘日也世書所謂臘者獵也獵取禽獸以祭先祖歲終祭神之名也孝論所云必營齋講誦如蘭盆法此等所釋是也若依準此釋之法式乃可謂其孝道有終卒也

昔者天竺之古皇先生居父之喪則肅容立其喪之前如以心喪而略其哭踊也大聖人也夫及其送之或舁或導大聖人也夫

昔世之者天竺即五竺之迦毘羅國也古皇先生者乃老子曾指彼天竺國而尊稱

●按經典等　佛說淨飯王般涅槃經云王於臥處合掌心禮世尊足下時佛手掌故在王心上無常對至命盡氣絕忽就後世於是諸釋號咷啼哭舉身自撲兩手拍地絕髮亂髮同發聲言永失覆蓋云云諸釋子以衆香汁洗浴王身纏以劫波育氎及諸繒帛而以棺斂於師子座七寶莊嚴真珠羅網垂繞其傍舉棺著於師子座上散衆華燒香佛共難陀在於頭前肅恭而立阿難羅雲住在於足難陀長跪白佛言父王養我願聽難陀擔父王棺阿難合掌前白佛言唯願聽我擔伯父棺羅雲復前而白佛言唯願聽我擔祖王棺爾時世尊念當來世人民兇暴不報父母育養之恩爲不孝之者爲是當來衆生之等設禮法故如來躬身自欲擔於父王之棺即時三千大千世界六種震動一切衆山踊沒如水上船爾時欲界一切諸天與無央數百千眷屬俱來赴喪云云爾時世尊懸四天王擔父王棺時四天王各自變身如人形像以手擎棺擔在肩上舉國人民一切大衆莫不啼哭爾時世尊手執香爐在喪前行出詣葬所靈山上云云時佛便告阿羅漢汝等疾往大海渚上取牛頭栴檀種種香木爾時便受教如彈指頃以至到大海渚取香薪積作佛便已來到佛與大衆共積香薪舉棺置上放火焚之云云○私曰此經者宋居士沮渠京聲譯乃在大藏內乙十函也
●盂蘭盆諸家疏記　圭峰盂蘭盆疏云釋迦目連大叫號哭崩擗○元照新記引增一阿含經者大師與今文註同也
●號咷　易同人九五同人先號咷而後笑云云○盂蘭盆經云目連悲哀號泣圭峰疏云氣噎號咷云云元照記云號咷大呼也
●肅敬　毛詩註疏卷十六之三旱麓篇云雝雝在宮肅肅在廟傳肅肅敬也疏其容肅肅然能恭敬在於先祖之廟云云
●阿難羅云　陀當作羅字○上所引淨飯王般涅槃經文亦作阿難羅雲
●心喪　禮記註疏卷六檀弓上云事師無犯無隱左右就養無方服勤至死心喪三年註心喪戚容如父而無服也凡此以恩義之間爲制正義曰聞制以恩愛成己有同於親故不爲制服故云心喪戚容如喪父而無服也云而無服者既無親之實遂又無制之榮顯故無服也云以恩義之間爲制者無犯是同親之恩無隱是同君之義兼有親恩君義故言恩義之間爲制云云○史記卷四十七孔子世家云弟子皆服三年三年心喪畢相訣而去云云

佛爲古皇大之先生也事多見於賢聖集諸家文字佛居其父淨飯王之喪也按經與盂蘭盆諸家疏記云淨飯王崩釋種號咷白㲲棺殮七寶莊嚴佛與難陀在喪前肅敬而立阿難羅云在喪足似行心喪心喪謂服喪如失而無服但省略其哭踊示不同俗也或舁或導亦按疏記云佛念當來兇暴之了不報父母深恩故躬自擔棺大千六反振動諸天釋梵夜叉鬼

神皆來赴喪代佛擔棺佛即許之四王變小各其擔之在其肩上佛執香爐前引就山兩稱大聖人也夫蓋謂唯此皇大之聖人能垂示其法于天人也夫美之耳

目犍連喪母哭之慟致饋於鬼神目犍連亦聖人也尚不能泯情吾徒其欲無情邪故佛子在父母之喪哀慕可如目犍連也心喪可謂大聖人也

目犍連乃佛十大弟子之一也當喪其母

青提氏目連哭泣至於過哀大慟又致食饋其母於餓鬼之中此目連亦是得果之聖人也猶尚不能泯滅其情愛況吾徒在凡未及目連之行證其欲謂我已無其情愛邪以是之故今後吾佛弟子之屬凡在其父母之喪哀號追慕可以一如大目犍連也以心守持其喪可以髣髴佛大聖人所示法也

居師之喪必如喪其父母而十師喪期則有

● 目犍連　盂蘭盆經云大目犍連始得六通圭峰疏云述曰此人姓大目犍連唐言采菽氏彼國上古有仙常食菉豆尊者是彼種族故也名尼拘律陀即樹名也尊者二親因祭此樹神而生尊者故名此也是王舍城中輔相之子時人貴其種所以稱其氏也

● 青提氏　同經云佛言汝母罪根深結疏云述曰有經說定光佛時目連名羅卜母字青提羅卜欲行囑其母曰若有客來孃當具饌去後客至母乃不供仍更詐為設食之筵兒歸問曰昨日客來若為備擬母曰汝豈不見設食處耶從爾已來五百生中慳惜相續故云罪根深結

▲ 十師喪期　藏本及文集師下有之字

降殺也唯是其法得戒之師心喪三年可也

若在其師喪必須似喪其父母而受戒之十僧闍梨其喪之期限者當有降殺輕重也唯是稟聞其法及十戒具足戒之師所謂和尚者以心持喪依世喪期三載如此可已也大論曰受戒應求二師一和尚一阿闍梨和尚如父阿闍梨如母以棄本生父母當求出家父母十戒具足戒一師又阿闍梨乃三師也亦大論所謂三師十僧

者也

法雲在母之憂哀慕殊甚饘食不入口累日

法雲古之高僧也

梁之法雲居其母憂難之時哀泣思慕尤甚飲水食粒不入其口嘗積累時日此法雲乃古之高尚僧也

慧約殆至人乎其父母垂歿與訣皆號泣若不能自存

梁慧約者近是至極之人乎當其父母欲

● 大論曰等　大論卷十三二十三紙云何沙彌沙彌尼出家受戒法白衣來欲求出家應求二師一和尚一阿闍梨和尚如父阿闍梨如母以棄本生父母當求出家父母著袈裟衣剃除鬚髮應兩手捉和尚兩足何以捉足人中之法以捉足為第一恭敬供養阿闍梨應教十戒如受戒法沙彌尼亦如是唯以比丘尼為和尚式叉摩那受六法二歲

● 亦大論所謂等　同卷同張云比丘則有三衣鉢盂三師十僧如受戒法略說二百五十戒廣說則八萬云云〇十師　具出四分律三十三〇善見律七等

▲ 在母之憂　藏本及文集母上有父字據法雲本傳則唯母之憂而非父恐誤乎

● 梁之法雲　續高僧傳卷六義解篇云梁楊都光宅寺沙門釋法雲姓周氏義興陽羨人云云性靈誠孝務於色養及居母憂毀瘠過禮累日不食殆不勝喪云云

● 梁慧約　同僧傳卷七義解篇云梁國師艸堂寺智者釋慧約字德素姓婁東陽烏傷人也云云齊中書郎汝南周顒為剡令欽服道素側席加禮於鍾山雷次宗舊館造艸堂寺亦號山茨屈知寺任云云且約孝通冥感思歸遂返而二親喪亡並及傾殞孺慕嬰號不交人世積時營葺以開慈道後還都又住艸堂云云

●決別　決當作訣○文選卷五十七潘岳夏侯常侍誄云存亡永訣逝者不追註善曰鄭玄毛詩箋云往矣訣別之辭良曰訣永別也○杜甫送鄭十八虔貶台州司戶參軍詩云便與先生應永訣九重泉路盡交期

▲喪制哭泣　藏本及文集喪上有然字

▲而趣清淨也　文集趣作趨

▲愛惡未悉　藏本及文集悉作忿字但與夾註系讀則作悉字而可也

▲猶心於物　藏本及文集猶作遊字是亦與夾註相照則作猶字而可也

▲泥洹之時　藏本及文集泥上有故字

●拍胸發大喚叫　具見南本涅槃經卷一序品第一張也不煩記之

●波羅奢華　同經序品二張云舉身毛竪徧體血現如波羅奢華涕泣盈目生大苦惱云云○名義卷三百華篇此華下引灌頂疏義後云今取赤色如血義耳云云但無漢名

●灌頂涅槃疏云等　灌頂法師涅槃經疏卷一廿八張載之文同故不煩記之

發之際與之訣別皆號咷悲泣如不能自生存其身也

喪制哭泣雖我教略之蓋欲其泯愛惡而趣清淨也苟愛惡未悉猶心於物臨喪而弗哀亦人之安忍也泥洹之時其衆擗膺大叫而血現若波羅奢華蓋其不忍也律宗曰不展哀苦者亦道俗之同恥也吾徒臨喪可不哀乎

然此喪孝之制度號哭滂泣雖於吾佛教簡略之蓋欲學道者泯滅其愛惡之情而純向其清淨本然者也苟或愛惡未果盡悉猶尚心滯於事物及臨其所親之喪而弗爲其哀感如此亦在吾人情之何忍也佛涅槃之時其内外大衆皆拍胸發大喚叫其血出現如波羅奢華奢華大喚爲事具如經文其血如波羅奢華者灌頂涅槃疏云波羅奢是樹名葉青華有三色日未照則黑日照則赤赤脉皆現日沒則黄今

●聖衆　簡正記七聖者正也謂三乘等正理名之爲聖聖人不少曰衆也

●澄照宣律師　宋高僧傳卷十四西明寺道宣傳末云至懿宗咸通十年左右街僧令霄玄暢等上表乞追贈其年十月敕謚曰澄照塔曰淨光云云

●若當喪而不展等　四分律删繁補闕行事鈔卷下四瞻病送終篇第二十六七張云若高節拔羣由來清卓者故不局世情必任情喜怒隨俗浮沈者王父母二師終亡而護夏不來雖來不展哀苦者亦道俗同恥云云

云血出現似此花之赤色也如此蓋亦其當時聖衆心情之不忍也律之宗師澄照宣律師嘗云若當喪而不展哀苦者亦道俗之衆同以爲恥辱也若宣師此言今我之徒與臨父母之喪可得不爲哀愴乎

夾註輔教編廣孝章要義第九終

▲壇經贊　藏本及文集此題號下細書云稱經者自後人尊其法而非六祖之意也今從其舊不敢改易亦可謂經則論在其本經下卷之末

●封土曰壇等　尚書註疏卷十三金縢云公乃自以爲功爲三壇同墠傳曰築土曰壇除地曰墠云云〇禮註疏卷四十六祭法云設廟祧壇墠而祭之註封土曰壇除地曰墠正義曰起土爲壇除地曰墠〇史記卷二十八封禪書正義曰此泰山上築土爲壇以祭天報天之功故曰封此泰山下小山上除地報地之功故曰禪云云

●大鑒禪師　本傳具見於宋高僧傳卷八暨傳燈錄五燈會元等也傳中云憲宗皇帝追謚曰大鑑塔曰元和正眞也

●東山法門　宋高僧傳卷八唐蘄州東山弘忍傳云入其趣者號東山法門云云又云門弟子神秀等奉其全身于東山之岡也云云

●韶陽大梵寺　一統志卷七十九韶州府郡名下云韶陽注府在韶石山南故名〇私曰同寺額下載大鑑寺南華寺不見大梵寺也

●此方尊周孔等　名義卷四總明三藏篇修多羅下云以此方周孔之教名爲五經故以經字翻修多羅云云

●三墳五典　首卷原教下引尚書序蓋之故不重出之

●經字則訓法訓常也　孝經註疏御製序正義曰皇侃曰經者常也法也云云

●法云可軌等　名義四修多羅下云經者訓常訓法妙玄云天魔外道不能改壞名爲教常眞正不雜無能踰過名爲行常湛然不動決無異趣名爲理常又訓法者法可軌行可軌理可軌

夾註輔教編壇經贊要義第十

住杭州佛日山嗣祖明教大師　契嵩　編并註

壇經贊

壇者封土曰壇除地曰墠也始其衆人欲請宗門第六祖大鑒禪師開演東山法門於韶陽大梵寺尊敬大鑒之道乃封土爲壇以資其說法其後其弟子者集大鑒所說因而目爲壇經也經者蓋是此方尊周孔之敎乃目其聖人所說爲經經訓常也

典也謂此周公孔子聖人所宗三墳五典可以爲百代常行之道三墳言大道與五典皆是常行之道也其後翻譯法師以梵語修多羅有含五種之義此土既無含五義之言但用經字代修多羅也亦有翻修多羅云契或云經更有多翻具如疏記也所謂此之經字則訓法訓常也法云可軌常則雖可改變今大鑒所演是大法要眞正無妄實可軌持如如恒常魔外羣邪

●屈原作離騷　楚辭集註卷一離騷經第一云離騷經者屈原之所作也云云臣靳尚妬害其能共譖毀之王疏屈原屈原被讒憂心煩亂不知所愬乃作離騷經孟堅曰離猶遭也顏師古曰憂動曰騷洪曰其謂之經蓋後世之士祖述其詞尊而名之耳非原本意也〇史記卷八十四屈原列傳云故憂愁幽思而作離騷　索隱曰音素刀反又音蕭應劭曰離遭也騷憂也又離騷序云離別也騷愁也離騷者猶離憂也云云〇前漢書卷四十八賈誼傳云屈原楚賢臣也被讒放逐作離騷賦註師古曰離遭也憂動曰騷遭憂而作此辭

●楊雄准易等　前漢書卷八十七云楊雄字子雲蜀郡成都人也云云哀帝時丁傅董賢用事諸附離之者或起家至二千石時雄方艸太玄有以自守泊如也或謿雄以玄尚白而雄解之號曰解謿云云〇又見于太玄經序也

●稱圖經者　宋高僧傳卷十四道宣律師傳云嘗築一壇俄有長眉僧談道知者其實賓頭盧也復三果梵僧禮壇讚曰自佛滅後像法住世興發毘尼唯師一人也云云〇僧史略卷上立壇得戒章云唐初靈感寺南山宣律師按法立壇感長眉僧僧卽賓頭盧也臨喜讚歎並壇應法勿過此爲宣撰戒壇經一卷今行于世云云

●爲無稽　尚書註疏卷四大禹謨云無稽之言勿聽傳無考無信驗云云正義曰無可考驗之言易聽受之

●鄭玄嘗以孔子等　尚書註疏卷一云尚書序正義曰但易有序卦子夏作詩序孔子亦作尚書序故孔君因此作序名也鄭玄謂之贊者以序不分散避其序名故謂之贊贊者明也佐也佐成序義明以註解故也安國以孔子之序分附篇端故已

不能改變正與佛說無異固宜以佛經之經字爲例也然古今義學家多以佛後世文字非嘗預佛印證皆不得稱經今壇經乃六祖之後人欲尊其法遂自以經標目之祖師初只命其所說爲法寶記耳夫古來翻譯之者既取此土周孔老氏所垂之經字以代乎修多羅或直翻爲此土經字而標置佛語之端一例爲經矣考此土孔老置經已來後世其徒亦有宗則一聖

立言已自稱經者多矣如屈原作離騷經楊雄准易著太玄稱經者唐稱莊周之書爲南華眞經者稱列子文子之書爲通玄冲虛等眞經道宣律師以受戒法度著文亦稱圖經者以此例之今稱壇經未必爲無稽也著贊者依其舊稱不敢輒便改削贊者吾推述壇經之辭而命之曰贊也鄭玄嘗以孔子尚書序不卽分散避其序名故謂之贊班固漢書評品之詞謂之贊者

之總述亦謂之序事不煩重義無所嫌故也
●贊訓佐也等　易兼義卷九說卦云幽贊於神明而生蓍註贊明也正義曰贊者佐而助成而令微者得著故訓爲明也○尚書注疏卷八咸有一德云伊陟贊于巫咸傳贊告也正義曰禮有贊者皆以言告人故贊爲告也
●劉熙釋名　釋名卷六釋書契云上敕下曰告告覺也使覺悟知己意也○韻會號韻誥字下云居號切說文誥告也又言告爲誥曰以文言告曉之也故曰文告之辭一曰告上曰告發下曰誥周書五誥古者上下有誥○同韻告字下云音古毒反一音古報反
●如易曰等　易兼義卷一蒙卦云蒙亨匪我求童蒙童蒙求我初筮告再三瀆瀆則不告正義曰初筮則告者童蒙既來求我我當以初心所念所筮之義一理而剖告之云云
●尚書亂征　尚書注疏卷七胤征云作帝告釐沃傳下云告工毒反正義曰所言帝告不知告誰序言從先王居或當告帝嚳也
●湯誥曰等　同卷八湯誥云王歸自克夏至于亳誕告萬方傳誕大也以天命大義告萬方之衆人○誕音但告工毒反
●盤庚曰等　同卷九盤庚中云乃祖乃父丕乃告我高后曰作丕刑于朕孫傳下云告工號反
●至于湯誥等　同卷八湯誥云敢用玄牡敢昭告于上天神后請罪有夏傳明告天問桀百姓有何罪而加虐乎
●孟子離婁等　孟子註疏卷七離婁章句上云舜不告而娶爲無後也君子以爲猶告也註舜懼無後故不告而娶君子知舜告焉不得而娶娶而告父母禮也舜不

吾意亦爾但其義與班鄭稍異耳贊訓佐也明也告也謂佐輔發明壇經之道告示于衆也而贊雖云發經普告而不言佐與明者文欲約耳答劉熙釋名與今大宋韻以告字音梏又音誥謂告上曰梏發下曰誥吾謂此必古人於君臣尊卑對例時分告爲梏誥之上下耳散文則相通用不必拘其上下也苟謂梏告定爲卑者告上之云者如易曰初筮告再三瀆瀆則不告尚書亂征曰作帝告釐沃湯誥曰誕告萬方二告並工毒反豈非梏字耶此皆在尊發下之義耳安見梏告果爲告上之云耶盤庚曰乃告我高后告工號反此豈非誥字耶至于湯誥曰敢昭告于上天神后請罪有夏亦未始見音爲梏字此皆在卑告上之義耳亦何見誥告果爲望下之云乎孟子離婁章曰舜不告而娶爲無後君子以爲猶告也舜爲子而當告父母正是告上

以告權也故曰猶告與告同也
●莊子內篇等　莊子內篇人間世云夫且苟爲悅賢而惡不肖惡用而求有以異若唯無詔王公必將乘人而鬭其捷云云翼註引筆乘云若唯無詔王公何絕詔告也汝唯無告王公則已言則必且乘人而鬭其捷云云等指顏子也
●又賈誼等　前漢書卷四十八賈誼傳弔屈原賦云誶曰已矣註李奇曰誶告也張晏曰誶離騷下章亂也師古曰誶音碎

之義耳今亦只云告而不言梏也莊子內篇人間世曰若唯無詔王公將乘人而鬭其捷詔亦訓告也然詔告當是在上發下之謂而莊子用於顏回士人告上之例明詔告亦通用不定是君上發下之所用也又賈誼弔屈原賦其謂誶曰者顏師古音碎訓誶亦爲告也然賈誼作賦其意　豈不欲古今上下通傳何嘗明專敎已下學者耶此益見誥告不止發下之言灼然矣

吾所以贊壇經者誠以大鑒之道本是凡聖有情無情平等之妙法耳適用贊告正稱其法大通平等以示告于世乃其宜也苟以告上發下局例而相誚之者是豈足與知道也

贊者告也發經而溥告也

贊告者其義已見于前發經而溥告也者謂作贊所以啟發壇經蘊奧而普徧示告之也

●論謂八等　立世阿毗曇論卷八云何品第二十三云云何人道說名摩㝹沙一聰明故二者勝故三意微細故四正覺故五智慧增上故六能別虛實故七聖道正器故八聰慧業所生故故說人道爲摩㝹沙○阿毗曇論者陳天竺三藏眞諦譯也乃在大藏內百三十四函千卷二本○又出於要覽卷中界趣部人趣下也

●若莊子曰等　莊子內篇逍遙遊云故曰至人無己神人無功聖人無名郭象註引筆乘云至人知道內冥諸心而泯絕無跡故曰無己○希逸註云至於無迹則謂之至人矣云云○列子楊朱篇云公天下之身公天下之物其唯至人矣此之謂至至者也

●故曰有生民等　孟子註疏卷三上公孫丑章句上云子貢曰見其禮而知其政聞其樂而知其德由百世之後等百世之王莫之能違也自生民以來未有夫子也此義曰孟子又引子貢有曰見其孔子制作之禮而知孔子存政可以致天下之太平聞孔子雅頌之樂音而知孔子存德與文武同也從孔子之後推而等之百世之聖王者無自能違逆其孔子之道者是其自生民而來至於今未有如夫子者也凡此是子貢之知聖人有如此也

●班固古今等　前漢書卷二十古今人表第八云因茲以列九等之序究極經傳繼世相次總備古今之要略云

壇經者至人之所以宣其心也

壇經者而其解已見于前矣至人蓋尊大鑒爲至人也至者極也人者三才之一者也論謂八聰明業之所生也斯人道冥玄極故謂至人也若莊子曰至人無己神人無功聖人無名則至人與聖人一也而儒立世教獨尊聖人爲尤故曰有生民已來未有如夫子者也班固古今人物表以九等之序品評乎人特以五帝三王周公

輔教編卷十　五

孔子聖人爲七上品是天地之間聖人爲盛也吾教謂聖人則有七聖有十聖有等妙二聖以其行位次第相望則七聖次於十聖十聖次于等覺聖人等覺之聖又次于妙覺聖人是特佛聖人爲最勝也然其七聖十聖等妙二聖皆預乎玄極之道但其地位有淺深耳今大鑒爲佛後世弟子相繼當大法祖示凡隱聖其本迹高下固不可測也今避讓佛大聖人正以至極之

●心印　佛說隨轉宣說諸法經下曰菩薩行門諸佛心印○寶林傳云西天釋迦佛以祕密心印付摩訶迦葉爲初祖至般若多羅爲二十八祖○事苑卷八達摩西來不立文字單傳心印直指人心見性成佛○玄應音義伊振反印信也文記稱所行在信用也

▲所傳之妙心也　藏本及文集所上有佛字

▲資始　易乾卦象曰大哉乾元萬物資始乃統天

人對例表其師弟子先後尊卑所以宣明心也者謂大鑒至人說此壇經其所以在宣明乎所傳受如來心印之心也

何心耶所傳之妙心也大哉心乎資始變化而清淨常若凡然聖然幽然顯然無所處而不自得之聖言乎明凡言乎昧昧也者變也明也者復也變復雖殊而妙心一也

何心耶者或問云此一心果是何者之心乎如答曰今此之一心即是六祖相承從

輔教編卷十　六

上諸祖所傳佛法祕要微密之心也大哉心乎者乃是尊美此妙心之詞也此下統解不一一析之大哉蓋歎美心之勝能也謂其體無邊涯絕諸分量竪通三世橫該十方故云大哉心乎此心雖爲元始資發識變物化而空寂清淨恒常一如縱是凡人爲聖人爲幽冥鬼神爲顯明天地爲無有所至之處不各自得此心之妙也聖人者蓋謂乎心之已明悟者也凡人者蓋

●謂其體無邊等　圓覺經大疏文見于前也

▲而心一也　藏本及集下有者字
●發句曰固　見于前也

謂乎心之尚迷昧也此之迷昧也者乃是心之故變無明也此之明悟也者乃是心之迴復其本明也今變之與復起滅雖其殊異而此妙心亦恒常一如也

始釋迦文佛以是而傳之大龜氏大龜氏相傳之三十三世者傳諸大鑒（六祖諡大鑒禪師）大鑒傳之而益傳也

初能仁氏牟尼佛以此心印傳授其高第弟子摩訶迦葉大龜氏大龜氏迦葉之世

姓也自此大龜氏迦葉而下其遞相傳受之幷始祖釋迦佛凡三十三世而此土第五祖弘忍禪師者乃傳之今壇經第六祖號大鑒禪師自此大鑒所傳而益廣相傳也

說之者抑亦多端固有名同而實異者也固有義多而心一也

然演說此妙心之者抑亦多有頭緒發句曰固固故字同也凡其說者故有其名字

●紇利陀耶等　禪源諸詮卷上之一張十八云今且略示名體汎言心者略有四種梵語各別翻譯亦殊一紇利陀耶此云肉團心此是身中五藏心也具如黃庭經五藏論說也二緣慮心此是八識俱能緣慮自分境故色是眼識境乃至根身種子器世界是阿賴耶識之境各緣一分故云自分此八各有心所善惡之殊諸經之中目諸心所總名心也謂善心惡心等三質多耶此云集起心唯第八識積集種子生起現行故黃庭經五藏論目之爲神西國外道計之爲我皆是此識四乾栗陀耶此云堅實心亦云貞實心此是眞心也然第八識無別自體但是眞心以不覺故與諸妄想有和合不和合義和合義者能含染淨目爲藏識不和合者體常不變目爲眞如都是如來藏故云云○又出於宗鏡錄卷四張四也○石義卷六心意識法篇云紇利陀耶此云肉團心云云質多耶或名質常或名波茶此方翻心黃庭經五藏論目之爲神西域外道計之爲我此土佛教翻緣慮心此通八識謂眼緣色乃至第八緣根身種子器世間故云集起以解心第八獨名心緣慮以解心緣持謂思慮即八識總名心然此緣慮亦名意知云云
●積習種子　私曰習字恐當作集乎
●又云質多等　要覽卷中界趣部心下云梵言質多又質多此是緣慮義唯識論云集起名心即八識也
●唯識論云等　成唯識論卷五張七云故薄伽梵處處經中說心意識三種別義集起名心思量名意了別名識是三別義如是三義雖通八識而隨勝顯第八名心集諸法種起諸法故第七名意緣藏識等恒審思量爲我等故餘六名識於六別境麤動間斷了別轉故云云
●禪源詮亦云等　見于上也　○諸修多羅　文集無諸字藏本同此

相同而其考實乃殊異也故有文義分辨雖衆多而其行歸于心則其理一也

曰肉團心者曰緣慮心者曰集起心者曰堅實心者若心所之心益多也是所謂名同而實異者也

紇利陀耶此云肉團心乃身內五臟心也

今言肉團心變其文耳云緣慮心此是八識俱能緣慮自分境故色是眼識境乃至根身種子器世界是阿賴耶識之境各緣

一分故云自分也梵語質多耶此云集起心唯八識積習種子生起見行故又云質多謂此是緣慮義唯識論云集起名心禪源詮亦云質多耶謂集起心耳明緣慮集起二心都是一義也梵語乾栗陀耶此云堅實心亦云眞實心即眞實心也如諸經中目諸心所總名爲心謂善心惡心等此等之心更衆多也此所謂名目雖一同而考校其實則殊異也

●不守自性等　禪源諸詮卷下之一張十二云但以此心靈妙自在不守自性故隨迷悟之緣造業受報遂名衆生修道證眞遂名諸佛云云
●第八識更無至眞如　此數字即禪源諸詮之文見于上也
●眞如不守等　釋摩訶衍論卷三頌曰清淨眞如理不守自性故而能受染熏名染淨眞如○起信論疏卷上二云名爲阿黎耶識疏云良以眞心不守自性隨熏和合似一似常故諸愚者以似爲實執爲內我云云
●二十五有　四敎儀明化法四敎下云言二十五有者四洲四惡趣六欲并梵天四禪四空處無想五那含別則二十五有總則六道生死
●大論云等　大論卷四十一二十六張云問曰菩提心無等等心大心有何差別答曰菩薩初發心緣無上道我當作佛是名菩提心無等等名爲佛所以者何一切衆生一切法無與等者是菩提心與佛相似所以者何因似果故是名無等等心是心無事不行不求恩慧疾固決定
▲義有覺義等　起信論疏卷上二十云何爲二一者覺義二者不覺義云云○同論疏卷上之二云顯示正義者依一心法有二種門云何爲二一者心眞如門二者心生滅門是二種門皆各總攝一切法云云○又禪源諸詮卷下之一張十二云此一心常具眞如生滅二門未曾暫闕但隨緣門中凡聖無定謂本來未曾覺悟故說煩惱無始若悟修證即煩惱斷盡故說有終然實無別始覺亦無不覺畢竟平等故

曰眞如心者曰生滅心者曰煩惱心者曰菩提心者諸修多羅其類此者殆不可勝數是所謂義多而心一者也

云眞如心者者亦是第八識更無別體但是眞心不覺與諸妄想和合令藏染淨亦目爲藏識其不與妄想和合體常不變目爲眞如心也云生滅心者者亦眞如不守自性隨緣而變妄有生有滅也云煩惱心者者即二十五有一切煩惱之因一念無明心也云菩提心者者即初發慕正徧覺之心也大論云菩薩初發心緣無上道我當作佛是名菩提心無等等名爲佛是菩提心與佛相似因似果故名無等等心梵語修多羅此云契經凡諸經論其所說如此煩惱菩提種種心者迨不可勝算數此蓋義路分解雖然衆多而其本源之心乃一體也

義有覺義有不覺義心有眞心有妄心皆所

此下心法備有眞妄二義云云

▲實心者也　藏本及文集無者字
▲乃命龜氏　藏本及文集命下有乎字　○摩訶迦葉　藏本及文集葉下有矣字
▲敎外　祖庭事苑一又卷五云云
●律記云等　法華文句卷一之二四十六張云摩訶迦葉此翻大龜氏其先代學道靈龜負仙圖而應從德命族故言龜氏眞諦三藏翻光波古仙人身光炎涌能映餘光使不現故言光波亦云飮光迦葉身光亦能映物○私曰夾註云律記云應有其所依據請俟後檢耳未知何律記矣
●忘返　孟子梁惠王下篇云從流下而忘反謂之流云云○文選卷三東京賦云若乃流遁忘反云云○同卷四十五皇甫謐三都賦序云流宕忘反非一時也

以別其正心也

雖其義趣分別有覺悟之義有不覺悟之義其此之心雖有眞實之心有妄想之心是皆欲別辨其心所之中之眞正心也

方壇經之所謂心者亦義之覺義心之實心者也

若以其二義二心比方六壇經所言之心者亦是彼二義之間之覺悟義也二心之間之眞實心也

答者聖人之將隱也乃命龜氏敎外以傳法之要意其人滯迹而忘返固欲後世者提本而正末也故涅槃曰我有無上正法悉已付囑摩訶迦葉

往昔之者佛聖人化身欲隱泯般大涅槃之時也乃勅命大龜氏龜氏大迦葉之世姓也律記云迦葉其先代學道時有靈龜負仙圖而應從德命族故曰大龜氏於言詮敎迹之外以遞相默傳此法之祕要其

●涅槃經壽命品等　北本涅槃經卷二壽命品第一之二二十張云爾時佛告諸比丘汝等不應作如是語我今所有無上正法悉以付囑摩訶迦葉是迦葉者當為汝等作大依止猶如如來為諸衆生作依止處摩訶迦葉亦復如是當為汝等作依止處譬如大王多所統領若遊巡時悉以國事付囑大臣如來亦爾所有正法亦以付囑摩訶迦葉云云○又南本涅槃經卷二哀歎品十二張亦出此文也不煩紀之

●如其經曰等　北本涅槃經卷六如來性品第四之三十八張云佛告善男子依法者即是如來大般涅槃一切佛法即是法性是法性者即是如來是故如來常住不變云云又云依法者即是法性云云○又見于南本涅槃卷六四依品第八也

意在吾徒學法之人滯泥迹末遺忘返復其本源眞心耳以故欲今後世為人之師者提撕其心要本源而質正其言教迹末者也適將引涅槃經壽命品文以證其提本而正末耳其經云我有無上正法悉已付囑摩訶迦葉無上正法者以要言之即是如來所自證諸法實性也如其經曰法者法性也而此法性無所不貫無所不攝但玄極秘密言語道斷心行處滅是為正

冠註輔教編卷十

●疏家云等　灌頂涅槃疏卷八哀歎品十二張云今釋此章諸比丘雖聞新佛不除舊執謂佛無常所以請住諸佛法常未信佛常口雖請新意猶從舊佛詞其舊執云汝等不應作如是語佛酬其請新故言所有正法悉付迦葉如來緣謝故去迦葉機興故付內同佛德外委大臣秉正法教乃指圓伊而作依止酬其所請此中為學新伊者故言法付迦葉下文為不學新伊者故言迦葉無常不堪付囑各各為緣云云

法能正邪僞之見也悉已付囑人迦葉者謂此正法在涅槃會前預已付囑迦葉其經更云是迦葉能為汝等作大依止猶如如來為一切衆生依止之處者謂此迦葉能以所付正法為汝依止亦似如來以法身常住為一切之所依憑居止也疏家云佛酬其請新故言所有正法悉付迦葉如來緣謝故去迦葉緣興故付內同佛德外委王臣秉正法教乃指圓伊而作依止酬

●本經云等　北本涅槃經卷二壽命品第一之二二十八張云我今當令一切衆生乃以我子四部之衆悉皆安住秘密藏中我亦復當安住是中入於涅槃何等名為秘密之藏猶如伊字三點若並則不成伊縱亦不成如摩醯首羅面上三目乃得成伊三點若別亦不得成我亦如是解脫之法亦非涅槃如來之身亦非涅槃摩訶般若亦非涅槃三法各異亦非涅槃我今安住如是三法為衆生故名入涅槃如世伊字云云○又出於南本涅槃卷二哀歎品第三八張也

●秘密之藏　灌頂涅槃疏卷八哀歎品下張云伊以正法微妙不可思議絕名離相衆生不解名為秘密法界包含攝一切法用不可盡名之為藏故下文云不縱不橫不並不別是秘密義三法具足無有缺減是藏義文義炳然那忽餘解云云

其所請然疏以圓伊為依止者圓伊亦秘密之法也本經云何等名為秘密之藏猶如伊字三點然伊字之義不並不縱非一非三此亦語言文字詮辨正法耳至於語道斷處滅豈便為秘密乎楞伽經云修多羅廣說汝應知密意智度論云更有何法甚深勝般若者曰般若波羅蜜非秘密法慧遠法師序禪經云此二應眞咸乘至願冥契于昔功在言外經所不辨此明言教文

冠註輔教編卷十

●不並不縱等　同疏卷八四十張云若備縱橫並別一與昔非秘藏文云法身亦非般若亦非解脫亦非不縱不橫不並不別一一相即一中無量無量中一非一非無量者是名秘藏

●楞伽經云等　入楞伽經卷九總品第十八之一十張出此文也○私曰此經者元魏天竺三藏菩提留支譯也乃在大藏內四十二函十卷一本

●智度論云等　智度論卷之一百張十七云問曰更有何法甚深勝般若者而以般若囑累阿難而餘經囑累菩薩答曰般若波羅蜜非秘密法而法華等諸經說阿羅漢受決作佛大菩薩能受持用譬如大藥師能以毒為藥云云　私曰正宗論第三篇具有此解也

●慧遠法師序禪經等　達摩多羅禪經序云如來泥曰未久阿難傳其共行弟

字未為窮盡正法唯通秘密乃為極耳夫秘密唯證乃相應也今吾宗門從上相承以其所證而默傳其付印印相綬乃是得其付法之審也昔隋智者謂如來默印二十二大士聖說法者又解微妙善心髓云不一不異微妙中道是諸佛行處言語道斷心行處滅與大達磨大師以上祖禮拜已復歸其位而立乃曰汝得吾髓用此校驗大聖如來言教之外付囑正法乎大迦

末田地末田地傳舍那婆斯此三應眞箴乘至願冥契于昔功在言外經所不辨云
云○又梁僧祐所撰出三藏記集卷十十九張云廬山出修行方便禪經統序第十四
晉釋慧遠○序文與上禪經相同也○又出三藏記十二十三張云修行地不淨觀經序
第十六慧觀法師其序中云佛涅槃後阿難曲奉聖旨流行千載先與同行弟子摩
田地摩田地傳與舍那婆斯此三應眞大願弘覆冥搆于昝神超事外慈在寧濟潜
行救物偶會無差云云○私曰達摩多羅禪經者東晉天竺三藏佛陀跋陀羅譯也
乃在大藏內百三十九函上下二卷然經端載序文而闕撰者之名矣今此疏註係
遠法師名者蓋據於出三藏記所載者乎
● 隋智者謂等　傳法正宗論卷十二第三篇十三四張云隋智者稱如來嘗命諸弟
子使各述其昔爲維摩詰所訶之言而佛乃默印正之然此固與淨名默印乎三十
二大士之聖說法者同也按是則大聖人果以其正宗默證微密遺後世爲其標正
印驗者固亦已見於佛之當時矣學者亦可尊而信之也云云昔龍木祖師大論所
現曰持戒皮禪定肉智慧骨微妙善心髓夫微妙心者亦其承佛而密傳者也及達
磨祖師嘗其弟子所證之淺深乃特引之曰汝得吾皮得吾肉得吾骨汝得吾髓於
此而佛之心印益效也其不言戒定慧妙心與其義者此抑斯之而存其微旨耳其
後垂四百年隋之智者顗禪師因其中經乃更以義而分辨此四者之說至于微妙善
心髓謂是諸佛行處言語道斷心行處滅不一不二微妙中道也然而說不達磨其
道及智者論之而益尊且辨矣斯心微密眞所謂不可思議者也非言非默議所不
及也智知所不到也云云○智者所撰維摩經玄義疏卷四二十張云問曰淨名自說
已法何得稱經答曰如大智論云若佛弟子化人諸天魔人所說爲佛所印皆稱爲

冠文輔教編卷十　十三

經此經佛爲寶積開宗辨於佛國因果命諸弟子皆述往因爲大士所訶佛歎印之
又入室論道掌摯大衆還菴羅園夜佛印定故稱爲經也
● 三十二大士等　法華玄義卷二之一二三張云如五百比丘各說身因佛言無非
正說文云三十二菩薩各入不二法門文殊稱爲釋籤云文殊大中各入故則不二
故論三十二菩薩入不二法門者既有能入之門門皆趣理云云○智者請觀音經
疏張云如五百比丘各說身因亦如三十二菩薩各說入不二法門是故論別同入
生平理此處不殊故言通云云
● 聖說法　聖說聖默具見于法華玄義卷一之二自卅九張至四十二張也○又維摩玄義
疏卷二十六張云五明悉檀起聖說法聖默然者如思益經云佛告諸比丘汝等當行
二事若聖說法若聖默然今明以此四不可說有因緣故以四悉檀而爲說法即是
聖說此四種四諦並是三乘聖人證法非是凡夫之所能知故不可說也如爲生皆
說白色相而欲生皆終不能見以不見故故不可說不可說故名聖默然○同卷八十
張云此淨名經即是大乘方等之教用四悉檀赴緣爲說名聖說法四種四諦皆
不可說名理默然如三十一菩薩用第四悉檀說一實諦入不二法門名聖說法
四一實諦皆不可說名聖默然如淨名杜口畢竟無說即是眞聖默然也
● 微妙善心髓　大論卷十四四張一云如佛所說利養瘡深譬如斷皮至肉斷肉至
骨斷骨至髓八者持戒破則破持戒皮斷禪定肉破智慧骨失微妙善心髓云云○智
者金光明經文句卷二一張云釋論云持戒爲皮禪定爲血智慧爲骨微妙善心爲
髓爲他說戒戒能遮罪修福無相最上非狩非犯乃波羅密者是施已皮也說諸禪
定神通變化不起滅定現諸威儀者是施已血也說無著妙慧非智非愚亦非

終日說終日無說其所說法皆悉到於一切智地者是施已骨也樞等應是肉也
說甚深法性諸佛行處不生不滅言語道斷心行處滅微妙中道者是施已髓也將
此云是無餓衆生況餘飲食餘飲食者即是人天二乘戒皮定血慧骨眞說之髓爾
云云
● 存乎易等　易兼義卷七繫辭上云乾以易知坤
以簡能註天地之道不爲而善始不勞而善成故曰
易簡正義曰易謂易略無
所造爲以此爲知故曰乾
以易知也簡謂簡省凝靜
不須繁勞以此爲能故曰
坤以簡能也云云
● 華嚴經云等　唐譯華
嚴經卷七十二入法界品
七張偈云普入一切法界門
悉見十方諸刹海云云同
卷六十九　一云一一身
普入一切法界門一一法
界門一切佛刹中隨衆生
心說諸妙行云云
● 樞本也　韻會廣韻樞
戶樞本也樞機　機發也
● 爾雅曰等　爾雅註疏
卷四釋宮第五云樞謂之
椳註門戶扉樞
● 通俗文　未見其書也
○ 字彙椳數還切例不釋
木機關門開門機也
● 入無量義定　智者釋
禪波羅密次第法門卷一
之上張云如摩訶衍論云
若諸佛成道起轉法輪入
般涅槃所有種種功德悉
在禪中復次菩薩入無量
義處三昧一心具足萬行
能知一切無量法門云云

業實吾宗之本也其事在經文而謂言教
之外者吾正宗論備論之矣
天之道存乎易地之道存乎簡聖人之道存
乎要要也者至妙之謂也
今天之所以爲道在乎易地之所以爲道
在乎簡佛聖人之爲道所以在乎要夫以
一攝多以約總博謂之要此要也者乃是
至約精妙之言也
聖人之道以要則爲法界門之樞機爲無量

冠文輔教編卷十　十四

義之所會爲大乘椎輪
今佛聖人之道皆用其要則爲一法界門
戶之樞機門即華嚴經云普入一切法界
門也樞謂門樞也樞本也爾雅曰樞謂之
椳郭璞注云門戶扉樞也機謂門椳也通
俗文云椳關門機也爲無有數是法義所
會歸之處即是入無量義定也爲菩薩大
乘之椎輪椎輪乃古棧車也其本樸素雖
金玉大輅高華蓋始起於椎輪亦如大乘

● 椎輪　昭明太子文選序云若夫椎輪爲大輅之始大輅寧有椎輪之質云
云註向曰椎輪古棧車大輅玉輅言玉輅因椎輪生云云○毛詩註疏卷十五小雅
何草不黃篇云有棧之車行彼周道傳棧車役車也正義曰此言用兵不息明此車

士卒供役之車故云役其役車

●法華則等　法華方便品偈云汝等舍利弗聲聞及菩薩當知是妙法諸佛之秘要　妙法云四十餘年蘊在佛心他無知者名爲秘一乘直道總攝萬途故言要也

●華嚴則等　華嚴經合論卷一二張十八云又此經有十種德云云五猶如大海能受大雨無量大雨一時齊下若水及海中同一海味無有前後此經亦爾爲此經說十住初發心時便成正覺同得如來一切智眼經云以少方便疾得菩提如善財龍女等是其人也○唐譯華嚴經卷四十九普賢行品五張云佛子菩薩摩訶薩聞此法已咸應發心恭敬受持何以故菩薩摩訶薩持此法者少作功力疾得阿耨多羅三藐三菩提皆得具足一切佛法悉與三世諸佛法等

●李長者合論　宋高僧傳卷二十二釋法圓傳下云唐開元中太原東北有李通玄者言是唐之帝胄不知何王院之子孫輒乎軒冕尚從林泉舉動之間不可量度身長七尺餘該博古今洞精儒釋發于辭氣若撞巨鐘而傾心華藏未始輟懷開元七年春齎新華嚴經典至自定襄而至并部孟縣之西南同潁鄉大賢村高山奴家止於偏房中造論演暢華嚴不出戶庭幾于三歲每日食棗十顆柏葉餅一枚餘無所須其後移於南谷馬家古佛堂側立小土屋閑處宴息焉高氏供饌亦至嘗齎其論并經往韓氏莊中路遇一虎玄見之撫其背所負經論搭載去土龕中其虎弭耳而去又造論之時室無脂燭每夜秉筆於口兩角出白色光長尺餘炳然通照所造論四十卷總結八十卷經之文義次決疑論四卷至大中中閩越僧志寧將論注於經下成一百二十卷謂

高廣妙嚴其本實由乎心之眞要也

法華豈不曰當知是妙法諸佛之秘要華嚴豈不曰以少方便疾成菩提

法華則法華經方便品豈不嘗云當知是妙法妙法即一心乃三世諸佛之秘密要妙之道華嚴則華嚴經文豈不嘗云以少方便乃疾速得成無上菩提此文初據李長者合論所引未暇撿經後學者討校也

要乎其於聖人之道利而大矣哉是故壇經

之宗尊其心要也

此之要妙乎其在聖人之道爲之利益而廣大矣哉以是之故今壇經之宗尊者所以推尊其心要也

心乎若明若冥若空若靈若寂若惺有物乎無物乎謂之一物固彌於萬物謂之萬物固統於一物一物猶萬物也萬物猶一物也

此心之所謂無有定相或似乎光明又似乎冥昧或似乎空虛又似乎靈知不絕或

有會釋七卷不入注文宋乾德丁卯歲閩僧惠研重更條理立名曰華嚴經合論行於世人所貴重焉

●靈知　禪源諸詮卷上之二十一張三顯示眞心即性教下云寶藏論亦云知有有壞知無無敗此皆能知之知眞知之知有無不計既不計有無即自性無分別之知如是開示靈知之心即是眞性與佛無異故顯示眞心即性教也云云同卷上十三張云但知體寂照靈知即是心性餘皆虛妄故云非識所識非心境等云云○又永嘉集卷上奢摩他頌第四云其辭曰妄緣之後寂寂靈知之性歷歷無記昏昧照照契本眞空的的惺惺寂寂是無記寂寂非寂寂惺惺是亂想惺惺非惺云云

●無礙法界等　其見于注華嚴法界觀門也上廣原教第十一篇云一即萬萬即一下明證焉

▲遣之　藏本及文集此下又有遣之二字

●絕待　法華玄義卷二之二十一張云二絕待明妙下云若入眞諦待對即絕故身子云吾聞解脫之中無有言說云云

●即此所遣之等　圓覺普賢章云離遠離幻亦復遠離之例也大疏卷上之四廿八張略疏卷二六張具解之

●亦楞伽經等　楞伽註解卷三一切佛語心品第三九張云佛告大慧我因一法故作如是說云何一法謂緣自得法云云云何緣自得法若彼如來所得我亦得之無增無減緣自得法究竟境界離言說妄想離字二趣註自得即自證修德也○又同糸訂疏卷三之上十二張注云緣者以心契之也自得法者謂默得於心不堪說示云云

似乎寂滅又似乎惺惺果爲有法乎果爲無法乎若言之爲一法則其體平等故彌徧於萬法若言之爲萬法則其體故通是一法一法即萬法萬法即一法是蓋無礙法界一多相攝之義也

此謂可思議也及其不可思也不可議也天下謂之玄解謂之神會謂之絕待謂之默體謂之冥通一皆離之遣之又遣亦烏能至之

如此詮諭謂之可以思議分別也洎其不

可得以思之也不可得而議之也天下羣言者更巧謂之爲神會謂之爲絕待謂之爲默體謂之爲冥通如此之言亦皆去離之遣蕩之即此所遣之又益遣除亦何能臻至之

微其果然獨得與夫至人之相似者孰能諒乎

非其果決自然證幻得亦楞伽經所謂佛自得之法者也必與乎大鑒至極之人而

▲推而廣之　蕭統文選序云若其紀一事詠一物風雲艸木之興魚蟲禽獸之流推而廣之不可勝載矣

●廣衍　文選卷二張衡西京賦云爾乃廣衍沃野厥田上上云云

▲崇德辯惑　論語之字見于前也

相似者誰能信諒其如是乎

推而廣之則無往不可也探而裁之則無所不當也

今推研而廣衍之則無有所適而不可也探討而裁斷之則無有其所措而不爲中當也

施於證性則所見至親施於修心則所詣至正施於崇德辯惑則眞妄易顯施於出世則佛道速成施於救世則塵勞易歇此壇經之宗所以旁行天下而不厭

若以此施置於證悟理性之際則其見法道乃爲親的若施置於修治其心行則所至之處爲極清淨施置於修崇勝德辨情別惑則其眞妄二心易爲顯明若施置於出世間則正覺之道速疾易以成就若施置於拯救世俗煩惱濁亂則其塵勞易爲休歇以其上驗效數端之如此而壇經所承達磨密傳之宗所以大行於天下而人

▲屋漏　詩大雅抑篇尚不愧于屋漏註屋漏室西北隅也

●譬似以一折錐等　莊子曰義卷六外篇秋水云子乃規規然而求之以察索之以辯是直用管闚天用錐指地也不亦小乎云云

●勝負　輔行四之二勝負者負者不克○又荷之在背爲他所負故

▲至人通而　藏本及文集至上有而字

▲變而通之　易兼義卷七繫辭上云子曰聖人立象以盡意設卦以盡情僞繫辭焉以盡其言變而通之以盡利註極變通之數則盡利也故曰易窮則變變則通通則久

不以爲猒惡

彼謂卽心卽佛淺者何其不知量也以折錐探地而淺地以屋漏窺天而小天豈天地之然邪然百家者雖苟勝之弗如也

彼宗之學人有謂吾禪宗卽心卽佛爲之粗淺者此人何其不自省其所識之力量也此說譬似以一折錐而探量厚地者而輒便言地淺不足探量以其屋舍上漏之竅窺覘於天亦輒便言天小不足觀覘豈是天地眞爲淺小如此耶自爾窺探者所見小耳彼諸家學理性之者雖皆妄欲相爭勝負必也不如壇經之宗之至也

至人通而貫之合乎羣經斷可見也至人變而通之非預名字不可測也

至人謂大鑒能以此法要通洞而貫串之則合協乎佛所遺之諸經也其如此之爲斷決可以見之也至人能以此心要設變而御通於道非語非默不在乎名字不可

▲天機　莊子口義卷三內篇大宗師云其嗜欲深者其天機淺註希逸云天機者天理也　○而況之　藤本及文集無而字

●不得已　孟子梁惠王章句下云曰國君進賢如不得已云云

●比況之　文選卷三十八任彥升爲范尚書讓吏部封侯第一表云在魏則毛玠公方居晉則山濤識量以臣況之亦何遼落云云

●最上之佛乘　禪源諸詮卷上之一張九云若頓悟自心本來清淨元無煩惱無漏智性本自具足此心即佛畢竟無異依此而修者是最上乘禪亦名如來清淨禪亦名一行三昧亦名眞如三昧此是一切三昧根本若能念念修習自然漸得百千三昧達摩門下展轉相傳者是此禪也達摩未到古來諸家所解皆是前四禪八定諸高僧修之皆得功用南岳天台令依三諦之理修三止三觀教義雖最圓妙然其趣入門戶次第亦只是

以心識測度也

故其顯說之有倫有義密說之無首無尾天機利者得其深天機鈍者得其淺

以此之故而大鑒凡顯明言之則有其倫理有其文義如今壇經之類是也若但以其意而密說之則無有端首之有尾末如今禪者玄用之例是也若其所稟天之機性自然穎利之者則能得其深奧即其密說者是也所稟於天之機性暗鈍者乃只得其粗淺者即壇經之顯明說者是也

可擬乎可議乎不得已而況之則圓頓教也最上乘也如來之清淨禪也菩薩藏之正宗也

如此之法要謂可以比擬耶謂可以議論耶必不可以擬議也若不得已且強以義目而比況之亦彼疏義家之四教五教之圓頓教也亦所謂三乘之外最上之佛乘也亦是如來之清淨禪也在聲聞菩薩

漸之諸禪行相唯達摩所傳者頓同佛體迥異諸門故宗習者難得其旨得即成聖疾證菩提失即成邪速入塗炭云云

▲壇經曰等　壇經定慧第四云師示衆云善知識我此法門以定慧爲本大衆勿迷言定慧別定慧一體不是二定是慧體慧是定用云云

●此定也者等　要覽卷下禪那部靜慮下云能斷金剛論云定名靜以得禪者說名寂靜寂靜有二種一心寂靜二身寂靜今以四句料簡一有身寂靜而心不寂靜謂貪欲比丘林下坐禪二有心寂靜而身不寂靜謂無貪瞋比丘親近王臣三有身心俱寂靜謂諸聖人四身心俱不寂靜謂凡夫

●此慧也者等　名義卷四示三學法篇云末底秦言慧若那秦言智智與慧有異有同言其異者如肇師云決定審理謂之智造心分別謂之慧分別則從因立名決定乃從果立號云云

●一行三昧　大論卷四十七八張云經云何名一行三昧住是三昧不見諸三昧此岸彼岸是名一行三昧○放光般若經五○文珠般若波羅蜜經

二藏之間亦是菩薩藏正法之宗者也論者謂之玄學不亦詳乎天下謂之宗門不亦宜乎

天下古今議論之者言凡學此壇經所宗之法則爲玄學者不亦詳審乎天下古今言此壇經之宗爲佛一教之宗門不亦合其宜耶

壇經曰定慧爲本者趣道之始也定也者靜也慧也者明也明以觀之靜以安之安其心可以體心也觀其道可以語道也

壇經所言定慧爲本者者乃是趣向佛道之本始也此定也者者即是寂靜義也此慧也者者即是明了義也此明所以要觀察照了其心也此靜所以要安止其心也安止其心已然後可以體解其心理也觀照其道已然後可以語論於道也

一行三昧者法界一相之謂也謂萬善雖殊皆正於一行者也

●正受　圓覺經略疏卷二云入於神通大光明藏三昧正受疏唐梵雙彰也安住藏中不受諸受名爲正受又三昧此云正思謂在定時於所緣境審正思察故云云
●調直定　法華玄義卷四之一（一八張十）云此二十五皆稱三昧者調直定也眞諦以空無漏爲調直出假以稱機爲調直中道遮二邊爲調直故皆具三諦則通稱三昧云云○名義四三學篇三昧下云此云調直定又云正定又云正受遠法師云夫稱三昧者何專思寂想之謂也思專則志一不分想寂則氣虛神朗氣虛則智恬其照神朗則無幽不徹斯二乃是自然之玄符用一而致用也云云
●無表思一法　要覽卷上戒法部戒體下云又名防護性梵語三跋羅俱舍明了等論皆譯爲護即是無表思（思即是第六識相應善思也亦名無表色有止惡防非功能故云護）○金剛鈔云出戒體有三初克性出體即無表思一法也過種子現行文相應出體者即同時二十二法皆有防惡發善功能故（謂二十二法者五遍行五別境有十一善心王即意識也）後眷屬出體者即身口意三善業也○又名義卷四衆善行法篇云三跋羅此翻護云云
●如經云等　智者金光明經文句卷二（二十張）云經言唯佛一人具淨戒餘人皆名汙戒者圓人行於佛法即究竟持不犯戒也云云○私曰未詳何經者請俟後檢焉
●大論云等　大論卷二十二（十二張）云復次佛持戒具足清淨從初發心修戒增積無量與憐愍心俱不求果報不向聲聞辟支佛道不雜諸結使但爲自心清淨不惱衆生故世世持戒以是故得佛道時戒得具足應如是念佛戒衆
●首楞嚴大定　大論卷四十七（二張）云經云何名首楞嚴三昧知諸三昧行處是名

此一行三昧者者即法界一實相之爲言也三昧即是正受亦是調直定也言此一行之義萬種善道雖各殊異乃皆正於此之法界一行也

無相爲體者尊大戒也無念爲宗者尊大定也無住爲本者尊大慧也

無相爲體者者施於戒則是大乘一相無相無表思一法無漏之大戒也如經云唯佛一人持淨戒大論云佛持戒具足清淨

無念爲宗者者施於禪定即是首楞嚴太定如經云那伽常在定無有不定時亦大論云普華言無有法非定相者又云是如三昧王等諸三昧禪定無住爲本者者施於智慧即是佛之智慧如淨名經云無住即無本也

夫戒定慧者三乘之達道也夫妙心者戒定慧之大資也以一妙心而統乎三法故曰大也

首楞嚴三昧同卷（十一張）論釋曰首楞嚴三昧者秦言健相分別知諸三昧行相多少淺深如大將知諸兵力多少復次菩薩得是三昧諸煩惱魔及魔人無能壞者譬如轉輪聖王主兵寶將所往至處無不降伏
●如經云等　要覽卷中三寶部天中天下云又本行集經稱佛爲龍者謂世間有愛皆遠之繫縛解脫諸漏已盡名龍故云那伽常在定無有不定時（梵音那伽此云龍亦是世間業報龍蓋取自在變化無礙義焉）○又名義卷二畜生篇云那伽秦云龍云云又出於上所引之經文也
●亦大論云等　大論卷二十八（十四張）云舍利弗言汝能不起于定而說法不普華言無有法非定相者舍利弗言今一切凡夫皆是禪定普華言爾一切凡夫皆是禪定舍利弗言以何等禪定故一切凡夫皆是普華言以不壞法性三昧故一切凡夫皆是禪定云云
●又云是如等　大論卷五十（四張）云如一切三昧中三昧王三昧最大如人中之王云云○又法華玄義卷四之一（八十七張）云又稱王者空假調直未得爲王所以二乘入空菩薩出假不名法王中道調直故得稱王一一三昧皆有中道悉稱爲王又云大經云是二十五三昧名諸三昧王即其位高義云云
●如淨名經云等　注維摩經卷六觀衆生品云又問顚倒想孰爲本答曰無住爲本又問無住孰爲本答曰無住則無本文殊師利從無住本立一切法（註什曰法無自性緣感而起當其未起莫知所寄莫知所寄故無所住無所住故則非有無非有無而爲有無之本無住則窮其原更無所出故曰無本無本而爲物之本故言立一切法也）
▲四弘願　壇經懺悔第六云善知識既懺悔已與善知識發四弘誓願各須用心正聽云云

夫戒定慧三者者乃是聲聞緣覺菩薩三乘人通同之道也夫諸祖相承所傳之妙心者者乃是彼戒定慧之太資始也今以此絕諸分量之一妙心而通攝戒定慧三法故云其爲尊大無比也

無相戒者戒其必正覺也四弘願者願度度苦也願斷斷集也願學學道也願成成寂滅也滅無所滅故無所不斷也道無所道故無所不度也

●四大誓願　具見于法界次第卷三等也煩故不紀之

●如圭峯敎天台等　圭峯禪源諸詮卷上之二三張云二諦斷惑滅苦樂敎說三界不安皆如火宅之苦令斷業惑之集修道證滅以隨機故所說法數一向差別以揀邪正以辨凡聖以分析厭以明因果云云又云便悟此身心等但是衆緣似和合相元非一體似我人相元非我人爲誰貪嗔爲誰殺盜誰修戒施誰生人天知苦集也遂不滯心於三界有漏善惡斷集但修無我觀智道諦以斷貪等止息諸業證得我空眞如得須陀洹果乃至滅盡患累得阿羅漢果滅諦灰身滅智永離諸苦云云○智者六卷四敎義卷一十八云二明無生四諦者如思益云知苦無生名苦聖諦知集無和合相名集聖諦以不二相觀名道聖諦法本不生今則無滅是滅聖諦以生滅之理爲諦今明不生不滅眞空之理爲諦亦是則苦集滅道四法名字事相是同而諦義有異前名四眞諦也云云

此無相大戒者者乃是戒勸學者須以正法而自覺悟也此無相戒下特列四弘願蓋以其證滅修道有覺之義也四大誓願者乃是願度脫一十五有煩惱之苦也其願斷絕其無明所積集之種也願修學其八正道等者也（正見正思正語等之八也具見法界次第等也）願成其第一寂滅也雖謂滅其煩惱而煩惱本無所滅故其一切染習即無所不斷也道體淸淨何有其能道所道者若以此道度於有情縱有利鈍信不信者皆可度也四諦先苦次集次滅次道今滅與道互爲其先後乃是指所緣而言之耳有先道次滅如圭峯敎天台四敎儀等文例是也

無相懺者懺非所懺也

無相懺者者如此懺悔乃是以理作懺在理非有可懺者也

三歸戒者歸其一也一也者三寶之所以出也

●無相懺　金光明文句卷三二張云故普賢觀云端坐念實相衆罪如霜露慧日能消除我心自空罪福無主是名大懺悔是名莊嚴懺悔是名無罪相懺悔無罪相者此約空爲處也莊嚴懺悔者約俗諦爲處也大懺悔者約中道爲處也若三種差別者此是歷別論處則即三而三即三而一者此圓妙懺悔也諸大菩薩修學佛法而懺悔也若識此法而懺悔者最妙最上懺悔處也云云○四敎儀集解卷下云言五悔者有二一理二事理懺者若欲懺悔者端坐念實相衆罪如霜露慧日能消除即此義也言事懺者晝夜六時三業淸淨對於尊像披陳過罪無始已來至于今身凡所造作殺父殺母殺阿羅漢破和合僧出佛身血邪淫偸盜妄言綺語兩舌惡口貪瞋癡等如是五逆十惡及餘一切諸過發露更不覆藏畢故不造新若如是則外障漸除內觀增明云云

●一心源　法藏起信玄談云五些若初唯一心爲本源皆華嚴經一眞法界然華嚴所宗雖四法界而約彼疏文統唯一眞法界謂總該萬有即是一心體絕有無相非生滅莫窮其始寧見中邊迷之則生死無窮解之則廓爾大悟云云

●同體之三寶　要覽卷中三寶部同體三寶下云謂於一眞如上義說爲三也一眞如是覺性名佛寶一眞如有軌持義名法寶二眞如有和合義名僧寶○又三藏法數卷八引華嚴經隨疏演義鈔并三寶章出同體三寶

三歸戒者者乃是其一心源也此一心源也者者則是佛法僧三寶之所以出亦所謂同體之三寶者也

說摩訶般若者謂其心之至中也般若也者聖人之方便也聖人之智也固能寂之明之權之實之天下以其寂可以泯衆惡也天下以其明可以集衆善也天下以其權可以大有爲也天下以其實可以大無爲也

說摩訶般若大智慧者者乃是說其一心源之至極中道也此下文演述其名義雖別皆是般若一法之所出者也如大論云般若是一法佛說種種名又曰般若波羅蜜攝一切智慧故此般若也者乃是佛聖人之方便波羅蜜也方便亦權智也又是佛聖人之智慧波羅蜜也智慧亦秘密實智也以故乃能寂滅之能明照之能權宜之能眞實之天下之學人苟以其寂滅乃可以泯絕衆多之惡也天下之人苟以其明照乃可以聚集衆多之善也天下之人苟以其

●如大論云等　大論卷十八三張釋初品中般若波羅蜜下偈言般若是一法佛說

種種名隨諸衆生力爲之立異字云云
● 又曰等　同論同卷四十五張云問曰何名是智慧答曰般若波羅蜜攝一切智慧故所以者何菩薩求佛道應當學一切法得一切智慧云云
● 竊智度論云等　大論卷十八五二十五張云以禪定因緣故破散亂心離五欲罪樂能爲衆生說離欲法禪是般若波羅蜜依止處依是禪般若波羅蜜自然而生如經中說比丘一心專定能觀諸法實相
● 又曰等　同論同卷十二六張云問曰要行五波羅蜜然後得般若波羅蜜亦有行一二波羅蜜得般若耶答曰諸波羅蜜有二種一者一波羅蜜中相應隨行具諸波羅蜜二者隨時別行波羅蜜多者受名譬如四大共合雖不相離以多者爲名相應隨行者一波羅蜜中具五波羅蜜是不離五波羅蜜得般若波羅蜜隨時得名者或因一因二得般若波羅蜜云云○私曰次註相應修行當作相應隨行
● 又曰言禪等　同論卷十七二十一張云問曰八背捨八勝處十一切入四無量心諸定三昧如是等種種定不名波羅蜜何以但言禪波羅蜜答曰此諸定功德都是思惟修禪秦言思惟修言禪波羅蜜一切皆攝復次禪最大如王說禪則攝一切諸餘定則不攝云云
● 佛百八等　上論文下云諸佛三昧不動等略說則百八及佛得道捨壽如是等種種功德妙定皆在禪中以是故禪名波羅蜜餘定不名波羅蜜
● 云云　前漢書卷五十汲黯列傳云上曰吾欲云云黯師古曰云云猶言如此如此也史略其辭耳○文選卷四十二阮瑀爲曹公作書與孫權云冬求進軍其言云云

權巧乃可以有所作爲也天下之人若以其眞實乃可以最大無所爲究竟於大涅槃之道也夫大鑒發明禪宗而特推尊大般若者蓋以般若是禪之所構定之所生乃然也猶智度論云禪是般若波羅蜜依止處依是禪般若波羅蜜自然而生又曰一波羅蜜中相應修行其諸波羅蜜又曰言禪則攝大如王無所不攝佛百八三昧云云盡在禪中慧遠法師禪經序云三業之興以禪智爲宗然禪則寂智則照禪智寂照實一理也寂則其體照則其用非體安得有用非用亦安得見體體用相須而不可相離也故大鑒發明禪宗而必推般若此其意也

至矣哉般若也聖人之道非夫般若不明也不成也天下之務非夫般若不宜也不當也至人之爲以般若振不亦遠乎哉

至極也哉萬善無過於般若者也佛聖人

云云註鈔曰云云謂辭多略而不能載也○摩訶止觀卷一之二十五張云注云云云者未盡之義云者言也說文云象雲氣在天迴轉之形言之在口如雲之潤物廣雅云云云者有也下文尚有如雲之言
● 禪經序云等　達磨多羅禪經序云夫三業之興以禪智爲宗雖精麤異分而階藉有方云云又云試略而言禪非智無以窮其寂智非禪無以深其照然則禪智之要照寂之謂其相濟也照不離寂寂不離照云云○出三藏記所出亦相同也
▲ 不亦遠乎哉　藏本及文集無哉字
▲ 大方　莊子口義卷二內篇人間世云與之爲無方則危吾國云云註無方無法度也○玄英疏方猶法○文句卷三之三方便品釋云方者法也便者宜也
● 重膇　左傳卷十一一張公六年傳云於是乎有沈溺重膇之疾註杜云沈溺濕疾重膇足腫○韻會眞韻膇足腫也左傳重膇之疾集韻或作㾽○私曰重膇二字雖本於左傳今此來註其義不穩不若據集韻膇或作槌則取乎其重之義而可也
▲ 闇證　藏本闇作暗字文集同此
▲ 眞密也　藏本及文集作眞而密之也
● 默傳分付　禪源諸詮卷上之二二十二張云所言默者唯默知字非總不言六代相傳皆如此也云云又云其默傳者餘人不知故以袈裟爲信其顯傳者學徒易辨但以言說除疑云云
● 猶涅槃經等　南本涅槃經卷九菩薩品二十二張云或復說言一切衆生有如來性智臣當知此是如來說於常法欲令比丘修正常法是諸比丘若能如是隨修學者

之法道非乎般若則其道不能顯明也亦不能成就也天下之一切事務非乎般若則不能合其所生得其正當也六祖至人之有所興爲乃以此般若振發其意趣不亦遐遠耶

我法爲上上根人說者宜之也輕物重用則不勝大方小授則過也

六祖自謂我此法要本爲上上根性人而說者此乃隨其人法相宜乃合宜而施之也施猶布施之謂也若是輕纖之物以之爲重膇之用則其必不勝其用也若以大法就小機而便授與之則爲過失不合其宜也

從來默傳分付者密說之謂也密也者非不言而闇證也眞密也

從來即從始祖釋迦已來而其相承默傳分付者猶涅槃經密語之謂耳禪源詮曰內授密語外傳信衣是也亦乃楞伽經所

當知是人眞我弟子善知如來微密之藏如彼大王智慧之臣善知王意善男子如是大王亦有如是密語之法何況如來而當無耶善男子是故如來微密之教難可得知唯有智者乃能解我甚深佛法非是世間凡夫品類所能信也

● 禪源詮曰等　禪源諸詮卷上之一十六云又自因日六代禪宗師資傳授禪法皆云内授密語外傳信衣衣法相資以爲符印云云

○毀謗　藏本及文集作謗毀毀下有謂字

▲偉　韻會尾韻偉羽鬼切説文偉奇也从人韋聲徐曰人才傀偉也增韻又大也

謂汝應知密意亦智度論所謂甚深勝般若波羅蜜之秘密法者也然此密非但是無言無說只顯隱瞞而難見也乃特是吾佛諸祖眞實秘密之法也章句者謂善知方便則爲權智秘密之法則爲實智亦似吾之眞密也然而眞密豈可以顯密究

不解此法而輒毀謗百劫千生斷佛種性者防天下人其心也

不解會此法要而輒與毀謗則百劫千生

斷滅佛之種性如此言者乃是防護天下衆人自亾失其心性也

偉乎壇經之作也其本正其迹効其因眞其果不謬前聖也後聖也如此起之如此示之如此復之

偉乎美壇經之興作也其根本眞正其敎迹驗効其所爲因眞正其所爲果不復錯謬前佛聖人後佛聖人皆如此壇經指示之如此還源復本之

● 浩汗　文選卷十二海賦云瀰漫浩汗注翰曰浩汗廣大貌○同卷五十七哀永逝文云望山兮寥廓臨水兮浩汗注銑曰浩汗廣大貌

● 如鴻鴈等　易兼義卷五漸卦云漸女歸吉利貞註漸者漸進之卦也○初六云鴻漸于干小子厲有言無咎註鴻水鳥也適進之義始於下而升者也故以鴻爲喩云云○上九云鴻漸于陸其羽可用爲儀吉註進處高潔不累於位無物可以屈其心而亂其志峨峨清遠儀可貴也

● 積漸　前漢書卷四十八賈誼傳云安者非一日而安也危者非一日而危也皆以積漸然不可不察也云云

浩然沛乎若大川之注也若虛空之通也若日月之明也若形影之無礙也若鴻漸之有序也

浩汗然洶沛乎如廣大川水之流注者也若虛空通洞無有邊際者也如日月之明照萬物無有不見者也若物形之與影無所妨礙者也如鴻鴈飛翥積漸而高遠皆有其次序者世謂人喩演說有其次序如是也

妙而得之之謂本推而用之之謂迹以其非始者始之之謂因以其非成者成之之謂果

玄妙而自得之之謂本原推擴而無得之得而用之之謂敎迹道非有始且以非始而始之之謂因道亦非有成且以非成而成就之之謂果也

果不異乎因謂之正果也因不異乎果謂之正因也迹必顧乎本謂之大用也本必顧乎迹謂之大乘也

果與因一致是果不殊乎因乃謂正果也
因亦與果一體是因不異乎果乃謂之正
因也教迹常在乎本原是迹必顧本乃謂
之大用本原常攝乎教迹是本必顧迹謂
之大乘也先果次因蓋躡其上文故爾
乘也者聖人之喩道也用也者聖人之起教
也
此大乘也者乃是聖人比喩其道猶車
乘爲能運載行人到於佛地也此用也者

者亦佛聖人以其不可思議之大用而興
起教迹也
大聖人之道莫至乎心
大聖人之道者即一切佛法也此一切法
皆心之所攝故謂道者無有至極乎一心
源者也
聖人之教莫至乎修調神入道莫至乎一相
止觀
聖人爲其法者無有至極於修行也若欲

● 一相無相　大論卷二十二一相所謂無相解脫涅槃○諸佛境界經無相者謂一切法無所得故○大乘相論所言無相者即彼真如說名無相

▲ 無住　楞嚴經卷七維摩經觀衆生品云云出

調直其神思使之入道無有至極於一相
無相之止觀也
執善成德莫至乎一行三昧
執則其爲善以成就乎出世勝妙功德者
無有至極乎法界一行之正受也
資一切戒莫至乎無相正一切定莫至乎無
念通一切智莫至乎無住
資耨以成就一切戒律無有至極此無相
之大戒者也正一切大乘小乘禪定無有

至極此無念之正宗也通一切世出世智
慧無有至極於此無住之大本也
生善滅惡莫至乎無相戒篤道推德莫至乎
四弘願善觀過莫至乎無相懺正所趣莫至
乎三歸戒
生一切善法滅一切惡法無有至極於無
相大戒者也敦篤於賢聖法道推成於勝
妙功德無有至極乎四弘誓願者也善能
觀察其煩惱過患無有至極於一心而作

▲窮理盡性　易繫辭之語見于前也

懺也正直其發心之所趣向無有至極於佛法僧同體三寶之歸戒也

正大體裁大用莫至乎大般若

正當佛法大體裁成佛法大用無有至極乎佛大智慧

發大信務大道莫至乎大志

起大信之心向務其無上大道無有至極乎立大志操也

天下之窮理盡性莫至乎默傳

▲道之基也　詩小雅南山有臺篇云樂只君子邦家之基云云　同大雅抑篇云溫溫恭人維德之基云云

●基址　文選卷五吳都賦開國之所基址

天下學者欲窮萬法之理欲盡萬物之性無有至極於默傳其付也

欲心無過莫善乎不謗

欲令其存心無有過惡無有善美於不妄毀謗此之法要也

定慧爲始道之基也

說此壇經先以定慧列其初始者蓋欲其爲修道之基址也

一行三昧德之端也

必推一行三昧者蓋欲爲其一切勝妙功德之端首也

無念之宗解脫之謂也

無念爲之宗本者乃是三德解脫之謂也

無住之本般若之謂也

以無住智慧而爲其本原者亦三德般若之謂也

無相之體法身之謂也

以一相無相爲其體者亦是三德法身之謂也

無相戒戒之最也

尊無相大戒者乃是戒之尤最者也

四弘願願之極也

舉四弘誓願者乃是一切願之臻極者也

無相懺懺之至也

稱無相之理而懺者乃是一切懺悔中之臻極者也

三歸戒眞所歸也

此三歸戒者乃是其眞實之所歸處也

摩訶智慧聖凡之大範也

此摩訶般若智慧乃是聖人凡夫通同實人之範法者也

爲上上根人說直說也

其爲上上根機人說此上上法乃是直截而說更無方便之委曲也

默傳傳之至也

以心而默相傳受乃是其傳之之親至者也

戒謗戒之當也

戒其毀謗正法以最爲不可故其爲戒至當也

夫妙心者非修所成也非證所明也本成也本明也以迷明者復明所以證也以背成者復成所以修也

此妙心至理者非因修治所以成也非因證悟所以明也蓋其本來自然而成也

●薾然　韻會紙韻薾爾雅貴薾註云枸實繁茂花繁又薾韻奇亥切多貌草木叢雜寘韻叶於倚切靡言揔繁茂也隊韻於代切萎靡貌

●穨訓順也　禮記疏卷六檀弓上云孔子曰拜而后稽顙穨乎其順也註此殷之喪拜也穨順也先拜賓順於事也正義曰穨然不逆之意也拜是爲賓稽顙爲己前賓後己各以爲穨然而順序也

●委順　莊子口義卷七知北遊云性命非汝有是天地之委順也云云註委

本來自然而明也但以衆生迷晤其本明者今返復其明所以云有證也以衆生迷非其本成者今復還其本成所以云有修也

以非修而修之故曰正修也以非明而明之故曰正證也

今以此非所修而修治之故云正修也今以非所明而明照之故云正證也

至人晤然不見其威儀而成德爲行謂如也

至人大鑒晦晤不曜威容儀貌而成其勝妙之行薾然盛出也

至人穨然若無所持而道顯於天下也蓋以正修而修之也以正證而證之也

穨訓順也謂至人大鑒雖穨然委順遺外身世無所矜持而其至道自然顯著於古今天下其如此蓋以正修而修之也以此正證而證之也

于此乃曰因修因證因因因果穿鑿叢脞竟

▲竟爲　藏本及文集竟作竸字　○至人之意　藏本及文集意下有焉字

●叢脞　尚書註疏卷五益稷云又歌曰元首叢脞哉股肱惰哉萬事墮哉傳叢脞細碎無大略君如此則臣懈惰萬事墮廢云云正義曰孔以叢脞爲細碎無大略鄭以叢脞總聚小小之事以亂大政皆是以意言耳

●然因果有世間等　四教集解卷中云然四諦之中分世出世前二諦爲世間因果集因苦果後二諦爲出世間因果道因滅果

●猶禪源詮注等　禪源諸詮卷上之二一張四云於所受身還計爲我還起貪等造業受報身則生老病死死而還生界則成住壞空空而復成劫劫生生輪迴不絕無始無終如汲井輪都由不了此身本不是我此上皆是前人天教中世界上因果也[illegible]四諦

▲而趨乎　藏本及文集而下有必字　○吾未如之何　出于論語衛靈公篇也

▲混茫之空　藏本及文集空下有則字　○莊子繕性篇云古之人在混芒之中與一世而得澹漠焉云云

爲其説謬乎至人之意

修謂修因也果謂證果也因果修證之在下欲其文義便于於今此世九流之末學不本大鑒之正修正證乃謂我法無修無證無因無果穿鑿異端叢脞細冗各自竟爲其言謬惧大鑒至人之本意也然因果有世間因果有出世因果猶禪源詮注云卽苦集二諦爲世間因果也今修道滅二諦明出世因果世間因果大法義在修證

之前出世因果義在修證之下今用出世因果故須在修證之下也夫學禪宗之者必識正修正證乃可語無修無證無因無果耳

噫放戒定慧而趨乎混茫之空吾未如之何也

放捨戒定慧三法而必趨向乎混茫幕蕩頑空我聖經者無如爾之何也

甚乎今含識溺心而浮識識與業相乘循諸觸

●紛綸　見于前也

●蓋載　中庸云今夫天斯昭昭之多及其無窮也日月星辰繫焉萬物覆焉今夫地一撮土之多及其廣厚載華嶽而不重振河海而不洩萬物載焉又云辟如天地之無不持載無不覆幬云云

▲多方　楚辭九辯何所憂之多方

而未始息也

尤甚哉今有情含識之者自汨没其眞心而浮漂於妄識無明之識既與業累而相乘轄循環諸趣而未嘗有休息者

象之形之人與物偕生紛然乎天地之間可勝數邪得其形於人者固萬萬之一耳人而能覺幾其鮮矣

或象之在上在遠形之在下在近成人成物此人與物偕竝而生成紛綸然在天地

蓋載之中何可勝其筭數然此諸生者得成其形於人類者萬萬數之一分耳此人而能自覺悟幾近鮮少矣

聖人懷此雖以多義發之而天下猶有所不明者也聖人救此雖以多方治之而天下猶有所不醒者也

佛聖人懷憫此之迷徒雖以衆多文義而起發之而天下之人猶尚有所不曉明者也佛聖人雖以衆多方便之法而治理之

●不肖似　禮記王制云上賢以崇德簡不肖以絀惡○孟子萬章章句上云丹朱之不肖舜之子亦不肖云云○莊子雜篇漁父云孔子曰曩者先生有緒言而去丘不肖未知所謂云云○前漢書卷二十三刑法志云夫人宵天地之貌註應劭曰宵類也頭圜象天足方象地師古曰宵義與肖同應說是也故庸妄之人謂之不肖言其狀貌無所象似也須古貌字

●平平　尚書註疏卷十二洪範云無黨無偏王道平平傳言辯治○平平正義曰無阿黨無偏私王者所立之道平平然辯治矣○毛詩註疏卷十五之一小雅采菽篇云平平左右亦是率從傳平平辯治也箋云率循也諸侯之有賢才之德能辯治其連屬之國云云○平平便便云閑雅之詩貌也正義曰堯典云平章百姓書傳作辯章則平辯義通而古今之異耳故云平平辯治服虔云平平辯治不絕之貌則平平是貌狀也

▲不知其所至　文集無其字藏本同此○承於聖人　文集承上有其字藏本同此○博音圖　藏本及文集無音圖二細字○以見而却　藏本及文集見上有不字○其審　藏本及文集審下有爲字

而天下之人猶尚有所不醒覺者也

賢者以智亂不肖者以愚壅平平之人以無記惛

賢智之者乃以其才智自亂不肖似之者又以其愚邪而自壅塞平平無善無惡之人乃以無記而自惛惛

及其感物而發喜之怒之哀之樂之蘊蔽者萬端

洎及其感外事物而有所發動喜好之恣怒之哀慘之悅樂之又益爲其蔽障者有萬端緒

瞢然若夜行而不知其所至

其瞢昧然如似昏夜行於道路而竟不知其所到之處

承於聖人之言則計之博圖之若蒙霧而望遠謂有也謂無也謂非有也謂非無也謂亦有也謂亦無也以見而卻蔽固終身而不得其審

●博量之　前漢書卷四十八賈誼傳服鳥賦云忽然爲人何足控摶如淳曰控引也摶音團控摶玩弄愛生之意也○又文選卷十三鵩鳥賦云忽然爲人兮何足控摶音團○李善曰生之意也如淳曰控引也摶或作揣音初委切揣度也鄧展曰何足控揣而量也言己之年命長短何足揣度而惜之乎○藏本音釋云博音圖揣度也

▲難湊也　藏本及文集無也字○壇經之宗　藏本文集壇上有故字

▲湊　藏本音釋云湊千候切趣也

其承習佛聖人所説之者則計校之博量之亦似蒙冒霧露而瞻望遠處其言此理以爲有也以爲無也又以爲非有也非無也又以爲亦有也爲亦無也各以其四者所見而反却爲障蔽故致有終身不能得其審諦也此非有非無下而列亦有亦無其例已見於第三卷廣原敎心必至篇義內矣

海所以在水也魚龍死生在海而不見乎水

道所以在心也其人終日説道而不見乎心悲夫

海水益引以爲喩此喩亦見於經教然海所以成海者在乎能有積水也魚龍或生或死常在於海水之中而終不能見於其水道所以爲道者在乎能通心之清淨勝妙也今其學人雖終朝竟日講説佛道而不能見乎其心是可悲歎乎

心固微妙幽遠難明難湊也其如此也矣

●幽邃　文選十一靈光殿賦叫窱而幽邃註王逸曰邃深也

▲直示其心　藏本及文集心下有而字○若推雲霧　藏本文集推作排字

心故其精微玄妙幽邃廣遠難爲明辨難
爲臻湊也其不易知有如此也矣
聖人既隱天下百世雖以書傳而莫得其明
驗
佛聖人既寂滅隱晦天下學者經歷于百
世雖以佛所遺經典文字相傳而不能得
其明効驗證
壇經之宗舉乃直示其心天下方知卽正乎
性命也若推雲霧而頓見太淸若登泰山而

▲廓如　揚子法言卷二吾子篇云古者楊墨塞路孟子辭而闢之廓如也云云同卷五問明篇云仲尼聖人也或劣諸子貢子貢辭而精之然後廓如也云云○文選卷十二木玄虛海賦云風起恐廓如靈變註善曰廓猶闢也

●王文康公　宋史二百八十六列傳第四十五張云王曙字晦叔隋東皐子績之後世居河汾後爲河南人云云卒贈太保中書令謚文康曙方嚴簡重有大臣體居官淡白抑損喜浮圖法嘗居蔬食泊如也云云有集四十卷周書音訓十二卷唐書備闕三卷莊子旨歸三篇列子旨歸一篇載斗奉使錄二卷集兩漢詔議四十卷○私曰傳中不載著大同論者然張無盡護法論亦載此事也

●論語雍也等　論註疏卷之六雍也篇云子曰齊一變至於魯魯一變至於道註

所覩廓如也王氏以方乎世書曰齊一變至
於魯魯一變至於道斯言近之矣
壇經之宗祖達磨既振舉也乃直截表示
其妙心天下之人方可得知便正其本源
之覺性所稟之緣命也猶排拂雲霧障蔽
而得頓睹太淸虛空又如躋登泰山最高
之處而所顧廓然無復蔽礙也近王文康
公所著大同論以佛法比方世教之書論
語雍也之文謂齊魯有太公周公之餘化

包曰言齊魯有太公周公之餘化太公大賢周公聖人今其政教雖衰若有明君興之齊可使如魯魯可使如大道行之時正義曰此章言齊魯有太公周公之餘化太公大賢周公聖人今其政教雖衰若有明君興之齊可一變使如於魯魯可一變使如於大道行之時也

▲鹿野苑　因緣具出大論卷十六

▲跋提　西域記卷六出

▲五十年　藏本及文集年下無亦云等之細字

太公大賢周公聖人今其政教雖衰若有
明君興之齊可使如魯魯可使如大道之
行邢昺等義皆爾也王文康以此三變比
方儒道佛三教之興至乎佛教其道乃至
爲經也然佛三乘至乎佛乘其道秘密具
極特在此壇經之宗耳故謂王氏所引而
比方者爲幾近乎吾宗也
涅槃曰始從鹿野苑終至跋提河中間五十
年亦云如是五十年未曾說一字

●增輝記　宋高僧傳卷十六明律篇云漢錢塘千佛寺希覺字順之姓商氏世居晉陵覺生於溧陽云云忽求出家于溫州開元寺文德元年也龍紀中受戒續講摩律部稟教于西明寺慧則律師時在天台山也則乃法寶大師之高足廣明中關中喪亂避地江表覺始窺其攝終見室家懷寶以則出集要記解南山鈔不稱所懷何耶古德矣相穿鑿各競師門流宕忘返覺遂著記廣之日增輝錄登取曹植云螢燭末光增輝日月兼言增輝集要之日月也二十卷成部浙之東西盛行斯錄既乎則公長往乃講訓于永嘉云云

●天台教乘　未詳何教乘者請俟後撿也○按大乘入楞伽經卷四無常品四張玉云是故說言始從成佛乃至涅槃於其中間不說一字亦不已說亦不當說爾時世

此文諸家文字如增輝記等多引吾初據
天台教乘所引遂用其文後徧撿今涅槃
經四十卷者並不見有此偈涅槃經有南
北等本不省天台採用何本者請俟後賢
討論之
未曾說一字者示法非文字也所以文字而
求其所謂也
未曾說一字者此是佛示其所宗本非
在於文字也有言教之外之意也防傾後

尊重説頌言其夜成正覺其夜般涅槃於此二中間我都無所説自證本住法故作
是説謂我及諸如來無有少差別○私曰此經者唐于闐國三藏實叉難陀譯也乃
在大藏内四十二函七卷二本
●涅槃經有南北等　北本大般涅槃經四十卷八本南大般涅槃經三十六卷
七本也共在大藏内三十
四五函也
▲未曾説一字　藏本及
文集此五字畢出而不盡
言之
●依涅槃經所出等　南
本涅槃經卷六四依品八十
張云是諸比丘當依四法
何等爲四依法不依人依
義不依語依智不依識依
了義經不依不了義經如
是四法應當證知云云
●其義則隨智者等　其
義解具見於法界次第卷
下四依初門下也文煩故
省之

世學人執以文字而尋求佛所説者也
曰依法不依人者以法眞而人假也
四依諸經論各列其次第前後或不同今
此贊唯依涅槃經所出之次第先後也其
義則隨智者所解但此文字略耳要以義
通爲是也依法不依人者以法眞而人假
也者謂實相善法等通名爲法以此之法
眞實可以依憑修行乃能至於大菩提也
不依人謂人是攬五陰所成假名相好之

身若依此假名之身修行功徳則皆墮顚
倒終不得見眞實法身故云人假也
曰依義不依語者以義實而語假也
依義不依語者以義實而語假也義是中
道第一義諦眞實之理可以依此眞實義
理修行萬行功徳則言語道斷心行處滅
破品顯倒心心寂滅自然流入無量義定
故云義實也不依語謂言語是世間言語
文字章句虚誑無實若依是文字言語而

●五住煩惱　法數卷芽
四云五住地惑　出華嚴隨疏演義鈔
五住者謂三界見惑爲一
住三界思惑分爲三住根
本無明爲一住共成五住
也由此五惑能令衆生住
著生死故名住地也一云一
切見住地惑云云二欲愛
住地惑云云三色愛住地
惑云云四有愛住地惑云
云五無明住地惑云云
▲以了義盡理也　藏本
及文集義下有經字
●如如　無上依經上曰
我説一切法藏無變異故
名如如梵網經下佛性常
住藏如如天台疏戒歸二
理理無差異故曰如如

修諸波羅蜜萬行功徳則增長諍訟妄想
煩惱或墮二乘之地不到大乘大涅槃故
云語虚假而不可依也
曰依智不依識者以智至而識妄也
依智不依識者以智至而識妄也者大智
慧是窮理之極此圓極之智乃爲照了之
心若依此正觀大智心無住著而修諸徳
行則能破一切煩惱生死之業必得大涅
槃故云智至也不依識謂識是妄想之心

名之爲識若依其心修行則構集五住煩
惱二邊生死之業故云識妄不可依也
曰依了義經不依不了義經者以了義盡理
也
依了義經不依不了義經者以了義盡理
也者了義經謂大乘諸經之中皆明中道
佛性實相如如之理若依此等經所明之
理而修行功徳與中道相應能見佛性如
來藏理故云以了義盡理也不解不依不

●亦猶涅槃經第六卷末　南本涅槃經卷六四依品也

●此引涅槃經等　南本涅槃經卷八如來性起品十六丁裏自佛言世尊我知故問非爲不知我爲菩薩大勇猛者問於無垢清淨行處欲令如來爲諸菩薩廣宣分別祕藏之事稱揚大乘方等經典如來大悲今已善說我亦如是安住其中所說菩薩清淨行處即是宣說大涅槃經世尊我今亦當廣爲衆生顯揚如是　如來祕藏亦當證知眞三歸依處若有衆生能信如是大涅槃經其人則能自然了達三歸依處何以故如來祕藏有佛性故。云云

▲四人出世四人四依人也　據本及文集世下有即四依也四細字而無四人等六大細字

●如來性品之文等　北本涅槃經卷六如來性品第四之三張十八云如上所說四人出世護持法者應當證知而爲依止云云○南本者卷六四依品第八十八張載此文也

了義經者以其無補今壇經之宗故略而不云亦猶涅槃經第六卷末只列四依而不列四不可依其別有意義耳吾文亦然也

菩薩所謂即是宣說大涅槃經者謂自說與經同也

菩薩所謂等也者此引涅槃經如來性品迦葉菩薩白佛云我爲菩薩大勇猛者問於無垢清淨行處如來大悲今已善說我

亦如是安住其中所說菩薩清淨行處即是宣說大涅槃經謂自說與說經同也者此乃解上所引經文謂但能宣說菩薩清淨行處者雖是自說即與如來所說之經同也

聖人所謂四人出世 四人四依人也 護持正法應當證知者應當證知故至人推本以正其末也

聖人所謂等者此引涅槃經如來性品之文聖人所謂即佛所說此經文也經言

●疏云等　涅槃經灌頂疏卷十四依品云四者數也依者憑也一切世間憑之得益故言四依憑有二種一憑自法取益二憑他取益若唯憑法不兼憑人不名爲依若憑人者兼得於法又云四人出世護持建立利益義彌故立四依答七云何得廣大亦衆作依止問廣大法也得者人也自論廣大亦可依止未必有人若得法者人必有法上問得法人今答得法人故知從人立四依名又昔人難眞僞依法簡人今法混小大依人簡法今作言八取正法故依於四人立四依品又答依法簡人則其人無法法亦不徧如捨此就彼以求虛空今明人即兼法不捨此就彼故從四人立四依品是用四含攝意以釋品也問如來是正人何不作如來依四果非正人那作四果像答佛雖正人其出佛後故不得作如來之像四果非正人證四果是眞福田化道易行宜作此像問餘像難者勞擬何故種種示現答通論悉作別存四果自有如來爲如來如來爲四依四依爲如來四依爲四依四依爲四果四果爲四果四果不能爲四依雖有諸義今取一塗即是四依爲四果像問如來爲四依可得四依爲一依不答上開一相爲四相合四相爲一相開則自解脫合則但是如來涅槃今從涅槃開出四依合則還是佛爲四依問何故初令依法後令依人答佛初出世邪人甚多使依正法簡邪人後無邪人雖有小法令依正人簡小法亦是初人利故依法今人鈍故依人究竟而論人法雙依文云依法者是法性法性即如來舊明四依位行不同地論人三十心前是弟子位三十心是師位初地已上是第二依師位成論人十住六心已前是弟子位七住已上是初依師位又云十二心已前是弟子位

四人出世云云也者四人即是經所立四依也疏云四者數也依者憑也一切世間憑之得益故言四依憑有二種一憑自法取益二憑他取益若唯憑法不兼憑人不名爲依若憑人者兼得於法故云四人出世云云答人雜眞僞依法簡人今法混小大依人簡法今依正人取正法故依於四人立四依品又答依法簡人則其人無法法亦不徧如捨此就彼以求虛空今明人

即兼法不捨此就彼故從人立四依品本經云何等爲四有人具煩惱性是名第一即經下文云是名凡夫者須陀洹人斯陀含人是名第二阿那含人是名第三阿羅漢人是名第四往返周旋名爲菩薩已得受記不久得成阿耨多羅三藐三菩提是則爲第三人也第四人者名阿羅漢羅漢者斷諸煩惱捨於重擔逮得已利所作已辦住第十地得自在智隨人所樂種種色

十三心是初依師位彼見華嚴十三心爲主爲尊爲導爲勝又十七心已前弟子位十八心已上是初依師位又十九心已前是弟子位二十心道種終心是初依師位中論師十信皆非師位十住初心太至六住是初依師位從七住至七地是第二依位八地九地是第三依位第十地是第四依位差別爲論初有煩惱無涅槃後有涅槃無煩惱無差別論初後俱有煩惱俱有涅槃然地人是別義中論是圓義成論三十心不斷別惑而於中立位別圓俱不成今約地前未斷別惑是初依地上斷別惑作三依者是別義約十信是初依三十心十地斷別惑作三依者是圓義就圓義更作通別通者四十心共作四依別者十信是初依初住至六住是第二依七住至九住是第三依十住是第四依餘皆例爾他明初依有師弟位今則不爾四依通是師位能爲世間作依止故通是弟子位弘宣佛法故別論初依唯弟子後依唯師中間亦師亦弟子云云

●本經云等　北本涅槃經卷六如來性品第四之三云善男子是大涅槃微妙經中有四種人能護正法建立正法憶念正法能多利益憐愍世間爲世間依安樂人天何等爲四有人出世具煩惱性是名第一須陀洹人斯陀含人是名第二阿那含人是名第三阿羅漢人是名第四是四種人出現於世能多利益憐愍世間爲世間依安樂人天云何名爲具煩惱性若有人能奉持禁戒威儀具足建立正法從佛所聞解其文義轉爲他人分別宣說所謂少欲是道多欲非道廣說如是八大人覺有犯罪者教令發露懺悔滅除善知菩薩方便所行祕密之法是名凡夫非第八人第八人者不名凡夫名爲菩薩不名爲佛第二人者名須陀洹斯陀含人若得正法受持正法從佛聞法如其所聞聞已書寫受持讀誦轉爲他說若聞法已不寫不受不

持不說而言奴婢不淨之物佛聽畜者無有是處是名第二人如是之人未得第二第三住處名爲菩薩已得受記第三人者名阿那含阿那含者誹謗正法若言聽畜奴婢僕使不淨之物受持外道典籍書論及爲客塵煩惱所障諸舊煩惱之所覆蓋若藏如來眞實舍利及爲外病之所惱苦或爲四大毒蛇所侵論說我者悉無是處若說無我斯有是處說著世法無有是處若說大乘相續不絕斯有是處若所受身有八萬戶蟲亦無是處永離婬欲乃至夢中不失不淨斯有是處臨終之日生怖畏者亦無是處阿那含者爲何謂也是人不還如上所說所有過患永不能汙往返周旋名爲菩薩已得受記不久得成阿耨多羅三藐三菩提是則名爲第三人也第四人者名阿羅漢阿羅漢者斷諸煩惱捨於重擔逮得己利所作已辦住第十地得自在智隨人所樂種種色像悉能示現如所莊嚴欲成佛道即能得成能成如是無量功德名阿羅漢是名四人出現於世能多利益憐愍世間爲世間依安樂人天於人天中最尊最勝猶如如來名人中勝爲歸依處云云

▲自說與說經同　藏本及文集無與說說字
○而如經也　藏本及文集無而字

像悉能示現云云名阿羅漢是名四人出現於世　於人天中最尊最勝猶如如來疏云自有如來爲如來如來爲四依四依爲如來四依爲四依四依爲四果四果爲四果四果不能爲四依雖有諸義今取一塗即是四依爲四果像又云初依有師弟位今則不爾四依通是師位能爲世間作依止故通是弟子位弘宣佛法故其辨別弟子師位行備如疏記也所引天台教疏

乃解南本涅槃經遂有品目不同者此下文七端並是及推上文所引涅槃經者證成大鑒壇經之意耳如涅槃經云四人出世護持正法應當證知者故今大鑒至人亦四依之人也所以推本一心源之法以正其趣習迹末者也

自說與說經同故至人說經而如經也

故今大鑒至人以菩薩僧演說壇經固如佛經不異也

依義依了義經故至人總說而合義也合經也

故今大鑒至人顯明而演說壇經等文合佛法之大義也亦契合乎大乘經也

依法依智故至人密說變之通之而不苟滯也

故今大鑒至人密說以其妙意變之人而欲使通之此乃自在用其玄妙不苟徇滯於相好之人而泥著乎識想分別者也

示法非文字故至人之宗尚乎默傳也

故今大鑒至人其所承之宗崇尚玄默以傳其法也

聖人如春陶陶而發之也

佛大聖人其道德巍巍始立為教道譬如春陽陶陶太和發起之也

至人如秋濯濯而成之也

至人大鑒特能直指一心源以驗自成就佛之所為教道猶秋氣濯濯明潔以成就

● 陶陶　史記卷八十四屈原傳懷沙賦云陶陶孟夏兮草木莽莽。記王逸曰陶陶盛陽貌莽莽盛茂貌

● 濯濯　毛詩正義卷二十商頌殷武云商邑翼翼四方之極赫赫厥聲濯濯厥靈箋云濯濯乎其見尊敬也正義曰濯濯乎光明者其見尊敬如神靈也○孟子告子上云是以若彼濯濯也人見其濯濯也以為未嘗有材焉朱子注云濯濯光潔之貌

之也

聖人命之而至人効之也

佛聖人始名命之而大鑒至人終驗効之也

至人固聖人之門之奇德殊勲者也

大鑒至人乃是佛大聖人門下奇特之德殊勝之功者也

夫至人者始起於微自謂不識世俗文字及其成之也

夫大鑒至人初示出於寒微樵夫之間自言不識世俗書契文字泊其證道有所成

之也

方一席之說而顯道救世與乎大聖人之云為者若合符契也

才當其一坐席之說而能發明妙道救世間則與夫佛大聖人云為經典者如合符契也

固其玄德上智生而知之將自表其法而示不識乎

▲殊勲者也　文集者作大字藏本同此

▲及其成之也　藏本及文集之作至字

● 云為　易兼義卷八繫辭下云是故變化云為吉事有祥云云正義曰或口之所云或身之所為也若行吉事則有嘉祥之應也

▲玄德　尚書注疏卷三舜典云玄德升聞乃命以位傳玄謂幽潛潛行道德升聞天朝遂見徵用正義曰老子云玄之又玄衆妙之門則玄者微妙之名故云玄謂幽潛也云云○老子經卷下道生之章云生而不有為而不恃長而不宰是謂玄德○又莊子外篇天地云與天地為合其合緡緡若愚若昏是謂玄德同乎大順

▲而示不識乎　藏本及文集示下有其字

●聖哲　楚辭註解卷一離騷云夫維聖哲之茂行兮苟得用此下土註哲智也言哲之人有甚盛之行故能有此下土而用之也

●生而知之　論語疏卷十六季子篇云孔子曰生而知之者上也正義曰生而知之者上也者謂聖人也

固亦發符之言也滚玄之德上品聖哲乃能生而知之將欲自顯表其所傳之法非局文字而遂示不識世俗文字耶

爾始四百年法流四海而不息帝王者聖賢者更二十世求其道而益敬

爾逝迄今僅四百載者自唐高宗武后而來至大宋仁宗嘉祐間將近四百年而其法流通四海內外不休息帝王歷代君后者聖賢亦歷代聖人賢人者經歷帝代僅

冠註輔教編卷十　四十九

▲天且厭之　論註疏卷六雍也篇云子見南子子路不說夫子矢之曰予所否者天厭之天厭之正義曰厭棄也言我見南子所不為求行治道者願天厭棄我云云○朱子註云厭棄絕也

▲烏能此也　藏本及文集此上有若字

▲蚊蝤　藏本蝤作寅文集同此　○遺夫後學者也　藏本及文集無夫字

○蚊蝤飲海　圓覺賢善首菩薩章如大海不讓小流乃至蚊蝱及阿修羅飲其水者皆得充滿

○遺大後學者也　藏本及文集無大字

●滋味　文選四十七王子淵聖主得賢頌大牢之滋味

二十世而求慕其法而愈恭敬

非至乎大聖人之所至天且厭之久矣烏能此也

非有至到乎佛大聖人所到之處天道且厭沮之亦已久矣何能得至今日之盛如此也

予固豈盡其道幸蚊蝤飲海亦預其味敢稽首布之以遺大後學者也

予小子固陋豈能盡究其道幸而且如蚊

●白虎通云等　白虎通卷三姓名下云拜之言服也所以必再拜何法陰陽也尚書曰再拜稽首也必稽首何敬之至也頭至地何以言首謂頭也禮曰首有瘍則沐所以先拜首後稽首何名順其文質也尚書曰周公拜首稽首○尚書註疏卷三舜典云禹拜稽首讓于稷契暨皐陶傳稽首首至地○稽首敬稽首首至地臣事君之禮正義曰周禮太祝辨九拜一曰稽首稽首為敬之極故為首至地云云

●又說文云等　說文韻譜卷八十三張𩠐一百二十四書九切首云𩠐下首也从𩠐旨聲康禮切

●佛教等　大論卷十十五張云復次有下中上禮下者揖中者跪上者稽首頭面禮足是上供養以是故佛毗尼中下座比丘兩手捉上座兩足以頭面禮○又要覽卷中禮數部禮拜式下云智度論云禮有三品一口但稱南無兒下品禮二屈膝著地頭頂不著地是中品禮三五輪著地是上品禮又云下者揖中者跪上者頭面著地○同云稽首謂屈頭至地故又稽首音啓謂首至地稽留少時也此即周禮九拜之初拜也

蝤飲於大海亦得厠預知海水滋味耳故敢稽首稽首者白虎通云必稽首何敬之至也頭至地何以言首謂頭也今約白虎通云稽亦訓至也又說文云下首也佛教或有云下首作禮者是作禮之法也凡禮法必統乎三禮口問訊名下禮屈膝長跪名中禮以身投地稽首頭著于地名上禮謂作禮致敬此經法要而後陳布之以遺與後生之學者也

冠註輔教編卷十　五十

冠註輔教編增經贊要義卷第十終

旹元祿第九丙子年仲夏日

植村藤右衛門
田原仁左右衛門
壽梓

洛陽書堂

冠註輔教編跋

此編之傳吾國也數輒于無隱晦
禪師而後刊之手於叢屋花吉
普於國時目射歷任經三百餘祀
而註有二著共咸秘龍以縫矣然
明教大師望高二宗學該三教波
瀾浩蕩竟難窮涯涘是故讀者憮
然撫卷而已年累歲私憂之自謂
若有當之儒士老宿之難本則
遍能而抄出之編求而未獲焉時
同志之士暨二三法子請余曰此
編也能使晚進窩出傳釋一貫之

旨其豈止如中流得船筏而絕
事淵博而學者動至于膠柱墨翼
討按群籍以衍諸卷頃為壽梓
以所珍於世其貴過拱璧也余回
呼予之言然矣余亦志于斯舉者
積有年然未淵涉獵識貫通采擷
而未深至而懷借令有一二之可
据據亦以為僭越躊躇克其責哉
固拒而弗允今茲乙亥之冬葉泊
能備手顧引證其不檢擇多若無
根或簡約或煩冗而邈乎未能造
諳精微之域但竊踵昨前二大老

之高蹈而俾傳日重興慧炬再燃

則余素足于此矣備於博綜之儔

則把作翫獲亦易悔恨焉鄙意惟

在乎護法禦侮而後且應副於全

志士覽二三徒子之懇求焉耳如

夫斯之與羅者未嘗始加損也因

冠註輔教編卷跋　三

以斯爲跋

元祿乙亥蜡月上浣住阿陽勇猛

嗣祖沙門梁巖湛譔并書

禪林象器箋（二）

提要

《禪林象器箋》二十卷，目錄一卷，日本無著道忠編，日本寬保元年（一七四一年）刊本。又稱《禪宗辭典禪林象器箋》。是書搜集百丈懷海古清規以下各清規有關禪林之規矩、行事、機構、器物等用語、名目之起源、沿革以至現行之意義，一一加以闡明詳釋。共分二十九類，總計一七二四條。其二十九類為：區界、殿堂、座位、節時、靈像、稱呼、職位、身肢、叢軌、禮則、垂說、參請、執務、雜行、罪責、報禱、諷唱、祭供、喪薦、言語、經錄、文疏、簿券、圖牌、飲啖、服章、唄器、器物、錢財等。本書援引經、律、論、疏、僧史、禪燈史、詩偈、清規、禪家語錄等內典，共四八四部，與經、史、子、集及中日有關佛教事相之外典著作，共二八六部，不偏於臨濟、曹洞等，而廣通一般禪林。

禪林象器箋目次

第一類　區界門

第二類　殿堂門

●普通塔　●海會

第三類　座位門

●座前　●座下　●住持轉位（東序上首）
●入牌小師班位（居浴司右一）　●單位（七尺）
●隣單　●被位　●鉢位
●副鉢位　●四案位（衆寮）　●特爲位
●光件位　●主位　●賓位
●分手位　●垂手位　●對面位
●上板下板　●上堂下堂　●上間
●下間　●左間右間　●上肩下肩（又身鼓門）
●肩次　●上手下手　●左手右手
●團座合座　●第一座第二座
●小座湯一出座。四出座。六出座　●特爲湯四出七六頁
●特爲茶六出　●特爲茶八出座
〇廟座（見證則門）　〇分手座（見證則門）　〇胡亂座（見證則門）

第四類　節時門

第五類　靈像門

第六類 稱呼門

堂上
前住
東菴
菴主
耆舊
單寮
前資
位頭
貧道
靜主
依止師
師翁
弟子
法眷
同門
同行

和尚
故住
西堂
名勝
上座
蒙堂
久住
主盟
道舊
老宿
大師祖
叔祖
小師
法兄
兄弟
平交

長老
東堂
西菴
江湖
勤舊
蒙堂寮主
舊住
善知識
山主
受業師
師祖
法叔
師孫
度弟
門派
社中

第七類　職位門

第八類　身肢門

第九類 叢軌門

●試經得度　●懺悔　●登壇受戒

●納戒　●謝戒　●白四羯磨

○受牌 見埀說門　○納牌 見埀說門

○拈香 見埀說門　○小拈香 見埀說門

第十類　禮則門

●禮拜　●再拜　●三拜

●大展三拜　●同展三拜　●九拜

●佛祖忌九拜　●祖忌十八拜　●百拜

●千拜　●不住拜　●兩展三禮

●觸禮　●觸禮一拜　●對觸禮

●對轉觸禮　●普觸禮　●普同作禮

●丈夫拜　●女人拜　●團拜

●答拜　●還拜　●頓首

●叩首　●磬折　●叉手

●合掌　●和南　●普同和南

●問訊　●普同問訊　●普通問訊

第十一類　垂說門

第十二類　參請門

第十三類　執務門

照拂　交點　交收　結筭
鋪設　交割　把帳　鬮拈
交　收管　支用

第十四類　雜行門

吹噓　差定　打給　出鄉　持齋　乞食　帶刀臥　看病
輪差　暗封　隷籍　遊山　持鉢　把針　抽解
公差　接待　出除　閉關　托鉢　臥眠　抽脫

第十五類　罪責門

梵壇　擯罰
默擯　出院
擯出　滅擯

第十六類 報禱門

第十七類 諷唱門

第十八類 祭供門

第十九類 喪薦門

●開甘露門　●冥陽會　●頓寫
●疾書　●漸寫　●逆修
●物故
○回祭（見錢財門）　○亡衣（作莊嚴具　見器物門卓袱處）

第二十類　言語門

●尊候　●不審　●珍重
●降重　●光降　●拜覆
●承准　●一中　●諸色
●公用　●眼同　●差撥
●合用　●合行　●合干
●作聲　●生疎

第廿一類　經錄門

●大藏經　●五部大乘經　●四大部經
●金剛經　●楞嚴咒　●白傘蓋神咒
●大慈咒　●消災咒　●尊勝陀羅尼
●無量壽咒　●觀音聰明咒　●經馬

第廿二類　文疏門

第廿三類　簿券門

砧基簿
單（簿單）
單目
日單
文曆
圖帳
契書
開具
日黃總簿
差單
月單
飛單
帳帳
火帳
印紙
右具如前
衣鉢簿
草單
旬單
床曆
單帳
板帳
僂子

第廿四類　圖牌門

榜嚴圖
入室圖
僧堂圖
被位圖
三牌
替月牌
念誦牌
念誦巡堂圖
茶湯問訊圖
僧堂出入板圖
衆寮圖
位牌
新禱牌
戒臘牌
告香圖
夏中行茶湯瓶盞圖
鉢位圖（十六枚首）
經櫃圖
三界萬靈牌
諷經牌
入寮資次牌

第廿五類　飲啖門

第廿六類　服章門

第廿七類 唄器門

●開枕　●二十五點　●早晨鳴器品次

●齋前鳴器

第廿八類　器物門

●常住物　●什物　●調度

●道具　●公用　●剎竿

●水磨　●葛籠　●經櫃

●函櫃　●鑰匙　●寺印

●三寶印

○私印　見二資身細器、印處一

已下係二莊嚴具一

●廚子　●龕　●花亭

●毗藍園　●毗藍園、額　●義成殿、額

●牓　●蓋　●斗帳

●卓圍　●卓袱

已下係二供養具一

●爐。瓶。燭臺　●四板頭、香爐　●衆寮、香爐

已下係二行裝具一

已下係二飲食器一

和桌
湯瓶
茶筅
建盞
空盞
托子
曲盆
圓盤
折水桶
飯巾
生盤
生臺

已下係浴具

浴室屏風
浴室、筅竿
浴室、淨竿
浴室觸竿
浴袱
脚布

已下係廁具

廁、筅竿
廁籌
廁簡子
淨籌
觸籌
廁紙
淨桶
觸桶
香木
後架、手巾

已下係喪具

靈龕
浴船
眞亭
香亭
雪柳
素花
婆羅華
柴枝
遺物

第廿九類　錢財門

禪林象器箋目次 終

禪林象器箋序

五葉結果之後。稟承祖胤者。多附居律寺而已矣。百丈和尚。創意而設禪居。震耀儀表規矩。以謀令法久住。乃覩有師徒焉。有堂舍焉。有禮則焉。有器服焉。以義定名。論云語於名轉名於義轉此名義既穊矣。須是紬繹其義。而發明其名也忠顓蒙。有志于茲。大凡佛教儒典諸子歷史詩文小說。目之所及。意之所詣。遠蒐近羅。或對斜陽。或挑殘燈。多累歲月。稍覺無遺漏焉。且輟簡。而題其稾。以禪林象器箋矣。易曰。見乃謂之象。形乃謂之器。

如今所謂。象器者。名義之所競趣也。

寬保元年辛酉秋九月　日

葆雨堂主八十九翁道忠無著題

禪林象器箋援書目錄

内典

經　疏

華嚴經　華嚴經玄談　華嚴經疏鈔　梵網經　梵網經法藏疏
梵網經疏　梵網經傳奥疏　梵網經明曠疏　梵網經古迹記　梵網經私記
梵網經補忘鈔　梵網經善圓鈔　圓覺經　圓覺經集解　首楞嚴經
首楞嚴經長水疏　首楞嚴經釋要鈔　首楞嚴經圓通疏　觀音經智者義疏　請觀世音消伏毒害經
請經音經智者疏　請觀音經闡義鈔　維摩經三註　淨名經畧疏　四卷金光明經
金光明經文句記　大般若經　摩訶般若經　仁王般若經　金剛般若經
金剛經纂要　金剛經刊定記　法華經　法華經玄義　法華經文句記
法華經文句補注　法華經嘉祥疏　法華經要解　樓炭經　北凉涅槃經
南本涅槃經　盂蘭盆經圭峯疏　盂蘭盆經元照新記　盂蘭盆經孤山註　陀羅尼集經
千手千眼大悲心呪　大威德消災陀羅尼　熾盛光消災陀羅尼　無量壽決定光明王如來陀羅尼經
灌頂封印大神呪經　蘇悉地經　日藏經　大方等大雲經　大寶積經
菩薩處胎經　胎藏經　悲華經　大乘悲分陀利經　觀普賢行法經
地藏本願經　灌頂往生淨土經　中阿含經　增壹阿含經　雜阿含經
長阿含經　正法念處經　賢愚經　雜譬喩經　雜寶藏經
佛說四天王經　海龍王經　三千威儀經　優婆塞戒經　優婆夷墮釋迦經

毘尼母經　玉[illegible]經　佛說校量數珠功德經　得道梯隥錫杖經　佛說溫室洗浴衆僧經
救拔焰口餓鬼經　諸善根經　大日經演密鈔　上生經慈恩疏　心經守千崆峒記
法住記　善住意天子所問經　無垢優婆夷問經　首楞嚴經溫陵會解　理趣六波羅密多經
勝天王般若經　佛本行集經　羅摩伽經

律

十誦律　四分律　五分律　摩訶僧祇律　毘奈耶雜事
毗奈耶音釋　百一羯磨　摩得勒伽　薩婆多毘尼毘婆沙

論

大莊嚴經論　大智度論　瑜伽師地論　觀心論疏　馬鳴遺教論
阿毘達磨集異門足論　遺教論住法記　百論吉藏疏　毘尼母論　俱舍論
俱舍論頌疏　俱舍頌疏通麟記　大毘婆沙論

漢土撰述 和國附

摩訶止觀　止觀輔行記　止觀證眞私記　知禮修懺要旨　淨源楞嚴修證儀
佛陀波利修禪要訣　西域記　法顯佛國記　南海寄歸傳　祇園圖經
南山感通傳　歷代三寶記　大乘義章　諸經要集　法苑珠林
慧苑維摩義記　智廣密呪圓因往生集　嘉祥維摩疏　廣弘明集　義楚六帖
釋氏要覽　慧琳衆經音義　慧苑華嚴音義　玄應衆經音義　翻譯名義集
續觀音感應集　諸天傳　開元釋教錄畧出　不可思議疏　國淸百錄
天台次第禪門　不空表制集　仁孝皇后勸善書　龍舒淨土文　八相事略
傳述一心戒文　黑谷語燈錄　壒囊鈔　梨窓隨筆　寂照堂谷響集

白河燕談　普通廣釋　釋門歸敬儀　南山増輝記　行事鈔
資持記　業疏　濟緣記　釋門章服儀　應法記
六物圖　六物圖宗覺寫註　南山敎誡律儀　出要律儀　義淨受用三水要行法
沙彌律儀

僧史 漢和

付法藏因緣傳　求法高僧傳　梁高僧傳　唐高僧傳　宋高僧傳
六學僧傳　釋門正統　佛祖統記　編年通論　佛祖通載
釋氏資鑑　釋氏通紀　釋氏通鑑　華嚴傳記　稽古略
神僧傳　僧祥法華傳記　僧史略　佛法金湯編　元亨釋書

禪史

傳燈錄　傳燈一山解　廣燈錄　續燈錄　聯燈會要
普燈錄　五燈會元　五燈嚴統　續傳燈錄　増續傳燈錄
禪林僧寶傳　補僧寶傳　僧寶正續傳　大光明藏　正宗贊
聖一年譜　延寶傳燈錄　最澄將來六祖傳　繼燈錄

傳行狀

馬鳴菩薩傳　慈恩玄奘傳　西巖慧行狀　北磵簡行狀　斷橋倫行狀
破菴先行狀　南堂欲行道記　虛堂愚行狀　古林茂行狀　高麗普覺國尊碑銘
永平道元行狀　約翁儉塔銘　佛國高峯行狀　愚中及年譜　盤山拔隊行錄
海藏虎關紀年錄　一休順（純平）年譜　建長蘭溪隆行狀　大慧杲年譜

禪集

宗鏡錄　冥樞會要　萬善同歸集　頓悟要門論　圓悟心要
佛果擊節錄　碧巖集　大慧正法眼藏　從容錄　拈八方珠玉集
永平正法眼藏　五位顯訣　榮西興禪護國論　和泥合水　夢中問答集
達磨觀心論　宗門統要　宗門統要續集　禪林類聚　羣玉集
潙山警策　慈覺龜鏡文　緇門警訓　禪林寶訓　禪林寶訓音義
禪關策進　林間錄　人天寶鑑　大慧武庫　雪堂拾遺錄
雲臥紀談　羅湖野錄　叢林盛事　枯崖漫錄　山菴雜錄
護法論　明教廣原教　雲外嗣法論　空谷尙直編　雲棲正訛集
雲棲山房雜錄　竹窓二筆　竹窓三筆　紙衣謄　無住雜談集
瑩山坐禪用心記　義堂日工集　臥雲日件錄　臥雲夢語集　澄或前聞記
雲章十佛科圖　宗門雜錄　祖庭事苑　禪林方語　大明錄
竺仙續叢林公論

清規

禪門規式　古清規楊億序　禪苑清規　校定清規　慈公清規
備用清規　敎修清規　敕修清規雲桃解　日用清規　日用軌範
幻住菴清規　大鑑清規　大鑑小清規　竺仙小清規　村寺清規
永平清規　瑩山清規　東漸畧清規　清規畧要　鎌倉清規
南禪規式　天龍年中行事　東福入寺記　東福清規　尊正規
黃檗清規　敎苑清規　律苑事規　大心修祭說　費隱兩序須知

禪錄

六祖法寶壇經　馬祖一禪師錄　南泉願語要　趙州諗錄　睦州蹤錄
臨濟玄錄　曹山寂錄　雪峯存錄　雲門偃錄　玄沙備廣錄
大隋眞錄　智門祚錄　雪竇顯錄　保寧勇錄　神鼎諲錄
葉縣省錄　首山念錄　石門慈照鳳巖集　興化奬錄　芙蓉楷錄
法華舉錄　汾陽昭錄　楊岐會錄　白雲端禪錄　五祖演錄
晦堂祖心錄　黃龍死心錄　雲峯悅錄　圓照本、別錄　眞淨文錄
圓悟勤錄　佛眼遠錄　大慧杲錄　大慧普說　大慧法語
東山空錄　虎丘隆錄　開福寧錄　別峯印錄　別峯雲錄
應菴華錄　密菴傑錄　松源岳錄　破菴先錄　無準範錄
普菴肅錄　慈受深錄　大川濟錄　介石朋錄　偃溪聞錄
曹源生錄　癡絕冲錄　石菴玿錄　晦菴光狀元錄　西巖慧錄
北礀簡錄　物初觀錄　希叟曇廣錄　月江印錄　石溪月錄
南堂欲錄　無門開錄　蒙山錄　虛堂愚錄　雪巖欽錄
高峯妙錄　中峯本錄　中峯山房夜話　中峯東語西語　天如則錄
中峯雜錄　横川珙錄　永覺晚錄　東山外集　長翁淨錄
丹霞淳錄　斷橋倫錄　元叟端錄　笑隱訢錄　龍源淸錄
恕中愠錄　石屋珙錄　梅山歷然普說　蘭溪隆錄　大覺拾遺錄
無學元錄　無學支那眞如錄　約翁儉錄　大休念錄　東明日錄
鏡堂圓錄　古林茂錄　古林拾遺錄　竺仙仙錄　淸拙澄錄
禪居附錄　明極俊錄　焰慧語要　隱元琦錄　夢窓石錄

虎關十禪支錄　夢巖應錄　南浦明錄　宗峯超錄　大明月菴光錄
奥山無文選錄　桂林建仁錄　寂室光錄　中巖月錄　靈山業識圖
天境無規矩　義堂信錄　空谷應錄　東谷普說　東陽無孔笛
善慧大士錄　龐居士錄　如如居士錄

禪文 敎偈附

證道歌竺原註　雪竇祖英集　禪月集　黃龍書尺文字禪
鐔津文集　大慧書　東山外集　東林雲門菴頌古　北磵文集
北磵詩集　北磵續集　橘洲文集　藏叟摘稾　慈受偈頌
蒲室集　物初賸語　無文印　竺仙來來禪子集　竺仙東度語
竺仙天柱集　竺仙宗門千字文　居頂圓菴集　竺仙疑問　中峯擬寒山詩
永覺禪餘內集　永覺禪餘外集　永覺續寱言　虎關濟北集　禪儀外文序
夢巖旱霖集　石城遺寶　別源南游集　別源東歸集　東海一漚集
義堂空華集　愚中丱餘集　彥龍半陶稾　水拙文集　諸祖偈頌
江湖風月集　雜毒海　貞和集　諸偈類要　因師集賢錄
三隱詩集　拾得錄　宋景濂護法錄　黃滔百丈山師表閣記　孤山閒居編
雪竇稾　金玉編

外典

經

易經註疏　尚書　詩經　毛詩註疏　爾雅註疏

周禮 周禮註疏 論語 論語註疏 孝經援神契
禮記 禮記註疏

史

左傳 左傳杜預註 左傳林堯叟註 公羊傳 國語
戰國策 史記 前漢書 後漢書 三國志
三國志演義 晉書 魏志 南史 梁書
隋書 舊唐書 新唐書 五代史 五代史補
南唐書 宋史 東都事畧 元史 明通紀集畧
通鑑綱目 通鑑綱目集覽 續通鑑綱目 十八史畧 遼志
隋史遺文 忠義水滸傳 鄭所南大義畧敍 辟菩提 路史
宋志傳 岳珂カ程史

子

列子 莊子 淮南子 空同子 文中子

集

後漢崔駰集 駱丞文集 杜工部集 李太白詩集 韓昌黎集
柳河東集 白氏文集 歐陽文忠公集 山谷詩集 參寥詩集
東坡全集 東坡詩集 秦少游淮海集 王梅溪集 陳后山詩集
陸放翁詩集 渭南文集 宋濂潛溪集 袁中郎文集 天隱筠溪牧潛集
楊誠齋江湖集 楊誠齋江東集 文苑英華 白玉蟾集 文選六臣註
文體明辨 翰墨大全 唐詩選 三體詩 聯珠詩格

嫏嬛閣文娛　李忠定公奏議　劉須溪十王殿修造疏　城西聯句

稗

韓詩外傳　說苑　顏氏家訓　春渚紀聞　邵氏聞見錄

西溪叢語　就日錄　癸辛雜識　湘山野錄　宋祁筆記

夢溪筆談　茅亭客話　玉堂雜紀　雲谷雜記　程大昌演繁露

避暑錄話　李濟翁資暇錄　孔氏雜說　李涪刊誤　劉斧摭遺

桃源手聽　三柳軒雜識　愛日齋叢鈔　東齋紀事　同話錄

戴埴鼠璞　春明退朝錄　常朝錄　東京夢華錄　天基聖節排當樂次

齊東野語　能改齋漫錄　新知錄　詢蒭錄　祝允明猥譚

談寶　唾玉集　太平老人袖中錦　學齋佔畢　容齋隨筆

容齋三筆　容齋四筆　老學菴筆記　草木子　暖姝由筆

春風堂隨筆　客窓隨筆　楊升菴外集　丹鉛總錄　餘冬序錄

歸田錄　孔子家語　孔聖全書　蓮社高賢傳　襄陽耆舊傳

王充論衡　酉陽雜俎　續酉陽雜俎　朝野僉載　西京雜記

李肇國史補　世說新語補　江南野錄　江湖紀聞　湖海新聞

好生錄　無怨公案　太平廣記　堯山堂外紀　干寶搜神記

廣搜神記　搜神大全　睽車志　冥報記　鄭還古博異志

卯聽能括異志　劉敬叔異苑　異聞總錄　夷堅志　祠山事要

隋唐嘉話　冷齋夜話　剪燈新話　剪燈餘話　金鰲新話

鶴林玉露　野客叢書　羣談採餘　瑯邪代醉編　困學紀聞

輟耕錄　名義攷　簷曝偶談　五雜俎　陳繼儒枕譚
塵餘　陳繼儒書蕉　文海披沙　墨莊漫錄　二南密旨
朱子語錄　耳談　文心雕龍　搜神秘覽　倦遊雜錄
趙璘因話錄　明聖君初政記　皇朝類苑　東坡外紀　桂苑叢談
孤樹裒談　陳繼儒羣碎錄　三餘贅筆　徐氏筆精　閱耕餘錄
本草綱目　三才圖會　白虎通　劉熙釋名　杜氏通典
漢制攷　文獻通考　續文獻通考　馬縞中華古今注　羣書拾唾
類書纂要　瑯嬛珠邸　揚子方言　大明會典　徐鉉稽神錄
事物初畧　普陀山志　續釋常談　方輿勝覽　大明一統志
大明名勝志　陸游入蜀記　劉侗帝城景物畧　雞林志　素問
格致餘論　周書謚法解　文公家禮　程子遺書　賓退錄
棠陰比事　貴耳集　異苑　本事詩　韻語陽秋
戾溪詩話　漁隱叢話　楊慎千里面譚　高濂法製品　陸羽茶經
宋徽宗大觀茶論　蔡襄茶錄　粥糜品　古今印史　燕几圖
石湖梅譜　俗呼小錄　四時宜忌　十友圖贊　事文類聚
劉氏鴻書　山堂肆考　潛確類書　天中記　五車妙選
掌珠故事　書言故事　月令廣義　居家必備　居家必用
事林廣記　事物紀原　事始　古今原始　萬卷星羅
俗事考　事物異名　經國大典註解　羣玉韻府　玉篇
龍龕手鑑　洪武正韻　篇海類編　小補韻會　字彙

續字彙正字通品字箋康熙字典

和書

順和名類聚太平記公事根源徵書記談

禪林象器箋援書目錄畢

禪林象器箋

神京妙心龍華沙滄道忠無著甫輯

第一類　區界門

●叢林

智度論云。僧伽秦言衆。多比丘一處和合。是名僧伽。譬如大樹叢聚。是名爲林。一一樹不名爲林。除一一樹亦無林。如是一一比丘不名爲僧。除一一比丘亦無僧。諸比丘和合。故僧名生。

祖庭事苑云。梵語貧婆那。此云叢林。大論云。（如上所引）

又大莊嚴論云。如是衆僧者。乃是勝智之叢林。一切諸善行。運集在其中。又雜阿含二十五。佛告阿難。汝遙見彼青色叢林否。唯然已見。是處名曰優留曼茶山。如來滅後百歲。有商人子。名優波掘多。當作佛事。教授師中。最爲第一。卽四祖優波毱多。梵音楚夏爾。以祖師居之。今禪庭稱叢林也。

忠曰。優留曼茶山在摩偷羅國。見雜阿含。又以優波毱多所居青色叢林。今禪庭稱叢林者。睦菴附會也。固無根據矣。

寶積經菩薩見實會云。過去有王。名曰尼彌。了達諸法。如法爲王。（乃至）三十三天欲得見彼尼彌王。帝釋天主卽告御臣名摩多棃。莊嚴千馬寶車。往閻浮提鞞提呵國。迎尼彌王。（乃至）爾時摩多棃又復將王到須彌頂。爾時尼彌王遙見青茂叢林。告摩多棃言。彼林定是不顚倒衆生所居之處。摩多棃言。大王。此是忉利諸天善法之堂。（如彼說）

宋高僧傳石霜諸禪師傳云。諸得石霜山。便議終焉之志。云堂中老宿、長坐不臥。屹若稻杌。天下謂之石霜枯木衆是也。南方謂之叢林者。翻貧婆那。爲功德叢林也。

大乘義章云。禪者是其中國之言。此翻名爲思惟修習。亦云功德叢林。乃至功德叢林者。從果爲名。智慧神通。四無量等。是其功德。衆德積聚。說爲叢林。定能生之因。從果目。是故說爲功德叢林。

中峯本禪師東語西話云。世稱叢林者。蓋取喩於草木也。法道之所寄。材器之所從出焉。然草木培植則豐。沾濡則榮。霜雪則彫。斧斤則敗。叢林以無上大道爲培植。以慈悲喜捨爲沾濡。以偷安利養爲霜雪。以貪欲瞋恚爲斧斤。主叢林者。不諳其培植之道。沾濡之理。則草木病矣。況偷安利養之霜雪。貪欲瞋恚之斧斤。時時斫伐。而殞極之。故其草木區萌芽蘗。猶不暇。而欲望叢林之盛。材器之萃。難矣哉。

聯燈會要。智門光祚禪師章云。示衆云。汝等諸人。橫擔拄杖。出一叢林。入一叢林。備道。叢林有幾種。或有栴檀叢林。栴檀圍繞。或有荊棘叢林。荊棘圍繞。或有荊棘叢林栴檀圍繞。或有栴檀叢林荊棘圍繞。只如四種叢林。是汝諸人。在阿那箇叢林裏。安身立命。若無安身立命處。虛踏破草鞋。閻羅王徵爾草鞋錢。有日在。

忠按四種叢林出智度論。說彼荊棘作伊蘭。

智度論云。如栴檀譬喩經中說。有栴檀林伊蘭圍之。有伊蘭林栴檀圍之。有栴檀栴檀以爲叢林。有伊蘭伊蘭自相圍遶。佛諸阿羅漢。亦復如是。佛住善法解脫中。諸阿羅漢亦住善法解脫中。住法相應。眷屬莊嚴。佛以大衆圍遶。如須彌山王十寶山圍遶。如白香象王白香象圍遶。如師子王師子衆圍遶。佛亦如是。佛爲世間無上福田。與諸弟子圍遶共住。

華嚴經淨行品云。若見叢林。當願衆生。諸天及人。所應敬禮。

長阿含經世記經閻浮提洲品說。閻浮樹邊空地。種種叢林名。

五山

支那五山者。一徑山興聖萬壽寺。(在杭州臨安府) 二阿育王山鄮峯廣利寺。(在明州慶元府) 三太白山天童景德寺。(在明州慶元府) 四北山景德靈隱寺。(在杭州臨安府) 五南山淨慈報恩光孝寺。(在杭州臨安府武林縣)

宋濂護法錄覺原禪師遺衣塔銘序曰。浮圖之爲禪學者。自隋唐以來。初無定止。惟借律院以居。至宋而樓觀方盛。然猶不分等第。惟推在京鉅刹爲之首。南渡後。始定江南。爲五山十刹。俾其拾級而升。黃梅曹溪諸道場。反不與其間。則其去古也。益遠矣。元氏有國。文宗潛邸在金陵。及至臨御。詔建大龍翔集慶寺。獨冠五山。蓋矯其弊也。國朝因之。錫以新額。就寺建官。摠轄天下僧尼。

虎關錬和尙曰。唐土五山。起於大慧已後。當時靈隱寺兄弟。會于直指堂。(在法堂傍) 議定五山。非朝廷之制矣。一徑山二靈隱等也。或問。靈隱何因得獨議定耶。答曰。靈隱之在京都內也。如日本平安城有北山。徑山則隔遠。如平安於東大寺。故靈隱兄弟。得專定之。又徑山本小刹。至大慧初爲巨刹。此時王都在杭州也。

中峯本禪師山房夜話云。及達磨東邁。百丈未生。牛頭橫出一枝。南北宗分兩派。皆腰鎌荷鍤。火種刀耕。執爨負舂。鶉衣丐食。鐵石身心。氷霜懷抱。以佛祖大事因緣。一肩負荷。了無畏怯。蓋行處旣親。所到必的矣。彼時安有五山十刹之廣居。三玄五位之奇唱。放收殺活之異作。拈頌判別之殊音。不加雕琢。而玉本無瑕。安用規模。而眼元自正。自百丈建叢林已來。廣田大宅指顧如意。其紊正因日隳。謬妄日滋。紀綱日繁。禮義日削。

敕修淸規遊方參請云。住持遇名勝相看。就送客位回禮云云。而五山大方。則不回禮。

日本皇都五山者。一靈龜山天龍資聖寺。(五山第一)開山夢窓疎石。(嗣高峯)號正覺心宗普濟玄猷佛統大圓國師。二萬年山相國承天寺。勸請夢窓爲開山。春屋妙葩。(嗣夢窓)爲第二世。號智覺普明國師。三東山建仁寺。開山明菴榮西。(嗣虛菴)號千光祖師。四慧日山東福寺。開山圓爾辯圓。(嗣無準)號聖一國師。五京師山(又名九重山)萬壽寺。兩開山。十地覺空上人。及東山湛照寶覺禪師。(同嗣聖一)瑞龍山太平興國南禪寺(五山之上)。開山無關普門。(嗣聖一)號大明國師。此山爲五山之冠矣。蓋準中華天界大龍翔集慶寺。冠於五山也。

日本鎌倉五山者。一巨福山建長興國寺。開山蘭溪道隆。(嗣無明)號大覺禪師。二瑞鹿山圓覺興聖寺開山子元祖元。(自號無學。嗣無準)號圓滿常照國師佛光禪師。三龜谷山金剛壽福寺。開山明菴榮西。(嗣虛菴)四金峯山淨智寺。開山大休正念。(嗣石溪)號佛源禪師。準開山南洲宏海。(嗣元菴)號眞應禪師。五稻荷山淨妙寺。開山退耕行勇。(嗣明菴)

夢巖應和尚旱霖集云。應子從容曰。二三子。欲聞五山十剎之故乎。五山之稱。古無今有。今有何。貴寺不貴人也。古無何。貴人不貴寺也。古者雖窮鄉遠地。蟒巖虎穴。有有道之人處。則有志之士。四方萬里槖至。王公大人。望山而拜。過者不敢唾其地。如佛之所住。何寺院大小之問乎。厥後檀信。競造大寺。擇名德主之。人以爲道德之所在。而食之豐約。衆之多寡。不較矣。今者。乃官差住持。僧園加富。而費用殷繁。五山之稱。由此而著。彼方乃吳越錢王置之。後世沿焉不革。此方乃關東平元師置之。平氏亡。南朝先皇。陞南禪爲第一。近代又加天龍。餘並如舊。法運將季。外衞者不視不擇。由此安庸之徒。垂涎聲利。以機巧以狐媚。濫膺竊據。紛焉沓然成風成俗也。雖謂衆學者。但以濡沫小惠。羈縻其心。學者又貌敬腹非。上下交相欺。蓋牙僧履豨之不如也。逐使古佛叢林。忍詬于柳柳州鐵爐步志者。蓋斯輩歟。不思五山位名之弊。瑧于此極。嗚呼堯舜如在非。則以爲瀘罷乎。瀘罷如在天。則以爲蛟龍乎。果無此理。則託物焉欲身之立名之揚者。不亦甚惑乎。浮光幻影須與變謝。來報之說不誣。則吁可恐哉。二三子。一日意行出通衢。偶見禪衲有遠行之色者。問之何往。曰京師南禪。或曰相陽建長。住持者誰歟。曰不知。或曰某人。某人言可爲法行可爲師否三種住持。十科僧業。具闕何如。曰不知。且其人與予親舊而省覲耶。又以富豔諸好施予有所于求耶。曰並無之。若爾遠恩奚爲曰天下之望剎也。濫廁僧倫。不一日掛錫於其間。不亦恨乎。主人賢否何恤。逐行。余自語曰。甚哉後生之無識也。假如嘯此等之族。千百圍遶。鐃鼓鬧聒。飯氣餖餇。但是一闤之市。而住持蓋其平也。豈佛祖建立。永延慧命之本意也耶。

忠曰天竺亦有五山。名或言準之立支那五山。我未見其本說。今且錄於茲。

智度論云。問曰。佛何以多住王舍城。答曰。以坐禪精舍多故。餘處無有。如竹園鞞婆羅跋恕。薩多般那求呵。因陀世羅求呵。薩簸恕魂直迦鉢婆羅。耆闍崛。五山中。有五精舍。竹園在平地。

法華文句云。有五精舍。鞞婆羅跋恕。此云天主穴。薩多般那求訶。此云七葉穴。因陀世羅求訶。此云蛇神山。薩簸恕魂直迦鉢婆羅。此云少獨力山。五是耆闍崛山。　又云耆闍崛山者。此翻靈鷲。亦曰鷲頭。云狼跡。

● 十剎

忠曰。剎者剎竿之義。寺前樹剎竿。故稱寺爲剎也。剎竿見器物門。

支那十剎者。一中天竺山天寧萬壽永祚寺。在杭州臨安府二道場山護聖萬壽寺。在湖州烏程縣三蔣山太平興國寺。在建康上元府四萬壽山報恩光孝寺。在蘇州平江府五雪竇山資聖寺。在明州慶元府六江心山龍翔寺。在溫州永嘉縣七

雪峯山崇聖寺。在福州侯官縣八雲黄山寶林寺。在婺州金華縣九虎丘山雲巖寺。在蘇州平江府十天台山國清教忠寺。在台州天台縣

日本十刹者。曆應五年所定。一淨智寺。在相模二禪興寺。在相模三聖福寺。在筑前四萬壽寺。在山城五東勝寺。在相模六萬壽寺。在相模七長樂寺。在上野八眞如寺。在山城九安國寺。在山城十萬壽寺。在豐後

康曆年中。重議定。一萬年山等持寺。在山城號鳳凰山開山夢窓疎石。二靈龜山臨川寺。在山城開山夢窓疎石。三安國山聖福寺。在筑前博多開山明菴榮西。四萬年山眞如寺。在山城開山子元祖元。五神鷄山安國寺。在山城舊號北禪寺開山大同。六蔣山興聖萬壽寺。在豐後開山直翁智侃。七巨鰲山興國清見寺。在駿河開山關聖。八瑞雲山定林寺。在美濃開山高峯顯日。九覺雄山大福田寶幢寺。在山城開山春屋妙葩。十龍嶋山崇禪寺。在出羽開山春屋妙葩。

爾後歷代沿革。不得悉記。

甲刹

十刹之外。甲於禪刹者。爲甲刹。支那甲刹。有龍翔山集慶寺。華藏山顯報寺等。不得盡錄。

日本甲刹。有平安山佛心寺。靈龜山景德寺等。不得盡錄。

鄰封

忠曰。鄰寺鄰山言鄰封。封者封疆也。

敕修清規。尊宿遷化。有鄰封遺書。

山鄰

忠曰。大德寺妙心寺。稱山鄰矣。吾聞諸先師。蓋爲其在五山之鄰封也。或曰。五山僧。自稱叢林。貶大德妙心。稱山林。故五山僧。製大德妙心長老入寺疏。多用山林兩字。意在輕侮。謂我輩居公方官寺。渠自居山林也。余謂此說差矣。夫大德妙心。天子

敕額寺。豈可貶稱哉。五山亦各有山號而各稱叢林。豈非山林耶。故支那五岳。亦有以山林稱之者。居頂圓菴集木菴再住天童京城方外交疏云。聖人同一心。豈分竺乾洙泗。天下無二道。何論鐘鼎山林。止此 蓋鐘鼎。謂儒在朝廷。山林。謂釋在佛寺。又愚菴及禪師錄。淨慈冬至小參云。千載南屏古道場。目前無法可論量。群陰銷盡陽生也。四海同瞻化日長。如是則鐘鼓山林依舊。太平氣象維新。止此 夫天童淨慈皆居五山之一。住天童疏。而居頂有此詞。淨慈小參。而愚菴有此言。則山林之目。何在貶抑。故其說無謂矣。又敕修淸規。聖節疏語曰。山林鐘鼓樂化日之舒長。草木昆蟲被雷澤之滲漉。止此 此之疏。五山大方。叢剎巨剎。可皆通用。而取蘇軾句。成山林鐘鼓之語。五山亦可稱山林矣。又叢林者。凡衆僧所集處之稱。五岳何得專稱而令他不稱哉。

東坡贈淸涼寺和長老詩云。老去山林徒夢想。雨餘鐘鼓更淸新。

● 十方剎

忠曰。請諸方名宿住持。不拘甲乙。故爲十方剎也。敕修淸規請新住持云。凡十方寺院。住持虛席。必聞于所司。伺公命下。庫司會兩序勤舊茶議。發專使修書製疏茶湯榜。請書記爲之。

義堂信禪師日工集云。上杉兵部來。和會報恩永式。堂曰。昔十方諸檀爲先師造寺。不可勝計。特以天龍爲十方剎。兵部曰。吾聞臨川以下。大小寺院。皆爲度弟院。今此瑞泉又然。

空華集云。天龍資聖寺以本備十方之居。故先師不允徒弟者掛搭。詳職位門淨頭處

翻譯名義集云。裕師寺誥云。寺是攝十方一切衆僧。修道境界。法爲待一切僧經游來往。受供處所。無彼無此。無主無客。僧理平等。同護佛法。故其中飮食衆具。悉是供十方。凡聖同有。鳴鐘作法。普集

僧衆同時共受。與檀越作生福之田。如法及時者。皆無遮礙。是宜開廓遠意除蕩鄙懷。不恡身財護持正法。

忠曰。寺語十方義。與請十方僧住持少異焉。然寺通十方。則其義同。

● 度弟院

忠曰。未詳何義。蓋對十方剎爲言。則己所度之弟子令住持之。甲乙而傳者。(又見稱呼門度弟處)

義堂日工集云。神崎某。以寺施與余堅却之曰。凡今時以度弟院爲貲者。天下皆是也。余則不然。以有三寶互用之誡也。　又云。府君賜東榮寺。爲度弟院。　又云。承新規。改度弟院爲十方。則許預十剎。余伏以臨川已爲十剎首。是度弟也。當寺及普門亦皆度弟諸方以爲何如哉。府君僧錄皆領之。

● 受業院

首受出家業寺院也。(受業義見稱呼門受業師)

傳燈錄云。福州古靈神讚禪師。本州大中寺受業。後行脚遇百丈開悟。却廻本寺。受業師問曰。汝離吾在外得何事業。曰並無事業。遂有蜂鑽窓紙因緣。

● 常住

敕修淸規副寺云。掌常住金穀錢帛米麥出入。　又典座云。護惜常住。不得暴殄。　又莊主云。有補常住。而消禍未萌。　又辦道具盥水篇云。常住若不盥水。罪歸主執之人。

忠曰。常住者。行事鈔隨戒釋相篇云。僧物有四種。一者常住常住。謂衆僧舍宇什物。樹木田園。僕畜米麥等物。以體局當處。不通餘界。但得受用。不通分賣。故重言常住也。云云(器物門、常住物處、詳引四種)今禪林總轄常住僧物之所。又謂之常住。所謂千年常住也。(二者十方常住、三者現前現前、四者十方現前。詳釋如彼。)

釋氏要覽云、增輝記。梵云拓鬪提奢。唐言四方僧物。但筆者訛。拓爲招。去鬪奢留提。故稱招提。卽今十方住持寺院。是也。

廣燈錄洞山聰禪師章云、僧問無根樹子。向什麽處栽。師云、千年常住一朝僧。

羅湖野錄云、明州啓霞宏禪師。院之山林深秀。有貴人卜葬所。親迎柩至。宏堅臥其穴。不克襄事。郡守仇待制遣人諭之曰、千年常住。一朝僧。長老何苦爭耶。宏曰、不可以一朝僧。壞千年常住。貴人亦賢者。善其言而改圖。

中峯本禪師山房夜話云、今之苾蒭。於所爲處。動背至理。惟務惡求。如片地之不獲。或多財以壓之。或重勢以臨之。或搆罪以恐之。或挾術以勝之。雖成就於一時。皆煩惱業根。豈福田利益者哉。競以千年常住一朝僧之說。爲張本。殊不思千年常住。苟非定慧貪熏自他兼利。必何所從而得耶。或因其所自。是猶捨池而招明月。棄樹以集衆鳥。理豈然哉。

禪林寶訓云、妙喜曰、安著禪和子。不過錢穀而已。峙萬菴以謂不然。計常住所得。善能撙節浮費。用之有道錢穀不勝數矣。何足爲慮。然當今住持。惟得抱道衲子爲先。

虛堂和尙徑山錄有朝廷降賜度牒二十道。入常住修造上堂。

● 公界

公道之疆界也。

敕修淸規日用軌範云、不得以兩邊公界手巾。拭頭面。公界手巾。係著衣後淨手拭之以披五條也。

● 塔頭

祖師塔處也。

臨濟玄禪師錄云、師到達磨塔頭。塔主云、長老先禮佛先禮祖。師云、佛祖俱不禮。塔主云、佛祖與長老是什麽冤家。師便拂袖而出。

●子院

叢林諸院。依附本寺者。爲子院。

●都道場

都道塲者。每郡縣。建祝壽道塲。以爲一郡一縣聚會祈禱之處。義堂日工集云。唐土每城裡有都道塲。諸宗集會祝聖。止此是也。

敕修淸規聖節云。或住持赴郡縣都道塲所歸時。鳴鐘集衆。門迎。詣方丈問訊。

僧史略云。魏大武帝始光二年。立道塲。至神䴥四年。敕州鎭。悉立道塲。慶帝生日。（報禱門聖節詳引。）

●定額

忠曰。朝廷定天下佛寺之數有限。此云定額。定額外不許私建寺。（凡定僧數、或定賦稅數、皆稱定額。）

本朝文粹前中書王請以施無畏寺爲定額寺狀云。伏願陛下。鴻慈特降龍渙。準之前例。列之定額。

●宣政院

朝廷管僧道衙門。此謂宣政院。

忠曰。元朝初置之。日本寺社所也。

元史百官志云。宣政院。秩從一品。掌釋敎僧徒。及吐蕃之境。而隸治之。遇吐蕃有事。則爲分院往鎭。亦別有印。如大征伐。則會樞府議。其用人。則自爲選。其爲選。則軍民通攝。僧俗並用。至元初。立總制院。而領以國師。二十五年。因唐制。吐蕃來朝。見於宣政殿之故。更名宣政院。置院使二員。同知二員。副使二員。參議二員。經歷二員。都事四員。管勾一員。照磨一員。二十六年。置斷事官四員。二十八年。增僉院同僉各一員。元貞元年。增院判一員。大德四年。罷斷事官。至大初。省院使一員。至治三年。置院使六員。天曆二年。罷功德使司。歸宣政。定置院使一十員。從一品。同知二員。正二品。副使二員。從二品。僉院二員。正三品。同僉三員。正四品。院判三員。正五品。參議二員。正五品。經歷二員。從五品。都事三員。從七品。照磨一員。管勾一員。並正八品。掾史十五人。蒙古必闍赤二人。回回掾史。二人。怯里馬赤四人。知印二人。宣使十五人。典吏有差。

續文獻通考云。宣政院古無之。元立。掌釋教僧徒。

佛祖通載云。道我皇元世祖皇帝混一海宇。條綱制度。一出睿思。謂以俗制於僧。殊失崇敬。詔天下。設立宣政院。僧錄僧正都綱司。錫以印信。行移各路。主掌教門。護持教法。賴聖天子。不負佛囑也。然而裨販之流。好爵靡貿。恃其所貴而貴之。奔走伺候。處汚不羞。以敲朴喧囂牒訴倥傯。爲得志。不奪不厭。致有襲加巴僧錄。枉取栲栳山僧錢。罔咈律行。可謂師子身蟲也。仁宗皇帝居儲宮。日目擊其弊。降旨。除宣政院外。一例革之。是亦不負靈山付囑也。

中峯本禪師錄師子正宗寺陞座云。今乃與宣政院使平章相國。及王子宰相。尚書侍郎。舍人。宣使一行官從同時會集。

●行宣政院

舊說曰。在朝廷曰宣政院。在諸道曰行宣政院。行奉行也。謂遐方州縣。難通治。故置之。奉行宣政院事。

敕修淸規兩序進退云。泰定間。脫歡丞相。領行宣政院。分上中下三等寺院。額定歲。請知事員數。

佛祖通載云。元仁宗延祐五年戊午。六月。再立行宣政院。　又云。文宗天曆元年戊辰。革行宣政院。設立十六處廣教總官府。以掌僧。

續文獻通考云。行宣政院。順帝元統二年。革罷廣教總管府十六處。置行宣政院於杭州。除院使同知副使各二人。同僉院判各一人。至元二年。西番寇起。又置行宣政院。以也先帖木兒爲院使。往討之。至正二年。江浙行宣政院。又設崇教所。擬行中書省。理問官。以理僧民之事。

廣集撰笑隱訢和尚行道記云。江浙行省丞相脫歡公。故荅剌罕順德王之子也。以世勳名德。靖重。知大體。兼行宣政院事。領東南浮圖之教。凡大剎。非名德不輕授。

中峯本和尚錄。示脫歡丞相法語云。賢宰相。以是光沛仁澤。宣大政。

忠曰。脫歡兼行宣政院。故有宣大政之語。

忠按日本昔時亦有此職名。　義堂日工集云。貞治三年甲辰夏。有朝旨。關東幕府。始置行宣政院。以十州管內禪教諸剎系焉。

● 涅槃臺

涅槃臺。焚化亡骸之處。

敕修淸規。僧宿遷化云。喪至涅槃臺。

● 化壇

涅槃臺。又名化壇。

幻住菴淸規云。默持經咒。送至化壇。　又云。公界與鄉人。往化人壇上。收骨。

第二類　殿堂門

● 伽藍

慧苑華嚴音義云。僧伽藍。具云僧伽羅摩。言僧者衆也。伽羅摩者園也。或云衆所樂住處也。

忠曰。法堂。佛殿。山門。廚庫。僧堂。浴室。西淨。爲七堂伽藍。未知何據。各有表相。如圖。

	法堂頭	
僧堂右手	佛殿心	廚庫左手
西淨右脚	山門陰	浴室左脚

止觀輔行云。如大經云。頭爲殿堂。

摩訶僧祇律云。廁屋不得在東在北。應在南在西。

忠曰。此圖。淨所在西南。則合僧祇律說。

招提

增壹阿含經云。毗沙鬼。白世尊曰。我今以此山谷施招提僧。唯願世尊。與我受之。

悲華經云。智華無垢堅菩提尊王如來。正法像法中間。諸比丘比丘尼。無慚無愧。或斷招提僧物。斷現前僧。衣服飲食臥具醫藥。

釋氏要覽云。招提。增輝記。梵云。拓鬭提奢。唐言四方僧物。但筆者訛拓爲招。去鬭奢。留提。故稱招提。卽今十方住持寺院是也。

翻譯名義集云。經音義云。梵云拓鬭提奢。唐言四方僧物。但筆者訛。稱招提。此翻別房施。或云對面施。或云。梵言僧鎧。此翻對面施。音義云。體境交現曰對。輟己惠他。名施。後魏太武。始光元年。造伽藍。創立招提之名。

杜子美遊龍門奉先寺詩云。已從招提遊。更宿招提境。

柳河東集衡山中院律師塔銘注云。凡官賜額者爲寺。私造者。爲蘭若招提。

寺

僧史略云。寺者釋名曰寺。嗣也。治事者。相嗣續於其內也。本是司名。西僧乍來。權止公司。移入別居。不忘其本。還標寺號。僧寺之名。始於此也。

釋氏要覽云。後漢明帝永平十年丁卯。佛法初至。有印度二僧摩騰法蘭。以白馬馱經像。居洛陽。敕於鴻臚寺。安置。（鴻臚卽司賓寺也）至十一年戊辰。敕於雍門外。別建寺。以白馬爲名。卽漢土佛寺始也。吳孫權立建初寺。爲始也。

大日經一行疏云。寺者毗訶羅此方譯爲住處。

山門

忠曰。山門者。山對城市之言。城市俗。山林眞。凡蘭若反俗居。本宜在山。所謂遠離處也。（蘭若智度論翻遠離處）

故縱在城市者。亦用山號。夫歸向眞道者。當由此而入。故言山門也。

或援劉熙曰。山產也。產生物也。釋名蓋今謂產生叢林法材也。　忠曰。此解幾乎附會。不可取也。

臨濟玄禪師錄云。師栽松次。黃檗問。深山裏栽許多作什麼。師云。一與山門作境致。二與後人作標榜。

又有山門爲本寺總稱者。　傳燈錄牛頭慧忠禪師章云。威禪師以山門付囑訖。出居延祚寺。

又有闔山住持已下大衆稱山門者。　敕修淸規諸方名勝掛塔云。首座請知事等。白住持發批。山門相送之意。詳下文疏門、送過位批處

● 三門

山門之制。排列門有三。故亦稱三門。

敕修淸規聖節云。堂司備榜。張三門之右。

日用淸規云。藥石罷。出衆。不得出三門。

傳燈錄。睦州陳尊宿章云。一日有天使問。三門俱開。從那門而入。師喚尙書。天使應諾。師云從信門入。傳燈睦州章、天使爲尙書

五燈會元仰山章。陸希聲相公機語。與此因緣相類。

釋氏要覽云。凡寺院有開三門者。只有一門。亦呼爲三門者。何也。佛地論云。大宮殿。三解脫門。爲所入處。大宮殿喩法空涅槃也。三解脫門。謂空門。無相門。無作門。今寺院是持戒修道。求至涅槃人居之。故由三門入也。

羅湖野錄云。死心禪師。以大觀元年丁亥九月。從洪帥李景直之命。住黃龍山。明年揭牓于門曰。卬門頭行者。賓客到來。劃時報覆。卽不得容縱浮浪小輩到此踏博。常切掃洒精潔。凡置三門者。何也。卽空。無相。無作。三解脫門。今欲登菩提場。必由此門而入。然高低普應。遐邇同歸。其來入斯門者。先空自心。自心不空。且在門外。戊子九月十八日。死

心叟白。

護法錄育王山碑略序云。三解脫門。則僧伽智華作之。（此止）即謂三門也。

三門閣上。必設十六羅漢像。中安寶冠釋迦。以月蓋長者善財童子。爲挾侍。（釋迦或爲觀音、）

又有安五百羅漢者。　釋氏資鑑云。宋元豐元年。天嘗久旱。帝禁中齋禱甚力。一夕夢。有僧乘馬。馳空中。口吐雲霧。既覺而雨大作。翌日遣中貴。道夢中所見物色。相國寺三門五百羅漢中。至十三尊。畧彷佛。即迎入內觀之。正帝所夢也。

隔子門

忠曰。子助字。蓋方丈小門。隔外庭。故云隔子門。

雪竇顯禪師錄云。玄沙與地藏。在方丈說話。夜深。沙云。侍者闔隔子門。汝作麼生出得。地藏云。喚什麼作門。（又聯燈玄沙章、傳燈會元並但作門、）

無準範禪師錄結夏小參云。佛殿裏隔子門礙塞殺人。

偏門

非正門也。有罪犯者。自此門驅出焉。

禪苑淸規百丈規繩頌云。犯重焚衣鉢。應當集衆人。山藤聊示恥。驅擯出偏門。

敕修淸規肅衆云。或彼有所犯。即以拄杖杖之。集衆燒衣鉢道具。遣逐偏門而出者。示恥辱也。

佛殿

文字禪白鹿山靈應禪師。大佛殿記云。余聞百丈大智禪師之訓曰。世尊遺教弟子。因法相逢。則當依法而住。飮食服玩。經行宴坐。必爲叢林。營建室宇。必先造大殿。以奉安佛菩薩像。使諸來者知歸向故。晝夜行道。令法久住。報佛恩故。

傳燈錄丹霞然禪師章云。一日石頭告衆曰。來日剗佛殿前草。

正宗贊德山鑑禪師傳云。師凡住院。拆却佛殿。獨存法堂而已。傳燈錄德山章不載之。

忠曰。世謂。拆却佛殿。獨存法堂。德山獨有此作。殊不知。本是百丈立意也。傳燈所載禪門規式云。不立佛殿。唯樹法堂。當代爲尊也。詳法堂處。蓋雖百丈本規。諸方猶立佛殿。而德山特準其命爾。

歷代三寶記云。孝明帝熙平元年。靈太后胡氏。造永寧寺。乃至浮圖北有佛殿一所。形如大極。中有丈八金像。

空華集賀知殿頌軸序云。昔吾震旦之祖。自達磨至大寂之世。凡八葉。三百五十餘祀。未有禪居。故吾徒多栖律寺。及乎百丈祖興。創意別營禪宇。以居其徒。僧史所謂。利不百不變格。是也。然猶未立佛殿。以表佛祖親承當代爲尊也。而後祖師。以懼吾徒去佛逾遠。而忘乃本也。而乃有佛殿之制。既有佛殿矣。則不可無掌之者。於是置乎知殿之司。班于頭首之末矣。本朝當叢林盛時。尚置是職。而邇年稍稍而廢者何也。意以其班序庳。而吾徒不肯就焉耳。由是殿堂也。像設弗嚴。鄰火弗裝。燈燭弗飭。塵埃也埒如。几案也闇如。管籥之啓閉也。弗謹。往來之躪躒也。弗便。於序致使吾覺皇寶殿。寂寂焉。而曾路旁古廟之不若。不亦可惜也哉。

聯燈會要。古靈神讃禪師章云。其師一日澡浴。命師去垢。師撫其背云。好所佛殿。只是無佛。傳燈作好所佛殿。而佛不聖。

忠曰。佛殿。甎面。白土畫者。擬夏中楞嚴會行道。此亦律有據。見叢軌門經行處。

西域佛殿。名香殿。　毘柰耶雜事。佛爲外道現神通因緣云。世尊即以右足。踏其香殿。是時大地六種震動。　注。西方名佛所住堂。爲健陀俱知。健陀是香。俱知是堂。此是香室香臺香殿之義。不可親觸尊顏。故但喚其所住之殿。即如此方王階陛下之類。然名爲佛堂佛殿者。斯乃不順西方之意。

佛壇

敕修清規報恩章序云。於是設聖容、具佛壇場。

忠曰。居家必備漳郡張一棟祭禮考云。古者庶人無廟。而祭於寢。注云。寢者前堂也。此余謂此方寺院。無佛殿處。則方丈設佛壇、而祭佛祖亡者。即是無廟而祭於寢者也。

撐天柱

凡殿堂。正面左右二露柱。此謂撐天柱。

雨打

凡殿堂。四壁與露柱之間。曰雨打。蓋殿堂宇有二重。第一重。爲正屋。第二重更足造者。若無第二重則第一重簷霤。可零此處。故名雨打。

義堂日工集云。三門兩廊。雨打既成。

月壇

凡殿堂壁外露壇。名月壇。蓋月光常到處也。

東福寺入寺記云。新命過佛殿西月壇。

東坡詩集扈從景靈宮詩云。道人幽夢曉初還。已覺笙簫下月壇。

忠曰。近水戶侯光國造大學明倫堂。其壁外壇曰月臺。老者得乘輿到于此。水戶侯依清儒朱之瑜指揮、造二十分一之明倫堂云、月臺即月壇也。

永覺晚錄重建鼓山湧泉寺記云。大殿乃謀再造。即命石工。甃殿前月臺。及大庭石。

無慍公案搶劫類云。縣主即起鄉夫七八人。抬其石而至。令放于月臺之下。抬擧也、非義、恐扛誤也。

隋史遺文云。秦叔寶販馬。到潞州二賢莊單雄信所。見主人立在簷前。只得站立於月臺傍邊。

忠曰。是農家。亦稱月臺。

水滸傳云。梁中書起身。走出堦前來。從人移轉銀交椅。直到月臺欄干邊放下。

祖師堂

祖師之堂。設于佛殿西邊。

白雲端和尚禪錄祖堂綱紀序云。吾道盛於此土。初祖菩提達磨之綱焉。擬立禪林之制。百丈大智之紀焉。此實天下之共知。而奈何天下祖堂中。各以開山傳次者。爲其祖。殊不思乃宗乃祖。所傳所持之最者乎。嗚呼。教來。五百年後。達磨始來。嚮之諸家之賢者。豈不知性即乎聖。何爲竟自以性以聖之泥乎。乃須少林之後。猶彈指頃。不假文字語默有無釋然亡其所待。而自得還其本。又古之巖居穴處者。但以法爲勝爲味。殊不慮今日其間者驕獨大智禪師慮之。而廓以禪林之度。由是資之。而少林之風。至今藹然於天下。吾欲天下祖堂中以達磨大智正其位。以開山傳次者。陪之。貫來者尊其始。而歸其大。豈不然乎。熙寧三年。歲次庚戌十月初一日立。

林間錄云。白雲端禪師曰。天下叢林之興。大智禪師力也。祖堂當設。達磨初祖之像於其中。大智禪師像西向。開山尊宿像東向。得其宜也。不當止設開山尊宿。而略其祖宗耳。

敕修清規訢笑隱尊祖章序云。海會端公謂。宜祀達磨於中。百丈陪于右。而各寺之開山祖配焉。見於祖堂綱紀序云。

忠曰。綱紀序無左右說。然清規言百丈陪于右。而今禪林安像。例而達磨南面。百丈在東。則陪于祖左也。臨濟在西。則陪于祖右也。依此舊說紛紜。或曰。林間錄已言。大智像西向。是亦可約達磨南面。則陪于祖左。明矣。故今右字寫訛。當改左字。即百丈配昭位(東左)。某寺開山配穆位(西右)。正爲當理也。或曰右字不可改也。但某寺崇開山。故開山安祖左(東也)。百丈安祖右(西也)矣。

或曰。右者。謂向眞人之右也。則北面向眞故。右則東也。合現今禪林安像法。

忠曰。向眞人之右之說甚失義也。何故。謂凡規制書。無此例。聖節榜張于三門之右者。言門西也。聖節上堂。侍者往法座左側立者。言座東也。儒禮亦然。文公家禮云。凡屋制不問何向背。但以前爲南。後爲北。左爲東。右爲西。後皆倣此。何遂作向眞人之左右說耶。其尊開山。抑百丈。固不足取焉。改左字者。義同林間。故不在痛削。然以余觀之。笑隱云陪于右。大有深意。蓋達磨爲太祖。二祖昭。三祖穆。如此次第配之。則百丈穆位。而在達磨之右也。笑隱之意。豈在茲乎。猶如周后稷爲祖。文王穆。武王昭矣。綱紀序本不言左右。覺範之配定。與改左字者。一狀領過。

或曰。今禪林以臨濟代開山配祖。若依其昭穆說。則臨濟亦當穆位。答曰。若置黃檗像。則固可如所論。然除黃檗。但安臨濟。故可配左邊空位耳。不可爲此難。唯是安像法。本於淸規百丈陪于右說。故臨濟可在左也。實與今禪林安位相反焉。如今之配置。蓋依林間錄而已。

羅湖野錄云。隆禪師及住虎丘。道大顯著。因追繹白雲端和尚立祖堂故事。乃曰。爲人之後。不能躬行遺訓。於義安乎。遂圖像奉安。題讚于上。達磨曰。闖國人難挽。西携隻履歸。只應熊耳月。千古冷光輝。百丈曰。迅雷吼破澄潭月。當下曾經三日聾。去却膏肓必死疾。叢林從此有家風。開山明教大師曰。春至百花觸處開。幽香旖旎襲人來。臨風無限深深意。聲色堆中絕點埃。嗚呼百丈創立禪規以來。叢林卒不至於弛廢。實本于此。白雲。以百丈配享達磨。有識靡不韙其議。可謂知本矣。隆既能遵行奉先之禮。又從而爲讚。發明其道。有足多也。

●土地堂

土地神。護法神之堂。設佛殿東邊。

南禪規式曰。或曰。宋國土地祖師二堂。在法堂左右。義堂云。但隨宜處立之。不必於法堂左右也。

敕修清規住持章念誦云。侍者隨住持到祖堂土地堂大殿。燒香禮拜。

三隱詩集拾得錄云。於土地堂壁上。書語數聯。

● 關廟

關帝之廟也。關帝見于靈像門。

佛祖通載。無盡居士撰。玉泉皓長老塔銘序云。玉泉寺宇。廢大弊漏。悉壞法堂。方丈。寢堂。鐘樓。慈氏閣。關廟。而鼎新之。

● 祠堂

居家。本設祠堂。而祭祖宗親族矣。今祭在家亡靈於佛寺者。爲祠堂。

漢書龔勝傳云。勝敕以棺斂喪事。衣周於身。棺周於衣。勿隨俗動吾冢。種柏作祠堂。

孔聖全書云。君子將營宮室。先立祠堂于正寢之東。爲四龕。以奉先世神主。高祖考妣居左。曾祖考妣居右。祖考妣居次左。考妣居次右。祖考妣皆南向。考左妣右。置祭田。具祭器。主人晨謁于大門之內。出入必告。正旦冬至朔望則參。俗節則獻以時食。有事則告。若無力之家。只擇明潔室一間。以奉四世神主。再無別室。可於寢堂正間祀之。

後漢書馬援傳云。更脩封樹。起祠堂。　又李固傳云。新營祠堂。

● 法堂

忠曰。演說大法之堂。故云法堂。故黃檗百丈山師表閣記云。東陽嗣住是山。既新作演法之堂。（止此）又宋景濂護法錄妙辨大師塔銘序云。元季。寺燬于兵。公奮然有爲。創演法堂及方丈室。

三才圖會宮室部云。堂者當也。謂當正向陽之屋。

（玉海）又堂明也。言明禮義之所。

華嚴經世主妙嚴品云。大智日勇猛慧菩薩說頌言。世尊凝睟處法堂。炳然照曜宮殿中。　又入法界品無憂德童子云。善財童子將升法堂。又摩耶夫人章云。時有守護菩薩法堂羅刹鬼王。名曰善眼。疏護正法堂也。

大方等日藏經云。於當來世。是中皆應起立塔寺。造作法堂。安置舍利經法形像。

佛本行集經云。有諸比丘。或在露地說法之時。或寒或熱。我許造堂。堂下說法。若雖有堂。露無四壁。風吹塵草。汙諸比丘。我今當聽起四壁障。遮諸塵草。時諸比丘在說法堂。若地不平。應以種種若麻若草泥塗其地。使令淨好。

毘奈耶雜事云。佛告阿難陀。此拘尸那城。往古有城。有拘奢伐底。有王名大善見。國人奉諸金銀末尼等寶。王曰。如是諸寶。我自豐足。不受。國人置寶而去。王念。今此珍寶。非枉求。我今宜用修造法堂。時有八萬四千諸城小王。聞之。咸詣王所白言。願不煩神慮。臣等望為王營造。再三請而許。諸王白王。於城東形勝地。興建法堂。（莊嚴廣說）嚴飾既畢。願覯臨幸。王念。此勝法堂。不應先自受用。宜請一切沙門婆羅門有德行者。如法供養。（中略）

右法堂文字。出經律者。

歷代三寶記隋錄云。法堂佛殿。既等天宮。震旦神州。還同淨土。

六學僧傳隋羅雲傳曰。上明東寺法堂十二間。蓋道安曇翼所造。

唐高僧傳羅雲傳云。釋道安於上明東寺造堂七間。曇翼後造五間。連甍接棟。橫列十二。

傳燈錄牛頭慧忠禪師章云。衆請入城。居莊嚴舊寺。師欲於殿東別創法堂。先有古木。群鵲巢其上。工人將伐之。師謂鵲曰。此地建堂。汝等何不速去。言訖。群鵲乃遷巢他樹。初築基。有二神人。定其四角。復潛資夜役。遂不日而就。繇是四方學徒。雲集座下矣。

宋高僧傳香育（闕神秀）傳曰。州將韓問。供施交駢。樹造法堂。嚴飾奇麗。時來問道。

右並百丈已前。有法堂稱者。

傳燈錄百丈章禪門規式云。不立佛殿。唯樹法堂者。表佛祖親囑受。當代爲尊也。

德山拆却佛殿。獨存法堂。見于佛殿處。

忠曰。竊以百丈制禪苑規繩。取意於朝制。其東西兩序。猶如文武排行。五參上堂。猶如五日一參到法堂制造。亦是擬太極殿矣。予嘗聞日本大極殿之制。蓋一依中華法。地面碁布甎瓦。中央有高臺。皇帝即位。登此座。則可四方瞻禮之。由此觀今法堂之制無一所異。而今法堂座後。有大板屏。非可移動者。蓋非古也。何以知之。淸規上堂云。設罣罳法被。夫板屏罣罳也。若常在則何言設之。乃知古制不造板屏。臨時設罣罳耳。旣無板屏則在座上者。可四方仰望之。然古有佛殿。擬太極殿者。編年通論云。魏胡太后作永寧寺。極土木之美。其佛殿如太極殿。三門如端門。僧房千楹。玉珠錦繡。駭人心目。前佛殿處、引歷代三寶記、予之法堂。形太極之說。殆得類證矣。

或曰。禪剎法堂。象帝釋善法堂。故名法堂也。予謂不然。古人或命文。命扁。只取類似。以資言藻。或上堂小參。亦臨時假借。未可取以爲本義也。若實謂象帝釋之堂。則義不亦涉焉。師表閣記。明言演法之堂。何須別說。且掇古人以善法堂稱者。附見于此。

佛祖通載。唐張說法池院二法堂贊序云。法池西三歸院二法堂。玆院長老初上禪師所造也。三歸堂以長安元年辛丑子月望日癸卯立。善法堂以開元元年癸丑丑月望日戊辰建。又云至哉初上人。建立善法堂。彩翠三世佛。

廣燈錄覺華普照禪師章云。僧問。如來以一音演說法。未審和尚何法示人。師云。白雲無定止。出沒太虛中。進云。恁麼則善法堂前師子吼也。

續燈錄興化紹浩禪師章云。上堂云。祖師門下。佛法不存。善法堂前仁義休說。又云。興化今。

日。不上天堂。不入地獄。於善法堂中。登王座上。爲母說法。

葉縣省禪師錄云。問善法堂中。伸一問。未審師還接也無。師云。蜀地錦觀陶綿。

雲峯悅禪師法輪錄云。開堂陞座。僧問。善法堂開於此日。第一義諦。請師宣。師云何不早問。

石溪錄小參。頌趙州訪茱萸。上法堂從東過西因緣云。善法堂前探淺深。寒濤平地湧千尋。

貞和集。北礀彰教建法堂頌云。善法堂傾法不傾。欲支一木要重新。

南堂欲禪師本覺錄小參云。從教靈山會上。退席五千。善法堂前。草深一丈。

大休念禪師錄壽福寺。掛善法堂額佛事云。善法堂前雙樹陰。微風吹動奏淸音。如來寶座覩蹤跡。天上人間亘古今。所以釋迦世尊。初於普光明殿。成等正覺。不離菩提樹下。上昇忉利天宮。乃至七處九會。徧登寶華王座。一音演唱。隨類得解。一雨所霑。隨根受潤。而況壽福禪苑。古佛道場。標善法之名模。遊先覺之懿範。雷音大震。普示人天四衆。慈雲廣被。仰瞻天雨四花。

忠曰。是已以善法。命扁。故援世尊昇忉利。且實其事。然假借緣飾。非爲本義也。

淸拙澄禪師錄小參。引臨濟洞山等五尊宿因緣云。這五員老凍膿。只今同在善法堂上。大開鋪席。互顯家風。

法座

忠曰。演法之座。卽須彌座也。

敕修淸規聖節云。侍者往法座左側立。候衆集。

開山塔

享堂

忠曰。安祖像牌之堂。設祭享於此。故云享堂也。今謂之照堂者。訛矣。詳照堂處。

大鑑淸規末後事儀云。龕安正客殿。或卵塔前享堂。龕於此安之。本是享堂。享同祭享之堂也。日本人名照堂錯也。

忠曰。日本人以開山享堂。誤稱照堂。蓋其轉誤有所由也。抑照堂。本在僧堂之後。而或處佛殿後。設開山塔。有似彼僧堂後之照堂。故稱佛殿後開山塔。爲照堂矣。遂不在殿後者。亦例謂照堂也。又照堂處辨之。

癸辛雜識別集云。平江虎丘。有虎十餘據之。同里葉氏墓舍在焉。其一大享堂。虎專爲食息之地。

●方丈

敕修淸規聖節云。維那上方丈。請住持僉疏。

傳燈錄。禪門規式云。長老旣爲化主。卽處于方丈。同淨名之室。非私寢之室也。

祖庭事苑云。今以禪林正寢。爲方丈。蓋取則毗耶離城維摩之室。以一丈之室。能容三萬二千師子之座。有不可思議之妙事故也。唐王玄策。爲使西域。過其居。以手版縱橫量之。得十笏。因以爲名。

法苑珠林感通篇云。吠舍釐國。宮城周五里。宮西北六里。有寺塔。是說維摩經處。寺東北四里許。有塔。是維摩故宅基。尙多靈神。其舍疊甎。傳云。積石卽是說法現疾處也。於大唐顯慶年中。敕使衞長史王玄策。因向印度。過淨名宅。以笏量基。止有十笏。故號方丈之室也。

釋氏要覽云。方丈。蓋寺院之正寢也。引王玄策事。

忠曰。頭陀寺碑。有方丈字。先唐玄策。且附見。

文選王簡栖頭陀寺碑文曰。宋大明五年。始立方丈茅茨。以庇經象。　註高誘曰。堵長一丈。高一丈。面環一堵。爲方丈。　銑曰。宋孝武皇帝時也。言立方丈之室。覆以茅茨之草。以庇經象也。

堂頭

忠曰。方丈稱堂頭。住持人居處。

禪苑淸規請尊宿云。專使先看知事。計會訖。上堂頭人事。

廣燈錄三聖然禪師章云。師到道吾。道吾以緋絲額。持神杖。師見乃云。遂便祗候。道吾應諾。師參堂了。再上堂頭。人事。道吾却具威儀。方丈內坐。師纔近前。道吾云。有事相借問得麽。師云。也是適來野狐精。便出去。

聯燈會要香嚴閑禪師章云。造潙山。山問。我聞汝在百丈先師處。問一答十。問十答百。此是汝聰明靈利。意解識想。生死根本。父母未生時。試道一句來看。師茫然。不能加答。遂歸寮。將平日看過底文字。從頭檢尋。無一句可將酬對。乃自嘆云。畫餅不可充饑。屢上堂頭。告潙山爲說。山云。我若說似儞。儞已後罵我去在。

正堂

一山曰。正堂。方丈室也。

傳燈錄。龜洋山無了禪師章云。師告寂。瘞于正堂。

酉陽雜俎云。嵩山普寂禪師。潔正堂。焚香端坐。未久忽聞叩門。連云。天師一行和尙至矣。一行入詣寂作禮。云云。

衣鉢閣

忠曰。藏住持衣財之處。此方所謂眠藏也。衣鉢義見于金寶類。

校定淸規入院視篆云。住持看封。預都寺開封。呈過住持。就狀先押字。次書日子。行者使印於日子處。狀係都寺收。印子隨封押。歸衣鉢閣。付與衣鉢侍者。或親隨行者。

備用淸規侍者云。密菴和尙赴靈隱。如侍者掌衣鉢閣。

又有閣作閣者。校定清規新住持入院云。印子隨即封押。歸衣鉢閣。付與衣鉢侍者。又云。檢舊例。下嚫衣鉢閣貼䁤。又法嗣師忌辰云。就衣鉢閣。支差設錢。

●寢堂

住持正寢之堂也。忠曰。蓋擬世之路寢。周禮註云。六寢者。路寢一。小寢五。玉藻曰。朝辨色始入。君日出而視朝。退適路寢。聽政。使人視大夫。大夫退。然後適小寢。釋服。是路寢以治事。小寢以時燕息焉。疏云。路大也。人君所居皆曰路。

竺仙仙和尚宗門千字文自註云。寢廟者。前曰廟後曰寢。今之曰方丈者。謂之寢室。大者曰寢堂。室則幽奥深邃。堂乃堂堂明顯也。今法堂者。正謂之堂。佛殿可曰廟也。

舊說曰。凡禪刹堂舍位置。法堂後有茶堂。接茶堂而有寢堂。連寢堂而有方丈。蓋寢堂者住持講禮之處。今日本禪院。於丈室前。置禮間者。是也。

忠曰。依此說。則日本方丈前。不別建寢堂。以方丈前一間。名禮間。充寢堂也。

敕修清規聖節云。上堂。住持於鼓初鳴。出寢堂。坐。又小參云。小參初無定所。看衆多少。或就寢堂。或就法堂。

又遊方參請云。凡寢堂中。必設參椅。示尊師道也。新到相看。住持當居中位。令其插香展禮。側坐受茶。於禮無損。

●輪藏

設機輪。運轉法藏也。傅大士創造。

釋門正統塔廟志云。復次諸方梵刹。立藏殿者。初梁朝善慧大士。傅翕玄風。愍諸世人。雖於此道。頗知信向。然於贖命法寶。或有男女生來。不識字者。或識字。而爲他緣逼迫。不暇披閱者。大士爲是之故。特設便方。創成轉輪之藏。令信心者推之一匝。則與看讀同功。故其自誓曰。有登吾藏門者。生生不失人身。又能旋轉不計數者。是人所獲功德。卽與誦經無異。今稱龍宮海藏者。乃約龍樹入海而言。又稱天宮寶藏者。乃附慈氏居處而說。然一切如來。只令口誦心惟。轉我法輪。饒益群品。今大士。特與慈悲。在在處處。創此機輪。運轉不息。欲俾一切含靈。同霑利益。盡未來際。成等正覺。大哉神力。詎可思議耶。先民所謂。智者創物。大士其有焉。若夫諸處俱奉大士寶像於藏殿前。首頂道冠。肩披釋服。足躡儒履。謂之和會三家。佛印禪師元了爲王荊公賛其所收畫像曰。道冠儒履釋加沙。和會三家作一家。忘却率陀天上路。雙林癡坐待龍華。又列八大神將。運轉其輪。謂天龍八部也。又立保境將軍助香火之奉。謂是在日烏傷宰也。玆三者。攷錄無文。錄六卷、弟子詰集、進士樓穎修定、不能自決。佛祖統紀云。梁傅大士。愍世人多故。不暇誦經。及不識字。乃於雙林道場。創轉輪藏。以奉經卷。其誓有曰。有登吾藏門者。生生不失人身。有能信心推之一匝。則與讀誦一大藏經。正等無異。藏前相承。列大士像。備儒道釋冠服之相者。以大士常作此狀也。列八大神將者。八部天神也。保境將軍者。在日烏傷宰。發誓護藏者也。　註云。義烏縣舊名烏傷。

善慧大士錄云。大士在日。常以經目繁多。人或不能遍閱。乃就山中。建大層龕。一柱八面。實以諸經。運行不礙。謂之輪藏。仍有願言。登吾藏門者。生生世世。不失人身。從勸世人。有發菩提心者。志誠竭力。能推輪藏。不計轉數。是人卽與持誦諸經功德無異。隨其願心。皆獲饒益。今天下所建輪藏。皆設大士像。實始於此。

白氏文集蘇州南禪院千佛堂轉輪經藏石記云。堂之中。上蓋下藏。蓋之間。輪九層佛千龕。彩繪金碧以爲飾。環蓋懸鏡。六十有二。藏八面。面二門。丹漆銅錯以爲固。環藏敷座。六十有四。藏之內轉。以輪止以柅。經函二百五十有六。經卷五千五十有八。

護法錄日本瑞龍山重建轉法輪藏禪寺記云。我佛如來。其正法之流通者。有三藏焉。一曰修多羅藏。二曰阿毘曇藏。三曰毘尼藏。惟此三藏。諄諄化導。使一切有情。滅妄趨眞。誠昏衢之日月。苦海之舟航也。琅函玉軸。多至五千四百四十八卷。衆生根鈍。莫能融貫。善慧大士。以方便力。造爲毘盧寶藏。函經其中。一運轉間。則與受持讀誦等無有異。

已下辨輪藏字義。

北磵文集。金粟洞天三教藏記云。金粟洞天在泉南勝處。住山人凝雲黃去華總三家之言于山中。貨諸大輪藏。所謂藏也者。藏也。涵藏之謂也。

又澄心院藏記云。佛所說經。一味之雨。三草二木。所澤各異。根差性殊。豈雨之咎。車軸之滴。匪海莫容。大心溟渤。乃克堪受。涵攝其義。曰藏。遵行其說。曰輪。舍藏無以蘊其奧。非輪無以發其用。第二義門。特出巧思。制成八觚。八窻玲瓏。面面層室。以貯琅函。以絢金碧。以擬覩史大莊嚴藏。樞正厥中。以靜以應。一機潛發。飈風疾旋。若翻地軸。使海水立。盪胸決眥。倏爾如砥。曰此權道。會心以境。

釋氏要覽云。經律論。謂之三藏。又佛藏。菩薩藏。聲聞藏。名三藏。藏者攝也。謂攝人攝法故。　又云。八藏。菩薩處胎經云。胎化藏。中陰藏。摩訶衍藏。戒律藏。十住菩薩藏。雜藏。金剛藏。佛藏。是爲釋迦文佛經法具足矣。若今安置經律論處。名藏者。梵云俱舍。此言藏。謂庫府之總稱也。

文苑英華。譚銖廬州明教寺轉關經藏記云。經心也。藏藏也。如心之含藏萬法者也。故曰一心生萬法。萬法由一心。其動靜弛張在我。而寧窮其義。略舉其大。斯藏也。本於一心。靈通無礙。動用自在。靜則萬法空寂。動則三界彌綸虛僞。唯心所造作。其在斯乎。周廻八角。角覺也。佛以眼爲八邪耳爲八患鼻爲八苦舌爲八難廻八邪爲八覺廻八患爲八解脫廻八苦爲八安樂廻八難爲八王子指四八爲三十二相。由此八關返邪歸正。成佛之境矣。止則寂然無用。引則轉而不窮。動雖有聲。靜乃無跡。云云讃曰。修多羅教。函于藏輪。周廻八角。正道斯陳。動用一心。爲萬法因。忘因無法。得本歸眞。鐫于金石。用導迷人。

忠曰。記中銖自謂。常學釋氏。然眼爲八邪已下。未知何據。

法輪者。釋氏要覽云。大毗婆沙論云。何名法輪。答是法所成故。法爲自性。故名法輪。如世間呼金輪等。輪是動轉不住義。捨此離彼義。能伏怨敵義。又圓滿義。謂轂輻輞三事具足故。輪體法。即八聖道支也。云云

鐔津文集崇壽禪院轉輪大藏記云。夫轉輪藏者。非佛之制度。乃行乎梁之異人傅翕大士者。實取乎轉法輪之義耳。其意欲人皆預於法也。法也者生靈之大本。諸佛之妙道者也。諸佛以是而大明。羣生以是而大昧。聖賢乃推己之明。而正人之昧。故三藏之取諭者。諭於此也。五乘之所歸者。歸於此也。然其理幽微。其義廣博。殆非衆人槩然而輒得。故盍其藏而輪之。姑使乎扶輪而轉藏者。欲其槩衆普得漸染佛法。而預其勝緣。則於道其庶幾乎。是亦至人攝化羣生之一端耳。其意遠且大矣。

備用清規藏殿祝聖諷經云。住持領衆。繞藏行道三帀。以表法輪三轉。

法輪三轉者。示勸證也。　倶舍論云。云何三轉十二行相。此苦聖諦。此應徧知。此已徧知。是名三轉。即於如是一一轉時。別別發生眼智明覺。說此名曰十二行相。

淨名略疏云。三轉法輪者。即是趣波羅柰。說生滅四諦也。輪者佛證四諦法。有可轉之義。故名爲輪。又解。能壞煩惱。名之爲輪。如輪王寶能壞怨敵。佛法輪寶。能壞煩惱。故名法輪。如來成道

經三七日。方趣波羅㮈。生生雖不可說以悉檀方便赴天人小機。而說四諦轉入彼心壞彼煩惱。故名轉法輪也。三轉者。一示轉。謂是苦是集是滅是道。二勸轉。謂苦應知。集應斷。滅應證。道應修。三證轉。謂苦我已知。集我已斷。滅我已證。道我已修。初轉示見道。勸轉示修道。證轉示無學道。是三轉十二行法輪。

大藏以千字文命函。見經錄門大藏經處。

●東西藏

敕修清規知藏云。後以衆多。列東西藏。

●十僧閣

建長寺有十僧閣。

禪居附錄淸拙禪師塔銘序云。師居建長。起十僧閣。各立扁以居大耆舊。

●千僧閣

徑山有千僧閣。

大慧杲和尚年譜云。紹興七年丁巳。師四十九歲。主徑山。又云。十一年辛酉。師五十三歲。千僧閣成。師遣介泉南。求記於李漢老參政。其略曰。云云院去數百里。自唐國一禪師。始斬荒蔚。驅龍蛇而居之。寺無常產。山之神龍。實助其緣化。公至之始。衆纔三百。二年法席大興。衆將二千。而院有僧堂二。不足以容。擬意於寺之東。鑿山闢址。建層閣十楹。以廬舍那南向。巍然居中。列千僧案位於左右。設連床。齋粥於其下。經始於十年春。越明年春。告成。云云又云。一閣之成。在公何足道。而循覽齷齪之者。以爲奇特。不亦陋甚矣哉。

陸放翁渭南文集圓覺閣記云。淳熙十年某月某日。徑山興慶萬壽禪寺。西閣落成。云云。東偏有千僧閣。紹興中。大慧禪師宗杲法門之傑。方住山時。衆溢千數。故以是名閣。

虛堂愚和尚徑山錄。有千僧堂上梁。上堂。又有開爐移衆僧單鉢歸千僧閣上堂。蓋度宗咸淳元年乙丑八月壼堂住徑山。三年丁卯冬十月。賜綾牒貳拾道。度牒等。一新僧堂浴室行堂也。

三默堂 浴室 僧堂 西淨

相傳浴室。僧堂。西淨。不許語笑。故此總曰三默堂。又見浴室西淨等處。

供養次第法不可思議疏云。默然者有三處。一食時。二大小便時。三洗浴時。

忠曰。浴室默然。不思議疏。洗浴時。又見毗奈耶雜事（殿堂門浴室引）僧堂默然。不思議疏。食時是也。西淨默然。不思議疏。大小便時。又見文殊經（殿堂門西淨）故三默堂皆有據矣。

僧堂

傳燈錄禪門規式云。所裒學衆無多少無高下盡入僧堂依夏次安排。

敕修淸規日用軌範云。不得僧堂內聚頭說話。不得在僧堂中看經看冊子。

北礀文集南翔僧堂記云。連長榻敷廣座。容數千指。開單盔。必視梁棟選柱石。然後可以帡幪震風陵雨。雖然非古也。古之人一生打徹於塚間樹下。云云。又夔寧僧堂記云。僧堂之作。非古人意。古無拓提。況堂耶。自枯木留香後。天下較奇策勝。堂飛炫耀。床榻囟几。惟恐不壯麗。毳毼疾疢。無霧霾風雨暴露之慘。既適既寧。精勵勝進。當倍徙異時。塚間樹下。不三宿者。何反無聞焉。

與禪護國論述宋國二十種勝事中云。經藏僧堂莊嚴如淨土。

雪峯存禪師錄云。師示衆云。望州亭與儞相見了也。烏石嶺與儞相見了也。僧堂前與儞相見了也。

玄沙備禪師廣錄云。我今問儞還見溪水麼。還見佛殿。欲還見僧堂。
僧堂名。已著於西竺。　智度論云。迦葉結集法藏時。以阿難殘結未盡。擯出阿難。入金剛定。破諸煩惱。作大力阿羅漢。即夜到僧堂門。敲門而喚。
　禪林有設二僧堂者。（文見千僧閣處）又有設三僧堂者。無文印笑翁堪禪師行狀云。雪峰僧堂二。曰留香曰衆香。師至。衆集如海。更闢妙香處之。
佛祖通載雲峰高禪師傳云。遷保安江陰教忠雲川何山。雲衲四來。三堂皆溢。（此止）蓋此亦有三僧堂也。
僧堂。但在禪刹。而天台宗有設之者。　佛祖統紀了生法師傳云。謁東靈欽師。時效禪林。羣居僧堂。當元夕。衆往觀燈。欽師行香。見其跪坐牀上。
　僧堂十六板首鉢位圖。見圖牌門。

東福寺僧堂圖

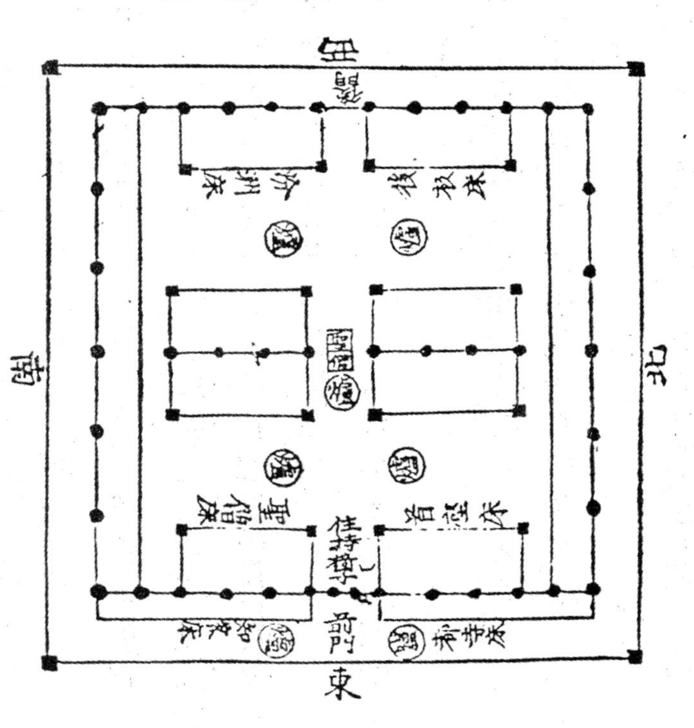

東福清規云。外僧堂東邊。亦上下間有床。歷兵亂。壞却之。故今則亡矣。東福清規云。後堂床之南床。曰汾洲也。（忠按分手訛作汾洲）知客床。有暫到者。上古有下齋時。行脚僧。據此床受齋。故云暫到也。　又云。住持赴僧堂坐禪者。蓋為點撿大衆也。故入堂。先巡

堂一而。是便撿衆之儀也。又專主僧堂者首座也。住持者非主僧堂。故僧堂無住持床。唯別設椅子而已。

雲堂

忠曰。僧堂亦曰雲堂。謂衆集如雲多也。　開福寧禪師錄。冬夜小參云。賴遇庫司置辦土儀果子。下座雲會堂中。大家東咬西咬。此止字義可見。

敕修淸規受嗣法人煎點云。請云。來晨就雲堂聊具菲供。伏望慈悲。特垂降重。

諸祖偈頌。阮中大仰山飯歌云。五更雲堂門尙閉。普供厨中人已起。

大慧杲和尙。鄭成忠請普說云。齋雲堂淸淨禪衆。請普說功德。不爲別事。專用回向無上佛果菩提。

禪堂

忠曰。僧堂亦謂禪堂。言衆僧坐禪於此也。文字已出首楞嚴經。云若諸末世。愚鈍衆生。未識禪那。不知說法。樂修三昧。汝恐同邪。一心勸令持我佛頂陀羅尼咒。若未能誦。寫於禪堂。或帶身上。一切諸魔。所不能動。

摩訶止觀云。身開常坐。遮行住臥。或可處衆。獨則彌善。　輔行云。或可處衆者。謂禪堂中。別處最勝。故云彌善。

續高僧傳後梁法聰法師傳云。聰住禪堂。每有白鹿白雀。馴伏栖止。

人天寶鑑云。圓覺慈法師。解行兼備。東掖虛席。能文二師。然指請師主之。慈至法席鼎盛。盛暑講罷。歸方丈。偃息。而文適至。謂師曰。東掖道場。世世皆有道者主之。講罷不在懺室。卽在禪堂。未有偃臥自恣者也。慈聞曰。敢不敬命。自後不少息。

僧寶正續傳月菴果禪師傳云。初至鵝湖。宴坐禪堂。聞二童子戲爭蒲團。其一舉起云。脩道不見。遮箇是什麽。師恍然有省。

柳河東集巽公院五詠中。禪堂詩云。發地結青茆。團團抱虛白。山花落幽戶。中有忘機客。涉有本非取。照空不待析。萬籟俱緣生。窅然喧中寂。心境本同如。鳥飛無遺跡。

●前門　僧堂

忠曰。佛殿法堂。皆有前後門。今擧僧堂者。

勅修清規大掛搭歸堂云。參頭領衆。前門右手入堂。至聖僧前排立。

●後門　僧堂

日用軌範云。打定鐘後。不得於前門出入。

勅修清規大掛搭歸堂云。參頭送維那出。註云。齋前後門。齋後前門。

●前板　僧堂

僧堂聖僧龕左右。爲出入板。自出入板已前。爲前板。亦曰前堂。卽前堂首座。管領之。自出入板已後。爲後板。亦曰後堂。卽後堂首座。管領之。

●後板　僧堂

說見于前板。

●堂內三板頭

禪苑清規維那章云。衆中新到掛搭。禮須勤重。諸方辨事。及名德人。別選上寮安排。退院長老。須依住持帖。及開堂疏內資次。於堂內三板頭。安排齋粥座位。

●四板頭

忠曰。首座板。後堂板。分手板。聖僧板也。又見禮則門。四處問訊處。

勅修清規方丈特爲新首座茶云。四板頭。不安香几無巡堂請茶。

首座板頭　僧堂

敕修清規聖節云。維那於僧堂往住持前問訊。從首座板起。巡堂一帀。

備用清規方丈特爲茶云。侍者往特爲人前問訊。從龕後。轉首座板頭。巡問訊一帀。

西堂板頭　僧堂

忠曰。即是聖僧板頭也。

東漸清規。勤舊鉢位圖云。內僧堂。如有西堂則一班聖僧板排之。

敕修清規專使特爲新命煎點云。於僧堂內鋪設主席。西堂板頭排專使位。

聖僧板頭　僧堂

忠曰。聖僧前。下間板。爲聖僧板頭。蓋聖僧侍者板

也。見校定兄弟相看章。即前堂首座分手。亦名西堂板頭。見僧堂處、東福僧堂圖。

校定清規兄弟相看禮儀章。新到歸堂云。參頭領衆。僧堂前門下手入。仍至聖僧前問訊。自末先移步。過聖僧侍者板頭。進三兩位。次第而立。

敕修清規念誦云。住持入堂。前堂首座入。次名德西堂插入。歸聖僧板頭立。　又大掛搭歸堂云。參頭領衆。巡堂。排立問訊。從班尾先移步。退聖僧板頭立。維那入堂燒香。上間立。

解云。維那與掛搭人。對立也。

又結制禮儀云。次知事入堂。燒香大展三拜。巡堂一帀。至聖僧板頭掛立。

後堂板頭　僧堂

僧堂後門上間。是後堂板頭也。即住持對面位也。

勅修清規。專使。特爲受請人煎點云。於僧堂內住持對面。設新命位。止是新命位。即後堂板頭也。

●立僧板頭　僧堂

立僧床。此方曰分手板也。蓋僧堂後堂首座。分手位也。

敕修清規兩序章云。維那鳴椎。俟首座唱食。至第三句。將畢。轉身退。至立僧板頭立。

●立僧首座床

即立僧板頭也。

●分手板

忠曰。立僧板。又名分手板。言後堂之分手位也。

東漸略清規云。燒香首座板。後堂板。分手板。聖僧板。（詳禮則門、四處問訊處。）

東福清規作汾洲床。依音近訛文。惑人多矣。

●出入板　僧堂

聖僧龕左右。爲出入板。前堂首座。領自出入板已前大衆。後堂首座。領自出入板已後大衆也。

敕修清規兩序進退云。知事一班。云云從聖僧左出住持前。兩展三禮。乃至退身從聖僧右。出聖僧前。大展三拜。

備用清規坐禪云。如衆頭首起位抽解。椎前堂首座。從住持面前出入。其餘皆從出入板出入。

敕修清規坐禪云。頭首大衆。並從出入板往來。

南禪規式僧堂圖。錄出入板。

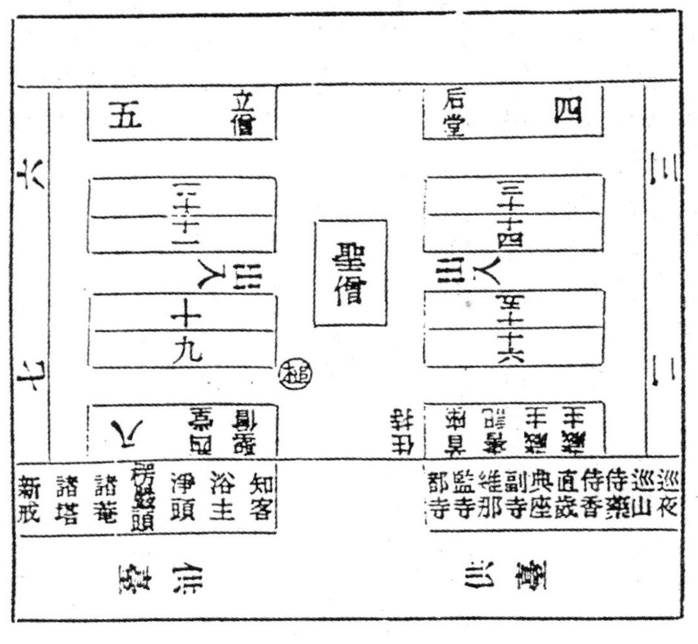

忠曰。此圖二三四等。是被位也。非二十六板首圖。

床前三淨頭 僧堂

勅修清規日用軌範云。床前一尺爲三淨頭。一展鉢。二安袈裟。三頭所向。　解云。展鉢者。食時展鉢於此也。安袈裟者。臥時。函櫃在脚邊。不便置袈裟。故安於此也。然床椽或怕盜竊。故但安函櫃上。而作在枕邊之想念。爲妙。頭所向者。臥時。床椽爲枕也。

三條椽 僧堂

續燈錄西禪鑑圖禪師章云。上堂云一一法上。一如來。一一座中。一彌勒。若也不知。且向三條椽下六尺單前。快須究取。

碧巖錄第二十五則評云。偏諸人。若見得。與蓮花峯菴主同參。其或未然。三條椽下。七尺單前。試去參詳看。

忠曰。僧堂之床。每人座位。横占可三尺許。乃各各頭上之椽。有三條。故言三條椽下。（七尺單前、言于座位門單位處、）

地爐 僧堂

臨濟玄禪師錄云。師一日與河陽木塔長老。同在僧堂地爐內坐云云

僧寶傳清涼益禪師傳云。與善脩洪進。自漳州抵湖外。將發而雨。谿壯不可濟。顧城隅有古寺。解包休于門下。雨不止。入堂。有老僧坐地爐。見益而曰。此行何之。曰行脚去。又問。如何是行脚事。對曰不知。曰不知最親。益疑之。（老僧地藏琛禪師也、）

五分律云。聽因地作火鑪。

明窓 僧堂　又方丈

僧堂之制大。而復前後架屋。堂內闇矣。故當前板首座板頭。西堂板頭之上。屋上開窓。（如今煙窓）故第一座板。言明窓下。

舊說云。僧堂宏構掩蔽。故作窓受明。名明窓也。

五燈會元佛日空禪師章云。師十七歲。參夾山。問答。山曰。冷灰裏有一粒豆爆。乃喚維那。明窓下安排著。師曰。未審明窓。還解語也無。山曰。待明窓解語。即向汝道。忠曰。維那掌僧堂事。故特喚命之也。

虛堂愚和尚寶林錄。結夏小參云。若得箇挿手處。莫待期滿。便請說看。何故。蓋老僧急欲明窓下安排。

諸祖偈頌慈受箴規云。虛占案分。挂物明窓。不合律儀。叢林安許。

忠按。慈受所言。似明窓在壁。

又方丈有明窓。傳燈錄石霜諸禪師章云。師居方丈。有僧在明窓外。問。咫尺之間。爲什麼不覩師顏。師曰。我道偏界不曾藏。

忠曰。此亦明窓。於壁開者也。

● 明樓

在僧堂前也。僧堂廣深。又前有外堂。故堂內昏暗。乃於堂前外堂間。高架樓。開窓接明。此云明樓。

物初賸語育王庫閣陰記云。更其制爲閣。五間三正兩挾。前後橫廡。前後穿堂。以覆砌級。如明樓之制。

枯崖漫錄泉山子愚初禪師。承天寺僧堂記云。擁以照堂。明樓在前。

臥雲日件錄云。東福衆寮。請頌題於夢巖。巖與牮明樓三字。蓋時明樓將崩也。牮支也。　又云相國寺明樓崩矣。

● 明堂

敕修淸規念誦巡堂之圖。僧堂與外堂之間。左右題云明堂。

忠曰。僧堂正前。高架明樓。明樓左右空處。曰明堂也。

● 內堂

虛堂愚和尚淨慈錄結夏小參云。竺土大仙。於九夏之月。布漫天網子。籠絡天下衲僧。謂之禁足護生。剋期取證。致於南山內堂外堂排單下榻。箇箇如生鐵橛。

● 外堂

在僧堂外面。故曰外堂。又曰外僧堂。凡暫到客僧皆食於此。知客接不時賓客。故不食於內僧堂。而食於此。又凡知事。不時有所辦。故並就外堂鉢位而食。

敕修淸規赴粥飯云。都監寺。維那。直歲。侍者等位在外堂上間。知客。知浴。知殿。化主。堂主等位在外堂下間。

● 知客板頭

忠曰。在外堂後門內南邊。

敕修淸規受嗣法人煎點曰。住持引手揖煎點人坐位居知客板頭。　又專使特爲受請人煎點云。住持對面。設新命位。堂外知客板頭。設專使位。

● 知客床

卽知客板頭也。

● 照堂

舊說曰。照堂在僧堂之後。若住持事繁。不遑上堂。則立僧首座。命掛牌。代住持入室普說。皆於是處。故堂內架法座矣。此屋連僧堂逕闇。故高其制。而取敞明。因名照堂。後來此處構牀所。未知其是也。又今時有法堂後造照堂者。固不足則也已。

枯崖漫錄子愚初禪師承天寺僧堂記云。擴以照堂明樓在前。

敕修淸規方丈特爲新掛搭茶云。至日侵晨。洗面時。備卓子筆硯。列照堂。請。各於名下書云。某甲謹拜尊命。

破菴先禪師行狀云。至平江萬壽。且過值天大雪。夜坐。乃自念言。行脚十年矣。此回若不徹去。又是虛生浪死。正悶悶間。不覺鐘動。趍後架。擧頭見照堂二字。疑情頓釋。

敕修清規念誦云。先鳴方丈板照堂板。

解者曰。僧堂後。衆寮後。皆有照堂。而今鳴衆寮之照堂板也。

忠曰。但是僧堂有照堂。不用曲說。雲章解聖節巡廊鳴板曰。巡廊鳴板者。先鳴方丈板。次鳴照堂板。次鳴衆寮首座寮等板。此止雲章已照堂之次。別言衆寮。則可知照堂板。但是僧堂後照堂板耳。故不用衆寮後。有照堂之說。

舊說曰。今時稱影堂爲照堂。實無本據。或云照當作昭。乃昭穆之謂也。本當謂昭穆堂。而略稱昭堂。此說亦杜撰矣。

忠曰。大應國師建長錄有新開昭堂陞座。乃作昭字。蓋日本禪林。有忌火字。去列火者。如照牌作昭牌。錄者從作昭堂乎。此陞座語中。不亦見祖塔覆堂塞。又無文印凝絕行狀曰。學徒中分遺骨。塔于照堂窣堵波之左。此止凝絕錄趙若琚撰行狀。作中分其半。建塔徑山菖蒲田玉芝菴。此止此亦非謂影堂也。故影堂曰照堂訛矣。余辯復見享堂處。

● 後架

照堂之後。有後架。大衆洗面之處。

永平正法眼藏洗面章云。雲堂洗面處者。在後架裡。後架在照堂之西。

敕修清規日用軌範云。取手巾。轉身下地。巾搭左手。念偈云云。輕手揭簾。出後架。輕手取盆洗面。

瑩山清規云。往後架洗面。往東司屙屎。

傳燈錄與化存奬禪師章云。師謂衆曰。我只聞長廊也喝。後架也喝。諸子汝莫盲喝亂喝。

廁亦有後架東淨處。引幻住淸規。

● 廊下

聯燈會要興化存奬禪師章云、師謂衆云。我聞長廊下也喝。後架也喝。諸子莫盲喝亂喝。

日用軌範云。不得衩袒歸僧堂并廊下行。

佛祖通載。海雲簡禪師傳云。一日於廊下逢數僧云云

東海一漚集自曆譜云。延文二年冬。吉祥寺廊下庫司災。

外典亦有廊下。說苑云。介子推。行年十五而相荊。廊下有二十五俊士。堂上有二十五老人。仲尼曰。合二十五人之智。智於湯武。并二十五人之力。力於彭祖。

常朝錄云。元稹爲翰林承旨。朝退行至廊下。時初日映九英梅。隙光射稹。

● 齋堂

忠曰。齋堂卽食堂也。食堂卽僧堂也。今日本黃檗山僧堂外。別設齋堂。蓋大淸禪林如是。非古也。

佛祖統紀云。司馬光。暇日遊洛陽諸寺。廊廡寂寂。忽聲鐘伐鼓。至齋堂。見沙門端坐。默默方進匕箸。光欣然。謂左右曰。不謂三代禮樂在緇衣中。

● 食堂

忠曰。禪林僧堂。本食堂也。食堂卽齋堂也。

蒲室集揚雲巖居士。作蔣山僧堂偈序云。寺古制。者有僧堂然惟會食而已。至於寢處。則有別室。如今敎律院猶然也。獨禪林。自唐開元中。百丈海禪師作淸規設長連牀於堂。率衆盡入居之。牀端爲木函盈赤。以貯三衣一鉢。外無餘畜也。坐臥起居有時。凡晨昏午夜。以及旦。長老首座。加巡警焉。惰者罰。不率敎而擯之。至於兩寂。迄若枯株。湛然止

水。衆千百肅如也。由貞元距今。六百年。他規盡廢。僧散處寺內外。甚者一己占屋數十間。積產業。以萬計。與馬僕從。擬巨室。冒刑法。汙宗敎。有不可勝言者矣。而堂之規。猶獨得如古。使天下之凡若僧者。盡撤其私室。禁而私畜。而會之于一堂。中以吾祖之規敎之。庸有如前所陳之敝乎。而僧者。能終身不越堂戶。繼之以不昏不亂。虛而照。寂而應。超生死。越三界。雖古聖賢。不出乎是也。

南山敎誡律儀。二時食法云。初入食堂。隨門類舉足。出時亦爾。

釋氏要覽云。毗柰耶云。給孤長者。造寺後作念。若不彩畫。便不端嚴。卽白佛。佛言。隨意。未知畫何物。佛言云云。食堂畫持餠藥叉。

祇園圖經云。最巷北大院。名僧食所。自開三門。中門之北。有大食堂。堂前列樹方維相對。交陰相接。渠流灌注。甚可觀閱。凡僧食者。多止此林。

酉陽雜俎續集寺塔記云。平康坊菩提寺食堂前東壁上。吳道玄。畫智度論色偈變偈。

不空三藏奏。代宗。天下食堂中。置文殊爲上座。詳見靈像門聖僧處。

十誦律自恣法中曰。掃灑食堂。掃除竟。入室坐禪。

佛本行集經曰。爾時世尊。日在東方。著衣持鉢。共諸比丘。來至食堂。於所敷設。次第而坐。

雜阿含經曰。比丘低舍。與衆多比丘。集於食堂。語諸比丘言。諸尊。我不分別於法。不樂修梵行。多樂睡眠。疑惑於法。（佛呵責）　又云。佛住舍衛國祇樹給孤獨園。前三月。夏安居竟。有衆多比丘。集於食堂。爲佛縫衣。

三隱詩集閭丘胤序云。國淸寺有拾得。知食堂。尋常收貯餘殘菜滓於竹筒內。寒山若來。卽負而去。　又拾得錄云。拾得者。知庫僧靈熠令知食堂香燈供養。忽於一日。與像對坐。佛盤同餐。

聯燈會要藥山儼禪師章云。師問僧。甚處來。云南泉。師云在彼多少時。云粗經冬夏。師云恁麼則三十年後。成一頭水牯牛去也。云某甲雖在彼中。且不曾上他食堂。師云。口欲南風那。云和尙莫錯。自有把匙筯人在。

僧寶傳大通本禪師傳云。移住錢塘淨慈。繼圓照之後。食堂日千餘口。仰給於檀施。而供養莊嚴之盛。游者疑在諸天。

儒家亦有食堂。柳河東集盩厔縣新食堂記云。貞元十八年。五月某日。新作食堂于縣內之右。始會食也。又云。其上棟自南而北者。二十有二尺。周阿峻嚴。列楹齊同。又云。既成得羨財。可以爲食本。月權其贏。羞膳以充。乃合羣吏于玆新堂。升降坐起。以班先後。又云。惟禮食之來古也。今京師百官咸有斯制。甸服亦王之內邑。且官有聯屬。則宜統會以齊之也。糾之離。而今之合。其得失也遠甚。我是以肅焉而莊。衎焉而和。羣疑以亡。嘉言以彰。旨乎其在此堂也。

茶堂

茶堂。必在法堂後。寢堂前也。今之茶堂。元是方丈也。住持行禮之處。

芙蓉道楷禪師。唯置一茶堂。自去取用。（詳飲啖門米湯盞）

校定淸規告香云。齋退鳴鼓。特爲茶。或就法堂。或茶堂。首座相伴。特爲參頭。有飯。

傳燈錄。東山慧和尙（嗣百丈海）章云。大于和尙與南用到茶堂。見一僧近前不審。云云

又傳燈錄黃檗慧禪師（嗣疏山仁）章云。師下堂。參第一座。乃於言下頓省。禮謝退於茶堂。悲喜交盈。

廣燈錄黃檗斷際禪師章云。師一日。在茶堂內坐。南泉下來。問定慧等學。明見佛性。此理如何。師云。十二時中不依倚一物。云云

鼓山神晏國師錄云。師見保福共僧。在茶堂說話。師云。莫葛藤。保福云。葛藤即不得商量佛法。還得也無。師作掴勢。保福云。過在什麼處。師又

行一摑。

玄沙備禪師廣錄云。一日僧問訊。云云師云。備適來。從什麼處來。云某從茶堂裏來。師云。備今若去也。從茶堂裏去。因什麼不識去來。

大慧杲禪師錄。歲節秉拂云。今日一隊奴僕。在茶堂裏。村歌社舞。弄些神鬼。

● 茶寮

焦竑類林云。僧寺茗所曰茶寮。

● 寮舍

傳燈錄禪門規式云。置十務。謂之寮舍。每用首領一人。管多人營事。令各司其局也。（主飯者。目爲飯頭。主菜者。目爲菜頭。他皆倣此。）　又職位門。十務處。

丹鉛總錄云。左傳。同官爲寮。文選注。寮小窗也。宋王聖求號初寮。高似孫號疎寮。謝伋號靈石山藥寮。唐詩。綺寮河漢在斜樓。皆指窗也。古人謂同官爲寮。指其齋署同窗爲義。今士子同業。曰同窗。官先事。士先志。官之同寮。亦士之同窗也。

爾雅云。寀。寮。官也。　郭璞註。同官爲寮。　刑昺疏。言同寮者。皆謂居官者。云同官爲寮者。左傳文七年。荀林父告先蔑之辭也。

周祈名義考云。楊用修謂寮爲小窗。以齋署同窗爲義。不知窗寮之寮。从穴。不从宀。說文寮穿也。玉篇寮舍也。後人遂以寮爲窗。是窗寮之寮。與寀寮之寮文既不同。義亦自別。安得以同窗釋同寮乎。（寀。采。俱音菜。宀音綿。）

忠曰。周祈不取丹鉛同窗義。直取同官爲寮之義。則禪林亦可同職者爲寮也。

● 四寮

敕修淸規嗣法師遺書至云。兩序四寮。江湖鄉人。法眷小師辦事。皆有祭。　又尊宿遷化。遺書云。知客引專使巡寮。先庫司。次頭首寮。單寮。蒙堂。四寮。

又云。兩序四寮。江湖辨事鄉人。皆致祭。

義堂曰。蒙堂之四寮也。所謂佛國白。大覺璉。參寥潛。九峰韶。四人所居也。

忠曰。昔四名德。居蒙堂。後人慕之。存四寮名耳。

舊說曰。四寮者。庫司。頭首。單寮。蒙堂是也。非別有名四寮者也。忠曰。此訛謬。尊宿遷化章。先庫司。次頭首寮。單寮。蒙堂四寮之語者也。四寮義。可依義堂之說耳。

敕修清規亡僧云。所封行李。首座。維那。知客。侍者。燒香侍者 四寮人力。擡歸堂司。

雲章曰。四寮不足疑焉。清規亡僧章。明言首座。維那。知客。侍者。四寮是也。又住持章。下遺書云。頭首寮西寮 單寮東寮 蒙堂東西蒙堂 四寮。蒙堂分東西。此亦可稱四寮。

忠曰。雲章第二說。強以東西單寮。東西蒙堂。作四寮。不足信焉。

忠曰。清規四寮。蓋有二種。亡僧章。四寮。即其所列首座。維那。知客。侍者是也。嗣法師遺書章。兩序四寮。及遷化章蒙堂四寮。並可依義堂說。余曾清規嗣法師遺書中。詳辨。

◉蒙堂

忠曰。蒙堂名。昉于大覺故事。後來勤舊退職者。安息處。乃稱蒙堂也。見稱呼門蒙堂處。又可與下蒙堂併看。

宋景濂潛溪集。四明阿育王山廣利禪寺碑銘云。其主僧。自宣密素公始可考見。宣密五傳。至大覺璉公。名振天下。乃至大覺日與九峯韶公。佛國白公。參寥潛公。講道一室。扁曰蒙堂。叢林取則焉。又云。修演法之堂。并撤其房廬。爲下蒙堂。則白雲住山智珠營之。

周易蒙卦彖云。蒙以養正。聖功也。 疏云。能以蒙昧隱默。自養正道。乃成至聖之功。

月江印禪師育王錄大覺禪師忌。拈香云。代闡通應詔而起。爲九峰草疏而來。對使者焚卻龍腦之鉢。創蒙堂如築黃金之臺。此是大覺老人平生受用不盡底三昧。雖相去二三百載。而聲光煒燁。猶百千之迅雷。稽首僧伽眞古佛。鄮峰千古碧崔嵬。

又月江賀友竹改牧石寮作蒙堂頌云。幽居改作蒙堂住。湖海高人不用招。大覺斷絃今復續。可無佛國與參寥。

●下蒙堂

玄極頂禪師圓菴集阿育王山下蒙堂記云。四明阿育王山廣利禪寺沙門某。成下蒙堂有年矣。今住山弘辯裕禪師圖記其事于石。而屬筆於某。辭弗獲。乃記曰。昔大覺璉禪師。嘗闢一室。列四榻。延其友九峰韶公。佛國白公。參寥潛公。相與居之。而榜曰蒙堂。蓋取蒙以養正之語也。是後禪林咸效爲之。今是堂之設于育王者有二。其一則大覺所居者。其一所謂下蒙堂者。卽某始作也。初某之師雪窓光公。法席盛時。名緇鱗集。乃謀別創蒙堂以處之。未果而化去。於是述先志。損己貲。撤所居房廬而創焉。名下蒙堂。其屋凡若干楹。而爲室十有六。室置一榻。奉像設。肅賓客。與夫庖湢之舍。無不完。經始於戊戌之秋。落成於明年之冬。惟百丈起禪規。會衆僧於雲堂。食息咸在焉。而蒙堂由大覺禮賢增置。自非齒隆德俊者。誠未易處也。然世降道衰。諸方往往。空其雲堂而不居。而吾人始勞於形生矣。嘗聞古之學道者。咸能忘其軀。是故日中一食。樹下不信宿。身愈窮而道愈通。其果何術哉。今雲堂聚衆之規未復。是以某承其師志。益爲蒙堂。以養隱德晦行之士。不亦善用其心乎。然入是堂者。宜思蒙之爲義。及其身之安也。務深蓄其道德。使九峯。佛國。參寥三人者復生。吾不讓焉。則大覺始立之意。某氏別創之勤。斯無負矣。

● 單寮

忠曰。單寮者。獨寮也。（詳于稱呼門、單寮處、）寮義。見寮舍處。敕修淸規。西堂首座掛搭云。如大方名德。欲作住計。語次露意。住持度有單寮可處。及行坐位次。上下安順。則留之。

人天寶鑑云。無畏久法師餘姚人。依慧覺璧公。得旨。後徧歷禪會。嘗入徑山佛日之室。佛日夜坐。必召師至。命說天台旨趣。及楞嚴大意。深遇之。出世淸修。學者雲集。師患後生單寮縱恣。闢屋爲衆堂。淨几明牕。蒲褥禪板。洒然有古叢社之風。

● 侍者寮

聯燈會要百丈懷海禪師章云。師契悟。（野鴨子因緣）浹背汗流。却歸侍者寮。哀哀大哭云云。

虛堂愚和尙錄普說云。一日在侍者寮思之。古帆未掛。有甚難會云云。

侍者寮。扁擇木。　大慧年譜云。師三十七歲。抵天寧掛搭。圜悟令居擇木堂。作不釐務侍者。（左傳哀十一年云、鳥則擇木、木豈能擇鳥、）　大慧普說。作擇木寮。

侍者寮扁小玉。　日本禪當志。南禪寺侍者寮。曰小玉。（聯燈云、圜悟勤禪師歸五祖、入侍者寮、偶五祖爲陳提刑擧小艷詩云、頻呼小玉元無事、只要檀郎認得聲、師聞云云、忽然大悟、）

● 侍司

侍者寮也。

敕修淸規告香云。每夏前告香。新歸堂者。推參頭一人。維那和會定。同衆詣侍司稟云。新掛搭兄弟。欲求和尙告香普說。

● 衆寮

忠曰。衆寮之制。南向也。　敕修淸規。大掛搭歸堂云。新掛搭人。轉東邊。寮主轉西邊。又觸禮一拜。寮主引掛搭人。排列朝觀音問訊。（此止）是可證南面之制也。

敕修清規列職雜務云。寮元掌衆寮之經文什物之類。

禪居附錄清拙大鑑禪師塔銘（東陵永璵撰）云。大元泰定丙寅八月。至博多。明年正月。上京。關東使來。迎居建長。三月十二日入寺。檀信稟以大國禪林所宜行事。悉擧行之。師開堂。告香普說。新造衆寮。規製如靈隱者。國中始有也。

衆寮圖　諸書所載似有訛差。今多依南禪規式之所圖。

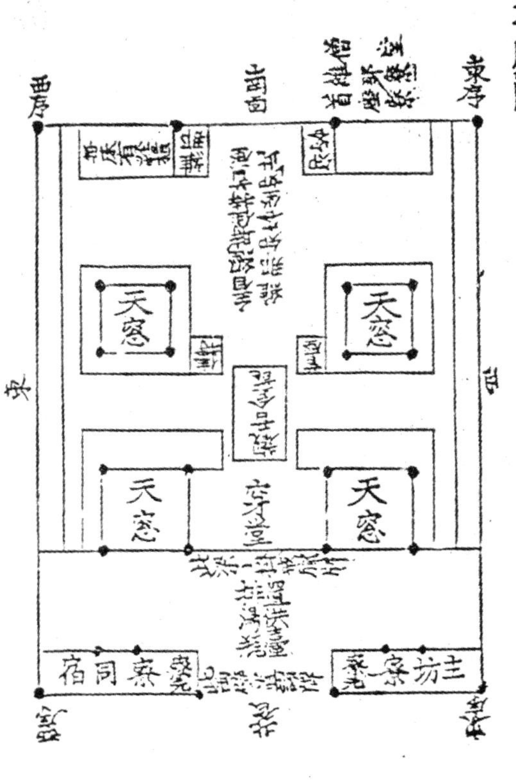

鎌倉清規衆寮圖。二十八位者。結解小座湯圖也。

穿堂　衆寮

衆寮觀音龕後曰穿堂。乃衆寮之後堂名也。

日用軌範云。僧堂不得上下間行道。穿堂直過。止此

又慈受箴規云。穿堂直過。豈不厚顏。止此　此等穿堂者。非堂名。謂自前門穿過後門之義。

敕修清規新掛搭人點入寮茶云。瓶須從穿堂入。

又衆寮結解特爲衆湯云。寮元依戒排經榻圖茶

湯問訊圖等。圖成大衆和南時。俱出於穿堂。

● 衣閣 衆寮

忠曰。蓋衆寮。安衆資具處。

備用清規日用清規云。衆寮登衣閣。白寮主上名。打板三下。上閣開籠。

● 維那寮

● 紀綱寮

維那寮。又曰紀綱寮。

毛詩大雅棫樸篇云。勉勉我王。綱紀四方。箋云。張之爲綱。理之爲紀。疏。説文云。綱。網紘也。紀別絲也。然則綱者網之大繩。以舉綱能張網之目。故張之爲綱也。紀者別理絲縷。故理之爲紀。以喩爲政。有舉大綱赦小過者。有理微細窮根源者。

正字通云。六書故綱要而紀詳。綱以舉紀。紀以舉目。謂綱大紀小者非。

南禪規式。錄南禪諸寮名。曰表率寮前板雲門　望仰寮後板仰山　龍蟠寮書記黄龍　虎嘯寮東藏主虎丘　結集寮西藏主虎丘　紀綱寮維那悦衆挑洞或　或擇木寮燒香侍者　思忠寮請客侍者　小玉寮湯藥侍者　內史寮書狀侍者　景雪知客

忠曰。敕修清規。維那云。綱維衆僧。曲盡調攝。止此維那寮名紀綱寮。本于此。僧史略云。知事之三綱者。若網罟之巨繩。提之則百目正矣。止此若依此。則知事三綱。總可稱紀綱耳。

● 堂司

堂司者。維那寮也。若呼人爲堂司。則維那是也。又見職位門。

● 藏司

藏司者。藏主寮也。若呼人爲藏司。則藏主是也。又見職位門。

僧寶傳雲居齊禪師傳云。法燈使知藏司。法燈偶見齊呼曰。每見舉祖師西來意話。藏主如何商略。齊曰。不東不西。法燈曰。若與麼會了無交涉。曰未審尊意如何。法燈良久曰。西來有甚意。

知客寮

客司

客司者。知客寮也。舌呼人爲客司、則知客是也。

敕修清規知客云。官員尊宿相過者。引上相見。仍照管安下去處。如以次人客。只就客司相款。

密菴傑禪師錄小參云。佛眼。五祖會中。在客司。因夜坐撥火。忽然猛省。愍菴華禪師蔣山錄載之。作充知客。

前資寮

忠曰。副寺已下知事。退休者。所歸寮也。

大慧普說笠上座請普說云。老和尚會裡。有元禪客。乃一日見元在前資寮裏坐。老漢拍他背云。來。同去鐘樓上看雪去。

沙彌寮

敕修清規沙彌得度云。祇就沙彌寮安下。俟他時登壇受戒謝戒。

客位

忠曰。賓客。及新命安息室也。旦過外。別設焉。敕修清規遊方參請。初參住持且過回禮。又云。住持過名勝相看。就送客位回禮。此可知旦過之外。有客位也。若一則同回禮。何別擧之。謂旦過之外別設客寮。若名勝。則送客寮也。

敕修清規迎待尊宿云。湯罷兩序勤舊。同送客位。

拈八方珠玉集云。寶蓋來訪漸源。源捲却簾子。在方丈內坐。蓋乃下却簾子。却歸客位。

明極俊和尚語要云。大慧會中。有一尼僧來參。送

歸方丈客位歇云云

安下處

忠曰。安下者安息稅下行李也。賓客或新命。稅駕之館。此名安下處。又名旦過。日本不特置安下者。借一子院安息。謂之宿房。安下或作安駕非也。下駕音近。轉訛也。

敕修淸規住持章。受法衣云。專使相看。湯罷。兩序同送安下。 又尊宿遷化。下遺書云。侍者燒香點湯。送專使歸安下處。 又遊方參請云。侍者云。且回安下處。容某通覆。

東林雲門頌古云。琅琊和尚。問擧和尚。近離甚處。擧云。乃至琅琊遂去安下處。見問。莫便是擧師叔麼云云

正法眼藏擧此話。安下處作旦過堂。

釋氏資鑑云。滕蘭二僧。於鴻臚寺安下。翻譯四十二章經。

龍舒居士淨土文云。譬如人入大城中。必先覓安下處。却出幹事。

大平廣記辭調撰唐無雙傳云。劉震曰。汝易衣服押領此物出開遠門。覓一深隙店安下。

剪燈餘話還魂記云。夫人曰。郎君毋還邸中。只在寒舍安下。

安下處或單言下處。 隋史遺文曰。秦叔寶。領刑具到下處喫飯。

旦過寮

忠曰。遊方人。到某寺。先稅衲子。入旦過堂。憩息。然後與師家相見。或謂旦當作且。卽暫時來過之義。妄說不足從。按陸放翁詩集。病中柬仲弼性詩云。心如澤國春歸鴈。身是雲堂旦過僧。止此 是以春對旦。又城西聯句。庚韻云。十載旦過軾。同時寒食翃。止此 是以寒對旦。故旦夕之旦明矣。蓋夕來宿。而旦過去也。

禪苑淸規龜鏡文云。旦過寮。三朝權住。盡禮供承。

敕修淸規知客云。其旦過寮。床帳什物。燈油柴炭。常令齊整。又裝包云。如遊山。到處將及門。下包捧入旦過。又遊方參請云。遊方掛搭。初到旦過。推熟於叢林能事者一人爲參頭。
又月分須知云。四月初一日。鎖旦過。
解者曰。自四月朔。止行脚。故鎖旦過也。
正法眼藏云。琅邪和尚。問擧和尚。近離甚處。乃至琅邪問侍者。此是甚麼人。曰擧上座。琅邪遂親下旦過堂問莫是擧上座麼。云云
大慧武庫云。葉縣省和尚。嚴冷枯淡。衲子敬畏之。浮山遠天衣懷。在衆時。特往參扣。正値雪寒。省訶罵驅逐。以至將水潑旦過。衣服皆濕。其他僧。皆怒而去。唯遠懷併疊敷具。整衣。復坐於旦過中。省到訶曰。儞更不去。我打儞。遠近前云。某二人。數千里特來參和尚禪。豈以一杓水潑之。便去。若打殺也不去。省笑曰。儞兩箇要參禪。却去掛搭。
大川濟和尚天章錄。開旦過上堂云。開門待知識。知識不來過。有箇來不入門。去不出戶。問他洞山麻三斤。趙州柏樹子。便惡發。吽。喫茶去。
護法錄會堂緣禪師塔銘序云。師道經苕溪。日已暮。悲風號林莽間。師遑遑急走。欲求憩泊之地。竟不可得。夜行三里所。乃逢逆旅主人破屋一間。不能蔽風雨。師竟夕不寐。明發指天自誓曰。所不能建菴廬以延旦過者。有如日。
叢林盛事有旦過字。見稱呼門兄弟處。
破菴先禪師錄行狀云。至平江萬壽旦過。値天大雪。夜坐。乃自念言。行脚十年矣。此回若不徹去。又是虛生浪死。
淸拙澄禪師日本錄晚參云。二十三上出閩入浙。至淨慈先佛心愚極和尚門庭高峻。旦過中八十餘人。不得相看。云云　又圓融寺鐘銘序云。大唐天目山中峯本禪師行脚時。止金陵一小寺旦過寮。云云
宋景濂護法錄淨慈逆川順公塔銘序云。師走

閩之天寶山參鐵關樞公師欲往公叱師下曰過寮潸然而泣或憫之慰曰善知識門庭高峻拒之卽進之也

●浴室

敕修淸規知浴云其入浴資次常刊揭浴室外

南海寄歸傳云世尊敎爲浴室或作露地甎池乃至洗浴者並須饑時浴已方食有其二益一則身體淸虛無諸垢穢二則痰癊消散能餐飲食飽食方洗醫明所諱

十誦律云外國浴室形圓猶如圓倉開戶通煙下作伏竇出外內施三擊閣齊人所及處以瓨盛水滿三重閣火氣上升上閣水熱中閣水暖下閣水冷隨宜自取用無別作湯故云淨水耳

增一阿含經曰爾時世尊告諸比丘造作浴室有五功德云何爲五一者除風二者病者得差三者除去塵垢四者身體輕便五者得肥白乃至若有四部之衆欲求此五功德者當求方便造立浴室

浴室安跋陁婆羅像說見靈像門

入浴法毘奈耶雜事詳說往看

毘奈耶雜事云浴室內漫爲言話佛言不應漫話然洗浴時有二儀式一者法語二聖默然

六學僧傳云後唐智暉姓高氏咸陽人少從圭峰溫禪師剃髮梁乾化四年自江表來京邑歷覩諸剎以爲所須皆備而獨於浴室似有缺典於是相攸洛汭治屋若干楹購山給薪鑿沼儲水輪汲而槽受其湯之富未易言則瓶錫之侶冠簪之倫搢紳先生之流其至者日不暇給而脫履則未竭承足卸衣則臬裙障身五日一開開凡七十有二而歲周矣其所浴殆數萬人不贅又開浴聖室於西廡以象十六應眞其內中則觀自在堂也侍郞揚凝式篇重暉爲作碑頌德

又六學僧傳云宋常覺姓李氏陳留人遊廬山

投歸宗寺出家。至後唐天成三年。始得地於汴京麗景門右。治屋數間。以營浴事。每月以三八日。一設。僧無遠近。皆就浴。歲約費千萬緡。雖出檀施。自非覺維持之力。疇克爾。尤與北海陶穀湘東張仲荀。厚善。皆有遺寄之文。可考。（古件並宋高僧傳載、今愛文簡明故引六學耳。）

●浴室頭首板頭

敕修淸規知浴云。如住持有故。欲同頭首。先浴。則不用設屏障。不入小閣內。只頭首板頭解衣。

●廚庫

臨濟玄禪師錄云。黃檗因入廚次。問飯頭。作什麽。飯頭云。揀衆僧米。

雲門偃禪師錄云。古人道。人人盡有光明在。看時不見暗昏昏。作麽生是光明。代云。廚庫三門。

廚品字箋云。烹飪之所也。

庫釋名云。舍也。物所在之舍也。

●槽廠

六祖法寶壇經云。五祖云。這獦獠。根性大利。汝更勿言。著槽廠去。慧能退。至後院。有一行者。差慧能破柴踏碓。（又見行者房處、）

忠曰。舊解言。行者寮非也。但是廚房邊。卑賤雜務之處。行者亦當服役于此耳。

槽正字通云。音曹。說文。畜獸食器。　品字箋云。槽草平聲。刳木令空曰槽。又酒槽。又以木槽飼馬。謂之馬槽。

廠正字通云。音敞。屋無壁。又音昌。義同。　篇海類編云。廠昌兩切。音昶。馬屋。又露舍無壁。　品字箋云。棚廠。薄有椽架。而覆不以瓦曰棚。雖以瓦覆。而門牕不設曰廠。廠敞也。言其廠然高曠。不狹隘也。

●磨院

正宗賛雪峯眞覺禪師傳云。師親書牌於磨院云。山前竟日無狼虎。磨下終年絶雀兒。至今虎雀絶無。

大慧武庫云。五祖演和尚。依舒州白雲海會端和尚。咨決大事。深徹骨髓。端令山前作磨頭。演逐年磨下。收糠麩錢。解典出息。雇人工。及開供外。剩錢入常住。每被人於端處鬪諜是非。云演逐日磨下。飮酒食肉。及養莊客婦女。一院紛紜。演聞之。故意買肉沽酒。懸于磨院。及買坯粉。與莊客婦女。搽畫。每有禪和來遊磨院。演以手與婦女。揶揄語笑。全無忌憚。端一日喚至方丈。問其故。演喏喏無他語。端劈面掌之。演顏色不動。遂作禮而去。端咄云。急退却。演云。俟某算計了。請人交割。一日白端曰。某在磨下。除沽酒買肉之餘。剩錢三百千。入常住。端大驚駭。方知小人嫉妬。時秀圓通爲座元。受四面請。即請演爲第一座。

永平清規引演祖事云。磨下者。磨院也。稱磨司。椎米磨麵之局也。寺邊五六町。若十餘町。建之。磨院主一人。請之。演祖之職掌。乃是也。

●水磨坊

置水碓磨之房舍也。

雪峯存禪師錄云。師在枯木菴坐禪。於水磨坊前晒麥。乃親題云。菴前永日無狼子。磨下終年絶雀兒。註山中至今。竝無狼虎。凡於磨坊前。晒麥亦無鳥雀。皆如師記耳。

●淨頭寮

大慧年譜云。師二十五歲。（在寶峯湛堂處）在淨頭寮。因書雪峯悅和尚小參語。於座右。一日廣道者至寮。見之。乃私語湛堂曰。宜州杲兄。以雲峯小參。爲警策。非碌碌餘子之比。湛堂曰。此子他日必能任重致

遠。淨頭義、見職位門淨頭處

行堂

行者所居之堂。即行者寮也。若呼人爲行堂、則行者是也、敕修淸規訓童行云。行堂前。掛牌報衆。　又沙彌得度云。自行堂鳴鈸。引剃頭人出。又敕修淸規方丈點行堂茶云。節臘僧堂茶罷。侍者同客頭。至行堂。點茶。侍者至庫司。與座接入。參頭堂主。領衆行者門迎。

忠曰。蓋行堂在庫司。故侍者至庫司也。

東福寺扁行堂曰選僧堂也。　忠曰。選當中人。爲僧也。

童行堂

即是行堂也。

禪苑淸規訓童行云。新到於庫司。參禮訖。將行李。入童行堂。

行者房

行堂也。

傳燈錄丹霞天然禪師章云。師抵南嶽。石頭曰。著槽廠去。師禮謝。入行者房。隨次執爨役。凡三年。

西淨

西序所上之廁。曰西淨。

忠曰。和俗呼西淨爲雪隱。謂雪淨之也。見其稱西淨却爲怪焉。余謂。雪若淨之義。則隱又何義。按竺仙和尙說云。靈隱淨頭寮名曰雪隱。即今圓覺淨頭寮。二草字。不知何人好事者模來。淨智寺錄又按日本禪刹一覽。建仁寺亦揭雪隱字。皆用雪竇顯禪師曾在靈隱。隱潛于淨頭職之事。然雪隱西淨。唐音適近。遂以爲雪隱。而失本名。隱者潛隱義。非取靈隱之隱也。況復雪隱。是淨頭寮扁字。而不宜扁于西淨。益見不當也。或有以西淨。爲廁通名。而其

在東者亦呼西淨者。實訛稱而已。（雪竇事見識位門淨頭處）

舊說曰。淨者。謂廁易穢處。可以淨潔。故特以淨稱。

小補韻會云。史記。楲竇廁中行清器也。釋名行清。即糞槽。謂之清者。以其穢濁當常清除之也。

忠曰。舊說解淨。正合釋名。然今流行劉熙釋名語不同。唯云。廁或曰圊。至穢之處。宜常修治。使潔清也。

天竺精舍。廁院在西或南。故摩訶僧祇律云。廁屋不得在東在北。應在南在西。小行亦如是。

祇園圖經云。次北第六院。名為流廁。有大高屋三重而立。飛橋雙上。甚自清淨。下施廁坑。砌以伏竇。天帝手作。上無臭氣。大渠從大院北西注。南入廁院。伏流入竇。北出會於大河。人無見者。一切比丘。皆此便利。余聞此說。深為獲相。故江淮已南。諸古寺者。皆設都清一所。中已北。周屏繞院。是處蓬勃。伊何可言。

廁字義。見器物門。廁籌處。

緇門警訓云。文殊經曰。大小便時。身口狀如木石。不得有聲。

東淨

東序之廁。曰東淨也。

幻住菴清規營辦云。後架乃糞穢之聚。其稱為東淨西淨者。其淨在人。不在境也。

東司

東淨又曰東司也。或以東司為廁通名。而在西者。亦呼為東司。實訛言也。（如武庫下引）

敕修清規。辨道具濾水囊云。僧行東司。亦皆濾水。

又慈覺龜鏡文云。滌唾壺壁。狠藉東司。非所以報淨頭也。

大慧武庫云。錢弋郎中。訪真淨說話久。欲登溷。淨令行者引從西邊去。錢遽云。既是東司。為什麼却向西去。淨云。多少人向東邊討。

釋氏要覽云。屏廁或曰圊。圊清也。至穢之處。宜潔清故。今南方釋氏。呼東司。未見其典。

事物異名云。登司同郭登廁神也。登主也。今人誤曰登司。　忠曰。東訛作登。更隨作廁神之義。轉誤矣。

無住雜談集云。東司。可誦烏蒭沙摩眞言。是卽不動明王垂迹。而號不淨金剛。人上東司時。或有鬼惱人。則此金剛。誓護念矣。

忠曰。不動化不淨金剛。見大日經一行疏。

大威力烏樞瑟摩明王經下卷云。復次烏樞瑟摩明王敎法。不拘淨穢。恒示忿怒相。誦滿三十萬徧。得驗。　又云。復次不拘淨穢。誦三十萬。烏油麻和酥。進火中。一千八徧。得驗。

忠曰。世傳。凡人懸佛像於頸者。書烏樞瑟摩明王名號。加之。則不蒙穢罪。然未得經律本據。烏樞瑟摩經說。但如右耳。

起止處

忠曰。起止處者。正屙糞之處也。吳越春秋云。盛夏之時。人食生瓜。起居道傍。子復生秋霜。止此所謂起居屙屎也。

毗尼母經云。上廁有二處。一者起止處。二者用水處。用水處坐起褰衣。一切如起止處無異。

僧祇律云。作廁屋。若坑底有水出者。當使淨人先起止中。然後比丘行。

用水處

忠曰。屙屎已。正洗淨之處。　見起止處處。

尿闥

續宗門統要云。明招謙禪師到招慶。至乃招云。是個諸人。一時縛作一束。倒卓向尿闥下。來日相見。

正字通云。凡士民所居門內曰闥。統要作達。正字通云。達俗字、禪苑瑤林作闕、今从之。

●安樂堂

見于次延壽堂。

●延壽堂

禪林寶訓音義云。延壽堂撫安老病之所也。古者叢林老僧送安樂堂病者送延壽堂也。又今涅槃堂是。

校定清規住持入院云。古者建立叢林。爲老病設。所以命堂主。司以藥餌。戒常住。足其供需。此先佛規制也。又況入福田中。直病爲第一。今諸方延壽堂。有名無實。衲子遇病。如囚其間。良可憫也。萬一鄉曲無人看覷。公界當差人直之。速期病安。惟是天童凡一病僧。差一小僕供過。爲住持者。當推菩薩慈悲之心。留意於此。

行事鈔瞻病送終篇云。若依中國本傳云。祇桓西北角。日光沒處。爲無常院。若有病者。安置在中。以凡生貪染。見本房內衣鉢衆具。多生戀著。無心厭背。故制令至別處。堂號無常。來者極多。還反一二。卽事而求。專心念法。其堂中置一立像。金薄塗之。面向西方。其像右手擧。左手中繫一五綵幡。脚垂曳地。當安病者在像之後。左手執幡脚。作從佛往淨刹之意。瞻病者燒香散華莊嚴病者。乃至若有屎尿吐唾。隨有除之。亦無有罪。

釋氏要覽云。西域傳云。祇桓西北角。日光沒處。爲無常院。若有病者。當安其中。意爲凡人內心貪著房舍衣鉢道具。生戀著心。無厭背故。制此堂。令聞名見題。悟一切法。無有常故。今稱延壽堂、涅槃堂者、皆後人隨情愛名之也。

庚溪詩話云。唐以前。僧寺中。或僧有疾病者。未有安養之所。唐末。一山寺有僧。臥病久。因自題其戶曰。枕有思鄉淚。門無問疾人。塵埋牀下履。風動架頭巾。適有部使者。經從過寺中。見其題。因詢其詳。

惻然憐之。邀歸墳菴。療治之。其後部使者貴顯。因言於朝。遂令天下寺院置延壽寮。專安養病僧也。

羅湖野錄曰。佛眼禪師。住舒州龍門。嘗題語于延壽壁間曰。佛許有病者。當療治。容有將息所也。禪林凡有數名。或曰涅槃。見法身常住。了法不生也。或曰省行。知此違緣。皆從行苦也。或曰延壽。欲得慧命扶持色身也。其實使人了生死處也。多見少覺微恙。便入此室。不强支吾。便求補益。及乎久病。思念鄉閭。不善退思。滅除苦本。先聖云。病者衆生之良藥。若善服食。無不瘥者也。又尊宿云。須知有不病者。故明書示。以告後來。觀其規詠風巾塵履者。豈特令退思苦本而已。抑欲使遊乍可有戒而死之訓。其明切精審。可謂藥石之言矣。嗚呼是大醫王其佛眼之謂乎。

忠曰。延壽爲目。道誠以情愛貶。趙令矜以鄙俚彈。（見省行堂處）至佛眼有慧命扶持之說。不但令名美。抑義亦深矣。

北磵文集妙湛延壽堂記云。疾病相扶持。無憾於養生送死。以明王道之本。佛世寖古建幢剎棲冷灰槁株蟠穹德茂者。却塚間桑下。嵐昏霧蝕之患。又爲省行堂。以別不老不病。欲其循省日用事。若學之正偏。業之勤荒。行之缺全。思之沈掉。好惡之失中。喜怒之或私。利養是崇。進修是怠。態病授藥。法惟一味。以治其內。劑砭鈹艾。以攻其外。正命小康。幻體亦寧。或又謂之延壽堂。延壽云者。延此者也。壽此者也。非人間世。短脩延趣之謂也。今者反是。樂便安者。巧圖其居。耽燕佚者。曲求其處。先之以貨賂。申之以强援。弗知廉與遜爲何物。盡巧致曲。疇知志於道者。袖手傍顧。泚額芒背。忍死不爲也。一念之忍。傲睨黃髮鯢齒。累然困踣於其外。祖宗成憲。遂爲具文。往往大叢林亦如之。今妙湛鼎新斯堂。故書近世叢林墜典。以告覆車在前。冀革斯轍。雖然水沫巴焦。匪石匪金。燕安鴆毒。少壯勿恃。美疢惡石。老病無怨。作如是觀。以度生死。則住山月巖某之宰制者舊執事某之裁制。勤勞百疇。不徒其爲是役也。作於紹定三年仲夏晦。落之於冬。書云。

橘洲文集焦山延壽堂記云。叢林老病莬裘之地也。百丈憫此。剏爲延壽堂。床敷厚温。牖戶寛爽。供給使令。左右畢出。惟少與健者。不得而與也。自都城下京口。兩峯屹立波面。所謂山圍屋者。焦山也。山故海窟。世世皆有道者尸之。四方鼎來。如水雲合。今住山朴菴性公。赴太守待制陳公之招。周旋逾年。眎山之壽老堂。自靖康至今。多歷年所。屋有震風凌雨之患。過者未嘗問焉。公於是。命執事相與經營。輪奐一新。老者居之。如入寶所。病者得之。如飲良藥。有來觀者。心目適悅。朴菴曰。吾道蓋是也。使余撾鼓掉舌。號令佛祖。指撝人天。而老病有時乎不聞。今此堂。朝明夕昏。夏涼冬燠。木章竹箇。皆代余說法時也。所得與法喜禪悅等。豈不壯哉。朴菴嘗來。屬余記之。因書以爲記。

淸拙澄和尚。圓覺寺延壽堂。題亡僧名牌云。十方聚會。生死任緣。既同歸寂滅之場。尚沒記雪泥之爪。圓覺延壽堂置牌。以紀亡僧名。或臨終有遺偈之類。悉詳書之。或親知眷義。尋訪遺蹤。庶幾知其死所。雖然如是。名在這裡。且道人在甚麼處。涅槃堂裏事猶危。妙在全機獨脫時。火後莖眉如拾得。不刊名字有人知。（雪泥之爪。用東坡詩中事。）

又與職位門延壽堂主。雜行門看病併看。

● 省行堂

即延壽堂也。

黃檗淸規云。省行堂者。有病比丘。攝養之所也。

幻住菴淸規云。身屬報緣。誰無老病。百丈建立意在於斯。古宿扁延壽堂。爲省行。使其省察行苦。而興悲智。

北磵文集說。見于延壽堂。

緇門警訓。超然居士趙令衿撰南嶽法輪寺省行堂記云。嘗謂。諸苦之中。病苦爲深。作福之中。看病爲最。是故古人。以有病爲善知識。曉人以看病爲福田。所以叢林。爲老病之設。今叢林聚衆。凡有病使歸省行堂。不唯修省。改行以退病。亦欲人散夜靜。孤燈獨照之際。究索大事。豈徒然哉。既命知堂。以司藥餌。又戒常住。以足供須。此先佛之規制。近世不然。堂名延壽。鄙但不經。病者不自省咎。補船乖方。湯藥妄投。返成沈痼。至有酷疾不參堂。以務踈逸者。大失建堂命名之意也。知堂名存實廢。或同路人。常住急於日用。孫不存焉。又復失溲波待老病之意也。由是病人呻吟痛楚。日益增極。過在彼此。非如來咎。縱有親故問病。率皆鄉曲故舊。心旣不普。事忽有差。今法輪病所。奐然一新。蓋有本分人。是事色色成辨。無可論者。惟有病人。宜如何哉。省船念罪。世之有識者。皆能達此。衲僧分上。直截機緣。當於頭痛額熱之時。薦取掉動底。於聲冤叫苦之際。領略徹困心。密密究思。是誰受病人。既不見病從何來。人病雙亡。復是何物。直饒見得分明。正好爲他將息。

忠曰。堂名延壽。鄙但不經者。此卽貶不言省行而稱延壽也。

涅槃堂

卽延壽堂也。說見于延壽堂。

傳燈錄泉州莆田縣國歡崇福院慧日大師。福州侯官人也。姓黃氏。生而有異。及長名文矩。（嗣長慶大安）落髮。至靈觀和尙所。觀曰。我非汝師。汝去禮西院大安去。師攜一小青竹杖。入西院法堂。安遙見而笑曰。入涅槃堂去。師應諾。輪竹杖而入。時有五百許僧。染時疾。師以杖次第點之。各隨點而起。閩王禮重。創國歡禪苑。以居之。

大光明藏云。此黃涅槃也。入西院涅槃堂。故號涅槃。

聯燈會要趙州諗禪師章云。南泉垂語云。今時人。須向異類中行始得。師便問異。即不問。如何是類。泉以兩手托地。師近前一踏踏倒。却向涅槃堂裏叫云。悔悔。泉令侍者問汝悔箇甚麽。師云。悔不更與兩踏。

無常堂

卽延壽堂也。天竺稱無常院。見于延壽堂處。

釋氏要覧云。南山鈔云。無常堂内。置一立像金薄塗之。云云、同前延壽堂處引行事鈔。

重病閭

蓋亦是延壽堂也。

大慧武庫云。圓悟到五祖室中。平生所得。一句用不著。出不遜語。忿然而去。祖云。汝去遊浙中。著一頓熱病打時。方思量我在。圓悟到金山。忽染傷寒。困極移入重病閭。遂以平生參得底禪試之。無一句得力。追繹五祖之語。乃自誓曰。我病稍間。卽徑歸五祖。

將息寮

蓋亦是延壽堂也。

續傳燈録葉縣省禪師章云。師因去將息寮看病僧。僧乃問曰。和尚四大本空。病從何來。師曰。從闍黎問處來。僧喘氣又問曰。不問時如何。師曰撒手臥長空。僧曰哪。便脱去。

卵塔

忠曰。無縫塔。形似鳥卵。故云卵塔。下有辨

雪峯存禪師録難提塔銘云。士主曰。松山卵塔號難提。

正宗贊雪峯贊云。松山小塔卵石子。亂壘幾層。

祖庭事苑云。梵云塔婆。此言方墳。或云支提。或云難提。此言滅惡。或云抖藪波。此言贊護。或云窣堵波。此云靈廟。或云高顯。

說文云。塔西域浮屠也。从土荅聲。土盍切。

正字通云。漢以前無塔。故說文有荅無塔。塔字徐氏新附。爾雅俞當肰也。當卽荅。塔亦作墖。

林間錄云。雲居祐禪師曰。吾觀諸方長老示滅。必塔其骸。山川有限。而人死無窮。百千年之下。塔將無所容。於是於宏覺塔之東。作卵塔。曰凡住持者。自非生身不壞。火浴雨舍利者。皆以骨石塡於此。其西又作卵塔。曰。凡衆僧化。皆藏骨石於此。謂之三塔。

普燈錄天衣義懷禪師章云。弟子智才問卵塔已成。如何是畢竟事。師擧拳示之。遂就寢。推枕而寢。

文字禪謁靈源塔詩云。死燈已照宮商石。卵塔分藏服匿瓶。

僧寶傳瑞鹿先禪師傳曰。大中祥符元年。二月謂門弟子如訔曰。爲我造箇卵塔。塔成我行矣。

叢林盛事云。塗毒老人示寂。放翁以詩哭之曰。塵侵白拂繩床冷。露滴青松卵塔成。

陸放翁渭南文集祭勤首座文云。卵塔告成。欲往不果。

古南牧雲登天童玲瓏巖詩云。卵塔依空住。香臺若砥平。

已下辨卵塔妄說。

世有援藏經說云。昔有一女。產五百卵。皆破成人。母按乳。乳分爲五百道。灑五百兒口。所破卵殼。聚之埋地。上建一塔。因名卵塔。五百兒卽五百阿羅漢也。

忠曰。何從得斯說耶。藏中人產卵。累有證。唯瘞殼名卵塔。都不見本據。夫般遮羅王妃。生五百卵。放乳驗子。在俱舍頌疏世間品。俱舍論略引 又蓮華夫人生五百卵。爲五百力士。出雜寶藏經。又南本涅槃經云。如施婆羅比丘。優婆施婆羅比丘。彌迦羅長者母。尼拘陁長者母。半闍羅長者母。各五百子。同於卵生。止此 又毗舍離女。生三十二卵。皆爲力士。爲波斯匿王見殺。見于賢愚經。

（智度論、作毘舍佉彌伽羅母、）須達長者女蘇曼。生十卵。卵開。有十男兒。後見佛。得羅漢。又見賢愚經。婦人產卵緣。如是不一。稗兗附會。搆幻卵塔因緣。惑亂未學。若實有之。自古該博君子。豈不錄出示人耶。（又有鹿女生蓮華、華千葉、生千子、後自外國來、鹿女試按乳、流爲千岐、入千兒口、錄上出于雜寶藏經西域記等、然非卵生、故今不用援證、）

梅峯信和尚曰。凡安舍利。用銅缾金壜藏之。於塔中。今函骨身於鐵缾。庀鑞缾於銅瓷。蓋擬金棺銀槨之製乎。卵形蓋缾瓷之遺形也。（止此）若依忠所見。亦不然。昔南陽國師。對代宗曰。與老僧作箇無縫塔。後之禪者。託斯語。乃窆亡僧。削堅石。團圝無縫稜。無層級者。呼爲無縫塔矣。無縫塔之形。適如卵。因名卵塔耳。

已下錄先德告誡

物初賸語笑翁堪禪師行狀云。竺西用闍維。自先佛以然。其後佛法入中國。間於道大德備之衲。始用葬法。然出於後人追崇。如此耳。後世沿襲之弊。住山者。雖妄一衲。亦龜食形勝。爲朽骼腐胔之藏。十室而九。昔雲居佑禪師嘗病之曰。山川有限。人死無窮。乃建三塔。隨尊卑藏其燼餘。師爰用其法。俾禪教律同焉。

夢巖和尚旱霖集墳塔之戒云。塔廟之所以爲世所貴者。果何爲耶。考之聖典。上從諸佛。下至輪王。歿皆建塔。而其制有差。蓋因其功德之大小。爲品級耳。夫輪王但以十善濟世。則其爲功也小。佛以度生死之法益物。則其爲德也大。由是觀之。垂裕之實在功德。而不在塔廟也。崇奉之事在它人。而不在自己也。而近代法末。號大有道者。大率自營墳塔於死前。囑其徒守之。享祀於無窮。由此大方巨刹主者。塔院四環棊布。後來者容無地。則詭計爭奪。無所不至。竊惟迦葉守定雞足。阿難分形恒流已來。僧牒所載。支竺名德。未有一人以遺骸累人者矣。其上世則化火焚身。空中雨舍利。示業不亡。刃下湧白乳。四衆建塔。供養靈感。與佛靡殊。其次則臨終告其徒。使舁尸林下。餧肉鳥獸。或水葬省柴。或歸骨石於普同塔。而其門人。不忍忘德。或收舍利塔之。或綵全身奉之。烏知今日挾豪勢。炫惑無識。先言往行。不一顧之。極輪奐美。高立標牓。自示尊大之者乎。智愈明迹愈晦。道愈高位愈卑。若彼明者高者。未始逐蕞爾土木而存泯。俗謂廉頗藺相如死向千年。凜凜常有生氣。曹蜍李志雖無恙。奄奄如九泉下人。端不虛語。易曰。古之葬者。厚衣之以薪。葬之中野。不封不樹。聖人之意。豈不尚古乎。孔子葬母於防曰。丘也東西南北之人也。不可以不識。爲四尺墳。遇雨而崩。弟子修之。以告孔子。孔子流涕曰。吾聞古不修墓。延陵季子適齊而返。葬長子於嬴博之間。穿不及泉。斂以時服。封墳掩坎。其高可隱也。號曰骨肉。復歸于土命也。魂氣則無不之也。而遂行。孔子孝子也。季子賢父也。共存名教者。而其葬者如斯。是亦凡爲人賢者之所宜知焉。師已辭德貧又無忠孝信義之實。而事外飾過奉之則不止。已陷非誼。怕累爾師於地下。吾佛縣知今日。告之。我滅度已一千年。惡法漸興。不修道德。競造塔寺。佛之塔廟。尚不許爾造。況其餘乎。又說比丘之法曰。寄於殘生。旅泊三界。示一往還去已無返。又曰。比丘不修比丘法。大千無唾處。而今留無益不靈之枯腊。自俎豆于聖賢之間。不妄人而如此爲乎。是特世諦之一近事也耳。尚能省識者少。達觀絕識。宜乎乏其人。僅有好古不流俗耶。不可不告以戒。

● 無縫塔

卵塔也。

忠曰。凡造塔相。疊累或木或石而成。故皆有縫稜。而今卵形塔。一塊石而造。無縫稜。仍託南陽語稱無縫塔而已。如南陽云無縫塔。則別有意旨在。傳燈錄光宅寺慧忠國師章云。師以化緣將畢。涅槃時至。乃辭代宗。代宗曰。師滅度後。弟子將何所記。師曰。告檀越造取一所無縫塔。曰。就師請取塔樣。師良久曰。會麼。曰不會。師曰貧道去後。有侍者應眞。却知此事。乃代宗後詔應眞入內。擧問前語。眞良久曰。聖上會麼。曰不會。眞述偈曰。湘之南潭之北。中有黃金充一國。無影樹下合同船。瑠璃殿上無知識。應眞後住耽源山。

● 普同塔

忠曰。凡藏亡僧骨植同歸于一塔。故云普同塔。

文字禪普同塔記云。自佛法入中國。奉持之者。總總其法度。參差不齊。獨百丈大智禪師。以禪律之學約之人情折中而爲法。以壽後世。故其生。依法而住。謂之叢林。及其化也。依法而火之。聚骨石爲塔。號普同塔。乃潙山空印禪師軾公。住山十餘年。百廢具興。獨以普同塔未建。爲憂。一旦與侍者登山之西崦。相其形勝。施長材。鳩工以爲之。開大穴。以石爲宮。又屋於其上。棟楹翔空。雲煙蔽虧。萬衆悒呼聲應山谷。

● 普通塔

卽普同塔也

僧寶傳寶峰英禪師傳云。呼維那鳴鐘衆集。敘行脚始末曰。吾滅後火化。以骨石藏普通塔。明生死不離淸衆也。言卒而逝。（普燈作普同塔）

● 海會

亦是普同塔也。蓋與海衆同會於一穴也。

僧寶傳黃龍佛壽淸禪師傳云。公遺言藏骨石於海會。示生死不與衆隔也。

第三類 座位門

● 座前

敕修淸規聖節上堂云。頭首領衆出堂。至法座前。

列一行問訊。歸西序立。又見座下處

忠曰。凡淸規言座前。卽楪天柱之間也。

座下

敕修淸規聖節。上堂云。待住持斂衣趺坐。侍者先末班。引過座下。列一行問訊燒香侍者。引班歸位。次首座領班出。列座前問訊。

忠曰。凡淸規言座下。卽須彌座直下也。

住持轉位 東序上首

舊說曰。都寺立班。宜在後堂對面位。若其前堂對面位。乃是住持轉位也。

敕修淸規亡僧大夜念誦云。龕前念誦。知事先燒香。上茶湯。住持至燒香。居東序上首立。維那出燒香。請鎖龕佛事。受請人出班。

忠曰。住持避鎖龕人中立。故轉居東序上首也。故知。住持若離中位立班。則必居東序右邊也。

又云。知客平舉楞嚴咒。回向云云。住持仍歸東序上首立。江湖道舊。鄉人法眷。次第設祭。

忠曰。此是住持避江湖等設祭中立也。

鎌倉淸規衆寮諷經云。住持入燒香。而立都寺上位。時寮元從西序班末。知客之側。出燒香。

忠曰。此是住持避寮元中立燒香也。

入牌小師班位 居浴司右

前住入祖堂。小師居浴司班。右邊出位燒香問訊。向住持。請安牌佛事。

南禪規式前住入祖堂云。小師親度牌於侍者。小師在浴主後立。法語畢。侍者接牌。度於都寺。

淸拙小淸規云。入祖堂。孝子僧從頭首之末。進爐前問訊。燒香了。向長老請佛事。

單位

敕修淸規日用軌範云。昏鐘鳴。須先歸單位坐禪。

忠曰。單者用小紅紙片。題衆僧名。貼各各位上。鞬別源東歸集云。一單一鉢標一名（止此）是也。有己名單之位。此謂單位也。又僧堂床前之板曰單。濶八寸。日用軌範云。床前一尺。蓋依周尺也。凡言七尺單前者。非帳帷之長。謂自床後至前六尺（日本謂之一間）更加單板一尺。合成七尺也。（又見文疏）

門單處。○東福僧堂。床深六尺。前單板一尺。

七尺單　碧巖錄云。三條椽下。七尺單前。試去參詳看。

又有稱六尺單。蓋除單板。爲六尺乎。　續燈錄西禪繼圖禪師章云。且向三條椽下。六尺單前。快須究取。

晦菴光禪師錄。石菴玿禪師錄。（並續古尊宿錄）皆有六尺單前語。

又有稱五尺單。蓋亦六尺單。用周尺則得四尺八寸。存大數言五尺也。　佛果擊節錄雪竇普請話評云。也須是三根椽下。五尺單前。靜坐究取始得。

隣單

忠曰。己之單位左右也。

勅修淸規日用軌範云。以枕子安脚下。未要拗。恐驚隣單。　又云。喫食之法。不得抓頭。恐風屑落鄰單鉢中。　又云。不得與鄰單語話。鄰單生疎。常以善言誘喩。不得生嫌惡心。

被位

日用軌範云。上被位眠單收一半坐定。

勅修淸規出圖帳云。寫被位圖。鉢位圖。

舊說曰。被位是大衆（平僧）排僧堂之位。鉢位是蒙堂衆排僧堂之位。

忠曰。按勅修淸規鉢位圖注云。被位倣此。不分板首。（止此）　蓋鉢位分板首。（十六板等）　被位不分板首。以爲異也。其分不分圖。見圖牌門。被位圖處

勅修淸規坐禪云。或有留被在堂。不隨衆者。

忠曰。被者。是坐禪之單也。

鉢位

見于被位處。圖見圖牌門。

敕修淸規入院云。大衆先歸鉢位立定。

又日用軌範云。或歸衆寮喫湯藥。或茶堂經行。次第歸鉢位。

忠曰。永平淸規辨道法云。粥了歸衆寮。喫茶喫湯。或復被位打坐。此即以軌範鉢位。又爲被位。可知被位鉢位非別。余謂。僧堂大衆粥齋坐位。故謂鉢位。其坐禪則謂之被位而已。但鉢位分板首。被位不分板首。以爲異也。

副鉢位

敕修淸規出圖帳云。舊以送蒙堂者。排副鉢。後因爭競不排。

忠曰。副鉢者。鉢謂十六板頭也。副相亞之意也。今言。只今但以單寮西堂首座勤舊。排副鉢位。古者蒙堂。亦排副鉢。遂有爭競。故停之。與大衆同。依戒次排之也。副鉢位圖、見圖牌門、被位圖處。

校定淸規圖云。或六出。八出。十二出。隨僧堂大小衆之多寡。又各排副鉢一位。其餘並依戒次循轉。

四案位 衆寮

敕修淸規衆寮結解特爲衆湯云。大衆依戒四案位。

忠曰。四案位。如僧堂四板頭。備用淸規日用淸規云。歸衆寮。鳴大板三下。問訊不歸。輕侮大衆。入門分四板頭。依位立定。此謂衆寮四板頭。即今四案位也。

又衆寮結解點湯行禮圖。見圖牌門。

特爲位

敕修淸規方丈小座湯云。第一座分二出。特爲東堂西堂請首座光伴。

舊說曰。方丈特爲位者。主之對面位是也。光伴位者。主之分手位是也。二出者。除主伴外。分二出也。圖見二出座處

又曰。若僧堂。則分手床頭。立特榻矣。

又特爲照牌。見圖牌門。

●光伴位

舊說曰。方丈光伴位者。住持右邊。即是住持分手位也。又見特爲位處

●主位

忠曰。室南鄉者。以東爲主位。以西爲賓位。如方丈 室東鄉者。以北爲主位。以南爲賓位。如僧堂 室西鄉者以南爲主位。以北爲賓位。如庫司

禮記曲禮云。主人入門而右。客入門而左。主人就東階。客就西階。客若降等。則就主人之階。主人固辭。然後客復就西階。

鶴林玉露云。四方以西爲尊。云云 今朝廷之上。羣臣皆自東階而升。不敢升自西階。非特嫌若賓主敵體。亦以西爲尊也。班孟堅西都賦曰。左城右平。左東也。東則爲城。若世所謂游道。乃羣臣所由登降之階也。右西也。西則爲平。而不爲城也。凡賓主之席。主東而賓西。亦所以尊賓也。非謂東尊於西。而使賓次主也。故禮客降一等。則就主人之階。蓋客不敢自西階爲賓主禮。欲自東階。隨主人而升也。主人辭。客乃復位。蓋主人不許客。然後自西階升也。

唐趙璘因話錄云。人道尙右。以右爲尊。先賓客。故西讓客。主人在東。蓋自卑也。今人東讓客。豈禮哉。

文選司馬長卿喩巴蜀檄云。位爲通侯。處列東第。註善曰。東第甲宅也。居帝城之東。故曰東第。張揖曰。列東第。在天子下方。翰曰。第次也。西爲尊。東爲下。言爲通侯。列在天子之下次。

賓位

見于主位。

顧元慶簷曝偶談云。古者賓位尚右。史記陳平願以右丞相讓周勃語云。無能出其右者。及行尚西。禮記曰。主人就東階。客就西階。諺呼主人爲東道。則古人坐讓右。行尚西。亦甚明矣。後世不察。遂以東左爲尊耳。

佛經尊右卑左

觀佛三昧經云。佛母摩耶。生忉利天。佛從閻浮提上忉利天。爲母說法。龍王爲佛。作三道寳階。上忉利宮。梵天釋提桓因等。侍左階。聲聞菩薩大衆。侍右階。佛處其中。取意

又佛說海龍王經云。佛愍龍王。受其請。龍王從海邊。化作三道寳階。金銀瑠璃。下至其宮。佛昇寳階陟於中階。諸菩薩衆。住右階。諸大聲聞。住在左階。略鈔

長阿含經遊行經云。世尊到巴連弗城。諸淸信士。起大堂舍。世尊與大衆俱。詣彼講堂處中而坐。時諸比丘。在左面坐。諸淸信士。在右面坐。

忠曰。尊比丘。卑諸信士。則左右。與前二經違。

分手位

舊說曰。分手。己之左右也。　又曰。分手不可定也。有住持之分手。有後堂之分手。

忠曰。但分手。依或並向內。或竝向外者言之。若己之左右班。相對向者。不稱分手。自此名垂手耳。

敕修淸規施主請陞座云。僧堂內。設施主位。與住持分手。

又留請兩序云。客頭先報。迎住持入分手坐。

忠曰。左右坐曰分手坐。今須住持主位。知事賓位。

又唱衣云。首座與主喪分手。兩序大衆。次第而坐。

垂手位

忠曰。在主席前東西對向。如垂左右手然。

備用清規唱衣云。主喪首座分手兩班垂手坐。

對面位

敕修清規山門管待新命。并專使云。寢堂中。敷住持高座。專使附位于右。兩序如常。列左右。勤舊對面位。侍者知事下位。

上板 下板

僧堂上間板頭。下間板頭也。

補僧寶傳。雲巖新禪師傳云。一日默坐下板。會知事捶行者。新聞杖聲。忽大悟。

禪林寶訓云。萬菴曰。先師竄衡陽。寶侍者錄。貶詞。揭示僧堂前。衲子如失父母。涕泗愁嘆。居不遑處。首座詣衆寮。白之曰。人生禍患。不可苟免。使妙喜。平生如婦人女子。陸沈下板。緘默不言。故無今日之事。

文字禪石臺夜坐詩云。故鄉乃有此叢林。下板何妨著寂音。

上堂 下堂

僧堂之上間下間也。

敕修清規大掛搭歸堂云。參頭燒香。同衆大展三拜。巡堂一匝。自上堂至下堂。仍如前排立問訊。

又日用軌範云。在上堂。左足先入。在下堂。右足先入。（忠曰、此約僧堂後門出入、而言其左右也、）

禪苑清規浴主云。入浴之法。老宿上堂。後生下堂。

忠曰。此浴室。言上堂下堂也。

上間

忠曰。凡人鄉堂。己身右爲上間。法堂方丈（向南）則東。僧堂（向東）則北。庫司（向西）則南。此曰上間。

敕修清規大掛搭歸堂云。維那入堂燒香上間立。

下間

忠曰。凡人鄉堂。己身左爲下間。法堂方丈則西。僧堂則南。庫司則北。此曰下間。

敕修清規吉香云。參頭領衆。法堂下間。謝維那侍者。觸禮一拜。

校定清規書之云。衆人隨參頭。於法堂西北角。謝維那侍者。觸禮一拜

左間　右間

敕修清規受法衣云。嗣法師。已遷化。法堂右間設靈几。

忠曰。右間即下間也。身南面。鄉堂外時。右邊爲下間。故言右間也。法堂則西也反之。可上間言左間也已。

上肩　下肩

忠曰。己之上位爲上肩。己之下位爲下肩。不拘己之左右矣。譬如東序人。以佛座爲上。則其在己之右肩者爲上肩。在己之左肩者爲下肩。

敕修清規念誦云。暫到於侍者下肩立。　又兩序交代茶云。西序請茶。則知事分手座。於同列頭首中。請肩下一人光伴。如肩上人赴坐位相妨。　又謝掛搭云。參頭立於侍者下肩。　又日用軌範云。聞徧食椎。看上下肩。以面相朝。揖食。此與上肩順轉之上肩別、若己身左爲上肩。右爲下肩。別見身股門。

肩次

下肩也。下位也。

敕修清規謝掛搭云。副參頭向前。接聯參頭肩次。伺住持至。

上手　下手

敕修清規謝掛搭云。參頭居末。至衆寮門外。下手

立。云參頭門外轉上手立。又住持遷化。掛眞舉哀云。有親書遺言。喪司行者。貼法堂中間上手幀上。

備用淸規結制行禮云。巡寮云。庫司蒙堂前資衆。然列門外下手立。按住持入。

● 左手　右手

敕修淸規謝掛搭云。參頭退左足。側轉身於香几右手空處出。行過復位。

忠曰。反之可言左手也。

● 團座　合座

圓形坐者。此名團座。圓形坐而開一方者。此名合座。此圖見敕修淸規雲桃解方丈特爲新掛搭茶處。

團座圖　〇　合座圖　〇

● 第一座　第二座

饗禮第一筵謂之第一座。第二筵謂之第二座。

敕修淸規嗣法師忌云。如有三五人西堂。則分作兩座。第一座西堂喫湯住持行禮。第二座兩序喫湯。侍者行禮。

● 小座湯一出座　四出座　六出座

敕修淸規方丈小座湯云。四節講行。按古有三座湯。第一座分二出。特爲東堂西堂。請首座光伴。第二座。分四出。頭首一出。知事二出。西序勤舊三出。東序勤舊四出。西堂光伴。第三座位。多分六出。本山辦事。諸方辦事。隨職高下分座。職同者次之。首座光伴。

忠曰。出者特也。蓋取首出傑特之義。

正字通云。出特也。過人之稱。徐稺傳。角立傑出。宜稺爲先。

凡幾出者。皆除主位及光伴位而論之。

小座湯第一座二出之圖

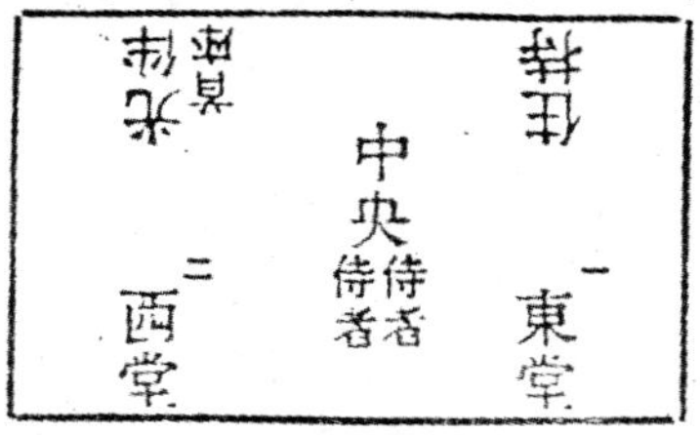

小座湯第二座四出之圖

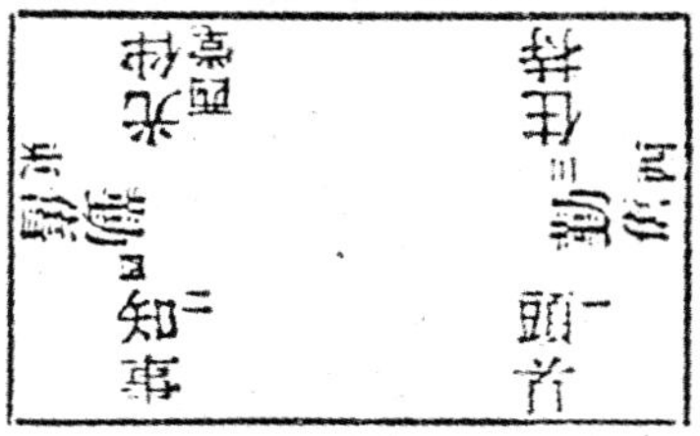

小座湯第三座六出之圖

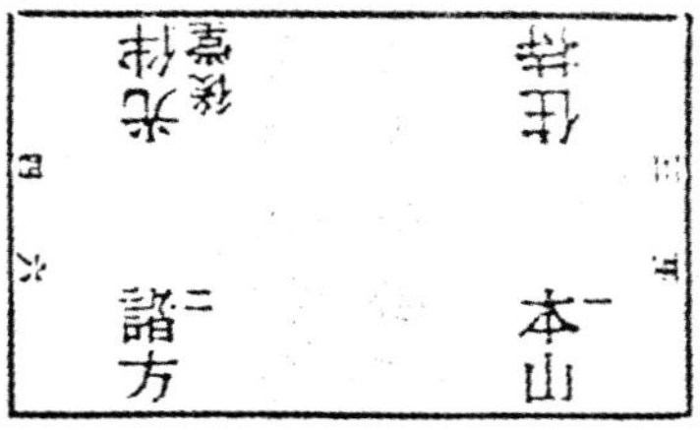

● 特爲湯四出

敕修清規方丈特爲新舊兩序湯云。新頭首一出。新知事二出。舊頭首三出。舊知事四出。餘勤舊預光伴者。列主伴兩邊。西序居左。東序居右。

● 特爲茶六出

校定清規夏前。住持特爲新掛搭茶。六出之圖。

特爲茶六出之圖

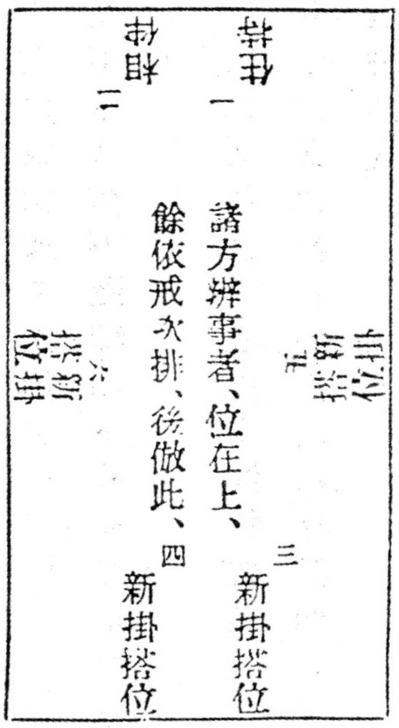

諸方辨事者、位在上、

餘依戒次排、後倣此、

新掛搭位

新掛搭位

新掛搭位

● 特爲茶八出座

校定清規。知事頭首。特爲新掛搭茶。八出之圖。

特爲茶八出之圖

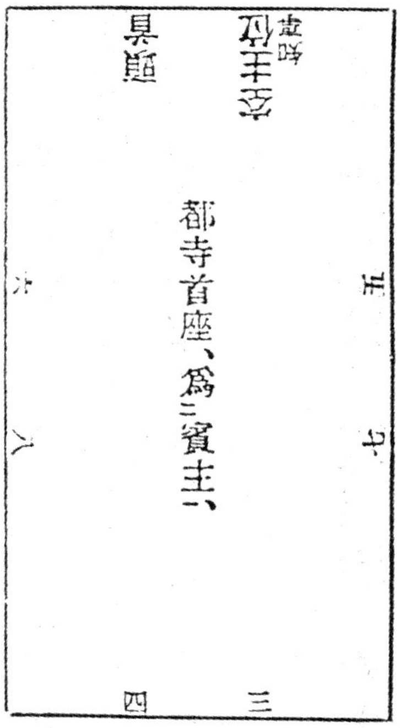

都寺首座、爲賓主、

第四類 節時門

● 四節

結夏。解夏。冬至。年朝。謂之四節。

義堂日工集云。凡稱四節。乃百丈叢林也。結解則天竺佛制。冬年則中華俗節。百丈以隨方毘尼。禮貴同俗。遂有四大節之儀。

校定淸規云。今時叢林。每遇解結冬年四節。小參。蓋爲敍謝兩班及大小職務。

敕修淸規節臘章云。今禪林。結制以四月望。解以七月望者。若先一日。講行禮儀。至乃中土以冬爲一陽之始。歲爲四序之端。物時維新。人情皆慶。禮貴同俗。化在隨宜。故以結解冬年。爲四大節。周旋規矩。聳觀龍象之筵。主賓唱酬。兼聞獅子之吼。

杜氏通典云。漢高帝。十月定秦。遂爲歲首。七年長樂宮成。制諸侯羣臣朝賀儀。 又云。後漢歲首正月爲大朝受賀。

居家必用引之云。賀正名自此始。

居家必用云。賀冬漢雜事曰。冬至陽生。君道長。故賀也。

杜氏通典云。大唐開元八年。十一月。中書門下奏曰。伏以冬至一陽始生。萬物潛動。所以自古聖帝明王。皆此日。朝萬國觀雲物。禮之大者。莫逾是時。詔從之。因敕。自今以後。冬至日。受朝。永爲恒式。

● 夏安居

安居義見于叢軌門。

四分律藏安居揵度法云。佛在舍衛國祇樹給孤獨園。時六羣比丘。於一切時。春夏冬。人間遊行。時夏月天暴雨。水大漲。漂失衣鉢坐具針筒。蹈殺生草木。時諸居士見。皆共譏嫌。沙門釋子。不知慚愧。蹈殺生草木。自言。我知正法。如是何有知正法。至乃諸外道法。尚三月安居。此諸釋子。而於一切時。春夏冬。人間遊行。云云 諸比丘。以此因緣。具白世尊。世尊以無數方便。訶責六群比丘已。告諸比丘。從今已去。聽諸比丘三月夏安居。白所依人言。我於此處夏安居。長老一心念。我比丘某甲。依某甲聚落。某甲僧伽藍。某甲房。前三月夏安居。房舍破修治故。如是第二第三說。後三月夏安居法。亦如是。

又見安居處

西域記云。如來聖敎。歲爲三時。正月十六日。至五月十五日。熱時也。五月十六日。至九月十五日。雨時也。九月十六日。至正月十五日。寒時也。 又云印度僧徒。依佛聖敎。坐雨安居。或前三月。或後三月。前三月。當此從五月十六日。至八月十五日。後三月。當此從六月十六日。至九月十五日。前代譯經律者。或云坐夏。或云坐臘。斯皆邊裔殊俗。不達中國正音。或方言未融。而傳譯有謬。

又云。印度僧徒。依佛聖敎。皆以室羅伐拏月。前半一日。入雨安居。當此五月十六日。以頞濕縛庾闍月。後半十五日。解雨安居。當此八月十五日。印度月名。依星而建。古今不易。諸部無差。良以方言未融。傳譯有謬。分時計月。致斯乖異。故以四月十六日入安居。七月十五日解安居也。

善見律云。梵本律。五月十六日。爲前安居。六月十六日。後安居。若安居中。有因緣移去。無罪。不成安居。

行事鈔安居策修篇云。律通制三時。意存擾道。文偏約夏月。情在三過。一無事遊行。妨修出業。二損傷物命。違慈寔深。三所爲既非。故招世謗。以斯之過。致興在茲。 又云。春冬過少。又見叢軌門安居處

忠曰。三時。春夏冬也。天竺立三時。盡一年。故一時各有四箇月。

又云。初四月十六日。是前安居。十七日已去。至五月十五日。名中安居。五月十六日。名後安居。故律中。有三種安居。謂前中後也。又見叢軌門安居處

忠曰。事鈔安居篇資持記云。一時四月。約過是同。此按西域記。自五月十六日。至九月十五日。都四箇月爲雨時。乃佛教立三時。然卽前安居者。開後一月。以五月十六日結。至八月十五日解。然事鈔云。前安居自四月十六日。此猶在熱時。則爲跨熱雨二時。豈得言一時耶。亦不可稱唯雨安居矣。是故以四月十六日結。順傳譯乖謬也。若自五月十六日結。則一時四月之言。無爽。亦稱雨安居無失。其後安居者。以六月十六日結。至九月十五日解。亦是在一雨時內。可稱唯雨安居矣。

四分律云。爾時舍利弗目連。欲共世尊安居。十五日從所住處往。十七日乃至。不知當云何。卽白諸比丘。諸比丘。以此事白佛。佛言。聽後安居。有二種安居。有前安居有後安居。若在前安居。應住前三月。若後安居。應住後三月。

● 結夏

忠曰。結夏安居之制也。又名結制。又見叢軌門、安居處。

禪苑淸規結夏云。行脚人。欲就處所結夏。須於半月前掛搭。所貴茶湯人事。不至倉卒。

中峯雜錄示衆云。若以至理言之。最初發心向道時。此夏已曾結了也。十二時中。看箇所參底無義味話頭。未卽決了。便是坐夏時。三十年二十年。推到神消識盡。冷地裏忽爾猛省得著。便是解夏之時。自恣之日。豈以區區九十日爲限哉。

● 一夏九旬

忠曰。從四月十五日。至七月十五日。都九十日。爲一夏。復有祖。不拘時月。只數九十日爲一夏者。

傳燈錄曹山本寂禪師章云。師曰。曹山一生行脚。到處只管九十日爲一夏。

普燈錄雪庭元淨禪師章云。死心和尙道。山僧行脚三十餘年。以九十日爲一夏。增一日也不得。減一日也不得。取不得。捨不得。不可得中只麼得。

有以八十日爲期者。　中峯和尙雜錄。冬安居示衆云。以八十日立爲長期。欲諸人屛除心念。蕩滌外緣斷絕妄情。純一無雜。單單究此事。所云期者。廼相約之義。必期成佛作祖。必期及第心空。必期超越死生。必期續佛慧命。或不與所期相應。便是過此八十日之期。亦不肯懡㦬而休。須做一回倒斷。

覺浪禪師尊正規云。結制之法。一年分爲四期。一期是九旬。今定八旬爲度。餘十日。寬其規矩。與學人。料理身分上事。或遷移別堂。及暫時告假幹辦等。

忠曰。八十日爲期。圓覺所謂下期也。

圓覺經圓覺菩薩章云。若法末時。具大乘性。欲修行者。卽建道場。當立期限。若立長期百二十日。中期百日。下期八十日。安置淨居。略鈔

● 白夏

禪林類聚云。世尊在摩竭陀國。爲衆說法。是時將欲白夏。乃謂阿難云。諸大弟子。人天四衆。我常說法。不生敬仰。我今入因沙舊室中。坐夏九旬。忽有人來。問法之時。汝代爲我說。一切法不生。一切法不滅。言訖掩室而坐。　忠曰。此緣出諸佛要集經。

行事鈔安居策修篇云。安居上座於一切僧集時食時粥時漿時。應白言。爾許時已過。餘有爾許時在。若行此等行法者。是名僧父母。亦名僧師。　資持記云。白法中云。今準義加於小食上。維那打槌告云。白大衆。安居已過一日。餘有八十九日在。當勤精進。謹愼莫放逸。餘日準此加減。

● 半夏

忠曰。結夏與解夏之中間也。

臨濟玄禪師錄云。師因半夏上黃檗。見和尚看經。師云。我將謂是箇人。元來是揞黑豆老和尚。住數日。乃辭去。黃檗云。汝破夏來。不終夏去。師云。某甲暫來禮拜和尚。黃檗遂打趁令去。師行數里。疑此事。却回終夏。

破夏

忠曰。不守禁足之制。出界外遊者。見半夏處。

行事鈔自恣宗要篇云。若破夏不安居人。雖不得歲。以舉罪義通理必依衆恣僧治舉。　又云。問十五日自恣已。得出界不。答不得。破夏。離衣。由夜分未盡故。

北磵詩集云。藉甚參寥子臨平破夏歸。

參寥子詩集。臨平道中詩云。風蒲獵獵弄輕柔。欲立蜻蜓不自由。五月臨平山下路。藕花無數滿汀洲。

解夏

解夏安居之制也。又名解制。

禪苑清規解夏云。七月十四日晚。念誦煎湯。來日陞堂。人事巡寮煎點。並同結夏之儀。

自恣日

行事鈔自恣宗要篇云。然九旬修道。精練身心。人多迷己。不自見過。理宜仰憑淸衆垂慈誨示。縱宣己罪。恣僧舉過。內彰無私隱。外顯有瑕疵。身口託於他人。故曰自恣。

翻譯名義集云。鉢刺婆刺拏。音義指歸。譯爲隨意。寄歸傳云。凡夏罷歲終之時。此日應名隨意。即是隨他於三事之中。任意舉發。說罪除愆之義。舊云自恣者。是義翻。然則自恣之言。涉乎善惡。今局善也。

釋氏要覽云。十誦云。好惡相敎。以三語自恣。注三語者。謂見聞疑。

十誦律自恣法云。諸比丘一處集。應三事求他說自恣。何等三。若見若聞若疑。乃至應差能作自恣人。（廣說）應如是語。長老憶念。今僧自恣日。我某甲比丘。長老僧自恣語。若見聞疑罪。語我。憐愍故。我若見罪。當如法除。

首楞嚴經云。屬諸比丘休夏自恣。　釋要鈔云。自恣凡有二種五德。一擧罪五德。謂知時不以非時。如實不以虛妄。利益不以損減。柔輭不以麁獷。慈心不以瞋恚。二自恣五德。謂不愛。不瞋。不怖。不癡。如自恣不自恣。然自恣通三日。七月十四。十五。十六。又修道安樂。亦通延日自恣。可延至八月十五日。（忠曰。釋要依行事鈔自恣宗要篇。）

行事鈔自恣宗要篇云。然律中。但明十四日。十五日自恣。及至急施衣中。次第增中。十六日自恣。增三中。三日自恣。律云。安居竟自恣。則七月十六日爲定。律又云。僧十四日自恣。尼十五日自恣。此謂相依問罪。故制異日。及論作法。三日通用。克定一期。十六日定。若有難者。如五百問中。一月自恣。

法苑珠林云。增一阿含經云。爾時世尊在舍衛國東鹿母園中。與大比丘衆。五百人俱。是時世尊。七月十五日。於露地敷坐。比丘僧前後圍遶。佛告阿難曰。汝今速擊揵稚。今七月十五日。是受歲之日。阿難叉手。便說此偈。淨眼無與等。無事而不練。智慧無染著。何等名受歲。世尊以偈報曰。受歲三藏淨身口意所作。兩兩比丘對。自陳所作短。還自稱名字。今日衆受歲。我亦淨意受。唯願原其過。是時阿難聞已歡喜。卽升講堂。手執揵稚。而說此偈。降伏魔力怨。除結無有餘。露地擊揵稚。比丘聞當集。諸欲聞法人。度流生死海。聞此妙響音。盡當雲集此。爾時阿難。擊揵稚已。至世尊所。白世尊言。今正是時。唯願世尊。何所敕使。是時世尊。告阿難曰。汝隨次坐。當坐艸座。時諸比丘。各坐艸座。是時世尊默然。觀諸比丘已。便敕諸比丘。我今欲受歲。我無過咎於衆人乎。又不犯身口意耶。如來說此語已。諸比丘默然不對。是時再三告諸比丘已。時尊者舍利弗即從座起長跪白世尊言。諸比丘衆觀察如來。無身口意過。世尊今日不度者度。不脫者脫。不般涅槃者。令般涅槃。無救護者。爲作救護。盲者爲作眼目。爲病者作大醫王。三界獨尊。無能及者。以此事緣。如來無咎於衆人。亦無身口意過。是時舍利弗白世尊言。我今自陳。無咎於如來。及比丘僧乎。世尊告曰。汝舍利弗。都無身口意所作非行。汝今智慧。無能及者。汝今所說。常如法義。未曾違理。是時舍利弗白佛言。此五百比丘。盡當受歲。盡無咎於如來乎。世尊告曰。亦不責此五百比丘身口意。此舍利弗。大衆之中。極爲清淨無瑕穢。今此衆中。最小下坐。得須陁洹。必當上及不退轉法。以是之故。我不恐責此衆。忠曰、所援增壹經第二十四卷、善聚品文也、今以珠林略鈔簡明、依珠林所載耳

法臘

敕修清規節臘章云。或曰坐夏。或曰坐臘。戒臘之義始此。如言驗蠟人氷。以坐臘之人驗其行。猶氷潔。或謂埋蠟人於地。以驗所修之成虧者。類淫巫俚語。庸非相傳之訛耶。且吾所修證。聖不能窺。豈外物可測其進退哉。

玄應衆經音義云。臘力盍切。案風俗通曰。夏曰嘉平。殷曰清祀。周曰大蜡。漢曰臘。臘獵也。獵取禽獸。祭先祖也。此歲終祭神之名也。經中言臘佛者。即此義也。或曰臘者接也。新故交接也。諸經律中。亦名歲。如新歲經等。爾雅注云。一終名歲。又取歲星行一次也。夏曰歲。商曰祀。周曰年。唐虞曰載。皆據一終爲名。今比丘或言臘。或云夏。或言雨。亦爾。皆取一終之義。案天竺多雨。名雨安居。從五月十五日。至八月十五日也。上人羅諸國。至十二月安居。今言臘者。亦近之也。此方言夏安居。各就其事制

名也。

路史餘論云、蜡與臘異、臘者祭先祖、蜡者報百神。

萬卷星羅云。自冬至日去後。第三戌爲臘也。若冬至日値戌日。此便爲一戌之數。或三戌日。在十一月內。須用第四戌日。在十二月之內。是定之。

僧史畧賜夏臘章云。所言臘者。經律中以七月十六日。是比丘五分法身生來之歲首。則七月十五日。是臘除也。比丘出俗。不以俗年爲計。乃數夏臘耳。經律又謂十五日爲佛臘日也。

盂蘭盆經。孤山釋云。臘者以七月十六。是比丘五分法身。生來歲首。則以七月十五。爲歲除者非。以七月十六方始入臘。八月十六。是歲首。十五爲歲除耳。學者宜知。

忠曰。蓋孤山依玄奘前安居。以五月十六日入之說。故八月十五日。爲歲除矣。玄奘說、見夏安居處。

祖庭事苑風穴衆吼集。蠟人氷註云。蠟當作臘。謂年臘也。按增輝記。臘接也。謂新故之交接。俗謂臘之明日。爲初歲也。蓋臘盡而歲來。故釋式以解制受臘之日。謂之法歲。是矣。天竺以臘人爲驗者。且其人臘有長幼。又驗其行有染淨。言臘人氷者。是言其行之氷潔也。今衆中妄謂。西天立制。唯觀蠟人之氷融。然後知其行之染淨。佛經無文。律範無制。未詳得是說於何邪。今此集以臘爲蠟。深誤後人。良可歎也。

東谷禪師解夏普說云。西天鑄蠟人爲驗。行全則氷。不全則泮。

宋曾三異同話錄云。僧家所謂伏蠟者。謂削髮之後。即受戒。若或斷酒色等若干件。每歲禁足結夏。自四月十五日。至七月十五日。終西方之教。結夏之時。隨其身之輕重。以蠟爲其人。解夏之後。以蠟人爲驗。輕重無差。即爲驗。定而無妄想。其有妄想者。氣血耗散。必輕於蠟人矣。湯朝美作本然僧塔銘。寫作伏臘之臘。蓋未詳此也。

忠曰。曾儒必得之妄僧。敢作此說。佛教所無。

其造語艱滯。可笑。以朝美作臘。却爲非。猶如己倒懸。而嘲人之正立矣。

戒臘

同法臘

忠曰。自受具足戒。同大僧。歸僧堂。辦道。安居滿而受法歲。故凡爲僧者。從此年數去。言戒臘幾多。或言坐幾夏也。

舊說曰。古者以安居禁足。數幾臘。僧傳所謂。世壽若干。法臘若干。是也。今時不必然。但自剃度年數爲幾臘而已。

忠曰。從爲僧數夏臘。亦有例證。如雲峯悅禪師。七歲剃度。佛祖通載書云。住世六十六年。爲僧五十九夏。止此豈七歲非年滿而受具耶。

法歲

比丘以七月十五日。受法歲。見自恣處。義同法臘也。

釋氏要覽云。夏臘卽釋氏法歲也。凡序長幼。必問夏臘。多者爲長。故云。天竺以臘人爲驗焉。經音疏增輝記。皆云。臘接也。蔡邕獨斷云、臘者歲之終也、晉博士張亮議云、臘接也、新故交接、俗謂臘之明日。爲初歲也。今釋氏自四月十六日前安居入制。至七月十五日。爲受臘之日。若俗歲除日也。至十六日。是五分法身生養之日。名新歲也。自夏九旬。統名法歲矣。

四分律云。前安居者。欲自恣。後安居者。不知得自恣不。佛言。聽受自恣。住待日足。前安居人。自恣已數歲。後安居人。不知得數歲不。佛言。不聽三月未足便數歲。

八朔

鏡堂圓禪師建仁錄。八月旦上堂云。扶桑八月初一。古謂天中佳節。各祈妖怪潛蹤。皆願口舌消滅。云云。

忠曰。八朔爲天中節。蓋日本傳習耶。月令廣義云。道書正月一日。天中節會之辰。獻壽之日。又云。提要錄。五月五日午時。爲天中節。漢制攷云。法言膢臘。注。膢八月旦也。今河東俗。奉以爲大節。祭祀先人也。揚子法言問道篇注光曰、膢落侯切、月令廣義云。晉義。冀州北。八月朔作飮食。爲膢。俗曰膢臘。

忠曰。八朔膢之說。如此著矣。然公事根源云。八朔風俗。此事更無本說。止此何耶。

● 授衣節

鏡堂圓禪師建仁錄。授衣節上堂云。人間九月授衣時。破綻禪和猶未知。趁暖急須先補綴。待寒方覺已遲遲。

● 冬安居

和漢禪林。夏安居之外。坐冬安居。卽以十月十六日結。到明年正月十五日。以謂其便于禪坐。勝夏安居焉。旣爲古矣。行事鈔云。律通制三時。前夏安居處引、故知佛制。亦有冬安居也。

梵網經。故入難處戒中云。若佛子。常應二時頭陀。冬夏坐禪。結夏安居。常用十八種物。經具列常隨其身。頭陀者。從正月十五日。至三月十五日。八月十五日。至十月十五日。是二時中。此十八種物。常隨其身。如鳥二翼。

忠曰。蓋言行頭陀。可於夏冬二安居之間。其云從正月十五日。便可知有冬安居也。冬安居了之明日。始頭陀也。

永平道元和尚云。梵網經中。雖有冬安居文。其法不傳。但九夏安居法傳焉。

榮西和尚興禪護國論云。夏冬安居。謂四月十五日結夏。七月十五日解夏。又十月十五日受歲。正月十五日解歲。二時安居。幷是聖制也。不可不信行。我國此儀絕久矣。大宋國比丘者。二時安居無闕怠不安居而稱夏臘之二名。佛法中可笑也。

忠曰。言十月十五日受歲者。恐未曉增壹七月十五日受歲之說耶。

五燈會元。第二世寶壽和尚（失名嗣寶壽沼）章云。在先寶壽爲供養主。壽問父母未生前。還我本來面目來。師立至夜深。下語不契。翌日辭去。壽曰。汝何往。師曰昨日蒙和尚設問。某甲不契。往南方參知識去。壽曰。南方禁夏不禁冬。我此間禁冬不禁夏。汝且作街坊過夏。若是佛法。闤闠之中。浩浩紅塵。常說正法。師不敢違。（傳燈廣燈。第二世寶壽章。不收此緣。）

大隋眞禪師錄云。老僧行脚時。看他眼目稍似根性有些些器量。方欲過一夏或一冬。（謂子參請、門徧參處。）

月江印禪師再住澱山錄解制上堂云。南方禁夏不禁冬。北方禁冬不禁夏。

又覩貨邏國。以十二月十六日安居。　西域記云。覩貨邏國氣序既溫。疾疫亦衆。冬末春初。霖雨相繼。故此境已南。濫波已北。其國風土。並多溫疾。而諸僧徒。以十二月十六日入安居。三月十五日解安居。斯乃據其多雨。亦是設教隨時也。

雲棲山房雜錄卽事詩云。春開講演席。掛鉢聲相鳴。秋結禪那期。孤存二三僧。

忠曰。由此雲棲結秋安居也。

冬夜

忠曰。冬至前夜也。

幻住淸規十一月冬至云。其冬夜。土地堂念誦。及冬朝講禮。

分冬

冬夜也。

虛堂徑山後錄云。僧問（云云）、僧云。只如徑山。今冬果子貴。將什麽與諸人分冬。師云。鐵酸餡。

冬朝

忠曰、冬至之朝也。見于冬夜。又冬義見四節處。

分歲

聯燈會要北禪賢禪師章云、歲夜小參示衆云、年窮歲盡。無可與諸人分歲。且烹箇露地白牛、炊黍米飯、向骨柮火、唱村田樂。何故免見倚他門戶傍他牆、剛被時人喚作郎。便下座。

年朝

忠曰、正月朔日也。賀正義見四節處。

善月

忠曰、此三箇月、特可修善。故正五九爲善月。

敕修淸規善月云、正五九爲善月。又云、始由隋開皇三年、詔天下、正五九幷六齋日、各寺建祈福道場、不得殺生命。取藏經中、有毗沙門天王、每歲巡按四大部洲、正五九月、治南瞻部洲。故禁屠宰、而唐之藩鎭、每上任、必犒士卒、不下數萬人。須大烹宰。故以正五九、不上官、爲禁殺也。而俗以爲忌者非。開皇詔、依三寶紀、見三長齋月處。

群談採餘辨惑類云、正五九月、新官到任、今人多忌。不知所謂。考之、唐時以此三月、斷屠宰。上任必有大宴。宰割遍及下人。緣禁不便。故於正五九、不上任。非其利也。今無禁而不用。至於移居忌之。豈非因襲之弊耶。又一說、以正五九月建乃寅午戌也。寅午戌屬火。臣音爲商。商屬金。恐火之尅於金、故忌之。未知是否。

忠曰、寅午戌火、尅商金之說。儒家不曉三長齋月。出于佛書。斷屠妨犒宴矣。

敕苑淸規云、正五九月、爲三長齋。世稱善月。每月建祈福道場。提謂經云、諸天帝釋、太子使者、閻羅鬼神、俱用正五九月旦日、案行王民等、爲善惡者、四時交代、歲終三覆、以校。與四王一月六奏、使無枉錯、覆校衆生罪福。作善降祥、不善降殃。自隋開皇三年。詔天下。正五九月。及六齋日。不得殺生命。唐武德二年。詔天下。正五九月。十齋日。不得行刑屠釣。逮今聖朝。遵行尤篤。各寺凡屆斯期。毋或怠也。

三長齋月

卽善月也。齋義。見雜行門持齋處。

釋氏要覽云。三長月。不空羂索經云。諸佛神通之月。智論云。天帝釋。以大寶鏡。從正月。照南剡部洲二月照西洲。至五九月。皆照南洲。察人善惡。故南洲人。多於此月。素食修善。故經云。年三長齋也。又一說。北方毗沙門天王。巡察四洲善惡。正月至南洲。亦如鏡照。至五九月。皆察南洲故。

忠曰。智度論無帝釋照鏡之文。智論但有六齋日說而已。見六齋日處。要覽妄引。

梵網經詰親害生戒中云。於六齋日。年三長齋月。作殺生。劫盜。破齋。犯戒者。犯輕垢罪。

梵網傳奥疏云。三長齋月者。智論說。天帝以大寶鏡。共諸天衆。從正月一日。照南洲善惡具錄。如是二月東。三月北。四月西。五月還至此。九月亦然。

梵網明曠疏云。年三長月者。正月是衆生現生之初。五月是與盛之中。九月是斂藏之始。

忠曰。釋門正統。舉二說。正是用傳奥明曠疏耳。又明曠義。正依提謂經意。文引下 又通月令義。見于後環中引。且斂藏。疏作欲藏。寫訛也。

梵網私記云。年三長齋者。正月初半。五月上半。九月初半。並是也。

補忘鈔云。既云初半。乃知白月也。法苑珠林亦云。從一日至十五日。

資持記云。年三者。正五九月。冥界業鏡。輪照南洲。若有善惡。鏡中悉現。註或云天王巡狩四天下。此三月。對南洲。又云。此三月。惡鬼得勢之時。故令修善。

法苑珠林云。提謂經云。提謂長者白佛言。世尊。歲三齋皆有所因。何以正用正月五月九月。六日齋用月月八日。十四日。十五日。二十三日。二十九日。三十日。佛言。正月者。少陽用事。萬神代位。陰陽交精。萬物萌生。道氣養之。故使太子。正月一日持齋。寂然行道。以助和氣長養萬物。故使竟十五日。五月者。大陽用事。萬物代位。艸木萌類。生畢百物。懷妊未成。成者未壽。皆依道氣。故持五月一日齋。竟十五日。以助道氣。成長萬物。九月者。少陰用事。乾坤改位。萬物畢終。衰落無牢。衆生蟄藏。神氣歸本。因道自寧。故持九月一日齋。竟十五日。萅者萬物生。夏者萬物長。冬者萬物藏。依道生沒。天地有大禁。故使弟子樂善者。避禁持齋。救神故爾。長者提謂白佛言。三長齋。何以正月一日至十五日。復言。如何名。禁。佛言四時交代。陰陽易位。歲終三覆。以校。一月六奏。三界皓皓。五處錄籍。衆生行異。五官典領。校定罪福。行之高下。品格萬途。諸天帝釋。太子使者。日月鬼神。地獄閻羅。百萬神衆等。俱用正月一日。五月一日。九月一日。四布案行。帝王。臣民。八夷。飛鳥。走獸。鬼龍。行之善惡。知與四天王。月八日。十五日。盡三十日。所奏同。無不均天下。使無枉錯。覆校三界衆生。罪福多少。所屬福多者。即生天上。即敕四鎮。五官。大王。司命。增壽益算。下閻羅王攝五官除罪名。定福祿。故使持是三長齋。是故三覆八校者。八王日是也。亦是天帝釋輔鎮五官。四王地獄王。阿須倫。諸天。案行。比校。定生注死。增減罪福多少。有道意無道意。大意小意開解不開解。出家不出家。案比口數。皆用八王日。何等八王日。謂立春。春分。立夏。夏至。立秋。秋分。立冬。冬至。是謂八王日。天地諸神。陰陽交代。故名八王日。月八日。十四日。十五日。二十三日。二十九日。三十日。皆是天地用事之日。上下弦望朔晦。皆錄命上計之日。故使於此日。自守持齋。以還。自校使不犯禁。自致生善處。

已下錄三齋月斷刑屠。

歷代三寶記。大隋錄云。開皇三年。降敕旨云。好生惡殺。王政之本。佛道垂教。善業可憑。稟氣含靈。唯命爲重。宜勸勵天下。同心救護。其京城及諸州官立寺之所。每年正月五月九月。恒起八日至十五日。當寺行道。其行道之日。遠近民庶。凡是有生之類。悉不得殺。

陸游老學菴筆記云。唐高祖實錄。武德二年。正月甲子。下詔曰。釋典微妙。淨業始於慈悲。道教沖虛。至德去其殘暴。況乎四時之禁。毋伐麛卵。三驅之禮。不敢順從。蓋欲敦崇仁惠。蕃衍庶物。立政經邦。咸率斯道。朕祗膺靈命。撫遂羣生。言念亭育。無忘鑒昧。殷帝去網。庶踵前修。齊王捨牛。實符本志。自今每年正月。五月。九月。十直日。並不得行刑。所在公私。宜斷屠殺。此三長月。斷屠殺之始也。唐士大夫。如白居易輩。蓋有過此三齋月。杜門謝客。專延緇流。作佛事者。今法至此月。亦減去食芋錢。蓋其遺制。

事物紀原云。斷屠。唐刑法志曰。武德二年。詔。斷屠日不行刑。會要曰。武德二年。正月二十四日。詔。自今後。每年正月五月九月。及每月十齋日。並斷屠。按此。則是斷屠之制。起於唐高祖也。杜佑集歷代沿革事。爲通典。前此無文。而首載武后聖曆二年事。驗此可知也。宋朝因之。臨時限日云。

忠曰、十齋日者、佛祖統紀云、十齋經、於六齋日加月旦、十八、二十四、二十八、四日也、今國律令、諸州十直日、不得行刑、正據此義。

忠曰。老學筆記。事物紀原。幷以唐高祖武德。爲善月斷屠之始制。蓋在唐此可爲始焉。若遠論之。隋文帝開皇。爲正五九月斷屠之始。見三寶記。敕修清規依之。見善月處。

宋許觀東齋紀事云。高承事物紀原。唐刑法志。武德二年。詔。斷屠日。不行刑。會要曰。武德二年。正月二十四日。詔。自今以後。每年正月五月九月。及每月十齋日。並斷屠。按此。則斷屠之始。起于唐高祖也。承所紀非也。隋高祖仁壽三年。詔。六月十三日。

是朕生日。宜令海內爲武皇帝后斷屠。則此制隋已有之。不始於唐已。

忠曰。東齋總論斷屠言不始於唐。是也。其言始於隋仁壽。猶未是也。若論天子生日斷屠。則以隋仁壽爲始。若論正五九月斷屠。以隋開皇爲始。凡儒氏不得歷代三寶記。說往往失致。

詢芻錄(闕撰人名)云。新官到任。多忌正五九三月。不知所謂。唐以此三月。斷屠宰。節度使上任。必有大宴。宰割遍及下人。緣禁不便事。故於此三月不上任。非不利也。今無齋禁。而亦不用。豈非因襲之弊哉。

宋戴埴鼠璞云。今俗人食長月素。按釋氏智論。天帝釋以大寶鏡。照四大神洲。每月一移。察人善惡。正五九月。照南贍部洲。唐人於此三月。不行死刑。曰三長月。節鎮因戒屠宰。不上官。是以天帝釋爲可欺也。妄誕可笑。然月令。於孟春言。無傷胎卵。毋聚大衆。不可稱兵。於仲夏言。君子齋戒。必掩身毋躁。薄滋味。節嗜慾。靜事毋刑。於季秋言。命衆百官。無不務內。以會天地之藏。無有宣出。豈時令當然耶。

忠曰。如埴言。實十二月。只三月戒屠宰。而餘九月否。則爲欺天帝。汝若然。當至十二月。禁屠殺奉戒善。有何不可耶。若言不能之。則且帝釋親臨三月。奉殺禁。猶優都無戒矣。譬如世人閒居汰傲。若君父來視。則改容示恭焉。

瑯琊代醉編云。正五九月。不上官。戴埴云。釋氏智論。天帝釋以寶鏡。照四大神洲。每月一移。察人善惡。此三月照南贍部州。唐人以此不行死刑。曰三長月。節鎮因戒屠宰。不上官。後世因之。歐陽永叔治平丁未三月。出知亳州。陛辭乞便道過穎。許之。公與曾舍人書云。在穎無所營爲。所以少留者。蓋避五月上官。爾此老未能免俗。亦可笑也。王元美曰。宋人以是三月。食素誦經。已可笑矣。今人不斷屠宰。但不上任。尤爲無謂。或曰。宋朝火德。火生于寅旺于午。墓于戌。此三月謂之災月。官員例減祿料。無羊。故又謂無羊之月。衆皆避之。似勝。但長生帝旺。祿命家所喜。何以謂災。王胡太僕汝嘉謂火君象。臣下宜避。尤無謂。

容齋隨筆云。釋氏以正五九月爲三長月。故奉佛者。皆茹素。其說云。天帝釋。以大寶鏡輪照四天下。寅午戌月。王臨南贍部洲。故當食素以徼福。官司謂之斷月。故受驛劵。有所謂羊肉者。則不支。俗謂之惡月。士大夫赴官者。輒避之。或人以謂。唐日。藩鎮涖事。必大享軍。屠殺羊豕至多。故不欲以其月上事。今之他官。不當爾也。然此說。亦無所經見。予讀晉書禮志。穆帝納后。欲用九月。九月是忌月。北齊書云。高洋謀簒魏。其臣宋景業言。宜以仲夏受禪。或曰。五月不可入官。犯之。終於其位。景業曰。王爲天子。無復下期。豈得不終於其位乎。乃知此忌相承。由來已久。竟不能曉其義。及出何經典也。

野客叢書云。隨筆云。齊書高洋謀簒魏。其臣宋景業言。宜以仲夏受禪。或曰。五月不可入官。犯之不終於其位。景業曰。王爲天下。無復下期。豈得不終其位。乃知此忌相承已久。不曉其義。僕觀前漢張敞。爲山陽太守。奏曰。臣以地節三年五月視事。其言如是。則知前漢之俗。未嘗忌五月也。然張敞在山陽監護驕賀。其責甚難。卒以無事。其後徵爲膠東相。亦不聞有凶橫之說。又觀後漢朔方太守碑云。延嘉四年。九月乙酉。詔書。遷衙令五月正月到官。乃知拘忌之說。起於兩漢之後。然又觀獨狐及集。有爲舒州到任表曰。九月到州訖。乃知唐人亦有不忌九月者。因考諸州唐人題名。見不避正五九處亦多。

● 神通月

三長齋。又名神通月。神變月。神足月等。

不空羂索神變眞言經云。修此法者。當于十方一切諸佛神通月。修所謂正月五月九月。白月一日至十五日。如法清淨。讀誦受持。即得成就。

神變月　雜阿含經云。於月八日。十四日。十五日。及神變月。受戒布薩。

神足月　雜阿含經云。於法齋日。及神足月。受持齋戒修功德。

●四孟月

敕修清規月分須知云。正月初一日。有處四孟月。大衆行道。諷經祈保。

舉書拾唾云。四孟。孟春（正月）孟夏（四月）孟秋（七月）孟冬（十月）

●旦望

敕修清規。住持日用云。凡旦望。侍者隔宿稟住持云。來晨祝聖上堂。

幻住清規云。一年十二月。遇初一十五。是謂朔望。須就粥前諷大悲咒祝聖。

興禪護國論云。報恩。謂每月朔日。奉爲今上皇帝。講般若經。十五日。奉爲先皇。講大涅槃經。有祈請句。

忠曰。旦望禮儀。亦是隨世俗焉。

居家必用云。朔望廣州記。尉陀立朝臺。朔望升拜。名此始也。

杜氏通典云。大唐永徽二年。八月二十九日。下詔。來月一日太極殿受朝。此後每五日。一度。太極殿視事。朔望朝。即爲恒式。

旦謂朔日。　忠曰。清規朔日十五日。爲旦望。或言月旦月望。（見四齋日處）而韻書無朔曰旦之訓。按西京雜記云。月之旦爲朔。車之輌亦謂之朔。名齊實異。（止此）又後漢書許劭論鄉黨人物。每月輒更其品題。故汝南俗。有月旦評焉。（止此）月令廣義每月令。載此以係初一日。可證月旦爲月朔也。

又葉隆禮遼志歲時雜記。題正旦。其中記正月一日事。

望謂十五日。品字箋云。朢說文月滿與日相望。如朝君也。从臣从月从壬。壬朝廷也。徐曰。假借作望。增韻今經典通作望。

● 五旦望

五參日。朔日。十五日。此謂五旦望也。皆有上堂。敕修清規赴齋粥云。近時諸方住持大鐘鳴時。先入堂坐。至堂前鐘鳴方下地普同問訊。只過五旦望講行一次。新入衆者。不知所自。

● 五參日

五日一參。故曰五參。卽五日。十日。二十日。二十五日也。詳垂說門五參上堂。校定清規云。如初五。初十。二十。二十五。此四日。謂之五參。詳垂說門

忠曰。準春明退朝錄。則五日。十一日。二十一日。二十五日也。

密菴傑禪師靈隱錄上堂云。五日一參。諸方常例。不說少室單傳。不說靈山受記云云

中巖月禪師崇福菴錄云。五參衆立定。師出來。大衆如例問訊。師云。五日前。山僧來到這裡。諸人恁麼問訊。今日來到者裏。亦是恁麼問訊。但恁麼去。有甚了期。便歸室。

忠曰。可知日本此時有此規。

● 三八日

古以每旬三八日念誦。乃一月有六日。今以上八。中八。下八。爲三八。乃一月有三箇八日也。故備用清規聖節云。聖節內遇八佛殿念誦。又見諷唱門誦

敕修清規念誦云。古規初三。十三。廿三。初八。十八。廿八。今止行初八。十八。廿八。

蓋上八中八念誦。祝禱帝道昌。法輪轉等。下八念誦。令衆觀無常。其意見敕修清規念誦回向文。

敕修淸規聖節云。節內遇三八日、佛殿念誦。榮西興禪護國論云。念誦謂每月初三十三廿三、初八十八廿八、六齋日、有儀式。念十佛名、奉祝皇風遠扇。帝道久潤。佛法永弘。利生廣大衆報一草一葉施主恩矣。

三八日入室　敕修淸規入室云。今時以三八入室者。備故事也。

三八普說　西禪舜禪師上堂云。五日一參。三八普說。詳垂說門五參上堂

●六齋日

忠曰。每月八日十四日十五日二十三日二十九日三十日。此爲六齋日。名義集云。逋沙他。此云齋日。此齋義。詳雜行門。持齋處。

智度論云。問曰。何以故六齋日受八戒修福德。答曰。是日惡鬼逐人。欲奪人命。疾病凶衰。令人不吉。是故劫初聖人。敎人持齋修善作福。以避凶衰。是時齋法。不受八戒。直以一日不食爲齋。後佛出世。敎語之言。汝當一日一夜。如諸佛持八戒。過中不食。是功德。將人至涅槃。論詳說下受八戒法上

佛說四天王經云。佛告諸弟子。齋日責心愼身守口。諸天齋日伺人善惡。須彌山上。卽第二天。天帝名因。福德巍巍典主四天。四天神王。卽因四鎭王也。各理一方。常以月八日。遣使者下。案行天下。伺察帝王臣民龍鬼蜎飛蚑行蠕動之類。心念口言身行善惡。十四日遣太子下。十五日四王自下。二十三日使者復下。二十九日太子復下。三十日四王復自下。四王下者。日月五星二十八宿。其中諸天。僉然俱下。四王命曰。勤伺衆生。施行吉凶。若於斯日。有歸佛歸法歸比丘僧。淨心守齋。布施貧乏。持戒忍辱精進禪定。諷經散說。開化盲冥。孝順二親。奉事三尊。稽首受法。行四等心。慈育衆生者。具分別之。以啓帝釋。若多修德精進不怠。釋及輔臣。三十二人。僉然俱喜。釋敕司命。增壽益算。遣諸善神。

營護其身。隨戒多少。若持一戒。令五神護之。五戒具者。令二十五神。營衞門戸。凶疫衆邪陰謀消滅。夜無惡夢。縣官盜賊。水火災變。終而不害。禳禍滅怪。唯斯四等。五戒六齋耳。猶如大水而滅小火。豈有不滅者乎。臨其壽終。迎其魂神。上生天上。七寶宮殿。無願不得。若有不齋。衆生之命。穢濁盜竊。婬犯他妻。兩舌惡罵。妄言綺語。厭禱咒詛。嫉妬恚癡。逆道不孝。違佛遠法。謗比丘僧。善惡反論。有斯行者。四王以聞。帝釋及諸天。僉然不悅。善神不復營護之。即令日月無光。星宿失度。風雨違時。以現世人。欲其改往修來。洗心齋肅。首過三尊。四等養親。忠于帝王。慈心諫諍。至誠無欺。反前修來。捐穢濁之操。就淸淨之道。若有改邪行。就正眞者。帝釋四王。靡不歡喜。日月即淸明。星宿有常。風雨順時。毒氣消歇。天降甘露。地出澤泉。水穀滋味。食之少病。華色奕奕。壽命益長。生不更牢獄。死得上天。

智度論云。如四天王經中佛說。月六齋日。使者太子。及四天王。自下。觀察衆生。布施持戒。孝順父母。少者。便上忉利。以啓帝釋。帝釋諸天。心皆不悅。說言。阿修羅種多。諸天種少。若布施持戒。孝順父母。多者。諸天帝釋。心皆歡喜。說言。增益諸天衆。減損阿修羅。是時釋提婆那民。見諸天歡喜。說此偈言。六日神足月。受持淸淨戒。是人壽終後。功德必如我。佛告諸比丘。釋提桓因。不應說如是偈。所以者何。釋提桓因。五衰三毒未除。云何妄言持一日戒。功德福報。必得如我。若受持此戒。必應如佛。是則實說。諸大尊天。歡喜因緣故。得福增多。復次此六齋日。惡鬼害人。惱亂一切。若所在丘聚。郡縣國邑。有持齋受戒善人者。以此因緣。惡鬼遠去。住處安穩。以是故。六日持齋受戒。得福增多。問曰。何以故。諸惡鬼輩。以此六日。惱害於人。答曰。天地本起經說。劫初成時。有異梵天王子。諸鬼神父。修梵志苦行。滿天上十二歲。於此六日。割肉出血。以著火中。以是故。諸惡鬼神。於此六日。輒有勢力。問曰。諸鬼神父。何以於此六日。割身肉血。以著火中。答曰。諸神中。摩醯首羅神。最大第一。諸神皆有日分。摩醯首羅。一月有四日分。八日。二十三日。十四日。二十九日。餘神一月有二日分。月一日。十六日。月二日。十七日。其十五日。三十日。（法苑珠林其字在月二日上）屬一切神。摩醯首羅爲諸神主。又得日多。故數其四日。爲齋。二日是一切諸神日。亦數以爲齋。是故諸鬼神。於此六日。輒有力勢。復次諸鬼神父。於此六日。割肉出血。以著火中。過十二歲已。天王來下。語其子言。汝求何願。答言。我求有子。天王言。仙人供養法。以燒香甘果。諸清淨事。汝云何以肉血著火中。如罪惡法。汝破善法。樂爲惡事。令汝生惡子。噉肉飲血。當說是時。火中有八大鬼出。身黑如墨。髮黃眼赤。有大光明。一切鬼神。皆從此八鬼生。以是故於此六日。割身肉血。以著火中。而得勢力。如佛法中。日無好惡。隨世惡日因緣。故教持齋受戒。

忠曰。諸偈類要。援四天王經。全依智論引彼經。撿此方藏中四天王經。無修羅增減文。按增壹阿含高幢品。雜阿含第四十。樓炭經忉利天品。正法念處經第六十八。竝說六齋日。有修羅增減文。大同智論說。

智度論云。從四天王。乃至淨居天。是大力諸天來。小鬼避去。菩薩能生清淨大心。是故來隨逐法師。六齋日。諸天來觀人心。十五日。三十日。上白諸天。復次是六齋日。是惡日。令人衰凶。若有是日受八戒持齋布施聽法。是時諸天歡喜。小鬼不得其便。利益行者。

優婆夷墮舍迦經云。何等爲佛正齋法。是間有賢善人持戒。一月六齋。乃至齋日朝起。告家中言。今日我身齋。家中莫飲酒。莫鬪諍。莫道錢財。

觀普賢行法經云。刹利居士。於六齋日。敕諸境內。力所及處。令行不殺。

梵網經疏云。三齋六齋。竝是鬼神得力之日。此日宜修善。乃至年三長齋。月六齋齋。本爲在家出家。竝

壽持齋不論時節

提謂經說見三長齋月處

摩訶般若經云佛告須菩提是善男子善女人若六齋日月八日二十三日十四日二十九日十五日三十日在諸天衆前說是般若波羅蜜義是善男子善女人得無量無邊阿僧祇不可思議不可稱量福德何以故須菩提般若波羅蜜是大珍寶何等是大珍寶是般若波羅蜜能拔地獄畜生餓鬼及人中貧窮能與刹利大姓婆羅門大姓居士大家能與四天王天處乃至非有想非無想處能與須陀洹果斯陀含果阿那含果阿羅漢果辟支佛道阿耨多羅三藐三菩提

四分律云佛在羅閱城時城中諸外道梵志三時集會月八日十四日十五日衆人大集來往周旋共爲知友給與飲食極相愛念經日供養時瓶沙王在閣堂上遙見問左右人乃至瓶沙王即下閣堂往詣世尊所頭面禮足白佛言羅閱城中梵志三時集會善哉世尊今敕諸比丘令月三時集乃至我及羣臣亦當來集時世尊默然受王語集比丘僧告八日十四日十五日大衆集瓶沙亦將群臣來集諸長者欲聞說法佛聽比丘說契經略抄

忠曰白月三時黑月三時即是六時

大毘婆沙論云三十三天於白黑月每常八日若十四日若十五日集善法堂稱量世間善惡多少見造善者便擁護之見造惡者即共嫌毀

四齋日

敕修清規四齋日祝讚云月旦月望初八廿三四齋日隔宿堂司行者報衆掛諷經牌　又知殿云四齋日開殿門以便往來瞻禮

舊說云六齋日中擧此四者朔望及白黑二月之分中也乃初八上弦二十三下弦也

幻住清規朔望回向稱月旦月望令辰　又云初八廿三日但稱齋戒令辰

寅旦

日用軌範偈云、朝寅旦直至暮。一切衆生自回互。

舊說曰、凡報時鐘、及某時正中而擊之。或擊鐘時爲初入某時者謬矣。譬如擊丑時鐘而經半時爲寅時之初、又擊寅時鐘而經半時爲寅時之終、卽是卯時之初也。每每如此。

傳燈錄載寶誌和尚十二時頌。其十二時者、曰平旦寅、曰日出卯、曰食時辰、曰禺中巳、曰日南午、曰日昳未、曰哺時申、曰日入酉、曰黃昏戌、曰人定亥、曰夜半子、曰鷄鳴丑也。

明相

法苑珠林云、若欲解齋、要待明相出時、始得食粥。不爾破齋。何名明相。如薩婆多論云、明相有三種。色若日照閻浮提樹、則有黑色。若照樹葉、則有青色。若過樹葉、則有白色。於三色中、白色爲正。始得解齋食其粥也。

釋氏要覽云、四分律云、明相出、始得食粥。餘皆非時。婆沙論云、明相有三。初日照剡部樹身、天作黑色。二日照樹葉、天作青色。三日過樹、天作白色。三色中、取白色爲正時。須舒手見掌文分明、始得食粥。

徵戒前聞記云、天龍第二代佛慈禪師者、名志玄、號無極。初住臨川。一日粥早、師不展鉢。首座以爲不安、候之。師曰、古規不云乎。掌文見而喫粥。老僧何病之有。至今臨川曉鐘雖絕、開靜待明者、師遺範也。

忠曰、無極不展鉢者、譜律文也。首座以爲不安者、盲于佛制也。開靜待明、本是律法。不可必爲師遺範也。

四分律云、非時者、從日中乃至明相未出。若比丘非時受食食、咽咽波逸提。

大般若經云。如見東方。亦明相現。則知不久日輪當出。若聞般若波羅蜜多。當知是人。去佛不遠。

粥罷

喫粥之後也。

敕修淸規聖節云。至五更住持行香回。再覆粥罷上堂。

半齋

舊說云。在粥與齋之半。故曰半齋。又見諷唱門。

忠曰。半者。猶如備用淸規半晚之半。然世有不辨半齋義者。妄引雜譬喩經半日齋因緣。雜譬喩經云、昔大檀越、請佛附飯、有賓齋客、下因留其飯、勸持齋戒、説法格師、歸去、孔朝未飯、延待至令、強令相伴、一敗壞其齋、一半齋之福、七生天上、七生人間、一日持齋、有六十萬歲糧、今其義從隱矣。或援寄歸傳半者蒲膳尼、半者珂但尼、亦不當也。又半齋者。時名也。然以半齋諷經稱誦半齋。則成歇後語。今援數語。證粥時與飯時之半義。

敕修淸規告香曰。次早請參頭茶。半齋請參頭維那侍者點心。又迎待尊宿云。半齋點心。又兩序進退云。方丈請半齋點心。齋時草飯。又方丈特爲新舊兩序湯云。粥罷請新舊人茶。半齋庫司點心。舊用淸規兩序進退、亦有此語

臨齋

舊說曰。臨齋者。臨午齋之時也。又見諷唱門臨齋諷經處

校定淸規。住持出入云。或久出歸時。就臨齋徑入僧堂。伴衆食畢。於掛鉢時。令行者報云。堂頭和尚巡堂問訊。

宗門統要。藥山儼禪師章云。師一日臨齋。院主報云。打鐘也。請和尚上堂。師云。汝與我擎鉢盂去。云云

齋罷

午齋之後也。
敕修清規聖節云。至日齋罷。堂司行者。覆住持兩序諸寮。掛念誦牌。

齋退

即齋罷也。
敕修清規山門特爲新命茶湯云。齋退鳴鼓集衆。

參前

晚參之前。此日參前。若無晚參。則放參已前也。
敕修清規聖節云。掛念誦牌。報衆。參前巡廊鳴板。集衆。

參後

晚參或放參之後。曰參後。稍近薄暮也。
敕修清規坐禪云。參後坐禪。如常。

參退

即參後也。
眞淨文禪師歸宗錄上堂云。云云今日莊主設饙飯。俵䞋錢。參退僧堂內。普請喫茶去。

半晚

齋了與晡時之半時也。
備用清規。知浴云。半晚。浴頭覆首座方丈維那。鳴鼓三下。　律苑事規全同。
敕修清規知浴。半晚作齋罷。

晚刻

敕修清規山門特爲新命茶湯狀式云。今晨晚刻就雲堂點茶。

昏鐘鳴

敕修清規達磨忌云。昏鐘鳴。再鳴僧堂鐘集衆。又晚參云。移於昏鐘鳴。而謂之小參。　又對靈小參云。候昏鐘鳴。鳴鼓集衆。

● 人定

亥時也。寶誌歌。見前寅旦處。

經國大典註解云。人定罷漏。人定初更三點。禁人行。罷漏五更三點。放人行。

敕修淸規鐘云。人定時。一十八下。

白氏文集人定詩云。人定月朧明。香消枕簟淸。

● 隔宿

忠曰。前日也。與當日隔一宿。故言隔宿。

敕修淸規景命四齋日祝讚云。隔宿堂司行者。報衆掛諷經牌。

● 念日

忠曰。日本禪林回向文。二十稱念。如念一日。念二日也。古老解云。念字从八二。是十六數。心有四畫。合爲二十也。余謂。此杜撰耳。此義出兼明書。又吾千山祖翁曰。禪苑用念字。自大德寺起。其祖忌二十二日。維那擧唱時。覺音累重。故以二十代念。言念二日。餘寺倣此。用念字。又不必拘字音頻否。

忠按。禪林二十。用念字。亦尙矣。　奥山方廣寺無文禪師錄雲公大師拈香云。今月念二日。茲値先妣雲公大師七周之忌辰。

月菴光禪師錄拈香云。今月念日。恭値先妣宗城禪尼三十三回之忌辰。

兼明書云。吳主之女。名二十。而江南人呼二十。爲念。而北人不爲之避也。

字林云。廿音念。二十併也。

小補韻會緝韻云。按廿字。諸韻書皆音入。市井商賈。或音念。學士大夫。亦从其誤者。惟程篁墩文集中。書廿日。作念字。

焦氏筆乘云。顏之推稽聖賦。魏嫗何多。一孕四十。中山何夥。有子百廿。廿音入。而集反。說文二十卄也。俗音念者誤。

大夜

敕修清規。尊宿遷化。對靈小參云。拜請主喪人。大夜對靈小參。　又亡僧云。大夜念誦。

天如則禪師錄。有徐氏大夜小參。

舊說曰。物故之夜。曰當夜。次夜曰大夜。又次茶毘夜也。大夜者。女之婚嫁。謂之大歸。一往不復反也。人之死。類此。無復反理。故曰大夜。又曰逮夜。宿夜。伴夜。贈別夜等。或世稱忌辰前夜。爲大夜者。非也。

大鑑清規末後事儀云。入滅第三日茶毘。先第二日晚夜。此時名大夜。大夜之義。謂只此一夜之留。明日出而不歸也。故慇懃供養。小師圍繞終夜不寐。名曰伴夜。唯誦金剛經鳴磬。

忠曰。東漸清規云。物故之夜。謂之大夜（此止）誤矣。

小爾雅云。諱死謂之大行。

前漢書霍光傳云。受皇帝信璽行璽大行前。注韋昭曰。大行。不反之辭也。

正字通云。春秋莊四年。紀侯大去其國。傳曰。大去者。土地人民儀章器物。悉委置之。而不顧也。

忠曰。今大夜者。大行之夜之謂也。大行之大。須以大去之大解也。

逮夜

物故次夜。同大夜。

備用清規。對靈小參云。逮夜法堂面眞設座。對靈小參。　註。逮夜者。乃宿夜。

忠曰。逮明日茶毘之夜也。詩經。匏有苦葉篇云。士如歸妻。迨氷未泮。

宿夜

卽逮夜也。　忠曰。明日茶毘之前夜。故曰宿夜。

幻住清規。津送云。宿夜念誦。

伴夜

大夜伴靈。故亦曰伴夜。

大鑑清規云。入滅第三日荼毘。先第二日晚夜。此時名大夜。大夜之義。謂只此一夜之留。明日出而不歸也。故慇懃供養。小師圍繞。終夜不寐。名曰伴夜。唯誦金剛經。鳴磬。

贈別夜

大夜也。見前大夜處。

大鑑清規云。今晚大夜。則午後。道舊辦事小師諷經。此名贈別經。以表生死道義也。

正日

正日者當日也。

敕修清規帝師涅槃云。正日。鳴鐘集衆。　又靈骨入塔云。正日。鳴鐘衆集。

禮記禮器云。質明而始行事。止此　質明者。正日也。

忌日

釋氏要覽云。二月十五日。佛涅槃日。天下僧俗。有營會供養。卽忌日之事也。俗禮。君子有終身之孝。忌日之謂也。又謂不樂之日。不飲樂故。或云諱日。或云遠日。（遠日、猶遠曲禮喪事先遠日）釋子師亡。可稱歸寂之日。蓋釋氏無忌諱故。

首楞嚴經云。時波斯匿王。爲其父王諱日營齋。長水疏云。先王崩日。忌諱之辰。故云諱日。諱忌也。以忌舉吉事。諱避其名。

歸寂日

見忌日處。

七七日

釋氏要覽云。人亡。每至七日。必營齋追薦。謂之累七。又云齋七。瑜伽論云。人死中有身。（冥間化起一相似身傳識）（謂之中有）若未得生緣。極七日住。（中陰經云、中有極壽七日）若有生緣卽不定。若極七日。必死而復生。如是展轉生死。

乃至七七日住。自此已後。決定得生。又此中有。七日死已。或於此類。由餘業可轉。中有種子。便於餘類中有生。今尋經旨。極善惡無中有。既受中有身。即中下品。善惡業也。故論云。餘業可轉也。如世七日七日齋福。是中有身。死生之際。以善追助。令中有種子。不轉生惡趣。故由是此日之福。不可闕怠也。

地藏本願經云。鬼王無毒。答聖女曰。此是南閻浮提。造惡衆生。新死之者。經四十九日後。無人繼嗣爲作功德。救拔苦難。生時又無善因。當據本業所感地獄自然。

灌頂隨願往生十方淨土經云。普廣菩薩。語四輩言。若人臨終。未終之日。當爲燒香。然燈續明。於塔寺中。表刹之上。懸命過幡。轉讀尊經。竟三七日。所以然者。命終之人。在中陰中。身如小兒。罪福未定。應爲修福。願亡者神。使生十方無量刹土。承此功德。必得往生。

● 周祥

一周之祥祭。乃小祥忌也。

普燈錄佛鑑懃禪師章云。五祖周祥上堂。去年今日時。紅爐片雪飛。今日去年時。曹娥讀夜碑。

● 三年忌

葉縣省禪師錄先師首山念三周年忌頌云。師眞似日。三周已畢。遍布乾坤。翹足七日。大展壇風。狐魅屏跡。香茶供養。光添諸識。

● 遠年忌

虎關散語云。四十九日追薦。見于經文。百箇日。一周忌。第三年忌。中華俗禮見于外典。十三年。三十三年等。始于日本。少納言入道信西者卒。其子中有才人。始修十三年。三十三年追薦。爾來日本有此佛事。

夢語集云。十三年忌。三十三年忌。日本始行之。其十三年忌。見元亨釋書明遍傳。今時更有十七年。二十五年佛事。

臥雲日件錄曰。南禪雲臥菴。竺華。爲一色秦雲居士二十五年忌陞座散說中。論二十五年忌。特設佛事。出於近時。

淸拙日本錄普說。有三十三年忌說。可知此時已有此忌祭。

忠曰。七七薦亡。經有明文。如前引證。一百日。一周忌。三年忌。儒家亦祭焉。所謂卒哭。小祥。大祥也。十三年忌。起於日本。元亨釋書明遍傳云。國俗薦十三年者。迎先支。而寓追慕。余謂。二十五年。亦本支再廻。故薦之。如七年。十七年。二十三年。二十七年。三十三年。則蓋取乎三七之數矣。古云。三者數之小終。章懷太子七者天之紀數空同子佛敎說七佛三遠有所表。事苑禮云。祭不欲數。數則煩。祭不欲疏。疏則怠。祭義故先亡當三七年者。特祭而薦之。有慧空法師云。昔在尊氏薨。二十一年。而追薦之。大猷相公薨。二十一年。擧尊氏之例。追薦焉。蓋二十一者。三累七數也。如日本神社。有二十一年。而新造其祠。伊勢。春日。談岑等是也。亦據斯義。又薦五十年。一百年等。取其滿數而已。梨窓隨筆

近大德大心和尙。著修祭說云。明遍傳。修十三年忌之外。東鑑有修二位禪尼。如實。十三年忌。又世傳。建久後鳥羽帝年號壬子。鎌倉賴朝。爲父義朝。建勝長壽院于本府。薦其三十三年忌。又寬元後嵯峨帝丙午。宋蘭溪隆禪師來朝。明年修千光禪師三十三年忌。於筑前州聖福寺。語錄無語如二十五年忌。應永後小松帝已後。禪祖諸錄。間見。五十年忌。起乎應仁後土御門以後。一百年忌。創乎建武後醍醐帝之時。其後有十七年。二十一年。二十三年。二十七年之忌。又天長淳和丁未。弘法大師。應詔就乙訓寺。修推古帝二百年忌。大師遊方記又延德後土

(御門)辛亥三月。阿波州主。細川源久之請。建仁天隱澤公於本州補陀禪寺。陞座。薦其七世祖。永泰院源賴之一百年忌。澤公普說略云。茲承文安(後花園帝)丁卯閏二月。細川某。當先祖光勝院源賴春(賴之父)一百年忌。請相國寺竺雲連禪師。就某寺佛事。是在家一百年忌之權輿也。其後長祿丁丑。將軍尊氏公。一百年忌。文正(後土御門)丙戌。將軍義詮公。一百年忌。皆開法筵於洛北等持院。蓋取法於光勝者也。夫百年齋會。未見經典。蓋十十滿數。又分作三。預營爲三十三年。復分其半。爲十七年。不待十三年者。分半爲七年。(止此)今按。普說配數。一時附會。或剩一。或欠一。不足據矣。

忠曰。世有公事大成經。余聞是僞造。非聖德及河勝作。其中有年忌說。或援之。爲實出于聖德。後生請莫信焉。

第五類　靈像門

拈華釋迦

聯燈會要釋迦牟尼佛章云。世尊在靈山會上。拈華示衆。衆皆默然。唯迦葉破顏微笑。世尊云。吾有正法眼藏。涅槃妙心。實相無相。微妙法門。不立文字。教外別傳。付囑摩訶迦葉。

宗門雜錄云。王荊公問佛慧泉禪師云。禪家所謂世尊拈花。出在何典。泉云。藏經亦不載。公曰。余頃在翰苑。偶見大梵天王問佛決疑經三卷。因閱之。經文所載甚詳。梵王至靈山。以金色波羅花。獻佛。舍身爲床座。請佛爲衆生說法。世尊登座。拈花示衆。人天百萬。悉皆罔措。獨有金色頭陀。破顏微笑。世尊云。吾有正法眼藏。涅槃妙心。實相無相。分付摩訶大迦葉。此經多談帝王事佛請問。所以秘藏。世無聞者。

山菴雜錄云。明善韓先生書陸放翁普燈錄叙草後云。放翁先生手書普燈錄叙。草本報恩淨上人之所藏也。余故有先生遺文二帙。其間誤處。皆手自塗乙。傳燈言。世尊舉華。迦葉一笑。今講者以爲經無此事。詆其妄傳。或曰。金陵王丞相。於秘省得梵王決疑經閱之。有此語。有所避諱。故經不入藏。今先生以爲書之木葉旁行之間。不知即丞相之所見。以否。其言如此。必有所考矣。併書其後云。夫二先生學廣理明。其言豈妄。近翰林宋公。爲余敍應酬錄亦曰。予觀大梵天王問佛決疑經所載拈花云云。宋公既親觀之。則此經世必有之。而或者詆以爲妄。前云。有所避諱。故不入藏。斯言盡矣宋文憲公護法錄瑞巖和尚語錄序云。予觀大梵天王問佛決疑經所載。梵王以金色波羅華獻佛。請爲說法。佛拈花示衆。人天百萬。悉皆罔措。獨金色頭陀。破顏微笑。佛云。吾有正法眼藏。涅槃妙心。實相無相。分付摩訶迦葉。嗚呼此非禪波羅蜜之初乎。

寶冠釋迦

忠曰。佛匠說。十六羅漢中尊。必用寶冠釋迦。寶冠有五佛像。中央大日。左邊阿閦寶掌。右邊彌陀釋迦。

東福寺。山門閣上中。安寶冠釋迦像。東福古刹、古畫像器、夥矣、先年發開秘殿、縱四來觀者、凡兩回、忠每回往而觀覽、如諸堂像設、皆貼紙片、題其像名、到山門閣上中尊、題云、寶冠釋迦如來、

華嚴合論云。略說大相。有九十七種。大人之相。隨好無盡。頂著華冠項著瓔珞。手著環釧。非同三乘厭俗出家。

誕生佛

像長可四寸。右手指天。

澄彧前聞記記無極玄禪師事迹云。天龍始鑄佛降誕像。其指天手。莫識左右。遣使問師。無極師曰。舉右手耳。但去藏殿。探取。合在某字函。某經第幾葉。檢之無差。

或云。方廣大莊嚴經降生品。及普曜經。並不言左右。唯言字函過現因果經云。太子生時。墮蓮華上。無扶侍者。自行七步。擧其右手。而師子吼云。我於一切天人之中。最尊最勝。宜字函佛本行集經樹下誕生品。及彩字函。釋迦譜同之。不知當初所指何函。

忠曰。經唯言右手。而不言左手。而現今釋迦降生像。右手指天。左手指地。蓋應天上天下唯我爲尊（瑞應經本起經長阿含等）之語矣。復按。左手指地者。降魔印也。慧琳經音義云。如來成正覺時。身安吉祥之坐。左手指地。作降魔之印。

● 文殊　普賢

見次迦葉阿難處。

● 迦葉　阿難

釋門正統云。今殿中。設釋迦文殊普賢阿難迦葉梵王金剛者。此土之像也。阿難合掌。是佛堂弟。理非異儀。迦葉擎拳。本外道種。且附本習。以威來象。蓋若以聲聞人輔。則迦葉居左。阿難居右。若以菩薩人輔。則文殊居左。普賢居右。今四大弟子。俱列者。乃見大小乘。各有二焉耳。梵王執爐。請轉法輪。金剛揮杵。衛護教法也。

● 達磨　百丈　臨濟

三祖之像。安於祖堂。見殿堂門祖師堂處。

● 普菴

普菴肅禪師錄云。師諱印肅。號普菴。袁州之宜春人也。世姓余。紹臨濟十二世孫。牧菴忠禪師之緒。有宋之時。生於縣之太平里。初師未生時。隣夜有望其室者。祥光燭天。遠近相謂。已而蓮生道周。或現阡陌。衆愈異之。及師生。五相豐潤。即善世言。由是人始知爲至聖之徵。實乙未政和五年。十一月二十七日辰時也。庚子宣和改元之二年。師夢。一僧點其胸。曰。汝他日當自省。旣寤。白母黃氏。視點紅瑩。大似世之櫻珠。至高宗甲寅紹興四年八月。遣師壽隆賢和尙。賢授以法華。師曰諸佛元旨。貴悟于心。數墨循行。何益于道。賢甚器之。辛酉紹興十一年四月八日剃染。壬戌紹興十二年五月。受甘露大戒於袁州之開元寺。聞牧菴忠公唱道潙山。師入湘訪問。萬法歸一。一歸何處。牧菴豎拂示之。有省。歸壽隆。時癸亥紹興十有三年。師甫二十有九矣。癸酉紹興二十三年。使牒請主慈化寺。孝宗丙戌乾道二年正月一日。始營梵宇。至四年十二月落成。弟子圓通圓融圓成。勤勤贊襄。與有績矣。舊傳。殿址本李倉監施。而莫詳開迹何代也。師利世不伐。嘗言。捨家出家。當爲何事。披緇削髮。本屬何因。若不報國資家。虛負皇恩敕命。若不導化檀那。枉作空門釋子。每楮衣糲食。藜杖芒屩。脇不沾席者。十有二年。一日誦華嚴論。至遂本情忘。知心體合。豁然大悟。徧體汗流。迺曰。我今親見華嚴法界矣。遂示衆曰。李公長者。於華嚴大經之首。痛下一槌。擊碎三千大千世界。如湯消雪。不留毫髮許。於後進者。作得滯礙。普菴老人一見。不覺吞却五千四十八卷。化成一氣。充塞虛空。方信釋迦老子出氣不得之句。然後破一微塵。出此華嚴經。徧含法界。無理不取。無法不貫。便見摩耶夫人是我身。彌勒樓臺是我體。善財童子是甚茄子。文殊普賢與我同參。不動道場。徧周法界。悲涕歡喜。踊躍無量。大似死中得活。如夢忽醒。良久云。不可說不可說。又不可說。始信金剛云。信心淸淨。卽生實相。實相旣生。妄想生滅。全體法身。徧一切處。方得大用現前。卽說偈曰。捏不成團。撥不開。何須南嶽又天台。六根門首無人用。惹得胡僧特地來。云云。俄有僧稱道存。自蜀冐雪而來。旣見師。曰。此吾不請友也。遂相徵詰。棒喝交馳。心心密契。僧曰。師再來人也。大興吾道。非師其誰。因指雪書頌而行。自是廣津梁。崇塔廟。禦災捍患。天動物與。雖鬼神莫測其變。符頌藥水驗。世非一。嘗自贊云。蒼天蒼天。悟無生法談不說禪。開兩片皮括地該天。如何是佛。十萬八千。己丑乾道五年。七月二十一日。沐浴書偈于方丈之西壁云。乍雨乍晴賓象明。東西南北亂雲深。失珠無限人遭劫。幻應權機爲汝淸。○枯木救度。書畢。跏趺而逝。至冬十一月一日奉全身于塔。

普菴傳。更見于五燈嚴統。佛祖通載。搜神大全等。（續傳燈載名無錄、又載普菴法嗣二人曰、佛慧淸禪師曰、鐵牛禮禪師、並有名無錄、）

搜神大全云。師示衆曰。諸佛不出世。亦無有涅槃。入吾室者。必能元契矣。善自護持。無令退失。索浴更衣。跏趺而寂。時則乾道五年。七月二十一日也。享年五十五。僧臘二十八。年十一月一日。全身入塔。是時四衆云集。悲號之聲。振動山盡。　普菴寂感妙濟正覺昭貺禪師。　聖朝大德四年。歲次庚子。秋七月。加封大德二字。餘封如故。（大德、大元第六主成宗年號、）

佛祖通載云。元仁宗延祐三年丙辰。是年封普菴禪師。加號。其詔曰。上天眷命。皇帝聖旨。朕聞佛氏以空寂爲宗。則凡學所遵者。寧欲建名號殊稱謂。以示天下後世哉。而國家非此。無以昭尊德樂道之意也。朕自卽位以來。聞袁州路。南泉山慈化禪寺普菴寂感妙濟眞覺昭貺大德慧慶禪師。紹臨濟之緖。超華嚴之境。德映當代。澤被方來。其道甚尊顯。心切慕之。旣累錫大謚。唯塔號未稱。可加定光之塔。曰定光靈瑞之塔。主者施行。

續文獻通考云。大明成祖。永樂十八年。十二月。封普菴師制曰。朕惟佛道以慈悲爲體。方便爲用。超卓萬有。拯拔群倫。廣利濟以無邊。妙神道而莫測。不有丕承於法緖。曷能茂振於宗風。惟普菴禪師。萬行圓融。六通具足。端嚴自在。變化無方。誓覺悟於群迷。普利益於庶類。如沛甘霖於六合。膏澤均沾。猶現滿月於千江。光輝旁燭。眷此弘彰於靈化。式宜薦錫於名稱。今特加封普菴至善弘仁圓通智慧寂感妙應慈濟眞覺昭貺惠慶護國宣敎大德菩薩。於戲敎闡宗乘。傳千燈之派系。功施幽顯。

福四海之生靈。翊我皇明永臻至治。

普菴錄三卷明成祖御製序。又續文獻通考載。恐繁不錄。

天如則禪師錄吳郡慧慶禪寺記云。姑蘇城西五里許。松林柳溼。映帶如畫。有重閣廣殿。飛出林杪。與西山爭高者。慧慶禪寺也。寺視他刹雖不古。而化發藉藉。緇白歸之如市者。普菴禪師之化也。初普菴振化於袁之南泉山。道場之盛甲天下。沒世雖久。揚揚有靈。凡官民旱潦病横與夫拘忌營構之事。咸禱之。厥應如響。皇元加賜大德慧慶禪師。歲時香幣與民施交委。食無寸壤。居徒常數千人。江湘淮漢之間。其化殆遍。獨未至於吳。其至有待於時邪。亦必待人而後行邪。延祐甲寅春。南康無瑕沙門宗璁。訪道至吳門。誦寒山夜鐘。江楓漁火之句。惻然有感于中。乃謀結菴以延游錫。且以奉禪師。郡人金國寶。首率財營地。相其成戶屨日滿。日持鉢以餉之。闤闠驛道。濱長河。民苦泥淖。璁募衆。以甓之。橋之圮者新之。凡利人之事。靡不爲。爲必徼靈於普菴。江艘海舶。有獲其應而脫風濤者。至則拜普菴爲更生。由是施者翕然。遂建無量壽閣。以祠佛及五百尊者像。閣後爲普光明殿。普菴之像居焉云云　又云。余謂。世尊以正法眼藏。涅槃妙心。付摩訶迦葉。凡廿八傳。至達磨。又十傳至臨濟。臨濟十三傳。爲普菴。普菴以臨濟峻機大用。陶鎔學徒。不歷階梯。深達佛祖堂奧。此其化之大本者也。彼弭災救患。應禱於有爲功用者。餘事也。

忠曰。禪林或妥普菴於佛殿背後。以慧慶寺無量壽閣後爲普光明殿。居普菴像。爲據。不必然耳。

又天如答江陵性海書。說普菴事。

清拙澄和尚錄普菴贊云。佛眼之孫。牧菴之子。金剛無量鎮長存。百萬天龍常守護。其靈妙如如也。圓等太虛。其神通赫赫也。震同天鼓。故其不動道場。恩加四海。與一切人。成就華堂紺宇。緇白歸依。

浩若百川之朝水府。夫是之謂定光古佛再來。普菴肅公和尚。江西袁州慈化禪寺開山之祖者也。

謝肇淛塵餘云。鄭一觀者。隆慶時。福清農家也。雅好持齋誦經。凡桑門之徒過者。無不留宿。罄家所有。資其衣糧。先是有一年少。不知何自而來。挾數百金。占籍於隣村。容貌淸俊。器度溫雅。一觀因許以女。招之入贅。其日適有道士求宿。一觀以婚辭。強之乃許。趺坐中堂。手結普安印。凝然不動。須臾壻至。鼓樂沸天。燈光載道。及入門見道士。一時俱沒。道士叱之曰。畜生來前。復汝故形。赦汝死罪。壻即化爲老猴。伏地乞命。道士敕遣之。一觀大驚。拜請何居。道士手指前山。化爲電光而去。明日尋其跡。得廢寺故基。叢莽中有普安佛像。儼然道士也。

忠曰。普安乃普菴也。音近訛安而已。

開山

文字禪雲菴眞淨和尚行狀云。丞相舒王捨第爲寺。以延師爲開山第一祖。又以神宗皇帝問安湯藥之賜。崇成之。是謂報寧。

蒲室集。有當湖新建福源寺。請林平山開山。杭諸山疏。

貞和集。古田寄集慶開山偈云。如意來尸釋梵宮。雨花狼藉濕春風。自慚老矣無靈骨。且在深雲聽講鐘。

準開山

東漸略淸規云。道行崇重。功被山門者。謂之準開山。或號中興祖。

中興祖

見準開山處。

觀音

衆寮。以觀世音菩薩爲本尊。

敕修淸規謝掛搭云。副參引衆。自觀音後轉。出爐前。
淸拙澄和尙錄有建長寺衆寮栴檀林觀音大士安座佛事。

跋陀婆羅

浴室。設跋陀婆羅菩薩像。本水因圓通之說。
首楞嚴經云。跋陀婆羅。幷其同伴十六開士。卽從座起。頂禮佛足。而白佛言。我等先於威音王佛。聞法出家。於浴僧時。隨例入室。忽悟水因。旣不洗塵。亦不洗體。中間安然。得無所有。宿習無忘。乃至今時從佛出家。今得無學。彼佛名我跋陀婆羅。妙觸宣明。成佛子住。佛問圓通。如我所證。觸因爲上。
智度論云。颰陀婆羅。秦言善守。　又云。善守等十六菩薩。是居家菩薩。颰陀婆羅居士菩薩。是王舍城舊人。
大寶積經。無盡慧菩薩會云。有十六在家菩薩。跋陀婆羅。而爲上首。
忠曰。今浴室所揭畫像。作僧形著袈裟者。蓋依楞嚴文。若準寶積智論等。則爲在家菩薩。故止觀輔行云。跋陀和。智論及諸經。名跋陀婆羅。音輕重耳。是在家菩薩。止此 余謂。出家者。在家者。名同人別。
七佛所說神咒經。跋陀和菩薩。說菩薩妙行八事。如彼

聖僧

忠曰。僧堂中央所設像。總稱聖僧。然其像不定。若大乘寺則安文殊。小乘寺則安憍陳如。或賓頭盧。有處用大迦葉。復用空生。如禪剎則通用不拘。乃下文援證。
或說曰。釋迦法中。以憍陳如。爲僧寶之始。蓋陳如臘大於迦葉一夏。故以陳如。爲僧堂中上座。然從唐大曆已後。用文殊。爲上座。
梵網經法藏疏云。又聞。西國諸小乘寺。以賓頭盧爲上座。諸大乘寺。以文殊師利。爲上座。

叡山光定法師一心戒文云。凡佛寺有三。一者一向大乘寺。初修業菩薩僧所住寺。二者一向小乘寺。一向小乘律師所住寺。三者大小兼行寺。久修業菩薩僧所住寺。凡佛寺上座。置大小二座。一者一向大乘寺。置文殊師利菩薩以爲上座。二者一向小乘寺。置賓頭盧和上以爲上座。三者大小兼行寺。置文殊與賓頭盧兩上座。小乘布薩日。賓頭盧爲上座。坐小乘次第。大乘布薩日。文殊爲上座。坐大乘次第。（普通廣釋引惠苑）

有迦葉爲聖僧。　別源旨禪師東歸集。和竺仙和尚賀太虛侍者侍聖僧韻偈云。子今勤侍大迦葉。即能超宗還異目。

又大休念禪師錄。法源寺安奉聖僧佛事云。恭惟聖僧大迦葉尊者。意根滅盡。妙法開明。分寶華座於多子塔前。破金色顏於靈山會上。

有須菩提爲聖僧。　大休念禪師錄禪與寺聖僧點眼佛事云。恭惟靈山會上空生尊者。達法不二。解空第一。

日本黃檗山萬福寺僧堂。安布袋和尚爲聖僧。未聞其有所據。

● 僧形文殊

舊說云。古東福寺有一維那。適見聖僧像背貼紙題云陳如尊者。告衆云。戒臘簿。宜改書陳如尊者。老僧議云。曾文殊大士爲簿中上座。既經百年餘。而今不可遽改。遂止。　忠曰。此蓋不知僧形文殊。妄題爲憍陳如歟。然則固不違戒簿耳。智度論云。釋迦法中。無別菩薩僧。是故文殊彌勒等。入聲聞衆次第而坐。故大乘寺文殊爲聖僧。其像僧形不異聲聞衆矣。夫內證大乘法。外現聲聞形。內外相兼。方稱圓備。

忠曰。東福寺聖僧。僧形文殊大士。披袈裟手結定印。

宋高僧傳與善寺不空傳云。大曆四年冬。空奏天下食堂中置文殊菩薩。為上座。制許之。此蓋懲憍陳如是小乘教中。始度故也。

不空三藏表制集。天下寺食堂中。置文殊上座制云。大聖文殊師利菩薩。右京城大德。特進試鴻臚卿大興善寺三藏沙門大廣智不空等奏。忝跡緇門。久修梵行。習譯聖典頗悟玄門。大乘文殊師利菩薩。大乘密教。皆周流演。今鎮在臺山福滋兆庶。伏惟寶應元聖文武皇帝陛下。德合乾坤。明並日月。無疆之福。康我生人。伏望自今已後。令天下食堂中。於賓頭盧上。特置文殊師利形像。以為上座。詢諸聖典。具有明文。僧祇如來尚承訓旨。凡出家者。固合攝衣。普賢觀音猶執拂而為侍。聲聞緣覺。擁篲而居後。斯乃天竺國皆然。非僧等鄙見。仍請永為恒式。 祠部牒云。牒奉敕大聖文殊師利菩薩法王之子。威德特尊。為諸佛之導師。洗羣生之心目。康我兆庶。是拯無遐。不有尊崇。人何瞻仰。今京城大德。懇茲申奏。雅合聖典。所請宜依。牒至準敕。故牒。大曆四年。十二月十九日牒。

賓頭盧

或曰。律宗聖僧。不立文殊。而用賓頭盧。其說言。文殊已取涅槃。賓頭盧現在世。故立以為聖僧。

釋氏要覽云。傳云。中國僧寺立鬼廟。次立伽藍神廟。次立賓頭盧廟。即今堂中聖僧也。始因道安法師夢一胡僧。頭白眉長。語安云。可時設食。後十誦律至。惠遠方知。和尚所夢即賓頭盧也。於是立座飯之。寺寺成則。法苑云。聖僧元無形像。至宋泰初末。正勝寺僧法願。正喜寺僧法鏡等。始圖形像矣。今堂中聖僧。多云是憍陳如非也。緣經律不合為立廟故。不赴四天供故。又安法師夢是賓頭盧故。梁高僧傳道安傳云。安常注諸經。恐不合理。乃誓曰。若所說不甚遠理。願見瑞相。乃夢見梵道人。頭白眉毛長。語安云。君所注經。殊合道理。我不得入泥洹。住在西域。當相助弘通。可時時設食。後十誦律至遠公乃知。和尚所夢賓頭盧也。於是立座飯之。處處成則。

日本南都。大乘寺安賓頭盧。　南京招提寺覺盛撰菩薩戒通受遣疑鈔云。問文殊上座。尤順大乘。由此大唐不空三藏。進天竺例。奏於玄宗皇帝。帝好其說。制可。我朝諸寺。何不然耶。答夫於賓頭盧上座者。如來敎敕。聖敎有文。漢地諸寺。不空以前。渡天歸朝聖人賢哲。更無異論。經數百歲。其寺豈皆小乘寺耶。其戒豈皆小乘戒耶。況不空奏。敕制以後。大唐諸寺。始學大乘。始受大戒哉。若許爾者。可有多疑。若不爾者。何由此事。知寺大小耶。明知不空三藏新製文殊上座。雖無敎文。覺母之德。獨超衆聖。出家菩薩。其形相順。唐國臺山。殊有緣故。食時常禮。爲消信施。競於天氣。安置之。彼奏狀文。有明文者。出家菩薩滅罪生善。超他之文乎。非謂有明上座文。若不爾者。顯戒論中。何不引之。其所引。但是文殊般涅槃經。彼經無上座文。若雖有敎文。澄師不得之。北衆祖師所見何狹耶。就中彼狀賓頭盧上。安文殊像云云。是非並安舊上座耶。如山門義。則當于唐國諸寺。不空以後。大小兼行寺也。已安二上座。故何以彼爲證。立于唯大寺哉。但彼奏狀。謂天竺諸國皆然者。爲西域三寺傳敎之證。豈並皆安文殊上座耶。自證文中。似有相違。蓋天竺諸寺。亦上代多分。信聖敎文。安賓頭盧。末代少分。雖無敎證。歸依覺母。副置文殊。漸遍諸國。不空見之。云爾乎。若然則南都依敎明文。順釋迦法。雖大乘寺。安賓頭盧。有何失耶。是卽化身國土之法。以聲聞外。無別僧故。雖大乘衆。表其相也。文殊在世。旣入聲聞次第而坐。何至滅後。私以文殊隔聲聞耶。上座文殊。旣自如是。何況於其下座凡夫耶。賓頭盧設實類聲聞。住聲聞位。尙可如是。何況旣廻心菩薩。何況旣是大聖應化哉。

法苑珠林云。賓頭盧爲樹提伽長者。現神通。坐取象牙杙上栴檀鉢。佛呵責云。何爲外道鉢。於未受戒人前現通盡汝形擯不得住閻浮提賓頭盧如教往化西瞿耶尼閻浮四衆思見白佛佛聽還不聽涅槃自誓三天下有請悉赴略鈔、又見罪責門賓出處

雜阿含經云賓頭盧告阿育王言世尊住舍衞國五百阿羅漢俱時給孤獨長者女適在於富樓那跋陀那國彼女請佛及比丘僧比丘各乘空而往我爾時以神力合大山往彼受請時世尊責我汝那得現神足如是我今罰汝常在世不得取涅槃護持我正法勿令滅也

可知賓頭盧留身非但取鉢事

藏中有請賓頭盧經一卷宋三藏慧簡譯法苑珠林引受請篇全文

又南山感通傳說請賓頭盧法

法住記云第一尊者名賓度羅跋囉墮闍與自眷屬千阿羅漢多分住在西瞿陀尼洲

憍陳如

敕修淸規夏前草單式云威音王戒陳如尊者堂頭和尙

忠曰僧堂聖僧用憍陳如故書戒臘此爲首也

舊說曰天竺僧賓憍陳如爲始釋迦法中出家之椎輪也憍陳如等得度不用剃刀佛一呼善來則鬚髮自落得具足戒此名見諦戒袈裟自在肩鉢盂自在手威儀具足不勞造作此名善來得度矣其用剃刀落髮度僧以阿難爲始

忠曰陳如度僧之始則臘最高於釋迦法中可知崇之爲僧堂聖僧無復間然矣

編年通論云天台拾得嘗掌供獻於憍陳如像前訶斥之曰小根敗種何爲者耶寺僧深怪之不使直供

忠曰蓋天台聖僧用憍陳如也

又見前聖僧處

普燈錄。尼慈鑑大師文照章云。上堂云老胡四十九年說夢。卽且止。僧堂裏憍陳如上座。爲諸人。舉覺底。還記得麼。良久曰。惜取眉毛好。

●十六羅漢

山門閣上。多安十六羅漢。其名號住處眷屬。詳於法住記。記云。難提蜜多羅曰。如來先已說法住經。今當爲汝。粗更宣說。止此故知。十六尊者。本是佛說。慶友後述說。（難提蜜多羅唐言慶友）今唯列其名。第一賓度羅跋囉墮闍尊者。第二迦諾迦伐蹉尊者。第三迦諾迦跋釐墮闍尊者。第四蘇頻陀尊者。第五諾距羅尊者。第六跋陀羅尊者。第七迦理迦尊者。第八伐闍羅弗多羅尊者。第九戍博迦尊者。第十半託迦尊者。第十一囉怙羅尊者。第十二那伽犀那尊者。第十三因揭陀尊者。第十四伐那婆斯尊者。第十五阿氏多尊者。第十六注荼半託迦尊者。

又法住記云。如是十六大阿羅漢。一切皆具三明六通。八解脫等。無量功德。離三界染。誦持三藏。博通外典。承佛敕故。以神通力。延自壽量。乃至世尊正法應住。常隨護持。及與施主。作眞福田。令彼施者。得大果報。　又云。若此世界。國王大臣。長者居士若男若女。發殷淨心。爲四方僧。設大施會。或慶寺慶像。慶經幡等。施設大會。或詣寺中經行處等。臥具飮食。奉施僧衆時。此十六大阿羅漢。及諸眷屬。隨其所應。分散往赴。現種種形。蔽隱聖儀。同凡常衆。密受供具。令諸施主。得勝果報。此南贍部洲人壽極短。至於十歲。刀兵劫起。乃至人壽漸增。至百歲時。此十六大阿羅漢。與諸眷屬。復來人中。稱揚正法。度衆出家。作饒益事。人壽七萬歲時。正法永滅。時十六大阿羅漢。用七寶造窣堵波。釋迦如來遺身。皆集其內。香花供養。繞百千匝。作如是言。敬禮世尊釋迦如來應正等覺。我受敎敕。護持正法。及與天人。作諸饒益。法藏已沒。有緣已周。今辭滅

度。説是語已。一時入涅槃。(略)鈔

●十六善神

叢林轉讀大般若經。揭釋尊十六善神像。

陀羅尼集經。般若波羅蜜多大心經云。爾時世尊。正在大會。説般若波羅蜜。及説是眞言法。利益方便。能令一切人非人等。聞此陀羅尼者。悉發無上菩提之心。廻向十方諸佛國土。當得阿耨多羅三藐三菩提。常生歡喜。爾時衆中。有十六大藥叉將。其名曰。

達哩底囉瑟吒大將　禁毗嚕大將　嚩日嚕大將　迦尾嚕大將　彌覩嚕大將　欶怒毗大將　阿儞嚕大將　娑儞嚕大將　印捺嚕大將　波夷嚕大將　摩尾嚕大將　嬌尾嚕大將　眞特嚕大將　嚩吒徒嚕大將　尾迦嚕大將　俱吠嚕大將

有如是等十六大藥叉將。各將七千諸眷屬等。即從座起。頂禮佛足。而白佛言。世尊。今此衆中。一切天人。既聞佛教。滅一切罪。不墮三塗。植於佛種。我等藥叉將。亦復如是。既蒙佛恩。我等歸命佛法僧寶。常隨擁護佛法僧衆。若王大臣。比丘。比丘尼優婆塞優婆夷等。及一切衆生。受持此法。若讀若誦。若聽若念。又復念佛。若坐禪者。我等十六藥叉將。及諸眷屬。隨其行處。而衛護之。若國城邑。若聚落中。若空閑林中。如是等處。若有念此般若波羅蜜多名者。我等眷屬。悉皆擁護。若人持此般若波羅蜜多時。忽遇一切諸難事者。我等眷屬共相擁護。若復有人。欲得般若波羅蜜多成就者。我等眷屬。使滿其願。爾時佛讚諸藥叉大將言。善哉善哉。汝等眷屬。能於般若波羅蜜多。所在之處。而作衛護。爲未來世諸衆生故。説修行之法。爾時諸藥叉王等言。若王。若比丘比丘尼優婆塞優婆夷。若能深心信解我般若波羅蜜多。功德自在。威力陀羅尼成就故者。又須我等十六眷屬。來佐衛護。汝等有能依我此法。如前結護。廣建道場。爲之壇法。求諸利益國祚延長。人民安樂四方無事。災禍不侵。保守貞無諸疾苦。當請清淨持明師。無問道俗。道體相同。行純熟者。七人。乃至二七。三七人等。淨持戒行德尊長者。當於一所。別立廚膳。供給師等。任取勝地無問寺內寬大堂宇庭院之所。若近舍利浮圖塔廟。若好園林。名山淨處。起作道場。其壇場法。掘去惡物。淨土築平。如前所說。築平正已。又以淨牛糞。和香湯泥。摩塗其地。以五色粉。作三重院。三重各開四門。第三重內院。作一圓月。中心安般若波羅蜜多菩薩像。面向西門。其像右邊。安帝釋天。左邊安梵摩天。東面安使者。西面持明者。第一重外。四方各列四神王像。四方各四。總數即是十六神王。若欲畫者。第一重內。畫著亦得。其持明師者。入第三重內。正在般若波羅蜜多像前。先請般若波羅蜜多菩薩。次請梵天等。次請召四面。十六神王。而安置之。及使者等。　欶玉篇所角切

忠曰。此經。印相有十三。真言有九。而揭諦呪。其一也。又有請十六神呪。若誦其呪。則不須供養。即得成就。十六神即到。任行者驅使。功德無窮。須往覽。又有般若壇法。及畫大般若像法。所謂般若菩薩也。

壒囊鈔云。大般若十六善神之名。及其本尊不定。唯其脇士。必法涌常啼也。或曰。十二神將。加四天。爲十六神。而不記名字。常喜院要集記。列十六夜叉名云。　毘首羯摩夜叉　劫比羅夜叉　法護夜叉　眉目夜叉　廣目夜叉　護軍夜叉　珠賢夜叉　滿賢夜叉　持明夜叉　阿吒縛夜叉　縛蘇松龍王　蘇摩那龍王　補沙毘摩龍王　訶利帝大天佛　醫羅縛蹉大天佛　雙目大天佛　其本尊三種。而脇士隨本尊有異。若本尊藥師。則脇士日光月光也。本尊釋迦。則脇士普賢文殊也。本尊般若菩薩。則脇士法涌常啼也。當寺北山勝寺觀法用如此。凡文殊般若部總部主也。般若菩薩。大般若別

部主也。故立爲本尊。釋迦說教之主。藥師主息災故。並立爲本尊焉。

忠曰。要集記十六夜叉名。未知何據矣。陀羅尼集經。明列名。不用別說。

寂照堂谷響集。列十六善神名畢曰。又問。十六神形相如何。答一書云。 提頭攞吒善神。身綠青色。怒顏開口。著赤衣。被甲胄。右手持刀。左手杖鉾。鬚髮赤黑色。 毗盧勒叉善神。身赤紫色。忿顏閉脣。著白青衣。擐甲胄。右拔刀。左按腰。鬚髮紺青色。 摧伏毒害善神。身赤肉色。著白色衣。擐甲胄。右執刀。左手掌向外當胸。鬚髮皆豎。紺色。 增益善神。身赤肉色。怒顏。四臂。右第一手持刀。第二把劍輪。左第一手執楊枝。第二擎半月。著綠色袈裟。紅裳。頸懸瓔珞。 歡喜善神。身綠青色。忿顏。頭頂金色孔雀。右手持鉤。左按腰。著赤衣。披甲胄。鬚髮赤色。 除一切障難善神。身黃色。怒相。六臂。右手第一持三戟。次捧經卷。次擎塔。左第一紅蓮華。次執鉤。次把螺。首戴寶冠。垂瓔珞。披白衣。掛袈裟。風飄環佩。 拔除罪垢善神。身赤黃色。裸體著雜色袈裟。右手持五叉棒。左作拳。置頂上。瞋目開口。利牙上下出。髮毛豎立。 能忍善神。身紺青色。裸體。被鎧。頭著素帽垂下。右手持劍。左手執矟。鬚髮赤黑。

已上右方

吠室羅摩拏善神。身青黑色。瞋面合脣。右手杖金剛棒。左手擎寶塔。披赤衣。著甲胄。鬚髮赤黑色。 毗盧博叉善神。身青黑色。笑顏。著綠衣。帶甲胄。右手握筆。左執卷。如欲書之勢。鬚髮赤色。 除一切怖畏善神。形相全似帝釋天。但頭戴髑髏。髑髏上有三貼花。是異彼天耳。 救護一切善神。身白青色。形相全如毗沙門天。但兩手合掌。指端插紅色微敷蓮華。 攝伏諸魔善神。身黑肉色。右手持劍。左垂掌向外。以瓔珞莊嚴。 能救諸有善神。身白綠色。顏貌如玉。二手合掌。

屈二頭指。著中指背第一節。著鎧。帶紅裙。披白色袈裟。　師子威猛善神。肉色。忿怒相。具四臂。右第一持斧。第二劍。左第一擎梵篋。第二三戟。首戴師子冠。著紺色袈裟。披虎皮小服。　勇猛心地善神。身綠色。微笑。擐甲冑。形如能救諸有。二手外縛當心。

已上左方

世有金剛智所譯。般若守護十六善神王形體一卷三紙。讀之。明知非是金剛智筆語。綴文甚拙。想先達。依金剛智圖畫錄之。而假金智名矣。不自揣之甚。今予所註名及形相。粗摘彼卷中。前却語而已。

● 梵釋四王

忠曰。東福土地堂。安梵天帝釋。又凡道場疏。陳白等勸請同向梵釋四王。實有因由。往昔釋尊。遠擧古佛之例。以滅後正法。親付此三衆。其成道時。必四王授鉢。梵釋同請轉法輪。無非欲付囑。不然。欲色二天。猶有增勝功德諸天在。何得獨擧此三天耶。余今引方等典故。而證此義。

大集經云。爾時釋迦牟尼佛。告諸梵天帝釋四王。善男子。我為如是惡衆生故。本願力故。大憐愍故。於此惡處。成阿耨多羅三藐三菩提。乃至我涅槃後。所有正法。當付汝等。汝等便當深心守護。

月藏經云。爾時世尊復問娑婆世界主。大梵天王言。過去諸佛。以此四大天下。曾付囑誰。令作護持養育。時娑婆世界主。大梵天王言。過去諸佛。以此四天下。曾付囑我。及憍尸迦。令作護持。乃至我等曾於鳩留孫佛。已受敎敕。乃至令三寶種。已作熾然。拘那含牟尼佛。迦葉佛所。我受敎敕。亦如是。於三寶種。已勤熾然。地精氣。衆生精氣。正法味。醍醐精氣。久住增長故。亦如我今。於世尊所。頂受敎敕。於己境界。言說敎令。得自在處。休息一切鬪諍饑饉。乃至令三寶種。不斷絕故。三種精氣。久住增長故。

遮障惡行衆生。護養行法衆生。故休息衆生三惡道。趣向三善道。故爲令佛法得久住。故勤作護持。佛言。善哉善哉。妙丈夫。汝應如是。

忠曰。凡四天王。各分護四洲。北毗沙門。東提頭賴吒。南毗樓勒。西毗樓博叉。（月藏經說）然又有別義。四王並護南洲。

月藏經云。大梵天王言。大德婆伽婆。此四天下。南閻浮提最爲殊勝。何以故。閻浮提人勇健聰慧。梵行相應。佛婆伽婆。於中出世。是故四大天王。於此倍增護持養育。（廣說分。[illegible]持相）

又月藏第七卷。佛告四王。令護閻浮提佛法。廣說如彼。

●密迹金剛

禪刹山門。亦有安金剛像者。所謂二王也。

聯燈會要淨果守澄禪師章云。問會昌沙汰時。護法善神。向甚麼處去。師云。三門外。兩箇一場懡㦬。

西巖惠和尚開善錄云。元宵上堂。屋上山橋下水。三門八字打開。左右青葉婁至。頭頂天脚蹈地。

南堂欲禪師開福錄云。山門頭樓至德如來。兩脚踏地。

明極俊禪師再住建長錄。山門語云。山門八字開。金剛兩邊立。

忠曰。二王是法意化身。名密迹金剛。（下詳說）然禪錄皆稱青葉樓至。此二佛現力士形。見陸游所記。

陸務觀入蜀記云。遊二聖報恩光孝禪寺。二聖謂青葉髻如來。婁至德如來也。皆示鬼神力士之形。高二丈餘。陰威凜然可畏。正殿中爲釋迦。右爲青葉髻。號大聖。左爲婁至德。號二聖。三像皆南面。予按藏經駒字函。娑羅浮殊童子成道。爲青葉髻如來。青葉髻如來再出世。爲樓至如來。則二如來本一身耳。有碑言。邑人一夕同夢。二神人言。我青葉髻婁至德如來也。有二巨木。在江干。我所運者。俟鄮行者來。令刻為我像。已而果有人。自稱鄮行者。又善肖像。邑人欣然請之。像成。人皆謂酷類所夢。然碑無年月。不知何代也。

忠曰。娑羅浮成佛。號青葉髻。持大力於青葉髻涅槃後。成佛。號樓至。見于大乘悲分陀利經第四卷。悲華經第六卷。悲華經。青葉髻作那羅延勝葉耳。今入蜀記。言青葉髻再出為樓至。二身本一。訛矣。按聯燈會要仰山寂禪師章。言有僧作樓至勢。傳說亦久矣。

大寶積經密迹金剛力士會云。過去久遠有佛。名無量勳寶錦淨王。現世。有轉輪聖王。名曰勇郡王。有千子具足。其二正夫人。一名不行步。二名無虛損。有二孩童。自然來。上夫人膝上。一名法意。二名法念。異口同音。而說頌曰。云云。其上方境界。不可計佛土。彼土而有佛。號名曰時節。從彼佛土來。以用法故擧。亦欲見功勳。國土之所有云云　勇郡轉輪王自心念言。是吾諸子。皆發無上正真道意。今當試之。何所太子。先當逮致無上正真之道。為最正覺者。便敕工師。作七寶瓶。作七寶楔。高四十九尺。使諸千太子。各各疏名。作七寶籌。著瓶中。擧瓶著楔上。咸共夙夜七日供養。過七日後。取瓶在中宮夫人婇女。諸太子衆前。擧著衆金案上。使人擧瓶。令諸太子各各探籌。有太子。名曰淨意。得第一籌。拘留孫如來是也。從次太子。名離名聞兵。則拘那含牟尼佛是也。乃至有太子名意無量。得最後籌。時其諸太子。輕易笑之言。我當成佛時。度脫衆生。令至滅度。衆生盡後。何所設。當何救濟。意無量愁惱。五體投地。口自宣言。諸佛道法。不可稱量。衆生之界。亦無有限。願所教弟子。所度多少。其壽長短。適同仁等。無異。所言不虛。為吾現瑞六反震動。意無量立斯誓時。三千大千世界。六反震動。天雨衆華。樂器自鳴。諸天歎曰。當如所願。最後成佛。名曰樓由如來。爾時愁感。自投於地。由斯號樓由。樓由者晉言涕泣王千太子。後二子。各念言。所志云何。法意太子曰。吾自要誓。諸人成得佛時。當作金剛力士。常親近佛。在外威儀。省諸如來。一切秘要。常委託依。普聞一切諸佛。秘要密迹之事。信樂受憙。不懷疑結。法念太子曰。諸正士聽。吾心自誓言。諸仁成佛道。身當勸助使轉法輪。適見相勸。輒轉法輪。爾時勇郡王過去定光如來。是也。其時諸子。此賢劫中千佛與者。是也。從拘留孫爲始。作佛。至樓由竟千佛也。其法意太子。則今金剛力士名密迹。是也。其法念太子者。今識其梵天是也。彼時聖王。中宮夫人婇女。今諸來會者。是也。經及二十紙今略鈔

密迹因緣。又出于如來不思議秘密大乘經第五。意無量作無邊慧。　經曰。最小無邊慧太子者。當得成佛。號樂欲如來。於賢劫中最後成佛。

注云。古經不譯。但云樓至。

金光明經文句知禮記云。據經唯一人。今狀於伽藍之門。而爲二像者。夫應變無方。多亦無咎。

釋門正統云。五分律云。佛四面有五百金剛。今狀其二。無可疑也。又前文云。於門兩頰應畫執杖藥叉。是也。前文者。正統引毘奈耶律云。佛告給孤長者。於門兩頰應畫執杖藥叉。

忠曰。圓覺經集解引千子成佛。二子爲梵王金剛因緣辨云。依之寺三門。只合一身金剛。一身梵王。今爲對故。塑二金剛。非也。止此予謂。此胸臆妄談也。夫安金剛於門首。爲有護敬之約。如梵王。正掌請法。若安之門。則果是何義。

玄應衆經音義云。密迹。梵言散那此譯云密主。密是名也。以知佛三密功德故也。主者夜叉主也。按梵本都無迹義。當以示迹爲神故。譯經者義立名耳。

忠曰。此未撿尋寶積文也。經云。法意自誓。普聞一切諸佛秘要密迹之事。信樂受憙。止此蓋密主者。密迹之主也。迹義屬佛。非示迹耳。心有佛密迹。有財得名。

清涼華嚴疏云。密迹者。古譯爲力士。

忠曰。以密迹爲梵語。訛矣。

嘉祥法華疏云。金剛神。屬四天處住。實是樓至佛。樓至。此云啼哭佛。

忠曰。金剛誤爲樓至。其來尙矣。光明文句記云。世傳樓至化身。非也。乃法意王子耳。智者觀音義疏云。金剛手執此寶。護持佛法。或言。在欲色天中。敎化諸天。卽大權神也。經云。是吾之兄。

忠曰。恐弟字。誤作兄。然慈恩上生經疏。引金剛力士經云。諸兄。願作金剛。擁護小弟。止此慈恩亦以弟爲兄。

又曰。光明文句記。說二弟爲金剛梵王因緣。爲出正法念經。余偏檢彼經七十卷。都無文名義集。釋門正統。圓覺集解。並承訛一律矣。一人傳虛。萬人傳實。故實學難矣。又普通廣釋說。一千二子外。別有密迹。亦是不親見經本緣之過也。

又曰。義楚六帖載此因緣。引上生經。亦妄也。諸天傳云。集要引佛名經及上生經說。昔有王生千單二子。千兄同詣佛所。發心修道。二弟不知。一弟發願。千兄成道。爲魔惱害。一弟發願。我爲力士。護千兄法。乃至一爲調達以魔惱。一爲力士以護持。止此是說。又與寶積大異也。

風調雨潤像　升菴文集云。按兵書云。東海出氣如鼇。渭水出氣如蜃。蜃形似蛇而大。今寺門金剛。風調雨潤。手執劍者風也。彈琵琶者調也。執傘者雨也。手中如蛇者蜃也。則與蚌蜃字同物異。

忠曰。日本不見此四像。又無本據。恐中華末代妄造。今且附見于金剛下。又可言手中握如蛇者潤也。如蛇者蜃也。寫者以爲蜃文訛脫。

月蓋長者

山門閣上。觀音像右邊。安月蓋長者像。蓋依請觀音經事緣。以爲觀音脇士也。

請觀世音菩薩消伏毒害陀羅尼咒經云。時毗舍離大城之中。有一長者。名曰月蓋。與其同類五百長者俱詣佛所。到佛所已。頭面作禮。却住一面。白佛言。世尊。此國人民。遇大惡病。良醫耆婆。盡其道術。所不能救。唯願世尊。慈愍一切。救濟病苦。令得無患。爾時世尊。告長者言。去此不遠。正立西方。有佛世尊。名無量壽。彼有菩薩。名觀世音。及大勢至。恒以大悲。憐愍一切。救濟苦尼。汝今應當五體投地。向彼作禮。燒香散華。繫念數息。令心不散。經十念頃。爲衆生故。當請彼佛。及二菩薩。說是語時。於佛光中。得見西方無量壽佛。幷二菩薩。如來神力。佛及菩薩。俱到此國。往毗舍離。住城門閫。佛二菩薩。與諸大衆。放大光明。照毗舍離。皆作金色。爾時毗舍離人。卽具楊枝淨水。授與觀世音菩薩。大悲觀世音。憐愍救護一切衆生。乃至毗舍離人。平復如本。

● 善財童子

山門閣上。觀音像左邊。安善財童子像。蓋依華嚴經。說相以爲觀音脇士也。

華嚴經入法界品云。爾時文殊師利童子。知福城人悉已來集。乃至復於是時。觀察善財。以何因緣而有其名。知此童子。初入胎時。於其宅內。自然而出七寶樓閣。其樓閣下。有七伏藏。於其藏上。地自開裂。生七寶牙。所謂金。銀。瑠璃。頗梨。眞珠。硨磲。碼碯。善財童子。處胎十月。然後誕生。形體支分。端正具足。其七大藏。縱廣高下。各滿七肘。從地涌出。光明照耀。復於宅中。自然而有五百寶器。種種諸物。自然盈滿。所謂金剛器中。盛一切香。於香器中。盛種種衣。美玉器中。盛滿種種上味飲食。摩尼器中。盛滿種種殊異珍寶。金器盛銀。銀器盛金。金銀器中。盛滿瑠璃及摩尼寶。頗梨器中。盛滿硨磲。硨磲器中。盛滿頗梨。碼碯器中。盛滿眞珠。眞珠器中。盛滿碼碯。火摩尼器中。盛滿水摩尼。水摩尼器中。盛滿火摩尼。如是等。五百寶器。自然出現。又雨衆寶及諸財物。一切庫藏。悉令充滿。以此事故。父母親屬。

及善相師。共呼此兒。名曰善財。又入法界品。善財從文殊師利發心。漸次南行。參五十三善知識。而觀自在菩薩。居其第二十七善知識。如經廣說。

韋天將軍

忠曰。三洲護法者。韋琨將軍。世稱韋馱天。訛矣。法苑珠林云。長安西明寺道宣律師。大唐乾封二年。仲春之節。身在京師城南淨宮。故淨業寺。逐靜修道。遂感冥應。時有諸天。四王臣佐。至律師房門。律師問言。是誰。答言弟子張瓊。第一欲界。南天王之第十五子。云云又有天人韋琨。亦是南天王。八大將軍之一臣也。四天王。合有三十二將。斯人爲首。生知聰慧。早離欲塵。清淨梵行。修童眞業。面受佛囑。弘護在懷。周統三洲。住持爲最。亡我亡瑕。殷憂於四部。遠物遠化。大濟於五乘。所以四有佛教。互涉頽綱。僧像阽危。無非扞衞。屢蒙展對。由備嘉猷。歎律師。緝敍餘風。聖迹住持。删約撰集。於是律師。既承靈屬。扶疾筆受。隨聞隨錄。合成十卷。道宣律相感通傳云。有一天人。來禮敬。敍暄凉已。曰弟子姓王名璠。是大吳之蘭臺臣也。云云弟子是南天韋將軍下之使者。將軍事務極多。擁護三洲之佛法。有鬪諍陵危之事。無不躬往和喩。令解。今附和南。太欲卽來。前事擁隔。不久當至。且令弟子等。共師言議。　又云。次又一天云。姓費氏。禮敬如前。云弟子迦葉佛時。生在初天。在韋將軍下。諸天貪欲所醉。弟子以宿願力。不受天欲。淸淨梵行。偏敬毗尼。韋將軍。童眞梵行。不受天欲。一王之下。有八將軍。四王三十二將。周四天下。往還護助。諸出家人。四天下中。北天一洲。少有佛法。餘三天下。佛法大弘。然出家人。多犯禁戒。少有如法。東西天下。少有黠慧。煩惱難化。南方一洲。雖多犯罪。化令從善。心易調伏。佛臨涅槃。親受付囑。並令守護。不使魔撓。若不守護。如是破戒。誰有行我之法教者。故佛乘誡。不敢不行。雖見毀禁。愍而護之。見行一善。萬過不咎。事等忘瑕。不存往失。且人中臭氣上熏於空四十萬里。諸天清淨。無不厭之。但以受佛付囑。令守護法。佛尚與人同止。諸天不敢不來。韋將軍三十二將之中。最存弘護。多有魔子魔女。輕弄比丘道力微者。並爲惑亂。將軍恓惶奔赴。應機除剪。故有事至。須往四王所。時王見皆起。爲韋將軍修童眞行。護正法故。　又云。最後一朝。韋將軍至。致敬相問。不殊恒禮。云弟子常見師在安豐坊。初述廣弘明集。割斷邪正。開釋明顯。異於前者。甚適幽心。常欲相尋。但爲三天下中。佛僧事大。鬭諍與兵。攻伐不已。弟子職當守護。慰喻和解。無暫時停。所以令前諸使者。共師言議。今暫得來。不得久住。師今須解佛法衰昧。天竺諸國。不及此方。此雖犯戒。太途慙愧。內雖陵犯。外猶慎護。故使諸天。見其一善。忘其百非。若見造過。咸皆流涕。悉加守護。不令魔子所見侵惱。余問。欲界主者。豈非魔耶。以下諸天。皆非魔屬耶。答曰。魔若行惡。四天帝釋。皆所不從。若下二天。行諸善法。魔及魔子。無如之何。此方僧勝。於大小乘。曾無二見。悉皆奉之。西土不爾。諸小乘人。獲大乘經。則投火中。小僧皆賣於北狄。者者。奪其命根。不可言述。今菩提大寺寺主威猛。象有八萬。僧戶數十萬。王征不得。遶塔之下。日有金帛。收已自納。廚內生魚。積成大聚。羊腔縣之。劇屠宰肆。然亦守護。不令惡鬼害之。余問曰。可無善神龍王。何因縱其造罪。答曰。血食之神。咸來翻備。諸受佛語者。守護大乘寺僧。余曰。常見此國。以殺戮爲功。每願若死生龍鬼中。有大勢力。令其不殺。如何此神。還縱其殺者。答曰。並是衆生惡業所致。魚羊還債。是其常理。余問還債之業。誠是可嘉。然後殺噉。無不由惑。惑是貪瞋癡。貪癡之惑。結在惡道。如何諸神。故縱造耶。答曰。亦是業定。諸佛不能除。況諸神者。生此國中。正念既失。便縱其殺。余曰。先有此願。脫生失念。墮彼如何。答曰。自非觀行明

白。在涅而不緇。方可得行此也。韋將軍所言既終。作禮而退。（釋門正統第三卷亦引之）

忠曰。世稱道宣律師所感見三洲護法者。爲韋駄天訛矣。釋氏資鑑。大慧普說。無準清拙。虎關。諸錄。皆從世傳。恐未深稽焉。三洲護法者稱韋琨。余按感通傳中云。有天。姓姚氏。云弟子天人。自有姓字。語同天竺。師既不解。還述本音。（止此）例此韋琨二字。亦可皆從漢語焉。如韋駄天。其名著於四卷金光明經。大方等大雲經。涅槃經等。並無嘆德。況三洲護法等事迹耶。獨金光明云。大力勇猛。常護世間。晝夜不離。（止此）此嘆德文。亦通諸神說。非特爲韋駄天。可考經知之。（韋駄天神處引、）韋駄梵語。此云智論（見諸天傳）北本涅槃。作違陀。故知韋琨將軍。與韋駄天神。異而不同。道宣所感見三洲護法者。宜稱韋天將軍也。釋門正統述感通傳。作韋天將軍。可爲是矣。

宋。魯應龍括異志云。有任莊僧王了因事母至孝。母病危篤。日夜禱於所事韋天護法神。誠意感格。忽神降其身。作鑾語云。憫汝孝誠。故救汝母。教以藥餌。遂愈。自是神常降之。言人休咎。多驗。遠近趨之。一日有人。請禱。僧不謹。神怒責。遂發狂不可止。索浴。左右不得已。具湯與之。湯百沸。猶以爲冷。投於中。宛轉爲快。衆拜祈哀。神曰。姑薄懲之爾。遂免。及出浴。擧體畧無少損。病亦愈。神不復降矣。

明極俊和尚錄。宣上人禮補陀。現韋天像頌云。志山願海浩無邊。不涉程途入妙玄。紫竹林中參大士。白花岩畔見韋天。運心平等門門應。普任性逍遙通自圓。只此別無修證法。光明智照口難宣。

敎苑淸規云。韋天回向式。諸屛佛化。蓋本證之以深保障山門。示大權而利益云云。伏願。道場鎭山嶽之固。敎海源河漢之長。三學興隆。四檀成集。公私並泰。（泰字可疑）火盜雙沈。

忠曰。明極自應（恐敎苑）魯應龍。皆稱韋天。能得不順世謬矣。

行霆諸天傳。韋天將軍傳云。靈威要略曰。天神姓韋諱琨。南方天王八將之一臣也。四王合三十二將。而爲其首。生知聰慧。早離塵欲。淸淨梵行。修童眞業。面受佛囑。外護在懷。用統三洲用珠林作周住持爲最。亡我亡琨。般憂於四部。達物達化。大濟於五乘。已上文、又出于法苑珠林光明鬼神品中。有韋馱天神。梵語韋馱。此云智論。今此則以韋爲姓。雖類華夏一經之裔。而其天神隱顯。其號烏可測量。唐高宗乾封歲。京師淨業寺道宣律師。因親韋天。嘗問律相等事。律師述靈威要略幷律相感通二傳。備載其實。如要略中。天神姓費。自述云。弟子迦葉佛時。生在初天。在韋將軍下。諸天貪欲如醉。弟子以宿願力。不受天欲。淸淨梵行。偏敬毗尼。韋將軍。童眞梵行。不受天欲。若有事。至四王所。王見皆起。自唐高宗已來。諸處伽藍。及建立熏修。皆設像崇敬。彰護法之功。其間感應。錄於文集者。甚多。然童眞乃十住中第八住。而賢乎聖乎。孰可知之。讚曰。四王三十二大將。南方韋天以爲先。生知聰慧離塵欲。淸淨梵行威儀全。修童眞業持禁戒。迦葉佛時志已堅。四部般憂常守衞。三洲護法應機緣。名姓隨凡安可測。示迹唐朝遇道宣。備言佛教深幽事。律相靈威二集傳。或見四王王起接。是知無染所當然。爰自乾封崇至化。逮今名位列諸天。每在伽藍或蘭若。熏修之所現威權。頭頂金兜横寶杵。合十指掌兒童年。或警行人令進行。或隨方所護其邊。却除外障令無惱。庶幾佛日照三千。

忠曰。行霆作天神隱顯。其號。烏可測量之說。意似欲混同韋琨韋陀。然三洲護法者。韋琨將軍而足矣。混之韋陀果有何益耶。予以謂國淸百錄。依光明鬼神品。而列次諸天焉。行霆傳於百錄諸天。自餘諸天。並有事緣可述。獨韋馱天闕焉。遂取韋琨事迹。以混合韋馱。

文飾資筆舌。又自辯防捏合之責。故有烏可
測量之言矣。
又曰。天神費氏言。韋將軍童眞梵行。不受天
欲。止此所謂童眞者。眞元不喪。欲惡不行。如童
穉眞淨。大般若云。常修梵行。不壞童眞。止此是
也。然行霆託此語。遽以韋天爲第八童眞住
人。豈非擧燭燕說乎。如十住中童眞住。則大
乘義章云。所行眞實。離過淸淨。如世童子。心
無欲染。名童眞住。止此此是菩薩階位。不可與
但不行欲染之童眞。槩論也。余非必爲韋天
非菩薩位中人。只惡其假託傳會失語之實
而已。又讚中云。頭頂金兜橫寶杵。合十指掌
兒童年。止此蓋造此天像。頂兜橫杵。由將軍號
如言兒童年。離作童形。亦當原童眞之言。然
童眞。但喩童子無欲。何必童形矣。韋天見道
宣時。其壹壯不可審焉。日本佛匠。或安鬚。若
三四十歲人。亦未必爲失也。

以韋現訛稱韋馱者。今陳一二。
釋氏資鑑云。宣律師問韋陀天。云云
大慧果和尚爲盧時用普說云。唐時有箇宣律
師。爲他持戒殊勝。戒光直透天宮。感得韋馱天
神。每日供天廚食。
無準範禪師錄入內陞座云。唐宣律師。嘗問韋
陀尊天。云云
偃溪聞禪師錄韋馱天變相贊云。橫兩腕中杵。
現堆雲裡身。權中示權處。依舊是天人。
淸拙澄禪師錄陞座云。韋馱天神。有大願力。東
勝身洲。西牛貨洲。南贍部洲。於此三大部洲守
護正法。獨北俱盧洲。佛法不到。故不護之。
虎關鍊禪師錄廚司韋馱天點眼云。鳳翅兜高
金甲新。繁華堆裡獨童眞。上方香積四天是。扶
起法輪轉食輪。恭惟蘇迷盧山第四層中。艮頞
黎染。吠室羅摩那王。第二眞子。韋馱尊天。二九
世中。曾居將軍之位。六九生內。又爲宰輔之身。

肇北天之貢牙。照耀此界。持南山之跌足。衛護吾人臂上横安金寶枕。重輕八萬四千斤。以筆作點勢云。一點毫端爲律律。爍迦羅眼自威神。

忠曰。諸天傳云。近有僞書。號總聖錄。出十六天。并韋天昔因。其間曰。幾世爲國王。幾世爲長者等。考之藏典。並無所據。又云。一千二百卷在西竺。一百二十卷在唐土。皆不根之語。若果西域有之。而傳此方。合有譯師翻傳之事。請見者詳之。止此。忠謂。虎關。二九世居將軍。六九生爲宰輔之語。蓋依總聖錄說耶。又按宋高僧傳。肇北天之貢牙。持南山之跌足。皆那吒太子事也。非韋天矣。

忠曰。禪林韋天像。安之廚房。未知何據。傳說。韋天爲宣律師。送天廚。故大慧普說云。宣律師感得韋馱天神。每日。供天廚食。前引已 今安廚司。有託此說乎。稽古略但云。宣律師感天送饌侍衛。而不言韋天矣。

大明寺月菴光和尚錄。韋馱天安座語云。汝是三洲護法。最勝天子。今特請來。且作庖廚之主。切嘱。嚴修齋供。不斷鐘鼓。擁護佛僧。令法久住。儻違吾言。柱杖與汝喫取。

監齋使者

監護僧食之神也。大溈僧寺。稱監齋菩薩。

剪燈餘話聽經猿記云。袁秀才遜。戲舞跳梁。好爲兒態。有時箕踞竈中。以靛塗面。令廚人致敬曰。此洪山大聖監齋也。　註。寺廚至今奉洪山大聖監齋。靑面朱髮。

普菴肅禪師錄。香積廚法語云。咦。(世)[illegible](心)以此三法爲三昧。無量無邊世不會。我今修供佛衆生。萬聖千賢悉同共。摩訶般若味眞如。十波羅蜜同受用。大家著力要精專。一粒微塵不許動。爲報龍天并八部。莫入廚中乾打鬨。監齋使者在眼前。守護普菴無縫縫。針劄不入起馨香。十八元來佛不共。

敕苑清規監齋回向式云。與者宰一寺之封疆。竈者典衆人之喉舌。威靈有正。正直無私。云云。法輪當運。食輪爲先。欲分香積之充餘。須藉神祇之匡護。云云。伏願晨炊夕爨。無徙薪曲突之憂。齋鼓粥魚。有法喜禪悅之味。

韋駄天神

與韋天將軍不同也。

四卷金光明經鬼神品云。世尊說偈言。釋提桓因。及日月天。閻摩羅王。風水諸神。韋駄天神。及毗紐天。大辯天神。及自在天。火神等神。大力勇猛。常護世間。晝夜不離。

大方等大雲經云。見事韋駄。作韋駄像。見事天母。作天母像。

北涼涅槃經云。梵天。大自在天。違陀天。迦旃延天。

違陀。南本作韋陀。

釋門正統云。金剛密跡。執持寶杵。韋駄應機。最存弘護。明仁孝皇后勸善書云。宋僧淨梵。嘉禾人。姓笪氏。母夢。光明滿室。見神人似佛。因而懷娠。生甫十歲。依勝果寺出家祝髮。從湛謙二法師學。敎得其傳。初住無量壽陀。凡講法華經二十餘過。大觀中結二十七僧。修法華懺。每期方便正修。二十八日。連作三會。精恪上通。感普賢受羯摩法。呼淨梵比丘名。聲如撞鐘。時長洲縣宰王公度。親目其事。題石爲記。又嘗夢。黃衣人請入冥。見王者。分撿簿云。淨梵比丘累經劫數。講法華經。卽遣使送歸。一日禪觀中。合衆皆見金甲神人。胡跪師前。又在他處懺期。蒙韋駄天點撿大衆中。有戒不嚴淨者。先以預定。後果懺法不全。時姑蘇守應公有婢。爲崇所惱。請師授戒。其妖卽滅。葛氏請施戒薦夫。見夫遶師三帀而去。待制賈公。昭師道行。卽補爲管內法主。師住持十餘年。亡後焚軀。有舍利五色。

傅大士

輪藏安其像。詳子殿堂門輪藏處。

善慧大士錄云。大士姓傅。名翕。字玄風。東陽郡烏傷縣稽停里人。烏傷卽今義烏縣也。父名宣慈。字廣愛。母王氏。世爲農。以齊建武四年丁丑歲。五月八日生。端靖淳和。無所愛著。少不學問。時與里人漁。每得魚。常以竹籠盛之。沉深水中。祝曰。欲去者去。止者留。時人以爲愚。梁天監十一年。年十六歲。娶留氏。名曰妙光。有子二人。曰普建普成。云云。又曰。大士欲導羣品。先化妻子。令發道心。卽捨田宅。請四衆。設大會。而說偈曰。捨抱現天心。傾資爲善會。願度羣生前。俱翔三界外。歸投無上士。仰恩普令蓋。是年饑饉。設會之後。家無斗儲。同里傅防傅子良等。入山供養。大士化諭妻子。鬻身助會。妙光受命。乃曰。唯願一切衆生因此同得解脫。大通二年三月。同里傅重昌傅僧舉母。以錢五萬貿之。大士得錢。卽營設大會。乃發願曰。弟子善慧。稽首釋迦世尊。十方三世諸佛。盡虛空。遍法界。常住三寶。今捨寶妻子。普爲三界苦趣衆生。消災集福。滅除罪垢。同證菩提。後月餘傅氏。悉遣妙光等還山。

傳燈錄善慧大士章云。陳太建元年己丑。四月二十四日。示衆曰。此身甚可厭惡。衆苦所集。云云。弟子問。師之發迹。可得聞乎。曰我從第四天來。爲度汝等。次補釋迦。及傅普敏。文殊。慧集。觀音。何昌。阿難。同來贊助。故大品經云。有菩薩從兜率來。諸根猛利。疾與般若相應。卽吾身是也。言訖趺坐而終。壽七十有三。

聯燈會要善慧大士章云。大士一日。披衲頂冠。靸履朝見。帝梁武問是僧耶。士以手指冠。帝云是道耶。士以手指靸履。帝云。是俗耶。士以手指衲衣。

忠曰。今造像。爲道冠儒履佛衣之狀。原此。

雲臥紀談云。佛印禪師謁王荊公於定林。公以雙林傅大士像。需讚。佛印援筆書曰。道冠儒履佛袈裟。和會三家作一家。忘却率陀天上路。雙林癡坐待龍華。

搜神秘覽云。錢塘龍山伽藍中。有傅大士眞身在。

焉。因觀大士之遺物。可得而紀矣。藕絲織成彌勒內院一。其巧妙法度。出於自然。惜其歷年。如在彷髴之間耳。王補之以謂。其功非鬼非人。以予觀之。故非人力之所能爲也。叩門槌一。云叩九重門者。乃此槌也。不甚昂大。亦無特異者。銅鐘一。叩之其聲雜踏。然無滑趄聲。似銅而非銅。若鐵而非鐵。妙光檀香枕一。人之有疾病者。剽其香。煮湯飮之。其患未始有不差者。筆架二。硯屏一。皆陶器木樸之所爲。又大士嘗齋餘。遺飯及蔬茹於山。皆化爲石。今有二焉。白者飯石也。靑者菜石也。尙能辨其形跡可考證之。聖人以身顯化。或出或沒。隨世之緣又況於物耶。人之於此。不原其心。特有異以待焉耳。誠物之所化也。

普建　普成

或謂。輪藏傅翁像左右。往往置普建普成非也。蓋傅翁已貲二子。而設會。豈可設此像耶。忠謂。按大士錄。鬻妻子。月餘而買者復遺歸。二子爲法師隨侍。而今二子像。非法師。又大士製輪藏。雖不紀年月。測之可在末年。若在末年。則非二子童孩時。進退齟齬。佛祖統紀。列輪藏前像設。而不及二兒。故不設亦可也。其安二兒像處。一拍手笑。一指父笑。或曰。是卽傅大士與嵩頭陀臨水觀影。乃見圓光寶蓋。二子笑之也。忠曰。噫此何從得之耶。按傅唯大士自笑。無二子事。況今像非臨水者。余謂。二子笑態。只可據現成說。謂大士道冠而儒履。而佛袈裟。其異形兒見之笑而已。佛匠巧意。以作兒態也。何好鑿說。

八大神將

釋門正統云。藏殿列八大神將。運轉其輪。謂天龍八部也。（見下殺堂門輪藏）

忠曰。今輪藏八面。排列八天像。所謂密迹金剛分二軀。梵天帝釋四天王也。異正統說。

又依釋門正統佛祖統紀。立保境將軍像。謂是在日。烏傷縣宰。發誓護藏者也。然此方少設此。又一說曰。八天中除一軀密迹金剛。加烏傷將軍。爲八數矣。余謂。此甚得之。且如密迹分二軀。蓋欲對立門左右無偏焉。如今輪藏。則與餘天雜列。而分身固無謂也。

●耐重

凡堂閣四稜椽下柱上。所蹲鬼形。頭上及兩掌。作擎舉之勢者。稱耐重。

雜毒海。卒菴。耐重頌云。坐斷孤危未肯休。荷擔傑閣與層樓。祖翁活計丘山重。得力全歸頂顙頭。

人天眼目十智同眞。十同得入下語云。耐重打金剛。

●十王

禪刹亦有位十王者。

大慧普說云。泐潭湛堂和尚。一日因修鐘樓。樓下元有地藏十王塑像。普請移出。安在三門頭。是時山僧亦搊一身。堂問。儞手裏大王姓甚麼。山僧云。姓梁。蓋湛堂姓也。堂遂以手作幞頭脚勢云。爭奈姓梁底少這箇。對曰。雖然少這箇。鼻孔不多爭。堂云。杜撰禪和。如麻似粟。

幻住清規歲旦普回向云。下界酆都大帝。冥府十殿慈王。善惡諸司。功曹典吏。燄摩羅界。牛首馬面阿旁等衆。

淸拙澄和尚日本錄。近江大守直菴居士七七日陞座云。今大孝千代松殿。與諸兄。命僧於七七日內。衆僧十員。看經禮懺。坐禪誦咒。每過七日。印造法華經。繪畫十王化現本尊佛菩薩像。

忠曰。十王者。一秦廣王。二初江王。三宋帝王。四五官王。五閻羅王。六變成王。七泰山王。八平等王。九都市王。十五道轉輪王也。見十王經。此經前哲判爲僞妄。然禪刹猶或存十王之像者。意在弘勸懲之道歟。

又西遊記云：孫悟空道：快報名來。十王道：我等是秦廣王、初江王、宋帝王、仵宮王、閻羅王、平等王、泰山王、都市王、卞城王、轉輪王。

忠曰：西遊記妄誕之書，不足信用矣。

韻語陽秋云：歐陽永叔素不信釋氏之說，既登二府，一日被病，亟夢至一所，見十人冠冕環坐，一人云：參政安得至此，宜速反舍。公出門數步，復往問之曰：公等豈非釋氏所謂十王者乎？曰：然。因問：世人飯僧造經，爲亡人追福，果有益乎？答云：安得無益。既寤，病良已。自是遂信佛法。文康公得之於陳去非。去非得之於公之孫恕，當不妄。

忠曰：十王藏典不談，不應憑歐陽之夢，而實其事。晝日所聞見，夜間成夢境，不應詰歐陽之所覩。飯僧造經爲福，經說明白，祇歐陽因此方信佛法，則其見淺近，不可望玄妙，可知也。

劉須溪十王殿修造疏云：江村古寺，託於長者之間，風雨頹廊，謂是何王之殿，瞻焉修復，賴爾衆多。

列爲十地十觀，以象三公三又（又字可疑）。宣室但言鬼神事，不也世尊。天堂必有君子登，存乎人者。

釋門正統云：有所謂十王者，按正法念經，祇有琰摩羅王，此翻爲雙王，以兄主男獄，妹主女獄故也。據冥報記云：天帝統御六道，是謂天曹；閻羅王者，是謂地府，如人間天子；泰山府君，如尚書令錄；五道大神，如六部尚書；自餘鬼道，如州縣等。此外十殿之名，乃諸司分者，乃唐道明和尚入於冥中，一一具述因標其號，報應符合。初匪罔世，往往猶歷代官制不同，隨時更變也。又有十王經者，乃成都府大聖慈寺沙門藏川所撰。又水陸儀文敍曰：圖形於果老仙人（唐張果老也），起教於道明和尚，雖冥司有十王之號，在藏殿無一字之談，稽考所因，粗知其故，由雙王之示實，分十殿以强名，或崇追薦之方，或啓預修之會云云。

佛祖統紀云：世傳唐道明和上，神遊地府，見十王分治亡人。因傳名世間。人終多設此供。十王名字。藏典傳記。可考者六。閻羅。五官。二名見提謂經平等王華嚴感應傳、郭神亮爲使者追、至平等王所、因誦若人欲了知四句偈、得放迴泰山譯經圖紀、沙門法炬、譯金貢泰山贖罪經、孝經援神契、泰山、天帝孫、主召人魂初江夷堅志、池州郭生、夢入冥府、王揖坐、謂曰、我是西門王、即冥司、錄我忠孝正直、不害物、得作初江王一紀、秦廣夷堅志、南劍陳生既死、其弟之女、見鬼導至宮殿、曰秦廣王也、王謂女曰、欲救伯苦、可得八師經、女寤、家人求得經、請僧誦千徧、兄夢弟來謝曰、已獲生天

忠曰。五雜俎云。藏經云。泰山爲天帝之孫。爲五岳祖。主掌人間生死脩短。此俗說之鼻祖也。止此泰山天孫。孝經援神契之說。而謝肇淛誣以藏經。何也。

●掠剩大夫

掌世人飲食神也。

雲臥紀談云。無盡居士張公。爲玉泉皓禪師撰塔碑。紀。其入廚見饌。晚饍問。待過客耶。爲衆僧耶。既以實對。即呼知事。杖而數之曰。吾昔參禪。爲人汲水舂米。今現成米麪。蒸炊造作。與供養諸佛菩薩無異。飽喫了。並不留心參學。百般想念。五味馨香。假作驢腸騾生。羊骨鹽臕。餵飼八萬四千戶蟲開眼。隨境攝閻。眼隨夢轉。不知注祿判官。掠剩大夫。隨汝抄劄。消殄祿籌。教汝受苦。有日在徒衆不堪其枯寂。譖於縣宰。曰。長老不能安衆。唯上來下去。點撿零碎。縣宰召皓至。語之曰。大善知識。何不在丈室端坐。兩廊下三門前。來去。得許多耶。皓曰。大通智勝佛。十劫坐道場。長官。以坐是佛耶。坐殺佛去也。縣宰笑而已。

春渚紀聞云。陳秀公丞相。與元參政厚之。同日得疾。陳忽寄聲。問元安否。曰參政之疾。當即痊矣。某雖小愈。亦非久世者。續請其說。秀公曰。某病中夢至一所。金碧煥目。室間羅列甆器甚多。上皆以靑帛羃之。具題曰。元參政香飯也。某問其故。有守者謂某曰。元公自少至老。每食度不能盡則分減別器。未嘗殘一食也。此甆所貯。皆其餘也。世人每食

不盡則痕藉委棄。皆爲掠剩所罰。至於滅算奪祿。無有免者。今元公由此當更延十年福算也。後數月而秀公薨。元果安。享耆壽。（其孫中大公紹直云、）

異聞總錄云。楊州節度推官沈君。（失其名及鄉里）居官頗强直。通判饒惠卿尤知之。惠卿受代歸臨川。一府僚屬出祖於瓜洲。前一夕沈聞書窓外人語曰。君明日祿盡馬絶。爲妻子言。愀然不樂。明日將上馬。厥子牽衣止之。沈曰。饒通判相與甚厚。方爲千里別。安得不送。策馬徑行。所乘馬蓋借於軍中者。惡甚。始出城。奔而墜。足絓鐙間。不可脫。馳四十里。及瓜洲方止。敺吏追及之。則面目俱敗。血肉糢糊。不可辨識。舁歸舍。氣息殜殜。經一日而絶。惠卿憐其以己死。賻錢二十萬。郡遣夫力十餘輩。護柩歸。諸人在道相顧。體如冰霜。或時稍怠。則頭輒痛。類有物撃之。兩旁行者皆見一綠袍官人坐柩上執挺而左右顧。至家乃已。後歲餘。其妻閻氏。白晝見旗幟奄冉行空中。一人跨白馬。蹀躞而下。至則沈也。相慰拊良久。又徧呼諸子。誨以讀書耕稼之務。曰吾今爲掠剩大夫。職業雄盛。無憶我。翩然而去。自是不復來。閻氏之客傳其事。（夷堅志、作閻氏之弟格傳其事）

徐鉉稽神錄云。廣陵法雲寺僧珉楚。嘗與中山賈人章某者親熟。章死。珉楚爲設齋誦經。數月忽遇章於市中。楚未食。章卽延入食店。爲置胡餠。旣食。楚問。君已死。那得在此。章曰。然。吾以小罪。未得解脫。今死爲楊州掠剩鬼。復問。何謂掠剩。曰。凡市人賈販。利息皆有常數。過數得之。爲掠剩。吾得而掠有之。今人間如吾輩甚多。因指路人男女曰。某人人皆是也。頃之有一僧過于前。又曰。此僧亦是也。因召至與語良久。僧亦不見楚也。

忠曰。所指路人男女及僧。皆鬼也。

伽藍神

或單稱伽藍。　品字箋云。伽藍。釋氏護法神名。

敕修淸規念誦云。皇風永扇。帝道遐昌。佛日增輝。

法輪常轉。伽藍土地。護法護人。十方檀那。增福增慧。又沙彌得度云。伽藍土地。增益威光。護法護人。無諸難事。

繼燈錄雲居即菴慈覺禪師章云。師始登雲居時。先一夕。宿瑤田庄。夢伽藍安樂公。謂曰。汝與此山。祗有一粥緣。云云。後數年。蜀士有官達於朝者。與師親。故以雲居虛席。請師補其處。師欣然承命。將復徵往夢。覺至瑤田庄而寂。

鏡堂圓禪師錄。示作無頭榜者偈云。損他常住惡徒黨。盡付伽藍掌握中。（詳文疏門、無頭榜處）

釋氏要覽云。七佛經云。有十八神護伽藍。一美音。二梵音。三天鼓。四歎妙。五歎美。六摩妙。七雷音。八師子。九妙歎。十梵響。十一人音。十二佛奴。十三歎德。十四廣目。十五妙眼。十六徹聽。十七徹視。十八遍視。道世法師云。寺院既有十八神護居住之者。亦宜自勵。不得怠惰爲非。恐招現報耳。（凡寺壁、有下畫二大神一者上、師是此神也、或問、世界之内、伽藍無數、何只十八神、而能遍護耶、答一切神、皆有無數眷屬、即是分任守護、也無妨、）

編年通論云。天台拾得。嘗掌供獻伽藍神粥飯。多爲烏鳶所殘。拾得杖擊神。而嫚罵曰汝食猶不能護。焉能護伽藍乎。神遍夢寺僧曰。拾得鞭我。至旦互以語及。一一皆同。由是衆駭之。

・鎌倉建長寺。伽藍神五軀相竝。　張大帝　大權修利　掌簿判官　感應使者　招寶七郎

土地神

忠曰。守護其封境之神。稱土地也。（又見殿堂門、土地堂）

餘冬序錄云。爵尊德尊齒尊之人。往往沒而得祭於里社。俗謂土地神是也。里人或爲之立廟。

徑山土地神。名靈澤龍王。寺有龍王殿。（無準徑山錄云、靈澤之殿、）

大慧年譜云。師住徑山時。紹興九年己未。以神龍未有封號。敕奏于朝。蒙賜侯。曰廣潤。廟曰靈澤。

靈隱護法神。名靈鷲山王。　正宗贊月堂昌禪師

贊云。拋鄉冷泉靈鷲山王忙忙尋討。　解者曰。靈鷲山王。靈隱護法神也。

雪峰土地神。名松山。　雪峰錄難提塔銘云。土主曰松山。卯塔號難提。

嘉興府興聖寺土地神。名千聖小王。　虛堂與聖錄云。千聖小王怒發。將鴛鴦湖一脚踢飜。

僧寶傳雲居簡禪師傳云。先是高安洞山有神。靈甚。膺公住三峰時。受服役。既來雲居。神亦從至。舍於枯樹之下。而樹茂。號安樂樹神。

雪堂拾遺錄云。眞州長蘆登和尚。數年鼎新。起長蘆寺。既就。一夜夢有神人來。乞爲土地。登曰。儞做我土地不得。神曰。何故。登曰。儞見我僧家過神云某有長誓。遂斷一臂呈。登曰。若如是則可。遂與建祠堂。迨塑土地。一臂墮落。屢修復爾。方見願力之重也。

淸拙淸規云。近年杭州靈隱寺。都寺。（忘其名字）晩間土地堂燒香。土地神。執其手。令之算常住錢米帳。此僧伸手。立於神像前。覓動不得。行者走方丈。方丈遂與告白。免罰。此僧方得退出。明日此僧自將衣物。盡罄。僧堂前估唱。錢歸常住畢。僧堂掛單坐禪。

又平江府承天寺僧。義首座。因時疫病。前堂寮僧。臥病十餘人。義首座。白日見土地神。領瘟神。同入看病人。義公告土地神。求免。土地神乃說與瘟神云。此僧無過可免。義公時有俗姪。在旁亦病。義公又告土地神。求免俗姪。神答云。我只管寺內僧。此俗人非寺人。我不管。神皆出。後義公病愈。　又天童土地神。依人而降言寺中事。又言。我聞覺和尚住持六年。我未曾得見其面。覺和尚宏智也。乃知。道德行解之師。神鬼不能見。

洞山見撒米作色。土地神得見。見碧巖錄。

南泉見撒米起心。土地神得見。見大慧普說。

方輿勝覽泉州云。粥院在開元寺。古傳有兵官就院索兩大粥桶盛草餧馬一宿。主僧曰。本院土地不能守護之。捲畫像壓磨石下。後一夜。於長廊誦經。忽見一人曰。容爲取之。是夜兵官兩馬俱斃。丞敵門還兩粥桶。後復見神曰。願從今去守香積廚。永無鼠雀耗。遂許之。仍立廟像焉。

晉干寶搜神記云。蔣子文者。廣陵人也。嗜酒好色。挑撻無度。常自謂。己骨清。死當爲神。漢末爲秣陵尉。逐賊至鍾山下。賊擊傷額。因解綬縛之。有頃遂死。及吳先主之初。其故吏見文于道。乘白馬。執白羽。侍從如平生。見者驚走。文追之謂曰。我當爲此土地神。以福爾下民。爾可宣告百姓。爲我立祠。不爾將有大咎。是歲夏大疫。百姓竊相恐動。頗有竊祠之者矣。文又下巫祝。吾將大啓祐孫氏。宜爲我立祠。不爾。將使蟲入人耳。爲災。俄而小蟲如塵虻。入耳。皆死。醫不能治。百姓愈恐。孫主未之信也。又下巫祝。若不祀我。將又以大火爲災。是歲火災大發。一日數十處。火及公宮。議者以爲。鬼有所歸。乃不爲厲。宜有以撫之。於是使使者。封子文爲中都侯。次弟子緒爲長水校尉。皆加印綬。爲立廟堂。轉號鍾山爲蔣山。今建康東北蔣山是也。自是災厲止息。百姓遂大事之。

忠曰。土地神之稱。亦久矣。

●火德星君

禪林佛殿。安南方火德星君牌。每月四日。十八日。諷經。

羅泌路史後紀。炎帝紀曰。炎帝神農氏。姓伊耆。名軌。一曰石年。炎精之君也。（乘火德）贊。火德開統。連山感神。謹脩地利。粒我烝民。云云。

淮南子天文訓曰。南方火也。其帝炎帝。　漢高誘注。炎帝。少典之子也。以火德王天下。號曰神農。死託祀於南方之帝。

湖海新聞後集云。衡岳有岳麓寺。重新修建。金碧輝煌。光彩鑠人。有胡僧雲遊詣寺。與寺主言。若於東北角上小溪中。造一座兜率橋成。則類西天矣。寺主翌日集大衆題化。積年橋成。山門下二聖。忽現夢於寺主云。本寺類西天。上界今差火德星君來焚取。可急集大衆南去十里溪橋邊迎之。夢覺。寺主驚。遂集僧衆前去往候。自朝至晚無往來者。天將昏。忽有一道人。髮鬅鬙。身衣襤褸。徐徐然來。僧衆見之下拜迎至寺。大作齋會待之甚至哀懇之曰。此寺緣化修造。以十數年之辛勤方能圓就。若一旦爲煨燼之場。寧不可惜。欲望星君特發慈悲姑與原宥。道人驚曰。貧道安有此。僧衆再三哀告不已。乃問曰。誰與汝說我是火德星君。言若明白。當與料理。寺主不得已直云。山門下二聖現夢。道人云。可打粘大紙數十幅。一一綵繪本寺殿宇房廊樣式。多將紙錢前來燒化。庶可消禳。僧衆如其敎。焚訖。五更初衆送道人出山門下。乃指罵二聖云。誰使汝饒舌。敎汝骨不見肉。肉不見骨。及送至昨日橋邊雲霧四起。道人倏然不見。衆回山門則二聖泥土皆落。只有木胎。寺主再裝塑之越旬日又落。至今本寺山門下無金剛二聖也。

三國志傳云。東海朐縣人。居淮安。姓糜名竺。字子仲。此人家世富豪。莊戶僮僕等。萬餘人。糜竺嘗往洛陽買賣。回歸。竺坐于車。路傍見一婦人。甚有顏色。來求同載。竺乃下車步行。讓車與婦人。婦人再拜。請竺同載。竺上車。目不邪視。竝無調戲之意。行及數里。婦人辭去。臨別對竺曰。我天使也。奉上帝敕往燒汝家。感君見待以禮。故私告耳。竺曰。娘子何仰也。婦曰。吾乃南方火德星君耳。竺拜而祈之。婦曰。此天命。不敢不燒。君可速往搬出財物。吾當夜來。竺飛奔到家。搬出財物。日中廚下。果然火起。盡燒其屋。竺因此濟貧拔苦。救難扶危。

● 大權修利菩薩

忠曰。右手加額。爲遠望勢像。是也。大唐阿育王山護法神矣。修利或謬作修理非。呂氏春秋三月紀云。修利隄防。導達溝瀆(止此)又見淮南子時則訓。物初賸語育王庫閣陞記云。嚴奉大權修利菩薩。

於閣之正中。以警執事者。又與鑿翁相國書云。僥邀玉几。音王故冬進寺云云。修舍利殿擬閣以奉大權。又與鑿翁書云。庫堂之大權菩薩閣。已有成効。又云。其護塔之神。曰大權修利菩薩。洎夫鰻井二龍。皆果位賢聖。隱實揚權。威靈昭假。如響應聲。此止此皆述育王山事緣也。

希叟曇禪師雪竇錄。謝育王知客上堂云。爭奈育王通師公未肯點頭在。

忠曰。通師公蓋土地神名。修利別稱乎。

月江印禪師育王錄云。僧問。大權菩薩。因甚以手加額。師云。行船全在把梢人。

忠曰。傳說。育王山臨東大海。渡海者。每望山祈穩濟於此神。而大權加額者。遙望其船保護之狀也。今月江之答。似可據。

清拙澄禪師錄。大權贊云。威權廣大。赫赫煌煌。神通電也非速。願力金兮未剛。護佛真身舍利。依前不識佛光。如何是佛光祈額。望扶桑。

東明日禪師白雲錄云。長蘆寺深沙大神。把定蛇頭。鄮峰山大權菩薩。加額有分。

天境和尚無規矩。大權修利菩薩贊云。華冠絳服儀堂堂。佛伽真身護法王。願力堅兮劫石難比。威權大兮羣邪退藏。咸謂飛來浙江東松峰孤頂上。焉知不離西竺土。真機徧十方。

忠曰。或云。大權修利。亦名張大帝。此止此大謬矣。蓋出於夢語集。大帝祈額之紕繆。張大帝處辨之大休念禪師壽福錄上堂云。白山祠山與修利。拍手呵呵笑不徹。此止是與字。隔別上下。可證祠山修利二人也。育王山大權。歸宗寺張大帝。何得混爲一人耶。

忠曰。傳說。大權修利。是天竺阿育王郎子。爲護育王所建舍利塔。以神力來支那國。止明州招寶山。加手於額。回望四百州。育王山祀之。爲土地。自爾剎剎慣之。或曰。祈額者。育王令鬼造塔時。羅漢神力。展手掩日。日光分八萬四千道。以照示可建塔之所。此時大帝斫額。望視其異也。止此余謂。如此無稽之談。並祖於瑞溪臆說。阿育王弟有大帝。誤以爲同大權。遂附會掩日之緣。而浪作斫額之義。又有招寶訛作小蓬。小蓬山大蓬山在蜀地。實東西相絕矣。

招寶七郎

洞家諸刹。所祠土地。稱爲招寶七郎。道元和尚歸朝時。潛形隨來護法。

或云。亦是大權而已。大權修利是封號。本名招寶七郎。招寶山在鄮峰。此神祠于此。七郎蓋行第乎。止此忠謂。此未輒信。可更攷。

梅峰信和尚云。祀招寶七郎。爲護法。是唯局育王山。蓋按陶弘景。名勝力菩薩。有事緣于育王山。招寶七郎恐是弘景乎。

永平道元和尚行狀云。寶慶三年冬。辭發舶。天寒白雪霏霏。忽有化神現前。師云。汝何神。曰我是招寶七郎。知師佩祖印還鄉。願相隨護正法。師嘆曰。汝若然。須現小身。神乃爲白蛇三寸許。自入鉢囊而屈蟠。

肥前州平戶嶋有祠。神名七郎權現。蓋招寶七郎也。昔者唐船來。皆著於平戶。故唐人祭之。爲護舶之神。猶如今時長崎媽祖。此祠至今存。其祠扁紹法二字。蓋訛招寶也。

五國故事云。閩王延彬。圭之子。審知姪也。嗣圭封泉州。初圭領兵至泉州。舍于開寺。疑有脫乎始生延彬于寺之堂。既生。有一白雀。棲于堂中。迄延彬之終。方失所在。凡三十年。仍歲豐稔。每發蠻舶。無失墜者。人因謂之招寶侍郎。

忠曰。招寶七郎。本護船神。而延彬無失于船。故雅稱也。非延彬實是招寶神。

三才圖會有招寶山圖云。招寶山。在定海城東一里所。雄峻特立。郡志。山名候濤。以番舶貨寶。來集其下。故又名招寶山。一統志云。在定海縣東五里。

浙江名勝志定海縣云。與巾子（名山）形勢相控者招寶山也。舊名候濤山。後以諸番入貢停舩于此。故改今名。

忠曰。按名勝志。鄮山阿育王山。皆在浙江寧波府鄞縣。招寶山在寧波府定海縣。故舊說招寶山在鄮峯。七郎亦是大權者。余未信之。廣輿記寧波府云。招寶山。一名候濤山。四向海天無際。朝鮮日本。諸夷之域。皆在指顧中。

祠山張大帝

歸宗寺土地。與蘭溪和尚有因緣。建仁寺祀之。爲土地神。見夢語集。

義堂日工集云。建仁月心云。祠山大帝。廬山歸宗土地神也。大覺禪師。在唐時。夢感示日本有緣。如此三度矣。江東祠山府前有穴。深廣丈餘。每歲祭祀。飲食等物。內其穴中。未嘗作堆。如消化者。謂之埋瘞。或云穴通南海。

建長開山。大覺禪師蘭溪和尚行狀云。有時遊山之次。有峩冠異人。招手謂師曰。汝緣在東方。師回首之頃。便不見。偶到歸宗寺祠山大帝靈祠。而物色。前所現異人是也。師深疑之。東遊。掛錫於明州天童。時聞日本船。在來遠亭。往觀之於浮橋頭。異人又現師前曰。時已至矣。速去速去。師過橋半里許。有一古廟。入門顧。便是祠山大帝也。師燒香。誓曰。我若建立伽藍。請汝爲土地神。着自記取。乃偕義翁龍江等數人。登日本船。到博多上岸。

桂林和尚（名遠昌號和甫忍公）東山建仁寺語錄云。吾西來祖。（千光）董此山之初。請神君。爲護法神。第一。此即張大帝旺化於東方之權輿也。（桂林、大覺法孫、故指大覺可稱西來祖乎、）

廣搜神記云。祠山聖烈眞君。姓張。諱渤。字伯奇。武陵龍陽人也。父曰龍陽君。母曰張媼。其先龍陽君。與媼遊於太湖之陂。正晝無見。風雨晦冥。雲蓋其上。五采青黃。雷電並起。忽失媼。處俄頃開霽。媼言。見天女。謂曰。吾汝祖也。賜以金丹。已而有娠。懷胎十四箇月。當西漢神雀三年。二月十一日夜半生。長而奇偉。寬仁大度。喜怒不形於色。身長七尺。隆準修髯。髮垂委地。深知水火之道。有神告。以地荒僻。不足建家。命行。有神獸前導。形如白馬。其聲如牛。遂與夫人李氏。東游吳會稽。渡浙江。至苕霅之白鶴山。山有四水。會流其下。公止而居焉。於白鶴得柳氏。於烏程桑垃得趙氏。爲侍人。王九弟。五子。一女。八孫。始於吳興郡。長興縣。順靈鄉。發跡。役陰兵。自長興荊溪。疏鑿聖瀆。長十五里。岸高七丈。至十五丈。總三十里。志欲通津於廣德也。復於後村畢宅保小山楓樹之側。爲掛鼓壇。先時與夫人李氏密議。爲期。每餉至鳴鼓三聲。王即自至。不令夫人至開河之所。厥後因夫人遺殘於鼓。乃爲烏啄。王以鳴鼓而餉至。洎王詣鼓壇。乃知爲烏所誤。及夫人至鳴其鼓。王反以爲前所誤。而不至。夫人遂詣興功之所。見王爲大豨。役陰兵。開鑿瀆河。王見夫人。變形未及。遂不與夫人相見。聖瀆之功息矣。遁於廣德縣西五里横山之頂。居民思之。立廟於山西南隅。夫人李氏。亦至縣東二里而化。時人亦立其廟。聖瀆之河。涸爲民田。即浴兵池爲湖。灌溉瀕湖之田。僅萬頃。掛鼓之壇。禽不敢棲。蟻不敢聚。云。唐天寶中。禱雨感應。初贈水部員外郎。横山改爲祠山。昭宗贈司農少卿。賜金紫。景宗封廣德侯。南唐封爲司徒。封廣德公。後晉封廣德王。宋仁宗封靈濟王。至寧宗朝。累加至八字王。至理宗淳祐五年。改封正佑聖烈眞君。至咸淳二年。十二月十二日。準告加封正佑聖烈昭德昌福眞君。(二月十一日誕生)封正寧昭助靈慧順聖妃。(李氏初二日誕生)封協應濟惠慈昭廣懿夫人。(趙氏)封協順承濟慈佑廣助夫人。(柳氏)此外神眷。不勝計。不耐記。

陳繼儒。羣碎錄云。祠山張大帝。張秉。武陵人。一日行山澤間。遇仙女。謂曰。帝以君功在吳分。故遣相配。長子。以木德王其地。故且約蹄年西會。秉如期往。果見前女。歸子。曰。當世世相承。血食吳楚後生子渤。爲祠山神。神始自長興。自疏聖瀆。欲通津廣德。便化爲豨。役使陰兵。後爲夫人李氏所見。工遂輟。故避食豨。

宋程棨三柳軒雜識云。廣德祠山神曰張。避食豨。按祠山神事要云。王始自長興縣。疏聖瀆。欲通津廣德。化身爲豨。從使陰兵。後爲夫人李氏所覘。其工遂輟。食之避豨。蓋以此。淮南子載。禹治水時。自化爲熊。以通轘轅之道。塗山氏見之。慙而化爲石。右二事實相類。

清拙小淸規。祠山大帝誕生看經榜云。山門二月初八日。恭遇當寺護法。大宋國祠山正順昭顯威德聖烈大帝。聖誕良辰。謹集合山大衆。肅詣靈祠。看誦大乘經典。聊伸慶讃之誠。仰答匡扶之德者也。粵以。戒臯歸宗。僧夏預堂前單鉢位。廟居廣德。詩仙稱天下鬼神爺。朝誦法華六萬餘言。功闢隋河。幾千百里。方仲春萸敷八葉。應昌期靈降九天。陰兵肅衞。鐵騎雲屯。在在作伽藍之主。聖烈尊嚴。玉爐香藹。堂堂現居士之身。摧邪去惡。雷擊電奔。翊正扶公。波騰嶽立。爰自建長年。東臨日域。宏恢少室心宗。始知大宋國西有祠山。夙乘鷲峰口囑。禱號如鴻鐘答杵。昭然若寶鏡當臺。背忘恩義之者先誅。侵盜常住之人重罰。今此海衆同披梵典。仰謝祈禳。未來劫數。確護禪林。益堅城塹。謹榜。

又云。元號祠山正順威德聖烈大帝。洪名元朝改稱祠山正祐昌福崇仁眞君。歸宗寺裡。請作土地神。本祉正在江東廣德軍。理藏靈驗天下聞。二月八日誕生辰。與大覺禪師。爲有因緣。不易言陳。畢竟無異事。要在弘法度人。祠山處名。大帝官名。

忠曰。祠山事要十卷。詳記神事跡。顯應。封爵等。無遺矣。然不載歸宗寺緣。其行狀中。唯有天寧寺事。而今淸拙明言。可爲據。按一統志。歸宗天寧同在南康府。

江西名勝志。南康府星子縣云。廬山歸宗寺。在城西二十五里。

張大帝生辰。祠山事要廣搜神記。爲二月十一日。南京名勝志。翰墨大全。清拙淸規。作二月八日。

忠曰。禪林疏文所謂祠山正順昭顯崇仁威德聖烈大帝。此止舊見于歷代封號。據祠山事要。正順者。宋紹興五年。加封正順忠祐靈濟昭烈王。昭顯者。宋開禧三年。改封正祐昭顯威德聖烈王。崇仁者。宋德祐元年。加封正祐聖烈昭德昌福崇仁輔順眞君。

元史泰帝本紀云。泰定元年。加封廣德路。祠山神張眞君。曰普濟。

南京名勝志廣德州云。廣惠王祠。在橫山。亦呼爲祠山。　又云。國朝愼蒙廣德紀游云。從吳興西行九十里。至長興之銀坍。舟行過四安。又陸行五十里。至廣德。出西門三里。有廣惠殿。殿高計九丈。以沈香雕神像。甚奇怪。面色似經煙火。虬髯如戟。祝史。謂是海馬騣。乃水神也。像有袴。乃元天曆二年。製布爲之。至今不朽。我太祖龍興時。嘗來登謁。有詩云。天下英靈第一山。白雲爲闕石爲關。高臺近斗當空出。老樹如龍挾雨還。兵革累經香火舊。鬼神常護道人閒。從軍幸得來瞻此。麾指干戈動笑顏。　又云。廟記云。祠山神以二月八日誕。七日必風。九日必雨。相傳誕神延其小姨飲。必風雨者。欲以露其足爲樂。雖涉虛妄。然風雨不爽。

湖海新聞後集云。廣德軍祠山張大帝。初發靈時。嘗化爲豬以治水。故郡人多不食豬。自爲諱物。郡人事之甚謹。戒不食豬肉。唐士羅隱。名彰天下。所至之處。鬼神無不爲之譏諷。嘗過其廟。題詩於壁曰。踏遍天涯路。平生不信邪。方欲題後二句。俄手如人拽起。狀聞人語曰。若後二句不佳。能折爾手。羅悚懼曰。如不佳。甘照神語。手遂如故。續題曰。祠山張大帝。天下鬼神爺。宋景定年間。大平州城北四里外。有行宮。極靈富家巨室。重新廟宇。計用筒瓦數萬口。臨時起窰三五所燒造。其土瓦盡皆變

成青色琉璃結蓋將畢工尚少三百口續行燒造匠者復以數萬入竄意其皆變琉璃庶可轉禱以圖小利及出窰則三百口爲琉璃餘者皆土瓦也

周密（字公謹）齊東野語云余世祀祠山張王動止必禱應如蓍龜姑志奇驗數事於此以彰神休先子需澄江次爲有力者攘去再以毘陵等三壘千祀第餘月不報先妣時留霅禱於南關之祠有水邊消息的非遙之語及收杭信則閣靈山所祈亦得此籤越日臨汀之命下矣戊辰年鑄子甫五歲病骨蒸勢殆甚凡藥皆弗效禱籤得蠱之上九云蠱有三頭紛紛擾擾如蟲在皿執一則了遐謀之醫試投逐蟲之劑凡去蚘蛔二其色如丹即日良愈甲寅春往桐川炷香得籤云不堪疾病及東牀云云是歲外舅捐館壬午五月二十八日杭城金波橋馮氏火作次日勢益張雖相去幾十里而人情惶惶不自安時揚大芳潘夢得皆同居相慰勞曰巫言神語皆吉毋庸輕動余不能決因卜去就於神得五十六云遭人彈劾失官資火欲相焚盜欲窺於是挈家湖濱是夕四鼓遂成焦土

勸善書云宋台郡都監趙訓武所居與曹顯大尉第三子耘相近耘嘗夢到天宮自西廂迤邐過東北角望塑神一軀甚大瞻仰而行長松巨柏陰森滿庭肅然起敬傍有兩龕將就坐少憩神搖手止之曰不可知爲祠廟急從東趨出所經履處屋以間計者踰數百覺而恍然其婿趙亮夫爲廣德太守遣信來其女寄祠山圖一軸展玩之宛是宵夢所觀始萌奉事張王之意俄有攜三畫詣其質庫求十千掌事者靳之客曰吾買時用錢三十萬此名筆也特以急缺之故暫行權質勿慮不來贖也閱其一乃壽星像以白曹曹命如數付與旋又求益至三凡滿二萬而去徐視其二乃祠山像貌丹青煒如其人後不復來於是決意香火訓武之子喚工摹寫捲納匣中置於佛堂久而忘加標飾都監忽若爲物擊暈仆不醒遂作神語曰汝兒子柰

何拋我於汚穢處。家人莫知其旨。或曰。三哥。心忽慢。必其所爲。問之果然。急使取之。已失所在。一小兒言。前日見某婢擲一箇竹筒在後園枯井內。試令下取。乃像卷也。汚泥滿外。而絹素不濕。都監少頃卽復常。而婢疾作。符療不効。夜臥叫呼徹曉。頭髮爲鼠齧盡。經三日稍愈。至如癡迷。遂遣其出。聽其自如。曹氏擧家。自後不食豬肉。

張大帝感應。悉於事要。不可枚擧。請看其書。

應菴華禪師歸宗錄。有靈濟王生日上堂。

竺仙仙禪師建長錄。土地堂語云。祠山張大帝。天下鬼神爺。誰知鄉曲裏。由來共一家。便燒香。

天境和尚無規矩大帝讚云。於昭祠山。誰不仰止。護持佛門。摧破魔壘。臨機辨正邪。猶如鏡中覩。嘆作鬼神爺。未知其所履。掛錫於歸宗□□跏趺耳。夏滿去無蹤。異跡多如是。

瑞溪夢語集云。予萬年先廬。佛龕右畫達磨像。左畫一神人。蓋擬土地祖師二堂也。所謂神人。斫額而立。傍有一人擎蓋。或說阿育王一日起八萬四千塔。此神斫額。望塔起處。謂之大帝。偶看翻譯名義集曰。摩訶釋提。翻曰大帝。阿育王弟也。按釋迦譜曰。阿育王問道人曰。何處可起塔。道人卽以神力。左手掩日。日光作八萬四千道。散照閻浮提。所照之處。皆可起塔。今塔處是也。予謂大帝斫額。必在此時。

忠曰。育王起塔時。大帝斫額。望塔起處。至無據矣。蓋依護法神。有歸宗張大帝故。謬取大帝名。釀斯妄說。瑞溪匪啻不質誤。隨援翻譯集。實其事。復附會云。斫額必在掩日時矣。自夢語集一倡此以來。或有大權爲育王郎子者。或有斫額爲望日勢者。流言不止。可傷哉。夫張大帝中華人。以張爲姓。大帝天竺人。摩訶釋提。是其梵語。阿育王之弟。固沒關涉矣。又道人掩日。作八萬四千道。阿育王傳無斯文。余別處辯之。

貴耳集云。高九萬越人。號菊礀。好作唐詩。至下酒市。多祭二郎祠山神。有詩云。簫鼓喧天鬧酒行。二郎賽罷賽張王。愚民可煞多忘本。香火何曾到杜康。

●關帝

蜀關羽也。又稱關大王或關壯繆。河東解梁人也。續文獻通考云。盪寇將軍都督荆州事漢壽亭侯關羽字雲長。後主時。追謚壯繆。

三國志蜀書關羽傳云。關羽字雲長。本字長生。河東解人也。亡命奔涿郡。先主於郷里合徒衆。而羽與張飛爲之禦侮。先主與二人寢則同牀。恩若兄弟。建安五年。曹公東征。先主奔袁紹。曹公禽羽以歸。拜爲偏將軍。禮之甚厚。紹遣大將軍顏良。攻東郡太守劉延於白馬。曹公使張遼及羽爲先鋒擊之。羽望見良麾蓋。策馬刺良於萬衆之中。斬其首還。紹諸將莫能當者。遂解白馬圍。曹公卽表封羽爲漢壽亭侯。初曹公壯羽爲人。而察其心神無久留之意。謂張遼曰。卿試以情問之。既而遼以問羽。羽歎曰。吾極知曹公待我厚。然吾受劉將軍厚恩。誓以共死。不可背之。吾終不留。吾要當立效以報曹公乃去。遼以羽言報曹公。曹公義之。及羽殺顏良。曹公知其必去。重加賞賜。羽盡封其所賜。拜書告辭。而奔先主於袁軍。左右欲追之。曹公曰。彼各爲其主。勿追也。云云。二十四年。先主爲漢中王。拜羽爲前將軍。假節鉞。是歲羽率衆攻曹仁於樊。曹公遣于禁助仁。秋大霖雨。漢水汎溢。禁所督七軍皆沒。禁降羽。羽又斬將軍龐悳。梁郟等。云云。曹公議徙許都。以避其鋭。司馬宣王蔣濟以爲。關羽得志。孫權必不願也。可遣人勸權。躡其後。許割江南以封權。則樊圍自解。曹公從之。先是權遣使。爲子索羽女。羽罵辱其使。不許婚。權大怒。又南郡太守麋芳在江陵。將軍傅士仁屯公安。素皆嫌羽自輕己。羽之出軍。芳仁供給軍資。不悉相救。羽言。還當治之。芳仁咸懼不安。於是權陰誘芳仁。芳仁使人迎權。而曹公遣徐晃救曹仁。羽不能克。引軍退還。權已據江陵。盡虜羽士衆妻子。羽軍遂散。權遣將逆擊羽。斬羽及子平于臨沮。追謚羽曰壯繆侯。子興嗣。興字安國。少有令問。丞相諸葛亮深器異之。

釋門正統云。無盡居士張天覺（商英）鉅儒碩學。筆大如椽。嘗記玉泉寺關王祠堂云。過去陳隋間。有大法師。名曰智顗。一時圓證諸佛法門。得大總持。辨說無礙。敷演三品摩訶止觀。是三非一。是一非三。即一是三。即三是一。是三是一。非一非三。隨衆生根。而設初後。至自天台。止玉泉宴坐林間。身心湛寂。此山先有大力鬼神。與其眷屬。怙恃憑據。以通力故。知師行業。即現種種諸可怖畏。虎豹號擲。蛇蟒盤瞪。鬼魅嘻嘯。陰兵悍怒。血脣劍齒。毛髮鬅鬙。妖形醜質。欻忽千變。法師愍言。汝何爲者。生死於幻。貪著餘福。不自悲悔。作是語已。迹言悄絕。頎然丈夫。鼓髯而出。我乃關羽。生於漢末。值時紛亂。九州瓜裂。曹操不仁。孫權自保。義臣蜀主。同復帝室。精誠激發。洞貫金石。死有餘烈。故王此山。所嗜惟殺。所食惟腥。歸觀法師。具足殊勝。我從昔來。本未聞見。我今神力。變見已盡。而師安定。曾不省視。汪洋如海。非我能測。大悲我師。哀憫我愚。方便攝受。願捨此山。作師道場。我有愛子。雄鷙類我。相與發心。擁護佛法。師問所能。授以五戒。神復白言。營造期至。幸少避之。其夕晦冥。震遲掣電。靈鞭鬼箠。萬壑浩汗。湫潭千丈。化爲平地。黎明往視。精藍煥麗。簷楹欄楯。巧奪人目。海內四絕。遂居其一。（智者造寺、三十六所、靈巖（巖字棲之誤乎）霞、天台、玉泉、天下四絕）以是因緣。神亦廟食。千里內外。同共雲委。稽違有咎。怠慢有罰。捐施金幣。匍匐恐後。玉泉以甲實神之助。歲越十稔。魔民出世。寺綱頹亂。槌拂虛設。神既不祐。廟亦浸弊。元豐甲申。襄有蜀僧。名曰承皓。行年七十。所作已辨。以大衆請。翛然赴感。有陳氏子。忽作神語。自今已往。祀我如初。遠近播聞。瞻禱遂肅。明年辛酉。廟宇鼎新。爾時無盡居士。聞說是事。廼其贊之。云云。

佛祖統紀智者傳云。一日天地晦冥。風雨號怒。妖怪殊形。倏忽千變。有巨蟒。長十餘丈。張口內向。陰魔列陳。砲矢如雨。經一七日。了無懼色。師閔之曰。汝所爲者。生死衆業。貪著餘福。不自悲悔。言訖衆妖俱滅。其夕雲開月明。見二人。威儀如王。長者美髯而豐厚。少者冠帽而秀發。前致敬曰。予卽關羽。漢末紛亂。九州瓜裂。曹操不仁。孫權自保。予義臣蜀漢。期復帝室。時事相違。有志不遂。死有餘烈。故王此山。大德聖師。何枉神足。師曰。欲於此地建立道場。以報生身之德耳。神曰。願哀閔我愚。特垂攝受。此去一舍。山如覆船。其土深厚。弟子當與子平（蜀先生、年羽前將軍率衆攻曹仁不克、孫權已據江陵羽因遁走、吳馬忠獲羽及其子平於章鄉斬之唐書羽生侍中興其裔孫播相德宗）建寺化供。護持佛法。願師安禪七日。以須其成。師既出定。見湫潭千丈化爲平阯。棟宇煥麗。巧奪人目。神運鬼工。其速若是。師領衆入居。晝夜演法。一日神白師曰。弟子今日獲聞出世間法。願洗心易念。求受戒品。永爲菩提之本。師卽秉鑪。授以五戒。於是神之威德。昭布千里。遠近瞻禱。莫不肅敬。

三國志傳云。却說雲長。英魂不散。悠悠蕩蕩。直至荊州當陽縣玉泉山。有一僧人。名普靜。原是汜水關鎭國寺長老。是時普靜禪師。雲遊天下。來到此處。因見山明水秀。就此結爲草菴。每日裡坐禪參道。止有個小行童。下山化飯度日。是夜月白風淸。正當三更。普靜只聞空中有人。大呼還我頭來。普靜仰面觀之。見空中一人。騎赤兎馬。手提靑龍刀。左有關平。右有周倉。口中但呼如前言不息。普靜見是雲長騎馬在菴前。靜乃將手中麈尾。擊其座曰。顏良安在。雲長卽叉手。立于菴前。曰。吾師何人也。願求淸號。靜曰。昔汜水關前鎭國寺中。已曾相會。今日何爲不識普靜耶。雲長曰。羽質愚魯。願聞其敎。靜曰。昔非今是。一切休論。只以公今生所爲。言之。往日白馬坡前。顏良文醜。不會與公鬬力。忽然剌之。斯人于九泉之下。安得不抱恨乎。今呂蒙。一旦詭計。害公。正猶此也。公何迷惘。于是。雲長方始解脫。禮玉泉山普靜長老爲師。就山間往往顯聖。里人于山頂建廟。四時以豬羊祭之。後至大唐高宗儀鳳年間。東京開封府。尉氏縣。有一秀才。屢擧不第。遂乃捨族出家。法名神秀。拜蘄州黃梅寺五祖禪師弘忍爲師。學大小乘經法。後雲遊天下。到玉泉山。忽然困倦。坐于怪樹之下。見一大蟒于前。神秀端坐不動。至次日。于樹下得金一藏。遂于玉泉山。剏建道場。因問土人。此何廟也。土人荅曰。三國時關公顯聖之祠也。神秀拆毀。忽然陰雲四合。見雲長提刀躍馬于黑雲中馳驟。秀問之。雲長具言前事。神秀乃破土建寺。立關公爲本寺伽藍。至今古跡尚存。神秀即六祖師兄。我聖朝。封雲長義勇武安王。

忠曰。三國志傳迂誕謬悠。不足信之。七修類稿辨其普靜事妄誕。唯七修并受戒護法。皆歸虛妄。又稱智者爲妖僧。太過矣。

呂眞人洞賓文集眞人本傳曰。政和中。（宋徽宗年號）宮禁有崇。白晝現形。盜金寶。奸妃嬪。獨上所居無患。自林靈素王文卿諸侍宸等治之。息而復作。上精齋虔禱。奏詞凡六。一日晝寢。見東華門外。有一道士。碧蓮冠紫鶴氅。手持水晶如意。前揖上曰。臣奉上帝命。來治此崇。良久一金甲丈夫。捉崇劈而啗之。且盡。上問丈夫何人。道士曰。此乃陛下所封崇寧眞君關羽也。上勉勞再四。復問。張飛何在。羽曰。飛乃臣累劫兄弟。世世爲男子身。今已爲陛下生于相州岳家。他日輔佐中興。飛將有功焉。上問卿姓名。曰臣姓陽。四月十四日生。夢覺錄之。召侍宸言之。意其爲洞賓也。自是宮禁帖然。遂詔天下有洞賓香火處。皆正妙通眞人之號。

瑯邪代醉編云。王元美曰。宋崇寧時。蚩尤神壞鹽池。帝敕天師張虛靖召關羽勝之。鹽池復故。封羽爲眞君。今所傳祠廟。尙有破蚩尤畫壁。按黃帝經序云。黃帝殺蚩尤。其血化爲鹵。今之解池。是也。則蚩尤之主鹽池。其說久矣。

文海披沙云。關壯繆之神。自唐以前。未聞威靈。至宋眞宗祥符間。解州鹽池。忽爲蚩尤所據。池鹽耗竭。祈禱無驗。帝夢城隍語其故。敕龍虎山張天師。擧關王諭旨。果大風雷。一晝夜而池鹽俱盛。遂賜敕封。嗣後屢顯神靈。至今日。則家祀戶奉。卽兒童蠻貊。無不知崇信者。乃知鬼神之顯晦。亦自有時耶。

堅餘云。福淸民。林某女。幼喜齋素。得香木數寸許。刻爲關王像。甚愛之。每食必祭。及嫁。藏之袖中。以行。其夫家素事山魈。娶婦初夕。壻必他往。讓崇先宿。而後合巹。女都不知。臨宿。袖中出神像。置寢閣上。夜半崇至。但聞室中割然有聲。如物被擊之狀。更無他異。天明起視。牀前有血一團。自是怪絕。小大驚問。具說所以。始信神力也。

宋許觀東齋記事云。紹興中。洞庭漁人。獲一印。方僅二寸。制甚古。紐有連環四。兩兩相貫。上有一大環總之。蓋所以佩也。魚者以爲金。鬻而獻于官。辨其文。乃壽亭侯印四字。關羽嘗封爲漢壽亭侯。人疑必羽佩也。遂留長沙官庫。守庫吏。見印上時有光焰。白于官。乃遣人送荊門關羽祠中。光怪遂絕。淳熙四年。玉泉寺僧眞慈。將獻之東宮。印已函而未發。或光焰四起。衆皆驚愕。遂不復獻。

睽車志云。忠愍李公若水。宣和壬寅。尉大名之元城。有村民。持書至云。關大王有書。公甚駭愕。視其緘云。書上元城縣尉李尙書。漢前將軍關雲長押。詰民。何自得之。云。夜夢金甲將軍。告某曰。汝來日詣縣。由某地。逢著鐵冠道士。索取關大王書。下與李縣尉。旣覺驚異。勉如其言。果遇道士。得書。不敢不持達。公發書。其間皆預言靖康禍變。以事涉怪卽火其書。遣其人。不復問。作詩紀之云。金甲將軍傳好夢。鐵冠道士寄新書。我與雲長隔異代。翻疑此事大荒虛。公後果貴顯。卒蹈圍城之禍。朕兆之萌。神告之矣。公命名若水。後改賜今名。其子浚淳。記其事刻之石。

媚幽閣文娛載。姚希孟撰。關壯繆定本序云。自古忠義之士。亦多矣。忠而謀勇。則爲廉頗李牧。忠而成功。則爲郭汾陽李西平。忠而無成。則爲諸葛武侯宗親文。忠而蒙難。則爲顏常山。爲張睢陽。爲岳少保。皆燁燁於青史。而寂寂於愚賤之口。獨至于關壯繆。則自販夫走卒。兒童婦媼。上而千古之誼辟。一代之與王。爭先而尸之祝之。廟貌之。褒美之。甚而王之。帝之。聖之。吾不得其解也。即曰。有稗史。有傳奇。有耳語耳。訛承訛。俚鄙不足稽之談。浸灌於人之肺腑。而不可瀟浣。則說者何嘗不與張桓侯同稱。此何赫濯。彼何澹漠也。或云桓侯武侯。各自聖於其地。終不若壯繆之浹遠近。而亘古今也。吾愈不得其解也。記云。神也者。聰明正直。而壹者也。不聰明則冥憒。烏知善淫。然聰明而不正直。正直而不壹。則回互款側。人得以熒喬。其肸蠁而不足云。且毋論逖聽遐矚。爲下民作綱維也。就其生前。微有回互款側。則必文飾其美。而匿其醜。飾其所長。而使人莫闚其所短。技者矯而讓。褊者藝而寬。其閃忽藏露之態。純是宇內之陰氣。則皆死氣也。人之生也直。不直者死之徒。生而死矣。寧死而生乎。壯繆之見辱于操也。他人感其禮遇。必委心焉。否者。且結喙絕粒以死。而壯繆不然。一飯之德。必報。終身之誼。弗易也。刺良而歸。封其所賜。致書拜辭。何光明磊落也。馬超來奔。孔明心知其護前。拜前將軍。羞與老兵同列。費詩得而說之。心曲中事。蕩蕩然落落然。不獨與孔明見。亦可與費詩覿見也。愈忮愈陽。愈褊愈平也。日月之食。良玉之斑。曉然與天下共質之。豈若柴柵其內。函蓋其外。效鼠蠶喔咿唲嚅哉。絕孫權。惡縻芳。口如其胸。行如其口。灝氣可以貫白虹。而囈語可以通碧落。直之至神之道也。嬰兒順之則喜。拂之則怒。無造適。無獻笑。有時乎飼鸖入井。而不自知。古之至人。與嬰兒同體。抱天地之大樸。而無少刓。其壯繆之謂與。至若天台智者。當陽㵎溪一事。舍覆舟山。奉師安禪。神運鬼工。棟宇煥麗。師即秉爐。受以五戒。是不特外護金湯。亦且爲新發意菩薩。以天大將軍身。得度。即現天大將軍身。而爲說法矣。今之明神。載在祀典者。嶽瀆而外。惟神爲正。非直道之延特。則宏誓之所攝受。戴君而刻此書也。豈獨總夫淫濫。其有昭對之思乎。吾于此。占其人焉。壯繆大節、不可枚指。只一至誠無僞、足以括之、區區衆獨逹、且云爾哉、

戴埴鼠璞云。如今東三班之祠關王。秘書省之祠蒼史王。及各建天王堂之類。軍廢。此祠遂存。廟碑無攷。

五雜俎云。唐以前。崇奉朱虛侯劉章。家祠戶禱。若今之關王云。然自壯繆與。而朱侯之神。又安之也。今世所崇奉正神。尚有觀音大士。眞武上帝。碧霞元君。三者與關壯繆。香火相埒。遐陬荒谷。無不戶而祝之者。凡婦人女子。語以周公孔夫子。或未必知而敬信。四神無敢有心非巷議者。行且與天地俱悠久矣。豈神佛之中。亦有遭遇。而行世者耶。抑神道設教。或相禪而興也。

劉氏鴻書載。宋南宮靖闕壯繆侯贊云。嗚呼篡漢者瞞也。成瞞篡者權也。瞞名漢臣也。實漢賊也。權陽瞞敵也。陰瞞翼也。公批亢於前。而不虞姦於腋。七軍甫淹。六師隨厄。使永安之恨。不在許昌。而在公安。建與之師。不出樊城。而出祁山。安樂之幾。與歸命之璧。而相後先。惜哉。雖然不以間闕而廢兄弟。不以亂離而廢君臣。其峙如者山嶽。澄如者川流。而炳如者日月星辰。嗚呼此其所以亘萬古。而猶神也耶。

淸拙澄禪師錄關大王贊云。蜀帝熊虎之將。義勇武安之王。受智者大師戒法。護普菴古佛道場。喑噁叱咤。皎日無光。語其威。則吳朝魏國不敢仰視。語其猛。則獨入百萬軍中。又取顏良。敬之者霸。夢

之者昌。此蓋是手提百二十斤刀，摧鋒破關，關大將軍，號曰雲長者焉。

忠曰，日本黃檗山伽藍堂神，三目，問之則云，關帝也。關帝見智者時，未若有三目，未知唐人何據矣。

●掌簿判官

忠曰，是土地神之屬從者。凡張大帝大權修利等，一切神前，不妨皆安此像，蓋護法神天，各執賞罰之權，須備掌簿錄之官吏也。

慧日山東福寺土地堂，安梵天帝釋據床像，像東安掌簿判官立像。其像著幞頭，左手持卷軸，右手握筆。梵釋像西，安感應使者立像，右手持棒擔于右肩，左手持槌。（東福、曾此諸像、各題其名云，寶事記于前寶冠釋迦處。）幞頭者，杜氏通典云，全幅巾而向後幞髮，謂之頭巾，俗人謂之幞頭。後周武帝，因裁幅巾爲四脚。大唐因之。又云，唐太宗謂侍臣曰，幞頭起於周武帝，蓋取便於軍容耳。

廣燈錄，葉縣省禪師章云，問如何是衲僧活計。師云，城東太山廟。擧云，不會意旨如何。師云，判官手裏筆。

忠曰，近見中華人撰禪林方語，其神祇門，載判官手裏筆句，可知此判官謂神之屬官者，而握筆者，是掌簿判官也。

又按，左采簿右握筆者，記錄衆之善惡行事，以備賞罰之證也。同彤管，記功書過之義。

竹窗三筆云，夫剃削者，應離世絕俗，柰何接踵於長途，廣化募化者，罕遇道流，而恒見緇輩也。有手持緣簿，如土地神前之判官者。

忠曰，已稱判官，而在土地神前，則可證大帝大權等屬官矣。（法山掌簿、恐著幞頭、近加莊飾佛工改著帝冠、又呼爲張大帝、訛甚。）

舊說云，土地神十九，用祠山張大帝，或用掌簿判官感應使者。

忠曰，余觀諸禪刹，少安張大帝，多祀大權所謂十九者。舊說以大權訛稱張大帝。故有此安說。夢語集云、建仁祀張大帝。（前祠山處引、）又言或用掌簿判官感應使者。此亦訛也。夫掌簿感應是正神之屬官。當先立正神然後有部屬。豈有無主虛設從之理耶。縱令有之。猶如不立本尊而但置挾侍像而已

●感應使者

忠曰。蓋位在判官下。東福寺所設像。左手持槌。右手持棒。而擔右肩。三聖寺土地堂感應像。右手持槌。左手提棒。與東福像左右相反。皆被髮不復著巾。所謂作皁下之容也。

●曠野神

天竺中華。多畫于門壁。出食祭之。見祭供門出生處。

●鬼子母

訶利帝母也。訶利帝此翻惡賊。今已受戒護法。須稱鬼子母。天竺中華。畫於門屋或食廚處。出生祭之。見祭供門出生處。

●頂相

忠曰。祖相本無相。猶如如來頂相不可見。故名頂相。

大法炬陀羅尼經云。如來頂相。肉髻圓滿。一切天人。所不能見。

瑜珈師地論云。一切所有諸相。隨入福聚。除白毫相。烏瑟膩沙。增至千倍。爾所福聚。能感如來眉間白毫。乃至白毫隨入福聚。增至百千倍。爾所福聚。能感如來其頂上現烏瑟膩沙。無見頂相。

竺仙天柱集。頂相朝向所宜跋云。凡畫宗師頂相。

宜面西向。或謂生前作者則東。此言勿聽。若作執竹篦。爲學者入室之狀。學者從右而入。是尤不可背之。其或陞堂小參之時。雖四衆滿前。顧視不拘定方。然龍象多衆。皆居於右。而亦偏多右盼。抑東面者賓也。是主人者。將爲賓乎。若夫遊山行道等相。或回頭轉腦。臨時出格。則無固必。傳神寫照之士。宜知之。

忠曰。余聞。凡祖像其生前畫者主位。面向像右。死後畫者。客位面向像左。其書贊法。書起一隨像面所向也。今見竺仙所辯。存沒須皆主位也。抑死後所畫者。果何也。亦是畫生前形狀耳。若言死者在賓位。其像當賓位。則死者有何形狀可圖。嗚呼竺仙所論。可謂至當。

永平道元和尚云。江浙禪刹。自稱臨濟遠孫者。間有惡模樣者。謂在善知識會下。參禪。懇請頂相一幅。法語一軸。以備嗣法之標準。及晚年討得一箇院子。不嗣法於前法語頂相之師。但擇當代名譽王臣親附者。而改嗣之。噫。如此輩。豈夢見佛祖道耶。大凡法語頂相。雖敎師及在家男女。行者商客。可亦授之。諸家語錄。具在。或非其人。而謾望嗣法之證。雖是有道所傷。遂不得已而援筆也耳。乃不憑古來書式。聊記嗣我之由矣。

寫照

忠曰。畫肖像。言寫照也。照者鏡也。行事鈔鉢器制聽篇。明坐禪具。有好照。資持記云。好照。有說坐禪處。多懸明鏡。以助心行。止此 又駱丞集題。有詠照。陳繼儒註云。鏡也。止此 蓋寫照。視鏡所照。一倣模。寫其面像。故謂寫照也。

閱耕餘錄云。國語。越王命工。以良金。寫范蠡之狀。史記。燕世家。宋王無道。爲木人。以寫寡人。射其面。後世言寫照寫生。義出於此。

碧巖錄。三敎老人序云。昔人寫照之詩曰。分明紙上張公子。盡力高聲喚不譍。

晉書顧愷之傳云。尤善丹青。圖寫特妙。每畫人成。或數年不點目精。人問其故。答曰。四體妍蚩。本無闕少。於妙處傳神寫照。正在阿堵中。

普燈錄。內翰蘇軾居士章云。過金山。有寫公照容者。公戲題曰。心似已灰之木。身如不繫之舟。問汝平生功業。黃州。惠州。瓊州。

僧寶傳。佛印元禪師傳云。李公麟伯時。爲元寫照。元曰。必爲我作笑狀。

● 三十佛配日

五祖師戒禪師所定也。戒雲門宗

虛堂愚和尚錄。楊御藥奉聖旨。請跋每月念佛圖。云。每月念佛之圖。戒禪師所編。自初一定光佛。爲首。三十日至釋迦世尊。終而復始。猶若貫華。新新不住。念念不停。口誦心思。光明發現。爲人天福。此念佛精誠之感驗也。

虎關和尚云。配一月三十日。以佛名者。無有本說。但寶積經第六十一卷。有說佛之日。然與今之三十佛。全異也。

忠曰。撿彼經無文。如三十五佛。第九十卷說。恐言之乎。

臥雲日件錄云。三十日。配佛菩薩名號。未知何人所定。其二十八日。大日如來。一本爲大日菩薩。問律宗僧。其答不分明。

忠曰。瑞溪未知五祖戒所定。大日菩薩恐筆誤耳。今本皆作大日如來。

第六類 稱呼門

● 國師

祖庭事苑云。西域之法。推重其人。外內攸同。邪正俱有。擧國歸依。乃彰斯號。聲教東漸。唯北齊高僧法常。齊主崇爲國師。國師之號。自常公始。陳隋之代。天台智顗。爲陳宣隋煬菩薩戒師。故時號國師。

唐則天朝、神秀召入京師。及中宗、玄、凡四朝、皆號爲國師。後有慧忠、肅代二朝、入禁中說法。亦號國師。元和中。敕署知玄、號悟達國師。若偏霸之國、則蜀後主賜右街僧錄光業、爲祐聖國師。吳越稱德韶爲國師。見贊寧僧史。（鈔畧僧史畧而此文義明、故引此不引彼、）

忠曰。高麗國稱國尊。　高麗國華山曹溪宗麟角寺普覺國尊碑銘序云。國尊諱見明、字晦然。詔住雲門寺。上曰。我先王、皆得釋門德大者、爲王師、德又大者爲國師。今雲門和尚、道尊德盛、行闔國尊師之禮。改國師爲國尊者、爲避大朝國師之號也。　忠曰。大朝、指中華也。

●大師

傳燈錄菩提達磨章云。師以化緣已畢、傳法得人、端居而逝。卽後魏孝明帝、太和十九年、丙辰歲、十月五日也。代宗（唐第九主）諡圓覺大師、塔曰空觀。

釋氏要覽云。師範也。大簡小之言也。

瑜伽論云。於善說法毗奈耶中、略有五種大師功德。若有大師具成就者、便能映蔽外道沙門婆羅門師。何等爲五。一於諸戒行、終無誤失。二善建立法。三善制立所學。四於善建立法、善制立所學中、隨所疑惑、皆能善斷。五敎授出離。

又佛稱大師。

瑜伽論云。能善敎誡聲聞弟子、一切應作不應作事。故名大師。又能化導無量衆生、令苦寂滅。故名大師。又爲摧滅邪穢外道、出現世間。故名大師。

●禪師

忠曰。稱禪師、有二。一天子褒賞有德、賜徽號稱某禪師。二凡禪僧、呼前人稱某禪師。通師家衆僧。

義堂日工集云。禪師號、自神秀號大通禪師、始焉。國師之稱、亦起於神秀。卽唐朝也。生前賜之者、宋朝大慧禪師是也。有四字者、有六字者。如今風俗好名、以多字爲榮。非正論也。四字號、始于宋南渡

賣師號助役。未爲好事。神秀賜號、詳號榜門、謚號處

日本禪師號者。蘭溪名道隆。蜀人也。嗣松源三世。嗣無明性。來朝。爲鎌倉建長興國禪寺開山。示寂之後。諡大覺禪師。是此方禪師號之始。建長第八十八主後深草帝年號、以爲寺名

頓悟要門論云。有客問云。弟子未知。律師。法師。禪師。何者最勝。師曰。夫律師者。啓毗尼之法藏。傳壽命之遺風。洞持犯而達開遮。秉威儀而行軌範。牒三番羯磨。作四果初因。若非宿德白眉。焉敢造次。夫法師者。踞師子之座。瀉懸河之辯。對稠人廣衆。啓鑿玄關。開般若妙門。等三輪空施。若非龍象蹴蹋。安敢當斯。夫禪師者。撮其樞要。直了心源。出沒卷舒。縱橫應物。咸均事理。頓見如來。拔生死深根。獲現前三昧。若不安禪靜慮。到這裏總須忙然。隨機授法。三學雖殊。得意忘言。一乘何異。故經云。十方佛土中。唯有一乘法。無二亦無三。除佛方便說。但以假名字。引導於衆生。客曰。和尚深達佛旨。得無礙辯。

善住意天子所問經云。文殊師利言。何等比丘。坐禪。禪師於一切法。悉無所得。彼無憶念。若不憶念。彼則不修。若不修者。彼則不證。乃至天子問。何等比丘。得言禪師。文殊師利答言。天子。此禪師者。於一切法。一行思量。所謂不生。若如是知。得言禪師。乃至無有少法可取。得言禪師。不取何法。所謂不取此世彼世。不取三界。乃至一切法。悉皆不取。謂一切法悉無衆生。如是不取。得言禪師。天子。若彼禪師。無少法取非取不取。以是義故。得言禪師。

楞伽經百八問中云。禪師以何法。建立何等人。

傳燈錄。韶州淨法章和尚禪想大師。嗣雲門。章云。廣主劉氏問。如何是禪師。師乃良久。廣主罔測。因署其號。

雙杉元禪師。上書丞相。言買師號。金環象簡。不便。見枯崖漫錄。

堂頭和尚

忠曰。方丈和尚。稱堂頭也。
敕修清規告香云。侍者出小榜云。奉堂頭和尚慈旨名德西堂。首座。並免告香。
臨濟玄禪師錄行錄云。首座云。汝何不去問堂頭和尚。如何是佛法的的大意。
又方丈曰堂頭。見殿堂門。

方丈和尚

忠曰。住侍人也。
敕修清規小參云。客頭行者喝請云。方丈和尚。請西堂兩班。單寮。耆舊。蒙堂侍者。禪客。即今就寢堂獻湯。
又單言方丈。　敕修清規訓童行云。喝食行者喝云。奉方丈慈旨。晚參。　又四節秉拂云。秉拂人提綱。敍謝方丈及兩序勤舊。諸寮大衆。畢擧方丈小參。公案。或拈。或頌。
明極俊禪師報恩錄上堂云。只如桶箍一爆。忙急上方丈。方丈云。且喜大事了畢。（雲峰因錄）這箇還傷鋒犯手麼。
又秉拂頭首。多稱堂頭和尚爲方丈老人。
傳燈錄石頭和尚草菴歌云。方丈老人相體解。上乘菩薩信無疑。
石溪月禪師錄天童西堂寮結夏普說云。方丈老人云。釋迦老子。全身在草窠裡。扶持不起。云云

上方

忠曰。上方本稱山上佛寺。而今呼住持人爲上方。其所居在寺最高深處。亦可稱上方也。
五車韻瑞曰。初學記。常琮侍煬帝遊寶山。帝曰。幾時到上方（上方寺也）琮曰。昏黑應須到上頭。左右大笑。帝曰。淳古君子也。
唐詩選郎士元贈錢起秋夜宿靈臺寺見寄詩

云。月在上方諸品靜。心持半偈萬緣空。　註上方是僧寺最深處。

無文印。與朗月澗書中云。比聞以翰墨入侍上方。朝夕相從。所得當浩無涯涘。

清拙附錄南屏德海詩序云。寄呈前雞足清拙和尚。及上方月江和尚。　又德海詩題云。奉謝眞淨上方清拙和尚老師。

別源南游集。鳳臺歲主寮。結夏秉拂云。且道上方拂子。因甚麼在旨上座手裡。

●堂上

忠曰。堂頭。亦言堂上。

虛堂愚和尚錄。送鏡空西堂上堂云。景德堂上鏡空禪師。蘊前躅典刑。有尊宿體裁。

●和尚

傳燈錄達磨大師章云。神光悲淚曰。惟願和尚慈悲。開甘露門。廣度羣品。

善見律云。和尚者。外國語。漢言知罪知無罪。是名和尚。

慧苑華嚴音義云。和尚。按。五天雅言和上。謂之塢波陀耶。然彼土流俗。謂之殟社。于闐疏勒乃云鶻社。今此方訛音。謂之和上。雖諸方舛異。今依正釋。言塢波者。此云近也。陀耶者讀也。言此尊師爲弟子。親近習讀之者也。舊云親教師者是也。

行事鈔云。問云何名師和尚闍梨。答此無正翻。善見云。無罪見罪訶責。是名我師。共於善法中教授。令知故。是我闍梨。論傳云。和尚者外國語。此云知有罪知無罪。是名和尚。四分律。弟子訶責和尚中亦同。明了論正本云。優波陀訶。翻爲依學。依此人學戒定慧故。卽和尚是也。方土音異耳。相傳云。和尚爲力生。道力由成闍梨爲正行。能糾正弟子行未見經論。雜合中。外道亦號師。爲和尚。

業疏云。中梵本音。鄔波陀耶。在唐諦言。名之依學。依附此人。學出道故。自古翻譯。多雜蕃胡。胡傳天語。不得聲實。故有訛僻。轉云和上。如昔人解。和中最上。此逐字釋。不知音本。人又解云。翻力生。弟子道力。假教生成。得其遠意。失其近語。眞諦所譯。明了論疏則云。優波陀訶。稍近梵音。猶乖聲論。余親參譯。委問本音。如上所述。彥琮譯云。郁波弟耶。聲相近也。

翻譯名義集云。和尚。或和闍云云。傳云。和尚。梵本正名。鄔波遮迦。傳至于闐。翻爲和尚。傳到此土。什師翻名力生。舍利弗問經云。夫出家者。捨其父母生死之家。入法門中。受微妙法。蓋師之力生長法身。出功德財。養智慧命。功莫大焉。又和尚。亦翻近誦。以弟子年少。不離於師。常逐常近。受經而誦。云云。義淨云。鄔波陀耶。此云親教師。由能教離出世業故。故和尚有二種。一親教。卽受業也。二依止。卽稟學也。吼奈耶云。弟子門人。纔見師時。卽須起立。若見親教。卽捨依止。

● 長老

傳燈錄禪門規式云。凡具道眼。有可尊之德者。號曰長老。如西域道高臘長。呼須菩提等之謂也。

敕修清規住持章云。始奉其師。爲住持。而尊之曰長老。（見職位門住持處）

慈覺龜鏡文云。開示衆僧。故有長老。　又云。長參莫請。不舍寸陰。所以報長老也。

釋氏要覽云。長阿含經云。有三長老。謂耆年長老。（年臘多者）法長老。（內有智德了達法性）作長老。（假號之者）譬喩經偈云。所謂長老者。未必剃鬚髮。雖復年齒長。不免於惡行。若有見諦法。無害於群萌。捨諸穢惡行。此名爲長老。我今謂長老。未必先出家。修其善本業。分別於正行。設有年齒幼。諸根無漏缺。此謂名長老。瑩法師云。內有智德。可尊。故名長老。恩法師云。有長者老年之德。名長老。

祖庭事苑云。今禪宗住持之者。必呼長老。正取長阿含經有三長老中。所謂了達法性。內有智德之人。以訓領學者。

增壹阿含經云。世尊說偈。所謂長老者。未必剃鬚髮。雖復年齒長。不免於愚行。若有見諦法。無害於羣萌。捨諸穢惡行。此名爲長老。我今謂長老。未必先出家。修其善本業。分別於正行。設有年幼少。諸根無漏缺。此謂名長老。分別正法行。

大莊嚴經論云。諸沙彌說偈言。所謂長老者。不必在白髮。面皺牙齒落。愚癡無智慧。所貴能修福。除滅去衆惡。淨修梵行者。是名爲長老。

智度論云。如佛說偈。所謂長老相。不必以年耆。形瘦鬚髮白。空老內無德。能捨罪福果。精進行梵行。已離一切法。是名爲長老。

金剛經纂要云。長老者。德長年老。唐譯云具壽。壽卽是命。魏譯云慧命。以慧爲命。　刊定記。德高曰長。年多曰老也。智慧超倫。卽是德長義也。然以慧爲命者。約喩顯法也。謂人身以命爲本。佛法以慧爲本。命盡則六根俱廢。慧喪則萬行不成。此約別義釋長老也。若通意者。但有德業。便名長老。如云先生。未必年老矣。

增壹阿含經云。阿難白世尊言。如今諸比丘。當云何自稱名號。世尊告曰。若小比丘向大比丘。稱長老。大比丘稱小比丘。稱姓字。

十誦律云。佛在舍衞國。爾時有下座比丘。不恭敬喚上座。上座聞已。心不喜。諸比丘不知云何是事。白佛。佛言從今不得不恭敬喚上座。若不恭敬喚上座者。突吉羅。爾時諸比丘。不知云何喚上座。是事白佛。佛言。從今下座比丘。喚上座言長老。爾時但喚長老。不便。佛言。從今喚長老某甲。如喚長老舍利弗。長老目犍連。長老阿難。長老難提。長老金毗羅。

世尊稱長老。却成不敬。　方廣大莊嚴經云。阿若憍陳如等。白佛言。長老瞿曇。面目端正。諸根寂靜。身相光明。如閻浮金。今者應證出世聖種智耶。爾時世尊。語五人言。汝等不應稱喚如來。爲長老也。令汝長夜。無所利益。

後生亦稱長老。　五燈會元華嚴休靜禪師章云。後唐莊宗。請入內齋。見大師大德總看經。唯師與徒衆。不看經。帝問師。爲甚麼不看經。師曰。道泰不傳天子令。時淸休唱太平歌。云云帝曰。旣是後生。爲甚麼却稱長老。師曰。三歲國家龍鳳子。百年殿下老朝臣。僧寶作僧問

北磵簡禪師錄普說云。遠錄公召東山至方丈。與語奇之曰。我老矣。不能與汝說話。近此有一後生長老。名端。我也不識他。只見他頌臨濟三頓棒。極是淨潔。汝若信我說。必了大事。端卽白雲守端禪師也。

前住

忠曰。退某寺。在東堂者。此稱前住。

枯崖漫錄雙杉元禪師上丞相書云。長德靈隱禪寺前堂首座前住持嘉興府天寧寺。僧中元。謹熏沐獻書樞使大丞相國公。云云

故住

京師伊藤儒門弟。覽妙心祖堂牌。語一僧云。現存可稱前住。遷化後。可稱故住也。

忠曰。此言是也。明極俊和尙。東院主入祖堂語云。故我瑞雲堂上暘谷院主。云云

文苑英華權德輿馬祖塔銘云。唐故洪州開元寺石門道一禪師塔銘。云云

然古名德。有遷化人稱前住者。

淸拙和尙石梁入祖堂語云。前住當山第二十二代石梁和尙大禪師。云云

東堂

忠曰。當寺前住人。稱東堂。蓋東是主位。前住人是

舊主。故居東堂。

舊說曰。東堂當山前住也。西堂他山前住也。本非謂位之高下。與日本沿襲義別也。昔龍華和尚（春屋葩、開基南禪龍華院）慈氏和尚（義堂信、開基南禪慈氏院）武州管領等。皆議。定東堂西堂。及其衣相。坐具等之色。

又曰。如中華。雖甲剎某寺前住則稱東堂於本寺。雖五山之前住來居餘寺則稱西堂。日本稱呼不如此耳。

瑩山清規云。如當寺退院長老。稱之東堂。

敕修清規入院云。若前代住持。別遷未赴。或退居東堂。未據室前。講交代禮。　又退院云。若留本寺居東堂。相繼住持者。須當盡禮溫存。

　又聖節云。住持趺坐。西堂東堂。出座下問訊。又云。次東堂西堂。出班上香。

五燈會元臨濟玄禪師章云。師後居大名府興化寺東堂。（又臨濟錄序云、）

僧寶傳白雲端禪師傳云。圓通訥禪師。讓圓通以居之。而自處東堂。

　祖庭事苑解風穴衆吼集東堂云。晉郤詵。遼遷雍州刺史。帝於東堂會送。問詵曰。卿自以爲何爲。詵對曰。百舉賢良對策。爲天下第一。猶桂林之一枝。崑山之片玉。帝笑之。

　忠曰。風穴衆吼集。今不傳。古尊宿錄。風穴語錄。無東堂語。未知解何東堂也。詵郤傳。東堂於禪家東堂。沒干涉。

● 東菴

東堂又言東菴。

普燈錄雪峯妙湛思慧禪師章云。紹興甲子。罷寺居東菴。

東山空和尚錄送南泉入菴。上堂云。去此善法堂不遠。有臥雲老人舊隱之東菴。伏望禪師。不忘遁祖。暫此韜藏。

佛祖通載松源岳禪師傳云。師有棲遯之志。即上章。乞能住持事。上察其誠許之。退居東菴。又佛照光禪師傳云。師於育王創數椽以自處。號曰東菴。掩關自娛。

西堂

忠曰。他山前住人稱西堂。蓋西是賓位。他山退院人來此山是賓客。故處西堂。又詳東堂處

瑩山清規云。如他寺退院長老者。稱之西堂。

敕修清規告香云。其特爲茶。請西堂光伴。

碧巖錄云。此是涅槃和尚法正禪師也。昔時在百丈作西堂開田說大義者。

西菴

西堂又名西菴。

菴主

敕修清規開堂祝壽云。莊庫菴塔。法眷鄉人。暫到展賀。忠曰。菴塔者。菴主塔主也。

五燈會元溈山祐法嗣。有蘄州三角山法遇菴主。傳燈錄臨濟玄法嗣。有桐峯菴主杉洋菴主虎谿菴主覆盆菴主。

名勝

敕修清規有諸方名勝掛搭規。　舊解名勝者。非泛常人。或大方兄弟之類也。

江湖

敕修清規開山歷代祖忌云。或鄉人或江湖學兄又尊宿遷化祭次。蒙堂次有江湖。

莊子大宗師云。泉涸魚相與處於陸。相呴以濕。相濡以沫。不如相忘於江湖。

忠曰。江湖二水名也。文選註　今言江湖者。江外湖邊。本是隱淪士所處。如蓮社高賢傳。周續之曰。心馳魏闕者。以江湖爲桎梏。駱賓王序。曰廊廟與江湖

齊致。范希文記。曰既而動星象歸江湖是也。故禪士之散處名山大刹之外。江上湖邊。此爲江湖人。或不出世爲名山大刹住持者。聚會在一處。亦爲江湖衆也。然相傳以江西馬祖湖南石頭。往來憧憧爲解。此說浸染學家肺腸。可浣濯之難矣。此方禪林江湖疏。題名。曰平沙某。遠浦某等。亦足祖知其字義。如傳燈錄石頭章云江西主大寂。湖南主石頭。往來憧憧並湊二大士之門矣。此則二祖師之法席盛昌。非今隱淪義也。（又見文疏門江湖疏處）

耆舊

敕修清規日用軌範云。古云。衩祖登溷。草履遊山。莫踐法堂。回互耆舊。

校定清規。參前特爲新舊人湯云。請西堂。或大耆舊一人。相伴。

備用清規交代茶云。隨令茶頭。請兩班耆舊。光伴。

華嚴經離世間品云。見有耆舊久修行人。不起逢迎。不肯承事。是僈業。

增壹阿含經云。是時世尊住尼拘類樹下。成佛未久。將千弟子。是皆耆舊宿長。（千弟子者。優留比迦葉弟子五百人、江迦葉弟子三百人、伽耶迦葉弟子二百人、）

毘尼母論云。從無臘乃至九臘。是名下座。從十臘至十九臘。是名中座。從二十臘至四十九臘。是名上座。過五十臘已上。國王長者出家人所重。是名耆舊長宿。（又上座處引行事鈔）

阿毗達磨集異門足論云。諸有生年尊長耆舊。是謂生年上座。（詳于上座）

王充論衡卜筮篇云。夫蓍之爲言。耆也。龜之爲言。舊也。明狐疑之事。當問耆舊也。

晉習鑿齒作襄陽耆舊傳。

杜工部集。贈別鄭鍊赴襄陽詩云。爲於耆舊內。試覓姓龐人。

上座

廣燈錄臨濟玄法嗣。有定上座嶔上座。

傳燈錄雪峯存法嗣。有太原孚上座。

行事鈔云。毗尼母云。二十夏至四十九夏名上座。詳于書證　資持記云。母論四名。局據夏限。若如五分。取上無人。隨時受稱。則通大小。今時禪衆無論老少。例稱上座。不知孰爲下座乎。

阿毗達磨集異門足論云。三上座者。謂生年上座。世俗上座。法性上座。云何生年上座。答諸有生年尊長耆舊。是謂生年上座。云何世俗上座。答如有知法富貴長者。大財大位。大族大力。大眷屬大徒衆。雖年二十。皆應和合推爲上座。云何法性上座。答諸受具戒耆舊長宿。是謂法性上座。有說此亦是生年上座。所以者何。佛說出家受具足戒名眞生故。若有苾芻。得阿羅漢。名爲法性上座。

釋氏要覽云。五分律云。齊幾名上座。佛言。上更無人名上座。十誦律云。具十法名上座。謂有住處。言住處者、婆沙論云、謂道及果處、三摩地、能引彼力無殊勝能令身心安住不動故名上座住處矣、無畏。無煩惱。多知識多聞。辯言具足。義趣明了。聞者信受。善能安庠入他家。能爲白衣說法。令他捨惡從善。自具四諦法樂。無有所乏。名上座。律中。僧坊上座。即律三綱上座、僧上座。即空上上座、或堂中首座、別房上座。即今禪居諸寮首座、住家上座。即計齋席上座、　婆沙論云。夫上座者。心安住故。不爲世違順傾動。是名上座。

祖庭事苑說。見職位門。前堂首座處。

上座又作尙座。　從容錄云。曹山問德尙座。佛眞法身。猶若虛空。云云　曹山錄作強上座

●勤舊

敕修清規聖節云。坐堂。西堂勤舊。蒙堂諸寮。並外堂坐。

舊說云。東序都寺。退職者。曰勤舊。蓋知事勤山門世務。故曰勤。已退職。故曰舊也。

敕修清規都監寺云。所在單寮。勤舊不滿五六人。

又兩序進退云。近來諸方大小勤舊動至百數。

僕役倍之。脫歡丞相。領定簽請知事員數正爲此也。

忠曰。此等語。皆可以證知事退職者曰勤舊矣。又有侍者退職。曰勤舊。有藏主退職曰勤舊。有書狀退職曰勤舊。

忠曰。勤舊不止稱東序退職。而西序退職。亦稱勤舊。故敕修淸規方丈小坐湯云。第二坐分四出。頭首一出。知事二出。西序勤舊三出。東序勤舊四出。止此故知勤舊名。通東西序。

又須與單寮及前資合看。

單寮

敕修淸規小參云。客頭行者唱請。云方丈和尚。請西堂兩班。單寮。耆舊。蒙堂。侍者。禪客。即今就寢堂獻湯。

敕修淸規受嗣法人煎點云。令客頭請兩序單寮諸寮。

品字箋云。同官爲寮。文選註。寮小窗也。楊升菴曰。古人謂同官爲寮。亦指齋署同窗爲義。

敕修淸規都監寺云。都寺非三次。不得居單寮。再請出充者。公界封鑰元房。以避嫌疑。

忠曰。頭首知事。退職居獨房。及名德西堂首座。居獨房者。皆稱單寮。言單身專寮。無同舍者也。

敕修淸規西堂首座掛搭云。如大方名德。欲作住計。語次審意。住持度有單寮可處。及行坐位次。上下安順。則留之。

備用淸規。西堂首座掛搭云。住持兩班。送歸單寮。若辭却蒙堂。亦兩班相送。

此是西堂首座。歸單寮者。

敕修淸規兩序進退云。古知事職滿。鳴椎白衆。告退歸堂。隨衆。初無單寮榻位。又都監寺云。所在單寮。勤舊不滿五六人。忠曰、蓋知事雖得其人故退稱勤舊而居獨房者、亦少也。○知事告退歸堂者、如下靈隱都寺、估唱衣物歸錢常住、插單僧堂上見靈像門土地神

此是知事退職。歸單寮者。

備用淸規兩班進退云。送舊首座都寺。歸單寮。此是頭首退職。歸單寮者。又與蒙堂合看。

人天寶鑑云。無畏久法師。偏歷禪會。嘗入徑山佛日之室。出世淸修。學者雲集。師患後生單寮縱恣。闢屋爲衆堂。存几明窗。蒲褥禪板。洒然有古叢社之風。（法久法師天台宗、佛祖統紀爲懸覺玉法師法嗣）此敎家有單寮稱也。

●蒙堂

敕修淸規聖節云。集衆坐堂。西堂勤舊蒙堂諸寮。竝外堂坐。

蒙堂名。基于大覺故事。（見殿堂門蒙堂）後來兩序退職者居之。

敕修淸規都監寺云。監寺非三次。不歸蒙堂。

舊說曰。三度充都寺者。得退歸單寮。此謂單寮。三度充監寺者。得退歸蒙堂。此謂蒙堂。

忠曰。都寺退職。居單寮者。稱單寮衆。監寺已下知事退職。居蒙堂者。稱蒙堂衆。今按後堂已下頭首退職者。亦須居蒙堂。得稱蒙堂。證如次引。

敕修淸規兩序進退云。各喝云。大衆送舊首座都寺歸寮。鳴鐘送賀畢各喝云。兩班勤舊。送以次舊頭首知事。歸蒙堂前資。

忠曰。首座前已送畢。可知以次舊頭首者。後堂已下。而歸蒙堂也。又都寺前已送畢。可知以次舊知事者。副寺已下。而歸前資也。（監寺歸蒙堂）

舊說曰。都寺是大蒙堂。而居後堂上。

敕修淸規出圖帳云。除單寮西堂首座勤舊。排板頭外。其餘竝依戒臘舊以送蒙堂者。排副鉢後。因爭競不排。

忠曰。舊時。則以蒙堂衆。排於單寮西堂首座勤舊之傍。此爲副鉢位。後爲其生爭競。終停不排之。余謂。旣以蒙堂排板頭傍。則可知蒙堂位。卑於單寮西堂首座勤舊矣。

古林茂和尙拾遺錄。送林藏主入虎丘蒙堂頌云。一氣轉得大藏教。衲僧覷著眼睛枯。中峯故是口門窄。虎阜不妨牙齒踈。放去乾坤千句有。收來佛祖一毫無。縱身百草頭邊看。大地從教似餕餘。

義堂信和尙錄壽天錫眞贊敍云。天錫壽公。外柔而內剛。言雅而行端。禪苑之職。自侍局至后板。率以序遷。雖居蒙堂。戶外之屨已滿矣。

蒙堂寮主

主蒙堂者。曰蒙堂寮主。

敕修淸規入寮出寮茶云。入蒙堂者。自寮主掛點茶牌。

前資

敕修淸規尊宿遷化。祭次。江湖次。有前資。

又都監寺云。副寺以下。非歷三次。不歸前資。

普燈錄淨慈混源曇密禪師章云。之泉南敎忠。求決於晦菴。俾悅衆。會解事歸前資。

物初賸語。代淨慈前資。祭北磵文云。服勤衆事。隨職所操。解職寧居。錄茲微勞。獲依我師。優存吾曹。春風和氣。以相薰陶。有過則飭。有美則褒。

忠曰。以敕修淸規及物初所言。推之。副寺以下東序職。勤歷三次。而退休者。爲前資也。蓋謂前之資助事務者也。若副寺已上都寺。勤而歷三次者。爲勤舊。居單寮矣。監寺勤而歷三次者。居蒙堂耳矣。

敕修淸規兩序進退。送舊首座都寺。次送以次舊頭首知事。歸蒙堂前資。（詳蒙堂處）

忠曰。前已送都寺畢。可知以次舊知事者。副寺已下。而歸前資也。（監寺歸蒙堂）

備用淸規云。浙翁退知客後。韜晦前資十七年。

舊說曰。或見備用語。妄謂前資。但是知客已下退職者。訛矣。

忠曰。東序歸前資。如前辨。然知客、班西序。今見備用所言、西序亦歸前資也。

久住

雲門偃禪師錄云。示衆云。儞等諸人。每日上來下去問訊。卽不無。若過水時。將什麽過。有久住僧。對云。步。師深喜之。　又云。問新到。甚處過夏。云雲蓋師云。多少人。僧云七十人。師云儞爲什麽不在數。代云恐久住瞋。

玄沙備禪師廣錄云。師見三人新到。打鼓三下。却歸方丈。僧具威儀了。却去打皷三下。却歸堂內。久住來。白師云。新到輕欺和尚法席。云云

舊住

久住。又作舊住。

無明性和尚尊相錄。有舊住至上堂。

石溪月和尚報恩錄。有謝首座舊住上堂。

法華經如來神力品云。爾時世尊。於文殊師利等無量百千萬億舊住娑婆世界菩薩摩訶薩。乃至一切衆前。現大神力。出廣長舌。云云

五分律云。若舊住比丘。聞上座客比丘。遊行人間。當來至此。應修飾房舍。乃至應出門迎。云云

位頭

忠曰。在衆位之最上人。云位頭。蓋日本稱呼而已。敕修淸規雖有位頭字。其義別也。

主盟

忠曰。禪林主道衆者。呼爲主盟。

密菴傑禪師靈隱錄安撫疏云。徑山天目之奇峰。久尸法席。靈隱錢塘之勝槩。願得主盟。

左傳文七年云。無德何以主盟。　襄九年云。非禮何以主盟。　昭十三年云。晉禮主盟。

羣玉韻府云。凡盟割牲。以玉敦承血。諸侯共歃血。

主盟者。執牛耳。掘坎埋牲。加載書埋之。言背盟者。如此牛也。　又云。禮記疏。割牲左耳。盛以朱盤玉敦。用血爲盟書。乃歃之。

忠曰。禪林主盟名義。準擬世典。

善知識

忠曰。或稱師家。或稱道友。或師家呼學者。皆爲善知識。知識者。友之義。謂知識其面也。非博知博識之謂也。維摩經什法師註云。衆生利鈍有五品。第一但見他無常。其心便悟。第二見知識無常。其心乃悟。云云　正法念處經云。諸凡夫。若見知識。若見婦女。心則生貪。僧祇律云。阿難有一知識。檀越家。合門疫病死盡。止此　毘奈耶雜事云。火生長者。與諸親朋友知識共辭別。止此　皆謂友也。輔行釋善知識。引大經云。佛告大衆。菩提近因。莫過善友。止此　善知識。即是善友。可知也。

傳燈錄長沙景岑禪師章云。僧皓月問。天下善知識。證三德涅槃未。師曰。大德。問果上涅槃。因中涅槃。曰問果上涅槃。師曰。天下善知識未證。曰爲什麼未證。師曰功未齊於諸聖。曰功未齊聖。何爲善知識。師曰。明見佛性。亦得名爲善知識。

碧巖錄云。大凡宗師。須與人抽釘拔楔。去粘解縛。方謂之善知識。

僧寶傳玄沙備禪師傳云。夫爲人師匠。大不容易。須是善知識始得。

聯燈會要洞山初禪師示衆云。夫善知識者。驅耕夫之牛。奪飢人之食。方名善知識。即今天下。那箇是眞善知識。諸人參得幾箇善知識來也。不是等閑。直須是參教徹。觀教透。千聖莫能證明。方顯丈夫兒。

忠曰。已上稱師家者。

法寶壇經云。大師告衆曰。善知識。菩提自性。本來清淨。但用此心。直了成佛。善知識。且聽惠能行由得法事意。云云忠曰。此卽師家。謙呼學者。爲道友也。

法華經云。善知識者。是大因緣。

摩訶般若經云。云何菩薩。親近善知識。佛言。能敎人入薩婆若中住。如是善知識親近諮受。恭敬供養。是名親近善知識。

釋氏要覽云。摩訶般若經云。能說空無相無作。無生無滅法。及一切種智。令人心入歡喜信樂。是名善知識。華首經云。有四法。是善知識。一能令人入善法中。二能障礙諸不善法。三能令人住於正法。四常能隨順敎化。瑜伽論云。善知識具十功德。一調伏。二寂靜。三惑除。四德增。五有勇。六經富。七覺眞。八善說。九悲深。十離退。且初調伏者。謂與戒相應。由根調故。寂靜者定相應。由內攝故。惑除者。信念以慧相應。煩惱斷故。德增者。戒定慧具不缺減故。有勇者。利益他時。不疲倦故。經富者。多聞故。覺眞者。了實義故。善說者。不顚倒故。悲深者。絕希望故。離退者。於一切時恭敬故。

涅槃經云。阿難比丘說。半梵行。名善知識。我言。不爾。具足梵行。乃名善知識。又第二十三卷、廣說善知識義

忠曰。止觀作半因緣全因緣。然半梵行者。値遇善友。則成己身梵行半分也。全梵行者。啓發己行。得全備也。

根本說一切有部毗奈耶雜事云。阿難陀言。諸修行者。由善友力。方能成辨。得善友故。遠離惡友。以是義故。方知善友是半梵行。佛言。阿難陀。勿作是語。善知識者。是半梵行。何以故。善知識者是全梵行。由此便能離惡知識。不造諸惡。常修衆善。純一淸白。具足圓滿梵行之相。由是因緣。若得善伴與其同住。乃至涅槃。事無不辨。故名全梵行。又雜阿含經說

● 貧道

忠按。沙門一謙之道乏卽貧。然則貧道。本沙門謙語。而世不省何也。乃修道斷生死貧窮之義。

釋氏通鑑。齊世祖武帝紀云。僧鍾初見武帝於乾

和毀稱貧道。時暢元暢獻法獻見帝。每稱名而不坐。帝因問尚書王儉。先輩沙門。見帝王。何所稱。及預坐否。儉答。東晉時。諸國僧皆稱貧道而預坐。中代庾氷桓元。欲使僧盡敬。朝議紛紜。事皆休寢。自宋至今。多預坐而稱貧道。帝曰。暢獻二僧。道業如此。尚自稱名。況復餘者。抱拜則太甚。稱名亦無嫌。自是僧稱名於帝王。自獻暢始也。　又梁武帝紀云。上以寶亮法師。德居時望。每延談說。亮每對上。唯稱貧道。

僧史略云。此方對王者。漢魏兩晉。或稱名。或曰我。或曰貧道。故法曠上書於晉簡文。稱貧道。支道上書乞歸剡。亦稱貧道。道安諫苻堅。自稱貧道。呼堅爲檀越。于時未爲定式。

避暑録話云。晉宋間。佛學初行。其徒猶未有僧稱。通曰道人。貧道亦是當時儀制。定以自名之辭。不得不稱者。疑示尊禮。許其不名云耳。今乃反以名相呼。而不諱。蓋自唐已然。而貧道之言。廢矣。

百論胡吉藏疏云。沙門者。云乏道。亦云息心之道者。以道斷於貧乏也。

翻譯名義集云。沙門。或云具名沙門那。此云乏道。以爲良福田故。能斷衆生饉乏。以修八正道。故能斷一切邪道故。　又云。世言。沙門名乏。那者名道。如是道者。斷一切乏。斷一切邪道。以是義故。名八正道。爲沙門那。從是道中。發得果故。名沙門果。

忠曰。沙門那見寶積。　寶積經善住意天子會云。大士所言。沙門那者。義何謂也。文殊師利言。天子。若非沙門。非婆羅門。是則名爲眞沙門。

世說云。支道林。常養數匹馬。或言。道人畜馬不韻。支曰。貧道重其神駿。

釋氏通鑑云。唐代宗召忠國師。驗大白山人。忠云。筭三七。是多少。曰國師玩弟子。三七豈非二十一。忠云。却是山人弄貧道。三七是十。何謂二十一。

忠曰。唐時。廢貧道稱。言對王者亘。如於士庶則今古何妨焉。

道舊

忠曰。道舊謂道友也。以道相交。故言道。舊舊識也。

舊說。西序頭首。退職者曰道舊。猶如東序退職曰勤舊也。蓋頭首在僧堂。專辦道。故言道。已退職故言舊。

忠曰。此杜撰說。如西序退職者。亦名勤舊。前勤舊處已辨。

忠曰。敕修清規。不多言道舊。只頭首就僧堂點茶榜式云。鄉曲道舊禪師。又病僧念誦云。凡有病僧。鄉人道舊對病者榻前。排列香燭佛像。念誦。（止此）詳味此語。只是道友也。

大慧果和尚。示蘇知縣法語云。蘇明甫妙喜與渠廼翁三十年道舊。

斷橋倫禪師行狀云。問道舊藏密趙公。曰。似地擎山。不知山之孤峻。如石銜玉。不知玉之無瑕。公曰自己。師云。自己聻。公於言下有省。

此者在俗曰道舊。非西序退職明矣。

山主

傳燈錄有撫州龍濟山主紹修禪師。（嗣羅漢琛）又稱修山主。

廣燈錄有杭州南山資國圓進山主。（嗣宗靜稱）

續傳燈。有衡州茶陵縣郁山主。（嗣楊岐會。五燈會元、爲未詳法嗣）

明極俊禪師語要。有堪翁本忍山主。

靜主

黄檗清規云。本山住持。與各院靜主。既同宗派。

老宿

敕修清規尊宿遷化。祭次。勤舊之外。有老宿。次前資。

臨濟錄云。有一老宿參師。未曾人事。便問。禮拜卽是。不禮拜卽是。云云

受業師

忠曰。得度受教之師。名受業師。又曰親教師。（又見和尚）

釋氏要覽云。律云。師有二種。一親教師。卽是依之出家。授經剃髮之者。毘柰耶亦云親教。二依止師。卽是依之稟受三藏學者。（是依學一切事業、乃至一日、皆得稱師、）

又云。毘柰耶云。鄔波陀耶。此云親教。由能教離出世業故。稱受業和尚。

古靈神讚。大中寺受業。見于區界門受業院。

史記孟子傳云。孟軻受業子思之門人。

依止師

忠曰。依隨住止於諸方名德座下。仰爲受學參禪之師者。是名依止師。（又見受業師）

五分律云。佛言。有五種阿闍梨。始度受沙彌戒是名出家阿闍梨。授具足戒時。教威儀法。是名教授阿闍梨。授具足戒時。爲作羯磨。是名羯磨阿闍梨。就授經乃至一日誦。是名授經阿闍梨。乃至依止住一宿。是名依止阿闍梨。

羯磨阿闍梨。四分律名受戒阿闍梨。

大師祖

忠曰。師祖之師。稱大師祖。

應菴華禪師。蔣山錄上堂云。頃在虎丘。聞先師舉佛眼叔祖。初作無爲軍化士。因道中著攧。有箇省處歸來。舉似師祖。後令充知客。因夜坐撥火。忽然猛省。雖然如是。每至入室。未能深入閫奧。從容請益。太師祖云。我爲儞說箇喩子。正如一人牽一頭牛。從窗櫺中過。兩角四蹄。悉皆過了。唯尾巴過不得。

忠曰。是應菴於五祖演稱太師祖。

元叟端禪師錄。跋張紫巖墨蹟云。紫巖張魏公。爲

宋南渡第一人物。其宣撫四川時。圓悟大師祖。嘗把其手囑曰。杲首座眞得法髓。苟不出。無支臨濟宗者。叮嚀再三。至於忍泣。故公造朝。首以徑山奏請大慧師祖出世。

忠曰。是元叟。於圓悟稱大師祖。

師祖

忠曰。師之師。稱師祖。見大師祖處

閑極雲公嗣虛堂愚撰虛堂愚和尚行狀中云。運菴師祖。謝事眞之天寧。

又有大師祖。稱爲師祖者。　禪林寶訓云。演祖曰。山門執事。知因識果。若師翁。輔慈明師祖乎。

忠曰。是五祖演。於慈明稱師祖。於楊岐稱師翁。

師翁

忠曰師之師。又稱師翁。見師祖處

叔祖

忠曰。師翁之兄弟。稱叔祖。應菴於佛眼稱之。見大師祖處

法叔

忠曰。師之兄弟。稱法叔。

應菴華禪師蔣山錄。徑山大慧禪師至上堂云。苟非法叔老師到來。小姪此生。無因拈出。

弟子

維摩經孤山垂裕記云。所以稱弟子者。言弟則顯師之謙。言子則彰我之敬。謙敬俱陳。故言弟子。所以自稱爲弟子。師亦謂之爲弟子。故知其名含謙敬也。

維摩經慧遠義記云。聲聞學在佛後。故名爲弟從佛化生。故復稱子。

維摩經嘉祥藏切吉疏云。問諸聲聞菩薩。皆弟子。何意。聲聞云弟子。菩薩不稱弟子耶。解云。通例而不

餘者。辟聞親侍佛形儀如法。故云弟子。菩薩形無定方。反常合道。如文殊安劍欲刺佛。非弟子之法。故不得云弟子也。而言弟子者。外書云。夫子視門人如弟。自處如兄。弟子親夫子如父。自處如子。師資合事。故云弟子。佛法約通衆生視佛如父。自處爲子。佛亦視衆生如子。自處爲父。故云吾世間之父。衆生皆是吾子。前悟爲兄。後悟爲弟。故云弟子也。

小師

忠曰。弟子曰小師。師蓋僧通稱。如師僧之師也。舊說曰。小於師。故云小師。減師半德也。（忠曰非也）敕修清規嗣法師忌云。小師師孫。不可同席。又尊宿遷化祭次。有小師。

馬祖道一禪師錄云。有小師耽源。行脚回。云云

臨濟玄禪師錄云。嗣法小師慧然。

大慧普說云。時有因佛鑒是老杲和尚小師。

聯燈會要。歸宗常禪師章云。師因小師大愚辭。師問。甚處去。云諸方學五味禪去。云云

釋氏要覽云。寄歸傳云。鐸曷攞。唐言小師。（受戒十夏已前、西天皆稱小師）毗柰耶云。難陀比丘。呼十七衆比丘。爲小師。（蓋經呼之也）亦通沙門之謙稱也。昔高僧。名僧導。爲沙彌時。叡法師。見而異之。問曰。君於佛法。且欲何爲。導對曰。願爲法師作都講。叡語曰。君當爲萬人法主。豈可對揚小師乎。

師孫

弟子之弟子。稱師孫。

敕修清規尊宿遷化祭次。有師孫。（又見小師處）

法眷

法中眷屬曰法眷。或同辦道者。總名法眷。如敕修清規亡僧入塔。云鄉曲法眷。同收骨是也。

敕修清規尊宿遷化祭次。鄉人次有法眷。　又遊

方參請云。侍者詳詢來由。或鄉人。法眷。辦事。分明。

忠曰。詳問住持人同鄉人否。住持人法眷否也。

法兄

忠曰。受業於師。先於己者。喚之爲法兄。此文字又在佛經。

大集經云。寶女。語無畏言。法兄。如來出世。不可思議。此已下文。累稱法兄。蓋同是釋迦世尊之弟子。故稱也。

度弟

日工集云。慧珙童子。卽絕海度弟也。

又見區界門度弟院處。

同門

忠曰。法之兄弟。言同門。或泛稱法眷。言同門。

敕修淸規云。法眷尊長同門兄弟。（見子兄弟處）

大光明藏關南道吾章云。同門有漳州羅漢和尚。

忠曰。羅漢道吾。同嗣關南道常。

白虎通云。禮記曰。同門曰朋。同志曰友。

忠曰。天中記同門曰朋。引公羊。按公羊傳朋友相衞註。有此語。非傳本文。用禮記可也。

兄弟

忠曰。自少壯居叢林。諳熟淸規者。曰山中兄弟。便反晩達之人。

或作品麗者。無據。又作之說曰。義滿公臨相國寺日。無位者。不得充供過。乃以沙彌喝食。權授五品。而充之。故言品麗也。此說益無根據。又不得字義。

敕修淸規舊解云。藏主當兄弟人轉之。然昔竺仙和尚。特自書記。轉于藏主。蓋時無兄弟人故。（書記非兄弟之職也）　又解名勝云。名勝者。非常人之稱。如大方兄弟者。

敕修淸規。嗣法師忌云。諷經罷。備湯果。如有法眷尊長。同門兄弟。皆當請之。

叢林盛事云。宏智禪師。一笠過東浙。抵天童。及歸且過。雖不言名字。而兄弟已有識者。曰。此乃長蘆長老也。主事即申使府。使喜出帖差官。至且過請之。師堅不肯。乃被且過兄弟硬舁歸方丈。　又云。柏堂雅禪師。兄弟多歸之。見座元處。

已上兄弟有一類人也。

增壹阿含經云。佛臨涅槃時。告阿難曰。自今已後。敕諸比丘。不得輕心相向。大者稱尊。小者稱賢。相視當如兄弟。

敕修淸規告香云。新掛搭兄弟。欲求和尚告香普說。　又謝掛搭云。出榜報衆云。新歸堂兄弟。來日粥罷。詣方丈謝掛搭。　解云。兄弟者。修道和合。如兄如弟。故曰兄弟。

南泉語要云。兄弟近日禪師太多。覓箇癡鈍人不可得。

雪峯存禪師錄云。兄弟我道。秖三寸。能殺人能活人。

癡絕沖禪師錄。金山普說云。如今兄弟。志願不堅。力量不大。

虛堂愚和尚徑山錄云。兄弟家。還有東去西去底。

已上呼大衆爲兄弟。

大慧普說。禮侍者斷七普說云。可惜遮兄弟。方始於竹篦子話。有箇發明處。

此呼一箇人爲兄弟。

左傳襄三年云。寡君願與一二兄弟相見。　林堯叟註。列國之君。相謂兄弟。言晉國。願與列國之君相見。

●門派

忠曰。宗派同門者。

淸拙澄禪師錄。示訥侍者法語云。吾覩此方學者。不得其正者。以其局於門派。爲學之士。唯守其家傳之業。不能廣入作家爐鞴。

●同行

忠曰。結友偏歷者。相謂爲同行。

楊岐會和尚錄云。一日三人新到。師問。三人同行必有一智。提起坐具云。參頭上座。喚者箇作什麼。僧云坐具。師云。眞箇那。僧云是。師云。喚作什麼。僧云坐具。師顧左右云。參頭却具眼。云云

正宗贊眞淨文禪師傳云。師遊方時。與二僧偕行。至谷隱辭大頭處。問三人同行。必有一智。如何是一智。二僧無語。師立下肩。應聲便喝。辭拳拳作相撲勢。師云。不勞再勘。辭拽杖趁出。

●平交

敕修淸規。迎待尊宿云。若諸山平交。斟酌中禮。可也。

忠曰。平交者。同位等輩也。謂道德位年。皆與我齋等也。

●社中

忠曰。凡結衆。講磨道學者。曰社中。

北磵簡和尚行狀云。社中飽參。碩望。忘年與交。

石城遺寶。虛堂愚和尚虎丘十詠題云。虎丘十詠。奉呈社中龍象。幸笑覽。

●鄉人

敕修淸規。議擧住持云。爲勤舊知事者。不可以鄉人法眷。阿黨傳會。　又遊方參請。掛搭規云。侍者詳詢來由。或鄉人。法眷。辦事。分明。

又敕修淸規。開山歷代祖忌云。或鄉人。或江湖。擧唲。　又尊宿遷化。孝服云。勤舊辦事。鄉人法眷。諸山。生絹腰帛。　又亡僧大夜念誦云。江湖道舊。鄉人法眷。次第設祭。

或解遷化章。鄉人曰。此有二解。一與遷化尊宿。

同生緣鄉里人。二尊宿取滅處。鄉里人。亡僧章鄉人例解。

忠曰。以議擧住持。參請掛搭中。鄉人語。觀之。初同生緣鄉里之義。是也。

雪竇顯禪師錄云。問僧。近離甚處。僧云温州。師云還識永嘉大師麼。僧云。是鄉人。師云。與爾隔海。僧云。酌然。云云　又云。師在大龍。爲知客。李殿院到山。茶話次。問師。知客是長老鄉人。師云不敢。院云。且在者裏。不得亂走。師云。本爲行脚。院云。行脚爲甚事。師云。看亂走底。院微笑。（聯燈大龍作大潙）

死心新禪師錄。小參云。便被世間情愛纏縛得來。七顛八倒。江南人。護江南人。廣南人。護廣南人。淮南人。護淮南人。向北人。護向北人。湖南人護湖南人。福建人。護福建人。川僧護川僧。浙僧護浙僧。道我鄉人住院。我去贊佐他。一朝有箇不周全。誹作是非。到處說。（周全，普燈作周旋）

● 鄉頭

忠曰。諸鄉人中。爲其首者。曰鄉頭。

雪巖欽禪師錄告香普說云。諸路鄉頭。力到侍者寮。陳請。

忠曰。諸路鄉頭者。蓋大衆千百。每路數人。其名數人中。揀老成有德者。以爲之首。名爲鄉頭。已每路有鄉頭。此爲諸路鄉頭也。

幻住清規津送云鄉頭出。龕前燒香。鄉末擧經。

● 鄉長

鄉頭。亦曰鄉長。

敕修清規亡僧云。鄉人擧呪。鄉長出燒香。

● 鄉末

鄉人之末位者。（見于鄉頭）

● 新到

忠曰。新到某寺掛搭。謂之新到僧。
敕修淸規遊方參請云。新到相看。住持當居中位。令其插香展禮。

暫到

忠曰。暫時到某寺。當不久而去。故曰暫到僧。
敕修淸規聖節云。堂僧堂司給由。暫到客司給由。
又遊方參請云。參頭領衆。白云。暫到相看。

新戒

忠曰。沙彌新受戒。故稱新戒。
敕修淸規新戒參堂云。得度受沙彌戒已。覆住持。於何日參堂。至乃新戒參頭。領衆入堂。聖僧前列問訊。

恩度

忠曰。如有新戒數人。其初得度者。爲參頭。
忠曰。蓋特恩賜度者。爲恩度。
張無盡東林善法堂記云。以特恩度而爲上首。

座主

忠曰。禪家凡稱教者。爲座主。
馬祖一禪師錄云。有講僧來。問曰。未審禪宗傳持何法。師却問。座主傳持何法。主曰。忝講得經論二十餘本。師曰。莫是師子兒否。主曰不敢。師作噓噓聲。云云
釋氏要覽曰。摭言曰。有司謂之座主。今釋氏取學解優贍穎拔者。名座主。謂一座之主。古高僧呼講者。爲高座。或是高座之主。

大衆

忠曰。大衆者。謂多衆也。
舊說曰。疏家謂。衆者。四人非一。崇成衆法。梵言僧伽耶。和合義。非四人則不成和合義。故記家謂三

人曰衆。衆字從三人故。（泉涌寺、南山爲疏家、大智爲記家）

國語周語曰。獸三爲羣。人三爲衆。女三爲粲。

善見毗婆沙律云。衆者。如律文說。三人名衆。從此以上名爲僧。

淨名疏云。梵言僧伽。此翻爲衆。直一比丘不名爲衆。衆多共集名爲衆也。律明。四人已上皆名爲衆。如衆樹共聚。乃名爲林。

四分律云。衆者。若四人若過四人。

十誦律云。佛語諸比丘。淸淨同見四比丘。是名衆僧。若五比丘淸淨同見。十比丘。二十比丘。淸淨同見。皆名衆僧。（事鈔）

放光般若經曰。佛告須菩提。大衆者。謂須陀洹。斯陀含。阿那含。阿羅漢。辟支佛。初發意菩薩摩訶薩。至阿惟越致地住者。是爲大衆之聚。

智度論云。大衆者。除佛餘一切賢聖。

● 僧

僧伽耶之畧言也。

僧史畧云。若單曰僧。則四人以上方得稱之。今謂分稱爲僧。理亦無爽。如萬二千五百人爲軍。或單己一人。亦稱軍也。僧亦同之。

行事鈔云。僧者。以和爲義。　資持記。僧者。通目七位。一二三人雖不秉衆法。亦得名僧。以僧假別成。從因彰號。和者有六。戒見利三名體和。身口意三名相和。

五分律云。僧者。從四人已上。

毘尼母論云。比丘僧者。一二三人不成僧。四人成僧。五人僧。十人僧。二十人僧。

● 比丘

釋氏要覽云。梵語云比丘。秦言乞士。謂上於諸佛乞法。資益慧命。下於施主乞食。資益色身。　發法師云。因果有三名。一名怖魔。即因出家時。魔宮震動。故至果上名殺賊。（有云、出家者、具正信正見、發勇捍心、求佛果大菩提、誓度一切衆生眞實大心者、方能震動魔宮衆、二因中名乞士。果上名應供。三因中名破惡。卽持戒名破惡至果上名無生。　涅槃經云。能破煩惱。故名比丘。破我等想。修戒定慧。度三有四流。安處無畏道。故名比丘。　大莊嚴經云。破無明藏。故名比丘。　瑜伽論云。比丘者。捨離家法。趣非家等。具足別解脫律儀衆同分。是其自性。於其形色勤精進故。怖畏惡趣。自防守故。攝無損故。名比丘。　毗婆沙論偈云。手足勿妄犯。節言順所行。常樂守定意。是名眞比丘。　雜阿含經偈云。所謂比丘者。非但以乞食。受持在家法。是何名比丘。於功德過惡。俱離修正行。其心無所畏。是則名比丘。　大威德陁羅尼。有一長者。名選擇。投佛出家剃髮已。時有尊者婆難陁。喚言長者。選擇答曰。我今出家。剃髮爲比丘。非長者也。時婆難陁語曰。不但剃髮名爲比丘。乃以偈說云。若斷欲希望。復斷諸漏盡。諸法無希望。不可說有法。隨順向涅槃。隨順趣厭離。入信到彼岸。此成爲比丘。有四種比丘。一畢竟到道比丘。謂阿羅漢。二示道比丘。謂三果聖人。三受道比丘。謂初果向四汗道比丘。謂凡夫破戒者。凡夫持戒比丘、謂信道戒法故、必住受道下稱也、問汗道比丘堪爲福田否、答大婆娑論云、汗道比丘、雖破戒而不破見、雖破加行不破意樂、信有因果、如是正見意樂、九十六種外道所無、但施主於彼、起正信不生嫌惡、自生大福矣、

智度論云。比丘名乞士。淸淨活命故。乃至復次比名破。丘名煩惱。能破煩惱。故名比丘。復次出家人。名比丘。譬如胡漢羌虜。各有名字。復次受戒時。自言我是某甲比丘。盡形受持戒。故名比丘。復次比名怖。丘名能。怖魔王及魔人民。當出家剃頭。著染衣受戒。是時魔怖。何以故怖。魔王言。是人必得入涅槃。如佛說。有人能剃頭著染衣。一心受戒。是人漸漸斷結。離苦入涅槃。

維摩經註云。肇曰。比丘秦言。或名淨乞食。或名破煩惱。或名淨持戒。或名能怖魔。天竺一名該此四義。秦言無一名以譯之。故存義名焉

忠曰。比丘號。不必局聲聞僧。

馬鳴遺教論云。此修多羅中。每說比丘者。示現遠離相故。復示摩訶衍方便道。與二乘共故。又於四衆亦同遠離行故。　住法記釋第二義云。欲明比丘之號。不局聲聞。取其所修皆受斯目。方題遺教。普被羣機。

尼大師

忠曰。比丘尼稱大師。與徽號賜大師之類別也。

正宗贊雪峰眞覺禪師傳云。師象骨巖接人。後欲往松山建寺安衆。問大師借菴基。尼不肯。因與坐禪約曰。未滿七日。出定者輸。尼至六日開眼。師遂奪其基建寺。

宗門統要續集云。都尉李文和公臨薨時。膈胃躁熱。因尼道堅就枕問云。都尉衆生見劫盡大火所燒時。切要照管主人公。尉云。大師與我煎一服藥來。尼無語。尉云。者師姑藥也不會煎。投枕而去。

忠曰。可作李和文。往々字倒非也。

大慧杲和尚普說。有尼慈明大師請普說。

普燈錄。甘露仲宣禪師法嗣。平江府妙堪尼。慈鑑大師文照。　又枯木成禪師法嗣。東京妙慧尼。淨智大師慧光。　又石門易禪師法嗣。遂寧府香山尼。佛通大師。

雲臥紀談云。東都妙慧尼寺住持。淨智大師慧光。乃普燈所載者。

倦遊雜錄云。熙寧中。王禹玉丞相奏。亡妻慶國夫人鄭氏。臨終遺言。乞度爲女眞。敕特許披戴。賜名希眞。仍賜紫衣。號沖靜大師。

宋莊綽雞肋編云。京師僧。諱和尚稱曰大師。尼諱師姑。呼女和尙。

近有名執弊集者曰。按毘那耶律云。尼女十夏以上。其徒尊之爲大姉。二十夏以上。其徒尊之爲大師。　燕南記譚同此。

忠曰。此大妄說。惑後生者也。凡律藏有毗奈耶名者。一々點撿。絕無此語。

師姑

尼稱師姑。

傳燈錄五臺智通禪師章云。初在歸宗會下。時忽一夜巡堂。叫云。我已大悟也。衆駭之。明日歸宗上堂。集衆問。昨夜大悟底僧出來。師出云。智通。歸宗云。汝見什麼道理。言大悟。試說似吾看。師對云。師姑天然是女人作。歸宗默而異之。

宗門統要云。鄭十三娘。年十二歲。時隨師姑。到大溈。纔禮拜起。溈便問。這箇師姑甚麼處住。姑云。南臺江邊住。溈便喝出。又問背後老婆。甚處住。十三娘放身。近前叉手立。溈再問。娘云。早箇呈似和尚了也。溈云去。

道人

尼稱道人。

雲臥紀談云。無際道人。乃張侍郎淵道之女。超宗道人。乃劉侍郎季高猶子之母。其於大慧老師之門。俱受記莂者。

普燈錄。死心新禪師法嗣云。空室道人智通者。龍圖范峋女也。（峋會元作珣）又圓悟勤禪師法嗣。覺菴道人祖氏。建寧游察院之姪女也。

誠齋朝天集云。臨川蔡教授誂之母。徐氏諱蘊行。自號悟空道人。

檀那

南海寄歸傳云。梵云陀那鉢底。譯爲施主。陀那是施。鉢底是主。而云檀越者。本非正譯。略去那字。取上陀音轉名爲檀。更加越字。意道由行檀捨自可越渡貧窮。妙釋雖然。終乖正本。舊云達嚫者訛也。

資持記云。檀越亦云檀那。並訛略也。義淨三藏云。具云陀那鉢底。此翻施主。

檀越

勅修清規普說云。有檀越特請者、有住持爲衆開示者、則登法座。

首楞嚴經云。阿難。心中初求最後檀越以爲齋主。

長水疏。檀越此云施者。

飜譯名義集云。稱檀越者。檀卽施也。此人行施越貧窮海。 又見檀那處。

祖庭事苑云。檀那此云施者。越謂度越彼岸。忠曰。或越爲漢語。或象越爲梵語。以余觀之兩字爲梵語者近是。

又唐時安秀諸師。對天子稱檀越。見貧道處。

功德主

檀施之人。曰功德主。

虛堂愚和尚題孝錄云。文拈香。率爲章律爲禪。功德主。侍讀尚書。資陪祿算。

居士

祖庭事苑云。凡具四德。乃稱居士。一不求仕官。二寡欲蘊德。三居財大富。四守道自悟。又菩薩行經云。有居財之士。居家之士。居法之士。居朝居山之士。通名居士也。

法華文句補注云。外國。居財一億。爲下居士。乃至居財百億。名上居士。此士居家。德業充備。故名居士。又居家大富多財之士。名居士也。

五分律云。瞻婆城長者子。名首樓那。大富有二十億錢。人號曰首樓那二十億。有三人居士。幷二十億爲四。瓶沙王問言。汝各有幾財。得爲居士。第一人言。我錢有十三億。第二人言。我有十四億。第三人言。我有十四億。又有一無價摩尼珠。二十億言。我有二十億。復有五百摩尼珠。一摩尼寶牀。

首楞嚴經云。若諸衆生。愛談名言。淸淨自居。我於彼前。現居士身。而爲說法。令其成就。 長水疏。博聞强識。不求士官。居財大富。秉志廉貞。故名居士。

又長水云。守道自怡。寡欲蘊德。故曰居士。

維摩經云。若在居士。居士中尊。斷其貪著。註什曰。外國白衣多財富樂者。名爲居士。肇曰。積錢一億。入居士里。寶貨彌殖。故貪著彌深。

智者觀音義疏云。居士者。多積賄貨。居業豐盈。以此爲名也。

中阿含經云。生聞梵志問曰。瞿曇。居士何欲何行。何立。何依何訖耶。世尊答曰。居士者。欲得財物。行於智慧。立以技術。依於作業。以作業竟爲訖。

禮記玉藻云。居士錦帶。　鄭康成註。居士道藝處士也。　孔穎達疏。居士錦帶者。用錦爲帶。尚文也。

輟耕錄云。今人以居士自號者甚多。考之六經中。惟禮記玉藻有曰。居士錦帶。注謂道藝處士也。吳曾能改齋漫錄云。居士之號。起於商周之時。按韓非子。書曰。太公封於齊。東海上有居士。任矞華仕昆弟二人。立議曰。吾不臣天子。不友諸侯。耕而食之。掘而飲之。吾無求於人。無上之名。無君之祿。不仕而事力云。然則居士云者。處士之類是已。

張無盡護法論。議歐陽脩排佛曰。及其致仕也。以六一居士而自稱。何也。以居士自稱。則知有佛矣。知有而排之。則是好名而欺心耳。豈謂端人正士乎。

又志磐佛祖統紀曰。居士者。西竺學佛道者之稱。永叔歐陽見祖印。排佛之心已消。故心會其旨。而能以居士自號。又以名其文集。信道之篤。於茲可見。

又竺仙續叢林公論云。歐陽子好排佛。而乃自稱居士。居士者。乃奉佛弟子在家之流。能通佛道者也。已下引維摩證

忠曰。儒亦有居士之稱。而所援數書。以謂其稱但在佛氏。而歐陽取之。以爲渠信佛之證。矣。欠深攷也。

大明錄廣辨居士。今不取之。

忠曰。居士之服。別一樣。　釋氏資鑑云。忠肅公馬亮。歷探竺典。尤邃禪學。忽一日。告所親曰。吾大期非遠。乃絕葷澡頮。更居士服。泊然而逝。

女居士

婦人亦稱居士。

物初賸語重刊古尊宿語錄序云。覺心居士。出善女倫。秉烈丈夫志操。

天如則禪師錄普說云。如徐氏了心居士。雖現女人身。同行世間事。其不昧者。終自了然。

圓菴集賢母沈氏傳云。母名善淸。字本然。族出蘇之崑山。湖川鄉沈氏。母年及笄。卽絕葷食。衣不華飾。好淸潔自處。父母强之。於是贅邑之李氏福成。爲其配。旣生伯瑩。遂與夫異室而居。淸修苦行。鄉隣多譽之。因稱爲女居士。

明極俊禪師語要。有妙淸女居士。求坐禪訣語。

徐氏筆精云。范君和妻。姚氏自號青蛾居士。

容窓隨筆云。趙明誠。挺之之子。妻李氏。能文。號易安居士。

堯山外紀曰。李淸照。號易安居士。濟南李格非女。適趙明誠。明誠乃趙挺之子也。

大姉

舊解云。大姉老女稱。

碧巖錄云。七賢女。遊屍陁林。遂指屍問云。屍在這裏。人在什麽處。大姉云。作麽作麽。一衆齊證無生法忍。

敬函七女經。無大姉字。

老郎

敕修淸規開堂祝壽云。次直廳轎番莊甲作頭老郎人僕參拜。　又尊宿遷化祭文。轎番次。有老郎。

舊解云。老郎者。力者之上首。所謂兄部也。

人力

力者也。
通鑑綱目。宋文帝元嘉元年云。臺官衆力。　集覽
力謂僕從也。
　俗事考云。俗語人力見北史。
敕修清規知浴云。第四通人力入浴。
羅湖野錄云。玉泉皓禪師。有示衆曰。一夜雨霶烹。
打倒葡萄棚。知事頭首。行者人力。拄底拄撐底撐。
撐撐拄拄到天明。依舊可憐生。

● 人僕

敕修清規尊宿遷化祭次。有方丈人僕。又見老耶

● 某甲

正字通云。某以代名。凡未知主名。與不敢斥名者。
皆以某代之。禮天王某甫。語某在斯。是也。今書傳
凡自稱不書名。亦曰某。
忠曰某召事物辭。甲以十干分人也。可言某甲某
乙某丙等。文字出周禮注。
困學紀聞云。某甲。出周禮職內注。
周禮職內註云。某月某日某甲。詔書出某物若干。
給某官某事。
祖庭事苑云。某甲。某如甘。在木上。指其實也。然猶
未足以定其名。甲次第之言。亦猶某甲某乙也。
輟耕錄云。有部民某甲與某乙鬪毆云云
舊說曰。凡書某甲兩字者。可知雙字名。書某一
字者。可知單字名。然不必如此。如臣僧某（敕修清規）
（聖節上堂）豈單字名而可哉。必須雙字名。
忠曰敕修清規遷化下。遺書書云。令某馳送。又
請名德首座榜云。侍司某（止此）此等豈復單字名
耶。

● 名諱

敕修清規遊方參詣云。住持問鄉里名諱。及夏在
何處。

品字箋云。生時曰名。沒則稱諱。檀弓卒哭而諱。諱之不稱也。今問人名。而曰尊諱者。失其義矣。

左傳桓六年云。公問名於申繻。對曰。名有五。有信。有義。有象。有假。有類。（申繻、魯大夫）以名生爲信。（若唐叔虞、魯公子友）以德命爲義。（若文王名昌、武王名發）以類命爲象。（若孔子首象尼丘）取於物爲假。（若伯魚生、人有饋之魚、因名之曰鯉）取於父爲類。（若子同生、有與父同者）不以國。（以國君之子、不自以本國爲名也）不以官。不以山川。不以隱疾。（隱痛疾患、辟不祥也）不以畜牲。（畜牲、六畜）不以器幣。

●釋氏

敕修淸規肅衆云。悉稱釋氏。準俗同親。

大般若經云。非沙門。非釋迦子。

高僧傳道安傳云。初魏晋沙門。依師爲姓。故姓各不同。安以爲。大師之本。莫尊釋迦。乃以釋命氏。後獲增一阿含。果稱。四河入海。無復河名。四姓爲沙門。皆稱釋種。既悉與經符。遂爲永式。

開元釋敎錄云。秦晋已前。出家者。多隨師姓。後彌天沙門道安云。凡剃髮染衣。紹釋迦種。即無殊性。宜悉稱釋氏。時皆未然。洎譯出阿含經云。佛告比丘。四大河水。入海無復本名。同名爲海。四姓之子。於佛出家。剃除鬚髮。著三法衣。無復本姓。但云沙門釋子。彌沙塞律云。汝等比丘。雜類出家。捨本姓。同稱釋子。今稱沙門釋者。蓋天竺出家外道。亦自稱沙門。今以釋字簡之。或單稱釋亦可。若彼此是僧。即不用稱。蓋同釋家。法兄弟故。

僧祇律云。佛言。譬如恒河。遙扶那。薩羅。摩醯。流入大海。皆失本名。合爲一味。名爲大海。汝等如是。各捨本姓。皆同一姓。沙門釋子。譬如刹利。婆羅門。鞞舍。首陀羅。各各異姓。共入大海。皆名海商人。如是比丘。汝等各各異姓。異家。信家。非家。捨家。出家。皆同一姓。沙門釋子。

避暑錄話云。晋宋間。佛學初行。其徒猶未有僧稱。通曰道人。其姓則皆從所授學。如支遁。本姓關。學干支讖爲支。帛道猷本姓馮。學于帛尸梨密。爲帛是也。至道安始言。佛氏釋迦。今爲佛子。宜從佛氏。乃請沓姓釋。世以釋擧佛者。猶言楊墨申韓。今以爲釋者。自不知其爲姓也。

慧能大師。上唐高宗辭疾表云。韶州曹溪山釋迦慧能辭疾表。　慧能生自偏方。幼而慕道。叨爲忍大師。囑付如來心印。傳西國衣鉢。授東土佛心。奉　天恩。遣中使薛。　召能入內。慧能久居山林。年邁風疾。　陛下德包物外。道貫萬民。育養蒼生。仁慈黎庶。旨弘大教。欽崇釋門。恕慧能居山養疾。修持道業。上荅　皇恩。下及諸王太子。謹奉表釋迦慧能。頓首頓首。

忠曰。釋迦慧能。卽釋慧能也。釋具言釋迦耳。

● 法名

忠曰。凡名。加祖字宗字者。祖之宗之之意也。祖宗者。尊崇之也。其所尊崇者。下某字是也。而今人不詳此義。浪加祖宗字。非也。今以明極語。證之。

餘慧語要。金菴主警策云。菴主名宗金。求語爲警策。余曰。古人旣說。金多亂人心。汝苦要宗他作麼。莫是以其爲世間至重之寶歟。莫是以其有堅剛不壞之德歟。　又宗禪禪人警策云。汝旣名宗禪。宜宗此禪。便須二六時中。提趙州狗子無佛性話。

東都事略。張齊賢傳云。自言。慕唐李大亮之爲人。故字師亮。此以大亮。爲師之義。

傳燈錄丹霞天然禪師章云。初造江西。馬祖曰。南嶽石頭。是汝師也。遽抵南嶽。一日石頭告衆曰。來日剗佛殿前草。至來日。大衆諸童行。各備鍬钁剗草。獨師以盆盛水。淨頭。於和尚前胡跪。石頭見而笑之。便與剃髮。又爲說戒法。師乃掩耳而出。便往江西。再謁馬師。未參禮。便入僧堂內。騎聖僧頸而坐。時大衆驚愕。遽報馬師。馬躬入堂。視之曰。我子天然。師卽下地。禮拜曰。謝師賜法號。因名天然。

聯燈會要道吾智禪師章云。師見南泉。泉問。闍梨名甚麼。師云宗智。泉云。智不到處。作麼生宗。師云。切忌道著。泉云。酌然道著。即頭角生。

雪竇顯禪師錄云。問僧。闍梨名什麼。僧云宗雅。師云雅即不問。作麼生是宗。僧無對。師云。且限三日。其僧頻來下語。師皆不諾。僧却問某甲見處只恁麼。和尙作麼生。師云。爾何不問我。僧方擬問。被師連打數下。

道號

忠曰。以號表所得之道也。即是表德號。今時以字爲道號。而道號之外。有表德焉。

禮記郊特牲云。冠而字之。敬其名也。

大慧杲禪師。答許壽源書云。左右具正信。立正志。此乃成佛作祖基本也。山野因以湛然名公道號。又答楊彥侯書云。承需道號。政欲相塗糊可稱快然居士。

明極俊禪師語要曰。趙方性了居士。過門需字。以號其道。余撫達空二字授之。又云。崇福胤公藏主。問號於予。予曰。夫胤者繼也。嗣也。受經所禀師訓。名既曰胤。宜以嗣宗二字。號其道。

忠曰語要所言。道號字義自炳然。

虎關錬和尙曰。聖一在中華時。需道號於無準。準曰。汝鄉里名何。一曰駿河州久能。準云。不可別求。但久能爲號可也。

勸善書云。宋僧惠詢。道號月堂。俗陳氏。

古今印史云。道號之稱。雖起於末世。然義各有取。或因性急。而以韋自勉。或因性緩。而以弦自厲。有思親而號望雲。有隱江湖。而號散人。紛然不同。然皆士流則有之。今也不然。而胥吏之徒。往往而有。以號者衆也。恒慮其相同。崇尙新奇。有名木者號曰半林。有姓管名簫者。號曰四竹。穿鑿亦甚矣。於義何居。且習以成俗。而稱謂之間。有不諳大義者。或責其友曰。我長於汝也。曷不以號稱。而字我邪。

嗟夫孔子祖也。子思孫也。嘗稱仲尼。明道兄也。伊川弟也。嘗稱伯淳。蓋字之者。乃所以尊之也。何獨取於號乎。古者相語名之質也。周人尚之以字文矣。末世別以號稱。彌文也哉。

別號

又言別稱。即表德也。

釋氏通鑑。梁武帝普通四年紀云。制中外毋斥法師慧約名。別號智者。沙門別號。自是而始。

楊升菴外集云。幼名冠字。長而伯仲。沒則稱諡。古之道也。未聞有所謂別號也。杜甫李白倡和互相稱名。張仲吉甫雅什。但聞擧字。近世士夫多稱別號。厭名與字。瞢然不知。傳刻詩文。但云張子李子。或云某菴某齋。當時尚不諳其誰何。後此安能辨其甲乙。愼所著詩篇。多擧交遊之字。或書其名于下。庶乎觀者俾言與事諧。情景相對。不知者或以爲輕之。異哉。又近日民風澆猾。白衣市井。亦輙稱號。永昌有鍛工。戴東坡巾。屠宰號一峯子。一善謔者。見二人竝行。遙謂之曰。吾讀書甚久。閱人固多。不知蘇學士善鍛鐵。羅狀元能省牲。信多能哉。相傳以爲笑。

丹鉛總錄云。戰國策。秦惠王時。有寒泉子。注云。秦處士之號。史記索隱云。甘茂居渭南陰鄉之樗里。故號曰樗里子。又范蠡去越。自稱鴟夷子。此固後人別號之所昉乎。

表德號

忠曰。禪祖。昔但有名而已。臨濟之義玄。德山之宣鑒之類也。後世便有道號。謂字也。後又道號外。有表德號。其實道號即表德耳。

華嚴經淸涼疏云。召體曰名。表德爲號。名別號通。一切諸佛通具十號。名釋迦等。則不同故。　鈔亦有釋云。表德爲字。嚮頒人天曰號。

忠曰。號通者。禪林稱和尙禪師等也。

叢林盛事云。菴堂道號。前輩例無。但以所居處呼之。如南嶽青原百丈黃檗是也。菴堂者始自寶覺心禪師謝事黃龍退居晦堂。人因以稱之。自後靈源死心草堂。皆其高弟。故遞相法之。眞淨與晦堂同出黃龍之門。故亦以雲菴號之。覺範乃雲菴之子。故以寂音甘露滅自標。大抵道號。有因名而召之者。有以生緣出處而號之者。有因做工夫有所契而立之者。有因所住道行而揚之者。前後皆有所據。豈苟云乎哉。今之兄弟纔入衆來。未嘗夢見向上一著子。早已各立道號。殊不原其本。故瞎堂遠禪師因結制次。問知事云。今夏俵扇多少。知事曰。五百來柄。遠曰。又造五百所菴也。蓋禪和纔得柄扇子便寫箇菴名定也。聞者罔不大笑。余以母氏夢梵僧頂一月而役之。懷中既覺遂育。因以古月自號。以安穩眠呼之。蓋彷覺範甘露滅也。二號皆維摩寶積所出。故橘洲曇公爲余作古月說云。萬古長空。一朝風月。漸愧古人模寫得成也。雖禪未生之夕。其母夢得月。是爲生子之祥。愧今人不去却模子也。雖禪不負其母。衆不忘古人。古月名菴。不爲忝矣。

忠曰。禪祖表德。大珠可爲始。按傳燈。師名慧海。姓朱氏。嗣馬祖。祖因覽其所撰頓悟入道要門論。告衆云。越州有大珠圓明。光透自在。無遮障處也。衆中有知師姓朱者。迭相推識。結契來越上。尋訪依附。時號大珠和尚者。因馬祖示出也。

西京雜紀云。禮曰。字以表德。

顏氏家訓云。名以體正。字以表德。

老學菴筆記云。字所以表其人之德。故儒者謂夫子曰仲尼。非嫚也。先左丞每言及荊公。只曰介甫。蘇季明書張橫渠事。亦只曰子厚。

輟耕錄。論印章制度云。漢張安字幼君。有印曰張幼君。唐呂溫字化光。有印曰呂化光。此亦三字表德式。詳器物門印處

事林廣記云。仲尼者。孔子字也。字是表德也。

已上以字爲表德。

祝允明猥譚云。道號別稱。古人間自寓懷。非爲敬名設也。今人不敢名。亦不敢字。必以號稱。雖尊行貴位。不以屬銜爲重。而更重所謂號。大可笑事也。士大夫。名實副者。固多。餘唯農夫。不然自閭市村甿。嵬人瑣夫。不識丁者。未嘗無號。兼之庸鄙狂怪。松蘭泉石。一坐百犯。又兄山則弟必水。伯松則仲叔必竹梅。父此物則子孫引此物於不已。愚哉愚哉。予每狥人爲記說。多假記以規諷。猶用自愧。近聞婦人亦有之。向見人稱冰壺老拙。乃婺媪也。又傳江西一令訊盜。盜忽對曰。守愚不敢。令不解問左右。一胥云。守愚者其號也。乃知今日賊亦有別號矣。此等風俗。不知何時可變。

南堂欲禪師錄云。承天瑴首座號木翁。松月翁更曰剛中。求正於余。余曰。剛中其字也。木翁其號也。

北磵文集云。妙喜稱覺範曰甘露滅。何以字稱。

宋濂護法錄靈隱楧隱塔銘序云其諱元謐。其字天鏡。別號爲楧隱。

江湖紀聞後集云。人面蚰呼之曰。黎觀主。黎不應又連呼其孺名。及道號表字。俗時排行。黎終不應。乃不復呼。

已上字外別立表德。

周書諡法解云。諡者行之迹也。號功之表也。車服者位之章也。

白虎通曰。帝王者何。號也。號者功之表也。所以表功名德。號令臣下者也。

雅號

忠曰。有雅而呼者。有謔而名者。有誚而稱者。

羅湖野錄云。湖州西余淨端禪師。字表明。觀弄獅子頓契心法。嗣齊岳禪師。住枕之龍華。端往參禮。機緣相契。不覺奮迅翻身。作狻猊狀。岳因可之。自是叢林雅號爲端獅子。

祖庭事苑云。白頭因。因事立號。叢林素有之。因以少年頭白。故得是名。如瞞頭副。赤頭璨。綴頭通。安鐵胡。覺鐵觜。劉鐵磨。淸八路。米七師。忽雷澄。踢天太。嗘多口。不語通。黑介初。明半面。一宿覺。折床會。岑大蟲。獨眼龍。燈師叔。周金剛。簡浙客。陳蒲鞋。泰布衲。備頭陀。大禪佛。王老師。瀏陽叟。皆禪林之白眉。聞其名者。莫不慕其所以爲道也。

諡號

僧史畧云。僧循萬行。故有迹焉。善行則諡以嘉名。惡行則人皆不齒。自漢魏晉宋。無聞斯禮。後魏重高僧法果。生署之以官。死幸之而臨。乃追贈胡靈公。此僧諡之始也。（果爲沙門統封公既追贈胡靈諡也）後周隋世唐初。皆不行。至天后朝。有北宗神秀。居荊州。神龍二年。詔賜諡大通禪師矣。白虎通云。諡者何也。諡之爲言引也。引烈行之跡也。所以進勸成德。使上務節也。故禮特牲曰。古者生無爵。死無諡。此言生有爵。死當有諡也。死乃諡之何。言人行終始。不能若一。故據其終始。從可知也。

晉書劉毅傳云。王宮上疏曰。臣謹按。諡者行之迹。而號者功之表。今毅功德竝立。而有號無諡。于義不體。

經國大典註解云。諡誄其平生行迹。以易名也。竺仙仙禪師淨智錄云。帝詔徑山欽禪師至。賜國一禪師。此誠有道德。感於君王。召賜。如此。而本無道德。而求討一箇虛號。不知何用。後來六祖。也不討。不知何人。也諡他。爲大鑒禪師。逵磨也有人。諡他曰圓覺大師。如今才誦經回向時。便口裏念。我道也不消得。他逵磨六祖。心裏也不以爲榮也。沒甚歷懽喜者般說話。若如今人。本師已死。有師號者。必定怪殺我。其師未死。無號者。未定。我死後。必定小師。也者般弄我。必在陰空裏打。莫言不道。又有好笑底事。備道是甚麽事。釋迦老子。却沒人諡他。不知如何。畢竟無德耶。

佛祖統紀。善月法師傳云。善月字光遠。將入寂。顧左右曰。人患無實德。爲後世稱。若但崇虛譽。我則不暇。千載之下。謂吾爲柏庭。則吾枯骨爲無愧。幸勿爲請謚。以汙我素業。言已累足而化。

徽號

謚號又言徽號。本旌旗之名。借用。

陳后山詩集追尊皇太后挽詞云。典冊尊徽號。欽慈煥德名。　註。徽號字。見禮記。後人借用。

康熙字典曰。徽爾雅釋詁。善也。疏。徽者美善也。書舜典。愼徽五典。又與幑通。幟也。禮大傳。聖人南面而治天下。必改正朔。殊徽號。註。徽號。旌旗之屬也。

安名

爲新戒者。初命法名也。

增壹阿含經云。世尊告阿難曰。自今後。不得稱父母所作字。　又云。諸比丘。欲立字者。當依三尊。此是我之教戒。

聯燈會要。丹霞然禪師章云。師再謁馬祖。未參禮。便入僧堂。騎聖僧項而坐。乃至馬大師入堂見。卽笑云。我子天然。師跳下作禮云。謝師安名。因名天然。詳法名處。

廣燈錄黃檗斷際禪師章云。裴相一日。托一尊佛。於師前。胡跪云。請師安名。召云裴休。休應喏。師云與汝安名竟。相公便禮拜。

具位

具載位名。言具位也。

敕修淸規迎待尊宿。請湯狀尾云。年月日具位狀。

文選任彦升撰。宣德皇后令云。宣德皇后。敬問具位。　註。濟曰。具位。謂在位百官也。

人氏

敕修淸規。大掛搭歸堂榜式云。掛搭一僧。某甲上座。某州人氏某戒。

干寶搜神記云。漢時有杜蘭香者。自稱南康人氏。

堯山堂外紀云。唐權龍褒。夏日侍皇太子宴。獻詩云。嚴霜白皓皓。明月赤團團。或曰。豈是夏景。答曰。趁韻而已。太子援筆譏之曰。龍褒才子。秦州人氏。明月晝耀。嚴霜夏起。如此詩章。趁韻而已。

忠曰。人氏。又作人事。蓋事與氏音通。假借而已。人事義多、詳于人事門。作氏爲正。

傳燈錄虎谿菴主章云。有僧問。和尚何處人事。師云隴西人。

法華擧和尚錄云。天使牛太保入寺。師云。天使甚處人事。使云。東京城裏人。

大慧武庫云。湛堂準和尚。初參眞淨。淨云甚處人事。準云興元府。　又云。眞淨和尚小參云。人人有箇生緣。那箇是上座生緣。便道。某是某州人事。是何言歟。

普燈錄佛海遠禪師章云。老僧本貫。眉州眉山縣人事。

西巖慧和尚東林錄。拈睦州偷果話云。陳尊宿將謂。是睦州生緣。元來却是普州人事。　又法語云。西巖老漢。是蓬州人事了也。

上肩　下肩

忠曰。在己位上人。言上肩。在下人。言下肩。

日用軌範云。看上下肩。以面相朝揖食。

又左肩謂上肩義。別見身肢門。

肩上　肩下

己位上下也。同上肩下肩。

敕修淸規兩序交代茶云。西序請茶。則知事分手坐於同列頭首中。請肩下一人光伴。如肩上人趣坐位相妨。

●一行人

忠曰。一列之人也。

康熙字典云。行集韻寒岡切。音杭。類篇列也。左傳隱十一年。鄭伯使卒出豭。行出雞犬。註。百人爲卒。二十五人爲行。行亦卒之行列。

敕修淸規。請新住持發專使云。山門管待專使一行人從。至起程日。講茶湯禮。　又尊宿遷化入塔云。主喪同喪司一行人。巡寮致謝。

瑯琊代醉編云。維志。王文恪留守西京日。長水縣申請買木錢。數百千。王視其狀。亟呼吏作教下縣。令追買木。一行人械送府。云云

●合干人

忠曰。凡合會干預一種事務人。曰合干人。

正字通云。唐萬年公主傳。無干時事。註。干預也。

敕修淸規。請喪司職事云。喪司合干人僕排單揭示。　又唱衣云。喪司合干人。貴在公心主行。

第七類　職位門

義堂日工集云。古人以名位爲稱者。何也。謂借位明功也。今時禪宗弊于名位。夫名位皆職也。百丈兩序之設。爲安衆也。安衆之本。在乎行道。然今人取以爲私。僥倖乎官家。求名及位。自生至死。此念不斷。可痛復可笑。莊周曰。道隱小成。余亦曰。禪隱名位矣。

水滸傳云。大相國寺知客。語魯智深道。僧門中職事人員。各有頭項。且如小僧做箇知客。只理會管待往來客官僧衆。至如維那侍者書記首座。這都是淸職。不容易得做。都寺監寺提點院主。這箇都是掌管常住財物。儞纔到的方丈。怎

便得上等職事還有那管藏的。喚做藏主。管殿的。喚做殿主。管閣的。喚做閣主。管化緣的。喚做化主。管浴堂的。喚做浴主。這箇都是主事人員。中等職事。還有那管塔的塔頭。管飯的飯頭。管茶的茶頭。管東厠的淨頭。與這管菜園的菜頭。這箇都是頭事人員。末等職事。假如師兄。倆管了一年菜園好。便陞倆做箇浴主。又一年。好陞倆做箇塔頭。又管了一年。好纔做監寺。智深道既然如此也。有出身時洒家。明日便去。

僧録

僧録者。僧官也。録僧之事。

釋氏資鑑云。唐史唐憲宗元和二年丁亥。二月制。法師端甫。掌內殿法事儀注。録左右街僧事。僧録自甫而始也。

忠曰。高僧傳僧碧傳云姚興曰。凡夫學僧。未階苦忍。安得無過。過而將極。過遂多矣。宜立僧主以清大望。因下書曰。大法東遷。於今爲盛。僧尼已多。應須綱領。宜授遠規。以濟頹緒。僧碧法師。學優早年。德芳暮齒。可爲國內僧主。僧遷法師禪慧兼修。卽爲悅衆。法欽慧斌。共掌僧録。給車輿吏力。此止 蓋職雖異正副。僧録名。既在端甫已前也。

僧史畧云。唐文宗開成中。始立左右街僧録。尋其人卽端甫法師也。俗姓趙。德宗召入禁中。與儒道論議。賜紫方袍。令侍太子於東朝。順宗重之。若兄弟。相與卧起。恩禮特深。憲宗數幸其院。待之若賓友。掌內殿法儀。録左街僧事。標表淨衆。一十年。卽元和中也。由此觀之。僧録之起。自端甫也。甫公文宗開成中卒。　又云。僞秦始立僧正。則以法欽慧斌二人。掌僧録也。有唐變態。正乃錯諸。録則用矣。蓋禮樂自天子出也。時既所高。物無我競。仕使魏統如草。秦正若林。皆歸唐録。區宇中矣。

日本僧録　第一百主後圓融帝。康曆二年庚申正月。春屋妙葩。賜國師號。任僧錄司。此爲始也。自義滿公義持公時。住鹿苑院者。任僧錄司。以蔭涼軒爲其副矣。掌五山十刹。出世擧薦。武家賜公帖。

副僧錄

僧史略云。至唐元和長慶間。始立僧錄。錄左右街僧。亦無貳職。次有三敎首座。昭宗乾寧中。改首座爲副僧錄。得覺暉焉。副錄自暉公始也。

忠曰。日本古以蔭涼軒副於僧錄。而今廢之。

住持

敕修淸規住持章云。佛敎入中國四百年。而達磨至。又八傳而至百丈。唯以道相授受。或巖居穴處。或寄律寺。未有住持之名。百丈以禪宗寖盛。上而君相王公。下而儒老百氏。皆嚮風問道。有徒實蕃。非崇其位。則師法不嚴。始奉其師。爲住持。而尊之曰長老。如天竺之稱舍利弗須菩提。以齒德俱尊也。

禪苑淸規尊宿住持云。代佛揚化。表異知事。故云傳法。各處一方。續佛慧命。斯曰住持。初轉法輪。命爲出世。師承有據。乃號傳燈。得善現尊者長老之名。居金粟如來方丈之地。私稱洒掃。貴徒嚴淨道場。官請焚修。蓋爲祝延聖壽。故宜運大心。演大法。蘊大德。興大行。廓大慈悲。作大佛事。成大益利。權衡在手。縱奪臨時。規矩準繩。故難擬議。然其大體。令行禁止。必在威嚴。形直影端。莫如尊重。量才補職。略爲指蹤。拱手仰成。愼無徹时。整肅叢林規矩。撫循龍象高僧。朝晡不倦指南。便是人天眼目。

備用淸規住持云。佛祖傳持。延洪慧命。軌範三界。開鑒人天。明向上事。轉大法輪。居金粟如來方丈之位。得善現尊者長老之名。入室陞堂。告香普說。世出世間。法如法說。行說俱到。名實相當。擧古明今。師承有據。或單提直截。對接上根。或設化隨機。誘勸中下。成就勝緣。權衡縱奪。致若行道說法之暇。句稽錢穀簿書。豐儉隨宜。供衆修造。雖曰世間餘事。古今亦號難濟。苟能衆濟。斯謂全才。不及此者。竭力運謀。修造盡心。供衆安僧。列職任賢。庶毋曠役。斯謂三等住持。良非細事。焚修祈禱。貴在專誠。臨衆閑居。無宜慢易。叢林之設。老病爲先。照拂矜恤。尤須介念。方來高士。加禮送迎。率身以先。無事不辦。如密菴披衣夜臥。代先師持戒。克振家聲。地藏指石說心。與弟子投機。得大智慧。此皆千古典刑。佛法重任也。

明教嵩禪師廣原教云。教謂住持者。何謂也。住持也者。謂藉人持其法。使之永住。而不泯也。夫戒定慧者。持法之具也。僧園物務者。持法之資也。法也者大聖人之道也。資與具。待其人而後舉。善其具。而不善其資。不可也。善其資。而不善其具。不可也。皆善可以持而住之也。昔靈山住持。以大迦葉統之。竹林住持。以身子尸之。故聖人之教盛。聖人之法長存。聖人既隱。其世數相去。茫然久乎。吾人僥倖。乃以住持名之勢之利之。天下相習。沓焉紛然。幾乎成風成俗也。聖人不復出。孰爲之正。外衞者。不視不擇。欲吾聖人之風不衰。望聖人之法益昌。不可得也。悲夫。吾何望也。

禪林寶訓云。密菴曰。住持有三莫。事繁莫懼。無事莫尋。是非莫辨。住持人。達此三事。則不被外物所惑矣。

僧寶傳黃龍寶覺心禪師傳云。謝景温師直。守潭州。虛大潙。以致公。三辭不往。又囑江西轉運判官彭汝礪器資。請所以不赴長沙之意。公曰。願見謝公。不願領大潙也。馬祖百丈已前。無住持事。道人相尋於空閒寂寞之濱而已。其後雖有住持。王臣尊禮。爲天人師。今則不然。掛名官府。如有戶籍之。民。直遣伍伯追呼之耳。此豈可復爲也。師直聞之。不敢以院事屈。願一見之。公至長沙。

淸拙澄禪師聖因錄云。古德住持有三種。一說法。二安衆。三修造。舍此之外。不爲住持。昔汾陽感石門排闥。噓以佛法大事。靖退小節之言而起。大覺爲九峯一疏而來。晦堂願見謝公。不住大潙。應菴云。衲僧家。著草鞋住院。何至如蚖蜒戀窟。此皆中古傳道名師。可爲後世法。

羅湖野錄云。五祖演和尚。付法衣佛鑑曰。大凡應世。略爲子陳其四端。雖世俗常談。在力行何如耳。一福不可受盡。福盡則必致禍殃。二勢不可使盡。勢盡則定遭欺侮。三語言不可說盡。說盡則機不密。四規矩不可行盡。行盡則衆難住。

大慧杲和尚。與鼓山逮長老書云。潙山謂仰山曰。建法幢立宗旨於一方。五種緣備。始得成就。五種緣。謂外護緣。檀越緣。衲子緣。土地緣。道緣。

山菴雜錄云。大凡住持人。須要鉗鎚僕隸。亦宜時時以善訓之。庶不爲惡。而無累焉。千瀨住嘉興天寧。僕隸盜街坊人狗。烹而食之。千瀨得烹狗名。荊石住姑蘇承天。鶩舟趣檀家請經。墅落僕隸盜居民羊。烹而食之。荊石得烹羊名。夫盜狗盜羊。於二人何與。而當其惡名者。蓋尋常失於鉗鎚嚴訓。而致然也。後之人亦當以彼二人爲戒。　又云。夫住持者。蓋住一切菩薩智所住境。護持諸佛正法之輪。所謂佛子住持。而百丈立斯名。豈偶然哉。近代爲住持。而名焉利焉者。不知其所係之重。間有好交俗子。從事飲啖吁可惜哉。云云

名德西堂

敕修清規上堂云。或有諸山住持名德西堂。座右設位。　又告香云。名德西堂首座。並免告香。　又念誦云。住持入堂。前堂首座入。次名德西堂插入。歸聖僧板頭立。　又受請人陞座云。名德西堂。前堂首座。方舉行此。

名德義。見名德首座處。

五侍者

侍香。侍狀。侍客。侍藥。侍衣。此之謂五侍者。

勅修淸規云。侍者之職。最爲近密。觀道德於前後。聽教誨於朝夕。親炙參扣。期法道底于大成。而禮節常宜恭謹。慶喜之侍瞿曇。香林之侍雲門。佛祖重寄。其可忽諸。

空華集贈侍客俊上人敘云。原夫侍客之職。非古也。古之親炙師長者。總曰侍者而已。百丈師祖創立叢林。以慮後世住持者事繁。於是分其職爲五。侍客其一也。凡住持者。迎官客。接尊宿之禮系焉。故侍司五局之中。獨以侍客爲美。而古之爲人師長而得其侍者。機緣契合。咸有所待焉。泐潭以野鴨而待雄峯。臨濟以鯉魚而待洛浦。雲門待香林於紙襖。鳥窠待會通於布毛。乃至睡官犀牛。趙州大王。南陽呼喚。西睦商量。白雲佛果浸盧蔽吟小艶。是其樣子也。而其所待雖異。而至於克成大器則同矣。

釋氏要覽云。侍者。卽長老左右也。經云。恭己順命。給侍之者。菩薩從兜率下生經云。侍者具八法。一信根堅固。二其心覓進。三身無病。四精進。五具念心。六心不憍慢。七能成定意。八具足聞智。

空華集題侍者寮偈敘云。南禪侍司之職。通來送歸寮者。惟燒香一人而已。其他書狀以下寮。皆借人居之。由是爲侍司者。不復親近住持。視如路人。豈容聽教誨於朝夕者哉。及余住山。俾四員侍者。咸歸寮。明年夏有侍香者曰廣。侍狀者曰銓。侍客者曰春。侍藥者曰曙。是四人者。各具牌額。請予扁題。遂扁曰擇木。取諸佛日故事也。曰內史。取諸主文翰也。曰思忠。取三平接韓侍郎也。曰小玉。取圜悟小艶詩句也。

侍者字。亦出國語。魯語云。展禽侍者曰。若有殃焉在。

六侍者

覺浪尊正規云。方丈有六侍者。一巾瓶。二聽客。三書錄。四衣鉢。五茶飯。六幹辨。是皆室中親炙。必須爲法忘軀。英奇嚴密之子。以任此職。庶不孤此法乳也。

●立班小頭首

忠曰。侍者云小頭首。蓋言西序頭首言小矣。校定清規云。侍者謂之立班小頭首。在方丈所以多不與位者。猶父子一家也。若外客至方丈。爲主人煎點。侍者亦同坐。但俟主人坐定。侍者於住持前問訊。方可就坐。在住持前。雖爲位卑。然亦歷寺中諸小頭首。

禪苑清規維那云。院中小頭首。如堂頭侍者。聖僧侍者。延壽堂主。爐頭。衆寮寮主。首座閣主。殿主。並維那所請。

空華集賀侍者頌序云。古之欲弘吾宗於天下後世者。先整叢林。欲整叢林者。先正住持之名。欲正住持名者。先選頭首之材。欲選頭首材者。先選侍者之職。謂之立班小頭首。蓋以此也。而其職欲久。久則朝親暮炙。砥礪陶冶。厥材底于大成。是以慶喜侍佛者二十年。香林侍韶陽者十八載。老慈明之侍汾陽。行雪堂之侍佛眼。皆十餘祀。親近益久而所學益進。而後克纘乃焰。聯乃芳。宗風盛于百世。其職如斯。可不選哉。

忠曰。立班者何謂也。蓋擇於衣鉢侍者之不立班。而稱餘四侍者。爲立班小頭首乎。

●山門三大侍者

舊說曰。燒香侍者。書狀侍者。請客侍者。稱山門三大侍者。

●燒香侍者

敕修清規侍者云。凡住持上堂小參。普說開室。念誦放參。節臘特爲。通覆相看。掛搭燒香行禮。記錄法語。燒香侍者職之。

書狀侍者

敕修淸規侍者云。凡住持往復書問。製作文字。先具草呈。如覆書記。山門一應文翰。書狀侍者職之。別源旨和尚東歸集。賀建長書狀侍者頌云。雲門一字誤爲焉。紙裏抄來不得全。萬樹松杉池蘸碧。未知侍者若爲編。

內記

書狀侍者。又曰內記。

敕修淸規書記云。猶存書狀。列於侍者。使司方丈私下書問。曰內記云。

虛堂愚和尚錄。示內記藻侍者頌云。當年濟北辭黃檗。索火之機屈未伸。今日子孫開活眼。老南元是讀書人。

淸拙澄禪師錄。送訥侍者行軸跋云。予內記道人訥。辭入京覲師。

內史

侍狀又名內史。

空華集無文印後叙云。凡人之羣居也。非一人職其事。代其勞。則衆人必煩。煩則其業必荒矣。故吾祖百丈氏。創禪剎。安衆。設東西兩序。曰頭首。曰知事。猶朝廷置文武官。其才宜文者相之。宜武者將之。而又統其衆者。曰住持。住持之職。尤爲難矣。事日百端。應接弗暇。則於是置侍司。以代其勞。猶朝廷近侍之職也。而厥頭首侍司之主文者。曰書記。亦云外史。曰書狀。亦云內史。皆以禪文兼備者充之。故厥職每乏其人矣。苟非禪文兼全之才。則闕焉。烏乎難矣哉。才之兼全也。或禪全者文缺。或文長者禪短。然則今之世。欲得其禪文兼全者俾居是職。不亦難矣乎。

請客侍者

侍客。掌住持之內客。若外客則知客主之。又見五侍者處

敕修清規侍者云。凡住持應接賓客。管待尊宿。節臘特爲具狀行禮。請客侍者職之。

湯藥侍者

舊解曰。湯藥者。湯果藥石也。見飲啖門湯果。

敕修清規侍者班立云。朝暮供奉方丈湯藥。左右應接。佐助衣鉢侍者。撫恤近事行僕。或暫缺侍者。客至通覆。燒香或缺人。回向皆宜攝行。須擇年壯謹愿者充之。

空華集賀侍藥靈仲集敘云。詳夫法身無相。豈患風寒之侵陵。色體有形。須資湯藥以攝養。故吾祖百丈氏。爲老病者。設禪林以安其居。爲住持者。置湯藥而奉其養。則侍藥之職。其來也尚矣。

佛國高峯和尚行狀云。兀菴自大宋至。相陽平副帥最明寺殿。請住相之建長。一日入室。擧大力量人爲甚麼擡脚不起之話。使衆下語。師出衆。擡一足曰。脚跟下蹔。菴便稱賞。命侍湯藥。凡日域叢林少年輩。以侍藥爲榮登。寔自師始。

衣鉢侍者

衣鉢侍者。掌住持錢帛。

忠曰。住持資具錢帛之有處。謂之衣鉢閣。蓋蓄貲財。非僧人本志。故諱露言之。稱衣鉢矣。而此侍者掌此。

敕修清規曰。衣鉢侍者。不立班先輩多以叢林老成之士爲之。蓋能納忠救過。羅致人才。內外庶事。通變圓融。庶幾上下雍肅。如密菴有如侍者。而得松源世其家。東叟得昇首座。而家法益嚴。今諸方往往任後生晚輩。甚至敗德價事。可不慎歟。

不釐務侍者

釐理也。一山曰。不治事也。

忠曰。在侍者寮。不理侍者職。曰不釐務侍者。

大慧年譜云。師三十七歲。四月。抵天寧。圓悟令居擇木堂。作不釐務侍者。每日同士大夫入室。

物初賸語。西巖禪師行狀云。師名了惠。時主雪竇席者。佛鑑無準範也。師造席下。自陳來歷。範呵曰。熟歇去。已而令充不釐務侍者。語之曰。鼠不透處。只在鼻尖頭。道不著時。不離口唇皮上。

枯崖漫錄云。鐵鞭韶禪師。見密菴六年。爲不釐務侍者。

虛堂愚和尚行狀云。運菴師祖赴道場。攜師過雲上。薙染。爲不釐務侍者。

忠曰。不釐務語。本在外書。

宋史禮志云。元豐八年。二月詔。諸三省御史臺寺監長貳。開封府推判官。六參職事官赤縣丞以上。寄祿升朝官。在京釐務者望參。不釐務者朔參。

春明退朝錄云。本朝視朝之制。文德殿日外朝。凡不釐務朝臣日趣是謂常朝。詳垂拱門五參上堂

事物紀原。知縣云。宋朝會要曰。建隆四年六月。詔。河朔右地。魏爲大名。分治劇邑。當用能吏。思愼釐於縣務。

入院侍者

南堂欲禪師行道記云。皇慶初。佛性被上旨。復居開元。四衆推師。爲入院侍者。

秉拂侍者

舊說曰。聖僧侍者任之。而無其班位。故立方丈侍者下位。

敕修清規。四節秉拂云。秉拂侍者。同方丈侍者出座下問訊。

四寮

有數說。詳殿堂門四寮。庫司、頭首、單寮、蒙堂

兩班

忠曰。朝廷制。有文武兩班。禪林擬之。故有東西兩班也。

敕修清規兩序章云。兩序之設。爲衆辦事。而因以提綱唱道。輔翊宗猷。至若司帑庾。謹庶務。世出世法。無不閑習。然後據位稱師。臨衆馭物。則全體備用。所謂成己而成人者也。古猶東西易位。而交職之。不以班資崇卑爲嫌。今岐而二之。非也。甚而黨鬭。强弱異勢。至不相容者有矣。惟主者申飭訓。以戒之。欲其無爭。必愼擇所任。使各當其職。人無間言可也。

明極俊禪師再住建長錄。謝新兩班上堂云。百丈已前無住持事。也無兩序之稱。亦無進退之說。百丈已後。古風漸散。法出奸生。選賢擇能。量才補職。以宗眼明。戒行潔者。爲住持。謂之長老。以叅請多。叢林熟者。歸西序。謂之頭首。以廉於己。世法通者。歸東序。謂之知事。匡持法社。左輔右弼。可謂至矣盡矣。無以加矣。逗到末梢。無賢可選。無能可擇。不陳其力。而就其列者。往往有之。以故。叢林凋弊。佛法陵陁。深可傷歎。

明通紀集略。憲宗紀云。上御奉天門視朝。侍衛忽譁擾。兩班亦喧亂。

●東序　西序

東序者知事。西序者頭首。此謂兩班也。猶如朝廷有文武兩階也。

爾雅云。東西牆。謂之序。　註。所以序別內外。　疏。此謂室前堂上。東廂西廂之牆也。所以次序分別內外親疎。故謂之序也。尙書顧命云。西序東嚮。敷重底席。東序西嚮。敷重豐席。及禮經每云東序西序者。皆謂此也。

忠曰。文武官。列班東之序墻。西之序墻。故云東序西序。

品字箋云。序。說文。東西墻也。徐曰。序之言序也。所以序別內外也。增韻。序。堂前之兩廡也。內則註。引崔氏云。宮室之制。中央爲正室。正室左右有房。房外有序。序外有夾室。然則序也者。其正室前。夾室後。東西兩墻下之廊廡與。

唐書儀衛志云。文班自東門而入。武班自西門而入。

敕修淸規兩班圖云。

都寺	監寺	副寺	維那	副寺	副寺	典座	直歲
首座	首座	書記	藏主	藏主	知客	知浴	知殿

● 頭首

西序此謂頭首。明極曰。以參請多。叢林熟者。歸西序。謂之頭首。詳兩班處。

敕修淸規兩序章。列西序頭首云。前堂首座。後堂首座。書記。知藏。知客。知浴。知殿。燒香侍者。書狀侍者。請客侍者。衣鉢侍者。湯藥侍者。聖僧侍者。是也。

忠曰。茶禮請全班。止知客。

敕修淸規方丈特爲新掛搭茶云。次日首座。鳴照堂板。全班行禮。又云。頭首當列名止於知客。

舊解。頭首全班。自首座到知客也。　忠曰。前堂後堂書記。知藏。知客。知浴。知殿。皆爲西序頭首也。然今但止知客耳。

敕修淸規迎待尊宿云。如大尊宿。則首座衆頭首寮。住持勸請。爲衆開示法要。

● 秉拂五頭首

前堂首座。後堂首座。東藏主。西藏主。書記也。

竺仙仙和尙南禪錄。結夏上堂。擧柏樹話。拈云。趙州。拏空塞空。直得天下人。無出氣處。莫有爲衆竭力者麼。來夜問取五頭首。珍重。

明極俊和尙建長錄。謝頭首秉拂上堂云。建長頭首五座說法。第一座玄中玄。第二座妙中妙。第三座玄中妙。第四座妙中玄。第五座玄妙俱到。

● 六頭首

禪苑淸規列首座。書狀。藏主。知客。庫頭。浴主畢云。已上並爲六箇頭首。

忠曰。六中。庫頭之一是知事。然槩稱六頭首者。隨多得名也。

● 前堂首座

敕修淸規云。前堂首座。表率叢林。人天眼目。分座說法。開鑿後昆。坐禪領衆。謹守條章。齋粥精粗。勉諭執事。僧行失儀。依規示罰。老病亡歿。垂恤送終。凡衆之事。皆得舉行。如衣有領。如網有綱也。雖大方尊宿。若住持能以禮致之。亦請充此職。謂之退位爲人。如文殊爲七佛師。猶助釋迦揚化。爲衆上首。吾宗睦州於黃檗。雲門於靈樹。光昭前烈。詒訓後來。名位之重。可輕任耶。（前堂義、見前堂門、前板處。）

祖庭事苑云。首座。卽古之上座也。梵語悉替那。此云上座。此有三焉。集異足毗曇曰。一生年。爲耆年。二世俗財名與貴族。三先受戒。及證道果。古今立此位。皆取其年德幹局者充之。今禪門所謂首座者。卽其人也。必擇其己事已辨。衆所服從。德業兼備者充之。

慈覺賾公龜鏡文云。表儀衆僧。故有首座。　又云。尊卑有序。舉止安詳。所以報首座也。　又云。三業不調。四儀不肅。非首座所以率衆也。　又云。坐臥參差。去就乖角。非所以報首座也。

禪林寶訓云。張侍郞子韶。謂妙喜曰。夫禪林首座之職。乃選賢之位。今諸方不問賢不肖。例以此爲僥倖之津途。亦主法者失也。然則像季固難得其人。若擇其履行稍優。才德稍備。識廉耻節義者居之。與夫險進之徒。亦差勝矣。

幻住菴淸規曰。首座之稱。居一衆之首也。在叢林與長老平分風月。在菴中與菴主同展化儀。事在精勤。行存潔白。情忘憎愛。念絕是非。十方之儀範所鍾。一衆之道業所係。凡打板坐參。放禪行道。種種動靜。靡不關心。惟恐道緣未辨。法化不周。衆有怠惰者。當策之以精勤。犯衆者。當制之寛厚。菴居法令。又非大叢林所比。凡禮貌供需廚堂受用。或豐或儉。一切折中。常以火種刀耕。形影相弔。爲懷自然。不落今時道用在其中矣。

黄檗希運。在南泉作首座。又在鹽官作首座。有請和尚充首座者。　癡絶冲禪師蔣山錄。有請旌忠和尚充首座上堂。擧黄檗在南泉會中。作首座因緣。

●第一座

首座。在僧堂前板第一位。故亦言第一座。

聯燈會要潙山祐章云。師在百丈充典座。丈選潙山主人。命師往。時華林爲首座。乃云。某甲忝居第一座。而不得往。典座却往。百丈令首座與師。對衆下語。出格者行。遂拈淨瓶。置地上云。不得喚作淨瓶。汝喚作甚麽。首座云。不可喚作木楔也。丈却問師。師踢倒淨瓶而去。丈笑云。首座輸却山子也。因命師行。

●座元

首座言座元。　忠曰。蓋僧堂座位之元首也。

敕修淸規謝掛搭云。參頭云。即刻恭惟。座元。都總。諸位禪師尊候多福。　解云。都總都寺。此擧兩序之首也。

續燈錄翠巖可眞禪師章云。在歸宗南禪師堂中。爲座元。南問首座常將女子出定話。爲人。是否。眞云無。

普燈錄五祖表自禪師章云。初依祖。令看德山小參不答話因緣（祖者五祖法演）。未有省。時圓悟爲座元。師往請益。

林間錄云。佛印禪師再歸雲居。靈源叟初自龍山來。與衆群居。痛自韜晦。佛印陞座。白衆請以爲座元。其禮數特異。靈源受之。叢林學者日親。知晦堂老人法道有在矣。

大慧武庫云。五祖演和尚。依舒州白雲海會端和尚。咨決大事。時秀圓通爲座元。受四面請。卽請演爲第一座。

大慧年譜云。師五十一歲。住徑山。是年龍象駢集。坐夏者。一千七百有奇。擧悟本道顔二座元。分座訓徒。

叢林盛事云。圓極岑和尚。抱節孤高。近世罕及。依正堂辨於道場。未幾命董座元。　又云。柏堂雅禪師。閩人。嗣懶菴需。初住紫籜。以佛照居冷泉。叔姪之故。特往輔佐之。居座元二年。兄弟多歸之。然雅剛正。佛照憚之。後住龍翔靈巖。其道大振。

寮元亦稱座元。　敕修淸規。大掛搭歸堂云。新掛搭人。行者引見寮元。對觸禮一拜云。卽日恭惟。座元禪師。尊候起居多福。

解云。座元卽寮元也。

敎家亦有座元稱。　唐高僧傳曇選傳云。晚住幷部興國寺。川邑奉之。以爲師傅。每有衆集。居于座元。酬問往還。以繁節爲要。

● 禪頭

首座稱禪頭。

大鑑淸規淨智寺首座寮牓云。僧堂坐禪。號令之權在首座。不在住持。首座謂之禪頭。衆僧皆聽命於首座。切須力行勉勵後學。

祖庭事苑。天衣懷禪師傳云。晚謁翠峯明覺。因營衆務。汲水擔忽墮地。師豁然知歸。由是名振叢林。皆目之爲禪頭云。

僧寶傳。法昌遇禪師傳云。大寧寬禪師至。遇畫地作此㊀相。便曳钁出。翌日未陞座。謂寬曰。昨日公案如何。寬畫此㊉相。卽抹撒之。遇曰。寬禪頭。名下無虛人。

大慧爲秦國夫人請普說云。睦州喚僧。大德。僧回首。州云擔板漢。曾有箇禪頭。擧遮話問僧。僧作麽生會。又爲禮侍者斷七普說云。我既會了。却倒疑著幾箇禪頭。乃問老和尚。老和尚曰。能有幾箇得到爾田地。又方外道友請普說云。慶藏主。在溈山。雖辟地裏。與先師入室。其實眞如不會擧他立僧。一日眞如問先師爾去慶藏主處入室否。曰未曾。眞如云。因甚不去。他古今好。先師曰。某待都去禪頭處入室。僧寶正續傳。泐潭照禪師傳云。示衆曰。禪頭首座。同行道伴。亦皆教爾參學。

首衆

首座稱首衆。

虛堂愚和尚徑山錄云。擧黃檗在南泉會中爲首衆。一日捧鉢。向南泉位中坐。云云

立僧首座

舊說曰。立僧者。謂成立衆僧也。無定人。首座頭首之外。別於西堂或前堂。及諸耆宿中擇有道博達之人。敦請。爲衆開法焉。或有請大方尊宿。充之極爲重任矣。夫前堂首座之代主說法者。尚乏人。日本古有闕之。況立僧之名實相符。豈易多得耶。如名德首座。則前堂中擇稍有德者。爲之。不甚難得其人也已。

敕修清規請立僧首座云。其事嚴重。不可輕擧。如大方西堂。名德首座。行解素爲衆所推服者。委曲陳情。如有允意。特爲上堂言。此間多衆。宜得當人。相與建立法幢。開大爐鞴。山中幸有某人。知見高明。慧命所寄。少刻下座。同兩序大衆拜請。爲衆開室。伏望慈悲。特垂開允。下座。云云

禪苑清規請立僧云。退院尊宿。首座藏主。如合衆望。可擧立僧。即住持人陞座。擧白訖。知事大衆。詣寮禮請。（請辭云、大衆傾心、久思示誨、伏望慈悲、俯賜開允）如不允更不答拜云。（自敍不了、豈可爲人、）如允即時還禮。（云既蒙堅請不敢固辭）乃上方丈陳謝。禮數隨宜。退院尊行。（謝云、本欲依棲貴藏衰拙既蒙見擧）

（不敢奉違。答云、象駕既旋、法輪常轉、雖然不合奉煩告。以佛法為念、）退院平交（謝云、方圓自差豈復為人上。命雖深、下情多愧、答云、不合奉煩、且以佛法為念、）諸方名德。及參學小師。（謝云、此蒙和尚指揮、令受兄弟問訊、雖無深望、不敢固辭、下情無任惶恐感激之至。答云、既有餘光、且以佛法為念、）並相看。陳謝知事。次日堂頭庫下。特為煎點。（並含隨意、）

備用清規請立僧云。若名德之士。受此請。住持座上說及。即抽身歸寮閉門。下座。領大衆扣門。開門接。住持入。插香。同衆禮一拜。呈納普說入室牌。

已下略舉事緣。

大慧杲和尚。為禮侍者斷七普說云。老和尚（圜悟）曰。如今方知道。我不謾儞。我既會了。却倒疑著幾箇禪頭。乃問老和尚。老和尚曰。我箇禪。如大海相似。是儞將得箇大海來。傾取去。始得。若只將得鉢盂來盛得些子去。便休。是儞器量。只如此。教我怎奈何。能有幾箇得到儞田地。舊時只有一箇璟上座。與儞一般。只是死了。過得幾時。便舉我立僧。後來在雲居首座寮。夜間常與兄弟入室。老和尚。愛來聽。

人天寶鑑云。慈航小參。長靈卓禪師。命無示立僧。法席嚴肅。不事堂廚。唯安禪以當佳供。夜參以當藥石。其間衲子。有不任者。無示告卓曰。人以食為先。若是則衆將安乎。卓愊之曰。表率安可為此。無示云。某不爭。堂廚教誰爭耶。

叢林盛事云。應菴初依蔣山圓悟。會中與此菴元為友。及元住虔之連雲。華從虎丘隆會中來。初到便令作首座。未久令立僧。元上堂云。西河有師子。連雲出虎兕。親從猛虎窟中來。文彩爪牙悉皆備。雖未及驚羣。已有食牛志。痛念楊岐宗。今之如埽地。堅起鐵脊梁。與先師出氣。諸人還識麼。兩眼大如環。當頭立底是。　又云。谷山旦。初參佛性泰和尚。泰問。前百丈不落因果。因甚墮野狐身。後百丈不昧因果。因甚脫野狐身。旦曰。好與一坑埋却。泰徵之。語皆不凡。未幾令立僧。名動一時。

應菴華禪師天童錄。有舉傑首座（密菴）立僧上堂。

密菴傑禪師徑山錄。有舉演首座立僧上堂云云下座。詣首座告香。

無準範禪師錄。有請淵首座立僧上堂。　又有上元請首座立僧上堂。

增續傳燈滅翁禮禪師章云。時松源唱道饒之薦福。師往參焉。蒙印可。辭源巡禮江淮間祖塔。至蔣山浙翁命充立僧首座。晉陵尤公焴數入山聽師提唱語悅服。

虛堂愚和尚錄。有靈隱立僧普說。

已下略舉請尊宿立僧事緣。

應菴華禪師蔣山錄。有舉西堂正法和尚立僧上堂。

密菴傑禪師徑山錄。請前堂首座鶴林印和尚立僧上堂云云。下座煩知事頭首大衆。詣首座寮扣問。

松源岳禪師錄。舉首座鳳山義和尚立僧上堂云。諸佛不出世。祖師不西來。佛法遍天下。談玄口不開。既是談玄。因甚口不開。問取鳳山和尚。

癡絕沖禪師天童錄。請蔣山石溪和尚立僧上堂云。正法眼。破沙盆。貴時傾國不換。賤時不直分文。不作貴不作賤。分付石溪老子。共結佛祖深冤。

破菴先禪師錄行狀云。師既歸蜀。初住果之清居。梓之望川。未幾。復振錫而南。至夔門。時尚書楊公輔。素聞師名。以臥龍招之。留三年。出峽至常州華藏。遯菴演。始延師分座立僧。衆皆傾服。

山菴雜錄云。破菴和尚。退資福。趨徑山蒙菴招委以立僧首座職。有寶上座者。具大知見。遇住持首座開堂。必橫機提出。迎鋒取勝。一日破菴開室。寶上座至。破菴垂語云。乾坤之內。宇宙之間。中有寶擬議。被打出。其時寶待破菴舉語盡。乃進語。既於中有處。被打出。以謂破菴故摧我。歸衣單下脫去。火後。鄉人收舍利。呈破菴。破菴拈起云。寶上座饒儞。有舍利八斛四斗。置之一壁。還我生前一轉語來。擲地。惟見腹血。聞之於先輩。

名德首座

舊說曰。名德非位職之稱。前堂首座中。擇有名譽德行者。爲名德首座。其事最重。故諸頭首中。首座爲重。首座中。名德爲重。名德西堂例知。

敕修清規請名德首座云。住持須預稟露。如有允意。方丈先請茶。兩序光伴。即鳴鼓陞座。更不報衆。住持委曲致懇。下座與大衆同伸拜請。鳴鐘送歸寮。

中阿含經云。烏陀夷妄非舍梨子說法。世尊面呵尊者烏陀夷已。語尊者阿難曰。上尊名德長老比丘。爲他所詰。汝何以故。縱而不撿。汝愚癡人。無有慈心。捨背上尊名德長老。

釋氏要覽云。名德。名者實也。實立而名從之。仲尼云。所貴名實之名也。德者得也。所謂內得於己。外得於人。常無所失。合而稱之。阿含經呼舍利弗已下。爲名德比丘。皎法師高僧傳序云。寡德適時。名而不高。實德潛光。高而不名。

却來首座

敕修清規前堂首座云。雖大方尊宿。若住持能以禮致之。亦請充此職。謂之退位爲人。

舊說曰。退位爲人。是爲却來首座。忠曰。却來洞家擧唱。向正位爲向去。自正位來于偏位。爲却來。

後堂首座

敕修清規云。後堂首座。位居後板。輔贊宗風。軌則莊端。爲衆模範。葢以衆多。故分前後。齋粥二時過堂。及坐禪。則後門出入。如缺前堂。住持別日上堂。白衆請轉前板。插單唱食。其坐禪坐參。只衆寮前第三下板。即入堂。不必鳴首座寮前板。餘行事。悉與前堂同。（後堂義。見殿堂門後堂前板處）

義堂信禪師日工集貞治三年甲辰記曰。四十

致東林和尚領圓覺寺。請余充後板。余以年少。堅臥不起。

忠曰。義堂以四十歲爲猶未老。不勝任後板。而不就。由此可驗昔時厚純。亦可痛今日輕躁矣。

書記

古稱書狀。今分內外。內爲書狀侍者。外爲書記。敕修清規云。書記。卽古規之書狀也。職掌文翰。凡山門榜疏書問。祈禱詞語。悉屬之。蓋古之名宿。多奉朝廷徵召。及名山大刹。凡奉聖旨敕黃住持者。卽具謝表。示寂。有遺表。或所賜所問。俱奉表進。而住持專柄大法。無事文字。取元戎幕府。署記室參軍之名。於禪林。特請書記以職之。猶存書狀。列於侍者。使司方丈私下書問。曰內記云。而名之著者。自黃龍南公始。又東山演祖。以是職。命佛眼遠公。欲以名激之。使兼通外典。助其法海波瀾。而先大慧亦嘗充之。凡居斯職者。宜以三大老爲則可也。

忠按。聯燈普燈會元正宗贊等。皆云。佛眼爲知客。未見爲書記。普燈云。佛鑑主五祖書記。恐今誤爲佛眼乎。

忠曰。記室參軍。武官也。 杜氏通典。武官大將軍云。晉增置司馬一人。從事中郎二人。主簿記室督各一人。

事文類聚。引續漢百官志云。三公大將軍。皆有記室。主上表章報書記。雖列於上宰之庭。然本於從事之職。

禪苑清規云。書狀之職。主執山門書疏。應須字體眞楷。言語整齊。封角如法。及識尊卑觸淨。僧俗所宜。如與官員書信。尤不得妄發。每年化主書疏。預先安排。卽時應須子細點檢。恐封角差蹺。及漏落施主名銜。如寫常住書信。卽用常住紙筆。如寫堂頭書信。卽用堂頭紙筆。如發自己書信。不宜侵用。輕塵積嶽。宜深戒之。新到茶湯。特爲禮。不可闕院門大榜。齋會疏文。竝宜精心製撰。如法書寫。古今書啓。疏詞文字。應須遍覽。以益多聞。若語言典重。式度如法。千里眉目。一衆光彩。然不得一向事持筆硯。輕侮同胞。不將佛法爲事。禪月齊己。止號詩僧。賈島惠休。流離俗官。豈出家之本意也。

備用清規云。書記。單名清雅。翰墨典嚴。製文須合古規。發語當爲新鑑。悚動觀聽。輝映林泉。若曰佛祖慧命。豈任茲乎。黃龍南和尚。遇雲峰悅禪師指見慈明。方決大事。謀西江。華藏遁菴會下充書記。代赴張循王府陞座。到府門問曰。書記若會禪家問自有教授。謀卽歸寺。焚却所蓄文字。徑造天童默耕此道。凡十年。不出僧堂。方了大事。後住雪竇至天童。法道大振。任重致遠。叢林共知。

慈覺龜鏡文云。爲衆僧典翰墨。故有書狀。　又云。手不把筆。如敎頭然。所以報書狀也。　又云。書狀不工。文字蔑裂。非書狀所以飾衆也。　又云。事持筆硯。馳騁文章。非所以報書狀也。

無文印寄隆瘦巖書云。古無書記。見於清規。惟書狀書記云者。創置於中古諸老。非百丈意也。第數十年來。謬謬相承。冒其氏名者多耳。

舊說曰。書記雖班藏主上。然其職掌卑。猶如知客雖在侍香上。其職却卑。

已下略出事緣。

碧巖錄云。唐宣宗乃大中也。武宗卽位。潛遁在香嚴閑和尚會下。後剃度爲沙彌。未受具戒。後到鹽官會中。請大中作書記。

林間錄云。嵩明敎。初自洞山游康山。託迹開先法席。主者以其佳少年。銳於文學。命掌書記。明敎笑曰。我豈爲汝一盃薑杏湯耶。因去之。居杭之西湖。三十年閉關。不妄交。

僧寶傳。黃龍慧南禪師傳云。登衡嶽。寓止福嚴。老宿號賢叉手者。大陽明安之嗣。命公掌書記。

北磵文集。送夢書記序云。古無書記。自積翠老南領徒行脚。叢林稱之。後世嗣其遺響。僅得梢翠之一體。餘則百步半百也。

普燈錄佛鑑懃禪師章云。師見五祖演。大豁所疑。令主翰墨。

普燈錄大慧杲禪師章云。師至天寧。見圓悟。於言下。去盡知見。悟曰。始知吾不汝欺。遂命掌翰墨。

普燈錄。宏智正覺禪師章云。丹霞淳子領大洪。師掌記。

有比丘尼命書記者。　敘慧語要有比丘尼廓然聖書記者。

● 外史　外記

書記又名外史。或名外記。又（見內史）皆准朝制。

周禮云。外史掌書外令。註（王令下畿外）掌四方之志。註（志記也、謂若魯之春秋晉之乘楚之檮杌）

雪屋稾云。江左外史番昜釋克新仲銘。

金玉編序云。天曆初。文宗皇帝。以金陵潛邸。爲大龍翔寺。起笑隱禪師主之。而天下學者。雲輸川涌。今水西新公仲銘晩至。以雄才碩學。爲書記。

● 記室

書記又名記室。

大慧年譜云。師三十八歲。居天寧記室。

● 藏主

備用清規云。藏主掌握金文。嚴設几案。常備湯茶香燭。延迎兄弟看經。初入經堂。先白堂主。同到藏司。相看。送歸案位。對觸禮一拜。此古法也。今人物騈集。藏列東西。務在馳名。所職何事。直須宗乘洞達。聖教該通。點對出入經卷。書塡殘缺字畫。焙拂補粘。盡心成美。亦爲報佛之恩。名實無辜矣。

大藏教貳副。分度東西。見殿堂門。遂有東藏主。西藏主。

慈覺龜鏡文云。爲衆僧守護聖教。故有藏主。　又云。明窓淨案。古教照心。所以報藏主也。　又云。几案不嚴。喧煩不息。非藏主所以待衆也。　又云。慢易金文。看尋外典。非所以報藏主也。

藏主本兄弟職。　舊說曰。昔竺仙和尚。由書記轉藏主。蓋時乏兄弟。而藏主本兄弟職故也。

已下略錄事緣。

傳燈錄雲居道齊禪師章云。法燈（泰欽）住上藍院。師乃主經藏。一日侍立次。法燈謂師曰。藏主。我有一轉西來意話。汝作麽生會。師對曰。不東不西。法燈曰。有什麽交涉。曰道齊只恁麽。未審和尚尊意如何。法燈曰。他家自有兒孫在。師於是頓明厥旨。

續傳燈錄。虎丘隆禪師章云。謁圓悟。悟問曰。見見之時。見非是見。見猶離見。見不能及。擧拳曰。還見麽。師曰見。悟曰。頭上安頭。師聞脫然契證。悟叱曰。見箇甚麽。師曰。竹密不妨流水過。悟肯之。俾掌藏教。有問悟曰。隆藏主柔易若此。何能爲哉。悟曰瞌睡虎耳。

按虎丘錄行狀。圓悟移道林。師從焉。遂有見見之問答。乃知。掌教在道林時也。

虚堂愚和尚錄行狀云。時笑翁和尚住靈隱。以虎丘舊職。命師再尸藏事。

● 知藏

即藏主也。

敕修清規云。知藏職掌經藏。兼通義學。凡看經者。初入經堂。先白堂主。同到藏司。相看。送歸按位。對觸禮一拜。此古規也。今各僧看經。多就衆寮。而藏殿無設几案者。然充其名。當盡其職。函帙目錄。常加點對。缺者補完。蒸潤者焙拭。殘斷者粘綴。若大衆披閱。則藏主置簿。照堂司所排經單列名。逐函交付。看畢照簿。交收入藏。庶無散失。

● 藏司

忠曰。知藏之人居處。言藏司。（藏主及知藏處引備用敕修）故亦呼知藏爲藏司。又見殿堂門。

普燈錄。楚安慧方禪師章云。佛鑑指往大別。既至職藏司。

經藏堂主

忠曰・藏主之外。有堂主焉。藏主不居藏殿。堂主守經・常在藏殿也。

敕修清規云・凡看經者。初入經堂。先白堂主。見知藏。

知客

敕修清規云。知客職典賓客。凡官員檀越。尊宿諸方名德之士。相過者。香茶迎待。隨令行者通報方丈。然後引上相見。仍照管安下去處。如以次人客。只就客司相款。或欲詣方丈庫司諸寮相訪。令行者引往。其旦過寮床帳什物。燈油柴炭。常令齊整。新到須加溫存。維那在假。則攝其行事。僧堂前檢點。行益客僧粥飯。遇亡僧。同侍者把帳。暫到死・主其喪。雪竇在大陽。禪月在石霜。皆典此職。毋忽。

聯燈會要雪竇重顯禪師章云。師在大潙。爲知客。李殿院來問云。知客是長老鄉人那。師云不敢・李云。且在這裡。不得亂走。師云。本爲行脚。李云。行脚當爲何事。師云。看亂走底。李大笑。

典客

知客又名典客。

僧寶傳雪竇顯禪師傳云。嘗典客大陽。與客論趙州宗旨。客曰。柏樹子因緣。覺鐵觜言。先師無此語。法眼肯之。其旨安在。顯曰。宗門抑揚。那有規轍乎。時有苦行名韓大伯者。貌寒寢。侍其旁。輒匿笑而去。客退。顯數之曰。我偶客語。爾乃敢慢笑。笑何事。對曰。笑知客智眼未正。擇法不明。顯曰。豈有說乎。對以偈曰。一兎橫身當古路。蒼鷹一見便生擒。後來獵犬無靈性。空向枯樁舊處尋。顯陰異之。結以爲友。顯盛年工翰墨。作爲法句。追慕禪月休公。破菴先禪師錄行狀云。見密菴於烏巨。衆幾滿百。

然皆一時龍象。命師爲典客。常隨衆入室。密菴爲傍僧。擧不是風動。不是幡動。師聞豁然大悟。從此機語相契。一日密菴過師於衆寮前。謂師曰。不得問訊。不得叉手。總不得作伎倆。儞試露箇消息看。師應聲云。方丈裏有客。密菴呵呵大笑。卽知客也。

典賓

普燈錄。佛眼遠禪師章云。依太平事祖。五祖數載。後典賓海會。雨夜讀傳燈錄。至破竈墮因緣。忽撥火大悟。

明極俊禪師錄。南洲和尚遠忌普說云。大日本國有善知識名南洲禪師。生平履踐確實。工夫精專。遊唐七載。參知識於南屏山中。掌典賓任。只一玻璃盞子。驗盡五湖四海龍象。奏凱回來本國。見兀菴。於洗鉢盂話。深領其旨。

客司

忠曰。知客之人居處。言客司。見殿堂門客司處故亦呼知客爲客司。

敕修淸規聖節云。堂僧堂司給由。暫到客司給由。

知浴

敕修淸規云。知浴凡遇開浴。齋前掛開浴牌。寒月五日一浴。暑天每日淋汗。鋪設浴室。掛手巾。出面盆拖鞋脚布。參頭差行者直浴。齋罷浴頭覆維那首座住持畢。鳴鼓三下。浴聖。桶內著少湯。燒香禮拜。想請聖浴。次第巡廊鳴板三下。徧鳴鼓。第一通僧衆入浴。第二通末頭首入浴。第三通行者入浴。此時住持方入。以屛風遮隔而浴。第四通人力入浴。監作行者。知事居末浴。就彈壓之。併點視。令息竈中火。及炭煤水洒乾淨。有餘柴。搬於遠處云云能妙觸宣明成佛子住則功不浪施矣。

傳燈錄。太原孚上座章云。參雪峯。嘗問師曰。見說臨濟有三句。是否。師曰是。曰作麽生是第一句。師擧目視之。雪峯曰。此猶是第二句。如何是第一句。師叉手而退。自此雪峯深器之。室中印解。師資道成。師更不他遊。而掌浴室焉。一日玄沙上問訊。雪峯曰。此間有箇老鼠子。今在浴室裏。玄沙曰。待與和尚勘破。言訖到浴室。遇師打水。玄沙曰。相看上座。師曰。已相見了。玄沙曰。什麽劫中曾相見。師曰。瞌睡作麽。玄沙却入方丈。白雪峯曰。已勘破了。雪峯曰。作麽生勘。伊玄沙擧前語。雪峯曰。汝著賊也。

●浴主

知浴又曰浴主。

慈覺龜鏡文云。爲衆僧浣濯。故有浴主水頭。又云。輕除靜默。不昧水因。所以報浴主水頭也。又云。湯水不足。寒暖失宜。非浴主水頭。所以浣衆也。又云桶杓作聲。用水無節。非所以報浴主水頭也。

●浴頭

直浴行者曰浴頭。

敕修淸規知浴云。齋罷。浴頭覆維那首座住持畢。鳴鼓三下。（詳知浴處）

傳燈錄鏡淸道怤禪師章云。因普請鋤草次。浴頭請師浴。師不顧。如是三請。師擧钁作打勢。浴頭乃走。師召曰。來來。浴頭廻首。師曰。向後遇作家分明擧似。

●知殿

掌佛殿事者。曰知殿。

敕修淸規云。知殿。掌諸殿堂香燈。時時拂拭塵埃。嚴潔几案。或遇風起。須息爐內香火。及結起旛脚。防顧使。勿近燈燭。施主香錢。不得互用。佛誕日浴佛煎湯。供大衆。四齋日。開殿門。以便往來瞻禮。

殿主

知殿又曰殿主。

禪苑淸規殿主云。拂拭塵埃。列正供具。以時洒掃。莊飾香燈。參後展席。以待衆人瞻禮。

宗門統要藥山儼禪師章云。師因遵布衲作殿主。浴佛次。師乃問。汝秖浴得這箇。還浴得那箇麽。遵云。把將那箇來。師休去。

斷橋倫禪師瑞巖錄。有請殿主上堂。

直堂

禪苑淸規云。直堂之法。從上間第二座。被位爲頭。次第輪轉。終而復始。主看守堂中衆僧。被位衣鉢。早晨長板時。大衆集。持直堂牌。於當日上座前。問訊云。上座今日直堂。交牌訖。問訊歸位。（如下食位與被位相違。即須記被位不看之人。於何粥飯所貴至時不須尋討。如只在鄰位。亦當下床納牌。受牌人但口所問訊納之。並不下床。）直堂人。常在堂中。於上下間照管。如有所幹。須請熟分兄弟。暫時看守。並不得趨睡堂。及延壽堂。幷外請。念誦諸處茶湯。如全衆出入。除維那指揮。鎖堂。並不得擅離所守。至放參後。方可隨意。如堂中去失。係是放參已前。方是直堂人位責。（直堂以放參爲限也。）欲開函櫃。或抽衣被。並先白直堂人知。如不先報。即當審問。開靜已前。放參已後。衆中兄弟。並不得開函櫃。及抽取衣被。如送入衣被。則不妨。如有所犯。即鄰位及衆人呵止。不得規避直堂。預還被位。令堂衆動念。

勅修淸規坐禪云。堂中有直堂牌。刻云。輪次直堂周而復始。住山押。

閣主

禪苑淸規云。閣主殿主。維那所請。（詳立小頭首處）

塔主

臨濟玄禪師錄云。師到達磨塔頭。塔主云。云云、（詳區界）

（門塔頭處）

主塔侍者

傳燈錄慧能大師章云。塔中有達磨所傳信衣。中宗賜摩衲寶鉢。方辯塑眞。道具等。主塔侍者尸之。

侍眞

忠曰。侍祖塔眞影者。曰侍眞。卽塔主也。眞者。祖師形像也。

傳燈錄盤山寶積章云。師將順世。告衆曰。有人邈得吾眞否。衆皆將寫得眞呈師。云云

聖僧侍者

敕修淸規云。聖僧侍者。（不立班在衆後。行道堂外粥飯。）貴有道心。齋粥二時上供。鳴下堂椎。朝夕交點被位。中夜剔燈。同維那交收亡僧唱衣錢。住持遷化。把帳頭首秉拂。則爲燒香。或代鳴椎念佛。職滿在本山。當預侍者名。退耕斷橋二老。在衆時。常充此職。以能結衆緣而勵志于道也。

義堂日工集云。府君（義滿）問。衣鉢侍者次是何侍者。曰。聖僧侍者。卽秉拂侍者也。常在僧堂侍于聖僧者。君曰。其職爲貴爲賤。曰此職多以道者充之。或雖勤舊。亦發心自請充者。有之。

寮元

舊說曰。維那司僧堂。寮元司衆寮。

江西曰。禪林。寮元立班。起於大慧充雲居寮元。爲衆普說。（按大慧年譜。大慧四十歲、四十一歲、在雲居首座寮爲。）

寮元亦稱座元。（見座元處）

敕修淸規列職雜務云。寮元掌衆寮之經文什物。茶湯柴炭。請給供需。洒掃浣濯。淨髮櫛巾之類。

又大掛搭歸堂云。新掛搭人。行者引見寮元。

備用淸規云。寮元之職。隨處毘尼。江左叢林盛時。大慧掛牌普說。班列西序之下者。當知所自也。

淸拙淸規栴檀林須知云。寮元。總管衆寮大小事務。好經文雜文字。語錄。家私什物等。各依目錄交割。維那眼同見。衆兄弟借文書。寮暇。請暇。病暇時。須便送還。

叢林盛事云。證西林號老衲。長沙人。月菴之嗣。月菴居道林。證爲寮元。已爲兄弟挂牌入室。其爲人至誠鄭重。雖處暗室。如臨大賓。兄弟見之。其容必莊。

寮長

勅修淸規寮元云。每日粥罷。令茶頭行者。門外候衆至。鳴板三下。大衆歸寮。寮長分手。寮主副寮對面左右位。副寮出燒香歸位。茶頭喝云。不審大衆和南。

解曰。寮長分手者。寮長位于寮元分手也。

寮主

舊說曰。寮主。輔佐寮元者。侍者類也。

勅修淸規列職雜務云。寮主副寮。凡安衆處。寮元照戒次。自下而上。請充之。寫定名字。預貼牌上。十日一替。佐寮元辦事。旦暮僧衆歸堂。巡視經案。或有遺忘什物者。眼同收拾。付還。及交點本寮什物。提調香湯茶湯。毋容外人止宿。及寄頓物件。猶預定望寮一名。使以次挨補副寮。若寮主滿。從維那請交代。副寮過滿。從寮元請交代。　又大掛搭歸堂云。參頭領衆。行者引至衆寮。鳴內板三下。寮主相接。入門對觸禮一拜。

淸拙淸規栴檀林須知云。寮主副寮二人。日夜不離衆寮。坐禪時。同寮元。佛前坐禪。諷經過堂。一切隨衆。並免。專看守上下間。及前後門。凡諷經過堂時。並關閉前後門。日夜坐禪時。並鎖前後門。其後門。打給粥飯。打炭。打水時開。餘時常鎖。諸寮大小。人工不許入。凡取點茶之湯。只沙彌喝食入取。茶盞及臺幷圓盤盆湯瓶。係副寮管領。日間寮主看管上間。副寮看管下間。凡有失物。分上下間倍償。如撿點不在寮。令起單。放參後。寮行者。鳴出寮版。一聲。衆隨意鎖。匱先出。行者掩大門一扇。二聲衆盡出。三聲門雙閉。昏鐘鳴下鎖。鑰匙寮元收寮內。夜間不許通僧來往。定鐘時。寮主副寮及行者。執燭三人同巡視案匱。或忘鎖者。與鎖之。或忘收物者。與收起。明日送還之。十日管領。遞相照應義也。五更鐘鳴。行者裝香爐火。點燈。請鑰匙。門開一扇。住持知事行香。此時多是賊入。寮主副寮。輪番人。各一日看守。粥時全閉。亦恐有賊。此粥時外寮。莫來燒香。粥罷全開。衆入問訊畢。各各隨意燒香。慈覺龜鏡文云。爲衆僧守護衣鉢。故有寮主。　又云。一瓶一鉢。處衆如山。所以報寮主。　又云。打疊不勤。守護不謹。非寮主所以居衆也。　又云。以己方人。慢藏誨盜。非所以報寮主也。

知寮

知寮者。即寮主也。

諸祖偈頌。慈受禪師示衆箴規云。放參開籠。須白知寮。

日用軌範云。粥前齋前。放參後。不得開函櫃。如有急切。白主事人。寮中白寮主。僧堂白聖僧侍者。　解曰。此寮主者。慈受所謂知寮也。

副寮

備用清規云。副寮之職。其事緊重。寮中什物。逐一交割。分明。職務一旬。關籍諸事。粥前參後。不許登閣。有急切幹者。須白寮主。書日書名。打板上閣。庶免後患。時時提點湯瓶。夜看火燭賊盜。掃地拭桉。換水添香。勿容外人。上官寄買物件。子細收發。衣竿熨斗。洗衣桶。衆人所用之物。各收元處。善用其心。獲勝妙功德也。　又見于寮主處。

望寮

舊說曰。望寮轉副寮。副寮轉寮主。蓋自臘少者。次第請向上。

忠曰。副寮闕。則可轉上補之。故云望也。

備用淸規副寮下。有望寮云。望寮之職。先輩深有意焉。受職到寮。預知寮中細大。副寮出盞點茶。相與收拾。放參藥石。行醋行鹽。結緣邊事也。

又見寮主處。

●洞脚

舊說曰。住侍巡寮。住持倚各各寮椅子時。寮主與寮之洞脚。皆進插香。

古解者爲洞脚。未詳。　忠曰。蓋各寮屬寮主之衆也。未詳字義。

日工集云。守亨書記求預會下。乃容石屛洞脚。又云。步往石屛。語諸同脚曰。屋子破損。在在皆是。吾無以爲變。今經像墨寶無恙。幸矣。

忠曰作同。未知孰是。

●禪客

舊說曰。宋國圜悟大慧之後。禪刹例置禪客。僧大刹二人。小刹一人。擇得言句三昧者。蓋官人入寺。慶請陞座說法。及時禪客出衆問答。名之曰問禪。今叢林差禪客。此其遺風也。或禪客中。有得法者。則讓其主位云。

晦堂祖心寶覺禪師語錄。長沙安撫謝通議。請就北禪陞座云。僧問昔日李翶登藥嶠。雲在靑天水在瓶。今日通議臨寶座。乞師一句定宗乘。師曰。潭上無風浪自平。僧曰。還有承當處也無。師曰。爾作麽生承當。僧曰。金烏迥出靑霄外。玉兎輝時四海淸。師曰。不如退後看。僧曰。大衆證明。學人禮謝。

忠曰。此禪客出衆作頌。又有入衆語。大似今時禪客模樣。而寶覺時。已有之。此可以證舊說禪客事也。

敕修淸規上堂云。古之學者。蓋爲決疑。故有問答。

初不滯於語言。近日號名禪客。多昧因果。增長惡習。以爲戲劇。譁然喧笑。甚失觀瞻。況擧揚宗乘。端祝聖壽。

忠曰。夫問話者。不憑佛心宗淵源。亂以口頭聲色。粉飾語句。或戲謔模樣。欲動視聽。或坐具擬棒。打地云效臨濟打爺。弄法之罪因。莫大焉。無間之獄果。難逃矣。然自撥無因果。增長此惡弊。可不痛哉。或有惡之。都禁絕問話。此亦過甚。非令法久住之計。只當止火災。何廢爨燭之用。世之師法。須委悉。　又見參請門問話處。

龐居士錄云。居士因辭藥山。山命十禪客相送。至門首。士乃指空中雪曰。好雪片片。不落別處。有全禪客曰。落在甚處。士遂與一掌。全曰。也不得草草。士曰。恁麼稱禪客。閻羅老子。未放儞在。全曰。居士作麼生。士又掌曰。眼見如盲。口說如瘂。

江湖風月集。復巖己和尚。贈禪客頌云。倒發一問沒來由。撈得通身白汗流。梅雨打窓聲瀝瀝。重添公案上心頭。

行者亦爲禪客。　虛堂愚和尚錄。贈禪客智仁偈云。法戰場中樹勝旗。話頭何似問頭危。古人滅盡添兵處。切忌交鋒蹉過伊。　又云。問話行者智仁。炷香請語。以此贈之。景定癸亥。至節。虛堂老僧書于雪竇西菴。

放禪客

忠曰。秉拂預定禪客外。放出問答。名放禪客。

敕修淸規秉拂云。秉拂人。令茶頭行者。請聖僧侍者禪客。燒香獻茶畢云。今晚秉拂。輒煩侍者燒香。禪客問話。

舊解曰。見此語。預差定禪客也。唐土則兄弟名勝。秉拂。定禪客外。自他寺他山來者。忽放出於衆前。問答。稱放禪客。日本亦如東福虎關秉拂時。乾峯俄出衆問答。成叢林絕唱。

參頭

有行者參頭。見下 有四來參頭。今是四來參頭也。卽告香普說等。新歸堂衆中。推舊參。能諳禮樂人一員爲參頭焉。

敕修淸規告香云。每夏前告香。新歸堂者。推參頭一人。又云。若大衆均預告香。則首座爲參頭。

又遊方參請云。今時遊方掛搭。初到且過。推熟於叢林能事者一人爲參頭。領衆主客司。具威儀。列門首右。白云。暫到相看。云云

大慧武庫云。慈明與瑯琊大愚等數人。辭汾陽。相讓不肯爲參頭。汾陽云。此行不可以戒臘推。聽吾一頌。天無頭。吉州城畔展戈矛。將軍疋馬林下過。圓州城裏鬧啾啾。慈明出班云。楚圓何人。敢當此記頊遂領衆拜辭。

廣燈錄羅漢院繼宗禪師章云。師行脚時。與數僧。參一老宿。問五人新到。阿那箇是參頭。師云不怕三冬雪。惟愛午夜風。宿云。平地上喫交作什麽。師云。言猶在耳。宿云。且坐喫茶。師云喫茶卽得。

聯燈會要雪竇顯禪師章云。一日六人新到相看。師問參頭。夫爲上將。須是七事隨身。兩及交鋒作麽生。云久響和尙有此一著。師云。一著放過。還我草鞋錢來。僧便喝。師便打。僧約住棒與師一掌。師云。未到翠峯。時與儞三十棒了也。僧無語。師云。且過一邊著。却問第二僧。副將作麽生。僧茫然。師云一狀領過。喫茶了。師把住參頭云。適來公案。這裏只恁麽。堂中作麽生擧。僧擬議。師打一坐具。便推出。

小參頭

敕修淸規謝掛搭云。參頭當具小圓習儀。三人一引。每引一人。爲小參頭。須詳記詞語。進退折旋。合度。免致臨時參差。

●副參

忠曰副貳參頭者。此云副參。副參亦有兩。曰行者副參。（見下）曰四來副參。今是四來副參也。

勅修清規告香云。住持就座。副參遞大香一片。與參頭同眾問訊。

●望參

舊說曰。日本南禪寺。定望參名。參頭闕。則補其職。猶望寮之例。

忠曰。望參當補副參之闕矣。

●開堂請主

雲峯悅禪師錄云。保壽開堂。三聖爲請主。纔陞座。聖推出一僧。保壽便打。聖云。似恁麼爲人。瞎却鎭州一城人眼去在。壽擲下柱杖。便歸方丈。（傳燈無請主字。又見叢軌門開堂處）

●三綱

有數說。一僧史略爲寺主上座維那。二名義集爲上座維那典座。又舊說。爲寺主知事維那。

僧史略云。寺之設也。三綱立焉。若網罟之巨綱。提之則正。故曰也。梵語摩摩帝。悉替那。羯磨那陀。華言。言寺主。上座。悅眾也。

求法高僧傳云。那爛陀寺。但以最老上座。而爲尊主。不論其德。諸有門鑰。每宵封印。將付上座。更無別置寺主維那。但造寺之人。名爲寺主。梵云毗訶羅莎弭。若作番直典掌寺門。及和僧白事者。名毗訶羅波羅。譯爲護寺。若鳴犍稚。及監食者。名爲羯磨陀那。譯爲授事。言維那者略也。眾僧有事。集眾平章。令其護寺。巡行告白一一人前。皆須合掌。各伸其事。若一人不許。則事不得成。全無眾前打槌秉白之法。若見不許。以理喩之。未有挾強便加壓伏。

飜譯名義集云。音義指歸云、僧如綱。假有德之人。爲綱繩也。隋智琳。潤州刺史李海游。命琳爲斷事綱維。爾後寺立三綱。上座。維那。典座也。

山門三大禪師

都寺。維那。燒香侍者。爲山門三大禪師。

東漸淸規秉拂禮儀云。山門三位禪師。（都寺、維那、侍香、）同往首座前問訊。首座受請。

主事

楊億古淸規序云。長老上堂陞座。主事徒衆。鴈立側聆。

釋氏要覽云。主事四員。一監寺。二維那。三典座。四直歲。（其義各注于職下。）又云。上之四人。皆不用本處徒弟。並於十方海衆內。僉選道心身幹。知因果者。打鍵椎白衆。請之。用無常人。其或心力勞倦。告衆歸堂。則別請能者也。

傳燈錄。太原孚上座章云。初上雪峯。參雪峯。禮拜訖。立于座右。雪峯顧視。師便下。看主事。

又漸源興禪師章云。師在道吾處。爲典座。一日隨道吾往檀越家。弔喪。師以手拊棺曰。生耶死耶。道吾曰。生也不道。死也不道。師曰。爲什麼不道。道吾曰。不道不道。弔畢同廻。途次師曰。和尚今日須與仲興道。儻更不道。卽打去也。道吾曰。打卽任打。生也不道。死也不道。師遂打道吾。數拳。道吾歸院。令師且去。少間主事知了。打汝。師乃禮辭。云云

知事

東序此言知事。乃主事也。

敕修淸規兩序章。列東序知事云。都監寺。維那。副寺。典座。直歲是也。

忠曰。知事之知。猶如知州之知也。（知寮、知浴、知殿等、例解。）知品字箋云。知主也。易乾知大始。又如今之知府

州縣知字皆作主字解。
明極俊禪師云、以廉於己世法通者歸東序謂之知事。詳于兩班處。
僧史畧云、按西域知事僧總曰羯磨陀那。譯爲知事。亦曰悅衆。謂知其事悅其衆也。稽其佛世飲光統衆於靈鷲、身子治事於竹林。及沓婆摩羅年甫十六已證應眞。其後念身不牢固。請爲僧知事。
寶積經入胎藏會曰、世尊告阿難陀曰、汝今宜去告彼難陀、令作知事人。即便往報。世尊令爾作知事人。問曰、云何名爲知事人。欲作何事。答曰、可於寺中檢挍衆事。問曰、如何應作。答言、具壽。凡知事者若諸苾芻出乞食時、應可灑掃寺中田地。取新牛糞。次第淨塗。作意防守。勿令失落。有卒章事、當爲白僧。若有香華、應行與衆。夜閉門戶。至曉當開。大小行處、常須洗拭。若於寺中有損壞處、即應修補。永平淸規引之。
大方等日藏經云、頻婆娑羅王言、世尊、有何等人堪爲知事、守護僧物、供養供給如法比丘。佛言、大王、有二種人堪持僧事、守護僧物。何者爲二。一者具八解脫阿羅漢人。二者須陀洹等三果學人。此二種人堪知僧事、供養衆僧。諸餘比丘或戒不具足。心不平等。不令是人爲知僧事。
寶積經寶梁聚會營事比丘品云、摩訶迦葉白佛言、世尊、云何比丘能營衆事。佛告迦葉、我聽二種比丘得營衆事。何等二。一者能淨持戒。二者畏於後世。喩如金剛。復有二種。何等二。一者識知業報。二者有諸慚愧。及以悔心。復有二種。何等二。一者阿羅漢。二者能修八背捨者。迦葉、如是二種比丘、我聽營事。自無瘡疣。何以故。迦葉護他人意。此事難故。迦葉於佛法中、種種出家、種種性、種種心、種種解脫。種種斷結。或有阿蘭若、或有乞食、或有樂住山林、或有樂近聚落、淸淨持戒、或有能離四枙、或有勤修多聞、或有辯說諸法、或有善持戒律、或有善持毗尼儀式、或有遊諸城邑聚落、爲人說法。

有，如是等。諸比丘僧。營事比丘。善取如是諸人心相。乃至迦葉。若營事比丘。數數得僧物。慳惜藏舉。或非時與僧。或復難與。或困苦與。或少與。或不與。或有與者。或不與者。營事比丘。以此不善根故。墮畿惡餓鬼。常食糞丸。此人命終。當生是中。爾時更有餓鬼。以食示之。而復不與此鬼。爾時悕望。欲得諦視此食。目不曾眴。受饑渴苦。於百千歲中。常不得食。或時得食。變爲糞屎。或作膿血。何以故。有持戒人。人所敬禮。僧所有物。以自在故。而難與之。迦葉。若營事比丘。以常住僧物。若招提僧物。及以佛物。輒自雜用。得大苦報。若受一劫。若過一劫。何以故。以侵三寶物故。迦葉。若營事比丘。聞如是罪。知如是罪。而故生瞋心。於持戒者。我今說此。諸佛世尊。所不能治。迦葉。是故營事比丘。聞如是非法罪已。應當善護身口意業。自護亦護他。迦葉。營事比丘。寧自噉身肉。終不雜用三寶之物。作衣鉢飲食。爾時摩訶迦葉。白佛言。世尊。未曾有也。如來自以慈心。說如是法。爲無慚愧者。說無慚愧法。有慚愧者說慚愧法。

行事鈔隨戒釋相篇。盜戒云。然盜戒相隱。極難分了。若廣張體貌。徒盈卷軸。至於披檢。取悟必繁。故略列犯緣。粗知梗概。意存省事知足。憂心念道者。緣境既局。少應清潔。若多衆務。而欲高升者。必羅盜網。終無有出。何者由心懷勝劣。倒想未傾。初果無學。方可營事。有心懷道者。細讀附事。深思乃知。

人天寶鑑云。石窓恭禪師。久依天童宏智禪師。細大職務。靡不歷試。一日歸省母。母曰。汝行脚。本爲了生死。度父母。而長爲人主事。苟不明因果。將累我於地下。恭曰。某於常住。毫髮不欺。雖一炬之燈。亦分彼此之用。無足慮我。母曰。然過永得不脚濕。

忠曰。世尊說須陀洹阿羅漢。而方可知事。蓋其濫盜犯也。恭師之母。懼果因。如此深得佛意。嗚呼賢哉。今之知事。若秉意不低細。則爲不及一婦人之智焉。

●執事

即知事也。

虛堂愚和尚報恩錄曰。謝執事上堂。一跳一躑。師子嚬呻。一新一舊。和氣如春。報恩尺不如寸。贏得癡坐何也。家裏有人。

周禮天宮大宰曰。前期十日。帥執事而卜日。遂戒。　註。執事。宗伯大卜之屬。

●都文

南禪清規都寺上有都文。

相國寺。亦古有都文。而班都寺上。心華桂長老云

備用清規被鉢位圖。都寺下。監寺上。有都文。

夢巖應和尚錄。安持國佛事云。慧日山東福禪寺都文比丘某。云云

希叟曇禪師法華錄。謝坤都文。并客西堂。上堂云。電捲風旋。搖乾蕩坤。一伸怒臂。相助扶顛。聽古洞生糞。倍增高價。與楊岐破屋。重整頹塼。法華贏得日高眠羅窓。清夢覺。引客步松門。春晝永。鳥聲喧。拍禪床一下。我行荒草裡。汝又入深村。

忠曰。希叟用寶生姜會監寺事都文職掌。可祖知之。

●都聞

忠曰。蓋都文也。文聞音近。或作聞耳。

東福清規云。東序轉位。自都聞寮嘘達。　又云。都聞轉位。則令都寺退。而都聞立班其位。新住持入院。則都聞立都寺之班。

鏡堂圓禪師錄。示法平都聞。法語云。平都聞。不憚鯨波之險。隨侍建長和尚。而來此。同住一夏。

忠曰。建長。蓋隆蘭溪也。法平自中華侍來。乃知都聞之稱尚矣。

清拙澄禪師錄。有都聞惠馨頌。

靈山隱禪師（嗣雲岩欽）業識團（布袋）都聞起龕佛事。

義堂日工集云。天龍都聞能公云云　又云。趣相國寺新都聞局。奉接府君之伴也（府君義滿公）又云。中季藏主。送公帖與南禪都聞都聞即持公帖來。余乃受請。

● 都寺

忠曰。位在監寺上。都總諸監寺。故曰都寺。又曰都總。

舊說曰。或謂。知事卑於頭首。殊不知。都寺是大蒙堂位。居後堂上。凡三歷都寺。則歸單寮。

僧史略云。夫言寺者。嗣也。治事者。相嗣續於其內也。既用官司之名。無虧佛事之業。故子續其父。資踰於師。此相嗣而接蹤。當克勤而成事也。

永平清規云。古時監寺而已。近日稱都寺。即監寺也。稱副寺。亦監寺也。近代寺院繁務。仍請兩三監寺也。

備用清規云。都監寺。山門重任。貴在得人。百丈監院幹辦公私。今都寺是也。大刹多職。書記方任荷負。貴得翰墨清新。黼黻宗社。朝夕勤於香火。歲計攷於簿書。參辭官員。賀謝檀越。出納收支。準備供衆。齋粥常運。勝心待物。不可輕易。行僕有犯。量過行移。罪亡重科。誠告聽恕。莊庫職務。擇舉公心。尊賢容衆。和氣藹然。供衆缺乏。竭力運謀。修造事務。盡心成美。同事才德。推揚行止。涉私密諭。或大過累及山門。密覆住持。毋聞清衆。方便處置。當不失一二也。二時撥忙。趣堂。他營語及同事。公私織粟分明。種種愛護常住。如楊岐之佐慈明。石牕之輔宏智。異日遇緣。即宗。人天模範盛大光明。未可量也。

虛堂愚和尚徑山後錄。謝知事上堂云。楊岐侍慈明紙衾出入庫司二十年。力輔慈明。用都寺不黏常住油。買大椀造食。供養大衆（用都寺、慈州雙林、德用禪師也、嗣高菴悟、普燈錄載、）

都監寺

忠曰。即都寺也。都監寺。畧言都寺而已。或以爲雙擧都寺監寺二職者非也。

敕修淸規都監寺云。古規惟設監院。後因寺廣衆多。添都寺以總庶務。早暮勤事香火。應接官員施主。會計簿書。出納錢穀。常令歲計有餘。尊主愛衆。凡事必會議。稟住持方行。訓誨行僕。不妄鞭捶。設當懲戒擯罰。亦須稟議。量情示警。毋縱威暴激變起訟。差設莊庫職務。必須公平。毋用私黨致怨上下。昔叢林盛時。多請西堂首座書記。以充此職。而都監寺亦充首座書記。否則必臘高歷事。廉能公謹。素爲衆服者。充之。既無取於公。而道福殊勝。上下美留。雖連年不易。或數請再充。又何傷焉。故所在單寮。勤舊不滿五六人。副寺以下。非歷三次。不歸前資監寺。非三次不歸蒙堂。都寺非三次。不得居單寮。再請出充者。公界封鎖元房。以避嫌疑。齋粥二時。必趣堂。則行僕行益。自然整肅。如楊岐之輔慈明。石窓之輔宏智。可爲法則。　又聖節黃榜式云。都監寺臣僧某言。

舊說曰。天竺唯有監寺耳。如都寺。漢土始置。故當監寺爲本。然都寺。却班監寺上。

忠曰。舊說云。天竺無都寺。蓋依要覽主事四員之說(前引主事)而有此言。又云。漢土始置都寺者。依敕修淸規。添都寺之語。而有此言。但如曰都寺漢土後置。故可在監寺下。則拘事味義。夫事務繁故。增監寺之員。在數員上位者可總下位。總之者名都寺。其名雖後有。豈都總者。而可得班所屬之下耶。

睦州陳尊宿錄云。睦州僧正幷諸大德衆。請師上堂。師問僧正。僧正應諾。師云監寺喏。正云。不在。師云。都監闍梨喏。正云。不在。師云。上座喏。正云。不在。師云。三段不同。今當第一。向下文長。赴在來日。不詞謹退。便起。諸大德罔措。

●都總

都總、卽都寺也。

敕修淸規謝掛搭云。座元都總。諸位禪師。

●都管

都寺亦名都管。

淸拙澄禪師南禪錄請都管上堂云。有荷衆之力。復有容衆之量。有愛衆之心。復有供衆之念。能具此力量。更存此心念。方可總衆僧之庶務。廣梵刹之宏規。佛法與世法無殊。公事與己事一體。護惜常住。如護眼睛。如楊岐之輔慈明。三脚驢遼天聲價。石窓之佐宏智。漏燈盞動地光輝。須是大丈夫兒。方顯大丈夫事。還知麼。瑞龍此日宗風盛。栗棘金圈大播揚。

大休念禪師錄。月巖頌軸跋云。建長蘭溪和尚。神秀。照都管。毗贊叢席。歷試諸難。觀其處己淸廉。虛明自照。見其履踐卓絕。高而不危。因命曰月巖。非其父不知其子。非其子不承其父云云

希叟曇禪師開善錄。謝首座藏主秉拂。都管冬齋上堂云。兜率天宮初說夢。修多羅藏又談空。一人人飽純陀味。不與尋常至節同。娟娟羅月。瑟瑟松風。四壁生涯貧徹骨。敵君王富樂無窮。

義堂信和尚錄。玖都管預修拈香曰。乾坤之內。宇宙之間。中有一寶。祕在形山。乃今有大功德主。等持禪寺現職都管。寶山玖公。憑此寶力。輔我山門。法輪食輪。左轉右轉。大屋小屋。東㮇西㮇云云

高峯妙禪師錄。有明山都管下火。

朝廷有都管職。　元周密著天基聖節排當樂次云。都管。周朝淸。陸恩顯。二人名

市豪亦有都管。　水滸傳云。盧俊義管家私的主管。姓李名固。盧俊義見他勤謹。直擡擧他做了都管。一應裏外家私。都在他身上。手下管著四五十箇行財管幹。一家內。都稱他做李都管。

●庫司

勅修淸規國忌云。庫司報堂司令行者覆住持兩序。

解者曰。庫司。都寺也。

●監寺

釋氏要覽云。會要云。監者總領之稱。所以不稱寺院主者。蓋推尊長老。（又見主事處）舊唐書劉子玄傳云。夫言監者。蓋總領之義耳。祖庭事苑云。僧史曰。知事三綱者。若網罟之巨綱。提之則百目正矣。梵語摩摩帝。此云寺主。卽今之監寺也。詳其寺主。起於東漢白馬也。寺旣爰處。人必主之。于時雖無寺主之名。而有知事之者。至東晉以來。此職方盛。今吾禪門。有內外知事。以監寺爲首者。蓋相沿襲而然也。大集等經云。僧物難掌。佛法無主。我聽二種人。掌三寶物。一阿羅漢。二須陁洹。所以爾者。諸餘比丘。皆不具足。心不平等。不令是人爲知事也。更復二種。一能持淨戒。識知業報者。二畏後世罪。有諸慚愧者。今吾禪門。必擇心通法道。而不著諸有。身忘利養者。以掌僧務。此先德之遺意也。

普燈錄楊岐會禪師章云。慈明自南源。徙道吾石霜。師皆佐之。總院事。依之雖久。然未有省發。每咨參。明曰。庫司事繁。且去。他日又問。明語如前。或謂曰。監寺異時。兒孫遍天下去。何用忙爲。

禪林寶訓云。雪堂曰。高菴住雲居。普雲圓爲首座。一村僧爲書記。白楊順爲藏主。通烏頭爲知客。賢眞牧爲維那。華姪爲副寺。用姪爲監寺。皆是有德業者。用姪尋常廉約。不點常住油。華姪因戲之曰。異時做長老。須是鼻孔端正始得。豈可以此爲得耶。用姪不對。用姪處己雖儉。與人甚豐。接納四來。略無倦色。高菴一日見之曰。監寺用心固難得。更須照管常住。勿令疎失。用姪曰。在某失爲小過。在

和尚尊賢待士。海納山容。不問細微誠爲大德。高菴笑而已。故叢林有用大碗之稱。（大碗義見都寺處）

監院

監寺。古稱監院。

禪苑淸規云。監院一職。總領院門諸事。如官中應副。及參辭謝賀。僧集行香。相看施主。吉凶慶弔。借貸往還。院門歲計。錢穀有無。支收出入。準備逐年受用齋料。米麥等。及時收買。幷造醬醋。須依時節。及打油磨等。亦當經心。衆僧齋粥。常運勝心。管待四來。不宜輕易。如冬齋年齋。解夏齋。結夏齋。炙茄會。端午七夕重九。開爐閉爐。臘八二月半是。如上齋會。若監院有力。自合營辦。如力所不及。即請人勾當。如院門小事。及尋常事例。即一面處置。如事體稍大。及體面生疏。即知事頭首同共商量。然後稟住持人行之。自住持人以下。如有不合規矩。不順人情。大小諸事。並合宛轉開陳。不得緘默。不言。亦不得言語麁暴。

敕修淸規云。古規。惟設監院。後因寺廣衆多。添都寺。以總庶務。（詳于都寺處）　又兩序進退云。知事古規。只列監院。維那。典座。直歲。庫頭。五員而已。（見單寮處）

黃龍南禪師書尺。與讓監院書云。固宜乘時適變。畢力毗贊。不可須臾有倦色。異日他時。因緣會遇。皆歸于己。先佛所說。豈可妄言。

慈覺龜鏡文云。苟負衆僧。故有監院。　又云。外遵法令。內守規繩。所以報監院也。　又云。容衆之量不寬。愛衆之心不厚。非監院所以護衆也。　又云。意輕王法。不顧叢林。非所以報監院也。

碧巖錄有則監院丙丁童子來求火因緣。

院主

監寺。古稱院主。後爲尊住持。改稱監寺。（見監寺處）又名寺主。（見監寺處又見三綱）

馬祖道一禪師錄云。師示疾。院主問和尚近日尊候如何。師曰。日面佛月面佛。
臨濟錄云。師問院主。什麼處來。主云。州中糶黃米去來。云云
廣燈錄興化奬禪師章云。師後到大覺。爲院主。一日大覺喚院主。我聞。儞道向南方行脚一帀。拄杖不曾撥著一箇會佛法底人。儞具箇什麼眼。便滔麼道。師便喝。大覺拈棒。師擬議。大覺便打。師又喝。覺又打。兩家便休。云云
明極俊和尚錄佛事云。瑞雲堂上暘谷院主。云云
宋高僧傳曇一傳云。詔置開元寺。長史張楚。擧爲寺主。

●院宰

院主又名院宰。
傳燈錄。魏府大覺禪師章云。興化存奬禪師爲院宰。

●主首

監寺亦曰主首。
正宗贊。雲居膺禪師傳云。師示衆。主首白師。誰可總席。曰堂中簡。時簡密受師印。人無知者。以臘高爲第一座。衆不曉師意。謂令揀擇。欲命第二座住持。且備禮。先請簡。簡不讓。卽自持道具。入方丈。衆不愜簡。察其情。乃棄去。　又南堂靜禪師傳云。師住大隋。舊有龍。居方丈寢室。累代不敢近。師至欲臥。主首白師。不顧。竟去臥。見龍臥床上。師以手推曰。老畜生。留老僧半榻。就臥。及寤。龍不見。從此不來矣。

●權管

忠曰。蓋監寺也。執一寺權柄。而管領事務也。
愚中及和尚丱餘集云。嘗見江南叢林。不論寺院大小。不問住持有無。必立權管一位。而待之。

●副寺

篇海類編云。副音富。貳也佐也。

敕修清規云。副寺。古規曰庫頭。今諸寺稱櫃頭。北方稱財帛。其實皆此一職。蓋副貳都監寺分勞也。掌常住金穀錢帛米麥。出入隨時上曆。收管支用。令庫子每日具收支若干。僉定飛單。呈方丈。謂之日單。或十日一次結算。謂之旬單。一月一結。一年通結。有無見管。謂之日黃總簿。外有米麵五味各簿。皆當考算。凡常住財物。雖毫末。並是十方衆僧有分。如非寺門外護。官員檀越。賓客迎送慶弔。合行人事。並不可假名。支破侵漁。其上下庫子。須擇有心力能書算。守己廉謹者爲之。病僧合用供給之物。即時應付。如倉庫疎漏。雀鼠侵耗。米麥蒸潤。一切物色。頓放守護。有不如法者。並須及時照管處置。

備用清規云。副寺之職。職小任重。衆人命脈所繫。米麪當須細潔。粥飯貴得精豐。醬黃豆豉。合辨及時。鹽醋姜油。滿足供衆。缺乏預謀上首。克落常慎下流。無徇私情。勿圖己計。推情保惜。如護眼睛。先德分司列任。本爲衆人。今昧原深加刻削。麁飯薄粥。臭醋淡齏。非惟任責者之無知。實在住持之有過。

●上副寺　下副寺

敕修清規告香圖。東序凡有副寺三人。維那上一人。維那下二人。（圖見東西序處）

敕修清規。兩序交代茶云。如維那位居東序請茶時。肩下副寺一人趣。

忠曰。肩下副寺。所謂下副寺也。既言肩下副寺。須知有肩上副寺。乃如告香圖所記。

舊說曰。觀肩下副寺一人趣語。副寺本是維那肩下也。或有副寺肩上於維那者。即是監寺退職後。爲却來副寺者。位在維那之上矣。

義堂日工集云。夢巖默菴。與中巖此山。會於等持。夢巖問中巖。以日用規中。浴室之儀。上下知事。中巖一一分曉指陳。盖江南叢林常儀。不必疑問也。

忠曰。上下知事。盖上副寺。下副寺也。

庫頭

副寺之舊稱也。見副寺處

幻住清規云。古叢林。無副寺之名。惟稱庫頭。掌一切支收出內。即知庫之職也。

禪苑清規云。庫頭之職。主執常住錢穀。出入歲計之事。所得錢物。即時上曆。收管支破分明。齋料米麥。常知多少有無。及時舉覺收買。十日一次計曆。先同知事簽押。一月一次通計。住持人已下。同簽。金銀之物。不宜謾藏。見錢常知數目。不得吏私借貸與人。如主人并同事。非理支用。即須堅執不得順情。常住之財。一毫已上。並是十方衆僧。有分之物。豈可私心專輒自用。如非院門供給。檀越。及有力護法官員。並不宜將常住之物。自行人事。如有借貸米麥錢物。除主人及同事。自辨衣鉢外。常住之物。不可妄動。當庫行者。須有心力。解計算。守己清廉。言行真的。衆所推伏。方可委付。如山野寺院。城市稍遠。衆僧所用。及藥蜜茶紙之類。亦宜準備僧行回買。常存道念。不可憚煩。病僧合用供給之物。不得闕少。如過打給。即時應副。如倉廩踈漏。雀鼠侵耗。米麥蒸潤。常住物色。頓放守護。若不如法。並係庫頭照管。自同事人處置。

慈覺龜鏡文云。爲衆僧出納。故有庫頭。 又云。常住之物。一毫無犯。所以報庫頭也。 又云。畜積常住。減剋衆僧。非庫頭所以贍衆也。 又云。多貪利養。不恤常住。非所以報庫頭也。

知庫

傳燈錄潙山祐禪師章。庫頭擊木魚。見火頭處

庫頭。又名知庫。見庫頭處
虛堂愚和尚錄、質知庫、鍛鍊語云、無矯僞、多質直。暨百橫千。對本收息。質知庫。日暮也收取鑰匙。

櫃頭

副寺亦曰櫃頭。見副寺處
貞和集雪巖欽和尚、賀梅溪副寺頭云、櫃頭一面日黃簿。列祖玄關無少差。算得透時參得透。油鹽醬醋與姜茶。

財帛

中華北方、叢林稱副寺、爲財帛。見副寺處
事文類聚云、戶部尚書。漢置尚書郎四人。其一人主財帛委輸。

掌財

忠曰。蓋財帛也。

希叟曇禪師開善錄。謝新舊知客。掌財、維那。上堂云。茶迎過客、無新舊、秤定須彌、有重輕。活弄手頭雖得妙。何如閒爆榾柮聲。又倚掌財秉炬。直歲云。渤澄直歲。寺基掌財。網市利、不求龍斷。開荒田先務燒畬。無星秤較錙銖。絲毫不忒。破鑊頭埋佛祖。深淺無差。掀翻死貨。別立生涯。石火電光機路活。涅槃生死等空花。忠曰、寺基、蓋基字也。
元叟端禪師徑山錄。爲泳掌財下火云。秤盤上、分斤定兩。是汝。算筒邊、橫千豎百。是汝。且道。生死海中。涵泳游戲。是汝不是汝云云

典座

僧史略云、典座者。謂典主牀座。九事舉座一色。以摂之。乃通典雜事也。現刊僧史略九作凡非
釋氏要覽云典座。僧祇律云。典次付床座。此掌僧九事之一也。又見主事處
祖庭事苑云、按僧史。謂典主牀座。九事今舉一色。

以攝之。徧通典雜事也。今禪門相沿。以立此名耳。

僧祇律云。佛住舍衞城。有比丘名陀驃摩羅子。衆僧拜典知九事。九事者。典次付牀坐。典次差請會。典次分房。典次分衣服。典次分華香。典次分果蓏。典次知煖水人。典次分雜餅食。典知隨意與堪事人。是名僧拜典知九事。付牀坐時。是長老。右手小指出燈明。隨品次付。說（忠曰。次者次第也。次第付與。次第差擇等也。）

四分律云。佛在羅閱城。耆闍崛山中。爾時尊者沓婆摩羅子比丘。衆中差令典衆僧牀座臥具及分飲食。廣說

禪苑清規云。典座之職。主大衆齋粥。須運道心隨時改變。令大衆受用安樂。亦不得枉費常住齋料。及點檢廚中。不得亂有拋撒。選揀局次行者。能者當之。行令不得太嚴。嚴則擾衆。不宜太緩。緩則失職。造食之時。須親自照管。自然精潔。如打物料幷齋粥味數。並預先與庫司知事商量。如醬醋淹藏收菜之類。並是典座專管。不得失時。常切提舉火燭。依時。俵散同利。務要均平。如合係監院直歲庫主所管。同共商量。即可。並不須侵權亂職。廚中鍋釜什物。如故舊損壞。則逐旋抽換添補。云云

備用清規云。典座之職。無眞心供養者。不宜徇闕節妄請之。當與前堂首座謀議。從衆擢用。萬不失一也。當廣種蔬菜。力除草穢。四時合種雜物。勤看老圃須知。園丁當以私惠優其寒暑。調和羹菜五味。須全油醬椒料。常住有限。須出己囊。助辦堂供。一人辦心。諸天辦供。多見所在假名。職圖監收。園地半占。栽麻苧。以爲園丁補洗遞代相承習。以成弊。廚中不許棄賤諸物。執役選用苦行老成。若設大齋。食次與上首知事商議。過多減除。皆不可也。行者不律。誨而至再。不受訓者。責之罰之。同利均俵。粥飯上桶。焚香望僧堂設拜。常把衆人頂在頭上。自獲福利。不汝欺也。

敕修清規云。典座職掌大衆齋粥。一切供養。務在精潔。物料調和。檢束局務。護惜常住。不得暴殄。訓

衆行者。循守規矩。行益普請。不得怠慢。撫恤園夫。栽種及時。均俵同利。二時就廚下。粥飯食不異衆。粥飯上桶。先望僧堂焚香設拜。然後發過堂。
慈覺龜鏡文云。供養衆僧。故有典座。　又云。爲成道業。故應受此食。所以報典座也。　又云。六味不精。三德不給。非典座所以奉衆也。　又云。貪婪美膳。毀訾麁飡。非所以報典座也。

潙山祐禪師。在百丈充典座。見第一座處

漸源與禪師。在道吾爲典座。見主事處

五燈會元芙蓉楷禪師章云。謁投子（義青）於海會。後作典座。子曰。廚務勾當不易。師曰。不敢。子曰。煮粥邪。蒸飯邪。師曰。人工淘米著火。行者煮粥蒸飯。子曰。汝作甚麼。師曰。和尚慈悲。放他閑去。

佛果擊節錄云。雪峯擔笊籬木杓行脚。到處作典座。把針處詳雜行門

物初賸語。諸公贈淨慈印典座語跋云。大潙雪峯。皆典香積而策勤者也。必躬必親。隨變發機。乃自作活計。非勤勞之謂。至踢倒淨瓶。潙山半夜而其活計一空。印也職此。幹無爲有。調衆口若一。雖午盂九文之積。亦以資之。噫亦勤且勞矣。爲而忘其勤。隨變而發其機。審是則太虛爲口。萬象爲舌。讚之不及。又豈在諸衲謗沈無香哉。

● 提點

忠曰。掌常住金穀者。

南堂欲禪師靈巖錄請提點上堂云。楊岐栗棘蓬。東山鐵酸餡。多處添些子。點即不到。少處減些子。到即不點。萬機俱趣。八面玲瓏。一句全提。風行草偃。擊拂子。龍得水時添意氣。虎逢山色長威獰。

山菴雜錄云。徑山惠洲提點。虎巖徒弟。頗聰明。有幹蠱才。掌常住衆務三十餘年。一切金穀。恣其糜費。或以果報諭之。乃答云。滿載戴角來。洲只戴得一雙。至正初。高納麟領行宣政院事。其屬淨珂具

狀訴之結罪。杖斷歸俗。既而潛於化城院得風痺疾。攣拳如蚓。兩手握拳。承其兩頰。兩脚反承其尻。看病人欲伸之。痛不可忍。日夜但聞雷霆之聲。如是者三年。始氣絕。洲平昔以麁心任事。輕視因果。乃言。滿載戴角來。只戴得一雙。余謂三途報中。歲月長久。一雙去一雙來。至無量劫戴此角。何止一雙而已。凡司常住金穀人。宜以洲自警。 又云。洪武八年秋。余訪同門友報復元于象山智門寺。寺有提點彝正堂者。四十餘年。管領常住出納。廉能謀。斷有方。撫衆和易。歷六代住持。終始如一。是年七月二十四夜夢。兩童子並立榻前。問之何幹。祗此。答曰。請提點考算單帳。答云。我無單帳可算。覺而再睡。得夢如前。次日到方丈說其夢。禀云。夜得此夢。恐今歲庫司知事人懶慢常住日黃簿未成。和尚宜促之。觀其言貌絕無愧赧態。少選報彝歸房跌仆地上。如熟醉。至夜半始甦。急處分後事。然後瞑目。彝於智門可謂有功矣。臨終尚爾。諸方執事者。過常住物。如鷹拏燕趙。不以罪福為事。聞此自須改行。

宋史職官志云。提點刑獄公事。掌察所部之獄訟。而平其曲直。所至審問囚徒。詳覆案牘。凡禁繫淹延而不決。盜竊逋竄而不獲。皆劾以聞。

事物紀原云。宋朝會要曰。景德三年三月。敕置開封府界提點司。即置提點之官。呂夷簡三朝寶訓曰。眞宗謂近臣曰。諸道刑獄。皆遣官提振。惟京師無之。去夏開封府訊進士蹇符。繫於日中。裂其背而鞠之。無狀炎暑之際未見情。枉罹虎毒。令留司命京師刑獄處。悉糾之。

忠曰。提點。本朝廷官職名。而僧寺擬立也。提點者。提振其壅滯也。按山菴所言。庫司知事外。有提點。

● 免僧

義堂日工集云。鳴板坐禪。議曰。自今輪番聖僧侍者。四時裝香鳴板。且爲衆說勸行精進。則成就道業。慵惰懈怠則滅亡佛法。輪番衆。每三日一更。自外典座免僧直歲三人。免坐堂。各守其職也。

●納所

虎關錬禪師曰。當時叢林之司。言納所者。日本樣也。

忠曰。天如則禪師錄。師子林菩提正宗寺記云。崇佛之祠。止僧之舍。延賓之館。香積之廚。出納之所。悉如叢林規制。此依之納所稱。非爲日本樣也。

●火客

火客。執爨者也。

敕修淸規尊宿遷化祭次。莊甲之次。有火客。

●火佃

忠曰。火客。亦云火佃。

備用淸規尊宿遷化祭次。莊甲之次。有火佃。

●火伴

忠曰。司竈火之伴類也。世作火番。謬矣。

虛堂愚禪師淨慈後錄。謝執事上堂云。火伴得人。

宋襲熙正續釋常談云。古木蘭詞云。出門見火伴。

●十務

禪門規式云。置十務。謂之寮舍。每用首領一人。管多人營事。主飯者。目爲飯頭。主菜者。目爲菜頭等。見殿堂門寮舍處。　忠曰十務未稽一一目。

傳燈鈔云。一山曰。十件事務。令人主領也。今兩班職也。

忠曰。見禪門規式所注。以飯頭菜頭等。爲十務。則必當但東班中分此職。然言今兩班也。恐不是。

● 辨事

常菴崇和尚曰。辨事。言小祭等。

忠曰。辨事無舊解所的指。余謂。山門列職雜務人。總名辨事也。敕修清規列職雜務。所謂。寮元。寮主。副寮。延壽堂主。淨頭。化主。園主。磨主。水頭。炭頭。莊主。監收等。此一行人。不可稱勤舊。蒙堂。前資等。故可以為辨事人也。

敕修清規尊宿遷化祭次。衆寮次。有辨事。又頭首就僧堂點茶榜式云。本山辨事禪師。　又方丈小座湯云。第三座。本山辨事。諸方辨事隨職高下分坐。

解者曰。本山辨事者。本寺勤舊也。

忠曰。上第二座有勤舊。而今以辨事為第三座。何得言辨事即勤舊耶。又住持遷化祭次。勤舊之外。有辨事。其別益可知也。

● 飯頭

幻住清規飯頭云。粥飯乃一衆命脈。所係不可不留心於其間。故叢林自典座而下。至應接無慮數十人。皆職司五味。供給二時之。至公之道也。今菴居但設一飯頭。總柄其事。凡任此責者。須拳拳以大衆心食之重。觀察時分之早晚。酌量食指之寡多。撿看米穀之精麁。分別水漿之清濁。撙節菜蔬之多少。顧慮柴薪之有無。乃至收藏洗滌等。勿令穢汚。毋致餕淹。弗及則食觀不充。過多則遺棄何益。使生熟之得所。令醎淡之合宜。一朝不動衆人心。萬古積成身後福。然出家。以利他為行。今此職務莊嚴保社。安慰衆心。助轉食輪。遠資法化。誠利他之極致者也。前輩如雪峯大隨溈山諸老。自此而高登祖位。盛播遺風。豈猥屑之謂哉。有力於道者。宜審之。

已下略錄事緣。

傳燈錄藥山儼禪師章云。師問飯頭。汝在此多少時也。曰三年。師曰。我總不識汝。飯頭罔測。發憤而去。

臨濟玄禪師錄云。黃檗因入廚次。問飯頭作什麼。飯頭云。揀衆僧米。黃檗云。一日喫多少。飯頭云。二石五。黃檗云。莫太多麼。飯頭云。猶恐少在。黃檗便打。飯頭却擧似師。師云。我爲汝勘這老漢。纔到侍立次。黃檗擧前話。師云。飯頭不會。請和尚代一轉語。師便問。莫太多麼。黃檗云。何不道。來日更喫一頓。師云。說什麼來日。卽今便喫。道了便掌。黃檗云。這風顚漢。又來這裏。捋虎鬚。師便喝出去。

大光明藏大隋眞禪師章評云。此老爲定光古佛示現。在潙山造飯七年。洞山負薪三年。苦處先登。力量如此。非古佛而何。（潙山大安也。事出大隋示衆。見衆頭處。）

聯燈會要雪峯存禪師章云。師在洞山作飯頭。淘米次。山問。淘沙去米。淘米去沙。師云。沙米一時去。洞云。大衆喫箇甚麼。師覆却米盆。山云。據子因緣合在德山。　又云。師在德山作飯頭。（見雜行門托鉢處）

南京名勝志云。蘇州承天能仁寺。吳地記云。有飯頭。號宗本。每飯熟。必禮拜。然後供僧。一日忽悟。悉諳普經中語。仁宗召見。賜金襴衣。號圓照禪師。

● 粥頭

禪苑淸規。有粥頭名。（見般若頭處）

● 湯頭

石溪月禪師錄賀鎭湯頭頌云。甜似黃連。澀帶滋。苦如甘草。略含辛。一回點過一回別。只恐難瞞無舌人。

● 茶頭

茶頭在諸寮舍。或曰。卽茶頭行者也。

勅修淸規新首座特爲後堂大衆茶云。呈納狀訖。受特爲人。令本寮茶頭遞付供頭。貼僧堂前下間。

解者曰。此是後堂寮茶頭行者。

四寮茶頭

四寮者。首座寮。維那寮。知客寮。侍者寮也。各有茶頭。

敕修淸規亡僧板帳式。有四寮茶頭。

庫司茶頭

敕修淸規亡僧板帳式。有庫司茶頭。

菜頭

菜義。見飲啖門。貼菜處。

趙州諗禪師錄云。師問菜頭。今日喫生菜熟菜。菜頭提起一莖菜。師云。知恩者少。負恩者多。

薑頭

傳燈錄投子同禪師章云。師問僧。久嚮疎山薑頭。莫便是否。無對。法眼代云。嚮重和尚日久。

醬頭

禪苑淸規有醬頭名。見般若頭處。

米頭

傳燈錄石霜諸禪師章云。抵大潙山法會。爲米頭。一日師在米寮內篩米。潙山云。施主物莫拋撒。師曰。不拋撒。潙山於地上。拾得一粒云。汝道不拋撒。這箇什麽處得來。師無對。潙山又云。莫欺這一粒子。百千粒從這一粒生。師曰。百千粒從這一粒生。未審這一粒。從什麽處生。潙山呵呵笑歸方丈。晚後上堂云。大衆米裏有蟲。

麥頭

東山外集送麥頭頌云。淵明非達士。乞食拙言詞。誰知我輩人。佳處正在茲。所化果何物。持來復是誰。山前小麥熟。行矣今其時。

●麻頭

白雲端禪師法華錄。上堂云。法華收得三般稀奇之寶。尋常未曾拈出。今日麻頭。穀頭。進發。不免將出奉送二公。乃拈起拄杖。卓三下云。前頭第一不得擘破。又須分交兩手。縱遇南番舶主。也須換却眼睛。

●穀頭

見麻頭處。

●園頭

慈覺龜鏡文云。爲衆僧執勞。故有園頭磨頭莊主。　又云。計功多少。量彼來處。所以報園頭磨頭莊主也。　又云。地有遺利。人無全功。非園頭磨頭莊主。所以代衆也。　又云。飽食終日。無所用心。非所以報園頭磨頭莊主也。

已下畧錄事緣。

傳燈錄藥山儼禪師章云。師見園頭栽菜次。師曰。栽卽不障汝栽。莫教根生。曰既不教根生。大衆喫什麼。師曰。汝還有口麼。僧無對。

又末山尼了然（嗣高安大愚）章云。灌溪閑和尚遊方時到山禮拜。問。如何是末山。然云。不露頂。閑云。如何是末山主。然曰。非男女相。閑乃喝云。何不變去。然云。不是神不是鬼。變箇甚麼。閑於是伏膺。作園頭三載。

又永安靜禪師章云。唐天復中。南謁樂普安禪師。安器之。容其入室。仍典園務。力營衆事。有僧辭樂普。普曰。四面是山。闍黎向什麼處去。僧無對。樂普曰。限汝十日內。下語得中。卽從汝去。其僧冥搜。久之無語。因經行偶入園中。師怪問曰。上座豈不是辭去。今何在此。僧具陳所以。堅請代語。師不得已。代曰。竹密不妨流水過。山高那阻野雲飛。其僧喜踴。師喝之曰。秖對和尚時。不須言是善靜語也。僧遂白樂普。普曰。誰下此語。曰某甲。樂普曰。非汝之語。僧具言園頭所教。樂普至晚上堂。謂衆曰。莫輕園頭。他日住一城隍。五百人常隨也。至乃節帥創永安禪苑以居之。徒衆五百餘。

佛果擊節錄云。巖頭行脚到處做園頭。（詳二雜行門把針處一）

碧巖錄云。風穴在南院會下作園頭。一日院到園裏問云。南方一棒作麼生商量。穴云。作奇特商量。穴云。和尚此間作麼生商量。院拈棒起云。棒下無生忍。臨機不讓師。穴於是豁然大悟。

聯燈會要。首山念禪師章云。師與眞園頭同上侍立風穴。次穴問。作麼生是世尊不說說。眞云。鵓鳩樹頭啼。意在麻畬裏。穴云。儞作許多癡福作什麼。何不體究言句。復問師。師云。動容揚古道。不墮悄然機。穴顧眞云。汝何不看念法華下語。

● 園主

即園頭也。

敕修淸規云。園主不憚勤苦。以身率先。栽種菜蔬。及時灌漑。供給堂廚。毋使缺乏。

● 園夫

藝菜蔬之人夫也。

敕修淸規典座云。撫恤園夫。栽種及時。

● 磨頭

慈覺龜鏡文見園頭處。

大慧武庫云。五祖演和尚。依舒州白雲海會端和尚。咨決大事。深徹骨髓。端令山前作磨頭。演遂年磨下收糠麩錢。解典出息。雇人工及開供外。剩錢入常住。每被人於端處鬪諜是非。云演遂日磨下。飮酒食肉。又養莊客婦女。一院紛紜。演聞之。故意買肉沽酒。懸于磨院。及買坯粉。與莊客婦女。搽畫。每有禪和來遊磨院。演以手與婦女。揶揄語笑。全無忌憚。端一日喚至方丈。問其故。演唯唯。無他語。端擘面掌之。演顏色不動。遂作禮而去。端咄云。急退却。演云。俟某算計了。請人交割。一日白端曰。某在磨下。除沽酒買肉之餘。剩錢三百千。入常住。端大驚駭。方知小人嫉妬。時秀圓通爲座元。受四面請。即請演爲第一座。

磨主

敕修清規云。磨主。衆主碓坊。米麵供衆。極有關系。須擇有道心人。諳曉舂磨等事者充之。

即磨頭也。

水頭

敕修清規云。水頭五更燒湯。供大衆頮盥。手巾面盆。燈燭牙藥。毋令缺少。冬月烘焙手巾。須早起鋪排。勿致臨時動衆念。

慈覺龜鏡文見浴主處。

普燈錄天衣懷禪師章云。晚至姑蘇。禮明覺於翠峯。徐爲水頭。因汲水折擔。忽悟。作投機偈曰。一二三四五六七。萬仞峯頭獨足立。驪龍頷下奪明珠。一言勘破維摩詰。覺聞拊几稱善。

火頭

傳燈錄潙山祐禪師章云。師在法堂坐。庫頭擊木魚。火頭擲却火抄。拊掌大笑。師云。衆中也有恁麼人。喚來問作麼生。火頭云。某甲不喫粥肚饑。所以喜歡。師乃點頭。

又道州諗禪師章云。抵池陽。參南泉。作火頭。一日閉却門燒。滿屋煙。叫云。救火。救火。時大衆俱到。師云道得即開門。衆皆無對。南泉將鎖於窗間過與師。師便開門。

碧巖錄云。大隋眞和尚。承嗣大安禪師。昔時在潙山大安會裏。作火頭。

傳燈錄伏龍山奉璘禪師章云。師問火頭培火了。

來。曰低聲。師曰什麽處。得者消息來。曰不假多言。師曰。省錢易飽。喫了還饑。

柴頭

人天寶鑑云。大隋眞禪師示衆云。諸禪德。老僧行脚時。到諸方。多是一千。少是三百衆。在其中經冬過夏。未省時中空過。向潙山會裏。做飯七年。洞山會中。做柴頭三年。重處即便先去。只是了得自己。時中干他人甚麽事。

忠曰。光明藏言洞山負薪者是也。見飯頭處。

傳燈錄嵇山章禪師(嗣雲居)章云。曾在投子作柴頭。投子喫茶次。謂師曰。森羅萬象。總在者一椀茶裏。師便覆却茶云。森羅萬象。在什麽處。投子曰。可惜一椀茶。師後謁雪峯和尚。雪峯問莫是章柴頭麽。師便作輪椎勢。雪峯肯之。

炭頭

敕修淸規云。炭頭預備柴炭。以禦寒事。或化施主。或出公界。須令足用。

慈覺龜鏡文云。爲衆僧禦寒。故有炭頭爐頭。又云。緘言拱手。退己讓人。所以報炭頭爐頭也。又云。預備不前。衆人動念。非爐頭炭頭所以向衆也。又云。身利溫暖。有妨衆人。非所以報爐頭炭頭也。

雲峯悅禪師。在翠巖化炭。見堂司處。

慈受深禪師慧林錄。上堂云。炭頭今日地爐開。溢雨慳風惱破懷。老僧向火喫酸䶂。誰管檀那來不來。

爐頭

禪苑淸規云。爐頭雖維那所請。亦係炭頭和會選擧。十月一開爐。二月一日閉爐。放參前裝爐。粥前添炭。相度寒暖。臨時添減。如天暖炭多。則枉用信施。如天寒炭少。則大衆冷落。掃幕拂拭。常令嚴淨。

兄弟圍爐、遞相迴避。不盡灰撥入。敲火筯作聲。聚頭閑話。撥便取火。熨焙等用。

慈覺龜鏡文見炭頭處。

趙州諗禪師錄云。師在南泉作爐頭。大衆普請擇菜。師在堂內叫救火救火。大衆一時到僧堂前。師乃關却僧堂門。大衆無對。泉乃抛鎖匙。從窓內入堂中。師便開門。(傳燈作火頭、見火頭處)

鍋頭

東山外集送鍋頭偈云。白雲生處疎山寺。無水無柴世得知。若問道人今日事。木蚰鑽破鐵鍋兒。

燈頭

禪苑淸規有燈頭稱。(見投若頭處)

續傳燈錄洞山聰禪師章云。遊方時。在雲居作燈頭。見僧說。泗洲大聖近在揚州出現。有設問曰。既是泗洲大聖。爲甚麼却向揚州出現。師曰。君子愛財。取之以道。後僧擧似蓮華峯祥菴主。主大驚曰。雲門兒孫猶在。中夜望雲居拜之。

桶頭

傳燈錄玄沙備禪師章云。文桶頭下山。師問。桶頭下山。幾時歸。曰三五日。師曰。歸時有無底桶子。將一擔歸。文無對。(歸宗柔代云、和尚用作什麼)

聯燈會要。招慶匡禪師章云。師在長慶作桶頭。常與衆僧語話。一日長慶入寮見。乃問。儞終日口嘮嘮地。作甚麼。師云。一日不作。一日不食。(云云)

樹頭

虛堂愚禪師錄。謝樹頭上堂。僧問。栽松道者借路周氏之家。後來爲第五祖。此意如何。師云。燈籠沿壁上天台。僧云。友直歲爲二林樹頭。發何福報。師云。說向儞也不難。僧云。學人也要種一片樹。只是未有人分付钁子。師云。何不便領。僧云。謝和尚钁子。便禮拜。師云得少爲足。　又樹頭祖用秉炬語云。黃梅不墜腰間石。鄮嶺惟栽帶雨松。四十餘年今有驗。長長短短用無窮。祖衣未得人手。萬緣先以頓空。無柄鑁頭何處著。一時分付丙丁童。

●莊主

敕修清規云。莊主視田界至。修理莊舍。提督農務。撫安莊佃。些少事故。隨時消弭。事關大體。申寺定奪。近時叢林凋弊百出。而莊中尤甚。略舉其三。諸方通害。初爭莊職。安能偏及。搆怨住持。上下不睦。一也。一充其職。離寺相遠。靡所不爲。致爭起訟。供衆錢粮。盡皆耗費。復積逋負。以累于後。因而紀綱不振。莊佃生侮。租課不還。其弊二也。縱使老成能事充之。而州縣應酬。吏胥管幹。鄉都職役。鄰里富豪皆合追陪。旣啓其端。稍有不及。便生豪隙。雖不明支。而巧立除破。公私無益。故莊中之費。或半於寺。其弊三也。只如大家業産巨富。不聞分遣子弟。偏居莊所。蓋耕種有佃。提督則有甲幹。收租之時。自有監收僧行。此外縱有輸納。修圩俵粮等項。只臨時分委勤舊知事。限期使辦。事畢旋歸。非唯省費。有補常住。而消禍未萌。公私攸濟。今諸方之瘼。如逃亡家。住持勤舊。能恤念寺門。欲撙費救弊。汰除監冗。請自此始。其初例有當重難。而應充莊職者。別議酧補之。

慈覺龜鏡文見園頭處。

●都莊

忠曰。蓋莊主也。

普燈錄洌峯寶印禪師章。擧南泉到莊因緣云。金山今日新請都莊。萬一山僧到莊。第一不得鬼語。

東山空禪師錄。亡僧遷化上堂云。洞山道。天晴蓋却屋。乘時刈却禾。輸納王租了。鼓腹唱謳歌。古人住山。得與麼了事。得與麼快活。雪峯有屋蓋未了。有禾收未上。有租未納破。方待鼓腹謳歌。而顚郡莊又遷化。苦苦。敢問大衆。一等是出家兒。一等是住山人。爲甚苦樂不同。會麽。曹溪波浪如相似。無限平人被陸沈。喝一喝。

副莊

忠曰。副貳莊主者。

石溪月禪師錄。淑副莊下火語云。鬧處番交。靜處拆脚。偉哉淑副莊。擧火云。透過這一著。這一著那一著。開眼也著。合眼也著。

監收

敕修淸規莊主云。收租之時。自有監收。僧行。又諸莊監收云。古規初無莊主監收。近代方立此名。此名一立。其弊百出。爲住持私任匪人者有之。因利曲徇者有之。爲勤舊執事人。連年佔充者有之。托勢求充者有之。樹黨分充者有之。角力爭充者有之。蠹公害私。不可枚擧。雖欲匡救。未如之何。得廉正勤舊。輔佐住持。公選區用。或對衆鬮拈。充之。充此職者。當克己爲念。奉衆爲心。毋苛取佃戶。毋虧損常住。則自他俱利矣。

備用淸規云。監收之職。衆人命脈。貴在擇人。當請公心大小耆舊。無任小師鄕人。苟用非其人。不識因果。隱瞞常住。苛取佃甲。無所不至。非特歲計不足。抑且累及山門。晦堂見黃龍。云云如下引。諸莊成熟時至。齋細和會。廉謹久熟。大小耆舊。或十方兄弟。定已。至日請兩班大耆舊茶。勸率寢堂。一一請已。轉位獻湯了。送歸客位。兩班領衆作賀。次第巡寮。草飯特爲湯。庫司特爲湯藥石。進退兩班禮同。唯天童諸莊。古式不墜。監收無人。已望望畏之。每年至再和會。加禮敦請。特爲了。至下莊日。山門首釘挂。講茶湯禮。鳴樓鐘。集衆門送。上轎。至今遺風在焉。

禪林寶訓云。晦堂一日見黃龍。有不豫之色。因逆問之。黃龍曰。監收未得人。晦堂遂薦感副寺。黃龍曰。感尚暴恐爲小人所謀。晦堂曰。化侍者稍廉謹。黃龍謂。化雖廉謹。不若秀藏主。有量而忠。靈源嘗問晦堂。黃龍用一監收。何過慮如此。晦堂曰。有國有家者。未嘗不本此。豈特黃龍爲然。先聖亦曾戒之。

又云。演祖自海會遷東山。太平佛鑑省覲。祖問佛鑑。舒州熟否。對曰熟。祖曰太平熟否。對曰熟。祖曰諸莊共收稻多少。佛鑑籌慮間。祖正色厲聲曰。汝濫爲一寺之主。事無巨細。悉要究心。常住歲計。一衆所係。汝猶罔知。其他細務。不言可見。

五祖演禪師錄謝監收上堂云。人之性命事。第一須是○。欲得成此○。先須防於○。若是眞○人○○。按大慧普說。稻稻盜道道道六字、

都場

希叟曇禪師法華錄。中秋謝都場監收。并知客維那上堂云。明月可中庭。鴈影沈寒水。烹金爐冷。歲華深。九鼎遺言猶在耳。拈拄杖云。深深撥著宿火通紅。不假一槌。成大器。刈禾鎌子疾如風。

都倉

雪巖欽禪師光孝錄。謝都倉副寺侍者。并秀才上堂云。叢林雖未罄肅更點。却要分明。粒米須還粒飯。八兩定要半斤。折衡剖斗。移風易俗。固是格外提持。爲什麽却道。將謂汝孤負吾。元來却是吾孤負汝。逢人但恁麽擧。

甲幹

敕修清規莊主云。耕種有佃。提督有甲幹。收租之時。自有監收僧行。　又尊宿遷化孝服云。甲幹莊客諸僕。麻布巾。

甲正字通云。詩衛風。能不我甲。註甲長也。才能不足長于我也。　幹品字箋云。能幹。言其能爲凡事之根幹也。

忠曰、甲幹屬莊主、催促作務者也。舊解、言下掌納收一者上非也、掌收、已有監收、今言提督、則其職亦可知也。

莊甲

忠曰、莊甲、即甲幹、屬莊主、故曰莊甲也。

敕修清規開堂祝壽云、參頭領衆行者、插香禮拜。次直廳轎番莊甲作頭老郎人僕參拜。　又尊宿遷化祭次、老郎之次、有莊甲。

莊佃

農夫之屬莊主者。其名見莊主處。

小補韻會云、佃堂練切、廣韻、營田。增韻、治田。又亭年切、治土也。

居家必用云、佃客、謂治田分利之人也。

和名類聚云、唐韻佃作田也、音與田同。和名、豆久太、

莊客

忠曰、莊客、即莊佃也。見甲幹處。

地客

忠曰、即莊佃也。

禪林寶訓云、妙喜曰、佛性住大潙、行者與地客相毆。佛性欲治行者、祖超然（佛日文祖）嗣天衣懷、因言、若縱地客摧辱行者、非惟有失上下名分、切恐小人乘時侮慢、事不行矣。佛性不聽。未幾、果有莊客欲殺知事者。　又云、妙喜曰、祖超然住仰山、地客盜常住穀。行者欲保全地客、意欲遣之、令庫子行者爲彼供狀。超然素嫌地客、察超然意、抑令供起離狀。仍返使叫喚、不肯供責。超然怒行者挾權。二人皆決竹篦而已。蓋超然不知陰爲行者所謀、烏乎小人狡猾如此。

廨院主

禪苑清規云、廨院主之職、主院門收糴買賣、僧行

宿食。探報郡縣官員交替。應報公家文字。或收族院門供施財利。或迎待遠方施主。

永平道元和尚曰。妙信尼仰山之弟子也。仰山選廨院主曰。信淮子雖是女流。有大丈夫志氣。正堪爲廨院主。遂充之。信在廨院。與蜀僧商量風幡話。

●街坊化主

或單言化主。或單言街坊。

忠曰。勸化市鄽街坊。索得檀施。以爲大衆供料者。古德曰。東山外集。多送街坊頌。蓋到處若不持師家送偈。則人疑爲贋索。故必作頌送之。

敕修淸規云。化主。凡安衆處。常住租入有限。必藉化主。勸化檀越。隨力施與。添助供衆。其或恒產足用。不必多往。干求取厭也。

慈覺龜鏡文云。爲衆僧乞丐。故有街坊化主。　又云。忖己德行全缺應供。所以報街坊化主也。　又云。臨財不公。宣力不盡。非街坊化主。所以供衆也。又云。不念修行。安然受供。非所以報街坊化主也。

覺浪大師尊正規云。予嘗謂。化主是門外知賓。知賓是門裡化主。蓋法不孤起。仗緣方生。所謂諸法性無常。佛種從緣起。

五燈會元芙蓉楷禪師章云。示衆曰。山僧行業無取。忝主山門。豈可坐費常住。頓忘先聖付囑。今者輒斅古人。爲住持體例。與諸人議定。更不下山。不赴齋。不發化主。唯將本院莊課。一歲所得。均作三百六十分。日取一分用之。更不隨人添減。可以備飯則作飯。作飯不足。則作粥。作粥不足。則作米湯。新到相見。茶湯而已。更不煎點。唯置一茶堂。自去取用。務要省緣。專一辦道。

聯燈會要雲居舜禪師章云。師自洞山。如武昌行乞。首謁劉公居士家。居士高行。爲時所敬。意所與奪。莫不從之。師時年少。不知其飽參。頗易之。居士云。老漢有一問。上人語相契。卽開疏。如不契。卽請却還。遂問。古鏡未磨時如何。師云。黑似漆。士云。磨後如何。師云。照天照地。居士長揖云。若恁麼。上人且請還洞山。拂袖入宅。師懡㦬。卽還洞山。山問其故。師具言其事。山云。你問來。我與你道。師理前問。山云。此去漢陽不遠。師進後語。山云。黃鶴樓前鸚鵡洲。師於言下大悟。機鋒不可觸。

希叟曇禪師錄。爲元街坊下火云。赤脚走紅塵。全身入荒草。本命元辰都失了。掀翻海嶽覓無蹤。

雲峯悅。在大愚爲衆乞飯。見于堂司處。

天竺亦有化主儀。　付法藏因緣傳云。於東方國有族姓子。信樂佛法。出家學道。善能營事。無不成辦。經歷多時。便生疲厭。卽往尊者憂波毱所。尊者觀察。知此比丘爲福未具。故不得道。卽令爲僧遊行敎化。受敎入城。處處求索。有一長者見而問之。答言。長者。尊者毱多。使我敎化。今此城中。誰是篤信。長者復言。愼勿餘去。一切所須。當相奉給。卽爲辦具。比丘得已。於上座前持食長跪。一切衆僧。皆爲呪願。呪願已竟。成阿羅漢。

雜阿含經云。尊者大目犍連。言。我於路中。見一大身衆生。以熾然鐵鍱。以纏其身。衣被牀臥。悉皆熱鐵。炎火熾然。食熱鐵丸。乘虛而行。啼哭號呼。佛告諸比丘。此衆生者。過去世。於此舍衞國。迦葉佛法中。出家作比丘。爲衆僧乞衣食。供僧之餘。輒自受用。緣斯罪故。已地獄中。受無量苦。地獄餘罪。今得此身。續受斯苦。

粥街坊

禪苑淸規。街坊云。粥街坊。米麥街坊。菜街坊。醬街坊。水頭。炭頭。燈頭。華嚴頭。般若頭。經頭。彌陀頭。並是外勸檀越。增長福田。內助禪林。資持道果。若非契聖運心。何以普酬衆望。

● 米麥街坊　菜街坊　醬街坊

並見粥街坊處。

● 供養主

蓋即街坊化主也。

廣燈錄第二代寶壽禪師先寶壽沼嗣章云。師在先寶壽處。爲供養主。得數年。一日寶壽問云。供養主。父母未生時。還我本來面目來。師道不得。三兩日後。却來。下供養主。寶壽云。汝不用下。後經月十日間。因在街坊。見二人買賣不和相打。師見忽然大悟。歸院擧似寶壽。寶壽云。儞悟也。不用道。

葉縣省禪師錄云。師勘五人新到云。總是雲居供養主那。僧云是。師云是即一齊坐。

傳燈錄王敬初。常侍視事次。米和尚至。王公乃擧筆。米曰。還判得虛空否。公擲筆入廳。更不復出。米致疑。至明日。憑鼓山供養主。入探其意。米亦隨至。潛在屏蔽間偵伺。供養主纔坐。問云。昨日米和尚。有什麽言句。便不得見。王公曰。師子咬人。韓獹逐塊。米師竊聞此語。即省前謬。遽出朗笑曰。我會也。我會也。

● 修造局

忠曰。掌山門作事者。局義。見六局行者處。

敕修淸規尊宿遷化。祭次。火客次。有修造局。

西巖惠和尚開善錄。有謝璧都管。郁修造上堂。

廣燈錄。四面山寶津禪師章云。師問修造僧。本自圓成。何得開山造寺。造云。擔枷過狀。師云。未在更道。造云。兩重公案。師拈棒。造擬議。師便打。

● 諸色作頭

忠曰。山門匠人。隷修造局者。

敕修淸規開堂祝壽云。直廳。轎番。莊甲。作頭。老郎。

人僕參拜。又結制禮儀云。參頭領衆行者。插香禮拜。次作頭領老郎。諸直廳轎番人僕等參拜。
又尊宿遷化孝服云。方丈人僕。作頭。麻布巾衫。
又同祭次。修造局之次。有諸色作頭。又見莊甲處
忠曰。舊說曰。作頭者。圓頭乎。止此非也。余引無準錄好生錄。正其謬說。
無準範禪師錄入城歸上堂云。張都料。李作頭。鑿鑿窾底鑿窾著楔底著楔。
好生錄云。杏花寺八長老。一夕至丹墀見巨蛇。即時打死。出山門。暗中忽有聲曰。八長老。我與夏作頭有讐。欲來相報。汝何無故殺我。八長老驚。汗浹背。急趍出至街。恰遇夏匠。曰偶好造化。夏問其故。長老具述前事。夏曰。此蛇在否。引至蛇所。夏大怒。拔斧斫之。破腦出髓。髓濺入眼。眼遂爛。三年而死。長老亦因訟斃於獄。
忠曰。已呼夏作頭為夏匠。此作頭。是工匠之證。

●監作

忠曰。監作。隷修造局。監作頭者。蓋人力之上首。
敕修淸規亡僧板帳式云。監作。差撥人力。
忠曰。舊解訓監作為古乃加宇倍。即兄部也。蓋非當訓也。監作頭者。是人力之上首。故為此訓矣。已言差撥人力。則其上首可知。
忠曰。備用淸規當代涅槃。對靈小參中云。作下寮參拜。聲喏諷經。止此作下寮。蓋亦監作也。

●兄部

日本禪林。力者上首。稱兄部。和言古乃加宇倍

●直歲

忠曰。正字通云。直當也。止此蓋當一歲幹事。故謂直歲也。
敕修淸規云。直歲。職掌一切作務。凡殿堂寮舍之

損漏者。常加整葺。動用什物。常閲其數。役作人力。稽其工程。黜其游惰。毋縱浮食。蠹財害公。田園莊舍。碾磨碓坊。頭疋舟車。火燭盜賊。巡護防警。差撥使令。賞罰惟當。並宜公勤。勞逸必均。如大修造。則添人同掌之。

釋氏要覽云。三千威儀經。具十德堪充直歲。文多不錄。今但掌園民直歲調也。又見主事處。

大比丘三千威儀云。直歲有十德。一者爲三法益力。二者若有比丘從遠方來。當迎安隱。三者當給與牀席若燈火。三日至七日。四者設房皆滿。當自避持處與之。五者當數往問訊占視。六者當爲說國土習俗。七者當愛所不具足。八者若中有共諍者。不得有所助。常當和解令安隱。九者若宿與不相便安。不得於衆中呵罵。亦不得呼人使共作某令主不可。十者不得與摩波利共諍求長短。數於衆中若行說之。亦不得取三法中所有物。持行作恩惠。如法行者。可作直歲。

僧史略云。或立直歲。則直一年。或直月。直半月。直日。皆悅衆也。

祖庭事苑云。按僧史。謂直一年之務。故立此職。今禪門雖不止定歲時。立名亦法於古制也。

慈覺龜鏡文云。爲衆僧作務。故有直歲。　又云。安處僧房。護惜什物。所以報直歲也。　又云。寮舍不修。什物不備。非直歲所以安衆也。　又云。居處受用。不思後人。非所以報直歲也。

五燈會元仰山寂禪師章云。師在潙山爲直歲。作務歸。潙問甚麼處去來。師曰。田中來。潙曰。田中多少人。師插鍬叉手。潙曰。今日南山大有人刈茅。師拔鍬便行。

●直月

見直歲處。

● 直日

見直歲處。

俗事考云。俗語直日。見禮記注。

● 巡更

尊正規巡更云。重門擊柝。以待暴客。此聖人防微杜漸之意也。叢林每夜輪二人巡更。打板念佛。直欲喚起光天徹地主人公。無使偷心白拈之所欺瞞也。其中衆有五種大利。一警覺提督。出于夢宅。二敲破參頭懸崖撒手。三使小人不敢私自交接。四令燈火明愼。門戶常嚴。五能令虛空作舞。露柱揚眉。此巡更人莫往往向鎚椎下打失自家眼睛鼻孔也。

● 直廳

舊說曰。直廳者。力者也。

忠曰。僧寺亦當擬官有廳事。今直廳。直於廳事者也。小補韻會云。毛氏曰。聽事。言受事察訟於是。漢晋皆作聽。六朝以來乃始加广。

敕修淸規開堂祝壽。有直廳名。見莊甲處。　又侍者進退云。方丈行者。直廳。轎番。拜賀。

● 轎番

轎番者。荷輿僕人也。

忠曰。轎肩輿也。見器物門轎處。番正字通云。番。符山切。音翻。廣韻更遞也。漢紀賢良直宿更番。此止今轎番者更遞擡輿者。

敕修淸規迎待尊宿云。方丈執局及參頭領衆行者。人僕。轎番。以次參拜。見莊甲處。

● 轎從

轎番。又名轎從。

敕修淸規迎待尊宿云。帶行侍者。行者。人僕。轎從。

參拜。

● 額定知事數

敕修淸規兩序進退云。奏定開。脫散丞相。領行宣政院。分上中下三等寺院。額定歲請知事員數。

解者曰。上五山。中十刹。下甲刹。爲三等。額定者。題定之也。

● 維那

十誦律云。祇陀林中。僧坊中。無比丘知時限唱時。無人打揵槌。無人掃灑塗治講堂食處。無人次第相續敷牀榻。乃至飲食時。無人行水。衆散亂語時。無人彈指。是事白佛。佛言。聽立維那。乃至成就五法應立作維那。五法者。不隨愛。不隨瞋。不隨怖。不隨癡。知淨不淨。卽時一比丘。僧中唱言。大德僧聽。是某甲比丘。能爲僧作維那。若僧時到。僧忍聽。僧立某甲比丘作維那。是名白。如是白二羯磨。僧立某甲比丘。作維那竟。僧忍默然故。是事如是持。

祖庭事苑云。維那。寄歸傳云。華梵兼擧也。維是綱維。華言也。那是略梵語。删去羯磨陀三字。此云悅衆也。　又云。聲論翻爲次第。謂知事之次第者也。今禪門。令掌僧籍及表白等事。必選當材。

南海寄歸傳云。授事者。梵云羯磨陀那。陀那是授。羯磨是事。意道以衆雜事指授於人。舊云維那者非也。維是周語。意道綱維。那是梵音。略去羯磨陀字也。

求法高僧傳云。那爛陀寺。若鳴揵稚及監食者。名爲羯磨陀那。譯爲授事。言維那者略也。衆僧有事。集衆平章。詳三處

行事鈔集僧通局篇云。維那聲論翻爲次第也。謂知事之次第。相傳云悅衆也。　又計請設則篇云。十誦爲知請故。須立維那。出要律儀。飜爲寺護。又云悅衆。本正音婆邏。此云次第。

資持記云。寺護謂監護寺事也。

備用淸規云。梵語維那。唐言悅衆。叢林典則。一一舉行。位列東班。職居淸要。送往迎來。禮須勤重。病僧將息。令得其宜。兄弟麁心委曲調護。茶搭歸堂。檢示度牒。上簾收帳。閉爐打扇。當計寒暖。亡僧衣物。務要分明。念誦舉經。詳緩合節。乃至若楞嚴會。化香燭。或有他緣。戒臘簿。假簿。當送過客司。幷請假。煩打槌回向。細大事務。列諸條章。凡僧堂關係。水頭炭頭供頭。一一提點。便衆爲懷。若夫興化會裏。克賓棒下。罰錢出院。百世標準也。

敕修淸規云。維那綱維衆僧。曲盡調攝。堂僧掛搭。辨度牒眞僞。衆有爭競遺失。爲辨析和會。戒臘資次。床曆圖帳。凡僧事內外。無不掌之。舉唱回向。以聲音爲佛事。病僧亡僧。尤當究心。云云、此說食時鳴槌法今在唄器門槌砧處或有他緣。或暫假出入。將戒臘簿假簿堂司。須知簿。親送過客司。分攝之。

慈覺龜鏡文云。調和衆僧。故有維那。　又云。六和共聚。水乳相參。所以報維那也。　又云。修行者不安。敗羣者不去。非維那所以悅衆也。　上下不和。鬪諍堅固。非所以報維那也。

菩薩處胎經云。迦葉語優波離。卿爲維那。唱阿難下。卽受教唱下。阿難。卿是佛侍者。今有大過於我等所。卿自知不也。阿難白迦葉言。不審有何過。迦葉言。佛所說經。若有得道羅漢。六通淸徹者。修四神足。多修多行。能住壽一劫有餘。卿何故默然。而不報佛。時阿那律。將阿難出在外。

聯燈會要。太行山禪房克賓禪師章云。興化一日謂師云。爾不久爲唱道之師。師云。不入這保社。化云。爾會了不入。不會不入。師云。總不恁麽。化便打。復云。克賓維那法戰不勝。罰錢五貫。設饋飯一堂。至明日齋時。化白槌云。克賓維那法戰不勝。不得喫飯。卽便出院。

廣燈錄守廓上座章云。師行脚。到襄州華嚴和尚會下。華嚴一日上堂云。今日賜卿無畏。若是臨濟德山高亭大愚烏窠船子兒孫。不用如何若何直須單刀直入。華嚴與汝證據。師出禮拜。起便喝。嚴亦喝。師又喝。嚴亦喝。師便禮拜。起云。大衆看。者瞎漢。一場敗闕。便喝。拍手歸衆。嚴下座歸方丈。風穴時爲維那。上去問訊。嚴云。維那。儞來也。曰。耐守廓。適來把老僧細捏一上。待集衆打一頓。趁出。穴云。趁他遲也。況和尚言過。他是臨濟下兒孫。本分恁麽。嚴方息怒。風穴下來。言前事。擧似師。師云。維那著什麽來由。勸者漢。我未問前。早要棒喫得。我話行。如今不打我。榻却我話也。遂與風穴同過夏。各話南北家風。遞相擧論。

松源嶽禪師錄普說云。應菴師祖。依圓悟。教特去宣州彰教。參隆和尚。門庭孤峻。直是不容湊泊。未經數時。遷虎丘。亦參隨去。續請充維那。一日室中。擧五祖牽牛過窗話。擬祇對。次被他劈胸一拳。自此打斷命根。是時隆和尚欲命首衆。會中有圓悟耆舊云。華維那嫩在。師祖聞得。遂書偈於壁間云。江上青山殊未老。屋頭春色放教遲。人言洞裏桃花嫩。未必人間有此枝。不辭便行。

● 綱維

忠曰。維那亦云綱維。綱紀維持堂中事也。〔詳二維那處一〕敕修清規聖節經單式云。綱維臣僧某。〔詳二文疏門經單處一〕小補韻會云。大曰綱。小曰紀。總之爲綱。周之爲紀。　篇海類編云。維持也。一曰綱也。

● 堂司

忠曰。維那掌僧堂事。其所居言堂司。又呼其人爲堂司。〔吾邦居處多言堂司則維那寮是也〕

敕修清規聖節差單式云。堂司某具。

僧寶傳雲峯悅禪師傳云。悅至筠州大愚守芝。芝陞座曰。大家相聚喫莖虀。若喚作一莖虀。入地獄如箭射。下座。無他語。悅大駭。夜造丈室。芝曰。來何所求。曰求佛心法。芝曰。法輪未轉。食輪先轉。後生趁有色力。何不爲衆乞飯去。我忍饑不暇。暇爲汝說法乎。悅不敢違。卽請行。及還自潙川。芝移住西山翠巖。悅又往從之。夜詣丈室。芝曰又欲求佛心法。乎。汝不念。作住屋壁疎漏。又寒雪。我日夜望汝來。爲衆營炭。我忍寒不能。能爲汝說法乎。悅又不敢違。入城營炭還時維那缺。悅夜造丈室。芝曰。佛法不怕爛却。堂司一職。今以煩汝。悅不得語而出。明日鳴犍椎堅請。悅有難色。拜起欲棄去。業已勤勞久。因中止。然恨芝不去心。地坐後架。架下東破桶盆自架而墮。忽開悟。頓見芝從前用處。走搭伽梨上寢堂。芝迎笑曰。維那且喜大事了畢。悅再拜汗下。不及吐一詞而去。

●楞嚴頭

勅修淸規楞嚴會云。維那先期擇有音聲者。爲楞嚴頭。　又云。維那白佛宣疏畢。楞嚴頭喝楞嚴衆和畢。仍作梵音。唱念經首序引畢。方擧咒。咒畢喝摩訶。衆和畢。維那回向。　又云。每日集衆。諷咒畢。楞嚴頭擧普回向偈。大衆同聲念。　又云至七月十三日滿散。禮同。但楞嚴頭。唱念咒尾之末章。維那回向而散。

有衆寮楞嚴頭。與佛殿楞嚴頭別也。

勅修淸規。衆寮結解特爲衆湯云。設照牌。特爲寮主。副寮。楞嚴頭。行瓶盞人。

解者曰。此是衆寮楞嚴頭也。非佛殿楞嚴頭。

臥雲日件錄云。寶壽祖師月舟。名周勳　少年在天龍爲楞嚴頭。夢窻自敎授佛母。　又云。東福楞嚴頭普慶字廸元。與絕海聯句。破題曰。涼雨城南寺。絕海續曰。淸標天上仙。

義堂日工集云。府君滿義見楞嚴頭喝食。唱佛母曰。彼少年者。俊快如斯。可愛也。曰禪家雛道者雖七八歲。亦猶於大衆前。作法事。他時荷大法。住持巨刹。威儀可觀。蓋自少年薰陶而然。

空華集云。鹿峰宗輔道者。年十三。適値解制選於衆。爲楞嚴頭。已能唱念。其聲和雅。聽者咸悦之。今歸武陵梵音禪院。欲省今師大全記史。其志可嘉。故以偈爲餞云耳。偈曰。正宗輔敎豈無人。年少頭陀已出塵。見說楞嚴勝會日。迦陵落落梵音新。

水拙文集與東江書云。側聞令弟仁叔之孫夢惣。今夏鈞選楞嚴首唱。乃祖七朝帝師夢窓。嘗任此職。此職增重。尊丈前程可知。

●小維那

相國寺與彥龍半陶稾云。秀峯佳丈。今茲結制。膺小維那顯職。儐聞吾山盛時。於童髮隊。設楞嚴首唱。得其選者。榮莫大焉。中興以還。斯舉實爲闕典。嘷今之有小維那。蓋古之楞嚴頭也。以此接彼。可謂華矣。

●般若頭

禪苑淸規云。如請街坊化主。莊主。炭頭。醬頭。粥頭。街坊。般若頭。華嚴頭。浴主。水頭。園頭。磨頭。燈頭。之類。悉係助益常住。頭首須當及時。稟住持人。請之不可怠慢遲延。又見街坊處

●華嚴頭

見般若頭及粥街坊處。

●經頭

見粥街坊處。

●彌陀頭

見粥街坊處。

●導師

忠曰。觀音懺法式。有導師。香華。自歸。三職。其導師。謂表白者。

僧史略云。導師之名。而含二義。若法華經中商人白導師言。此即引路指迷也。若唱導之師。此即表白也。故宋衡陽王。鎭江陵。因齋會無有導師。請曇光爲導。及明帝設會。見光唱導稱善。敕賜三衣瓶鉢焉。

法華經涌出品云。是四菩薩。於其衆中。最爲上首唱導之師。

補注云。啓發法門。名之爲唱。引接物機。名之爲導。

又禪史稱唱導之師者。謂唱教法。導引有情之義。今撮一二。

廣燈錄百丈海禪師章云。仰山云。百丈得大機。黃檗得大用。餘者盡是唱導之師。

傳燈錄興化奬禪師章云。師謂克賓維那曰。汝不久當爲唱道之師。（見維那處）

●香華

見導師處。

●自歸

見導師處。

●鐘頭

禪苑淸規鐘頭云。付法傳說。罽賓吒王死。作千頭魚。常爲劍輪所首。痛不可言。每聞鐘聲。則劍輪不下。晨昏扣鐘。無非佛事。高僧傳。釋智興。如法鳴鐘。聲震地府。受苦者皆解脫。

校定淸規念誦云。報鐘頭候。鳴大鐘。

又勸化鑄鐘者。曰鐘頭。　癡菴華禪師錄。示圓鐘頭法語云。歸宗年來寂寞太甚也。思得六十棒喫。誰爲下手。忽然圓上座出來道。法圓下手。秖向伊道。待備鑄鐘了。則分付拄杖子。

●淨頭

廁本不淨之處。故掌之者。可令極淨潔故以淨命名。

禪苑清規云。淨頭之職。五更上燈。日出收茆籌。淨布浸之。次刷洗籌槽。併疊掃地。添換茆籌淨巾。并灰土皂角。打當水厠。齋後。洗濯籌布。晚後燒湯上油。常令湯水相續。無使大衆動念。淨頭者。行人之所甚難。當人之所甚惡。可謂無罪不滅。無病不愈。無福不生。同袍拱手上厠。寧無慚愧之心。

備用清規云。淨頭之職。果自因生。每朝掃地。裝香及時。剔燈點燭。換籌洗厠。出桶拖鞋。手巾乾淨。湯水寬容。澡豆頻添。灰土常滿。或時狼藉打併。宜勤討柴洗籌。俯恤人力。獨邊明淨。道業圓成。雪竇在靈隱。牧菴妙喜。寶峰會中。皆服勤斯務矣。

敕修清規云。淨頭。掃地裝香。換籌洗厠。燒湯添水須是及時。稍有狼藉。隨即淨治。手巾淨桶。點檢添換。凡供此職。皆是自發道心。將交替時。堂司預出小榜云。下次淨頭缺人。如有結緣請留芳字。願結緣者。收榜白堂司。然後覆住持請充之。

慈覺龜鏡文云。爲衆僧滌除。故有淨頭。　又云。酌水運籌。知慚識愧。所以報淨頭也。　又云。懶惰併除。諸緣不具。非淨頭所以事衆也。　又云。涕唾墻壁。狼藉東司。非所以報淨頭也。

大慧年譜云。師二十四歲。在寶峰。居侍者寮。一日侍次。湛堂視師指爪云。想東司頭籌子。不是汝洗。師即承訓。交代黃龍忠道者。作淨頭。九箇月。按普說。某自聞湛堂和尚此說。終身不養爪甲。纔長一莖。不剪。湛堂和尚便於手指上出現。此乃誠服其訓導也。又見殿堂門淨頭寮處。

雲臥紀談云。佛心禪師才公。趨西禪海印隆禪師法席。于時西禪衆逾萬指。才發心願淨頭職。一夕汛掃次。隆適夜參。至則過結座。擲拄杖云。了即毛端呑巨海。始知大地一微塵。才豁然有省。

眞淨文禪師錄云。淨頭端上人。求洗滌之說。因而成偈云。段食共滋養。皆名有漏身。焉知大小事。不昧往來人。歷歷隨聞見。惺惺應屈伸。變通元自在。鑒照本天眞。由逐江湖客。恥爲堯舜臣。所依投旅舍。妄計困風塵。病故嫌王膳。饑仍預國民。既能分皁白。須解別疎親。朽宅蚖蚰會。浮泡屎尿陳。何妨觀穢惡。却要滅貪瞋。除垢超凡果。談空入聖因。迦文教雖舊。釋子道應新。革屣排朱戶。禪衣掛綠筠。攝心彰戒定。彈指覺坑神。吐唾防塗壁。拋籌怕動鄰。爲僧當異俗。學佛便行仁。伏忍寃憎盡。興悲鳥獸馴。汲湯宜讓伴。盥手忌淋垠。受用生慚愧。供承識苦辛。堦甎同鏡面。瓦字若魚鱗。狼藉欣歡少。光明讚歎頻。桶盈還次第。灰土最精淳。塞鼻奢紅棗。迎賓爍絳脣。去驕終遠害。習慢必遭迍。扁器易盈滿。曠懷忘賤貧。沙門修慧命。菩薩振慈綸。總具如蓮性。誰偏可意珍。莫迷臭皮袋。苦海枉沈淪。

竺仙仙禪師。南禪錄。重陽謝志首座爲淨頭上堂云。盡十方虛空。是箇廁坑孔。三世諸佛。諸代祖師。頭出頭沒。盡十方大地。是箇垃圾堆。三世諸佛。諸代祖師。十字縱橫。坐斷去來今。不落第二見。超出法報化。分開三八九。僧問雲門。如何是佛。門云乾屎橛。南禪則不然。如何是佛。不昧主人翁。不昧主人翁。眉間劍化龍。笑他陶靖節。醉倒菊華叢。

又竺仙淨智錄普說云。山僧少年時。每見人誦祖英集。自亦觀其語句。雄偉超拔。亦慕敬之。乃想其人物。必英姿氣槩。方頤大耳。魏魏不可近者。及遊雪竇。觀衆寮前石碑。所鐫頂相。大不相似。心中想者。如絕無福之人。而有大福。乃備道其大福從何而來。他昔在靈隱做淨頭。今靈隱淨頭寮。名曰雪隱。即今圓覺淨頭寮二草字。即是不知何人好事者模來。他做淨頭時。將衆人用過籌子。雖把水浸漬洗滌。其上有乾塗之物不去者。船以指甲剔洗。又恐不光滑。或少傷觸所用處身體。乃於自面上盪試之。如此若看其頂相。竆寒寂寞。而其語言道德。如此之行。人之敬慕。

月江印禪師錄。贈省淨頭偈云。挺續當年雪隱綜。行菩薩行更加鞭。驀然自屎不覺臭。插翅蒲鞋飛上天。

義堂空華集。賀淨頭頌軸序云。易曰。謙亨。君子有終。卑而不可踰。又曰。地中有山謙。君子卑以自牧。牧者養也。夫山之爲體也。宜峻拔乎天上。而反居地中。然而人莫敢踰越其巓者。猶君子抱才德者。宜居崇班。而反隱乎下位。以自養然而以居人之所惡故。莫或爭之。其道自亨。而有終也。宜矣。古之宗門祖師。發心入道。必先歷試諸難。而役于雜務職職之最卑。而人所甚惡。莫過乎持淨。然若雪竇明覺居衆。司此職于靈隱。至今有雪隱之美稱。大慧師以承湛翁之訓。洗籌於寶峰。殆一朞。有終身不養爪甲之誓。是豈非卑以自牧也歟。惟二老也出乎雲門臨濟之後。回狂瀾於既倒。支大厦於將顛之際。可謂君子有終矣。而後學者。抑止不啻如泰山北斗之尊。不亦卑而不可踰之謂乎。今也不然。初機後輩。乍入吾門。則輒欲身心以逸豫。衣食以豐美。名位以崇重。屋廬以安便。由是雜務劇職。每乏其人。寔主法者。所憂也。我不聞大禪師。主瑞鹿。明年丙午春。適淨頭缺人。前主正傳明岩師之徒。有阮其名者。被褐懷玉。匿乎緇伍之間。有年于此矣。及茲慨然而起。請就厥職。凡東司器皿什物之類。莫不修整焉。牖之汚者。刷而滌之。屐之缺者。綴而補之。桶盆脫者。椸巾弊者。或箍而束之。或換而新之。至若掃地裝香之勤。燒湯汲水之勞。莫不竭力焉。見者咸悅服矣。於是禪師特唱四句伽陀。以讃厥美。且告于乃師。洎山中耆英頌祈屠歌、以助成之。軸成命予。文以冠于首。惟曆應間、朝廷有旨。革故龜山行宮、鼎建一大禪剎。賜天龍資聖之額。仍命先師為開山祖。然以寺本備十方之居。故先師不允徒弟者掛搭。小子方十七歲。投師易服。懇乞隸名。師憫予誠心、乃允。予既而發心持淨。期一周。而職未滿。俾遷于侍司。而後出入叢林。每欲終其職、而未遂矣。嗟今老且病矣。竊感諸阮公。克繼雪竇大慧之蹤。合乎君子有終之道。而有愧于內。故不辭。書以告來者。庶乎哉。

●持淨

忠曰。淨頭又名持淨。

虛堂愚禪師錄普說云。如玄沙和尚。精持頭陀苦行。日間開畬種菜。引水灌蔬。夜間勤於香燈。持淨掃地。

斷橋倫禪師錄、行狀云。佛鑑奉詔登徑山。因再參焉。命掌法藏。既復自惟曰。宴安鴆毒。苟勞身利衆。何為不勉。持淨一年。拂垢滌穢。皆躬為之。佛鑑亟稱於衆。遂延為第二座。

清拙澄禪師。住建長時。請持淨偈云。妙喜寶峯持淨日。隱之靈隱結緣時。芳塵郁郁今如昔。直下承當者是誰。

月江印禪師錄。振寮元持淨。求警策。偈云。執持糞器著弊垢衣。入淨入穢。入水入泥。日用常行三昧。發揮古德風規。趙州東司頭不說佛法。狼藉不少。湛堂指甲上放光動地。誠不自欺。生苕帚。破糞箕。得便宜是落便宜。這般標致誰相似。靈鷲山中有隱之。

雜毒海實虛闇侍者持淨頌云。銀甲纖纖剪斷時。黃金殿上掘東司。一籌不獲翻身去。禿箒拈來好畫眉。

虎關濟北集持淨歌略云。漢也少年誓持淨。胸懷不干高下職。土灰堆器似丘陵。波浪鼓槽如溟渤。

盧公何處惹塵埃。神秀時時勤拂拭。夜燈焰長常耿暉。晨香煙細恒馥郁。誰言此所幽陰地。何知變作光明國。誰言此所臭穢地。何知熏作芝蘭室。三回引出赤鈎天。一推推倒悟瓦塔。應識寺園眞法場。不與俗間溷廁匹。鷲子婆羅潛堅信。趙州文遠工園劣。巍巍乳峯百世師。突兀凌霄萬人傑。道價盛起洞明爭。讃歎不及衡梅謫。二老在衆共於斯。奚翁寶峰李靈岳。想汝要透祖師機。豈必敢學淮南跡。（奚翁、大慧奚氏、李、雪竇顯李氏、靈岳靈隱也、）義堂日工集云。康永元年壬午。十八歲復參夢窓。掛名天龍。發心持浄者一年。國師一日。閱見余躬自洗滌廁牏。用爪甲清除穢汚。感其精勤。乃命侍于湯藥。而職未滿。俾遷于侍司。

延壽堂主

或畧稱堂主。（又見殿堂門、延壽堂處）

禪苑清規。延壽堂主云。堂主須請寛心耐事。道念周旋。安養病僧。善知因果之人。堂中所用。柴炭米麪。油鹽醬菜。茶湯藥餌。薑棗烏梅。什物家事。皆係堂主緣化。如其無力。唯米麪油炭。就常住打給。如病僧入堂。將息。令行者打疊床位。如法安排。煎煑湯藥。供過粥飯。逐時問訊。務令適意。如病人苦惱。多生瞋怒。粥飯湯藥。動不如意。及呻吟叫喚。屎尿狼藉。並須憫念看承。不得心生厭賤。如欲沽酒下藥。及以浸藥爲名。食啖魚肉葱薤。貴圖補益。是時堂主。當以禁戒因果。善言開諭。令堅正念。勿縱邪心。嚴戒供過行者。剪剃針線之人。不得潛隱藏帶酒肉入堂。（合藥如須用酒、當令院外浸漬、及以酒糊爲丸、煎藥用葱、及合藥肝膂魚肉、尚猶不可、何況恣心食啖也、）病僧若可擔擧。及稍進粥飯。勸令持齋。不宜輕毀禁戒。堂中鍋釜。不得令人練帛。有妨病僧使用。非係堂中將息之人。不得延容粥飯。（有處病僧在堂、並上文曆、以還庫司打給、并請齋嚫、）病僧如稍困重。報堂司抄劄。遷重病閣。（若非道眼精明、並勸令專念阿彌陀佛、祈生淨土、若勸率同袍、打磬念之、）（極妙）八福田中。看病最爲第一。（佛法僧、父母、師長、貧窮、橋梁、義井、疾病、乃

八福田也。況出家之人。雲遊萍寄。一有疾病。誰爲哀憐。唯藉同袍慈悲安養。誠爲重任。豈可輕心。（延壽、作延客）

備用清規云。延壽堂主。奉養病僧。常備姜棗油燭五味。以時管過。病者呻吟。當生慈念。病稍輕安。勿縱補益。恣啖無厭。久佔房榻。病是衆生良藥。當改過日新。孤燈獨照時。正好著力。

敕修清規云。延壽堂主。看視病僧。湯藥油燭炭火粥食。五味常備。供須公界倘缺。若自己豐裕。結緣應付。或勸化施主。措辦床席衣被。狼藉穢汚。爲其洗浣。毋生憎嫌。八福田中。直病爲第一也。

慈覺龜鏡文云。爲衆僧。供侍湯藥。故有堂主。　又云。奉心病苦。粥藥隨宜。所以報堂主也。　又云。不闕供侍。惱亂病人。非堂主所以恤衆也。　又云。多瞋少喜。不順病緣。非所以報堂主也。

已下畧錄事緣。

禪林寶訓云。高菴住雲居。聞衲子病。移延壽堂。咨嗟嘆息。如出諸己。朝夕問候。以至躬自煎煮。不嘗不與食。或遇天氣稍寒。拊其背曰。衣不單乎。或值時暑。察其色曰。莫太熱乎。不幸不救。不問彼之有無常住。盡禮津送。知事或他辭。高菴叱之曰。昔百丈爲老病者。立常住。爾不病不死也。四方識者。高其爲人。及退雲居過天台。衲子相從者。僅五十輩。間有不能往者。泣涕而別。葢其德感人如此。

春渚紀聞云。錢塘淨慈寺古道者。主供侍病僧寮。一日病僧有告之。曰我病少愈。念少覓血爲味。汝能爲我密致之。幸甚。至暮夜袖血餉。僧食之美甚。一二日復多以金付之。再有所須。同寮僧雜窺道者於隙處。披其胸以漆盂。以利刃刺心血。覆盂其上。解衣帶纏遶。久之開視盂中。血凝矣。卽以葱醯依前法製之。以進病僧。僧雜大駭。出以所見。語其徒。且告病僧。皆大驚異。

又見殿堂門延壽堂處。

● 涅槃頭

忠曰。蓋掌涅槃堂事者。涅槃堂卽延壽堂也。

雲門偃禪師錄云。師問僧。儞作什麽。僧云。涅槃頭。師云。還有不病者麽。僧云。不會。師云。恁麽不會。不恁麽不會。僧無語。師云。汝問我。僧便問。作麽生是不病者。師指傍僧。

本師

受業之師也。（受業師見稱呼門）

敕修淸規。沙彌得度云。引請領沙彌。至本師前。胡跪合掌。本師執刀云。最後一結。謂之周羅。唯師一人。乃能斷之。我今爲汝除去。汝今許否。答云可爾。

戒師

爲沙彌授戒品者。

敕修淸規。沙彌得度云。戒師用淨瓶灌頂。以指滴水於頂上。執刀剃頭。乃至秉爐請三寶受戒。

作梵闍梨

忠曰。沙彌得度時。作梵唄者。蓋聲明。止息喧亂。然後方行事。

敕修淸規。沙彌得度云。作梵闍梨。鳴大磬。作梵云。神仙五通人。云云。又作云何梵。云云。場歇。又鳴磬作處世界梵。

梵。梵唄也。釋氏要覽云。梵音。梵云唄匿。華言止斷也。由是外事已止已斷。爾時寂靜。任爲法事。長阿含經云。其梵聲有五種。（詳諷唱門聲明處）

闍梨。南海寄歸傳云。阿遮利耶。譯爲軌範師。是能敎弟子法式之義。先云阿闍梨訛也。

引請闍梨

忠曰。得度沙彌。未諳進退。故此闍梨。引導之指揮行禮。而請戒師受戒焉。

敕修淸規。沙彌得度云。引請闍梨。至戒師前。大展三拜。乃至引請收坐具。起鳴手磬。引剃頭人。入堂聖僧前三拜。次戒師前三拜了。就跪。云云。乃至引請秉嫽。敎沙彌云。請師言句。汝今自陳。汝若不能。隨我聲道。凡稱某甲處。當稱自己名。詳如彼行事鈔沙彌別行篇云。先請和尚。應具儀敎云。大德一心念。我某甲。請大德爲和尚。云云　資持記云。敎云者。準須旁人敎示。今時所謂引請人也。

● 專使

忠曰。專爲某事發使。非託便。故曰專使。或又用魯論文字。

論語云。子曰。誦詩三百。授之以政不達。使於四方。不能專對。雖多亦奚以爲。　朱熹曰。專獨也。

敕修淸規。請新住持。發專使云。庫司會兩序勤舊茶。議發專使。修書製疏茶湯榜。云所請專使。或上首知事。或勤舊。或西堂首座。或以次頭首。充之。若非知事充專使。亦須以下知事一人同去。掌財議事。

備用淸規。住持涅槃。下遺書云。須擇能事人。充專使。如大慧見無盡叢林末致寂寥。

敕修淸規尊宿遷化云。主喪請侍者辦事人。充專使。分路馳送諸山法眷。檀越官員遺書。唯尊宿相見下語。須擇能事人。充專使。

臨濟玄禪師錄云。師爲黃檗馳書去潙山。時仰山作知客。接得書便問。這箇是黃檗底。那箇是專使底。師便掌。

● 帶行侍者

忠曰。賓客。自帶從之人也。

經國大典註解云。帶行率行也。

敕修淸規。迎待尊宿云。喫茶罷。侍者方插香禮拜。

帶行侍者。行者人僕。轎從叅拜。又尊宿遷化。對靈小參云。喪司維那。同小師懷香詣客位。拜請主喪人。大夜對靈小參。乃至　主喪人。用帶行侍者燒香。無則聖僧侍者代之。

帶行小師

敕修淸規入院。受兩序勤舊煎點云。住持寢堂中位。兩序勤舊位。如常坐侍者帶行小師。問訊住持畢。兩序勤舊末坐。

帶行知事

敕修淸規受嗣法人煎點云。若法嗣到寺煎點。令帶行知事。到庫司會計營辦合用錢物送納。

帶行僧行

敕修淸規尊宿遷化。請喪司職事云。主喪人須存公正。不可徇私。帶行僧行。不得干預執役。

沙彌

翻譯名義集云。音義云。沙彌二字。古訛略也。唐三藏云室利摩拏路迦。此翻勤策男。寄歸傳云。授十戒已。名室羅末尼。譯爲求寂。最下。七歲至年十三者。皆名駈烏沙彌。若年十四至十九。名應法沙彌。若年二十已上。皆號名字沙彌。

法苑珠林云。沙彌者。耶舍傳云。隋云勞之小者。以修道爲勞也。又翻息慈。謂息世染之情。以慈濟萬物也。又創佛法。俗情猶存。須息惡行慈也。

十誦律云。沙彌法者。沙彌不應輕慢和尙。有所作事。皆應白和尙。行時當隨從和尙後。常供給一切所須。隨順和尙意。不得有違逆。若所作。不白和尙。不得作。除禮佛法僧。用齒木。大小便。沙彌住和尙邊。知不能增長善法。應白和尙。持我付囑某甲比丘。和尙應籌量是比丘敎化法何似。弟子衆復何如。若知是比丘。具足善法。當付囑。若知不具足。當更付囑餘比丘。若和尙不好。應捨去。應令取草樹葉。取果齒木。除僧坊中草。掃灑。授飮食湯藥。是名沙彌法。

人天寶鑑云。慈航朴禪師。凡童行剃染。令入沙彌寮習登壇受戒儀軌及誦遺敎經方令受具戒受具畢入新戒寮受持三衣一鉢夜則展坐具披五條而睡復請一精誦戒經者與之敎授誦至通利方許參堂越二三夏山門方督掌務願遊方者師必欣然勵于眉睫贈道具促其行

趙州諗禪師錄云師初隨本師行脚到南泉南泉問儞是有主沙彌無主沙彌師對云有主沙彌泉云那箇是儞主師云孟春猶寒伏惟和尚尊體起居萬福

傳燈錄藥山高沙彌(嗣藥山儼)章云高沙彌藥山住菴初參藥山藥山問師什麼處來師曰南嶽來云山便召維那云這跛脚沙彌不任僧務安排向後菴著

● 驅烏沙彌

四分律云阿難有檀越家死盡唯有一小兒將至佛所頭面禮足在一面坐佛知而故問此何等小兒阿難具白因緣世尊言何不度令出家答言世尊有制不得度年減十二者是以不度佛問阿難此小兒能驅烏能持戒能一食不若能如是者聽令出家阿難言此兒能驅烏能持戒能一食佛告阿難若此小兒盡能爾者聽度令出家(鈔略)

十誦律作阿難親里二小兒又作能驅僧食上烏未

五分律作二小兒大者八歲小者七歲恒敎驅食上烏如上座所得食分驅烏小兒亦應等與

僧祇律云沙彌有三品一者從七歲至十三名爲驅烏沙彌二者從十四至十九是名應法沙彌三者從二十上至七十是名名字沙彌

● 沙喝

忠曰日本禪林剃度爲沙彌而著喝食之服者稱爲沙喝(喝食見下)

瑞龍山南禪寺方丈有牌開山大明國師時物也

題曰。閩山清衆七百員。沙喝百三十八。（止此）此方沙喝之稱亦舊矣。（或謂沙彌喝食客言、）

日工集云。南禪。佛生之辰。紀綱預命沙喝裝花亭。沙喝行力。走山野採衆色草花。（詳花亭處覽之、非沙彌喝食客言）

● 童行

忠曰。童行投佛寺求僧。未得度者。即少年行者也。

釋氏要覽云。智度論云。梵語。鳩摩羅伽。秦言童子。寄歸傳云。白衣詣苾芻所。專誦佛典。求落髮。號童子。西天出家國無制止。但投師允可。即和僧剃髮。即無童子行者之屬。今經中呼文殊善財寶積月光等諸大菩薩。爲童子者。即非稚齒。如智論云。如文殊師利。十力四無所畏等。悉具佛事。故住鳩摩羅伽地。又云。若菩薩從初發心。斷婬欲。乃至菩提。是名童子。今就此方釋之。釋名曰。兒年十五曰童。童獨也。自七歲止十五。皆稱童子。謂太和未散故。南海寄歸傳云。凡諸白衣。詣苾芻所。若專誦佛典。情希落髮。畢願緇衣。號爲童子。或求外典。無心出離。名曰學生。

童行訓誨法。詳垂說門訓童行處。

六學僧傳晉曇徽傳云。徽年十二。師事安公。爲童子。精神大於其身。安使受詩禮。又四年乃落髮。

普燈錄。天衣懷禪師章云。長游京師。依景德寺。爲童行。天聖中。試經得度。

● 道者

忠曰。童行又稱道者。義堂曰。禪家雛道者。雖七八歲。亦猶於大衆前作法事。又曰鹿峯宗輔道者年十三。選於衆。爲楞嚴頭。共詳楞嚴頭處。

僧寶傳。天台韶國師傳云。十八詣信州開元寺。受滿分戒。後唐同光中。謁舒州投子菴主。不契。造龍牙遁禪師。問天不蓋地不載。此理如何。遁曰。台如是。韶惘然。固要爲說。遁曰。道者汝向後自會去。

釋氏要覽云。智度論云。得道者名爲道人。餘出家者。未得道者。亦名道人。　注道者亦同此說。

舊說曰。渡唐人說。中華叢林。稱僧道者。其得度牒。披剃。此謂僧。未得度牒。有髮而與僧同誦經者。此謂道。卽行者也。

忠曰。敕修淸規聖節云。僧道。歲一供帳。止是卽僧及道士也。然解者。謂道是行者。非道士。輒引渡唐人說非也。余左觸中辨。

童侍

卽童行也。

宋高僧傳貫休傳云。貫休七歲。父母雅愛之。投本縣和安寺圓貞禪師出家。爲童侍。日誦法華經一千字。耳所暫聞。不忘於心。

僧童

卽童行也。

勸善書云。宋師贊雍州人。爲僧童。年十四。念佛不絕。

東海一漚集。示僧童道秀頌云。蕉苗地不腴。道秀亦何如。童穉無攸往。昏蒙可繫虛。今年天大旱。盈科詎庸需。爲憐山下水。竟弗知所於。而矧若爾輩。育德少居諸。吾詩有新誠。似示城南符。龍魚各異志。爭取怪躁旦。

聽叫

忠曰。侍者住持左右。聽其叫呼。受使令者。

敕修淸規亡僧板帳式云。方丈聽叫。捧香合。

行者

忠曰。禪林行者。盧能爲始。爾後凡求剃度。而未得買度牒。有髮而依止僧寺者。稱爲行者。

舊說曰。中華行者。與日本所謂行者別。日本行者。剪除鬚髮。而行事同俗。中華則凡剃髮者。唯有僧及沙彌而已。如行者則不剃落。不披帽。其髮岐二。長下垂背後。又中華行者。受五戒。五戒本在家所受。但第三爲不邪婬。行者則不婬欲。以爲異焉。昔六祖受衣鉢於黃梅時。亦以行者之形矣。從行者轉得爲僧。故有行堂之額。題選僧堂者。

又曰。行者有二種。謂方丈行者。庫司行者也。（詳見下）

釋氏要覽云。善見律云。有善男子。欲求出家。未得衣鉢。欲依寺中住者。名畔頭波羅沙。（未見譯語）今詳。若此方行者也。經中多呼修行人爲行者。行是所修二種行也。者即五蘊假者。是能修行之人也。凡十六歲已上。應呼行者。謂男生八歲毀齒。十六陽氣全。以其有意樂信忍修淨梵行。故自晉時。已有此人。如東林遠大師下。有辟蛇行者。

　宋高僧傳。南華寺慧能傳云。咸亨中。往韶陽。遇尼無盡藏。恒讀涅槃經。能聽之。即爲尼辨析中義。尼深歎服。號爲行者。

　虛堂愚和尚錄。示行者智潮法語云。優婆塞者。吾佛會中。四衆之一數也。精持苦行。承事佛僧。先道業而後得度。世尊入滅。道法遐被五天竺國。佛舍僧廬。莫不有之。遠教入中國。譯梵語而正唐言。名之曰行者。蓋有德有行之所稱也。其數既廣。漢唐以來。設官置局。試經得度。至於海內奇髦俊彥。冒歷寒暑。窮經討論。以試所業。其間獲中僧科者。官給黃牒剃度爲僧。然後肩雲頂緣。履艱涉險。不憚數千里之遙。尋師訪道。究明人天性命之學。醞釀既久。文彩發露。王臣尊禮。爲人天師。一言一句。光明殊勝。爲後世法。此古今通論。出家兒之大體也。南渡之後。爲見吾教日興。出綾紙。易楮幣。庶欲得者寡。而入者稀。殊不知物隨事變。一墮利域。百計紛拏。以謀進納之計。得之者。形服雖殊。昇沈事海。失之者。窮困相煎。老斃山澤。要如前人優游教海。披尋文義。試所得而披法服者。無復得也。

　忠曰。翻優婆塞曰行者。未知何據。

忠曰、如今日本今時行者。帶妻啖肉、全非僧也、然中華上古行者、有復帶妻者。傳燈錄池州甘贄行者、（嗣南泉）章云、有住庵僧。緣化什物。甘曰、若道得卽施。乃書心字問是什麼字。僧云心字。又自問其妻。什麼字。妻云心字。甘云某甲山妻、亦合住庵。其僧無語。甘亦無施。

聯燈會要亡名尊宿云、昔潙山有一僧。下山覓住處。偶宿一行者家。者問上座何處去。云覓箇住處。者書佛字問。這箇是甚麼字。云佛字。者却喚妻子問是甚麼字。妻云佛字。者云、上座與拙室見解一般。爭解住得。其僧却回潙山。云云

趙州諗禪師錄云、有俗行者。到院燒香。云云

已稱俗、蓋亦是帶妻子者。

義堂日工集云、圓覺行者、實恩至。戒其勿帶刀器。謂行者是僧之基。豈可自棄哉。

行堂

忠曰、行者居行者堂。故以居呼人。又曰行堂也。（若呼居處爲行堂、則行者堂也、見殿堂門）

敕修清規尊宿遷化祭次、方丈行者、六局行者之次、有行堂。　解者曰、此公界行堂也。

中峯本禪師錄示行堂偈云、至道常湛然。萬古絕成壞。良由妄想生。輪回三有界。

行堂主

行者堂之主首、或單稱堂主。

敕修清規、爲行者普說曰、參頭堂主、詣侍司同請住持。下行堂。

六局行者

敕修清規尊宿遷化祭次、有六局行者。（諸解同）

品字箋云、局曹也。部分也。曲禮各司其局也。

忠曰、六局古無解。蓋謂六頭首歟。六頭首所屬行者。故云六局行者歟。且闕疑。（六頭首者、禪苑清規列首座、書狀、藏主、知

客、庫頭、浴主云。已上並爲六箇頭首。

● 執局行者

敕修清規迎待尊宿云。方丈執局及參頭領衆行者。人僕轎番以次參拜。又開堂祝壽云。展賀畢。據座。侍者。小師。插香大展三拜。次執局行者。插香禮拜。次參頭領衆行者。插香禮拜。

忠曰。方丈及六局行者。就諸職者。此謂執局也。次言參頭領衆行者。是無職掌者。

● 參頭行者

行者中。高年舊參者。首于諸行者。曰參頭行者。又有四來參頭。見前參頭處。

敕修清規訓童行云。參頭行者。令喝食行者。報各局務。行堂前。掛牌報衆。

● 副參行者

忠曰。副貳參頭事務者。又有四來副參。見前副參處。

敕修清規。爲行者普說云。參頭報衆。請兩序立班。副參領衆。門迎兩序入堂。

● 望參

南禪寺往昔有望參之行者。若副參闕。則此人將補之。故曰望參。猶如副寮之有望寮焉。

● 堂司行者

維那爲堂司。而此行者。屬堂司。受其使令。故名堂司行者。

敕修清規。堂司特爲新舊侍者茶湯云。維那令堂司行者。請新舊侍者。并聖僧侍者。參前就寮獻湯。

● 客頭行者

屬知客。受其使令者。

敕修清規知客云。凡官員檀越。尊宿。諸方名德之士。相過者。香茶迎待。隨令行者。通報方丈。然後引上相見。　又云。或欲詣方丈庫司諸寮。相訪。令行者引往。

忠曰。此皆知客寮客頭行者也。

● 方丈行者

舊說曰。行者有兩部。謂方丈行者。庫司行者也。

敕修淸規上堂云。方丈行者。覆住持。次覆侍者。鳴鼓。　又尊宿遷化祭次。六局行者。上有方丈行者。

又侍者進退云。與舊人交代頭首禮同。方丈行者。直廳。輪番。拜賀。

● 庫司行者

見方丈行者處。

禪苑淸規庫頭云。當庫行者須有心力。解計算。守己淸廉。言行眞的。衆所推伏。方可委付。

● 方丈客頭行者

請客侍者。所使令者。

敕修淸規。專使特爲新命煎點云。兩序單寮。係方丈客頭。同專使行者。一一詣寮稟請。　又方丈特爲新舊兩序湯云。請客侍者。令客頭行者。備盤袱爐燭。詣新舊前堂首座處。

● 庫司客頭行者

都寺寮。客頭行者也。

敕修淸規。山門請新命齋云。庫司客頭。鋪設僧堂內。住持位。　又庫司四節特爲首座大衆湯云。都寺預於齋退。具湯榜。即令客頭行者。備盤袱爐燭。詣前堂首座。前插香。

● 庫子

副寺寮行者。屬副寺。造單具收支者。見副寺處。又（見前地客處、及雜行門公差處）　或曰。禪苑淸規所謂。當庫行者。是也。（見庫司行者處）

●茶頭行者

茶頭在四寮。（庫司、頭首、單寮、蒙堂、見殿堂門四寮處）故茶頭行者。亦可在四寮（文見茶頭處）

敕修清規。寮元云。每日粥罷。令茶頭行者。門外候衆至。鳴板三下。

●喝食行者

禪苑清規赴粥飯云。十聲佛罷。良久打槌一下。首座施食。（粥云、粥有十利云云、齋云、三德六味、云云、饡飯云云、施者受者云云、）施食訖。行者喝食入。喝食須言語分明。名目不賺。若有差誤。受食之法不成。須令再喝。

永平清規赴粥飯法云。喝食行者。先入前門。向聖僧問訊訖。向住持人前。問訊住持人訖。到首座前。問訊訖。到前門內南頰板頭之畔。面向聖僧問訊訖。叉手而立喝食。

瑩山清規云。聞展鉢槌。喝食童行。入堂。聖僧主人首座前問訊罷。經聖僧後。到南頰版頭問訊。待首座施食呪願了。喝食如常。

南禪規式云。旦望喝食二人。列立僧堂門右邊。同音喝食。粥則曰飲湯。次白粥。次汁菜。次再請。次潑水。（或云鉢水、）次折水（折者棄養、）齋則曰香飯。次汁菜。次再請。次請折。次潑水。次折水。次第喝之。如粥時飲湯。低聲而永曳。蓋表大衆謹愼也。若四節。則請上座喝之。或闕其人。則新戒轉上座唱之。隨唱某物。參頭行者。低聲報鈴之沙喝。粥畢。自聖僧龕右邊轉左。至首座前問訊。高聲唱曰。請首座大衆。祝聖諷經。畢。下堂。

舊說曰。喝食者。喝是唱義。當衆僧齋粥時。唱喝湯香飯等名。

古說曰。喝者其音速烈者。如日本禪林。齋粥二時喝食之聲。則只是唱食。而非喝食。忠曰。或人見禪機下咄喝聲緊烈。作此說可笑。清規云。長聲喝。緩聲喝。豈怒聲義耶。

舊說曰。喝食行者。屬方丈。（行者分二類。謂方丈、及庫司也。）住持上堂。立班侍者之後。　又曰。日本禪林。有髮童子。稱喝食者。綺羅鉛粉。恩口言飯羹。名實相失。有如此者。可笑。

古德曰。喝食者。喝大衆喫飯也。　或曰。往昔東福寺。齋時喝食人。候其飯羹等盡未盡。以異名呼之。（猶稱柳緊之類。）供頭即行益焉。今時司席人。指揮供頭。故喝食名義。到有無識者。

忠曰。禪苑清規已言。喝食言語。若有差誤。受食之法不成。須令再喝。（止此）依此。則喝大衆喫飯之說。爲當矣。但可依敕修清規。喝言請大衆下鉢。（見受嗣法人煎點處）此語不明。實應受食不成。豈有但誤唱飯羹等而受食不成之義哉。然初喝請大衆下鉢。次第喝香飯羹菜等。可如南禪規條。

敕修清規訓童行云。凡旦望五參上堂罷。參頭行者。令喝食行者。報各局務。行堂前。掛牌報衆。云云　如住持他緣。則喝食行者喝云。奉方丈慈旨。晚參。衆云不審。次長聲喝云。放參。衆云。珍重問訊退。　又亡僧板帳式云。喝食行者撮鬮。　又大坐參云。若不晚參。則堂司行者。進首座前問訊云。堂頭和尚今晚放參。轉聖僧後。右出。令喝食行者中立問訊。長聲喝云。放參。

忠曰。按此敕修清規數條。皆是粥飯喝食之外。有名喝食行者者明矣。然舊說曰。非有定行者。名喝食者。只臨時掌此職者。爲喝食行者而已。（止此）此無稽之談。不可取也。

日本禪林。喝食權輿。有數說。未知孰是。　一說曰。始於東福聖一國師法嗣雙峯源公。（東福塔頭桂昌院開祖也）　一說曰。聖一法嗣無外然公。稱應通禪師是爲喝食之始。

忠曰。此時喝食。不拘齒老少。但掌其職而已。非如今時喝食。但少年者。何以知之。如無外。初稱道空房。蓋更敬入禪者。其豈少年耶。

一說曰。東福開山時。有監寺勤舊。死後現形於僧堂。請聖一國師曰。我某監寺也。某平生希望秉拂分座。而事未果。遽死。今也託生山前某家。願和尚他後。允爲頭首。言畢不現。國師訪求山前民家。果產一男子。國師喝曰。此是某監寺後身。善能撫育焉。稍長取之。訓導。某額所垂髮。剪刀斷之。令掌喝食。(後居賓相寺)是喝食之始。

忠曰。今時喝食。分取額上髮少許。下垂額面。剪斷其末。蓋此故事歟。又左右髮抽取少許。下垂左右肩前。此是中華行者。岐髮下垂之遺法歟。

一說曰。大覺禪師法嗣。桃溪悟公。(宏智禪師)爲喝食之始。

傳說曰。天龍開山時。名公鉅卿之子。求僧入寺。未堪剃度受具者。皆爲喝食。

忠曰。蓋失喝食名賓者。起於此。

僧祇律衆學法中。看大衆食。偏不偏者。名監食人。又行益者。名行食人。

● 供頭行者

忠曰。粥飯時。行益飯羹茶果等者。或但稱供頭。敕修淸規兩序進退云。堂司行者喝云。大衆送新知事。歸庫司。供頭行者。鳴僧堂鐘。住持送入。對觸禮一拜。

敕修淸規念誦云。住持入堂。供頭鳴堂前鐘七下。又亡僧板帳式有供頭。又坐禪云。令供頭僧堂內。裝香點燈。

忠曰。此方供食果人。名言給仕。訛矣。當稱供頭。按給仕。(法華經安樂行品云、天諸童子、以爲給仕。不動經云、如親友童子、給仕行人。)給侍。(慈覺龜鏡文云、爲衆僧給侍、故有淨人。)給使。(搜神記云、朱誕給使要、有鬼病。其夫疑之、爲姦。趙與時賓退錄云、市民間子女、以備給使。)皆在人左右辨事之泛稱。不可局供茶飯之事矣。蓋給仕與供頭音似近。故有此轉訛。

普燈錄月菴果禪師章。謝供頭上堂云。解猛虎頷下金鈴驚群動衆。取者龍穴裏明珠光天照地。山僧今日。到此讚歎不及。汝等諸人。合作麽生。豈起拂子曰。貶上眉毛。速須薦取。擲拂子。下座。

應菴華禪師錄。示璋供頭法語云。本色道流。夙有般若種智。纔出頭來。其氣槩勁直。於最初一步。卓然超絕。與泛泛者不同。蓋末上親近眞正宗匠。至於一言半句。終不妄誕。然此一段事。初非明悟知見可擬。又豈是世智辯聰。而能彷彿者哉。是故羅山云。上士脚纔跨門。便知宗旨。猶怕繩牀上老漢瞌睡。更回頭與一探。若是作家。暫挂缽盂。亦恐繩床上老漢。瞌睡未醒。口裏水漉漉地。不是泊船處。便去俗人家。寄宿去。看他透底人。驀露箇消息。直使天下衲僧。無絲頭許湊泊。亦不令守住無湊泊蹊徑。所謂驅耕奪食手段。誠間世而出。又安可與時輩和泥合水。瞎學者眼耶。

● 供過行者

即是供頭行者。

禪苑清規。延壽堂主云。病僧如欲沽酒下藥。及以浸藥爲名。當以禁戒因果善言開諭。嚴戒供過行者。剪剃針線之人。不得瀦隱。藏帶酒肉入堂。（詳前延壽堂主處）

癡絕冲禪師蔣山錄。上堂云。舉題英首座見慈明。明問云。近離甚處。英云。金鑾。明云。夏在甚處。英云。金鑾。明云。去夏在甚處。英云。金鑾。明云。前夏在甚處。英云。金鑾。明云。先前夏在甚處。英云。和尙何不領話。明云。我也不會。勘得儞。敎庫下供過兒子。來勸且點一椀茶與儞濕口。

● 直殿行者

守佛殿行者。

敕修清規聖節云。堂司行者。直殿行者。常加伺候。

毋令怠慢。

● 衆寮行者

大鑑清規栴檀林須知云。寮行者。常常在寮。凡事聽寮元。主副號令。如新來副寮。未知。行者詳細白知。毎日點茶之湯。行者管。寮主提點之。

● 門頭行者

羅湖野錄云。死心住黄龍山。揭牓于門曰。仰門頭行者。賓客到來。劃時報覆。（詳殿堂門三門處）

● 監作行者

忠曰。名義。見前監作處。蓋即監作也。

敕修清規知浴云。第四通。人力入浴。監作行者。知事。居末浴。　又亡僧送亡云。庫司預分付監作行者。辦柴化亡。

● 淨人

舊說曰。淨者。非自淨之義。能代他而淨他也。

忠曰。淨人投寺。未得剃染。給使衆僧者。

釋氏要覽云。毘柰耶云。由作淨業。故名淨人。若防護住處。名守園民。或云使人。今京寺呼家人。緣起者。十誦律云。瓶沙王。見大迦葉。自蹋泥修屋。王於後。捕得五百賊人。王問。汝能供給比丘。當赦汝命。皆願。王遂遣往祇園。充淨人。謂為僧作淨。免僧有過。故名淨人。又梵云吃栗多。唐言賤人。（今見童行自稱淨人。蓋不知端也。）

慈覺龜鏡文云。為衆僧給侍。故有淨人。　又云。寬而易從。簡而易事。所以報淨人也。　又云。禁之不止。命之不行。非淨人所以順衆也。　又云。專尚威儀。宿無善教。非所以報淨人也。

六學僧傳。宋常覺（嗣歸宗章）傳云。覺遊廬山。樂其間靜。遂投歸宗寺。出家。為淨人。梁乾化二年。始易形服。從剃染。

高峯妙禪師錄。志藏淨人煅骨語云。一大藏教。

全體是火。若有嶺南靈骨。便好赤身擔荷。雖然更入紅爐重煆過。

明極俊禪師錄。示智有淨人偈云。智妙玄機有也無。須從槽廠著工夫。一朝踏碓忘移足。肯許傳衣與老盧。

苦行

忠曰。淨人亦名苦行。

傳燈錄。天台豐干禪師章云。師居天台山國清寺。本寺廚中。有二苦行。曰寒山子拾得。二人執爨。終日晤語。潛聽者。都不體解。時謂風狂子。獨與師相親。

宋高僧傳常覺傳云。泊登弱冠。往廬山。乃禮歸宗寺禪師克苦行焉。

忠曰。六學僧傳常覺傳。作淨人。見淨人處。

僧寶傳雪竇顯禪師傳云。有苦行名韓大伯者。笑知客智眼未正。詳前典客處。

五戒

五戒者。行者也。但受五戒。未剃染者。

義楚六帖云。行者五戒。律云。行者依師。先受五戒。修行之者。近事堪可承事比丘羅漢。故名爲行者。五戒故。名爲五戒。示名。

趙州諗禪師錄。十二時歌。人定亥云。劉維那趙五戒。口頭說善甚奇怪。

石溪月禪師雜錄。爲智舉五戒下火語云。天台臨海舉五戒。靈隱堂中幾歲華。掃地添爐新活業。拾薪供水舊生涯。不憂衣鉢不入手。且喜身心已出家。舉五戒。劫火洞然無退轉。却來領取一袈裟。

毛頭

日本月菴光禪師錄。志杲毛頭請自贊云。三尺吹毛。當面提起。杲日照天。清風匝地。　又宗聊毛頭請自贊云。利劍高提。殺佛殺祖。死中得活。是尋常。

空手誰擊塗毒鼓。

忠曰。毛頭未詳。蓋淨人毛髮者。淨髮待詔類乎。

淨髮待詔、見靈山業識團

主喪

忠曰。自代亡人、指揮後事。總主領喪事者。其職甚重。

敕修清規尊宿遷化云。請人主喪。須諸山名德。隣封老成。或法眷尊長。或只本寺首座。如有遺命遵行舉請。　又請主喪云。主喪人至。鳴大鐘集衆門迎。至龕前炷香。首座大衆問訊。　又云。凡主喪者。須老成名德。如圓悟爲開福寧和尚主喪。接月菴果公以嗣其法。可爲標格。

校定清規云。隣封當代歸寂。如請主喪。一看亡者遺言。二者其徒虔請。尤宜審及若亡者遺言。固不可辭。非其徒虔請。如得回互。最逃謗議。切不可有心希酬謝也。事稍違式。多致爭訟。有玷法門。如圓悟與寧道者。主開福之喪。接月菴果一人。便是承當後事之標格也。

東漸署清規云。凡喪主。須老成宿德。圓悟爲開福寧主喪。宏智作書。遺大慧禪師。屬以後事。晦堂祖心入滅。命門人黃庭堅主後事。豈可忽乎。

龐居士請于頔爲喪主。　宗鏡錄云。昔有龐居士。命女靈照曰。吾當先逝。汝可後來。專候日中。可蛻斯殼。靈照曰。午即午矣。有蝕陽精。居士怪之。自臨窓下。其靈照忽爾廻登父座。俄爾坐亡。居士笑云。甚爲鋒捷。空華落影。陽燄翻波。吾道于先。吾行于後。遂往于相公。爲喪主。告于公曰。但願空諸所有。愼勿實諸所無。言訖而逝。

有緣禪師。囑楊習主喪。　六學僧傳。唐有緣傳云。宣宗皇帝。嘗戲書其衫背云。此童子。與朕有緣。由是名之有緣。而薙落焉。天祐丁卯歲終。時司空楊公習。方制置浙右。遺命主後事。

雪峯遷化。玄沙爲喪主。　聯燈會要。玄沙備禪師章云。雪峯遷化。師作喪主。三朝集衆煎茶。師於靈前。拈起一隻盞云。先師在日。卽且從。汝道如今作麼生道。若道得。卽先師無過。若道不得。卽過在先師。還有人道得麼。如是三問。衆無對。師撲破盞子。歸寺。

香林遠禪師寂。宋瑫主喪。　普燈錄。香林遠禪師章云。知府密學宋公瑫請。至普安院。安下。云示衆訖。坐逝。府主爲師作喪主。

黄龍心禪師。命山谷主喪。　雪堂拾遺錄云。山谷嘗問道於晦堂。晦堂入滅。山谷主後事。請勝寺長老秉炬。而火不蓺。山谷顧謂死心曰。老師之意無他。蓋欲這風顛漢說數句。死心曰。某拘喪制中。拒不出。山谷强之。死心執炬曰。不是㹸門累及我。彌天過犯不容誅。而今兩脚捎空去。不作牛兮便作驢。遂以火炬打一圓相云。只向這裏雪屈。擲下火炬。應手而蓺。

大慧爲宏智主喪。　人天寶鑑云。大慧主育王。一日執宏智手曰。吾二人偕老矣。爾唱我和。我唱爾和。一旦有先溘然者。則存者爲主其事。越歲。宏智告寂。大慧竟爲主喪。不逾盟也。不逾盟、逾恐踰

叢林盛事。亦云。宏智入滅。妙喜主後事。

月林觀禪師滅。陳貴謙作喪主。　無門開禪師嗣月林觀。錄。告香普說云。先師圓寂後。陳提刑諱貴謙。作喪主。臨時命爲先師掛眞。詳見掛眞處。門

教家。善無畏化。詔李現護喪。　編年通論云。開元二十三年。三藏善無畏卒。春秋九十有九。詔鴻臚丞李現監護喪事。

儒家。梁明山賓卒。昭明使王顒監護喪事。詳見喪門、哀辭處

君賓卒。詔程伊川主喪。　程子遺書云。司馬溫公薨。朝廷命伊川爲主喪事。子瞻周視無闕禮。乃曰。正叔喪禮何其熟也。

押喪

送亡之時。鎮行列之最後者。爲押喪人（見喪薦門、押喪處）

敕修淸規亡僧板帳式云。首座主喪。都寺押喪。

● 喪司書記

凡喪事。山門公界職事外。別請喪司職事。並加喪司兩字。擇于公界。如公界職事。稱山門書記。見職書記。山門維那。現職維那等。

敕修淸規云。議請喪司職事。書記。維那。知客。侍眞。侍者。

校定淸規云。次商議。請諸執事人。掌財。或二人。喪司維那。書記。知客。侍者。卽四人。請執事。如尋常請人禮。

● 喪司維那

見喪司書記處。

● 喪司知客

見喪司書記處。

● 侍眞侍者

卽喪司侍者。侍于靈者。（見喪司書記處）

敕修淸規。尊宿入塔云。山門維那。送見職侍者。侍眞侍者。歸衆寮。

● 喪司行者

敕修淸規。尊宿遷化云。如有親書遺言。喪司行者。貼法堂中間。上手幞上。

● 直靈行者

敕修淸規亡僧云。直靈行者。每日上粥飯。